《山海经》全解

【第一卷】

垢文涛／主编

辽海出版社

图书在版编目（CIP）数据

《山海经》全解 / 垢文涛主编. — 沈阳 : 辽海出版社, 2020.6

ISBN 978-7-5451-5759-8

Ⅰ. ①山… Ⅱ. ①垢… Ⅲ. ①历史地理－中国－古代 ②《山海经》－译文 Ⅳ. ①K928.631

中国版本图书馆CIP数据核字(2020)第088294号

责任编辑：柳海松
装帧设计：李 荣
责任校对：丁 雁

出 版 者：辽海出版社
地址：沈阳市和平区十一纬路25号
邮政：110003
电话：024-23284473
E-mail：dszbs@mail.lnpgc.com.cn
http：//www.lhph.com.cn
印 刷 者：德富泰（唐山）印务有限公司

发 行 者：辽海出版社
成品尺寸：150mm×220mm
印 张：60

字 数：1106千字
出版时间：2020年6月第1版
印刷时间：2020年6月第1次印刷
定 价：698.00元

前　言

在我国古代丰富的文化瑰宝中，《山海经》是一颗璀璨的明珠。虽已传世数千年，至今仍然熠熠生辉。《山海经》自战国至汉初成书至今，被公认为是一部奇书。书中所记神灵450多个，个个奇形怪状，神通广大。记载了40多个方国，550座山，300条水道，100多个历史人物，它是现存的保存古代神话资料最多的著作，堪称中国上古神话的宝库。它上涉日月星辰，下揽名山、大川、动物、植物、矿藏、人物、事件、民族、风情、祭祀、医药、巫术、神话等，可以说是天文地理，无所不包，无奇不有，堪称我国古代的一部百科全书。

《山海经》确是古代的巫书，是一代一代的巫师把所见所闻通过口耳相传，积累而成。很早以前，巫史不分，巫师是具有世袭性和专业性身份的一群人。后世的人把巫师们口耳相传的知识加以整理记录，就成为《山海经》成书所依据的原始资料。到了战国时期，有人把这些性质相似而杂乱无章的资料编撰成文，《山海经》就产生了。到了汉代，又经人增删润饰，就成了现在人们所看到的《山海经》。

现存之《山海经》共计18篇，从其结构看，大体可区分为《山经》和《海经》两个部分。从内容看，可分为《五藏山经》5篇，地理范围是华夏之地，内容多记山川地理，奇异的动物、植物、矿物，祀神的典礼和祭品、祭器，有时亦写诸山山神的形貌、职司和神力；《海外经》4篇，地理范围较《山经》为广，内容多记海外各国的异人异物，也记载了一些古老的神话传说，如夸父追日、刑天断首等；《海内经》4篇，不仅杂记海内的神奇事物，如昆仑景象、建木形态、巴蛇和贰负等状况，同时兼记一些国家和民族，还写帝王的世系，器物的发明创造，如帝俊的后裔番禺发明舟，吉光发明车，晏龙发明琴瑟，又均是最早的锻工，炎帝的后代鼓延发明钟，并且作了乐曲，等等。古往今来，研究、阅读、传播《山海经》者颇多，使这部文化遗产能够完整地保存下来，关于精卫填海、后弈射日、大禹治水、夸父追日、嫦娥奔月等传说与神话，今天仍在群众中广为流传。至今，《山海经》仍不失为一部研究我国古代历史、地理、文化、民俗诸方面的有价值的参考书。比如一些动物的出现，可以预报各种灾害；一些野草、野果可以医治某些疾病，今天仍然受到科研人员和民间的重视或沿用。

今天，我们编撰出版此书，对青少年来说，《山海经》

乃是一部开阔视野、增长知识的较好的辅助读物。当然，书中有些神话和传说，不能等同于历史，但通过它们，我们可以了解到上古时代人们的生活状况、他们对自然界的认识、对未来的美好追求以及他们的丰富想象力和创造力。透过这些原始的记载，我们可以隐隐约约地窥视到祖先的一些历史影迹，这对我们无疑是有益的，也是我们了解中国传统文化的重要组成部分。

目　录

第一章　《山海经》评注和全译

第二章 《山海经》考证精选

第三章 《山海经》地理和名山

第四章 《山海经》怪兽与民俗

第五章 《山海经》中的帝皇秘史

第六章 《山海经》中的诸神传说

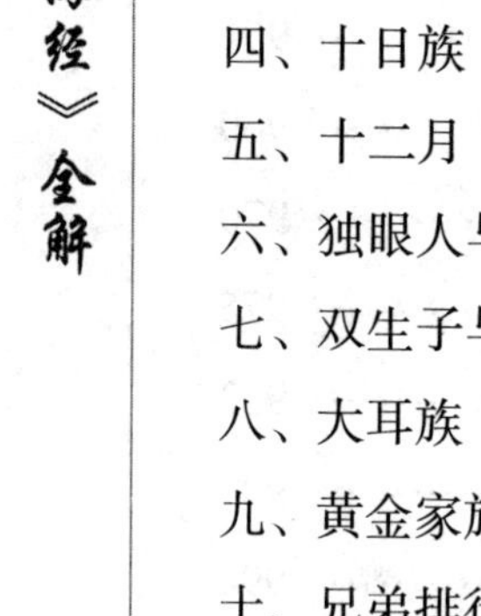

第七章 《山海经》中的上古风情

第八章 《山海经》中的天文奇观

第九章　千奇百怪《山海经》

第十章　中国神话精选

附　录　先夏时期纪年表

第一章 《山海经》评注和全译

一、南山经

【原文】

南山经之首曰䧿山。其首曰招摇之山，临于西海之上，多桂，多金玉。有草焉，其状如韭而青华，其名曰祝余，食之不饥。有木焉，其状如榖[①]而黑理，其华四照，其名曰迷榖，佩之不迷。有兽焉，其状如禺[②]而白耳，伏行人走，其名曰狌狌[③]，食之善走。丽麂之水出焉，而西流注于海，其中多育沛，佩之无瘕[④]疾。

【注释】

①榖：构树，树皮可以造纸。

②禺：长尾巴的猿。

③狌狌：传说是一种长着人脸的野兽，也有人说它就是猩猩，而且它能知道往事，却不能知道未来。

④瘕：中医学指腹内结块，即现在人所谓的臌胀病。

【译文】

南方第一列山系叫作䧿山山系。䧿山山系的第一座山是招摇山，它屹立在西海岸边，生长着许多桂树，又蕴藏着丰富的金属矿物和玉石。山中有一种草，长得像韭菜却开着青色的花朵，名叫祝余，人吃了它就不会感到饥饿。山中有一种树木，长得像构树却呈现黑色的纹理，并且光华照耀四方，名叫迷榖，人将它佩带在身上就不会迷失方向。山中有一种野兽，长得像猿但有着一双白色的耳朵，既能匍匐爬行，又能像人一样直立行走，名叫狌狌，吃了它的肉可以使人走得飞快。丽麂水从这座山发源，然后向西流入大海，水中有许多叫作育沛的东西，人佩带它在身上就不会生臌胀病。

【原文】

又东三百里，曰堂庭之山，多棪木[①]，多白猿，多水玉[②]，多黄金[③]。

【注释】

①棪木：一种乔木，结出的果实像苹果，表面红了即可

食用。

②水玉：古时也叫作水精，即现在所说的水晶石。

③黄金：这里指黄色的沙金。

【译文】

再向东三百里，是堂庭山，山上生长着棪木，又有许多白色猿猴，还盛产水晶石，并蕴藏着丰富的黄金沙金。

【原文】

又东三百八十里，曰猨翼之山，其中多怪兽，水多怪鱼，多白玉，多蝮虫[①]，多怪蛇，多怪木，不可以上。

【注释】

①蝮虫：传说中的一种动物，也叫反鼻虫，身上长着红、白相间的绶带纹理，鼻子上长有针刺，大的有一百多斤重。这里的虫指的是虺（huǐ），是上古的一种毒蛇，不是昆虫之虫。

【译文】

再向东三百八十里，是猨翼山。山上生长着许多怪异的野兽，水中生长着许多怪异的鱼，还盛产白玉，有很多蝮虫，很多奇怪的蛇，很多奇怪的树木，人是不可以攀登上去的。

【原文】

又东三百七十里，曰杻阳之山，其阳多赤金[①]，其阴多白金[②]。有兽焉，其状如马而白首，其文如虎而赤尾，其音如谣，其名曰鹿蜀，佩之宜子孙。怪水出焉，而东流注于宪翼之水。其中多玄龟，其状如龟而鸟首虺尾，其名曰旋龟，其音如判木，佩之不聋，可以为底[③]。

【注释】

①赤金：指未经提炼的赤黄色沙金。

②白金：即白银。这里指未经提炼的银矿石。

③底：同“胝”，就是手掌或脚底因长期摩擦而生的厚皮，俗称“老茧”。

【译文】

再向东三百七十里，就是杻阳山。山南面盛产黄金，山北面盛产白银。山中有一种野兽，长得像马却有着白色的脑袋，身上的斑纹像老虎而尾巴却是红色的，发出的声音像人在唱歌，名叫鹿蜀，人穿戴上它的毛皮就可以多子多孙。怪水从这座山发源，向东流入宪翼水。水中有许多黑色的龟，长得像普通乌龟却有着鸟一样的头和蛇一样的尾巴，名叫旋龟，叫声像劈开木头时发出的响声，佩带上它就能使人的耳朵不聋，还可以治愈手心脚底的老茧。

【原文】

又东三百里，曰柢山，多水，无草木。有鱼焉，其状如牛，陵居，蛇尾有翼，其羽在魼[①]下，其音如留牛[②]，其名曰鯥，冬死[③]而夏生，食之无肿疾。

【注释】

①魼（qū）：即“胠”的同声假借字，指腋下肋上部分。

②留牛：可能是犁牛。

③冬死：指冬眠，也叫冬蛰。一些动物在过冬时会处于昏睡不动的状态中，好像死了一般。

【译文】

再向东三百里，是柢山，山间多流水，没有花草树木。有一种鱼，长得像牛，栖息在山坡上，长着蛇一样的尾巴而且有翅膀，而翅膀长在肋骨上，叫声像犁牛，名叫鯥，冬天蛰伏而夏天复苏，吃了它的肉就能使人不患臃肿类的疾病。

【原文】

又东四百里，曰亶爰之山，多水，无草木，不可以上。有兽焉，其状如狸而有髦[①]，其名曰类，自为牝牡[②]，食者不妒。

【注释】

①髦：下垂至眉的长发。

②牝：雌性的鸟兽。这里指雌性器官。牡：雄性的鸟兽。这里指雄性器官。

【译文】

再向东四百里，是亶爰山，山间多流水，没有花草树木，人不能攀登上去。山中有一种野兽，长得像野猫却有着像人一样的长发，名叫类，一身具有雌雄两种性器官，吃了它的肉就会使人摒弃妒忌心。

【原文】

又东三百里，曰基山，其阳多玉，其阴多怪木。有兽焉，其状如羊，九尾四耳，其目在背，其名曰猼訑，佩之不畏。有鸟焉，其状如鸡而三首、六目、六足、三翼，其名曰䳜䳜，食之无卧。

【译文】

再向东三百里，是基山，山的南面盛产玉石，山的北面有很多奇怪的树木。山中有一种野兽，长得像羊，有着九条尾巴和四只耳朵，眼睛长在背上，名叫猼訑，人穿戴上它的毛皮就会不产生恐惧心。山中还有一种禽鸟，长得像鸡却有着三个脑袋、六只眼睛、六只脚、三只翅膀，名叫䳜䳜，吃

了它的肉就会使人不感到瞌睡。

【原文】

又东三百里，曰青丘之山，其阳多玉，其阴多青雘[①]。有兽焉，其状如狐而九尾，其音如婴儿，能食人，食者不蛊。有鸟焉，其状如鸠，其音若呵，名曰灌灌，佩之不惑。英水出焉，南流注于即翼之泽。其中多赤鱬[②]，其状如鱼而人面，其音如鸳鸯，食之不疥。

【注释】

①青雘：一种颜色很好看的天然涂料。

②赤鱬：也叫鲵鱼，即现在所说的娃娃鱼，有四只脚，长尾巴，能上树，属两栖类动物。

【译文】

再向东三百里，是青丘山，山的南面盛产玉石，山的北面多出产青雘。山中有一种野兽，长得像狐狸却有着九条尾巴，吼叫的声音与婴儿啼哭相似，能吞食人；吃了它的肉就能使人不中妖邪毒气。山中还有一种禽鸟，长得像斑鸠，鸣叫的声音如同人在互相斥骂，名叫灌灌，把它的羽毛插在身上可以使人不受迷惑。英水从这座山发源，向南流入即翼泽。水中有很多赤鱬，长得像普通的鱼却有一副人的面孔，发出的声音如同鸳鸯鸟在叫，吃了它的肉就能使人不生疥疮。

【原文】

又东三百五十里，曰箕尾之山，其尾踆[①]于东海，多沙石。汉水出焉，而南流注于淯，其中多白玉。

【注释】

①踆（cūn）：通“蹲”，屈两膝如坐，臀部不着地。这里是坐的意思。

【译文】

再向东三百五十里，是箕尾山，山的尾端坐落于东海中，沙石很多。汉水从这座山发源，然后向南流入淯水，水中盛产白色玉石。

【原文】

凡䧿山之首，自招摇之山，以至箕尾之山，凡十山，二千九百五十里。其神状皆鸟身而龙首。其祠[①]之礼：毛[②]用一璋玉瘗[③]，糈[④]用稌米[⑤]，一壁，稻米，白菅为席。

【注释】

①祠：祭祀。

②毛：指毛物，即祀神所用的畜禽。

③瘗：埋葬。

④糈：祭神用的精米。

⑤稌米：稻米，也有说是专指糯稻。

【译文】

䧿山山系的首尾，从招摇山起，直到箕尾山止，一共是十座山，途经二千九百五十里。诸山山神的形状都是鸟的身子、龙的脑袋。祭祀山神的典礼：把祀神用的牲畜和璋玉一起埋入地下，祀神的米用稻米，用白茅草来做神的座席。

【原文】

南次二经之首，曰柜山，西临流黄，北望诸毗，东望长右。英水出焉，西南流注于赤水，其中多白玉，多丹粟。有兽焉，其状如豚，有距[①]，其音如狗吠，其名曰狸力，见则其县多土功。有鸟焉，其状如鸱[②]而人手，其音如痺，其名曰鴸[③]，其名自号也，见则其县多放士。

【注释】

①距：雄鸡、野鸡等跖后面突出的像脚趾的部分。

②鸱：即鷂鹰，一种凶猛的飞禽，常捕食其他小型鸟禽。

③鴸：传说是帝尧的儿子丹朱所化的鸟。帝尧把天下让给帝舜，而丹朱和三苗国人联合起兵反对，帝尧便派兵打败了他们，丹朱感到羞愧，就自投南海淹死后化作鴸。

【译文】

南方第二列山系的第一座山是柜山，西边临近流黄酆氏国和流黄辛氏国，在山上向北可以望见诸毗山，向东可以望见长右山。英水从这座山发源，向西南流入赤水，水中有很多白色玉石，还有很多粟粒般大小的丹砂。山中有一种野兽，长得像普通的小猪，长着一双鸡爪，叫的声音如同狗叫，名叫狸力，哪个地方出现狸力就一定会有繁多的水土工程。山中还有一种鸟，长得像鹞鹰却长着人手一样的爪子，啼叫的声音如同痺鸣，名叫鴸，它的鸣叫声就是自身名称的读音，哪个地方出现鴸就一定会有众多的文士被流放。

【原文】

东南四百五十里，曰长右之山，无草木，多水。有兽焉，其状如禺而四耳，其名长右，其音如吟，见则郡县大水。

【译文】

东南四百五十里，是长右山，山间没有花草树木，有很多流水。山中有一种野兽，它长得像长尾巴的猿，却有四只耳朵，名叫长右，声音像在吟诵，它出现的郡县预示会有洪水。

【原文】

又东三百四十里，曰尧光之山，其阳多玉，其阴多金。有兽焉，其状如人而彘鬣①，穴居而冬蛰，其名曰猾褢，其音如斫木，见则县有大繇②。

【注释】

①彘：猪。鬣：牲畜身上硬的刚毛。

②繇：通“徭”。

【译文】

再向东三百四十里，是尧光山，山的南面多产玉石，山的北面蕴藏着丰富的金属矿产。山中有一种野兽，长得像人却有猪那样的鬣毛，冬季蛰伏在洞穴中，名叫猾褢，叫声如同砍木头时发出的响声，哪个地方出现猾褢那里就会有繁重的徭役。

【原文】

又东三百五十里，曰羽山[1]，其下多水，其上多雨，无草木，多蝮虫。

【注释】

①羽山：传说中的祝融曾奉上古帝王尧帝之命，将大禹的父亲鲧杀死在羽山；另有一说鲧是被帝舜杀死在羽山的，所以，这座山很有名。

【译文】

再向东三百五十里，是羽山，山下有很多流水，山上经常下雨，没有花草树木，有很多蝮虫。

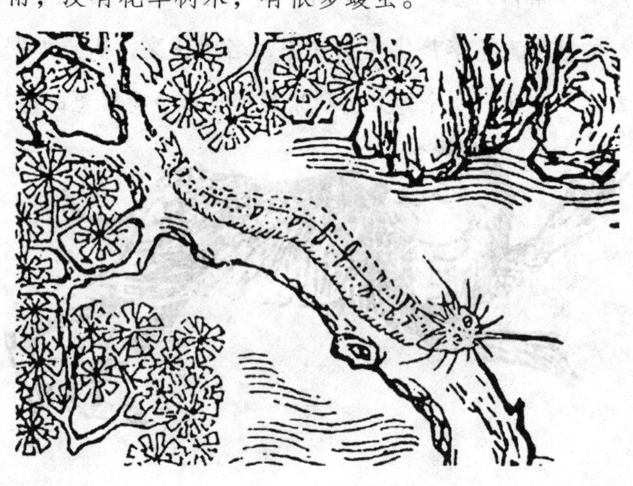

【原文】

又东三百七十里，曰瞿父之山，无草木，多金玉。

【译文】

再向东三百七十里，是瞿父山，山上没有花草树木，但有丰富的金属矿物和玉石。

【原文】

又东四百里，曰句余之山，无草木，多金玉。

【译文】

再向东四百里，是句余山，山上没有花草树木，但有丰富的金属矿物和玉石。

【原文】

又东五百里，曰浮玉之山，北望具区[①]，东望诸毗。有兽焉，其状如虎而牛尾，其音如吠犬，其名曰彘，是食人。苕水出于其阴，北流注于具区。其中多鮆鱼。

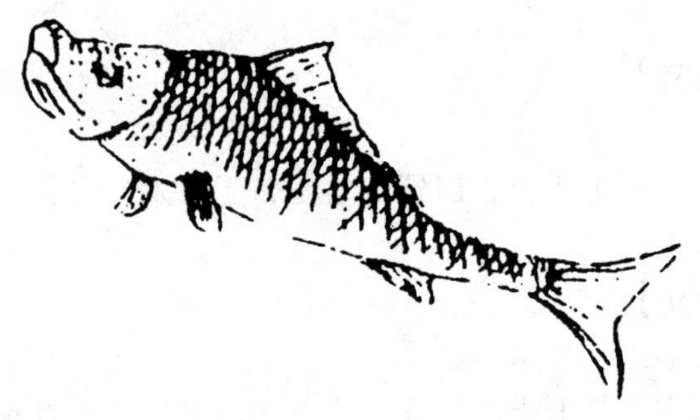

【注释】

①具区：即现在江苏境内的太湖。

【译文】

再向东五百里，是浮玉山，在山上向北可以望见具区泽，向东可以望见诸毗水。山中有一种野兽，长得像老虎却有牛的尾巴，发出的叫声如同狗叫，名叫彘，是能吃人的怪兽。苕水从这座山的北麓发源，向北注入具区泽。水中生长着很多鮆鱼。

【原文】

又东五百里，曰成山，四方而三坛，其上多金玉，其下多青雘。阌水出焉，而南流注于虖勺，其中多黄金。

【译文】

再向东五百里，是成山，呈现四方形而像三层土坛，山上盛产金属矿物和玉石，山下多产青雘。阌水从这座山发源，然后向南注入虖勺水，水中有许多黄金。

【原文】

又东五百里，曰会稽之山，四方，其上多金玉，其下多砆石[①]。勺水出焉，而南流注于湨。

【注释】

①砆石：即珷玞，一种似玉的美石。

【译文】

再向东五百里，是会稽山，呈四方形，山上有丰富的金属矿物和玉石，山下盛产晶莹剔透的砆石。勺水从这座山发源，然后向南注入湨水。

【原文】

又东五百里，曰夷山。无草木，多沙石。湨水出焉，而南流注[①]于列涂。

【注释】

①注：灌注，倾泻。

【译文】

再向东五百里，是夷山。山上没有花草树木，到处是细沙石子。湨水从这座山发源，然后向南流入列涂水。

【原文】

又东五百里，曰仆勾之山，其上多金玉，其下多草木，无鸟兽，无水。

【译文】

再向东五百里，是仆勾山，山上有丰富的金属矿产和玉石，山下有茂密的花草树木，但没有禽鸟野兽，也没有流水。

【原文】

又东五百里，曰咸阴之山，无草木，无水。

【译文】

再向东五百里，是咸阴山，没有花草树木，也没有流水。

【原文】

又东四百里，曰洵山，其阳多金，其阴多玉。有兽焉，其状如羊而无口，不可杀也，其名曰䍺。洵水出焉，而南流注于阏之泽，其中多芘蠃[1]。

【注释】

①芘蠃：芘，通“紫”。蠃，通“螺”。“芘蠃”就是紫颜色的螺。

【译文】

再向东四百里，是洵山，山的南面盛产金属矿物，山的北面多出产玉石。山中有一种野兽，长得像羊却没有嘴巴，不吃东西也能活着而不死，名叫䍺。洵水从这座山发源，然后向南流入阏泽，水中有很多紫色螺。

【原文】

又东四百里，曰虖勺之山，其上多梓枏[1]，其下多荆杞[2]。滂水出焉，而东流注于海。

【注释】

①梓：梓树，一种落叶乔木。枏：即楠木树，常绿乔木，叶质厚，花小，核果小球形。木材富于香气，是主要的制香材料。

②荆：即牡荆，一种落叶灌木。杞：即枸杞，落叶小灌木，夏季开淡紫色花。果实是红色的，叫枸杞子，药用价值很大。

【译文】

再向东四百里，是虖勺山，山上到处是梓树和楠木树，山下生长许多牡荆树和枸杞树。滂水从这座山发源，然后向东流入大海。

【原文】

又东五百里，曰区吴之山，无草木，多沙石。鹿水出焉，而南流注于滂水。

【译文】

再向东五百里，是区吴山，山上没有花草树木，到处是细沙石子。鹿水从这座山发源，然后向南流入滂水。

【原文】

又东五百里，曰鹿吴之山，上无草木，多金石。泽更之水出焉，而南流注于滂水。水有兽焉，名曰蛊雕，其状如雕①而有角，其音如婴儿之音，是食人。

【注释】

①雕：一种猛禽。

【译文】

再向东五百里，是鹿吴山，山上没有花草树木，但有丰富的金属矿物和玉石。泽更水从这座山发源，然后向南流入滂水。水中有一种野兽，名叫蛊雕，长得像雕鹰却头上长角，发出的声音如同婴儿啼哭，是能吃人的怪兽。

【原文】

东五百里，曰漆吴之山，无草木，多博石，无玉。处于

东海，望丘山，其光载出载入，是惟日次[1]。

【注释】

①次：旅途中停留。

【译文】

再向东五百里，是漆吴山，山中没有花草树木，多出产可以当作棋子的博石，不产玉石。这座山位于东海之滨，面对丘山，可见有光影忽明忽暗，那是太阳停歇之处。

【原文】

凡南次二经之首，自柜山至于漆吴之山，凡十七山，七千二百里。其神状皆龙身而鸟首。其祠：毛用一璧瘗，糈用稌。

【译文】

南方第二列山系的首尾，从柜山起到漆吴山止，一共十七座山，途经七千二百里。诸山山神的形状都是龙的身子鸟的头。祭祀山神的方法：把祀神用的牲畜和玉璧一起埋入地下，祀神的米用稻米。

【原文】

南次三经之首，曰天虞之山，其下多水，不可以上。

【译文】

南方第三列山系的头一座山，是天虞山，山下到处是水，人不能攀登上去。

【原文】

东五百里，曰祷过之山，其上多金玉，其下多犀兕[①]，多象。有鸟焉，其状如䴔，[②]而白首、三足、人面，其名曰瞿如，其鸣自号也。泿水出焉，而南流注于海。其中有虎蛟[③]，其状鱼身而蛇尾，其音如鸳鸯，食者不肿，可以已痔。

【注释】

①犀：据古人说，犀的身子像水牛，头像猪，蹄子似象，黑色皮毛，生有三只角，一只长在头顶上，一只长在前额上，一只长在鼻子上。兕：据古人说，兕的身子也像水牛，青色皮毛，生有一只角，身体很重，大的有三千斤。

②䴔：传说中的一种鸟，样子像野鸭子但比野鸭子小一些，脚长在接近尾巴的部位。

③虎蛟：传说中龙的一个种类。

【译文】

从天虞山向东五百里，是祷过山，山上盛产金属矿物和玉石，山下到处是犀兕，还有很多大象。山中有一种禽鸟，长得像鸡却有着白色的脑袋，长着三只脚和像人一样的脸，名叫瞿如，它的鸣叫声就是自身名称的读音。浪水从这座山发源，然后向南流入大海。水中有一种虎蛟，身子像鱼却拖着一条蛇的尾巴，叫声如同鸳鸯，吃了它的肉就能使人不生臃肿疾病，还可以治愈痔疮。

【原文】

又东五百里，曰丹穴之山，其上多金玉。丹水出焉，而南流注于渤海。有鸟焉，其状如鸡，五采而文，名曰凤皇①，首文曰德，翼文曰义，背文曰礼，膺②文曰仁，腹文曰信。是鸟也，饮食自然，自歌自舞，见则天下安宁。

【注释】

①凤皇：是古代传说中的鸟王。雄的叫“凤”，雌的叫“凰”。据古人说，它拥有鸡的头、蛇的脖颈、燕子的下颌、乌龟的背、鱼的尾巴，以及五彩斑斓的颜色，高六尺左右。

②膺：胸。

【译文】

再向东五百里，是丹穴山，山上盛产金属矿物和玉石。丹水从这座山发源，然后向南流入渤海。山中有一种鸟，长得像鸡，全身上下是五彩羽毛，名叫凤凰，头上的花纹是“德”字的形状，翅膀上的花纹是“义”字的形状，背部的花纹是“礼”字的形状，胸部的花纹是“仁”字的形状，腹部的花纹是“信”字的形状。这种叫作凤凰的鸟，吃喝很自然从容，经常边唱边舞，它一出现天下就会太平。

【原文】

又东五百里，曰发爽之山，无草木，多水，多白猿。汎水出焉，而南流注于渤海。

【译文】

再向东五百里，是发爽山，没有花草树木，到处是流水，有很多白色的猿。汎水从这座山发源，然后向南流入渤海。

【原文】

又东四百里，至于旄山之尾。其南有谷，曰育遗，多怪鸟，凯风[1]自是出。

【注释】

①凯风：南风，意思是柔和的风。

【译文】

再向东四百里，就到了旄山的尾端。此处的南面有一道峡谷，叫作育遗，生长着许多奇怪的鸟，南风就是从这里吹出来的。

【原文】

又东四百里，至于非山之首。其上多金玉，无水，其下多蝮虫。

【译文】

再向东四百里，就到了非山的顶部。山上盛产金属矿物和玉石，没有流水，山下有许多蝮虫。

【原文】

又东五百里，曰阳夹之山，无草木，多水。

【译文】

再向东五百里，是阳夹山，没有花草树木，有许多流水。

【原文】

又东五百里，曰灌湘之山，上多木，无草；多怪鸟，无兽。

【译文】

再向东五百里，是灌湘山，山上到处是树木，但没有花草；山中有许多奇怪的飞鸟，却没有野兽。

【原文】

又东五百里，曰鸡山，其上多金，其下多丹雘。黑水出焉，而南流注于海。其中有鱄鱼，其状如鲋而彘毛，其音如豚，见则天下大旱。

【译文】

再向东五百里，是鸡山，山上有丰富的金属矿物，山下盛产丹雘。黑水从这座山发源，然后向南流入大海。水中有一种鱄鱼，长得像鲫鱼却长着猪毛，发出的声音如同小猪叫，它一出现天下就会大旱。

【原文】

又东四百里，曰令丘之山，无草木，多火。其南有谷焉，曰中谷，条风[1]自是出。有鸟焉，其状如枭[2]，人面四目而有耳，其名曰颙，其鸣自号也，见则天下大旱。

【注释】

①条风：也叫调风、融风，即春天的东北风。

②枭：通“鸮”，俗称猫头鹰。

【译文】

再向东四百里，是令丘山，没有花草树木，到处是野火。山的南边有一道峡谷，叫作中谷，东北风就是从这里吹出来的。山中有一种禽鸟，长得像猫头鹰，却有着一副人脸和四只眼睛，而且有耳朵，名叫颙，它发出的叫声就是自身名称的读音，它一出现天下就会大旱。

【原文】

又东三百七十里，曰仑者之山，其上多金玉，其下多青雘。有木焉，其状如榖而赤理，其汗如漆，其味如饴[①]，食者不饥，可以释劳，其名曰白㯤，可以血[②]玉。

【注释】

①饴：用麦芽制成的糖浆。

②血：这里用作动词，染的意思，即染器物饰品使之发出光彩。

【译文】

再向东三百七十里，是仑者山，山上有丰富的金属矿物和玉石，山下盛产青雘。山中有一种树木，长得像榖树却有着红色的纹理，枝干流出的汁液似漆，味道是甜的，人吃了它就不会感到饥饿，还可以解除忧愁、消除疲劳，名叫白㯤，可以用它把玉石染得鲜红。

【原文】

又东五百八十里，曰禺稾之山，多怪兽，多大蛇。

【译文】

再向东五百八十里，是禺稾山，山中有很多奇怪的野兽，还有很多大蛇。

【原文】

又东五百八十里，曰南禺之山，其上多金玉，其下多水。有穴焉，水出辄入，夏乃出，冬则闭。佐水出焉，而东南流注于海，有凤皇、鹓雏①。

【注释】

①鹓雏：传说中的一种鸟，和凤凰、鸾凤是同一类。

【译文】

再向东五百八十里，是南禺山，山上盛产金属矿物和玉石，山下有许多流水。山中有一个洞穴，水流入洞穴，在夏天便流出洞穴，在冬天则壅塞不通。佐水从这座山发源，然后向东南流入大海，佐水流经的地方有凤凰和鹓雏栖息。

【原文】

凡南次三经之首，自天虞之山以至南禺之山，凡一十四山，六千五百三十里。其神皆龙身而人面。其祠皆一白狗祈，糈用稌。

【译文】

南方第三列山系的首尾，从天虞山起到南禺山止，一共十四座山，途经六千五百三十里。诸山山神都是龙的身子人的面孔。祭祀山神全部是用一条白色的狗作为供品，祀神的米用稻米。

【原文】

右南经之山志，大小凡四十山，万六千三百八十里。

【译文】

以上是南方经历之山的记录，大大小小总共四十座，途经一万六千三百八十里。

二、西山经

【原文】

西山经华山之首，曰钱来之山，其上多松，其下多洗石[①]。有兽焉，其状如羊而马尾，名曰羬羊，其脂可以已腊[②]。

【注释】

①洗石：一种可以用作洗澡去污的石头。

②腊：皮肤皴皱。

【译文】

西方第一列山系华山山系的前端部分，叫作钱来山，山上有许多松树，山下有很多洗石。山中有一种野兽，长得像羊却有着马的尾巴，名叫羬羊，羬羊的油脂可以治疗干裂的皮肤。

【原文】

西四十五里，曰松果之山。濩水出焉，北流注于渭，其中多铜。有鸟焉，其名曰䳋渠，其状如山鸡，黑身赤足，可以已㬥[①]。

【注释】

①㬥（bào）：皮肤皴皱。

【译文】

向西四十五里，是松果山。濩水从这座山发源，向北流入渭水，其中多产铜。山中有一种禽鸟，名叫䳋渠，长得像野鸡，有黑色的身子和红色的爪子，可以用来治疗皮肤干皱。

【原文】

又西六十里，曰太华之山[①]，削成而四方，其高五千仞，其广十里，鸟兽莫居。有蛇焉，名曰肥𧔥，六足四翼，见则天下大旱。

【注释】

①太华之山：即太华山，华山主峰，古称西岳，在今陕西省。

【译文】

再向西六十里，是太华山，山崖陡峭像刀削一般而呈四方形，山高五千仞，方圆十里，禽鸟野兽无法栖身。山中有一种蛇，名叫肥𧔥，长着六只脚和四只翅膀，它一出现就会天下大旱。

【原文】

又西八十里，曰小华之山，其木多荆杞，其兽多㸲牛，其阴多磬石，其阳多㻬琈之玉。鸟多赤鷩，可以御火。其草有萆荔，状如乌韭，而生于石上，亦缘木而生，食之已①心痛。

【注释】

①已：治疗。

【译文】

再向西八十里，是小华山，山上的树木大多是牡荆树和枸杞树，山中的野兽大多是㸲牛，山北面盛产磬石，山南面盛产㻬琈玉。山中有许多赤鷩鸟，饲养它就可以避火。山中还有一种叫作萆荔的草，长得像乌韭，但生长在石头上面，也攀缘树木而生长，人吃了它就能治愈心痛病。

【原文】

又西八十里，曰符禺之山，其阳多铜，其阴多铁。其上有木焉，名曰文茎，其实如枣，可以已聋。其草多条，其状如葵，而赤华黄实，如婴儿舌，食之使人不惑。符禺之水出焉，而北流注于渭。其兽多葱聋[①]，其状如羊而赤鬣。其鸟多鴖，其状如翠而赤喙，可以御火。

【注释】

①葱聋：古人认为是野山羊的一种。

【译文】

再向西八十里，是符禺山，山的南面盛产铜，山的北面盛产铁。山上有一种树木，名叫文茎，结的果实像枣子，可以用来治疗耳聋。山中生长的草大多是条草，形状与葵菜相似，但开的是红色花朵而结的是黄色果实，果实的样子像婴儿的舌头，吃了它就可使人不迷惑。符禺水从这座山发源，然后向北流入渭水。山中的野兽大多是葱聋，长得像羊却有红色的鬣毛。山中的禽鸟大多是䳋鸟，长得像翠鸟却有着红色的嘴巴，饲养它可以避火。

【原文】

又西六十里，曰石脆之山，其木多棕枏，其草多条[①]，其状如韭，而白华黑实，食之已疥。其阳多㻬琈之玉，其阴多铜。灌水出焉，而北流注于禺水。其中有流赭[②]，以涂牛马无病。

【注释】

①条：一种草的名称。

②流赭：流，即硫黄，是一种天然的矿物质，中医入药，有杀虫作用；赭，即赭黄，是一种天然生成的褐铁矿，

可做黄色颜料。

【译文】

再向西六十里，是石脆山，山上的树大多是棕树和楠木树，而草大多是条草，形状与韭菜相似，但是开的是白色花朵而结的是黑色果实，人吃了这种果实就可以治愈疥疮。山南面盛产㻬琈玉，山北面盛产铜。灌水从这座山发源，然后向北流入禺水。水里有硫黄和赭黄，将这种水涂洒在牛马的身上就能使牛马健壮不生病。

【原文】

又西七十里，曰英山，其上多杻橿[①]，其阴多铁，其阳多赤金。禺水出焉，北流注于招水，其中多鲜鱼，其状如鳖，其音如羊。其阳多箭䉋[②]，其兽多㸲牛、羬羊。有鸟焉，其状如鹑[③]，黄身而赤喙，其名曰肥遗，食之已疠，可以杀虫。

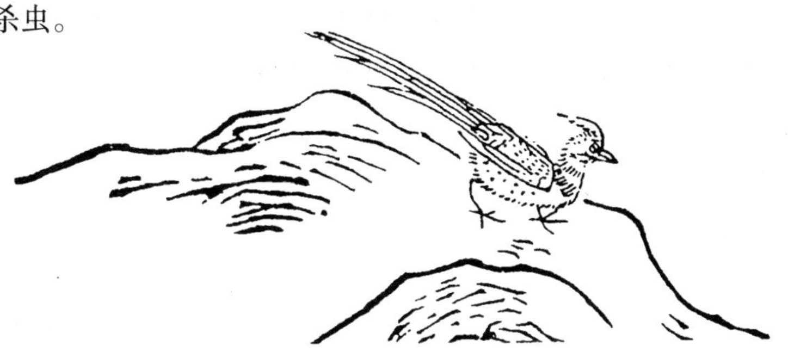

【注释】

①杻：杻树，长得近似于棣树，叶子细长，可以用来喂牛，木材能造车辋。橿：橿树，木质坚硬，古人常用来制作车子。

②箭𥳇：一种节长、皮厚、根深的竹子，冬天可以从地下挖出它的笋来食用。

③鹑：即“鹌鹑”的简称，是一种鸟，体形像小鸡，头小尾短，羽毛赤褐色，有黄白色条纹。

【译文】

再向西七十里，是英山，山上有许多杻树和橿树，山的北面盛产铁，山的南面盛产黄金。禺水从这座山发源，向北流入招水，水中有很多鲜鱼，长得像鳖，发出的声音如同羊叫。山南面还生长有很多箭竹和𥳇竹，野兽大多是㸲牛、羬羊。山中有一种禽鸟，长得像鹌鹑鸟，有黄色的身子和红色的嘴巴，名叫肥遗，人吃了它的肉就能治愈麻风病，还能杀死体内的寄生虫。

【原文】

又西五十二里，曰竹山，其上多乔木，其阴多铁。有草焉，其名曰黄雚，其状如樗[①]，其叶如麻，白华而赤实，其状如赭，浴之已疥，又可以已胕。竹水出焉，北流注于渭，其阳多竹箭，多苍玉。丹水出焉，东南流注于洛水，其中多水玉，多人鱼。有兽焉，其状如豚而白毛，大如笄[②]而黑端，名曰豪彘[③]。

【注释】

①樗：即臭椿树，长得很高大，树皮呈灰色而不裂，小枝粗壮，羽状复叶，夏季开白绿色花。

②笄：即簪子，是古人用来插住挽起的头发或连住头发上的冠帽的一种长针。

③豪彘：即豪猪，俗称箭猪。

【译文】

再向西五十二里，是竹山，山上到处是高大的树木，山北面盛产铁。山中有一种草，名叫黄雚，长得像樗树，叶子

像麻叶，开白色的花朵而结红色的果实，果实外表的颜色像赭色，用它洗浴就可治愈疥疮，又可以治疗浮肿病。竹水从这座山发源，向北流入渭水，竹水的北岸有很多的小竹丛，还有许多青色的玉石。丹水发源于这座山，向东南流入洛水，水中多出产水晶石，又有很多人鱼。山中有一种野兽，长得像小猪却有着白色的毛，毛如簪子粗细而尖端呈黑色，名叫豪彘。

【原文】

又西百二十里，曰浮山，多盼木，枳[1]叶而无伤，木虫居之。有草焉，名曰薰草，麻叶而方茎，赤华而黑实，臭[2]如蘼芜[3]，佩之可以已疠。

【注释】

①枳：枳树，也叫作“枸橘”“臭橘”，枝子上有粗刺。

②臭：气味。

③蘼芜：一种香草，闻起来像兰花的气味。

【译文】

再向西一百二十里，是浮山，山上有许多盼木，长着枳树一样的叶子却没有刺，树木上的虫子寄生于此。山中有一种草，名叫薰草，叶子像麻叶却长着方方的茎干，开红色的花朵而结黑色的果实，气味像蘼芜，把它佩带在身上就可以治疗麻风病。

【原文】

又西七十里，曰羭次之山，漆水出焉，北流注于渭。其上多棫[①]橿，其下多竹箭，其阴多赤铜，其阳多婴垣[②]之玉。有兽焉，其状如禺而长臂，善投，其名曰嚣[③]。有鸟焉，其状如枭，人面而一足，曰橐𩇯，冬见夏蛰[④]，服之不畏雷。

【注释】

①棫：棫树，长得很小，枝条上有刺，结的果子像耳珰，红紫色，可以吃。

②婴垣：一种玉石，主要用来制作挂在脖子上的装饰品。

③嚣：一种野兽，古人认为它就是猕猴，形貌与人相似。

④蛰：动物冬眠时潜伏在土中或洞穴中不食不动的状态。

【译文】

再向西七十里，是羭次山。漆水发源于此，向北流入渭水。山上有茂密的棫树和橿树，山下有茂密的小竹丛，山北面有丰富的赤铜，山南面有丰富的婴垣玉。山中有一种野兽，长得像猿而双臂很长，擅长投掷，名叫嚣。山中还有一种禽鸟，长得像猫头鹰，长着人一样的面孔而只有一只脚，叫作橐𩇯，常常是冬天外出活动而夏天蛰伏，把它的羽毛带在身上可以使人不怕打雷。

【原文】

又西百五十里，曰时山，无草木。逐水出焉，北流注于渭[①]，其中多水玉。

【注释】

①渭：即渭水。

【译文】

再向西一百五十里，是时山，没有花草树木。逐水从这座山发源，向北流入渭水。水中有很多水晶石。

【原文】

又西百七十里，曰南山，上多丹粟。丹水出焉，北流注于渭。兽多猛豹[①]，鸟多尸鸠[②]。

【注释】

①猛豹：传说中的一种野兽，形体与熊相似而比熊小些，浅色的毛皮有光泽，吃蛇，还能吃铜铁。

②尸鸠：即布谷鸟。

【译文】

再向西一百七十里，是南山，山上到处是粟粒大小的丹砂。丹水从这座山发源，向北流入渭水。山中的野兽大多是猛豹，禽鸟大多是布谷鸟。

【原文】

又西百八十里，曰大时之山，上多榖柞[①]，下多杻橿，阴多银，阳多白玉。涔水出焉，北流注于渭。清水出焉，南流注于汉水。

【注释】

①柞（zuò）：古人认为是栎树。它的木材可以用于建

筑、器具、薪炭等。

【译文】

再向西四百八十里，是大时山，山上有很多榖树和栎树，山下有很多杻树和橿树，山北面多出产银，山南面盛产白色玉石。涔水从这座山发源，向北流入渭水。清水也从这座山发源，向南流入汉水。

【原文】

又西三百二十里，曰嶓冢之山，汉水出焉，而东南流注于沔；嚣水出焉，北流注于汤水。其上多桃枝[1]钩端[2]，兽多犀兕熊罴，鸟多白翰[3]赤鷩。有草焉，其叶如蕙[4]，其本如桔梗[5]，黑华而不实，名曰蓇蓉，食之使人无子。

【注释】

①桃枝：一种竹子，它每隔四寸为一节。

②钩端：属于桃枝竹之类的竹子。

③白翰：一种鸟，就是白雉，又叫白鹇，雄性白雉鸟的上体和两翼为白色，尾长，中央尾羽纯白。这种鸟常栖于高山竹林间。

④蕙：蕙草，是一种香草，属于兰草之类。

⑤桔梗：橘树的茎干。

【译文】

再向西三百二十里，是嶓冢山，汉水发源于此，然后向东南流入沔水；嚣水也发源于此，向北流入汤水。山上到处是葱茏的桃枝竹和钩端竹，野兽以犀牛、兕、熊、罴最多，禽鸟以白翰和赤鷩最多。山中有一种草，叶子长得像蕙草叶，茎干像桔梗，开黑色花朵但不结果实，名叫蓇蓉，吃了它就会使人无法生育孩子。

【原文】

又西三百五十里，曰天帝之山，上多棕枏，下多菅蕙。有兽焉，其状如狗，名曰溪边，席其皮者不蛊。有鸟焉，其状如鹑，黑文而赤翁，名曰栎，食之已痔。有草焉，其状如葵，其臭如蘼芜，名曰杜衡，可以走马，食之已瘿。

【译文】

再向西三百五十里，是天帝山，山上是茂密的棕树和楠木树，山下主要生长茅草和蕙草。山中有一种野兽，长得像狗，名叫溪边，人坐卧时铺垫上溪边兽的皮就不会中妖邪毒气。山中有一种禽鸟，长得像鹌鹑鸟，长着黑色的花纹和红色的颈毛，名叫栎，人吃了它的肉可以治愈痔疮。山中有一种草，长得像葵菜，散发出和蘼芜一样的气味，名叫杜衡，给马插戴上它就可以使马跑得很快，人吃了它就可以治愈脖子上的赘瘤病。

【原文】

西南三百八十里，曰皋涂之山，蔷水出焉，西流注于诸资之水；涂水出焉，南流注于集获之水。其阳多丹粟，其阴多银、黄金，其上多桂木。有白石焉，其名曰礜[①]，可以毒鼠。有草焉，其状如槀茇[②]，其叶如葵而赤背，名曰无条，可以毒鼠。有兽焉，其状如鹿而白尾，马足人手而四角，名曰玃如。有鸟焉，其状如鸮而人足，名曰数斯，食之已瘿。

【注释】

①礜：即礜石，一种矿物，有毒。苍白二色的礜石可以入药。如果山上有各种礜石，草木不能生长，霜雪不能积存；如果水里有各种礜石，就会使水不结冰。

②藁茇：一种香草，根茎可以入药。

【译文】

向西南三百八十里，是皋涂山，蔷水发源于此，向西流入诸资水；涂水也发源于此，向南流入集获水。山南面到处是粟粒大小的丹砂，山北面盛产银、黄金，山上到处是桂树。山中有一种白色的石头，名叫礜，可以用来毒死老鼠。山中有一种草，长得像藁茇，叶子像葵菜的叶子而背面是红色的，名叫无条，可以用来毒死老鼠。山中有一种野兽，长得像鹿却有着白色的尾巴，有马一样的脚蹄、人一样的手而又有四只角，名叫玃如。山中有一种禽鸟，长得像鸮鹰却有着人一样的脚，名叫数斯，吃了它的肉就能治愈人脖子上的赘瘤病。

【原文】

又西百八十里，曰黄山，无草木，多竹箭。盼水出焉，西流注于赤水，其中多玉。有兽焉，其状如牛，而苍黑大目，其名曰𤜉。有鸟焉，其状如鸮，青羽赤喙，人舌能言，名曰鹦䳇[1]。

【注释】

①鹦䳇：即鹦鹉，俗称鹦哥。

【译文】

再向西一百八十里，是黄山，没有花草树木，到处是郁郁葱葱的竹丛。盼水从这座山发源，向西流入赤水，水中有很多玉石。山中有一种野兽，长得像牛，却长着苍黑色的皮毛、大大的眼睛，名叫𤜉。山中有一种禽鸟，长得像猫头鹰，有着青色的羽毛和红色的嘴，有像人一样的舌头，能学人说话，名叫鹦䳇。

【原文】

又西二百里，曰翠山，其上多棕枏，其下多竹箭，其阳多黄金、玉，其阴多旄牛、麢、麝[①]。其鸟多鸓，其状如鹊，赤黑而两首四足，可以御火。

【注释】

①旄牛：即牦牛。麢：同“羚”，即羚羊。麝：一种动物，也叫香獐，前肢短，后肢长，蹄子小，耳朵大，体毛棕色，雌性和雄性都没有角。雄性麝的脐与生殖孔之间有麝腺，分泌的麝香可作药用和香料用。

【译文】

再向西二百里，是翠山，山上是茂密的棕树和楠木树，山下有许多竹丛，山南面盛产黄金、玉石，山北面有很多牦牛、羚羊、麝。山中的禽鸟大多是鸓鸟，长得像喜鹊，有着红黑色的羽毛和两个脑袋、四只脚，人养着它可以避火。

【原文】

又西二百五十里，曰騩山，是錞[①]于西海，无草木，多玉。淒水出焉，西流注于海，其中多采石、黄金，多丹粟。

【注释】

①錞：依附。这里是坐落、高踞的意思。

【译文】

再向西二百五十里，是騩山，它坐落在西海边上，这里没有花草树木，有很多玉石。淒水从这座山发源，向西流入大海，水中有许多采石、黄金，还有很多粟粒大小的丹砂。

【原文】

凡西经之首，自钱来之山至于騩山，凡十九山，二千九百五十七里。华山，冢也，其祠之礼：太牢[①]。羭山，神也，祠之用烛，斋百日以百牺，瘗用百瑜，汤其酒百樽，婴[②]以百珪[③]百璧。其余十七山之属，皆毛牷[④]用一羊祠之。烛者，百草之未灰，白席采等纯之。

【注释】

①太牢：古人进行祭祀活动时，祭品用牛、羊、猪三牲全备的为太牢。

②婴：据学者研究，婴是用玉器祭祀神的专称。

③珪：同“圭”，一种玉器，长条形，上端做三角状，

是古时朝聘、祭祀、丧葬所用的礼器之一。

④毛牷：指祀神所用的毛物牲畜是整体全具的。

【译文】

西方第一列山系的首尾，自钱来山起到瑰山止，一共十九座山，途经二千九百五十七里。华山神是诸山神的宗主，祭祀华山山神的典礼：用猪、牛、羊齐全的三牲作为祭品。羭山山神是神奇威灵的，祭祀羭山山神用烛火，斋戒一百天后用一百只毛色纯正的牲畜，随一百块瑜埋入地下，再烫上一百樽美酒，祀神的玉器用一百块玉珪和一百块玉璧。祭祀其余十七座山山神的典礼相同，都是用一只完整的羊作为祭品。所谓的烛，就是用百草制作的火把但未烧成灰的样子时，祀神的席是用各种颜色等差有序地将边缘装饰起来的白茅草席。

【原文】

西次二山之首，曰钤山，其上多铜，其下多玉，其木多杻橿。

【译文】

西方第二列山系的第一座山，叫作钤山，山上盛产铜，山下盛产玉，山中的树大多是杻树和橿树。

【原文】

西二百里，曰泰冒之山，其阳多金，其阴多铁。洛水出焉，东流注于河①，其中多藻玉②，多白蛇。

【注释】

①河：古人单称“河”或“河水”而不贯以名者，则大多专指黄河，这里即指黄河。

②藻玉：带有色彩纹理的美玉。

【译文】

向西二百里，是泰冒山，山南面多出产金属矿物，山北面多出产铁。洛水从这座山发源，向东流入黄河，水中有很多藻玉，还有很多白色的水蛇。

【原文】

又西一百七十里，曰数历之山，其上多黄金，其下多银，其木多杻橿，其鸟多鹦鹉。楚水出焉，而南流注于渭，其中多白珠。

【译文】

再向西一百七十里，是数历山，山上盛产黄金，山下盛产银，山中的树木大多是杻树和橿树，而其中的禽鸟大多是鹦鹉。楚水从这座山发源，然后向南流入渭水，水中有很多白色的珍珠。

【原文】

又西百五十里，高山，其上多银，其下多青碧[①]、雄黄[②]，其木多棕，其草多竹。泾水出焉，而东流注于渭，其中多磬石、青碧。

【注释】

①青碧：青绿色的美玉。

②雄黄：即鸡冠石，一种矿物，古人用来解毒、杀虫。

【译文】

再向西一百五十里，是高山，山上盛产白银，山下到处是青碧、雄黄，山中的树木大多是棕树，草大多是小竹丛。泾水从这座山发源，然后向东流入渭水，水中有很多磬石、青碧。

【原文】

西南三百里，曰女床之山，其阳多赤铜，其阴多石涅[①]，其兽多虎、豹、犀、兕。有鸟焉，其状如翟[②]而五采文，名曰鸾鸟[③]，见则天下安宁。

【注释】

①石涅：据古人讲，就是石墨，古时用作黑色染料，也可以画眉和写字。

②翟：一种有很长尾巴的野鸡，形体比一般的野鸡要大些。

③鸾鸟：传说中的一种鸟，属于凤凰一类。

【译文】

向西南三百里，是女床山，山南面多出产黄铜，山北面多出产石涅，山中的野兽以老虎、豹子、犀牛和兕居多。山中有一种禽鸟，长得像野鸡却有着色彩斑斓的羽毛，名叫鸾鸟，它一出现天下就会安宁。

【原文】

又西二百里，曰龙首之山，其阳多黄金，其阴多铁。苕水出焉，东南流注于泾水，其中多美玉。

【译文】

再向西二百里，是龙首山，山南面盛产黄金，山北面盛产铁。苕水从这座山发源，向东南流入泾水，水中有很多美玉。

【原文】

又西二百里，曰鹿台之山，其上多白玉，其下多银，其兽多㸲牛、羬羊、白豪[①]。有鸟焉，其状如雄鸡而人面，名曰凫徯，其鸣自叫也，见则有兵[②]。

【注释】

①白豪：长着白毛的豪猪。

②兵：军事，战斗。

【译文】

再向西二百里，是鹿台山，山上多出产白玉，山下多出产银，山中的野兽以㸲牛、羬羊、白豪为多。山中有一种禽鸟，长得像普通的雄鸡却有着人一样的面孔，名叫凫徯，它的叫声就是自身名称的读音，它一出现则天下就会有战争。

【原文】

西南二百里，曰鸟危之山，其阳多磬石，其阴多檀楮[①]，其中多女床[②]。鸟危之水出焉，西流注于赤水，其中多丹粟。

【注释】

①檀：檀树，木材极香，可做器具。楮：即构树，长得很高大，皮可以制作桑皮纸。

②女床：即女肠草。

【译文】

向西南二百里，是鸟危山，山南面多出产磬石，山北面有许多檀树和构树，山中生长着很多女肠草。鸟危水从这座山发源，向西流入赤水，水中有许多粟粒大小的丹砂。

【原文】

又西四百里，曰小次之山，其上多白玉，其下多赤铜。有兽焉，其状如猿，而白首赤足，名曰朱厌，见则大兵。

【译文】

再向西四百里，是小次山，山上盛产白玉，山下盛产黄铜。山中有一种野兽，长得像普通的猿，但头是白色的，脚是红色的，名叫朱厌，它一出现就会大起战事。

【原文】

又西三百里，曰大次之山，其阳多垩①，其阴多碧，其兽多牿牛、麢羊。

【注释】

①垩：能用作涂饰粉刷墙体的泥土，有白、红、青、黄等多种颜色。

【译文】

再向西三百里，是大次山，山南面多出产垩土，山北面多出产碧玉，山中的野兽大多是牿牛、麢羊。

【原文】

又西四百里，曰薰吴之山，无草木，多金玉。

【译文】

再向西四百里，是薰吴山，山上没有花草树木，有丰富的金属矿物和玉石。

【原文】

又西四百里，曰底阳之山，其木多樱[①]、枏、豫章[②]，其兽多犀、兕、虎、犳、牪牛。

【注释】

①樱：即水松，有刺。

②豫章：古人说就是樟树，也叫香樟，常绿乔木，有樟脑香气。

【译文】

再向西四百里，是底阳山，山中的树木大多是水松树、楠木树、樟树，山中的野兽大多是犀牛、兕、老虎、犳、牪牛。

【原文】

又西二百五十里，曰众兽之山，其上多㻬琈之玉，其下多檀楮，多黄金，其兽多犀、兕。

【译文】

再向西二百五十里，是众兽山，山上有许多㻬琈玉，山下有许多檀树和构树，有许多黄金，山中的野兽多为犀牛、兕。

【原文】

又西五百里，曰皇人之山，其上多金玉，其下多青①、雄黄。皇水出焉，西流注于赤水，其中多丹粟。

【注释】

①青：这里指石青，一种矿物，可以制成蓝色染料。

【译文】

再向西五百里，是皇人山，山上多产金玉矿石，山下多产石青、雄黄。皇水从这座山发源，向西流入赤水，水中有许多粟粒大水的丹砂。

【原文】

又西三百里，曰中皇之山，其上多黄金，其下多蕙、棠①。

【注释】

①棠：指棠梨树，结的果实似梨又比梨略小，可以食用，味道甜酸。

【译文】

再向西三百里，是中皇山，山上多产黄金矿石，山下生长着很多蕙、棠。

【原文】

又西三百五十里，曰西皇之山，其阳多金，其阴多铁，其兽多麋[①]、鹿、㸲牛。

【注释】

①麋：即麋鹿，它的角像鹿角，头像马头，身子像驴，蹄子像牛，所以又称为“四不像”。

【译文】

再向西三百五十里，是西皇山，山南面多出产金属矿物，山北面多出产铁，山中的野兽以麋、鹿、㸲牛居多。

【原文】

又西三百五十里，曰莱山，其木多檀楮，其鸟多罗罗，是食人。

【译文】

再向西三百五十里，是莱山，山中的树木大多是檀树和构树，禽鸟大多是罗罗鸟，这种鸟能吃人。

【原文】

凡西次二经之首，自钤山至于莱山，凡十七山，四千一百四十里。其十神者，皆人面而马身。其七神皆人面牛身，四足而一臂，操杖以行，是为飞兽之神。其祠之，毛用少牢[①]，白菅为席。其十辈神者，其祠之，毛一雄鸡，钤[②]而不糈；毛采。

【注释】

①少牢：古人进行祭祀活动时，祭品用猪和羊的为少牢。

②钤：镇，约束。

【译文】

西方第二列山系的首尾，自钤山起到莱山止，一共十七座山，途经四千一百四十里。其中十座山的山神，都是人的面孔而马的身子。还有七座山的山神都是人的面孔而牛的身子，有四只脚和一条手臂，扶着拐杖行走，这就是所谓的飞兽之神。祭祀这七位山神，在毛物中用猪、羊作祭品，将其放在白茅草席上。另外那十位山神，祭祀的典礼，在毛物中用一只公鸡，祀神时不用米作祭品；毛物要取各色各样的。

【原文】

西次三经之首，曰崇吾之山，在河之南，北望冢遂，南望嶓之泽，西望帝之搏兽之丘，东望蠕渊。有木焉，员[①]叶而白柎[②]，赤华而黑理，其实如枳，食之宜子孙。有兽焉，其状如禺而文臂，豹虎而善投，名曰举父。有鸟焉，其状如凫，而一翼一目，相得乃飞，名曰蛮蛮，见则天下大水。

【注释】

①员：通“圆”。

②柎：花萼。由若干萼片组成，处在花的外层，起保护花芽的作用。

【译文】

西方第三列山系的第一座山，是崇吾山，它雄踞于黄河的南岸，在山上向北可以望见冢遂山，向南可以望见䍃泽，向西可以望见天帝的搏兽山，向东可以望见螞渊。山中有一种树木，圆圆的叶子、白色的花萼，红色的花朵上有黑色的纹理，结的果实与枳实相似，吃了它就能使人多子多孙。山中有一种野兽，长得像猿而臂上有斑纹，有豹子一样的尾巴而擅长投掷，名叫举父。山中有一种禽鸟，长得像野鸭，却只有一只翅膀和一只眼睛，要两只鸟合起来才能飞翔，名叫蛮蛮，它一出现天下就会发生水灾。

【原文】

西北三百里，曰长沙之山。泚水出焉，北流注于泑水，无草木，多青、雄黄。

【译文】

向西北三百里，是长沙山。泚水从这里发源，向北流入泑水，山上没有花草树木，有许多石青、雄黄。

【原文】

又西北三百七十里，曰不周之山[①]。北望诸毗之山，临彼岳崇之山，东望泑泽，河水所潜也，其原[②]浑浑泡泡[③]。爰有嘉果，其实如桃，其叶如枣，黄华而赤柎，食之不劳。

【注释】

①不周之山：即不周山。据古人讲，因为这座山的形状有残缺而不周全的地方，是共工与颛顼争帝位时发怒触撞造成的，所以叫不周山。

②原：通“源”，水源。

③浑（gǔn）浑泡（pào）泡：形容水喷涌的声音。

【译文】

再向西北三百七十里，是不周山。在山上向北可以望见诸毗山，高高地居于岳崇山之上，向东可以望见泑泽，是黄河源头所潜在的地方，那源头之水喷涌而发出浑浑泡泡的响声。这里有一种特别珍贵的果树，结出的果实与桃子很相似，叶子很像枣树叶，开着黄色的花朵而花萼却是红色的，吃了它就能使人解除烦恼忧愁。

【原文】

又西北四百二十里，曰峚山，其上多丹木，员叶而赤茎，黄华而赤实，其味如饴，食之不饥。丹水出焉，西流注于稷泽，其中多白玉。是有玉膏，其原沸沸汤汤[①]，黄帝是食是飨[②]。是生玄玉。玉膏所出，以灌丹木，丹木五岁，五色乃清，五味乃馨[③]。黄帝乃取峚山之玉荣[④]，而投之钟山之阳。瑾[⑤]瑜之玉为良，坚粟精密，浊泽有而光。五色发作，以和柔刚。天地鬼神，是食是飨；君子服之，以御不祥。自峚山至于钟山，四百六十里，其间尽泽也。是多奇鸟、怪兽、奇鱼，皆异物焉。

【注释】

①沸沸汤（shāng）汤：水腾涌的样子。

②飨：通“享”，享受。

③馨：芳香。

④玉荣：玉华。

⑤瑾：美玉。

【译文】

再向西北四百二十里，是峚山，山上到处是丹木，红红的茎干上长着圆圆的叶子，开黄色的花朵而结红色的果实，味道是甜的，人吃了它就不会感觉饥饿。丹水从这座山发源，向西流入稷泽，水中有很多白色玉石。这里有玉膏，玉膏之源涌出时一片沸沸腾腾的景象，黄帝常常服食享用这种玉膏。这里还出产一种黑色玉石。用涌出的玉膏，去浇灌丹木，丹木再经过五年的生长，便会开出光艳美丽的五色花朵，结下味道香甜的五味果实。黄帝于是就采撷峚山中玉石的精华，而投种在钟山向阳的南面。后来便生出瑾和瑜这类美玉，坚硬而精密，润厚而有光泽。五种颜色的符彩一同散发出来相互辉映，有刚有柔而和美非凡。无论是天地还是鬼神，都来服食享用；君子佩带它，能抵御妖邪不祥之气的侵袭。从峚山到钟山，长四百六十里，其间全部是水泽。在这里生长着许许多多神奇的禽鸟、奇怪的野兽、奇异的鱼类，都是些罕见的动物。

【原文】

又西北四百二十里，曰钟山。其子曰鼓，其状如人面而龙身，是与钦䲹杀葆江于昆仑之阳，帝乃戮之钟山之东曰䍃崖。钦䲹化为大鹗[①]，其状如雕而墨文白首，赤喙而虎爪，其音如晨鹄[2]，见则有大兵；鼓亦化为鵕鸟，其状如鸱，赤足而直喙，黄文而白首，其音如鹄，见即其邑[3]大旱。

【注释】

①鹗：也叫鱼鹰，头顶和颈后羽毛为白色，有暗褐色纵纹，头后羽毛延长成矛状。趾具锐爪，趾底遍生细齿，外趾能前后转动，适于捕鱼。

②晨鹄：鹗鹰之类的鸟。鹄（hú）：也叫鸿鹄，即天鹅，脖颈很长，羽毛为白色，鸣叫的声音十分洪亮。

③邑：这里泛指有人聚居的地方。

【译文】

再向西北四百二十里，是钟山。钟山山神的儿子叫作鼓，鼓的形貌是人的脸面而龙的身子，他曾和钦䲹神联手在昆仑山南面杀死天神葆江，天帝因此将鼓与钦䲹诛杀在钟山东面的峣崖。钦䲹化为一只大鹗，长得像普通的雕鹰却有黑色的斑纹和白色的脑袋，红色的嘴巴和老虎一样的爪子，发出的声音如同晨鹄鸣叫，它一出现就会有大的战争；鼓也化为鵕鸟，长得像一般的鹞鹰，有着红色的脚和直直的嘴，身上是黄色的斑纹而头却是白色的，发出的声音与鸿鹄的鸣叫很相似，它在哪个地方出现哪里就会有旱灾。

【原文】

又西百八十里，曰泰器之山。观水出焉，西流注于流沙。是多文鳐鱼，状如鲤鱼，鱼身而鸟翼，苍文而白首，赤喙，常行西海，游于东海，以夜飞。其音如鸾鸡[1]，其味酸甘，食之已狂，见则天下大穰[2]。

【注释】

①鸾鸡：传说中的一种鸟。

②穰：庄稼丰收。

【译文】

再向西一百八十里，是泰器山，观水从这里发源，向西流入流沙。水中有很多文鳐鱼，长得像普通的鲤鱼，有着鱼一样的身子和鸟一样的翅膀，浑身是灰色的斑纹却长着白脑袋和红嘴巴，常常在西海行走，在东海畅游，在夜间飞行。它发出的声音如同鸾鸡鸟啼叫，它的肉味道酸中带甜，人吃了它的肉就可治好癫狂病，它一出现天下就会五谷丰登。

【原文】

又西三百二十里，曰槐江之山。丘时之水出焉，而北流注于泑水。其中多蠃母。其上多青、雄黄，多藏琅玕[1]、黄金、玉。其阳多丹粟，其阴多采黄金、银。实惟帝之平圃，神英招司之，其状马身而人面，虎文而鸟翼，徇于四海，其音如榴。南望昆仑，其光熊熊，其气魂魂。西望大泽[②]，后稷[③]所潜也。其中多玉，其阴多榣木之有若[④]。北望诸毗，槐鬼离仑居之，鹰鹯[⑤]之所宅也。东望恒山四成，有穷鬼居之，各在一抟[⑥]。爰有淫水，其清洛洛。有天神焉，其状如牛，而八足二首马尾，其音如勃皇，见则其邑有兵。

【注释】

①琅玕：像玉一样的石头。

②大泽：后稷所葬的地方。传说后稷出生以后，就很灵慧而且能未卜先知，到他死时，便化形而遁于大泽成为神。

③后稷：周人的先祖。相传他在虞舜时任农官，善于种庄稼。

④榣木：特别高大的树木。若：即若木，神话传说中的树，具有奇异而神灵的特性。

⑤鹞：鹞鹰一类的鸟。

⑥抟：把散碎的东西凝聚成团。

【译文】

再向西三百二十里，是槐江山。丘时水从这座山发源，然后向北流入泑水。水中有很多蠃母，山上蕴藏着丰富的石青、雄黄，还有很多的琅玕、黄金、玉石。山南面到处是粟粒大小的丹砂，山北面多产带符采的黄金白银。这槐江山确实可以说是天帝悬在半空的园圃，由天神英招主管着，而天神英招长着马的身子、人的面孔，身上长有老虎的斑纹和禽鸟的翅膀，巡行四海而传布天帝的旨命，发出的声音如同用辘轳抽水。在山上向南可以望见昆仑山，那里火光熊熊，气势恢宏。向西可以望见大泽，那里是后稷死后埋葬之地。大泽中有很多玉石，大泽的南面有许多榣木，而在它上面又有若木。向北可以望见诸毗山，是叫作槐鬼离仑的神仙所居住的地方，也是鹰鹞等飞禽的栖息地。向东可以望见那四重高的桓山，有穷鬼居住在那里，各自分类聚集于一起。这里有大水下泻，清清冷冷而汩汩流淌。有个天神住在山中，它长得像牛，但却有八只脚、两个脑袋，还长着一条马的尾巴，啼叫声如同人在吹奏乐器时薄膜发出的声音，它在哪个地方

出现哪里就有战争。

【原文】

西南四百里，曰昆仑之丘，是实惟帝之下都，神陆吾司之。其神状虎身而九尾，人面而虎爪；是神也，司天之九部及帝之囿[①]时。有兽焉，其状如羊而四角，名曰土蝼，是食人。有鸟焉，其状如蜂，大如鸳鸯，名曰钦原，蠚[②]鸟兽则死，蠚木则枯。有鸟焉，其名曰鹑鸟，是司帝之百服。有木焉，其状如棠，黄华赤实，其味如李而无核，名曰沙棠，可以御水，食之使人不溺。有草焉，名曰蓍草，其状如葵，其味如葱，食之已劳。河水出焉，而南流东注于无达。赤水出焉，而东南流注于氾天之水。洋水出焉，而西南流注于丑涂之水。黑水出焉，而西流于大杅。是多怪鸟兽。

【注释】

①囿：古代帝王畜养禽兽的园林。

②蠚：毒虫类咬刺。

【译文】

向西南四百里，是昆仑山，这里是天帝在下界的都邑，天神陆吾主管它。这位天神的形貌是老虎的身子却有九条尾

巴，一副人的面孔可长着老虎的爪子；这位神，主管天上的九部和天帝苑圃的时节。山中有一种野兽，长得像羊却有着四只角，叫作土蝼，是能吃人的怪兽。山中有一种禽鸟，长得像一般的蜜蜂，和鸳鸯一般大，叫作钦原，这种钦原鸟刺蜇其他鸟兽就会使它们死去，刺蜇树木就会使树木枯死。山中还有另一种禽鸟，叫作鹑鸟，它主管天帝日常生活中各种器用服饰。山中有一种树木，长得像普通的棠梨树，开着黄色的花朵并结出红色的果实，味道像李子却没有核，叫作沙棠，可以用来避水，人吃了它就能漂浮不沉。山中有一种草，叫作蓍草，形状很像葵菜，味道与葱相似，吃了它就能使人解除烦恼忧愁。黄河水从这座山发源，然后向南流而东转注入无达。赤水也发源于这座山，然后向东南流入氾天水。洋水也发源于这座山，然后向西南流入丑涂水。黑水也发源于这座山，然后向西流到大杅山。这座山中有许多奇怪的鸟兽。

【原文】

又西三百七十里，曰乐游之山。桃水出焉，西流注于稷泽，是多白玉，其中多鲭鱼，其状如蛇而四足，是食鱼。

【译文】

再向西三百七十里，是乐游山。桃水从这座山发源，向西流入稷泽，这里有许多白色玉石，水中还有很多鳍鱼，长得像普通的蛇却有着四只脚，以鱼类为主食。

【原文】

西水行四百里，曰流沙，二百里至于蠃母之山，神长乘司之，是天之九德也。其神状如人而犳[①]尾。其上多玉，其下多青石而无水。

【注释】

①犳（bào）：一种类似于豹子的野兽。

【译文】

向西行四百里水路，就是流沙，再行二百里就到蠃母山，天神长乘主管这里，他是由天的九德之气所生。这位天神的形貌像人却长着犳的尾巴。山上有许多玉石，山下有许多青石而没有流水。

【原文】

又西三百五十里，曰玉山[①]，是西王母所居也。西王母其状如人，豹尾虎齿而善啸[②]，蓬发戴胜，是司天之厉及五残。有兽焉，其状如犬而豹文，其角如牛，其名曰狡，其音如吠犬，见则其国大穰。有鸟焉，其状如翟而赤，名曰胜遇，是食鱼，其音如录，见则其国大水。

【注释】

①玉山：据古人讲，这座山遍布着玉石，所以叫作玉山。

②啸：兽类长声吼叫。

【译文】

再向西三百五十里，是玉山，这是西王母居住的地方。西王母的形貌像人一样，有着豹子一样的尾巴和老虎一样的牙齿而且喜好啸叫，蓬松的头发上戴着玉胜，是主管上天灾厉和五刑残杀之气的。山中有一种野兽，长得像狗却有着豹子的斑纹，头上的角与牛角相似，叫作狡，发出的声音如同狗叫，在哪个国家出现就会使哪个国家五谷丰登。山中还有一种禽鸟，长得像野鸡却通身是红色，叫作胜遇，以鱼类为主食，发出的声音如同鹿在鸣叫，在哪个国家出现就会使哪个国家发生水灾。

【原文】

又西四百八十里，曰轩辕之丘[①]，无草木。洵水出焉，南流注于黑水，其中多丹粟，多青、雄黄。

【注释】

①轩辕之丘：即轩辕丘，传说上古帝王黄帝居住在这里，娶西陵氏女为妻，因此也号称“轩辕氏”。

【译文】

再向西四百八十里，是轩辕丘，这里没有花草树木。洵水从轩辕丘发源，向南流入黑水，水中有很多粟粒大小的丹砂，还有很多石青、雄黄。

【原文】

又西三百里，曰积石之山，其下有石门，河水冒以西南流。是山也，万物无不有焉。

【译文】

再向西三百里，是积石山，山下有一个石门，黄河水漫过石门向西南流去。这座积石山，是万物俱全的。

【原文】

又西二百里，曰长留之山，其神白帝少昊[①]居之。其兽皆文尾，其鸟皆文首。是多文玉石。实惟员神磈氏[②]之宫。是神也，主司反景。

【注释】

①白帝少昊：即少昊金天氏，传说中上古帝王帝挚的称号。

②磈氏：即白帝少昊。

【译文】

再向西二百里，是长留山，天神白帝少昊居住在这里。山中的野兽都是花尾巴，禽鸟都是花脑袋。山上盛产彩色花纹的玉石。它是员神磈氏的宫殿。这位神，主要掌管太阳落下西山时光线射向东方的反影。

【原文】

又西二百八十里，曰章莪之山，无草木，多瑶碧。所为甚怪。有兽焉，其状如赤豹，五尾一角，其音如击石，其名曰狰。有鸟焉，其状如鹤，一足，赤文青质而白喙，名曰毕方[①]，其鸣自叫也，见则其邑有讹火。

【注释】

①毕方：传说是树木的精灵，形貌与鸟相似，青色羽

毛，只长着一只脚，不吃五谷。又传说是老父神，长得像鸟，两只脚，一只翅膀，常常衔着火到人家里去制造火灾。

【译文】

再向西二百八十里，是章莪山，山上没有花草树木，到处是瑶、碧一类的美玉。山里常常出现十分怪异的物象。山中有一种野兽，长得像赤豹，有着五条尾巴和一只角，发出的声音如同敲击石头的响声，叫作狰。山中有一种禽鸟，长得像鹤，只有一只脚，有红色的斑纹和青色的身子和一张白嘴巴，叫作毕方，它鸣叫的声音就是自身名称的读音，它在哪个地方出现哪里就会发生怪火。

【原文】

又西三百里，曰阴山。浊浴之水出焉，而南流注于蕃泽，其中多文贝。有兽焉，其状如狸而白首，名曰天狗，其音如榴榴，可以御凶。

【译文】

再向西三百里，是阴山。浊浴水从这座山发源，然后向南流入蕃泽，水中有很多五彩斑斓的贝壳。山中有一种野兽，长得像野猫却是白脑袋，叫作天狗，它发出的叫声与

"猫猫"的读音相似，人饲养它可以避凶邪之气。

【原文】

又西二百里，曰符惕之山，其上多棕枏，下多金玉。神江疑居之。是山也，多怪雨，风云之所出也。

【译文】

再向西二百里，是符惕山，山上到处是棕树和楠木树，山下有丰富的金属矿物和玉石。叫江疑的神居住于此。这座符惕山，常常落下怪异之雨，风和云也从这里兴起。

【原文】

又西二百二十里，曰三危之山，三青鸟①居之。是山也，广员百里。其上有兽焉，其状如牛，白身四角，其豪②如披蓑，其名曰獓㹲，是食人。有鸟焉，一首而三身，其状如䳋③，其名曰鴟。

【注释】

①三青鸟：神话传说中的鸟，专为西王母取送食物，另一说为信使。

②豪：豪猪身上的刺。这里指长而硬的刚毛。

③鵅（luò）：与雕鹰相似的鸟，黑色斑纹，红色脖颈。

【译文】

再向西二百二十里，是三危山，三青鸟栖息在这里。这座三危山，方圆百里。山上有一种野兽，长得像普通的牛，却有着白色的身子和四只角，身上的硬毛又长又密好像披着蓑衣，叫作傲𢓜，是能吃人的怪兽。山中有一种禽鸟，长着一个脑袋却有三个身子，形状与鵅鸟很相似，叫作鴟。

【原文】

又西一百九十里，曰騩山，其上多玉而无石。神耆童[1]居之，其音常如钟磬。其下多积蛇。

【注释】

①耆童：即老童，传说是上古帝王颛顼的儿子。

【译文】

再向西一百九十里，是騩山，山上遍布美玉而没有石头。天神耆童居住在这里，他发出的声音常常像是敲钟击磬的响声。山下有许多一堆一堆聚集着的蛇。

【原文】

又西三百五十里，曰天山，多金玉，有青、雄黄。英水出焉，而西南流注于汤谷。有神焉，其状如黄囊[①]，赤如丹火，六足四翼，浑敦[②]无面目，是识歌舞，实为帝江[③]也。

【注释】

①囊：袋子，口袋。

②浑敦：同“混沌”，没有具体的形状。

③帝江：即帝鸿氏，也就是黄帝。

【译文】

再向西三百五十里，是天山，山上有丰富的金属矿物和玉石，也出产石青、雄黄。英水从这座山发源，然后向西南流入汤谷。山里住着一位神，它的形貌像黄色口袋，发出的精光如红色火焰，有着六只脚和四只翅膀，混混沌沌没有面目，能唱歌跳舞，这就是帝江。

【原文】

又西二百九十里，曰泑山，神蓐收[①]居之。其上多婴短之玉[②]，其阳多瑾瑜之玉，其阴多青、雄黄。是山也，西望日之所入，其气员，神红光[3]之所司也。

【注释】

①蓐收：古人认为它就是金神，长着人面，虎爪子，白色毛皮，拿着钺，管理太阳的降落。

②婴短之玉：就是上文的婴垣。“垣”“短”可能都是“脰”之误。而婴脰之玉，就是可制作脖颈饰品的玉石。婴，环绕。脰，颈项。

③红光：就是蓐收。

【译文】

再向西二百九十里，是泑山，天神蓐收居住在这里。山上盛产一种可制作颈饰的玉石，山南面到处是瑾、瑜一类的美玉，山北面到处是石青、雄黄。站在这座山上，向西可以望见太阳落山的情景，那种气象浑圆，由天神蓐收所掌管。

【原文】

西水行百里，至于翼望之山，无草木，多金玉。有兽焉，其状如狸，一目而三尾，名曰讙，其音如夺[1]百声，是可以御凶，服之已瘅[2]。有鸟焉，其状如乌，三首六尾而善笑，名曰鵸鵌，服之使人不厌[3]，又可以御凶。

【注释】

①夺：竞取，争取。这里是超出、压倒的意思。

②瘅：通“疸”，即黄疸病。

③厌：通“魇”，梦中遇可怕的事而呻吟、惊叫。

【译文】

向西行一百里水路，便到了翼望山，山上没有花草树木，有许多金属矿物和玉石。山中有一种野兽，长得像野猫，有一只眼睛和三条尾巴，叫作讙，发出的声音好像能赛过一百种动物的鸣叫，饲养它可以避凶邪之气，人吃了它的肉就能治好黄疸病。山中有一种禽鸟，长得像乌鸦，却有着三个脑袋、六条尾巴并且喜欢嘻笑，叫作鹌鸰，吃了它的肉就能使人不做噩梦，还可以避凶邪之气。

【原文】

凡西次三经之首，崇吾之山至于翼望之山，凡二十三山，六千七百四十四里。其神状皆羊身人面。其祠之礼，用一吉玉[1]瘗，糈用稷[2]米。

【注释】

①吉玉：带有符采的玉。

②稷：即粟，古代主要食用作物之一，俗称谷子。

【译文】

西方第三列山系的首尾，从崇吾山起到翼望山止，一共二十三座山，途经六千七百四十四里。诸山山神的形貌都是羊的身子、人的面孔。祭祀山神的典礼，是把祀神的一块吉玉埋入地下，祀神的米用稷米。

【原文】

西次四经之首，曰阴山，上多穀，无石，其草多茆[①]、蕃[②]。阴水出焉，西流注于洛。

【注释】

①茆：即莼菜，又叫凫葵，多年生水生草本，叶椭圆形，浮生在水面，夏季开花，嫩叶可供食用。

②蓄：即薠草，像莎草而大一些，生长在江湖水边。

【译文】

西方第四列山系的第一座山，是阴山，山上有许多构树，但没有石头，这里的草以莼菜、薠草居多。阴水从这座山发源，向西流入洛水。

【原文】

北五十里，曰劳山，多茈草[①]。弱水出焉，而西流注于洛。

【注释】

①茈草：即紫草，可作为紫色染料。

【译文】

向北五十里，是劳山，山上有许多紫草。弱水从这座山发源，然后向西流入洛水。

【原文】

西五十里，曰罢父之山，洱水出焉，而西流注于洛，其中多茈、碧。

【译文】

向西五十里，是罢父山，洱水从这里发源，然后向西流入洛水，水中多出产紫色美石、碧色玉石。

【原文】

北百七十里，曰申山，其上多穀柞，其下多杻橿，其阳多金玉。区水出焉，而东流注于河。

【译文】

向北一百七十里，是申山，山上有许多构树和柞树，山下有许多杻树和橿树，山南面有丰富的金属矿物和玉石。区水从这座山发源，然后向东流入黄河。

【原文】

北二百里，曰鸟山，其上多桑，其下多楮，其阴多铁，其阳多玉。辱水出焉，而东流注于河。

【译文】

向北二百里，是鸟山，山上有许多桑树，山下有许多构树，山北面盛产铁，山南面盛产玉石。辱水从这座山发源，

然后向东流入黄河。

【原文】

又北百二十里，曰上申之山，上无草木，而多硌[1]石，下多榛楛[2]，兽多白鹿。其鸟多当扈，其状如雉[3]，以其髯[4]飞，食之不眴目[5]。汤水出焉，东流注于河。

【注释】

①硌：石头很大的样子。

②榛：落叶灌木，结的果实叫榛子，近球形，果皮坚硬。木材可做器物。楛：一种树木，形似荆而赤茎似蓍，木材可以做箭。

③雉：俗称野鸡。雄性雉鸟的羽毛华丽，颈下有一显著白色环纹。雌性雉鸟全身砂褐色，体形较小，尾也较短。善于行走，但不能长时间飞行。肉可以食用，而尾羽可做装饰品。

④髯：脖子咽喉下的须毛。

⑤眴目：即瞬目，眨眼睛。

【译文】

再向北一百二十里，是上申山，山上没有花草树木，但到处是大石头，山下有许多榛树和楛树，野兽以白鹿居多。山里最多的禽鸟是当扈鸟，长得像野鸡，却用髯毛当翅膀来奋起高飞，吃了它的肉就能使人不眨眼睛。汤水从这座山发源，向东流入黄河。

【原文】

又北百八十里，曰诸次之山，诸次之水出焉，而东流注于河。是山也，多木无草，鸟兽莫居，是多众蛇。

【译文】

再向北一百八十里，是诸次山，诸次水从这座山发源，然后向东流入黄河。这座诸次山，到处生长着树木却不生长花草，也没有禽鸟野兽栖居，但有许多蛇聚集在山中。

【原文】

又北百八十里，曰号山，其木多漆[①]、棕，其草多药[②]、虈[③]、芎䓖。多汵石[④]。端水出焉，而东流注于河。

【注释】

①漆：这里指漆树，落叶乔木，从树干中流出的汁液可做涂料用。

②药：白芷的别名，是一种香草，根称白芷，叶子称药，统称为白芷。

③虈：一种香草。

④汵石：一种质地柔软如泥的石头。

【译文】

再向北一百八十里，是号山，山里的树木大多是漆树、棕树，而草以白芷草、虈草、芎䓖草居多。山中盛产汵石。端水从这座山发源，然后向东流入黄河。

【原文】

又北二百二十里，曰盂山，其阴多铁，其阳多铜，其兽多

白狼、白虎，其鸟多白雉、白翟。生水出焉，而东流注于河。

【译文】

再向北二百二十里，是盂山，山北面盛产铁，山南面盛产铜，山中的野兽大多是白色的狼和白色的虎，禽鸟大多是白色的野鸡和白色的长尾山雉。生水从这座山发源，然后向东流入黄河。

【原文】

西二百五十里，曰白於之山，上多松柏，下多栎檀，其兽多㸲牛、羬羊，其鸟多鸮。洛水出于其阳，而东流注于渭；夹水出于其阴，东流注于生水。

【译文】

向西二百五十里，是白於山，山上有许多松树和柏树，山下有许多栎树和檀树，山中的野兽大多是㸲牛、羬羊，山中的禽鸟以猫头鹰居多。洛水发源于这座山的南面，然后向东流入渭水；夹水发源于这座山的北面，向东流入生水。

【原文】

西北三百里，曰申首之山，无草木，冬夏有雪。申水出于其上，潜于其下，是多白玉。

【译文】

向西北三百里，是申首山，山中没有花草树木，冬季夏季都有积雪。申水从这座山的山顶发源，潜流到山下，水中有很多白色玉石。

【原文】

又西五十五里，曰泾谷之山。泾水出焉，东南流注于渭，是多白金、白玉。

【译文】

再向西五十五里，是泾谷山。泾水从这座山发源，向东南流入渭水，这里多出产白银和白玉。

【原文】

又西百二十里，曰刚山，多柒木[①]，多㻬琈之玉。刚水出焉，北流注于渭。是多神𩴆[②]，其状人面兽身，一足一手，其音如钦。

【注释】

①柒木：漆树。“柒”即“漆”字。

②神𩴆（chì）：就是魑魅一类的东西，而魑魅是传说中山泽里的鬼怪。

【译文】

再向西一百二十里，是刚山，到处是茂密的漆树，多出产瑑琈玉。刚水从这座山发源，向北流入渭水。这里有很多神䰠，形貌是人的面孔、野兽的身子，长着一只脚一只手，发出的声音像人的呻吟。

【原文】

又西二百里，至刚山之尾。洛水出焉，而北流注于河。其中多蛮蛮[①]，其状鼠身而鳖首，其音如吠犬。

【注释】

①蛮蛮：属于水獭之类的动物，与上文的蛮蛮鸟同名而异形。

【译文】

再向西二百里，就到了刚山的尾端。洛水就发源于此，然后向北流入黄河。这里有很多的蛮蛮兽，长得像普通的老鼠却有着甲鱼的脑袋，发出的声音如同狗叫。

【原文】

又西三百五十里，曰英鞮之山，上多漆木，下多金玉，鸟兽尽白。涴水出焉，而北流注于陵羊之泽。是多冉遗之鱼，鱼身蛇首六足，其目如马耳，食之使人不眯[1]，可以御凶。

【注释】

①眯：梦魇。

【译文】

再向西三百五十里，是英鞮山，山上生长着许多漆树，山下蕴藏着丰富的金属矿物和玉石，禽鸟野兽都是白色的。涴水从这座山发源，然后向北流入陵羊泽。水里有很多冉遗鱼，长着鱼的身子、蛇的头和六只脚，眼睛像马耳朵，吃了它的肉就能使人睡觉不做噩梦，也可以避凶邪之气。

【原文】

又西三百里，曰中曲之山，其阳多玉，其阴多雄黄、白玉及金。有兽焉，其状如马而白身黑尾，一角，虎牙爪，音如鼓音，其名曰驳，是食虎豹，可以御兵。有木焉，其状如棠，而员叶赤实，实大如木瓜[①]，名曰櫰木，食之多力。

【注释】

①木瓜：木瓜树所结的果子。这种果树也叫楙树，落叶灌木或乔木，果实在秋季成熟，椭圆形，有香气，可以食用，也可入药。

【译文】

再向西三百里，是中曲山，山南面盛产玉石，山北面盛产雄黄、白玉和金属矿物。山中有一种野兽，长得像普通的马却有着白色的身子和黑色的尾巴，有一只角，有老虎的牙齿和爪子，发出的声音如同击鼓的响声，叫作驳，是能吃老虎和豹子的怪兽，饲养它可以避兵患。山中有一种树木，长得像棠梨，但叶子是圆的并结红色的果实，果实像木瓜大小，叫作櫰木，人吃了它就能增添气力。

【原文】

又西二百六十里，曰邽山。其上有兽焉，其状如牛，猬毛，名曰穷奇，音如獋[①]狗，是食人。濛水出焉，南流注于洋水，其中多黄贝[②]、蠃鱼，鱼身而鸟翼，音如鸳鸯，见则其邑大水。

【注释】

①獋：野兽吼叫。

②黄贝：据古人说是一种甲虫，肉如蝌蚪，但有头也有尾巴。

【译文】

再向西二百六十里，是邽山。山上有一种野兽，长得像一般的牛，但全身长着刺猬毛，叫作穷奇，发出的声音如同狗叫，是能吃人的怪兽。濛水从这座山发源，向南流入洋水，水中有很多黄贝；还有一种蠃鱼，长着鱼的身子却有鸟的翅膀，发出的声音像鸳鸯鸟鸣叫，它在哪个地方出现哪里就会有水灾。

【原文】

又西二百二十里，曰鸟鼠同穴之山，其上多白虎、白玉。渭水出焉，而东流注于河。其中多鳋鱼，其状如鳣鱼[①]，动则其邑有大兵。滥水出于其西，西流注于汉水，多鴽魮之鱼，其状如覆铫[②]，鸟首而鱼翼鱼尾，音如磬石之声，是生珠玉。

【注释】

①鳣鱼：一种形体较大的鱼，大的有二、三丈长，嘴长在颔下，身体上面有甲，无鳞，肉是黄色的。

②铫：即吊子，一种有把柄、有流嘴的小型烹器。

【译文】

再向西二百二十里，是鸟鼠同穴山，山上有很多白色的虎、洁白的玉。渭水从这座山发源，然后向东流入黄河，水中生长着许多鳋鱼，长得像鳣鱼，它在哪个地方出没哪里就会有大战发生。滥水从山的西面发源，向西流入汉水，水中有很多鴽魮鱼，长得像反转过来的铫，长着鸟的脑袋但有鱼一样的鳍和尾巴，叫声就像敲击磬石发出的响声，这里出产珠玉。

【原文】

西南三百六十里，曰崦嵫之山，其上多丹木，其叶如穀，其实大如瓜，赤符①而黑理，食之已瘅，可以御火。其阳多龟，其阴多玉。苕水出焉，而西流注于海，其中多砥砺②。有兽焉，其状马身而鸟翼，人面蛇尾，是好举人，名曰孰湖。有鸟焉，其状如鸮而人面，蜼③身犬尾，其名自号也，见则其邑大旱。

【注释】

①符："柎"的假借字，花萼。

②砥砺：两种磨刀用的石头。细磨刀石叫砥，粗磨刀石叫砺，后一般合起来泛指磨石。

③蜼：传说中的一种猴子，似猕猴之类。

【译文】

向西南三百六十里，是崦嵫山，山上生长着茂密的丹树，叶子像构树叶，结出的果实和瓜一样大，红色的花萼却带着黑色的斑纹，人吃了它就可以治愈黄疸病，还可以避火。山南面有很多乌龟，山北面有许多玉石。苕水从这座山发源，然后向西流入大海，水中有很多磨石。山中有一种野兽，形貌是马的身子和鸟的翅膀，人的面孔和蛇的尾巴，很喜欢把人抱着举起，叫作孰湖。山中有一种禽鸟，长得像猫头鹰而有着人的面孔，蜼一样的身子却拖着一条狗尾巴，它发出的叫声就是自己名字的读音，它在哪个地方出现哪里就会有大旱灾。

【原文】

凡西次四经，自阴山以下，至于崦嵫之山，凡十九山，三千六百八十里。其神祠礼，皆用一白鸡祈，糈以稻米，白菅为席。

【译文】

西方第四列山系，从阴山开始，直到崦嵫山为止，一共十九座山，途经三千六百八十里。祭祀诸山山神的典礼，都是用一只白色的鸡献祭，祀神的米用稻米，拿白茅草来做神的座席。

【原文】

右西经之山，凡七十七山，一万七千五百一十七里。

【译文】

以上是西方经历之山的记录，总共七十七座山，一万七千五百一十七里。

三、北山经

【原文】

北山经之首，曰单狐之山，多机木①，其上多华草。逢水出焉，而西流注于泑水，其中多茈石②、文石③。

【注释】

①机木：即桤树，长得像榆树，把枝叶烧成灰撒在稻田中可做肥料用。

②茈石：紫颜色的漂亮石头。

③文石：有纹理的漂亮石头。

【译文】

北方第一列山系的第一座山，叫作单狐山，有茂密的桤树，山上还有茂盛的华草。逢水从这座山发源，然后向西流入泑水，水中有很多紫石、纹石。

【原文】

又北二百五十里，曰求如之山，其上多铜，其下多玉，无草木。滑水出焉，而西流注于诸毗之水。其中多滑鱼，其状如鳝①，赤背，其音如梧②，食之已疣③。其中多水马，其状如马，文臂牛尾，其音如呼。

【注释】

①鳝：即鳝鱼，俗称黄鳝，体形如蛇，又长又圆又光滑，肉味鲜美。

②梧：枝梧，也作“支吾”，用含混的言语搪塞。

③疣：皮肤上的赘生物，俗称“瘊子”。

【译文】

再向北二百五十里，是求如山，山上蕴藏着丰富的铜，山下有许多玉石，但没有花草树木。滑水从这座山发源，然后向西流入诸毗水。水中有很多滑鱼，长得像鳝鱼，却有着红色的脊背，发出的声音像人支支吾吾的话语，人吃了它的肉就能治好赘疣病。水中还生长着很多水马，形状与马相似，但前腿上长有花纹，并拖着一条牛尾巴，发出的声音像人在呼喊。

【原文】

又北三百里，曰带山，其上多玉，其下多青碧。有兽焉，其状如马，一角有错[①]，其名曰䑏疏，可以辟火。有鸟焉，其状如乌，五采而赤文，名曰鵸䳜，是自为牝牡，食之不疽。彭水出焉，而西流注于芘湖之水，其中多儵鱼，其状如鸡而赤毛，三尾六足四目，其音如鹊，食之可以已忧。

【注释】

①错："厝"的假借字，磨刀石。

【译文】

再向北三百里，是带山，山上盛产玉石，山下盛产青石碧玉。山中有一种野兽，长得像普通的马，一只角有如粗硬的磨石，叫作䑏疏，人饲养它可以避火。山中有一种禽鸟，长得像乌鸦，但浑身是带着红色斑纹的五彩羽毛，叫作䳜鵸，这种䳜鵸鸟自身有雌雄两种性器官，人吃了它的肉就不会患痈疽病。彭水从这座山发源，然后向西流入芘湖水，水中有很多儵鱼，长得像鸡却有着红色的羽毛，还长着三条尾巴、六只脚、四只眼睛，它的叫声与喜鹊的鸣叫声相似，人吃了它的肉就能无忧无虑。

【原文】

又北四百里，曰谯明之山。谯水出焉，西流注于河。其中多何罗之鱼，一首而十身，其音如吠犬，食之已痈。有兽焉，其状如貆[1]而赤毫，其音如榴榴，名曰孟槐，可以御凶。是山也，无草木，多青、雄黄。

【注释】

①貆：豪猪。

【译文】

再向北四百里，是谯明山。谯水从这座山发源，向西流入黄河。水中生长着很多何罗鱼，长着一个脑袋却有十个身子，发出的声音像狗叫，人吃了它的肉就可以治愈痈肿病。山中有一种野兽，长得像豪猪却有着柔软的红毛，叫声如同用辘轳抽水的响声，叫作孟槐，人饲养它可以避凶邪之气。这座谯明山，没有花草树木，有许多石青、雄黄。

【原文】

又北三百五十里，曰涿光之山。嚻水出焉，而西流注于河。其中多鳛鳛之鱼，其状如鹊而十翼，鳞皆在羽端，其音如鹊，可以御火，食之不瘅。其上多松柏，其下多棕橿，其兽多麢羊，其鸟多蕃[1]。

【注释】

①蕃：可能是猫头鹰之类的鸟。

【译文】

再向北三百五十里，是涿光山。嚣水从这座山发源，然后向西流入黄河。水中生长着很多鳛鳛鱼，长得像喜鹊却有十只翅膀，鳞甲全长在羽翅的尖端，发出的声音与喜鹊的鸣叫声相似，人饲养它可以避火，吃了它的肉就能治好人的黄疸病。山上有许多松树和柏树，山下有许多棕树和橿树，山中的野兽以羚羊居多，禽鸟以蕃鸟居多。

【原文】

又北三百八十里，曰虢山，其上多漆，其下多桐椐[①]。其阳多玉，其阴多铁。伊水出焉，西流注于河。其兽多橐驼[②]，其鸟多寓[③]，状如鼠而鸟翼，其音如羊，可以御兵。

【注释】

①椐：椐树，也就是灵寿木，树干上多长着肿节，古人常用来制作拐杖。

②橐驼：就是骆驼，身上有肉鞍，善于在沙漠中行走，知道水泉所在的地方，能背负数百斤重物而日行百里。

③寓：即蝙蝠之类的小飞禽。

【译文】

再向北三百八十里，是虢山，山上有许多漆树，山下有许多梧桐树和椐树，山南面盛产玉石，山北面盛产铁。伊水从这座山发源，向西流入黄河。山中的野兽以橐驼最多，禽鸟大多是寓鸟，形状与一般的老鼠相似却有着鸟一样的翅膀，发出的声音像羊叫，人饲养它可以避战乱。

【原文】

又北四百里，至于虢山之尾，其上多玉而无石。鱼水出焉，西流注于河，其中多文贝。

【译文】

再向北四百里，便到了虢山的尾端，山上有许多美玉而没有石头。鱼水从这里发源，向西流入黄河，水中有很多花纹斑斓的贝。

【原文】

又北二百里，曰丹熏之山，其上多樗柏，其草多韭薤[①]，多丹雘。熏水出焉，而西流注于棠水。有兽焉，其状如鼠，而菟[②]首麋身，其音如獋犬，以其尾飞，名曰耳鼠，食之不睬，又可以御百毒。

【注释】

①薤：也叫藠头，一种野菜，茎可食用，并能入药。

②菟：通“兔”。

【译文】

再向北二百里，是丹熏山，山上有茂密的臭椿树和柏树，在众草中以野韭菜和野薤菜居多，还盛产丹雘。熏水从

这座山发源，然后向西流入棠水。山中有一种野兽，长得像老鼠，却有着兔子的脑袋和麋鹿的耳朵，发出的声音如同狗嗥叫，用尾巴飞行，叫作耳鼠，人吃了它的肉就不会生膨胀病，还可以避百毒之害。

【原文】

又北二百八十里，曰石者之山，其上无草木，多瑶碧。泚水出焉，西流注于河。有兽焉，其状如豹，而文题[①]白身，名曰孟极，是善伏，其鸣自呼。

【注释】

①文：花纹。这里指野兽的皮毛因多种颜色相间杂而呈现出的斑纹或斑点。题：额头。

【译文】

再向北二百八十里，是石者山，山上没有花草树木，但到处是瑶、碧之类的美玉。泚水从这座山发源，向西流入黄河。山中有一种野兽，长得像豹子，却有着花额头和白色的身子，叫作孟极，善于伏身隐藏，它叫的声音便是自身名称的读音。

【原文】

又北百一十里，曰边春之山，多葱[①]、葵、韭、桃[②]、

李。杠水出焉，而西流注于泑泽。有兽焉，其状如禺而文身，善笑，见人则卧，名曰幽鴳，其鸣自呼。

【注释】

①葱：山葱，又叫茖葱，一种野菜。茎生有枝格，一边拔取不久又生长起来，食之不尽。冬天也不枯萎。

②桃：山桃，又叫榹桃，也叫毛桃，一种野果木。果子很小，核与果肉黏结一起，桃仁多脂，可入药。

【译文】

再向北一百一十里，是边春山，山上到处是野葱、葵菜、韭菜、野桃树、李树。杠水从这座山发源，然后向西流入泑泽。山中有一种野兽，长得像猿猴而身上满是花纹，喜欢嬉笑，一看见人就假装睡着，叫作幽鴳，它叫的声音便是自身名称的读音。

【原文】

又北二百里，曰蔓联之山，其上无草木。有兽焉，其状如禺而有鬣，牛尾、文臂、马蹄，见人则呼，名曰足訾，其鸣自呼。有鸟焉，群居而朋飞，其毛如雌雉，名曰䴔，其鸣自呼，食之已风。

【译文】

再向北二百里，是蔓联山，山上没有花草树木。山中有一种野兽，长得像猿猴却有着鬣毛，还有牛一样的尾巴、长满花纹的双臂、马一样的蹄子，一看见人就呼叫，叫作足訾，它叫的声音便是自身名称的读音。山中有一种禽鸟，喜欢成群栖息且结队飞行，羽毛与雌野鸡相似，叫作䴔。它叫的声音便是自身名称的读音，人吃了它的肉就能治好风痹病。

【原文】

又北百八十里，曰单张之山，其上无草木。有兽焉，其状如豹而长尾，人首而牛耳，一目，名曰诸犍，善吒[①]，行则衔其尾，居则蟠[②]其尾。有鸟焉，其状如雉，而文首、白翼、黄足，名曰白䳆，食之已嗌[③]痛，可以已痸[④]。栎水出焉，而南流注于杠水。

【注释】

①吒：怒声。这里是大声吼叫的意思。

②蟠：盘曲而伏。

③嗌：咽喉。

④痸：痴病，疯癫病。

【译文】

再向北一百八十里，是单张山，山上没有花草树木。山中有一种野兽，长得像豹子却拖着一条长长的尾巴，还长着人一样的脑袋和牛一样的耳朵，一只眼睛，叫作诸犍，喜欢大声吼叫，行走时就用嘴衔着尾巴，卧睡时就将尾巴盘曲起来。山中有一种禽鸟，长得像普通的野鸡，却有着长满花纹的脑袋、白色的翅膀、黄色的脚，叫作白鵺，人吃了它的肉就能治好咽喉疼痛的病，还可以治愈疯癫病。栎水从这座山发源，然后向南流入杠水。

【原文】

又北三百二十里，曰灌题之山，其上多樗柘[①]，其下多流沙，多砥。有兽焉，其状如牛而白尾，其音如訆[②]，名曰那父。有鸟焉，其状如雌雉而人面，见人则跃，名曰竦斯，其鸣自呼也。匠韩之水出焉，而西流注于泑泽，其中多磁石[③]。

【注释】

①柘：柘树，也叫黄桑、奴柘，果子可以食用，树皮可以造纸。

②訆：同“叫”，大呼。

③磁石：也作“慈石”，一种天然矿石，具有吸引铁、镍、钴等金属物质的属性，俗称吸铁石，今称磁铁石。

【译文】

再向北三百二十里，是灌题山，山上是茂密的臭椿树和柘树，山下有许多流沙，还多出产磨石。山中有一种野兽，长得像牛却拖着一条白色的尾巴，发出的声音如同人在高声呼唤，叫作那父。山中有一种禽鸟，长得像雌野鸡却有着人的面孔，一看见人就跳跃，叫作竦斯，它叫的声音便是自身

名称的读音。匠韩水从这座山发源，然后向西流入泑泽，水中有很多磁铁石。

【原文】

又北二百里，曰潘侯之山，其上多松柏，其下多榛楛，其阳多玉，其阴多铁。有兽焉，其状如牛，而四节生毛，名曰旄牛。边水出焉，而南流注于栎泽。

【译文】

再向北二百里，是潘侯山，山上有许多松树和柏树，山下有许多榛树和楛树，山南面蕴藏着丰富的玉石，山北面蕴藏着丰富的铁。山中有一种野兽，长得像牛，但四肢关节上都长着长长的毛，叫作牦牛。边水从这座山发源，然后向南流入栎泽。

【原文】

又北二百三十里，曰小咸之山，无草木，冬夏有雪。

【译文】

再向北二百三十里，是小咸山，没有花草树木，冬天和夏天都有积雪。

【原文】

北二百八十里，曰大咸之山，无草木，其下多玉。是山也，四方，不可以上。有蛇名曰长蛇[1]，其毛如彘豪，其音如鼓柝[2]。

【注释】

①长蛇：传说有几十丈长，能把鹿、象等动物吞入腹中。

②鼓：敲击某物使之发出声响。柝：是古代巡夜人在报时间时所敲击的一种木梆子。

【译文】

向北二百八十里，是大咸山，没有花草树木，山下盛产玉石。这座大咸山，呈四方形，人不能攀登上去。山中有一种蛇叫作长蛇，身上的毛与猪脖子上的硬毛相似，发出的声音像是人在敲击木梆子。

【原文】

又北三百二十里，曰敦薨之山，其上多棕枏，其下多茈草。敦薨之水出焉，而西流注于泑泽。出于昆仑之东北隅，实惟河原。其中多赤鲑[1]，其兽多兕、旄牛，其鸟多尸鸠[2]。

【注释】

①赤鲑（xié）：身体呈流线型，有小圆鳞，口大而斜，牙齿呈锥状，是一种冷水性的经济鱼类。

②尸鸠：即布谷鸟。

【译文】

再向北三百二十里，是敦薨山，山上有许多棕树和楠木树，山下有许多紫草。敦薨水从这座山发源，然后向西流入泑泽。这泑泽位于昆仑山的东北角，其实就是黄河的源头。水中有很多赤鲑。那里的野兽以兕、牦牛居多，而禽鸟大多是布谷鸟。

【原文】

又北二百里，曰少咸之山，无草木，多青碧。有兽焉，其状如牛，而赤身、人面、马足，名曰窫窳[①]，其音如婴儿，是食人。敦水出焉，东流注于雁门之水，其中多䲃䲃[②]之鱼，食之杀人。

【注释】

①窫窳（yà yǔ）：传说中一种吃人的凶兽。

②䲃䲃（pèi）：即江豚，黑色，大小如同五十公斤重

的猪。

【译文】

再向北二百里，是少咸山，山上没有花草树木，有许多青石、碧玉。山中有一种野兽，长得像牛，却有着红色的身子、人的面孔、马的蹄子，叫作窫窳，发出的声音如同婴儿啼哭，是能吃人的怪兽。敦水从这座山发源，向东流入雁门河，水中生长着很多鲕鲕鱼，人吃了它的肉就会中毒而死。

【原文】

又北二百里，曰狱法之山。瀼泽之水出焉，而东北流注于泰泽。其中多鱳鱼，其状如鲤而鸡足，食之已疣。有兽焉，其状如犬而人面，善投，见人则笑，其名山■，其行如风，见则天下大风。

【译文】

再向北二百里，是狱法山。瀼泽水从这座山发源，然后向东北流入泰泽。水中生长着很多鱳鱼，长得像鲤鱼却有着像鸡一样的爪子，人吃了它的肉就能治好赘瘤病。山中有一种野兽，长得像普通的狗却有着人的面孔，擅长投掷，一看见人就嬉笑，叫作山■，它走起来就像刮风，一出现天下就会起大风。

【原文】

又北二百里，曰北岳之山，多枳、棘[1]、刚木[2]。有兽焉，其状如牛，而四角、人目、彘耳，其名曰诸怀，其音如鸣雁，是食人。诸怀之水出焉，而西流注于嚻水，其中多鮨鱼，鱼身而犬首，其音如婴儿，食之已狂。

【注释】

①枳、棘：枳木和棘木，两种矮小的树。枳木像橘树而比橘树小一些，枝上长满刺。春天开白花，秋天结果实，果子小而味道酸，不能吃，可入药。棘木就是丛生的小枣树，即酸枣树，枝上长满了刺。

②刚木：指木质坚硬的树，即檀木、柘树之类。

【译文】

再向北二百里，是北岳山，山上有许多枳树、酸枣树和檀、柘一类的树木。山中有一种野兽，长得像牛，却有着四只角、人的眼睛、猪的耳朵，叫作诸怀，它发出的声音如同大雁鸣叫，是能吃人的。诸怀水从这座山发源，然后向西流入嚣水，水中有很多鮨鱼，长着鱼的身子而有狗一样的脑袋，发出的声音像婴儿啼哭，人吃了它的肉就能治愈癫狂病。

【原文】

又北百八十里，曰浑夕之山，无草木，多铜玉。嚻水出焉，而西北流注于海。有蛇一首两身，名曰肥遗，见则其国大旱。

【译文】

再向北一百八十里，是浑夕山，山上没有花草树木，盛产铜和玉石。嚣水从这座山发源，然后向西北流入大海。这里有一种长着一个头两个身子的蛇，叫作肥遗，在哪个地方出现哪个地方就会发生大旱灾。

【原文】

又北五十里，曰北单之山，无草木，多葱韭。

【译文】

再向北五十里，是北单山，山上没有花草树木，生长着许多野葱和野韭菜。

【原文】

又北百里，曰罴差之山，无草木，多马[①]。

【注释】

①马：指一种野马，与一般的马相似而个头小一些。

【译文】

再向北一百里，是罴差山，山上没有花草树木，有很多小个头的野马。

【原文】

又北百八十里，曰北鲜之山，是多马，鲜水出焉，而西北流注于涂吾之水。

【译文】

再向北一百八十里，是北鲜山，这里有很多小个头的野马。鲜水从这里发源，然后向西北流入涂吾水。

【原文】

又北百七十里，曰隄山，多马。有兽焉，其状如豹而文首，名曰狕。隄水出焉，而东流注于泰泽，其中多龙龟[1]。

【注释】

①龙龟：也有把龙龟看作是一种动物的，即龙种龟身的吉兽。

【译文】

再向北一百七十里，是隄山，有许多小个头的野马。山中有一种野兽，长得像一般的豹子且脑袋上有花纹，叫作狕。隄水从这座山发源，然后向东流入泰泽，水中有很多龙和龟。

【原文】

凡北山经之首，自单狐之山至于隄山，凡二十五山，五千四百九十里，其神皆人面蛇身。其祠之，毛用一雄鸡、彘瘗，吉玉用一珪，瘗而不糈。其山北人，皆生食不火之物。

【译文】

北方第一列山系的首尾，自单狐山起到隄山止，一共二十五座山，途经五千四百九十里，诸山山神都是人的面孔、蛇的身子。祭祀山神，把毛物中用作祭品的一只公鸡和一头猪埋入地下，祀神的美好玉器中用一块玉珪，只是埋入地下而不需要用米来祭祀。住在诸山北面的人，都生吃未经火烤的食物。

【原文】

北次二经之首，在河之东，其首枕汾，其名曰管涔之山。其上无木而多草，其下多玉。汾水出焉，而西流注于河。

【译文】

北方第二列山系的第一座山，坐落在黄河的东岸，山的首端枕着汾水，这座山叫管涔山。山上没有树木却有许多花草，山下盛产玉石。汾水从这座山发源，然后向西流入黄河。

【原文】

又西二百五十里，曰少阳之山，其上多玉，其下多赤银[①]。酸水出焉，而东流注于汾水，其中多美赭。

【注释】

①赤银：最精最纯的银子。这里指天然含银量很高的优质银矿石。

【译文】

再向西二百五十里，是少阳山，山上盛产玉石，山下盛产赤银。酸水从这座山发源，然后向东流入汾水，水中有很多漂亮的赭石。

【原文】

又北五十里，曰县雍之山，其上多玉，其下多铜，其兽多闾[①]麋，其鸟多白翟白鸻[②]。晋水出焉，而东南流注于汾水。其中多鮆鱼，其状如儵[③]而赤麟，其音如叱，食之不骄[④]。

【注释】

①闾：据古人讲，是一种黑母羊，形体似驴而蹄子歧分，角如同羚羊的角，也叫山驴。

②白鸻：据古人讲，就是白鵫鸟。

③儵：通“鲦”，这里指的是小鱼。

④骄：通“骚”，指狐臭。

【译文】

再向北五十里，是县雍山，山上蕴藏着丰富的玉石，山下蕴藏着丰富的铜，山中的野兽大多是山驴和麋鹿；而禽鸟

以白色野鸡和白鵫鸟居多。晋水从这座山发源，然后向东南流入汾水。水中生长着很多鮆鱼，长得像小鲦鱼却有着红色的鳞甲，发出的声音如同人的怒吼声，吃了它的肉就使人没有狐臭。

【原文】

又北二百里，曰狐岐之山，无草木，多青碧。胜水出焉，而东北流注于汾水，其中多苍玉。

【译文】

再向北二百里，是狐岐山，山上没有花草树木，有许多青石、碧玉。胜水从这座山发源，然后向东北流入汾水，水中有很多苍玉。

【原文】

又北三百五十里，曰白沙山，广员三百里，尽沙也，无草木鸟兽。鲔水出于其上，潜于其下，是多白玉。

【译文】

再向北三百五十里，是白沙山，方圆三百里大小，到处是沙子，没有花草树木和禽鸟野兽。鲔水从这座山的山顶发源，然后潜流到山下，水中有很多白玉。

【原文】

又北四百里，曰尔是之山，无草木，无水。

【译文】

再向北四百里，是尔是山，山上没有花草树木，也没有流水。

【原文】

又北三百八十里，曰狂山，无草木。是山也，冬夏有雪。狂水出焉，而西流注于浮水，其中多美玉。

【译文】

再向北三百八十里，是狂山，山上没有花草树木。这座狂山，冬天和夏天都有积雪。狂水从这座山发源，然后向西流入浮水，水中有很多美丽的玉石。

【原文】

又北三百八十里，曰诸余之山，其上多铜玉，其下多松柏。诸余之水出焉，而东流注于旄水。

【译文】

再向北三百八十里，是诸余山，山上蕴藏着丰富的铜和玉石，山下有许多松树和柏树。诸余水从这座山发源，然后向东流入旄水。

【原文】

又北三百五十里，曰敦头之山，其上多金玉，无草木。旄水出焉，而东流注于印泽。其中多騂马，牛尾而白身，一角，其音如呼。

【译文】

再向北三百五十里，是敦头山，山上有丰富的金属矿物和玉石，不生长花草树木。旄水从这座山发源，然后向东流入印泽。山中有很多騂马，长着牛一样的尾巴和白色身子，有一只角，发出的声音如同人的呼唤。

【原文】

又北三百五十里，曰钩吾之山，其上多玉，其下多铜。有兽焉，其状如羊身人面，其目在腋下，虎齿人爪，其音如婴儿，名曰狍鸮[①]，是食人。

【注释】

①狍鸮：传说中的一种怪兽，非常贪婪，不但吃人，而且在吃不完时，还要把人身的各个部位咬碎。

【译文】

再向北三百五十里，是钩吾山，山上盛产玉石，山下盛产铜。山中有一种野兽，形状是羊的身子、人的面孔。它的眼睛长在腋窝下，有着老虎一样的牙齿和人一样的指甲，发出的声音如同婴儿啼哭，叫作狍鸮，是能吃人的怪兽。

【原文】

又北三百里，曰北嚻之山，无石，其阳多碧，其阴多玉。有兽焉，其状如虎，而白身犬首，马尾彘鬣，名曰独狢。有鸟焉，其状如乌，人面，发名曰鹭鹛，宵飞而昼伏，食之已暍[1]。涔水出焉，而东流注于邛泽。

【注释】

①暍：中暑，受暴热。

【译文】

再向北三百里，是北嚣山，山上没有石头，山南面多出产

碧玉，山北面多出产玉石。山中有一种野兽，长得像老虎，却有着白色身子、狗一样的脑袋、马的尾巴、野猪一样的鬃毛，叫作独狢。山中有一种禽鸟，长得像乌鸦，却有着人的面孔，叫作鷩鶌，在夜里飞行而在白天隐伏，吃了它的肉就能使人不中暑。涔水从这座山发源，然后向东流入邛泽。

【原文】

又北三百五十里，曰梁渠之山，无草木，多金玉。修水出焉，而东流注于雁门。其兽多居暨，其状如彙[①]而赤毛，其音如豚。有鸟焉，其状如夸父[②]，四翼、一目、犬尾，名曰嚻，其音如鹊，食之已腹痛，可以止衕[③]。

【注释】

①彙（wèi）：据古人讲，这种动物长得像老鼠，红色的毛硬得像刺猬身上的刺。

②夸父：即举父，一种长得像猕猴的野兽。

③衕（dòng）：腹泻。

【译文】

再向北三百五十里，是梁渠山，不生长花草树木，有丰富的金属矿物和玉石。修水从这里发源，然后向东流入雁门。山中的野兽大多是居暨兽，长得像彙却浑身长着红色的毛，发出的声音如同小猪叫。山中有一种禽鸟，长得像夸父，有着四只翅膀、一只眼睛、狗一样的尾巴，叫作嚣，它的叫声与喜鹊的鸣叫声相似，人吃了它的肉就可以止住肚子痛，还可以治好腹泻病。

【原文】

又北四百里，曰姑灌之山，无草木。是山也，冬夏有雪。

【译文】

再向北四百里，是姑灌山，山上没有花草树木。在这座姑灌山上，冬天和夏天都有积雪。

【原文】

又北三百八十里，曰湖灌之山，其阳多玉，其阴多碧，多马。湖灌之水出焉，而东流注于海，其中多䱇①。有木焉，其叶如柳而赤理。

【注释】

①䱇：同“鳝”，即黄鳝。

【译文】

再向北三百八十里，是湖灌山，山南面盛产玉石，山北面盛产碧玉，并有许多个头小的野马。湖灌水从这座山发源，然后向东流入大海，水中有很多鳝鱼。山里生长着一种树木，叶子像柳树叶而有着红色的纹理。

【原文】

又北水行五百里，流沙三百里，至于洹山，其上多金玉。三桑生之，其树皆无枝，其高百仞[1]。百果树生之。其下多怪蛇。

【注释】

①仞：古代的八尺为一仞。

【译文】

再向北行五百里水路，然后经过三百里流沙，便到了洹山，山上蕴藏着丰富的金属矿物和玉石。山中生长着一种三桑树，这种树都不长枝条，树干高达一百仞，还生长着各种果树。山下有很多怪蛇。

【原文】

又北三百里，曰敦题之山，无草木，多金玉。是錞[1]于北海。

【注释】

①錞：依附。这里是坐落、高踞的意思。

【译文】

再向北三百里，是敦题山，这里不生长花草树木，但蕴

藏有丰富的金属矿物和玉石。这座山坐落在北海的岸边。

【原文】

凡北次二经之首，自管涔之山至于敦题之山，凡十七山，五千六百九十里。其神皆蛇身人面。其祠：毛用一雄鸡、彘瘗；用一璧一珪，投而不糈。

【译文】

北方第二列山系的首尾，自管涔山起到敦题山止，一共十七座山，途经五千六百九十里。诸山山神都是蛇的身子、人的面孔。祭祀山神：把毛物中用作祭品的一只公鸡、一头猪一起埋入地下；祀神的玉器用一块玉璧和一块玉珪，一起投向山中而不用米祀神。

【原文】

北次三经之首，曰太行之山。其首曰归山，其上有金玉，其下有碧。有兽焉，其状如麢羊而四角，马尾而有距①，其名曰䮝，善还②，其鸣自训③。有鸟焉，其状如鹊，白身、赤尾、六足，其名曰鷾，是善惊，其鸣自詨。

【注释】

①距：雄鸡、野鸡等跖后面突出像脚趾的部分。这里指

鸡爪子。

②还：通“旋”。旋转。

③训：叫，呼。

【译文】

北方第三列山系的第一座山，叫作太行山。太行山的首端叫归山，山上出产金属矿物和玉石，山下出产碧玉。山中有一种野兽，长得像普通的羚羊却有四只角，长着马一样的尾巴和鸡一样的爪子，叫作驿，善于旋转起舞，它发出的叫声就是自身名称的读音。山中有一种禽鸟，长得像喜鹊，有着白色的身子、红色的尾巴、六只脚，叫作鷶，这种鸟十分警觉，它发出的叫声就是自身名称的读音。

【原文】

又东北二百里，曰龙侯之山，无草木，多金玉。决决之水出焉，而东流注于河。其中多人鱼，其状如鯑鱼，四足，其音如婴儿，食之无痴疾。

【译文】

再向东北二百里，是龙侯山，山上不生长花草树木，但有丰富的金属矿物和玉石。决决水从这座山发源，然后向东流入黄河。水中有很多人鱼，长得像鯑鱼，有四只脚，发出的声音像婴儿啼哭，吃了它的肉就能使人不得痴呆病。

【原文】

又东北二百里，曰马成之山，其上多文石，其阴多金玉。有兽焉，其状如白犬而黑头，见人则飞，其名曰天马，其鸣自训。有鸟焉，其状如乌，首白而身青、足黄，是名曰鶌鶋，其鸣自詨。食之不饥，可以已寓[1]。

【注释】

①寓：古人认为通“误”字，大概以音近为义，指昏忘之病，就是现在所谓的老年健忘症，或老年痴呆症。

【译文】

再向东北二百里，是马成山，山上多出产有纹理的美石，山北面有丰富的金属矿产和玉石。山里有一种野兽，长得像普通的白狗却有着黑脑袋，一看见人就腾空飞起，叫作天马，它的叫声就是自身名称的读音。山里有一种禽鸟，长得像乌鸦，却有着白色的脑袋和青色的身子、黄色的足爪，叫作鶌鶋，它的叫声便是自身名称的读音。吃了它的肉使人不感觉饥饿，还可以医治老年健忘症。

【原文】

又东北七十里，曰咸山，其上有玉，其下多铜，是多松柏，草多茈草。条菅之水出焉，而西南流注于长泽。其中多器酸[1]，三岁一成，食之已疠。

【注释】

①器酸：据古人讲，大概是一种可以吃而有酸味的东

西，就像山西解州盐池所生产的盐之类的东西。

【译文】

再向东北七十里，是咸山，山上盛产玉石，山下盛产铜，这里有许多松树和柏树，在所生长的草中以紫草居多。条菅水从这座山发源，然后向西南流入长泽。水中多出产器酸，这种器酸三年才能收成一次，吃了它就能治愈人的麻风病。

【原文】

又东北二百里，曰天池之山，其上无草木，多文石。有兽焉，其状如兔而鼠首，以其背飞，其名曰飞鼠。渑水出焉，潜于其下，其中多黄垩。

【译文】

再向东北二百里，是天池山，山上没有花草树木，有许多带有花纹的美石。山中有一种野兽，长得像兔子却有着老鼠一样的头，借助它背上的毛飞行，叫作飞鼠。渑水从这座山发源，然后潜流到山下，水中有很多黄色垩土。

【原文】

又东三百里，曰阳山，其上多玉，其下多金铜。有兽焉，其状如牛而赤尾，其颈腎，其状如句瞿[1]，其名曰领胡，其鸣自詨，食之已狂。有鸟焉，其状如雌雉，而五采以文，是自为牝牡，名曰象蛇，其名自詨。留水出焉，而南流注于河。其中有䱻父之鱼，其状如鲋鱼，鱼首而彘身，食之已呕。

【注释】

①句瞿：量器，斗。

【译文】

再向东三百里，是阳山，山上有丰富的玉石，山下有丰富的金铜。山中有一种野兽，长得像牛而有着红尾巴，脖子上有肉瘤，像斗的形状，叫作领胡，它发出的叫声便是自身名称的读音，人吃了它

的肉就能治愈癫狂症。山中有一种禽鸟，长得像雌性野鸡，而羽毛上有五彩斑斓的花纹，这种鸟一身兼有雄雌两种性器官，叫作像蛇，它发出的叫声便是自身名称的读音。留水从这座山发源，然后向南流入黄河。水中生长着鲐父鱼，长得像一般的鲫鱼，有着鱼的头和猪的身子，人吃了它的肉可以治愈呕吐。

【原文】

又东三百五十里，曰贲闻之山，其上多苍玉，其下多黄垩，多涅石[1]。

【注释】

①涅石：一种黑色矾石，可做黑色染料。矾石是一种矿物，为透明结晶体，有白、黄、青、黑、绛五种。

【译文】

再向东三百五十里，是贲闻山，山上盛产苍玉，山下盛产黄色垩土，也有许多涅石。

【原文】

又北百里，曰王屋之山[1]，是多石。𬇙水出焉，而西北流注于泰泽[2]。

【注释】

①王屋之山：在今山西省垣曲和河南省济源之间，与太行山相对。

②泰泽：即渤海。

【译文】

再向北一百里，是王屋山，这里有许多石头。濉水从这座山发源，然后向西北流入泰泽。

【原文】

又东北三百里，曰教山，其上多玉而无石。教水出焉，西流注于河，是水冬干而夏流，实惟干河。其中有两山，是山也，广员三百步，其名曰发丸之山[1]，其上有金玉。

【注释】

①发丸之山：据古人讲，发丸山居于水中，形状像神人所发射的两颗弹丸，故得名。

【译文】

再向东北三百里，是教山，山上有丰富的玉石而没有石头。教水从这座山发源，向西流入黄河，这条河水到了冬季干枯而在夏季流水，可以说是一条季节河。教水的河道中有两座小山，方圆各三百步，叫作发丸山，小山上蕴藏着金属矿物和玉石。

【原文】

又南三百里，曰景山，南望盐贩之泽，北望少泽。其上多草、藷䓞[①]，其草多秦椒[②]，其阴多赭，其阳多玉。有鸟焉，其状如蛇，而四翼、六目、三足，名曰酸与，其鸣自詨，见则其邑有恐。

【注释】

①藷䓞：一种植物，根像羊蹄，可以食用。

②秦椒：一种草，所结的子实像花椒，叶子细长。

【译文】

再向南三百里，是景山，在山上向南可以望见盐贩泽，向北可以望见少泽。山上有许多丛草、藷䓞，这里的草以秦椒居多，山北面多出产赭石，山南面多出产玉石。山里有一种禽鸟，长得像一般的蛇，却有四只翅膀、六只眼睛、三只脚，叫作酸与，它发出的叫声便是自身名称的读音，它在哪个地方出现哪里就会发生令人惊恐的事情。

【原文】

又东南三百二十里，曰孟门之山，其上多苍玉，多金，其下多黄垩，多涅石。

【译文】

再向东南三百二十里，是孟门山，山上蕴藏有丰富的灰玉，还盛产金属矿物，山下到处是黄色垩土，还有许多涅石。

【原文】

又东南三百二十里，曰平山。平水出于其上，潜于其下，是多美玉。

【译文】

再向东南三百二十里，是平山。平水从这座山的顶上发源，然后潜流到山下，水中有很多优良玉石。

【原文】

又东二百里，曰京山，有美玉，多漆木，多竹，其阳有赤铜，其阴有玄䃌[①]。高水出焉，南流注于河。

【注释】

①䃌：砥石，就是磨刀石。

【译文】

再向东二百里，是京山，盛产美玉，有许多漆树，有许多竹丛，在这座山的南面出产黄铜，山的北面出产黑色磨石。高水从这座山发源，向南流入黄河。

【原文】

又东二百里，曰虫尾之山，其上多金玉，其下多竹，多青碧。丹水出焉，南流注于河。薄水出焉，而东南流注于黄泽。

【译文】

再向东二百里，是虫尾山，山上有丰富的金属矿物和玉石，山下有许多竹丛，还有很多青石碧玉。丹水从这座山发源，向南流入黄河。薄水也从这座山发源，向东南流入黄泽。

【原文】

又东三百里，曰彭毗之山，其上无草木，多金玉，其下多水。蚤林之水出焉，东南流注于河。肥水出焉，而南流注于床水，其中多肥遗之蛇。

【译文】

再向东三百里，是彭毗山，山上不生长花草树木，有丰富的金属矿物和玉石，山下有许多流水。蚤林水从这座山发源，向东南流入黄河。肥水也从这座山发源，然后向南流入床水，水中有很多叫作肥遗的蛇。

【原文】

又东百八十里，曰小侯之山。明漳之水出焉，南流注于黄泽。有鸟焉，其状如乌而白文，名曰鸪鸐，食之不灂[①]。

【注释】

①灂：眼昏。

【译文】

再向东一百八十里，是小侯山。明漳水从这座山发源，向南流入黄泽。山中有一种禽鸟，长得像一般的乌鸦却有白色斑纹，叫作鸪鸐，吃了它的肉就能使人的眼睛明亮而不昏花。

【原文】

又东三百七十里，曰泰头之山。共水出焉，南注于虖池。其上多金玉，其下多竹箭[①]。

【注释】

①竹箭：一种体形较小的竹子，质地坚硬，可做箭矢。

【译文】

再向东三百七十里，是泰头山。共水从这座山发源，向南流入虖沱水。山上有丰富的金属矿物和玉石，山下有许多小竹丛。

【原文】

又东北二百里，曰轩辕之山，其上多铜，其下多竹。有鸟焉，其状如枭而白首，其名曰黄鸟，其鸣自詨，食之不妒。

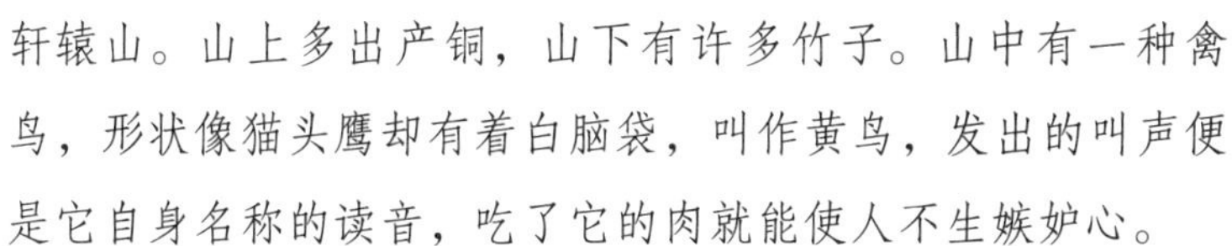

【译文】

再向东北二百里，是轩辕山。山上多出产铜，山下有许多竹子。山中有一种禽鸟，形状像猫头鹰却有着白脑袋，叫作黄鸟，发出的叫声便是它自身名称的读音，吃了它的肉就能使人不生嫉妒心。

【原文】

又北二百里，曰谒戾之山，其上多松柏，有金玉。沁水出焉，南流注于河。其东有林焉，名曰丹林。丹林之水出焉，南流注于河。婴侯之水出焉，北流注于汜水。

【译文】

再向北二百里，是谒戾山，山上有许多松树和柏树，还蕴藏着金属矿物和玉石。沁水从这座山发源，向南流入黄河。在这座山的东面有一片树林，叫作丹林。丹林水便从这里发源，向南流入黄河。婴侯水也从这里发源，向北流入汜水。

【原文】

东三百里，曰沮洳之山，无草木，有金玉。濝水出焉，南流注于河。

【译文】

向东三百里，是沮洳山，不生长花草树木，有金属矿物和玉石。濝水从这座山发源，向南流入黄河。

【原文】

又北三百里，曰神囷之山，其上有文石，其下有白蛇，有飞虫[①]。黄水出焉，而东流注于洹。滏水出焉，而东流注于欧水。

【注释】

①飞虫：指蠛蠓、蚊子之类的小飞虫，成群成堆地乱飞，满天蔽日。

【译文】

再向北三百里，是神囷山，山上有带有花纹的漂亮石头，山下有白蛇，还有飞虫。黄水从这座山发源，然后向东流入洹水。滏水也从这座山发源，向东流入欧水。

【原文】

又北二百里，曰发鸠之山，其上多柘木。有鸟焉，其状如乌，文首、白喙、赤足，名曰精卫，其鸣自詨。是炎帝[①]之少女，名曰女娃。女娃游于东海，溺而不返，故为精卫。常衔西山之木石，以堙[②]于东海。漳水出焉，东流注于河。

【注释】

①炎帝：号称神农氏，传说中的上古帝王。

②堙：堵塞。

【译文】

再向北二百里，是发鸠山，山上生长着许多柘树。山中有一种禽鸟，长得像一般的乌鸦，却有着花脑袋、白嘴巴、红足爪，叫作精卫，它发出的叫声就是自身名称的读音。精

卫鸟原是炎帝的小女儿，名叫女娃。女娃到东海游玩，淹死在东海里没有返回，就变成了精卫鸟，常常衔着西山的树枝和石子，用来填塞东海。漳水从这座山发源，向东流入黄河。

【原文】

又东北百二十里，曰少山，其上有金玉，其下有铜。清漳之水出焉，东流注于浊漳之水。

【译文】

再向东北一百二十里，是少山，山上出产金属矿物和玉石，山下出产铜。清漳水从这座山发源，向东流入浊漳水。

【原文】

又东北二百里，曰锡山，其上多玉，其下有砥。牛首之水出焉，而东流注于滏水。

【译文】

再向东北二百里，是锡山，山上有丰富的玉石，山下出产磨石。牛首水从这座山发源，然后向东流入滏水。

【原文】

又北二百里，曰景山，有美玉。景水出焉，东南流注于海泽。

【译文】

再向北二百里，是景山，山上出产优良玉石。景水从这座山发源，向东南流入海泽。

【原文】

又北百里，曰题首之山，有玉焉，多石，无水。

【译文】

再向北一百里，是题首山，这里出产玉石，也有许多石头，但没有流水。

【原文】

又北百里，曰绣山，其上有玉、青碧，其木多栒[①]，其草多芍药[②]、芎䓖。洧水出焉，而东流注于河，其中有鳠[③]、黾[④]。

【注释】

①栒：栒树，古人常用树干部分的木材制作拐杖。

②芍药：多年生草本花卉，初夏开花，与牡丹相似，花朵大而美丽，有白、红等颜色。

③鳠：鳠鱼，体态较细，灰褐色，头扁平，背鳍、胸鳍相对有一硬刺，后缘有锯齿。

④黾：蛙的一种，形体同蛤蟆相似而小一些，皮肤呈青色。

【译文】

再向北一百里，是绣山，山上有玉石、青石和碧玉，山中的树木大多是栒树，而草以芍药、芎䓖居多。洧水从这座山发源，然后向东流入黄河，水中有鳠鱼和黾蛙。

【原文】

又北百二十里，曰松山。阳水出焉，东北流注于河。

【译文】

再向北一百二十里，是松山。阳水从这座山发源，向东北流入黄河。

【原文】

又北百二十里，曰敦与之山，其上无草木，有金玉。溹水出于其阳，而东流注于泰陆之水；泜水出于其阴，而东流注于彭水。槐水出焉，而东流注于泜泽。

【译文】

再向北一百二十里，是敦与山，山上不生长花草树木，蕴藏有金属矿物和玉石。溹水从敦与山的南面山脚发源，然后向东流入泰陆水；泜水从敦与山的北面山脚流出，然后向东流入彭水。槐水也从这座山发源，然后向东流入泜泽。

【原文】

又北百七十里，曰柘山，其阳有金玉，其阴有铁。历聚之水出焉，而北流注于洧水。

【译文】

再向北一百七十里，是柘山，山南面出产金属矿物和玉石，山北面出产铁。历聚水从这座山发源，然后向北流入洧水。

【原文】

又北三百里，曰维龙之山，其上有碧玉，其阳有金，其阴有铁。肥水出焉，而东流注于皋泽，其中多礨石①。敞铁之水出焉，而北流注于大泽。

【注释】

①礨石：礨的本义是地势突然高出的样子。礨石在这里指河道中的大石头高出水面许多，显得突兀。

【译文】

再向北三百里，是维龙山，山上出产碧玉，山南面出产金属矿物，山北面出产铁。肥水从这座山发源，然后向东流入皋泽，水中有很多高耸的大石头。敞铁水也从这座山发源，然后向北流入大泽。

【原文】

又北百八十里，曰白马之山，其阳多石玉，其阴多铁，多赤铜。木马之水出焉，而东北流注于虖沱。

【译文】

再向北一百八十里，是白马山，山南面有很多石头和玉石，山北面有丰富的铁，还多出产黄铜。木马水从这座山发源，然后向东北流入虖沱水。

【原文】

又北二百里，曰空桑之山，无草木，冬夏有雪。空桑之水出焉，东流注于虖沱。

【译文】

再向北二百里，是空桑山，山上没有花草树木，冬天和夏天都有积雪。空桑水从这座山发源，向东流入虖沱水。

【原文】

又北三百里，曰泰戏之山，无草木，多金玉。有兽焉，其状如羊，一角一目，目在耳后，其名曰辣辣，其鸣自训。虖沱之水出焉，而东流注于溇水。液女之水出于其阳，南流注于沁水。

【译文】

再向北三百里，是泰戏山，山上不生长花草树木，到处有金属矿物和玉石。山中有一种野兽，长得像羊，却有着一只角一只眼睛，眼睛在耳朵的背后，叫作䍺䍺，它发出的叫声便是自身名称的读音。虖沱水从这座山发源，然后向东流入溇水。液女水发源于这座山的南面，向南流入沁水。

【原文】

又北三百里，曰石山，多藏金玉。濩濩之水出焉，而东流注于虖沱；鲜于之水出焉，而南流注于虖沱。

【译文】

再向北三百里，是石山，山中有丰富的金属矿物和玉石。濩濩水从这座山发源，然后向东流入虖沱水；鲜于水也从这座山发源，然后向南流入虖沱水。

【原文】

又北二百里，曰童戎之山。皋涂之水出焉，而东流注于溇液水。

【译文】

再向北二百里，是童戎山。皋涂水从这座山发源，然后向东流入溇水和液水。

【原文】

又北三百里，曰高是之山。滋水出焉，而南流注于虖沱。其木多棕，其草多条。滱水出焉，东流注于河。

【译文】

再向北三百里，是高是山。滋水从这座山发源，然后向南流入虖沱水。山中的树木大多是棕树，草大多是条草。滱水也从这座山发源，然后向东流入黄河。

【原文】

又北三百里，曰陆山，多美玉。䣲水出焉，而东流注于河。

【译文】

再向北三百里，是陆山，山中有很多优良玉石。䣲水从这座山发源，然后向东流入黄河。

【原文】

又北二百里，曰沂山。般水出焉，而东流注于河。

【译文】

再向北二百里，是沂山。般水从这座山发源，然后向东流入黄河。

【原文】

北百二十里，曰燕山，多婴石[①]。燕水出焉，东流注于河。

【注释】

①婴石：一种像玉一样的带有彩色条纹的漂亮石头。

【译文】

向北一百二十里，是燕山，出产很多的婴石。燕水从这座山发源，向东流入黄河。

【原文】

又北山行五百里，水行五百里，至于饶山。是无草木，多瑶碧，其兽多橐驼[1]，其鸟多鹠[2]。历虢之水出焉，而东流注于河，其中有师鱼[3]，食之杀人。

【注释】

①橐驼：就是骆驼。

②鹠：即鸺鹠，也叫作横纹小鸮，头和颈侧及翼上覆羽暗褐色，密布棕白色狭横斑。

③师鱼：即鲵鱼。

【译文】

再向北走五百里山路，又走五百里水路，便到了饶山。这座山不生长花草树木，到处是瑶、碧一类的美玉，山中的野兽大多是骆驼，而禽鸟大多是鸺鹠鸟。历虢水从这座山发源，然后向东流入黄河，水中有师鱼，人吃了它的肉就会中毒而死。

【原文】

又北四百里，曰乾山，无草木，其阳有金玉，其阴有铁而无水。有兽焉，其状如牛而三足，其名曰獂，其鸣自詨。

【译文】

再向北四百里，是乾山，没有花草树木，山南面蕴藏着

金属矿物和玉石，山北面蕴藏着铁，但没有流水。山中有一种野兽，长得像牛却有着三只脚，叫作豲，它发出的叫声便是自身名称的读音。

【原文】

又北五百里，曰伦山。伦水出焉，而东流注于河。有兽焉，其状如麋，其川在尾上，其名曰罴。

【译文】

再向北五百里，是伦山。伦水从这座山发源，然后向东流入黄河。山中有一种野兽，长得像麋鹿，肛门却长在尾巴上面，叫作罴。

【原文】

又北五百里，曰碣石之山。绳水出焉，而东流注于河，其中多蒲夷之鱼①。其上有玉，其下多青碧。

【注释】

①蒲夷之鱼：古人认为就是冉遗鱼，它的形体似蛇，有六只脚，眼睛像马的眼睛，人吃了它的肉就不会做噩梦。

【译文】

再向北五百里，是碣石山。绳水从这座山发源，然后向东流入黄河，水中有很多蒲夷鱼。这座山上出产玉石，山下还有很多青石、碧玉。

【原文】

又北水行五百里，至于雁门之山，无草木。

【译文】

再向北行五百里水路，便到了雁门山，这里没有花草树木。

【原文】

又北水行四百里，至于泰泽。其中有山焉，曰帝都之山，广员百里，无草木，有金玉。

【译文】

再向北行四百里水路，便到了泰泽。在泰泽中屹立着一座山，叫作帝都山，方圆一百里，不生长花草树木，有金属矿物和玉石。

【原文】

又北五百里，曰錞于毋逢之山，北望鸡号之山，其风如飈①。西望幽都之山，浴水出焉。是有大蛇，赤首白身，其音如牛，见则其邑大旱。

【注释】

①飈（lì）：急风的样子。

【译文】

再向北五百里，是錞于毋逢山，从山上向北可以望见鸡号山，从那里吹出的风如强劲的飈风。从山上向西可以望见幽都山，浴水从那里流出。这座幽都山中有一种大蛇，红色的脑袋、白色的身子，发出的声音如同牛叫，它在哪个地方出现哪里就会有大旱灾。

【原文】

凡北次三经之首，自太行之山以至于无逢之山，凡四十六山，万二千三百五十里。其神状皆马身而人面者廿神，其祠之：皆用一藻、茝①瘗之。其十四神状皆彘身而载玉，其祠之，皆玉，不瘗。其十神状皆彘身而八足蛇尾。其祠之，皆用一璧瘗之。大凡四十四神，皆用稌糈米祠之。此皆不火食。

【注释】

①藻：聚藻，一种香草。茝：香草，属于兰草之类。

【译文】

总计北方第三列山系的首尾，自太行山起到无逢山止，一共四十六座山，途经一万两千三百五十里。其中有二十座山山神的形状都是马一样的身子而人一样的面孔，祭祀山神：都是把用作祭品的藻和茝之类的香草埋入地下。另外十四座山山神的形状是猪一样的身子却佩戴着玉制饰品，祭祀这些山神：都用祀神的玉器，不埋入地下。还有十座山山神的形状都是猪一样的身子却有着八只脚和蛇一样的尾巴，祭

祀这些山神：用一块玉璧祭祀后埋入地下。总共四十四个山神，都要用精米来祭祀。参加这项祭祀活动的人，都生吃未经火烤的食物。

【原文】

右北经之山志，凡八十七山，二万三千二百三十里。

【译文】

以上是北方经历之山的记录，总共八十七座山，途经两万三千二百三十里。

四、东山经

【原文】

东山之首，曰樕𧐐之山，北临乾昧。食水出焉。而东北流注于海。其中多鳙鳙之鱼，其状如犁牛[①]，其音如彘鸣。

【注释】

①犁牛：毛色黄黑相杂的牛，像虎纹似的。

【译文】

东方第一列山系的第一座山，叫作樕𧐐山，北面与乾昧山相邻。食水从这座山发源，然后向东北流入大海。水中有很多鳙鳙鱼，长得像犁牛，发出的声音如同猪叫。

【原文】

又南三百里，曰虖山，其上有玉，其下有金。湖水出焉，东流注于食水，其中多活师[1]。

【注释】

①活师：又叫活东，蝌蚪的别名，是青蛙、蛤蟆、娃娃鱼等两栖动物的幼体，头又圆又大而尾巴细小，游于水中。

【译文】

再向南三百里，是虖山，山上出产玉，山下出产金。湖水从这座山发源，向东流入食水，水中有很多蝌蚪。

【原文】

又南三百里，曰栒状之山，其上多金玉，其下多青碧石。有兽焉，其状如犬，六足，其名曰从从，其鸣自该。有鸟焉，其状如鸡而鼠毛，其名曰蚩鼠，见则其邑大旱。沢水出焉。而北流注于湖水。其中多箴鱼，其状如儵，其喙如箴[1]，食之无疫疾。

【注释】

①箴：同“针”。

【译文】

再向南三百里，是栒状山，山上有丰富的金属矿物和玉石，山下有丰富的青石碧玉。山中有一种野兽，长得像狗，却长着六只脚，叫作从从，它发出的叫声便是自身名称的读音。山中有一种禽鸟，形貌像普通的鸡却长着老鼠一样的毛，叫作蚩鼠，它在哪个地方出现哪里就会有大旱灾。沢水从这座山发源，然后向北流入湖水。水中有很多箴鱼，长得像鲦鱼，嘴巴像长针，人吃了它的肉就不会染上瘟疫。

【原文】

又南三百里，曰勃亝[①]之山，无草木，无水。

【注释】

①亝："齐"的古字。

【译文】

再向南三百里，是勃亝山，没有花草树木，也没有水。

【原文】

又南三百里，曰番条之山，无草木，多沙。减水出焉，

北流注于海，其中多鱤鱼[①]。

【注释】

①鱤鱼：也叫作母鲇、竿鱼，体细长，亚圆筒形，青黄色，吻尖长，口大眼小，性凶猛，捕食各种鱼类。

【译文】

再向南三百里，是番条山，山上没有花草树木，到处是沙子。减水从这座山发源，向北流入大海，水中有很多鱤鱼。

【原文】

又南四百里，曰姑儿之山，其上多漆，其下多桑柘。姑儿之水出焉，北流注于海，其中多鱤鱼。

【译文】

再向南四百里，是姑儿山，山上有许多漆树，山下有许多的桑树、柘树。姑儿水从这座山发源，向北流入大海，水中有很多鱤鱼。

【原文】

又南四百里，曰高氏之山，其上多玉，其下多箴石[①]。诸绳之水出焉，东流注于泽，其中多金玉。

【注释】

①箴石：石针是古代的一种医疗器具，用石头磨制而成，可以治疗痈肿疽疱，排除脓血。箴石就是一种专门用来制作石针的石头。

【译文】

再向南四百里，是高氏山，山上盛产玉石，山下盛产箴石。诸绳水从这座山发源，向东流入湖泽，水中有许多金属矿物和玉石。

【原文】

又南三百里，曰岳山，其上多桑，其下多樗。泺水出焉，东流注于泽，其中多金玉。

【译文】

再向南三百里，是岳山，山上有许多桑树，山下有许多的臭椿树。泺水从这座山发源，向东流入湖泽，水中有许多金属矿物和玉石。

【原文】

又南三百里，曰犲山，其上无草木，其下多水，其中多堪㐣之鱼。有兽焉，其状如夸父而彘毛，其音如呼，见则天下大水。

【译文】

再向南三百里，是犲山，山上不生长花草树木，山下有许多流水，水中有很多堪㐣鱼。山中有一种野兽，长得像猿猴却长着一身猪毛，发出的声音如同人的呼喊声，它一出现天下就会发生水灾。

【原文】

又南三百里，曰独山，其上多金玉，其下多美石，末涂之水出焉，而东南流注于沔，其中多偹鳙，其状如黄蛇，鱼翼，出入有光，见则其邑大旱。

【译文】

再向南三百里，是独山，山上有丰富的金属矿物和玉石，山下有许多美观漂亮的石头。末涂水从这座山发源，然后向东南流入沔水，水中有很多𩶵鳙，形状与黄蛇相似，长着鱼一样的鳍，出入水中时闪闪发光，它们在哪个地方出现哪里就会有大旱灾。

【原文】

又南三百里，曰泰山，其上多玉，其下多金。有兽焉，其状如豚而有珠，名曰狪狪，其鸣自讠川。环水出焉，东流注于江，其中多水玉。

【译文】

再向南三百里，是泰山，山上盛产玉，山下盛产金属矿物。山中有一种野兽，形状与猪相似而体内却有珠子，叫作狪狪，它发出的叫声便是自身名称的读音。环水从这座山发源，向东流入江水，水中有很多水晶石。

【原文】

又南三百里，曰竹山，錞于江，无草木，多瑶碧。激水出焉，而东南流注于娶檀之水，其中多茈蠃。

【译文】

再向南三百里，是竹山，坐落于汶水边上，这座山没有花草树木，到处是瑶、碧一类的玉石。激水从竹山发源，然后向东南流入娶檀水，水中有很多紫色蠃。

【原文】

凡东山经之首，自樕螽之山以至于竹山，凡十二山，三千六百里。其神状皆人身龙首。祠：毛用一犬祈，聃用鱼。

【译文】

东方第一列山系的首尾，自樕螽山起到竹山止，一共十二座山，途经三千六百里。诸山山神的形貌都是人的身子，龙的头。祭祀山神：毛物用一只狗作为祭品来祭祀，祷告时要用鱼。

【原文】

东次二经之首，曰空桑之山，北临食水，东望沮吴，南望沙陵，西望涽泽。有兽焉，其状如牛而虎文，其音如钦，其名曰軨軨，其鸣自叫，见则天下大水。

【译文】

东方第二列山系的第一座山，叫作空桑山，北面临近食水，在山上向东可以望见沮吴，向南可以望见沙陵，向西可以望见湣泽。山中有一种野兽，长得像牛却有老虎一样的斑纹，发出的声音如同人在呻吟，叫作軨軨，它发出的叫声便是自身名称的读音，它一出现天下就会发生水灾。

【原文】

又南六百里，曰曹夕之山，其下多穀而无水，多鸟兽。

【译文】

再向南六百里，是曹夕山，山下有许多构树，却没有水流，还有许多禽鸟野兽。

【原文】

又西南四百里，曰峄皋之山，其上多金玉，其下多白垩。峄皋之水出焉，东流注于激女之水，其中多蜃珧[①]。

【注释】

①蜃：即大蛤，一种软体动物，贝壳呈卵圆形或略带三

角形，颜色和斑纹十分美丽。珧：小蚌，是一种软体动物，贝壳为长卵形，表面黑褐色或黄褐色，有环状花纹。

【译文】

再向西南四百里，是峄皋山，山上有丰富的金属矿物和玉石，山下有许多白垩土。峄皋水从这座山发源，向东流入激女水，水中有很多大大小小的蚌蛤。

【原文】

又南水行五百里，流沙三百里，至于葛山之尾，无草木，多砥砺。

【译文】

再向南行五百里水路，经过三百里流沙，便到了葛山的尾端，这里没有花草树木，到处是粗细磨石。

【原文】

又南三百八十里，曰葛山之首，无草木。澧水出焉，东流注于余泽，其中多珠蟞鱼，其状如肺而有目，六足有珠，其味酸甘，食之无疠。

【译文】

再向南三百八十里，就是葛山的首端，这里没有花草树木。澧水从此处发源，向东流入余泽，水中有很多珠蟞鱼，长得像动物的肺叶，有四只眼睛，还有六只脚而且能吐珠子，这种珠蟞鱼的肉味道酸中带甜，人吃了它的肉就不会染上瘟疫。

【原文】

又南三百八十里，曰余峨之山。其上多梓枏，其下多荆芑[①]。杂余之水出焉，东流注于黄水。有兽焉，其状如菟而鸟喙，鸱目蛇尾，见人则眠[②]，名曰犰狳，其鸣自训，见则螽[③]蝗为败。

【注释】

①芑：通“杞”，即枸杞树。

②眠，装死。

③螽：即螽斯，蝗虫之类的昆虫，体绿色或褐色，样子像蚱蜢，以翅摩擦发音，是害虫。

【译文】

再向南三百八十里，是余峨山，山上有许多梓树和楠木

树，山下有许多牡荆树和枸杞树。杂余水从这座山发源，向东流入黄水。山中有一种野兽，长得像兔子却是鸟的嘴、猫头鹰的眼睛和蛇的尾巴，一看见人就躺下装死，叫作犰狳，发出的叫声便是它自身名称的读音，一出现就会有螽斯蝗虫出现危害庄稼。

【原文】

又南三百里，曰杜父之山，无草木，多水。

【译文】

再向南三百里，是杜父山，没有花草树木，有许多流水。

【原文】

又南三百里，曰耿山，无草木，多水碧[①]，多大蛇。有兽焉，其状如狐而鱼翼，其名曰朱獳，其鸣自训，见则其国有恐。

【注释】

①水碧：就是前文出现过的“水精”之类，即水晶石。

【译文】

再向南三百里，是耿山，这里没有花草树木，有许多水晶石，还有很多大蛇。山中有一种野兽，长得像狐狸却长着鱼鳍，叫作朱獳，发出的叫声便是它自身名称的读音，它在哪个国家出现哪个国家里就会有恐怖的事发生。

【原文】

又南三百里，曰卢其之山，无草木，多沙石，沙水出焉，南流注于涔水，其中多鵹鹕①，其状如鸳鸯而人足，其鸣自训，见则其国多土功。

【注释】

①鵹鹕：即鹈鹕鸟，也叫作伽蓝鸟、淘河鸟、塘鸟。它的体长可达两米，羽毛多是白色，翅大而阔，下颌底部有一大的皮囊，能伸缩，可以用来兜食鱼类动物。因为它的四趾之间有金蹼相连，所以古人认为其足类似人脚。

【译文】

再向南三百里，是卢其山，没有花草树木，有许多沙子石头。沙水从这座山发源，向南流入涔水，水中有很多鹈鹕

鸟，长得像一般的鸳鸯却有着人一样的脚，发出的叫声便是它自身名称的读音，它在哪个国家出现那个国家里就会有水土工程的劳役。

【原文】

又南三百八十里，曰姑射之山，无草木，多水。

【译文】

再向南三百八十里，是姑射山，没有花草树木，有许多流水。

【原文】

又南水行三百里，流沙百里，曰北姑射之山，无草木，多石。

【译文】

再向南行三百里水路，经过一百里流沙，是北姑射山，没有花草树木，有许多石头。

【原文】

又南三百里，曰南姑射之山，无草木，多水。

【译文】

再向南三百里，是南姑射山，没有花草树木，有许多流水。

【原文】

又南三百里，曰碧山，无草木，多大蛇，多碧，多玉。

【译文】

再向南三百里，是碧山，没有花草树木，有许多大蛇，还盛产碧玉、水晶石。

【原文】

又南五百里，曰缑氏之山，无草木，多金玉。原水出焉，东流注于沙泽。

【译文】

再往南五百里，是缑氏山，没有花草树木，多产出金属矿物和玉石。原水自这里发源，往东注入沙泽。

【原文】

又南三百里，曰姑逢之山，无草木，多金玉。有兽焉，其

状如狐而有翼，其音如鸿雁，其名曰獙獙，见则天下大旱。

【译文】

再向南三百里，是姑逢山，这里没有花草树木，有丰富的金属矿物和玉石。山中有一种野兽，长得像一般的狐狸却有翅膀，发出的声音如同大雁鸣叫，名字叫作獙獙，它一出现天下就会发生大旱灾。

【原文】

又南五百里，曰凫丽之山，其上多金玉，其下多箴石，有兽焉，其状如狐，而九尾、九首、虎爪，名曰蠪侄，其音如婴儿，是食人。

【译文】

再向南五百里，是凫丽山，山上有丰富的金属矿物和玉石，山下盛产箴石。山中有一种野兽，长得像狐狸，却有九条尾巴、九个脑袋、虎一样的爪子，叫作蠪侄，发出的声音如同婴儿啼哭，是能吃人的怪兽。

【原文】

又南五百里，曰䃌山，南临䃌水，东望湖泽。有兽焉，其状如马，而羊目、四角、牛尾，其音如獆狗，其名曰峳峳。见则其国多狡客。有鸟焉，其状如凫而鼠尾，善登木，其名曰絜钩，见则其国多疫。

【译文】

再向南五百里，是䃌山，南面临近䃌水，从山上向东可以望见湖泽。山中有一种野兽，长得像普通的马，却长着羊一样的眼睛、四只角、牛一样的尾巴，发出的声音如同狗叫，叫作峳峳，它在哪个国家出现哪个国家里就会有很多奸猾的政客。山中还有一种禽鸟，长得像野鸭子却有着老鼠一样的尾巴，擅长爬树，叫作絜钩，它在哪个国家出现哪个国家就会多发瘟疫。

【原文】

凡东次二经之首，自空桑之山至于䃌山，凡十七山，六千六百四十里。其神状皆兽身人面载觡[①]。其祠：毛用一鸡祈，婴[②]用一璧瘗。

【注释】

①载：戴。一般指将东西戴在头上。觡：骨角。专指麋、鹿等动物头上的角，这种角的骨质与角质合而为一，没

有差异，所以叫骨角。

②婴：古代人用玉器祭祀神的专称。

【译文】

东方第二列山系的首尾，自空桑山起到硜山止，一共十七座山，途经六千六百四十里。诸山山神的形貌都是野兽的身子人的面孔而且头上戴着觡角。祭祀山神：毛物用一只鸡献祭祝祷，祀神的玉器用一块玉璧献祭后埋入地下。

【原文】

又东次三经之首，曰尸胡之山，北望殚山，其上多金玉，其下多棘。有兽焉，其状如麋而鱼目，名曰妴胡，其鸣自训。

【译文】

东方第三列山系的第一座山，是尸胡山，从山上向北可以望见殚山，山上有丰富的金属矿物和玉石，山下有许多酸枣树。山中有一种野兽，长得像麋鹿却长着鱼一样的眼睛，叫作妴胡，它发出的叫声便是自身名称的读音。

【原文】

又南水行八百里，曰岐山，其木多桃李，其兽多虎。

【译文】

再向南行八百里水路，是岐山，山中的树木大多是桃树和李树，而野兽大多是老虎。

【原文】

又南水行五百里，曰诸钩之山，无草木，多沙石。是山也，广员百里，多寐鱼①。

【注释】

①寐鱼：又叫嘉鱼，古人称为鮇鱼。这种鱼体细长，前部亚圆筒形，后部侧扁，体暗褐色，须二对，粗长，吻褶发达。

【译文】

再向南行五百里水路，是诸钩山，山上没有花草树木，有许多沙子石头。这座山，方圆一百里，有很多寐鱼。

【原文】

又南水行七百里，曰中父之山，无草木，多沙。

【译文】

再向南行七百里水路，是中父山，没有花草树木，有许多沙子。

【原文】

又东水行千里，曰胡射之山，无草木，多沙石。

【译文】

再向东行一千里水路，是胡射山，山上没有花草树木，有许多沙子、石头。

【原文】

又南水行七百里，曰孟子之山，其木多梓桐，多桃李，其草多菌蒲[①]，其兽多麋鹿。是山也，广员百里。其上有水出焉，名曰碧阳，其中多鳣鲔[②]。

【注释】

①菌蒲：即紫菜、石花菜、海带、海苔之类。

②鳣：鳣鱼，据古人说是一种大鱼，体形像鲟鱼而鼻子短，口在颔下，体有斜行甲，没有鳞，肉为黄色，大的有二

三丈长。鲔：鲔鱼，据说就是鲟鱼。

【译文】

再向南行七百里水路，是孟子山，山中的树木大多是梓树和桐树，还有许多桃树和李树，山中的草大多是菌蒲，山中的野兽大多是麋、鹿。这座山，方圆一百里。有条河从山上流出，叫作碧阳，水中生长着很多鳣鱼和鲔鱼。

【原文】

又南水行五百里，曰流沙，行五百里，有山焉，曰跂踵之山，广员二百里，无草木，有大蛇，其上多玉。有水焉，广员四十里皆涌，其名曰深泽，其中多蠵龟[①]。有鱼焉，其状如鲤，而六足鸟尾，名曰鲐鲐之鱼，其名自训。

【注释】

①蠵龟：也叫赤蠵龟，据古人说是一种大龟，甲有纹彩，像玳瑁而薄一些。

【译文】

再向南行五百里水路，经过流沙五百里，有一座山，叫跂踵山，方圆二百里，没有花草树木，有大蛇，山上有许多

玉石。有一水潭，方圆四十里都在喷涌泉水，叫作深泽，水中有很多蠵龟。水中还生长着一种鱼，长得像鲤鱼，却有六只脚和鸟一样的尾巴，叫作鲐鲐鱼，发出的叫声便是它自身名称的读音。

【原文】

又南水行九百里，曰踇隅之山，其上多草木，多金玉，多赭。有兽焉，其状如牛而马尾，名曰精精，其鸣自叫。

【译文】

再向南行九百里水路，是踇隅山，山上有茂密的花草树木，有丰富的金属矿物和玉石，还有许多赭石。山中有一种野兽，长得像牛却有着马一样的尾巴，叫作精精，它发出的叫声便是自身名称的读音。

【原文】

又南水行五百里，流沙三百里，至于无皋之山，南望幼海，东望榑木[①]，无草木，多风。是山也，广员百里。

【注释】

①榑（fú）木：即扶桑，神话传说中的神木，叶似桑树

叶，长数千丈，大二十围，两两同根生，更相依倚，而太阳就是从这里升起的。

【译文】

再向南行五百里水路，经过三百里流沙，便到了无皋山，从山上向南可以望见幼海，向东可以望见榑木，这里不生长花草树木，经常刮大风。这座山，方圆一百里。

【原文】

凡东次三经之首，自尸胡之山至于无皋之山，凡九山，六千九百里。其神状皆人身而羊角。其祠：用一牡羊，米用黍[1]。是神也，见则风雨水为败。

【注释】

①黍：一种谷物，性黏，籽实可供食用或酿酒。

【译文】

东方第三列山系的首尾，自尸胡山起到无皋山止，一共九座山，途经六千九百里。诸山山神的形貌都是人的身子却长着羊角。祭祀山神：毛物用一只公羊作为祭品，祀神的米用黄米。这些山神一出现就会起大风、下大雨、发大水而损坏庄稼。

【原文】

东次四经之首，曰北号之山，临于北海。有木焉，其状如杨，赤华，其实如枣而无核，其味酸甘，食之不疟。食水出焉，而东北流注于海。有兽焉，其状如狼，赤首鼠目，其音如豚，名曰猲狚，是食人。有鸟焉，其状如鸡而白首，鼠足而虎爪，其名曰鬿雀，亦食人。

【译文】

东方第四列山系的第一座山，叫北号山，屹立在北海边上。山中有一种树木，长得像杨树，开红色花朵，果实与枣子相似但没有核，味道酸中带甜，吃了它就能使人不得疟疾。食水从这座山发源，然后向东北流入大海。山中有一种野兽，长得像狼，长着红脑袋和老鼠一样的眼睛，发出的声音如同小猪叫，叫作獦狚，是能吃人的怪兽。山中还有一种禽鸟，长得像鸡却长着白脑袋、老鼠一样的脚足和老虎一样的爪子，叫作鬿雀，也是能吃人的怪物。

【原文】

又南三百里，曰旄山，无草木。苍体之水出焉，而西流注于展水，其中多鱃鱼①，其状如鲤而大首，食者不疣②。

【注释】

①鱃鱼：即鳅鱼，也写作鰌鱼，长得像鳝鱼，长约三四寸，扁尾巴，青黑色，没有鳞甲而微有黏液。常潜居河、湖、池、沼、水田的泥土中，所以俗称泥鳅或泥鰌。

②疣：同“肬”，一种小肉瘤，即长在人体皮肤上的小疙瘩，俗称“瘊子”。

【译文】

再向南三百里，是旄山，没有花草树木。苍体水从这座山发源，然后向西流入展水，水中生长着很多鱃鱼，长得像鲤鱼但头长得很大，吃了它的肉就能使人皮肤上不生瘊子。

【原文】

又南三百二十里，曰东始之山，上多苍玉。有木焉，其状如杨而赤理，其汁如血，不实，其名曰芑，可以服马，泚水出焉，而东北流注于海，其中多美贝，多茈鱼，其状如鲋[①]，一首而十身，其臭如蘪芜[②]，食之不糟[③]。

【注释】

①鲋：即鲫鱼，体侧扁，稍高，背面青褐色，腹面银灰色，肉味鲜美。

②蘪芜：就是蘼芜，一种香草，叶子像当归草的叶子，气味像白芷草的香气。据古人讲，因为它的茎叶靡弱而繁芜，所以这样叫。

③糟：同“屁”。

【译文】

再向南三百二十里，是东始山，山上多出产苍玉。山中有一种树木，长得像一般的杨树却有红色纹理，树干中的液汁与血相似，不结果实，叫作芑，把液汁涂在马身上就可使马驯服。泚水从这座山发源，然后向东北流入大海，水中有许多美丽的贝类，还有很多茈鱼，长得像鲫鱼，却长着一个脑袋、十个身子，它的气味与蘼芜草相似，人吃了它就不会放屁。

【原文】

又东南三百里，曰女烝之山，其上无草木，石膏水出焉，而西流注于鬲水，其中多薄鱼，其状如鳣鱼[①]而一目，其音如欧[②]，见则天下大旱。

【注释】

①鳣：通“鳝”，即鳝鱼，俗称黄鳝。

②欧：呕吐。

【译文】

再向东南三百里，是女烝山，山上没有花草树木。石膏水从这座山发源，然后向西流入鬲水，水中有很多薄鱼，长得像鳝鱼却长着一只眼睛，发出的声音如同人在呕吐，它一出现天下就会发生大旱灾。

【原文】

又东南二百里，曰钦山，多金玉而无石。师水出焉，而北流注于皋泽，其中多鱃鱼，多文贝。有兽焉，其状如豚而有牙[①]，其名曰当康，其鸣自讪，见则天下大穰。

【注释】

①牙：这里指露出嘴唇之外的尖锐锋利而令人可怕的大牙齿。

【译文】

再向东南二百里，是钦山，山中有丰富的金属矿物和玉石却没有石头。师水从这座山发源，然后向北流入皋泽，水中有很多鱃鱼，还有很多色彩斑斓的贝类。山中有一种野兽，长得像小猪却长着大獠牙，叫作当康，它发出的叫声就是自身名称的读音，它一出现天下就要大丰收。

【原文】

又东南二百里，曰子桐之山。子桐之水出焉，而西流注于余如之泽。其中多䱻鱼，其状如鱼而鸟翼，出入有光。其音如鸳鸯，见则天下大旱。

【译文】

再向东南二百里，是子桐山。子桐水从这座山发源，然后向西流入余如泽。水中生长着很多䱻鱼，形貌与一般的鱼相似却长着禽鸟的翅膀，出入水中时闪闪发光，发出的声音如同鸳鸯鸣叫，它一出现天下就会发生大旱灾。

【原文】

又东北二百里，曰剡山，多金玉。有兽焉，其状如彘而人面。黄身而赤尾，其名曰合窳，其音如婴儿。是兽也，食人，亦食虫蛇，见则天下大水。

【译文】

再向东北二百里，是剡山，这里有丰富的金属矿物和玉石。山中有一种野兽，长得像猪却是人的面孔，黄色的身子上长着红色的尾巴，叫作合窳，发出的声音如同婴儿啼哭。这种合窳兽，是吃人的怪物，也吃虫和蛇，它一出现天下就会发生水灾。

【原文】

又东二百里，曰太山，上多金、玉、桢木[①]。有兽焉，其状如牛而白首，一目而蛇尾，其名曰蜚，行水则竭，行草则死，见则天下大疫。钩水出焉，而北流注于劳水，其中多鱃鱼。

【注释】

①桢木：即女桢，一种灌木，叶子对生，革质，卵状披

针形，在冬季不凋落，四季常青。初夏开花，为白色，果实椭圆形。

【译文】

再向东二百里，是太山，山上有丰富的金属矿物和玉石，有许多女桢树。山中有一种野兽，长得像牛却是白脑袋，长着一只眼睛和蛇一样的尾巴，叫作蜚，它行经有水的地方水就干涸，行经有草的地方草就枯死，它一出现天下就会发生大瘟疫。钩水从这座山发源，然后向北流入劳水，水中有很多鱃鱼。

【原文】

凡东次四经之首，自北号之山至于太山，凡八山，一千七百二十里。

右东经之山志，凡四十六山，万八千八百六十里。

【译文】

东方第四列山系的首尾，自北号山起到太山止，一共八座山，途经一千七百二十里。

以上是东经的内容，总共四十六座山，途经一万八千八百六十里。

五、中山经

【原文】

中山经薄山之首，曰甘枣之山，共水出焉，而西流注于河。其上多杻木。其下有草焉，葵本[①]而杏叶。黄华而荚[②]实，名曰箨，可以已瞢[③]。有兽焉，其状如𧕫鼠而文题，其名曰𪊨，食之已瘿。

【注释】

①本：草木的根或茎干。这里指茎干。

②荚：凡草木果实狭长而没有隔膜的，都叫作"荚"。

③瞢：眼目不明。

【译文】

中央第一列山系薄山山系的第一座山，叫甘枣山。共水

从这座山发源，然后向西流入黄河。山上有许多杻树。山下有一种草，有葵菜一样的茎干、杏树一样的叶子，开黄色的花朵而结带荚的果实，叫作箨，人吃了它可以治愈眼睛昏花。山中还有一种野兽，长得像鼣鼠而额头上有花纹，叫作䑏，人吃了它的肉就能治好脖子上的赘瘤。

【原文】

又东二十里，曰历儿之山，其上多橿，多枥木。是木也，方茎而员叶，黄华而毛，其实如楝[①]，服之不忘。

【注释】

①楝：楝树，也叫苦楝，落叶乔木，春夏之交开花，淡紫色，核果为球形或长圆形，熟时为黄色。木材坚实，易加工，可制成家具、乐器、建筑、农具等。

【译文】

再向东二十里，是历儿山，山上有许多橿树，还有许多枥树，这种树木，茎干是方形的而叶子是圆形的，开黄色花而花瓣上有绒毛，果实像楝树结的果实，人服用它可以不忘事。

【原文】

又东十五里，曰渠猪之山，其上多竹，渠猪之水出焉，而南流注于河。其中是多豪鱼，状如鲔，赤喙尾赤羽，可以已白癣①。

【注释】

①癣：皮肤感染真菌后引起的一种疾病。

【译文】

再向东十五里，是渠猪山，山上有许多竹子。渠猪水从这座山发源，然后向南流入黄河。水中有很多豪鱼，长得像鲔鱼，但长着红嘴巴和带羽毛的红尾巴，人吃了它的肉就能治愈白癣病。

【原文】

又东三十五里，曰葱聋之山，其中多大谷，是多白垩、黑、青、黄垩。

【译文】

再向东三十五里，是葱聋山，山中有许多又深又长的峡谷，到处是白垩土，还有黑垩土、青垩土、黄垩土。

【原文】

又东十五里，曰涹山，其上多赤铜，其阴多铁。

【译文】

再向东十五里，是涹山，山上有丰富的黄铜，山北面盛产铁。

【原文】

又东七十里，曰脱扈之山。有草焉，其状如葵叶而赤华，荚实，实如棕荚，名曰植楮，可以已癙[1]，食之不眯[2]。

【注释】

①瘙（shǔ）：瘘管。

②眯：梦魇。梦魇就是人在睡梦中因遇见可怕的事而呻吟、惊叫。

【译文】

又向东七十里，是脱扈山。山中有一种草，长得像葵菜的叶子却开红花，结的是带荚的果实，果实的荚像棕树的果荚，叫作植楮，可以用它治愈瘘管的病症，而服食它就能使人不做噩梦。

【原文】

又东二十里，曰金星之山，多天婴，其状如龙骨[1]，可以已痤[2]。

【注释】

①龙骨：据古人讲，在山岩河岸的土穴中常有死龙的脱骨，而生长在这种地方的植物就叫龙骨。

②痤：即痤疮，一种皮肤病。

【译文】

再向东二十里，是金星山，山中有很多天婴，形状与龙骨相似，可以用来医治痤疮。

【原文】

又东七十里，曰泰威之山。其中有谷，曰枭谷，其中多铁。

【译文】

再向东七十里，是泰威山。山中有一道峡谷叫作枭谷，那里盛产铁。

【原文】

又东十五里，曰橿谷之山，其中多赤铜。

【译文】

再向东十五里，是橿谷山，山中有丰富的黄铜。

【原文】

又东百二十里，曰吴林之山，其中多荔草①。

【注释】

①蕿草：蕿，同“蕳”，蕳即兰，蕿草就是兰草。

【译文】

再向东一百二十里，是吴林山，山中生长着茂盛的兰草。

【原文】

又北三十里，曰牛首之山。有草焉，名曰鬼草，其叶如葵而赤茎，其秀[①]如禾，服之不忧。劳水出焉，而西流注于潏水，是多飞鱼，其状如鲋鱼，食之已痔衕。

【注释】

①秀：指禾类植物开花，又引申而泛指草木开花。

【译文】

再向北三十里，是牛首山。山中生长着一种草，叫作鬼草，叶子像葵菜叶却是红色茎干，开的花像禾苗吐穗时的花絮，服食它就能使人无忧无虑。劳水从这座山发源，然后向西流入潏水，水中有很多飞鱼，长得像鲫鱼，人吃了它的肉就能治愈痔疮和痢疾。

【原文】

又北四十里，曰霍山，其木多榖。有兽焉，其状如狸，而白尾有鬣，名曰朏朏，养之可以已忧。

【译文】

再向北四十里，是霍山，这里有许多构树。山中有一种野兽，长得像野猫，却长着白尾巴，脖子上有鬃毛，叫作朏朏，人饲养它就可以消除忧愁。

【原文】

又北五十二里，曰合谷之山，是多薝棘。

【译文】

再向北五十二里，是合谷山，这里有许多薝棘。

【原文】

又北三十五里，曰阴山，多砺石、文石。少水出焉，其中多雕棠，其叶如榆叶而方，其实如赤菽[①]，食之已聋。

【注释】

①菽：本义是指大豆，可引申为豆类的总称。

【译文】

再向北三十五里，是阴山，山上多粗磨石、带花纹的漂亮石头，少水从这座山发源。山中有许多雕棠树，叶子像榆树叶却呈四方形，结的果实像红豆，服食它就能治愈人的耳聋病。

【原文】

又东北四百里，曰鼓镫之山，多赤铜。有草焉，名曰荣草，其叶如柳，其本如鸡卵，食之已风。

【译文】

再向东北四百里，是鼓镫山，有丰富的黄铜矿。山中有一种草，叫作荣草，叶子与柳树叶相似，根茎与鸡蛋相似，人吃了它就能治愈风痹病。

【原文】

凡薄山之首，白甘枣之山至于鼓镫之山，凡十五山，六千六百七十里。历儿，冢也。其祠礼：毛，太牢之具，县[①]以吉玉。其余十三山者，毛用一羊，县婴用桑封，瘗而不糈。桑封者，桑主也，方其下而锐[②]其上，而中穿之加金。

【注释】

①县：同“悬”。

②锐：上小下大，这里指三角形尖角。

【译文】

薄山山系的首尾，自甘枣山起到鼓镫山止，一共十五座山，途经六千六百七十里。历儿山，是诸山的宗主。祭祀宗主山山神：毛物用猪、牛、羊齐全的三牲做祭品，再悬挂上吉玉献祭。祭祀其余十三座山的山神，毛物用一只羊做祭品，再悬挂上祀神玉器中的藻珪献祭，把它埋入地下而不用米祀神。所谓藻珪，就是藻玉，下端呈长方形而上端有尖角，中间有穿孔并加上金饰物。

【原文】

中次二经济山之首，曰辉诸之山，其上多桑，其兽多闾[①]麋，其鸟多鹖[②]。

【注释】

①闾：就是前文所说的长得像驴而长着羚羊角的山驴。

②鷁：鷁鸟。

【译文】

中央第二列山系济山山系的第一座山，叫作辉诸山，山上有茂密的桑树，山中的野兽大多是山驴和麋鹿，而禽鸟大多是鷁鸟。

【原文】

又西南二百里，曰发视之山，其上多金玉，其下多砥砺。即鱼之水出焉，而西流注于伊水。

【译文】

再向西南二百里，是发视山，山上有丰富的金属矿物和玉石，山下多出产磨石。即鱼水从这座山发源，然后向西流入伊水。

【原文】

又西三百里，曰豪山，其上多金玉而无草木。

【译文】

再向西三百里，是豪山，山上有丰富的金属矿物和玉石，但没有花草树木。

【原文】

又西三百里，曰鲜山，多金玉，无草木。鲜水出焉，而北流注于伊水。其中多鸣蛇，其状如蛇而四翼，其音如磬，见则其邑大旱。

【译文】

再向西三百里，是鲜山，有丰富的金属矿物和玉石，但不生长花草树木。鲜水从这座山发源，然后向北流入伊水。水中有很多鸣蛇，长得像一般的蛇却长着四只翅膀，叫声如同敲磬的声音，它在哪个地方出现哪里就会发生大旱灾。

【原文】

又西三百里，曰阳山，多石，无草木。阳水出焉，而北流注于伊水。其中多化蛇，其状如人面而豺[①]身，鸟翼而蛇行[②]，其音如叱呼，见则其邑大水。

【注释】

①豺：一种凶猛的动物，比狼小一些，体色一般是棕红色的，尾巴的末端是黑色的，腹部和喉部是白色的。

②蛇行：蜿蜒曲折地伏地爬行。

【译文】

再向西三百里，是阳山，山上有许多石头，没有花草树木。阳水从这座山发源，然后向北流入伊水。水中有很多化蛇，形貌是人的面孔却长着豺一样的身子，有禽鸟的翅膀却像蛇一样地爬行，发出的声音如同人在怒吼呼叫，它在哪个地方出现哪里就会发生水灾。

【原文】

又西二百里，曰昆吾之山，其上多赤铜[①]。有兽焉，其状如彘而有角，其音如号，名曰蠪蚳，食之不眯。

【注释】

①赤铜：指传说中的昆吾山所特有的一种铜，色彩鲜红，和赤火一样。用这里出产的赤铜所制作的刀剑非常锋利，切割玉石如同削泥一样。

【译文】

再向西二百里，是昆吾山，山上有丰富的赤铜。山中有一种野兽，长得像猪却长着角，发出的声音如同人号啕大哭，叫作蛮蚳，吃了它的肉人就不会做噩梦。

【原文】

又西百二十里，曰葌山。葌水出焉，而北流注于伊水，其上多金玉，其下多青、雄黄。有木焉，其状如棠而赤叶，名曰芒草[①]，可以毒鱼。

【注释】

①芒草：又作莽草，也可单称为“芒”，一种有毒性的草，与另一种类似于茅草而大一些的芒草属同名异物。可能这种芒草长得高大如树，所以这里称它为树木，其实是草。

【译文】

再向西一百二十里，是葌山。葌水从这座山发源，然后向北流入伊水。山上盛产金属矿物和玉石，山下盛产石青、雄黄。山中有一种树木，长得像棠梨树而叶子是红色的，叫作芒草，能够毒死鱼。

【原文】

又西一百五十里，曰独苏之山，元草木而多水。

【译文】

再向西一百五十里，是独苏山，这里没有花草树木而有许多水流。

【原文】

又西二百里，曰蔓渠之山，其上多金玉，其下多竹箭。伊水出焉，而东流注于洛。有兽焉，其名曰马腹，其状如人面虎身，其音如婴儿，是食人。

【译文】

再向西二百里，是蔓渠山，山上有丰富的金属矿物和玉石，山下到处是小竹丛。伊水从这座山发源，然后向东流入洛水。山中有一种野兽，叫作马腹，形貌是人一样的面孔和虎一样的身子，发出的声音如同婴儿啼哭，是能吃人的怪物。

【原文】

凡济山之首，自辉诸之山至于蔓渠之山，凡九山，一千六百七十里，其神皆人面而鸟身。祠用毛，用一吉玉，投而不糈。

【译文】

济山山系的首尾，自辉诸山起到蔓渠山止，一共九座山，途经一千六百七十里。诸山山神的形状都是人的面孔、鸟的身子。祭祀山神要用毛物做祭品，再用一块吉玉，把这些投向山谷而不用米祀神。

【原文】

中次三经萯山之首，曰敖岸之山，其阳多㻬琈之玉，其阴多赭、黄金。神熏池居之。是常出美玉。北望河林，其状如茜如举①。有兽焉，其状如白鹿而四角，名曰夫诸，见则其邑大水。

【注释】

①茜：茜草，一种多年生攀缘草本植物，根是黄红色，可做染料。举：即榉柳，落叶乔木，

生长得又快又高大，木材坚实，用途很广。

【译文】

中央第三列山系萯山山系的第一座山，叫作敖岸山，山南面多出产瓀琈玉，山北面多出产赭石、黄金。天神熏池住在这里。这座山还常常生出美玉来。从山上向北可以望见奔腾的黄河和葱郁的丛林，它们的形状好像是茜草和榉树。山中有一种野兽，长得像白鹿却长着四只角，叫作夫诸，它在哪个地方出现哪里就会发生水灾。

【原文】

又东十里，曰青要之山，实惟帝之密都①。北望河曲，是多驾鸟②。南望墠渚，禹父③之所化，中多仆累④、蒲卢。䰠武罗司之，其状人面而豹文，小要而白齿，而穿耳以鐻，其鸣如鸣玉。是山也，宜女子。畛水出焉，而北流注于河。其中有鸟焉，名曰鴢，其状如凫，青身而朱目赤尾，食之宜子。有草焉，其状如葌，而方茎黄华赤实，其本如藁木⑤，名曰荀草，服之美人色。

【注释】

①密都：隐秘深邃的都邑。

②驾鸟：即驾鹅，俗称野鹅。

③禹父：指大禹的父亲鲧。相传禹是夏朝的开国国王。

④仆累：即蜗牛。

⑤藁本：也叫抚芎、西芎，一种香草，根茎含挥发油，可做药用。

【译文】

再向东十里，是青要山，实际上是天帝的密都。从青要山上向北可以望见黄河的弯曲处，这里有许多野鹅。从青要山向南可以望见墠渚，是大禹的父亲鲧变化成为黄熊的地方，这里有很多蜗牛、蒲卢。山神武罗掌管着这里，这位山神的形貌是人的面孔却浑身长着豹子的斑纹，有细小的腰身和洁白的牙齿，耳朵上穿挂着金银环，发出的声音像玉石碰击作响。这座青要山，适宜女子居住。畛水从这座山发源，然后向北流入黄河。山中有一种禽鸟，叫作鴢，长得像野鸭子，有青色的身子和浅红色的眼睛、深红色的尾巴，吃了它的肉就能使人多生孩子。山中生长着一种草，长得像兰草，却是方形的茎干、黄色的花朵、红色的果实，根部像藁本的根，叫作荀草，服用它就能使人的肤色洁白漂亮。

【原文】

又东十里，曰騩山，其上有美枣，其阴有㻬琈之玉。正回之水出焉，而北流注于河。其中多飞鱼[1]，其状如豚而赤文，服之不畏雷，可以御兵[2]。

【注释】

①飞鱼：与上文所述飞鱼的形状不同，当为同名异物。

②兵：指兵器的锋刃。

【译文】

再向东十里，是騩山，山上盛产味道甜美的枣子，山北面盛产㻬琈玉。正回水从这座山发源，然后向北流入黄河。水中生长着许多飞鱼，长得像小猪却浑身是红色斑纹，吃了它的肉就能使人不怕打雷，还可以抵御兵器的伤害。

【原文】

又东四十里，曰宜苏之山，其上多金玉，其下多蔓居之木[1]。滽滽之水出焉，而北流注于河，是多黄贝。

【注释】

①蔓居之木：即蔓荆，一种灌木，长在水边，苗茎蔓延，高一丈多，六月开红白色花，九月结成的果实上有黑斑，冬天则叶子凋落。

【译文】

再向东四十里，是宜苏山，山上有丰富的金属矿物和玉石，山下有许多的蔓荆。滽滽水从这座山流出，然后向北流入黄河，水中有很多黄色的贝类。

【原文】

又东二十里，曰和山，其上无草木而多瑶碧，实惟河之九都[①]。是山也五曲，九水出焉，合而北流注于河，其中多苍玉。吉神[②]泰逢司之，其状如人而虎尾，是好居于萯山之阳，出入有光。泰逢神动天地气也。

【注释】

①都：汇聚。

②吉神：对神的美称，即善神的意思。

【译文】

再向东二十里，是和山，山上不生长花草树木，然而有很多瑶、碧一类的美玉，实际是黄河中的九条水源所汇聚的地方。这座山盘旋回转了五层，有九条水从这里发源，然后汇合起来向北流入黄河，水中有很多苍玉。善神泰逢主管这座山，他的形貌像人却长着虎一样的尾巴，喜欢住在萯山向阳的南面，出入时都有闪光。善神泰逢能兴起风云。

【原文】

凡萯山之首，自敖岸之山至于和山，凡五山，四百四十里。其祠：泰逢、熏池、武罗皆一牡羊副[①]，婴用吉玉。其二神用一雄鸡瘗之，糈用稌。

【注释】

①副：裂开，剖开。

【译文】

萯山山系的首尾，自敖岸山起到和山止，一共五座山，途经四百四十里。祭祀诸山山神：泰逢、熏池、武罗三位神都是把一只公羊剖开来祭祀，祀神的玉器要用吉玉。其余二位山神是用一只公鸡献祭后埋入地下，祀神的米用稻米。

【原文】

中次四经厘山之首，曰鹿蹄之山，其上多玉，其下多金。甘水出焉，而北流注于洛，其中多汵石[①]。

【注释】

①泠石：一种柔软如泥的石头。

【译文】

中央第四列山系厘山山系的第一座山，是鹿蹄山，山上盛产玉，山下盛产金属矿物。甘水从这座山发源，然后向北流入洛水，水中有很多泠石。

【原文】

西五十里，曰扶猪之山，其上多礝石[1]。有兽焉，其状如貉[2]而人目，其名曰䴦。虢水出焉，而北流注于洛，其中多瓀石。

【注释】

①礝：也写作"碝""瓀"。礝石是次于玉一等的美石。

②貉：也叫狗獾，是一种野兽，外形像狐狸而体态较肥胖，尾巴较短，尾毛蓬松，耳朵短而圆，两颊有长毛，体色棕灰。

【译文】

向西五十里，是扶猪山，山上有许多礝石。山中有一种野兽，长得像貉却长着人的眼睛，叫作麐。虢水从这座山发源，然后向北流入洛水，水中有很多礝石。

【原文】

又西一百二十里，曰厘山，其阳多玉，其阴多蒐[1]。有兽焉，其状如牛，苍身，其音如婴儿，是食人，其名曰犀渠。滽滽之水出焉，而南流注于伊水。有兽焉，名曰獭，其状如獳犬[2]而有鳞，其毛如彘鬣。

【注释】

①蒐：即茅蒐，现在称作茜草。它的根是紫红色，可做染料，并能入药。

②獳犬：狗发怒的样子。

【译文】

再向西一百二十里，是厘山，山南面有很多玉石，山北

面有许多茜草。山中有一种野兽，长得像一般的牛，全身青黑色，发出的声音如同婴儿啼哭，是能吃人的怪物，叫作犀渠。滽滽水从这座山发源，然后向南流入伊水。这里还有一种野兽，叫作獭，长得像獳犬却全身有鳞甲，长在鳞甲间的毛像猪鬃毛一样。

【原文】

又西二百里，曰箕尾之山，多榖，多涂石[①]，其上多㻬琈之玉。

【注释】

①涂石：就是上文所说的汵石，石质如泥一样柔软。

【译文】

再向西二百里，是箕尾山，有许多构树，盛产涂石，山上还有许多㻬琈玉。

【原文】

又西二百五十里，曰柄山，其上多玉，其下多铜。滔雕之水出焉，而北流注于洛。其中多羬羊。有木焉，其状如樗，其叶如桐而荚实，其名曰茇[①]，可以毒鱼。

【注释】

①茇：可能是“芫”的误写。芫即芫华，也叫芫花，是一种落叶灌木，春季先开花，后生叶，花蕾可入药，根茎有毒性。

【译文】

再向西二百五十里，是柄山，山上盛产玉石，山下盛产铜。滔雕水从这座山发源，然后向北流入洛水。山中有许多羬羊。山中还有一种树木，长得像臭椿树，叶子像梧桐叶而结出带荚的果实，叫作茇，是能毒死鱼的植物。

【原文】

又西二百里，曰白边之山，其上多金玉，其下多青、雄黄。

【译文】

再向西二百里，是白边山，山上有丰富的金属矿物和玉石，山下盛产石青、雄黄。

【原文】

又西二百里，曰熊耳之山，其上多漆，其下多棕。浮濠之水出焉，而西流注于洛，其中多水玉，多人鱼。有草焉，其状如苏[①]而赤华，名曰葶苧，可以毒鱼。

【注释】

①苏：即紫苏，又叫山苏，一年生草本植物，茎干呈方形，叶子紫红色，枝、叶、茎、果都可做药用。

【译文】

再向西二百里，是熊耳山，山上有许多漆树，山下有许多棕树。浮濠水从这座山发源，然后向西流入洛水，水中有很多水晶石，还有很多人鱼。山中有一种草，长得像紫苏草而开红花，叫作葶苧，是能毒死鱼的植物。

【原文】

又西三百里，曰牡山，其上多文石，其下多竹箭、竹䉋，其兽多㸲牛、羬羊，鸟多赤鷩[①]。

【注释】

①赤鷩：即鷩雉，也叫锦鸡，像野鸡而小一些，冠子、羽毛都很美，五色艳丽。

【译文】

再向西三百里，是牡山，山上有许多带花纹的漂亮石头，山下有许多竹箭、竹䉋之类的竹丛。山中的野兽以㸲牛、羬羊居多，而禽鸟以赤鷩居多。

【原文】

又西三百五十里，曰讙举之山。洛水出焉，而东北流注于玄扈之水，其中多马肠[①]之物。此二山者，洛间也。

【注释】

①马肠：即上文所说的怪兽马腹，人面虎身，叫声如婴儿啼哭，能吃人。

【译文】

再向西三百五十里，是讙举山。洛水从这座山发源，然后向东北流入玄扈水。玄扈山中生有很多马肠这样的怪物。在讙举山与玄扈山之间，夹着一条洛水。

【原文】

凡厘山之首，自鹿蹄之山至于玄扈之山，凡九山，千六百里七十里。其神状皆人面兽身。其祠之：毛用一白鸡，祈而不糈，以采衣[1]之。

【注释】

①衣：用作动词，穿的意思。这里是包裹的意思。

【译文】

厘山山系的首尾，自鹿蹄山起到玄扈山止，一共九座山，途经一千六百七十里。诸山山神的形貌都是人的面孔兽的身子。祭祀山神：毛物用一只白色鸡献祭，祀神不用米，用彩色帛把鸡包裹起来。

【原文】

中次五经薄山之首，曰苟床之山，无草木，多怪石。

【译文】

中央第五列山系薄山山系的第一座山，叫作苟床山，不生长花草树木，有许多奇形怪状的石头。

【原文】

东三百里，曰首山，其阴多榖柞[1]，其草多茉芫，其阳多㻬琈之玉，木多槐。其阴有谷，曰机谷，多䲃鸟，其状如枭而三目，有耳，其音如録，食之已垫。

【注释】

①柞：柞树，也叫蒙子树、凿刺树、冬青，常绿灌木，初秋开花，雌雄异株，花小，黄白色，浆果呈小球形，黑色。

【译文】

向东三百里，是首山，山北面有许多构树、柞树，这里

的草以茱草、芫华居多。山南面盛产瑀琈玉，这里的树木以槐树居多。这座山的北面有一道峡谷，叫作机谷，峡谷里有许多䲃鸟，像猫头鹰却长着三只眼睛，还有耳朵，发出的声音如同鹿鸣叫，人吃了它的肉就能治好湿气病。

【原文】

又东三百里，曰县劚之山，无草木，多文石。

【译文】

再向东三百里，是县劚山，没有花草树木，有许多带花纹的漂亮石头。

【原文】

又东三百里，曰葱聋之山，无草木，多摩石[①]。

【注释】

①摩石：即玤石，是次于玉石一等的石头。

【译文】

再向东三百里，是葱聋山，山上没有花草树木，到处是摩石。

【原文】

东北五百里，曰条谷之山，其木多槐桐，其草多芍药、虋冬。

【译文】

向东北五百里，是条谷山，所产树木多为槐树和桐树，有许多芍药和虋冬。

【原文】

又北十里，曰超山，其阴多苍玉，其阳有井①，冬有水而夏竭。

【注释】

①井：井是人工开凿的，泉是自然形成的，而本书记述的山之所有皆为自然事物，所以，这里的井当是指泉眼下陷而低于地面的水泉，形似水井，故称为“井”。

【译文】

再向北十里，是超山，山北面到处是苍玉，山南面有一眼水泉，冬天有水而到夏天就干涸了。

【原文】

又东五百里，曰成侯之山，其上多櫄木[①]，其草多艽[②]。

【注释】

①櫄木：与高大的臭椿树相似，树干可以做车辕。

②艽：就是秦艽，一种可做药用的草。

【译文】

再向东五百里，是成侯山，山上有许多櫄树，这里的草以秦艽居多。

【原文】

又东五百里，曰朝歌之山，谷多美垩。

【译文】

再向东五百里，是朝歌山，山谷里多出产优良垩土。

【原文】

又东五百里，曰槐山，谷多金锡[①]。

【注释】

①锡：这里指天然锡矿石，而非提炼的纯锡。

【译文】

再向东五百里，是槐山，山谷里有丰富的金属矿物和锡矿石。

【原文】

又东十里，曰历山，其木多槐，其阳多玉。

【译文】

再向东十里，是历山，这里的树大多是槐树，山南面多出产玉石。

【原文】

又东十里，曰尸山，多苍玉，其兽多麖[①]。尸水出焉，南流注于洛水，其中多美玉。

【注释】

①麖（jīng）：鹿的一种，体型较大。

【译文】

再向东十里，是尸山，有许多苍玉，这里的野兽以麖居多。尸水从这座山发源，向南流入洛水，水中有很多优良的玉石。

【原文】

又东十里，曰良余之山，其上多穀柞，无石。余水出于其阴，而北流注于河；乳水出于其阳，而东南流注于洛。

【译文】

再向东十里，是良余山，山上有许多构树和柞树，没有石头。余水从良余山北麓流出，然后向北流入黄河；乳水从良余山南麓流出，然后向东南流入洛水。

【原文】

又东南十里，曰蛊尾之山，多砺石、赤铜。龙余之水出焉，而东南流注于洛。

【译文】

再向东南十里，是蛊尾山，盛产粗磨石、红铜矿。龙余水从这座山发源，然后向东南流入洛水。

【原文】

又东北二十里，曰升山，其木多穀、柞、棘，其草多藷藇、蕙[①]，多寇脱[②]。黄酸之水出焉，而北流注于河，其中多璇玉[③]。

【注释】

①藷藇：也叫山药，它的块茎不仅可以食用，并且可做药用。蕙：一种香草。

②寇脱：据古人说是一种生长在南方的草，有一丈多高，叶子与荷叶相似，茎中有瓤，纯白色。

③璇玉：据古人说是质料成色比玉差一点的玉石。

【译文】

再向东北二十里，是升山，这里的树以构树、柞树、酸枣树居多，而植物以山药、蕙草居多，还有许多寇脱草。黄酸水从这座山发源，然后向北流入黄河，水中有很多璇玉。

【原文】

又东二十里，曰阳虚之山，多金，临于玄扈之水。

【译文】

再向东二十里，是阳虚山，盛产金属矿物，阳虚山临近玄扈水。

【原文】

凡薄山之首，自苟床之山至于阳虚之山，凡十六山，二千九百八十二里。升山，冢也，其祠礼：太牢，婴用吉玉。首山，魋[①]也，其祠用稌、黑牺、太牢之具、蘖酿[②]；干儛[③]，置鼓；婴用一璧。尸水，合天也，肥牲祠也；用一黑犬于上，用一雌鸡于下，刉[④]一牝羊，献血。婴用吉玉，采之，飨之。

【注释】

①魋（shén）：神灵。

②蘖酿：蘖，酒曲，酿酒用的发酵剂。蘖酿就是用曲蘖酿造的醴酒。这里泛指美酒。

③干儛：古代在举行祭祀活动时跳的一种舞蹈。干，即盾牌，是古代一种防御性兵器。儛，同“舞”。干儛就是手拿盾牌起舞，表示庄严隆重。

④刉：亦作“刏”，划破，割。

【译文】

薄山山系的首尾，自苟床山起到阳虚山止，一共十六座山，途经两千九百八十二里。升山，是诸山的宗主，祭祀升山山神的典礼：毛物用猪、牛、羊齐备的三牲做祭品，祀神的玉器要用吉玉。首山，是神灵显应的大山，祭祀首山山神用稻米、整只黑色皮毛的三牲、美酒；手持盾牌起舞，摆上鼓并敲击应和；祀神的玉器用一块玉璧。尸水，是上通到天的，要用肥壮的牲畜做祭品献祭；用一只黑狗做祭品供在上面，用一只母鸡做祭品供在下面，杀一只母羊，献上血。祀神的玉器要用吉玉，并用彩色帛包裹祭品，请神享用。

【原文】

中次六经缟羝山之首，曰平逢之山，南望伊洛，东望谷城之山，无草木，无水，多沙石。有神焉，其状如人而二首，名曰骄虫，是为螫虫[①]，实惟蜂蜜[②]之庐，其祠之：用一雄鸡，禳[③]而勿杀。

【注释】

①螫虫：指一切身上长有毒刺能伤人的昆虫。

②蜜：也是一种蜂。

③禳：祭祀祈祷神灵以求消除灾害。

【译文】

中央第六列山系缟羝山山系的第一座山，叫作平逢山，从平逢山上向南可以望见伊水和洛水，向东可以望见谷城山，这座山不生长花草树木，没有水，有许多沙子、石头。山中有一山神，形貌像人却长着两个脑袋，叫作骄虫，是所有螫虫的首领，这座山实际上是各种蜜蜂聚集做巢的地方。祭祀这位山神，用一只公鸡做祭品，在祈祷后放掉而不杀死。

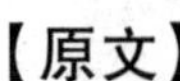

【原文】

西十里，曰缟羝之山，无草木，多金玉。

【译文】

向西十里，是缟羝山，没有花草树木，有丰富的金属矿物和玉石。

【原文】

又西十里，曰廆山，其阴多㻬琈之玉。其西有谷焉，名曰雚谷，其木多柳楮。其中有鸟焉，状如山鸡而长尾，赤如丹火而青喙，名曰鸰鹦，其鸣自呼，服之不眯。交觞之水出于其阳，而南流于洛；俞随之水出于其阴，而北流注于谷水。

【译文】

再向西十里，是廆山，山的北面盛产㻬琈玉。在这座山的西面有一道峡谷，叫作雚谷，这里的树木大多是柳树、构树。山中有一种禽鸟，长得像野鸡却拖着一条长长的尾巴，身上通红如火却是青色嘴巴，叫作鸰鹦，它发出的叫声便是自身名称的读音，吃了它的肉就能使人不做噩梦。交觞水从这座山的南麓流出，然后向南流入洛水；俞随水从这座山的北麓流出，然后向北流入谷水。

【原文】

又西三十里，曰瞻诸之山，其阳多金，其阴多文石。谢水出焉，而东南流注于洛，少水出其阴，而北流注于谷水。

【译文】

再向西三十里，是瞻诸山，山南面盛产金属矿物，山北面盛产带有花纹的漂亮石头。谢水从这座山发源，然后向东南流入洛水；少水从这座山的北麓流出，然后向北流入谷水。

【原文】

又西三十里，曰娄涿之山，无草木，多金玉。瞻水出于其阳，而东流注于洛；陂水出于其阴，而北流注于谷水，其中多茈石、文石。

【译文】

再向西三十里，是娄涿山，山上没有花草树木，有丰富的金属矿物和玉石。瞻水从这座山的南麓流出，然后向东流入洛水；陂水从这座山的北麓流出，然后向北流入谷水，水中有很多紫色的石头和带有花纹的漂亮石头。

【原文】

又西四十里，曰白石之山，惠水出于其阳，而南流注于洛，其中多水玉。涧水出于其阴，西北流注于谷水，其中多麋石[①]、栌丹[②]。

【注释】

①麋石：麋，通“眉”，眉毛。麋石即画眉石，一种可以描画眉毛的矿石。

②栌丹：栌，通“卢”，卢是黑色的意思。卢丹即黑丹砂，一种黑色矿物。

【译文】

再向西四十里，是白石山。惠水从白石山的南麓流出，然后向南流入洛水，水中有很多水晶石。涧水从白石山的北麓流出，向西北流入谷水，水中有很多画眉石、黑丹砂。

【原文】

又西五十里，曰谷山，其上多穀，其下多桑。爽水出焉，而西北流注于谷水，其中多碧绿[①]。

【注释】

①碧绿：可能指现在所说的孔雀石，色彩艳丽，可以用来制作装饰品和绿色颜料。

【译文】

再向西五十里，是谷山，山上有许多构树，山下有许多桑树。爽水从这座山发源，然后向西北流入谷水，水中有很多孔雀石。

【原文】

又西七十二里，曰密山，其阳多玉，其阴多铁。豪水出焉，而南流注于洛，其中多旋龟，其状鸟首而鳖尾，其音如判木。无草木。

【译文】

再向西七十二里，是密山，山南面盛产玉石，山北面盛产铁。豪水从这座山发源，然后向南流入洛水，水中有很多旋龟，形貌是鸟一样的头和鳖一样的尾巴，发出的声音好像劈木头声。这座山不生长花草树木。

【原文】

又西百里，曰长石之山，无草木，多金玉。其西有谷焉，名曰共谷，多竹。共水出焉，西南流注于洛，其中多鸣石[①]。

【注释】

①鸣石：据古人说是一种青色玉石，撞击后可以发出巨大鸣响，七八里以外都能听到，属于能制作乐器的磬石之类。

【译文】

再向西一百里，是长石山，山上没有花草树木，有丰富的金属矿物和玉石。这座山的西面有一道峡谷，叫作共谷，其中生长着许多竹子。共水从这座山发源，向西南流入洛水，水中多产鸣石。

【原文】

又西一百四十里，曰傅山，无草木，多瑶碧。厌染之水出于其阳，而南流注于洛，其中多人鱼。其西有林焉，名曰墦冢，谷水出焉，而东流注于洛，其中多珚玉[①]。

【注释】

①瑂玉：玉的一种。

【译文】

再向西一百四十里，是傅山，没有花草树木，有许多瑶、碧之类的美玉。厌染水从这座山的南麓流出，然后向南流入洛水，水中有很多人鱼。这座山的西面有一片树林，叫作墦冢。谷水从这里流出，然后向东流入洛水，水中有很多瑂玉。

【原文】

又西五十里，曰橐山，其木多樗，多構木[1]，其阳多金玉，其阴多铁，多萧[2]。橐水出焉，而北流注于河。其中多修辟之鱼，状如黾[3]而白喙，其音如鸱，食之已白癣。

【注释】

①構（bèi）木：古人说这种树在七、八月间吐穗，穗成熟后，像有盐粉沾在上面一样。

②萧：蒿草的一种。

③黾：青蛙的一种。

【译文】

再向西五十里，是橐山，山中的树木大多是臭椿树，还有很多樠树，山南面有丰富的金属矿物和玉石，山北面有丰富的铁，还有许多萧草。橐水从这座山发源，然后向北流入黄河。水中有很多修辟鱼，长得像蛙却长着白色嘴巴，发出的声音如同鹞鹰鸣叫，人吃了它的肉就能治愈白癣病。

【原文】

又西九十里，曰常烝之山，无草木，多垩，潐水出焉，而东北流注于河，其中多苍玉。菑水出焉，而北流注于河。

【译文】

再向西九十里，是常烝山，山上没有花草树木，有许多垩土。潐水从这座山发源，然后向东北流入黄河，水中有很多苍玉。菑水也从这座山发源，然后向北流入黄河。

【原文】

又西九十里，曰夸父之山，其木多棕枏，多竹箭，其兽多㸲牛、羬羊，其鸟多鷩，其阳多玉，其阴多铁。其北有林焉，名曰桃林，是广员三百里，其中多马。湖水出焉，而北

流注于河，其中多珚玉。

【译文】

再向西九十里，是夸父山，山中的树木以棕树和楠木树居多，还有茂盛的小竹丛。山中的野兽，以牸牛、羬羊居多，而禽鸟以赤鷩居多。山南面盛产玉，山北面盛产铁。这座山北面有一片树林，叫作桃林，这片树林方圆三百里，林子里有很多马。湖水从这座山发源，然后向北流入黄河，水中多出产珚玉。

【原文】

又西九十里，曰阳华之山，其阳多金玉，其阴多青、雄黄，其草多藷藇，多苦辛，其状如楸[①]，其实如瓜，其味酸甘，食之已疟。杨水出焉，而西南流注于洛，其中多人鱼。门水出焉，而东北流注于河，其中多玄𥐻。缙姑之水出于其阴，而东流注于门水，其上多铜。门水出于河，七百九十里入洛水。

【注释】

①楸（qiū）：同“楸”。楸树是落叶乔木，树形高大，树干端直，夏季开花，子实可做药用，主治热毒及各种疮疥。

【译文】

再向西九十里，是阳华山，山南面有丰富的金属矿物和玉石，山北面盛产石青、雄黄。山中的草以山药最多，还有茂密的苦辛草，长得像楸木，结的果实像瓜，味道酸中带甜，人服食它就能治愈疟疾。杨水从这座山发源，然后向西南流入洛水，水中有很多人鱼。门水也从这座山发源，然后向东北流入黄河，水中有很多黑色磨石。缮姑水从阳华山北麓流出，然后向东流入门水，缮姑水两岸山间有丰富的铜。从门水到黄河，流经七百九十里后注入洛水。

【原文】

凡缟羝山之首，自平逢之山至于阳华之山，凡十四山，七百九十里。岳[1]在其中，以六月祭之，如诸岳之祠法，则天下安宁。

【注释】

①岳：高大的山。

【译文】

缟羝山山系的首尾，自平逢山起到阳华山止，一共十四座山，途经七百九十里。有大山岳在这一山系中，在每年六月祭祀它，一如祭祀其他山岳的方法，那么天下就会安宁。

【原文】

中次七经苦山之首，曰休与之山。其上有石焉，名曰帝台[①]之棋，五色而文，其状如鹑卵，帝台之石，所以祷百神者也，服之不蛊。有草焉，其状如蓍[②]，赤叶而本丛生，名曰夙条，可以为簳[③]。

【注释】

①帝台：神人之名。

②蓍：蓍草，又叫锯齿草、蚰蜒草，多年生直立草本植物，叶互生，长线状披针形。古人取蓍草的茎做占筮之用。

③簳（gān）：小竹子，可以做箭杆。

【译文】

中央第七列山系苦山山系的第一座山，是休与山。山上有一种石子，是神仙帝台的棋子所用之材，它们有五种颜色并带着斑纹，形状与鹌鹑蛋相似。神仙帝台的石子，是用来祷祀百神的，人佩带上它就会不受邪毒之气侵染。休与山还有一种草，长得像蓍草，长着红色的叶子而根茎联结丛生在一起，叫作夙条，可以用来做箭杆。

【原文】

东三百里，曰鼓钟之山，帝台之所以觞[1]百神也。有草焉，方茎而黄华，员叶而三成[2]，其名曰焉酸，可以为毒[3]。其上多砺，其下多砥。

【注释】

①觞：向人敬酒或自饮。这里指设酒席招待。

②成：重，层。

③为毒：除去毒性物质。

【译文】

向东三百里，是鼓钟山，神仙帝台正是在此演奏钟鼓之乐而宴请诸位天神的。山中有一种草，方形的茎干上开着黄色花朵，圆形的叶子重叠为三层，叫作焉酸，可以用来解毒。山上多出产粗磨石，山下多出产细磨石。

【原文】

又东二百里，曰姑媱之山。帝女死焉，其名曰女尸，化为䔄草，其叶胥[1]成，其华黄，其实如菟丘[2]，服之媚于人。

【注释】

①胥：相与，皆。

②菟丘：即菟丝子，一年生缠绕寄生草本植物，茎细柔，呈丝状，橙黄色，夏秋开花，花细小，白色，果实扁球形。

【译文】

再向东二百里，是姑媱山，天帝的女儿就死在这座山，她的名字叫女尸，死后化成了䔄草，叶子相互交叠、一层一层的，花儿是黄色的，果实与菟丝子的果实相似，女子服用了就能倍显妩媚而讨人喜爱。

【原文】

又东二十里，曰苦山，有兽焉，名曰山膏，其状如豚，赤若丹火，善詈[①]。其上有木焉，名曰黄棘，黄华而员叶，其实如兰，服之不字[②]。有草焉，员叶而无茎，赤华而不实，名曰无条，服之不瘿。

【注释】

①詈：骂，责骂。

②字：怀孕，生育。

【译文】

再向东二十里，是苦山。山中有一种野兽，叫作山膏，长得像普通的小猪，身上红得如同丹火，喜欢骂人。山上有一种树木，叫作黄棘，黄色花而圆叶子，果实与兰草的果实相似，女人服用了它就不能生育孩子。山中又有一种草，圆圆的叶子而没有茎干，开红色花却不结果实，叫作无条，人服用了它就能使脖子不生长肉瘤。

【原文】

又东二十七里，曰堵山，神天愚居之，是多怪风雨，其上有木焉，名曰天楄，方茎而葵状，服者不噎。

【译文】

再向东二十七里，是堵山，神人天愚住在这里，所以这座山上时常刮起怪风下起怪雨。山上生长着一种树木，叫作天楄，方方的茎干而形状像葵菜，服用了它就能使人不被食物噎住。

【原文】

又东五十二里，曰放皋之山。明水出焉。南流注于伊水，其中多苍玉。有木焉，其叶如槐，黄华而不实，其名曰蒙木，服之不惑。有兽焉，其状如蜂，枝尾而反舌，善呼，其名曰文文。

【译文】

再向东五十二里，是放皋山。明水从这座山发源，向南流入伊水，水中有很多苍玉。山中有一种树木，叶子与槐树叶相似，开黄色花却不结果实，叫作蒙木，服用了它就能使人不糊涂。山中有一种野兽，长得像蜜蜂，长着分叉的尾巴和倒转的舌头，喜欢呼叫，叫作文文。

【原文】

又东五十七里，曰大𧀁之山，多㻬琈之玉，多麋玉①。有草焉，其叶状如榆，方茎而苍伤②，其名曰牛伤③，其根苍文，服者不厥④，可以御兵。其阳狂水出焉，西南流注于伊水，其中多三足龟，食者无大疾，可以已肿。

【注释】

①麋玉：据古人说，可能就是瑂玉，一种像玉的石头。

②苍伤：就是苍刺，即青色的棘刺。

③牛伤：牛棘，即蔷薇。

④厥：古代中医学上指昏厥或手脚逆冷的病症，即突然昏倒，不省人事，手脚僵硬冰冷。

【译文】

再向东五十七里，是大𦾔山，盛产㻬琈玉，还有许多麋玉。山中有一种草，叶子与榆树叶相似，方方的茎干上长满刺，叫作牛伤，根茎上有青色斑纹，服用了它就能使人不得昏厥病，还能躲避兵器的伤害。狂水从这座山的南麓流出，向西南流入伊水，水中有很多长着三只脚的龟，吃了它的肉就能使人不生大病，还能消除臃肿。

【原文】

又东七十里，曰半石之山。其上有草焉，生而秀[①]，其高丈余，赤叶赤华，华而不实，其名曰嘉荣，服之者不霆[②]。来需之水出于其阳，而西流注于伊水，其中多鲛鱼，黑文，其状如鲋，食者不睡。合水出于其阴，而北流注于洛，多螣鱼[③]，状如鳜[④]，居逵[⑤]，苍文赤尾，食者不痈，可以为瘘[⑥]。

【注释】

①秀：草类植物结实。这里指不开花就先结出果实。

②霆：响声又震人又迅疾的雷。

③螣鱼：也叫瞻星鱼，体粗壮，亚圆筒形，后部侧扁，有粗糙骨板。

④鳜：鳜鱼，也叫鳜花鱼，体侧扁，背部隆起，青黄色，有不规则黑色斑纹，口大，下颌突出，鳞小，圆形。

⑤逵：四通八达的大路。这里指水底相互贯通着的洞穴。

⑥瘘：人的脖子上生疮，长时间不愈，常常流脓水，还生出蛆虫，古时把这种病状称作瘘。

【译文】

再向东七十里，是半石山。山上长着一种草，一出土就结果实，高一丈多，红色叶子红色花，开花后不结果实，叫作嘉荣，佩戴它就能使人不畏惧霹雳雷响。来需水从半石山南麓流出，然后向西流入伊水，水中生长着很多鲐鱼，浑身长满黑色斑纹，长得像鲫鱼，人吃了它的肉不会感觉瞌睡。合水从半石山北麓流出，然后向北流入洛水，水中生长着很多螣鱼，这种鱼长得像鳜鱼，隐居于水底洞穴，浑身长满青色斑纹却拖着一条红尾巴，人吃了它的肉就不患臃肿病，还可以治好瘘疮。

【原文】

又东五十里，曰少室之山，百草木成囷[①]，其上有木焉，其名曰帝休，叶状如杨，其枝五衢[②]，黄华黑实，服者不怒。其上多玉，其下多铁。休水出焉，而北流注于洛，其中多鯑鱼，状如盩蜼[③]而长距，足白而对，食者无蛊疾，可以御兵。

【注释】

①囷（qūn）：圆形谷仓。

②衢（qú）：交错歧出的样子。

③盩蜼（zhōu wěi）：据古人说是一种与猕猴相似的野兽。

【译文】

再向东五十里，是少室山，各种花草树木丛集像圆形的谷仓。山上有一种树木，叫作帝休，叶子的形状与杨树叶相似，树枝相互交叉着伸向四方，开黄色花结黑色果实，佩戴它就能使人心平气和不恼怒。少室山上有丰富的玉石，山下有丰富的铁。休水从这座山发源，然后向北流入洛水，水中有很多鯑鱼，长得像猕猴却有长长的像公鸡一样的爪子，白白的足趾相对而生，人吃了它的肉就不生疑心病，还能防御兵器的伤害。

【原文】

又东三十里，曰泰室之山。其上有木焉，叶状如梨而赤理，其名曰栯木，服者不妒。有草焉，其状如荣，白华黑实，泽如蘡薁[①]，其名曰䔄草，服之不眯。上多美石。

【注释】

①蘡（yīng）薁（yù）：一种藤本植物，俗称野葡萄。夏季开花，果实黑色，可以酿酒，也可入药。

【译文】

再向东三十里，是泰室山。山上有一种树木，叶子长得像梨树叶却有红色纹理，叫作栯木，人佩戴了它就没了忌妒心。山中还有一种草，长得像苍术或白术，开白色花结黑色果实，果实的光泽就像野葡萄，叫作䔄草，服用了它就能使人的眼睛明亮不昏花。山上还有很多漂亮的石头。

【原文】

又北三十里，曰讲山，其上多玉，多柘，多柏。有木焉，名曰帝屋，叶状如椒[①]，反伤[②]赤实，可以御凶。

【注释】

①椒：有三种，一种是木本植物，即花椒；一种是藤本植物，即胡椒；一种是蔬类植物，即辣椒。这里指花椒，枝干有针刺，叶子坚而滑泽，果实红色，种子黑色，可以入药，也可调味。

②反伤：指倒生的刺。

【译文】

再向北三十里，是讲山，山上盛产玉石，有很多的柘树、许多的柏树。山中有一种树木，叫作帝屋，叶子的形状与花椒树叶相似，长着倒钩刺而结红色果实，食之可以避凶邪之气。

【原文】

又北三十里，曰婴梁之山，上多苍玉，錞[①]于玄石。

【注释】

①錞：依附。

【译文】

再向北三十里，是婴梁山，山上盛产苍玉，而苍玉都附着在黑色石头上面。

【原文】

又东三十里，曰浮戏之山。有木焉，叶状如樗而赤实，名曰亢木，食之不蛊。汜水出焉，而北流注于河。其东有谷，因名曰蛇谷，上多少辛①。

【注释】

①少辛：即细辛，一种药草。

【译文】

再向东三十里，是浮戏山。山中生长着一种树木，叶子的长得像臭椿树叶而结红色果实，叫作亢木，人吃了它可以驱虫避邪。汜水从这座山发源，然后向北流入黄河。在浮戏山的东面有一道峡谷，因（峡谷里有很多蛇）而取名叫蛇谷，峡谷里面还生长有许多细辛。

【原文】

又东四十里，曰少陉之山。有草焉，名曰岗草，叶状如葵，而赤茎白华，实如蘡薁，食之不愚。器难之水出焉，而北流注于役水。

【译文】

再向东四十里，是少陉山。山中有一种草，叫作岗草，叶子形状与葵菜叶相似，长着红色的茎干白色的花，果实很像野葡萄，服食了它就能使人增长智慧而不笨拙。器难水从这座山发源，然后向北流入役水。

【原文】

又东南十里，曰太山。有草焉，名曰梨，其叶状如萩[①]而赤华，可以已疽。太水出于其阳，而东南流注于役水；承水出于其阴，而东北流注于役。

【注释】

①萩（qiū）：一种蒿类植物，叶子白色，像艾蒿却分杈多，茎干尤其高大，约有一丈余。

【译文】

再向东南十里，是太山。山里有一种草，叫作梨，叶子长得像蒿草叶而开红色花，可以用来治疗痈疽。太水从这座山的南麓流出，然后向东南流入役水；承水从这座山的北麓流出，然后向东北流入役水。

【原文】

又东二十里，曰末山，上多赤金，末水出焉，北流注于役。

【译文】

再向东二十里，是末山，山上到处是黄金。末水从这座山发源，向北流入役水。

【原文】

又东二十五里，曰役山，上多白金，多铁。役水出焉，北注于河。

【译文】

再向东二十五里，是役山，山上有丰富的白银，还有丰富的铁。役水从这座山发源，向北流入黄河。

【原文】

又东三十五里，曰敏山。上有木焉，其状如荆，白华而赤实，名曰蓟柏，服者不寒。其阳多㻬琈之玉。

【译文】

再向东三十五里，是敏山。山上生长着一种树木，形状与牡荆相似，开白色花朵而结红色果实，叫作葪柏，吃了它的果实就能使人不怕寒冷。敏山南面还盛产㻬琈玉。

【原文】

又东三十里，曰大騩之山，其阴多铁、美玉、青垩。有草焉，其状如蓍而毛，青华而白实，其名曰𦬁，服之不夭，可以为腹病。

【译文】

再向东三十里，是大騩山，山北面有丰富的铁、优质玉石、青色垩土。山中有一种草，长得像蓍草却长着绒毛，开青色花而结白色果实，叫作𦬁，人服食了它就能不夭折而延年益寿，还可以医治肠胃上的各种疾病。

【原文】

凡苦山之首，自休与之山至于大騩之山，凡十有九山，千一百八十四里。其十六神者，皆豕[①]身而人面，其祠：毛牷用一羊羞，婴用一藻玉瘗。苦山、少室、太室皆冢也，其祠之：太牢之具，婴以吉玉。其神状皆人面而三首。其余属皆豕身人面也。

【注释】

①豕：猪。

【译文】

苦山山系的首尾，自休与山起到大騩山止，一共十九座山，途经一千一百八十四里。其中有十六座山的山神，形貌都是猪的身子和人的面孔。祭祀这些山神：毛物用一只纯色的羊献祭，祀神的玉器用一块藻玉埋入地下。苦山、少室山、太室山都是诸山的宗主。祭祀这三座山的山神：毛物用猪、牛、羊齐备的三牲做祭品，祀神的玉器用吉玉。这三个山神的形貌都是人的面孔却长着三个脑袋。另外那十六座山的山神都是猪的身子和人的面孔。

【原文】

中次八经荆山之首，曰景山，其上多金玉，其木多杼[①]檀。雎水出焉，东南流注于江，其中多丹粟，多文鱼。

【注释】

①杼：杼树，就是柞树。

【译文】

中央第八列山系荆山山系的第一座山，叫作景山，山上有丰富的金属矿物和玉石，这里的树木以柞树和檀树居多。睢水从这座山发源，向东南流入江水，水中有很多粟粒大小的丹砂，还有许多长着彩色斑纹的鱼。

【原文】

东北百里，曰荆山，其阴多铁，其阳多赤金，其中多犛牛①，多豹虎，其木多松柏，其草多竹，多橘櫾②。漳水出焉，而东南流注于睢，其中多黄金，多鲛鱼③，其兽多闾麋。

【注释】

①犛牛：一种毛皮纯黑的牛，属于牦牛之类。

②櫾：同“柚”。柚子与橘子相似而大一些，皮厚而且味道酸。

③鲛鱼：就是现在所说的鲨鱼，体型很大，性凶猛，能吃人。

【译文】

向东北一百里，是荆山，山北面有丰富的铁，山南面有丰富的黄金，山中生长着许多犛牛，还有众多的豹子和老虎，这里的树木以松树和柏树居多，这里的植物以丛生的小竹子居多，还有许多的橘子树和柚子树。漳水从这座山发源，然后向东南流入雎水，水中盛产黄金，有很多鲨鱼。山中的野兽以山驴和麋鹿居多。

【原文】

又东北百五十里，曰骄山，其上多玉，其下多青雘，其木多松柏，多桃枝、钩端。神蟲围处之，其状如人面，羊角虎爪，恒游于雎漳之渊，出入有光。

【译文】

再向东北一百五十里，是骄山，山上有丰富的玉石，山下有丰富的青雘。这里的树木以松树和柏树居多，到处是桃枝和钩端一类的丛生的小竹子。神仙蟲围居住在这座山中，形貌像人却长着羊一样的角，虎一样的爪子，常常在雎水和漳水的深渊里畅游，出入时都有闪光。

【原文】

又东北百二十里，曰女几之山，其上多玉，其下多黄金，其兽多豹、虎，多闾、麋、麖、麂[1]，其鸟多白鸫[2]，多翟，多鸩[③]。

【注释】

①麂：一种小鹿。

②白鸫：也叫"鸫雉"，一种像野鸡而尾巴较长的鸟，常常一边飞行一边鸣叫。

③鸩：鸩鸟，传说中的一种身体有毒的鸟，体形大小如雕鹰，羽毛紫绿色，长脖子，红嘴巴，吃有毒蝮蛇的头。

【译文】

再向东北一百二十里，是女几山，山上盛产玉石，山下盛产黄金，山中的野兽以豹子和老虎居多，还有许许多多的山驴、麋鹿、麖、麂。这里的禽鸟以白鸫最多，还有很多长尾巴野鸡，很多鸩鸟。

【原文】

又东北二百里，曰宜诸之山，其上多金玉，其下多青雘。洈水出焉，而南流注于漳，其中多白玉。

【译文】

再向东北二百里，是宜诸山，山上多出产金属矿物和玉

石，山下多出产青雘。淹水从这座山发源，然后向南流入漳水，水中有很多白色玉石。

【原文】

又东北三百五十里，曰纶山，其木多梓枏，多桃枝，多柤[①]、栗、橘、櫾，其兽多闾、麈、麢、㚟。

【注释】

①柤：柤树，长得像梨树，但树干、树枝都是红色的，开黄色花朵，结黑色果子。

【译文】

再向东北三百五十里，是纶山，山中有许多梓树、楠木树，又有很多丛生的桃枝竹，还有许多的柤树、栗子树、橘子树、柚子树，这里的野兽以山驴、麈、羚羊、㚟居多。

【原文】

又东二百里，曰陆郈之山，其上多㻬琈之玉，其下多垩，其木多杻橿。

【译文】

再向东二百里，是陆郈山，山上盛产㻬琈玉，山下盛产垩土，这里的树木以杻树和橿树居多。

【原文】

又东百三十里，曰光山，其上多碧，其下多木。神计蒙处之，其状人身而龙首，恒游于漳渊，出入必有飘风[1]暴雨。

【注释】

①飘风：旋风，暴风。

【译文】

再向东一百三十里，是光山，山上有许多碧玉，山下有许多树林。神仙计蒙居住在这座山里，它的形貌是人的身子和龙的头，它常常在漳水的深渊里畅游，出入时一定有旋风急雨相伴随。

【原文】

又东百五十里，曰岐山，其阳多赤金，其阴多白珉[1]，其上多金玉，其下多青雘，其林多樗。神涉䖸处之，其状人身而方面三足。

【注释】

①珉：一种似玉的美石。

【译文】

再向东一百五十里，是岐山，山南面多出产黄金，山北面多出产白色珉石，山上有丰富的金属矿物和玉石，山下有丰富的青雘，这里的树木以臭椿树居多。神仙涉䵣就住在这座山里，它的形貌是人的身子却有方形面孔和三只脚。

【原文】

又东百三十里，曰铜山，其上多金银铁，其木多榖、柞、柤、栗、橘、櫾，其兽多豹。

【译文】

再向东一百三十里，是铜山，山上有丰富的金、银、铁，这里的树木以构树、柞树、柤树、栗子树、橘子树、柚子树居多，而野兽多是长着豹子斑纹的豹。

【原文】

又东北一百里，曰美山，其兽多兕牛，多闾麈，多豕鹿，其上多金，其下多青雘。

【译文】

再向东北一百里，是美山，山中的野兽以兕、野牛居多，又有很多山驴、麈，还有许多野猪、鹿，山上多出产金属矿物；山下多出产青雘。

【原文】

又东北百里，曰大尧之山，其木多松柏，多梓桑，多机①，其草多竹，其兽多豹、虎、麢、㚟。

【注释】

①机：机树，就是桤树，是一种落叶乔木，木材坚韧，生长速度很快，容易成林。

【译文】

再向东北一百里，是大尧山，山里的树木以松树和柏树居多，又有众多的梓树和桑树，还有许多机树，这里的草大多是丛生的小竹子，而野兽以豹子、老虎、羚羊、㚟居多。

【原文】

又东北三百里，曰灵山，其上多金玉，其下多青雘，其木多桃、李、梅、杏。

【译文】

再向东北三百里，是灵山，山上有丰富的金属矿物和玉石，山下盛产青雘，这里的树木大多是桃树、李树、梅树、杏树。

【原文】

又东北七十里，曰龙山，上多寓木，其上多碧，其下多赤锡，其草多桃枝、钩端。

【译文】

再向东北七十里，是龙山，山上到处是寄生树，还盛产碧玉，山下有丰富的红色锡土，而植物大多是桃枝、钩端之类的小竹丛。

【原文】

又东南五十里，曰衡山，上多寓木、榖、柞，多黄垩、白垩。

【译文】

再向东南五十里，是衡山，山上有许多寄生树、构树、柞树，还盛产黄色垩土、白色垩土。

【原文】

又东南七十里，曰石山，其上多金，其下多青雘，多寓木。

【译文】

再向东南七十里，是石山，山上多出产金属矿物，山下有丰富的青雘，还有许多寄生树。

【原文】

又南百二十里，曰若山，其上多㻬琈之玉，多赭，多邽石，多寓木，多柘。

【译文】

再向南一百二十里，是若山，山上多出产㻬琈玉，又多出产赭石，也有很多邽石，有许多寄生树，还生长着许许多

多的柘树。

【原文】

又东南一百二十里，曰彘山，多美石，多柘。

【译文】

再向东南一百二十里，是彘山，有很多漂亮的石头，有许多柘树。

【原文】

又东南一百五十里，曰玉山，其上多金玉，其下多碧、铁，其木多柏。

【译文】

再向东南一百五十里，是玉山，山上有丰富的金属矿物和玉石，山下有丰富的碧玉、铁，这里的树木以柏树居多。

【原文】

又东南七十里，曰讙山，其木多檀，多邽石，多白锡。郁水出于其上，潜于其下，其中多砥砺。

【译文】

再向东南七十里，是谨山，这里的树木大多是檀树，还盛产邽石，又多出产白色锡土。郁水从这座山的山顶上发源，潜流到山下，水中有很多磨石。

【原文】

又东北百五十里，曰仁举之山，其木多榖柞，其阳多赤金，其阴多赭。

【译文】

再向东北一百五十里，是仁举山，这里的树木以构树和柞树居多，山南面有丰富的黄金，山北面多出产赭石。

【原文】

又东五十里，曰师每之山，其阳多砥砺，其阴多青雘，其木多柏，多檀，多柘，其草多竹。

【译文】

再向东五十里，是师每山，山南面多出产磨石，山北面多出产青雘，山中的树木以柏树居多，又有很多檀树，还生长着大量柘树，而植物大多是丛生的小竹子。

【原文】

又东南二百里，曰琴鼓之山，其木多榖、柞、椒[1]、柘，其上多白珉，其下多洗石，其兽多豕鹿，多白犀，其鸟多鸩。

【注释】

①椒：据古人说，这种椒树矮小而丛生，如果在它下面有草木生长就会被刺死。

【译文】

再向东南二百里，是琴鼓山，这里的树木大多是构树、柞树、椒树、柘树，山上多出产白色珉石，山下多出产洗石。这里的野兽，以野猪、鹿居多，还有许多白色犀牛，而禽鸟大多是鸩鸟。

【原文】

凡荆山之首，自景山至琴鼓之山，凡二十三山，两千八百九十里。其神状皆鸟身而人面。其祠：用一雄鸡祈瘗，用一藻圭，糈用稌。骄山，冢也，其祠：用羞酒、少牢祈瘗，婴毛一璧。

【译文】

荆山山系的首尾，自景山起到琴鼓山止，一共二十三座山，途经两千八百九十里。诸山山神的形貌都是鸟的身子而人的面孔。祭祀山神：毛物用一只公鸡祭祀后埋入地下，并用一块藻圭献祭，祀神的米用稻米。骄山，是诸山之宗主。祭祀骄山山神：用进献的美酒和猪、羊来祭祀而后埋入地下，祀神的玉器用一块玉璧。

【原文】

中次九经岷山之首，曰女几之山，其上多石涅[①]，其木多杻橿，其草多菊茉。洛水出焉，东注于江，其中多雄黄，其兽多虎豹。

【注释】

①石涅：即涅石，一种矿物，可做黑色染料。

【译文】

中央第九列山系岷山山系的第一座山，是女几山，山上多出产石涅，这里的树木以杻树、橿树居多，而花草以野

菊、苍术或白术居多。洛水从这座山发源，向东流入长江。山里有许多雄黄，而野兽以老虎、豹子居多。

【原文】

又东北三百里，曰岷山。江水出焉，东北流注于海，其中多良龟，多鼍①。其上多金玉，其下多白珉，其木多梅棠，其兽多犀象，多夔牛②，其鸟多翰、鷩③。

【注释】

①鼍：古人说其长得像蜥蜴，身上有花纹鳞，大的长达二丈，皮可以用来制鼓。也就是现在所说的扬子鳄，俗称猪婆龙。

②夔牛：古人说是一种重达几千斤的大牛。

③鷩：即锦鸡。

【译文】

再向东北三百里，是岷山。长江从岷山发源，向东北流入大海，水中生长着许多良龟，还有许多鼍。山上有丰富的金属矿物和玉石，山下盛产白色珉石。山中的树木以梅树和海棠树居多，而野兽以犀牛和大象居多，还有许多夔牛，这里的禽鸟大多是白翰鸟和赤鷩鸟。

【原文】

又东北一百四十里，曰崃山。江水出焉，东流注于大江。其阳多黄金，其阴多麋麈，其木多檀柘，其草多薤韭，多药[1]、空夺。

【注释】

①药：指白芷，一种香草。

【译文】

再向东北一百四十里，是崃山。江水从这座山发源，向东流入长江。山南面盛产黄金，山北面有许多麋鹿和麈，这里的树木大多是檀树和柘树，而花草大多是野薤菜和野韭菜，还有许多白芷和寇脱。

【原文】

又东一百五十里，曰崌山。江水出焉，东流注于大江，其中多怪蛇[1]，多鰲鱼，其木多楢杻，多梅梓，其兽多夔牛、麢、㚖、犀、兕。有鸟焉，状如鸮而赤身白首，其名曰窃脂，可以御火。

【注释】

①怪蛇：据古人讲，有一种钩蛇长达几丈，尾巴分叉，可以在水中钩取岸上的人、牛、马而吞食掉。怪蛇就指这一类的蛇。

【译文】

再向东一百五十里，是岷山。江水从这座山发源，向东流入长江，水中生长着许多怪蛇，还有很多鳖鱼。这里的树木以楢树和杻树居多，还有很多梅树与梓树，而野兽以夔牛、羚羊、臭、犀牛、兕居多。山中有一种禽鸟，长得像猫头鹰却是红色的身子、白色的脑袋，叫作窃脂，人饲养它可以防火灾。

【原文】

又东三百里，曰高梁之山，其上多垩，其下多砥砺，其木多桃枝、钩端。有草焉，状如葵而赤华、荚实、白柎，可以走马。

【译文】

再向东三百里，是高梁山，山上盛产垩土，山下盛产磨石，这里的草木大多是桃枝竹和钩端竹。山中生长着一种草，长得像葵菜却有着红色的花朵、带荚的果实、白色的花萼，给马吃了就能使马跑得快。

【原文】

又东四百里，曰蛇山，其上多黄金，其下多垩，其木多栒，多豫章，其草多嘉荣、少辛。有兽焉，其状如狐，而白尾长耳，名独狼，见则国内有兵。

【译文】

再向东四百里，是蛇山，山上多出产黄金，山下多出产垩土，这里的树木以栒树居多，还有许多豫章树，而花草以嘉荣、细辛居多。山中有一种野兽，长得像狐狸，却长着白尾巴和长耳朵，叫作独狼，它在哪个国家出现哪个国家就会有战争。

【原文】

又东五百里，曰鬲山，其阳多金，其阴多白珉。蒲鸘之水出焉，而东流注于江，其中多白玉，其兽多犀、象、熊、罴，多猿蜼[①]。

【注释】

①蜼：据古人说是一种长尾巴猿猴，鼻孔朝上，尾巴分

叉，天下雨时就自己悬挂在树上，用尾巴塞住鼻孔。

【译文】

再向东五百里，是鬲山，山南面盛产金属矿物，山北面盛产白色珉石。蒲鷬水从这座山发源，然后向东流入长江，水中有很多白色玉石。山中的野兽以犀牛、大象、熊、罴居多，还有许多猿猴、长尾猿。

【原文】

又东北三百里，曰隅阳之山，其上多金玉，其下多青雘，其木多梓桑，其草多茈。徐之水出焉，东流注于江，其中多丹粟。

【译文】

再向东北三百里，是隅阳山，山上有丰富的金属矿物和玉石，山下有丰富的青雘。这里的树木大多是梓树和桑树，而草大多是紫草。徐水从这座山发源，向东流入长江，水中有许多粟粒大小的丹砂。

【原文】

又东六十里，曰瑶碧之山，其木多梓枏，其阴多青雘，其阳多白金。有鸟焉，其状如雉，恒食蜚[①]，名曰鸩。

【注释】

①蜚：一种有害的小飞虫，形状椭圆，散发着恶臭。

【译文】

再向东六十里，是瑶碧山，这里的树木以梓树和楠木树居多，山北面盛产青雘，山南面盛产白银。山中有一种禽鸟，长得像野鸡，常吃蜚虫，叫作鸩。

【原文】

又东四十里，曰支离之山。济水出焉，南流注于汉。有鸟焉，其名曰婴勺，其状如鹊，赤目、赤喙、白身，其尾若勺，其鸣自呼。多㸲牛，多羬羊。

【译文】

再向东四十里，是支离山。济水从这座山发源，向南流入汉水。山中有一种禽鸟，叫作婴勺，长得像喜鹊，却长着红眼睛、红嘴巴、白色的身子，尾巴与酒勺的形状相似，它发出的叫声便是自身名称的读音。这座山中还有很多㸲牛、羬羊。

【原文】

又东北五十里，曰祑簡之山，其上多松、柏、机、桓。

【译文】

再向东北五十里，是祑簡山，山上有许多松树、柏树、桤树、桓树。

【原文】

又西北一百里，曰堇理之山，其上多松柏，多美梓，其阴多丹雘，多金，其兽多豹虎。有鸟焉，其状如鹊，青身白喙，白目白尾，名曰青耕，可以御疫，其鸣自叫。

【译文】

再向西北一百里，是堇理山，山上有许多松树、柏树，还有很多优良梓树，山北面多出产青雘，并且有丰富的金属矿物，这里的野兽以豹子和老虎居多。山中有一种禽鸟，长得像喜鹊，却是青色的身子、白色的嘴巴，白色的眼睛、白色的尾巴，叫作青耕，人饲养它可以避瘟疫，它发出的叫声便是自身名称的读音。

【原文】

又东南三十里，曰依轱之山，其上多杻橿，多苴[①]。有兽焉，其状如犬，虎爪有甲，其名曰獜，善駚坌，食者不风。

【注释】

①苴：通“柤”，即柤树。

【译文】

再向东南三十里，是依轱山，山上有许多杻树和橿树，还有柤树。山中有一种野兽，长得像狗，长着老虎一样的爪子而身上又有鳞甲，叫作獜，擅长跳跃腾扑，吃了它的肉就能使人不患风痹病。

【原文】

又东南三十五里，曰即谷之山，多美玉，多玄豹，多闾麈，多麢㚟。其阳多珉，其阴多青雘。

【译文】

再往东南三十五里，是即谷山，山上多产美玉，有许多黑豹，许多山驴和驼鹿，还有许多羚羊和㚟。山的南面多产珉石，山的北面多产青雘。

【原文】

又东南四十里，曰鸡山，其上多美梓，多桑，其草多韭。

【译文】

再向东南四十里，是鸡山，山上到处是优良的梓树，还有许多桑树，而花草以野韭菜居多。

【原文】

又东南五十里，曰高前之山，其上有水焉，甚寒而清，帝台之浆也，饮之者不心痛。其上有金，其下有赭。

【译文】

再向东南五十里，是高前山。这座山上有一条溪流，非常冰凉而又特别清澈，是神仙帝台常饮的浆水，饮用了它就能使人不患心痛病。山上有丰富的金属矿物，山下有丰富的赭石。

【原文】

又东南三十里，曰游戏之山，多杻、橿、榖，多玉，多封石。

【译文】

再向东南三十里，是游戏山，这里有许多杻树、橿树、构树，还有丰富的玉石，很多封石。

【原文】

又东南三十五里，曰从山，其上多松柏，其下多竹。从水出于其上，潜于其下，其中多三足鳖，枝[①]尾，食之无蛊疫。

【注释】

①枝：分支的，分叉的。

【译文】

再向东南三十五里，是从山，山上有许多松树和柏树，山下有许多竹丛。从水由这座山的山顶上发源，潜流到山下，水中有很多三足鳖，长着开岔的尾巴，吃了它的肉就能使人不患疑心病。

【原文】

又东南三十里，曰婴硜之山，其上多松柏，其下多梓櫄[①]。

【注释】

①櫄：又叫杶树，长得像臭椿树，树干可用来制作车辕。

【译文】

再向东南三十里，是婴硜山，山上到处是松树、柏树，山下有许多梓树、櫄树。

【原文】

又东南三十里，曰毕山。帝苑之水出焉，东北流注于视，其中多水玉，多蛟。其上多㻬琈之玉。

【译文】

再向东南三十里，是毕山。帝苑水从这座山发源，向东北流入视水，水中多出产水晶石，还有很多蛟。山上有丰富的㻬琈玉。

【原文】

又东南二十里，曰乐马之山。有兽焉，其状如彙，赤如丹火，其名曰𤟤，见则其国大疫。

【译文】

再向东南二十里，是乐马山。山中有一种野兽，长得像刺猬，全身赤红如红色火焰，叫作𤟤，它在哪个国家出现哪个国家里就会发生大瘟疫。

【原文】

又东南二十五里，曰葴山，视水出焉，东南流注于汝水，其中多人鱼，多蛟，多颉[①]。

【注释】

①颉：据古人说是一种皮毛青色而形态像狗的动物，可能就是今天所说的水獭。

【译文】

再向东南二十五里，是葴山，视水从这座山发源，向东南流入汝水，水中有很多人鱼，又有很多蛟，还有很多的颉。

【原文】

又东四十里，曰婴山，其下多青雘，其上多金玉。

【译文】

再向东四十里，是婴山，山下有丰富的青雘，山上有丰富的金属矿物和玉石。

【原文】

又东三十里，曰虎首之山，多苴、椆[①]、椐。

【注释】

①椆：据古人说是一种耐寒冷而不凋落的树木。

【译文】

再向东三十里，是虎首山，山上有许多柤树、椆树、椐树。

【原文】

又东二十里，曰婴侯之山，其上多封石，其下多赤锡。

【译文】

再向东二十里，是婴侯山，山上多出产封石，山下多出产红色锡土。

【原文】

又东五十里，曰大孰之山。杀水出焉，东北流注于视水，其中多白垩。

【译文】

再向东五十里，是大孰山。杀水从这座山发源，向东北流入视水，水中有许多白色垩土。

【原文】

又东四十里，曰卑山，其上多桃、李、苴、梓，多櫐。

【译文】

再向东四十里，是卑山，山上有许多桃树、李树、柤树、梓树，还有很多紫藤树。

【原文】

又东三十里，曰倚帝之山，其上多玉，其下多金。有兽焉，状如鼣鼠，白耳白喙，名曰狙如，见则其国有大兵。

【译文】

再向东三十里，是倚帝山，山上有丰富的玉石，山下有丰富的金属矿物。山中有一种野兽，长得像鼣鼠，长着白耳朵、白嘴巴，叫作狙如，它在哪个国家出现哪个国家就会发生大的战争。

【原文】

又东三十里，曰鲵山，鲵水出于其上，潜于其下，其中多美垩。其上多金，其下多青雘。

【译文】

再向东三十里，是鲵山。鲵水从这座山上发源，潜流到山下，这里有很多优良的垩土。山上有丰富的金属矿物，山下有丰富的青雘。

【原文】

又东三十里，曰雅山。澧水出焉，东流注于视水，其中多大鱼。其上多美桑，其下多苴，多赤金。

【译文】

再向东三十里，是雅山。澧水从这座山发源，向东流入视水，水中有很多大鱼。山上有许多优良的桑树，山下有许多柤树，这里还多出产黄金。

【原文】

又东五十五里，曰宣山。沦水出焉，东南流注于视水，其中多蛟。其上有桑焉，大五十尺，其枝四衢，其叶大尺余，赤理、黄华、青柎，名曰帝女之桑。

【译文】

再向东五十五里，是宣山。沦水从这座山发源，向东南流入视水，水中有很多蛟。山上有一种桑树，树干合抱有五十尺粗细，树枝交叉伸向四方，树叶方圆有一尺多，红色的纹理、黄色的花朵、青色的花萼，叫作帝女桑。

【原文】

又东四十五里，曰衡山，其上多青雘，多桑，其鸟多鸜鹆。

【译文】

再向东四十五里，是衡山。山上盛产青雘，还有许多桑树，这里的禽鸟以八哥居多。

【原文】

又东四十里，曰丰山，其上多封石，其木多桑，多羊桃，状如桃而方茎，可以为[①]皮张。

【注释】

①为：治理。这里是治疗的意思。

【译文】

再向东四十里，是丰山，山上多出产封石。这里的树木大多是桑树，还有大量的羊桃，长得像桃树却是方方的茎干，可以用它医治人的皮肤肿胀病。

【原文】

又东七十里，曰妪山，其上多美玉，其下多金，其草多鸡谷。

【译文】

再向东七十里，是姬山，山上盛产优良玉石，山下盛产金属矿物，这里的花草以鸡谷草居多。

【原文】

又东三十里，曰鲜山，其木多楢、杻、苴，其草多亹冬，其阳多金，其阴多铁。有兽焉，其状如膜犬[①]，赤喙、赤目、白尾，见则其邑有火，名曰狢即。

【注释】

①膜犬：据古人说是西膜之犬，这种狗的体形高大，长着浓密的毛，性情猛悍，力量很大。

【译文】

再向东三十里，是鲜山。这里的树木以楢树、杻树、柤树居多，花草以蔷薇最多。山南面有丰富的金属矿物，山北面有丰富的铁。山中有一种野兽，长得像膜犬，长着红嘴巴、红眼睛、白尾巴，它在哪个地方出现哪里就会有火灾，它的名字叫作狢即。

【原文】

又东三十里，曰章山，其阳多金，其阴多美石。皋水出焉，东流注于澧水，其中多脃石①。

【注释】

①脃（cuì）石：一种又轻又软而易断易碎的石头。脃，即“脆”的本字。

【译文】

再向东三十里，是章山，山南面多出产金属矿物，山北面多出产漂亮的石头。皋水从这座山发源，向东流入澧水，水中有许多脆石。

【原文】

又东二十五里，曰大支之山，其阳多金，其木多榖柞，无草木。

【译文】

再向东二十五里，是大支山，山南面有丰富的金属矿物，这里的树木大多是构树和柞树，但不生长花草树木。

【原文】

又东五十里，曰区吴之山，其木多苴。

【译文】

再向东五十里，是区吴山，这里的树木以柤树居多。

【原文】

又东五十里，曰声匈之山，其木多榖，多玉，上多封石。

【译文】

再向东五十里，是声匈山，这里有许多构树，许多是玉石，山上还盛产封石。

【原文】

又东五十里，曰大騩之山，其阳多赤金，其阴多砥石。

【译文】

再向东五十里，是座大騩山，山南面多出产黄金，山北面多出产细磨石。

【原文】

又东十里，曰踵臼之山，无草木。

【译文】

再向东十里，是踵臼山，山上不生长花草树木。

【原文】

又东北七十里，曰历石之山，其木多荆芑，其阳多黄金。其阴多砥石。有兽焉，其状如狸，而白首虎爪，名曰梁渠，见则其国有大兵。

【译文】

再向东北七十里，是历石山，这里的树木以牡荆树和枸杞树居多，山南面盛产黄金，山北面盛产细磨石。山中有一种野兽，长得像野猫，却长着白色的脑袋老虎一样的爪子，叫作梁渠，它在哪个国家出现哪个国家里就会发生大战争。

【原文】

又东南一百里，曰求山。求水出于其上，潜于其下，中有美赭。其木多苴，多𥳇。其阳多金，其阴多铁。

【译文】

再向东南一百里，是求山，求水从这座山上发源，潜流到山下，这里有很多优良赭石。山中有许多柤树，还有矮小丛生的䉋竹。山南面有丰富的金属矿物，山北面有丰富的铁。

【原文】

又东二百里，曰丑阳之山，其上多椆、椐。有鸟焉，其状如乌而赤足，名曰𪈿鵌，可以御火。

【译文】

再向东二百里，是丑阳山，山上有许多椆树和椐树。山中有一种禽鸟，长得像乌鸦却长着红色爪子，叫作𪈿鵌，人饲养它可以避火。

【原文】

又东三百里，曰奥山，其上多柏、杻、橿，其阳多㻬琈之玉。奥水出焉，东流注于视水。

【译文】

再向东三百里，是奥山，山上有许多松树、杻树、橿树，山南面盛产瑾琈玉。奥水从这座山发源，向东流入视水。

【原文】

又东三十五里，曰服山，其木多苴，其上多封石，其下多赤锡。

【译文】

再向东三十五里，是服山，这里的树木以柤树居多，山上有丰富的封石，山下多出产红色锡土。

【原文】

又东三百里，曰杳山，其上多嘉荣草，多金玉。

【译文】

再向东三百里，是杳山，山上有许多嘉荣草，还有丰富的金属矿物和玉石。

【原文】

又东三百五十里，曰几山，其木多楢、橿、杻，其草多香。有兽焉，其状如彘，黄身、白头、白尾，名曰闻獜，见则天下大风。

【译文】

再向东三百五十里，是几山，这里的树木，以楢树、檀树、杻树居多，而草类主要是各种香草。山中有一种野兽，长得像猪，却是黄色的身子、白色的脑袋、白色的尾巴，叫作闻獜，它一出现天下就会刮起大风。

【原文】

凡荆山之首，自翼望之山至于几山，凡四十八山，三千七百三十二里。其神状皆彘身人首。其祠：毛用一雄鸡祈瘗，用一珪，糈用五种之精。禾山，帝也，其祠：太牢之具，羞瘗，倒毛[①]；用一璧，牛无常。堵山、玉山，冢也，皆倒祠[②]，羞毛少牢，婴毛吉玉。

【注释】

①倒毛：毛指毛物，即作为祭品的牲畜。倒毛就是在祭礼举行完后，把猪、牛、羊三牲倒着身子埋掉。

②倒祠：也是倒毛的意思。

【译文】

荆山山系的首尾，自翼望山起到几山止，一共四十八座

山，途经三千七百三十二里。诸山山神的形貌都是猪的身子而人的头。祭祀山神：毛物用一只公鸡来祭祀然后埋入地下，祀神的玉器用一块玉珪献祭，祀神的米用黍、稷、稻、粱、麦五种粮米。禾山，是诸山的首席。祭祀禾山山神：毛物用猪、牛、羊齐备的三牲做祭品，进献后埋入地下，而且将牲畜头朝下埋；祀神的玉器用一块玉璧献祭，但也不必三牲全备。堵山、玉山，是诸山的宗主，祭祀后都要将牲畜倒着埋掉，进献的祭祀品是猪、羊，祀神的玉器要用一块吉玉。

【原文】

中次十二经洞庭山之首，曰篇遇之山，无草木，多黄金。

【译文】

中央第十二列山系洞庭山山系的第一座山，是篇遇山，这里不生长花草树木，蕴藏着丰富的黄金。

【原文】

又东南五十里，曰云山，无草木。有桂竹，甚毒，伤[①]人必死，其上多黄金，其下多㻬琈之玉。

【注释】

①伤：刺的意思，做动词用。

【译文】

再向东南五十里，是云山，山上不生长其他花草树木。但有一种桂竹，毒性特别大，枝叶刺着人就一定会死。山上盛产黄金，山下盛产㻬琈玉。

【原文】

又东南一百三十里，曰龟山，其木多谷、柞、椆、椐，其上多黄金，其下多青、雄黄，多扶竹[①]。

【注释】

①扶竹：即邛竹，节杆较长，中间实心，可以用来制作手杖，所以又叫“扶老竹”。

【译文】

再向东南一百三十里，是龟山，这里的树木以构树、柞树、椆树、椐树居多，山上多出产黄金，山下多出产石青、雄黄，还有很多扶竹。

【原文】

又东七十里，曰丙山，多筀竹[①]，多黄金、铜、铁，无木。

【注释】

①筀竹：就是桂竹。据古人讲，因它是生长在桂阳一带的竹子，所以叫作“桂竹”。

【译文】

再向东七十里，是丙山，有许多桂竹，还有丰富的黄金、铜、铁，但没有树木。

【原文】

又东南五十里，曰风伯之山，其上多金玉，其下多痠石、文石，多铁，其木多柳杻、檀楮。其东有林焉，曰莽浮之林，多美木、鸟兽。

【译文】

再向东南五十里，是风伯山，山上有丰富的金属矿物和玉石，山下盛产痠石和带花纹的石头，还盛产铁。这里的树木以柳树、杻树、檀树、构树居多。在风伯山东面有一片树林，叫作莽浮林，其中有许多优良树木和禽鸟野兽。

【原文】

又东一百五十里，曰夫夫之山，其上多黄金，其下多青、雄黄，其木多桑楮，其草多竹、鸡鼓。神于儿居之，其状人身而身操两蛇，常游于江渊，出入有光。

【译文】

再向东一百五十里，是夫夫山，山上多出产黄金，山下多出产石青、雄黄，这里的树木以桑树、构树居多，而花草以竹子、鸡谷草居多。神仙于儿就住在这座山里，它的形貌是人的身子且手握两条蛇，常常游玩于长江水的深渊中，出没时都有闪光。

【原文】

又东南一百二十里，曰洞庭之山，其上多黄金，其下多银铁，其木多柤、梨、橘、櫾，其草多葌、蘪芜、芍药、芎藭。帝之二女居之，是常游于江渊。澧沅之风，交潇[1]湘之渊，是在九江之间，出入必以飘风暴雨，是多怪神，状如人而载蛇，左右手操蛇。多怪鸟。

【注释】

①潇：水又清又深的样子。

【译文】

再向东南一百二十里，是洞庭山，山上多出产黄金，山下多出产银和铁，这里的树木以柤树、梨树、橘子树、柚子树居多，而花草以兰草、蘪芜、芍药、芎藭等香草居多。天帝的两个女儿住在这座山里，她俩常在长江水的深渊中游玩。从澧水和沅水吹来的清风，交会在幽清的湘水渊潭上，这里正是九条江水汇合的中心地，她俩出入时都有旋风急雨相伴随。洞庭山中还住着很多怪神，它们的形貌像人而身上绕着蛇，左右两只手也握着蛇。这里还有许多怪鸟。

【原文】

又东南一百八十里，曰暴山，其木多棕、柟、荆、芑、竹箭、䉋、箘，其上多黄金玉，其下多文石、铁，其兽多麋、鹿、麢、就。

【译文】

再向东南一百八十里，是暴山，山上的树林以棕树、楠木树、牡荆树、枸杞树和竹子、箭竹、𥯨竹、箘竹居多，山上多出产黄金、玉石，山下多出产带有花纹的漂亮石头、铁，这里的野兽以麋鹿、鹿、麂居多，这里的禽鸟大多是鹫鹰。

【原文】

又东南二百里，曰即公之山，其上多黄金，其下多㻬琈之玉，其木多柳、杻、檀、桑。有兽焉，其状如龟，而白身赤首，名曰蛫，是可以御火。

【译文】

再向东南二百里，是即公山，山上多出产黄金，山下多出产㻬琈玉，这里的树木以柳树、杻树、檀树、桑树居多。山中生长着一种野兽，长得像乌龟，却是白身子红脑袋，叫作蛫，人饲养它可以避免火灾。

【原文】

又东南一百五十九里，曰尧山，其阴多黄垩，其阳多黄金，其木多荆、芑、柳、檀，其草多藷萸、茉。

【译文】

再向东南一百五十九里，是尧山，山北面多出产黄色垩土，山南面多出产黄金。这里的树木以牡荆树、枸杞树、柳树、檀树居多，而植物以山药、苍术或白术居多。

【原文】

又东南一百里，曰江浮之山，其上多银、砥砺，无草木，其兽多豕、鹿。

【译文】

再向东南一百里，是江浮山，山上盛产银、磨石，这里没有花草树木，而野兽以野猪、鹿居多。

【原文】

又东二百里，曰真陵之山，其上多黄金，其下多玉，其木多榖、柞、柳、杻，其草多荣草。

【译文】

再向东二百里，是真陵山，山上多出产黄金，山下多出产玉石。这里的树木以构树、柞树、柳树、杻树居多，而花草大多是荣草。

【原文】

又东南一百二十里，曰阳帝之山，多美铜，其木多橿、杻、檿[①]、楮，其兽多麢、麝。

【注释】

①檿：即山桑，是一种野生桑树，木质坚硬，可以用来制作弓和车辕。

【译文】

再向东南一百二十里，是阳帝山，山上有许多优质铜矿。这里的树木大多是橿树、杻树、山桑树、楮树，而野兽以羚羊和麝香鹿居多。

【原文】

又南九十里，曰柴桑之山，其上多银，其下多碧，多泠石、赭，其木多柳、芑、楮、桑，其兽多麋、鹿，多白蛇、飞蛇[①]。

【注释】

①飞蛇：即螣蛇，也作“腾蛇”。传说是能够乘雾腾云而飞行的蛇，属于龙一类。

【译文】

再向南九十里，是柴桑山，山上盛产银，山下盛产碧玉，有许多柔软如泥的汵石、赭石，这里的树木以柳树、枸杞树、楮树、桑树居多，而野兽以麋和鹿居多，还有许多白色蛇、飞蛇。

【原文】

又东二百三十里，曰荣余之山，其上多铜，其下多银，其木多柳、芑，其虫多怪蛇、怪虫[1]。

【注释】

①虫：古时南方人也称蛇为“虫”。

【译文】

再向东二百三十里，是荣余山，山上多出产铜矿，山下多出产银矿。这里的树木大多是柳树、枸杞树，这里有很多怪蛇、怪虫。

【原文】

凡洞庭山之首，自篇遇之山至于荣余之山，凡十五山，两千八百里。其神状皆鸟身而龙首。其祠：毛用一雄鸡、一牝豚钊，糈用稌。凡夫夫之山、即公之山、尧山、阳帝之山，皆冢也，其祠：皆肆瘗，祈用酒，毛用少牢，婴毛一吉玉。洞庭、荣余山，神也，其祠：皆肆[①]瘗，祈酒太牢祠，婴用圭璧十五，五采惠之。

【注释】

①肆：陈设。

【译文】

洞庭山山系的首尾，自篇遇山起到荣余山止，一共十五座山，途经两千八百里。诸山山神的形貌都是鸟的身子、龙的脑袋。祭祀山神：毛物宰杀一只公鸡、一头母猪做祭品，祀神的米用稻米。凡夫夫山、即公山、尧山、阳帝山，都是诸山的宗主，祭祀这几座山的山神，都要陈列牲畜、玉器而后埋入地下，祈神用美酒献祭，毛物用猪、羊二牲做祭品，祀神的玉器要用吉玉。洞庭山、荣余山，是神灵显应之山，

祭祀这二位山神，都要陈列牲畜、玉器而后埋入地下，祈神用美酒及猪、牛、羊齐备的三牲献祭，祀神的玉器要用十五块玉圭、十五块玉璧，用青、黄、赤、白、黑五样色彩装饰它们。

【原文】

右中经之山志，大凡百九十七山，二万一千三百七十一里。

【译文】

以上是中山经的记录，总共一百九十七座山，途经两万一千三百七十一里。

【原文】

大凡天下名山五千三百七十，居地，大凡六万四千五十六里。

【译文】

总计天下名山共有五千三百七十座，分布在大地之东、西、南、北、中各个方向，共六万四千零五十六里的范围内。

【原文】

禹曰：天下名山，经五千三百七十山，六万四千五十六里，居地也。言其《五臧》[①]，盖其余小山甚众，不足记云。天地之东西二万八千里，南北二万六千里，出水之山者八千里，受水者八千里，出铜之山四百六十七，出铁之山三千六百九十。此天地之所分壤树谷[②]也，戈矛之所发也，刀铩之所起也，能者有余，拙者不足。封于太山，禅于梁父，七十二家，得失之数，皆在此内，是谓国用。

【注释】

①五臧：即五脏。臧，通“脏”。五脏，指人的脾、肺、肾、肝、心五种主要器官。

②树：种植，栽培。谷：这里泛指农作物。

【译文】

大禹说：天下的名山，他经历了五千三百七十座，行程六万四千零五十六里，这些山分布在大地东、西、南、北、中各个方向。把以上山记在《五藏山经》中，原因是除此以外的小山太多，不值得一一记述。广阔的天地从东方到西方共两万八千里，从南方到北方共两万六千里，江河源头所在之山是八千里，江河流经之地是八千里，出产铜的山有四百六十七座，出产铁的山有三千六百九十座。这些是天下划分疆土、种植庄稼的凭借，也是戈和矛产生的缘故，刀和铩兴起的根源，因而能干的人富裕有余，笨拙的人贫穷不足。国君在泰山上行祭天礼，在梁父山上行祭地礼，一共有七十二人，或得或失的运数，都在这个范围内，国家财用也可以说是从这块大地取得的。

【原文】

右《五藏山经》五篇，大凡一万五千五百三字。

【译文】

以上是《五藏山经》五篇，一共有一万五千五百零三个字。

《山海经》全解

【第二卷】

垢文涛/主编

辽海出版社

六、海外南经

【原文】

地之所载，六合①之间，四海之内，照之以日月，经之以星辰，纪之以四时②，要之以太岁③，神灵所生，其物异形，或夭或寿，唯圣人能通其道。

【注释】

①六合：古人以东、西、南、北、上、下六方为六合。

②四时：古人以春、夏、秋、冬四季为四时。

③太岁：又叫岁星，即木星。木星在黄道带里每年经过一宫，约十二年运行一周天，所以古人用以纪年。

【译文】

大地所负载的，包括上下四方之间的万物，在四海以内，有太阳和月亮照明，有大小星辰经临，又有春、夏、秋、冬记录季节，还有太岁校正天时。大地上的一切都是神灵造化所生成，故万物各有不同的形状，有的早亡而有的长寿，只有圣明之人才能懂得其中的道理。

【原文】

海外自西南陬[①]至东南陬者。

【注释】

①陬：角。

【译文】

海外从西南角到东南角的国家和地区、山丘及河川分别如下。

【原文】

结匈[①]国在其[②]西南，其为人结匈。

【注释】

①结匈：可能指现在所说的鸡胸。匈，同“胸”。

②其：代指邻近结匈国的灭蒙鸟。参见《海外西经》。

【译文】

结胸国在灭蒙鸟栖息地的西南面，那里的人都长着像鸡一样的胸脯。

【原文】

南山在其东南。自此山来，虫为蛇，蛇号为鱼。一曰南山在结匈东南。

【译文】

南山在灭蒙鸟栖息地的东南面。从这座山来的人，把虫叫作蛇，把蛇叫作鱼。也有一种说法认为，南山在结胸国的东南面。

【原文】

比翼鸟在其东，其为鸟青、赤，两鸟比翼。一曰在南山东。

【译文】

比翼鸟的栖息地在灭蒙鸟的栖息地的东面，这种鸟有青色、红色间杂的羽毛，两只鸟的翅膀配合起来才能飞翔。也

有一种说法，认为比翼鸟的栖息地在南山的东面。

【原文】

羽民国在其东南，其为人长头，身生羽。一曰在比翼鸟东南，其为人长颊[1]。

【注释】

①颊：面颊，脸的两侧。

【译文】

羽民国在灭蒙鸟栖息地的东南面，那里的人都长着长长的脑袋，全身长满羽毛。也有一种说法，认为羽民国在比翼鸟栖息地的东南面，那里的人都长着一副长长的脸颊。

【原文】

有神人二八，连臂，为帝司[1]夜于此野。在羽民东。其为人小颊，赤肩，尽十六人。

【注释】

①司：视察。这里是守候的意思。

【译文】

有位叫二八的神人，手臂连在一起，在这旷野中为天帝守夜。这位神人居住在羽民国的东面，那里的人都有着狭小的脸颊和赤红的肩膀，总共有十六个人。

【原文】

毕方鸟在其东，青水西，其为鸟人面，一脚。一曰在二八神东。

【译文】

毕方鸟的栖息地在二八神居所的东面，在青水的西面，这种鸟长着一副人的面孔却只有一只脚。也有一种说法，认为毕方鸟的栖息地在二八神居所的东面。

【原文】

讙头国在其南，其为人人面有翼，鸟喙，方[1]捕鱼。一曰在毕方东。或曰讙朱国。

【注释】

①方：正在，正当。

【译文】

谨头国在二八神居所的南面，那里的人都是人的面孔却生有两只翅膀，还长着鸟嘴，擅长用它们的鸟嘴捕鱼。也有一种说法认为，讙头国在毕方鸟栖息地的东面。讙头国也叫讙朱国。

【原文】

厌火国在其国南，兽身黑色。生火出其口中。一曰在讙朱东。

【译文】

厌火国在讙头国的南面，那里的人都长着野兽一样的身子而且皮毛是黑色的，火从它们的口中吐出。也有一种说法认为厌火国在讙朱国的东面。

【原文】

三珠树在厌火北，生赤水上，其为树如柏，叶皆为珠。一曰其为树若彗。

【译文】

三珠树在厌火国的北面，生长在赤水岸边，那里的树与普通的柏树相似，叶子都是珍珠。有人认为那里的树像彗星的样子。

【原文】

三苗国在赤水东，其为人相随。一曰三毛国。

【译文】

三苗国在赤水的东面，那里的人总是一个跟着一个地行走。还有一种说法认为，它就是三毛国。

【原文】

𦏵国在其东，其为人黄，能操弓射蛇。一曰𦏵国在三毛东。

【译文】

䖸国在三苗国的东面，那里的人都是黄色皮肤，能操持弓箭射死蛇。也有一种说法认为，䖸国在三毛国的东面。

【原文】

贯匈国在其东，其为人匈有窍。一曰在䖸国东。

【译文】

贯匈国在䖸国的东边，那里的人胸膛上都有个洞。也有一种说法认为，贯匈国在䖸国的东面。

【原文】

交胫国在其东，其为人交胫[①]。一曰在穿匈东。

【注释】

①胫：人的小腿。这里指整个腿脚。

【译文】

交胫国在它的东面，那里的人总是互相交叉着双腿双脚。也有一种说法认为，交胫国在贯匈国的东面。

【原文】

不死民在其东，其为人黑色，寿[①]，不死。一曰在穿匈国东。

【注释】

①寿：老。指长寿。

【译文】

不死民在它的东面，那里人的都是黑色的，个个长寿，人人不死。也有一种说法认为，不死民在贯匈国的东面。

【原文】

歧舌国在其东。一曰在不死民东。

【译文】

歧舌国在它的东面。也有一种说法认为歧舌国在不死民的东面。

【原文】

昆仑虚[①]在其东，虚四方。一曰在歧舌东，为虚四方。

【注释】

①虚：大丘。这里是山的意思。

【译文】

昆仑山在它的东面，昆仑山的山基是四方形。也有一种说法认为昆仑山在歧舌国的东面，山基向四方延伸。

【原文】

羿与凿齿[①]战于寿华之野，羿射杀之，在昆仑虚东。羿持弓矢，凿齿轮盾。一曰持戈。

【注释】

①凿齿：传说是亦人亦兽的神人，有一颗牙齿露在嘴

外，有五六尺长，长得像一把凿子。

【译文】

羿与凿齿在寿华的荒野交战厮杀，羿射死了凿齿，就在昆仑山的东面。在那次交战中羿手拿弓箭，凿齿手拿盾牌。也有一种说法认为凿齿拿着戈。

【原文】

三首国在其东，其为人一身三首。

【译文】

三首国在它的东面，那里的人都是一个身子三个头。

【原文】

周饶国在其东，其为人短小，冠带[①]。一曰焦侥国在三首东。

【注释】

①冠带：戴上冠帽、系上衣带。

【译文】

周饶国在它的东面，那里的人都身材矮小，戴帽子，系腰带。也有一种说法认为，焦侥国在三首国的东面。

【原文】

长臂国在其东，捕鱼水中，两手各操一鱼。一曰在焦侥东，捕鱼海中。

【译文】

长臂国在它的东面，那里的人常在水中捕鱼，左右两只手能各抓一条鱼。也有一种说法认为，长臂国在焦侥国的东面，那里的人是在大海中捕鱼的。

【原文】

狄山，帝尧葬于阳，帝喾[①]葬于阴。爰有熊、罴、文虎、蜼、豹、离朱、视肉。吁咽、文王皆葬其所。一曰汤山。一曰爰有熊、罴、文虎、蜼、豹、离朱、鸱久、视肉、虖交。

【注释】

①帝喾：传说中上古帝王唐尧的父亲。

【译文】

狄山那个地方，唐尧死后葬在这座山的南面，帝喾死后葬在这座山的北面。这里有熊、罴、花斑虎、长尾猿、豹子、三足乌、视肉。吁咽和文王也埋葬在这里。有人认为是在汤山。还有一种说法认为这里有熊、罴、花斑虎、长尾猿、豹子、离朱鸟、鸺鹠、视肉、虖交。

【原文】

其范林[①]方三百里。

【注释】

①范林：树林繁衍茂密。

【译文】

有一座树木茂密的森林，方圆三百里。

【原文】

南方祝融，兽身人面，乘两龙。

【译文】

南方的火神祝融，长着野兽的身子、人的面孔，乘着两条龙。

七、海外西经

【原文】

海外自西南陬至西北陬者。

【译文】

海外从西南角到西北角的国家和地区、山丘及河川分别如下。

【原文】

灭蒙鸟在结匈国北，为鸟青，赤尾。

【译文】

灭蒙鸟的栖息地在结匈国的北面，这种鸟有着青色的羽毛，拖着的红色尾巴。

【原文】

大运山高三百仞，在灭蒙鸟北。

【译文】

大运山高三百仞，屹立在灭蒙鸟栖息地的北面。

【原文】

大乐之野，夏后启[①]于此儛《九代》，乘两龙，云盖三层。左手操翳，右手操环，佩玉璜。在大运山北。一曰大遗之野。

【注释】

①夏后启：传说是夏朝开国君主大禹的儿子，夏朝第一代国君。

【译文】

大乐的旷野，夏后启曾在这地方观看《九代》乐舞，乘驾着两条龙，飞腾在三重云雾之上。他左手握着一柄华盖，右手拿着一只玉环，腰间佩挂着一块玉璜。大乐之野就在大运山的北面。还有一种说法认为，夏后启观看乐舞《九代》是在大遗的旷野。

【原文】

三身国在夏后启北，一首而三身。

【译文】

三身国在夏后启所在之地的北面，那里的人都长着一个脑袋、三个身子。

【原文】

一臂国在其北，一臂、一目、一鼻孔。有黄马，虎文，一目而一手。

【译文】

一臂国在三身国的北面，那里的人都是一条胳膊、一只眼睛、一个鼻孔。那里还有黄色的马，身上有老虎斑纹，长着一只眼睛和一条腿蹄。

【原文】

奇肱之国在其北。其人一臂三目，有阴有阳，乘文马①。有鸟焉，两头，赤黄色，在其旁。

【注释】

①文马：即吉良马，白身子，红鬃毛，眼睛像黄金，骑上它，寿命可达一千年。

【译文】

奇肱国在一臂国的北面。那里的人都是一条胳膊和三只眼睛，眼睛分阴阳，阴在上阳在下，骑着名叫吉良的马。那里还有一种鸟，长着两个脑袋，红黄色的身子，栖息地在他们的附近。

【原文】

形天[①]与帝至此争神，帝断其首，葬之常羊之山。乃以乳为目，以脐为口，操干戚以舞。

【注释】

①形天：即刑天，是神话传说中一个没有头的神。

【译文】

刑天与天帝在此地争夺神位，天帝砍断了刑天的头，把他的头埋在常羊山。没了头的刑天便以乳头做眼睛，以肚脐做嘴巴，一手持盾牌一手操大斧而舞动。

【原文】

女祭、女戚[①]在其北，居两水间，戚操鱼䱇，祭操俎[②]。

【注释】

①戚：蔑。

②俎：古代祭祀时盛供品的礼器。

【译文】

一个叫作祭的女巫和一个叫作薎的女巫住在刑天与天帝发生争斗之地的北面，正好处于两条水流的中间，女巫薎手里拿着鱼觛，女巫祭手里捧着俎器。

【原文】

鸾鸟、鶬鸟，其色青黄，所经国亡。在女祭北。鸾鸟人面，居山上。一曰维鸟，青鸟、黄鸟所集。

【译文】

有一种鸾鸟和一种鶬鸟，它们的颜色是青中带黄，经过哪个国家哪个国家就会败亡。它们栖息在女巫祭的北面。鸾鸟长着人的面孔，立在山上。有人认为这两种鸟统称“维鸟”，是青色鸟、黄色鸟聚集在一起的混称。

【原文】

丈夫国在维鸟北，其为人衣冠，带剑。

【译文】

丈夫国在维鸟栖息地的北面，那里的人都穿衣戴帽并佩带着宝剑。

【原文】

女丑之尸，生而十日炙[①]杀之。在丈夫北，以右手鄣[②]其面。十日居上，女丑居山之上。

【注释】

①炙：烧烤。
②鄣：同“障”。挡住，遮掩。

【译文】

女巫丑被献祭丧命，她是被十个太阳的热气烤死的。她横卧在丈夫国的北面，至死还用右手遮住她的脸。十个太阳高高挂在天上，女巫丑的尸体横卧在山顶上。

【原文】

巫咸国在女丑北，右手操青蛇，左手操赤蛇。在登葆山，群巫所从上下也。

【译文】

巫咸国在女巫丑献祭台的北面，那里的人都右手握着一

条青蛇，左手握着一条红蛇。国中有座登葆山，是一群巫师往来于天上与人间的捷径。

【原文】

并封在巫咸东，其状如彘，前后皆有首，黑。

【译文】

被称作并封的怪兽，它们的栖息地在巫咸国的东面，它们长得像猪，前后都有头，是黑色的。

【原文】

女子国在巫咸北，两女子居，水周之。一曰居一门中。

【译文】

女子国在巫咸国的北面，国中女子都成双成对住在一起，四周有水环绕着。也有一种说法认为，她们同住在一室之中。

【原文】

轩辕之国在此穷山之际，其不寿者八百岁。在女子国北。人面蛇身，尾交首上。

【译文】

轩辕国在穷山的旁边，那里的人就是不长寿的也能活八百岁。轩辕国在女子国的北面，国人长着人的面孔、蛇的身子，尾巴盘绕在头顶上。

【原文】

穷山在其北，不敢西射，畏轩辕之丘。在轩辕国北，其丘方，四蛇相绕。

【译文】

穷山在轩辕国的北面，那里的人拉弓射箭不敢向着西方射，是因为敬畏黄帝威灵所在的轩辕丘。轩辕丘位于轩辕国北部，这个轩辕丘呈方形，被四条大蛇相互围绕着。

【原文】

此诸夭之野，鸾鸟自歌，凤鸟自舞。凤皇卵，民食之；甘露[①]，民饮之，所欲自从也。百兽相与群居，在四蛇北。其人两手操卵食之，两鸟居前导之。

【注释】

①甘露：古人所谓甜美的露水，以为天下太平，就会天降甘露。

【译文】

有个叫作沃野的地方，鸾鸟自由自在地歌唱，凤鸟自由自在地舞蹈。凤凰生下的蛋，那里的居民食用它；苍天降下的甘露，那里的居民饮用它，凡是他们所想要的都能随心如意。那里的各种野兽与人一起居住。沃野在轩辕丘的北面，那里的人用双手捧着凤凰蛋正在吃，有两只鸟在前面引导。

【原文】

龙鱼陵居在其北，状如狸，一曰鰕[①]。即有神圣乘此以行九野。一曰鳖鱼在夭野北，其为鱼也如鲤。

【注释】

①鰕：体型大的鲵鱼叫作鰕鱼。

【译文】

龙鱼既可在水中居住又可在山陵居住，它们的栖息地在沃野的北面，龙鱼长得像鲤鱼，也有一种说法认为它们长得像鰕鱼。有神灵圣人骑着它遨游在广大的原野上。还有一种说法认为，鳖鱼的栖息地在沃野的北面，这种鱼的形状也与鲤鱼相似。

【原文】

白民之国在龙鱼北，白身被[①]发。有乘黄，其状如狐，其背上有角，乘之寿二千岁。

【注释】

①被：通“披”。

【译文】

白民国在龙鱼所在地的北面，那里的人都是白皮肤而披散着头发。有一种叫作乘黄的野兽，长得像狐狸，脊背上有角，人要是骑上它就能活两千年。

【原文】

肃慎之国在白民北。有树名曰雄常，先入伐帝，于此取之。

【译文】

肃慎国在白民国的北面。有一种树木叫作雄常树，每当中原地区有圣明的天子即位，那里的人就取雄常树的树皮来做衣服。

【原文】

长股之国在雄常北，被发。一曰长脚。

【译文】

长股国在肃慎国的北面，那里的人都披散着头发。也有一种说法认为，长股国叫长脚国。

【原文】

西方蓐收，左耳有蛇，乘两龙。

【译文】

西方的蓐收神，左耳上有一条蛇，常乘驾两条龙飞行。

八、海外北经

【原文】

海外自东北陬至西北陬者。

【译文】

海外从东北角到西北角的国家和地区、山丘及河川分别如下。

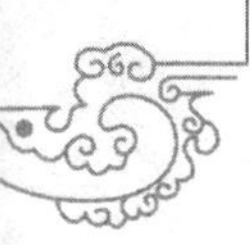

【原文】

无𦚧[①]之国在长股东，为人无启。

【注释】

①无𦚧：无嗣。

【译文】

无脊国在长股国的东面，那里的人不生育子孙后代。

【原文】

钟山之神，名曰烛阴，视为昼，瞑为夜；吹为冬，呼为夏；不饮，不食，不息，息为风；身长千里，在无脊之东。其为物，人面，蛇身，赤色，居钟山下。

【译文】

钟山的山神，名叫烛阴，他睁开眼睛便是白昼，闭上眼睛便是黑夜；一吹气便是寒冬，一呼气便是炎夏；不喝水，不吃食物，不呼吸，一呼吸就生成风；身子有一千里长，这位烛阴神在无脊国的东面。他的形貌是人一样的面孔，蛇一样的身子，全身赤红色，住在钟山脚下。

【原文】

一目国在其东，一目中其面而居。一曰有手足。

【译文】

一目国在钟山的东面，那里的人在脸的中间长着一只眼睛。也有一种说法认为，一目国的人有手有脚。

【原文】

柔利国在一目东，为人一手一足，反膝，曲足居上。一云留利之国，人足反折。

【译文】

柔利国在一目国的东面，那里的人只有一只手一只脚，膝盖反长着，脚弯曲朝上。也有一种说法认为，柔利国叫作留利国，人的脚是反折着的。

【原文】

共工之臣曰相柳氏，九首，以食于九山。相柳之所抵，厥[①]为泽谿。禹杀相柳，其血腥，不可以树五谷[②]种。禹厥之，三仞三沮，乃以为众帝之台。在昆仑之北，柔利之东。相柳者，九首人面，蛇身而青。不敢北射，畏共工之台。台在其东。台四方，隅有一蛇，虎色，首冲南方。

【注释】

①厥：通“撅”，掘。

②五谷：五种谷物。泛指庄稼。

【译文】

天神共工有个臣子叫相柳氏，他有九个头，九个头分别在九座山上觅取食物。相柳氏所触动之处，便掘成沼泽和溪流。大禹杀死了相柳氏，他的血发出腥臭味，血染过的地方不能种植庄稼。大禹挖土填埋这地方，多次填埋而多次塌陷下去，于是大禹便把挖掘出来的泥土为众神修造了一座帝台。这座帝台在昆仑山的北面，柔利国的东面。这个相柳氏，长着九个脑袋和人的面孔，蛇的身子，浑身青色。射箭的人不敢向北方射，因为敬畏共工威灵所在的共工台。共工台在相柳氏被杀之地的东面，台是四方形的，每个角上有一条蛇守护，蛇身上的斑纹与老虎相似，头向着南方张望着。

【原文】

深目国在其东，为人举一手一目，在共工台东[①]。

【注释】

①为人举一手一目，在共工台东：应为“为人举一手。一曰在共工台东”。

【译文】

深目国在相柳氏所在地的东面，那里的人总是举起一只手。也有一种说法认为，深目国在共工台的东面。

【原文】

无肠之国在深目东，其为人长而无肠。

【译文】

无肠国在深目国的东面，那里的人身体高大，肚子里却没有肠子。

【原文】

聂耳之国在无肠国东，使两文虎①，为人两手聂②其耳。县③居海水中，及水所出入奇物。两虎在其东。

【注释】

①文虎：即雕虎，这种老虎身上的花纹如同雕刻上去似的。

②聂：通“摄”，握持。

③县：同“悬”，无所依倚。这里是孤单的意思。

【译文】

聂耳国在无肠国的东面，那里的人使唤着两只花斑大虎，并且在行走时用两只手托着自己的大耳朵。聂耳国位于海水环绕的孤岛上，所以能看到出入海水的各种怪物。那两只花斑老虎在该国的东面。

【原文】

夸父与日逐走，入日，渴欲得饮，饮于河渭，河渭不

足，北饮大泽，未至，道渴而死，弃其杖，化为邓林。

【译文】

夸父与太阳赛跑，眼看已追上了太阳。这时夸父感觉很渴，想要喝水，于是痛饮黄河和渭河中的水，喝完了两条河中的水还是不解渴，又打算向北去喝大泽中的水，还没走到，就渴死在半路上了，他死时所抛掉的拐杖变成了邓林。

【原文】

博父国在聂耳东，其为人大，右手操青蛇，左手操黄蛇。邓林在其东，二树木。一曰博父。

【译文】

博父国在聂耳国的东面，那里的人身体高大，右手握着青色蛇，左手握着黄色蛇。邓林在它的东面，是由两棵非常大的树木形成的树林。也有一种说法认为，夸父国就叫博父国。

【原文】

禹所积石之山在其东，河水所入。

【译文】

禹治水所开凿的积石山在夸父国的东面，那里是黄河流入的地方。

【原文】

拘缨[1]之国在其东，一手把缨。一曰利缨之国。

【注释】

①缨：同“瘿”，因脖颈病变细胞增生而形成的囊状性赘生物，多肉质，比较大。

【译文】

拘瘿国在积石山的东面，那里的人常用一只手托着脖颈上的大肉瘤。也有一种说法认为，拘瘿国也叫利瘿国。

【原文】

寻木长千里，在拘缨南，生河上西北。

【译文】

有一种叫作寻木的树有一千里高，生长在拘瘿国的南面，在黄河岸上的西北方。

【原文】

跂踵[1]国在拘缨东，其为人大，两足亦大。一曰大踵。

【注释】

①跂踵：走路时脚跟不着地。

【译文】

跂踵国在拘瘿国的东面，那里的人都身材高大，两只脚也非常大。也有一种说法认为，跂踵国叫大踵国。

【原文】

欧丝之野在大踵东，一女子跪据树[1]欧丝。

【注释】

①据树：据古人解说，是凭依桑树一边吃桑叶一边吐出

丝，像蚕似的。

【译文】

欧丝国在大踵国的东面，野外有一女子跪倚着桑树一边吃桑叶一边吐丝。

【原文】

三桑无枝，在欧丝东，其木长百仞①，无枝。

【注释】

①仞：古时八尺为一仞。

【译文】

三棵没有枝干的桑树，长在欧丝国的东面，这种树虽高达百仞，却不生长树枝。

【原文】

范林方三百里，在三桑东，洲①环其下。

【注释】

①洲：水中可居人或物的小块陆地。

【译文】

范林方圆三百里，在三棵大桑树的东面，它的下面被沙洲环绕着。

【原文】

务隅之山，帝颛顼[①]葬于阳，九嫔[②]葬于阴。一曰爰有熊、罴、文虎、离朱、鴟久、视肉。

【注释】

①颛顼：传说中的上古帝王。

②九嫔：指颛顼的九个妃嫔。

【译文】

帝颛项埋葬在务隅山的南面，九嫔埋葬在它的北面。也有一种说法认为，这里有熊、罴、花斑虎、离朱鸟、鹞鹰、视肉。

【原文】

平丘在三桑东。爰有遗玉[①]、青鸟、视肉、杨柳、甘柤[②]、甘华[③]，百果所生。有两山夹上谷，二大丘居中，名曰平丘。

【注释】

①遗玉：据古人说是一种玉石，先由松枝在千年之后化为茯苓，再过千年之后化为琥珀，又过千年之后化为遗玉。

②甘柤：传说中的一种树木，枝干都是红色的，花是黄色的，叶子是白色的，果实是黑色的。

③甘华：传说中的一种树木，枝干都是红色的，花是黄色的。

【译文】

平丘在三棵大桑树的东面。这里有遗玉、青鸟、视肉、杨柳树、甘柤树、甘华树，是各种果树生长的地方。在两座山相夹的一道山谷中，有两个大山丘坐落其中，叫作平丘。

【原文】

北海内有兽，其状如马，名曰騊駼。有兽焉，其名曰駮，状如白马，锯牙，食虎豹。有素兽焉，状如马，名曰蛩蛩。有青兽焉，状如虎，名曰罗罗。

【译文】

北海内有一种野兽，长得像马，名称是騊駼。又有一种

野兽，名称是狡，长得像白色的马，长着锯齿般的牙，能吃老虎和豹子。又有一种白色的野兽，长得像马，名称是蛩蛩。还有一种青色的野兽，长得像老虎，名称是罗罗。

【原文】

北方禺彊[1]，人面鸟身，珥[2]两青蛇，践两青蛇。

【注释】

①禺彊：也叫玄冥，神话传说中的水神。

②珥：插，这里指穿挂着。

【译文】

北方的禺疆神，长着人的面孔、鸟的身子，耳朵上穿挂着两条青蛇，脚底下踏着两条青蛇。

九、海外东经

【原文】

海外自东南陬至东北陬者。

【译文】

海外从东南角到东北角的国家和地区、山丘及河川分别如下。

【原文】

䐗丘，爰有遗玉、青马、视肉、杨柳、甘柤、甘华。甘果所生，在东海。两山夹丘，上有树木。一曰嗟丘。一曰百果所在，在尧葬东。

【译文】

蹉丘，这里有遗玉、青马、视肉、杨柳树、甘柤树、甘华树，是结出甜美果子的树所生长的地方，就在东海边。两座山夹着蹉丘，上面有树木。也有一种说法认为，蹉丘就是嗟丘。还有一种说法认为，各种果树所存在的地方，在埋葬帝尧之地的东面。

【原文】

大人国在其北，为人大，坐而削船[①]。一曰在蹉丘北。

【注释】

①削船："削""梢"二字同音假借。梢是长竿子，这里做动词用。梢船就是用长竿子撑船。

【译文】

大人国在它的北面，那里的人身材高大，正坐在船上撑船。也有一种说法认为，大人国在䃌丘的北面。

【原文】

奢比[①]之尸在其北，兽身、人面、大耳，珥两青蛇。一曰肝榆之尸在大人北。

【注释】

①奢比：也叫奢龙，传说中的神。

【译文】

奢比尸神在大人国的北面，他长着野兽的身子、人的面孔、大大的耳朵，耳朵上穿挂着两条青蛇。也有一种说法认为，肝榆尸神在大人国的北面。

【原文】

君子国在其北，衣冠[①]，带剑，食兽，使二大虎在旁，其人好让不争。有薰华草，朝生夕死。一曰在肝榆之尸北。

【注释】

①衣冠：这里都做动词用，即穿上衣服，戴上帽子。

【译文】

君子国在奢比尸神的北面，那里的人穿衣戴帽，腰间佩带着剑，能吃野兽，使唤的两只花斑老虎就在身旁，为人喜欢谦让而不好争斗。那里有一种薰华草，早晨开花，傍晚凋谢。也有一种说法认为，君子国在肝榆尸神的北面。

【原文】

䖵䖵[①]在其北，各有两首。一曰在君子国北。

【注释】

①䖵䖵：就是虹霓，俗称美人虹。

【译文】

䖵䖵在它的北面，它每端都有两个脑袋。也有一种说法认为，䖵䖵在君子国的北面。

【原文】

朝阳之谷，神曰天吴，是为水伯。在𧈫𧈫北两水间。其为兽也，八首人面，八足八尾，皆青黄。

【译文】

朝阳谷，有一个神灵叫作天吴，就是所谓的水伯。他住在𧈫𧈫北面的两条水流中间。他是野兽形貌，长着八个脑袋和人的面孔，八只爪子八条尾巴，背部是青中带黄的颜色。

【原文】

青丘国在其北，其狐四足九尾。一曰在朝阳北。

【译文】

青丘国在它的北面。那里有一种狐狸长着四只爪子、九条尾巴。也有一种说法认为，青丘国在朝阳谷的北面。

【原文】

帝命竖亥①步，自东极至于西极，五亿十选②九千八百步。竖亥右手把算③，左手指青丘北。一曰禹令竖亥。一曰五亿十万九千八百步。

【注释】

①竖亥：传说中一个走得很快的神灵。
②选：万。
③算：通“筭”，古代人计数用的筹码。

【译文】

天帝命令竖亥用脚步测量大地，从最东端走到最西端，共计五亿十万九千八百步。竖亥右手拿着算筹，左手指着青丘国的北面。也有一种说法认为，是大禹命令竖亥测量大地。还一种说法认为，竖亥测量出了五亿十万九千八百步。

【原文】

黑齿国在其北，为人黑齿，食稻啖[①]蛇，一赤一青，在其旁。一曰在竖亥北，为人黑首，食稻使蛇，其一蛇赤。

【注释】

①啖：吃。

【译文】

黑齿国在它的北面，那里的人牙齿漆黑，吃稻米又吃蛇，有一条红蛇和一条青蛇正围在他们身旁。也有一种说法认为，黑齿国在竖亥所在地的北面，那里的人是黑脑袋，吃着稻米，驱使着蛇，其中一条蛇是红色的。

【原文】

下有汤谷[①]。汤谷上有扶桑，十日所浴，在黑齿北。居水中，有大木，九日居下枝，一日居上枝。

【注释】

①汤谷：据古人解释说，这条谷中的水很热。

【译文】

下面有汤谷。汤谷边上有一棵扶桑树，是十个太阳洗澡的地方，在黑齿国的北面。正当大水中间，有一棵高大的树木，九个太阳停在树的下枝，一个太阳停在树的上枝。

【原文】

雨师妾在其北。其为人黑，两手各操一蛇，左耳有青蛇，右耳有赤蛇。一曰在十日北，为人黑身人面，各操一龟。

【译文】

雨师妾国在汤谷的北面。那里的人全身黑色，两只手各握着一条蛇，左边耳朵上挂有青色蛇，右边耳朵挂有红色蛇。也有一种说法认为，雨师妾国在十个太阳所在地的北面，那里的人是黑色身子，有人的面孔，两只手各握着一只龟。

【原文】

玄股之国在其北，其为人衣鱼[①]食鸥，使两鸟夹之。一曰在雨师妾北。

【注释】

①衣鱼：穿着用鱼皮做的衣服。

【译文】

玄股国在它的北面。那里的人穿着鱼皮衣，吃着鸥鸟蛋，使唤的两只鸟在身边。也有一种说法认为，玄股国在雨师妾国的北面。

【原文】

毛民之国在其北，为人身生毛。一曰在玄股北。

【译文】

毛民国在它的北面。那里的人全身长满了毛。也有一种说法认为，毛民国在玄股国的北面。

【原文】

劳民国在其北，其为人黑。或曰教民。一曰在毛民北，为人面目手足尽黑。

【译文】

劳民国在它的北面，那里的人全身黑色。也有一种说法认为，劳民国实为教民国。还有一种说法认为，劳民国在毛民国的北面，那里的人脸面、眼睛、手脚全是黑的。

【原文】

东方句芒[①]，鸟身人面，乘两龙。

【注释】

①句芒：神话传说中的木神。

【译文】

东方的句芒神，是鸟的身子、人的面孔，乘着两条龙。

【原文】

建平元年四月丙戌，待诏太常属臣望校治，侍中光禄勋臣龚、侍中奉车都尉光禄大夫臣秀领主省①。

【注释】

①这段文字不是《山海经》原文，而是整理者对本卷文字做完校勘工作后的署名。建平是西汉哀帝的年号，建平元年相当于前6年。秀即刘秀，原来叫刘歆，后来改名为秀，西汉末年人，是著名的经学家、目录学家。他曾继承其父刘向的事业，主持整理古籍、编撰目录的工作，成就很大。

【译文】

建平元年四月丙戌日，待诏太常属丁望校对整理，侍中光禄勋王龚、侍中奉车都尉光禄大夫刘秀领衔主持整理。

十、海内南经

【原文】

海内东南陬以西者。

【译文】

海内由东南角向西的国家和地区、山丘及河川依次如下。

【原文】

瓯居海中。闽在海中，其西北有山。一曰闽中山在海中。

【译文】

瓯地在海中。闽地在海中，它的西北方有一座山。也有一种说法认为，闽地有座山在海中。

【原文】

三天子鄣山在闽西海北。一曰在海中。

【译文】

三天子鄣山在闽地的西方海的北方。也有一种说法认为，三天子鄣山在海中。

【原文】

桂林八树在番隅东。

【译文】

桂林的八棵树形成的树林，处在番隅的东面。

【原文】

伯虑国、离耳国、雕题国、北朐国皆在郁水南。郁水出湘陵南海。一曰相虑。

【译文】

伯虑国、离耳国、雕题国、北朐国都在郁水的南岸。郁

水发源于湘陵边的南海。也有一种说法认为，伯虑国叫作相虑国。

【原文】

枭阳国在北朐之西。其为人人面长唇，黑身有毛，反踵，见人笑亦笑，左手操管。

【译文】

枭阳国在北朐国的西面。那里的人都是人的面孔，长着长长的嘴唇，黑黑的身子长满长毛，脚跟在前而脚尖在后，一看见人笑就张口大笑，左手还握着一根竹筒。

【原文】

兕在舜葬东，湘水南。其状如牛，苍黑，一角。

【译文】

有兕栖息在帝舜所葬之地的东面，在湘水的南岸。这些兕长得像牛，通身是青黑色，长着一只角。

【原文】

苍梧之山，帝舜葬于阳，帝丹朱葬于阴。

【译文】

苍梧山，帝舜葬在这座山的南面，帝尧的儿子丹朱葬在这座山的北面。

【原文】

氾林[①]方三百里，在狌狌东。

【注释】

①氾林：即范林。

【译文】

氾林方圆三百里，在猩猩生活之地的东面。

【原文】

狌狌知人名，其为兽如豕而人面，在舜葬西。

【译文】

猩猩能知道人的姓名，这种野兽长得像猪却长着人的面孔，生活在帝舜所葬之地的西面。

【原文】

狌狌西北有犀牛，其状如牛而黑。

【译文】

猩猩栖息地的西北面生活着一群犀牛，它们长得像牛而全身是黑色的。

【原文】

夏后启之臣曰孟涂，是司神于巴。人请讼于孟涂之所，其衣有血者乃执之，是请生。居山上，在丹山西。丹山在丹阳南，丹阳居属也。

【译文】

夏朝国王启的臣子叫孟涂，是主管巴地诉讼的神。巴地的人到孟涂那里去告状，而告状人中谁的衣服沾上血迹就会被孟涂拘禁起来，这样就不会出现冤情而有好生之德。孟涂住在一座山上，这座山在丹山的西面。丹山在丹阳的南面，而丹阳是巴的属地。

【原文】

窫窳龙首，居弱水中，在狌狌知人名之西，其状如龙首，食人。

【译文】

窫窳长着龙一样的头，住在弱水中，位于那群能知道人姓名的猩猩的栖息地的西面，它长着龙头，能吃人。

【原文】

有木，其状如牛，引之有皮，若缨、黄蛇。其叶如罗①，其实如栾②，其木若苉③，其名曰建木。在窫窳西弱水上。

【注释】

①罗：捕鸟的网。

②栾：传说中的一种树木，树根是黄色的，树枝是红色的，树叶是青色的。

③苉：即刺榆树。

【译文】

有一种树木，长得像牛，一拉就剥落下树皮，样子像冠帽上的带子或黄色蛇皮。它的叶子像罗网，果实像栾树结的果实，树干像刺榆，名称是建木。这种建木生长在窫窳所在地之西的弱水边上。

【原文】

氐人国在建木西，其为人人面而鱼身，无足。

【译文】

氐人国在建木所在地的西面，那里的人都长着人的面孔却是鱼的身子，没有脚。

【原文】

巴蛇食象，三岁而出其骨，君子服之，无心腹之疾。其为蛇青，黄，赤，黑。一曰黑蛇青首，在犀牛西。

【译文】

巴蛇能吞下大象，吞吃后三年才吐出大象的骨头，有才能德品的人吃了巴蛇的肉，就不会患心痛或肚子痛之类的病。这种巴蛇的颜色是青色、黄色、红色、黑色混合间杂的。也有一种说法认为，巴蛇是黑色身子，青色脑袋，在犀牛所在地的西面。

【原文】

旄马，其状如马，四节有毛。在巴蛇西北，高山南。

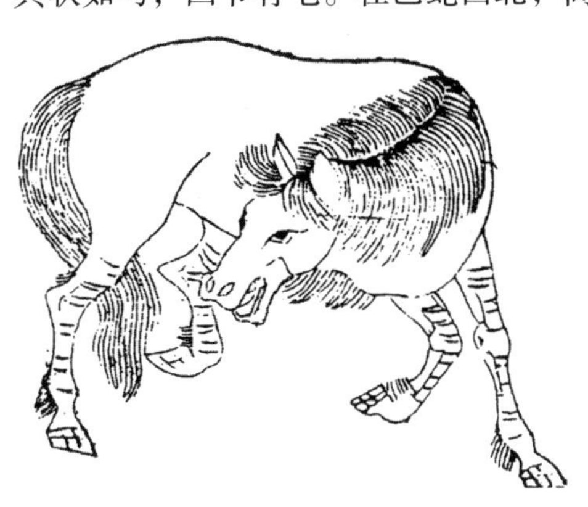

【译文】

旄马，长得像马，但四条腿的关节上都有长毛。旄马在巴蛇所在地的西北面，一座高山的南面。

【原文】

匈奴、开题之国、列人之国并在西北。

【译文】

匈奴国、开题国、列人国都在西北方。

十一、海内西经

【原文】

海内西南陬以北者。

【译文】

海内由西南角向北的国家和地区、山丘及河川依次如下。

【原文】

贰负①之臣曰危，危与贰负杀窫窳②。帝乃梏③之疏属之山，桎④其右足，反缚两手与发，系之山上木。在开题西北。

【注释】

①贰负：神话传说中的天神，形貌是人的脸面、蛇的身子。

②窫窳：也是传说中的天神，原来的样子是人的脸面、蛇的身子，后被贰负及其臣子杀死而化成龙头、野猫身，并且吃人。

③梏：古代木制的手铐。这里是械系、拘禁的意思。

④桎：古代拘系罪人两脚的刑具。

【译文】

贰负神的臣子叫危，危与贰负一同杀死了窫窳神。天帝便把贰负拘禁在疏属山中，并给他的右脚戴上刑具，还用他自己的头发反绑上他的双手，拴在山上的大树下。这个地方在开题国的西北面。

【原文】

大泽方百里，群鸟所生及所解，在雁门北。

【译文】

有大泽方圆一百里，是各种禽鸟生卵孵化幼鸟和脱换羽毛的地方。这个大泽在雁门的北面。

【原文】

雁门山，雁出其间，在高柳北。

【译文】

雁门山，是大雁冬去春来出入的地方。雁门山在高柳山的北面。

【原文】

高柳在代北。

【译文】

高柳山在代地的北面。

【原文】

后稷之葬，山水环之。在氐国西。

【译文】

后稷所葬之地，有青山绿水环绕着它。后稷所葬之地在氐人国的西面。

【原文】

流黄酆氏之国，中[①]方三百里；有涂[②]四方，中有山。在后稷葬西。

【注释】

①中：域中，即国内土地的意思。

②涂：通“途”，道路。

【译文】

流黄酆氏国，疆域有方圆三百里大小。有道路通向四方，中间有一座大山。流黄酆氏国在后稷所葬之地的西面。

【原文】

流沙[①]出钟山，西行又南行昆仑之虚[②]，西南入海，黑水之山。

【注释】

①流沙：沙子和水一起流动产生的一种自然现象。

②虚：大丘，即指山。

【译文】

流沙的发源地在钟山，向西流动，再朝南流过昆仑山，继续向西南流入大海，直到黑水山。

【原文】

东胡在大泽东。

【译文】

东胡国在大泽的东面。

【原文】

夷人在东胡东。

【译文】

夷人国在东胡国的东面。

【原文】

貊国在汉水东北，地近于燕，灭之。

【译文】

貊国在汉水的东北面。它靠近燕国的边界，后来被燕国灭掉了。

【原文】

孟鸟在貊国东北。其鸟文赤、黄、青，东乡[1]。

【注释】

①乡：通“向”。

【译文】

孟鸟的栖息地在貊国的东北面。这种鸟的羽毛花纹有红、黄、青三种颜色，向着东方。

【原文】

海内昆仑之虚，在西北，帝之下都。昆仑之虚，方八百里，高万仞。上有木禾，长五寻[1]，大五围。面有九井，以玉为槛。面有九门，门有开明兽守之，百神之所在。在八隅之岩，赤水之际，非仁羿莫能上冈之岩。

【注释】

①寻：古代相当于一个人两臂张开所示的长度。

【译文】

海内的昆仑山，屹立在西北方，是天帝在下界的都城。昆仑山，方圆八百里，高一万仞。山顶有一种像大树似的稻谷，高达五寻，粗细需五人合抱。昆仑山的每一面都有九眼井，每眼井都有用玉石制成的围栏。昆仑山的每一面都有九道门，而每道门都有称作开明的神兽守卫着，是众多天神聚集的地方。众多天神聚集的地方是在八方山岩之间，在赤水的岸边，不具有像夷羿那样本领的人就不能攀上那些山冈岩石。

【原文】

赤水出东南隅，以行其东北，西南流注南海厌火东。

【译文】

赤水从昆仑山的东南角发源，然后流到昆仑山的东北方，又转向西南流到南海厌火国的东边。

【原文】

河水出东北隅，以行其北，西南又入渤海，又出海外，即西而北，入禹所导积石山。

【译文】

黄河水从昆仑山的东北角发源，然后流到昆仑山的北面，再折向西南流入渤海，又流出海外，就此向西而后向北流，一直流入大禹所疏导过的积石山。

【原文】

洋水、黑水出西北隅，以东，东行，又东北，南入海，羽民南。

【译文】

洋水、黑水从昆仑山的西北角发源，然后折向东方，朝东流去，再折向东北方，又朝南流入大海，直到羽民国的南面。

【原文】

弱水、青水出西南隅，以东，又北，又西南，过毕方鸟东。

【译文】

弱水、青水从昆仑山的西南角发源，折向东方，然后朝北流去，再折向西南方，又流经毕方鸟所在地的东面。

【原文】

昆仑南渊深三百仞。开明兽身大类虎而九首，皆人面，东向立昆仑上。

【译文】

昆仑山的南面有一个深三百仞的渊潭。开明神兽的身子大小像老虎却长着九个脑袋，九个脑袋都是人一样的面孔，朝东立在昆仑山山顶。

【原文】

开明西有凤皇、鸾鸟，皆戴蛇践蛇，膺有赤蛇。

【译文】

开明神兽的西面有凤凰、鸾鸟栖息，都各自佩带着蛇或踩踏着蛇，胸前还有红色的蛇盘绕。

【原文】

开明北有视肉、珠树、文玉树、玗琪树、不死树[①]。凤皇、鸾鸟皆戴瞂[②]。又有离朱、木禾、柏树、甘水、圣木曼兑[③]，一曰挺木牙交。

【注释】

①珠树：神话传说中生长珍珠的树。文玉树：神话传说中生长五彩美玉的树。玗琪树：神话传说中生长红色玉石的树。不死树：神话传说中一种长生不死的树，人服食了它的果子也可长寿不老。

②瞂：盾。

③离朱：即太阳里的踆乌，也叫三足乌。甘水：即古人

所谓的醴泉，甜美的泉水。圣木曼兑：神话传说中一种叫作曼兑的圣树，服食了它的果子可使人圣明智慧。

【译文】

开明神兽的北面有视肉、珠树、文玉树、玗琪树、不死树，那里的凤凰、鸾鸟都戴着盾牌，还有三足乌、像树似的稻谷、柏树、醴泉、圣木曼兑。还有一种说法认为，圣木曼兑也叫作挺木牙交。

【原文】

开明东有巫彭、巫抵、巫阳、巫履、巫凡、巫相，夹窫窳之尸，皆操不死之药以距[①]之。窫窳者，蛇身人面，贰负臣所杀也。

【注释】

①距：通“拒”，抗拒。

【译文】

开明神兽的东面有巫师神医巫彭、巫抵、巫阳、巫履、巫凡、巫相，他们围在窫窳的尸体周围，都手捧不死之药来抵抗晦气而要使他复活。这位窫窳，是蛇的身子、人的面

孔，被贰负和他的臣子危一同杀死的。

【原文】

服常树，其上有三头人，伺琅玕树[①]。

【注释】

①琅玕树：传说这种树上结出的果实就是珠玉。

【译文】

有一种服常树，它上面有个长着三颗头的人，静静伺察着那些生长在附近的琅玕树。

【原文】

开明南有树鸟，六首。蛟、蝮[①]、蛇、蜼、豹、鸟秩树，于表池树木，诵鸟、鹎、视肉。

【注释】

①蝮：大蛇。

【译文】

开明神兽的南面有种树鸟，长着六个脑袋。那里还有蛟龙、蝮蛇、长尾猿、豹子、鸟秩树，在水池四周环绕着树木而显得十分华美。那里还有诵鸟、鹎鸟、视肉。

十二、海内北经

【原文】

海内西北陬以东者。

【译文】

海内由西北角向东的国家和地区、山丘及河川依次如下。

【原文】

蛇巫之山，上有人操柸而东向立。一曰龟山。

【译文】

蛇巫山，上面有人拿着一根棍棒向东站着。也有一种说法认为，蛇巫山叫作龟山。

【原文】

西王母梯几[①]而戴胜[②]杖。其南有三青鸟，为西王母取食。在昆仑虚北。

【注释】

①梯：凭倚，凭靠。几：矮或小的桌子。

②胜：古时妇女的首饰。

【译文】

西王母靠倚着小桌案而头戴玉胜。在西王母的南面有三只勇猛善飞的青鸟，正在为西王母觅取食物。西王母和三只青鸟的所在地在昆仑山的北面。

【原文】

有人曰大行伯，把戈。其东有犬封国。贰负之尸在大行伯东。

【译文】

有位神灵叫大行伯，手握一支长戈。在他的东面有犬封国。贰负葬地也在大行伯的东面。

【原文】

犬封国曰犬戎国，状如犬。有一女子，方[1]跪进柸食。有文马，缟身朱鬣，目若黄金，名曰吉量，乘之寿千岁。

【注释】

①方：正在。

【译文】

犬封国也叫犬戎国，那里的人都是狗的模样。犬封国有一女子，正跪在地上捧着一杯酒向人进献。那里还有一种文马，白色身子、红色鬃毛，眼睛像黄金一样闪闪发光，名称是吉量，骑上它就能使人长寿千岁。

【原文】

鬼国在贰负之尸北，为物人面而一目。一曰贰负神在其东，为物人面蛇身。

【译文】

鬼国在贰负葬地的北面，那里的人是人的面孔却长着一只眼睛。也有一种说法认为，贰负神在鬼国的东面，他是人的面孔、蛇的身子。

【原文】

蜪犬如犬，青，食人从首始。

【译文】

蜪犬长得像狗，全身是青色的，它吃人常从人的头开始吃起。

【原文】

穷奇状如虎，有翼，食人从首始，所食被发[1]。在蜪犬北。一曰从足。

【注释】

①被发：即披发。被，通“披”。

【译文】

穷奇长得像老虎，却生有翅膀，穷奇吃人是从人的头开始吃的，被吃的人披散着头发。穷奇居于蜪犬的北面。还有一种说法认为，穷奇吃人是从人的脚开始吃起的。

【原文】

帝尧台、帝喾台、帝丹朱台、帝舜台，各二台，台四方，在昆仑东北。

【译文】

帝尧台、帝喾台、帝丹朱台、帝舜台，各自有两座台，每座台都是四方形的，在昆仑山的东北面。

【原文】

大蜂，其状如螽；朱蛾[①]，其状如蛾。

【注释】

①蛾：古人说是蚍蜉，就是现在所说的蚂蚁。

【译文】

有一种大蜂，长得像螽斯；有一种朱蛾，长得像蚍蜉。

【原文】

蟜，其为人虎文，胫有䏿[①]，在穷奇东。一曰状如人，昆仑虚北所有。

【注释】

①䏿：小腿肚子。

【译文】

蟜，长着人的身子却有着老虎一样的斑纹，腿上有强健的小腿肚子。蟜在穷奇的东面。也有一种说法认为，蟜长得像人，是昆仑山北面所独有的怪兽。

【原文】

阘非，人面而兽身，青色。

【译文】

阘非，长着人的面孔却是兽的身子，全身是青色的。

【原文】

据比之尸，其为人折颈，被发，无一手。

【译文】

天神据比的尸首，折断了脖子，披散着头发，还少了一只手。

【原文】

环狗，其为人兽首人身。一曰蝟状如狗，黄色。

【译文】

环狗，长着野兽的脑袋、人的身子。也有一种说法认为，其是刺猬的样子而又像狗，全身是黄色的。

【原文】

袜[①]，其为物，人身，黑首，从[②]目。

【注释】

①袜：即魅，古人认为物老则成魅，就是现在所说的鬼魅、精怪。

②从：通“纵”。

【译文】

袜，这种怪物长着人的身子、黑色脑袋、竖立的眼睛。

【原文】

戎，其为人，人首三角。

【译文】

戎，这种怪物长着人的头，头上却有三只角。

【原文】

林氏国有珍兽，大若虎，五采毕具，尾长于身，名曰驺吾，乘之日行千里。

【译文】

林氏国有一种珍奇的野兽，大小与老虎差不多，身上有

五种颜色的斑纹，尾巴比身子长，名称是驺吾，骑上它可以日行千里。

【原文】

昆仑虚南所，有氾林方三百里。

【译文】

在昆仑山南面的地方，有一片方圆三百里的树林，即范林。

【原文】

从极之渊，深三百仞，维冰夷恒都焉。冰夷[①]人面，乘两龙。一曰忠极之渊。

【注释】

①冰夷：也叫冯夷、无夷，即河伯，传说中的水神。

【译文】

从极渊有三百仞深，只有冰夷神常常住在这里。冰夷神长着人的面孔，乘着两条龙。也有一种说法认为，从极渊叫作忠极渊。

【原文】

阳汙之山，河出其中；凌门之山，河出其中。

【译文】

阳汙山，黄河的一条支流从这座山发源；凌门山，黄河的另一条支流从这座山发源。

【原文】

王子夜之尸，两手、两股、胸、首、齿，皆断异处。

【译文】

王子夜的尸体，两只手、两条腿、胸脯、脑袋、牙齿，都被斩断而分散在不同地方。

【原文】

舜妻登比氏生宵明、烛光，处河大泽，二女之灵能照此所方百里。一曰登北氏。

【译文】

帝舜的妻子登比氏生了宵明、烛光两个女儿，她们住在黄河边上的大泽中，两位神女的灵光能照亮这里方圆百里的地方。也有一种说法认为，帝舜的妻子叫登北氏。

【原文】

盖国在钜[1]燕南，倭北。倭属燕。

【注释】

①钜：通“巨”，大。

【译文】

盖国在大燕国的南面，倭国的北面。倭国隶属于燕国。

【原文】

朝鲜在列阳东，海北山南。列阳属燕。

【译文】

朝鲜在列阳的东面，位于海的北面、山的南面。列阳隶属于燕国。

【原文】

列姑射在海河州[1]中。

【注释】

①河州：据古人说是黄河流入海中形成的小块陆地。

【译文】

列姑射国在大海的河洲上。

【原文】

射姑国在海中，属列姑射。西南，山环之。

【译文】

射姑国在海中，它隶属于列姑射国。射姑国的西南部，有高山环绕着它。

【原文】

大蟹[1]在海中。

【注释】

①大蟹：据古人说是一种方圆千里大小的蟹。

【译文】

大蟹生活在海里。

【原文】

陵鱼[1]人面，手足，鱼身，在海中。

【注释】

①陵鱼：即上文所说的人鱼、鲵鱼，俗称娃娃鱼。

【译文】

陵鱼长着人的面孔，而且有手有脚，却是鱼的身子，生活在海里。

【原文】

大鯾[1]居海中。

【注释】

①鯾：同“鳊”，即鲂鱼，体型侧扁，背部特别隆起，略呈菱形，像现在所说的武昌鱼，肉味鲜美。

【译文】

大鯾鱼生活在海里。

【原文】

明组邑[1]居海中。

【注释】

①明组邑：可能是生活在海岛上的一个部落。邑即邑落，指人所聚居的部落、村落。

【译文】

明组邑生活在海岛上。

【原文】

蓬莱山在海中。大人之市在海中。

【译文】

蓬莱山屹立在海中。神人进行贸易的集市在大海中。

十三、海内东经

【原文】

海内东北陬以南者。

【译文】

海内由东北角向南的国家和地区、山丘及河川依次如下。

【原文】

钜燕在东北陬。

【译文】

大燕国在海内的东北角。

【原文】

国在流沙中者埻端、玺㬇，在昆仑虚东南。一曰海内之郡，不为郡县，在流沙中。

【译文】

在流沙中的国家有埻端国、玺㬇国，都在昆仑山的东南面。也有一种说法认为，埻端国和玺㬇国是在海内建置的郡，不把它们称为郡县，是因为处在流沙中的缘故。

【原文】

国在流沙外者，大夏、竖沙、居繇、月支之国。

【译文】

在流沙以外的国家，有大夏国、竖沙国、居繇国、月支国。

【原文】

西胡白玉山在大夏东，苍梧在白玉山西南，皆在流沙西，昆仑虚东南。昆仑山在西胡西。皆在西北。

【译文】

西方胡人所建的白玉山国在大夏国的东面，苍梧国在白玉山国的西南面，都在流沙的西面、昆仑山的东南面。昆仑山位于西方胡人所在地的西面。它们总的位置都在西北方。

【原文】

雷泽中有雷神，龙身而人头，鼓其腹。在吴西。

【译文】

雷泽中有一位雷神，长着龙的身子、人的头，他一鼓肚子天下就响雷。雷泽在吴地的西面。

【原文】

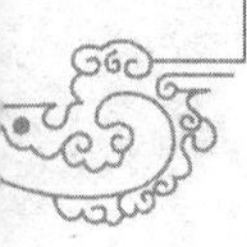

都州在海中。一曰郁州。

【译文】

都州在海里。也有一种说法认为，都州叫作郁州。

【原文】

琅邪台在渤海间，琅邪之东。其北有山，一曰在海间。

【译文】

琅琊台位于渤海与海岸之间，在琅琊山的东面。琅琊台的北面有座山。还有一种说法认为，琅琊山在海中。

【原文】

韩雁在海中，都州南。

【译文】

韩雁国在海中，它们又在都州的南面。

【原文】

始鸠在海中，辕厉南。

【译文】

始鸠国在海中，又在辕厉国的南面。

【原文】

会稽山在大楚南。

【译文】

会稽山在大楚的南面。

【原文】

岷三江，首大江出汶山，北江出曼山，南江出高山。高山在成都西，入海在长州南。

【译文】

从岷山中流出三条江水，长江从汶山流出，北江从曼山流出，南江从高山流出。高山坐落在成都的西面。三条江水最终注入大海，入海处在长州的南面。

【原文】

浙江出三天子都，在其东。在闽西北，入海，余暨南。

【译文】

浙江从三天子都山发源，三天子都山在蛮地的东面，闽地的西北面，浙江最终注入大海，入海处在余暨的南边。

【原文】

庐江出三天子都，入江，彭泽西。一曰天子鄣。

【译文】

庐江也从三天子都山发源，却流入长江，入江处在彭泽的西面。也有一种说法认为，天子都实为天子鄣。

【原文】

淮水出余山，余山在朝阳东，义乡西。入海，淮浦北。

【译文】

淮水从余山发源，余山坐落在朝阳的东面，义乡的西面。淮水最终注入大海，入海处在淮浦的北面。

【原文】

湘水出舜葬东南陬，西环之。入洞庭下。一曰东南西泽。

【译文】

湘水从帝舜葬地的东南角发源，然后向西环绕流去。湘水最终注入洞庭湖下游。也有一种说法认为，湘水流入了东南方的西泽。

【原文】

汉水出鲋鱼之山，帝颛顼葬于阳，九嫔葬于阴，四蛇卫之。

【译文】

汉水从鲋鱼山发源，帝颛顼葬在鲋鱼山的南面，他的九个嫔妃葬在鲋鱼山的北面，有四条巨蛇护卫着它。

【原文】

濛水出汉阳西，入江，聂阳西。

【译文】

濛水从汉阳西面发源，流入长江，入江处在聂阳的西面。

【原文】

温水出崆峒山，在临汾南，入河华阳北。

【译文】

温水从崆峒山发源，崆峒山坐落在临汾南面，温水最终流入黄河，入河处在华阳的北面。

【原文】

颍水出少室，少室山在雍氏南，入淮西鄢北。一曰缑氏。

【译文】

颍水从少室山发源，少室山坐落在雍氏的南面，颍水最终在西鄢的北边注入淮水。也有一种说法认为，在缑氏注入淮水。

【原文】

汝水出天息山，在梁勉乡西南，入淮极西北。一曰淮在期思北。

【译文】

汝水从天息山发源，天息山坐落在梁勉乡的西南面，汝水最终在淮极的西北流入淮水。也有一种说法认为，入淮处

在期思的北面。

【原文】

泾水出长城北山，山在郁郅、长垣北，北入渭。戏北。

【译文】

泾水从长城的北山发源，北山坐落在郁郅、长垣的北面，泾水最后流入渭水，入水处在戏地的北面。

【原文】

渭水出鸟鼠同穴山，东注河，入华阴北。

【译文】

渭水从鸟鼠同穴山发源，向东流入黄河，入河处在华阴的北面。

【原文】

白水出蜀，而东南注江，入江州城下。

【译文】

白水从蜀地发源，然后向东南流入长江，入江处在江州城下。

【原文】

沅水山出象郡镡城西，入东注江，入下隽西，合洞庭中。

【译文】

沅水从象郡镡城西面的群山发源，向东流入长江，入江处在下隽的西面，最后汇入洞庭湖中。

【原文】

赣水出聂都东山，东北注江，入彭泽西。

【译文】

赣水从聂都东面的山中发源，向东北流入长江，入江处在彭泽的西面。

【原文】

泗水出鲁东北而南，西南过湖陵西，而东南注东海，入淮阴北。

【译文】

泗水从鲁地的东北方发源，然后向南流，再向西南流经湖陵的西面，然后转向东南而流入东海，入海处在淮阴的北面。

【原文】

郁水出象郡，而西南注南海，入须陵东南。

【译文】

郁水从象郡发源，然后向西南流入南海，入海处在须陵的东南面。

【原文】

肄水出临晋西南，而东南注海，入番禺西。潢水出桂阳西北山，东南注肄水，入敦浦西。

【译文】

肄水从临晋的西南方发源，然后向东南流入大海，入海处在番禺的西面。潢水从桂阳西北面的山中发源，然后向东南流入肄水，入水处在敦浦的西面。

【原文】

洛水出洛西山，东北注河，入成皋之西。汾水出上窳北，而西南注河，入皮氏南。

【译文】

洛水从上洛西边的山中发源，向东北流入黄河，入河处在成皋的西边。汾水从上窳北面发源，然后往西南方流入黄河，再向皮氏南边流去。

【原文】

沁水出井陉山东，东南注河，入怀东南。

【译文】

沁水从井陉山的东面发源，向东南流入黄河，入河处在怀地的东南面。

【原文】

济水出共山南东丘，绝钜鹿泽，注渤海，入齐琅槐东北。

【译文】

济水从共山南面的东丘发源，流过钜鹿泽，最终流入渤海，入海处在齐地琅槐的东北面。

【原文】

潦水出卫皋东，东南注渤海，入潦阳。

【译文】

潦水从卫皋的东面流出，向东南流而注入渤海，入海处在潦阳。

【原文】

虖沱水出晋阳城南，而西至阳曲北，而东注渤海，入越章武北。

【译文】

虖沱水从晋阳城南发源，然后向西流到阳曲的北面，再向东流入渤海，入海处在章武的北面。

【原文】

漳水出山阳东，东注渤海，入章武南。

【译文】

漳水从山阳的东面流出，向东流入渤海，入海处在章武的南面。

十四、大荒东经

【原文】

东海之外大壑[①]，少昊[②]之国。少昊孺[③]帝颛顼于此，弃其琴瑟。

【注释】

①壑：坑谷，深沟。

②少昊：传说中的上古帝王，名叫挚，以金德王，所以号称“金天氏”。

③孺：通“乳”，用乳奶喂养。这里是抚育、养育的意思。

【译文】

东海以外有一条深不见底的沟壑，是少昊建国的地方。

少昊就在这里抚养颛顼帝长大，颛顼帝幼年玩耍过的琴瑟还丢在沟壑里。

【原文】

有甘山者，甘水出焉，生甘渊[①]。

【注释】

①渊：水流汇积成为深渊。

【译文】

有一座甘山，甘水从这座山发源，然后水流汇积成为甘渊。

【原文】

大荒东南隅有山，名皮母地丘。

【译文】

大荒的东南角有座高山，名称是皮母地山。

【原文】

东海之外，大荒之中，有山名曰大言，日月所出。

【译文】

东海以外，大荒当中，有座山叫作大言山，是太阳和月亮初升起的地方。

【原文】

有波谷山者，有大人之国。有大人之市，名曰大人之堂。有一大人踆[①]其上，张其两耳。

【注释】

①踆：通“蹲”。

【译文】

有座波谷山，有个大人国就在这山里。有大人做买卖的集市，就在叫作大人堂的山上。有一个大人正蹲在上面，张开他的两只手臂。

【原文】

有小人国，名靖人[①]。

【注释】

①竫人：传说东北极有一种人，身高只有九寸，这就是竫人。竫的意思是细小的样子。

【译文】

有个小人国，那里的人被称作竫人。

【原文】

有神，人面兽身，名曰犂䰠之尸。

【译文】

有一位神灵，长着人的面孔、野兽的身子，叫作犂䰠之尸。

【原文】

有潏山，杨水出焉。

【译文】

有座潏山，杨水就是从这座山发源的。

【原文】

有蒍国，黍食，使四鸟：虎、豹、熊、罴。

【译文】

有一个蒍国，那里的人以黄米为主食，能驯化驱使四种野兽：老虎、豹子、熊、罴。

【原文】

大荒之中，有山名曰合虚，日月所出。

【译文】

在大荒当中，有座山叫作合虚山，是太阳和月亮升起的地方。

【原文】

有中容之国。帝俊生中容，中容人食兽、木实，使四鸟：豹、虎、熊、罴。

【译文】

有一个国家叫中容国。帝俊生了中容，中容国的人吃野兽的肉、树木的果实，能驯化驱使四种野兽：豹子、老虎、熊、罴。

【原文】

有东口之山。有君子之国，其人衣冠，带剑。

【译文】

有座东口山。有个君子国就在东口山，那里的人穿衣戴帽，而且腰间佩带宝剑。

【原文】

有司幽之国。帝俊生晏龙，晏龙生司幽，司幽生思士，不妻；思女，不夫。食黍，食兽，是使四鸟。

【译文】

有个国家叫司幽国。帝俊生了晏龙，晏龙生了司幽，司幽生了思士，而思士不娶妻子；司幽还生了思女，而思女不嫁丈夫。司幽国的人以黄米为主食，吃野兽的肉，能驯化驱使四种野兽。

【原文】

有大阿之山者。

【译文】

有一座山叫作大阿山。

【原文】

大荒中有山，名曰明星，日月所出。

【译文】

大荒当中有一座高山，叫作明星山，是太阳和月亮升起的地方。

【原文】

有白民之国。帝俊生帝鸿，帝鸿生白民，白民销姓，黍食，使四鸟：虎、豹、熊、罴。

【译文】

有个国家叫白民国。帝俊生了帝鸿，帝鸿的后代是白民，白民国的人姓销，以黄米为主食，能驯化驱使四种野兽：老虎、豹子、熊、罴。

【原文】

有青丘之国，有狐，九尾。

【译文】

有个国家叫青丘国。青丘国有一种狐狸，长着九条尾巴。

【原文】

有柔仆民，是维[①]嬴土之国。

【注释】

①维：句中语助词，无意。

【译文】

有一群人被称作柔仆人，他们所在的国土很肥沃。

【原文】

有黑齿之国。帝俊生黑齿，姜姓，黍食，使四鸟。

【译文】

有个国家叫黑齿国。帝俊生黑齿，姓姜，那里的人以黄米为主食，能驯化驱使四种野兽。

【原文】

有夏州之国。有盖余之国。

【译文】

有个国家叫夏州国。在夏州国附近又有一个盖余国。

【原文】

有神人，八首人面，虎身十尾，名曰天吴。

【译文】

有个神人，长着八颗头而且都是人的面孔，有老虎身子和十条尾巴，名叫天吴。

【原文】

大荒之中，有山名曰鞠陵于天、东极、离瞀，日月所出。名曰折丹，东方曰折，来风曰俊，处东极以出入风。

【译文】

在大荒当中，有三座高山分别叫作鞠陵于天山、东极山、离瞀山，都是太阳和月亮升起的地方。有个神人名叫折丹，东方人单称他为折，从东方吹来的风称作俊，他就处在大地的最东面主管风起风停。

【原文】

东海之渚[①]中，有神，人面鸟身，珥两黄蛇，践两黄蛇，名曰禺虢。黄帝生禺虢，禺虢生禺京。禺京处北海，禺虢处东海，是为海神。

【注释】

①渚：水中的小洲。这里指海岛。

【译文】

在东海的岛屿上，有一个神人，长着人的面孔、鸟的身子，耳朵上穿挂着两条黄色的蛇，脚底下踩踏着两条黄色的蛇，名叫禺虢。黄帝生了禺虢，禺虢生了禺京。禺京住在北海，禺虢住在东海，都是海神。

【原文】

有招摇山，融水出焉。有国曰玄股，黍食，使四鸟。

【译文】

有座招摇山，融水从这座山发源。有一个国家叫玄股国，那里的人以黄米为主食，能驯化驱使四种野兽。

【原文】

有困民国，勾姓，黍食。有人曰王亥，两手操鸟，方食其头。王亥托于有易、河伯仆[1]牛。有易杀王亥，取仆牛。河念有易，有易潜出，为国于兽，方食之，名曰摇民。帝舜生戏，戏生摇民。

【注释】

①仆：通“朴”，大。

【译文】

有个国家叫因民国，那里的人姓勾，以黄米为主食。有个人叫王亥，他用两手抓着一只鸟，正在吃鸟的头。王亥把一群肥牛寄养在有易族人和水神河伯那里。有易国的人杀了王亥，夺走了这群牛。后来，殷主为王亥报仇，杀了有易国的国君，河伯顾念与有易国的交情，帮助有易国的人偷偷跑了出来，在野兽出没的地方建立国家。他们常吃野兽肉，这个国家叫摇民国。也有一种说法认为，帝舜生了戏，戏的后代就是摇民国人。

【原文】

海内有两人，名曰女丑。女丑有大蟹。

【译文】

海内有两个人，其中的一个名叫女丑。女丑有一只听使唤的大螃蟹。

【原文】

大荒之中，有山名曰孽摇頵羝。上有扶木，柱[①]三百里，其叶如芥。有谷曰温源谷。汤谷上有扶木，一日方至，一日方出，皆载于乌。

【注释】

①柱：像柱子般直立着。

【译文】

在大荒当中，有一座山名叫孽摇頵羝山。山上有棵扶桑树，高耸三百里，叶子长得像芥菜叶。有一道山谷叫作温源谷，也就是汤谷。汤谷上面也长了棵扶桑树，一个太阳刚刚回到汤谷，另一个太阳刚刚从扶桑树上出发，它们都负载于三足乌的背上来来往往。

【原文】

有神，人面、犬耳、兽身，珥两青蛇，名曰奢比尸。

【译文】

有一位神灵，长着人的面孔、狗一样的耳朵、野兽的身子，耳朵上穿挂着两条青色的蛇，名叫奢比尸。

【原文】

有五采之鸟，相乡弃沙，惟[1]帝俊下友。帝下两坛，采鸟是司。

【注释】

①惟：句首语助词，无意。

【译文】

有一群长着五彩羽毛的鸟，相对而舞，天帝帝俊从天上下来和它们交友。帝俊在下界的两座祭坛，由这群五彩鸟掌管着。

【原文】

大荒之中，有山名猗天苏门，日月所生。有埙民之国。

【译文】

在大荒当中，有一座山名叫猗天苏门山，是太阳和月亮升起的地方。有个国家叫埙民国。

【原文】

有綦山，又有摇山。有䰝山，又有门户山，又有盛山，又有待山。有五采之鸟。

【译文】

国中有座綦山，还有座摇山。有座䰞山，还有座门户山，还有座盛山，还有座待山。山中还有一群五彩鸟。

【原文】

东荒之中，有山名曰壑明俊疾，日月所出。有中容之国。

【译文】

在东荒之中，有座壑明俊疾山，是太阳和月亮升起的地方。这里还有个中容国。

【原文】

东北海外，又有三青马、三骓、甘华。爰有遗玉、三青鸟、三骓[1]、视肉、甘华、甘柤。百穀所在。

【注释】

①骓：马的毛色青白间杂。

【译文】

在东北海外，又有三青马、三骓马、甘华树。这里还有遗玉、三青鸟、三骓马、视肉、甘华树、甘柤树，是适宜各种庄稼生长的地方。

【原文】

有女和月母之国。有人名曰鹓，北方曰鹓，来之风曰狻，是处东极隅以止[①]日月，使无相间[②]出没，司其短长。

【注释】

①止：这里是控制的意思。

②间：这里是错乱、杂乱的意思。

【译文】

有个国家叫女和月母国。国中有一个神名叫鹓，北方人称作鹓，从那里吹来的风称作狻，他就处在大地的东北角以便控制太阳和月亮，使它们不要交相错乱地出没，掌握它们升起落下时间的长短。

【原文】

大荒东北隅中，有山名曰凶犁土丘。应龙[①]处南极，杀蚩尤[②]与夸父，不得复上，故下数旱。旱而为应龙之状，乃得大雨。

【注释】

①应龙：传说中的一种生有翅膀的龙。

②蚩尤：神话传说中东方九黎族首领，以金做兵器，能唤云呼雨。

【译文】

在大荒的东北角上，有一座山名叫凶犁土山。应龙就住在这座山的最南端，因它杀了蚩尤族和夸父族的人，不能再回到天上，天上因没了兴云布雨的应龙而使下界常常闹旱灾。下界的人们一遇天旱就装扮成应龙的样子求雨，就会得到大雨。

【原文】

东海中有流波山，入海七千里。其上有兽，状如牛，苍身而无角，一足，出入水则必风雨，其光如日月，其声如雷，其名曰夔。黄帝得之，以其皮为鼓，橛[①]以雷兽之骨，声闻五百里，以威天下。

【注释】

①橛：通“撅”，敲，击打。

【译文】

东海当中有座流波山，这座山在深入东海七千里的地方。山上有一种野兽，长得像牛，青苍色的身子却没有犄角，仅有一只蹄子，出入海水时就一定有大风大雨相伴随，它发出的亮光如同太阳和月亮，它吼叫的声音如同雷响，名叫夔。黄帝得到它，便用它的皮蒙鼓，再拿雷兽的骨头敲击这鼓，响声传到五百里以外，用来威慑天下。

十五、大荒南经

【原文】

南海之外，赤水之西，流沙之东，有兽，左右有首，名曰跊踢。有三青兽相并，名曰双双。

【译文】

在南海以外，赤水的西岸，流沙的东面，生长着一种野兽，左边右边都有一个头，名称是跊踢。还有三只青色的野兽交相合并着，名称是双双。

【原文】

有阿山者。南海之中，有氾天之山，赤水穷焉。赤水之东，有苍梧之野，舜与叔均[1]之所葬也。爰有文贝、离俞、鴟久、鹰、贾[2]、委维、熊、罴、象、虎、豹、狼、视肉。

【注释】

①叔均：又叫商均，传说是帝舜的儿子。

②贾：据古人说是一种乌鸦之类的禽鸟。

【译文】

有座山叫阿山。南海的当中，有一座氾天山，赤水最终流到这座山脚下。在赤水的东岸，有个地方叫苍梧之野，帝舜与叔均葬在那里。这里有花斑贝、离朱鸟、鹞鹰、老鹰、乌鸦、两头蛇、熊、罴、大象、老虎、豹子、狼、视肉。

【原文】

有荣山，荣水出焉。黑水之南，有玄蛇，食麈[1]。

【注释】

①麈（zhǔ）：一种体形较大的鹿。它的尾巴能用来拂扫尘土。

【译文】

有一座荣山，荣水就从这座山发源。在黑水的南岸，有一条大黑蛇，它能吞食麈鹿。

【原文】

有巫山者，西有黄鸟[①]。帝药，八斋。黄鸟于巫山，司此玄蛇。

【注释】

①黄鸟：黄，通“皇”。黄鸟即皇鸟，亦作“凰鸟”，是属于凤凰一类的鸟。

【译文】

有一座山叫巫山，在巫山的西面有只凰鸟。天帝的神仙药就藏在巫山的八个斋舍中。黄鸟栖息在巫山上，监视着那条大黑蛇。

【原文】

大荒之中，有不庭之山，荣水穷焉。有人三身，帝俊妻娥皇，生此三身之国，姚姓，黍食，使四鸟。有渊四方，四隅皆达，北属[1]黑水，南属大荒。北旁名曰少和之渊，南旁名曰从渊，舜之所浴也。

【注释】

①属：连接。

【译文】

在大荒当中，有座不庭山，荣水最终流到这座山。这里有一种人长着三个身子。帝俊的妻子叫娥皇，这三身国的人就是他们的后代子孙。三身国的人姓姚，以黄米为主食，能驯化驱使四种野兽。这里有一个四方形的渊潭，四个角都能旁通，北边与黑水相连，南边和大荒相通。北侧的渊称作少和渊，南侧的渊称作从渊，是帝舜洗澡的地方。

【原文】

又有成山，甘水穷焉。有季禺之国，颛顼之子，食黍。有羽民之国，其民皆生毛羽。有卵民之国，其民皆生卵。

【译文】

又有一座成山，甘水最终流到这座山脚下。有个国家叫季禺国，他们是颛顼帝的子孙后代，以黄米为主食。还有个国家叫羽民国，这里的人全身都长着羽毛。又有个国家叫卵民国，这里的人都产卵而又从卵中孵化生出。

【原文】

大荒之中，有不姜之山，黑水穷焉。又有贾山，汔水出焉，又有言山，又有登备之山。有恝恝之山，又有蒲山，澧水出焉。又有隗山，其西有丹，其东有玉。又南有山，漂水出焉。有尾山，有翠山。

【译文】

在大荒之中，有座不姜山，黑水最终流到这座山脚下。还有座贾山，汔水从这座山发源。还有座言山，还有座登备

山，还有座惄惄山。还有座蒲山，澧水从这座山发源。还有座隗山，它的西面蕴藏有丹雘，它的东面蕴藏有玉石。向南还有座高山，漂水就是从这座山中发源的。还有座尾山，还有座翠山。

【原文】

有盈民之国，於姓，黍食。又有人方食木叶。

【译文】

有个国家叫盈民国，这里的人姓於，以黄米为主食。还有人正在吃树叶。

【原文】

有不死之国，阿姓，甘木[①]是食。

【注释】

①甘木：即不死树，人食用它就能长生不老。

【译文】

有个国家叫不死国，这里的人姓阿，吃的是不死树。

【原文】

大荒之中，有山名曰去痓。南极果，北不成，去痓果。

【译文】

在大荒之中，有座山叫作去痓山。有一种树木在山的南面能结果实，在山的北面则不能结果，这种果实就是去痓。

【原文】

南海渚中，有神，人面，珥两青蛇，践两赤蛇，曰不廷胡余。

【译文】

在南海的岛屿上，有一位神，有着人的面孔，耳朵上穿挂着两条青蛇，脚底下踩踏着两条红蛇，这个神叫不廷胡余。

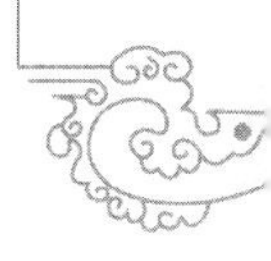

【原文】

有神名曰因因乎，南方曰因乎，夸风曰乎民，处南极以出入风。

【译文】

有位神名叫因因乎，南方人称他为因乎，从南方吹来的风称作民，他处在大地的最南面主管风起风停。

【原文】

有襄山，又有重阴之山。有人食兽，曰季釐。帝俊生季厘，故曰季釐之国。有缗渊。少昊生倍伐，倍伐降[①]处缗渊。有水四方，名曰俊坛。

【注释】

①降：贬抑。

【译文】

有座襄山，还有座重阴山。有人在吞食野兽肉，名叫季厘。帝俊生了季釐，所以称他建立的国家叫季釐国。有一个缗渊国。少昊生了倍伐，倍伐被贬住在缗渊建立了这个国家。国中有一个水池是四方形的，名叫俊坛。

【原文】

有臷民之国。帝舜生无淫，降臷处，是谓巫臷民。巫臷民朌姓，食谷，不绩[①]不经[②]，服也；不稼[③]不穑[④]，食也。爰有歌舞之鸟，鸾鸟自歌，凤鸟自舞。爰有百兽，相群爰处。百谷所聚。

【注释】

①绩：捻搓麻线，这里泛指纺线。

②经：经线，即丝、棉、麻、毛等织物的纵线，与纬线即各种织物的横线相交叉，就可织成丝帛、麻布等布匹。这里泛指织布。

③稼：播种庄稼。

④穑：收获庄稼。

【译文】

有个国家叫臷民国。帝舜生了无淫，无淫被贬到臷这个地方居住，他的子孙后代就是所谓的巫臷人。巫臷人姓朌，吃五谷粮食，不从事纺织，自然有衣服穿；不从事耕种，自然有粮食吃。这里有能歌善舞的鸟，鸾鸟自由自在地歌唱，

凤鸟自由自在地舞蹈。这里还有各种各样的野兽，群居相处，还是各种农作物汇聚的地方。

【原文】

大荒之中，有山名曰融天，海水南入焉。

【译文】

在大荒之中，有座山叫作融天山，海水从南面流进这座山。

【原文】

有人曰凿齿，羿杀之。

【译文】

有一个神人叫凿齿，羿射死了他。

【原文】

有蜮[①]山者，有蜮民之国，桑姓，食黍，射蜮是食。有人方扜[②]弓射黄蛇，名曰蜮人。

【注释】

①蜮（yù）：据古人说是一种叫短狐的动物，像鳖，能含沙射影，被射中的就会病死。

②扜（yū）：拉，张。

【译文】

有座山叫作蜮山，在这里有个蜮民国，这里的人姓桑，以黄米为主食，也把射死的蜮吃掉。有人正在拉弓射黄蛇，名叫蜮人。

【原文】

有宋山者，有赤蛇，名曰育蛇。有木生山上，名曰枫木[①]。枫木，蚩尤所弃其桎梏[②]，是为枫木。

【注释】

①枫木：古人说是枫香树，叶子像白杨树叶，圆叶而分杈，有油脂而芳香。

②桎梏：手枷和脚枷。

【译文】

有座山叫作宋山，山中有一种红颜色的蛇，名叫育蛇。山上还有一种树，名叫枫木。枫木，是蚩尤死后所丢弃的手枷和脚枷，这些刑具就化成了枫木。

【原文】

有人方齿虎尾，名曰祖状之尸。

【译文】

有个人长着方形的牙齿和老虎的尾巴，名叫祖状尸。

【原文】

有小人，名曰焦侥之国，幾姓，嘉谷是食。

【译文】

有一个由三尺高的小人组成的国家，名叫焦侥国，那里的人姓幾，吃的是优良谷米。

【原文】

大荒之中，有山名㱠涂之山，青水穷焉。有云雨之山，有木名曰栾。禹攻[①]云雨。有赤石焉生栾，黄本，赤枝，青叶，群帝焉取药。

【注释】

①攻：从事某项事情。这里指砍伐林木。

【译文】

在大荒之中，有座㱠涂山，青水最终流到这座山脚下。还有座云雨山，山上有一棵树叫作栾。大禹在云雨山砍伐树木，发现红色岩石上忽然生出这棵栾树，黄色的茎干，红色的枝条，青色的叶子，诸帝就到这里来采药。

【原文】

有国曰颛顼，生伯服，食黍。有鼬姓之国，有苕山，又有宗山，又有姓山，又有壑山，又有陈州山，又有东州山。又有白水山，白水出焉，而生[1]白渊，昆吾之师所浴也。

【注释】

①生：草木生长，引申为事物的产生、形成。这里即指形成的意思。

【译文】

有个国君叫颛顼，他生了伯服。这里的人以黄米为主食。还有个鼬姓国，还有座苕山，还有座宗山，还有座姓山，还有座壑山，还有座陈州山，还有坐东州山。还有座白水山，白水从这座山发源，然后流下来汇聚成为白渊，是昆吾的师父洗澡的地方。

【原文】

有人名曰张弘，在海上捕鱼。海中有张弘之国，食鱼，使四鸟。

【译文】

有个人叫作张弘，正在海上捕鱼。海岛上有个张弘国，这里的人以鱼为食物，能驯化驱使四种野兽。

【原文】

有人焉，鸟喙，有翼，方捕鱼于海。大荒之中，有人名曰驩头。鲧妻士敬，士敬子曰炎融，生驩头。驩头人面鸟喙，有翼，食海中鱼，杖[①]翼而行。维宜芑苣，穋[②]杨是食。有驩头之国。

【注释】

①杖：凭倚。

②穋：一种谷类植物。

【译文】

有一种人，长着鸟的嘴，生有翅膀，正在海上捕鱼。在大荒之中，有个人名叫驩头。鲧的妻子是士敬，士敬的儿子叫炎融，炎融生了驩头。驩头长着人的面孔和鸟一样的嘴，生有翅膀，吃海中的鱼，凭借着翅膀飞翔。驩头国人也把芑、苣、穋、杨树叶做成食物吃。

【原文】

帝尧、帝喾、帝舜葬于岳山。爰有文贝、离俞、鴟久、鹰、延维、视肉、熊、罴、虎、豹；朱木，赤枝，青华，玄实。有申山者。

【译文】

帝尧、帝喾、帝舜都埋葬在岳山。这里有花斑贝、三足乌、鹞鹰、老鹰、乌鸦、两头蛇、视肉、熊、罴、老虎、豹子；还有朱木树，有着红色的枝干、青色的花朵、黑色的果实。附近还有座申山。

【原文】

大荒之中，有山名曰天台高山，海水入焉。

【译文】

在大荒之中，有座天台山，海水流进这座山中。

【原文】

东南海之外，甘水之间，有羲和之国。有女子名曰羲和，方日浴于甘渊。羲和者，帝俊之妻，生十日。

【译文】

在东海之外，甘水之间，有个羲和国。这里有个叫羲和的女子，正在甘渊中给太阳洗澡。羲和这个女子，是帝俊的妻子，生了十个太阳。

【原文】

有盖犹之山者，其上有甘柤，枝干皆赤，黄叶，白华，黑实。东又有甘华，枝干皆赤，黄叶。有青马，有赤马，名曰三骓。有视肉。

【译文】

有座山叫盖犹山，山上生长有甘柤树，枝条和茎干都是红的，叶子是黄的，花朵是白的，果实是黑的。在这座山的东端还生长有甘华树，枝条和茎干都是红色的，叶子是黄的。有青色马，还有红色马，名叫三骓。还有视肉。

【原文】

有小人，名曰菌人。

【译文】

有一种十分矮小的人，名叫菌人。

十六、大荒西经

【原文】

西北海之外，大荒之隅，有山而不合，名曰不周负子，有两黄兽守之。有水曰寒暑之水。水西有湿山，水东有幕山。有禹攻共工国山。

【译文】

在西北海以外，大荒的一个角落，有座山断裂而无法合拢，名叫不周山，有两头黄色的野兽守护着它。有一条水流名叫寒暑水。寒暑水的西面有座湿山，寒暑水的东面有座幕山。还有一座禹攻共工国山。

【原文】

有国名曰淑士，颛顼之子。

【译文】

有个国家名叫淑士国，这里的人是颛顼帝的子孙后代。

【原文】

有神十人，名曰女娲[①]之肠，化为神，处栗广之野，横道而处。

【注释】

①女娲：神话传说女娲是一位以神女的身份做帝王的女性神灵，有人的面孔和蛇的身子，一天内有七十次变化，她的肠子就化成这十位神灵。

【译文】

有十位神灵，名叫女娲肠，就是由女娲的肠子变化成神的，居于叫作栗广的原野上，他们拦断道路而居住。

【原文】

有人名曰石夷，来风曰韦，处西北隅以司日月之长短。

【译文】

有位神灵名叫石夷，西方人单称他为夷，从北方吹来的风称作韦，他处在大地的西北角掌管太阳和月亮升起落下时间的长短。

【原文】

有五采之鸟，有冠，名曰狂鸟。

【译文】

有一种长着五彩羽毛的鸟，头上有冠，名叫狂鸟。

【原文】

有大泽之长山。有白氏之国。

【译文】

有一座大泽长山。有一个白氏国。

【原文】

西北海之外，赤水之东，有长胫之国。

【译文】

在西北海以外，赤水的东岸，有个长胫国。

【原文】

有西周之国，姬姓，食谷。有人方耕，名曰叔均。帝俊

生后稷[①]，稷降以百谷。稷之弟曰台玺，生叔均。叔均是代其父及稷播百谷，始作耕。有赤国妻氏。有双山。

【注释】

①后稷：传说他是周朝王室的祖先，姓姬氏，号后稷，善于种庄稼，死后被奉祀为农神。

【译文】

有个西周国，这里的人姓姬，吃谷米。有个人正在耕田，名叫叔均。帝俊生了后稷，后稷把各种农作物的种子从天上带到下界。后稷的弟弟叫台玺，台玺生了叔均。叔均于是代替父亲和后稷教百姓播种各种农作物，创造了耕田的方法。还有个国家叫赤国，姓妻氏。有座山叫双山。

【原文】

西海之外，大荒之中，有方山者，上有青树，名曰柜格之松，日月所出入也。

【译文】

在西海以外，大荒之中，有座山叫方山，山上有棵青色大树，名叫柜格松，是太阳和月亮出入的地方。

【原文】

西北海之外，赤水之西，有先民之国，食谷，使四鸟。

【译文】

在西北海以外，赤水的西岸，有个先民国，这里的人吃谷米，能驯化驱使四种野兽。

【原文】

有北狄之国。黄帝之孙曰始均，始均生北狄。

【译文】

有个北狄国。黄帝的孙子叫始均，始均的子孙后代建立了北狄国。

【原文】

有芒山，有桂山。有榣山，其上有人，号曰太子长琴。颛顼生老童，老童生祝融[①]，祝融生太子长琴，是处榣山，始作乐风。

【注释】

①祝融：传说是高辛氏帝喾的火正，名叫吴回，号祝融，死后为火官之神。

【译文】

有座芒山，还有座桂山。还有座榣山，山上住着一个人，号太子长琴。颛顼生了老童，老童生了祝融，祝融生了太子长琴，于是太子长琴住在榣山上，开始创作乐曲而后风行世间。

【原文】

有五采鸟三名：一曰皇鸟，一曰鸾鸟，一曰凤鸟。

【译文】

有三种长着彩色羽毛的鸟：一种叫凰鸟，一种叫鸾鸟，一种叫凤鸟。

【原文】

有虫状如菟[1]，胸以后者裸不见，青如猨状。

【注释】

①菟：通“兔”。

【译文】

有一种野兽的形状与兔子相似，胸脯以后部分全裸露着而又分辨不出来，这是因为它的皮毛青得像猿猴而把裸露的部分遮住了。

【原文】

大荒之中，有山名曰丰沮玉门，日月所入。

【译文】

在大荒之中，有座丰沮玉门山，是太阳和月亮降落的地方。

【原文】

有灵山，巫咸、巫即、巫朌、巫彭、巫姑、巫真、巫礼、巫抵、巫谢、巫罗十巫，从此升降，百药爰在。

【译文】

有座灵山，巫咸、巫即、巫朌、巫彭、巫姑、巫真、巫礼、巫抵、巫谢、巫罗十个巫师，从这座山升到天上和降到世间，各种各样的药物就生长在这里。

【原文】

西有王母之山、壑山、海山。有沃之国，沃民是处。沃之野，凤鸟之卵是食，甘露是饮。凡其所欲，其味尽存。爰有甘华、甘柤、白柳、视肉、三骓[①]、璇瑰[②]、瑶碧、白木[③]、琅玕、白丹[④]、青丹[⑤]，多银、铁。鸾凤自歌，凤鸟自舞，爰有百兽，相群是处，是谓沃之野。

【注释】

①三骓：皮毛杂色的马。

②璇：美玉。瑰：似玉的美石。

③白木：一种纯白色的树木。

④白丹：一种可做白色染料的天然矿物。

⑤青丹：一种可做青色染料的天然矿物。

【译文】

西面有王母山、壑山、海山。有个沃民国，沃民便居住在这里。生活在沃野的人，吃的是凤鸟产的蛋，喝的是天降的甘露。凡是他们心里想要的美味，都能在凤鸟蛋和甘露中尝到。这里还有甘华树、甘柤树、白柳树、视肉、三骓马、璇玉、瑰石、瑶玉、碧玉、白木树、琅玕树、白丹、青丹，多出产银、铁。鸾鸟自由自在地歌唱，凤鸟自由自在地舞蹈，还有各种野兽，群居相处，所以称作“沃野”。

【原文】

有三青鸟，赤首黑目，一名曰大鵹，一名少鵹，一名曰青鸟。

【译文】

有三只青色大鸟，都有着红色的脑袋、黑色的眼睛，一只叫作大鵹，一只叫作少鵹，一只叫作青鸟。

【原文】

有轩辕之台，射者不敢西向射，畏轩辕之台。

【译文】

有座轩辕台，射箭的人都不敢向西射，因为敬畏轩辕台上黄帝的威灵。

【原文】

大荒之中，有龙山，日月所入。有三泽水，名曰三淖，昆吾之所食[1]也。

【注释】

①食：食邑，即古时作为专门供应某人或某部分人生活物资的一块地方。

【译文】

大荒之中，有座龙山，是太阳和月亮降落的地方。有三个汇聚成的大湖，名叫三淖，是昆吾族人获取食物的地方。

【原文】

有人衣青，以袂[1]蔽面，名曰女丑之尸。

【注释】

①袂：衣服的袖子。

【译文】

有个人穿着青色衣服，用袖子遮住脸面，名叫女丑尸。

【原文】

有女子之国。

【译文】

有个女子国。

【原文】

有桃山，有䖟山，有桂山，有于土山。

【译文】

国中有座桃山，有座䖟山，有座桂山，有座于土山。

【原文】

有丈夫之国。

【译文】

有个丈夫国。

【原文】

有弇州之山，五采之鸟仰天，名曰鸣鸟，爰有百乐歌儛之风。

【译文】

国中有座弇州山，山上有一种长着五彩羽毛的鸟正仰头向天而嘘，名叫鸣鸟，因而这里风行各种各样乐曲歌舞。

【原文】

有轩辕之国，江山之南栖为吉，不寿者乃八百岁。

【译文】

有个轩辕国，这里的人把居住在江河山岭的南边当作吉利，就是寿命不长的人也能活到八百岁。

【原文】

西海陼[1]中，有神，人面鸟身，珥两青蛇，践两赤蛇，名曰弇兹。

【注释】

①陼：同“渚”，水中的小块陆地。

【译文】

在西海的岛屿上，有一位神灵，长着人的面孔、鸟的身子，耳朵上穿挂着两条青蛇，脚底下踩踏着两条红蛇，名叫弇兹。

【原文】

大荒之中，有山名日月山，天枢也。吴姖天门，日月所入。有神，人面无臂，两足反属[①]于头山，名曰嘘。颛顼生老童，老童生重[②]及黎[③]，帝令重献上天，令黎邛下地。下地是生噎，处于西极，以行日月星辰之行次。

【注释】

①属：接连。

②重：神话传说中掌管天上事务的官员，即南正。

③黎：神话传说中管理地上人类的官员，即火正。

【译文】

大荒之中，有座山叫日月山，是天的枢纽所在。这座山的主峰叫吴姖天门山，是太阳和月亮降落的地方。有一位神灵，长着人的面孔而没有臂膀，两只脚反转着连在头上，名叫嘘。帝颛顼生了老童，老童生了重和黎，帝颛顼命令重托着天用力向上举，又命令黎撑着地使劲朝下按。于是黎来到地上并生了噎，他就处在大地的最西端，主管着太阳、月亮和星辰运行的先后次序。

【原文】

有人反臂，名曰天虞。

【译文】

有个人反长着臂膀，名叫天虞。

【原文】

有女子方浴月。帝俊妻常羲，生月十有二，此始浴之。

【译文】

有个女子正在替月亮洗澡。帝俊的妻子常羲，生了十二个月亮，这才开始给月亮洗澡。

【原文】

有玄丹之山。有五色之鸟，人面有发。爰有青鴍、黄鷔、青鸟、黄鸟，其所集者其国亡。

【译文】

有座玄丹山。在玄丹山上有一种长着五彩羽毛的鸟，一副人的面孔而且有头发。这里还有青鴍、黄鷔、青鸟、黄鸟，它们在哪个国家聚集栖息哪个国家就会灭亡。

【原文】

有池名孟翼之攻颛顼之池。

【译文】

有个水池名叫孟翼攻颛顼池。

【原文】

大荒之中，有山名曰鏖鏊钜，日月所入者。

【译文】

大荒之中，有座山名叫鏖鏊钜山，是太阳和月亮降落的地方。

【原文】

有兽，左右有首，名曰屏蓬。

【译文】

有一种野兽，左边和右边各长着一个头，名叫屏蓬。

【原文】

有巫山者，有壑山者。有金门之山，有人名曰黄姖之尸。有比翼之鸟。有白鸟，青翼，黄尾，玄喙。有赤犬，名曰天犬，其所下者有兵。

【译文】

有座山叫作巫山，还有座山叫作壑山。还有座金门山，山上住着一个人名叫黄姖尸。山中还有比翼鸟。还有一种白鸟，长着青色的翅膀，黄色的尾巴，黑色的嘴壳。还有一种红颜色的狗，名叫天犬，它所降临的地方都会发生战争。

【原文】

西海之南，流沙之滨，赤水之后，黑水之前，有大山，名曰昆仑之丘。有神，人面虎身，有文有尾，皆白[①]，处之。其下有弱水[②]之渊环之，其外有炎火之山，投物辄然。有人，戴胜，虎齿，有豹尾，穴处，名曰西王母。此山万物尽有。

【注释】

①白：指尾巴上点缀着白色斑点。

②弱水：相传这种水轻得不能漂浮起鸿雁的羽毛。

【译文】

在西海的南面，流沙的边沿，赤水的后面，黑水的前面，屹立着一座大山，就是昆仑山。有一位神灵，长着人的面孔、老虎的身子，尾巴有花纹，而尾巴上尽是白色斑点，就住在这座昆仑山上。昆仑山下有条弱水汇聚的深渊环绕着它，深渊的外边有座炎火山，一投进东西就燃烧起来。有人头上戴着玉制首饰，满口老虎的牙齿，有一条豹子似的尾巴，在洞穴中居住，名叫西王母。这座山拥有世上的各种东西。

【原文】

大荒之中，有山名曰常阳之山，日月所入。

【译文】

大荒当中，有座常阳山，是太阳和月亮降落的地方。

【原文】

有寒荒之国，有二人女祭、女薎。

【译文】

有个寒荒国，这里有两个神人，分别叫女祭、女薎。

【原文】

有寿麻之国。南岳娶州山女，名曰女虔。女虔生季格，季格生寿麻。寿麻正立无景，疾呼无响。爰有大暑，不可以往。

【译文】

有个国家叫寿麻国。南岳娶了州山的女子为妻，她的名字叫女虔。女虔生了季格，季格生了寿麻。寿麻端端正正站在太阳下不见任何影子，高声疾呼而四面八方没有一点回响。这里异常炎热，人不可以去住。

【原文】

有人无首，操戈盾立，名曰夏耕之尸。故成汤[①]伐夏桀[②]于章山，克之，斩耕厥前。耕既立，无首，走厥咎，乃降于巫山。

【注释】

①成汤：即商汤王，商朝的开国国王。

②夏桀：即夏桀王，夏朝的最后一位国王。

【译文】

有个人没了脑袋，手拿一支戈和一面盾牌立着，名叫夏耕尸。从前成汤在章山讨伐夏桀，打败了夏桀，斩杀夏耕于他的面前。夏耕尸站立起来后，发觉没了脑袋，为逃避他的罪过，于是逃到巫山去了。

【原文】

有人名曰吴回，奇[①]左，是无右臂。

【注释】

①奇：单数。这里指与对偶事物相对而言的单个事物。

【译文】

有个人名叫吴回，只剩下左臂膀，而没了右臂膀。

【原文】

有盖山之国。有树，赤皮支[1]干，青叶，名曰朱木。

【注释】

①支：通“枝”。

【译文】

有个盖山国。这里有一种树木，树皮、树枝、树干都是红色的，叶子是青色的，名叫朱木。

【原文】

有一臂民。

【译文】

有一种只长一条臂膀的人。

【原文】

大荒之中，有山名曰大荒之山，日月所入。有人焉三面，是颛顼之子，三面一臂，三面之人不死。是谓大荒之野。

【译文】

大荒之中，有一座山，名叫大荒山，是太阳和月亮降落的地方。这里有一个人有三张面孔，是颛顼的子孙后代，有三张面孔一只胳膊，这种三张面孔的人永远不死。这里就是所谓的大荒之野。

【原文】

西南海之外，赤水之南，流沙之西，有人珥两青蛇，乘两龙，名曰夏后开①。开上三嫔②于天，得《九辩》与《九歌》以下。此天穆之野，高二千仞，开焉得始歌《九招》。

【注释】

①夏后开：即上文所说的夏后启。因为汉朝人避汉景帝刘启的名讳，就改“启”为“开”。

②嫔：通“宾”。这里作为动词，意思是作客。

【译文】

在西南海以外，赤水的南岸，流沙的西面，有个人耳朵上穿挂着两条青色蛇，乘驾着两条龙，名叫夏后启。夏后启曾三次到天帝那里作客，得到天帝的乐曲《九辩》和《九歌》而降到人间。这里就是所谓的天穆之野，高达两千仞，夏后启在此开始演奏《九招》乐曲。

【原文】

有互人①之国。炎帝②之孙名曰灵恝，灵恝生互人，是能上下于天。

【注释】

①互人：即氐人。

②炎帝：即传说中的上古帝王神农氏。因为以火德为王，所以号称“炎帝”，又因创造农具教人们种庄稼，所以叫作“神农氏”。

【译文】

这里有个氐人国。炎帝的孙子名叫灵恝，灵恝生了氐人，这里的人能自由往返天界与人间。

【原文】

有鱼偏枯，名曰鱼妇。颛顼死即复苏。风道[1]北来，天乃大水泉，蛇乃化为鱼，是为[2]鱼妇。颛顼死即复苏。

【注释】

①道：从，由。

②为：谓，以为。

【译文】

有一种鱼的身子半边干枯了，名叫鱼妇，是帝颛顼死了

又立即苏醒变化而成的。风从北方吹来，天于是涌出大水如泉，蛇于是变化成为鱼，这便是所谓的鱼妇。而死去的颛顼就是趁蛇鱼变化未定之机托体鱼躯并重新复苏的。

【原文】

有青鸟，身黄，赤足，六首，名曰鸀鸟。

【译文】

有一种青鸟，身子是黄色的，爪子是红色的，长有六个头，名叫鸀鸟。

【原文】

有大巫山。有金之山。西南，大荒之中隅，有偏句、常羊之山。

【译文】

有座大巫山，还有座金山。在西南方，大荒的一个角落，还有偏句山、常羊山。

十七、大荒北经

【原文】

东北海之外，大荒之中，河水之间，附禺之山，帝颛顼与九嫔葬焉。爰有鸱久、文贝、离俞、鸾鸟、皇鸟、大物、小物[①]。有青鸟、琅鸟[②]、玄鸟[③]、黄鸟、虎、豹、熊、罴、黄蛇、视肉、璿[④]瑰、瑶碧，皆出卫于山。丘方圆三百里，丘南帝俊竹林在焉，大可为舟。竹南有赤泽水，名曰封[⑤]渊。有三桑无枝。丘西有沈渊，颛顼所浴。

【注释】

①大物、小物：指殉葬的大小用具物品。

②琅鸟：白鸟。琅，洁白。

③玄鸟：燕子的别称。因它的羽毛黑色，所以称为玄鸟。玄，黑色。

④璿：美玉。

⑤封：大。

【译文】

在东北海以外，大荒之中，黄河流经的地方，有座附禺山，颛顼帝与他的九个妃嫔葬在这座山。这里有鸱鹰、花斑贝、离朱鸟、鸾鸟、凤鸟、大物、小物，还有青鸟、琅鸟、燕子、黄鸟、老虎、豹子、熊、罴、黄蛇、视肉、璿玉、瑰石、瑶玉、碧玉，都出产于这座山。卫丘方圆三百里，卫丘的南面有帝俊所种的竹林，竹子大得可以做成船。竹林的南面有红色的湖水，名叫封渊。还有三棵不生长枝条的桑树。卫丘的西面有个深渊，是颛顼帝洗澡的地方。

【原文】

有胡不与之国，烈姓，黍食。

【译文】

有个胡不与国，这里的人姓烈，以黄米为主食。

【原文】

大荒之中，有山，名曰不咸，有肃慎氏之国。有蜚蛭[1]，四翼。有虫，兽首蛇身，名曰琴虫。

【注释】

①蜚：通“飞”。蛭：环节动物，有好几种，如水蛭、鱼蛭、山蛭等。

【译文】

大荒之中，有座不咸山。附近有个肃慎氏国。还有一种能飞的蛭，长着四只翅膀。还有一种蛇，长着野兽的脑袋、蛇的身子，名叫琴虫。

【原文】

有人名曰大人。有大人之国，釐姓，黍食。有大青蛇，黄头，食麈。

【译文】

有一种人名叫大人。有个大人国，这里的人姓釐，以黄米为主食。还有一种大青蛇，黄色的脑袋，能吞食麈鹿。

【原文】

有榆山，有鲧攻程州之山。

【译文】

有座榆山，还有座鲧攻程州山。

【原文】

大荒之中，有山名曰衡天，有先民之山，有槃木千里。

【译文】

大荒之中，有座衡天山，还有座先民山，还有一棵盘旋弯曲一千里的大树。

【原文】

有叔歜国，颛顼之子，黍食，使四鸟：虎、豹、熊、罴。有黑虫如熊状，名曰猎猎。

【译文】

有个叔歜国，这里的人都是颛顼的子孙后代，以黄米为主食，能驯化驱使四种野兽：老虎、豹子、熊和罴。有一种形状与熊相似的黑虫，名叫猎猎。

【原文】

有北齐之国，姜姓，使虎、豹、熊、罴。

【译文】

有个北齐国，这里的人姓姜，能驯化驱使老虎、豹子、熊和罴。

【原文】

大荒之中，有山名曰先槛大逢之山，河济所入，海北注焉。其西有山，名曰禹所积石。

【译文】

大荒之中，有座山名叫先槛大逢山，是黄河水和济水流经的地方，海水从北面灌注到这里。它的西边也有座山，名叫禹所积石山。

【原文】

有阳山者。有顺山者，顺水出焉。有始州之国，有丹山。

【译文】

有座阳山。还有座顺山，顺水从这座山发源。附近有个始州国，国中有座丹山。

【原文】

有大泽方千里，群鸟所解。

【译文】

有一个大泽方圆千里，是各种禽鸟脱去旧羽毛再生新羽毛的地方。

【原文】

有毛民之国，依姓，食黍，使四鸟。禹生均国，均国生役采，役采生修鞈，修鞈杀绰人。帝念之，潜为之国，是此毛民。

【译文】

有个毛民国，这里的人姓依，以黄米为主食，能驯化驱使四种野兽。大禹生了均国，均国生了役采，役采生了修鞈，修鞈杀了绰人。大禹哀念绰人被杀，暗地里帮绰人的子孙后代建成国家，就是这个毛民国。

【原文】

有儋耳之国，任姓，禺号子，食谷。北海之渚中，有神，人面鸟身，珥两青蛇，践两赤蛇，名曰禺强。

【译文】

有个儋耳国，这里的人姓任，是神灵禺号的子孙后代，吃谷米。在北海的岛屿上，有一位神灵，长着人的面孔、鸟的身子，耳朵上穿挂着两条青蛇，脚底下踩踏着两条红蛇，名叫禺强。

【原文】

大荒之中，有山名曰北极天柜，海水北注焉。有神，九首人面鸟身，名曰九凤。又有神衔蛇操蛇，其状虎首人身，四蹄长肘，名曰强良。

【译文】

大荒之中，有座山名叫北极天柜山，海水从北面灌注到这里。有一位神灵，长着九个脑袋和人的面孔、鸟的身子，名叫九凤。还有一个神人，嘴里衔着蛇、手中握着蛇，他的

形貌是老虎的脑袋、人的身子，有四只蹄子和长长的臂肘，他的名字叫强良。

【原文】

大荒之中，有山名曰成都载天。有人珥两黄蛇，把两黄蛇，名曰夸父。后土生信，信生夸父。夸父不量力，欲追日景，逮之于禺谷。将饮河而不足也，将走大泽，未至，死于此。应龙已杀蚩尤，又杀夸父，乃去南方处之，故南方多雨。

【译文】

大荒之中，有座成都载天山。有一个神人的耳上穿挂着两条黄蛇，手上握着两条黄蛇，名叫夸父。后土生了信，信生了夸父。而夸父不顾自己的体力，想要追赶太阳的光影，一直追到禺谷。夸父想喝了黄河水解渴，却不够喝，准备跑到北方去喝大泽的水，还未到，便渴死在这里了。应龙在杀了蚩尤以后，又杀了夸父，因他的神力耗尽上不了天，就去南方居住，所以南方的雨水很多。

【原文】

又有无肠之国，是任姓，无继子，食鱼。

【译文】

还有个无肠国，这里的人姓任，他们是无继国人的子孙后代，以鱼类为主食。

【原文】

共工之臣名曰相繇，九首蛇身，自环，食于九土。其所歍所尼，即为源泽，不辛乃苦，百兽莫能处。禹湮[1]洪水，杀相繇，其血腥臭，不可生谷，其地多水，不可居也。禹湮之，三仞三沮，乃以为池，群帝因是以为台。在昆仑之北。

【注释】

①湮：阻塞。

【译文】

共工有一位臣子名叫相繇，长了九个头而是蛇的身子，盘旋自绕成一团，贪婪地霸占九座神山而索取食物。他所喷吐停留过的地方，立即变成大沼泽，而气味不是辛辣就是苦涩，百兽不能居住在这里。大禹阻塞洪水，杀死了相繇，而相繇的血又腥又臭，使谷物不能生长。那地方又水涝成灾，使人不能居住。大禹便填塞它，屡次填塞而屡次塌陷，于是把它挖成大池子，诸帝就利用挖出的泥土建造了几座高台。诸帝台位于昆仑山的北面。

【原文】

有岳之山，寻竹生焉。

【译文】

有座岳山，一种高大的竹子生长在这座山上。

【原文】

大荒之中，有山名不句，海水入焉。

【译文】

大荒之中，有座山名叫不句山，海水能灌注到这里。

【原文】

有系昆之山者，有共工之台，射者不敢北乡。有人衣[①]青衣，名曰黄帝女魃[②]。蚩尤作兵伐黄帝，黄帝乃令应龙攻之冀州之野。应龙畜水，蚩尤请风伯、雨师，纵大风雨。黄帝乃下天女曰魃，雨止，遂杀蚩尤。魃不得复上，所居不雨。叔均言之帝，后置之赤水之北。叔均乃为田祖。魃时亡之，所欲逐之者，令曰："神北行！"先除水道，决通沟渎。

【注释】

①衣：穿。这里是动词。

②女魃：相传是不长一根头发、能带来干旱的女神，她所居住的地方，天不下雨。

【译文】

有座山叫系昆山，上面有共工台，射箭的人因敬畏共工的威灵而不敢朝北方拉弓射箭。有一个人穿着青色衣服，名叫黄帝女魃。蚩尤制造了多种兵器用来攻击黄帝，黄帝便派

应龙到冀州的原野去攻打蚩尤。应龙积蓄了很多水，而蚩尤请来风伯和雨师，制造了一场大风雨。黄帝就降下名叫魃的天女助战，雨被止住，于是杀死了蚩尤。女魃因神力耗尽而不能再回到天上，她居住的地方没有一点雨水。叔均将此事禀报给黄帝，后来黄帝就把女魃安置在赤水的北面。叔均便做了田神。女魃常常逃亡到南方，那里因而出现旱情，人们要想驱逐她，便祷告说："神啊，请向北方去吧！"事先清除水道，疏通大小沟渠，以等待降雨。

【原文】

有人方食鱼，名曰深目民之国，盼姓，食鱼。

【译文】

有一群人正在吃鱼，这个地方名叫深目民国，这里的人姓昐，以鱼类为主食。

【原文】

有钟山者，有女子衣青衣，名曰赤水女子献。

【译文】

有座钟山，有一个穿青色衣服的女子，名叫赤水女子献住在这里。

【原文】

大荒之中，有山名曰融父山，顺水入焉，有人名曰犬戎。黄帝生苗龙，苗龙生融吾，融吾生弄明，弄明生白犬，白犬有牝牡，是为犬戎，肉食。有赤兽，马状无首，名曰戎宣王尸。

【译文】

大荒之中，有座山名叫融父山，顺水可抵达这座山。有一群人名叫犬戎。黄帝生了苗龙，苗龙生了融吾，融吾生了弄明，弄明生了白犬，这白犬有雌雄两套性器官，于是便自相配偶，生了犬戎族人，他们吃肉类食物。有一种红颜色的野兽，长得像普通的马却没有脑袋，名叫戎宣王尸。

【原文】

有山名曰齐州之山、君山、鬵山、鲜野山、鱼山。

【译文】

还有几座山分别叫作齐州山、君山、鬵山、鲜野山、鱼山。

【原文】

有人一目，当面中生。一曰是威姓，少昊之子，食黍。

【译文】

有一种人长着一只眼睛，这只眼睛正好长在脸面的中间。也有一种说法认为，他们姓威，是少昊的子孙后代，以黄米为主食。

【原文】

有继无民，继无民任姓，无骨子，食气、鱼。

【译文】

有一种人称作继无民，继无民姓任，是无骨民的子孙后代，吃的是空气和鱼类。

【原文】

西北海外，流沙之东，有国曰中辐，颛顼之子，食黍。

【译文】

在西北方的海外，流沙的东面，有个国家叫中辐国，这里的人是颛顼的子孙后代，以黄米为主食。

【原文】

有国名曰赖丘。有犬戎国。有神，人面兽身，名曰犬戎。

【译文】

有个国家名叫赖丘国。还有个犬戎国。有位神灵，长着人的面孔、兽的身子，名叫犬戎。

【原文】

西北海外，黑水之北，有人有翼，名曰苗民。颛顼生驩头，驩头生苗民，苗民釐姓，食肉。有山名曰章山。

【译文】

在西北方的海外，黑水的北岸，有一种人长着翅膀，名叫苗民。颛顼生了驩头，驩头生了苗民，苗民人姓釐，吃的是肉类食物。还有一座山名叫章山。

【原文】

大荒之中，有衡石山、九阴山、洞野之山，上有赤树，青叶，赤华，名曰若木。

【译文】

大荒之中，有衡石山、九阴山、洞野山，山上有一种红颜色的树木，青色的叶子、红色的花朵，名叫若木。

【原文】

有牛黎之国。有人无骨，儋耳之子。

【译文】

有个牛黎国。这里的人身上没有骨头，是儋耳国人的子孙后代。

【原文】

西北海之外，赤水之北，有章尾山。有神，人面蛇身而赤，直目正乘，其瞑乃晦，其视乃明，不食不寝不息，风雨是谒。是烛九阴，是谓烛龙。

【译文】

在西北方的海外，赤水的北岸，有座章尾山。有一位神灵，长着人的面孔、蛇的身子而全身是红色的，竖立生长的眼睛正中合成一条缝，他闭上眼睛就是黑夜、睁开眼睛就是白昼，他不吃饭、不睡觉、不呼吸，只以风雨为食物。他能照耀阴暗的地方，所以称作烛龙。

十八、海内经

【原文】

东海之内，北海之隅，有国名曰朝鲜[①]。天毒[②]，其人水居，偎人爱之。

【注释】

①朝鲜：就是现在朝鲜半岛上的朝鲜和韩国。

②天毒：据古人解说，即天竺国，有文字，有商业，佛教起源于此国中。

【译文】

在东海以内，北海的一个角落，有个国家名叫朝鲜。还有一个国家叫天毒，天毒国的人傍水而居，对人怜悯慈爱。

【原文】

西海之内，流沙之中，有国名曰壑市。

【译文】

在西海以内，流沙的中央，有个国家名叫壑市。

【原文】

西海之内，流沙之西，有国名曰氾叶。

【译文】

在西海以内，流沙的西边，有个国家名叫氾叶国。

【原文】

流沙之西，有鸟山者，三水出焉。爰有黄金、璿瑰、丹货、银铁，皆流[①]于此中。又有淮山，好水出焉。

【注释】

①流：淌出。这里是出产、产生的意思。

【译文】

流沙西面，有座山叫鸟山，三条河流共同发源于这座山。这里所有的黄金、璿玉、瑰石、丹货、银铁，全都产于这些水中。又有座大山叫淮山，清澈的水就是从这座山发源的。

【原文】

流沙之东，黑水之西，有朝云之国、司彘之国。黄帝妻雷祖[①]，生昌意。昌意降处若水，生韩流。韩流擢[②]首、谨耳、人面、豕喙、麟身、渠股、豚止，取淖子曰阿女，生帝颛顼。

【注释】

①雷祖：即嫘祖，相传是教人们养蚕的始祖。

②擢：引拔，耸起。这里指物体因吊拉变成长竖形的样子。

【译文】

在流沙的东面，黑水的西岸，有朝云国和司彘国。黄帝的妻子嫘祖生下昌意。昌意自天上降到若水居住，生下韩流。韩流长着长长的脑袋、小小的耳、人的面孔、猪的长嘴、麒麟的身子、罗圈着双腿、小猪的蹄子，娶淖子族人中叫阿女的为妻，生下颛顼帝。

【原文】

流沙之东，黑水之间，有山名不死之山。

【译文】

在流沙的东面，黑水流经的地方，有座山名为不死山。

【原文】

华山青水之东，有山名曰肇山。有人名曰柏高，柏高上下于此，至于天。

【译文】

在华山青水的东面，有座山名为肇山。有个人名叫柏子高，柏子高由这里上去下来的，直至到达天上。

【原文】

西南黑水之间，有都广之野，后稷葬焉。爰有膏菽[①]、膏稻、膏黍、膏稷，百谷自生，冬夏播琴[②]。鸾鸟自歌，凤鸟自儛，灵寿实华，草木所聚。爰有百兽，相群爰处。此草

也，冬夏不死。

【注释】

①膏：这里是味道美好而光滑如膏的意思。菽：豆类植物的总称。

②播琴：即播种。这是古时楚地人的方言。

【译文】

在西南方黑水流经的地方，有一处叫都广的原野，后稷就埋葬在这里。这里出产膏菽、膏稻、膏黍、膏稷，各种谷物自然成长，冬夏都能播种。鸾鸟自由自在地歌唱，凤鸟自由自在地舞蹈，灵寿树开花结果，丛草树林茂盛。这里还有各种禽鸟野兽，群居相处。在这个地方生长的草，无论寒冬炎夏都不会枯死。

【原文】

南海之外，黑水青水之间，有木名曰若木，若水出焉。

【译文】

在南海之外，黑水、青水流经的地方，有一种树木名叫若木，而若水就从若木生长的地底下发源。

【原文】

有禺中之国，有列襄之国。有灵山，有赤蛇在木上，名曰蝡蛇，木食。

【译文】

有个禺中国，还有个列襄国。还有一座灵山，山中的树上有一种红颜色的蛇，叫作蝡蛇，以树木为食物。

【原文】

有盐长之国，有人焉鸟首，名曰鸟氏。

【译文】

有个盐长国，这里的人长着鸟一样的脑袋，叫作鸟民。

【原文】

有九丘，以水络之，名曰陶唐之丘、有叔得之丘、孟盈之丘、昆吾之丘、黑白之丘、赤望之丘、参卫之丘、武夫之丘、神民之丘。有木，青叶紫茎，玄华黄实，名曰建木，百仞无枝，有九欘，下有九枸①，其实如麻，其叶如芒。大暤②爰过，黄帝所为。

【注释】

①枸：树根盘错。

②大皞：又叫太昊、太皓，即伏羲氏，古史传说中的上古帝王，姓风。他创造了八卦，教人们捕鱼放牧，用来充作食物。他也是神话传说中的人类始祖。

【译文】

有九座山丘都被水环绕着，名称分别是陶唐丘、叔得丘、孟盈丘、昆吾丘、黑白丘、赤望丘、参卫丘、武夫丘、神民丘。有一种树木，青色的叶子，紫色的茎干，黑色的花朵，黄色的果实，叫作建木，高达一百仞的树干上不生长枝条，而树顶上有九根蜿蜒曲折的丫枝，树底下有九条盘旋交错的根节，它的果实像麻籽，叶子像芒树叶。大皞凭借建木登上天界，黄帝栽培了建木。

【原文】

有窫窳，龙首，是食人。有青兽，人面，名曰猩猩。

【译文】

有一种窫窳兽，长着龙一样的脑袋，能吃人。还有一种青色的野兽，长着人一样的面孔，名叫猩猩。

【原文】

西南有巴国。大皞生咸鸟，咸鸟生乘厘，乘厘生后照，后照是始为巴人。

【译文】

西南方有个巴国。大皞生了咸鸟，咸鸟生了乘厘，乘厘生了后照，而后照就是巴国人的始祖。

【原文】

有国名曰流黄辛氏，其域中方三百里，其出是尘土[①]。有巴遂山，渑水出焉。

【注释】

①尘土：当为“麈”的讹误。

【译文】

有个国家名叫流黄辛氏国，它的疆域方圆三百里，这里出产麈鹿。还有一座巴遂山，渑水从这座山发源。

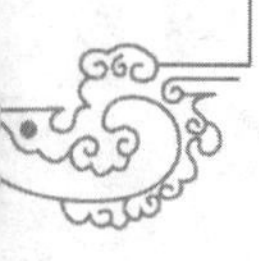

【原文】

又有朱卷之国，有黑蛇，青首，食象。

【译文】

还有个朱卷国，这里有一种黑颜色的大蛇，长着青色脑袋，能吞食大象。

【原文】

南方有赣巨人，人面长臂①，黑身有毛，反踵，见人笑亦笑，唇蔽其面，因即逃也。

【注释】

①长臂：应为“长唇”之讹误。

【译文】

南方有一种赣巨人，长着人的面孔而嘴唇长长的，黑黑的身上长满了毛，脚尖朝后而脚跟朝前反长着，看见人就发笑，一发笑嘴唇便会遮住他的脸，人就趁此立即逃走。

【原文】

又有黑人，虎首鸟足，两手持蛇，方啖之。

【译文】

还有一种黑人，长着老虎一样的脑袋、禽鸟一样的爪子，两只手握着蛇，正在吞食它。

【原文】

有赢民，鸟足。有封豕。

【译文】

有一种人称作赢民，长着禽鸟一样的爪子。还有大野猪。

【原文】

有人曰苗民。有神焉，人首蛇身，长如辕，左右有首，衣紫衣，冠旃冠，名曰延维。人主得而飨[1]食之，伯天下。

【注释】

①飨：祭献。

【译文】

有一种人称作苗民。这地方有一个神，长着人的脑袋、蛇的身子，身躯长长的像车辕，左右两边各长着一颗脑袋，穿着紫色衣服，戴着红色帽子，名叫延维。一国之主得到它后加以奉飨祭祀，便可以称霸天下。

【原文】

有鸾鸟自歌，凤鸟自舞。凤鸟首文曰德，翼文曰顺，膺文曰仁，背文曰义，见则天下和。

【译文】

有鸾鸟自由自在地歌唱，有凤鸟自由自在地舞蹈。凤鸟头上的花纹是“德”字，翅膀上的花纹是“顺”字，胸脯上的花纹是“仁”字，脊背上的花纹是“义”字，它一出现就会使天下和平。

【原文】

又有青兽如菟，名曰𦳋狗。有翠鸟，有孔鸟。

【译文】

又有一种像兔子的青色野兽，名叫菌狗。还有翡翠鸟，还有孔雀。

【原文】

南海之内，有衡山，有菌山，有桂山。有山名三天子之都。

【译文】

在南海以内，有座衡山，还有座菌山，还有座桂山。还有座山叫作三天子都山。

【原文】

南方苍梧之丘，苍梧之渊，其中有九嶷山，舜之所葬，在长沙零陵界中。

【译文】

南方有一片山丘叫苍梧丘，还有一道深渊叫苍梧渊，在苍梧丘和苍梧渊的中间有座九嶷山，帝舜就埋葬在这里。九嶷山位于长沙零陵境内。

【原文】

北海之内，有蛇山者，蛇水出焉，东入于海。有五采之鸟，飞蔽一乡，名曰翳鸟。又有不距之山，巧倕葬其西。

【译文】

在北海以内，有座山叫蛇山，蛇水从蛇山发源，向东流入大海。有一种长着五彩羽毛的鸟，成群地飞起而遮蔽一乡的上空，名叫翳鸟。还有座不距山，巧倕便葬在不距山的西面。

【原文】

北海之内，有反缚盗械[①]、带戈常倍之佐，名曰相顾之尸。

【注释】

①盗械：古时，凡因犯罪而被戴上刑具就称作盗械。

【译文】

在北海以内，有一个反绑着戴刑具、带着戈而图谋叛逆的臣子，名叫相顾尸。

【原文】

伯夷父[①]生西岳，西岳生先龙，先龙是始生氐羌，氐羌乞姓。

【注释】

①伯夷父：相传是颛顼帝的师父。

【译文】

伯夷父生了西岳，西岳生了先龙，先龙的子孙后代便是氐羌人，氐羌人姓乞。

【原文】

北海之内，有山，名曰幽都之山，黑水出焉。其上有玄鸟、玄蛇、玄豹、玄虎、玄狐蓬尾。有大玄之山，有玄丘之民；有大幽之国，有赤胫之民。

【译文】

北海以内，有一座山，名叫幽都山，黑水从这座山发源。山上有黑色鸟、黑色蛇、黑色豹子、黑色老虎，以及生有一副毛蓬蓬尾巴的黑色狐狸。有座大玄山，有玄丘民。有

个大幽国，生活着一种赤胫人。

【原文】

有钉灵之国，其民从膝已下有毛，马蹄善走。

【译文】

有个钉灵国，这里的人从膝盖以下的腿部都有毛，他们长着马的蹄子而善于奔跑。

【原文】

炎帝之孙伯陵，伯陵同吴权之妻阿女缘妇，缘妇孕三年，是生鼓、延、殳。始为侯，鼓、延是始为钟，为乐风。

【译文】

炎帝的孙子叫伯陵，伯陵与吴权的妻子阿女缘妇私通，阿女缘妇怀孕三年，生下鼓、延、殳三个儿子。殳最初发明了箭靶，鼓、延二人发明了钟，制作了乐曲和音律。

【原文】

黄帝生骆明，骆明生白马，白马是为鲧。

【译文】

黄帝生了骆明，骆明生了白马，白马就是鲧。

【原文】

帝俊生禺号，禺号生淫梁，淫梁生番禺，是始为舟。番禺生奚仲，奚仲生吉光，吉光是始以木为车。

【译文】

帝俊生了禺号，禺号生了淫梁，淫梁生了番禺，番禺最先发明了船。番禺生了奚仲，奚仲生了吉光，吉光最先用木头制作出了车子。

【原文】

少皞生般，般是始为弓矢。

【译文】

少皞生了般，般最先发明了弓和箭。

【原文】

帝俊赐羿彤[①]弓素矰[②]，以扶下国，羿是始去恤下地之百艰。

【注释】

①彤：朱红色。

②矰：一种用白色羽毛装饰并系着丝绳的箭。

【译文】

帝俊赏赐给后羿红色弓和白色矰箭，用他的射箭技艺去扶助下界各国，后羿便开始去救济世间人们的各种艰苦。

【原文】

帝俊生晏龙，晏龙是为琴瑟。

【译文】

帝俊生了晏龙，晏龙最先发明了琴和瑟两种乐器。

【原文】

帝俊有子八人，是始为歌舞。帝俊生三身，三身生义均，义均是始为巧倕，是始作下民百巧。后稷是播百谷。稷之孙曰叔均，是始作牛耕。大比赤阴，是始为国。禹、鲧是始布土，均定九州。

【译文】

帝俊有八个儿子，他们最先创作出歌曲和舞蹈。帝俊生了三身，三身生了义均，这位义均便是巧倕，最先发明了世间的各种工艺技巧。后稷开始播种各种农作物。后稷的孙子叫叔均，叔均最先发明了使用牛耕田。大比赤阴，最先受封而建国。大禹和鲧最先挖掘泥土治理洪水，度量划定九州。

【原文】

炎帝之妻，赤水之子听訞生炎居，炎居生节并，节并生戏器，戏器生祝融。祝融降处于江水，生共工。共工生术器，术器首方颠，是复土穰，以处江水。共工生后土，后土生噎鸣，噎鸣生岁十有二。

【译文】

炎帝的妻子，即赤水氏的女儿听訞生下炎居，炎居生了节并，节并生了戏器，戏器生了祝融。祝融降临到江水居住，便生了共工。共工生了术器。术器的头是平顶方形，他恢复了祖父祝融的土地，从而又住在江水边。共工生了后土，后土生了噎鸣，噎鸣确定了一年中的十二个月。

【原文】

洪水滔天，鲧窃帝之息壤以堙洪水，不待帝命。帝令祝融杀鲧于羽郊。鲧复生禹，帝乃命禹卒布土以定九州。

【译文】

洪荒时代漫天大水，鲧偷偷盗取天帝的息壤用来堵塞洪水，而没有等待天帝下令。天帝派遣祝融把鲧杀死在羽山的郊野。禹从鲧的遗体肚腹中生出，天帝就命令禹运用土工制服了洪水，从而能划定九州区域。

第二章 《山海经》考证精选

一、海外南经

在中国夏朝时，遥远的南方有许多小国家，它们各自都有奇异的习俗或者特殊的生活方式。相传羽民国的人都长着羽毛，在今天看来实际上他们是喜欢穿用羽毛编织的服装。相传厌火国的人能够从嘴里吐出火来，在今天看来他们是在表演吐火的魔术。相传岐舌国的人舌头分叉像蛇一样，其实他们的工作是翻译不同的语言。相传贯匈国的人胸口开着一个大洞，出门时可用竹竿穿过让人抬着走——这究竟是怎么回事？至今学者都没有找到令人信服的答案。

地载图

地之所载，六合之间，四海之内，照之以日月，经之以星辰，纪之以四时，要之以太岁，神灵所生，其物异形，或夭或寿，唯圣人能通其道。

六合，指前后、左右、上下 6 个方位，亦即三维空间。至于四海，古人相信大地被东南西北 4 个方向的大海包围着，四海之内即陆地所及的范围。四时即春夏秋冬四季。太岁即木星，或者准确说是木星纪年。木星 12 年绕太阳一周，古人就用十二地支来分别命名每一年，十二生肖和六十甲子即源于木星纪年。

毕沅、袁珂均指出，此段文字原本应接在“五藏山经”篇尾“禹曰天下名山”段末，并认为这种文字错位发生在刘秀校订《山海经》时。有趣的是，《列子·汤问篇》记有夏革对“神灵所生”的不同意见：“然则亦有不待神灵而生，不待阴阳而形，不待日月而明，不待杀戮而夭，不待将迎而寿，不待五谷而食，不待缯纩而衣，不待舟车而行。其道自然，非圣人之所通也。”夏革，字子棘，又名夏棘，以博学贤良著称，成汤曾拜其为师。

结匈国·南山

海外自西南陬至东南陬者。

结匈国在其西南，其为人结匈。

南山在其东南。自此山来，虫为蛇，蛇号为鱼。一曰南山在结匈东南。

陬，角落，山角；正月又称陬；地名，《史记·孔子世家》："孔子生鲁昌平乡陬邑。"《海外南经》记述的是从西南方到东南方的情况。

结匈国位于《海外西经》灭蒙鸟栖息地的西南方，当地人的特点是结胸。郭璞、袁珂都认为，结胸即人的胸部肋骨向外凸出，今俗称"鸡胸"，通常是因为人在童年发育期缺钙所致。其实，结有屈曲之意，因此结胸可以泛指各种脊椎弯曲畸形的病症，例如驼背、佝偻病（食物中钙、磷、维生素D含量不足，日照量不够所导致）。此外，结又有盘结之意，因此结胸也可能指一种独特的胸部（包括背部）服饰或装饰，例如，胸前佩戴着结状吉祥物（中国结或即源于此风俗），或者背后有类似日本和服的装饰结构。

南山位于结匈国的东南方，当地人称虫为蛇，称蛇为鱼，这种称谓的变化可能与某种巫术活动有关，有点类似颛顼化为鱼妇时巫师念的口诀。南山或许就是终南山。

比翼鸟·羽民国

比翼鸟在其东，其为鸟青、赤，两鸟比翼。一曰在南山东。

羽民国在其东南，其为人长头，身生羽。一曰在比翼鸟东南，其为人长颊。

比翼鸟的雏形是“西次三经崇吾山”中“见则天下大水”的蛮蛮鸟，此后比翼鸟演变成了吉祥鸟和爱情鸟。《周书·王会篇》称“巴人以比翼鸟”，或许比翼鸟栖息在巴人居住区，或者巴人有装扮成比翼鸟的巫术活动。

羽民国的人有两个特点，一是穿羽毛衣，或者用羽毛装扮自己；二是以头长为美，并且可能实施了头部变形装饰术。事实上，距今18000年前的周口店山顶洞人、10000年前的满洲里扎赉诺尔人、6400年前的大汶口人的头骨上，均发现了明显的普遍的人工变形的痕迹，其中大汶口人的头骨变形比例甚至高达80%以上。

神人二八

有神人二八，连臂，为帝司夜于此野。在羽民东。其为人小颊，赤肩，尽十六人。

神人二八，明代学者杨慎注谓：“南中夷方或有之，夜行逢之，土人谓之夜游神，亦不怪也。”

司夜，通常解释为夜间巡查以维护社会治安的人，类似日后的更夫，神人二八即2人一组或8人一组的巡逻队。此外，司夜亦指天文观测，不过天文观测好像用不着这么多人"连臂"进行。或许它更像是一种在夜间为帝君举行的巫术舞蹈或娱乐歌舞，这种舞蹈的队列特点是16人分为2组，每组8人，人与人之间手臂相连，它也可以变换成2人一组共分为8组的队列，而这恐怕就是"八佾舞"的雏形。

此处之"帝"，袁珂认为指黄帝，并总结道："帝，天帝，《山海经》中凡言帝，均指天帝，而天帝非一：除中次七经'姑瑶之山，帝女死焉，其名曰女尸'之'帝'指炎帝、中次十二经'洞庭之山，帝之二女居之'之'帝'指尧而外，其余疑均指黄帝。"这个结论有值得商榷之处，因为它意味着《山海经》诸篇文字形成之时，各时期各地的人们都已经公认黄帝为天帝，而这种可能性并不大。

讙头国又名讙朱国，其名称应与该族人的头部特殊装饰有关。所谓"其为人人面"的陈述存在着重复，既然是人，当然是人面，因此"人面"可能是"朱面"之误，也就是说当地人有将头部或全身涂红的习俗。所谓"有翼，鸟喙"当是一种与捕鱼有关的装饰、装束或用具，一种可能是当地人在模拟鱼鹰捕鱼的样子，另一种可能是当地人乘坐有帆的船，手持鱼枪扎鱼。所谓"方捕鱼"，表明此处文字撰写者是在看图说话，事实上这正是《山海经》的特点，即《山海经》原本有图，而且图画的内容相当清晰，可能还写有人物的名称。

学者普遍认为讙头国即尧臣讙兜或尧子丹朱的后裔。郭璞注："讙兜，尧臣，有罪，自投南海而死。帝怜之，使其子居南海而祠之。画亦似仙人也。"袁珂认为讙头国即丹朱国，讙兜亦即丹朱，由于丹朱不肖，尧以天下让诸舜，三苗之君同情丹朱，丹朱叛尧，尧击败三苗和丹朱，流放三苗和丹朱到南方。不过，在今天的民间传说里，既有谴责丹朱的故事，也有赞美丹朱的故事。

厌火国

厌火国在其国南，兽身黑色，生火出其口中。一曰在讙朱东。

郭璞注："言能吐火，画似猕猴而黑色也。"吴任臣云："《本草集解》曰：'南方有厌火之民，食火之兽。'注云：'国近黑昆仑，人能食火炭，食火兽名祸斗也。'"其实，所谓口中吐火乃是一种古老的魔术，它的技巧并不复杂，而这种表演则起源于古人使用吹火筒生火的情景。

三珠树

三珠树在厌火北，生赤水上，其为树如柏，叶皆为珠。一曰其为树若彗。

三珠树又称“三株树”，陶潜《读〈山海经〉》有“粲粲三珠树，寄生赤水阴”之句。陶潜又名陶渊明（365—427年），字元亮，浔阳柴桑人（今江西九江），曾任彭泽令，因不肯为五斗米折腰而去职归隐田园。陶潜生年晚于郭璞，因而可能他所看到的《山海经》图均缺少山川地形、地貌、距离等地图要素，属于一幅幅布局没有整体性的插图。

郝懿行认为，《庄子·天地篇》“黄帝游乎赤水之北……遗其玄珠”的故事，即源于此处三珠树的记载。当年黄帝北渡赤水，登上昆仑丘，归途时不慎遗失玄珠，黄帝先后派善于思考的人、眼力好的人、勤问的人寻找玄珠却都没有找到，后来派一个名叫“象罔”的人，他迷迷糊糊地就把玄珠找到了。袁珂认为这个古老的神话传说故事并非纯粹的寓言：“意者此生赤水上之三珠树，或为黄帝失玄珠神话之别传，为所失玄珠所生树乎？”据此，三珠树实际上可能是人工用珠玉装饰的玉树、神树、星星树，类似后世的摇钱树和圣诞树。

三苗国

三苗国在赤水东，其为人相随。一曰三毛国。

郭璞注：“昔尧以天下让舜，三苗之君非之，帝杀之，有苗之民，叛入南海，为三苗国。”《淮南子·修务训》：“尧立孝慈仁爱，使民如子弟。西教沃民，东至黑齿，北抚幽都，南道交趾。放讙兜于崇山，窜三苗于三危，流共工于幽州，殛鲧于羽山。”高诱注云：“三苗盖谓帝鸿氏之裔子浑敦、少昊氏之裔子穷奇、缙云氏之裔子饕餮三族之苗裔。”袁珂认为三苗即有苗，亦即苗民，而“相随”即该族人相随远徙南海之象也。其实“相随”可能是一种古老的集体活动，今我国西南少数民族有一种游戏，即若干人共同踏在两条木板或竹板上，只有同时迈步才能行走，这种活动在古代应当具有某种积极的巫术价值，例如，强化族人的团结意识等。

𢧵国

𢧵国在其东，其为人黄，能操弓射蛇。一曰𢧵国在三毛东。

𢧀，《汉书·孔光传》："犬马齿𢧀。"颜师古注："𢧀，老也，读与耋同。"耋，八十曰耋，或谓七十为耋。𢧀国当以民众颐养天年为特征。𢧀国或作盛国，亦有物产丰盛的意思。《大荒南经》记述有𢧀民国，不织不耕，以表演歌舞为生。

所谓"其为人黄"，系指当地人的服饰特征，可能是以黄色调为主，或者是佩戴着某种被称之为"黄"的装饰物，也可能是擅长加工制作黄色颜料（包括硫黄）。

此处"射蛇"，也可指"射鱼"，因前文南山条有自此山来"蛇号为鱼"的说法。有趣的是，居住在我国海南岛的黎族，至今仍有射鱼的习俗，小伙子赤脚站在清清的溪水或河水中，一旦看准鱼游过来，就用弓箭射，通常都能箭无虚发。

贯匈国

贯匈国在其东，其为人匈有窍。一曰在𢧀国东。

贯匈国又称穿胸民。《艺文类聚》"卷九十六"引《括地图》记有大禹治水时，召集各地诸侯开会，因防风氏姗姗来迟，于是"禹诛防风氏。夏后德盛，二龙隆（降）之。

禹使范氏御之以行，经南方，防风神见禹，怒射之。有迅雷，二龙升去。神惧，以刃自贯其心而死。禹哀之，瘗以不死之草，皆生，是名穿胸国”。袁珂注引元周致中纂《异域志》云：“穿胸国，在盛海东，胸有窍，尊者去衣，令卑者以竹木贯胸抬之。”

穿胸国之名得自防风氏“自贯其心而死”的行为，这可能是一种类似剖腹自杀的习俗。所谓“防风”，可能也是指一种特殊的装束，类似护心镜，以保护胸腹部不受外物伤害，同时也有预防风寒的作用。由于这种装束看起来仿佛胸部有窍洞，于是人们便称其为穿胸民。此外，也可能与用滑竿抬人走山路的方式有关。

交胫国

交胫国在其东，其为人交胫。一曰在穿匈东。

郭璞注：“言脚胫曲戾相交，所谓雕题、交趾者也。或作‘颈’，其为人交颈而行也。”郝懿行注：“《广韵》引刘欣期《交州记》云：‘交阯之人，出南定县，足骨无节，身有毛，卧者更扶始得起。’引此经及郭注，并与今本同。《太平御览》“卷七百九十”引《外国图》曰：‘交胫民，长四尺。’《淮南子·地形篇》有交股民，高诱注云：‘交股民脚相交切。’即此也。”

交胫国的人为什么有“交胫”的特征呢？一种可能是他们习惯盘腿而坐（古代中原流行跪坐式），另一种可能则与病态有关。众所周知，如果某一地区环境中（包括水里，食物里，煤、柴里）存在有毒有害元素，或者缺少某些必要的微量元素，就有可能导致该地居民患骨骼畸形或软骨病的概率增加。此外，某些疾病如小儿麻痹症也会造成下肢残疾，从而出现“交胫”的行走特征。

不死民

不死民在其东，其为人黑色，寿，不死。一曰在穿匈国东。

袁珂指出：古人所谓“不死”实有两种情况，第一种类型即《楚辞·远游》：“仍羽人于丹邱兮，留不死之旧乡。”在这里羽人、不死乃学道登仙的两个阶段，初则不死为地仙，久乃身生羽毛，遐举而为天仙矣。《论衡·无形篇》：“图仙人之形，体生毛，臂变为翼，行于云。”是仙人生羽翼之说明著于汉世者，证以武梁祠石刻画像，其伏羲与女娲交尾图像中所刻飞行云中之小仙人，确均生有翅翼。第二种类型即《山海经》之所谓羽民国、不死民，则殊方之

族类，有其异形与异禀而已，非修炼之谓也。

袁珂此论甚确，问题是此处不死民究竟有什么特殊的禀赋或习俗呢？可以考虑的解释包括，一是当地人不举行葬仪，老者自行离开族人走入山林而不归；二是当地人有将死者人体制成黑色木乃伊的习俗，并相信如此一来其人便获得永生。

歧舌国·昆仑虚

歧舌国在其东。一曰在不死民东。

昆仑虚在其东，虚四方。一曰在歧舌东，为虚四方。

歧舌国又作支舌国、反舌国、交舌国。尽管此处经文没有进一步描述该地居民的特征，我们仍然可以推知这里的居民以提供语言翻译服务而著称，他们一会儿说这种语言，一会儿又说那种语言，传来传去外面的人就把他们说成是舌分两叉了。或者，由于当地人的语言卷舌音特别多，外界的人就用“反舌”来形容他们。

我国蒙古族民间歌手掌握有一种名叫“呼麦”的演唱技法，一个人能够从口里同时发出两个频率的声音，仿佛有两个舌头，或许歧舌国的传闻亦得自于此。

郭璞注：“虚，山下基也。”毕沅注：“此东海方丈山也。《尔雅》“释地”云：‘三成为昆仑丘。’是‘昆仑’者，高山皆得名之。此在东南方，当即方丈山也。”

上述郭璞与毕沅的注释均不准确，此处昆仑虚，为四方台形建筑。有必要指出的是，在《山经》里昆仑丘是黄帝部落的大本营，当时那里充满生机，但是，到了《海经》里，昆仑已经变成昆仑虚，只剩下当年的遗址了。

寿华之野·羿·凿齿

羿与凿齿战于寿华之野，羿射杀之，在昆仑墟东。羿持弓矢，凿齿持盾。一曰戈。

羿与凿齿之战，乃先夏时期一系列部落战争之一，根据《淮南子·本经训》的相关记载，上述战争的起因是自然灾变事件（十日并出）严重破坏了人类社会赖以生存的环境，从而导致部落间的迁徙和激烈冲突。郭璞注：“凿齿亦人也，齿如凿，长五六尺，因以名云。”其实，所谓凿齿是一种非常古老的人体装饰习俗（出于美容或宗教目的），即人为将侧门牙或犬牙或中门牙敲凿拔掉，国内外许多民族都有此风俗，甚至一直流行到近代。而考古资料表明此风俗最早产生并流行于我国大汶口文化区，其中尤以鲁南、苏北的大汶口文化最为盛行，当时那里的人不分性别、地位几乎都拔掉两

颗侧门牙。今日贵州的佯家人，凡12岁以上的男人死后均要敲去两颗牙齿，意思是不要变成凿齿害人；而未婚女子则要戴“白箭射日”帽，以象征羿射九日。寿华又作畴华，高诱注谓：“南方泽名。”不过，此处称为野，当指原野。

三首国

三首国在其东，其为人一身三首。

袁珂注：“经文‘一身三首’下，其他各本尚有‘一曰在凿齿东’数字，郝懿行《笺疏》本脱去之，应据补。《海内西经》云：‘服常树，其上有三头人，伺琅玕树。’即此之类。《淮南子·地形篇》有三头民。郭璞《图赞》云：‘虽云一气，呼吸异道，观则俱见，食则皆饱；物形自周，造化非巧。’是善能摹状形容者。”

在畸形胎儿中，偶有两个头共用一副身躯的情况，条件好的时候他们也能长大成人。但是，三个头共用一副身躯的畸形胎儿，非常少见，更不用说能存活下来了。因此，这里的三首国，可能是指一种佩戴面具的习俗。每个人可以有多个面具，根据不同情况或场合而轮流佩戴；也可能是佩戴一种三面都有面孔图案的面具（所谓黄帝四面的传说，则可能是一种四面都有面孔图案的面具），又或者是一种类似今日变脸的特技。事实上，佩戴面具的习俗曾经遍及世界许多地区，起源于头部化妆以及对头颅和灵魂的崇拜，有兴趣的读者可参阅郭净所著《中国面具文化》一书（上海人民出版社）。

周饶国

周饶国在其东，其为人短小，冠带。一曰焦侥国在三首东。

郭璞注：“其人长三尺，穴居，能为机巧，有五谷（食）也。”又注引《诗含神雾》曰：“从中州以东四十万里，得焦侥国人，长尺五寸也。”袁珂认为这是有关小人国的传闻，并指出：“盖人体大小，自古恒为士庶兴会所寄，扩而张之，想象生焉。”事实上，我国古史、野史及文学故事里有关小人国的传闻甚多，其中《神异经·西荒经》记有：“西海之外有鹄国焉，男女皆长七寸，为人自然有礼，好经纶拜跪，其人皆寿三百岁。其行如飞，日行千里，百物不敢犯之，惟畏海鹄，遇辄吞之，亦寿三百岁。此人在鹄腹中不死，而鹄一举千里。”

长臂国

长臂国在其东，捕鱼水中，两手各操一鱼。一曰在焦侥东，捕鱼海中。

郭璞注：旧说（《三国志·魏书·东夷传》《博物志》）云："其人手下垂至地。魏黄初中，玄菟太守王颀讨高句丽王宫，穷追之，过沃沮国，其东界临大海，近日之所出，问其耆老，海东复有人否？云：'尝在海中得一布褶，身如中人，衣两袖长三丈，即此长臂人衣也。'"所谓"魏黄初"指魏文帝黄初年号，即220年至226年，正值魏、蜀、吴三国之战犹酣之际。

从长臂国的传闻来看，所谓"长臂"可能是穿长袖衣，有点类似今日藏族的服装。但是，这种长袖衣并不适合捕鱼，因此"长臂"也可能指手持某种捕鱼用的长形器具，例如渔叉，或许这种渔叉还绘有与人的手臂相同的文身图案，从远处看上去就像人的手臂一样。

狄山·帝尧葬·帝喾葬

狄山，帝尧葬于阳，帝喾葬于阴。爰有熊、罴、文虎、蜼、豹、离朱、视肉。吁咽、文王皆葬其所。一曰汤山。一曰爰有熊、罴、文虎、蜼、豹、离朱、鸱久、视肉、虖交。其范林方三百里。

狄山又名汤山，是帝尧和帝喾的陵墓所在地。所谓“爰有”云云，均指陪葬物品以及陵墓前的雕塑。离朱，郭璞注：“木名也，见《庄子》。今图作赤鸟。”郝懿行认为古图离朱“赤鸟”可能是南方神鸟焦明之属。袁珂认为此处离朱即日中神鸟三足乌。关于视肉，经文并无任何描述，这表明它在当时应该是人所共知的东西。郭璞注：“聚肉，形如牛肝，有两目也；食之无尽，寻复更生如故。”据此视肉有可能是一种生长迅速的真菌，或许亦即民间所说的不敢在太岁头上动土的“太岁”。值得注意的是，近年我国不少地方陆续出土类似视肉的不明生物，它们能够自我生长，而且能够净化水质，有胆大的人尝试吃过，似乎并无毒副作用。奇怪的是，对这种不明生物却检验不出细胞结构和DNA，或许它们是一种没有细胞膜和DNA的最原始的生物。吁咽、文王，或谓人名，郭璞甚至认为这个文王即周文王。其实此

处“吁咽、文王”乃文字抄写讹误，它们实际上即《海内西经》开明北的“玗琪树”和“文玉树”，均为神树或陪葬玉器。所谓“范林”则指墓地区域范围里的林木。

《海外南经》之神祝融

南方祝融，兽身人面，乘两龙。

《海外南经》所述区域的人们尊崇南方之神祝融，他身披兽皮，乘两龙而行。

在古史传说里，祝融既是火神，又指掌管火的官职，还指部落。郭璞注此：“火神也。”《吕氏春秋·孟夏篇》称：“其帝炎帝，其神祝融。”《淮南子·时则训》云：“南方之极，自北户孙之外，贯颛顼之国，南至委火炎风之野，赤帝（炎帝）祝融之所司者万二千里。”《山海经·海内经》称祝融为炎帝后裔，而《大荒东经》又称祝融为颛顼后裔（这种情况可能源于母系后裔和父系后裔的差异）。

祝融的主要事迹，一是鲧治水失败后，受帝命杀鲧于羽郊。二是《史记》司马贞《补三皇本纪》称共工与祝融战，不胜而怒触不周山（《淮南子·天文训》称共工与颛顼争为帝，怒而触不周山）。或谓鲧即共工，则两事可能指同一件事，实际上反映的是两大部落集团长期争战的故事。

此外，《墨子·非攻下》记有：成汤伐夏时“天命融（祝融）隆（降）火于夏之城间，西北之隅。”《尚书大传》《太公金匮》等书称武王伐纣时，祝融等七天神雪天远来助周灭殷，则祝融乃革命者之吉神。今南岳衡山最高峰名祝融峰，海拔1290米，相传祝融氏葬于此，峰上建有祝融殿（又名老圣殿），山顶有“天半祝融”等石刻。

综观《海外南经》所述诸国，涉及的地理地名仅有南山、赤水、寿华之野、昆仑墟、狄山等，涉及的地形也仅有捕鱼海中、司夜此野。在这种情况下，我们今天很难确指其地域范围。而且古代有地名随人走的习俗，即人迁徙到新的地方，仍然习惯用故乡的山名水名来命名新居的山和水，特别是当它们有某种相似之处的时候。与此同时，当人们迁居到新的地方后，也会重新设立祭祀先祖的墓地。由于同一族群的人们可能迁徙到不同的地方，因而使情况变得更为复杂。例如，赤水在《西山经》里属于昆仑丘水系（位于黄河中上游地区），但是在《海外南经》里，它或许仍然属于昆仑丘水系；例如，无定河上游的红柳河，也可能指南方某处的水质发红的河流（流经红壤区或流域内有赤铁矿）；例如，贵州与四川交界处的赤水河（属于长江水系），或流经贵州和广西的红水河（属于珠江水系）。

二、海外西经

在中国夏朝时，遥远的西方有许多小国家，其中有两个长寿之乡。轩辕国普通人的寿命也有 800 岁，他们的健身术是在身体上画出蛇的图案，还要模仿蛇把脚放到头上。白民国有一种名叫乘黄的瑞兽，样子像狐狸，背上长着角，谁能够骑上它，就能活 2000 年。此外，还有一处富饶的人间仙境“诸天（沃）之野”，那里有鸾鸟在歌唱，凤鸟在舞蹈。人们饿了就吃凤凰卵，渴了就饮甘露，自己想做什么就做什么。

灭蒙鸟·大运山

海外自西南陬至西北陬者。

灭蒙鸟在结匈国北，为鸟青，赤尾。

大运山高三百仞，在灭蒙鸟北。

结匈国是《海外南经》的第一处景观，灭蒙鸟是《海外西经》的第一处景观；与结匈国相邻的下一个景观是南山，与灭蒙鸟相邻的下一个景观是大运山。显然，南山和大运山都是“海外四经”撰写者希望告诉给读者的地理标志点。

毕沅、郝懿行都认为此处灭蒙鸟可能即《海内西经》的孟鸟，袁珂赞同此说，并认为灭蒙鸟亦即鸾鸟、凤鸟、五采鸟之属，而且还进一步指出孟鸟乃颛顼或舜之后裔孟戏，其先祖即《诗·玄鸟》所谓“天命玄鸟，降而生商”之玄鸟，亦即燕子的化身。

《太平御览》“卷九百一十五”引《括地图》云：“孟亏人首鸟身，其先为虞氏，驯百兽，夏后之末世，民始食卵，孟亏去之，凤随之，止于丹山。山多竹，长千仞，凤凰食竹实，孟亏食木实。去九疑万八千里。”孟亏即孟戏。虞，是掌管山泽的官职，舜曾任此职，此处虞氏即指舜。据此，灭蒙鸟所在之地及其临近之处，当指人与鸟和睦相处的地方。

大乐之野·夏后启

大乐之野，夏后启于此儛九代；乘两龙，云盖三层。左手操翳，右手操环，佩玉璜。在大运山北。一曰大遗之野。

九代或谓即九招、九韶、九成、九隶，当是一种分为九个章节的祭神歌舞，用今天的话来说即九幕歌剧。翳，用羽毛制成的华盖，象征权力和地位。郭璞引《归藏·郑母经》：“夏后启筮：御飞龙登于天，吉。”认为启亦仙人也。郝懿行引《太平御览》“卷八十二”引《史记》：“昔夏后启筮：乘龙以登于天。占于皋陶，皋陶曰：‘吉而必同，与神交通；以身为帝，以王四乡。’”支持郭璞的观点。

在历史上，夏后启是夏朝的开国之帝。在传说中，启既是禹之子，又是从石头中出生的。这种矛盾表明，启实际上只是禹的后代，或者自认是禹的后裔，因此他的权力基础并不充分。为此，他举行了盛大的登基仪式，旨在通过巫术歌舞活动，向世人展示自己的权力得到了上天的认可。

三身国

三身国在夏后启北，一首而三身。

《河图括地图》（《玉函山房辑佚书》辑）称："庸成氏实有季子，其性喜淫，昼淫于市，帝怒，放之于西南。季子仪马而产子，身人也而尾蹄马，是为三身之国。"所谓与兽通淫，既与图腾崇拜有关，也是远古许多国家地区都存在过的行为。例如，《旧约》就有禁止人兽通淫的条款。在《大荒南经》里三身为帝俊后裔，而《海内经》称三身之子义均"始为巧、倕"，或许"三身"有技艺多的意思。

一臂国·黄马

一臂国在其北，一臂、一目、一鼻孔。有黄马，虎文，一目而一手。

一臂国又称比肩民、半体人，当地的黄马亦为半体，与比翼鸟、比目鱼类似。《尔雅》"释地"载："北方有比肩民焉，迭食而迭望。"郭璞注："此即半体之人，各有一目、一鼻孔、一臂、一脚。"《交州记》则称："儋耳国东有一臂国，人皆一臂也。”

一臂国的传闻可能与当地的特殊服饰有关，例如，服装只露出一臂（左袒或右袒），经辗转流传而夸张为半体人。近代西洋人来到中国，由于他们喜欢笔挺站立，又不肯向中国皇帝、官员下跪，民间遂传说西洋人没有膝盖骨，躺倒后需有人帮助才能站起来。这个例子说明了传闻与真相之间的关系，以及信息是如何讹变的。

奇肱国·两头鸟

奇肱之国在其北，其人一臂三目，有阴有阳，乘文马。有鸟焉，两头，赤黄色，在其旁。

《博物志·外国》：“奇肱民善为栻扛，以杀百禽。能为飞车，从风远行。汤时西风至，吹其车至豫州，汤破其车，不以视民。十年东风至，乃复作车遣返。其国去玉门关四万里。”栻，原指古代占卜的用具，又称星盘，此处栻扛指性能优良的机械装置。所谓“汤破其车”云云，是说商朝的统治者怕百姓掌握先进的科学技术。

《淮南子·地形训》记海外三十六国有奇股国，袁珂认为此处“奇肱国”应是“奇股国”之误，理由是独臂人很难制作复杂的机械，而独脚人则更可能由于“痛感行路之艰，翱翔云天之思斯由启矣”。

不过，此处经文并没有直接说奇肱国人善为机巧。所谓三目，是一种古老的装饰习俗，即在两眉之上的部位，人为绘出或通过手术制作出一个眼睛的图案。所谓有阴有阳，不详何指。文马又称吉量，相传乘之寿千岁。两头鸟，当亦有其特殊的功能。

形天

形天与帝至此争神，帝断其首，葬之常羊之山。乃以乳为目，以脐为口，操干戚以舞。

形天又作形夭、刑夭、刑天，袁珂认为刑天即断首之意，形夭即形体夭残之意，而形天、刑夭则不通。郭璞注：“干，盾；戚，斧也；是为无首之民。”

袁珂注谓：“刑天，炎帝之臣；刑天之神话，乃黄帝与炎帝斗争神话之一部分，状其斗志靡懈，死犹未已也。”在这场旷日持久的战争中，黄帝先后战胜炎帝、蚩尤、夸父、刑天。所谓刑天为炎帝之臣，出自《路史·后纪三》：“炎帝乃命邢天作《扶犁》之乐，制《丰年》之咏，以荐釐来，是曰《下谋》。”《路史》为宋代学者罗泌撰著，篇章包括《前纪》9卷、《后纪》13卷、《余论》10卷、《发挥》6卷，以及《国名记》7卷；其内容以记述兼论述先夏时期的历史为主，因文字庞杂且多有他书未见之内容，而又难以考证核实，故而学者引用不多。笔者20世纪70年代在上海旧书店，意外用1.80元人民币购得中华书局出版的《路史》一书，16开，416页，有光绪丙子年（1876年）新序。

常羊山是古史传说中的名山之一，《春秋纬·元命苞》云："少典妃安登，游于华阳，有神龙首感之于常羊，生神农。"

女祭·女戚

女祭、女戚在其北，居两水间，戚操鱼䱇，祭操俎。

这是一幅两个女巫在祭神的场景。䱇，即黄鳝，在这里是祭神的供品。俎，古代祭祀时用以载牲的礼器，有青铜制成的，也有木制漆饰的；亦指切割肉的砧板，木制或青铜铸制，长方形，两端有足。所谓"居两水间"，当指举行巫术活动时对地形环境有着一定的要求，这种环境可能是自然形成的，也可能是人为营造出来的。

鸾鸟·鹡鸟

鸾鸟、鹡鸟，其色青黄，所经国亡。在女祭北。鸾鸟人面，居山上。一曰维鸟，青鸟、黄鸟所集。

鸾鸟、鹡鸟即青鸟、黄鸟，鸾鸟又名维鸟，均为不祥之鸟。所谓“鸾鸟人面，居山上”，以及“所集”“所经”云云，表明鸾鸟、鹡鸟可能是巫师装扮的，正在山上举行某种巫术活动，而其目的则是摧毁某个敌对的国家或部落。

鸟，通常均指飞禽类动物，有时也指南方朱鸟星宿，而在《山海经》里，却常常用“鸟”代指部落、官职或人。这种称谓，可能与图腾崇拜有关，也可能与古人喜欢用鸟羽装饰自己有关。此外，“鸟”直至今日在土语中仍然是骂人的粗话，而这种粗话亦源于远古对鸟的生殖崇拜。

丈夫国

丈夫国在维鸟北，其为人衣冠，带剑。

郭璞注：“殷帝太戊使王孟采药，从西王母至此，绝粮，不能进，食木实，衣木皮，终身无妻，而生二子，从形中出，其父即死，是为丈夫民。”《太平御览》“卷三百六十一”引《玄中记》云：“丈夫民。殷帝太戊使王英采药于西王母，至此绝粮，不能进，乃食木实，衣以木皮。终身无妻，产子二人，从背胁间出，其父则死，是为丈夫。去玉门二万里。”《玄中子》相传亦为郭璞所著。

殷帝（生前称王，死后称帝）太戊，又作大戊、天戊，帝雍己之弟，任用伊陟（伊尹子）、巫咸治理国政，殷复兴。按郭璞所述故事，丈夫民乃出现在殷太戊年间或其后，约前15世纪。但是，从此处经文来看，丈夫国的特点并不是无妻生子，而是“衣冠，带剑”。在家庭关系中“丈夫”乃是与“妻”相对而言的，既称为丈夫，当然就有妻室。因此，这里的丈夫，实际上是指身材魁伟、风度翩翩的君子。

女丑尸

女丑之尸，生而十日炙杀之。在丈夫北，以右手鄣其面。十日居上，女丑居山之上。

所谓远古曾经发生十日或多日并出的灾变事件，在世界各地许多民族中都有流传。能够造成这种古老记忆的自然现象可能有日晕、假日或幻日；气候异常干旱、阳光毒热；若干颗新星同时爆发；天外星体撞击地球前在大气层中燃烧并爆裂成多块光热体。有兴趣可参阅《神妙的星宿文化与游戏》一书（解放军文艺出版社，1991年版）。

此处经文所描述的女丑与十日画面，属于巫术禳灾活动，其事件发生时间当即郝懿行注："十日并出，炙杀女丑，于是尧乃命羿射杀九日也。"在古代，巫师既有权力，又有责任：当灾祸、灵异事件发生后，如果巫师不能通过巫术活动消除灾祸，那么他（她）便要以身殉职。《论衡·明雩篇》记有："鲁缪公之时，岁旱，缪公问县子：'寡人欲暴巫，奚如？'"所谓"暴巫"就是让巫在大太阳下晒着，什么时候求得下雨，什么时候算完事，有时候甚至要将巫放在柴堆上焚之献天。袁珂指出此处乃女丑尸为旱魃而被暴也。

巫咸国·登葆山

巫咸国在女丑北，右手操青蛇，左手操赤蛇。在登葆山，群巫所从上下也。

《水经注·涑水》称涑水流经安邑县东的巫咸山北，其山陵上有巫咸祠，此即《海外西经》的登葆山、《大荒西经》的灵山。安邑县位于中条山北麓，相传禹建都于此，由于禹妻涂山氏思恋故乡，遂在城南门筑高台供涂山氏远望，郦道元撰写《水经注》时其台尚存（当然不一定是禹时所筑之原台）。在古史传说中，神农、黄帝、尧、殷时均有名叫巫咸的人，表明巫咸实际上亦是部落或官职的名称。所谓“操蛇”，乃巫师的身份装饰特征或举行巫术活动的道具。所谓群巫在登葆山“上下”，袁珂认为此山属于天梯性质，巫者只有通过天梯才能“下宣神旨，上达民情”。

并封

并封在巫咸东，其状如彘，前后皆有首，黑。

《大荒西经》:“有兽，左右有首，名曰屏蓬。”《周书·王会篇》:“区阳以鳖封，鳖封者，若彘，前后皆有首。”袁珂赞成闻一多的观点，认为并封亦即屏蓬、鳖封，乃动物牝牡交合之状，传闻中的两头蛇、两头鸟亦源于此。

不过，动物牝牡交合乃自然界普遍现象，此处用“并封”作为国名或地名当有其特殊之处。我国今日西南少数民族有一种古老的游戏，男女两人各自双手撑地，头向两方，双脚相互盘搭在对方身体上，然后一起爬行或转圈，其象征意义显然与生殖崇拜有关。或许，在古代这种游戏的表演者，要将身体涂黑或穿着黑色服饰，并要装扮成猪的样子(表明其图腾崇拜物为猪)，以祈求人丁兴旺。

女子国

女子国在巫咸北，两女子居，水周之。一曰居一门中。

郭璞注："有黄池，妇人入浴，出即怀妊矣。若生男子，三岁辄死。周犹绕也。《离骚》曰：水周于堂下也。"《太平御览》"卷三百九十五"引《外国图》云："方丘之上，暑湿生男子，三年而死。有黄水，妇人入浴，出则乳矣。去九疑二万四千里。"

根据民族史资料，某些地区的民族曾经有这样的习俗，即男女成年时要分别住到男子集体宿舍和女子集体宿舍里，并接受有关的生存技能和生理生殖教育，亦即郝懿行注谓："居一门中，盖谓女国所居同一聚落也。"《山海经》所述女子国、丈夫国可能即是对此种习俗的记录。此外，古代亦可能施行过某种极端的走婚制，从而形成过只有纯女性或纯男性的村落。不过，此处经文"两女子居，水周之"，其情景类似女祭、女戚的"居两水间"，因此不能排除她们的身份也是女巫。据此，女子之"子"，则可能相当于女丑之"丑"、女祭之"祭"，均为巫者之名。

轩辕国

轩辕之国在此穷山之际，其不寿者八百岁。在女子国北。人面蛇身，尾交首上。

“轩”指车顶前高如仰之貌，“辕”即连接在车轴上牵拉车的直木或曲木，我国商周时期的车多为独辕，汉代以后多为双辕。关于车的起源，《人类文明编年纪事·科学和技术分册》（中国对外翻译出版公司，1992 年版）称前 3300 年左右：“苏美尔用重型四轮车（圆盘车轮）做战车，由四头驴牵拉（后来一度只供国王和祭神用）。”

有趣的是，《西山经》记述有轩辕丘，称其地无草木、多丹粟、多青雄黄，并未言其地居民的形貌。但是，到了《海外西经》《大荒西经》却强调轩辕国人如何长寿；而长寿的原因则与他们的奇怪装束及其特殊的动作有关。所谓“蛇身”，即将身躯涂绘出蛇的花纹图案。所谓“尾交首上”，可能是一种巫术动作，即将双脚反向弯曲到头上，类似今日杂技里的柔功，通过模拟车轮旋转以象征生生不息。事实上，在中国先民的观念里，旋涡状的图形或事物往往被认为是生命力旺盛的神秘标志，其中最典型的图案即太极图。

穷山·轩辕丘

穷山在其北，不敢西射，畏轩辕之丘。在轩辕国北，其丘方，四蛇相绕。

此处穷山，郭璞认为即长江流域的岷山。《楚辞·天问》记有："阻穷西征，岩何越焉？化为黄熊，巫何活焉？咸播秬黍，莆雚是营；何由并投，而鲧疾修盈？"唐兰认为，鲧化为黄熊西行受阻的穷山即《海外西经》此处所说的穷山，其目的则是"求活于诸巫"，诸巫亦即此处穷山之南面的巫咸国。

所谓"其丘方，四蛇相绕"云云，是说轩辕丘是一座四方台，台的四面都装饰有蛇纹浮雕或立有蛇状雕塑，来到此地的人都要对轩辕丘表示敬畏之意，射箭的方向也要避开轩辕丘。也就是说，此处轩辕丘是一座金字塔形建筑物。

诸天之野

此诸天之野，鸾鸟自歌，凤鸟自舞。凤凰卵，民食之；甘露，民饮之，所欲自从也。百兽相与群居。在四蛇北。其人两手操卵食之，两鸟居前导之。

诸天之野，或作诸沃之野，其地其民其国亦即《大荒西经》里的沃野、沃民、沃国。这里的居民与百兽和睦相处，鸾鸟、凤鸟自由地歌舞，人们饿了就吃鸟卵，渴了就喝甘露，用不着捕猎和耕作，生活得自由自在。画面的场景描述的是沃民跟在鸾鸟、凤鸟的后面捡拾鸟卵吃。

众所周知，人类是一种杂食性动物，其获得食物的方式主要有采集、捕猎、畜牧、栽培、酿造等。不过，通常所说的采集，主要指对植物性食物的采集。根据此处的记述，表明古人曾经有过以捡拾的鸟卵为主要食物的生存方式。一般来说，树林里的鸟卵数量较少而又不易采集；对比之下，沼泽地或湖泊周边的鸟卵则比较多，而且易于捡拾。由于鸟卵是季节产生的，因此以鸟卵为主要食物来源的居民，还需要掌握加工、存储鸟卵的技术。此外，以天然鸟卵为食，也有一个如何限制采集量的问题，否则鸟类会逐渐减少，鸟卵资源也会枯竭。在灭蒙鸟的故事里，正是由于当地人食鸟卵过量，凤凰才追随孟戏远走他乡。

龙鱼·神圣

龙鱼陵居在其北，状如狸，一曰鰕。即有神圣乘此以行九野。一曰鳖鱼在天野北，其为鱼也如鲤。

龙鱼或作龙鲤、鳖鱼，“状如狸”或作“状如鲤”。鰕，毕沅注谓：“一作如鰕，言状如鲵鱼有四脚也。《尔雅》“释鱼”云：‘鲵大者谓之鰕。’”陵居，是说龙鱼能够在陆地上生存，即两栖鱼类。九野指大地分为9个方位（中央、四正、四隅）或9个区域（九州），而值得注意的是在“五藏山经”里并无九野的观念和对九州的划分。

古人有鲤鱼跳过龙门即化龙的说法，或许与此处龙鱼、神圣的故事有关；或者，龙的原型即体形大的娃娃鱼。

三、海外北经

在中国夏朝时，遥远的北方有一个名叫烛阴（又名烛九阴、烛龙）的大神。他身长千里，睁开眼睛天下就亮了，闭上眼睛大地就黑了，吹一口气就变成冬天，呵一口气就变成夏天；他不吃不喝，呼吸时一进一出的气流就是风。有人说烛阴的原型是开天辟地的盘古，有人说烛九阴的原型是北极光，有人说烛龙的传说与人造光源的发明有关，你同意哪一种说法？如果你能提出更好的解释，就表明你掌握了研究问题、解决问题的能力。

无䏿国

海外自东北陬至西北陬者。无䏿之国在长股东，为人无䏿。

毕沅、袁珂均指出，此处经文所述方位应是自西北至东北，甚确。《海外北经》描述的是从西北方到东北方的民族分布情况。《吕氏春秋·求人篇》记有："禹东至榑木之地，日出九津、青羌之野，攒树之所，抿天之山，鸟谷、青丘之乡，黑齿之国。南至交趾、孙朴、续樠之国，丹粟、漆树、沸水、漂漂、九阳之山，羽人、裸民之处，不死之乡。西至三危之国，巫山之下饮露吸气之民，积金之山，其（奇）肱、一臂、三面之乡。北至人正之国，夏海之穷，衡山之上，犬戎之国，夸父之野，禺强之所，积水（羽）积石之山。"事实上，旅游考察活动，在禹之前有，在禹之后也有。我国古代的旅游之神，称为祖神或道神。唐王瓘《轩辕本纪》："（黄）帝周游行时，元妃嫘祖死于道，帝祭之以为祖神。"《宋书·礼志》注引崔实《四民月令》："祖，道神也。黄帝之子曰累祖，好远游，死道路，故祀以为道神，以求道路之福。"《风俗通义》："共工之子曰修，好远游，舟车所至，足迹所达，靡不穷览，故祀以为祖神。"据此可知，"海外四经"的内容，或许得自远游者的陈述。

长股国处于《海外西经》最北的方位，此处无膂国在长股国东，表明《海外北经》记述的方位是从西北至东北。无膂又作无继、无启，通常解释为其国人无后裔。膂即腓，俗称小腿肚子，或谓指肥肠。郭璞注："膂，肥肠也。其人穴居，食土，无男女，死即薶之，其心不朽，死百二十岁乃复更生。”不过，古代并不存在无性别而又能自我克隆的民族，因此“无脊”当另有含义，或许与制作木乃伊时清除内脏的习俗有关。

钟山·烛阴

钟山之神，名曰烛阴，视为昼，瞑为夜；吹为冬，呼为夏；不饮，不食，不息，息为风。身长千里，在无䏿之东。其为物，人面，蛇身，赤色，居钟山下。

此处烛阴在《大荒北经》又称烛九阴或烛龙。《楚辞·天问》：“日安不到？烛龙何照？”《楚辞·大招》：“魂乎无北，北有寒山，逴龙（烛龙）赩只。”《淮南子·地形训》：“烛龙在雁门北，蔽于委羽之山，不见日；其神人面龙身而无足。”郭璞注引《诗含神雾》：“天不足西北，无有阴阳消息，故有龙衔火精以往照天门中也。”《玄中记》：“北方有钟山焉，山上有石首如人首，左目为日，右目为月，开左目为昼，闭右目为夜；开口为春夏，闭口为秋冬。”据此，袁珂认为烛龙属于开天辟地之神，与后世盘古的传说类似。所谓“身长千里”云云，或解释为北极地区的极光现象。在《西山经》里，钟山之神名鼓，状为人面龙身，被黄帝击杀后化为鵕鸟。

一目国·柔利国

一目国在其东，一目中其面而居。一曰有手足。

柔利国在一目东，为人一手一足，反膝，曲足居上。一云留利之国，人足反折。

袁珂认为一目国即《大荒北经》的威姓国、《海内北经》的鬼国，它们的共同特点都是人面一目，并注谓："《论衡·订鬼篇》引《山海经》（今本无）云：'北方有鬼国，说螭者谓之龙物也。'何所谓'龙物'则语焉不详也。"或许，一目乃鬼国人的装饰特点，或以管窥物的形象，鬼国可能即《西山经》槐江山北面的槐鬼、东面的有穷鬼。

柔利国即擅长表演杂技柔术的部落，所谓"一手一足"云云，实即柔术表演的典型动作；一只手支撑，双腿双脚并拢，反向弯曲到身后。这种柔术动作当初可能有某种巫术价值，后来逐渐演变成娱乐或谋生方式。

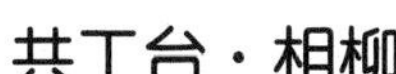

共工台·相柳

共工之臣曰相柳氏，九首，以食于九山。相柳之所抵，厥为泽谿。禹杀相柳，其血腥，不可以树五谷种。禹厥之，三仞三沮，乃以为众帝之台。在昆仑之北，柔利之东。相柳者，九首人面，蛇身而青。不敢北射，畏共工之台。台在其东。台四方，隅有一蛇，虎色，首冲南方。

共工是先夏时期的著名部落（本书“部落”一词泛指民族、部族、氏族、国家、地区居民等），徐旭生在《中国古史的传说时代》中指出：“对于共工氏的传说颇不一致：有恭维它的，也有诋毁它的。可是不管是恭维与诋毁，它的传说几乎全同水有关。”由于“共工”连读之音即“鲧”，因此也有学者认为共工即鲧。

此处文字记述的是共工部落的主要成员相柳，它是由9个氏族组成的，分别迁徙到9个地方生活；相柳所到的地方，都变成了湿地沼泽。禹消灭相柳，相柳的血（实际指相柳带来的水）污染过的田地，不能够种庄稼。禹多次开挖田地（排除积水）都失败了，不得已在这里建筑了众帝之台，它们位于昆仑之北、柔利之东的地方。其中有一座共工台，形状为四方台，台前面的一角有一座蛇形雕像（即相柳），虎皮色，蛇头威严地向着南方，因此南来的人不敢把箭指向共工台。据此可知，众帝之台与埃及金字塔和美洲金字塔一样，都是人类文明早期的伟大建筑。

显然，这个古老的故事记录着许多珍贵的远古信息。众所周知，远古时期地广人稀，各部落的生存空间很大，如果

发生了长期、激烈的部落冲突，或远距离的部落迁徙，那么通常都是因为自然生态环境发生了重大改变。从这个角度来说，所谓“其血腥，不可以树五谷种”，很可能是指土地严重盐碱化。一般来说，土地盐碱化，一是海水淹没陆地，二是在低洼地的农田里的灌溉水量大而又蒸发量大。若为前者，相柳的故事则与先夏时期的海侵事件有关；若为后者，则表明相柳由于采取筑坝抬升河道水位以灌溉低洼地农田的方法，反而使本部落的农田盐碱化，同时也使上游地区的农田盐碱化，并触发部落战争，从而给本部落招致了毁灭性灾难。

深目国

深目国在其东，为人举一手一目，在共工台东。

《路史·后纪五》注引《尸子》云：“四夷之民有贯胸国者，深目者，长股者，黄帝之德皆致之。”据此，深目国当是从远方迁徙到黄帝文明区域的部落族群。《尸子》一书系战国时期楚人尸佼所著，20 篇，记有少昊、禹、汤、徐偃王的故事，《汉书·艺文志》将其列于杂家。

深目，通常均理解为眼窝凹陷，其实我国古代也将窥管称为深目。《淮南子·泰族训》称：“人欲知高下而不能，

教之用管、准则说（悦）。欲知轻重而无以，予之以权、衡则喜。欲知远近而不能，教之以金目则快射。”冯立升在《中国古代测量学史》（内蒙古出版社，1995年版）中指出，“金目”在汉代又称“深目，所以望远近，射准也”，并推测“金目”可能也是窥管一类的测望工具。因此，经文“为人举一手一目”，实际上是用一手持窥管放在一眼上做远望之状，而以管窥物则起源于古代捕猎的需要。

无肠国

无肠之国在深目东，其为人长而无肠。

郭璞注：“为人长大，腹内无肠，所食之物直通过。”郝懿行注：“《神异经》云：‘有人知往，有腹无五藏，直而不旋，食物径过。’疑即斯人也。”人无肠不能活，那么为什么这里的人被传闻说成没有肠子呢？一种解释是该国人生活在寒冷地区，因此食量特别大，在外人看来仿佛没有经过胃肠消化一样，这种特点传来传去就被夸张成没有肠子了。此外，女娲之肠的故事与生育活动有关，无肠或也有类似的含义。

聂耳国

聂耳之国在无肠国东，使两文虎，为人两手聂其耳。县居海水中，及水所出入奇物。两虎在其东。

郭璞注："言耳长，行则以手摄持之也。"袁珂注："唐李冗《独异志》云：'《山海经》有大耳国，其人寝，常以一耳为席，一耳为衾。'则传说演变，夸张又甚矣。"其实，所谓聂耳、长耳、大耳，均指耳部的装饰或装束，类似今日北方特别是极地人的防寒耳套，因为在高寒地区耳朵如果没有耳套保护，很容易被冻伤甚至冻掉。据此，经文所述"使两文虎"云云，很像是居住在北极地区的孤岛上或浮冰上的因纽特人，他们常戴着大耳套，坐在狗拉或鹿拉雪橇上，带着猎犬捕猎海狮、海豹。

英国学者李约瑟博士在《中国科学技术史·地学卷》中，对比了中国古代与欧洲古代有关怪人的传闻。欧洲人最早有关怪人的文献是前5世纪希罗多德的作品，3世纪索利努斯在《记闻集》中收集的怪人资料里，亦有类似刑天的无头人和类似聂耳国民的长耳人。

夸父逐日

夸父与日逐走，入日。渴欲得饮，饮于河渭，河渭不足，北饮大泽，未至，道渴而死，弃其杖，化为邓林。

与日逐走或作与日竞走，入日或作日入。大泽，袁珂认为即《大荒北经》《海内西经》所述大泽。邓林，毕沅认为即《中山经》夸父山的桃林。如何解释夸父逐日的内涵？郭璞认为："夸父者，盖神人之名也；其能及日景而倾河渭，岂以走饮哉，寄用于走饮耳。几乎不疾而速，不行而至矣。此以一体为万殊，存亡代谢，寄邓林而遁形，恶得寻其灵化哉！"其实，夸父逐日是远古的一种驱逐"妖日"（包括太阳异常发光、新星爆发、特大流星等）的巫术活动或表演，届时巫师要表演追逐太阳、干渴而死的一系列场景，结束时众人要象征性地展现妖日被驱逐、万木复生的景象。

博父国·禹所积石山

博父国在聂耳东，其为人大，右手操青蛇，左手操黄蛇。邓林在其东，二树木。一曰博父。

禹所积石之山在其东，河水所入。

袁珂指出此处博父国即夸父国，所言甚是。进一步说，上文“夸父与日逐走……”三十七个字原亦应在此处经文“黄蛇”二字之后，这样两段话的意思才完整，而且也符合《海外四经》每段文字开头为国名或地名的叙述惯例。根据《大荒北经》《海内经》等书的记述，袁珂认为：“则夸父者，炎帝之裔也。以义求之，盖古之大人（夸，大；父，男子美称）也。”从此处经文可知，夸父国人的特点正是身躯魁伟高大。此外，夸父左右手操蛇，则明显是巫师的标志。所谓“二树木”，郝懿行注：“盖谓邓林二树成林，言其大也。”其实，这是说邓林里有两棵被视为神树的大桃树。

积石有自然形成的，也有人工筑成的，此处为禹治水时在黄河上修筑的积石坝。徐旭生在《读〈山海经〉札记》中指出：“盖‘禹所积石之山’本不知何在，或近在山西、陕西境内，均未可知。因禹传说之扩大而渐移至甘肃西境。”

拘缨国·寻木

拘缨之国在其东，一手把缨。一曰利缨之国。

寻木长千里，在拘缨南，生河上西北。

拘缨或作“句婴”，高诱认为句婴即九婴；郭璞解释拘缨为手持冠缨，又怀疑“缨”当为“瘿”。袁珂认为拘缨实应为拘瘿，瘿即颈部赘肉瘤，俗称大脖子病。有趣的是，古埃及的雕塑和绘画里有胡须装入颌下口袋内的特殊装束，或许也可称为“拘缨”吧。

《穆天子传》卷六载：“天子乃钓于河，以观姑繇之木。”郭璞认为寻木即姑繇树，是一种生长在黄河边的大树。今日北方的樟子松高30米，胡杨高15米，难与寻木比高。

跂踵国

跂踵国在拘缨东，其为人大，两足亦大。一曰大踵。

跂，多出的脚趾，踮起脚尖；踵，脚后跟。郭璞注：“其人行，脚跟不著地也。《孝经·钩命诀》曰‘焦侥、跂踵，重译款塞’也”。高诱注《淮南子·地形训》“跂踵民”为“踵不至地，以五指行也”但是，《文选》王元长《曲水诗序》注引高诱注文则作“反踵，国名，其人南行，迹北向也”。袁珂评论道：“大约跂踵本作支踵，支、反形近易讹，故兼二说。”并指出经文“两足亦大”应作“两足皆支”，《吕氏春秋·当染篇》“夏桀染于跂踵戎”即此处跂踵国。

跂踵又作大踵，所谓“两足亦大”实际上是说当地人

穿着大尺寸的鞋。我国先夏时期的出土文物表明当时已经有鞋（包括皮靴），到了夏商周时人们已经普遍穿鞋。一般来说，鞋的作用，一是保护脚在行走或劳动时不受伤、不受寒以及防滑、防陷等，二是化装狩猎（模仿动物的足迹），三是与服饰搭配（美化、巫术）。据此，生活在北方的跂踵国人，应当是以穿着大毛窝鞋（保暖）、大板鞋（防止脚陷入雪地）或类似今日满族人的高底鞋为显著特征。

欧丝之野

欧丝之野在大踵东，一女子跪据树欧丝。

袁珂指出，殴与呕通，欧丝即吐丝，并认为此处寥寥数字即蚕马故事之雏形。《搜神记》“卷十四”记有《太古蚕马记》：古时一少女为见远方的父亲，许愿嫁给能把父亲接回家的马；其父回家了解真相后，将马射杀，晾马皮于院，少女踏在马皮上，马皮忽然卷起少女飞去，数日后人们在一棵大桑树上找到少女，她与马皮已化为蚕，其茧硕大异于普通蚕茧。其实，所谓“女子呕丝”，乃是古人祭祀蚕神时的一种巫术表演，由女巫（养蚕是女子之职）模拟蚕吐丝的样子，蚕马故事、帝女桑的记述则均与古人选育和改良桑蚕品质的活动有关，而煮元宵吃的习俗或亦源于煮蚕茧、祭蚕神。

三桑·范林

三桑无枝，在欧丝东，其木长百仞，无枝。

范林方三百里，在三桑东，洲环其下。

《北山经》北次二经洹山记有三桑，《大荒北经》亦记有三桑无枝，袁珂注谓：“此无枝之三桑，当即跪据树欧丝女子之所食也。”如此说来，三桑无枝实为三桑无叶，因为桑叶已被化为蚕神的女子食尽了。进一步说，无枝无叶的桑树，或许亦可称之为“空桑”或“穷桑”。总之，三桑无枝是一种非常醒目的景观，它有可能是一处祭祀活动的圣地，其标志即三棵高大无枝叶的桑树。

郝懿行云：“范、泛通。《太平御览》“卷五十七”引顾恺之《启蒙记》，曰：‘泛林鼓于浪岭。’注云：‘西北海有泛林，或方三百里，或百里，皆生海中浮土上，树根随浪鼓动。’即此也。”据此，范林像是海中绿岛。其实它是指墓地林，属于下文所述的颛顼葬所。

务隅山·帝颛顼葬

务隅之山，帝颛顼葬于阳，九嫔葬于阴。一曰爰有熊、罴、文虎、离朱、鴟久、视肉。

务隅山在《大荒北经》作附禺山，在《海内东经》作鲋鱼山。此外，西次一经亦记有符禺山，但是未言颛顼葬的内容。在古史传说里，颛顼是黄帝之孙、北方之帝，曾与共工战，其墓地在今日河南省濮阳。《史记·五帝本纪》集解引《皇览》云："颛顼冢，在东郡濮阳顿丘城门外广阳里中。"值得注意的是，1987年在濮阳西水坡前4665—前3987年的仰韶文化遗址墓葬里出土了蚌壳塑成的龙虎等图案，其中有北斗图造型，而《国语·周语下》称："星与日辰之位皆在北维，颛顼之所建也。"根据此处经文，帝与嫔妃葬于同一处，可能始自颛顼，其陪葬物与帝尧、帝喾类似，而这些陪葬物有可能是用贝壳塑造而成的图案。又，上文范林应在此处经文下，帝尧葬所亦有范林。

平丘

平丘在三桑东，爰有遗玉、青鸟、视肉、杨柳、甘柤、甘华，百果所生。有两山夹上谷，二大丘居中，名曰平丘。

遗玉，吴任臣认为即千年琥珀。青鸟或作青马。柤，同楂，甘柤即甜山楂树类；《尔雅·释木》称柤即樝，郭璞注“似梨而酢涩”。袁珂注谓，甘柤“盖是梨木之神异者”。《大荒南经》记有甘柤“枝干皆赤，黄叶、白华、黑实”。此处“杨柳”或有离别之意，或指某种果树而与甘柤、甘华共同构成“百果”。毕沅、郝懿行认为此处平丘即《淮南子·地形训》“昆仑华邱在其东南方”的华邱，袁珂认为华邱乃《海外东经》的嗟丘。其实，从“爰有”云云来看，平丘当亦是一处帝陵或帝陵的附属景观。

騊駼·駮·蛩蛩·罗罗

北海内有兽，其状如马，名曰騊駼。有兽焉，其名曰駮，状如白马，锯牙，食虎豹。有素兽焉，状如马，名曰蛩蛩。有青兽焉，状如虎，名曰罗罗。

此处北海，可指位于北方的大海或大湖泊，而北海内则指北海之南的广大地区；此外“海”亦可泛指大原野，如瀚海。騊駼当是一种野马或类似马的动物。駮，已见于西次四经中对曲山的记述，形貌习性与此处所述大同小异，唯这里称“锯牙”。众所周知，锯的发明对扩展木材使用范围的价值甚大，事实上我国先夏时期盛行一时的彩陶及彩陶画的忽然衰落、消失，就可能与锯的发明有关，因为有了锯，就可以制作大而平整的木板，并在木板上作画。蛩蛩，郭璞注谓即邛邛、距虚，袁珂认为两者实为一物；《穆天子传》“卷一”记有多种动物的行走速度，其中蛩蛩、距虚一走百里，属于速度比较慢的。《吕氏春秋·不广篇》记有前身像鼠、后身似兔的蹶，它常常为蛩蛩、距虚取甘草，一遇危险就跳到蛩蛩、距虚背上一起逃走。罗罗，吴任臣注：“今云南蛮人呼虎亦为罗罗，见《天中记》。”

四、海外东经

在中国夏朝时，遥远的东方有大人国，那里的人们制造远航的船。还有君子国，那里的人喜欢吃肉，出门时都要穿礼服、戴礼帽，还要佩带宝剑。据说君子国的人非常谦让讲礼貌，说是他们身旁总有两只像宠物一样的花纹老虎，因此谁也不敢冒犯他们。还有黑齿国，那里的人们都喜欢将牙齿故意染黑，因为他们认为黑牙齿是美丽健康和富贵时髦的标志。还有玄股国，当地人穿着鱼皮衣，看起来两腿都是黑漆漆的。

䑏丘

䑏丘，爰有遗玉、青马、视肉、杨柳、甘柤、甘华。甘果所生，在东海。两山夹丘，上有树木。一曰嗟丘。一曰百果所在，在尧葬东。

䃼丘或作嵯丘、发丘。经文“杨柳”，袁珂注：“《淮南子·地形篇》作杨桃。”作杨桃是也，方与“甘果所生”“一曰百果所在”相符。

有趣的是，䃼丘位于《海外南经》所述帝尧葬所的东面，平丘也位于《海外北经》所述帝颛顼葬所的东面；帝尧墓地有范林，帝颛顼墓地也有范林；而且䃼丘的景致（包括人造物和地形地貌）与平丘的景致也相当类似。据此，似乎可以推知，先夏时期的帝陵是由墓地、墓林、墓丘三种景观共同构成的：其中墓地埋葬死者及陪葬物，墓林环绕并保护墓地；而墓丘则可能是人工堆筑的祭祀台，祭祀时要供奉干鲜果品，因此要在这里种植多种果树，如桃、梨、红果、枣之类。

郝懿行认为䃼丘与平丘均为《淮南子·地形训》所述的华邱，此说不确。实际上华邱与平丘、䃼丘都不相干，因为它位于昆仑附近，属于黄帝部落的重要场地，或许亦是祭祀台。

大人国

大人国在其北，为人大，坐而削船。一曰在䃼丘北。

大人国的传说在国内外都很多，不过此处大人国的特点一是当地人的身材高大，二是当地人的主要工作是“坐而削船”。郝懿行注谓：“削当读若稍，削船谓操舟也。”其实，此处“削船”即造船，而且是大人造大船，也就是说大人国是以能造大船远航而闻名于世的。一般来说，最早的木制船是独木舟和木筏，因木头易腐朽，目前发现比较早的是菲德尔湖沼泽地（位于今德国的上施瓦本）出土的约前2900年的独木舟以及铺路用的厚木板。而人类在很早的时候就已经乘船从一个大陆抵达另一个大陆，从一个海岛迁徙到另一个海岛，并遍布于全世界了。

奢比尸

奢比之尸在其北，兽身、人面、大耳，珥两青蛇。一曰肝榆之尸在大人北。

郝懿行注曰：“《管子·五行篇》云：黄帝‘得奢龙而辩于东方。’又云：‘奢龙辩乎东方，故使为土师。’此经奢比在东海外，疑即是也。罗泌《路史·后纪五》亦以奢龙即奢比。《三才图会》作奢北。又《淮南子·地形训》云：‘诸比，凉风之所生。’诸比，神名，或即奢比之异文也。”此处大耳在《大荒东经》作犬耳。

除了奢比尸，《海经》里还记述有许多以“尸”为名的人神。尸字在古代的含义非常多，除了指尸体之外，代表死者或神接受祭祀的活人亦称为尸，《仪礼·士虞礼》：“祝迎尸。”此外，尸又指有职务者或主持人，如成语尸位素餐，以及《诗·召南·采蘋》：“谁其尸之？有齐季女。”从此处经文来看，奢比尸可能是代表奢比神（奢比民的先祖）的偶像。不过，从它又名肝榆尸来看，似乎亦曾不幸遭遇。

君子国

君子国在其北，衣冠，带剑，食兽，使二大虎在旁，其人好让不争。有薰华草，朝生夕死。一曰在肝榆之尸北。

经文“大虎在旁”或作“文虎在左右”，文虎当指宠物。《艺文类聚》“卷二十一”引此经在“衣冠带剑”下有“土方千里”，在“其人好让”下有“故为君子国”。薰或作堇，堇又名蕣，郝懿行注引《吕氏春秋·仲夏纪》“木堇荣”，高诱注谓：“木堇朝荣莫（暮）落。”并注称：“杂家谓之朝生，一名舜；《诗》（有女同车）云：‘颜如蕣华’是也。”

君子国人的特点是衣冠齐整、佩剑，讲道德讲礼让，喜养宠物，用今天的话来说即一派彬彬有礼的绅士风度。《说

文》曰："东夷从大，大人也；夷俗仁，仁者寿，有君子、不死之国。"《博物志·外国》称："君子国人，衣冠带剑，使两虎，民衣野丝，好礼让不争。土千里，多薰华之草。民多疾风气，故人不蕃息。"两者一说寿长，一说寿短，如果从"薰华草朝生夕死"的影射意义来看，不大像是长寿。

虹虹

虹虹在其北，各有两首。一曰在君子国北。

虹，俗称美人虹。经文"各有两首"，袁珂认为系指虹霓双出。《毛诗正义》引《郭氏音义》云："虹双出色鲜盛者为雄，雄曰虹；暗者为雌，雌曰霓。"并指出古人以虹隐喻爱情，以虹霓同现为"阴阳交"。战国时楚国诗人宋玉《高唐赋》描写巫山神女自称"旦为朝云，暮为行雨"，闻一多认为朝云即朝虹，神女即虹霓之所化。《诗经·候人》载："荟兮蔚兮，南山朝隮；婉兮娈兮，季女斯饥。"朝隮即朝虹，袁珂认为正是用虹象征少女对爱情的饥渴。

雄虹又称正虹，红光在外圈，蓝紫光在内圈；雌霓又称副虹，红光在内圈，蓝紫光在外圈。不过，由于虹在自然界是一种常见的景观，而且是一种没有常规意义上的实体的气象景色，因此本处经文所述的"各有两首"的虹虹，似应

是当地人供奉的虹霓神，亦即中国式的爱神或婚姻神。

此外，我国民间又称虹为两头龙，人们看到彩虹，就想象是长着两个头的龙在吸水，例如，壮族就习惯称虹是龙饮水。

朝阳之谷·天吴

朝阳之谷，神曰天吴，是为水伯。在重重北两水间。其为兽也，八首人面，八足八尾，皆青黄。

朝阳谷，当是山谷方向朝着日出的东方。经文“皆青黄”或作“背青黄”。水伯天吴所在地是虹虹北面的“两水间”，这种地貌在“海外四经”里通常是巫师举行巫术活动的特定场所，已见于对女祭、女戚等的记述。因此，所谓天吴的形貌“八首”云云，实际上是巫术活动中的一种化妆造型，大约是 8 个人，身穿青黄色衣，身后带着青黄色尾饰，他们共同构成了一个整体形状。由于天吴的职责是水伯，因此这种八人造型应当与水有关，有点像是一组水利小分队在巡查河堤，又像是 8 个人坐在同一条船上奋力向前划，船身上还画有青黄色的图案，或许这正是后世跑旱船、龙舟竞渡的雏形。

青丘国·九尾狐

青丘国在其北，其狐四足九尾。一曰在朝阳北。

郭璞注：“其人食五谷，衣丝帛。”王念孙指出郭璞注的内容乃正文。袁珂注：“《御览》“卷七百九十”（即《南蛮六》）引此经云：‘青丘国其人食五谷，衣丝帛，其狐九尾。’确是正文误作注者。”青丘国即南次一经的青丘山，其民已进入男耕女织的文明社会。

狐本四足，经文仍称“其狐四足”似有误，疑原文当作“白足”。《吴越春秋·越王无余外传》：“禹三十未娶，行到涂山，恐时之暮，失其度制，乃辞云：‘吾娶也，必有应矣。’乃有白狐九尾，造于禹。禹曰：‘白者吾之服也，其九尾者王之证也。’涂山之歌曰：‘绥绥白狐，九尾庬庬；我家嘉夷，来宾为王；成家成室，我造彼昌；天人之际，于兹则行。’明矣哉！禹因娶涂山，谓之女娇。”据此，九尾白狐当是涂山族的图腾神或婚姻神，而禹与涂山氏的联姻实际上也是黄河文明与长江文明的联姻。

竖亥

帝命竖亥步，自东极至于西极，五亿十选九千八百步。竖亥右手把算，左手指青丘北。一曰禹令竖亥。一曰五亿十万九千八百步。

郝懿行注引刘昭注《郡国志》云："《山海经》称禹使大章步自东极至于西垂，二亿三万三千三百里七十一步；又使竖亥步南极北尽于北垂，二亿三万三千五百里七十五步。"郭璞注："《诗含神雾》曰：'天地东西二亿三万三千里，南北二亿一千五百里。天地相去一亿五万里。'"上述记载表明，帝禹时代曾进行过大地测绘工作，并计算出了地球南北直径和东西直径的长度。主持上述测绘工作的工程师是大章和竖亥，古代有用职务作为人名的习惯，大章即绘大图者，竖亥即竖立标杆测量者。

算，古代的计算器。巫字，其形像是两人持绳测量，又像两人上下于天。相传禹因腿疾而走路的步伐特殊，被称为禹步，巫者多学禹步。其实，步乃丈量用具，一步长六尺，其形若弓，即将两根直杆一端衔连住，另一端连接一条六尺绳，用者撑开两根直杆即得六尺，然后一杆支地并转身将另一杆移到下一点又得六尺，这种测量步伐才是禹步的本义。

黑齿国

黑齿国在其北，为人黑，食稻啖蛇，一赤一青，在其旁。一曰在竖亥北，为人黑首，食稻使蛇，其一蛇赤。

黑齿国以居民齿黑为主要特征，经文“为人黑”当作“为人黑齿”；经文一曰“为人黑首”亦当作“为人黑齿”，是补正前文“为人黑”缺字的。牙齿变黑，一是食物所致，今日部分台湾人有嚼食槟榔的习俗，久之牙齿则被染黑；二是以齿黑为美而染成，即文身绘身扩展到牙齿上，《文选·吴都赋》刘逵注引《异物志》：“西屠以草染齿，染白作黑。”啖，既指自己吃，也指给别人吃，此处当指喂给蛇食物；蛇是古代巫术活动的重要道具，因此需要养蛇。亚洲许多国家都有祭祀家蛇和养蛇护家的习俗。

汤谷·扶桑十日

下有汤谷。汤谷上有扶桑，十日所浴，在黑齿北。居水中，有大木，九日居下枝，一日居上枝。

汤谷又称阳谷，郭璞注：“谷中水热也。”扶桑又称扶木，《文选·思玄赋》注引《十洲记》：“叶似桑树，长数千丈，大二十围，两两同根生，更相依倚，是以名之扶桑。”所谓“十日所浴”云云，表明这里是举行演示太阳运行巫术活动的地方，演示者即《大荒南经》记述的“生十日”的羲和，而汤谷、扶桑则是演示场景和道具。这是因为，古人直观看到火热的太阳升于东海之上，便推测想象太阳升起的地方是一处热水沸腾的山谷，并称之为汤谷。由于古人采取甲、乙、丙、丁、戊、己、庚、辛、壬、癸十天干记日，十日为一旬，周而复始，便认为天上共有十个太阳，它们轮流东升西落，其模拟场景即“九日居下枝，一日居上枝”。因此“扶桑”当有“不丧”“无伤”之义，亦即该树不会被太阳炙伤。

雨师妾

雨师妾在其北，其为人黑，两手各操一蛇，左耳有青蛇，右耳有赤蛇。一曰在十日北，为人黑身人面，各操一龟。

按“海外四经”惯例，此处雨师妾当是国名，这里的代表人物的特点是身穿黑衣或将身体涂成黑色，手持蛇或龟，戴蛇状耳环。从形貌来看，其人当是巫者；从名称来看，其职责与求雨有关；从性别来看，当是女性。以古人的思维来说，风雨雷电既可以由相应的自然神管辖，也可以由巫者来操纵。从今天的科学技术发展来说，呼风唤雨并非完全不可能，它实际上属于人工影响天气的一种技术，如人工降雨、防雹、驱雾等，而对大气环流的人工导向研究则仍然在探索中。

玄股国

玄股之国在其北，其为人衣鱼食鸥，使两鸟夹之。一曰在雨师妾北。

袁珂注引《淮南子·地形训》高诱注："玄股民，其股黑，两鸟夹之。见《山海经》。"指出经文"其为人"下脱落"股黑"两字。衣鱼，郭璞注："以鱼皮为衣。"鸥，杨慎认为即鸥鸟。其实，此处经文所说的鸥，应当指一种能够帮助人捕鱼的水鸟，所谓"食鸥"意为使鸥取食，亦即"使两鸟夹之"，并非指吃鸥鸟的肉。玄股民能够以鱼皮制衣，所捕的鱼应当是体型比较大的鱼类（包括栖息在水里的哺乳动物，如鲸类）。所谓玄股，或者是将胯以下两腿染黑，或者穿着由鱼皮制成的黑色紧身裤，其目的可能与巫术宗教有关，也可能具有保护腿部的作用。

毛民国

毛民之国在其北，为人身生毛。一曰在玄股北。

《大荒北经》亦记有毛民国，郝懿行认为毛民系禹之后裔，袁珂认为毛民乃黄帝后裔。郭璞注：“今去临海郡东南二千里，有毛人在大海洲岛上，为人短小，而（面）体尽有毛，如猪能（熊），穴居，无衣服。晋永嘉四年，吴郡司盐都尉戴逢在海边得一船，上有男女四人，状皆如此。言语不通，送诣丞相府，未至，道死，唯有一人在。上赐之妇，生子，出入市井，渐晓人语，自说其所在是毛民也。《大荒（北）经》云：‘毛民食黍’者是矣。”此事发生在 310 年，从其情节来看当非虚构。

事实上，人类原本浑身有浓厚的毛发，后来由于使用火取暖，住在居室内，以及纹身、绘身、穿衣服（出于保暖、防晒、避虫咬伤害等，以及化装、美容、巫术的需要）等多方面的原因，体毛逐渐退化。不过，不同地区人的体毛退化速度有早有晚，体毛退化的程度有轻有重，体毛退化的人如果重新回到野生状态仍然会再生出浓厚的体毛，此外返祖现象亦会使人长出浓厚的体毛，毛民国的情况当与上述因素有关。

劳民国

劳民国在其北，其为人黑。或曰教民。一曰在毛民北，为人面目手足尽黑。

郭璞注："食果草实也，有一鸟两头。"郝懿行指出"郭注此语疑本在经内，今亡"，并注谓："今鱼皮岛夷之东北有劳国，疑即此，其人与鱼皮夷面目手足皆黑色也。"

关于劳民国名称的来源，袁珂引《淮南子·地形训》高诱注："劳民，正理躁扰不定。"意思是该地人脾性躁动不安。

或许，所谓劳民国人"面目手足尽黑"，有可能是开采煤矿的苦力，因此裸露在外的皮肤都被煤炭粉尘染黑。

由于《海外四经》在记述诸景点时彼此首尾普遍存在着相互衔接的关系，因此劳民国位于《海外东经》所述诸景点之末，其方位在东北隅，按惯例也应与《海外北经》的末处景点、同样位于东北隅的"北海内有兽"相互衔接。但是，两处经文均未提及两者的衔接关系，可能是经文缺失，也可能是所记述景点（劳民国和北海）的实际地理方位确实相距较远。

海外东经之神句芒

东方句芒，鸟身人面，乘两龙。

《尚书大传》："东方之极，自碣石东至日出榑木之野，帝太皞、神句芒司之。"在中国传统文化里，句芒为东方之神，同时也是春神和木神。春秋战国时期，相传神句芒曾显形，为秦穆公赐寿 19 年，则句芒又为生命之神。

《海外四经》之神均"乘两龙"，可能是双腿绘有龙的图案，也可能是双足踏在大鱼背上进行巫术表演，类似今天驯海豚的人踩在两条海豚背上进行表演一样。

"建平元年四月丙戌，待诏太常属臣望校治。侍中光禄勋臣龚、侍中奉车都尉光禄大夫臣秀领主省。"此段文字乃丁望、王龚、刘秀（亦名刘歆）等学者受命校订完成《山海经》时所写，时在前 6 年。此前一年，王莽推荐刘歆（汉代学者刘向之子）继承父业，主持古籍整理校订工作，刘歆将群书分类编成《七略》（辑、六艺、诸子、诗赋、兵书、术数、方伎）上奏朝廷。此后王莽导演禅让戏，自立为皇，刘歆等人密谋劫持王莽归汉，事泄被杀，时在 23 年。

五、海内南经

中国西周的神庙四壁的壁画，画着许多远方的故事和历史上的故事。南方有一座丹山，是巴族人居住的地方，当地法官名叫孟涂，如果有人打官司，凡是理亏的人，他的衣服上就会出现血迹（不知道孟涂使用的是什么样的高科技）。在巴族居住的地方，有一种巨大的蟒蛇，名叫巴蛇，它能够把大象吞下去，3 年后才吐出骨头。据说人要是吃了巴蛇肉，就不会有心脏病。也许，巴蛇是恐龙时代幸存下来的一种巨兽……它会是哪一种恐龙呢？

瓯·闽·三天子鄣山·桂林·番隅

海内东南陬以西者。

瓯居海中。闽在海中，其西北有山。一曰闽中山在海中。

三天子鄣山在闽西海北。一曰在海中。

桂林八树在番隅东。

《海内南经》自东南向西南记述有16处场景（以现存版本的断句为准）。

郭璞注："今临海永宁县，即东瓯，在岐海中也，音呕。"杨慎云："郭注岐海，海之岐流也，犹云稗海。"袁珂注："瓯即东瓯，即今浙江省旧温州府地。又有西瓯，即今广西壮族自治区贵县地。"郝懿行引《周书·王会篇》："瓯人蝉蛇。"蝉，知了，又指薄如蝉翼的丝绸。瓯字意为盆盂类瓦器，亦指狭小的高地。

闽字形意为家中有蛇，其地古指即今浙江、福建两省南部。吴任臣注："何乔远《闽书》曰：'按谓之海中者，今闽中地有穿井辟地，多得螺蚌壳、败槎，知洪荒之世，其山尽在海中，后人乃先后填筑之也。'"

三天子鄣山又名三天子都、三王山，郭璞称其"今在新安歙县东"。

我国南方以桂树为地名者，有广西桂林、桂平和湖南桂阳。郭璞注："八树而成林，信其大也。"番隅或作贲隅。

伯虑国·离耳国·雕题国·北朐国

伯虑国、离耳国、雕题国、北朐国皆在郁水南。郁水出湘陵南海。一曰相虑。

伯虑又名相虑，毕沅认为相虑当作柏虑，郝懿行注："《伊尹·四方令》云：'正东伊虑。'疑即此。"伯虑国之名当有所指，如果不是音译之字，或者没有讹字，那么伯可指父辈、兄长或地方长官，虑有思考、谋划、忧虑之意，其名或许指当地诸事都要由官长一手安排。

郭璞注："锼离其耳，分令下垂以为饰，即儋耳也。在朱崖海渚中。不食五谷，但啖蚌及藷芎也。"郝懿行认为此处离耳为南儋耳，亦即《伊尹·四方令》所说"正西离耳"，《大荒北经》任姓禺号子儋耳则为北儋耳。据此，"离耳"之名出自当地人耳垂长的装饰特点，其方法是对耳垂施行手术（锼即刻镂）或佩戴比较重的耳饰，与北方的儋耳未必是一族。古人除服装（包括鞋帽）外，经常还要对人体各部位进行装饰，主要涉及头（包括发饰、耳饰、鼻饰、牙饰、文面、绘面）、颈、胸、腰、臂、腕（手足）、指甲等部位，《山海经》的国名、人名多有根据装饰特点而命名者。

经文“郁水”或作“郁林”，“南海”或作“南山”，当以“郁水”“南海”为宜；疑经文原作“郁水出湘陵，入南海”，所谓“湘陵”当指湘江一带山陵，“南海”可指南方之海或湖泊。

相传《山海经》原本有图，可惜久已失传，现存山海经插图为明末清初人所绘。事实上为《山海经》绘图是一项非常不易的工作，根据《山经》绘图的难点在于山川方位的考证以及视角比例的变换，根据《海经》绘图的难点在于原文过于简单，往往仅有国名、族名、人名，例如伯虑国、北朐国，而当时的服饰又缺少相应的资料可供借鉴，因此难免要用想象来充实其形貌。

“题”字本义指头颅，雕题即在额部、面部刺刻图案，属于文身装饰的重要形式。文身的方法是先用尖状物（石、骨、竹、木制）在皮肤上刺出所需图案的浅痕，再涂抹颜料（植物汁、锅烟、矿物粉等），待皮肤自然结疤后图案便可长期保留下来。我国傣族、黎族、独龙族、布朗族、高山族、基诺族、珞巴族都有文身习俗，有的民族男女均文身，有的民族仅女性或仅男性文身，施行时间多在及笄之年或成丁之年，亦有自幼就开始文身的。今日我国南方少数民族的老者面部仍然保留着年轻时的雕题图案，如蝴蝶图，位置在两眼以下、嘴以上的面颊。文身是由绘身发展而成，安徽蚌埠淮河畔曾出土一件模拟男童造型的陶塑文面人头像，表明

先夏时期就已有文身。

北朐国，郭璞注："未详。"郝懿行注："疑即北户也。《尔雅疏》引此经作北煦，户、煦声之转。《尔雅·释地》四荒有北户，郭注云北户在南。"北，北方，亦指败走，亦通"背"。朐，屈曲的干肉，车轭两边叉马颈的曲木。煦，温暖。户，单扇的门或窗，亦指酒量。据此，"北朐"可能指一种驾驭牲口的方式。"北户"可指向北开门窗的房子，"北煦"有避暑之意，与"北户"的用意相同，符合南方炎热地区的需要。

事实上，《山海经》国名、人名的用字均有所指，这有助于我们今天通过"望文解义"的方法复原或部分复原其所承载的古代文明信息。《道德经》："道可道，非常道。名可名，非常名。无名天地之始，有名万物之母。"老子的这一句话，揭示出命名行为对人类文明发展的重要作用，所谓"无名"即处于自然状态，"有名"则进入智慧领域（在信息学里，"名"是一种信息集成结构，它的出现有助于大脑里的信息实现归类和积累）。这是因为，动物的智力之所以不能继续提高，就在于它们没有命名事物的能力；而人类文明则始于给万事万物起名，人类自述的文明史亦起始于人有名的那一天。从这一天起，一个人做的事情与他的名称同时被记忆下来，这就是历史：什么人做过（包括看到、听到、想到）什么事。从这个角度来说，《山海经》的文明价值正在于它保留下来大量的古人（包括国、族）名称，这些名称所承载的文明信息是出土的瓦片所不能替代的。

枭阳国

枭阳国在北朐之西，其为人人面长唇，黑身有毛，反踵，见人笑亦笑；左手操管。

枭阳或作枭羊，郭璞认为其即狒狒，亦即《海内经》的赣巨人，并注谓："今交州南康郡深山中皆有此物也。长丈许，脚跟反向，健走，被发，好笑；雌者能作汁，洒中人即病；土俗谓之山都。南康今有赣水，以有此人，因以名水。"袁珂先生旁征博引指出，狒狒类动物在古代北方又称吐喽、山獠，亦即《北山经》狱法山的山狎，或谓即一足夔，后世又传为山精、山魅等。《神异经·西荒经》云："西方深山中有人焉，身长尺余，袒身，捕虾蟹，性不畏人。见人止宿，暮依其火以炙虾蟹。伺人不在而盗人盐，以食虾蟹，名曰山獠，其音自叫。人尝以竹著火中，爆烞而出，獠皆惊惮，犯之令人寒热。此虽人形而变化，然亦鬼魅之类，今所在山中皆有之。"

不过，经文"左手操管"乃人类行为，而称枭阳为国者，或可表明其尚处于半开化阶段，有点类似我们今天所说

的野人或仍然处在原始社会阶段的民族。但是，近年科学家观察到黑猩猩、倭黑猩猩，甚至猴类，都会使用简单工具，有的黑猩猩还会对树枝进行加工，因此是否使用工具已经不能成为判断人与猿的绝对分水岭。

兕·苍梧山·帝舜葬·帝丹朱葬

兕在舜葬东，湘水南。其状如牛，苍黑，一角。

苍梧之山，帝舜葬于阳，帝丹朱葬于阴。

兕即大犀牛，皮厚，可制甲，《五藏山经》多处均有记载，并不以为稀奇。此处专门记述兕在舜葬东、湘水南，并描述其形貌，当表明在《海内四经》时期这种动物已经很稀少了。

《大荒南经》称苍梧之野“舜与叔均所葬”，并记有大量随葬品；《海内经》称苍梧之丘有九疑山，乃“舜之所葬”，但未言随葬品。此处经文则称帝舜与帝丹朱同葬一山，凡此种种差异或系不同时代的人祭祀不同的先祖之故。《山海经》中屡屡称帝丹朱，却未见称帝禹，或可表明帝丹朱曾经历一个显赫的时代。郭璞称丹阳县有丹朱冢。

泛林·狌狌·犀牛

氾林方三百里，在狌狌东。

狌狌知人名，其为兽如豕而人面，在舜葬西。

狌狌西北有犀牛，其状如牛而黑。

狌狌即猩猩。所谓氾林在猩猩东，而猩猩又在舜葬西，亦即今日九嶷山的西面，可知氾林位于舜葬附近，属于墓葬林地。

《南山经》南次一经之首招摇山有猩猩“其状如禺而白耳，伏行人走”，未言其“知人名”。《水经注校·叶榆水》“卷三十七”云：“（封溪）县有猩猩兽，形若黄狗，又状貆豘。人面，头颜端正，善与人言，音声丽妙，如妇人好女。对语交言，闻之无不酸楚。其肉甘美，可以断谷，穷年不厌。”《后汉书·西南夷传》云：“哀牢出猩猩。”李贤注引《南中志》称，山中猩猩百数为群，喜食酒、穿草鞋，当地人以此为饵，诱捕猩猩，猩猩见到后，便知设饵者先祖姓名，但耐不住诱惑终被人捕。笔者认为，所谓“猩猩知人名”，表明这不是普通的猩猩，而是类似野人，有一定智慧。

孟涂·巴人

夏后启之臣曰孟涂，是司神于巴。人请讼于孟涂之所，其衣有血者乃执之，是请生。居山上，在丹山西。丹山在丹阳南，丹阳居属也。

《水经注校·江水》“卷三十四”引《山海经》云：“夏后启之臣（曰）血涂，是司神于巴，巴人讼于血涂之所，其衣有血者，执之是请（谓）。生居山上，在丹山西。”王国维所校《水经注》的断句与现存版本《山海经》有所不同。此处经文“丹山在丹阳南，丹阳居属也”11字，原为郭璞注。《路史·后纪十三》称丹山即巫山，并引《巫山县志》云：“孟涂祠在县东南巫山下。”

巴，地名，位于今四川省北部大巴山以及东部长江三峡一带，居住在这里的古人被称为巴人，是我国古老的民族之一。孟涂当系夏后启任命的巴地大法官，所谓“血涂”即以血迹所在判断是非；所谓“司神于巴”，表明这种断案方法采用了某种巫术形式，属于“神判”性质，相传尧臣皋陶就使用了一角神羊来断案。

窫窳·建木

窫窳龙首，居弱水中，在狌狌知人名之西，其状如龙首，食人。

有木，其状如牛，引之有皮，若缨、黄蛇。其叶如罗，其实如栾，其木若蓲，其名曰建木。在窫窳西弱水上。

《五藏山经》北次一经少咸山记有异兽："其状如牛而赤身，人面马足，名曰窫窳，其音如婴儿，是食人。"《海内西经》称窫窳"蛇身人面"，被危与贰负杀死后，有六巫用不死药救之。郭璞认为此处窫窳，即"为贰负臣所杀，复化而成此物也"。在古史传说里，窫窳又称"猰貐"，为古代著名部落或食人猛兽。

《山海经》多处提及弱水，大多位于西北地区，此处弱水则位于西南地区。

所谓建木如牛，郭璞注："《河图玉版》说，芝草树生，或如车马，或如龙蛇之状，亦此类也。"其实，"牛"字本有"大"意，植物种之特大者，其名前可加"牛"字形容。所谓"引之有皮"者，即剥下的建木树皮有丝絮状如冠缨或黄蛇。所谓"其叶如罗"，或谓绫罗，或谓网罗，或亦可指其树的树叶呈星罗棋布状。栾木已见《大荒南经》云雨山“群帝焉取药”。郝懿行认为篋即刺榆。《海内经》记有九丘建木，袁珂认为建木即“天梯”。我国四川三星堆出土有青铜神树，高近 4 米，上有 9 只青铜鸟，或以为即建木、扶桑树、服常树之类。

氐人国

氐人国在建木西，其为人人面而鱼身，无足。

郭璞注：“盖胸以上人，胸以下鱼也。”袁珂认为此处氐人即《大荒西经》的互人，亦即《海内北经》的陵鱼之类。世界上许多民族都流传有美人鱼的故事或人鱼的传闻，其原因一是水中确实有形貌接近人的鱼类（包括哺乳类）动物，二是古代巫术活动中有人装扮成鱼的习俗，如颛顼又称“鱼妇”。

巴蛇食象

巴蛇食象，三岁而出其骨，君子服之，无心腹之疾。其为蛇青、黄、赤、黑。一曰黑蛇青首，在犀牛西。

郭璞注：“今南方蚺蛇吞鹿，鹿已烂，自绞于树腹中，骨皆穿鳞甲而出，此其类也。《楚词》曰：‘有蛇吞象，厥大如何！’说者云长千寻。”《淮南子·本经训》称羿射日除害有“断修蛇于洞庭”，袁珂注引《江源记》“羿屠巴蛇于洞庭，其骨若陵，曰巴陵也”，《岳阳风土记》“今巴蛇冢在州院厅侧，巍然而高，草木丛翳。兼有巴蛇庙，在岳阳门内”及“象骨山。《山海经》云：‘巴蛇吞象。’暴其骨于此。山旁湖谓之象骨湖”。指出上述传闻均出自《淮南子》所记。或许，古人关于修蛇、巴蛇、长蛇的种种传闻，亦出自对恐龙化石的推测，古代这种巨型化石要比今日更多出露，当能引起古人的震惊和联想。

我国古代中原地区曾有野象生息，并被古人驯化。徐悲鸿先生在创作《愚公移山》时，画面上就有大象帮助人们运山石。袁珂认为，古史传说中舜与其弟象的矛盾和斗争，即人类驯服野象的过程，在其所著《中国神话大词典》舜耕历山一节称：“近代坊间所刻《二十四孝图说》所绘图像，其使用牲畜，乃长鼻大耳之巨象，知《楚辞·天问》所谓‘舜服厥弟’者，实舜服野象。舜以象耕，当即舜服野象之结果。《图说》所绘，犹存古神话舜象斗争之痕迹。”

旄马

旄马，其状如马，四节有毛。在巴蛇西北，高山南。

旄马当属于野马。我国古代野马多出自秦岭西段、蒙古草原，以及青海、新疆地区。此处所谓“在巴蛇西北，高山南”，大约指秦岭西段，祁连山以南的地区。

匈奴国·开题国·列人国

匈奴、开题之国、列人之国并在西北。

匈奴为我国北方著名的草原民族，活动范围遍及欧亚北部地区，不同时期又称为鬼方、混夷、戎、狄、胡等。郝懿行注：“（《周书·王会篇》）《伊尹·四方令》云：‘正北匈奴。’《史记·匈奴传》索隐引应劭《风俗通》云：‘殷时曰獯粥，改曰匈奴。’又晋灼云：‘尧时曰荤粥，周曰猃狁，秦曰匈奴。’案以上三名并一声之转。”其实，从此经使用“匈奴”名称可知，其文写作时间当在殷之后、秦之前。

开题或作蒙此。毕沅认为开题疑指笄头山（又名鸡头山、崆峒山）。《史记·五帝本纪》记有黄帝“西至崆峒，登鸡头”，相传黄帝问道于广成子，即在此。不过，从“开题”之名来看，或可指开颅巫术，人类很早就施行过这类巫术。

列的字形指用刀将物分开排列，战国学者有列御寇，其名表明“列”可能指一种栅栏式防御工事，列人或源于此。

列人国前身或即《大荒西经》的互人国。

吴承志在《山海经地理今释》卷六指出此处经文："当与下篇首条并在《海内北经》'有人曰大行伯'之上。匈奴、开题之国、列人之国并在西北，叙西北陬之国，犹《海内东经》云'钜燕在东北陬'也。不言陬，文有详省。贰负之臣在开题西北，开题即蒙此。大行伯下贰负之尸与贰负之臣亦连络为次。今大行伯上有'蛇巫之山''西王母'二条，乃下篇'后稷之葬'下叙昆仑隅外山形神状之文，误脱于彼。"

六、海内西经

西方有一座昆仑城，方圆八百里，高万仞（一仞为八尺）；城上有大树，5 个人才能抱住；还有 9 口井，都是用玉石做成的栏杆；共有 9 座城门，其中东门由开明兽把守。开明兽又名启明兽，样子是人的面孔、虎的身躯，类似埃及金字塔前的狮身人面像。在开明兽的南面有一棵奇怪的树鸟，树干是由六种动物组成的，人们经常聚集在树鸟下商议共同关心的问题——它兴许就是天安门前华表的雏形。

危与贰负杀窫窳·疏属山·危

海内西南陬以北者。

贰负之臣曰危，危与贰负杀窫窳。帝乃梏之疏属之山，桎其右足，反缚两手与发，系之山上木。在开题西北。

《海内西经》自西南向西北记述有22处人文活动场景，其中既有历史传闻中的文明场景，也有记述者当时所见到或听到的人文活动景观。

《海内北经》记述大行伯东有贰负尸，并称贰负神“人面蛇身”。吴承志认为此处经文与《海内南经》末段经文“匈奴、开题、列人”节当并在《海内北经》“大行伯”之上，所言甚是。

此处危与贰负的故事，袁珂认为即《海内经》的相顾之尸，而经文所说之帝即黄帝。经文“反缚两手与发”或作“反缚两手”，无“与发”二字。疏，疏导、分予、雕刻；属，连接、集合、佩系、隶属；疏属山当是流放囚禁罪徒或奴隶的集散地。系，带子，《韩非子·外储说左下》：“文王伐崇，至凤皇墟，袜系解，因自结。”

唐代学者李冗的《独异志》记有：“汉宣帝时有人于疏属山石盖下得二人，俱被桎梏，将至长安，乃变为石。宣帝集群臣问之，无一知者。刘向对曰：‘此是黄帝时窫窳国贰负之臣。犯罪大逆，黄帝不忍诛，流之疏属山，若有明君，当得出外。’帝不信，谓其妖言，收向系狱。其子歆自出应募，以救其父。曰：‘欲七岁女子以乳之，即复变。’帝使女子乳，于是复能为人，便能言语应对，如刘向之言。帝大悦，拜向大中大夫，歆为宗正卿。诏曰：‘何以知之！’歆曰：‘出《山海经》。’”

上述故事出自刘秀（歆）《上山海经表》，尽管多加渲染，但核心内容未变，即汉宣帝时（前1世纪中期）上郡（今陕西省绥德县，管辖范围包括陕西北部与河套南部）疏属山出土有古尸，其形貌可以用《山海经》的记载进行解释。对此袁珂先生感慨道："于以见民间传说之恒合古传，为可贵矣。"

贰负之名，有叛逆者之意；危指足，以此为名似指一足遭受刖刑之人。据此，贰负及其臣属危杀窫窳，可能是贰负领导的一次民族起义或奴隶暴动事件。

大泽·雁门山·高柳·代北·后稷葬

大泽方百里，群鸟所生及所解。在雁门北。

雁门山，雁出其间，在高柳北。

高柳在代北。

后稷之葬，山水环之。在氐国西。

《山海经》记有多处位于北方地区名叫"大泽"（《北山经》称"泰泽"）的大湖泊。袁珂认为有千里大泽与百里大泽之分："至于此处大泽，实《海内北经》所记'舜妻登比氏，生宵明、烛光，处河大泽，二女之灵，能照此所方百里'之百里大泽，位在北方，或即今河套附近之地。又此节文字（连同以下二节），亦应在《海内北经》‘宵明烛光’节之前，始与方位地望大致相符。”

雁门山是大雁迁徙的通道，今山西省恒山山脉有雁门关，其北即大同盆地。郝懿行注：“《淮南子·地形训》云：‘烛龙在雁门北，蔽于委羽之山。’疑委羽山即雁门山之连麓，委羽亦即解羽之义。”

高柳山，毕沅注：“在今山西代州北三十五里。”代，地名，今山西省阳高县至河北省蔚县一带，属桑干河流域，汉代设有高柳县。

《海内经》称后稷葬所在都广之野（今成都双流县附近）。《西山经》西次三经槐江山记有“西望大泽，后稷所潜”，或谓亦为后稷葬所，其实是后稷举行沐浴巫术活动之地，亦即《淮南子·地形训》所记：“后稷垅在建木西，其人死即复苏，其半鱼在其间。”此处氐国袁珂认为即《海内南经》建木西的氐人国。

流黄酆氏国

流黄酆氏之国，中方三百里；有涂四方，中有山，在后稷葬西。

流黄酆氏即《海内经》流黄辛氏，亦即《淮南子·地形训》所记“流黄、沃民在其（后稷垅）北，方三百里，狗国在其东”，其地望与南次二经柜山“西临流黄”甚远。

流沙·钟山·昆仑虚·黑水山

流沙出钟山，西行又南行昆仑之墟，西南入海，黑水之山。

流沙可指流动的沙丘，亦可指名叫流沙的河或地方。《五藏山经》西次三经泰器山所出观水向西注入之流沙位于今日内蒙古西部的沙漠地区，钟山位于阴山山脉，昆仑丘位于河套以南的鄂尔多斯高原。所谓流沙“西行又南行”云云，当指沙漠分布范围。今阴山山脉（狼山）西有沙漠，南有乌兰布和沙漠（呈南北分布，位于鄂尔多斯高原西侧），乌兰布和沙漠南端与腾格里沙漠相接，而腾格里沙漠则呈东西向分布，其西南即祁连山北麓的黑水，上述地貌与此处经文所述基本相符。

此处流沙及其所入之海，郭璞注：“今西海居延泽。《尚书》所谓‘流沙’者，形如月生五日也。”居延泽又名居延海，状如半月，位于今日甘肃酒泉以北的中央戈壁南北地区，南有巴丹吉林沙漠，东有察沁毛里脱沙窝，西为包尔乌拉山，北抵蒙古境内。祁连山山脉北麓的冰雪消融汇流成黑水（又名张掖河）向北流入居延泽，由于气候变化，祁连山水量或多或少，居延泽的面积亦时大时小，黑河上游经常消失在沙漠中，因此人们相信其上游即古史传说中的弱水。

东胡

东胡在大泽东。

郝懿行注："国名也。《伊尹·四方令》云：'正北东胡。'详《后汉书·乌桓鲜卑传》。《广韵》引《前燕录》云：'昔高辛氏游于海滨，留少子厌越以居北夷，邑于紫蒙之野，号曰东胡。'云云。其后为慕容氏。"

此处大泽当指前文所说雁门北的大泽。以"大泽"为地理方位标志点，表明这是一处著名的湖泽，或者面积最大（如贝加尔湖），或者景观特殊（如群鸟解羽）。

夷人

夷人在东胡东。

吴承志《〈山海经〉地理今释》"卷六"注引《武陵山

人杂著》:"《海内西经》'东胡'下四节当在《海内北经》'舜妻登比氏'节后。'东胡在大泽东'即蒙上'宵明、烛光处河大泽'之文也。《海内北经》'盖国'下九节当在《海内东经》'钜燕在东北陬'之后,'盖国在钜燕南'即蒙上'钜燕'之文,而朝鲜、蓬莱并在东海,亦灼然可信也。《海内东经》'国在流沙'下三节当在《海内西经》'流沙出钟山'节之后,上言流沙故接叙中外诸国;下言昆仑墟、昆仑山,故继以'海内昆仑之墟在西北'。脉络连贯,更无可疑。不知何时三简互误,遂致文理断续,地望乖违。今移而正之,竟似天衣无缝。"并称:"详审经文,顾说自近。"顾即武陵山人,名顾观光。

"夷"为古代中原地区的人对东方各族的简称,亦称东夷、九夷,后世又泛指四方的少数民族乃至外国人。夷字有多意,平坦、陈设、侪辈、削平、锄类农具、蹲踞(傲慢)、通"怡"(喜悦)、通"彝"(常道)、通"痍"(创伤),亦指无形象,《老子》:"视之不见名曰夷。"从字形来看,夷为"大人携弓"貌;此处弓既可指弓箭,亦可指丈量土地的专用工具和长度计量单位,1弓为6尺(1.6米),360弓为1里,夷人之名或得于此。

貊国·孟鸟

貊国在汉水东北。地近于燕，灭之。

孟鸟在貊国东北，其鸟文赤、黄、青，东乡。

郭璞注："今扶余国即濊貊故地，在长城北，去玄菟千里，出名马、赤玉、貂皮，大珠如酸枣也。"濊貊即秽貊，古代属于北貉之一，汉代又称其为东夷，其地在今辽宁省凤城市至朝鲜国江原道一带。显然，此处汉水非长江流域的汉水，而是指北方的一条大河。《海内东经》（《水经》误入者）所谓"汉水出鲋鱼之山，帝颛顼葬于阳，九嫔葬于阴，四蛇卫之"，当即指此处北方的汉水，扶余国之名或即出自鲋鱼山。

此处孟鸟，郝懿行认为即《海外西经》的灭蒙鸟。

昆仑虚

海内昆仑之虚，在西北，帝之下都。昆仑之虚，方八百里，高万仞。上有木禾，长五寻，大五围。面有九井，以玉为槛。面有九门，门有开明兽守之，百神之所在。在八隅之岩，赤水之际，非仁羿莫能上冈之岩。

经文“面有”或作“上有”，“九门”或作“五门”。墟，大丘，亦指古民族所在地；古代九夫为井，四井为邑，四邑为丘，丘谓之墟（《说文》）；洞孔；土丘，废墟，集市。此处木禾，郭璞误以为即《穆天子传》黑水之阿的野麦，其实它应当属于建木之类的神树，1 寻的长度为 8 尺。开明兽即西次三经昆仑丘的神陆吾。百神即西次三经密山所述黄帝用玉膏祭祀、招待的天地鬼神。仁羿，袁珂认为即夷羿，亦即向西王母请不死药的羿，而此时西王母已经居住在昆仑墟。

所谓昆仑虚“方八百里”指的是鄂尔多斯高原，“高万仞”指的是桌子山。所谓“九井”“九门”当与天文观察及其天文巫术活动有关，这是因为，远古的天文观察仪器或设施，经常使用井状结构和门状结构，如坐井观天，《大荒西经》的“丰沮玉门，日月所入”等。所谓“百神之所在”，表明这里是祭祀天地百神的场所。所谓“赤水之际”，此处赤水原本指黄河在河套上游段的河道。所谓“非仁羿莫能上冈之岩”，一是表明山势险峻，二是表示这里只允许有资格的人登山祭神。

《五藏山经》西次三经记有昆仑丘为帝之下都，但是没有记述黄帝都城的建筑规模和形式。对比之下，此处《海内西经》则称“帝之下都”建筑在高高的昆仑丘上，那里有

玉栏杆的井和9座城门，开明兽站立在城门东。《汉唐地理书钞》辑《河图括地象》云："昆仑之城，西有五城十二楼，河水出焉，四维多玉。"《水经注·河水》引《十洲记》亦云："昆仑山有三角，其一角正东，名曰昆仑宫。其处有积金，为天镛城，面方千里，城上安金台五所，玉楼十二。"《神异经·中荒经》曰："昆仑之山，有铜柱焉。其高入天，所谓天柱也；围三千里，周圆如削。"此天柱当即木禾之夸张。《古小说钩沉》辑《玄中记》曰："昆仑西北有山，周回三万里，巨蛇绕之，得三周。蛇为长九万里。蛇居此山，饮食沧海。"其山可能即桌子山，而巨蛇或即烛龙之想象。

事实上，"河"字就是一幅地图，三点水表示水流，口字符表示有人类居住；一横一竖即河道，表示黄河从前套发源向南流，在潼关附近折向东流入大海。相传黄帝发源于姬水，"姬"字左半部表示母系社会，右半部表示当地的地形地貌，即三面环水，中间有人居住，而且居住地的水系发达，显然这完全符合鄂尔多斯高原三面被河水环绕的地形地貌。

鄂尔多斯高原面积辽阔，这里在古代曾经是水草丰茂的富饶之地，东西与南北各有360千米，与古人所说的昆仑墟"方八百里"基本相符。在鄂尔多斯高原西部有一座突兀挺拔的唯一一座高山，它就是桌子山，海拔2149米，顶部平坦如桌面。如果说，鄂尔多斯高原是黄帝部落的发祥地，那

么桌子山就是黄帝部落的圣山。值得注意的是，桌子山上有丰富的古代岩画，其中不乏先夏时期的岩画，它们应该就是黄帝部落留下来的。

关于黄帝都城的描述，以《淮南子·地形训》最详尽。大意是，禹治服洪水后，对昆仑墟进行大规模发掘，其中有增城九重，计有四百四十门，打开北门，不周风就能吹进城；城内有倾宫、旋室、县圃、凉风、樊桐、疏圃、丹水等景观，凉风山在昆仑丘之上，悬圃在凉风山之上，再向上就能成为天神，与太帝一同居住在天上。

《穆天子传》“卷二”记有：“吉日辛酉，天子升于昆仑之丘，以观黄帝之宫，而丰□隆之葬，以昭后世。”周穆王在河宗氏（辖地位于黄河河套及其以上黄河河段）的陪同下祭祀昆仑丘后，又派人守护黄帝之宫，登舂（春）山并“铭迹于悬圃之上”。据此可知，当时尚有黄帝都城遗址，惜今日已荡然无存矣。或许，黄帝都城仍然静悄悄地埋藏于某处的地下，殷切地等待着我们的光临。

昆仑虚水系

赤水出东南隅，以行其东北，（西南流注南海厌火东）。

河水出东北隅，以行其北，西南又入渤海，又出海外，即西而北，入禹所导积石山。

洋水、黑水出西北隅，以东，东行，又东北，南入海，羽民南。

弱水、青水出西南隅，以东，又北，又西南，过毕方鸟东。

此处赤水一节文字的括弧内九字，乃经文脱落者，为方便阅读，故归入正文里。

《五藏山经》西次三经昆仑丘记述有河水、赤水、洋水、黑水，无弱水、青水，即赤水出焉，而东南流注于氾天之水。

河水出焉，而南流东注于无达；

洋水出焉，而西南流注于丑涂之水；

黑水出焉，而西流于大杅。

对比之下，此处《海内西经》的记述当出自《西次三经》，但自相矛盾之处甚多。其一，洋水、黑水为两条河，不应并述。其二，诸水流向忽南忽北，于理不合，当有错简。其三，错简的原因之一是误将洋水、黑水的流向并述，也就是说其中有几个方向词应只属于黑水或只属于洋水，却被混在一起，或者放入其他水系里。其四，弱水、青水当是后来形成的昆仑水系，或可表明自然环境发生了变化，或者是人们对昆仑方位的认识发生了变化。其五，弱水、青水既然各有其名，当是两条不同的水系（不排除彼此是上下游关系），亦不应并述其流向。此外，《海内西经》的记述增加了新的地理标志点，即《海外南经》的厌火国，《西山经》和《海外北经》的积石山，《海外南经》的羽民国，《西山经》和《海外南经》的毕方鸟。

所谓“积石山”不是指积石为山，而是积石为水坝（这种坝通常不太高，但能透水，因此既可调节水位，又不易垮坝），其地之山因有积石坝而可得名积石山。我国古代建有许多积石坝，至今仍然发挥作用的是都江堰积石坝。今黄河刘家峡水库上游数千米仍存有半截积石坝，系大小如篮球的碎石堆积而成，当地地名即为积石山。

昆仑南渊·开明

昆仑南渊深三百仞。

开明兽身大类虎而九首，皆人面，东向立昆仑上。

昆仑南渊，郭璞注：“灵渊。”郝懿行注：“即《海内北经》云‘从极之渊，深三百仞’者也。”根据该渊位于昆仑墟之南可知，《海内北经》从极之渊的文字宜并入至此处。由于开明兽位于昆仑虚之东，其方位与昆仑南渊有别，此处经文宜断句为两节。这里的湖渊，当即今日的银川盆地，当时为湖泊。

九首人面虎身的开明兽，当是一座巨型塑像，立于黄帝都城的东门前，昂首向着东方。其形象在《大荒西经》为“昆仑之丘，有神，人面虎身，有文有尾，皆白处之”，在《西山经》为“帝之下都，神陆吾司之。其神状虎身而九尾，人面而虎爪。是神也，司天之九部及帝之囿时”。郭璞注：“天兽也。《铭》曰：‘开明为兽，禀资乾精，瞪视昆仑，威震百灵。’”其实，古文“开”与“启”可互换，开明原应作启明，正如夏后开即夏后启，因抄书者避汉景帝刘启讳而改。从其名称和东向立可知，开明兽的职责是观测启明星，迎接太阳的东升，与神陆吾“司天之九部及帝之囿时”之职责相符，而九首或九尾则象征着九重天。从其形貌来看，昆仑虚前的虎身人面兽，与古埃及金字塔前的狮身人面像，有异曲同工之妙。

开明西·凤皇·鸾鸟

开明西有凤皇、鸾鸟，皆戴蛇践蛇，膺有赤蛇。

袁珂注："《西次三经》云：'（昆仑之丘）有鸟焉，其名曰鹑鸟，是司帝之百服。'"郝懿行注："鹑鸟，凤也；《海内西经》云：'昆仑开明西北皆有凤皇，此是也。'《埤雅》（卷八）引师旷《禽经》云：'赤凤谓之鹑。'即此。"

所谓凤鸟、鸾鸟"皆戴蛇践蛇，膺有赤蛇"，表面看是鸟类与蛇类动物的生存竞争（自然界有一些鸟以蛇为食物），进一步说可能反映的是鸟图腾部落与蛇图腾部落的冲突。但是，从鹑鸟"司帝之百服"来看，她们实际上是帝都的工作人员或神职人员，其形貌为身披凤凰羽和鸾羽衣，佩戴蛇状耳饰、胸饰和足饰，既漂亮又威严。

开明北·不死树

开明北有视肉、珠树、文玉树、玗琪树、不死树。凤皇、鸾鸟皆戴瞂。又有离朱、木禾、柏树、甘水、圣木曼兑，一曰挺木牙交。

根据《山海经》的惯例，凡是有视肉、不死树等物的地方，通常都是先祖陵墓的所在地，或者是后人祭祀先祖的场所。从开明北的场景可知，这里是黄帝部落祭祀先祖的场所。珠树，袁珂认为即《海外南经》的三珠树。文玉树，郭璞注："五采玉树。"玗琪树，或谓即珊瑚树。其实，它们均为象征不死的神树或随葬玉器，已见于《海外南经》狄山帝尧、帝喾葬所。进一步说，珠树、文玉树、玗琪树、不死树，其文化内涵与后世的摇钱树和西方的圣诞树有类似之处，均源于"星星树"，即通过供奉满天星斗来祈求平安、财富和长寿。瞂，盾也，戴瞂即佩戴盾状饰物，当是祭祀先祖时的特定装饰。此处"甘水"疑当作"甘木"，因前后叙述的都是具有巫术象征意义的神树。圣木曼兑又名挺木牙交，或谓即璇树。不过，从其名称来看，其形状类似圭表或柜格松，当有着某种天文巫术象征作用，可能具有沟通人与天的神力。

开明东·六巫·窫窳尸

开明东有巫彭、巫抵、巫阳、巫履、巫凡、巫相，夹窫窳之尸，皆操不死之药以距之。窫窳者，蛇身人面，贰负臣所杀也。

《大荒西经》中灵山十巫为巫咸、巫即、巫肦、巫彭、巫姑、巫真、巫礼、巫抵、巫谢、巫罗。与《海内西经》中的六巫对照，相同的有巫彭、巫抵，郝懿行认为巫履即巫礼，巫凡即巫肦，巫相即巫谢。此处六巫之行为，郭璞认为乃神医用不死药清除窫窳身上的“死气”以使其重生，并概括为：“窫窳无罪，见害贰负，帝命群巫，操药夹守；遂沦弱渊，变为龙首。”其实，所谓“皆操不死之药以距之”，既指正常的手术，也包括对尸体的防腐处理，因为古人相信如果某人的尸体不腐，那么他的灵魂亦可不死。

开明东的六巫和窫窳均属于黄帝部落，而贰负则属于炎帝部落。上述巫医活动的方位选择在东方，当有所考虑。一是，东方是太阳升起的方向，象征着新生；二是，这里可能是距离前线战场最近的地方，因此便于及时对伤员进行救治，以及对阵亡者的尸体进行防腐处理，并对其灵魂进行安抚。事实上，在古史传说中，黄帝部落的敌人多居住在东方，因此战场通常也都在黄帝部落大本营的东面。

服常树·三头人

服常树，其上有三头人，伺琅玕树。

郝懿行认为三头人与《海外南经》的三首国属同类，

并引《艺文类聚》"卷九十"及《太平御览》"卷九百一十五"引《庄子》曰："老子见孔子从弟子五人，问曰：'前为谁！'曰：'子路为勇。'其次子贡为智，曾子为孝，颜回为仁，子张为武。老子叹曰：'吾闻南方有鸟，其名为凤，所居积石千里。天为生食，其树名琼枝，高百仞，以璆琳琅玕为实。天又为生离珠，一人三头，递卧递起，以伺琅玕。凤鸟之文，戴圣婴仁，右智左贤。'"袁珂注："离珠，即离朱，黄帝时明目者，此一人三头之离珠又为日中三足神禽离朱演变而成者。"

郭璞注："服常木，未详。"《淮南子·地形训》记有"沙棠、琅玕在昆仑东"，吴任臣认为此处"服常疑是沙棠"。其实，服为服侍、服役；常为旗帜，《周礼·春官·司常》："王建大常，诸侯建旂。"郑玄注："王画日月，象天明也。"据此，服常树实际上是一杆大旗，三头人即警卫队，他们负责看护琅玕等重要建筑。"三头"乃三种面具，以表示其工作状态，如执勤、巡逻、休息等。

开明南·树鸟

开明南有树鸟，六首；蛟、蝮、蛇、蜼、豹、鸟秩树，于表池树木，诵鸟、鶽、视肉。

所谓树鸟六首，其形貌即图腾柱，同时又是路标，即每一种“鸟”代表一个图腾，每个图腾鸟所指的方向即该图腾部落或氏族的栖息地，此外它还有指示时间的作用。所谓表池树木即在华池中树表，亦即华表，为聚众议事的场所。所谓诵鸟即传达首领旨意的官员，其身份由其所持鸟羽为代表，后世“拿着鸡毛当令箭”或亦源于此。

综上所述，根据开明兽东西南北的场景可知，这里是帝都的巫术、宗教、祭祀、议事等活动的中心区。开明西为服务员和神职人员居住地，开明北为祭祀先祖的场所，开明东为施行起死回生的手术或巫术的场所，开明南则是聚会议事的场所。

七、海内北经

北方有众帝之台，它们是帝尧台、帝喾台、帝丹朱台、帝舜台，都是二层或多层的四方台，类似美洲玛雅人建造的金字塔，距离不周山和昆仑城都不远，至今仍然在等待幸运的发现者。舜和妻子登比氏，生下两个聪明的女儿，一个名叫宵明，一个名叫烛光，顾名思义她们是人造光源的发明家。那时的灯用的都是娃娃鱼（龙的原型动物）的鱼油，导致娃娃鱼一度灭绝，以致后人也搞不清龙是什么样了。

蛇巫山·有人操柸

海内西北陬以东者。

蛇巫之山，上有人操柸而东向立。一曰龟山。

《海内北经》自西北向东北记述有31处人文活动场景，

记述的部分内容（盖国等）实际上属于《海内东经》。

郭璞注："柸或作棓。"棓即棒，亦指农具连枷。袁珂注："此节及下节当移在《海内西经》'开明南有树鸟'节之次，《海内南经》'匈奴'节与《海内西经》'贰负之臣曰危'节当移于此，说已见前。昆仑山为羿向西王母请不死药之地，而有关羿之神话中，又有逢蒙杀羿，及羿死于桃棓等神话。《孟子·离娄下篇》云：'逢蒙学射于羿，尽羿之道，思天下惟羿愈己，于是杀羿。'《淮南子·诠言篇》云：'羿死于桃棓。'许慎注：'棓，大杖，以桃木为之，以击杀羿，由是以来鬼畏桃也。'则'此操柸（棓）而东向立'于昆仑附近蛇巫山上之人，其伺羿而欲杀之之逢蒙乎！不可知矣。"

所谓"鬼（泛指灾异制造者）畏桃"的观念在我国由来已久，一是夸父逐日所持之杖即桃木棒，二是捉鬼的神荼、郁垒所居住的度朔山上有大桃树。

此处经文所谓蛇巫山又名龟山，疑原名当作蛇龟山。我国古代四方神兽，东方青龙，南方朱雀，西方白虎，北方玄武即蛇龟一体之像（实际上是一种脖子长的乌龟，由于乌龟头与蛇头形状相似，故传为蛇龟一体）。据此，蛇巫山上"东向立"者，当有操龟使蛇之神力，疑即北方玄武之神像。今辽宁有医巫闾山，其名类似蛇巫山。

西王母·三青鸟

西王母梯几而戴胜杖，其南有三青鸟，为西王母取食。在昆仑虚北。

《山海经》三处记有西王母，《西山经》称西王母居住在昆仑丘之西的玉山，其形貌为“豹尾虎齿而善啸，蓬发戴胜”；《大荒西经》称西王母与昆仑丘相邻，其生存状态为“戴胜，虎齿，有豹尾，穴处”。对比之下，此处《海内北经》（实应属于《海内西经》）描述的西王母，居住在昆仑墟的北面，既悠闲又威严地坐在桌几前，雍容华贵的她，刚刚梳完妆，旁边放着她的权杖，其住所的南面有若干穿羽毛衣的服务员，忙着为她准备美味佳肴。据此可知，西王母的生活方式也在与时俱进。

此处经文“戴胜杖”，有的版本无“杖”字。三青鸟又作三足鸟或三足乌，《史记》司马相如《大人赋》云：“亦幸有三足乌为之（西王母）使。”

大行伯·贰负尸

有人曰大行伯，把戈。其东有犬封国。贰负之尸在大行伯东。

袁珂注："今本《风俗通义》"卷八"引《礼传》云：'共工之子曰脩，好远游，舟车所至，足迹所达，靡不穷览，故祀以为祖神。'此把戈而位居西北之大行伯，其共工好远游之子脩乎！"其实，此处大行伯与前文蛇巫山上"东向立"者倒有几分相似。

大行伯的东面有犬封国，而贰负之尸亦在大行伯的东面，据此可知犬封国与贰负族不是比邻而居，就是共居一地，这也就意味着，两者可能存在血缘关系。犬戎国的先祖名盘瓠，其发音亦与贰负有相近之处。郭璞注："昔盘瓠杀戎王，高辛氏以美女妻之，不可以训，乃浮之会稽东海中，得三百里地封之，生男为狗，女为美人，是为狗封之国。"袁珂引《魏略》云："高辛氏有老妇，居王室，得耳疾，挑之，得物大如茧。妇人盛瓠中，覆之以槃，俄顷化为犬，其文五色，因名槃瓠。"

犬封国·吉量

犬封国曰犬戎国，状如犬。有一女子，方跪进柸食。有文马，缟身朱鬣，目若黄金，名曰吉量，乘之寿千岁。

袁珂注：“封、戎音近，故犬封国得称犬戎国。又‘犬封国’者，盖以犬立功受封而得国，即郭注所谓‘狗封国’也。《伊尹·四方令》云：‘正西昆仑狗国。’《淮南子·地形篇》云：‘狗国在其（建木）东。’则狗国之传说实起源于西北然后始渐于东南也。”

柸或作杯，“有一女子，方跪进柸食”，郭璞注：“与酒食也。”其实，“柸”字意为不舒坦、不快乐，此画面当非寻常进食场景，而可能与金虫变盘瓠、盘瓠立功后高辛王欲毁约不妻以公主的故事有关。《大荒东经》记有黄帝后裔犬戎国，并称其“人面兽身”，袁珂认为这可能就是“最初传说之盘瓠”，而盘瓠又演变为盘古开天地。

文马或即斑马或斑驴（体长 2.7 米，尾长 1 米，重 400 千克），原产于非洲。《绎史》“卷十九”引《六韬》云：“商王拘周伯昌于羑里，太公与散宜生以金千镒求天下珍物以免君之罪。于是得犬戎氏文马，駮身朱鬣，目若黄金，名鸡斯之乘，以献商王。”

鬼国·贰负神

鬼国在贰负之尸北，为物人面而一目。一曰贰负神在其东，为物人面蛇身。

袁珂注：“即一目国，已见《海外北经》。《大荒北经》亦云：‘有人一目，当面中生。一曰是威姓，少昊之子，食黍。’即此国也。《伊尹·四方令》云：‘正西鬼亲。’《魏志·东夷传》云：‘女王国北有鬼国。’则传说中此国之所在非一也。”《西山经》西次三经亦记有“槐鬼离仑”“有穷鬼”，此处鬼国或其后裔。

对于经文“一曰贰负神在其东，为物人面蛇身”，可以有两种断句及其相应的解释。一即此处经文的断句，则“人面蛇身”是对贰负的描述；二是断句为“一曰贰负神在其东。为物人面蛇身”，则“人面蛇身”是对鬼国的描述。原文当作“一曰为物人面蛇身”，即对“为物人面而一目”的补充。按《山海经》惯例，当以后者为是。

蜪犬

蜪犬如犬，青，食人从首始。

郭璞注："音陶。或作蚼，音钩。"此处经文"如犬，青"，或作"如犬而青"。

所谓蚼犬"食人从首始"，看起来像是野狗、野狼袭击人类。其实，它们更可能是由人豢养的猎犬或战争犬。由此观之，盘瓠咬戎王首级而还的故事，实际上正是"食人从首始"；而所谓盘瓠变成人并娶公主为妻的情节，实际上说的是豢养战争犬的人（可能是奴隶），其社会地位因立战功而得到提高。

穷奇

穷奇状如虎，有翼，食人从首始，所食被发。在蜪犬北。一曰从足。

《西山经》载西次四经邦山有食人怪兽穷奇"其状如牛，蝟毛"。《神异经·西北荒经》云："西北有兽焉，状似虎，有翼能飞，便剿食人。知人言语。闻人斗，辄食直者；

闻人忠信，辄食其鼻；闻人恶逆不善，辄杀兽往馈之；名曰穷奇。亦食诸禽兽也。”亦有版本称：“穷奇似牛而狸尾，尾长曳地，其声似狗，狗头人形，钩爪锯牙。”郭璞《山海经图赞》曰：“穷奇之兽，厥形甚丑；驰逐妖邪，莫不奔走；是以一名，号曰神狗。”《左传·文公十八年》曰：“少皞氏有不才子，毁信废忠，崇饰恶言，靖谮庸回，服谗蒐慝，以诬盛德，天下之民谓之穷奇。”

《淮南子·地形训》曰：“穷奇，广莫风之所生也。”古人对4个季节8种不同的风，依次称之为条风、明庶风、清明风、景风、凉风、阊阖风、不周风、广莫风。在《后汉书·礼仪志中》记载的汉代大傩逐疫仪式里，方相氏要率领十二兽（由人装扮）驱逐各种恶鬼，其中“穷奇、腾根共食蛊”。《周礼·夏官》称：“方相氏掌蒙熊皮，黄金四目，玄衣朱裳，执戈扬盾，帅百隶而时难（傩），以索室驱疫。”相传黄帝元妃嫘祖死于道，次妃嫫母貌陋，监护于道，是为方相氏；即后世开路神、险道（先导）神，亦用于送丧。

综上所述，穷奇状或如牛，或似虎、狗，其身份或为食人怪兽，或为德行恶劣之人，或为驱疫之神狗。此处穷奇，可能与蜪犬属于同类。

帝尧台·帝喾台·帝丹朱台·帝舜台

帝尧台、帝喾台、帝丹朱台、帝舜台，各二台，台四方，在昆仑东北。

郭璞注："此盖天子巡狩所经过，夷狄慕圣人恩德，辄共为筑立台观，以标显其遗迹也。"袁珂批评郭璞的观点"乃其以正统历史眼光释神话之臆说，实无足取"，并指出此处诸帝之台即《海外北经》《大荒北经》所记昆仑之北的众帝之台，乃禹杀相柳所筑之台，"以厌妖邪者也"。

所谓"各二台"，疑当作"各二重"，即众帝之台均为两层的四方台，与美洲金字塔的形状基本相同（古埃及早期的金字塔亦为四方台形）。由于《山海经》另记有众帝葬所，因此众帝之台的作用当如袁珂所说"以厌妖邪"，此外亦可能有天文观测或其他祭祀活动的用途。值得注意的是，此处经文叙述帝丹朱台时赫然将其与帝尧、帝喾、帝舜之台并列，而且还排在了帝舜之前。由于《山海经》长期藏于深宫密室，因而其文字大体逃过春秋战国人士删改之劫，尚保留着古史原貌。据此，或可表明帝丹朱亦为先夏时期的一段历史过程（《山海经》中称帝者，或可指一个朝代，而不是单指一个人）。

根据众帝之台可知，中国古代的金字塔乃是一帝一个，其用途当初并不是陵寝，而是该帝王（包括国王）专用的祭祀台。昆仑东北月光寒，大陆来往几多战！此地空传众帝台，地老天荒俱无颜。埃及尚存金字塔，先王陵墓伟其观。何处寻访众帝台！帝台不见愧愁眠。幸运的是，四川省广汉三星堆文化遗址的重见天日，让我们有理由认为三星堆遗址的三个土堆当初就是三座金字塔，它们可能分属于古蜀时期的三个蜀王。

大蜂·朱蛾·蟜

大蜂，其状如螽。朱蛾，其状如蛾。

蟜，其为人虎文，胫有䏿。在穷奇东。一曰状如人。昆仑虚北所有。

郭璞注："蛾，蚍蜉也。《楚词》云：'大蜂如壶，赤蛾如象。'谓此也。"

蟜，毒虫。所谓"为人虎文"，即皮肤或衣服上装饰有和老虎花纹一样的图案。䏿即小腿肚子。此地之人名蟜，可能与豢养并驱使大蜂、朱蛾有关，或即《中山经》中次六经平逢山饲养蜜蜂的神蟜虫。

阘非

阘非，人面而兽身，青色。

郝懿行注："《伊尹·四方令》云：'正西阘耳。'疑即此。非、耳形相近。"

阘，原指小户，引申为卑下；亦指鼓声。阘耳，或可指耳朵小的人，或可指听力差的人。此处阘非，疑指被割去耳朵的人，与据比尸同为受酷刑之状。

据比尸

据比之尸，其为人折颈，被发，无一手。

郭璞注："一云掾比。"郝懿行注："掾比一本作掾北。"袁珂注："《淮南子·地形篇》云：'诸比，凉风之所生也。'高诱注：'诸比，天神也。'疑即据比、掾比（北）。诸、据、掾一声之转。"或谓即《海外东经》《大荒东经》的奢比之尸。

据，凭依，根据；通"倨"，倨傲。据的繁体字"據"，其右半部字形"豦"，《尔雅·释兽》："豦，迅头。"郝懿行

注："《说文》引司马相如说：'豦，封豕之属。'《玉篇》：'封豦，豕属也。'迅头者，豕性躁疾，易警扰，好奋迅其头。"据此，"據"意为捕猎野猪的人；掾，古代属官的通称。

此处据比尸"折颈被发，无一手"，乃遭受酷刑之惨状。从其形貌来看，疑即被穷奇所食者；此经前文称穷奇"食人从首起，所食被发"，亦即"折颈被发"。所谓"被发"，"被"意为及、至，意思是食人头，几乎要吃及头发。

《山海经》记述"尸"者，计有《西山经》南山的尸鸠鸟，《东山经》的尸胡山，《中山经》的尸山、尸水，姑媱山的帝之女尸，《海外西经》《大荒西经》的女丑尸，《海外东经》《大荒东经》的奢比尸（肝榆尸），《大荒南经》的祖状尸，《大荒西经》的黄姬尸、夏耕尸，《大荒北经》的戎宣王尸，《海内北经》的贰负尸、据比尸、王子夜尸，《海内经》北海之内的相顾尸。其中夏耕尸、戎宣王尸、据比尸、王子夜尸，均为无头尸，其原因除犯罪、战败而遭受刑戮之外，亦可能涉及古代猎人头的习俗。

环狗

环狗，其为人兽首人身。一曰蝟状如狗，黄色。

袁珂注："观其形状，盖亦犬戎、狗封之类。"所言甚是。从其名称和形貌来看，环狗当是人戴着狗头帽装扮成狗的模样，并绕圈跑，模拟狗追逐自己的尾巴。这种活动当有着某种巫术意义，或许即"尾交首上"，象征着生命轮转、生生不息。据此，所谓盘瓠之"盘"，原意可能并非指盘子，而是指盘旋；瓠即葫芦，在我国先民的观念中，葫芦（包括瓜类）状如子宫，乃是生命力的象征，在洪水泛滥灭绝人类时又是幸存者的逃生"方舟"。

环狗的发音又与盘瓠、盘古相近，或者盘瓠、盘古的名称即来源于环狗。在我国古史传说里，盘古是开天辟地者。《艺文类聚》"卷一"引《三五历纪》："天地混沌如鸡子，盘古生其中。万八千岁，天地开辟，阳清为天，阴浊为地。盘古在其中，一日九变，神于天，圣于地。天日高一丈，地日厚一丈，盘古日长一丈。如此万八千岁，天数极高，地数极深，盘古极长。后乃有三皇。"《绎史》"卷一"引《五运历年记》："首生盘古，垂死化身。气成风云，声为雷霆，左眼为日，右眼为月，四肢五体为四极五岳，血液为江河，筋脉为地里，肌肉为田土，发髭为星辰，皮毛为草木，齿骨为金石，精髓为珠玉，汗流为雨泽，身之诸虫，因风所感，化为黎甿。"

在民间故事里，盘古也有一妹，其故事内容与伏羲、女娲兄妹类似。相传王屋山东边有一座山，这里有一座盘古寺

(在今山西济源市)，当地人相信此地就是盘古出生的地方。桐柏山地区也有一座盘古山（又名九龙山、大复山)，当地流传着盘古爷、盘古奶的故事，诸如用无花果树叶做衣服，降龙治洪水，造字，盘古兄妹婚，盘古生八子等。

袜

袜，其为物，人身，黑首，从目。

郭璞注："袜即魅也。"郝懿行注："《楚辞·大招》云：'豕首从目，被发鬤只。'疑即此。"其实，此处之"袜"，当指戴着黑色纵目面具的人。

戎

戎，其为人，人首三角。

《周书·史记篇》云："昔有林氏召离戎之君而朝之；至而不礼，留而弗视，离戎逃而去之，林氏诛之，天下叛林氏。"孔晁注："林氏，诸侯。天下见其遇戎不以礼，遂叛林氏，林氏孤危也。"又云："林氏与上衡氏争权，林氏再战而胜，上衡氏伪义弗克，俱身死国亡。"郝懿行与袁珂均认为《周书》所载即此处之戎与下文林氏的故事。

此处经文人首三角或作人身三角，当系戎族的特色装束和装饰。戎字除指兵器、军旅、征战外，亦通宗、从、汝；戎又为古族名，泛指西北各族，殷、周时有鬼戎、西戎。此外，戎亦为古国名，在今山东曹县东南，春秋时灭于卫国；又为古地名，其地或谓在今泰国南部马来半岛东岸的尖喷。

林氏国·驺吾

林氏国有珍兽，大若虎，五采毕具，尾长于身，名曰驺吾，乘之日行千里。

郝懿行注："《毛诗·传》云：'驺虞白虎黑文，不食生物。'与此异。"郭璞注："《六韬》云：'纣囚文王，闳夭之徒诣林氏国求得此兽献之，纣大悦，乃释之。'《周书》曰：'夹（央）林酋耳，酋耳若虎，尾参于身，食虎豹。'《大传》谓之侄（怪）兽。吾宜作虞也。"

《淮南子·道应训》："散宜生乃以千金求天下之珍怪，得驺虞、鸡斯之乘，玄玉百工、大贝百朋、玄豹黄罴、青犴白虎、文皮千合，以献于纣。"袁珂指出"首列驺虞，其贵可知矣"，并认为："驺吾（虞）神话，亦文王脱羑里神话之一细节也。"

《周书·史记篇》记有林氏国先后战胜戎氏、上衡氏，称霸一方。其实，林氏国之强悍，乃得益于其国有日行千里的宝马驺吾，也就是说林氏国可能是首先使用骑兵征战的国家；而商纣王之所以看重驺虞，亦在于它的军事价值。

泛林·从极之渊·冰夷·阳汗山·凌门山

昆仑虚南所，有氾林方三百里。

从极之渊，深三百仞，维冰夷恒都焉。冰夷人面，乘两龙。一曰忠极之渊。

阳汙之山，河出其中；凌门之山，河出其中。

毕沅注："《淮南子·地形训》有樊桐，云在昆仑阊阖之中。《广雅》云：'昆仑虚有板桐。'《水经注》云：'昆仑之山，下曰樊桐，一名板桐。'案氾、樊、板声相近，林、桐字相似，当即一也。"据此，昆仑墟南面有梧桐林，正是凤凰栖息的好地方。

从极之渊又名忠极之渊，亦即《海内西经》所说"昆仑南渊深三百仞"，其地或即今黄河壶口瀑布；因为只有壶口瀑布才能充分显示黄河之神威，而壶口瀑布正处于陕、晋、豫黄土高原中心，其北即鄂尔多斯高原、黄河河套（《山海经》记载的昆仑丘所在地）。冰夷又作冯夷、无夷，亦即河伯。从“冰夷”的称谓可以推之，他的工作可能与处理黄河中游冬春交替期的凌汛有关，解冻的浮冰在此时往往会堆积起来对沿岸地区造成严重的水患，大禹采用“积石山”的办法治理黄河水患可能也与此有关。在古史传说里，河伯可指居住在黄河两岸（大约从壶口至洛阳段）的部落，如在王亥牧牛羊于有易而遇害的故事里，河伯为与王亥、有易相邻的部落。与此同时，河伯亦指黄河之神，《尸子辑本》卷下云：“禹理水，观于河，见白面长人鱼身出，曰：‘吾河精也。’授禹河图而还于渊中。”

《水经注·洛水》引《竹书纪年》云：“洛伯用与河伯冯夷斗。”所谓洛水之神与黄河之神的斗争，既反映洛水入黄河、两水争河道的场面，也反映黄河两岸居民与洛水两岸居民存在着争水利、避水害的长期矛盾。

我国殷墟卜辞中，屡有祭祀黄河的内容。《庄子·人间世》云：“牛之白颡者，与豚之亢鼻者，与人之有痔病者，不可以适河。”所谓适河，即以人（少女）为牺牲祭祀黄河，民间则称为河伯娶妇，这种巫术目的是祈求黄河不泛滥成灾。《楚辞·天问》：“帝降夷羿，革孽夏民，胡射夫河伯，而妻彼雒嫔！”高诱注《淮南子·泛论训》称：“河伯溺杀人，羿射其左目。”王逸注谓：“河伯化为白龙，游于水旁，羿见射之，眇其左目。”所谓羿射河伯，实亦为巫术活动，即强迫黄河之神就范。

《穆天子传》卷一云："戊寅，天子西征。鹜行，至于阳纡之山。河伯无夷之所都居，是惟河宗氏。"阳纡山即阳汙山，河宗氏即负责祭祀黄河的世袭家族，周穆王向黄河祭献的物品有玉璧、牛马豕羊等。凌门山又作陵门山，郝懿行注："或云即龙门，凌、龙亦声相转也。《艺文类聚》卷八引此经正作阳纡、龙门，与《水经注》合。"

所谓"河出其中"，可理解为黄河发源于此或在此通过。阳纡山在《穆天子传》里，其方位在河套地区（古人曾长期以此为黄河源），研究者多认为即内蒙古阴山（古称阳山）。凌门山之名当指黄河河道呈门状，符合这种地形地貌的黄河中游河道著名者有龙门和三门峡。

《山海经》全解
【第三卷】
垢文涛／主编
辽海出版社

八、大荒东经

中国商朝的神庙四壁的壁画，画着许多远古的故事。在东墙壁上的故事，画有帝颛顼幼年时，在少昊部落当人质，虽然不得不放弃自己心爱的七弦琴，但是他仍然坚强地生存了下来。还有一处滚烫的温泉汤谷，长有一棵名叫扶木（又名扶桑）的太阳树——十个太阳就栖息在树上，太阳东升西落全凭乌鸦来运载。古人为什么把乌鸦视为金乌？这是因为乌鸦是一种生命智力高超的鸟，它能够使用工具获得食物，还能够把食物藏在几千个地方，需要时再一一找出来。

少昊国·少昊孺帝颛顼

东海之外大壑，少昊之国。少昊孺帝颛顼于此，弃其琴瑟。

大壑，郭璞注："《诗含神雾》曰：'东注无底之谷。'谓此壑也。《离骚》曰：'降望大壑。'"袁珂注："《列子·汤问篇》云：'渤海之东，不知几亿万里，有大壑焉，实惟无底之谷，其下无底，名曰归墟。八纮九野之水，天汉之流，莫不注之，而无增（无）减焉。'即此壑也。"相传归墟上有岱舆、员峤、方壶、瀛洲、蓬莱5座仙岛。

在古史传说里，少昊是先夏时期著名的部落，号称五帝之一。《五藏山经》西次三经称其位于西方，而此处则称少昊国位于东方沿海地区或海岛上，或许该部落曾举族远距离迁徙，今山东曲阜县城东有少昊陵。《拾遗记》卷一记有白帝之子亦即太白之精与皇娥在穷桑之浦坠入爱河，生少昊，因号为穷桑氏，又号为金天氏。少昊部落尊崇太白金星，金星为天空亮星，日出前现于东方则称太白，日落后现于西方则称长庚。《左传·昭公十七年》称少昊国有以鸟名来命名官职的习俗，可能是不同官职者要采用相应的鸟羽作为标志，后世所谓"拿鸡毛当令箭"或即其遗风。

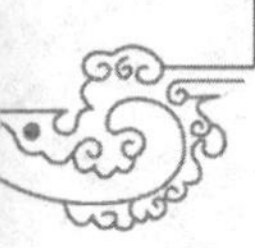

"少昊孺帝颛顼"，系当年发生在少昊与颛顼两个部落间的一件大事，从其具有悲情色彩来看，颛顼像是作为人质被迫在少昊部落度过了不愉快的童年。

甘山·皮母地丘·大言山

有甘山者，甘水出焉，生甘渊。

大荒东南隅有山，名皮母地丘。

东海之外，大荒之中，有山名曰大言，日月所出。

《大荒东经》共记述有35处（此数字与如何断句有关）场景，尽管经文没有明确提及诸景之间的方位关系，但是从其记述的内容来看，似乎存在自东南向东北的顺序。此处“有甘山者”等11字，现存版本将其断句在上文“弃其琴瑟”之后，其实甘渊乃扶桑十日所在地，理应作为单独一处场景，而且此段文字原应与《大荒南经》“羲和方浴日于甘渊”放在一起。

皮母地丘或作波母地丘，其地处于东南隅。大言山是一座观测日月东升并举行迎日迎月宗教巫术活动的场所，这样的山在《大荒东经》里共有6座。

波谷山·大人国·小人国

有波谷山者，有大人之国。有大人之市，名曰大人之堂。有一大人踆其上，张其两耳。

有小人国，名靖人。

波谷山的名称与波母地丘类似。踆，踢，通“逡”(退)，通蹲。张其两耳或作张其两臂。大人之市、大人之堂，杨慎、郝懿行推测是海市蜃楼现象。不过，从其形貌来看，更像是一尊巨型塑像，有些类似复活节岛上的巨石人像，当地人在特定的日子要在塑像前聚集，进行交易或举行巫术宗教活动。靖人又称诤人，《列子·汤问》称其身长9寸。

犁䰠尸·潏山

有神，人面兽身，名曰犁䰠之尸。有潏山，杨水出焉。

䰠，其字义为灵、为龙；从其字形来看，当指求雨之鬼，或拥有降雨神灵之鬼。鬼的本意是指死者之精灵，而鬼字的象形则为人戴大型面具（包括装饰物），地位越高者所戴面具的规格也越高，当一位有权势者死去之后，其所佩戴过的面具同样被后人视为具有神灵。据此，犁䰠之尸可能是一尊戴着大面具的兽身先祖塑像，是能求雨的神灵，或者与犁的发明和使用有关。

蒍国·合虚山

有蒍国，黍食，使四鸟：虎、豹、熊、罴。

大荒之中，有山名曰合虚，日月所出。

袁珂注："蒍国或当作妫国。妫，水名，舜之居地也。《史记·陈世家》：'舜为庶人，尧妻之二女，居于妫汭，后因为氏。'妫国当即舜之裔也。"妫水出历山，流入黄河，在今山西省永济市，《大荒东经》蒍国的方位与妫水不符，可能存在过部族迁徙。"使四鸟：虎、豹、熊、罴"，袁珂认为源自《尚书·舜典》所记益与朱（豹）、虎、熊、罴争神而胜的神话故事，而益即舜，舜即帝俊，亦即殷墟卜辞所称"高祖夋"，其原貌则为燕，乃《诗·玄鸟》："天命玄鸟，降而生商"之玄鸟，因此帝俊后裔均有役使四鸟之能力。袁珂上述解释道理良多，唯谓神话有待商榷。实际上"使四鸟"可能是指役使奴隶，并用动物名来命名奴隶；或者是设立四名官员，并用虎、豹、熊、罴分

别命名其官职。

合虚山是观测日月东升的第二座山。

中容国

有中容之国。帝俊生中容，中容人食兽、木实，使四鸟：豹、虎、熊、罴。

帝俊是《山海经》中出现次数最多的帝，论者或据此认为帝俊乃《山海经》中最显赫之帝。与此同时，由于帝俊的事迹与其他古帝多有相合之处，论者或谓帝俊为帝舜、帝喾、帝颛顼。郭璞注："俊亦舜字假借音也。"郝懿行注："《初学记》卷九引《帝王世纪》云：'帝喾生而神异，自言其名曰夋。'疑夋即俊也，古字通用……是帝俊即帝喾矣。但经内帝俊累见，似非专指一人。此云帝俊生中容，据《左传》文十八年云，高阳氏才子八人，内有中容，然则此经帝俊又为颛顼矣。"

帝俊生中容，意为帝俊的后裔有中容，并不一定是说帝俊的子女有中容。对于古人来说，记述历史是一件非常困难的事情，其中的难题之一就是缺少对大尺度时间的把握，以致往往把相隔很远的事情重叠记忆在一起。

东口山·君子国

有东口之山。有君子之国，其人衣冠，带剑 。

君子国在《海外东经》已有描述。我国古代没有标点符号，现存版本《山海经》的标点符号实际上都是近代人加上去的。由于对同一段文字，加注上不同的标点符号，往往会得到相异的信息解读。在这种情况下，如何正确地加上标点符号，就成为一个需要慎重对待的问题。但是，对于《山海经》来说，由于其上下文往往缺少逻辑联系，因此很难判断什么样的标点符号才是正确的。例如，此处经文“有东口之山”之后如果加逗号，则东口山与后文君子国就属于同一处场景；如果加的是句号，则表明两者可能并没有什么直接的联系。本书基本采用袁珂《山海经校注》的标点符号，只有少数地方做了调整。

司幽国·思士·思女

有司幽之国。帝俊生晏龙，晏龙生司幽，司幽生思士，不妻；思女，不夫。食黍，食兽，是使四鸟。

司幽之国或作司幽之民，在《山海经》里“国”与“民”的含义相近或相同，均指生活在或曾经生活在某一地区的居民。司幽之国又作思幽之国，这种同音字互用的现象在《山海经》以及其他古籍中经常发生。司与思的含义有着明显的差异，但在古人思维里两者却有内在的联系，即有思想（劳心）者才有管理权。

《海内经》记有帝俊生晏龙，并称晏龙发明了琴瑟，此处经文则称晏龙的后代有司幽，司幽的后代有思士和思女。关于思士不妻、思女不夫，郭璞注：“言其人直思感而气通，无配合而生子，此《庄子》所谓白鹄相视，眸子不运而感风化之类也。”

庄子“眸子不运而风化”的观点，是由于不了解动物雌雄结构及其有性繁殖过程而产生的误解（风化即风为媒，许多植物都通过风媒实现有性繁殖）。实际上，幽在此处指婚配，司幽即制定婚配规则，“不妻、不夫”即不组成以夫妻关系为基础的家庭。也就是说，在司幽国里，实施的是母系社会的“母子家庭制”，即母亲与子女始终生活在一起，女儿大了不出嫁，儿子大了不娶妻，他们可以自由地与外族人过性生活。根据经文所述，司幽国的居民又吃米面又食肉，还有四鸟可供驱使，可见其生活还是蛮不错的。

大阿山·明星山

有大阿之山者。

大荒之中有山，名曰明星，日月所出。

此处大阿山，除了名称之外，其他信息均未能流传下来。

明星山是观测日月东升的第三座山，以明星为名，或可表示还同时观测与日月同升的亮星，如启明星。

白民国·帝俊·帝鸿·白民

有白民之国。帝俊生帝鸿，帝鸿生白民，白民销姓，黍食，使四鸟：虎、豹、熊、罴。

郝懿行注："帝鸿，黄帝也，见贾逵《左传》注；然则此帝俊又为少典矣，见《大戴礼记·帝系篇》。《路史·后纪》引此经云：'帝律生帝鸿。'律，黄帝之子也；或罗氏所见本与今异。"袁珂针对郝懿行上述观点注谓："古代神话传说，由于辗转相传，历时既久，错综纷歧之处必多，此经帝俊生帝鸿，帝鸿不必即黄帝，纵帝鸿即黄帝矣，帝俊亦不必即少典，要在阙疑可也。”《大戴礼记·帝系篇》记有：“少典产轩辕，是为黄帝。”

《海外西经》所述的白民国在西方，此处白民国在东方，两者若非偶然同名，则当有某种血缘关系及迁徙过程。在古代举族举家迁徙并非一件非常困难的事情，游牧民族赶着牛羊逐水草而行，一个月就可走到1000千米外的地方。

今天我们已经习惯将姓氏连称，但是在古代姓是姓、氏为氏，姓与氏有不同的含义，在不同的历史时期，其含义又有差异。古代女子称姓，男子称氏，氏为姓的支系。也就是说，“姓”记录的是母系血缘关系，“氏”记录的是父系的血缘关系。由于母系社会早于父系社会，因此可以说先有姓，后有氏。此外，氏也指远古时期的部落或具有世袭性质的官职，前者有燧人氏、有巢氏、伏羲氏、神农氏、轩辕氏等，后者有太史氏、职方氏等，而两者有时候又相互重叠。一般来说，古代姓的名称通常取自居住地的地名，而地名除了山名、水名亦包括其他人文活动内容。以“销”为姓的白民，其居住地当与“销”有关。销指熔化金属，又通消，亦指刀的一种，《淮南子·修务训》的“羊头之销”，高诱注称即白羊子刀。

青丘国·九尾狐·柔仆民·嬴土国

有青丘之国，有狐，九尾。

有柔仆民，是维嬴土之国。

青丘与九尾狐已见于《南山经》《海外东经》。可知青丘暨九尾狐是一处著名场景。《五藏山经》称其在南方，而《海外四经》《大荒四经》却称其在东方，这里可能存在着文字错误。《初学记》卷九引《归藏·启筮》云："蚩尤出自羊水，八肱、八趾、疏首，登九淖以伐空桑，黄帝杀之于青丘。"据此可知，青丘不应当位于南方，只能位于东方。也就是说，青丘山原本应当是属于《东山经》的内容，后来被错简到《南山经》里。由于《南山经》与《东山经》所述诸山的地理方位多有难以考证之处，或许这也表明现存版本《南山经》的内容与《东山经》的内容存在着较多的相互错位。

柔仆民，其名类似《海外北经》的柔利国，可能是以身体柔韧性或性格柔顺而著称。嬴，通赢，意为满盈、有余。嬴土，意为物产富饶的地方。袁珂注："嬴土之国犹《大荒西经》'沃之国'也。"

黑齿国

有黑齿之国。帝俊生黑齿，姜姓，黍食，使四鸟。

《海外东经》记述黑齿国的文字在青丘国之后，并称黑齿国位于青丘国之北。此处记述黑齿国的文字亦在青丘国之后，说明《大荒东经》诸场景亦存在着自南向北的方位关系。《海外东经》称黑齿国“使蛇”，此处经文则称“使四鸟”，并增加“帝俊生黑齿”的内容，这种对民族来源的血缘世系的追溯，表明《大荒四经》的撰写者比《海外四经》的撰写者有了更成熟的历史观念。

郭璞注：“圣人神化无方，故其后世所降育，多有殊类异状之人，诸言生者，多谓其苗裔，未必是亲所产。”其前半句尚可商榷，后半句则言之甚确。

夏州国·盖余国

有夏州之国。

有盖余之国。

此处经文仅有国名，其他信息均无，其他书亦不见，因此诸家均无一字注释。从符号学和信息传输学的角度来说，每一个名称（如国名、人名）所承载的信息都是极为丰富的，然而这种丰富的信息又是名称本身所难以说明的。在这种情况下，对于第一次接触新名称的人来说，如果没有相应的说明信息，就只能通过名称本身去解读其中的部分信息。

夏字疑原本为复字，因字形相近而误，其国在今日辽东半岛黄海侧的大连市复县（瓦房店镇）。

天吴

有神人，八首人面，虎身十尾，名曰天吴。

《海外东经》称天吴为水伯，形貌与此处相近，惟“虎身十尾”作“八足八尾”。在《山海经》18篇里，对同一神灵，往往在不同篇章里都有记述。由于记述者处于不同时期，而被记述者也可能处于不同时期，因此记述的场景和内容往往存在着一些差异。

鞠陵于天山·折丹

大荒之中，有山名曰鞠陵于天、东极、离瞀，日月所出。名曰折丹，东方曰折，来风曰俊，处东极以出入风。

“东极、离瞀”，郭璞认为均为山名。郝懿行认为《淮南子·地形训》“东方曰东极之山”即此处东极山。日月所出之山，乃天文观测和制定历法的特定场所，要求其位置具有固定性和标志性。也就是说，一处日月所出之山，不可能同时指3座山。据此，“有山名曰鞠陵于天、东极、离瞀”，疑原作“有山名曰鞠陵，处于东极、离瞀”。意思是说，鞠陵于天山位于东极、离瞀，是第四座观测日月东升的山，主持观测及其相关巫术活动的人名叫折丹；东方称之为折，从东方来的风称之为俊；鞠陵山处于东方的尽端，俊风就是从那里出入的。

鞠字的含义很多，养育，幼年，极其，高貌，穷困，告诫，皮球（《十大经·正乱篇》称黄帝“取其（蚩尤）胃以为鞠”，蹴鞠即古代足球），此处鞠陵当指山高貌。东极，指东方之尽头。离瞀，离指分离、明丽（火、日、电），瞀指昏沉，两个字合用具有象征日月从地下或海中升起的场景。

吴任臣注：“（《大戴礼》）《夏小正》云：‘正月，时有俊风。’俊风，春月之风也，春令主东方，意或取此。”袁珂指出，《大荒四经》记有四方神与四方风，除此处东方神鞠陵、东风曰俊之外，还有南方神名因乎，南风曰民；西方神名夷，西风曰韦；北方神名鵷，北风曰琰。袁珂还进一步指出殷墟卜辞亦有四方风，而《山海经》四方神与四方风则源自《书·尧典》关于羲和等四人分别到东、南、西、北四方观星定时的记载。

由于帝俊是殷商民族的先祖，而俊字的象形是燕子，而燕子又是与春天、春风一起出现的候鸟；殷商民族居住在华夏大地的东方，而此处经文又称东风为俊。据此可以推知，帝俊之名当蕴含着上述诸多信息。

美洲印第安人、玛雅人的文化与中国古代文化有着许多相似或相近的内容，因此有学者提出“殷人东渡”的假说。与此同时，国内外一些学者也试图从《山海经》的记载里寻找到有关的线索，如有人认为《大荒东经》记述的“大壑”“东极”等地理景观，可以与美洲大陆的大峡谷等地貌相对应。如果这种假说能够成立，则表明中国人不仅在几千年前到达过美洲，而且还有人在撰写《大荒四经》之前又回到了中国，并带回了美洲的地理信息。

东海·禺虢·北海·禺京

东海之渚中，有神，人面鸟身，珥两黄蛇，践两黄蛇，名曰禺虢。黄帝生禺虢，禺虢生禺京。禺京处北海，禺虢处东海，是为海神。

《尔雅·释水》："水中可居者曰洲，小洲曰渚。"禺虢或作禺号（号的繁体字號与虢字相近），为沿海地区居民供奉的东海之神。禺京即《海外北经》记述的禺强，乃沿海居民供奉的北海之神，其形貌亦为人面鸟身。不过，《海外北经》并未言及禺强的世系来源，而此处却称"黄帝生禺虢，禺虢生禺京"。《山海经》里的"神"，绝大多数都是由巫师装扮成的神，很少有纯粹的自然神，也很少有纯粹的超自然神。因此，"黄帝生禺虢"，实际上是在说从黄帝时代开始任命禺虢为海神，也就是说，某位巫师要想当海神，必须经由黄帝（或者与黄帝同等资格的君王，以及代表先祖权力的象征者）的认可，即神权君授或神权祖先授。

招摇山·玄股国

有招摇山，融水出焉。有国名玄股，黍食，使四鸟。

《五藏山经》记述的第一座山亦名招摇山，位于南方，其所出之水名丽麐水。此处招摇山位于东方，所出之水名融水，两者未审是否同一座山。《海外东经》称玄股国人"使两鸟夹之"，此处则发展成为"使四鸟"。

困民国·王亥·有易·帝舜·戏·摇民

有困民国，勾姓而食。有人曰王亥，两手操鸟，方食其头。王亥托于有易、河伯仆牛。有易杀王亥，取仆牛。河念有易，有易潜出，为国于兽，方食之，名曰摇民。帝舜生戏，戏生摇民。

“勾姓而食”袁珂认为原当作“勾姓，黍食”。王亥是殷商国早期的王子，又名王子亥、高祖亥，其父祖辈依次有冥、曹圉、昌若、相土（相传发明马车）、昭明、契，其子孙辈依次有上甲微（又名上报甲、报甲）、报乙、报丙、报丁、主壬、主癸、汤（又名成汤、天乙、大乙、唐）。相传王亥发明牛车，从事畜牧，以贝为货币，在各国或各部落间进行贸易，并确立用日干（即甲乙丙丁十天干）为殷商国王的名号。此处经文所述的王亥悲剧故事，并见于《竹书纪年》《楚辞》《易经》等古籍，据此可知《山海经》的记述具有相当可靠的史料价值，亦可推知《大荒四经》的撰写时间当在王亥（约前18世纪）之后。

《竹书纪年》记有：“（帝泄）十二年，殷侯子亥宾于有易，有易杀而放之。十六年，殷侯微以河伯之师伐有易，杀其君绵臣。”《楚辞·天问》记述更为详尽，大意是王亥、王恒兄弟到有易（有扈、有狄）牧牛受到热情款待，但是由于兄弟二人行为淫乱不检点，有易之君一气之下杀了王亥，王亥之子上甲微兴师讨伐有易并灭其国，王恒虽有过错而其后裔却繁荣昌盛。《易经·旅卦》则称：“鸟焚其巢，旅人先笑后号啕。丧牛于易，凶。”

《大荒东经》此处经文似有缺误，因其记载的王亥故事先后存在着矛盾。经文先说困民国“有人曰王亥，两手操鸟，方食其头”，后又说“有易潜出，为国于兽，方食之，名曰摇民”，困民即摇民，其祖不应该又为王亥，又为有易。一个可能是，“河念有易，有易潜出”当作“河念王亥，王亥潜出”，即王亥被杀后化为兽，与鲧被杀后化为兽类似，而所谓王亥食鸟则可能有某种巫术象征意义。另一个可能是，“有人曰王亥”五字当移至“方食其头”之后、“王亥托于有易”之前，即操鸟而食鸟头者指的是困民国，亦即有易国后裔，他们之所以要恶狠狠地吃鸟头，是出于对以鸟为图腾的殷商国的敌忾之意。

经文“帝舜生戏，戏生摇民”之前，疑当有“一曰”二字。袁珂注：“此言摇民除有易所化之一系而外，复有一系是由帝舜之裔戏所生。此乃摇民传说之异闻，故附记于此。其实有易即戏也，易、戏声近，易化摇民即戏生摇民也。”

《史记·秦本纪》：秦之先柏翳（伯益），舜赐姓嬴氏，生子二人，一曰大廉，大廉玄孙曰孟戏，鸟身人言。袁珂认为舜与伯益均一人之化身，而伯益之后裔孟戏亦即此处经文所述舜之后裔戏。

《淮南子·齐俗训》："昔有扈氏为义而亡。"高诱注："有扈，夏启之庶兄也，以尧舜举贤，禹独与子，故伐启，启亡之。"《史记·夏本纪》亦称启自立为帝，有扈氏不服，启伐之，大战于甘，遂灭有扈氏。《尚书·甘誓》即启讨伐有扈氏的战前动员令。甘，古地名，位于有扈氏国都的南郊，亦即今日陕西省户县，当地有甘峪河，发源于秦岭。据此，有易（即有扈）属于夏族，而不属于帝舜（即帝俊）后裔。

女丑·大蟹

海内有两人，名曰女丑。女丑有大蟹。

郝懿行注："两人盖一为摇民，一为女丑。"袁珂认为此处经文有缺脱，不可强为解释。《海外西经》所记女丑位于西方，而此处女丑则位于东方海上。"女丑有大蟹"，当与某种祭祀巫术活动有关。

自 20 世纪初，我国在古史研究领域曾兴起一股强劲的疑古思潮，其代表人物是顾颉刚，代表著作是《古史辨》，该学派的工作不无成果，但是也存在着严重的思维逻辑问题：一是该学派认为凡是古籍中彼此看来矛盾的内容，必有一伪，或者两者皆伪；二是该学派天真地以为用文字记录历史是在一夜之间就完成的，并由此把后世历史学的进步悉数误解为“层累地造成的历史”；三是该学派对远古神话传说的信息载体价值缺少认识；四是该学派在证伪上不遗余力，而在求真上则明显缺乏兴趣和动力。这是因为，国弱才疑古，民贫方崇洋，庆幸的是这样的时代正在成为历史。

孽摇頵羝山·汤谷

大荒之中，有山名曰孽摇頵羝，上有扶木，柱三百里，其叶如芥。有谷曰温源谷。汤谷上有扶木，一日方至，一日方出，皆载于乌。

郝懿行注：“《吕氏春秋·谕大篇》云：‘地大则有常祥、不庭、歧母、群抵、天翟、不周。’高诱注以不周为山名，其余皆兽名，非也。寻览文义，盖皆山名耳。其群抵即此经之群羝’，形声相近，古字或通。”

頵，头大貌，石齐头貌，状如头形的石头；羝，公羊；“群羝”即山的形状似公羊头。《大荒四经》有不少四个字的人名、国名、山名，如果这不是当时人们的语言习俗，则可能是音译的名称。温源谷又称汤谷，汤谷扶木即《海外东经》的汤谷扶桑。芥，草本，叶可食，籽可榨芥子油或制芥辣粉。

“一日方至”，是说汤谷有十日，十日轮流出没，每当一个太阳从西方回来（经由地下）时，就有另一个太阳从扶桑树上飞起，所有的太阳都由三足乌驮载着运行。《楚辞·天问》：“羿焉彃日，乌焉解羽?”《论衡·说日》：“日中有三足乌。”《淮南子·精神训》：“日中有踆乌。”古人产生日中有乌的观念，一是源自太阳的运动需要有动力，二是因为古人观察到太阳上面有黑子。为什么偏偏把太阳黑子想象成乌鸦？这是因为古人知道乌鸦是一种非常聪明的鸟。近年的科学研究发现，乌鸦的生命智力非常高，有的乌鸦会把食物分别储藏在几千个地方，需要时能够逐一找出来；有的乌鸦还善于加工嫩枝上的钩刺，并用其来捕食隐藏在腐烂树枝中的甲壳虫幼虫。至于太阳金乌为什么有三足，可能与古人追求奇异的心态有关。此外，古人制作陶鸟时，为了使其能够站立常常要加塑一足，久而久之便形成了关于三足乌的传说。

奢比尸

有神，人面、犬耳、兽身，珥两青蛇，名曰奢比尸。

此处经文记述的奢比尸与汤谷相邻。在《海外东经》中亦记有奢比尸（又名肝榆尸），其特点为大耳，所在方位为东北隅，与东南方的汤谷并不相邻。据此可知，《大荒东经》记述的汤谷或奢比尸的位置可能发生错位。

帝俊下圣坛·五采鸟

有五采之鸟，相乡弃沙，惟帝俊下友。帝下两坛，采鸟是司。

“弃沙”，郝懿行注：“沙疑与娑同，鸟羽娑娑然也。”袁珂进一步指出“弃沙”即“婆娑，盘旋而舞之貌也。”“下友”，袁珂注：“言惟帝俊下与五采鸟为友也。帝俊之神，本为玄鸟，玄鸟再经神话之夸张，遂为凤凰、鸾鸟之属。”并引《楚辞·天问》“简狄在台，喾何宜？玄鸟致贻，女何嘉（喜）”，认为这就是帝俊之所以“下友”于五采鸟的原因所在。

古代柬埔寨（真腊国）有一种婚俗，将要出嫁的少女先送至一间高阁楼上的密室，由一位德高望重的男子为她破贞，仪式期间始终伴随着鼓乐歌舞。简狄与玄鸟的故事，以及帝俊下友的场景，记述的正是殷商民族的一种具有生殖崇拜意义的古老婚俗，玄鸟所致之“贻”实际上是在为简狄

破贞，帝俊所下之“友”同样是在为本族少女注入祖先的血脉种子，“帝俊”则有可能是由巫者或德高权重者装扮的先祖神（初夜权的习俗亦源于此），相向婆娑起舞的五彩鸟乃是配合帝俊破贞仪式的众巫师，所跳之舞可能类似傣族的孔雀舞（原本由男子扮装为孔雀王），其动作模拟或象征着男女交合。

“两坛”，郭璞注：“言山下有舜二坛，五彩鸟主之。”不过，一个人不能同时从两个坛上走下来，因此“两坛”可能是指一座两层结构的圣坛。

猗天苏门山·埙民国

大荒之中，有山名曰猗天苏门，日月所生。有埙民之国。

猗天苏门是《大荒东经》所记第五座观察日月东升的山。袁珂注：“《类聚》卷一引此经作猗天山、苏门山，日月所出。”其实，“苏门”可能是一种石门状天文观测仪器，观测者根据日月从石门中升起的方位来判断时节。今河南辉县有苏门山。

埙是我国7000年前发明的椭球形多孔吹奏乐器，可用陶、石、骨、象牙制成。

三青马

东北海外，又有三青马、三骓、甘华。爰有遗玉、三青鸟、三骓、视肉、甘华、甘祖，百穀所在。

此处经文所述三青马等场景，与《海外北经》颛项葬所之平丘、《海外东经》尧葬所之蹉丘的场景相似或相近。袁珂认为，此处三青马、三骓、三青鸟均类似《大荒南经》首节所述“左右有首”的双双兽。

在中华民族古老的传说中，是炎帝发现了百谷，因此他被尊称为神农；由于炎帝通过放火烧山的技术途径而发明了农业，他又被称之为烈山氏。不过，笔者认为，人类发明农业也有老鼠的功劳。

许多动物都有储存过冬食物的技能，其中老鼠（田鼠）特别喜欢在秋季储存植物草籽（包括野黍、野粟、野菽等野谷类的种子）为过冬食物。与此同时，经过放火烧山（当初是为了捕猎）的地方，绝大多数的植物品种都被烧死了，土地重新变成了处女地，等待着接纳新的种子。而老鼠在洞里储存的草籽，却躲过了人类放的山火，在雨水的滋润下破土而生。还有一些草籽、谷物被火烤熟或被老鼠洞里的水汽蒸熟，会散发出迷人的谷香，我们的祖先从中受到启发学会了种植野谷并熟食谷物。

老鼠洞里储存的野谷不可能是单一品种，而在汉语里许多古老的粮食作物，它们的发音都与“鼠”相同，例如“黍”（黄米）、“粟”（小米）、“菽”（豆类）。其他能够种植的作物“薯”“蔬”“荼”的发音也与“鼠”相同或相近，加工熟食的方法称之为“煮”，收藏食物称之为“储”。显然，它们当初都是从老鼠洞里储存的种子里培育出来的农作物品种。

女和月母国·䳟

有女和月母之国。有人名曰䳟，北方曰䳟，来之风曰狻，是处东极隅以止日月，使无相间出没，司其短长。

郝懿行注：“女和月母即羲和、常羲之属也。谓之女与母者，《史记·赵世家》索隐引谯周云：‘余尝闻之代俗，以东西阴阳所出入，宗其神，谓之王父母。’据谯周斯语，此经‘女和月母’之名，盖以此也。”丁山在《中国古代宗教神话考》指出《大荒东经》之古本当为“北方曰琰，风曰䳟”，《庄子》书中亦有坚证，其《天地篇》有曰：“谆芒将东之大壑，适遇苑风于东海之滨。苑风曰：‘子将奚之?’曰：‘将之大壑。’苑风，当即‘大荒经’

所说‘来之风曰䲹’。”

袁珂认为“处东极隅”当作“处东北隅”。其实，经文既称“北方曰䲹”，则亦应作“处北极隅”，此处经文当原属于《大荒北经》。据此，女和月母国的䲹，当是负责观测北极地区日月运行的天文女巫师，她把自己装扮成了䲹鸟的样子（䲹鸟或即《南山经》南禺山的䲹雏）。

凶犁土丘·应龙

大荒东北隅中，有山名曰凶犁土丘。应龙处南极，杀蚩尤与夸父，不得复上，故下数旱。旱而为应龙之状，乃得大雨。

凶犁土丘或作凶黎之谷、黎山之丘，其名当与蚩尤、夸父在此遇难有关。此处经文所述应龙与蚩尤、夸父之间的战争故事，当与《大荒北经》同类故事移至一处。应龙的形貌为有翼之龙，他是黄帝族的战将兼雨师，由于开了杀戒而受到上天的惩罚，不能够回到故乡履行其职能。因此北方经常闹旱灾，这时民众只要模仿应龙的样子，天就会降下大雨。这是我国有关舞龙求雨习俗的最早文字记载。此后《楚辞·天问》亦云：“应龙何画？河海何历？”王逸注：“或曰禹治洪水时，有神龙以尾画（地），导水径所当决者，因而治之。”据此，应龙实际上是以巫师面目出现的水利工程师，而应龙与蚩尤、夸父的战争，或许与两大部落争夺水资源和生存领地有关。

流波山·夔·黄帝击鼓

东海中有流波山，入海七千里。其上有兽，状如牛，苍身而无角，一足，出入水则必风雨，其光如日月，其声如雷，其名曰夔。黄帝得之，以其皮为鼓，橛以雷兽之骨，声闻五百里，以威天下。

流波山之名很像是海上大冰山，古代北冰洋的冰山有可能解体并穿过白令海峡，漂移至我国东海或太平洋西部，《列子》五仙山的传说或亦与此现象有关。据此，苍身无角一足之夔牛，有可能是指海狮、海牛之类生活在冰

山上的动物。这些动物四足退化而尾部发达，远看即“一足”。至于夔牛“出入必风雨，其光如日月”者，则可能与模拟捕捉夔牛的巫术仪式有关。

郭璞注：“雷兽即雷神也，人面龙身，鼓其腹者。橛犹击也。”

袁珂注：“流波山一足夔神话亦黄帝与蚩尤战争神话之一节，《绎史》卷五引《黄帝内传》云：‘黄帝伐蚩尤，玄女为帝制夔牛鼓八十面，一震五百里，连震三千八百里。’吴任臣《山海经广注》（《大荒北经》）引《广成子传》云：‘蚩尤铜头啖石，飞空走险，以馗牛皮为鼓，九击而止之，尤不能飞走，遂杀之。’即其事也。”

根据考古发掘，我国古代的鼓主要有蒙皮木鼓、陶鼓、铜鼓等，山西襄汾陶寺出土的4000年前的木鼓，系用树干截断挖制而成，高约1米，鼓腔内有鳄鱼骨片，表明两端所蒙的是鳄鱼皮（已朽），鼓面直径约50厘米，鼓身外表涂有白、黄、黑、宝石蓝等彩色回形纹、宽带纹、云雷纹等几何图样，相当华丽。

九、大荒南经

南方有一座巫山，长有许多名贵药材，一只黄鸟负责为天帝守护之，以防青蛇偷盗——《白蛇传》盗仙草的故事，最初就发生在这里。

南方有一个卵民国，那里的人都是从卵里出生的，生孩

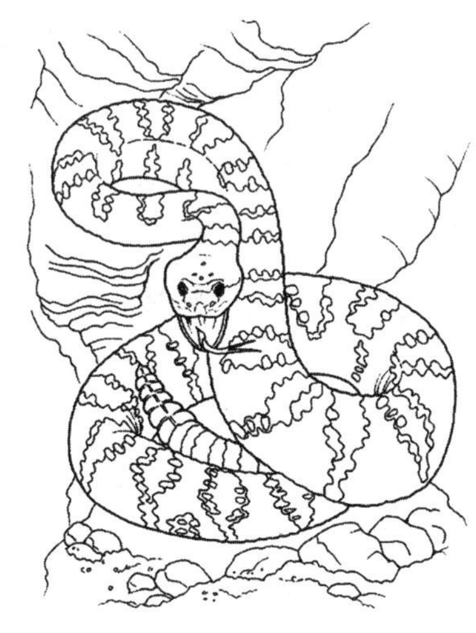

子就好像是孵小鸡一样——如果我们今天能够掌握这种技术，那么人类的宇宙航行就容易多了。南方还有一种特别小的小人，名叫菌人，它们可能就是《西游记》里孙悟空吃的人参果。

跊踢·双双

南海之外，赤水之西，流沙之东，有兽，左右有首，名曰跊踢。有三青兽相并，名曰双双。

此处左右有首的跊踢、相并的双双与《海外西经》所述前后有首的并封类似，均为动物牝牡相合之象。袁珂认为三青兽、三青鸟、三骓疑亦双双之类。关于双双，郭璞注："言体合为一也。《公羊传》所云'双双而俱至者'，盖谓此也。"郝懿行注："郭引宣五年传文也。杨士勋疏引旧说云：'双双之鸟，一身二首，尾有雌雄，随便而偶；常不离散，故以喻焉。'是以双双为鸟名，与郭异也。"据此可知，双双又与比翼鸟类似。

荣山·玄蛇

有荣山，荣水出焉，黑水之南，有玄蛇，食麈。

荣山、荣水或作荥山、荥水。“五藏山经”中的中次十一经朝歌山发源的潕水流入荥水，其方位在今日伏牛山与大别山一带，今河南省境内同时有舞水和荥水。

麈，鹿类，玄蛇食麈与巴蛇食象类似，表明古代我国南方多食肉类大蛇。因此，在那个时代，谁能够制服蛇，谁就被视为英雄好汉或具有神力，这正是古代巫师要两耳戴蛇、双手操蛇的原因所在。

巫山·黄鸟·玄蛇

有巫山者，西有黄鸟。帝药，八斋。黄鸟于巫山，司此玄蛇。

袁珂引《说文》“灵，巫也，以玉事神”，认为“大荒四经”所述云雨山、灵山均即巫山之异名，亦即今日长江三峡之巫山。其实，在古代凡是巫师举办巫术活动之山，均可称为巫山或灵山，由于各地各族都有巫师，因此其地非指一处。

黄鸟，袁珂注：“古黄、皇通用无别，黄鸟即皇鸟，盖凤凰属之鸟也。《周书·王会篇》云：‘方扬以皇鸟。’《尔雅·释鸟》云：‘皇，黄鸟。’即此是也。北次二经泰头之山有黄鸟，则是别一种鸟，非此。”今查泰头山并无黄鸟，而是与泰头山相邻的轩辕山上有“其状如枭而白首”之黄鸟，当系偶然看错行之误。

“帝药，八斋”，郭璞注：“天帝神仙药在此也。”不过，从字面来说，“帝药”亦可理解为“名字为‘药’的帝”。斋，指祭祀前或举行典礼仪式前，当事人清心洁身以示庄敬虔诚，据此“八斋”当指巫师在采集、配制帝药时所举行的一整套巫术宗教活动或仪式。黄鸟“司此玄蛇”，袁珂注：“或谓黄鸟司察此‘食麈’之贪婪玄蛇，防其窃食天帝神药也。”所言甚是，据此可知上文“黑水之南，有玄蛇，食麈”当与此处“有巫山”断句为一节。进一步说，麈或可指麝，麝香为贵重药，当亦属帝药之内。而黄鸟守护仙药防蛇盗食的场景，亦即后世《白蛇传》所述白娘子（白蛇）盗仙草时与守药仙童（鹤神、鹿神）交手故事的创作源头。

不庭山·娥皇·三身国

大荒之中，有不庭之山，荣水穷焉。有人三身，帝俊妻娥皇，生此三身之国，姚姓，黍食，使四鸟。有渊四方，四隅皆达，北属黑水，南属大荒，北旁名曰少和之渊，南旁名曰从渊，舜之所浴也。

不，通丕，大也。庭，建筑物，院子；直，《诗·小雅·大田》："播厥百谷，既庭且硕。"因此，不庭山既可指大而直立之山，亦可指人造的大型建筑物；如系后者，那么"荣水穷焉"就可以理解为把荣水引流至不庭这个地方为止。类而推之，凡《大荒四经》所言某水至某山穷焉之"山"，可能均指建筑物或居住地，即"山"乃地名的通称，而非特指自然地形之山。

《海外西经》已记有三身国，位于大乐之野（夏后启在此歌舞娱神）的北面，其特征"一首而三身"，并未言其身世。此处经文则称三身国人乃帝俊与娥皇之后裔，帝俊亦即帝舜，娥皇即帝舜之二妃之一，另一妃为女英。

"有渊四方"或作"有渊正方"，"四隅皆达"或作"四隅皆通"。"渊"者少有四方或正方的形状，而渊本为水亦不必再称其"四隅皆达（通）"。因此，"有渊四方"疑当作"有台四方"，其4个方向均有台阶可登，而此台之名即不庭。不庭四方台的北面有少和之渊，其水引自黑水；不庭台的南面有从渊，其水引自大荒。

"舜之所浴"，郭璞注："言舜尝在此澡浴也。"其实，此处舜浴并非寻常之澡浴，而是一种巫术宗教或民俗活动，

目的或是祈求新生，或是祈求有子，其仪式动作大概是要模拟胎儿在子宫羊水里的生存状态，以及胎儿从出生到老死的生命全部历程，后世的成年沐浴、圣水浴、洗礼、泼水节等风俗均可追溯于此。至于不庭台有南北两个沐浴之所，或许一处是为了祈求生男孩，另一处则是为了祈求生女孩；也可能是一处为新生者沐浴，另一处是为老死者沐浴；而三身或指人的出生、成年、老死。

成山·季禺国·羽民国·卵民国

又有成山，甘水穷焉。有季禺之国，颛顼之子，食黍。有羽民之国，其民皆生毛羽。有卵民之国，其民皆生卵。

成山当指季禺国的一座标志性景观，也有可能是人造建筑物，《大荒东经》所记的甘水被引流至此。季禺国为颛顼后裔，而甘水源头的甘山附近的少昊国则是少昊孺帝颛顼之处。据此可知，甘水是从北向南流的一条河，少昊部落居住在甘水的上游，颛顼部落的季禺国则居住在甘水的下游（其地属《大荒南经》，方位在南）。

按《山海经》惯例，每一个国名、族名、人名都包含着相应的信息，因此季禺国之名亦当有所指。季，指季节，亦指兄弟排序，如伯、仲、叔、季。禺则有多种意义，兽名，状如猕猴；区域，每里为一禺；通偶，木偶，《史记·封禅书》："木禺龙栾车一驷。"从季、禺二字的上述含义来看，由它们组成的季禺一词，于理不通。

古籍出现讹字主要有两种情况，一是音同字相替，二是形近字笔误。此处季禺国与羽民国、卵民国属于同一场景或相邻场景，据此可以推知，季禺国之名，可能是系羽国、委羽国之误。也就是说，季禺国是采集羽毛、加工羽毛并用羽毛装饰自己的国家。

依此推知，羽民国"其民皆生毛羽"，不是说这里的人身体上长出了鸟的羽毛，而是说这里的人以加工生产毛羽制品为职业。同理，卵民国"其民皆生卵"，也不是郭璞注"即卵生也"，而是说当地人以生产鸟卵及其卵制品为职业。当然，这并不排除羽民国的人高兴时会跳起模仿鸟的舞蹈，卵民国人在春天鸟开始产卵的时候举行模拟鸟产卵、孵卵的巫术活动，以祈祷鸟卵丰收。我们今天饲养的鸡、鸭、鹅等家禽，也许就是由季禺国及其属国驯化而成的。

盈民国

有盈民之国，於姓，黍食。又有人方食木叶。

"於"字今日几乎已经完全被简体字"于"所取代，其实它的本意是指乌鸦，亦作感叹词“於戏”（即呜呼）。“食木叶”，郝懿行注：“《吕氏春秋·本味篇》高诱注云：‘赤木玄木，其叶皆可食，食之而仙也。’又《穆天子传》（卷四）云：‘有模堇，其叶是食明后。’亦此类。”其实，此处经文“又有人方食木叶”七字，疑当与下文不死国“甘木是食”断句为一节。

不死国·去痓山

有不死之国，阿姓，甘木是食。

大荒之中，有山名曰去痓。南极果，北不成，去痓果。

《海外南经》所记不死民，仅言其人黑色，未言姓氏及所食何物。“阿”字的信息内涵非常丰富，除了做助词、语气词之外，其字形本指大而曲的丘陵，《诗·小雅》曰：“菁菁者我，在彼中阿。”又引申为曲隅、屋栋，《文选》班固《西都赋》：“珊瑚碧树，周阿而生。”李善注：“阿，庭之曲也。”《仪礼·士昏礼》：“宾升西阶，当阿，东面致命。”并进而引申为曲从、迎合、偏袒、庇护之意，如阿谀奉承。此外，阿在古代又指一种轻细的丝织品，《史记·司马相如列传》：“被阿锡。”裴骃注：“阿，细缯也；锡，布也。”又通婀，形容人轻盈柔美。据此可知，不死民以阿为

姓，当取自上述诸意之一。

郭璞注："甘木即不死树，食之不老。"其实上文"方食木叶"当移至此处，甘木树叶可能具有某种兴奋作用，服食者会进入飘飘欲仙的状态（这是巫师在举行巫术时所需要的）；或者具有健身功效，食者可长寿；或者具有防腐作用，可使尸体不腐；凡此种种均可形成"不死"的传闻。

痓，风疾；去痓山当是巫师给病人治疗风疾的场所。"南极果"，袁珂注："此疑当是巫师诅咒语渗入文中者。"其实，这几句"三字经"除了有帮助巫师记忆和增强巫术效果的作用外，也有实指，即治疗风疾之果，只能生长在南方，而不能生长在北方，类似南橘北枳现象，这是一种经由科学观察所得到的认识。

因因乎

有神名曰因因乎，南方曰因乎，夸风曰乎民，处南极以出入风。

因因乎为南方之神兼南风之神，系《大荒四经》所记四方神之一。对比之下，东方神折丹、西方神石夷、北方神鹓同时还有观测日月运行的职责，唯此处经文未言南方神因因乎的天文观测活动。在我国南方，能够看到的具有指示季节作用的星辰相对北方要少许多，但南海来的台风更为猛烈，更有必要密切关注。

参照《大荒东经》记述东方之神折丹的文例，袁珂认为此处经文当作“有神名曰因乎，南方曰因，来风曰民”，而夸风乃来风之讹。

襄山·重阴山·季釐·倍伐·俊坛

有襄山。又有重阴之山。有人食兽，曰季釐。帝俊生季釐，故曰季釐之国。有缗渊，少昊生倍伐，倍伐降处缗渊。有水四方，名曰俊坛。

《左传·文公十八年》：“高辛氏（帝喾）有才子八人：伯奋、仲堪、叔献、季仲、伯虎、仲熊、叔豹、季狸，忠肃共懿，宣慈惠和，天下之民谓之八元。”郝懿行认为此处季釐即八元之一的季狸。袁珂认为帝喾即帝俊，亦即帝舜。

釐意为治理，《尚书·尧典》：“允釐百工。”又引申为改正，《后汉书·梁统传》：“施行日久，岂一朝所釐?”此外，又通赉，赐予；通嫠，寡妇；度量单位；又通禧，福也；又指胙肉，祭过神的福食。缗，钓鱼用的线绳。

此处经文先言帝俊生季釐，又转述少昊生倍伐，再又说俊坛，或表明少昊后裔倍伐与帝俊后裔季釐有关，或当断句为两节。"倍伐降处缗渊"，意即迁徙到缗渊。

"有水四方"，郭璞注："水状似土坛，因名舜坛也。"其实，"有水四方"乃"有台四方"之讹。此处缗渊、俊坛，与前文不庭山的"舜之所浴"场景类似。这表明，凡帝俊之后裔，都要在自己的居住区里修建祭坛，并在这里举行相应的巫术宗教祭祀活动。

䰟民国·无淫

有䰟民之国。帝舜生无淫，降䰟处，是谓巫䰟民。巫䰟民朌姓，食谷，不绩不经，服也；不稼不穑，食也。爰有歌舞之鸟，鸾鸟自歌，凤鸟自舞。爰有百兽，相群爰处。百谷所聚。

淫字有多意：久雨（三日以上）、浸淫（平地出水）、沉溺、邪恶、惑乱、淫荡。此处无淫之名当取其不要有连日霖雨之义。䰟，通耋，年老貌；经文"巫䰟"之名与其行为方式不符，疑当作"无䰟"，意为年轻不老。朌，头大貌；颁赐，亦通朌。

此处经文大意是，无淫民为帝舜的后裔，他们迁徙到一个名叫䰟的地方，遂改称为巫䰟民。他们不用纺线织布，就有衣服穿；也不用耕田种庄稼，就有谷物可食。而且他们还拥有能够歌舞的鸟，整日与百兽和睦相处，百谷百物都汇聚到他们那里。

论者多谓此处巫载民即《海外南经》所记的载国，因其地得天独厚，极为富饶，故而能不劳而获。但是，载国"其为人黄，能操弓射蛇"，与巫载民的生活场景相差甚远。其实，巫载民乃是以歌舞表演来谋生的族群，性格活泼，心态永不老，类似吉卜赛人的大篷车马戏歌舞团，因此无须织布种地就有穿有吃。理由如下：其姓"肦"暗示他们戴着大头面具，企盼着观众给赏赐；其名"无淫"，是希望在表演时不要遇上连日阴雨；所谓歌舞之鸟与百兽，既指驯鸟兽表演，也指人装扮成鸟兽进行表演。

融天山·羿杀凿齿

大荒之中，有山名曰融天，海水南入焉。

有人曰凿齿，羿杀之。

融，指炊气上升，引申为火、光明；又指融化、融合、融通，永，长。据此，融天山之名，可指海天一色的景观。融天山位于南海之滨，它可能是《大荒南经》记述的最南端的一处场景。"海水南入"，可能指海峡地貌，下文天台高山亦有同类地貌，两者或可指台湾海峡和琼州海峡。

《海外南经》载羿杀凿齿之地在北方昆仑，此处凿齿民当系凿齿族南迁之后裔。

蜮山·蜮民国

有蜮山者，有蜮民之国，桑姓，食黍，射蜮是食。有人方打弓射黄蛇，名曰蜮人。

《说文》："蜮，短弧也，似鳖，三足，以气射害人。"《汉书·五行志》："蜮在水旁，能射人，射人有处，甚者至死，南方谓之短弧。"颜师古注："即射工也，亦呼水弩。"《博物志·异虫》："江南山溪中，水射工虫，甲类也，长一二寸，口中有弩形，气射人影，随所著处发疮，不治则杀人。"《楚辞·大招》："魂乎无南，蜮伤躬只。"

蜮民以桑为姓，既食谷，又食蜮。此处经文蜮人"方打弓射黄蛇"的场景与《海外南经》载国人"能操弓射蛇"相似。

宋山·蚩尤弃其桎梏·祖状尸

有宋山者，有赤蛇，名曰育蛇。有木生山上，名曰枫木。枫木，蚩尤所弃其桎梏，是为枫木。

有人方齿虎尾，名曰祖状之尸。

枫，枫香树，亦指树叶多杈歧的树，亦指秋令时节红叶之树。桎梏，古代木制刑具，《周礼·秋官·掌囚》：“中罪桎梏。”郑玄注：“在手曰梏，在足曰桎。”蚩尤所戴桎梏为枫木所制，因而弃之宋山后能长成枫树林。蚩尤为我国先夏时期最著名的部落或人物之一，曾长期与黄帝部落争夺势力范围，后被黄帝收服。蚩尤墓在今山西寿张县，至今晋、冀两地民间仍然流行“蚩尤戏”，游戏者头戴牛角而相抵，或一腿搭在另一腿膝上，单腿蹦跳而相抵。此处经文所述蚩尤事迹位于南方，或系蚩尤后裔南迁者，为了纪念蚩尤而种植枫树；宋山上的赤色育蛇，当与纪念蚩尤的巫术活动有关。

祖状之尸或作柤状之尸。齿，牙齿，古代亦专指象牙，《尚书·禹贡》：“齿革羽毛。”孔颖达注：“《诗》云：‘元龟象齿’，知齿是象牙也。”此处戴着象牙装饰系着虎尾装饰的祖状尸，其故事已不得而知。所谓“虎尾”，意思是戴着虎尾装饰。所谓“方齿”，笔者很长时间不知其义，直到有一天在一本介绍玛雅文化的大画册上看到一幅保护神塑像的照片，见其牙齿被锉磨成方形，而且在方齿上还切割出沟槽，这才恍然大悟——原来“方齿”是一种修饰牙齿的习俗。

焦侥国·歽涂山

有小人，名曰焦侥之国，幾姓，嘉谷是食。

大荒之中，有山名歽涂之山，青水穷焉。

《海外南经》记有焦侥国，又名周饶国，位于三首国之东，当指身材矮小的农耕民族。《国语·鲁语下》："焦侥氏长三尺，短之至也。"《史记·大宛列传》正义引《括地志》："小人国在大秦南，人才三尺，其耕稼之时，惧鹤所食，大秦卫助之，即焦侥国，其人穴居也。"《法苑珠林》卷八引《外国图》："焦侥国人长尺六寸，迎风则偃，背风则伏，眉目具足，但野宿。一曰，焦侥长三尺，其国草木夏死而冬生，去九疑三万里。"草木夏死冬生，符合赤道以南的气候，北半球的夏天即南半球的冬天。

郝懿行认为歽涂山即《五藏山经》中西次三经昆仑丘的丑涂水，郭璞认为青（清）水即昆仑丘之洋水（流入丑涂水）。据此，歽涂山乃一独立景观，不应与下文云雨山断句为一节。

云雨山·禹攻云雨·群帝取药

有云雨之山，有木名曰栾。禹攻云雨，有赤石焉生栾，黄本，赤枝，青叶，群帝焉取药。

此处云雨山，疑当作禹攻云雨之山。“禹攻云雨”，袁珂指出此即大禹在巫山治水故事：“（宋玉《高唐赋序》）谓神女瑶姬入楚怀王梦，自云是‘巫山之女，旦为朝云，暮为行雨’，因荐枕席。疑此巫山之或称‘云雨山’也。而唐末杜光庭《镛城集仙录》乃谓禹理水驻巫山下，遇大风振崖，功不能兴，得云华夫人即瑶姬之助，始能‘导波决川，以成其功’；此虽后起之说，然知民间古固亦有禹巫山治水之神话也。”其实，禹攻云雨山，不单纯是为了治水，也是势力的扩张、资源的占有（取药）。

栾，又称栾华、灯笼树，落叶乔木，高 10 米，夏季开花，黄色，秋季果熟，蒴果囊三角状卵形，花可制黄色颜料、入药，叶可制青色颜料，种子可榨油，木材可制小器具。所谓赤石生栾，可能与祭祀栾树之神的巫术活动有关。

颛顼国·伯服

有国曰颛顼，生伯服，食黍。

经文“有国曰颛顼”至“昆吾之师所浴也”六十字被断句为一节，甚为不妥。因其记述有多处独立场景，若断句为一节，势必将曲解其原文所含之信息。

“有国曰颛顼，生伯服”，袁珂指出：“疑经文当作‘有国曰伯服，颛顼生伯服’，脱‘伯服’二字。”此言甚是。吴任臣引《世本》云：“颛顼生偁，偁字伯服。”

伯，除指亲属称谓外，亦指古代地方长官、爵位；又指马祖，《诗·小雅·车攻》：“既伯既祷。”毛传：“伯，马祖也。谓天驷房星之神也。”此外，伯又通霸，通陌。服，除有衣服、服事、顺服、服食等意之外，又指驾驭牛马，《易经·系辞下》：“服牛乘马。”并特指驷车居中的两匹马，《诗·郑风·大叔于田》：“两服上襄，两骖雁行。”此外，服又通鹏，通匐，通箙（竹箭筒）。据此伯服或指驾驭马并祭祀马祖的族群。

《大荒四经》屡言某国人食黍或黍食，似可表明当时农业处于刚刚兴起至开始推广普及的阶段，许多地方的人都开始吃谷米，但是能够吃上谷米仍然属于新鲜事，否则就没有

必要特别记述了（古代文字书写不易，故文字使用极为简洁珍惜）。

白水山·昆吾之师所治

又有白水山，白水出焉，而生白渊，昆吾之师所浴也。

昆吾为古代著名诸侯国，今本《竹书纪年》夏仲康六年记有“锡昆吾作伯”。《世本·帝系篇》云：“陆终娶于鬼方氏之妹，谓之女馈，是生六子。孕三年而不育，剖其左胁，获三人焉；剖其右胁，获三人焉。其一曰樊，是为昆吾；其二曰惠连，是为参胡；其三曰籛铿，是为彭祖；其四曰求言，是为郐人；其五曰安，是为曹姓；其六曰季连，是为芈姓。”并称在春秋战国时期，昆吾后裔居卫（今河南濮阳），参胡后裔居韩，彭祖后裔居彭城，郐人后裔居郑，曹姓后裔居邾，季连后裔居楚。《世本·帝系篇》又称：“颛顼娶于滕坟氏，谓之女禄，产老童。老童娶于根水氏，谓之骄福，生重黎及吴回。吴回氏产陆终。”《五藏山经》里的西次三经记有老童（耆童）、鬼国（槐鬼、有穷鬼），中次二经记有昆吾山。此处白水山、白水、白渊，或在上述区域里。

“昆吾之师所浴”，当亦非寻常澡浴，而是与前文“舜

之所浴”类似，同样为宗教巫术活动。令人有些奇怪的是，经文记述的沐浴活动主角不是“昆吾”，而是“昆吾之师”；由于古代“师”可指军官和军队，因此不能排除这种沐浴活动与军事有关的可能。

张弘国

有人曰张弘，在海上捕鱼。海中有张弘之国，食鱼，使四鸟。

此处张弘国，郭璞怀疑是《海外西经》的奇肱国，袁珂认为是《海外南经》“捕鱼水中”的长臂国。其实，除了上述两种可能成立的解释外，还有第三种信息解读方式。由于此处经文并未称张弘国人为独臂或长臂，因此只能从其名称及生存状况来复原其特征和形貌：张弘国人“在海上捕鱼”，而“张”有扩张、展开之意，“弘”为大；据此“张弘”当与捕鱼活动有关，有可能是指张网捕鱼，也可能是指扬帆出海捕鱼。当然，此处张弘国其先有可能即《海外南经》的长臂国，只是捕鱼技术又有了新发展。

驩头国·士敬·炎融·驩头

有人焉，鸟喙，有翼，方捕鱼于海。大荒之中，有人名曰驩头。鲧妻士敬，士敬子曰炎融，生驩头。驩头人面鸟喙，有翼，食海中鱼，杖翼而行。维宜芑苣，穋杨是食。有驩头之国。

《海外南经》记有驩头（朱）国“其为人人面有翼，鸟喙，方捕鱼”，与此处驩头国的名称及其生活方式非常相近，袁珂认为两者实为一国，亦即丹朱国。但是，在古史中，丹朱乃帝尧之子，而此处经文则称驩头为鲧之后裔。对于上述矛盾，袁珂解释为“盖传闻不同而异辞也”。其实，古史传说中的“父子”关系，并不一定仅指血亲上的父子，亦可指部落联盟大酋长（类似春秋战国时的霸主国）与部落酋长（类似诸侯国）之间的关系。

《吕氏春秋·行论》：“尧以天下让舜。鲧为诸侯，怒于尧，曰：‘得天之道者为帝，得地之道者为三公，今我得地之道而不以我为三公。’以尧为失论。欲得三公，怒甚猛兽，欲以为乱。比兽之角，能以为城；举其尾，能以为旌。召之不来，仿佯于野以患帝。舜于是殛之于羽山，副之以吴刀。”据此可知，鲧与尧为同时代的强势部落，因争夺部落联盟领导权失败而遭到严重打击，其族裔不得不迁徙到远方，其中一支便是此处记述的驩头国。

丹朱也是帝尧部落联盟的重要成员，他同样反对舜继任部落联盟最高领导职位，争夺领导权失败后亦迁徙到南方，其后裔即《海外南经》记述的驩头国，亦即此处的驩头国。或许，丹朱曾与鲧结盟，而此处经文“炎融”实际上就是丹朱的别名。

驩头国人“杖翼而行”，当指驾帆船在海上捕鱼。苣，黑黍，亦指蔬菜莴苣，或用苇秆等草木扎成的火炬。穋，生长期短的谷类，《诗·豳风·七月》：“黍稷重穋。”毛传：“后熟曰重，先熟曰穋。”根据《楚辞·天问》的记载，它们都是鲧部落迁徙时带走并传播、改良的谷种。

天台高山·羲和国

大荒之中，有山名曰天台高山，海水入焉。

东南海之外，甘水之间，有羲和之国。有女子名曰羲和，方日浴于甘渊。羲和者，帝俊之妻，生十日。

天台高山“海水入焉”，袁珂注谓当作“海水南入焉”，甚是。

羲和“生十日”“浴日于甘渊”，记述的是古代帝俊部

落的一项重要的天文巫术活动，主持者为女巫羲和，她模拟10个太阳依次从海中东升的场景，每天升起一个太阳，并用甲乙丙丁戊己庚辛壬癸为10个太阳命名。由于西落的太阳要经过黑暗的地下通道才能返回东海，因此她还要为返回的太阳进行清洗，以便使其重新恢复光热。显然，羲和是一位天文学家，她制定并颁布了十日一旬的历法。

盖犹山

有盖犹之山者，其上有甘柤，枝干皆赤，黄叶，白华，黑实。东又有甘华，枝干皆赤，黄叶。有青马，有赤马，名曰三骓。有视肉。

根据盖犹山的场景及其物品可知，这里也是一处祭祀先帝的场所，只是经文已经佚失被祭祀对象的名称。其中甘柤、甘华已见于《海外北经》的平丘和《海外东经》的嗟丘，它们与岳山的朱木当有类似的功能，或者还有致人迷幻的作用，以促使祭祀者进入巫术活动所需要的心理和生理状态。

菌人·南类山

有小人，名曰菌人。

有南类之山，爰有遗玉、青马、三骓、视肉、甘华，百谷所在。

此处名曰菌人的小人，与前文周侥国、焦侥国的小人，当亦属古代有关小人国的传闻。不过从其名称来看，似乎特指具有人形的小动物、小植物和菌类，如人参、人形何首乌、人参果之类。《神异经·西北荒经》："西北荒中有小人，长一分，其君朱衣玄冠，乘辂车马，引为威仪。居人遇其乘车，抓而食之，其味辛，终年不为物所咋，并识万物名字。又杀腹中三虫，三虫死，便可食仙药也。"《抱朴子·仙药篇》："行山中见小人乘车马，长七八寸，肉芝也，捉取服之，即仙也。"《述异记》："大食王国，在西海中。有一方石，石上多树干，赤叶青枝。上总生小儿，长六七寸，见人皆笑，动其手足，头著树枝。使摘一枝，小儿便死。"吴任臣《山海经广注》引《南越志》："银山有女树，天明时皆生婴儿，日出能行，日没死，日出复然。"

南类山亦为祭祀先帝的场所，与盖犹山的性质相同，而祭祀者与被祭祀者却已经双双消失在茫茫历史长河之中了。

十、大荒西经

西方有一座不周山，山前有两只黄兽负责守卫，附近还有一条半热半冷的河流。

不周山是共工族的圣山，相传共工当年战败后撞倒不周山，引起天翻地覆的大劫难。事实上，不周山是一座有缺口的环形山，可能是火山口，也可能是陨石坑，它与黄帝都城昆仑相邻——谁能够找到它，谁就会立下大功！有一条线索是，不周山大体在黄河河套附近，这里已经发现了十几座先夏时期的古城遗址。

不周山·禹攻共工国山

西北海之外，大荒之隅，有山而不合，名曰不周负子，有两黄兽守之。有水曰寒暑之水。水西有湿山，水东有幕山。有禹攻共工国山。

此处不周负子山当即《五藏山经》西次三经记述的不周山，其方位在今黄河河套以北的阴山山脉。此外，民间相传山西省长子县西山即不周山，精卫填海的故事也发生在这里。或谓不周山即昆仑山、祁连山、六盘山，甚至远在非洲东部的大裂谷。

寒暑水的东西有“湿山”“幕山”，其中一山当为热山或发源有温泉，另一山则为寒山或有积雪融水。《三余帖》（见一百二十卷本《说郛》）云：“半阳泉。世传织女送董子（董永）经此，董子思饮，扬北水与之。曰：‘寒。’织女因祝水令暖。又曰：‘热。’乃拨六英宝钗，祝而画之，于是半寒半热，相和与饮。”这个故事的发生地应该就是河套地区，当时这里是黄帝族与炎帝族的分界线，织女属于黄帝族，董子即牛郎属于炎帝族，当时两族青年男女通婚曾受到限制。所谓禹攻共工国山，郭璞认为即《海外北经》所记禹杀共工臣相柳之事。“不周负子，有两黄兽守之”，乃守护共工族圣山之巫术宗教活动。

值得注意的是“有山而不合”的文字表述，因为这是对有缺口环形山这种特殊地形地貌的具有专业术语性质的准确观察和描述。一般来说，形成环形山地貌的原因主要有三种，其一是因地质构造运动而偶然出现环状地貌，其二是火山口（通常直径比较小），其三是大型或巨型陨石坑（通常

直径在数百米到数百千米之间）。

《淮南子·天文训》记有："昔者共工与颛顼争为帝，怒而触不周之山，天柱折，地维绝。天倾西北，故日月星辰移焉；地不满东南，故水潦尘埃归焉。"

历史上对上述事变的解释有很多，笔者认为是远古发生的一次有相当规模的天外星体撞击地球事件，不周山即这次撞击留下的陨石坑，"日月星辰移焉"表明当时发生了地球自转轴指向的移位，而女娲补天、夸父逐日、后羿射日以及民间流传的众多射日射月故事，均与此事件有关。

淑士国

有国名曰淑士，颛顼之子。

淑，形貌美好、心地善良，通常用于形容年轻女子，此处则用于称呼颛顼后裔。

《山海经》所记国、州等，有可能指城邦。我国先夏文化遗址中已发现众多城市遗迹，如位于长江、淮河之间的巢湖地区的安徽省含山县凌家滩遗址，即5500年前的城市，城内有发达的手工业遗迹。

女娲之肠

有神十人，名曰女娲之肠，化为神，处栗广之野，横道而处。

在中华民族的古老传说中，女娲是我们民族的女始祖，也是人类文明的老祖母，相传她化生万物，并用黄土造人。又传洪水灭绝人类后，伏羲、女娲兄妹不得不结婚重新繁衍人类。《说文》十二云：“女娲，古之神圣女，化万物者也。”《楚辞·天问》：“女娲有体，孰制匠之？”意思是如果女娲能够创造人类，那么女娲的身体又是谁创造的呢？应当说，屈原提出的问题非常深刻，是对宇宙生命起源的深层次思考。

《淮南子·说林训》：“黄帝生阴阳，上骈生耳目，桑林生臂手，此女娲所以七十化也。”袁珂认为这是说女娲在化育人类的过程中，有众神分工参与造人工作。

其实，所谓女娲造人，实际上是说女娲发现了人类生殖繁衍的秘密，并制定了婚姻法则（伏羲、女娲兄妹婚的传说，其目的正是禁止兄妹近亲婚配）。《路史·后纪二》云：“以其（女娲）载媒，是以后世有国，是以祀为皋（高）禖之神。”并注引《风俗通》：“女娲祷祠神，祈而为女禖，因置昏姻。”禖，古人求子所祭之神。

女娲之肠或作女娲之腹，郭璞注：“女娲，古神女而帝者，人面蛇身，一日中七十变，其腹化为此神。”“有神十人”当系古代求子巫术仪式，大约是在一条通往求子圣地（被称为栗广之野）的大道路口上，有一种被称为“女娲之肠”的神秘装置（可能是女巫装扮成的女娲娘娘，或其他结构物），人们穿过这里，就能够怀孕生子。也就是说，女娲之肠实际上象征的是女人的子宫，表明当时的人已经对人的生殖系统结构有了准确的认识。

在古史传说中，女娲又为一代圣帝或一方首领。《淮南子·览冥训》：“往古之时，四极废，九州裂，天不兼覆，地不周载，火爁炎而不灭，水浩洋而不息，猛兽食颛民，鸷鸟攫老弱。于是女娲炼五色石以补苍天，断鳌足以立四极，杀黑龙以济冀州，积芦灰以止淫水。”《路史·发挥一》注引《尹子·盘古篇》：“女娲补天，射十日。”据此，女娲兼有颛顼绝地天通（古人将天想象为壳状，因此天地相通可以理解为天穿）、后羿射日、鲧禹治水之功，而民间则以正月二十三日为天穿节，是日民众要将煎饼抛上屋顶，意为帮助女娲补天。

石夷

有人名曰石夷，来风曰韦，处西北隅以司日月之长短。

袁珂指出经文“有人名曰石夷”句下脱失“西方曰夷”四字，甚是。石夷是一位天文学家，他位于西北方，通过观测日月升起落下的时间长短，来判断季节变化。

《大荒四经》记有四方神与四方风，并称东方曰折，南方曰因（乎），西方曰夷，北方曰鳧。可以与之对比参照的是《尚书·尧典》的相关记载，即帝尧时代设有天文机构，其总管名曰羲和，其下属有 4 名天文副官羲仲、羲叔、和仲、和叔，他们分别被派到东、南、西、北四方，负责观测四季之星（鸟、火、虚、昴），以预报节气颁布节令，指导民众的生产与生活，其中亦称东春之民“析”、南夏之民“因”、西秋之民“夷”、北冬之民“陕”。不难看出，《大荒四经》的四方名称与《尧典》的四方名称乃同一体系，折与析字形相近而变，鳧当原作陕，意为冬季取暖之貌。根据岁差现象，如果尧典四星为中星观测，其时在 4000 年前左右；如系偕日没观测，其时则在七八千年前。

所谓岁差是一种天文现象，是指地球自转轴环绕垂直黄道面的轴线作缓慢圆锥运动，周期约为 25800 年（大约每

71.6 年移动 1 度)，它导致北天极在恒星背景中的周期位移变化，以及地球赤道和黄道的交点（即春分点和秋分点）沿黄道向西移动。用通俗的话来说，不同的历史时期有不同的北极星，在相同的季节里古人所看到的恒星区域与今人所看到的也不同。

狂鸟·大泽之长山·白氏国

有五采之鸟，有冠，名曰狂鸟。

有大泽之长山。有白氏之国。

此处狂鸟，袁珂认为亦为凤凰之属，类似《海外西经》的灭蒙鸟。

经文大泽，当指北方或西北方的内陆大湖泽，这种湿地乃鸟类栖息的天堂。“大泽之长山”，似可表明此大泽位于一条很长的山脉之侧，其水源则来自高山大脉所转化之雨雪(山脉具有将空气中的水汽转变成降水的功能)。

经文白氏之国或作白民之国，白民国已见《海外西经》《大荒东经》。

长胫国

西北海之外，赤水之东，有长胫之国。

此处长胫国即《海外西经》的长胫国，以踩高跷著称于世。

西周国·后稷·台玺·叔均·双山

有西周之国，姬姓，食谷。有人方耕，名曰叔均。帝俊生后稷，稷降以百谷。稷之弟曰台玺，生叔均，叔均是代其父及稷播百谷，始作耕。有赤国妻氏。有双山。

“西周”指一处方国，而非后世所说的夏商周秦之西周、东周朝代，不过此处所说西周国即后世西周朝代之前身。《史记·周本纪》正义注谓：“因太王所居周原，因号曰周。《地理志》云右扶风美阳县岐山在西北中水乡，周太王所邑。《括地志》云：‘故周城一名美阳城，在雍州武功县西北二十五里，即太王城也。’”

我国古史传说中有两个农业神（可能分别属于不同的地区和时代），一为神农氏（又称炎帝神农氏），二为农神后

稷。后稷名弃，系帝喾与元妃姜原所生，相传他发明农业，被周民族供奉为农神。后世主管农事的官亦称稷，五谷之神亦称稷。在农作物里，稷可指黍（黍子、糜子）、粟（谷子，去壳后称小米）、高粱。所谓后稷发明农业，当是对上述农作物品种的筛选和改良有突出的贡献。

徐旭生撰写的《中国古史的传说时代》记有："直到现在，陕西渭水附近地方还供侍一种农神，一间小屋里面，塑一个高约四五尺的大脑袋，仅有头，无身躯，俗称它为'大头爷'，也叫作'后稷头'，想是一种古代的流传。"陕西武功县东门外有砖砌长方形平台，名后稷教稼台。或许古代教稼台上同时塑有后稷头像，而不塑身躯当寓意农神后稷乃以大地为身躯。后稷头的造型与美洲的巨石头像非常相近，不知两者是否有文化渊源。

"稷之弟曰台玺，生叔均，叔均是代其父及稷播百谷，始作耕"，疑当作"稷之妻曰台玺，生叔均，叔均是代其父稷播百谷，始作耕"。理由有四：其一，《大荒四经》乃至全部《山海经》里，基本上只记述父子关系和夫妻关系，即使存在多子女的情况，也几乎不记述兄弟关系或姐妹关系，因此这里突兀称台玺为稷之弟，与理不合。其二，"叔均是代其父及稷播百谷"的记述明显有后人修饰的痕迹，因为经文未言台玺有何播百谷事迹，叔均又何以代之？其三，台玺之名的"台"字，当出自有邰氏，而"邰"（今陕西武

功）即后稷所封之地（所谓“封”，包括与当地人联姻），《史记·周本纪》：“封弃于邰，号曰后稷，别姓姬氏。”其四，帝喾娶有邰氏之女姜原为妻，帝喾之子后稷亦娶有邰氏之女（台玺）为妻，乃顺理成章之事，因古代两大部落之间经常存在着世代通婚的现象。

叔均在农业生产上的贡献是发明或改进了犁耕技术。对比之下，埃及人是在前3300年开始使用犁耕地的（由两名男子操作）。

《海内经》在记述叔均的故事时提及的“大比赤阴”，郝懿行认为即此处的赤国妻氏，袁珂同意郝懿行的观点并认为她可能就是后稷之母姜原。或者还有另一种可能，即赤国妻氏指台玺，而大比赤阴则指姜原。《史记·周本纪》：“周后稷，名弃。其母有邰氏女，曰姜原。姜原为帝喾元妃。姜原出野，见巨人迹，心忻然说（悦），欲践之。践之而身动如孕者。居期而生子，以为不祥，弃之隘巷，马牛过者，皆辟不践。徙置之林中，适会山林多人。迁之，而弃渠中冰上，飞鸟以其翼覆荐之。姜原以为神，遂收长养之。初欲弃之，因名曰弃。”这个故事表明姜原所处的时代，正处于母系社会向父系社会过渡的初期，未婚女子还保留着某种程度的性自由，而男子已经要求妻子只生自己的孩子，因此头胎孩子往往被迫弃掉，这种弃长子的习俗在许多国家的历史上都曾经出现过。

方山·柜格之松

西海之外，大荒之中，有方山者，上有青树，名曰柜格之松，日月所出入也。

经文“柜格之松”，长期无解。其实，根据“日月所出入”可知，柜格之松当与天文观测活动有关，而“方山”很可能是一座四方台形的天文观测站。松木上有柜格，大约是在一棵笔直竖立的松木上，横向平行插有或绑有若干横木，这些横木彼此相隔一定的尺寸，观测者每天都在距离柜格松的一个固定位置上，观测日月升起的高度在第几格的横木上，并据此判断一年的季节变化（最高的横木表示夏至，最低的横木表示冬至）。也就是说，柜格松可能是最早的天文仪器之一，亦即后世圭表的前身。圭字和表字，正是源自柜格松的象形。由于这种观测方法眼睛容易被灼伤，人们才逐渐改为观测圭表影子的方向和长短，不再需要“柜格”了。《拾遗记》亦记有：“帝子（少昊）与皇娥泛于海上，以桂枝为表，结薰茅为旌，刻玉为鸠，置于表端，言鸠知四时之候，故《春秋传》曰司至是也，今之相风此之遗象也。”

先民国

西北海之外，赤水之西，有先民之国，食谷，使四鸟。

《淮南子·地形训》记有海外三十六国，其中有天民国而无先民国，郝懿行认为此处先民国当作天民国。其实，《淮南子》海外三十六国出自《海外四经》，用其来校定《大荒四经》诸场景，未必都能成立。

北狄·始均

有北狄之国。黄帝之孙曰始均，始均生北狄。

狄，古族名，因居北方，亦称北狄。狄与翟（长尾雉类）通，北狄又称北翟。狄，古代指下层官吏，《书·顾命》：“狄设黼户缀衣。”孔传：“狄，下士。”又指往来迅疾貌。狄提，负责翻译西方语言的人，《礼记·王制》记有四方翻译官：“东方曰寄，南方

曰象，西方曰狄鞮，北方曰译。”始均，始为开始，均有调和之意，亦通钧、韵。

芒山·桂山·榣山·太子长琴·颛顼·老童·祝融

有芒山。有桂山。有榣山，其上有人，号曰太子长琴。颛顼生老童，老童生祝融，祝融生太子长琴，是处榣山，始作乐风。

《山海经》记述某人时，多用“名曰”，此处则用“号曰”，而“号”有自称之意。经文太子长琴的“太子”二字，似乎并非指有权继承王位的长子，而是与“不周负子”类似，可能另有所指。“榣山”，疑当作“谣山”，意为唱歌谣的地方。“谣”在古代指不用乐器伴奏的歌唱，类似今日的清唱。《诗·魏风·园有桃》：“我歌且谣。”毛传：“曲合乐曰歌，徒歌曰谣。”据此，太子长琴“始作乐风”，表明他是首先使用乐器伴奏的说唱者。在文字发明前或普及使用前，许多民族的历史（包括科学文化常识）都是由专职的说唱者来记忆（包括补充新的信息）并传播的。即使到了今天，我国内蒙古、新疆、西藏等地，人们仍然喜欢这种有乐器伴奏的说唱表演艺术，并从中获得许多知识和乐趣。因

此，太子长琴应该是一位通过有伴奏传唱方式进行历史和文化知识传播的教育学家。

太子长琴的歌唱艺术是有着深厚传统的。《五藏山经》西次三经记有“神耆童居之（騩山），其音常如钟磬”。耆童即老童，亦即太子长琴的祖辈，属于黄帝族。《大戴礼·帝系篇》：“颛顼娶于滕氏，滕氏奔之子谓之女禄氏，产老童。”老童之名有青春永驻之意，后世亦以老为姓，高亨先生在《老子正诂》一书中认为，老聃、老莱子、老彭（彭祖）可能均是以老为姓。

祝融，郭璞注：“即重黎也，高辛氏火正，号曰祝融也。”火正，负责观测大火星（今名心宿二）之职。大火星为夏季夜空最显著恒星之一，非指五大行星之火星。在古史传说里，祝融乃是著名部落之一，但其族属和居地却飘忽不定。此处经文称其为黄帝族裔生太子长琴，而《海内经》则称其为炎帝族裔生共工，《海外南经》又称其为南方之神。或许，祝融的父系为黄帝族裔，母系为炎帝族裔。

五采鸟

有五采鸟三名，一曰皇鸟，一曰鸾鸟，一曰凤鸟。

袁珂注：“经内五采鸟凡数见，均凤凰、鸾鸟之属也。”

《大荒东经》有两处记述五采鸟，一处仅有名而无内容，另一处即著名的“帝俊下友”的故事。此处《大荒西经》记述五采鸟亦只有名称而无故事，疑原当归人《大荒东经》帝俊下两坛与五采鸟歌舞一节内。而“五采鸟三名”则表明其为三只鸟所组成，它们与帝俊的关系，颇似三青鸟与西王母的关系（三青鸟实为西王母的后勤服务员）。

虫兽·丰沮玉门山

有虫状如菟，胸以后者裸不见，青如猨状。

大荒之中，有山名曰丰沮玉门，日月所入。

经文所述裸兔，当是一种已经灭绝的动物，日本民间流传有裸兔故事。郝懿行认为它即《说文》所云：“龟，兽也，似兔，青色而大。”并注谓：“菟、兔通。此兽也，谓之虫者，自人及鸟兽之属，通谓之虫，见《大戴礼·易本命篇》。”《大戴礼·易本命》记有：“故曰：有羽之虫三百六十，而凤皇为之长；有毛之虫三百六十，而麒麟为之长；有甲之虫三百六十，而神龟为之长；有鳞之虫三百六十，而蛟龙为之长；倮之虫三百六十，而圣人为之长。此乾坤之美类，禽兽万物之数也。”此说为我国古代的动物分类学，这种分类的着眼点在于动物的外皮结构。

丰沮玉门山乃《大荒西经》所述6座日月所入之山的第一座山。“玉门”当指一种用于观测日月运行的门状石头结构，属于巨石天文观测仪器，在世界许多地方都曾经出现并流行过，著名的有英国的巨石阵，以及秘鲁众多的巨型石门（其中最大最著名的是蒂亚瓦那科遗址的太阳门，高约3米、宽约3.9米，系一块整石雕凿而成，表面浮雕造型的内容极为丰富，研究者相信它记录着那个时代的天文历法，因为每年秋分那一天阳光正好从门中射入）。此处观测日月所入的石门被称为“丰沮”，丰有高意，沮有低意，或许亦指石门上有浮雕图案，其性质与秘鲁的太阳门相似。

十二座日月出入山

《大荒东经》记有6座日月所出之山，它们依次是（自东南向东北）大言山、合虚山、明星山、鞠陵于天山、猗天苏门山、壑明俊疾山。与之对应的是，《大荒西经》记述有6座日月所入之山，它们依次是（自西北向西南）丰沮玉门山、龙山、日月山、鏖鳌钜山、常阳山、大荒山。此外，《大荒西经》还记述有一座日月所出入之山，即方山，它们共同构成了蔚为壮观的天文观测台阵。

郑文光先生在《中国天文学源流》一书中认为，《山海

经》中的6座日出之山、6座日落之山，彼此两两成对，说明古人曾以一年内太阳出入于不同的方位来判断季节，并称："大小凉山的彝族，每年一定时候，总有一位经验丰富的老人，到寨子附近一定地方，或则一处山口，或则一块大石头，以一定的姿势，或则直立，或则一脚踏在石头上，观测太阳落山的位置，而定播种季节。据说能精确到误差不超过5天。"

木星是夜空中最亮的行星之一，它引起了我们祖先特别的兴趣（美洲玛雅人对金星的浓厚兴趣，可与此相比），并由此发明了木星纪年法。木星又称岁星，木星每12年绕太阳一周（现代观测值为11.8年），每年木星所在天空（太阳系）的位置都有一个专用的名称，称为岁名。《淮南子·天文训》记有一套发音奇怪的十二岁名，它们是摄提格、单阏、执徐、大荒落、敦牂（意为母羊）、协洽、涒滩、作鄂（噩）、阉茂、大渊献、困敦、赤奋若。不难看出，这套十二岁名与12座日月出入山的名称有相似和相近之处，一是它们的发音都相当古怪，不能排除源自音译的可能；二是两者之间有相近的发音，如大荒山与大荒落，大言山与大渊献，合虚山与执徐，常阳山与敦牂（音脏）等。或许，《淮南子》所述十二岁名即出自《大荒四经》所述的12座日月出入山。若此说成立，则表明12座日月出入山，不仅是用来观测日月的运行的，也包括对木星等星辰运行的观测，反

映出了我国古代曾经有过非常复杂的天文观测活动（十二地支以及十二生肖均源于木星纪年）。

灵山·十巫

有灵山，巫咸、巫即、巫肦、巫彭、巫姑、巫真、巫礼、巫抵、巫谢、巫罗十巫，从此升降，百药爰在。

关于灵山十巫的工作性质，郭璞认为是采药行医，袁珂不同意郭璞的观点："经言'十巫从此升降'，即从此上下于天，宣神旨、达民情之意。灵山盖山中天梯也。诸巫所操之主业，实巫而非医也。郭云'群巫上下此山采之（药）'者，特其余业耳，非可以因有'百药爰在'语遂以医职替巫职也。"

巫者，在今天被认为是通过装神弄鬼的手段来替人祈祷的人。其实，巫是人类社会文明发展到一定阶段的产物，导致他们出现的原因是多方面的，而他们对社会的作用也是多方面的。大体而言，巫是最早的"白领"之一，也是最早的以脑力劳动为职业的人，他们的行为既有科学的一面（包括采药行医、观测星辰等），也有非科学的一面（如舞龙求雨、念咒除灾）；既有服务社会民众的一面（传授生活常识、传诵历史、传播文化），也有控制欺压民众的一面（巫

与首领相勾结以权谋私，或者巫本身就是社会权力结构的一部分)；既有为民众解疑释惑的一面（当人类文明发展到一定阶段，人们的困惑会越来越多，甚至成为困扰人们生活的大问题。巫属于那个时代思想活跃和知识渊博的人，因此大量问题的答案都是由巫首先提供的)，也有愚昧麻醉民众的一面（由于历史的局限性，以及思维的种种误区，巫对许多问题的解释都是错误的；与此同时，巫为了牟取私利，也会采取欺骗民众的手段)。

在《山海经》中，《五藏山经》里还没有巫的称呼，《海外四经》里仅提到一个巫咸，而到了《大荒四经》《海内五经》里则出现了群巫。由于经文过于简略，给我们留下了许多问题：如此众多的巫在一起工作，他们是男是女？年老年少？如何分工？有何组织结构？谁是巫师协会的领导者？他们的收入各是多少？

从灵山十巫的排序来看，似乎巫咸是首席巫师。从他们的名称来看，巫即做事雷厉风行，巫盼可能负责管理巫术活动中的器具或者负责分配财物，巫彭可能是一位身壮力大者或有长寿仙术者，巫姑当是女性，巫真有变成仙人登天之术，巫礼负责巫术仪式设计，巫抵负责仪式安全，巫谢负责公共关系，巫罗负责召集民众。当然，仅凭十巫每个人姓名里的一个字便妄加解读，我们对上述信息解读的准确性不应抱太高的期望。

王母山·壑山·海山·沃之国

西有王母之山、壑山、海山。有沃之国，沃民是处。沃之野，凤鸟之卵是食，甘露是饮。凡其所欲，其味尽存。爰有甘华、甘柤、白柳、视肉、三骓、璇瑰、瑶碧、白木、琅玕、白丹、青丹，多银、铁。鸾凤自歌，凤鸟自舞，爰有百兽，相群是处，是谓沃之野。

“西有王母之山”，郝懿行认为当作有西王母之山，但是此处经文并未言西王母的事迹。

壑山、海山，郭璞认为“皆群大灵之山”。沃之国，或作沃民之国。此处沃之野，袁珂认为即《海外西经》诸夭之野，甚是。不过两者对比之下，此处经文多“爰有”等二十七字，而在《山海经》中“爰有”经常与帝王陵墓同时出现，疑非沃野应有之场景。

白柳，在其他同类场合多作杨柳，而璇瑰、白木、白丹、银铁等物在其他场合亦不多见。璇瑰或即璇玑，它是古人偏爱的一种具有神秘色彩的玉器。琅玕，玉石状如球者，已见于《五藏山经》西次三经槐江山。

白木，郭璞注：“树色正白。今南方有文木，亦黑木也。”黑木又称乌木，色如水牛角，材质密致，可沉于水中。

此处白木、黑木当有某种实用价值，以及巫术象征意义或民族文化心理内涵。如杨柳有告别之意，而柳枝的婆娑和柳叶的形状又可以被人们赋予女性和生殖的内涵。

《山海经》记有许多以“野”为名的地方，如《海外南经》的寿华之野，《海外西经》的大乐之野（大遗之野）、诸夭（或作清沃、渚沃）之野、九野、天野，《海外北经》的欧丝之野；《大荒西经》的大荒之野、天穆之野、沃之野，《大荒南经》的苍梧之野（《海外南经》称苍梧之山、《海内经》称苍梧之丘），《大荒北经》的冀州之野，以及《海内经》的都广（或作广都）之野。其中，《海外西经》的大乐之野与《大荒西经》的天穆之野，以及《海外西经》的诸夭之野（天野）与《大荒西经》的沃之野，彼此的方位和场景相同。《尚书·禹贡》称雍州有猪野，又名都野，位于今甘肃民勤县西南，疑即此处沃之野（诸夭之野）。沃意为浇灌，沃野可指肥沃的水浇地。

野，意为郊外，乃是相对城市或中心居住区的称呼。撰写《五藏山经》的时代尚没有使用“野”的概念（也没有使用“国”的概念），而撰写《海内四经》的人似乎不再在地名中使用“野”字。

三青鸟·轩辕台

有三青鸟，赤首黑目，一名曰大鵹，一名曰少鵹，一名曰青鸟。

有轩辕之台，射者不敢西向射，畏轩辕之台。

三青鸟为古史传说中吉祥鸟之一，《西山经》记述三青鸟居住在三危山，未言其形貌；《大荒东经》记述的三青鸟属于陪葬物；《海内西经》记有三青鸟为西王母取食。唯有此处经文描述出三青鸟的形貌，它们是由三只鸟组成，均为赤首黑目。鵹同鹂，黎黄，即黄鹂，又名黄莺、仓庚；鵹鶘，即鹈鶘。

《西山经》记述轩辕丘“无草木”，《海外西经》称“不敢西射，畏轩辕之丘”。此处经文则称轩辕台，台多为人工营造，丘多指自然地貌，亦指废墟、冢墓。

龙山·昆吾

大荒之中，有龙山，日月所入。有三泽水，名曰三淖，昆吾之所食也。

龙山是观测日月西落的第二座山。“三淖，昆吾之所食也”，郝懿行认为“食”指食其国邑。不过，在《山海经》里，食其邑的说法并不多见，甚至可以说仅此一处。靠山吃山、靠水吃水，在《大荒四经》时代是很自然的事情，没有必要再说“食于三淖”之类的话。因此，经文“食”字可能是“浴”字之讹，三淖乃是昆吾“所浴”的地方，与《大荒南经》白水、白渊是昆吾之师“所浴”的地方，属于同样的性质。

《吕氏春秋·君守》：“昆吾作陶。”高诱注：“昆吾，颛顼之后，吴回之孙，陆终之子，己姓也，为夏伯制作陶冶埏埴为器。”在古史中，昆吾山为产铜名山，昆吾剑为青铜名剑。《拾遗记》卷十记有：“昆吾山，其下多赤金，色如火。昔黄帝伐蚩尤，陈兵于此。地掘深百尺，犹未及泉，惟见火光如星。地中多丹，炼石为铜，铜色青而利。”《列子·汤问》称：“周穆王大征西戎，西戎献锟铻之剑，火浣之布。其剑长尺有咫，练钢赤刃，用之切玉如切泥焉。”

女丑尸

有人衣青，以袂蔽面，名曰女丑之尸。

《海外西经》所记女丑之尸，其场景为女丑在山上，痛苦而又无奈地用右手遮挡着自己的脸，10个太阳在万里无云的晴空中发出毒热的光，女丑活活被炙杀而死。对比之下，此处经文所描述的场景已经被大大简化，女丑穿着青色的衣服，用袖子遮住面孔，十日却不见了。对此，一种可能是，《海外西经》的撰写者看到的画面是鲜艳丰富的，而《大荒西经》的撰写者所看到的画面已经残缺不全而且褪色了。另一种可能是，不同时代都有名叫女丑的人，她们的职责就是装扮成旱魃并承受阳光之暴晒，以祈求干旱的结束。上述习俗在春秋战国时期仍可见到，《左传·僖公二十一年》："夏大旱，公（鲁僖公）欲焚巫尪。"杜预注："瘠病之人，其面上向，俗谓天哀其病，恐雨入其鼻，故为之旱。"时在公元前639年，当时鲁国的统治者残忍地把天旱的原因归罪于因脊椎有病而面孔朝天的人（女丑之名或即得于此）。

女子国

有女子之国。

《海外西经》记有女子国"两女子居，水周之"，此处经文仅记有女子国之名，而到了《海内西经》则已不见关于女子国的记述，或许这表明曾经流行过的"纯女无男"

生存模式终于退出了历史舞台。

《山海经》中有女、母、姑等女性字样的人名和地名很多，如女床山、女蒸山、女几山、液女水、帝女桑，女娃、帝女、女尸、女丑、女丑尸、女子国、女魃、女和月母国、女虔、女戚、女祭、女薎、女娲之肠、赤水女子献、阿女、阿女缘妇（吴权妻）、思女、帝（尧）二女、舜二女（宵明、烛光）、州山女，鱼妇、雨师妾、黄姬尸、西王母、赤国妻氏、大比赤阴、王母山、嬴母山、皮母地丘、吴姬天门，姑媱山、错姑水、姑儿山、姑儿水、姑灌山、姑射山（射姑山）、列姑射、姑逢水，帝俊妻羲和、常羲、娥皇，舜妻登比氏、鲧妻士敬，以及欧丝之野的女子、青要山女神武罗，等等。

桃山·虻山·桂山·于土山·丈夫国

有桃山。有虻山。有桂山。有于土山。

有丈夫之国。

郝懿行认为此处虻山、桂山即前文太子长琴一节的芒山、桂山。虻即虻，幼虫生活在沼泽中，肉食性；成虫长1～3厘米，似蝇，雌虫吸食牛血，亦吸人血。

此处经文先记女子国、后记丈夫国，而《海外西经》

却是先记丈夫国、后记女子国。这是因为，《大荒西经》是从西北向西南记述诸场景，而《海外西经》则是从西南向西北记述诸场景，实际上都是说女子国位于丈夫国之北。

此处经文女子国与丈夫国之间有四座山，《海外西经》丈夫国与女子国之间的场景依次为女丑尸、巫咸、并封。

弇州山·鸣鸟

有弇州之山，五彩之鸟仰天，名曰鸣鸟。爰有百乐歌儛之风。

“弇”字本义指遮蔽，引申为深、狭路、相袭、相合，又指口小而腹大的器具。“州”字的象形为臀。据此，“弇州”之名可能与当地人的服装样式有关。

郝懿行注：“鸣鸟盖凤属也。《周书·君奭》云：‘我则鸣鸟不闻。’《国语》（《周语》）云：‘周之兴也，鸑鷟鸣于岐山。’”鸑鷟，凤的别称。不过，此处仰天之鸣鸟，当与百乐歌舞活动有关，不能排除由人装扮的可能，其形貌类似盛装的独唱演员。百乐，当包括魔术、杂技、马戏等各种艺术表演形式。

轩辕国

有轩辕之国，江山之南栖为吉，不寿者乃八百岁。

此处江山，郭璞认为即《海外西经》轩辕国所在之穷山，亦即今岷山。郝懿行注：“《大荒西经》说轩辕之国江山之南，此云岷山，以大江出岷山故也。”

《海外西经》所记轩辕国为：“在此穷山之际，其不寿者八百岁，在女子国北，人面蛇身，尾交首上。”到了《大荒西经》里“人面蛇身，尾交首上”变成了“江山之南栖为吉”，具体的人物动作被一句巫者的祝福词取代，似乎暗示着轩辕部落已经向南方迁徙。“山之南栖为吉”，属于自然环境生存学或风水学，由于我国水汽多从南方来，迎南风的山前地区多雨，植被茂盛，物产丰饶，被视为生存之吉地。邹豹君先生在《小地貌学原理》一书中指出，大山脉背风坡易出现恶地，大山脉迎风坡则无恶地。

弇兹

西海渚中，有神，人面鸟身，珥两青蛇，践两赤蛇，名曰弇兹。

郝懿行注："此神形状，全似北方神禺强，唯彼作践两青蛇为异，见《海外北经》。"袁珂注："此神与北方禺强、东方禺虢（《大荒东经》）似同属海神而兼风神。"上述注解良有理也，据此可知此处经文当原有"是为海神"四字，弇兹即西海之海神。其实，弇兹神的形状与《大荒南经》所记"南海渚中，有神，人面，珥两青蛇，践两赤蛇，曰不廷胡余"亦全相似（经文"人面"之后原亦应有"鸟身"二字），加上南海海神不廷胡余，至此则四海海神全矣。

《穆天子传》卷三称西王母所居之山为弇山。《西山经》西次四经记有崦嵫山，发音与弇兹相同。崦嵫，相传是太阳西落之地，《楚辞·离骚》："吾令羲和弭节兮，望崦嵫而勿迫。路曼曼其修远兮，吾将上下而求索。"王逸注："崦嵫，日所入山也；下有蒙水，水中有虞渊。"

日月山·嘘·重与黎

大荒之中，有山名日月山，天枢也。吴姖天门，日月所入。有神，人面无臂，两足反属于头山，名曰嘘。颛顼生老童，老童生重及黎，帝令重献上天，令黎邛下地。下地是生噎，处于西极，以行日月星辰之行次。

日月山是《大荒西经》记述的第四座观测日月西落的场地，它与其他日月出入山有所不同，因为这里是天枢所在。枢，原指门户的转轴，天枢即地球自转轴及其所指向的太空北极点。由于地球自转，宇宙所有的星辰看起来都在围绕着看不见的天枢和看得见的北极星在旋转，其中最明显的是北斗星的旋转。北斗七星（古为九星）的第一颗星（位于勺端）名天枢，第二颗星名天璇，天枢与天璇的延伸线正好指向北极星。

嘘即噎，《海内经》又作噎鸣，其职务用今天的话来说即日月山天文台的台长。“两足反属于头”，当是一种天文巫术动作，意在模拟日月群星的旋转。事实上，嘘与重、黎与老童与颛顼，乃天文世家，他们的出生和名称多有旋转之意。重有回旋之意，黎通耆，耆即老，老有曲意，《左传·僖公二十八年》：“师直为壮，曲为老。”老童又名卷章，《史记·楚世家》：“卷章生重黎。”颛顼的出生得北斗星之助，《拾遗记》卷一：“其夜昌意（颛顼父）仰视天，北辰下，化为老叟。”轩辕本身就有旋转之意，而黄帝乃北斗星之精所生，《史记正义》：“母曰附宝，之祁野，见大电绕北斗枢星，感而怀孕，二十四月而生黄帝于寿丘。”古人根据斗柄指向判断四季，《鹖冠子》：“斗柄指东，天下皆春；斗柄指南，天下皆夏；斗柄指西，天下皆秋；斗柄指北，天下皆冬。”《史记·天官书》：“斗为帝车。”山东省嘉祥县汉武梁祠刻有黄帝端坐在北斗七星车上的画像。此外，北斗星在西方被称为大熊星座，而黄帝又名有熊氏。

“重献上天”“黎邛下地”，在古史中又称作颛顼绝地天通。《国语·楚语下》记有：“昭王问于观射父曰：‘《周书》所谓重、黎实使天地不通者，何也？若无然，民将能登天乎？’对曰：‘非此之谓也。古者民神不杂。……及少昊之衰也，九黎乱德，民神杂糅，不可方物。……颛顼受之，乃命南正重司天以属神，命火正黎司地以属民，使复旧常，无相侵渎，是谓绝地天通。’”

绝地天通的内涵，通常都被解释为重新划分社会等级。但是，此处《大荒西经》记述的完全是天文学意义上的行为，与社会地位无关。其实，绝地天通与补天的含义相同，我国少数民族至今流传的近百个民间故事里，都记述有远古天地大冲撞导致天地不分、日月长期消失（类似核冬天现象），于是有英雄射日射月并重新找回藏起来的日月，天地才得以恢复正常，此即重黎将天地重新分开之本义。

天虞

有人反臂，名曰天虞。

郭璞注：“即尸虞也。”郝懿行注：“尸虞未见所出，据郭注当有成文，疑在经内，今逸。”虞字的象形是戴虎头帽大声喊叫的猎人，目的是将猎物驱赶到陷阱或罗网中。古代掌管山林事务的官称之为虞，亦称为虞人、吴。虞在古代又指葬礼与祭仪同时进行，《释名·释丧制》：“既葬，还祭于殡宫曰虞，谓虞（娱）乐安神，使还此也。”虞与娱通，此外还有臆度、候望、贻误、欺骗之意。

舜又称虞舜，曾负责管理山林资源，工作内容大约包括预防山林失火、禁止在鸟兽繁殖期捕猎、调解猎人之间的利益冲突等事宜。舜所在的部落又称有虞氏，居住在蒲阪（今山西省永济西的蒲州镇），其部落名当与捕猎、管理山林、娱神巫术活动有关。我国鄂伦春族猎人在捕获熊等大型猎物后，有一种古老的习俗，即要为死熊祈祷，以解脱自己冒犯熊神的罪过。或许“反臂”的天虞、尸虞亦为上述习俗的实施者。

常羲浴月

有女子方浴月。帝俊妻常羲，生月十有二，此始浴之。

袁珂注：“《世本·帝系篇》（张澍稡辑补注本）云：‘帝喾下妃娵訾氏之女，曰常仪，是生帝挚。’羲、仪声近，常羲即常仪也，帝俊亦即帝喾也。《吕氏春秋·勿躬篇》

云：‘尚仪作占月。’毕沅注云：‘尚仪即常仪，古读仪为何，后世遂有嫦娥之鄙言。’‘鄙言’与否姑无论矣，然其说诚不可磨也。是‘生月十二’之月神常羲神话，乃又逐渐演变而为奔月之嫦娥神话；常羲本为天帝帝俊之妻。又一变而为其属神羿之妻，神话传说之演变无定，多如是也。”

“生月十有二”，是说常羲发明了一年 12 个月的历法。“方浴月”，乃是一种天文历法演示巫术，与羲和浴日类似，即在象征月亮升起的海面上，模拟 12 个月亮依次升起的场景。至于嫦娥奔月，实际上是一种巫术禳灾行为，与补天、射日（月）、逐日、绝地天通类似，其原貌尚保留在瑶族雅拉和尼娥射月的故事中。

玄丹山·五色鸟

有玄丹之山。有五色之鸟，人面有发。爰有青鸾、黄鷔，青鸟、黄鸟，其所集者其国亡。

袁珂认为此处青鸟、黄鸟是解释青鸾、黄鷔的，它们也就是“人面有发”的五色鸟，亦即《海外西经》所记述的：“鸾鸟、鹖鸟，其色青黄，所经国亡。在女祭北。鸾鸟人面，居山上。一曰维鸟，青鸟、黄鸟所集。”

在《山海经》里，五彩鸟多为吉祥鸟，而此处五色鸟

则为凶兆鸟。这符合古代巫术思维的特点，即吉神与凶神总是成对存在的。郭璞认为这些凶鸟为应祸之鸟，即通常所说的枭、鸺鹠之类。其实，这里“人面有发”的五色鸟是由巫师装扮成的，“其所集者其国亡”，当是一种战争前的巫咒活动。

孟翼攻颛顼之池

有池名孟翼之攻颛顼之池。

郭璞注：“孟翼，人姓名。”袁珂注：“孟翼之攻颛顼之池者，盖犹此经上文禹攻共工国山，皆因事以名地也。孟翼或亦共工之类，其攻颛顼者，亦黄炎斗争之余绪也。”

以事件命名地名，在《山海经》中首见于《五藏山经》西次三经之首的崇吾山“西望帝之搏兽之丘”。从帝之搏兽之丘和禹攻共工国山来看，似乎只有正面人物实施的事件才可用于做地名。

孟字有首、勤勉、大之意，孟月即四季的第一个月；翼为鸟翼，亦指二十八宿之翼宿；据此，孟翼之名意为大鸟，其发音则与孟戏相近。在古史中，孟戏的形貌为“鸟身人言”，《史记·秦本纪》称帝颛顼之苗裔孙曰女脩，吞食玄鸟陨卵而生大业，大业娶少典之子女华而生大费，大费佐舜调驯百兽、佐禹治水，是为伯益，舜赐姓嬴氏，大费生子二人，一曰大廉，实鸟俗氏，大廉玄孙曰孟戏，鸟身人言。

池，通常指池塘，亦指护城河（城池），或指山冈。攻，通常指战争、攻击，亦指制造、加工。因此，“孟翼之攻颛顼之池”，既可解释为孟翼攻打颛顼部落的城池，也可解释为孟翼为颛顼部落开挖池塘。两相比较，前者的可能性更大一些。

鏖鏊钜山·屏蓬

大荒之中，有山，名曰鏖鏊钜，日月所入者。

有兽，左右有首，名曰屏蓬。

鏖鏊钜是《大荒西经》记述的观测日月西落的第四座山，它的名称三个字里都有“金”。鏖，温器，引申为煮软、煮烂食物，通熬，亦指喧扰、战斗激烈。鏊，烙饼专用铁器，三足，上面平圆，中心稍凸，俗称鏊子。钜，刚性铁，钩子，通巨。为山取这样名称，或许因为该山头形状平圆微凸，或许是因为此地居民对金属器具相当着迷。

此处屏蓬，郭璞认为：“即并封也，语有轻重耳。”并封已见《海外西经》，其形貌为前后有首，当是观看角度不同而产生的差异。

昆仑丘·西王母

西海之南，流沙之滨，赤水之后，黑水之前，有大山，名曰昆仑之丘。有神，人面虎身，有文有尾，皆白，处之。其下有弱水之渊环之，其外有炎火之山，投物辄然。有人，戴胜，虎齿，有豹尾，穴处，名曰西王母。此山万物尽有。

在《五藏山经》里，昆仑丘是黄帝的“下都”，西王母则居住在西方的玉山。此处人面虎身之神，疑为塑像或岩画图像，袁珂认为他就是西次三经昆仑丘“人面虎爪、虎身九尾”的神陆吾。弱水，郭璞注：“其水不胜鸿毛。”意思是弱水的比重非常低，连鸿毛都会沉入水中，但是在自然界里并不存在这种水。根据弱水环绕昆仑丘来看，它应当是一条护城河，或许其中填充的不是水，而是石油或粗炼的柴油。炎火山，或者是处于活跃状态的火山，或者是煤炭自燃，我国西北地区没有活火山，但是有多处煤炭长期自燃的现象。此处西王母的形貌与西次三经大体相同，表明西王母之族仍然保持其古老面貌和装束，而没有新的发展变化。

常阳山·寒荒国·女祭·女薎

大荒之中，有山名曰常阳之山，日月所入。

有寒荒之国，有二人女祭、女薎。

常阳山是第五座观测日月西落的场地，或谓常阳山即《海外西经》刑天所葬之常羊山。此处女祭、女薎或谓即《海外西经》之女祭、女戚，但是寒荒国的场景却与女祭、女戚居住的环境大相径庭。薎同蠛，《尔雅·释虫》："蠓，蠛蠓。"郭璞注："小虫似蚋，喜乱飞。"蚋，似蝇，体稍小，幼虫生活在山溪急流中，杂食；成年雌虫，刺吸牛、羊血液，可传播疾病；亦吸人血，被叮咬后奇痒。或许女薎的工作与对付毒虫有关。

寿麻国·南岳·女虔·季格·寿麻

有寿麻之国。南岳娶州山女，名曰女虔。女虔生季格，季格生寿麻。寿麻正立无景，疾呼无响。爰有大暑，不可以往。

寿麻或作寿靡、收靡，为我国南方的一个古老部落，《吕氏春秋·任数篇》记有：西服寿靡，北怀儋耳。”吴任臣注：“《冠篇》：‘黄帝鸿初为南岳之宜，故名南岳。’《路史》（后纪六）曰：‘帝鸿生白民及嘻，嘻生季格，季格生帝魁。’注云：‘嘻其南岳也。’未审孰是。”据此可知，嘻亦可指女虔，而寿麻当又名帝魁。袁珂认为南岳可能属于黄帝系人物，而寿麻“正立无景”云云，则颇似黄帝女魃神话之转化。

事实上，“寿麻正立无景”，乃是我国古籍关于赤道地区（南北回归线之间）自然环境的最早记述。寿麻正立在阳光下而没有身影，即正午阳光垂直照射现象；大声喊叫而没有回声，则与炎热环境对空气传播声音的影响有关；“爰有大暑，不可以往”，则是对赤道地区炎热气候的直接描述。对于北半球来说，夏至这一天，在北纬23度的北回归线上及其以南的地区，都会出现阳光垂直照射现象，纬度越靠近赤道，一年里出现阳光垂直照射现象的天数也就越多。也就是说，如果古代地球自转轴方向没有发生过明显的变化，那么寿麻国当位于北回归线以南的地区，即个旧、南宁、广州、汕头、嘉义一线以南，或谓其在今日南亚的斯里兰卡境内。

《淮南子·地形训》亦记有："建木在都广，众帝所自上下，日中无景，呼而无响，盖天地之中也。"都广又称广都，即今日四川成都附近，北纬 31 度，不可能出现阳光垂直照射现象，除非发生过"天倾西北，日月星辰移焉"的天地大变动。

寿麻正立无影的现象，后世又传为异人之异禀。《列仙传》记有一个名叫玄俗的异人，能治百病，他行走在阳光下就没有身影。《拾遗记》称周昭王二十四年，东瓯献延娟、延娱二女："此二女辩口丽辞，巧善歌笑，步尘上无迹，行日中无影。"又称："溟海之北，有勃鞮之国，人皆衣羽毛，无翼而飞，日中无影。"

章山·成汤伐夏桀·夏耕尸

有人无首，操戈盾立，名曰夏耕之尸。故成汤伐夏桀于章山，克之，斩耕厥前。耕既立，无首，走厥咎，乃降于

巫山。

“耕既立，无首，走厥咎”，或作“耕既无首，立，走厥咎”。“走厥咎”，郭璞注：“逃避罪也。”其实，走有前往、趋附、归向之意；厥可通之，《书·无逸》：“自时厥后。”亦通橛、撅。咎，除有灾祸、加罪、憎恨之意外，亦通皋，《离骚》：“汤禹俨而求合兮，挚咎繇而能调。”咎繇即皋陶，皋意为沼泽或近水的高地。据此，所谓夏耕“走厥咎”，意思是说夏耕遇难后，其魂或化身（实际上即其族人和后裔）穿过沼泽地，迁徙到巫山地区，类似鲧遇难后其化身辗转奔波迁徙到西方。

商汤伐夏桀是中国历史上的一件大事，《墨子·非攻下》记有：“逮至乎夏王桀，天有牿命，日月不时，寒暑杂至，五谷焦死，鬼呼国，鹤鸣十夕余。天乃命汤于镳宫，用受夏之大命：‘夏德大乱，予既卒其命于天矣，往而诛之，必使汝堪之。’汤焉敢奉率其众，是以乡有夏之境。帝乃使阴暴毁有夏之城。少少，有神来告曰：‘夏德大乱，往攻之，予必使汝大堪之。予既受命于天，天命融（祝融）隆火于夏之城间，西北之隅。’汤奉桀众，以克有夏。”由此可见，夏桀时期自然气候发生了灾变，而我国古代是靠天吃饭，持续长时间的强烈气候变化，往往成为社会动乱以及朝代更迭的重要因素。

根据此处经文所述，夏耕当是夏桀的主要军事统帅之一，他的兵败被杀，最终导致了夏王朝的灭亡。“有人无首，操戈盾立，名曰夏耕之尸”，当是夏耕后裔为其塑造的雕像，以彰显其宁死不屈、化为鬼神仍然继续战斗的精神，与著名的无首刑天类似。古代欧洲也有关于无头怪人的传闻，在他们的无首怪人画像里，也是将两乳画成双目。此外，在日本的民间舞蹈中，有一种无头装束的舞蹈，或许亦源于古代巫术仪式中巫师的扮相。

吴回·盖山国·一臂民

有人名曰吴回，奇左，是无右臂。

有盖山之国。有树，赤皮支干，青叶，名曰朱木。

有一臂民。

此处经文前后三处提及“一臂”，疑“有一臂民”四字原当在“有人名曰吴回”之前，因后文颛顼之子已名为“三面人”。《海外西经》记有一臂国人“一臂一目一鼻孔”，但是并未言其身世，亦未说明是没有左臂还是缺少右臂。在古史传说里，吴回与重黎同为颛顼后裔，都属于颛顼部落联盟中以天文巫术为职业的氏族或家族。《史记·楚世家》曰：帝喾“诛重黎，而以其弟吴回为重黎后，复居火正，为祝融。”“诛重黎”，意为担任重黎职务的天文巫师因有罪过

（如预报日食不准）而被杀，由其家族的人继续重黎的工作，重新担任火正祝融之官职。吴回“奇左，是无右臂”，与前文所述日月山的天文巫师嘘（又名噎，重黎之后裔）“人面无臂，两足反属于头上”一样，当同为进行天文巫术活动时的特殊装束与动作，有点类似今日我国藏族一臂在袖外的服装样式。

盖，指用白茅草编成的覆盖物，编茅覆屋亦称盖屋。据此，盖山国的民居可能多为茅草盖顶的房屋，或者其地山形似有屋盖。朱木已见《大荒南经》帝尧、帝喾、帝舜所葬之岳山，惟“青叶”作“青华”。

大荒山·三面人

大荒之中，有山名曰大荒之山，日月所入。有人焉三面，是颛顼之子，三面一臂，三面之人不死，是谓大荒之野。

大荒山乃《大荒西经》记述的第六座观测日月西落的场所，这里也是三面人居住的地方。三面人是颛顼的后裔，他们有三副面孔，只有一只胳臂，而且长生不老。其实，“三面”当系头上戴着有三张面孔的面具，“不死”，可能与三张面孔的象征意义有关，如其一象征前身、其二象征今生、其三象征来世（这种观念当在佛教产生之前已有）。古史传说中的“黄帝四面”，当亦指戴着有四张面孔的面具。

夏后开

西南海之外，赤水之南，流沙之西，有人珥两青蛇，乘两龙，名曰夏后开。开上三嫔于天，得《九辩》与《九歌》以下。此天穆之野，高二千仞，开焉得始歌《九招》。

夏后开即夏后启，前157年刘启继位，是为汉景帝，此后汉代学者为避讳而用开字代替启字。不过，在《海外西经》里却径直称夏后启“乘两龙，云盖三层，左手操翳，右手操环，佩玉璜”在大乐之野（又名大遗之野）歌舞《九代》。郭璞引《竹书》曰：“颛顼产伯鲧，是维若阳，居天穆之阳。”则天穆之野乃鲧、禹、启的圣地。

“开上三嫔于天”，郭璞注：“嫔，妇也，言献美女于天帝。”郝懿行注：“《天问》云：‘启棘宾商，《九辩》《九歌》。’是宾、嫔古字通，棘与亟通。盖谓启三度宾于天帝，而得九奏之乐也。故《归藏·郑母经》云：‘夏后启筮，御飞龙登于天，吉。’正谓此事。《周书·王子晋篇》云：‘吾后三年，上宾于帝所。’亦其证也。郭注大误。”《天问》“启棘宾商”或谓当作“启棘宾帝”。亟，意为迫切、屡次。

其实，郭璞与郝懿行的观点并不矛盾，夏后启“乘两龙”“上三嫔于天”，实际上乃盛大的巫术活动，通过这种与天沟通的巫术仪式，启可以向世人宣称自己登上帝位已经得到天帝的认可，并证明其就是从天帝那里获得的演奏《九招》（或作《九韶》）的技能和权力。在上述巫术活动中，不排除有献给天帝美女的情节。

互人国·灵恝

有互人之国。炎帝之孙名曰灵恝，灵恝生互人，是能上下于天。

互人国或谓即氐人国，《海内南经》称其“人面鱼身无足”。恝字意为漫不经心、无动于衷、无愁貌，与灵不符，疑当作契。灵契，即与神达成的契约，亦即上下于天的通行证。从互人的名称来看，有点像是连体儿，又像是一个人扮演两个人的舞蹈（如猪八戒背媳妇），或者是灵魂附体。从这个角度来说，互人国更像是《海内南经》的列人国，列人即两个人并列在一起。

鱼妇

有鱼偏枯，名曰鱼妇。颛顼死即复苏。风道北来，天乃大水泉，蛇乃化为鱼，是为鱼妇。颛顼死即复苏。

"死即复苏"，郭璞注："言其人能变化也。"其实，此处颛顼化作鱼妇"死即复苏"，乃远古的沐浴新生巫术活动，亦即《大荒四经》多处记述的"舜之所浴""昆吾之师所浴""颛顼所浴"等圣人、帝王沐浴故事的具体内容。其仪式大约是由当事人（在这里即颛顼）先装扮成蛇的样子，来到水边，在巫师"风道北来，天乃大水泉，蛇乃化为鱼"的咒语魔力下，先前装扮成蛇的人又改扮成鱼的样子，并要表演出鱼脱离水的垂死挣扎、奄奄一息状，然后由众巫师将其抛入水中，当他再次从水中走上岸时，已经是一个新生的并且有天命在身的人了。笔者认为，这种沐浴再生仪式，模拟的乃是胎儿从子宫里出生的过程，以及生物从海洋的鱼类向陆地的爬行类进化的过程。据此可知，"蛇乃化为鱼"原文应是"鱼乃化为蛇"，而"蛇"则是中国先民主要的图腾动物。或谓鱼妇即蜀先王鱼凫。

《五藏山经》西次三经槐江山记有"西望大泽，后稷所潜也"，当是对远古沐浴巫术最早的文字记录之一，此后

《淮南子·地形训》则称："后稷垅在建木西，其人死复苏，其半鱼在其间。"据说"耶稣"在拉丁文里是鱼的意思，而基督教的洗礼习俗亦有旧人已去、新人复生之意。在地中海周边古文明（包括两河流域及其出海口波斯湾）的传说里，也说古代曾有一个像鱼一样的神，他从波斯湾上岸，与美索不达美亚的原始居民谈话，教他们建筑城市、种麦子、数学和天文学，并编纂法律条文，被称为奥纳斯。

鸀鸟·大巫山·金山·偏句山·常羊山

有青鸟，身黄，赤足，六首，名曰鸀鸟。

有大巫山。有金之山。西南，大荒之中隅，有偏句、常羊之山。

鸀即鸀，一指山鸟，郭璞注《尔雅·释鸟》："似乌而小，赤嘴，穴乳，出西方。"郝懿行认为它就是蓟州人所说的赐喜儿鸟；又指水鸟，似鸭而大，长颈赤目，紫绀色。袁珂认为它可能是《海内西经》的树鸟。大巫山等山位于西南隅，亦即本章终止处。

十一、大荒北经

东北方有一座帝颛顼的陵墓，埋藏着极为丰富的殉葬品，既有多种多样的动物雕塑，又有各式各样的精美玉器。北方有一座成都载天山，夸父逐日的故事就发生在这里。夸父为什么要追赶太阳？莫非他是闲情难忍、精力过剩？其实不然。事情是这样的：在 5000 到 10000 年前，地球捕获了一颗临时小卫星，它的轨道逐渐下降与地球大气层发生剧烈的摩擦，发出强烈的光芒，变成一个“妖日”；夸父为了驱赶妖日而壮烈牺牲。

附禺山·卫于山·帝俊竹林·封渊·沈渊

东北海之外，大荒之中，河水之间，附禺之山，帝颛顼与九嫔葬焉。爰有鸱久、文贝、离俞、鸾鸟、皇鸟、大物、小物。有青鸟、琅鸟、玄鸟、黄鸟、虎、豹、熊、罴、黄蛇、视肉、璿瑰、瑶碧，皆出卫于山。丘方圆三百里，丘南帝俊竹林在焉，大可为舟。竹南有赤泽水，名曰封渊。有三桑无枝。丘西有沈渊，颛顼所浴。

附禺山又名务隅山、鲋鱼山、鲋禺山，此处附禺山位于黄河下游的东北方向，史传颛顼陵墓则在今日黄河下游的河南省濮阳境内，该地的先夏古墓曾出土大型蚌壳摆塑龙虎图案。《海外北经》记有帝颛顼与九嫔所葬的务隅山及其平丘，方位在东北。《海内东经》则称“汉水出鲋鱼之山，帝颛顼葬于阳，九嫔葬于阴，四蛇卫之”，其地望在汉水发源地（秦岭南麓）。由于《海内东经》窜入大段《水经》文字，而记述“汉水”又未依惯例言其流向，疑“鲋鱼之山”十九字乃《山海经》文字窜入《水经》复又窜回入《山海经》者。“四蛇卫之”当指镇守陵墓的神兽造型雕塑。

郝懿行指出卫于山当作卫丘山或卫丘，此言甚是。此处卫丘实即《海外北经》的平丘，系祭祀帝颛顼与九嫔的祭台及其配套设施。附禺山“爰有”诸物，均为帝颛顼与九嫔陵墓的随葬品。其中皇鸟或作凤鸟，大物、小物泛指各种随葬品。“皆出卫于山（卫丘）”的青鸟、琅鸟等物，均为祭祀帝颛顼的供品，或者是祭祀场所的雕塑、壁画，也可能是象征性的明器，类似今日为死者烧的纸人、纸马、纸轿车。从上述随葬品和祭品来看，帝颛顼与九嫔的陵墓已具有相当规模，应当留有遗迹。

在先夏时期的三皇五帝，以及尧、舜、禹、丹朱诸帝中，相传帝喾有四妃，而所谓的四妃实际上有可能是指长期与帝喾族通婚的4个部落。因此，《山海经》帝颛顼与九嫔葬于附禺山的记载，乃是我国有关帝王嫔妃的最早文献之一。这里涉及两个问题，其一，三宫六院七十二嫔妃的帝王配偶大军，不是一下子就形成的，而是有着一段发展演变的过程，颛顼拥有九嫔当是其中一个重要的阶段。其二，从帝颛顼葬于阳、九嫔葬于阴来看，九嫔属于陪葬性质，她们可能是帝颛顼的人殉，也可能是死后陆续埋葬到帝颛顼陵墓内的。比较而言，九嫔是人殉的可能性更大一些，因此颛顼有可能是我国最早采用人殉的帝王（九为大数，九嫔可指九个嫔妃，也可指许多个嫔妃）。

经文“丘方圆三百里，丘南帝俊竹林在焉，大可为舟。竹南有赤泽水，名曰封渊。有三桑无枝。丘西有沈渊，颛顼所浴”，可能有误。因为这里记述的是帝颛顼族活动的圣地，不应又提及帝俊竹林。此外，帝颛顼葬所的地理纬度偏北，不大可能生长有“大可为舟”的竹林。

也就是说，此处经文当作“丘方圆三百里，丘南有赤泽水，名曰封渊，有三桑无枝。丘西有沈渊，颛顼所浴”，而“帝俊竹林在焉，大可为舟”十字当另有所在，疑其原应在《大荒南经》舜之所浴的不廷山“北旁名曰少和之渊”文字

之后。对比舜与颛顼所浴之场景，颛顼所浴有封渊、沈渊，舜所浴则有少和渊、从渊。颛顼所浴之渊与卫丘相邻，舜所浴之渊亦与“有渊（应为台）四方”相邻。因此，颛顼所浴之地有三桑无枝，那么舜所浴之地亦应有帝俊（即舜）竹林才是。

此处经文所述的附禺山及其周边的广大地域，是颛顼族的墓葬地和进行沐浴巫术的场所，其地理方位在东北隅。但是，《大荒西经》记述的颛顼化为鱼妇的沐浴巫术活动场所却位于西南隅。由于在古史传说里，颛顼几乎总是活动在北方地区，因此《大荒西经》颛顼化作鱼妇的内容，疑应当移在此处“颛顼所浴”之后，其意方可连贯起来。

胡不与国

有胡不与之国，烈姓，黍食。

郝懿行注：“烈姓盖炎帝神农之裔，《左传》（昭公二十九年）烈山氏，（《礼记》）《祭法》称厉山氏；郑康成注云：‘厉山，神农所起。一日有烈山。’”显然，郝懿行是根据“烈姓，黍食”来解释胡不与国的，但并没有解释其国名的来历。烈山即放火烧山（原野），开辟草莽荒原为耕田，属于农业不发达时期的刀耕火种阶段。

“胡”在我国古代可泛指西方人，因此胡不与国亦可能从西方迁徙而来。根据《人类文明编年纪事·经济和生活分册》记载，约在前1501年，地中海桑托林火山（克里特岛以北约130千米）爆发，米诺斯王国毁灭。有人认为《旧约·出埃及记》描述的“天空立刻变得一片乌黑”，说的就是此次火山爆发导致的“核冬天”这一自然灾害，通常这种大灾害都会导致当地民族向远方迁徙。此时正逢中国的夏代与商代之交，而中国历史上的朝代更迭往往与气候出现剧烈波动有关。

不咸山·肃慎国·蜚蛭·琴虫

大荒之中，有山，名曰不咸。有肃慎氏之国。有蜚蛭，四翼。有虫，兽首蛇身，名曰琴虫。

李殿福、孙玉良在《渤海国》一书中认为《山海经》所记不咸山：“据考证就是今日吉林省东南部的长白山，这是具体指出肃慎族居住在白山黑水之间的最早的记载。”《中国名山事典》亦称吉林长白山：“古名不咸山，又称白头山。”长白山海拔2691米，系火山喷发而成，在16—18世纪还曾有3次喷发，目前为休眠火山。不咸山之名，咸意为皆、都、普遍，不咸与不周意思相近。此外，不亦通丕，意为大，《孟子·滕文公下》引《书·君牙》：“丕显哉，文王谟！丕承哉，武王烈！”咸则为《易经》六十四卦之一，卦象艮下兑上，即山上有泽，与长白山上有天池的地貌景观相符。

肃慎为我国古代东北地区的著名部落，帝舜时曾贡弓矢，其后裔又称挹娄、勿吉、靺鞨、栗末。《海外西经》记有肃慎国在白民北，当地有雄常树。郭璞注：“今肃慎国去辽东三千余里，穴居，无衣，衣猪皮，冬以膏涂体，厚数分，用却风寒。其人皆工射，弓长四尺，劲强。”唐朝册封其族建渤海国，地域囊括今日本海，后被契丹所灭。

蜚蛭或作飞蛭。蜚，小飞虫，蝽类，体椭圆，有恶臭，食稻花。蜚蠊即蟑螂。《五藏山经》东次四经太山：“有兽焉，其状如牛而白首，一目而蛇尾，其名曰蜚，行水则竭，行草则死，见则天下大疫。”蛭，环节动物，体长而扁平，通常为 27 节，前后有吸盘，寄生，常见的有蚂蟥、水蛭、鱼蛭、山蛭。

琴虫，当系能发出声响的蛇类，如响尾蛇。《五藏山经》中次二经鲜山、中次十一经帝囷山均有鸣蛇。

大人国·大青蛇

有人名曰大人。有大人之国，釐姓，黍食。有大青蛇，黄头，食麈。

郝懿行注：“《晋语》司空季子说黄帝之子十二姓中有僖姓，僖、釐古字通用，釐即僖也。《史记·孔子世家》云：‘汪罔氏之君，守封禺之山，为釐姓。’”《国语·鲁语下》记有：“吴伐越，堕会稽，获骨焉，节专车。”为此，吴国派人向孔子请教，孔子仔细观看后云：“丘闻之，昔禹致群神于会稽之山，防风氏后至，禹杀而戮之，其骨节专车，此为大矣。”并介绍防风氏的来历：“汪芒氏之君也，守封隅之山者也，为漆姓；在虞、夏、商为汪芒氏，于周为长狄，今为大人。”袁珂注：“汪芒氏即汪罔氏，漆姓即釐姓也。则大人者，防风之后，亦黄帝之裔也。”

《述异记》：“今吴越间防风庙，土木作其形，龙首牛耳，连眉一目。昔禹会涂山，执玉帛者万国。防风氏后至，禹诛之，其长三丈，其骨头专车。今南中民有姓防风氏，即其后也，皆长大。越俗，祭防风神，奏防风古乐，截竹长三丈，吹之如嗥，三人披发而舞。”《古今图书集成·职方典》云：“防风氏庙，在（武康）县东南封、禺二山之间，祀夏时防风氏之神。”武康即今浙江省德清县武康乡，相传防风氏后裔即穿胸国。不过，此处所述釐姓大人国位于北方，而封禺山又与附禺山音相近，或许防风氏曾从北方迁徙到南方。此处大青蛇为北方的大蛇。经文黄头或作头方，食麈或作食鹿。

榆山·鲧攻程州之山

有榆山。有鲧攻程州之山。

郝懿行注："程州，盖亦国名，如禹攻共工国山之类。"程字意为度量、计量，兼指容量单位和长度单位，10 发为程，10 程为分，10 分为寸，即1% 寸的长度为一程；亦指法式、规章、效法、呈现、进度、路程；又指竹根虫，或指豹。据此，程州之名可能是指制造度量衡器具的地方。《尚书·舜典》称舜"协时月正日，同律度量衡"，比秦始皇统一度量衡要早数千年。鲧攻程州，可能是要争夺控制度量衡的权力，结果兵败被帝舜"殛于羽山"。

衡天山·先民山·槃木

大荒之中，有山名曰衡天。有先民之山。有槃木千里。

衡，原指绑在牛角上以防触人的横木，引申指车上横木、称杆、栏杆、平衡，亦指眉毛以上的部位，并指古代天文仪器上用于观测星辰定位的衡管，《尚书·舜典》："在璇玑玉衡，以齐七政。"七政即日月和金木水火土五大行星。

据此可知衡天山可能是一处天文观测的场地，而后文所述的先民、槃木或许亦与天文观测活动有关。《大荒北经》多记述有颛顼及其后裔事迹，而颛顼族有观测天文的传统。

袁珂注：“《大荒西经》云：‘西北海之外，赤水之西，有先民之国。’非此。此山地望当在东北。”郝懿行认为先民国即《淮南子·地形训》海外三十六国之天民国。

“槃木千里”当为一种特殊景观，槃指承水盘，亦通般，快乐之意。《论衡·订鬼篇》引《山海经》（今本无）云：“沧海之中，有度朔之山，上有大桃木，其屈蟠三千里，其枝间东北曰鬼门，万鬼所出入也。上有二神人，一曰神荼，一曰郁垒，主阅领万鬼。恶害之鬼，执以苇索，而以食虎。于是黄帝乃作礼，以时驱之，立大桃人，门户画神荼、郁垒与虎，悬苇索以御凶。”袁珂认为度朔山屈蟠三千里的大桃木即“槃木千里”之属。

叔歜国·猎猎

有叔歜国，颛顼之子，黍食，使四鸟：虎、豹、熊、罴。有黑虫如熊状，名曰猎猎。

叔，除指亲属称谓外，亦指收拾。歜，盛怒、气盛。据此，叔歜有心平气和之意。猎猎的形貌像是大黑熊，其名

"猎猎"可能取自该兽的叫声。

北齐国

有北齐之国，姜姓，使虎、豹、熊、罴。

郝懿行注："《说文》云：'姜，神农居姜水以为姓。'《史记·齐太公世家》云：'姓姜氏。'案《大荒西经》有西周之国，姬姓，此有北齐之国，姜姓，皆周秦人语也。"

齐国为前11世纪周分封的诸侯国，位于今山东省北部，开国之君是吕尚，建都营丘（后称临淄，今淄博市东北）。

此处经文所述北齐国，当早于周分封的齐国。北字除指方向外，亦指乖违、相背，《尚书·舜典》："分北三苗。"孔颖达疏："善留恶去，使分背也。"据此，北齐国的名称，含有不追求整齐划一的意思，亦可理解为无拘无束、自由自在。

先槛大逢山·禹所积石山

大荒之中，有山名曰先槛大逢之山，河济所入，海北注焉。其西有山，名曰禹所积石。

经文先槛或作光槛。槛字意为关野兽的笼子，引申指囚禁罪犯的牢房，亦指窗栏、井栏和门槛。所谓先槛大逢山“河济所入，海北注焉”，如果没有缺文或讹字，可能是指黄河、济水入海之前的某处山，也可能是指渤海海峡的庙岛群岛或朝鲜海峡的对马岛。济水发源于河南省济源（王屋山南麓），曾为独流入海的大河（济南市即得名于此），《尔雅·释水》：“江、河、淮、济为四渎，发源注海者。”但是在《五藏山经》里并没有济水的名称（中次十一经支离山的济水实为滴水）。

《海外北经》记述的禹所积石山，其方位在黄河中游，与此处“河济所入”之西的积石山地望不一致。

阳山·顺山·始州国·丹山·大泽

有阳山者。有顺山者，顺水出焉。有始州之国。有丹山。

有大泽方千里，群鸟所解。

顺水流向后文所述的融父山，始州国、阳山、丹山或在其畔。郭璞注：“此山纯出丹朱也。《竹书》曰：‘和甲西征，得一丹山。’今所在亦有丹山，丹出土穴中。”

郭璞注：“《穆天子传》（卷四）曰：‘北至广原之野，

飞鸟所解其羽，乃于此猎鸟兽，绝群，载羽百车。'《竹书》亦曰：'穆王北征，行流沙千里，积羽千里。'皆谓此泽也。"《北山经》《海外北经》《海内北经》均记有大泽，方位在今蒙古草原、西伯利亚一带，其中当包括贝加尔湖，它们是候鸟换羽时栖息的地方。

毛民国

有毛民之国，依姓，食黍，使四鸟。禹生均国，均国生役采，役采生修鞈，修鞈杀绰人。帝念之，潜为之国，是此毛民。

郭璞注："其人面体皆生毛。"其注出自《海外东经》所记毛民国："为人身生毛。"其实，此处毛民居住在北方，而不是东方，因此，《大荒北经》的毛民既可能是以"体生毛"为特征，也可能是以加工制作皮毛产品为特征，比较之下后者的可能性更大。

《国语·晋语四》："黄帝之子二十五人，其同姓者二人而已，唯青阳与夷鼓皆为己姓。青阳，方雷氏之甥也。夷鼓，彤鱼氏之甥也。其同生而异姓者，四母之子别为十二姓。凡黄帝之子，二十五宗，其得姓者十四人，为十二姓：姬、酉、祁、己、滕、箴、任、荀、僖、姞、儇、依是也。

唯青阳与苍林氏同于黄帝，故皆为姬姓，同德之难也如是。”据此，依姓之毛民国，属于黄帝后裔。袁珂注：“然禹亦黄帝族，则毛民者，虽非其直接裔属，亦其同族子孙也。故禹之曾孙修鞈杀绰人，禹乃‘念之’，而‘潜为’此毛民国，以此也。”也就是说，袁珂认为毛民乃绰人之后裔。

此处经文“禹生均国，均国生役采，役采生修鞈，修鞈杀绰人。帝念之，潜为之国，是此毛民”，乃是有关禹之后裔的重要文献。在古史传说里，禹之子为启，而启则出生于石头中（相传为禹妻涂山氏所化）。但是，在《山海经》里却没有记述禹和启的血缘关系，也没有记述禹之葬所或帝禹之台等基本内容。因此，如果不是现存《山海经》版本遗失相关内容的话，或可表明所谓禹为启父的传闻乃系后起之说。事实上，《山海经》仅称夏后启“三嫔于天”，根本未提及与禹有什么瓜葛，在启的眼里，其权力的基础是得到上天的认可，而不是来自禹的恩泽。

古人之所以会产生启父为禹的说法，一是受到“禅让论”的束缚，需要用“禹传位于启”来结束禅让制；二是我国有明确帝王世系的朝代始自夏后启（其名称含义类似秦始皇），在此之前则为时间不确定的三皇五帝时期，而夏后启与帝禹时代相对来说在时间上最接近，为了使历史能够连贯起来，最简单有效的方法就是把禹启说成是父子关系。

有鉴于此，为了恢复历史的本来面目，为了重修中国上古文明史，有必要认真对待《山海经》关于禹、启的记载。如果禹启非父子关系，那么在帝禹时代与夏后启之间，就有可能存在着上百年甚至更长时间的历史演变过程，而这段过程我们今天并不清楚，它很可能是打开先夏史秘密大门的一把非常重要的钥匙。

均字有平均、调和之意，亦指造瓦器的转轮、调节乐器的用具、量酒的计量单位；据此禹之后裔均国，可能与施行井田制有关，或者与制陶、做乐器等活动有关。役采或作役来，役，除指戍役、战役、服役、仆役外，亦指行列，《诗·大雅·生民》“禾役穟穟”，意即禾苗排列成行多美好。据此，役采可能是发明禾苗成行播种的人，这样不仅有利于通风，而且方便采收（大镰割禾，小镰割穗）。鞈，革制的胸甲，可以御矢，亦指坚貌、鼓鼙声，修鞈当即以制革为职业的部落或方国。绰人，其名可能与纺织或服装样式有关，修鞈与绰人的冲突，可能与毛皮服装向麻丝服装的转变有关。

经文“帝念之”之帝，通常都理解为是禹，其所念之人则理解为是被杀的绰人。其实，此帝当指天帝，而所念之人亦可指修鞈，意思是说修鞈犯了杀人的罪过，其后裔迁徙到北方另立毛民国，继续以制作毛皮用品为业。

儋耳国·禺强

有儋耳之国，任姓，禺号子，食谷。北海之渚中，有神，人面鸟身，珥两青蛇，践两赤蛇，名曰禺强。

儋即担，以肩承物，此处儋耳国即《海外北经》的聂耳国，以耳大著称。郭璞注："其人耳大下儋，垂在肩上；朱崖、儋耳，镂画其耳，亦以放之也。"

禺号即禺，为东海居民供奉之海神，已见《大荒东经》；禺强为北海居民供奉之海神，已见《海外北经》和《大荒东经》。在古史传说里，禺强又为天帝之大神。

《列子·汤问》："渤海之东，不知几亿万里，有大壑焉，实惟无底之谷，其下无底，名曰归墟。八纮九野之水，天汉之流，莫不注之，而无增无减焉。其中有五山焉，一曰岱舆，二曰员峤，三曰方壶，四曰瀛洲，五曰蓬莱。其山高下周旋三万里，其顶平处九千里。山之中间相去七万里，以为邻居焉。其上台观皆金玉，其上禽兽皆纯缟。珠玕之树皆丛生，华实皆有滋味，食之皆不老不死。所居之人皆仙圣之种，一日一夕飞相往来者，不可数焉。而五山之根无所连著，常随潮波上下往还，不得暂峙焉。仙圣毒之，诉之于帝。帝恐流于西极，失群仙圣之居，乃命禺强，使巨鳌十五举首而戴之；迭为三番，六万岁一交焉，五山始峙而不动。而龙伯之国有大人，举足不盈数步而暨五山之所，一钓而连六鳌，合负而趣归其国，灼其骨以数焉。于是岱舆、员峤二山流于北极，沉于大海，仙圣之播迁者巨亿计。帝凭怒，侵减龙伯之国使阨，侵小龙伯之民使短。至伏羲神农时，其国人犹数十丈。”

上述岱舆、员峤二仙山沉没的传闻，类似西方人所说的大西洲、太平洲的消失，而人类居住地被海水淹没的灾难很可能多次发生过。此外，我国古代关于海上仙山的传说，也可能与北极冰山穿过白令海峡漂至东海并长时间存在的现象有关，大冰山上会有海豹、海狮、海牛以及北极熊等动物栖息，这些动物又会吸引人类到冰山上捕猎和栖息。由于冰山消融后留不下痕迹，因此有关的故事也就难以被后人理解了。

天柜山·九凤·强良

大荒之中，有山名曰北极天柜，海水北注焉。有神，九首人面鸟身，名曰九凤。又有神衔蛇操蛇，其状虎首人身，四蹄长肘，名曰强良。

《大荒四经》记述有多处“海水注焉”的现象，可能都是指海峡地貌。此处经文所说的北极天柜山“海水北注焉”，从地望来看，疑即白令海峡。“海水北注”，即太平洋（白令海）的海水向北穿越白令海峡流入北冰洋（楚科奇海）。这种两大洋之间的海水流动是经常发生的，而且往往伴随着气候的变化和鱼类的迁徙。在10000多年前的冰川时期，海平面比今日低100米左右，白令海峡出露为地，成为连通亚洲和美洲的陆桥，生活在亚洲东北部的人类（包括我国先民）很容易从这里迁徙到美洲生活。此后，全球气候发生变化，在七八千年前气温回升到10000年来的最高点，大量冰川消融，海平面上升，海岸线向陆地扩张，导致大陆架地区洪水泛滥。与此同时，也有大量北极冰山解体，并漂流至太平洋上，成为一种独特的景观。

九首人面鸟身之神九凤，可能是九个以凤鸟（包括其他候鸟）为图腾的部落所共同信奉的保护神或先祖神。

强良操蛇，袁珂注："《列子·汤问篇》说愚公事云：'操蛇之神闻之，告之于帝。'操蛇之神或本此。"顺便指出，愚公移山故事的本义也是填海治水。

《山海经》记述有许多珥蛇、践蛇、操蛇、膺蛇、衔蛇之神，其中既有真蛇，亦有蛇状耳环、蛇状绘身或其他象征蛇的替代物。蛇属于冷血动物，多栖息在中原和南方地区，在北方地区比较少见，在高纬度寒冷地区则极为少见。因此，居住在北极天柜山的强良，不大可能口衔真蛇、手操真蛇，而从其形貌来看，更像是一个头戴虎皮帽的人在操纵狗拉或鹿拉的雪橇，这些操纵绳就像是蛇（绳子在古代具有神秘的力量）。同理，所谓禺、禺强践两青蛇、赤蛇，也可能是站在雪橇或滑雪板上的形貌，在古人眼里这已经是相当神奇的事情了。

后土·夸父追日·应龙

大荒之中，有山名曰成都载天。有人珥两黄蛇，把两黄蛇，名曰夸父。后土生信，信生夸父。夸父不量力，欲追日景，逮之于禺谷。将饮河而不足也，将走大泽，未至，死于此。应龙已杀蚩尤，又杀夸父，乃去南方处之，故南方多雨。

成，除指成功、成为、成熟等意外，亦指重、层，九成之台即九层台；又指面积，方圆十里为一成。都，上古行政区划名：夏制，《广雅·释地》："八家为邻，三邻为朋，三朋为里，五里为邑，十邑为乡，十乡为都，十都为师，州有十二师焉。"周制，《周礼·地官·小司徒》："九夫为井，四井为邑，四邑为丘，四丘为甸，四甸为县，四县为都。"据此可知，成都载天山像是建筑在高山上的城堡，或者城内有高大的祭天台。

夸父，其名字意为高大伟岸之男子。后土，古史传说里著名的部落或人神，《礼记·月令》："中央土，其日戊己，其帝黄帝，其神后土。"《左传·昭公二十九年》："社稷五祀，是尊是奉。木正曰句芒，火正曰祝融，金正曰蓐收，水正曰玄冥，土正曰后土……共工氏有子曰句龙，为后土。"《楚辞·招魂》："魂兮归来，君无下此幽都些。"王逸注："幽都，地下后土所治也。"《列子·汤问》记有夸娥氏二子奉天帝之命移走太行、王屋二山，或谓亦为夸父族。

《海内经》记有："共工生后土，后土生噎鸣，噎鸣生岁十有二。"表明后土具有天文巫师身份。此处经文"后土生信，信生夸父"，表明信（有守时之意）和夸父亦有天文巫师身份，或者信即噎鸣。

对比《海外北经》所记："夸父与日逐走，入日。渴欲得饮，饮于河渭，河渭不足，北饮大泽。未至，道渴而死。"不难看出，此处《大荒北经》的记述，已经将"逐日"变成追太阳的影子，把"入日"改成抵达太阳西落的禺谷，并给了一个评价"不量力"。显然，《大荒四经》的作者已经不能理解夸父逐日故事的本意（为了驱逐天空多出的"妖日"，而举行的巫术禳灾活动），同时也说明《大荒四经》的撰写时代要迟于《海外四经》的撰写时代。

经文"应龙已杀蚩尤，又杀夸父，乃去南方处之，故南方多雨"，袁珂注："应龙杀蚩尤与夸父事已见《大荒东经》。夸父，炎帝之裔，与蚩尤并肩作战以抗黄帝者也，以不幸兵败而为应龙所杀。"对比《大荒东经》所记："大荒东北隅中，有山名曰凶犁土丘。应龙处南极，杀蚩尤与夸父，不得复上。故下数旱，旱而为应龙之状，乃得大雨。"可以发现，同一事件的地点，在古人的记述中有两个名称，即凶犁土丘和成都载天，前者之名具有悲剧色彩，或许是指夸父兵败城毁之状，而后者之名则指战争前的夸父城雄伟之状，述者所谓夸父"不量力"似亦有惋惜之意。

《山海经》记有多处古代城池和大型建筑物，惜尚无人深入确考其遗址遗迹。据任式楠先生《中国史前城址考察》一文，我国已发现6000年前至4000年前的古城遗址50余座，其中华北平原及黄河中游地区6座，山东半岛18座，

黄河河套地区18座，成都平原及四川盆地6座，江汉地区6座，此外太湖及其周边地区亦有大规模的古代都邑建筑遗址。根据夸父北饮大泽，其城地望当在今日河套（古为湖泽）地区，而应龙与夸父的冲突，或许与水资源的争夺有关。在中国古史传说里，黄帝与炎帝的冲突，黄帝与蚩尤的冲突，禹与共工之臣相柳的冲突，以及应龙与蚩尤、夸父的冲突，都与生存环境条件（对农业社会来说，水资源是第一位的条件）的变化密切相关。

无肠国

又有无肠之国，是任姓，无继子，食鱼。

无肠国已见于《海外北经》，属于黄帝后裔十二姓之一（许多古代民族都喜欢数字十二，如耶稣有十二门徒），为无继之子。此处无继，即后文所说的继无，亦即《海外北经》的无启国。女娲之肠可指子宫，因此“无肠”或可指女性的性器官异常（包括特殊的装饰），所以记述者才会对她们能够有后代感到奇怪。

“肠”在古代可代指子宫，如女娲之肠。此处无肠国，也可能指不能正常生育的部落（没有生殖器官）。《中国古代动物学史·动物的生殖》一章也指出“花肠就是鸟类的

子宫及其产卵通道”。明代王逵《蠡海集》解释道：“凡鸟之生卵者，莫不系于脊……脊系卵处，下生一肠，上曰连属于系卵。卵既长足，而产入于此肠，俗谓之花肠也。”

相繇·群帝建台

共工之臣名曰相繇，九首蛇身，自环，食于九土。其所歍所尼，即为源泽，不辛乃苦，百兽莫能处。禹湮洪水，杀相繇，其血腥臭，不可生谷，其地多水，不可居也。禹湮之，三仞三沮，乃以为池，群帝因是以为台。在昆仑之北。

经文自环或作盘旋，九土或作九山。歍即呕吐，尼意为止，仞意为满，沮意为败坏。池，除指池塘、城池外，亦通陀，意为山岗。

相繇又称相柳，此处所述禹杀相繇事件，与《海外北经》的记载基本相同，惟有关共工台的描述被移至后两节文字之后。所谓相繇所到之地“即为源泽，不辛乃苦，百兽莫能处”、相繇之血“腥臭，不可生谷”，均为土地严重盐碱化现象。其原因或是海水倒灌，或是河道被阻塞，水位抬升，淹没上游两岸农田，并造成土地盐碱化（多因排水不畅所至）。我国20世纪50年代修建三门峡水库后，因上游黄河水位抬升，导致渭水的水位亦随之抬升，西安附近的农田亦受盐碱化之累。或许，相繇是一个只顾自己筑坝引水灌溉而不管上游农田盐碱化的族群（所谓九首，当指9个氏族），其行为引起上游其他部落居民严重不满，双方由此而爆发战争。

禹战胜相繇后，为了排除农田积水，几番努力都没有取得成效，不得已只好将土堆积成山岗。于是，群帝（或其后裔）纷纷在这些土岗上建造起祭祀台（不排除也有观星台或其他功能的台），其方位就在昆仑之北。《五藏山经》记述的昆仑丘位于今日黄河河套以南，因此上述众帝之台（《海内北经》记其名为帝尧台、帝喾台、帝丹朱台、帝舜台，其实还应有共工台、轩辕台）很可能在黄河北侧的河套地区，这里也正是先夏时期古城遗址最集中的地区之一。对比古埃及的金字塔，以及美洲玛雅人的金字塔，帝禹时代的众帝之台当亦有一定的规模。令人遗憾的是，可能是由于建筑材料脆弱，我国古代的金字塔式建筑物，没能够留存下来。

岳之山·不句山·系昆山·共工台

有岳之山，寻竹生焉。

大荒之中，有山名不句，海水入焉。

有系昆之山者，有共工之台，射者不敢北乡。

岳之山或作岳山，郭璞认为寻竹为大竹，袁珂认为寻竹为长竹。竹类不耐寒，而岳之山的方位在北方，不太可能生长高大的竹类。因此，经文“寻竹生焉”疑原作“寻木生焉”，亦即《海外北经》所述“寻木长千里，在拘缨南，生河上西北”。

经文不句山“海水入焉”，袁珂认为应作“海水北入焉”。海水入山的景观有5处，即《大荒南经》的融天山、天台高山，《大荒北经》的先槛大逢山、北极天柜山、不句山。郝懿行认为：“盖海水所泻处，必有归墟、尾闾为之孔穴，地脉潜通，故曰入也。”袁珂认为：“海水入山，盖古人臆想，近神话矣。”其实，解释为海峡地貌或海峡之中的岛山，可能更接近事实。句，通勾，意为弯曲。不句山，意为不弯曲的海峡，其地望或指今日东北亚的鞑靼海峡、宗谷海峡。

《庄子·秋水》：“天下之水，莫大于海，万川归之，不知何时止而不盈；尾闾泄之，不知何时已而不虚。”成玄英疏引《山海经》（今本无）：“羿射九日，落为沃焦。”吴任臣《山海经广注》辑《山海经佚文》：“沃焦在碧海之东，有石阔四万里，居百川之下，故又名尾闾。”其实沃焦乃巨型陨石入海或火山熔岩入海者。与归墟、尾闾的结构并不相同。

现存版本《山海经》将经文“有系昆之山者，有共工之台，射者不敢北乡”与下文“有人衣青衣，名曰黄帝女魃”断句为一节，于意不妥。这是因为，共工台的内容本应与上文“共工之臣名曰相繇”以及禹杀相繇、众帝建台的内容为一节，它们叙述的是一段完整的故事；而黄帝女魃、应龙杀蚩尤则是另外的一段独立完整的故事。如果把共工台的文字与黄帝女魃的文字连成一段，容易使人误解为共工与黄帝女魃曾处在同一时间、同一地点。但是，在《山海经》与其他古籍里，并没有这样的记载，我们今天不应当由于错用标点符号和断句，而使远古信息再一次发生歧变。《海外北经》记述禹杀相繇、众帝建台、共工台即为连句在一起。

在《山海经》里，只有轩辕台和共工台拥有射者不敢指向的威严，它们可能分别代表着轩辕族裔和共工族裔的民族精神。

天女魃·蚩尤伐黄帝·风伯·雨师

有人衣青衣，名曰黄帝女魃。蚩尤作兵伐黄帝，黄帝乃令应龙攻之冀州之野。应龙畜水，蚩尤请风伯、雨师，纵大风雨。黄帝乃下天女曰魃，雨止，遂杀蚩尤。魃不得复上，所居不雨。叔均言之帝，后置之赤水之北。叔均乃为田祖。

魃时亡之，所欲逐之者，令曰："神北行！"先除水道，决通沟渎。

《山海经》很少直接记述什么人穿什么样的衣服，除君子国、丈夫国"衣冠带剑"之外，突出强调的就是此处女魃"衣青衣"。显然，女魃穿青衣应当有着特殊的巫术文化含义，或许意在通过象征万里无云的蓝天，以达成其"晴空无雨"的功能。不过，后世却将女魃衣青衣的威严形貌变成了不受人欢迎的秃头模样，郝懿行注："《玉篇》引《文字指归》曰：'女妭，秃无发，所居之处，天不雨也，同魃。'"

《路史·后纪四》："蚩尤姜姓，炎帝之裔也。"并注引《世本》："蚩尤作五兵，戈、矛、戟、酋矛、夷矛。"《太平御览》卷七十八引《龙鱼河图》："蚩尤兄弟八十一人，并兽身人语，铜头铁额，食沙石子。"《述异记》称蚩尤"食铁石""人身牛蹄，四目六手，耳鬓如剑戟，头有角"。《皇览·冢墓记》："蚩尤冢，在东平寿张县阚乡城中，高七丈，民常十月祀之。有赤气出如匹绛帛，民名为蚩尤旗。肩髀冢，在山阳巨野县重聚，大小与阚冢等。传言黄帝与蚩尤战于涿鹿之野，黄帝杀之，身体异处，故别葬之。"据此，蚩尤是一个庞大的部落联盟体的统帅，他首先使用了戈、矛、戟等青铜兵器和头盔。蚩尤旗，《史记·天官书》："蚩尤之旗，类彗而后曲，象旗，见则王者征伐四方。"其实，蚩尤旗除指彗星外，亦可指北极光。

黄帝族与蚩尤族的战争，可能持续了一段很长的时期，其战场大体在太行山一线，北起涿鹿，南越黄河。“黄帝令应龙攻之（蚩尤）冀州之野”，表明冀州原属蚩尤族的领地。《禹贡》九州之首为冀州，其范围约包括今日山西省中南部、河北省大部，以及河南省的北部。春秋时尚有古国名冀，在今山西省河津市。《淮南子·地形训》：“少室、太室在冀州。”冀的字形可能指一种特殊的服饰装束或某种地形地貌（古代地名之字，往往就是一幅地图），其下半部的字形“共”相当于“黄”字里的“田”字符被移到了上面，两者极为相近，或许“冀”字的本义是与“黄”相背，意为居住在这里的族群与黄帝族不同。据此可知是黄帝族的人发明了“冀”字，这也符合黄帝之臣仓颉造字的传说。

经文“应龙畜水，蚩尤请风伯、雨师，纵大风雨。黄帝乃下天女曰魃，雨止，遂杀蚩尤。魃不得复上，所居不雨”，在记述黄帝族与蚩尤族发生的一场水利气象战的同时，也在客观上记录了先夏时期的自然气候变迁。第一阶段为“应龙畜水”，即上游的人筑坝截留水资源，不给下游的人用（不排除抬高水位后再突然放水，以冲毁下游农田、城池这类情况）。第二阶段为“蚩尤请风伯、雨师，纵大风雨”，即天降大雨，冲毁水利设施，淹没农田。第三阶段为“黄帝乃下天女曰魃，雨止，遂杀蚩尤”，即气候由潮湿多雨转变为干

旱少雨，黄帝趁势出兵，一举击败蚩尤。历史上某种气候变化对甲地区有利而对乙地区有害的情况经常发生，严重时可导致民族、国家力量的此消彼长。第四阶段为“魃不得复上，所居不雨”，即气候变得更加干旱，严重影响到农业生产和人民的生活。第五阶段为“叔均言之帝，后置之赤水之北”，女魃被安排到赤水之北居住，即赤水以北为干旱区，其他地区的气候和降雨量恢复正常。“魃时亡之，所欲逐之者，令曰：‘神北行！’先除水道，决通沟渎”，意思是当旱灾发生时，要进行驱逐旱魃的巫术，并提前疏通排水渠道。

《五藏山经》记有许多能够呼风唤雨的神灵，此处风伯当系蚩尤族的巫师或以风为图腾的部落，亦即羿射日除害之大风（凤）。后世又传风伯名姨，风神又名风姨或封十八姨。此处雨师或即《海外东经》的雨师妾。女魃属于黄帝族的巫师。这些能够呼风唤雨的巫师，其行为大体与“诸葛亮借东风”类似，即对气象变化的规律有所认识，因此能够预见气象变化，并选择有利的气象条件展开军事行动。叔均为后稷之裔，所谓“叔均言之帝”，当指天帝或先祖之帝，因为这已经是黄帝后裔的行为了。

综上所述，蚩尤族应该是以种植水田农作物为主要谋生方式的族群，而黄帝族则是主要以种植旱田农作物为主要谋生方式的族群。因此，在雨水充沛的历史阶段，蚩尤族的势力范围就会扩展；而在降雨较少的历史阶段，黄帝族的势力

范围就会扩展。相传黄帝与蚩尤九战九败，这个阶段是雨水充沛时期，也是蚩尤族扩张时期。此后，黄帝一战而胜蚩尤，表明气候转为干旱期，蚩尤族难以生存，不得不退回到雨水多的南方。也就是说，根据先夏时期古气候变迁信息，就可以推算出黄帝与蚩尤因水而战的发生时间，估计其时间段大约在前7000年至前3000年。

深目民国·钟山·赤水女子献

有人方食鱼，名曰深目民之国，昐姓，食鱼。

有钟山者。有女子衣青衣，名曰赤水女子献。

深目国已见于《海外北经》，郭璞注：“亦胡类，但眼绝深，黄帝时姓也。”袁珂注谓“黄帝时姓”或作“黄帝时至”。据此可知，先夏时期曾有西方人迁徙到中国。

钟山疑应与后文章尾山互换。吴承志认为“赤水女子献”即被置于赤水之北的女魃。

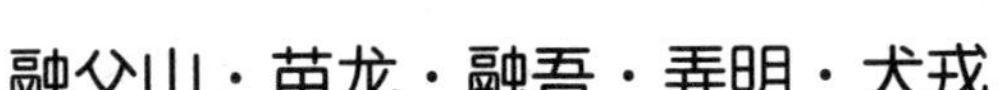

融父山·苗龙·融吾·弄明·犬戎

大荒之中，有山名曰融父山，顺水入焉。有人名曰犬

戎。黄帝生苗龙，苗龙生融吾，融吾生弄明，弄明生白犬，白犬有牝牡，是为犬戎，肉食。有赤兽，马状无首，名曰戎宣王尸。

后述经文“有犬戎国。有神，人面兽身，名曰犬戎”当与此处经文为一节文字。犬戎国在《海内北经》里又名犬封国，其场景为“有一女子，方跪进柸食”。苗龙、融吾、弄明的形貌及其事迹不详。苗有因由之意（苗裔），又指夏季田猎，苗龙或即龙的传人。融意为火、光明，弄为戏耍、做事、扮装，融吾与弄明意相近。弄明或作卞明、并明。郝懿行注谓：“(《汉书·匈奴传》索隐此经）又云‘黄帝生苗，苗生龙，龙生融，融生吾，吾生并明，并明生白，白生犬，犬有二壮，是为犬戎。’所引一人，俱为两人，所未详闻。”

袁珂认为此处犬戎神话盖盘瓠神话之异闻，并进一步指出：“此一神话，或又与《海内经》所记‘黄帝生骆明，骆明生白马，白马是为鲧’有关，或亦同一神话之分化也。此经‘马状无首，名曰戎宣王尸’之‘犬戎之神’，其遭刑戮以后之鲧乎？不可知已。”其实，戎宣王尸乃盘瓠所杀之房王，房王即戎王，而房即天驷星、马祖。

《搜神记》称，高辛氏为帝时，房王作乱，众将不敌，高辛帝有五色犬名盘瓠，潜入敌营，咬房王首级而还，高辛帝妻以三公主，后生三男三女，男初生尚有犬尾，遂为犬戎国。《广异记》称，高辛氏为帝时有人家生一犬，状如小牛，主人怪而弃于道下，七日不死，主人复收之，以盘盛之献高辛帝，遂名之盘瓠，后立战功，帝妻以公主，生有七男。瑶族盘护王故事称，龙狗盘瓠杀番王有功，高辛妻以三公主，俗称狗王。畲族民间故事称，高辛生于凤凰山，随风而长，成年后悬松枝火把为日，编柳条球为月，钉宝石补天裂而成星，后又创生植物、动物、人类，教人穿衣、牧羊、耕田；一日高辛耳痒，三年后爬出一条金虫，置金盘上化为龙狗，此后事迹与盘瓠相类。

齐州山·君山·鬵山·鲜野山·鱼山·一目民

有山名曰齐州之山、君山、鬵山、鲜野山、鱼山。

有人一目，当面中生。一曰是威姓，少昊之子，食黍。

齐可通斋；鬵为蒸煮类烹器，状如大釜或上大下小的鼎，《诗·桧风·匪风》："谁能亨（烹）鱼？溉之釜鬵。"诸山场景似是君子在举行斋祭，烹制着鲜美的猎物和鱼。

《山海经》里有"州"字的地名如下：《五藏山经》中次十经复州山，《大荒东经》夏州国，《大荒南经》陈州山、东州山，《大荒西经》弁州山、州山，《大荒北经》繇攻程州山、始州国、冀州野、齐州山，《海内北经》河州，《海内东经》都州（又名郁州）、长州，《海内经》九州。据此可知，以州为地名，实际上起自《大荒四经》时代（或许始州国是最早以州为地名的地方），而在《海内经》之前并没有九州的概念。

在我国古代典籍里，九州之说首见于《尚书·禹贡》，内容为“禹别九州，随山浚川，任土作贡。禹敷土，随山刊木，奠高山大川”。九州依次为冀州、兖州、青州、徐州、扬州、荆州、豫州、梁州、雍州，其地理范围大体与《五藏山经》相同。其中，冀州的方位区域与《北山经》接近，青州、徐州与《东山经》接近，扬州与《南山经》接近，荆州、豫州、梁州与《中山经》接近，雍州（包括梁州一部分）与《西山经》接近。此外，《禹贡》的方位顺序为北、东、南、中、西，与《五藏山经》南、西、北、东、中亦不同；《禹贡》记述有9条山脉，《五藏山经》则记述有26条山脉。

此处威姓一目人，郝懿行认为即《海外北经》的一目国，袁珂注谓：“《海内北经》有鬼国，亦即此；威、鬼音近。”从形貌来看，此地的少昊后裔类似“连眉一目”的防风人，亦即戴着“一目”形状面具进行巫术活动的人。古代巫术活动中（如萨满跳神、傩戏），巫师往往要装扮成神、鬼或其他象征物，为此就需要改变其本来的面目，常用的方法是绘面和戴面具。

在彝族讲述万事万物起源的创世史诗《查姆》中，将古人类分为“拉爹”（独眼睛人）、“拉拖”（直眼睛人）和“拉文”（横眼睛人）3个时代（参阅庹修明先生的《傩戏·傩文化》一书，中国华侨出版公司，1990年出版）。或许，经文“有人一目，当面中生”，描述的正是巫师表演人类发展历程的一个场景。

继无民·中辐国

有继无民，继无民任姓，无骨子，食气、鱼。

西北海外，流沙之东，有国名曰中辐，颛顼之子，食黍。

继无或作无继，即上文无继国，其父辈名曰无骨。郭璞注：“言有无骨人也。《尸子》曰：‘徐偃王有筋无骨。’”袁珂注：“无骨，即下文牛黎之国，亦即《海外北经》柔利国也。”郝懿行注：“食气、鱼者，此人食气兼食鱼也。《大戴礼·易本命篇》云：‘食气者神明而寿。’”食气，即调节呼吸或直接从空气中获取生命所需元素，属于气功的一种。气又指构成宇宙万物的基本结构，是人与万物沟通的载体，《淮南子·泰族训》：“黄帝曰：‘芒芒昧昧，因天之威，与

元同气。’故同气者帝，同义者王，同力者霸，无一焉者亡。”

“中”字有不偏不倚之意，“中辐”意为校正车轮使其正圆。

赖丘国·犬戎国

有国名曰赖丘。

有犬戎国。有神，人面兽身，名曰犬戎。

赖，依赖，利也，通懒。丘，丘陵，小山、土堆，坟墓，废墟，聚居地；通巨，大也，长也；古代田地区划，《周礼·地官·小司徒》：“四邑为丘。”郑玄注：“方四里。”据此，赖丘国人可能是依赖别人施舍的人，或者在废墟里讨生活的人，也可能是最早的盗墓者。

此处犬戎国即上文白犬后裔犬戎，又称狗国。《淮南子·地形训》：“烛龙在雁门北。蔽于委羽之山，不见日，其神人面龙身而无足。后稷垅在建木西，其人死复苏，其半鱼在其间。流黄、沃民在其北方三百里，狗国在其东。雷泽有神，龙身人头，鼓其腹而熙。”据此，犬戎国约在今日我国北方的阴山山脉一带。

颛顼·驩头·苗民·章山

西北海外，黑水之北，有人有翼，名曰苗民。颛顼生驩头，驩头生苗民，苗民釐姓，食肉。有山名曰章山。

郭璞认为此处苗民即《海外南经》的三苗国。袁珂注："驩头国亦见《海外南经》，即丹朱国也。此云'驩头生苗民'者，盖丹朱与苗民神话之异传，明此两族关系密切也。"并认为苗民釐姓亦黄帝之裔也。

此处苗民"食肉"，疑当作"食鱼"，因《海外南经》称其"方捕鱼"。

《世本·帝系篇》："尧娶散宜氏之子，谓之女皇，女皇生丹朱。"该部落生活在秦岭以南的丹水一带，与三苗（又称有苗、南蛮）关系密切。后来，因丹朱和三苗反对帝尧传位于舜，被流放到南方，其后裔即驩头民。但是，此处经文却称"颛顼生驩头"，而且驩头居住在"西北海外，黑水之北"，或可表明该部落曾经从北方远距离迁徙到丹水地区，后又再次迁徙到更偏远的南方。《竹书纪年》称："后稷放帝朱于丹水。"《太平御览》卷六十三引《尚书逸篇》云："尧子不肖，舜使居丹渊为诸侯，故号曰丹朱。"《汉学堂丛书》辑《六韬》云："尧与有苗战于丹水之浦。"这是因为丹水乃南北交通要道，历来均为兵家必争之地。

胜者王侯败者贼，丹朱、三苗也被丑化了。《神异经·西荒经》：“西方荒中有人，面目手足皆人形，而胳下有翼，不能飞；为人饕餮，淫逸无理，名曰苗民。”

丹朱城相传在今河南省内乡县西南130千米的丹水畔，民间故事称丹朱来到丹水后，改邪归正，为当地人做了许多好事，后在与发洪水的恶龙斗争中不幸遇难，民众将其葬在山冈，墓如罗圈椅子，坐北朝南。又说丹朱墓名单珠固堆，在今范县濮城黄河北岸的一个地势高的村子里。丹朱本名叫麻，因瞎了一目，故名单珠。单珠欲害其父尧夺取帝位，就建了一个宫殿，想骗帝尧进去，帝尧识破其阴谋，让单珠先进去，然后立即关上大门，命人运土将宫殿埋住，这里就成了单珠墓。

衡石山·九阴山·洞野山·牛黎国

大荒之中，有衡石山、九阴山、洞野之山，上有赤树，青叶，赤华，名曰若木。

有牛黎之国。有人无骨，儋耳之子。

洞野山或作灰野山，洞意为远。若有顺从、选择之意，又为海神之名，《庄子·秋水篇》记有河伯至北海与海神若的对话。此处若木，郝懿行认为指西方日入之所的神树，《离骚》："折若木以拂日。"王逸注："若木在昆仑西极，其华照下地。"《淮南子·地形训》："若木在建木西，末有十日，其华照下地。"郝懿行并指出，《文选·月赋》注引此经若木下有"日之所入处"五字，《水经·若水注》引此经有"生昆仑山西附西极"八字，郭璞注此经有"其华光赤下照地"等字，疑是经文误入注文。

牛黎国即《海外北经》的柔利国，"无骨"即柔术表演。儋耳即《海外北经》的聂耳，此经称牛黎国人为儋耳之子，或可表明"儋耳"亦有杂技表演的性质。

章尾山·烛龙

西北海之外，赤水之北，有章尾山。有神，人面蛇身而赤，直目正乘，其瞑乃晦，其视乃明，不食不寝不息，风雨是谒。是烛九阴，是谓烛龙。

《大荒北经》多处提及西北方的赤水，它在当时应是著名地理景观和标志，可能因发源或流经富含赤铁矿的地区而成赤色，今黄河上游有红山峡，包钢以北有白云鄂博铁矿，祁连山脉有镜铁山，天山亦有铁矿，而中国境外也会有红色的河流。

烛龙即《海外北经》钟山之神烛阴，其形貌或源自北极光，以风雨为食，具有开天辟地之神力。郭璞认为直目即纵目，袁珂认为正乘指烛龙“目合缝处直也”。所谓“是烛九阴”，郭璞注：“照九阴之幽阴（隐）也。”其实，此处“九阴”或可指上文的九阴山。《淮南子·地形训》：“烛龙在雁门北，蔽于委羽之山，不见日。”高诱注：“委羽，北方山名。”近年我国发现多处8000年前至5000年前的蚌石摆塑龙、虎等艺术图案，其中阜新县查海聚落遗址中心处有一长约20米、宽约2米由红褐色石块摆、堆塑成的巨龙图案，昂首张口，身呈腾飞之势，距今8000年。烛龙或即此也。

第三章 《山海经》地理和名山

一、动物的生存信息地图

人类是由动物进化而来的，因此人类的许多行为，都可以追溯到动物身上。例如，人类的生命智力，就可以追溯到动物的生命智力。鉴于此，我们在解读《山海经》记录的远古人类如何获得生存资源的行为时，有必要先了解一下与之相关的动物行为。

生命智力是生命体的一种极其重要的生存能力，其核心特点就是能够使用间接信息达成期望效应。事实上，许多动物都表现出令人惊讶和叹服的生命智力，例如蝙蝠能够用超声波定位，捕捉到小小的蚊虫。其中，超声波信号就是蝙蝠使用的间接信息，而捕捉蚊虫就是蝙蝠要达成的期望效应。

对于绝大多数动物来说，它们都拥有自己的生存信息地图。生存信息地图的主要内容包括：什么地方什么时候有食物（包括水、盐类、药类），什么地方什么时候有危险（天敌、地质灾害），什么地方什么时候可以找到配偶，等等。

蚁群的侦察蚁在发现食物后，会在返回途中留下相应的化学物质用以标记路线，并使用某种间接信息（相当于动物语言）告诉其他蚂蚁什么地方有多少食物。蜂群的侦察蜂在发现花蜜后，它的生存信息地图能够引领它正确地返回蜂巢，并使用某种舞蹈（实际上还有携带的花粉样品）告诉其他蜜蜂什么地方有多少花蜜。

在中国传统文化里，人们不大喜欢乌鸦。其实，乌鸦的智商在鸟类世界里处于领先地位。美洲大陆有一种乌鸦，在食物充足的时候，会把食物分别密藏在几千个地方；当食物匮乏的时候，能够准确地把先前密藏的食物逐一找出来。显然，在乌鸦的头脑里，储存着一份信息量相当大的密藏食物分布图。类似的情况也存在于其他动物身上，例如灵长类动物知道什么地方在什么时候有什么果实成熟（它们还知道许多种能够治疗疾病的草药），食草类动物知道什么地方有可口的青草，食肉类动物知道什么地方有容易捕食到的猎物。

许多动物都有远距离迁徙的习性，而迁徙的主要目的是获得食物或繁衍后代。栖息在北美洲加拿大的美丽的帝王蝶黑脉金斑蝶，通常会在每年 8 月至初霜时向南迁徙到墨西哥湾一带过冬，并于来年春天向北回归，其栖息距离远达数千千米。每年的秋天，大天鹅都会从西伯利亚栖息地飞行 9000 千米来到中国的鄱阳湖过冬，因为鄱阳湖湿地有丰富的食物。某些鲸鱼为了获得遥远海域的食物，不惜在海洋里长途跋涉上万千米。大马哈鱼为了传宗接代，宁可一路上不吃不喝也要从海洋千里迢迢游回自己当年出生的淡水河流的上游产卵排精繁育下一代；与此同时，大棕熊则准时来到大马哈鱼必经之河道，因为它们知道在这个季节这里会有丰盛的高营养的食物，这些送上门的食物对它们越冬乃是至关重要的。为了远方的水和草，非洲大陆上的角马、斑马、野牛组成的迁徙队伍，更是浩浩荡荡。

大量事实表明，为了生存，无论是昆虫类动物，还是鱼类、鸟类、哺乳类动物，它们都需要拥有各自的生存信息地图。因此，我们有理由认为，自从人类诞生的那一天起，在人类的大脑里便形成了一幅幅自己的生存区域资源图，而这张图的内容也在不断地修改和补充。与此同时，人类不仅在头脑里拥有自己的生存信息地图，而且随着生命智力水平的不断提高，人类逐渐能够把头脑里的生存信息地图画在石头上、树皮上、皮革上、木板上、泥板上、墙壁上，以及丝绸上、纸张上——它们被称之为地图。

二、地图的历史

秦王政二十年、燕王喜二十八年（前227年），燕太子丹派荆轲入秦，以献燕国地图为名义进见秦王嬴政，欲乘机刺杀嬴政，结果功亏一篑，荆轲被杀死在秦王殿上。正所谓：荆轲刺秦王，图穷匕首现；有志于天下，冒死来相见。荆轲冒死来刺秦王，秦王冒死接见荆轲，双方都是为了天下，而媒介却是一幅地图——可见地图具有一种不可抗拒的力量。

至于人类绘制地图的历史，西方学者认为是古埃及人约在前3000年前绘制了最早的地图。古巴比伦人约在前2300

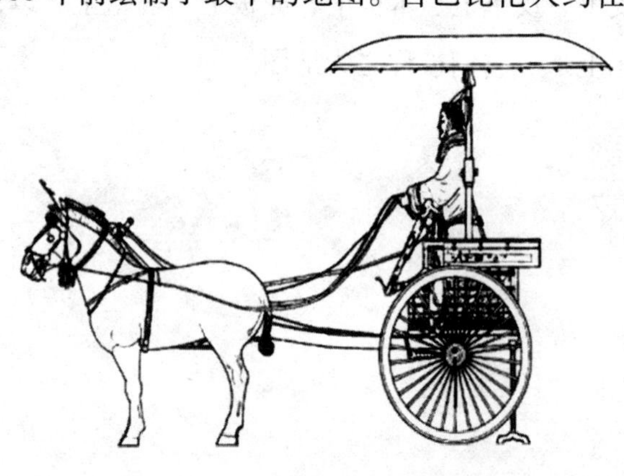

年前绘制的地图，其载体是泥版，用的工具是木制的尖笔，内容是房屋图（包括所有者的姓名）、街道图、居民区图，具有证明房屋所有权的性质。

对比之下，古中国人绘制地图的历史同样或者更为悠久。在我们祖先的记忆中，伏羲、女娲乃是人文初祖，相传他们分别手持规和矩，那正是测量绘图的工具或仪器。在民间传说里，女娲曾用绳子蘸泥土造人；为什么会特别提到绳子呢？原来拥有绳子乃是具有特殊身份的象征，因为绳子是测量长度的工具；在古代埃及，丈量土地的人被称为“持绳者”；汉字“巫”也有学者解释为两个人手持直角尺和绳子在进行测量工作。

事实上，在中国古代的社会管理结构或国家管理体制中，设立专门掌管地图的职务乃是一种源远流长的传统。明代学者陈耀文在《天中记》卷七引《元命苞》称：“神农氏，怪义生白阜，图地形脉道。”注曰：“怪义，白阜母名。白阜为神农图画地形，通水道之脉，使不壅塞也。”如果记载是可靠的，那么在神农时代已设有国家测绘局局长一职并归水利部管辖。

《古三坟·地皇轩辕氏政典》记有：“太常，北正。尔居田制，民事尔训；尔均百工，惟良。山川尔图，尔惟勤恭哉！”据此可知，轩辕黄帝时期的太常负责绘制、管理山川资源地图的工作。《轩辕本纪》还记有神兽白泽的故事：“（黄）帝巡狩，东至海，登桓山，于海滨得白泽神

兽，能言，达于万物之情。因问天下鬼神之事。自古精气为物、游魂为变者凡万一千五百二十种，白泽言之；帝令以图写之，以示天下。”从今天的角度来看，白泽图相当于民族或部落分布图（其中也包括植物和动物分布图），显然是有其实用价值的。

有趣的是，今日河南省孟津县有一处名胜龙马负图寺，那里供奉长着两个犄角的伏羲像，当地的老人说此地原来是汪洋大海，龙马负图的故事就发生在这里。《河南府志》记有：伏羲时，龙马负图于河，背有文：一六居下，二七居上，三八居左，四九居右，五十居中。伏羲则之以画八卦。《三坟》词曰：“惟天至仁，于革生月，天雨降河，龙马负图，实开我心。河即今之黄河，在孟津县西五里，负图里是也。”后世相传龙马所负之图即易经八卦文化中的河图，那是一种数学矩阵结构，又像是天上的星座。其实，河图的最早含义乃指黄河的地貌图或河道图，《尸子》称：“禹理水，观于河，见白面长人鱼身出，曰：‘吾河精也，授禹河图，而还于渊中。”河精又称河伯，在先夏史中它既指黄河之神，又指居住在黄河两岸（今山西、河南、陕西交界处）的部落，类似的故事至今仍在河南省黄河附近地区的民间流传。进一步说，汉字“河”的字形实际上乃是最早的黄河水道图，“三点水”表示水流，“口”表示有人类居住，那一横一竖即河道的形貌（那个时代的人认为黄河发源于今日黄河前套地区，当时那里是一大湖泽）。如果我们仔细研究，相

信还可以找到许多个具有地图性质的古汉字来。

与河图性质相同的还有洛书，长期以来它也是易经八卦文化中的一个核心符号；其实它最初也是指洛水的河道图，当年大禹治水时来到洛水之滨，有一只神龟从水中爬上岸来到大禹身旁，它的背上有一幅图被称为洛书，神龟献书的目的当然是为了帮助大禹治水。《楚辞·天问》记有："应龙何画？河海何历？"应龙所画的也应当是地图或施工标志图。《拾遗记》记有："禹尽力沟洫，导川夷岳，黄龙曳尾于前，玄龟负青泥于后。"所谓黄龙曳尾也是在画水利施工图或标出施工的路线。至于龙马、河精、神龟、应龙、黄龙、玄龟云云，则涉及古代的巫术活动。

《拾遗记》还记有一个古老的故事，当年大禹治水来到龙门，当进入一个幽深的山洞里时，见到一位蛇身人面神，"神乃探玉简授禹，长一尺二寸，以合十二时之数，使量度天地，禹即执此简以平定水土。蛇身之神，即羲皇也。"所谓玉简即测量长度的标准尺，所谓蛇神（伏羲）授禹玉简则是一种具有巫术色彩的确定标准尺的仪式。这里有必要指出的是，在古代，科学活动往往要披上巫术的外衣，而在现代，巫术活动则千方百计打着科学的招牌。此外，《中国地方风物传说选（二）·大禹取〈水经〉》记有大禹在太湖地区治水时，在林屋洞里获得名为《水经》的书3卷，一卷为河道图，一卷为山脉图，一卷悉为弯曲难识之古文。今日安徽省怀远县涂山南2.5千米有一个名叫"禹会村"的村庄，

传说大禹曾在这里召集各部落首领开会计议如何治水，原有禹帝行祠，苏东坡《濠州七绝·涂山》诗称“樵苏已入黄熊庙，乌鹊犹朝禹会村”。涂山上古有禹王宫（又称禹王庙、涂山祠），登临其上，涡水、淮水尽收眼底。上述来自远古的信息，当然也值得我们今天认真去解读。

《周礼·夏官司马·职方氏》记有：“职方氏掌天下之图，以掌天下之地。辨其邦国、都鄙、四夷、八蛮、七闽、九貉、五戎、六狄之人民，与其财用、九谷、六畜之数要，周知其利害。”也就是说，在周朝的政府机构中专门设有职方氏一职，负责掌管国家的国土资源，以及各地的经济情况，类似今天的国土资源部部长一职。其下属土训掌管各地区的地图及物产，诵训负责历史地理沿革的研究，丱（音惯，束发成两角状）人负责矿产的勘查并绘制成矿产分布图供开采者使用。根据《周礼》的相关记载，职方氏的上司是大司徒，而大司徒的职责之一正是“掌建邦之土地之图”。

令人遗憾的是，由于中国早期地图采用的物质载体不易长久保存，因此我们今天能够见到的早期实物地图少之又少。据苏北海《新疆岩画》（新疆美术出版社 1994 年版）一书，在新疆天山山脉巴里坤等地发现了地图岩画、水利图岩画和水流图岩画，时间约在前 1000 年前后，或许它们就是我国现存最古老的实物地图。

三、先夏时期中国人的地理大发现

如果说动物的迁徙是一种地理大发现的话，那么人类的地理大发现就可以追溯到人类诞生的那个年代。人类诞生的最明确的标志应该是火的使用，火的使用实际上是让人类在动物世界里拥有了一种战无不胜、所向披靡的武器。在火把的引领下，以及人类发明的木器、石器、骨器和弓箭、渔网等捕猎工具的帮助下，人类开始走出自己的栖息地，一步步向着一切能够生存的地方扩展、迁居，而上述这种扩展、迁居的过程也正是人类地理大发现的过程。

大量事实表明，早在数百万年前中国人就生息在黄河、长江流域及其周边地区，早在数万年前中国人已经遍布亚洲东部广大地区，并且扩展、迁居到美洲和大洋洲地区，同时也与亚洲西部、欧洲、非洲的居民有着频繁的相互来往。其中，有文字记载的先夏时期中国人的地理大发现，发生在帝禹时期（约前 3000—前 2070 年）。帝禹时期是中国历史上非常重要的一个发展阶段，其代表性重大事件，一是治理洪水，二是划分九州，三是进行了人类历史上最早最大规模的生存资源考察。对比之下，在同一时期，古埃及人正在为法老修建金字塔式陵墓。

令人高兴的是，已经有越来越多的学者开始把大禹治水的传说当作历史来认真对待了。我国著名的考古学家苏秉琦先生在《中国文明起源新探》（三联书店 1999 年版）中指出："考古工作证明，沿京汉线与陇海线的邯郸——武功间至少有三处，在距今四五千年间发现过洪水的遗迹现象：一是邯郸，二是洛阳，三是武功……与传说《五帝本纪》后半的尧舜禹从洪水到治水，从治水不成功到成功的时期大致吻合。所以，中原地区的文明要从洪水到治水谈起。"

值得注意的是，我国（同时也是世界）最早的大规模的地理考察测绘活动正是发生在大禹治水时期及其之后，《山海经》《列子》《吕氏春秋》《淮南子》等古籍均有记述。《山海经·五藏山经》称："天下名山，经五千三百七十山，六万四千五十六里，居地也。言其五藏，盖其余小山甚众，不足记云。天地之东西二万八千里，南北二万六千里；出水之山者八千里，受水者八千里；出铜之山四百六十七，出铁之山三千六百九十。"这里"经"字的意思是"考察经历"，"五藏"的"藏"字乃是"宝藏"之意；考虑到与《山海经》其他篇章名称的相关性，或许"五藏山经"

的书名原本应是“山藏五经”。

《山海经·海外东经》记有：“帝命竖亥步，自东极至于西极，五亿十选九千八百步。竖亥右手把算，左手指青丘北。一曰禹令竖亥。一曰五亿十万九千八百步。”郝懿行注引刘昭注《郡国志》云：“《山海经》称禹使大章步自东极至于西垂，二亿三万三千三百里七十一步；又使竖亥步南极北尽于北垂，二亿三万三千五百里七十五步。”

《淮南子·地形训》亦称：“禹乃使大章步自东极至于西极，二亿三万三千五百里七十五步；使竖亥步自北极至于南极，二亿三万三千五百里七十五步。”

上述记载表明，帝禹时代曾进行过大地测绘工作。主持上述测绘工作的工程师是大章和竖亥，古代有用职务作为人名的习惯，大章即绘大图者，竖亥即竖立标杆测量者。算，古代的计算器。“巫”字，其形象是两人持绳测量，又像两人上下于天。相传禹因腿疾而走路的步伐特殊，被称为禹步，巫者多学禹步。其实，步乃丈量用具，一步长六尺（秦汉时一尺折合现在的 0.231 米），其形若弓，即将两根直杆一端衔连住，另一端连接一条六尺绳，用者撑开两根直杆即得六尺，然后一杆支地并转身将另一杆移到下一点又得六尺，这种测量步伐才是禹步的本意。《禹贡》称：“禹敷土，随山刊木，奠高山大川。”意思就是说，帝禹时代进行的丈量国土工作，是沿着山脉进行测量，竖木为标志，从而在地图上确定高山和大江大河的位置。

《吕氏春秋·求人》记有："禹东至榑木之地，日出九津、青羌之野，攒树之所，㨖天之山，鸟谷、青丘之乡，黑齿之国。南至交趾、孙朴、续樠之国，丹粟、漆树，沸水、漂漂，九阳之山，羽人、裸民之处，不死之乡。西至三危之国，巫山之下，饮露吸、气之民，积金之山，共肱、一臂、三面之乡。北至人（令）正之国，夏海（晦）之穷，衡山之上，犬戎之国，夸父之野，禺强之所，积水、积石之山。不有懈堕，忧其黔首，颜色黎黑，窍藏不通，步不相过，以求贤人，欲尽地利，至劳也。得（皋）陶、化（伯）益、真窥（直成）、横革、之交五人佐禹，故功绩铭乎金石，著于盘盂。"《吕氏春秋·慎大览》记有："禹之裸国，裸入衣出。"《战国策·赵策》亦称："禹袒入人裸国。"

根据《山海经》《吕氏春秋》等文献的记载，帝禹亲自主持实施了人类历史上最早和最大规模的国土资源和远方异国分布的普查活动，他和他的团队，跋山涉水、不辞辛劳，其主要目的是"以求贤人，欲尽地利"，一是获得人才，二是获得资源。在这次大规模的国土资源和远方异国分布的普查活动中，帝禹亲自挂帅，具体的工作则由当时的山林环境大臣伯益操持，而大量的测量绘图工作则由工程师竖亥和大章负责实施；其主要成果便是撰写了国土资源普查报告《五藏山经》，并绘制了相应的《山海图》。

相传帝禹时代绘制的《山海图》，其图案曾被帝禹铸造在九鼎之上。《左传·宣公三年》记有：“昔夏之方有德也，远方图物，贡金九枚，铸鼎象物，百物而为之备，使民知神奸。故民入川泽山林，不逢不若，魑魅罔两，莫能逢之。用能协于上下，以承天休。”《史记·封禅书》亦称：“禹收九牧之金，铸九鼎，皆尝亨（烹）鬺上帝鬼神。”可惜九鼎已在战国末期佚失。如果说《山海图》的佚失是一项巨大的文化损失，那么《五藏山经》能够流传至今则堪称人类文明的大幸或奇迹；因为它记录了人类最早的规模最大的地理地图测绘和资源普查工程，这是中华民族的骄傲，也是全人类的骄傲。

四、《五藏山经》记录的生存资源

遥想当年，帝禹时代的国土资源考察队从中原出发，分赴东南西北四方，他们由近及远，由中心向外地，依次测绘山川大地、记录各地物产和部落活动，历经多年，终于汇总天下资源，撰写出国土资源考察白皮书《五藏山经》。

《五藏山经》将华夏大地（准确说应是帝禹王朝统治的地区，以及势力范围所达到的地域和考察工作所能实施的地方）划分为五大区域，分别称之为《南山经》《西山经》《北山经》《东山经》《中山经》。这五个地区又细分为26条山脉，其中《南山经》有3条山脉，《西山经》有4条山脉，《北山经》有3条山脉，《东山经》有4条山脉，《中山经》有12条山脉。每条山脉所包括的山数量不等，多的有四五十座，少的仅有五六座；这些基本上是按照自然走向进行记述的，因此不一定都属于行政区划。

大体而言，《五藏山经》记述的地理区域，西起今日的

新疆天山山脉，东至黄海、东海诸岛屿（可能抵及日本鹿儿岛）；北起蒙古高原（可能抵达贝加尔湖），南至今日的广东、福建和台湾海峡等东海海域。有趣的是，《五藏山经》记述的地理区域有一个地理中心点，它位于渭水与黄河的交汇处，亦即今日的潼关附近，《西山经》《北山经》和《中山经》有七八条山脉都是以此为起点开始进行考察记录的。

值得注意的是，《东山经》第3条山脉的诸山之间都被海水分隔，表明它们是位于渤海、黄海、东海的一座座岛屿；其中前几座山的位置，按照《五藏山经》26条山脉“由近及远，由中心向外地”的规律，应该位于今日山东半岛的胶州湾至莱州湾一线上，但是今日这里都是陆地；然而在前2200年前至前5400年前，由于海平面比今日高，山东半岛被海水分隔，胶州湾至莱州湾一线均为海域。据此可知，《五藏山经》描述的地形地貌，符合4200年前亦即帝禹时代的自然景观。

进一步说，《五藏山经》共记述有26条山脉、447座山，在同一条山脉中的诸山彼此之间都记录有准确的距离里数和明确的方位（但是在不同山脉之间却没有相互位置的直接说明），显然这是建立在实测基础之上的。我们之所以称《五藏山经》是一部国土资源普查报告，乃是因为它在记述每一座山的时候，不仅描述那里的自然景观和人文场景，而且特别注重当地有什么可资利用的物产或奇异的不寻常的事

物。这是因为，《五藏山经》的撰稿人使用的是陈述句，即见到什么值得记录的事物便记述下来，有什么说什么。也就是说，当年的作者真正的意图是尽可能准确地记述各地的物产和那里的自然景观、人文场景；因此，他或他们不是普通的旅游者，也不是小说家或文学爱好者，而是有工作任务在身的国土资源普查员。

事实上，《五藏山经》是人类历史上最早、信息最丰富的一部国土资源白皮书，其内容包括当时中国的南部地区（南山经）、西部地区（西山经）、北部地区（北山经）、东部地区（东山经）、中部地区（中山经）五大区域共计 26 条山脉 447 座山，以及相关的水系 258 处、地望 348 处、矿物 673 处、植物 525 处、动物 473 处和人文活动场景 95 处。顺便指出的是，“五藏山经”原本应作“山藏五经”，意思是对东南西北中五大区域的资源考察。

我们前面说过，《山海经》乃是帝禹时代、夏代、商代、周代等先秦历代王朝记录生存资源信息的“国之重器”性质的秘藏文献档案，内容包括天文历法和气象资源、丰富翔实的地理资源、富饶迷人的生物资源、瑰丽奇异的人文资源。限于篇幅，下面重点介绍《五藏山经》记录的自然生存资源，主要有水资源、矿产资源、植物资源、动物资源、药物资源等。

（一）华夏先民的水资源

水是生命之源，中国先民非常重视生存环境中的水资源分布，这在《山海经·五藏山经》里有充分的证明，即使粗略地翻阅《五藏山经》也不难发现这一点。事实上，《五藏山经》不仅记述有井泉、池渊、湖泊、沼泽湿地和海洋，而且特别注重记述河流的发源地及其流向，从而构成一幅幅清晰的水资源分布图。这里仅以《西山经》和《北山经》各自第1条山脉里的几座山为例。

《西山经》西次一经记有：

西四十五里，曰松果之山。濩水出焉，北流注于渭，其中多铜。

又西八十里，曰符禺之山，其阳多铜，其阴多铁……符禺之水出焉，而北流注于渭。

又西五十二里，曰竹山，其上多乔木，其阴多铁……竹水出焉，北流注于渭，其阳多竹箭，多苍玉。

又西七十里，曰羭次之山，漆水出焉，北流注于渭。

又西百五十里，曰时山，无草木。逐水出焉，北流注于渭，其中多水玉。

上述西次一经的几座山，均有水系发源，并且均向北流入渭水，可以明确地判断出它们均位于秦岭山脉南麓之中。

《北山经》北次一经记有：

又北四百里，曰谯明之山，谯水出焉，西流注于河。

又北三百五十里，曰涿光之山，嚣水出焉，而西流注于河。

又北三百八十里，曰虢山……伊水出焉，西流注于河。

又北四百里，至于虢山之尾，其上多玉而无石；鱼水出焉，西流注于河，其中多文贝。

又北二百八十里，曰石者之山，其上无草木，多瑶碧。泚水出焉，西流注于河。

上述北次一经的谯明山、涿光山、虢山、虢山尾、石者山等山，均有水系发源并且向西流入黄河，据此可知这几座山当位于今日山西省境内的吕梁山西麓；其中谯明山和涿光山，其名称里有“光”有“明”，可能即今日吕梁山山脉南端的火焰山（位于山西省吉县东）。

有趣的是，《五藏山经》的考察记录者，还注意到季节河现象。《北山经》北次三经记有：“又东北三百里，曰教山，其上多玉而无石；教水出焉，西流注于河；是水冬干而夏流，实惟干河；其中有两山，是山也，广员三百步，其名曰发丸之山，其上有金玉。”教山位于太行山山脉，教水就是一条典型的季节河。

除了季节河之外，《五藏山经》还记录有季节井泉。《中山经》中次十一经记有：“又东南五十里，曰视山，其上多韭。有井焉，名曰天井，夏有水，冬竭。”《中山经》中次五经记有：“又北十里，曰超山，其阴多苍玉，其阳有井，冬有水而夏竭。”超山位于今日中原地区的熊耳山、伏牛山一带，该山的井泉不仅是季节性的，而且还是反常规的，这种“冬有水而夏竭”的井泉并不多见，如果我们能够在熊耳山、伏牛山发现这样的井泉，既可证明《五藏山经》的真实性和准确性，同时也可进一步开发其矿泉水资源和旅游资源。

接下来，让我们一起去了解《五藏山经》时代的湖泊和沼泽湿地的情况。《五藏山经》记录有众多的湖泊、沼泽、湿地、水渊、海泽，其中《南山经》记述有6处湖泽，《西山经》有11处，《北山经》有15处，《东山经》有12处，《中山经》有6处，共计50处湖泽（由于存在同名的现象，统计数字可能有少许出入）。令人感慨的是，《五藏山经》里记载着的众多湖泊和沼泽湿地，特别是那些位于黄河流域的许多湖泊和沼泽湿地，今天已经大大地萎缩或者彻底干涸消失了。

《西山经》西次三经记有：又西北四百二十里，曰峚山，其上多丹木，员叶而赤茎，黄华而赤实，其味如饴，食之不饥。丹水出焉，西流注于稷泽。其中多白玉。是有玉膏，其原沸沸汤汤，黄帝是食是飨。是生玄玉。玉膏所出，以灌丹木；丹木五岁，五色乃清，五味乃馨。黄帝乃取峚山之玉荣，而投之钟山之阳。瑾瑜之玉为良，坚粟精密，浊泽而有光；五色发作，以和柔刚；天地鬼神，是食是飨；君子服之，以御不祥。自峚山至于钟山，四百六十里，其间尽泽也。是多奇鸟、怪兽、奇鱼，皆异物焉。

根据“由近向远、由内向外、由中心向外围”的排序规律，由于《西山经》第1条山脉位于今日秦岭，据此可知《西山经》第3条山脉应该位于秦岭以北的地方。具体来说，西次三经记述的钟山和峚山，位于今日的黄河河套附近，属于阴山山脉。所谓“稷泽”，相当于今日的黄河后套地区（巴彦淖尔市）。所谓“自峚山至于钟山，四百六十里，其间尽泽也”，表明帝禹时代的黄河后套至前套（托克托县）一带密布水泽，然而今日它们早已荡然无存了。

《北山经》北次三经记有：

又东北七十里，曰咸山，其上有玉，其下多铜；是多松柏，草多茈草；条菅之水出焉，而西南流注于长泽；其中多器酸，三岁一成，食之已疠。

又北百里，曰王屋之山，是多石；𤃨水出焉，而西北流注于泰泽。

又南三百里，曰景山，南望盐贩之泽，北望少泽。

又东二百里，曰虫尾之山，其上多金玉，其下多竹，多青碧；丹水出焉，南流注于河；薄水出焉，而东南流注于黄泽。

又东百八十里，曰小侯之山；明漳之水出焉，南流注于黄泽。

又北二百里，曰景山，有美玉；景水出焉，东南流注于海泽。

又北百二十里，曰敦与之山，其上无草木，有金玉；溹水出于其阳，而东流注于泰陆之水；泜水出于其阴，而东流注于彭水；槐水出焉，而东流注于泜泽。

又北三百里，曰维龙之山，其上有碧玉，其阳有金，其阴有铁；肥水出焉，而东流注于皋泽，其中多垒石；敞铁之水出焉，而北流注于大泽。

又北水行五百里，至于雁门之山，无草木。又北水行四百里，至于泰泽。

北次三经是《北山经》的第3条山脉，其地理范围涉及今日的王屋山、太行山、燕山和七老图山等山脉。在上述地区，除了山西省南部尚有盐泽、河北省尚有白洋淀、内蒙古自治区尚有若干湖泽之外，北次三经记载的众多湖泊沼泽基本上都消失了。

此外，《山海经》还记有许多被称之为“海”的地方或地貌景观，这些“海”既有海洋，也有湖泊，有时还指广阔的不毛之地、遥远的地方或众多的事物。这种对“海”的观念，一直延续到今天，例如“海外来客”“海内存知己”“四海为家”“瀚海”“沙海”“煤海”“人山人海”“文

山会海”等。

中国先民相信，华夏大地的四周都是海域，并分别将其称之为东海、南海、西海和北海。其中东海相当于今日的太平洋，南海相当于今日的印度洋和部分太平洋，西海泛指遥远西方的水域，北海泛指遥远北方的水域。

（二）华夏大地的矿产资源

生命的一大特点就是能够利用身外之物来实现自己的生存欲求，例如植物能够利用阳光、空气、水、无机盐等身外之物。动物不仅能够利用身外之物，还会使用身外之物，如燕子会衔泥建巢，喜鹊会叼树枝建窝，海獭会用石头敲开蚌壳，黑猩猩会用细木棍深入蚁穴黏出蚂蚁吃。对比之下，人类则是一种特别擅长使用身外之物和制造身外之物的动物，为此人类特别关注生存领域里一切可资利用的身外之物，并逐渐发现了多种多样的矿产资源。事实上，掌握丰富的矿产资源信息，对每一个部落、方国、国家来说，都是极其重要的事情。

《山海经》对矿产资源有相当详尽的记述，仅《五藏山经》就记述了673处矿石产地和近百种矿产资源。据徐南洲统计《五藏山经》记录的矿产可分为12类90余种，其中玉有20种，石有42种；并记有155处产金之地，它们多数都

是金属共生矿（涉及黄金、银、铜、铁、锡、汞等）。

《五藏山经》的矿产资源可划分为金属矿石和非金属矿石两大类；还可进一步细分为提炼金属用矿石、颜料（包括染料）用矿石、装饰和祭祀用玉石、建筑和工具用石料、音乐和娱乐用石料、医药用矿石、食用矿产、能源用矿产，以及未明用途矿石，等等。

其一，提炼金属用矿石。《五藏山经》记载的金属矿石有金、白金、赤金、黄金，银，铜，铁，锡。其中，“金”泛指金属，“白金”可指铂或锌、铅、铬等，“赤金”可指铜，“黄金”即常说的黄金。由于提炼铂需要非常高的温度，因此“白金”更可能是指用于制作颜料和青铜器的锌、铅或铬。值得注意的是，在秦始皇兵马俑出土的青铜剑的表面有一层致密的铬盐氧化层，表明中国至少在秦朝就熟练掌握了镀铬技术，而这是需要经历一段漫长的技术发展过程的，其中就有《山海经》时期人们对金属矿藏勘探的贡献。

这里需要特别解释一下《山海经》与铁的关系。众所周知，中国在春秋战国时期才开始提炼和使用金属铁，据此不少研究《山海经》的学者相信，《山海经》记载大量铁矿石产地，这是《山海经》一书最早成书于春秋战国时期的铁证。其实，《山海经》记载铁矿石产地，并不一定意味着铁矿石只能被用于提炼金属铁和制造铁器。事实上，铁矿石至少在山顶洞人时代（约前 18000 年）就被中国先民用于制作红色颜料，因此可以推论《山海经》记载大量铁矿石产地的原因也主要是为了获得红色颜料。

其二，颜料（包括染料）用矿石。如果说人类从直立猿进化成为直立人的标志之一是举起火把的话，那么人类从多毛的直立人进化成为智人的标志之一就是体毛的退化。导致人类体毛退化（被人类学家形象地称之为“裸猿”）的原因，学术界有各种各样的说法；其中一种观点认为，火的使用，服装的使用，特别是涂身、绘身的习俗，促成了人类体毛的不断退化。原始人涂身、绘身的目的，既有宗教的和心理的因素，也有实际的用途，例如保暖、防虫、美容、身份和种族识别符号，以及威慑敌人和猛兽，等等。为了上述目的，就需要寻找和加工制造各种各样的颜料用矿石。与此同时，为了美化陶器、木器、皮具、服装和居室，也需要寻找和加工制造各种各样的颜料、染料用矿石。有趣的是，秦始皇兵马俑使用的彩绘颜料，其中有一种紫色颜料的化学成分是硅酸铜钡，它就是由人工加工制造出来的。进一步说，对颜料用矿石的加工，例如用火烧颜料矿石，乃是促成金属冶炼业出现的重要因素。

《山海经》记载有许多种颜料用矿石，除了颜料用金属矿石之外，还有赭（红土），垩（白土）、黄垩、美垩，石涅（石墨，俗称画眉石），雄黄、青雄黄（兼有药用价值），丹粟（兼有药用价值），磁石（兼有其他用途），硫黄，等等。有趣的是，《山海经》还记录有一个生产硫黄的专业户（氏族），他就是《海内西经》记载的流黄酆氏，亦即《海内经》的流黄辛氏；根据《南山经》南次二经的记载，“流黄”其地在柜山的西面。

其三，装饰和祭祀用玉石。中国先民对玉石有特殊的喜爱，在先夏时期出土的文物中有大量各种造型的玉器，诸如玉璧、玉琮、玉璋、玉璜，以及各式各样的玉雕饰品。毋庸置疑，中国古人凭借对玉器的喜爱，势必特别关注玉石的产地。事实上，《山海经》就记载有种类极其丰富的玉石，它们大多用于制作装饰品和祭祀用品以及娱乐用品和工具，例如白玉、水玉、美玉、苍玉、碧玉、瑾瑜之玉、婴短之玉、青碧、瑶碧、璇、瑰、采石、白珠、帝台之石等。《中山经》中次七经记有：“中次七经苦山之首，曰休与之山。其上有石焉，名曰帝台之棋，五色而文，其状如鹑卵；帝台之石，所以祷百神者也，服之不蛊。”

其四，建筑和工具用石料。《山海经》记载有种类极其丰富的石料，例如砥石、封石、洗石、美石、沙石、垒石等等，它们可以用于建筑和制造工具。

其五，音乐和娱乐用石料。《五藏山经》多处记有磬石、鸣石。《南山经》南次二经记有：“漆吴之山，无草木，多博石，无玉。”博石可制作棋子。

其六，医药用矿石。《西山经》西次一经皋涂之山记有："有白石焉，其名曰礜，可以毒鼠。"《东山经》东次一经记有："高氏之山，其上多玉，其下多箴石。"郭璞解释箴石"可以为砥（砭）针治痈肿者"。

其七，食用矿产。食盐（氯化钠）对许多动物来说都是一种必需的矿物质食物，因此不少动物都会主动寻找并舔食含盐的矿物或含盐的液体，早期的人类亦不例外。由于人类的生命智力远远超过其他动物的生命智力，因此随着人类生命智力的不断进步，人类不仅知道什么地方有盐矿，而且还会开采和加工制造盐类产品（包括食用和其他用途），《山海经》里就记录有许多人类与盐的故事。

《北山经》北次三经记有："又南三百里，曰景山，南望盐贩之泽，北望少泽。"此处景山在今日山西省南部的解州，至今仍然是重要的盐产地；所谓"盐贩"表明，《五藏山经》撰稿时期，当地不仅有盐业生产，而且还有盐产品的贸易活动。

《海内经》记有："有盐长之国。有人焉鸟首，名曰鸟氏。"这位"盐长国"的首领鸟氏，或许就是民间传说里的盐水女神。据说，当年巴人的先祖廪君曾来到盐水女神的领地，双方发生战争，盐水女神化为遮天蔽日的飞虫，被廪君射杀。该故事揭示出在远古曾经有过为了争夺盐产地而发生的冲突或战争，这个盐产地就在今日三峡附近的大宁河，这里至今仍然是重要的盐产地。

其八，能源用矿产。《山海经》的一些记载，被不少学者认为涉及煤炭、石油和天然气等能源矿产。例如，《西山经》西次三经峚山的玉膏，就被认为是石油（也有学者认为是具有化肥性质的硝盐水）。《南山经》南次三经令丘山的“无草木，多火”现象，被解释为天然气外泄自燃。《海外东经》记述劳民国“为人面目手足尽黑”，有可能是开采煤炭时裸露在外的皮肤被粉尘染黑所致。《海内经》记有：“北海之内，有山，名曰幽都之山，黑水出焉。其上有玄鸟、玄蛇、玄豹、玄虎、玄狐蓬尾。有大玄之山。有玄丘之民。有大幽之国。有赤胫之民。”这里到处都是黑的，俨然是一处露天煤矿的景观。

其九，未明用途矿石。《西山经》西次二经鸟危之山“其中多女林”，又有女林之山；“女林”之意至今尚无人能解，它可能是矿石，也可能是植物，或许可以用于制作女性用品。

（三）绿色华夏的植物资源

《山海经》记述有多姿多彩的植物资源，其中尤以《五藏山经》记述的内容最为翔实，记有植物（包括真菌类生物，下同）分布地525处，涉及的植物种类多达200余种。需要说明的是，不同学者的统计数字互有出入，其客观原因在于《五藏山经》文字的断句存在困难，难以区分某种植物是单字名，还是双字名，抑或是多字名。

《五藏山经》记述的植物，大体可划分为五种情况，其一是泛指的“草木”。其二是只有具体名称而没有明确述及其形态和用途的植物。其三是既有名称又描述其形态的植物。其四是既有名称、又描述其形态、还记述其用途的植物，主要是食用、药用植物，通过食用或者佩戴达到药用目的；当然也有一些其他用途的植物资源，例如养蚕的桑树，制漆的漆树，制竹简、竹筏的竹类，制作用具、武器的植物，制作染料的植物，以及观赏和美容用的花草，等等。其五是形态或功能奇异的植物。

众所周知，许多动物，例如马、熊、猿猴，它们在身体不舒服、肠胃有寄生虫或者受到外伤的时候，都会去寻找并吃下某些特定的植物，或者用某些植物的叶子、汁液涂抹伤口；有的卷尾猴甚至会选择某种有着特殊气味的植物叶子擦身体用以驱虫，而这种本领乃是后天学来的。

早期的人类，应该也有类似上述动物那种利用、使用植物的本领。由于人类的生命智力水平比马、熊、猿猴都要高，因此人类利用、使用植物的本事更大。一是人类会通过观察其他动物如何利用、使用植物资源，来丰富自己对植物资源的认识。二是人类有语言、符号、文字，可以更方便更深入地交流彼此利用、使用植物资源的认识。三是人类拥有强烈的好奇心和创造欲，勇于善于尝试和发现新的可利用、使用植物资源和其他各种资源，所谓“神农尝百草”的传说正是上述这种行为和精神的写照。

为了使读者对《山海经》的植物资源有一个基本的了解，这里选择介绍若干有特色的植物。《南山经》南次一经的招摇山是《五藏山经》记述的第一座山，有人说它是今日湖南省与江西省交界处的罗霄山，也有人说它是今日漓江上游的猫儿山。这里出产有两种植物资源：“有草焉，其状如韭而青华，其名曰祝馀，食之不饥。有木焉，其状如榖而黑理，其华四照，其名曰迷榖，佩之不迷。”榖树即构树，属落叶乔木，开淡绿色花，结红色果实；迷构树可能与构树类似，佩戴它的花果，则不会迷路、迷糊。

《西山经》西次一经的符禺山“其上有木焉，名曰文茎，其实如枣，可以已聋。其草多条，其状如葵，而赤华黄实，如婴儿舌，食之使人不惑”。

《北山经》北次一经边春山“多葱、葵、韭、桃、李”。

《东山经》东次一经姑儿山“其上多漆，其下多桑柘”。

《中山经》中次三经记有：“又东十里，曰青要之山，实惟帝之密都，北望河曲，是多驾鸟。南望墠渚，禹父之所化，是多仆累、蒲卢。䰠武罗司之，其状人面而豹文，小腰而白齿，而穿耳以鐻，其鸣如鸣玉。是山也，宜女子。畛水出焉，而北流注于河。其中有鸟焉，名曰鴢。其状如凫，青

身而朱目赤尾，食之宜子。有草焉，其状如蓑，而方茎黄华赤实，其木如藁本，名曰荀草，服之美人色。”

《五藏山经》记述有两座帝都，一是《西山经》西次三经昆仑丘的“帝之下都”，二即上述的“帝之密都”，前者为黄帝族的大本营，后者为帝禹时代的后宫，它们在建成之初都应是庞大的建筑群，可惜早已荡然无存了。但是，位于偃师的二里头夏文化遗址，出土了大型宫殿基址（有人认为属于商代），面积达 10000 平方米，或即“密都”遗址。今日洛阳市新安县仍然有一处青要山风景名胜区（相传当初黄帝曾在此），以双龙峡谷为标志性景观。

此处“驾鸟”，实际上是管理后宫事务的官员及其下属服务员，类似昆仑丘的鹑鸟和西王母的三青鸟。由于密都是后宫，因此驾鸟有可能包括被净身的男人。墠，在古代祭祀中，封土曰坛，除地曰墠；渚，水中的小块陆地。据此，

“埠渚”可能是一处人工建造的祭祀圣地，祭祀的对象即禹的父亲鲧（在《山海经》里，所谓父子并不一定就是父亲与儿子，而是指前代与后裔）。相传鲧治水失败被处死后化为黄熊（能）入羽渊，此处埠渚或即羽渊，或者象征着羽渊。仆累、蒲卢可能是与祭祀活动有关的什物，也有人说它们即蜗牛、蚌类。

武罗身穿豹皮裙，齿白腰细，戴着金光灿灿的耳环，说话好像鸣玉般清脆，显然她就是后宫娘娘，亦即东方美神。这里的环境对后宫娘娘的生活再适宜不过了，既种植着可以美容的荀草，又饲养着有助于怀孕生下健康婴儿的鴢鸟，还有众多的服务员。根据上述记载，帝禹时代的后宫，估计已经具有相当的规模了。

《左传·襄公四年》记有：“昔有夏之方衰也，后羿自钼迁于穷石，因夏民以代夏政。恃其射也，不修民事而淫于原兽。弃武罗、伯因、熊龙、龙圉而用寒浞。”据此可知，武罗在夏代仍然是著名的部落，武氏的姓氏可以追溯到《五藏山经》时期的武罗，如此说来武则天的美貌基因看来也是源远流长、渊源自有了。

综上所述，从《五藏山经》记述的内容可知，《五藏山经》撰稿时期，人们大多都生活在青山绿水里，靠山吃山，靠水吃水；那时的自然生态环境和生存条件要比今天好许多，地大物博，人烟稀少，既没有工业污染，也没有过度的

奢华浪费，堪称地地道道的绿色华夏。

根据《五藏山经》的记述，绝大多数地区都有着绿色植被，明确记录没有草木的山（泛指区域地名），在《南山经》里有13处，《西山经》有9处，《北山经》有28处，《东山经》有20处，《中山经》有18处。也就是说，在《五藏山经》全部447处地域里，只有88处没有植被。有必要指出的是，其中许多“无草木”的地方，或是盐泽，或是雪山，或是孤岛，只有很少的几处是沙漠。据此可知，帝禹时代的华夏大地，到处都是绿色，到处都是生机盎然的景象。

特别值得注意的是，《西山经》绝大多数地方都是绿意盎然，仅仅有9处缺少植被，是《五藏山经》东南西北中五大区域里“无草木”最少的一个区域，而它描述的地理范围正是今天我国的西部地区（秦岭以北，潼关至呼和浩特一线以西的黄土高原，以及河西走廊和天山一带）。也就是说，在4200年前的帝禹时代，这里同样到处都是绿色的原野。值得注意的是，今天的黄土高原已经处于荒漠化、沙漠化的边缘，干旱和沙尘暴正在越来越频繁地掠夺黄土高原所剩不多的绿色。这样鲜明的对比和反差，不能不让每一个有责任感的华夏子孙进行深刻的反思。

（四）种类丰富的动物资源

《山海经》记述有各种各样的动物资源，其中尤以《五藏山经》记述的内容最为翔实，记有动物分布地473处，涉及动物种类约300种，郭郛先生将它们划分为化石类、螺蚌类、甲壳类、昆虫类、鱼类、鸟类、两栖类、爬行类、兽类，以及图腾动物类。《五藏山经》记述的动物，大体可划分为五种情况，一是只有具体名称而没有明确述及其形态和用途的动物，它们多是人们熟知或常见的动物。二是既有名称又描述其形态的动物。三是既有名称，又描述其形态，还记述其用途的动物。四是形态怪异的动物（包括奇异生物）。五是半人半兽的动物。

这里先介绍《南山经》南次一经几座山的动物情况，其地理方位大体在东经110度以东至东海，北纬28度左右的区域。"又东三百八十里，曰猨翼之山，其中多怪兽，水多怪鱼，多白玉，多蝮虫，多怪蛇，多怪木，不可以上。"

关于蝮虫，郭璞注谓"色如绶文，鼻上有针，大者百余斤，一名反鼻虫，古虺字"。绶即丝带，古人常用紫色绶带系在印玺上，所谓"色如绶"，或即指紫色。通常认为虺属蛇类，长二尺，土色无文，有剧毒。蝮虫或即蝮蛇，灰黑色，有黑褐色斑纹，头三角形，颈细，鼻反钩，尾部短小，有毒，喜栖湿地，捕食鼠、蛙。所谓此山多怪兽、怪鱼、怪蛇、怪树，从记述的口气可知，他（她）是一名外来的实地考察者，在忠实地描述所看到的情况。事实上，《山海经》的文字，绝大多数使用的都是陈述句，有什么说什么，看到什么说什么。

“又东三百里柢山，多水，无草木。有鱼焉，其状如牛，陵居，蛇尾有翼，其羽在魼下，其音如留牛，其名曰鯥。冬死而夏生，食之无肿疾。”

一般来说，“多水”的地方应当多草木，此处却说“无草木”，如果不是经文有错字，那么就表明这里的水为咸水盐泽，因此不适合草木生长。鯥鱼是一种两栖类冬眠动物，可以生活在陆地上，它有蛇一样的尾部，肋下还长着羽翼（可能是一种比较发达的鱼鳍），发出“留牛”（借声字）的声音，吃了它的肉可以治疗肿疾。从形象看，它像是一种腿比较长的鳄或巨蜥，也有人说它是穿山甲。在《山海经》中，凡是说“食之”如何的动物、植物，无论它们怎样奇形怪状，通常都是自然界真实存在的生物。

“又东三百里曰青丘之山，其阳多玉，其阴多青雘。有兽焉，其状如狐而九尾，其音如婴儿，能食人，食者不蛊。有鸟焉，其状如鸠，其音若呵，名曰灌灌，佩之不惑。英水出焉，南流注于即翼之泽；其中多赤鱬，其状如鱼而人面，其音如鸳鸯，食之不疥。”

青丘山的九尾狐“能食人，食者不蛊”，通常都理解为九尾狐能吃人，人吃了九尾狐的肉不患蛊病（避开妖邪之气）。但是《五藏山经》记述其他食人兽时都说“是食人”，唯独这里用“能食人”；或许可以理解为九尾狐能够给人送来珍异的食物，人吃了这种食物就能够不中邪。事实上，在古代文化中，九尾狐是一种祯祥之物，它的出现意味着天下太平、子孙昌盛；在汉代石刻画像砖上，九尾狐常与白兔、蟾蜍、三足乌并列于西王母座旁，属于四瑞之一。灌灌或谓即白鹳。赤鱬或谓之哺乳动物儒艮，俗称美人鱼。

接下来介绍《西山经》西次一经几座山的动物情况，其地理方位即今日秦岭。“西山经华山之首，曰钱来之山，其上多松，其下多洗石。有兽焉，其状如羊而马尾，名曰羬羊，其脂可以已腊。”

所谓“华山之首”，是说西次一经这条山脉总称华山。钱来山的名字，顾名思义应当与“钱”有关。不过，钱在古代原本是指一种农具，又可指衡器、酒器，并非仅仅指货币。或许，所谓“钱来”原本是“羬羊”，因音同和字形相近而讹误。洗石是一种洗浴时用于帮助除去污垢的石头，它可能具有碱性因而能够去油污，或者具有摩擦力，类似今日市场上用火山灰岩制成的搓澡石。羬羊是一种体形较大的羊，它的油脂可以治疗因寒冷而冻出的体皴，表明当时已经有了护肤用品。

“又西六十里，曰太华之山，削成而四方，其高五千仞，其广十里，鸟兽莫居。有蛇焉，名曰肥𧔥，六足四翼，见则天下大旱。”

太华山即西岳华山。削成而四方，是考察者对其形貌的描述；高五千仞、广十里，也应当是有实测依据的。今日华山海拔高2083米，约合6200市尺；古代一仞为八尺，五千仞合四千尺；虽然古代尺比今日市尺略短一些，但是考虑到华山的相对高度也要比海拔高度低一些，华山高“五千仞”的数字还是比较准确的。在《五藏山经》里，华山是唯一记述有明确高度的山，表明考察者对这里有特殊的重视。能跑能飞长着六足四翼的大蛇，也许只会在侏罗纪恐龙世界里存在过。因此，这里的肥𧔥蛇，更有可能是由人装扮成的，目的是预告世人是否将发生旱灾。一般来说，农民比牧民更关心旱灾是否发生，因为牧民可以逐水草而居，而农民离开故土就难以生存。进一步说，在水灾与旱灾之间，旱灾对农业的危害要更大一些，因为旱灾通常都是大面积的、长时间的，且往往造成农作物颗粒无收。

“又西三百二十里，曰嶓冢之山，汉水出焉，而东南流注于沔。嚣水出焉，北流注于汤水。其上多桃枝、钩端，兽多犀兕熊罴，鸟多白翰赤鷩。有草焉，其叶如蕙，其本如桔梗，黑华而不实，名曰蓇蓉，食之使人无子。”

嶓冢山为汉水的发源地，古人亦称汉水为沔水。今日汉江源头之一在秦岭太白山附近，太白山海拔 3767 米，其北麓的眉县有汤峪泉，泉出太白山石缝，受死火山岩浆加热，水温近沸。今日秦岭早已无犀牛，也很少有熊罴，倒是还有大熊猫。桃枝、钩端，均为竹类。白翰即白色野鸡。蕙为香草。萆荔可避孕。

《五藏山经》还有一些值得特别提到的动物，例如《北山经》北次一经谯明山的何罗鱼："又北四百里，曰谯明之山，谯水出焉，西流注于河。其中多何罗之鱼，一首而十身，其音如吠犬，食之已痈。有兽焉，其状如貆而赤豪，其音如榴榴，名曰孟槐，可以御凶。是山也，无草木，多青雄黄。"

谯与瞧可通用，古代城楼上的瞭望台称谯楼。谯水西流注入黄河，可知谯明山属于今日的吕梁山山脉。何罗鱼可能是一种喜欢头与头扎堆在一起的鱼，看起来好像是一个头十来个身子；古人相传何罗鱼可以化作鸟，其名休旧。也有人认为何罗鱼属于头足类的章鱼或乌贼，然而在古代此处淡水河里是否有海水鱼类或软体动物，还需要找到考古学上的证据。孟槐即红毛大野猪。

又如，《东山经》东次二经余峨山的犰狳：

"又南三百八十里，曰余峨之山，其上多梓楠，其下多荆芑。杂余之水出焉，东流注于黄水。有兽焉，其状如菟而鸟喙，鸱目蛇尾，见人则眠，名曰犰狳，其鸣自叫，见则螽蝗为败。”

犰狳，一种头尾及胸部长有鳞片、腹部有毛的哺乳动物，杂食，穴居土中，遇到威胁或危险便蜷成一团装死；现多见于拉丁美洲，当地人吃其肉，用其鳞甲制作提篮等物。关于余峨山有犰狳的记述，表明我国古代山东、江苏一带也是犰狳的栖息地。所谓“见则螽蝗为败”，当指犰狳喜食蝗虫，是蝗虫的克星。

再如，《中山经》中次九经鬲山有着大量犀牛和大象：

“又东五百里，曰鬲山，其阳多金，其阴多白珉；蒲鸛之水出焉，而东流注于江，其中多白玉；其兽多犀象熊罴，多猿蜼。”

鬲，鼎类器物。蜼，汪绂注谓：“猿属，仰鼻歧尾，天雨则自悬树，而以尾塞鼻。”鬲山位于今日四川盆地的岷山和大巴山一带，距离著名的三星堆、金沙文化遗址不远，在《五藏山经》考察撰稿时期，这里还有大量的犀牛和大象，说明当时的气候要比今日温暖许多；而三星堆、金沙出土的数量可观的象牙，足可充分证明《五藏山经》的考察记述具有很高的真实性和可靠性。

此外，《山海经》里多处都记述有一种奇怪的不明生物“视肉”，诸如《海外南经》《海外北经》《大荒东经》《大荒南经》《大荒西经》《大荒北经》《海内西经》都记述有视肉，可惜只是提到名称，并无任何详细描述，这表明

视肉在当时应该是人所共知的东西。关于视肉，郭璞注谓："聚肉，形如牛肝，有两目也；食之无尽，寻更复生如故。"据此视肉有可能是一种生长迅速的真菌，或许亦即民间所说的不敢在太岁头上动土的"太岁"。值得注意的是，近年我国北方不少地方陆续出土类似视肉的不明生物，它们能够自我生长，而且能够净化水质，有胆大的人尝试吃过，似乎并无毒副作用。奇怪的是，对这种不明生物却检验不出细胞结构和 DNA，或许它们是一种没有细胞膜和 DNA 的最原始的生物。

（五）多种多样的药物资源

《山海经》记载有多种多样的药物资源，此外还有一些具有药用价值的矿石、植物、动物，可能由于它们属于人所共知，因此《山海经》里并没有明言其药效。据赵璞珊统计，《山海经》（主要是《五藏山经》）明确记述有药用价值的药物共计 132 种，其中矿石类有 5 种，草本类植物有 28 种，木本类植物有 23 种，兽类动物有 16 种，鸟类动物有 25 种，水族类动物有 30 种，其他类有 5 种。这些药物均为单方，而且没有具体用量，充分表明其具有原始古朴性质。

《山海经》记载的药物，可以对应治疗的人体病症约四五十种，涉及消化系统疾病、呼吸系统疾病、心血管系统疾

病、传染病、妇科病、五官科疾病、皮肤病，以及神经系统疾病和心理疾病，等等。有趣的是，《山海经》还记述了许多特殊功能的药物（从广义上而言），例如“服之不畏雷”“养之不忧”“食之使人无子”“服之不字（即不怀孕）”“服之美人色”“食之宜子孙”“服之不妒”“食之多力”“食之善走”“佩之不迷”等。此外，《山海经》也有少量的畜用药。关于《山海经》里的药物资源，本书在介绍《山海经》的矿产资源、植物资源和动物资源时已涉及，这里就不再过多叙述。

在《山海经》时代，几乎人人都会采集一些药物自行服用，但是采集药物、医治病人的工作主要还是由巫师承担；当然许多巫师还同时承担着其他的工作，因为那个时代的巫师实际上兼有科学家、工程师和社会活动家的性质。《山海经》记载与医药活动有关的地方包括巫山、巫咸国、巫载民，与医药活动有关的巫师有巫凡、巫即、巫抵、巫肦、巫姑、巫相、巫咸、巫真、巫阳、巫彭、巫履、巫谢、巫礼、巫罗。

《大荒南经》记载：“有巫山者，西有黄鸟。帝药，八斋。黄鸟于巫山，司此玄蛇。”“有云雨之山，有木名曰栾。禹攻云雨，有赤石焉生栾，黄本，赤枝，青叶，群帝焉取药。”

袁珂认为，《山海经》此处所说的巫山、云雨山，即今日长江三峡巫峡的巫山。所谓“黄鸟于巫山，司此玄蛇”，是说黄鸟负责守护巫山的神药，不让玄蛇偷药。显然，这里面省而未述的情节，与后世《白蛇传》白素贞去巫山偷灵芝仙草的故事，很可能有着某种内在的联系。栾树的花可制黄色颜料、入药，“赤石生栾”可能与祭祀栾树之神的巫术活动有关。

《大荒西经》：“有灵山，巫咸、巫即、巫朌、巫彭、巫姑、巫真、巫礼、巫抵、巫谢、巫罗十巫，从此升降，百药爰在。”

值得注意的是，在《山海经》18 章中，《五藏山经》里还没有巫的称呼，《海外四经》里仅提到一个巫咸，而到了《大荒四经》《海内五经》里则出现了群巫。由于经文过于简略，也给我们留下了许多问题：如此众多的巫在一起工作，他们是男是女？年老年少？如何分工？有何组织结构？谁是巫师协会的头？他们的收入各是多少等？

从灵山十巫的排序来看，似乎巫咸是首席巫师。从他们的名称来看，巫即可能做事雷厉风行，巫朌可能负责管理巫术活动中的器具或者负责分配财物，巫彭可能是一位身壮力大者或有长寿仙术者，巫姑当是女性，巫真有变成仙人登天之术，巫礼负责巫术仪式设计，巫抵负责仪式安全，巫谢负责公共关系，巫罗负责召集民众。当然，仅凭十巫名称里的一个字，我们不会对上述信息解读的准确性抱太高的奢望。

《海内西经》记有："开明东有巫彭、巫抵、巫阳、巫履、巫凡、巫相，夹窫窳之尸，皆操不死之药以距之。窫窳者，蛇身人面，贰负臣所杀也。"

《大荒西经》灵山十巫为巫咸、巫即、巫肦、巫彭、巫姑、巫真、巫礼、巫抵、巫谢、巫罗。与《海内西经》六巫对照，相同的有巫彭、巫抵，郝懿行认为巫履即巫礼，巫凡即巫肦，巫相即巫谢。此处六巫之行为，郭璞认为乃神医用不死药清除窫窳身上的"死气"以使其重生，并概括为："窫窳无罪，见害贰负，帝命群巫，操药夹守；遂沦弱渊，变为龙首。"其实，所谓"皆操不死药以距之"，既指正常的手术，也包括对尸体的防腐处理，因为古人相信如果某人的尸体不腐，那么他的灵魂亦可不死。

开明东的六巫和窫窳均属于黄帝族，而贰负则属于炎帝族。上述巫医活动的方位选择在东方，当有所考虑。一是，东方是太阳升起的方向，可象征着新生。二是，这里可能是距离前线战场最近的地方，因此有利于及时对伤员进行救治，以及对阵亡者的尸体进行防腐处理，并对其灵魂进行安抚。事实上，在古史传说中，黄帝族的敌人多居住在东方，因此战场通常也都在黄帝族大本营的东面。

五、《山海经》记述的第一座山在哪里

《山海经》记述的第一座山是《南山经》的招摇山，也是《五藏山经》第一条山脉鹊山之首。可以确定招摇山在今日的地理方位有着极其重要的意义，因为这有助于我们考证《五藏山经》26条山脉447座山的地理方位，对古地理、古气象、古生物的研究，以及对先夏时期部落氏族分布迁徙的研究，都具有不可替代的价值。

《南山经》南次一经："南山经之首曰鹊山。其首曰招摇之山，临于西海之上，多桂，多金玉。有草焉，其状如韭而青华，其名曰祝馀，食之不饥。有木焉，其状如榖而黑理，其华四照，其名曰迷穀，佩之不迷。有兽焉，其状如禺而白耳，伏行人走，其名曰狌狌，食之善走。丽麂之水出焉，而西流注于海，其中多育沛，佩之无瘕疾。"

根据上述记载可知，招摇山位于鹊山山脉之首，临近西海之上，从招摇山发源的丽旨水向西流入（西）海。由于南次一经记述鹊山山脉是由西向东的，因此位于鹊山之首的招摇山应该是在鹊山山脉的最西端。由于《五藏山经》首先记述南方的情况，因此“临于西海之上”表明招摇山位于西海的南面或东南方。问题是，西海在哪里？西海有什么特点？南次一经并没有更多的描述。

目前，关于招摇山的地理方位，历代研究者有不同的见解，或谓远在四川盆地西部的岷山，或谓远在青藏高原雅鲁藏布江源的高山，均不足为训。比较接近的观点主要有以下四种：

一是招摇山在今日广东省的连州市（古称桂阳），其北的方山或即招摇山。

二是招摇山在今日广西壮族自治区海洋山西北。

三是招摇山即今日广西壮族自治区兴安县境内的猫儿山（又称苗儿山），是山海拔 2141 米，为华南地区著名的高山。持此论者认为，“摇”与瑶族、苗族的“瑶”、“苗”音同或音近，“招”可训为“王”，“招摇山”意为瑶（苗）家名山。此论的问题是，猫儿山的西面并没有海，因此不符合《南山经》中招摇山“临于西海之上”的记述。或谓西海在今日的桂林，但是桂林位于猫儿山正南方有百公里之遥，不能称之为“西”海。

四是招摇山即今日湖南省与江西省交界处的罗霄山，“罗霄”与“招摇”的含义和发音颇为相近。西海在今衡阳

盆地一带，那里古代或曾为湖泊；凡大的湖泊，古人皆称之为海，例如青海、岱海等。丽旨水发源于招摇山，即今日发源于罗霄山的洣水，洣水向西流入湘江，两者交汇处即在衡阳市东面，属于衡阳盆地。

罗霄山脉是万洋山、诸广山和武功山的统称，南北长约150千米；东西宽约30~45千米，主要山峰海拔多在1000米以上，其中著名的山峰有八面山、井冈山、武功山等。井冈山最南端的南风屏是江西省西部最高峰，海拔2120米。炎陵县的酃峰海拔2115.4米，是湖南省最高峰。八面山海拔2042米，大围山海拔1607米。罗霄山地区有炎帝陵、汤湖温泉、井冈山革命根据地、大围山等名胜古迹。

罗霄山气候温暖湿润，既有松、杉、楠、樟、毛竹等常绿针叶、阔叶树种，也有大量热带区系植物分布。炎陵县低山沟谷有红勾栲、蕈树、光叶白兰，汝城有桃金娘、百日青、凤凰楠、广东厚皮香、白桂木、罗浮栲等。八面山有杜仲、福建柏、银杏、银杉、红皮紫茎、银鹊树、南方铁杉、红豆杉等珍稀树种。山林栖息有短尾猴、水鹿、林麝、华南虎、金钱豹等珍贵野生动物。山区有丰富的矿产资源，例如汝城白云仙、茶陵邓阜仙、桂东川口等地的钨矿，茶陵潞水的磁铁矿，以及煤矿等。

《山海经》记述招摇山“多桂”（白桂木）、“多金玉”（钨矿、磁铁矿、煤矿）、“狌狌”（短尾猴）等，均符合罗

霄山的实际情况。

当地民间流传的故事称，三国时期吴国有一个名叫罗霄的人，自幼熟习孙吴兵法，以将才名震东吴，屡建战功。东吴皇帝孙皓非常欣赏罗霄的雄才大略，封罗霄为安成郡太守，首府设在今日的安福。有一年，安成大旱，罗霄亲率僚属至潇山（即武功山）龙潭求雨，以救黎民苍生。由于罗霄与镇守荆扬的诸葛恪意见不合，他便辞官隐居潇山山洞中。当东吴灭国的消息传来时，罗霄悲愤不已，便以屈原为榜样，投水自尽。当地百姓为了纪念爱国名将罗霄，便把他住过的山洞命名为“罗霄洞”，而罗霄洞所处的大山脉就叫作“罗霄山脉”。其实，罗霄山之名应该早已有之，东吴名将罗霄的传说，只不过是同名而已。

六、《山海经》里是否有五岳

人类对山的景仰由来已久，许多高大挺拔的山峰都被视为神山、圣山。中国人对山的景仰同样是渊源自有，其独特的表现形式之一就是对五岳的尊崇，以及帝王对泰山（岱宗）、嵩山等山岳举行的大规模封禅活动。封禅的“封”指在高山之巅举行隆重的祭天仪式，“禅”指在低处举行隆重的祭地仪式，封禅的用意是表明帝王的权力得到天地的认可。

西汉史学家司马迁在《史记·封禅书》中引《管子》（佚篇）称，自古封泰山禅梁父（或禅其他地方）的历代帝王有72位，其中著名的有无怀氏、虙羲（伏羲）、神农、炎帝、黄帝、颛顼、帝喾、尧、舜、禹、汤、周成王，等等。

关于五岳的记载，道教典籍《洞天记》称：“黄帝画野分州，乃封五岳。”意思是黄帝时代曾经把天下（准确说应该是指黄帝的势力范围）划分为五大区域，每一区域都有一座标志性的大山，它们被命名为五岳。《尚书·尧典》记有帝尧曾向四岳咨询谁能胜任治理洪水的工作，后来又向四岳咨询选择谁当接班人。按理推之，四岳应该是东西南北四大区域的代表，而帝尧应该是处于中央区域，合起来也是把天下（准确说应该是指帝尧的势力范围）划分为五大区域，每一区域有一座标志性的大山。

《尚书·舜典》明确记有帝舜朝代每五年巡守天下（准确说应该是指帝尧的势力范围）一周："岁二月，东巡守，至于岱宗，柴。望秩于山川，肆觐东后。协时月正日，同律度量衡。……五月，南巡守，至于南岳，如岱礼。八月，西巡守，至于西岳，如初。十有一月，朔巡守，至于北岳，如西礼，归。"所谓"柴"是一种祭祀仪式，即堆积薪柴，把祭祀的牺牲放在薪柴上，点火焚之，其烟上扬至天，以达到与天沟通的目的。

大约出现于战国时期的著作《周礼·春官·大宗伯》亦记有："以血祭祭社稷、五祀、五岳。"《史记·封禅书》里记载的五岳指东岳泰山、西岳华山、中岳嵩山、南岳衡山、北岳恒山。此后，不同朝代所指的五岳山峰曾有多次变更，我们今天所说的五岳基本符合《史记·封禅书》的记载。其中，东岳泰山海拔 1545 米，位于山东省泰安市辖内；西岳华山海拔 2155 米，位于陕西省华阴市辖内；中岳嵩山海拔 1492 米，位于河南省登封市辖内；南岳衡山海拔 1290

米，位于湖南省衡阳市辖内；北岳恒山海拔 2016 米，位于山西省大同市辖内。

众所周知，《山海经》对山脉、山峰的记述主要集中在《五藏山经》，此外《大荒四经》也有若干山峰的记述（可能是因为竹简脱落，其内容显得支离破碎）。由于《五藏山经》把天下（准确说应该是指帝禹的势力范围）划分为《南山经》《西山经》《北山经》《东山经》和《中山经》五大区域，因此我们这里重点探讨《五藏山经》里面是否已经有了五岳山峰的记载。

（一）《东山经》记有泰山

东次一经："又南三百里，曰泰山，其上多玉，其下多金。有兽焉，其状如豚而有珠，名曰狪狪，其名自叫。环水出焉，东流注于江（汶），其中多水玉。"

《东山经》共记述有 46 座山，从对泰山的记载来看，泰山在《东山经》里虽然属于重要的山，但是还远没有得到"五岳独尊"程度的尊崇。此外，东次一经记述有一座"岳山"："又南三百里，曰岳山，其上多桑，其下多樗。泺水出焉，东流注于泽，其中多金玉。"然而这座以"岳"命名的山，亦未受到特殊的尊崇。

（二）《中山经》记有嵩山

中次七经：“又东五十里，曰少室之山，百草木成囷。其上有木焉，其名曰帝休，叶状如杨，其枝五衢，黄华黑实，服者不怒。其上多玉，其下多铁。休水出焉，而北流注于洛。其中多鯑鱼，状如盩蜼而长距，足白而对，食者无蛊疾，可以御兵。又东三十里，曰泰室之山，其上有木焉，叶状如梨而赤理，其名曰栯木，服者不妒。有草焉，其状如苿，白华黑实，泽如蘡薁，其名䔄草，服之不昧。上多美石。……苦山、少室、太室皆冢也，其祠之：太牢之具，婴以吉玉，其神状皆人面而三首。其余属皆豕身人面也。”

少室山、泰室山即嵩山。《中山经》共记述有197座山，从对嵩山的记载来看，嵩山在《中山经》里属于比较重要的山，已经得到较高的尊崇，但是还远没有达到“天下之中”的程度。

（三）《西山经》记有华山

西次一经：“西山经华山之首，曰钱来之山，其上多松，其下多洗石。有兽焉，其状如羊而马尾，名曰羬羊，其脂可以已腊。……又西六十里，曰太华之山，削成而四方，其高五千仞，其广十里，鸟兽莫居。有蛇焉，名曰肥𧔥，六足四翼，见则天下大旱。又西八十里，曰小华之山，其木多荆、杞，其兽多㸲牛。其阴多磬石，其阳多㻬琈之玉。鸟多赤鷩，可以御火。其草有萆荔，状如乌韭，而生于石上，亦缘木而生，食之已心痛。……凡《西经》之首，自钱来之山至于䰠山，凡十九山，二千九百五十七里。华山冢也，其祠之礼：太牢。羭山神也，祠之用烛，斋百日以百牺，瘗用百瑜，汤其酒百樽，婴以百珪百璧。其余十七山之属，皆毛牷用一羊祠之。烛者百草之未灰，白席采等纯之。”

太华山、小华山即华山。《西山经》共记述有 4 条山脉 77 座山，第一条山脉以华山命名。从《西山经》对华山的记述来看，华山在《西山经》里属于比较重要的山，并且已经得到较高的尊崇，但是尚未具有西部诸山之首“西岳”的地位。事实上，在《西山经》第一条山脉里，羭山的地位要更加突出，对其祭祀的仪式特别隆重，“祠之用烛，斋百日以百牺，瘗用百瑜，汤其酒百樽，婴以百珪百璧”，这在《五藏山经》全部 447 座山里也是数一数二的。

（四）《北山经》与北岳

北次一经：“又北二百里，曰北岳之山，多枳、棘、刚木。有兽焉，其状如牛，而四角、人目、彘耳，其名曰诸怀，其音如鸣雁，是食人。诸怀之水出焉，而西流注于嚣水。其中多鮨鱼，鱼身而犬首，其音如婴儿，食之已狂。”

从上述记载可知，这座以“北岳”命名的山，是一座比较重要的山，但是它并不具有后世所说的“北岳”地位。

有趣的是，《西山经》提及恒山。西次三经：“又西三百二十里，曰槐江之山。丘时之水出焉，而北流注于泑水，其中多蠃母。……南望昆仑，其光熊熊，其气魂魂。西望大泽，后稷所潜也；其中多玉，其阴多榣木之有若。北望诸毗，槐鬼离仑居之，鹰鹯之所宅也。东望恒山四成，有穷鬼居之，各在一搏。”所谓“恒山四成”是说恒山的山势有4层之形。

在《五藏山经》里《西山经》与《北山经》的分界线是内蒙古托克托县至潼关段的黄河，从“东望恒山四成，有穷鬼居之，各在一搏”的记述来看，恒山位于《西山经》所述地理区域的东面，亦即今日山西省境内，它属于有穷部落的神山。由于《北山经》共记述有88座山，其中并未见对恒山的记述，或可表明当时恒山还不具有北岳的资格，也可能《西山经》提及的恒山就是《北山经》所记述的北岳山，如系后者则表明当时已经把恒山视为北岳了。

（五）《南山经》没有衡山之名

《南山经》共记述有39座山，其中未见衡山之名。值得注意的是，《南山经》第一条山脉名叫鹊山，大约是位于今日湖南省境内的衡山或九党荆山。

有意思的是，《山海经·大荒西经》记述有南岳：“有寿麻之国。南岳娶州山女，名曰女虔。女虔生季格，季格生寿麻。寿麻正立无景，疾呼无响。爰有大暑，不可以往。”不过此处的“南岳”系人名，他是寿麻国的先祖。寿麻国位于南北回归线的赤道地区（或谓在今日的斯里兰卡），因此才会出现阳光垂直照射“正立无影”的奇异现象。尽管此处的“南岳”系人名，但是并不排除其名得自当地有“南岳”之山。

(六)《五藏山经》里的古今同地同名之山

《五藏山经》共记述有447座山，其中有不少古今同地同名之山，除了上述泰山、华山等名山之外，还有《南山经》的会稽山，《西山经》的南山（终南山）、天山、白于山、鸟鼠同穴山，《北山经》的管涔山、霍山、太行山、王屋山、发鸠山，《东山经》的姑射山，《中山经》的荆山、岷山、洞庭山、柴桑山，等等。由于《五藏山经》里有许多古今同地同名之山，这就表明其记载有历史传承性质，具有相当的可靠性。

综上所述可知，《五藏山经》虽然记述了泰山、华山、嵩山、恒山等五岳之山，但是并没有特殊尊崇这些山，反倒是对其他一些山表现出格外的重视，而《山海经》的其他篇章也没有表现出对五岳的特别尊崇，只是在《中山经》中次六经里记有："凡缟羝山之首，自平逢之山至于阳华之山，凡十四山，七百九十里。岳在其中，以六月祭之，如诸岳之祠法，则天下安宁。"

对比之下，《山海经》对五岳的记述，与《尚书》《管子》对五岳的记述，彼此还是有一些差异的。可能是因为，《管子》称炎帝、黄帝都曾经封禅泰山，但是当年炎帝、黄帝、蚩尤各有其势力范围，三者还发生过长期战争，泰山属于蚩尤（东夷部落联盟）的势力范围，因此炎帝、黄帝不大可能到泰山举行封禅活动。而且黄帝有自己的神山、圣山——昆仑，因此即使举行封禅活动也应该首选昆仑才是。

七、黄帝都城昆仑究竟在哪儿

中国人自称是炎黄子孙，意思是自己是炎帝、黄帝的后代。《山海经》里没有明确记载炎帝的发祥地，却多处记载黄帝的发祥地暨黄帝都城——昆仑（昆仑丘、昆仑虚、昆仑山）。长期以来，在中国人的心目中，昆仑丘、昆仑虚、昆仑山是一处比五岳更古老更伟大的圣山，其中极其重要的原因就是因为那里孕育了中华民族的主要缔造者——黄帝。

但是，由于考古学家尚未找到黄帝都城昆仑的遗址，因此人们对昆仑究竟在哪里，一直存在着争议。有人说它在今日的黄河河套以南，有人说它就是今日新疆南部的昆仑山，也有人说它是甘肃省的祁连山或青海省的巴颜喀拉山、湟源县境内的野牛山、山东省的泰山、四川省的峨眉山、青藏高原西部的阿里高原，还有人说它在今日云南省境内或者远在印度（阿耨达山）、中东，亦有人说昆仑可泛指一切高山，甚至说昆仑乃是古人虚构出来的，并不是真实的存在，等等，不一而足。

由于最早记述黄帝都城昆仑的典籍是《山海经》，因此我们主要依据《山海经》的记载来探索黄帝都城昆仑究竟在哪里。

(一)《山海经》记载的昆仑、昆仑丘、昆仑虚、昆仑山是一回事吗?

昆仑在《山海经》和其他古书里有时候又称为昆仑丘、昆仑虚、昆仑山，学术界长期都把昆仑、昆仑丘、昆仑虚、昆仑山视为彼此等价的词语，或者把它们视为同一个事物。其实，昆仑、昆仑丘、昆仑虚、昆仑山这几个词语既有相同的内涵，又有不同的内容，应当区别对待。事实上，正是因为许多学者都把这几个词语混为一谈，所以才会在讨论昆仑的地理位置时产生分歧。下面主要以《山海经》记载的昆仑、昆仑丘、昆仑虚、昆仑山为例，探讨这几个词语的区别。

1.《山海经》记载的昆仑

西次三经："又西北四百二十里，曰钟山，其子曰鼓，其状如人面而龙身。是与钦䲹杀葆江于昆仑之阳，帝乃戮之钟山之东曰䍃崖。钦䲹化为大鹗，其状如雕而黑文白首，赤喙而虎爪，其音如晨鹄，见则有大兵。鼓亦化为鵕鸟，其状如鸮，赤足而直喙，黄文而白首，其音如鹄，见则其邑大旱。”

西次三经：“又西三百二十里，曰槐江之山。丘时之水出焉，而北流注于泑水，其中多蠃母。其上多青雄黄，多藏琅玕、黄金、玉；其阳多丹粟，其阴多采黄金、银。实惟帝之平圃，神英招司之；其状马身而人面，虎文而鸟翼，徇于四海，其音如榴。南望昆仑，其光熊熊，其气魂魂。西望大泽，后稷所潜也；其中多玉，其阴多榣木之有若。北望诸毗，槐鬼离仑居之，鹰鹯之所宅也。东望恒山四成，有穷鬼居之，各在一搏。爰有淫水，其清洛洛。有天神焉，其状如牛，而八足二首马尾，其音如勃皇，见则其邑有兵。”

北次一经：“又北三百二十里，曰敦薨之山，其上多棕枏，其下多茈草。敦薨之水出焉，而西流注于泑泽，出于昆仑之东北隅，实惟河原。其中多赤鲑，其兽多兕、旄牛，其鸟多尸鸠。”

海外北经：“共工之臣曰相柳氏，九首，以食于九山。相柳之所抵，厥为泽溪。禹杀相柳，其血腥，不可以树五谷种。禹厥之，三仞三沮，乃以为众帝之台。在昆仑之北，柔利之东。相柳者，九首人面，蛇身而青。不敢北射，畏共工之台。台在其东。台四方，隅有一蛇，虎色，首冲南方。”

海内西经：“昆仑南渊，深三百仞。开明兽身大类虎而九首，皆人面，东向立昆仑上。”

海内北经："帝尧台、帝喾台、帝丹朱台、帝舜台，各二台，台四方，在昆仑东北。"

2.《山海经》记载的昆仑丘

西次三经："西南四百里，曰昆仑之丘，是实惟帝之下都，神陆吾司之；其神状虎身而九尾，人面而虎爪；是神也，司天之九部及帝之圃时。有兽焉，其状如羊而四角，名曰土蝼，是食人。有鸟焉，其状如蜂，大如鸳鸯，名曰钦原，蠚鸟兽则死，蠚木则枯。有鸟焉，其名曰鹑鸟，是司帝之百服。有木焉，其状如棠，黄华赤实，其味如李而无核，名曰沙棠，可以御水，食之使人不溺。有草焉，名曰蕢草，其状如葵，其味如葱，食之已劳。河水出焉，而南流东注于无达。赤水出焉，而东南流注于氾天之水。洋水出焉，而西南流注于丑涂之水。黑水出焉，而西流于大杅。是多怪鸟兽。"

大荒西经："西海之南，流沙之滨，赤水之后，黑水之前，有大山，名曰昆仑之丘。有神，人面虎身，有文有尾，皆白处之。其下有弱水之渊环之，其外有炎火之山，投物辄然。有人，戴胜，虎齿，有豹尾，穴处，名曰西王母。此山万物尽有。"

3.《山海经》记载的昆仑虚

海外南经："昆仑虚在其东，虚四方。一曰在岐舌东，为虚四方。羿与凿齿战于寿华之野，羿射杀之。在昆仑虚东。羿持弓矢，凿齿持盾。一曰戈。”

海内西经：“流沙出钟山，西行又南行昆仑之虚，西南入海、黑水之山。……海内昆仑之虚，在西北，帝之下都。昆仑之虚，方八百里，高万仞。上有木禾，长五寻，大五围。面有九井，以玉为槛。面有九门，门有开明兽守之。百神之所在，在八隅之岩，赤水之际，非仁羿莫能上冈之岩。赤水出东南隅，以行其东北，（西南流注南海，厌火东）。河水出东北隅，以行其北，西南又入渤海，又出海外，即西而北，入禹所导积石山。洋水、黑水出西北隅，以东，东行，又东北南入海，羽民南。弱水、青水出西南隅，以东，又北，又西南，过毕方鸟东。昆仑南渊，深三百仞。开明兽身大类虎而九首，皆人面，东向立昆仑上。”

海内北经：“西王母梯几而戴胜（杖），其南有三青鸟，为西王母取食。在昆仑虚北。……昆仑虚南所有汜林，方三百里。”

海内东经：“国在流沙中者埻端、玺唤，在昆仑虚东南。一曰海内之郡，不为郡县，在流沙中。……西胡白玉山在大夏东，苍梧在白玉山西南，皆在流沙西，昆仑虚东南。”

4.《山海经》记载的昆仑山

海内东经：“昆仑山在西胡西，皆在西北。”

5. 根据上述《山海经》关于昆仑的记载，可以得到如下几点认识。

第一，“昆仑”指黄帝都城所在地，亦可指黄帝族的发祥地。中国古代有一种政治传统，即一个政权迁都后仍然会使用相同的名称来命名新的都城。从这个角度来说，昆仑这个地名可能在历史上不同的时间段位于不同的地理位置。由于《五藏山经》是帝禹时代的文献，《海外四经》是夏代的地理文献，《大荒四经》是商代的地理文献，《海内五经》是周代的地理文献，因此《山海经》不同篇章记述的昆仑（包括昆仑丘、昆仑虚、昆仑山）有可能并不在同一个地方。

第二，“昆仑丘”强调的是当时黄帝都城昆仑所在地的地形地貌是“丘”。东汉学者许慎在《说文解字》称：丘“土之高也，非人为也。从北从一，一地也，人居在丘南，故从北。中邦之居，在昆仑东南。”据此可知，昆仑丘是一处自然形成的高原，从这个角度来说昆仑丘可简称为昆仑。按照许慎的说法，昆仑位于中原（大体可指今日河南省）的西北方向。

第三，“昆仑虚”强调的是当年黄帝都城昆仑所在地的地形地貌是“虚”。“虚”意为“大丘”，亦可指古代著名部落所在地，例如《左传·昭公十七年》云：“宋，大辰之虚也；陈，大皞之虚也；郑，祝融之虚也。”据此可知，凡是称“昆仑虚”者，一是说黄帝都城昆仑所在地的地势高，二是透露叙说者是在回忆追述当年黄帝都城的辉煌。

第四，“昆仑山”强调的是当年黄帝都城昆仑所在地的地形地貌是“山”，而且是非常高大挺拔险峻的大山大脉。也就是说，从昆仑丘到昆仑虚再到昆仑山，黄帝都城所在地的地形地貌，在后世人们的心目中已经从普通的高原，一变而成“大高原”，再变而成“大高山”。这就表明，称黄帝都城所在地是“昆仑山”的人，实际上已经不清楚当初黄帝都城昆仑究竟在哪里了。例如，今日地图上的昆仑山位于青藏高原的北部，西起帕米尔高原，东至柴达木盆地的南面，山脉全长 2500 千米，宽 130～200 千米，大体上西窄东宽，总面积 50 多万平方千米，平均海拔 5500～6000 米，其中公格尔山海拔 7719 米，慕士塔格山海拔 7546 米。这里空气稀薄、气候寒冷、植被稀疏、交通不便、生存环境异常恶劣，难以孕育出繁荣兴盛的强大部落。

（二）《五藏山经》记载的黄帝都城在鄂尔多斯高原

由于学术界关于昆仑所在地的看法非常多，限于篇幅本书不可能逐一介绍。这里重点介绍一种全新的观点，即主张《五藏山经》记载的黄帝都城昆仑（昆仑丘）在今日黄河河套以南的鄂尔多斯高原（包括陕北高原），其主要的理由有以下几点。

第一，《五藏山经》里的《西山经》和《北山经》都记述有昆仑（昆仑丘），据此昆仑（昆仑丘）应该位于《西山经》和《北山经》交界处附近，而《西山经》和《北山经》各自所述的区域是以黄河前套（托克托河口）至潼关段的黄河为界的，其西是鄂尔多斯高原和陕北高原，其东是吕梁山和太行山（属于古冀州）。

第二，《北山经》明确指出当时的黄河发源于渤泽，渤泽位于昆仑之东北。渤泽即今日的黄河前套土默川平原，先夏时期黄河后套（后套平原）、前套均为大面积的湖泽湿地，因此当时的人们便把渤泽视为黄河的发源地。据此可知，黄帝都城昆仑（昆仑丘）位于黄河前套西南方向不远的地方，那里正是今日的鄂尔多斯高原，符合中华民族先民对“河出昆仑”（更准确的说法是黄河发源于昆仑的东北方）的古老记忆。

有必要指出的是，后世学者之所以搞不清黄帝都城昆仑的地理方位，很重要的原因就是想当然地把后世所知的黄河发源地当成了《五藏山经》所记述的黄河发源地，以致把渤泽曲解为蒲昌海（位于今日罗布泊遗址），并相信黄河在此处“潜行地下”数千里后重新冒出地面。然后一错再错，又继续围绕着蒲昌海去寻找黄帝都城昆仑，当然是找不到了。

第三，黄河河套及其以南的鄂尔多斯高原和陕北高原，在先夏时期水草丰茂，物产富饶，北面、东面、西面有黄河环绕形成天然屏障，这一区域面积达十几万平方千米，足以孕育出伟大强盛的民族，而事实也表明这一区域确实出土有数万年前的细石器文化。进一步说，《史记》称黄帝出生在姬水，黄帝族群里的主要姓氏为姬姓；有意思的是“姬”的“女”字旁表示母系姓氏，“姬”字的象形含义说的是黄帝族群生息繁衍之地的北、东、西三面都有河流环绕。

第四，位于鄂尔多斯高原西部的桌子山，主峰海拔2149米，突兀在鄂尔多斯高原之上，其上至今仍然可见古代岩画，它很可能就是黄帝部落联盟的圣山，也是后世传说的高耸入云的“万山之宗、龙脉之祖”昆仑山的原型。

第五，今日黄陵县的黄帝陵，位于鄂尔多斯高原南面的陕北高原。陕北高原属于黄土高原，黄帝之名的“黄”字，即出自对黄土地的尊崇和眷恋。

第六，黄帝与炎帝之战的古战场在今日河北省北部的涿鹿县。涿鹿在桑干河的中下游，桑干河的发源地在吕梁山的北端，靠近黄河前套（渤泽）。黄帝族当年很可能是从黄河前套附近越过黄河，一路沿着桑干河向东与炎帝族决战于涿鹿的。黄帝与蚩尤之战的古战场在冀州之野，冀州之野即今日的山西省、河北省、河南省北部一带，黄帝族当年很可能是从鄂尔多斯高原、陕北高原向东越过黄河，翻越吕梁山、太行山与蚩尤交战的。清马骕《绎史》卷五引《黄帝内传》

称："黄帝斩蚩尤，蚕神献丝，乃称织维之功。"据此似可表明，养蚕是蚩尤族（居住地之一在今天山西省的南部）发明的，因为战败而不得不向黄帝族（居住在今天陕西省以及河套地区）交出养蚕技术，这可能是最早为了争夺养蚕技术而发生的战争了（第一次丝绸战争）。由于在山西省的南部确实出土有先夏时期的蚕茧，因此《黄帝内传》的这一记载，也就多了几分可信性。

第七，在黄河前套地区已发现十多处新石器时代（准确说应该是先夏时期）的古城遗址，它们的主人可能先后有黄帝、共工、禹等。

第八，周穆王（前 976 年—前 922 年在位）曾经在黄河河套以南视察黄帝都城遗址。

八、何处寻找不周山

在中华民族的远古记忆里，与昆仑山齐名的另一座名山是不周山。不周山之所以赫赫有名，乃是因为古人相信它是支撑苍天的八根天柱里唯一被撞倒的一根。事见《淮南子·天文训》所记："昔者共工与颛顼争为帝，怒而触不周之山，天柱折，地维绝。天倾西北，故日月星辰移焉；地不满东南，故水潦尘埃归焉。"

关于天柱的传说，亦见于《列子·汤问》："渤海之东，不知几亿万里，有大壑焉，实惟无底之谷，其下无底，名曰归墟。八纮九野之水，天汉之流，莫不注之，而无增无减焉。"所谓"九野"是把天地划分为八方和中央，九野之名据《吕氏春秋·有始》分别是中央钧天、东方苍天、东北方变天、北方玄天、西北方幽天、西方颢（昊）天、西南方朱天、南方炎天、东南方阳天。所谓"八纮"是指位于八极的八根擎天柱，八极即东、南、西、北四方和东北、东南、西南、西北四隅；“纮”原指礼帽上的飘带，这里指固定擎天柱的绳子。

《淮南子·地形训》记有八根擎天柱的名字：“八纮之外，乃有八极。自东北方曰方土之山，曰苍门；东方曰东极之山，曰开明之门；东南方曰波母之山，曰阳门；南方曰南极之山，曰暑门；西南方曰编驹之山，曰白门；西方曰西极之山，曰阊阖之门；西北方曰不周之山，曰幽都之门；北方曰北极之山，曰寒门。”据此可知，承担擎天的八座大山是方土山、东极山、波母山、南极山、编驹山、西极山、不周山、北极山。其中，只有波母山和不周山见于《山海经》。

《大荒东经》记有：“大荒东南隅有山，名皮母地丘。东海之外，大荒之中，有山名曰大言，日月所出。有波谷山者，有大人之国。有大人之市，名曰大人之堂。有一大人踆其上，张其两耳。”大荒东南隅的皮母地丘、波谷山应该就是波母山，而它在今天的地理位置已经不清楚了。

《西山经》记有：“又西北三百七十里，曰不周之山。北望诸毗之山，临彼岳崇之山，东望泑泽，河水所潜也，其原浑浑泡泡。爰有嘉果，其实如桃，其叶如枣，黄华而赤柎，食之不劳。”据此可知，不周山位于今日黄河河套附近，它与岳崇山（崇吾山）相邻，北面是阴山山脉，东面是泑泽（今日黄河前套平原）。

《大荒西经》记有：“西北海之外，大荒之隅，有山而不合，名曰不周负子，有两黄兽守之。有水曰寒暑之水。水西有湿山，水东有幕山。有禹攻共工国山。”所谓“不周负子”，表明不周山是共工族的发祥地；当地的寒暑之水（冷泉和温泉），其功能和性质，类似不咸山（长白山）的天池。在那洪荒岁月里，“沐浴生子”是一种虔诚的巫术，今日的圣水浴、泼水节、洗礼等风俗，都可能源于此种古老的习俗。由于不周山是共工族活动势力范围里的一处极其重要的地方，因此要“有两黄兽守之”。所谓“两黄兽”，可能是由人装扮的保护神，或者是竖立着的共工部落保护神的塑像，也有可能是共工国战神相柳的造型。关于“有水曰寒暑之水”云云，应该也是渊源自有；有趣的是，山西省北部的宁武县有一个悬空村，该村居民世世代代都居住在山上，而且几乎个个都八九十岁高寿，据说是因为当地有神山神水，该山向阳面长年有煤炭自燃冒着热烟，背阴面有一个深不见底的冰洞，正符合“寒暑之水”的景观。凡此种种，均表明不周山是共工族的圣山。

所谓“禹攻共工国山”，记述的是禹族与共工族的战争，战场就在共工族的圣地不周山，共工族已经退守在自己的最后领地，其结局被记录在《山海经·海外北经》里。

《海外北经》称：“共工之臣曰相柳氏，九首，以食于九山。相柳之所抵，厥为泽溪。禹杀相柳，其血腥，不可以树五谷种。禹厥之，三仞三沮，乃以为众帝之台。在昆仑之北，柔利之东。相柳者，九首人面，蛇身而青。不敢北射，畏共工之台。台在其东。台四方，隅有一蛇，虎色，首冲南方。”

《大荒北经》称：“共工之臣名曰相繇，九首蛇身，自环，食于九土，其所歍所尼，即为源泽，不辛乃苦，百兽莫能处。禹湮洪水，杀相繇，其血腥臭，不可生谷，其地多水，不可居也。禹湮之，三仞三沮，乃以为池，群帝因是以为台，在昆仑之北。”

根据上述记载，禹族彻底战胜共工族，并且在共工族的领地建造了中国的金字塔群——众帝之台，这些金字塔的名称被记录在《海内北经》里：“帝尧台、帝喾台、帝丹朱台、帝舜台，各二台，台四方，在昆仑东北。”其形状为四方台形，所谓“各二台”的“台”字，可能是“重”字之误（两个字的繁体字形相近），即众帝之台均为两层结构，属于阶梯形金字塔，与埃及早期的金字塔和美洲金字塔相似。此外，《大荒北经》还记有共工台：“有系昆之山者，有共工之台，射者不敢北乡。”其建造的时间有可能早于大禹治水、战胜共工之后建造的众帝之台。

据有关方面报道，我国已在黄河河套地区发现属于史前时代（准确说应该是先夏时期）的城址 15 座，它们被命名为河套古城遗址群，主要分布于内蒙古境内阴山山脉以南的丘陵地带，特别是集中分布在黄河河套地区的包头大青山南

麓，准格尔与清水河之间的南下黄河两岸，以及凉城岱海周围三个地区，这批石城遗址的年代约在距今 5000 年至 4300 年之间。上述河套古城遗址群均为石城聚落，其中凉城老虎山城址面积达 13 万平方米，其他多在 2 万平方米左右。这些石城聚落均临险而筑，有的直接利用陡峭山崖，因而石筑围墙并不完全封闭，属于因山就势而筑的防御色彩十分浓厚的城堡聚落。上述河套古城遗址群，很可能就是《山海经》记载的众帝之台的遗迹。

关于不周山的地理位置，还有若干其他说法。民间相传山西省长子县的西山就是不周山，而精卫填海的故事也发生在这里。或者传说宁夏和甘肃境内的六盘山为不周之山的残骸。此外，有人认为不周山是贺兰山，或者不周山在祁连山尾、不周山在帕米尔高原、不周山在非洲大裂谷，等等。

关于不周山的名字，郭璞注谓："此山形有缺不周帀处，因名云。西北风自此山出。"意即不周山是一座有缺口的环形山，也是西北风的风口。有趣的是，共工又名康回，见《楚辞 · 天问》"康回冯怒，地何故以东南倾"；"回"字有环形的意思，"康"为广大，因此"康回"之名的含义也是大环形山，当得自共工族以环形山为圣山的习俗，以及共工撞倒不周山的事件。有趣的是，美洲印第安人也有对环形山的崇拜习俗，而种种迹象表明美洲印第安人曾受到中华文明的影响。美国学者埃里克 · 乌姆兰德在《古昔追踪》（江苏

科技出版社）一书第131页记有：“（位于美国北加利福尼亚州的沙斯塔峰是一座人迹罕至的火山），当地的美洲印第安人对火山口的锥形凹地一直怀有敬畏之情，相信这座山是某一个强大的种族的栖身之处。”

由于不周山的形状非常有特色，是一种有缺口的环形山，它应该是一处环状山脉，也有可能是一座火山口，或者是一处陨石坑。从共工撞倒不周山导致“天倾西北，故日月星辰移焉；地不满东南，故水潦尘埃归焉”的后果来看，好像是一次天外星体（小行星或彗星）撞击地球事件，此次撞击造成了地球自转轴的倾斜，以及北极星的位移，亦即“天倾西北，故日月星辰移焉”。进一步说，鉴于不周山的地理方位明确是在中原的西北方向，在这种情况下，我们今天完全有机会，通过航空拍照、卫星拍照和实地考察，重新找到这座承载着中华民族重要远古文明信息的不周山。

在山西大同、内蒙古呼和浩特之间有一座小镇，名为凉城。凉城东北方向有一海拔1100米左右的湖，大约12千米宽，20千米长，随水位变化其面积也随之改变。该湖被海拔1800~2000米左右的山脉包围，上述环形山脉有一大缺口和几个小缺口，它会不会就是我们苦苦找寻的不周山呢?!

第四章 《山海经》怪兽与民俗

一、形形色色的神奇动物

我们的祖先生活在大自然的怀抱之中，他们对大自然的一切都饶有兴趣。那些能够在天空飞的动物、能够在水中游的动物、能够在原野上奔驰的动物、能够在树上跳来跳去的动物，对人类生存有价值的动物，更是人类特别关注的对象，在中华远古文明宝典《山海经》里就记述有许许多多的动物。

有学者统计，《南山经》记有19处普通动物、23处特殊动物，《西山经》记有59处普通动物、49处特殊动物，《北山经》记有27处普通动物、53处特殊动物，《东山经》记有23处普通动物、28处特殊动物，《中山经》记有130处普通动物、42处特殊动物。

《海外南经》提到动物（兽、鸟、虫、鱼、蛇、虎、犬、龙等，以及部分国名、地名、神名里涉及的动物）33处，《海外西经》提到动物38处，《海外北经》提到动物33

处，《海外东经》提到动物 20 处。

毋庸置疑，《山海经》一个特别迷人之处就在于它描述了形形色色的神奇动物。对此，每一个读者都会不由自主地问道：这些奇异的怪兽，它们真的存在过吗？它们是像恐龙一样灭绝了呢？还是迁徙到了远方？抑或进化变异成了其他的动物？它们是巫师装扮成的还是巫师设计制造出来的？难道它们都是古人凭空想象出来的？古人的想象力会有这么丰富吗？今天就让我们一起来寻找答案吧！

二、鹿蜀是否是“指鹿为马”成语故事里的主角

《史记·秦始皇本纪》记有：“赵高欲为乱，恐群臣不听，乃先设验，持鹿献于二世，曰：‘马也。’二世笑曰：‘丞相误邪？谓鹿为马。’问左右，左右或默，或言马以阿顺赵高。或言鹿，高因阴中诸言鹿者以法，后群臣皆畏高。”

相信很多人当年在课堂听到指鹿为马这则故事时，心里都隐约会有些疑惑：赵高公然拉来一头梅花鹿，就愣敢对秦二世说是马——这不是显得过于蛮横了吗？而且还有一点冒险，因为秦二世不是傻瓜，拥护秦二世的大臣也不是傻瓜，他们会一眼就看破赵高的用意，并采取必要的措施削减赵高的权力。问题是，如果赵高牵来的奇异动物不是梅花鹿，它又会是什么当时人们并不熟悉的生物呢？

有趣的是，《南山经》南次一经记述有一种名叫“鹿蜀”的奇异动物：“又东三百七十里，曰杻阳之山，其阳多

赤金，其阴多白金。有兽焉，其状如马而白首，其文如虎而赤尾，其音如谣，其名曰鹿蜀，佩之宜子孙。怪水出焉，而东流注于宪翼之水；其中多玄龟，其状如龟而鸟首虺尾，其名曰旋龟，其音如判木，佩之不聋，可以为底。”

关于鹿蜀是今天的什么动物，以往人们通常都把它解读为斑马。其实，鹿蜀并不是斑马，而是4000多年前栖息在中国南方的一种类似马鹿的奇异动物。理由是，“鹿蜀”的“蜀”字意思是马头蚕，据此鹿蜀应该是一种像马的鹿，亦即马鹿，准确说鹿蜀是一种当年栖息在南方的马鹿。马鹿是一种仅次于驼鹿的大型鹿类，因为体形似骏马而得名，栖息于非洲、欧洲、北美洲和亚洲，目前在我国北方和喜马拉雅山地区也有分布。

更有力的证据是，斑马从未闻有“宜子孙”的功效，

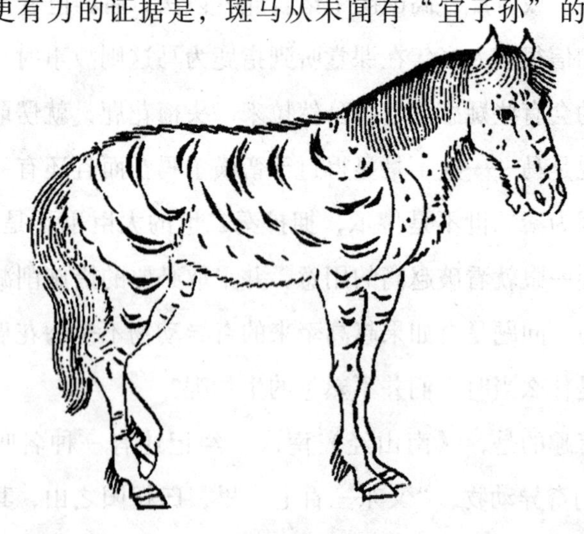

而马鹿的鹿茸则是名贵中药材，而且产量很高，鹿胎、鹿鞭、鹿尾和鹿筋也是名贵的滋补品，它们确实具有“宜子孙”的功效。有趣的是，初生的马鹿幼仔体毛呈黄褐色，有白色斑点，也符合鹿蜀“其文如虎”的特征。进一步说，在《山海经》中，凡是说“食之”如何的动物、植物，无论它们怎么奇形怪状，通常都是自然界真实存在的生物。对比之下，那些能够预测未来的神奇动物，则有可能是由巫师装扮成的。

据此可以推知，两千多年前赵高牵来的那只既像是马、又像是鹿的奇异动物，很可能就是赵高派人从南方找来的仅存的珍稀动物鹿蜀。这种又像马又像鹿的动物，让秦二世和群臣一时难以判断它究竟是马还是鹿。赵高算定秦二世会说是鹿，就故意说是马，同时观察群臣的反应，然后再找机会把与自己意见不同的大臣逐一排挤出权力圈，显然这样做可进退自如，更能显示出赵高的精明与狡猾。也就是说，“指鹿为马”这则在我国流传甚广的成语故事里的动物主角很可能就是类似马鹿的珍稀动物鹿蜀，而不是人们通常误解的普普通通的梅花鹿或斑马。

三、尾部有窍的“罴”是否是藏羚羊

《北山经》北次三经记有一种名叫“罴”的奇异动物：“又北五百里，曰伦山。伦水出焉，而东流注于河。有兽焉，其状如麋，其川在尾上，其名曰罴。”显然，这里的罴，不是熊罴的罴，而是一种样子像麋鹿的动物；奇怪的是它的尾部有窍，而这个窍不可能是指通常的生殖、排泄通道口，否则就没有必要特别记述它的存在了。

那么，“川在尾上”究竟描述的是一种什么样的特殊器官结构呢？值得注意的是，生活在青藏高原的藏民早就发现藏羚羊的四肢上部各有一个气囊，每个气囊都有特殊的窍口，后肢的窍口就位于尾部，而且比较明显。通常只有在藏羚羊奔跑时，这些气囊才会鼓胀起来，而这些气囊只是在近年才被科学界注意到。说到这里，许多读者都可能会恍然大悟：“川在尾上”的奇异动物罴，会不会就是一种类似于今天藏羚羊的动物啊！

在青藏高原海拔 4000～6000 米的荒漠草甸高原、高原草原等区域，栖息着国家一级保护动物藏羚羊。藏羚羊的体形与黄羊相似，体长 117～146 厘米，尾长 15～20 厘米，肩高 75～91 厘米，体重 45～60 千克，寿命最长约 8 年。藏羚羊性情胆怯，通常在早晨和黄昏结成小群活动、觅食。藏羚羊的绒毛纤维细密，只有人毛发的五分之一，保暖性极佳，曾长期成为偷猎者的目标。藏羚羊善于奔跑，最高时速可达 80 千米，能够以 60 千米的时速连续奔跑 20～30 千米，使猎食者望尘莫及。

众所周知，海拔高度与空气含氧量存在着反比关系，即海拔越高空气中含氧量越低。海拔高度 0 米（海平面）的空气中含氧量为 20.95%，海拔 3000 米的空气含氧量为 16.15%，海拔 4000 米的空气含氧量为 14.55%，海拔 5000 米的空气含氧量为 13.95%，海拔 6000 米的空气含氧量为 11.35%。如果以海平面的空气含氧量为 100% 计算，那么海拔 3000 米的空气含氧量为海平面空气含氧量的 77.1%，海拔 4000 米的空气含氧量为海平面空气含氧量的 69.5%，海拔 5000 米的空气含氧量为 61.8%，海拔 6000 米的空气含氧量仅为 54%（上述数字因各地的湿度、温度等具体情况不同而会有一些差异）。

去青藏高原时，许多人都有高原反应（又称高山症），就是因为青藏高原的海拔高、空气稀薄、含氧量低。高原反应程度因人而异，越是年轻力壮的人，氧气消耗量越多，高原反应（呼吸困难、头痛、胸闷、无力）也就越厉害，严重时还会出现并发症，甚至危及生命。

毋庸置疑，藏羚羊要想能够在青藏高原长距离高速奔跑，必须得从稀薄的空气中获取足够的氧气，而这一定与藏羚羊的身体具有某些特殊结构及其相应功能密不可分。人们已知的情况是，藏羚羊的每个鼻孔内还有 1 个小囊，据说它的作用就是为了帮助藏羚羊在空气稀薄的高原上增加对氧气的吸收量。但是，藏羚羊鼻孔里的小气囊实在是有些太小了，其对吸收氧气的贡献是非常有限的。因此，藏羚羊身上一定还有着人们尚不清楚的能够大量吸收氧气的“秘密武器”。

最近的科学研究发现，藏羚羊之所以能在高海拔地区奔走如飞，乃是因为它们身上都藏着 4 个特殊的“气囊”器官结构。科研人员在对藏羚羊身体结构全面研究过程中惊奇地发现，它除前体两侧的皮下藏有两个气囊外，臀部两侧还有两个较大的气囊。藏羚羊四肢上的气囊乃是氧气储存交换器，类似于肺的功能，因此这些气囊可以给奔跑过程中的藏羚羊四肢提供额外的氧气供应，这才是藏羚羊能够在青藏高原长距离快速奔跑的“秘密武器”。据此可知，《山海经》记载的“其状如麋，其川在尾上”的奇异动物罴，非常类似四肢上有气囊窍口的藏羚羊。

接下来的问题是，藏羚羊的“氧气囊”是如何形成的

呢？通常的解释为藏羚羊四肢上的气囊是经过“无数次、微小的、随机的变异”在“自然选择”的作用下形成的。问题是，自然选择只能够对有利的或有害的变异发生作用，对于正在形成过程中的藏羚羊四肢上的气囊来说，它们对藏羚羊不但没有好处，还有坏处（浪费宝贵的资源、窍口容易引起感染等），如果真的是“随机微变 + 自然选择”，那么这种存在于四肢上的气囊结构在形成过程中早就应该被淘汰掉了。

对比之下，一种全新的解释是，所有的生物都拥有生命智力，生命智力能够使用间接信息达成期望效应，生物进化的实质是生命自主生存技术的不断创新，藏羚羊的氧气囊就是由其生命智力系统设计制造出来的。具体来说，藏羚羊的生命智力系统为了能够在高海拔地区生存，必须解决长距离快速奔跑时的氧气供应问题。为此，它除了增加肺活量、提高血液输氧量、增加鼻孔小气囊之外，还在四肢上设计制造了局部供氧器官结构“氧气囊”。这些氧气囊主要由窍口、囊室、氧气富集结构、氧气渗透四肢肌肉结构等设施构成，其最大的好处是能够直接向四肢肌肉提供额外的氧气。也就是说，藏羚羊四肢气囊的形成原理是“生命智力设计制造 + 自然选择”，正如我们人类的大脑思维生命智力系统设计制造的楼房、汽车也要接受环境的考验一样。

四、朱厌是不是侦察兵

《西山经》西次二经："又西四百里，曰小次之山，其上多白玉，其下多赤铜。有兽焉，其状如猿，而白首赤足，名曰朱厌，见则有兵。"

通常人们都相信朱厌是自然界存在的一种猿类，研究动物的学者根据"白首赤足"推断它是白眉长臂猿。问题是，为什么朱厌的出现就表明有敌情或战争呢？

我们知道，许多群居动物，包括鸟类、鼠类、猿猴类，其成员都要轮流担任放哨和侦察的责任，以保障群体在觅食、栖息时的安全。在远古时期，人烟稀少，各个部落都有自己的栖息地，每个部落为了保障本部落成员的安全，也要派人担任警戒和侦察工作，这样的工作逐渐变由专人来承担。特别是当相邻部落之间存在利益冲突时，更要派出侦察兵去窥视对方的一举一动，以便在敌对方出兵来犯时尽可能提前报警。

为了方便进行侦察活动，侦察兵当然不能穿本部落的服装，而是要装扮成不易被敌对方发现的样子。在这种情况下，侦察兵或哨兵模仿当地猿类的形象悄悄地躲在树上，应该是一种比较好的办法。从这个角度来说，《西山经》描述的朱厌很可能就是居住在小次山部落的侦察兵。根据《山海经》的记载，许多部落都有自己的侦察兵，不同部落侦察兵的装扮也各不相同。

五、毕方是否是火警标志

《西山经》西次三经："又西二百八十里，曰章莪之山，无草木，多瑶碧。所为甚怪，有兽焉，其状如赤豹，五尾一角，其音如击石，其名曰狰。有鸟焉，其状如鹤，一足，赤文青质而白喙，名曰毕方，其鸣自叫也，见则其邑有讹火。"

根据上述记载，章莪山有两种奇怪的动物，一种是样子像赤豹的狰，它有5条尾巴1只角，发出的叫声像是敲击石头。另一种是样子像鹤的毕方，它的喙是白色的，黑色的羽毛上面有红色的花纹，发出"毕方"的叫声，它的出现表明当地有异常的火情。

众所周知，自然界里样子像赤豹的真实存在的动物是不可能有5条尾巴的。因此《西山经》描述的怪兽"狰"，有可能是巫师装扮成的，或者是当地人供奉的神灵；由"其音如击石"来看，它的职责或功能应该是掌管打火石。在远古时期，使用打火石是一件非常重要的事情，掌管打火石也是一项非常重要的职责，因此要设有专职的巫师和供奉相应的神灵。

同理，样子像鹤的毕方也不是自然界真实存在的鸟类，而是由巫师装扮成的，或者是当地人供奉的神灵；由“其鸣自叫也，见则其邑有讹火”来看，它的职责或功能应该是报警发生了不正常火情，具有预防火灾、通知及时救火的功能。当出现火情时，装扮成毕方鸟的巫师或者举着毕方鸟标志的消防队员，就会发出模拟火烧竹木的“噼啪”声，警告人们赶快出来避火和参与灭火。

《海外南经》记有：“毕方鸟在其东，青水西，其为鸟人面一脚。一曰在二八神东。”

《海内西经》记有：“青水出西南隅以东，又北又西南过毕方鸟东。”

《韩非子·十过》称：“昔者黄帝合鬼神于泰山之上，驾象车而六蛟龙，毕方并辖，蚩尤居前，风伯进扫，雨师洒道，虎狼在前，鬼神在后，腾蛇伏地，凤凰覆上，大合鬼神，作为清角。”

根据《海外南经》《海内西经》《韩非子·十过》的记载，毕方亦是一个部落或一种官职的名称，其职责是协助驾驭黄帝的象车或龙车。所谓黄帝“大合鬼神”，与禹召集天下诸侯聚会的性质类似，都属于先夏时期民族整合与融合过程中的重大事件。

进一步说，“狰”和“毕方”的前身，可以追溯到炎帝和燧人氏。《太平御览》卷七十八引《礼含文嘉》云：“燧人始钻木取火，炮生为熟，令人无腹疾，有异于禽兽，遂天之意，故为燧人。”《礼含文嘉》的作者不知何人，但是他认为人与禽兽的区别在于“钻木取火，炮生为熟”，却是一种非常有洞察力的理论见识：人与兽相区别在于火的使用。所谓燧人氏得名于“遂天之意”是一种很有趣的说法，其实质在于“燧”是一种取火工具，既包括《淮南子·本经训》的“钻燧取火”，也包括打火石（20 世纪 60 年代中国农村仍在使用）。

有趣的是，我国民间的灶神（灶王爷），其最早的原型正是炎帝。《淮南子·汜论训》：“炎帝作火，死而为灶。”高诱注谓：“炎帝，神农，以火德王天下，死托祀于灶神。”此外，还有黄帝为灶神，祝融（名犁，颛顼之子）为灶神等多种说法。古人使用火，需要解决许多技术难题，除了保存火种、钻木取火、制造配套器物之外，还需要解决一个至关重要的大问题，那就是如何避免一氧化碳中毒，否则就会“玩火者必自焚”。种种迹象表明，正是我们中国人的祖先最早解决了这个关键技术问题。事实上，从五十万年前的北京人，再到一万年前北京门头沟的东胡林人，一万八千年前的山顶洞人，都是以用火著称的，炎帝之名的含义就是指用火的部落。“炎”字两个“火”上下重叠，意思是指烟火向

上走，即《说文》“炎，火光上也，从重火”；而“炎”又与“烟”同音，表明炎帝部落解决了使用火的最大难点，即通风排烟问题，并由此而避免了一氧化碳中毒。或许，炎帝原本亦可名叫“烟帝”（烟火的烟，不是烟草的烟）。从这个角度来说，民间敬重灶王爷炎帝，是在感激他解决了使用火的过程中如何排除烟尘、避免煤气中毒的技术难题（设置烟道、烟囱，以及通风换气等）。

六、黄帝的鹑鸟、西王母的三青鸟、“使四鸟”都是什么鸟

（一）黄帝的鹑鸟是宫廷服务员吗?

《西山经》西次三经：“西南四百里，曰昆仑之丘，是实惟帝之下都……有兽焉，其状如羊而四角，名曰土蝼，是食人。有鸟焉，其状如蜂，大如鸳鸯，名曰钦原，蠚鸟兽则死，蠚木则枯。有鸟焉，其名曰鹑鸟，是司帝之百服。”

鹑鸟即凤凰，《埤雅》引师旷《禽经》称：“赤凤谓之鹑。”“百服”指百种器物。问题是，黄帝都城里的鹑鸟如何管理黄帝宫廷（包括后宫）的各种器物呢？值得注意的是，中国先夏时期有用不同的鸟来命名官职的习惯，其中最有代表性的是少昊族用百鸟命名百官；遥想当年少昊族各个官员都佩戴着相应鸟的羽毛，那个场景足以令我们今天的人

感到震撼。孔子的老家曲阜有少昊陵，《左传·昭公十七年》记有当年少昊的后裔郯子来到曲阜，孔子特意向其请教少昊族的历史渊源，郯子告诉孔子："我高祖少皞挚之立也，凤鸟适至，故纪于鸟，为鸟师而鸟名。"由此推知，黄帝都城里的鹑鸟实际上是负责管理黄帝宫廷器物、提供后勤服务的官员。

关于黄帝都城昆仑里的怪兽土蝼，有人说它是猞猁，其实此处食人的土蝼有可能是黄帝都城昆仑的司法官，其装束源于神羊獬豸断案的习俗；相传獬豸似羊非羊，似鹿非鹿，头上长着一只角，俗称独角兽。怪鸟钦原看样子像是体形硕大的野蜂，或谓蜂鸟，或谓针尾鸭，其实它有可能是黄帝都城的执法官。

（二）西王母的三青鸟是驯鹰吗？

在中国汉代绘画作品里，西王母身边有两种瑞兽，一是九尾狐，另一种是三青鸟。其中，九尾狐象征着多子多孙、家族兴旺，三青鸟则寓意衣食无忧。《山海经》里也多处记载有九尾狐、三青鸟，不过《山海经》记述的九尾狐并没有与西王母联系在一起，而《山海经》记述的三青鸟则明确称其"为西王母取食"，事见《海内北经》："西王母梯几而戴胜（杖），其南有三青鸟，为西王母取食。在昆仑虚北。”所谓“梯几而戴胜”意思是西王母坐在梳妆台前佩戴饰品。

根据《西山经》西次三经的记载，西王母居住在玉山，“又西三百五十里，曰玉山，是西王母所居也。西王母其状如人，豹尾虎齿而善啸，蓬发戴胜，是司天之厉及五残”，而三青鸟栖息在三危山，“又西二百里，曰三危之山，三青鸟居之，是山也广员百里”，两者并不在一起，那么三青鸟为什么要“为西王母取食”呢?

关于三青鸟的形貌，有人认为是一种名叫“三青”的鸟，也有人认为是三种不同的“青鸟”。根据《大荒西经》“有三青鸟，赤首黑目，一名曰大鵹，一名曰少鵹，一名曰青鸟”的记述，三青鸟应该是指三种不同的鸟，但是它们为什么都要“为西王母取食”呢?

对此，一种解释是，《五藏山经》记述动物时都用“有鸟（兽）焉”，此处称为“居之”，表明三青鸟是部落或氏族的名称，而且属于西王母部落联盟的成员，其主职就是为西王母提供食物。另一种解释是，三青鸟是西王母驯化的三种猎鹰，它们都能够帮助西王母捕猎野兔、黄羊等猎物。

（三）“使四鸟”是在役使奴隶吗?

《大荒四经》里多处记载古代部落（包括古国、方国）

有“使四鸟：虎、豹、熊、罴”的现象或习俗。例如，仅《大荒东经》就记有6个部落的人“使四鸟”：

有蒍国，黍食，使四鸟：虎、豹、熊、罴。

有中容之国。帝俊生中容，中容人食兽、木实，使四鸟：豹、虎、熊、罴。

有司幽之国。帝俊生晏龙，晏龙生司幽。司幽生思士，不妻；思女，不夫。食黍，食兽，是使四鸟。有大阿之山者。

有白民之国。帝俊生帝鸿，帝鸿生白民。白民销姓，黍食，使四鸟：虎、豹、熊、罴。

有黑齿之国。帝俊生黑齿，姜姓，黍食，使四鸟。

有招摇山，融水出焉。有国名玄股，黍食，使四鸟。

那么，我们今天该如何解读“使四鸟：豹、虎、熊、罴”的现象或行为呢？虎、豹、熊、罴都是凶猛的动物，古人又是如何役使它们的呢？难道他们都是马戏团的驯兽大师不成？对此，袁珂认为“使四鸟”源自《尚书·舜典》所记益与朱（豹）、虎、熊、罴争神而胜的神话故事，而益即舜，舜即帝俊，亦即殷墟卜辞所称“高祖俊”，其原貌则为燕，乃《诗·玄鸟》“天命玄鸟，降而生商”之玄鸟，因此帝俊后裔均有役使四鸟之能力。

或许，所谓“使四鸟”是指役使奴隶或者猎人、战士，并用动物名对其命名；也可能是设立四名官员，并用虎豹熊

罴分别命名其官职；或者“四鸟”是指分别以虎、豹、熊、罴为图腾的4个部落。比较之下，“使四鸟”更可能是指役使奴隶。这是因为，《大荒四经》是商代的文献，而商代是典型的奴隶制社会，当时的许多部落（包括古国、方国）都在役使奴隶从事各种苦役，其中也不排除驱使奴隶彼此之间进行角斗，这些角斗士根据其特点被划分为虎、豹、熊、罴等级别。

七、一首十身的何罗鱼是否是头足类动物

《北山经》北次一经："又北四百里，曰谯明之山。谯水出焉，西流注于河。其中多何罗之鱼，一首而十身，其音如吠犬，食之已痈。有兽焉，其状如貆而赤豪，其音如榴榴，名曰孟槐，可以御凶。是山也，无草木，多青雄黄。"

关于"一首而十身"的何罗鱼，有人说它是胡子鲶，有人说它是头足类动物的章鱼或乌贼，还有人说它是蝾螈。胡子鲶俗称塘虱、土虱，体长约20厘米，灰褐色，有须4对，还有延长的背鳍、臀鳍，以及胸鳍、尾鳍，无鳞，栖息在我国长江以南的淡水中，肉质细嫩，为南方食用鱼类。头足类动物属海洋动物，典型的头足类动物有鱿鱼、章鱼、船蛸、鹦鹉螺、墨鱼等。它们的嘴长在身体下侧的平面上，有多条可伸缩的强健触须，眼睛发育较好。现存的头足类动物主要有4类，即鹦鹉螺目、十足目、幽灵蛸目、八腕目，共

计400多种软体动物，它们广泛分布于全球海洋里，从浅海至三四千米的深海，以及海底，无论是寒带、热带还是温带的海洋，都能见到它们的踪影。

鹦鹉螺通常在百米左右的浅海水底爬行，它是现存头足类中最古老的一种，至今仍保持其远古祖先的面貌，因此被称作“活化石”。章鱼通常在水底洞窟、岩隙或石块中潜居，能够利用生在头部的八条触角将虾、蟹等猎物紧紧包裹住，然后食用。乌贼、鱿鱼能利用腹部的漏斗状器官以喷水的方式获得反冲力而快速游动，以追捕食物或者逃避敌害。

乌贼有八条腕和两条触手，属于十足目，又称十足类，完全符合何罗鱼“一首而十身”的特征。生活在深海中的大王乌贼，长18米，重达1万克。而能够在海底发光的荧乌贼，长度仅有5厘米。最小的乌贼是微鳍乌贼，体长只有1.5厘米，体重只有0.1克，与一粒小花生米差不多大。船蛸的形状奇特，雌、雄个体的差别很大；雄性个体非常小，小到附着在雌性身体上，以至会使人们误认为它是雌体身上的一条寄生虫。

根据“谯水出焉，西流注于河”的记述，可知谯水发源于今日山西省境内的吕梁山，是典型的北方陆地淡水河流，这里既不适合南方的胡子鲶生存，也不适合海洋头足类动物生存。在这种情况下，《山海经》所说的“一首而十身”的何罗鱼，可能是海洋头足类动物乌贼在中国北方淡水河的残留物种，已经适应了在淡水中生活；也可能是一种能够适应北方气候的多须鲶鱼（野生鲶鱼有多达 12 条须，而家养鲶鱼常为 8 条须）。对比之下，根据何罗鱼“其音如吠犬”的特征来看，后者的可能性更大一些，因为鲶鱼能够发出叫声，而头足类动物（乌贼、章鱼）似乎只有听觉却不会发出叫声。

蝾螈，又称水蜥，属于两栖类动物（与鲵类接近），有四肢和长尾，体长从 10 厘米到 150 厘米（大蝾螈或大鲵），栖息在北半球的清冷缓流水体环境里，或者湿地草丛中。有一种蝾螈，它们的头部与身体之间长着成组的鳍，数量有 6 ~10 个，或许就是《山海经》所说的“一首而十身”的何罗鱼。

八、孔子对“一足夔”的解释是否正确

中国春秋时期的大教育家孔子，以博学著称于世，人们遇到不明白的事情，总要向孔子请教。《韩非子·外储说左下第三十三·说二》就记有这样一段对话：鲁哀公问于孔子曰：“吾闻古者有夔一足，其果信有一足乎?”孔子对曰：“不也，夔非一足也。夔者忿戾恶心，人多不说喜也。虽然，其所以得免于人害者，以其信也。人皆曰独此一足矣。夔非一足也，一而足也。”哀公曰：“审而是固足矣。”一日，哀公问于孔子曰：“吾闻夔一足，信乎?”曰：“夔，人也，何故一足？彼其无他异，而独通于声。尧曰：‘夔一而足矣。’使为乐正。故君子曰：‘夔有一足’，非一足也。”

夔在中国先夏时期有两种身份，一种指动物夔，另一种指乐官夔。动物夔的主要特征是“一足”，即只有一只脚；乐官夔的职责是用动物皮（夔皮、鳄鱼皮、牛皮）制作鼓，以指挥乐队演奏、演员歌舞。春秋战国时期的古人，由于分

不清动物夔和乐官夔，也不明白动物夔为什么只有“一足”，因此才会感到疑惑。孔子的回答表明，他也没有分清楚动物夔和乐官夔，因此只能勉强把动物夔的“一足”解释为“有一个夔就足够了”。

关于动物夔的记载见于《大荒东经》：“东海中有流波山，入海七千里。其上有兽，状如牛，苍身而无角，一足，出入水则必风雨，其光如日月，其声如雷，其名曰夔。黄帝得之，以其皮为鼓，橛以雷兽之骨，声闻五百里，以威天下。”

流波山之名很像是一座漂浮在海上的特大冰山，在古代北冰洋的冰山有可能穿过白令海峡，漂移至我国东海或太平洋西部；在这些漂浮的冰山上，经常会有海象、海狮、海豹、海狗、海牛等海洋哺乳动物栖息，并成为人类（可能还有北极熊）猎捕的对象。事实上，乘冰山漂游世界也是人类远距离越洋迁徙的重要途径之一，因为大冰山上既有食物也有淡水；尽管这种迁徙方式不可能留下“冰船”的痕迹，但是《列子》中归墟五仙山的传说很可能与此现象有关。据此可知，苍身、无角、一足、状如牛之夔，乃是栖息在冰山上的海牛或者其他类似牛的海洋哺乳动物，其四足退化而尾部发达，远看即“一足”。至于夔“出入必风雨，其光如日月”者，则可能与模拟捕捉夔的巫术仪式有关。雷兽之骨据郭璞注谓：“雷兽即雷神也，人面龙身，鼓其腹者。橛犹

击也。”

袁珂认为：“流波山一足夔神话亦黄帝与蚩尤战争神话之一节，《绎史》卷五引《黄帝内传》云：‘黄帝伐蚩尤，玄女为黄帝制夔牛鼓八十面，一震五百里，连震三千八百里。’吴任臣《<山海经>广注》(《大荒北经》)引《广成子传》云：‘蚩尤铜头啖石，飞空走险，以馗牛皮为鼓，九击止之，尤不能飞走，遂杀之。’即其事也。”

玄女又称九天玄女，相传她传授给黄帝兵法，《太平御览》引《黄帝玄女战法》云：“黄帝与蚩尤九战九不胜，黄帝归于太山，三日三夜雾冥。有一妇人，人首鸟形，黄帝稽首再拜伏不敢起。妇人曰：‘吾玄女也，子欲何为?’黄帝曰：‘小子欲万战万胜。’遂得战法焉。”

鼓在古代战争中有着重要作用，一是鼓舞士气，二是传递指挥命令，已佚失的古兵书《军政》称：“言不相闻，故为金鼓；视不相见，故为旌旗。”根据考古发掘，我国古代的鼓主要有蒙皮木鼓、陶鼓、铜鼓等，山西襄汾陶寺出土的四千年前木鼓，系用树干截断挖制而成，高约 1 米，鼓腔内有鳄鱼骨片，表明两端所蒙的是鳄鱼皮（已朽），鼓面直径约 50 厘米，鼓身外表涂有白、黄、黑、宝石蓝等彩色回形纹、宽带纹、云雷纹等几何图样，相当华丽。

九、巴蛇食象是否真的发生过

《海内南经》记有："巴蛇食象，三岁而出其骨，君子服之，无心腹之疾。其为蛇青黄赤黑。一曰黑蛇青首，在犀牛西。"

《海内经》记有："又有朱卷之国。有黑蛇，青首，食象。"

郭璞注："今南方蚒蛇吞鹿，鹿已烂，自绞于树腹中，骨皆穿鳞甲间出，此其类也。《楚辞》曰：'有蛇吞象，厥大如何?'说者云长千寻。"

巴蛇又称黑蛇，"巴蛇"是以产地为名，"黑蛇"是以颜色为名。但是，根据"其为蛇青黄赤黑"的描述，巴蛇的皮肤颜色似乎是五彩斑斓的，或者与变色龙类似，也能够自主改变其皮肤颜色。

所谓巴蛇食象的传闻，通常都理解为这种大蛇能够吃下成年的大象，问题是自然界真的曾经有过这么大的巴蛇吗？据报道，在印度尼西亚苏门答腊岛的一个原始森林中曾捕获到一条长14.85米，重447千克的巨蟒，它被认为是迄今为止世界上最大的蟒蛇，大口一张可轻松地吞下一个成年人。

南美洲的亚马孙森蚺也是当今世界上最大的蛇类之一，体长可达10米以上，重可达250千克以上，躯干粗如成年男子，通常栖息在泥岸或者浅水中，捕食水鸟、龟、水豚、貘等，有时甚至吞吃2.5米左右长的凯门鳄。对比之下，目前地球上的大象主要有亚洲象和非洲象，肩高3米左右，体长5~7米，体重5吨左右，象牙长达2米左右，非洲象的体形比亚洲象大。显然，目前地球上最大的蛇，是不可能吞下成年大象的。

有鉴于此，关于巴蛇食象传闻的一种解释是，由于巴人以“巴”为名，而“巴”有大蛇之意，因此巴蛇食象的故事，也可能记录有巴人驯服大象的内容。在《五藏山经》中次九经对大巴山地区的描述里，大象属于当时常见动物。当人类进入农业社会以后面临的一个重要问题，就是保护农作物不受野生动物的破坏。在各种动物里，大象是一种食量非常大的食草类动物，而且当时人们缺少对付大象的有效手段和武器，在这种情况下大象对农田的破坏就成为一个必须解决的问题。或许，正是为了驱赶和制服大象，巴人才驯养了巴蛇，并利用巴蛇去攻击大象，从而给后人留下了巴蛇食

象的故事。

此外，还有一种解释认为这种能够吞食大象的巨蛇，很接近于身躯庞大的食肉类恐龙，因此《山海经》记载的巴蛇有可能是某种食肉类恐龙的幸存者。众所周知，恐龙在6500万年前大规模死亡，但是这并不意味着所有的恐龙都全部灭绝，因为同时期的鳄鱼、乌龟、鸟类、哺乳类都存活下来，因此应该也有数量不算少的某些种类的恐龙幸存下来。有趣的是，《山海经》记载的若干奇异动物，就有可能是那个时代仍然幸存的恐龙。

《海外北经》记有：钟山之神，名曰烛阴，视为昼，瞑为夜，吹为冬，呼为夏，不饮，不食，不息，息为风，身长千里。在无启之东。其为物，人面，蛇身，赤色，居钟山下。

《大荒北经》记有：西北海之外，赤水之北，有章尾山。有神，人面蛇身而赤，直目正乘，其瞑乃晦，其视乃明，不食不寝不息，风雨是谒。是烛九阴，是谓烛龙。

关于烛龙的神话传说，或可表明当时人们知道自然界有一些身躯特别庞大的动物，它们很可能就是我们今天所说的恐龙。进一步说，烛龙这种恐龙，具有一种特殊的本领，这就是从口中能够喷出火来，可用于威慑其他动物。动物喷火乍看似天方夜谭，其实这种生存技能也并不是不可能实现：只要胃里有甲烷气体、口部有可产生电火花器官即可。而这两项技术早已有其他动物掌握了，例如牛的胃里就有甲烷，

电鳗就能够发出高压电击。据此可知，烛龙应该是一种食草类恐龙。

《大荒东经》记有：大荒东北隅中，有山名曰凶犁土丘。应龙处南极，杀蚩尤与夸父，不得复上。故下数旱，旱而为应龙之状，乃得大雨。

《大荒北经》记有：有人衣青衣，名曰黄帝女魃。蚩尤作兵伐黄帝，黄帝乃令应龙攻之冀州之野。应龙畜水，蚩尤请风伯、雨师，纵大风雨。黄帝乃下天女曰魃，雨止，遂杀蚩尤。魃不得复上，所居不雨。叔均言之帝，后置之赤水之北。叔均乃为田祖。魃时亡之，所欲逐之者，令曰："神北行!"先除水道，决通沟渎。

这里的应龙实际上是以应龙为图腾的部落。应龙的形貌是有翼的龙，非常类似恐龙大家族里的翼龙。

《西山经》西次一经：又西六十里，曰太华之山，削成而四方，其高五千仞，其广十里，鸟兽莫居。有蛇焉，名曰肥𧔥，六足四翼，见则天下大旱。

西次一经是《西山经》记载的第一条山脉即今日的秦岭，太华山即位于今日的华山山脉，这里的六足四翼的怪蛇肥𧔥，也可能是幸存的活恐龙。

有必要指出的是，目前流行的动物分类学"恐龙"一词并不很科学，因为它涵盖的动物种类太多，而且没有把恐龙（热血动物）与其他大型爬行动物（冷血动物）区分开来，因此应当重新将其命名为“热龙”。事实上，恐龙之所以能够从爬行动物世界脱颖而出，正是因为恐龙掌握了新的生存技术，从冷血动物进化成为热血动物。我们知道现存的最原始的哺乳动物鸭嘴兽的体温在 25～35 摄氏度之间变化，据此可以推测，当年“热龙”的体温也约在 25～35 摄氏度之间；而从“热龙”进化出的哺乳类动物的体温约在 35～40 摄氏度之间，从“热龙”进化出的鸟类的体温约在 40～45 摄氏度之间。进一步说，正是由于体温的不同，爬行类、“热龙”类、哺乳类、鸟类的生存方式又产生了一系列的差异。例如，爬行类是冷血动物，因此它们的受精卵只能是自行孵化（有一种眼镜蛇，雌蛇产卵后，会用草和树叶把卵覆盖）。“热龙”类由于刚刚掌握热血升温技术，还没有进一步掌握抱窝孵卵技术，因此只能够采取其他方法提高受精卵的孵化温度（可能是利用草和树叶发酵产生的热量）。鸟类则掌握了抱窝孵卵技术，哺乳类则在体内完成“孵化”（胎儿）。有趣的是，栖息在东南亚及澳大利亚的营冢鸟就不自己抱窝孵卵，而是将腐败枝叶和垃圾尘土堆成冢状，然后在冢顶掘穴把受精卵产在腐败物之中，利用腐败物发酵产生的热量孵化受精卵，雏鸟出壳即羽翼丰满，能够飞行。据此可知，根据体温和孵卵方式能够把活恐龙亦即“热龙”与普通爬行动物区别开来，这也是我们今天鉴别幸存的恐龙与爬行动物的主要依据之一。

十、“零口姑娘”的悲剧与雌雄同体怪兽

1994年，西安市至潼关县的高速公路施工中，在临潼区零口村地界处，工人发现若干古代遗迹。闻信后，陕西省考古所迅速派出考古队，对现场遗迹进行抢救性发掘。在编号M21尸骨上，共清理出骨叉8件、骨镞2件、骨笄8件，所有的凶器全部为动物骨骼磨制而成，并多次使用。这些凶器有很多都深深地插在M21的骨骼里，有的甚至已经将脊椎骨贯穿，在尸骨上留下的明显创伤有35处，其创伤位置表明M21当时受到来自多方向的多人群体杀戮。经过碳14分析和孢粉检测，确定M21的死亡时间约在前5300年前；其身高160厘米，眉骨似女性，耻骨似男性，DNA检测是女性；年龄大约在14岁到18岁之间，比较可能是16岁的花季年龄。由于是在西安临潼区零口村被发现的，专家们就叫她“零口姑娘”。考古界对“零口姑娘”死因的推测有宗教

祭祀、战争的俘虏、违背婚姻等方面的族规、情杀或仇杀、割体葬仪等，但是没有一个解释具有充分的说服力。其实，M21 很可能是一个双性人，并因此而遭到族人的虐杀（这可能是人类社会最早的因性畸形而被杀害的案例），主要理由是：

首先，M21 的“眉骨似女性，耻骨似男性，DNA 检测是女性”，具有双性人特征；尤其是“耻骨似男性”，这表明其外在性特征出现明显的男性化。

其次，有 4 件凶器是从受害人的会阴处插进去的，这表明施害者的目的是指向受害人的性器官。

再次，在 7000 年前的母系社会里，妇女特别是少女有着优越的社会地位，而且享受着充分的性自由；因此，正常情况下没有任何理由会对少女施加如此残暴的杀戮。

最后，M21 被安葬在家族或氏族居住区的未成年人墓地里，有着独立的墓坑，仰身直葬，尸骨完整，仅失去一只左手；这表明她不可能是被外族人杀害的，而是被自己的族人（包括女性族人使用骨笄）杀害的。与此同时，族人虽然残忍地杀害了她，但是仍然尊重其在族群里的社会地位，给她提供了独立的墓坑。

出现上述种种相互矛盾的现象，唯一合理的解释就是，M21 在进入性成熟阶段，出现了越来越明显的男性化趋势，这使族人非常困惑，并最终决定集体将其处死，以免可怕的

变性情况像瘟疫一样传染开来。在处死 M21 之后，族人把她的尸体完整地安葬在未成年人墓地里，只是取走了她的一只左手，扔到荒野，目的是防止她复活。

事实上，在远古时代，导致青少年变性的因素之一是食用动物的性器官，特别是食用发情期动物的性器官，这会使大量性激素进入人体。当外来雄激素被少女吸收后，她就有可能出现男性化趋势；当外来雌激素被少男吸收后，他就有可能出现女性化趋势。据此可知，类似 M21 遭遇的事件在远古不止一次发生过，但是只有极少数当事人的尸骨能够被保存下来。这就意味着，在人类文明初期，特别是在开始从素食为主转变到以肉食为主的时候，人类曾经受到过变性问题的严重困扰。

值得注意的是，《山海经》记载了若干雌雄同体、左右有首或前后有首的动物，它们究竟是什么样的怪兽？这些怪兽与人类的性畸形有什么关系？这是我们今天需要进一步探讨的问题。

《南山经》南次一经："又东四百里，曰亶爰之山，多水、无草木，不可以上。有兽焉，其状如狸而有髦，其名曰类，自为牝牡，食者不妒。"这里的动物类，或谓即灵狸、灵猫、大灵猫；袁珂《＜山海经＞校注》引杨慎云："今云南蒙化府有此兽，土人谓之香髦，具两体。"所谓"自为牝牡"是说"类"这种动物同时长着雌性和雄性生殖器，可以自行交配。所谓“食者不妒”是说人吃了类的肉，就能够克制“性忌妒”的毛病。

《北山经》北次三经：“又东三百里，曰阳山，其上多玉，其下多金铜。有兽焉，其状如牛而赤尾，其颈腎，其状如句瞿，其名曰领胡，其鸣自詨，食之已狂。有鸟焉，其状如雌雉，而五采以文，是自为牝牡，名曰象蛇，其鸣自詨。留水出焉，而南流注于河。其中有䱻父之鱼，其状如鲋鱼，鱼首而彘身，食之已呕。”

《海外西经》：“并封在巫咸东，其状如彘，前后皆有首，黑。”《大荒西经》：“有兽，左右有首，名曰屏蓬。”并封又写作屏蓬，“前后皆有首”与“左右有首”说的都是一回事，只是描述的角度不同。并封的样子像前后有首的黑猪，它可能是巫师施展巫术时用的一种特殊法器。北美洲土著萨满雕刻有一种左右双头动物，用于把病人的灵魂招回来再吹送入其体内。此外也可能与古人的生殖崇拜活动有关，闻一多认为并封“乃兽牝牡相合之象也”。

《大荒南经》：“南海之外，赤水之西，流沙之东，有兽，左右有首，名曰䟣踢。有三青兽相并，名曰双双。”䟣踢类似并封，又写作述荡。《吕氏春秋·本味篇》称：“伊尹曰：‘肉之美者，述荡之踏。’”三青兽相并，因此得名双双。郭璞注：“言体合为一也。《公羊传》所云‘双双而俱至者’，盖谓此也。”郝懿行注：“郭引宣五年传文也。杨士

勋疏引旧说云：‘双双之鸟，一身二首，尾有雌雄，随便而偶；常不离散，故以喻焉。’是以双双为鸟名，与郭异也。”

上述“自为牝牡”“左右有首”“尾有雌雄”“相并”“双双”既可指动物（哺乳类、鸟类）牝牡相合之象，也可指动物雌雄同体亦即性畸形现象。对比之下，牝牡相合是自然界的常见现象，似乎不值得特别记述。造成哺乳动物性畸形的原因，除了基因变异之外，通常还与食物中的性激素有关。特别是对于食肉动物来说，它们往往会把猎物的性器官一起吃下；如果雄性食肉动物吃下雌性猎物的性器官，或者雌性食肉动物吃下雄性猎物的性器官，就有可能改变食肉动物的性行为，甚至造成某种程度的性器官畸形。由于类似的情况也会发生在古代人类身上（现代屠宰业均要摘除家畜的性器官、淋巴等），因此古人才会特别关注动物（包括人类自身）的性器官和性行为异常现象。

令人欣慰的是，随着人类生命智力对生存意义的不断反思，7000 年前 M21“零口姑娘”的悲剧已经被翻过去了。从《山海经》的有关记载来看，到了山海经时代（包括帝禹时代、夏代、商代、周代），我们的祖先对性器官和性行为异常现象（例如双性一体）已经有了一定的认识，并能够比较宽容地对待性器官和性行为异常现象，而且转而更关注“性忌妒”问题。可以佐证的是，1974 年青海省乐都县柳湾出土的一件先夏时期陶器（高 33.4 厘米，壶形储酒器）

塑有双性一体人像，人像为站姿，头位于壶的颈部，五官齐全，躯干和四肢位于壶的腹部，双手放置肚前，乳头系用黑彩点绘，人像下腹夸张地塑造出男女两性生殖器，壶的背面颈部绘有长发，长发下绘有一只大青蛙，明显是一个男女双性一体的两性人。学者认为该器物塑像是一种男女同体的崇拜物，在萨满教信仰中两性人往往是天和地的中介，他们具备沟通天地人神的能力。青蛙（蟾蜍）是古人崇拜的神奇动物之一，汉族流传有蛤蟆泉的民间故事（月宫蟾蜍私自下凡），土家族有青蛙吞太阳传说，黎族有蛤蟆黎王传说，土族有金蛤蟆传说，羌族有癞蛤蟆皮传说，上述出土陶器两性人背部长发下的蛙图案可能是寓意萨满作法时有蛙神附体。

十一、视肉是什么肉

《山海经》里有十几处都提到一种神奇的生物“视肉”，例如《海外南经》记有：“狄山，帝尧葬于阳，帝喾葬于阴。爰有熊、罴、文虎、蜼、豹、离朱、视肉、吁咽、文王，皆葬其所。一曰汤山。一曰爰有熊、罴、文虎、蜼、豹、离朱、鴟久、视肉、虖交。其范林方三百里。”

视肉，郭璞注谓：“聚肉，形如牛肝，有两目也；食之无尽，寻复生如故。”他在《图赞》里又称：“聚肉有眼，而无肠胃；与彼马勃，颇相仿佛；奇在不尽，食人薄味。”

关于视肉究竟是什么东西，通常有两种解释。其一，视肉指某种特殊品种的牛或羊，割取其一块肉，它们能够很快地重新长出来。其二，视肉又称聚肉，是一种有着眼睛状图案、没有固定形状、割下一块后能够迅速生长复原的未明生物，通常存在于地下，俗称肉灵芝、肉芝、太岁，民谚有“谁敢在太岁头上动土”。《山海经》记载的视肉，应该是指后者。此外，明代名医李时珍在《本草纲目》中记有："肉芫（芝）状如肉，附于大石，头尾俱有，乃生物也。赤者如珊瑚，白者如截肪，黑者如泽漆，黄者如紫金。"肉芫（芝）亦即视肉，古人也称之为土肉。

近年来我国许多地方都陆续发现有视肉，例如1992年8月22日，陕西省周至县农民吴凤莲和儿子杜战盟在渭河里打捞出一团东西，长扁形，黄黄的好像牛身上的皮，端起来就像河里的鹅卵石。他们感到奇怪，先是埋在地下，过几天也不腐烂；后来又放在大铁锅里，一个星期后居然长大了，从20多千克长成35千克。再后来，他们大胆地割下一些来，煮着吃了，没什么特殊味道，当时也未出现什么不适。接下来，在食用了"肉团"后的几天时间里，当事人都感到神清气爽、浑身上下有使不完的劲；而且在蚊蝇多的三伏天里，放置这个"肉团"的屋子里连一只蚊蝇也没有。

据科研部门研究，各地出土的视肉、太岁、肉灵芝尽管外观不同，但是均没有发现细胞结构，因此对它们是否属于生物还存在着争议，而这很可能意味着视肉是一种介于非生命与生命之间的东西。众所周知，长期以来学术界对"生命"的定义始终没有取得一致，许多生物学的专著甚至都没有对"生命"进行定义，例如150多年前达尔文的《物种起源》，以及近几年新出版的《生命科学导论（2）》（高等教育出版社，2007年）。在这种情况下，我们可以从生命智

力的角度来对“生命”进行定义：生命与生命智力同时起源、同步进化，生命与非生命的分水岭在于生命拥有生命智力，生命智力的实质是使用间接信息达成期望效应。所有的生命都拥有生命智力，不同的生命拥有不同结构、不同形式和不同层次的生命智力，生物进化的实质是生命智力主导实施的生存方式多样化和生存技术复杂化，以及生命智力系统自身的不断发展。

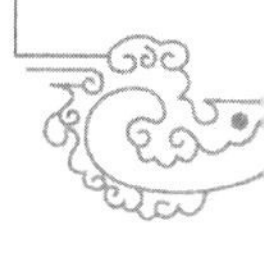

十二、祭祀活动

自招摇之山，以至箕尾之山，凡十山，二千九百五十里。其神状皆鸟身而龙首，其祠之礼：毛用一璋玉瘗，糈用稌米，一璧，稻米、白菅为席。

自柜山至于漆吴之山，凡十七山，七千二百里。其神状皆龙身而鸟首。其祠：毛用一璧瘗，糈用稌。

自天虞之山以至南禺之山，凡一十四山，六千五百三十里。其神皆龙身而人面。其祠皆一白狗祈，糈用稌。

自钱来之山至于骢山，凡十九山，二千九百五十七里。华山冢也，其祠之礼：太牢。羭山神也，祠之用烛，斋百日以百牺，瘗用百瑜，汤其酒百樽，婴以百珪百璧。其余十七山之属，皆毛牷用一羊祠之。烛者百草之未灰，白蓆采等纯之。

自钤山至于莱山，凡十七山，四千一百四十里。其十神者，皆人面而马身。其七神皆人面牛身，四足而一臂，操杖以行，是为飞兽之神；其祠之：毛用少牢，白菅为席。其十辈神者，其祠之：毛一雄鸡，钤而不糈，毛采。

自崇吾之山至于翼望之山，凡二十三山，六千七百四十四里。其神状皆羊身人面。其祠之礼，用一吉玉瘗，糈用稷米。

自阴山以下，至于崦嵫之山，凡十九山，三千六百八十里。其神祠礼，皆用一白鸡祈，糈以稻米，白菅为席。

自单狐之山至于隄山，凡二十五山，五千四百九十里，其神皆人面蛇身。其祠之，毛用一雄鸡彘瘗，吉玉用一珪，瘗而不糈。其山北人，皆生食不火之物。

自管涔之山至于敦题之山，凡十七山，五千六百九十里。其神皆蛇身人面。其祠：毛用一雄鸡彘瘗，用一璧一珪，投而不糈。

自太行之山至于无逢之山，凡四十六山，万二千三百五十里。其神状皆马身而人面者廿神；其祠之，皆用一藻茝瘗之。其十四神状皆彘身而载玉，其祠之，皆玉，不瘗。其十神状皆彘身而八足蛇尾，其祠之，皆用一璧瘗之。大凡四十四神，皆用稌糈米祠之，此皆不火食。

自樕螽之山至于竹山，凡十二山，三千六百里。其神状皆人身龙首。祠：毛用一犬祈，聃用鱼。

自空桑之山至于䃌山，凡十七山，六千六百四十里。其神状皆兽身人面载觡。其祠：毛用一鸡祈，婴用一璧瘗。

自尸胡之山至于无皋之山，凡九山，六千九百里。其神状皆人身而羊角。其祠：用一牡羊，米用黍。是神也，见则风雨，水为败。

自甘枣之山至于鼓镫之山，凡十五山，六千六百七十里。历儿，冢也，其祠礼：毛，太牢之具；县以吉玉。其馀十三山者，毛用一羊，县婴用桑封，瘗而不糈。（桑封者，桑主也，方其下而锐其上，而中穿之加金）。

自辉诸之山至于蔓渠之山，凡九山，一千六百七十里。其神皆人面而鸟身。祠用毛，用一吉玉，投而不糈。

自敖岸之山至于和山，凡五山，四百四十里。其祠，泰逢、熏池、武罗皆一牡羊副，婴用吉玉。其二神用一雄鸡瘗之，糈用稌。

自鹿蹄之山至于玄扈之山，凡九山，千六百七十里。其神状皆人面兽身。其祠之，毛用一白鸡，祈而不糈，以采衣之。

自苟林之山至于阳虚之山，凡十六山，二千九百八十二里。升山，冢也，其祠礼：太牢，婴用吉玉。首山，䰠也，其祠用稌，黑牺，太牢之具，蘖酿。干儛，置鼓，婴用一璧。尸水，合天也，肥牲祠之，用一黑犬于上，用一雌鸡于下，刉一牝羊，献血；婴用吉玉，采之，飨之。

自平逢之山至于阳华之山，凡十四山，七百九十里。岳在其中，以六月祭之，如诸岳之祠法，则天下安宁。

自休与之山至于大騩之山，凡十有九山，千一百八十四里。其十六神者，皆豕身而人面，其祠：毛牷用一羊羞，婴用一藻玉瘗。苦山、少室、太室皆冢也，其祠之：太牢之具，婴以吉玉，其神状皆人面而三首。其余属皆豕身人面也。

自景山至琴鼓之山，凡二十三山，二千八百九十里。其神状皆鸟身而人面。其祠：用一雄鸡祈瘗，用一藻圭，糈用稌。骄山，冢也，其祠：用羞酒少牢祈瘗，婴毛一璧。

自女几山至于贾超之山，凡十六山，三千五百里。其神状皆马身而龙首。其祠：毛用一雄鸡瘗，糈用稌。文山、勾檷、风雨、騩之山，是皆冢也，其祠之：羞酒，少牢具，婴毛一吉玉。熊山，席也，其祠：羞酒，太牢具，婴毛一璧；干儛，用兵以禳；祈，璆冕舞。

自首山至于丙山，凡九山，二百六十七里。其神状皆龙身而人面，其祠之：毛用一雄鸡瘗，糈用五种之糈。堵山，冢也，其祠之：少牢具，羞酒祠，婴毛一璧瘗。騩山，帝也，其祠：羞酒，太牢具，合巫祝二人儛，婴一璧。

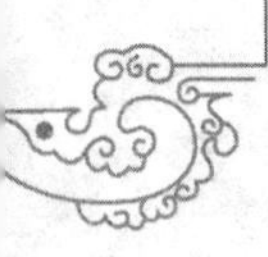

自翼望之山至于几山，凡四十八山，三千七百三十二里。其神状皆彘身人首。其祠：毛用一雄鸡祈，瘗用一圭，糈用五种之精。禾山，帝也，其祠：太牢之具，羞瘗，倒毛；用一璧，牛无常。堵山、玉山，冢也，皆倒祠，羞毛少牢，婴毛吉玉。

自篇遇之山至于荣余之山，凡十五山，二千八百里。其神状皆鸟身而龙首，其祠：毛用一雄鸡、一牝豚刉，糈用稌。凡夫夫之山、即公之山、尧山、阳帝之山皆冢也，其祠：皆肆瘗，祈用酒，毛用少牢，婴毛一吉玉。洞庭、荣余，山神也，其祠：皆肆瘗，祈酒，太牢祠，婴用圭璧十五，五采惠之。

十三、巫术活动与群巫

1. 有巫之名

巫咸国在女丑北，右手操青蛇，左手操赤蛇。在登葆山，群巫所从上下也。

有荣山，荣水出焉。黑水之南，有玄蛇食麈。有巫山者，西有黄鸟，帝药、八斋。黄鸟于巫山，司此玄蛇。

有灵山，巫咸、巫即、巫朌、巫彭、巫姑、巫真、巫礼、巫抵、巫谢、巫罗十巫，从此升降，百药爰在。

开明东有巫彭、巫抵、巫阳、巫履、巫凡、巫相，夹窫窳之尸，皆操不死之药以距之。窫窳者，蛇身人面，贰负臣所杀也。服常树，其上有三头人，伺琅玕树。

2. 未明言之巫

女祭、女戚在其北，居两水间，戚操鱼䱉，祭操俎。

女丑之尸，生而十日炙杀之。在丈夫北。以右手鄣其面。十日居上，女丑居山之上。有人衣青，以袂蔽面，名曰女丑之尸。海内有两人，名曰女丑。女丑有大蟹。

雨师妾在其北，其为人黑，两手各操一蛇，左耳有青蛇，右耳有赤蛇。一曰在十日北，为人黑身人面，各操一龟。

有寒荒之国，有二人女祭、女薎。

有互人之国。炎帝之孙，名曰灵恝，灵恝生互人，是能上下于天。

华山、青水之东，有山名曰肇山，有人名曰柏高，柏高上下于此，至于天。

3. 天文历法之巫（神）

西南四百里，曰昆仑之丘，是实惟帝之下都，神陆吾司之；其神状虎身而九尾，人面而虎爪；是神也，司天之九部及帝之囿时。

西水行四百里，曰流沙，二百里至于嬴母之山，神长乘司之，是天之九德也，其神状如人而狗尾。其上多玉，其下多青石而无水。

又西二百里，曰长留之山，其神白帝少昊居之；其兽皆文尾，其鸟皆文首，是多文玉石；实惟员神磈氏之宫，是神也，主司反景。

又西二百九十里，曰泑山，神蓐收居之。其上多婴短之玉，其阳多瑾瑜之玉，其阴多青雄黄。是山也，西望日之所入，其气员，神红光之所司也。

有甘山者，甘水出焉，生甘渊。（东南海之外，甘水之间，有羲和之国。有女子名曰羲和，方日浴于甘渊。羲和者，帝俊之妻，生十日。）

大荒之中，有山名曰鞠陵于天，东极、离瞀，日月所出。名曰折丹，东方曰折，来风曰俊，处东极以出入风。

有女和月母之国。有人名曰鳧，北方曰鳧，来之风曰狻，是处东北隅，以止日月，使无相间出没，司其短长。

有人名曰石夷（西方曰夷），来风曰韦，处西北隅以司日月之长短。

大荒之中，有山名日月山，天枢也。吴姖天门，日月所入。有神，人面无臂，两足反属于头上。山名曰嘘。颛顼生老童，老童生重及黎，帝令重献上天，令黎邛下地，下地是生噎，处于西极，以行日月星辰之行次。

4. 部落首领兼巫职

又西三百五十里，曰玉山，是西王母所居也。西王母其状如人，豹尾虎齿而善啸，蓬发戴胜，是司天之厉及五残。

西海之南，流沙之滨，赤水之后，黑水之前，有大山，名曰昆仑之丘。有神，人面虎身，有文有尾，皆白处之。其下有弱水之渊环之，其外有炎火之山，投物辄然。有人，戴胜，虎齿，有豹尾，穴处，名曰西王母。此山万物尽有。

西王母梯几而戴胜、杖，其南有三青鸟，为西王母取食。在昆仑虚北。

有九丘，以水络之，名曰：陶唐之丘、有叔得之丘、孟盈之丘、昆吾之丘、黑白之丘、赤望之丘、参卫之丘、武夫之丘、神民之丘。有木，青叶紫茎，玄华黄实，名曰建木，百仞无枝，有九欘，下有九枸，其实如麻，其叶如芒，大皞爰过，黄帝所为。

【鉴赏】

《山海经》记述有大量祭祀山神、祖先神的内容，以及形形色色的巫师及其巫术活动，以致鲁迅先生要把《山海经》归纳为巫书。巫字形象是两个人上下于天，又像是两个人持仪器测量天地。事实上，这正是巫师的两大职能：一是为心灵服务，沟通人与天地神鬼的关系；二是为现实服务，其中不乏披着巫术外衣从事科学探索和技术发明的活动。或许，当初的巫字要更象形一些，字体里的两个“人”字符很可能有着具体的形貌；例如一男一女，人面蛇躯，它们应当是创造巫字时的巫师样子，或者是最初的“职业巫师”（有专用名称、以巫术活动为主业）。

《南山经》记有 3 条山脉，其方位大体在今日的湖北、湖南、广东、江西、安徽、江苏、浙江、福建和台湾海峡一带。南山一经地区的居民，供奉鸟身龙首之神，祭祀时要将玉璋埋入地下，并在洁白的草席上陈列稻米。南山二经地区的居民，供奉龙身鸟首之神，祭祀时要将玉璧埋入地下，并

献上稻米。南山三经地区的居民，供奉龙身人面之神，祭祀的祭品有白狗和稻米。

《西山经》记有4条山脉，其方位大体在秦岭以北、阴山以南的陕西、内蒙古、宁夏、甘肃、青海、新疆一带。西山一经地区的居民，祭祀活动非常隆重。其中，华山地区的人们，祭品的规格是最高的太牢（同时献上猪、牛和羊三牲）。俞山地区的人们，祭祀活动极为虔诚，祭祀前要斋戒百日，祭祀时要献上百圭、百璧、百瑜，还有美酒百樽，并举行热烈的燎祭（在庭院点燃烟火，通过烟火把祭神者的心愿和祭品送达上天之神）。其他地区的人们，祭祀时要献上羊，点燃百草，把祭品陈列在五色丝装饰的白席之上。西山二经地区的居民，一部分供奉人面马身之神，祭品为雄鸡；另一部分供奉人面牛身之神（又称飞兽之神），祭品为少牢（同时献上羊和猪）。西山三经地区的居民，供奉羊身人面之神，祭品有吉玉和稷米。西山四经地区的居民，祭品有白鸡和稻米。

《北山经》记有3条山脉，其方位大体在今日的山西、河北、内蒙古（及其以北的地方）一带。北山一经地区的居民，供奉人面蛇身之神，祭品有雄鸡和玉圭。北山二经地区的居民，也供奉蛇身人面之神，祭品除了雄鸡之外，还要将一圭一璧投入深山以敬献给山神。北山三经地区的居民，第一部分人供奉马身人面之神，祭品为藻圭；第二部分人供奉彘身戴玉之神，祭品为美玉；第三部分人供奉彘身八足蛇尾之神，祭品为玉璧。他们都有一种特殊的习俗“皆食不火之物”，这可能是有关寒食节习俗的最早的文字记载了。

《东山经》记有 4 条山脉，其方位大体在今日的山东、江苏一带，以及黄海和东海的诸岛屿。东山一经地区的居民，供奉人身龙首之神，祭品有犬和鱼。东山二经地区的居民供奉兽身人面（头戴麋鹿角）之神，祭品有鸡和璧。东山三经地区的居民，供奉人身羊角兽头之神，祭品为一只牡羊，还有黍米。东山四经地区居民的祭祀活动，由于文字缺失，我们今天已经不清楚了。

《中山经》记有 12 条山脉，其方位大体在今日的河南、湖北、四川、湖南北部、江西北部、陕西南部一带。中山二经地区的居民，供奉人面鸟身之神，祭品有吉玉。中山三经地区的人们，供奉泰逢神、熏池神、武罗神（实际上是美丽的后宫娘娘），祭品有羊、雄鸡、吉玉和稻米。中山四经地区的居民，供奉人面兽身之神，祭品为一只用五色装饰的白鸡。中山五经地区的居民，一些地方的祭品为太牢和吉玉，一些地方的祭品为黑犬、雌鸡、牝羊和五色装饰的吉玉；还有一些地方的祭品为黑色的太牢三牲和美酒、玉璧，届时人们还要举办盛大的舞蹈活动。中山六经地区的人们，要举办祭岳活动。中山七经地区的居民，分别供奉猪身人面之神和三首人面之神，祭品或为太牢和吉玉，或为羊和藻玉。中山

八经地区的居民，供奉鸟身人面之神，祭品或为雄鸡、藻圭和谷米，或为少牢、美酒、玉璧。中山九经地区的居民，一部分人供奉马身龙首之神，祭品为雄鸡和谷米；一部分人供奉熊神，祭品为太牢和美酒、玉璧，届时人们还要跳起武舞和文舞；还有一部分人供奉祖先之神，祭品为少牢和吉玉。中山十经地区的居民，供奉龙身人面之神和祖先之神，祭品或为雄鸡和五谷，或为少牢和美酒、玉璧，届时还有巫祝表演二人合舞。中山十一经地区的居民，供奉猪身人首之神和祖先之神，祭品或为雄鸡和玉圭、五谷，或为太牢、美酒、玉璧，或为少牢和吉玉等。中山十二经地区的居民，供奉鸟身龙首之神和祖先之神，祭品或为雄鸡、牝豚和谷米，或为少牢、吉玉和美酒，或为太牢和十五用五色装饰的丰璧。

毋庸置疑，《五藏山经》对古代居民祭祀活动的记述，是极其珍贵的中国古代民族文化活动的记录，也是我们今天进行民族文化史研究工作的不可或缺的宝贵文献资料。这正是我们今天研究《山海经》和绘制《山海经艺术地理复原图组画》和《帝禹山河图》的意义和价值之一。

同样值得重视的是，《山海经》记述的众多从事天文历法工作的巫师，也是中国古代科学技术的重要文献资料。例如，羲和发明的十日一旬的纪日历法，常羲发明的十二月一年的纪月历法，噎鸣发明的十二年一周的纪年历法，充分显示出中国古代天文学和历法学的高度发展。

十四、寒食习俗

自单狐之山至于隄山，凡二十五山……其山北人，皆生食不火之物。

自太行之山至于无逢之山，凡四十六山，万二千三百五十里。……其祠之，皆用一璧瘗之。大凡四十四神，皆用稌糈米祠之，此皆不火食。

十五、沐浴习俗

大荒之中，有不庭之山，荣水穷焉。有人三身，帝俊妻娥皇，生此三身之国，姚姓，黍食，使四鸟。有渊四方，四隅皆达，北属黑水，南属大荒；北旁名曰少和之渊，南旁名曰从渊，舜之所浴也。

又有白水山，白水出焉，而生白渊，昆吾之师所浴也。

东北海之外，大荒之中，河水之间，附禺之山，帝颛顼与九嫔葬焉。……一丘方圆三百里，丘南帝俊竹林在焉，大可为舟。竹南有赤泽水，名曰封渊。有三桑无枝。丘西有沈渊，颛顼所浴。

十六、舞龙求雨、逐旱魃、暴巫习俗

大荒东北隅中，有山名曰凶犁土丘。应龙处南极，杀蚩尤与夸父，不得复上。故下数旱，旱而为应龙之状，乃得大雨。

蚩尤作兵伐黄帝，黄帝乃令应龙攻之冀州之野。应龙畜水，蚩尤请风伯、雨师，纵大风雨。黄帝乃下天女曰魃，雨止，遂杀蚩尤。

女丑之尸，生而十日炙杀之。在丈夫北。以右手鄣其面。十日居上，女丑居山之上。

有人衣青，以袂蔽面，名曰女丑之尸。

十七、葬俗

狄山，帝尧葬于阳，帝喾葬于阴。爰有熊、罴、文虎、蜼、豹、离朱、视肉、吁咽、文王，皆葬其所。一曰汤山。一曰爰有熊、罴、文虎、蜼、豹、离朱、鸱久、视肉、虖交。其范林方三百里。

范林方三百里，在三桑东，洲环其下。务隅之山，帝颛顼葬于阳，九嫔葬于阴。一曰爰有熊、罴、文虎、离朱、鸱久、视肉。平丘在三桑东。爰有遗玉、青鸟、视肉、杨柳、甘柤、甘华，百果所生。有两山夹上谷，二大丘居中，名曰平丘。

南海之中，有泛天之山，赤水穷焉。赤水之东，有苍梧之野，舜与叔均之所葬也。爰有文贝、离俞、鸱久、鹰、贾、委维、熊、罴、象、虎、豹、狼、视肉。

帝尧、帝喾、帝舜葬于岳山。爰有文贝、离俞、鸱久、鹰、延维、视肉、熊、罴、虎、豹。朱木，赤枝，青华，玄实。

东北海之外，大荒之中，河水之间，附禺之山，帝颛顼与九嫔葬焉。爰有鸱久、文贝、离俞、鸾鸟、皇鸟、大物、小物。有青鸟、琅鸟、玄鸟、黄鸟、虎、豹、熊、罴、黄蛇、视肉、璇瑰、瑶碧，皆出卫于山。丘方圆三百里，丘南帝俊竹林在焉，大可为舟。竹南有赤泽水，名曰封渊。有三桑无枝。丘西有沈渊，颛顼所浴。

西南黑水之间，有都广之野，后稷葬焉。爰有膏菽、膏稻、膏黍、膏稷，百谷自生，冬夏播琴。鸾鸟自歌，凤鸟自舞。灵寿实华，草木所聚。爰有百兽，相群爰处。此草也，冬夏不死。

十八、美容与身份标识等习俗

厌火国在其南，兽身黑色，生火出其口中。一曰在讙朱东。

羿与凿齿战于寿华之野，羿射杀之。在昆仑虚东。羿持弓矢，凿齿持盾。一曰戈。

大荒之中，有山名曰融天，海水南入焉。有人曰凿齿，羿杀之。

长股之国在雄常北，被发。一曰长脚。

柔利国在一目东，为人一手一足，反膝，曲足居上。一云留利之国，人足反折。

【鉴赏】

《山海经》对北山一经和北山三经的居民“皆生食不火之物”的记载，是有关寒食节习俗的最早文献记录之一。寒食节通常在清明节前一日或数日，亦称“禁烟节”“冷节”。

民间习俗这一天要禁烟火，只吃冷食，故而得名，此民俗是为了纪念春秋时晋国忠臣介子推。相传当年介子推与晋文公重耳流亡列国，介子推曾割股肉供晋文公充饥。晋文公复国后，介子推不求利禄，与母归隐绵山（位于今山西省介休市东南）。文公焚山以求之，子推仍不出山，最后抱树而死。文公葬其尸于绵山，修祠立庙，并下令于子推焚死之日禁火寒食，以寄哀思，后相沿成俗。但根据《五藏山经》的记载，寒食节习俗早在4000多年前就已经有了。进一步说，所谓“不火”，寓意着预防火灾，我国北方春季天干物燥，需要特别注意防火，古人通过寒食节习俗巧妙而有效地普及了预防火灾知识，充分体现出我国先民拥有极高的生命智力。

《山海经》关于沐浴活动的记述，并非是讲寻常的澡浴，而是通过沐浴祈求获得新生。太平洋上的伊里安岛的猎人头部落，每个小孩都要经历一种仪式：小孩被带到海边，假装衰老死亡，并被扔入海水里淹没一下，经过这个仪式，小孩便获得新生。事实上，泼水节等习俗，均可追溯到《山海经》的沐浴活动。

《大荒东经》中“旱而为应龙之状，乃得大雨”，为舞龙求雨习俗。《大荒北经》中“魃时亡之，所欲逐之者”，为逐旱魃习俗。《海外西经》中“女丑之尸，生而十日炙杀之”，《大荒西经》中“有人衣青，以袂蔽面，名曰女丑之尸，为暴巫”习俗。中国古代农业主要是靠天吃饭，旱灾、涝灾都会对农业造成巨大的损失。在这种情况下，中国先民希望能够在一定程度上控制雨水的多少，干旱时祈盼下雨，阴雨连绵时祈盼天晴，并由此形成一套完整的舞龙求雨、逐旱魃、暴巫习俗。龙是水族类动物的代表，古人相信它掌管雨水，因此采取“舞龙”的形式，祈盼龙王行雨。旱魃是旱神，因此采取“逐旱魃”的形式，祈盼旱魃离开，从而能够风调雨顺。巫师承担着代表民意与天神沟通的责任，如果巫师不能够传达民意，那么巫师就应该受到惩罚并以身殉职，这就是“暴巫”的文化内涵。

《山海经》记载了多处先祖的墓地及葬俗，除了墓穴之外，葬俗主要体现在祭坛、陪葬物和墓林等方面，其中陪葬物不但丰富，而且已经形成了某种规范。此外，《五藏山经》祭祀山神的文字里，也有关于先祖葬俗的内容，可参阅本书《山海经的祭祀活动和群巫》一章，此处从略。

与此同时，《山海经》还记录着大量的有关美容与身份标识等习俗。例如，凿齿习俗、文身习俗，既是对美的追求（不同时代有着不同的审美标准），也是族属和社会地位的标识。又如，踩高跷表演、柔术表演、魔术表演等习俗，则体现出古人有着广泛的生活情趣。而正是这种积极向上的生活态度，鼓励着人们克服困难，永远向前。

第五章 《山海经》中的帝皇秘史

一、有巢氏建树屋

名称：有巢氏

别号：大巢氏

部族：不详

图腾：不详

姓：不详

父系：不详

母系：不详

地域：西北

时间：距今20000多年

大事件：发明树屋

20000年前的世界，空气是纯净的，甚至带着雪山的气息，白云被风撕扯开了，在蓝天上任意游荡。暗夜里，星星缀满了天空，仿佛伸手可触，纵然有虫鸣和野兽偶尔梦醒的嚎叫，却更加衬托出夜的寂静。对于旧石器时代的人而言，天和地是让人敬畏的，无比遥远，却又如此亲近。

在中华大地西北域，雪山林立，无数细流消融而下，又汇成江河蜿蜒远去，使大地充满了绿色和活力。其中一座雪山的山腰上，有一个巨大的湖泊，倒映着一座呈四方形的雪山。湖的边上是莽莽苍苍的丛林，旧石器时代某部落首领有巢氏正坐在湖边，忧郁地看着这座后来被称为中华文明起源的昆仑山。

20000 年前的雪山高原上，阳光和雪水比任何地方都显得慷慨，部落显现出长途迁徙后安定的活力。女人在林中采集浆果，剥下树皮纤维进行编织；男人外出狩猎；有远古艺术意识的人在制造圆形的陶器，甚至深入到巨大的岩洞之中进行绘画，以供祭祀之用。

只有当自然能为生活提供稳定的食物来源时，这些辛劳的人们才能有思索的空间。衣食住行之中，树皮纤维和兽皮成为制作服装原料的主要来源，雪山高原的气候也十分适宜，丛林和湖泊提供了同样充沛的浆果、野兽和鱼类。那些远古部落，无不为文明之光苦苦思索。只有文明才能为部落提供强大的生存动力，在以后更冷更漫长的岁月中生存下来。至于远行的计划，有巢氏暂时还没有想好。原来历经多少代的迁徙，经过多少黑暗中其他部落的围追堵截，才到达这片乐土。在没有更强大的文明和武器装备前，有巢氏是没有计划再进行远征的。

因而在丛林中最大的考验，是居住问题。对于远古人类而言，在身体中的野性本能被文明的理性压制之前，只能追随其他动物进行最自然的居住方式。穴居也就成为了当时最无奈也是最理想的选择。高原雪山之中，有大量隐藏在山川莽林之中的洞穴，但空旷而干爽，洞口朝阳，适合居住的并不多。随着部落的繁衍扩大，原有的洞穴已经不能再满足部落的需要。

作为部落的首领，有巢氏比其他人更为忙碌，但因无须亲自从事劳作，他独自思考的时间也就更多。他明白穴居并非最好的方式，不能飞翔的动物，例如虎豹狼蛇，同样把洞穴作为躲藏的第一选择，这就难免会和其他部落的居民产生血腥的冲突。洞穴内部潮湿阴暗，在此生活时间长的人都会关节疼痛。最炎热的季节可宿居洞外，但如遇上天阴雨雪，则只能在洞中熬过这无奈的时光。

当有巢氏在湖边对着雪山发呆的时候，一只苍鹰从高空滑翔而来，影子在湖水中一掠而过，向丛林那边飞去了。有巢氏看着这只苍鹰，若有所思，当他看见丛林边缘一个巨大的鸟巢时，一个灵感触发了他。有巢氏欢呼雀跃，向他的部落奔走而去。故事的结果恰如想象的那样，有巢氏发明了树屋。这些人类的巢穴建立在茂密的树林之中，和鸟巢一样高，但却有屋顶，因而更加结实而暖和。这些更贴近自然的树屋，与洞穴相比提供了更好的透气性和阳光，并避免了很多走兽的侵扰。

最初的树屋也许不过是木材、兽皮、树皮、茅草的简单堆积，但随着人类想象力和创造力的发展，树屋的形式有了极大的变化。在空旷的地面上，甚至在湖泊边缘，已经不需要天然的树林。他们把树木或竹子伐倒，削成木桩打入地下，再铺以平板，建筑出样式更为美观的树屋来。这也就成为后来所谓的干栏式建筑。南方潮湿的气候产生了干栏式建筑，而北方干燥的气候则产生了半穴居式建筑。今日依然存在于很多少数民族之中的吊脚楼，则是有巢氏发明的树屋穿越时光的最好例证。

【后来的故事】

有巢氏是中华文明象征意义上的始祖，其后人分布于中华大地的各个角落。有巢氏后人依然保留着巢居的传统，这在西南夷中也比较常见。居巢国作为殷周时期的重要方国，在青铜器《班簋》《鄂君启节》的铭文中都有记载。历史上，周人对一个叫“巢”的小国并不友好，不远千里派兵征讨，似乎有什么深仇大恨，蜀人与周人也有过节，因而在周王朝的青铜器上，巢、蜀连在了一起。居巢国与巴国、蜀国可能相距不远。

晋代左思在《魏都赋》中写到了一个“魏国先生”，这位先生说：“榷惟庸蜀与鸲鹊同巢……一自以为禽鸟，一自

以为鱼鳖。”在古代中原人看来，巴蜀的巢居习俗如同鸟鹊一般，吴越人的水居则和鱼鳖差不多。宋人罗泌的《路史》有过这样一条记载：“有巢氏居于口。”清人张澍在《蜀典》一书中认为，这个“口”，可能指一个叫弥牟镇的地方，而弥牟镇就在今天的成都市新都区。

唐代杜甫由剑阁入蜀，首先映入他眼帘的，是当地奇怪的房屋。这令杜甫惊异不已，他在诗中写到，“殊俗状巢居，层台俯江渚。峡人鸟兽居，其室附层巅”。这些巢居，有的建在草丛之中，有的建在山岭之上，后来杜甫离开蜀地，只身前往潭州（今湖南长沙），对巴蜀地区的巢居还是念念不忘，“可怜处处巢居室，何异飘飘托此身”。另一位诗人李白对巢居倒是乐此不疲，他与东严子一起学道，“巢居数年，不迹城市，养奇禽千计，呼皆就掌取食，广汉太守闻而异之”。深山之中，与奇禽为伴，这样的巢居生活着实令人神往。今安徽省巢湖市别名居巢，似与有巢氏后人也有一定联系。

二、燧人氏钻木取火

名称：燧人氏

别号：燧人、燧皇

部族：不详

图腾：鸟、蛇、虫类、虎等丛林猛兽类、山、火

姓：风

父系：不详

母系：不详

地域：中部山林

时间：距今15000多年

大事件：钻燧取火

距有巢氏发明巢居后，时间又过去了5000多年。白云和光阴在昆仑山的顶上随风逝去，但人类文明的足迹却沿着雪山上流淌下来的河流，遍布到草原、平原、山川、湖泊，乃至中华大地的每个角落。这些衍生出的部落或开拓了数百

万年来从未有人类到达的地域，或与当地原有的土著部落相冲突融合，但这都是文明的力量所致。当文明的种子飘荡到四面八方时，整个大地呈现出一片万物初荣的局面，孕育出一片繁荣前的寂静来。

在这个时期，虽然部落间的冲突难以避免，但部落间的生活主体还是以繁衍为主。那么多土地需要人的驻足，母性的力量占据了部落中的主导地位。母系在部落的决策中具有决策权。因为战争的需要，有些部落的领导则有可能是男性。但这个男性首领只是在一定程度上反映了母系的执行力而已。这种母系占据社会主导地位的情况，到夏启建立国家，最终实行父系的世袭制前，还要延续 10000 多年。每个部落的规模有大有小，具有血缘关系、数量不等的部落可能组成大的部族，而部族间可能建立稳固的联盟。这都是为了生存的需要。

在这种情况下，因为要确定部族领导的能力是否合适，于是产生出了部族长老制度。组成部族的每个部落视实力不同拥有不同数目的长老。一般而言，实力最强的部落往往会获得部族的领导权。但每个部落的实力起起落落，当某个新兴部落因握有新的发明或发现进而占据经济、科技的优势，或新兴部落出现某个特别优秀的人物时，部族的领导权就会通过长老制来实现更迭。这种更迭可以说是一种长老们决定的“禅让”，有些情况下也会触发战争。但总体的原则是优胜劣汰，使部族能适应弱肉强食的自然法则。

每个部落开始确立自己的图腾，这些图腾鲜明地表示了部落的特征。图腾的来源可以是令人敬畏的猛兽、赖以生存的动物或植物，甚至是山、水等自然物，风、雷等自然现象。为了增加部落间的凝聚力，凸显部族的整个形象，使外来者望而生畏。部族的图腾可能是领导者所属部落的图腾，或者综合了多个部落图腾特点的新图腾。对于山林部落而言，鸟、蛇、虫类、虎等丛林猛兽类、山、火是比较常见的图腾。对于草原部落而言，狗、狼、牛、羊、马是比较常见的图腾。对于一些在水边居住的部落而言，鱼类、水兽图腾很常见。

在丛林部落之中，实力比较强劲的是燧人氏。燧人氏通过钻燧取火成为了继有巢氏之后最伟大的发明者。在远古社会，茹毛饮血是部落不曾开化的标志。而火则成为饮食最为重要的组成部分。原有的火种一般是由雷电带来的，雷击引起的树林起火为远古人类提供了熟食的可能。但小心翼翼地保存火种，在野外，在阴雨天气都是一件十分困难的事情。火种的保存是否妥当，关系到部落的生死存亡。从另一个角度而言，火种的不便也极大地限制了人类探索自然的步伐。

然而对于燧人钻燧取火的工具还有疑问。关于燧，有人说是燧木，也有人说是燧石。第一个传说是说燧人氏看见鸟用嘴钻燧木而产生了火，于是发明了钻木取火的方法。第二个传说是说燧人氏居住的地方有不少燧石裸露在外。部落成员用石块追打野兽时，石块和燧石相撞发出火光，燃着了枯木。燧人氏从中得到启发，发明了敲打燧石取火的方法。第二种传说更为可靠一些。无论如何，从此燧人氏部落把人类带入了熟食的新纪元。有更多的探险者携带钻燧取火的工具，走入荒野之中，把火种和文明传播到了更远的地区。

燧人氏的伟大之处，除了发明取火的新方法之外，还发明了姓氏，自此开创了图腾加姓氏的部落标志，有效地与其他部落区分开来。燧人氏站在山岗之上，看着白云来回飘浮，看见树林野草低头，仿佛在向一个看不见的神明致敬。这种神秘的力量，被远古的人类称之为“风”，与雨、雷电一样强悍。燧人氏以其作为部落的“姓”。但风本身是无形的，只能以其他动物来表述。那些御风飞行的鸟类无疑是风的最好代表。而蛇行过草丛或水面，猛兽狂暴的突袭和咆哮，蜿蜒的远山，也都具有风的形状。燧人氏的部落在以文明的力量凝聚了其他部落时，这些部落或通过联姻的方式，或通过模仿，衍生出姓氏加图腾的标准文明模式来。

《太平御览》称远古时代以燧木取火的氏族为“燧明国”。今日在河南省商丘市流传着燧人氏“击石取火”的传说。从钻木取火、钻燧取火，发展到后来的金燧。金燧取火于日，木燧取火于木。石击燧石取火的方法在铁被发现以后，改成了以铁击燧石，击燧石的铁名曰“火镰子”。古时常用的“夫燧”“阳燧”实际上是一种凹面镜，因用金属制成，所以统称为“金燧”。古时人们在行军或打猎时，总是随身带着取火器，《礼记》中就有“左佩金燧”“右佩木燧”的记载，表明晴天时用金燧取火，阴天时用木燧取火的文明的种子传向四面八方。

【后来的故事】

弇兹氏是《山海经》中有记载的最古老的远古神明，在大禹时期，以“弇兹氏”为名称的部落依然存在。书中记载：“在西海的岛屿上，有一个神人，长着人的面孔鸟的身子，耳朵上穿挂着两条青色蛇，脚底下踩踏着两条红色蛇，名为弇兹。”这里的弇兹氏，通过与燧人氏的联姻，而获得了鸟、蛇的图腾，严格来说已经不是远古弇兹氏的真正直系。这里的西海应指古代的居延泽。

《山海经》中提及的弇兹，《列子·黄帝篇》中说：“华胥氏之国在弇州之西，台州之北。”弇州，即今山东省兖州市，“弇”古文中通“兖”。今兖州市西30里有山名嵫山，因为“弇兹”的关系，所以嵫山又名崦嵫山、奄山，为神话中日之所入之地，这大概是弇兹氏后人的一支迁徙到了此处。

弇兹中“弇”有“盖”之意，而盖在古文中通“盇”。氐族自称“盇稚”，意同“弇兹”。“氐”为他族对其之称，氐人是由弇兹氏的另一个分支变为游牧族的。氐人的一部分与羌族合流，成为氐羌。另一部分进入巴地，与其他少数民族合流，以马、蛇，甚至鱼为图腾。

对于弇兹氏部落而言，最早的生活是游猎式的，也是山林生活的延续，男人负责狩猎，女人负责采摘蔬果，照顾家庭。在这个时期，马匹或许还未被驯服，但它们在草原上肆意奔跑的形象，势必给弇兹氏的部落以强大的震撼力，最终会想到要驯服这些狂暴的风的使者，作为坐骑使用。对于猎人而言，最重要的是驯服了原来的部分狼类，使之成为狗。狗也成为远古人类最好的朋友。在驯服狼的过程中，绳子无疑起到了重要的作用。当那些被捕获的狼被绳子拴在木桩上无可奈何时，温暖的篝火和轻易得到的食物最终磨去了它们的野性，与人类签下了屈服的条约。

当一部分绳子上的东西被取走，好似全无用处时，弇兹氏又发现了绳子的另一个伟大用途。他们发现编织成的绳子有各种颜色的，有不同的长短，在不同的部位有不同的结，而这些结又有着不同的形式。如果用这些绳子和结来记录人数、收成，真是再好不过。进一步而言，绳子和结有了编码，不但能记录数字，自然也能记录事情。在象形文字没有正式发明应用之前，“结绳记事”成为文化发展史上的一件大事。

当原有部落的图腾已经不再够用，容易同其他部落重复

时，弇兹氏也毫不犹豫地采用了姓氏加图腾的识别标志。她采用了绳子打结的形象，即“允”姓，这也是草原部落的第一姓，同华夏民族的第一姓“风”并立。对于草原部落而言，犬成为了生活中最必不可少的朋友，因而第一个图腾即是犬。随着历史的发展，部分游猎部落淡化了杀戮的色彩，转向了相对温和的游牧生活。这时期，马、牛、羊等也开始成为草原部落的图腾。当然，狗的祖先为狼，依然有些强悍的草原部落采用了狼图腾。而在丛林与草原的接壤地带，虎、豹、熊、罴类也会成为草原部落的图腾。

弇兹氏以“允”为姓。以绳子驯服獒犬后，变为“狁”字。弇兹氏的直系后代中，保持以犬为图腾的是“狄”人，狄原指皮毛带有红色的犬。另一支为“猃狁”，也称“猃允”“猃狁”，猃原指一种长嘴巴的犬。因为弇兹氏精通编织技术，在后期则不再采用树皮为原料，而采用羊毛等为原料，编织出轻盈温柔的毛衣、毛毯，即“绒”。自“猃狁”分出的一支“绒人”，因为本身的彪悍，给后来的中原部落带来了极大的麻烦，也就成为了全副武装的“戎人”形象。“戎狄”也成为中原部落最为忌惮的民族之一。

“允”姓后来还分出“婼”姓。“婼”原意为用手择菜，后来演化为牧羊的部落，即羌人的祖先。婼姓的图腾为羊。婼地在中国新疆维吾尔自治区，今作“若羌”。“羌”上面是一个“羊”，下面是一个侧面“人”，是显著的“人饰羊首”的图腾标识。羌人以畜牧为主，也有些地方有了农业。他们部族繁多，或以动物图腾为名，如白马羌、牦牛羌等。“羌”与姜姓音同，华夏族后来的首领炎帝的姜姓就来源于华胥族与羌人的联姻。

春秋时期戎人相当活跃，以允姓之戎、姜氏之戎、犬戎最为著名。学者认为允姓之戎即西周的猃狁；姜氏之戎即殷周汉晋之羌；犬戎即殷周之畎夷，《山海经》中有名犬封国。羌与戎原是两个部族，西周春秋之际，它们已渐渐混合为一，不加区别了。狄本指皮毛呈红色的犬，后又分赤狄、白狄、长狄诸部，各有支系。因其主要居住在北方，故统称

为北狄。在秦汉以后，狄或北狄曾是中国中原人对北方各民族的泛称。

弇兹氏被后世人追尊为女帝，又称玄女、玄帝、王素、素女、须女、帝弇兹等，也就是后来道教中“九天玄女”形象的原型。牛郎与织女传说中的织女形象，也是起源于弇兹氏的部落。

三、天帝建都昆仑山

名称：天帝

别号：帝、玉帝、玉皇、玉皇大帝

部族：合雄氏

图腾：玉树

姓：风

父系：燧人氏

母系：弇兹氏

地域：西北

时间：距今15000多年

大事件：燧人氏与弇兹氏联姻，推举出天帝，建都昆仑山

15000年前的某个初秋，鹰飞过的天空显得比其他季节都要高要蓝。秋风穿过草原，压低了齐人高的牧草，现出了牛和羊。秋风吹过山林，使山林呈现出丰富多彩景象。一股

蓬勃的活力浸透了秋天的大地，使得人们好似比往常要忙碌许多。山林中的燧人氏和草原上的弇兹氏，都收到了草原与山林接壤处的虎族部落传来的消息。双方终于约定于这个月的某天在昆仑山上缔结下永恒的盟约，为各自的部落谋求和平与发展。

据《山海经》记载，昆仑山方圆八百里，高达八千丈，八个方向的山势都是悬岩陡峭。东南流出来的水，名赤水，它向东北流去，转向东南流入汜天水。南海有汜天山，山上流出汜天水，折向西南流入南海。原来昆仑山中流出来的赤水，与南海汜天山流出来的汜天水相接。昆仑山的东北流出来的水，名大河，它向北流去，南流于无达；折向西南，流入渤海。从渤海里有一条水流出，向西流去，折而向北，流入积石山。昆仑山西北流出一条洋水，一条黑水。它们向东流去。黑水转向西流入大杅，折向东北，向北流入西海。昆仑山西南流出一条弱水，一条青水，向东流去，折而向北，转向西南，流入大河。昆仑山南还有个大渊，深有二百四十丈。

站在昆仑山上向东望，是草原部落的领地。站在昆仑山上向南望，有茂密的树木，那是山林部落的领地。燧人氏与弇兹氏结盟的那一天到来之时，也是亘古不变的昆仑山在历史上最为热闹的时候。草原部落与山林部落的人都带着珍贵的礼物，来到了山间的某个平台上。在这里，有巢氏看见鸟巢而发明了巢居。也是在这里，燧人氏与弇兹氏的先祖分别沿着昆仑山上的河流进入了草原、大漠、山林与平原之中，成就了上古文明的繁荣气象。

每个部落的旗帜、服饰，携带的武器、装备无不显示了部落的图腾特征。草原上的部落计有犬族、狼族、牛族、羊族、马族、牦牛族、野猪族、貘族、虎族、豹族、熊族、鹰族、天鹅族等。头上戴着以角和畜牧动物皮为装饰的帽子，跟随的各式猎犬是草原部落最大的特征。山林中的部落计有火族、山神族、青鸟族、凤凰族、其他各式鸟族、蛇族、虫族、虎族、龙族、鱼族等。担当燧人氏与弇兹氏中间人的是虎族，这一族在山林与草原上都有活动，也以其勇敢和诚实获得了双方的信任。

经过热烈而严肃的祭祀活动后，燧人氏与弇兹氏盟约的结果如下：

双方部落从此进行频繁的文化与技术交流，部落间不再冲突，以和平为第一前提。燧人氏部落不再向草原上扩张，弇兹氏部落不再向山林中扩张。鼓励双方的部落进行联姻，由此产生的新部落有选择在草原或山林中生活的权利。

燧人氏与弇兹氏作为双方部族的领导部落，双方保持密切的友好关系，部落间可进行联姻。双方依然保持燧人氏与弇兹氏的称号。双方确定盟约之日由部落中的精英合族，产生新的部落“合雄氏”，合雄氏的历代首领为山林与草原唯

一的领导者，称为天帝。天帝有号召双方部落，调停双方矛盾的权力。双方的部落每年要向天帝进贡各种礼物。

在昆仑山上险峻之处建有一座天帝的宫殿，宫殿有九面，九面有九口井，井周都用玉石做栏杆。宫殿九面有九扇门。因为虎族在这次盟约中起到重要作用，且骁勇善战令人敬畏，具有诚实可信的品质，所以由虎族选出该族的精英作为天帝的卫戍部队。最终虎族以该族中的白虎族为最佳选择。在宫殿附近建立一座大的囿苑，里面有各个部落献上的珍奇异兽，各式植物，以各种少见的玉树为装饰。囿苑也由白虎族管理。

其中比较珍惜的植物是木禾、沙棠、蓇草。木禾应该指野生的薏仁。沙棠木材可造船，果如红杏，味如李而无核。蓇草其状如葵，其味如葱，吃下去可去除烦恼。另有一种服常树，树皮纤维可以编制成衣服，应该指今日的桦树。山中还有鹑鸟族，主管天帝日常生活中各种器用服饰。另有草原

上的土蝼族和山林中钦原族担任守卫工作。土蝼是一种四角的羊。而钦原形状像一般的蜜蜂，大小与鸳鸯差不多。山的西南面还有山林中的凤凰族与鸾鸟族守卫这个方向。

燧人氏与弇兹氏建立的草原与山林的盟约影响非常之深远，草原与山林部落间的交流与联姻带来了双方的信任和理解。这种相对和平直到10000多年之后才被彻底打破。

【后来的故事】

随着时间的流逝，戎狄进入了草原深处，氐羌一部分与山林部落合流，一部分依然活跃在草原与山林的交界处。弇兹氏对草原部落的掌控力渐渐失去，甚至氏族本身也进入了西海之中。弇兹氏对草原部落的统治被西王母取而代之。原有的天帝渐渐成为一个象征，但与山林部族更为亲近。

10000 多年后，草原部落与山林部落的和平被一个大事件彻底打破。周王朝定朝于酆、镐时，与戎人相近。周幽王与诸侯约定：筑碉堡在官道上，如果戎人入侵，就击鼓相互传报消息，远近都可以听见，诸侯的兵都来到都城救天子。戎人曾经入侵，周幽王击鼓，诸侯的兵都来了，褒姒就十分开心地大笑。周幽王想看到褒姒笑，于是数次击鼓，诸侯的兵也数次来到却没看见戎人。等到后来戎人真的入侵，周幽王击鼓，诸侯的兵却不来了，周幽王就死在骊山脚下，被天下耻笑。

黄帝姬姓后人建立的周朝，实行礼治，为历代所推崇，成为华夏民族最美好的回忆。周朝既然被戎人所灭，华夏族也就与草原部落有了难以泯灭的仇恨。原有的频繁交流与联姻被掩盖了，有了华夏族，有了被“戎狄蛮夷”包围的危机感，就有了华夷之辨的民族争锋。其实无论是以血统还是以文化本身来划分华夷，都不是太确切的。两者在漫长的历史中早已不可分了。文化的隔阂会带来更深的误解。于是在周朝过后，华夏族与草原部落以一种更血腥的征服与被征服的方式，进行痛苦的融合，最终形成今日中华之大局面。

这位燧人氏与弇兹氏盟约后产生的天帝，是玉皇大帝的最早原型。在《山海经》中，有一位隐隐约约的天帝，只称为“帝”，一般指的就是这位玉皇大帝。玉皇大帝作为道教中最高级的神明之一，地位仅在三清尊神之下。但在世俗的心目中，玉皇大帝却是中国最大的神祇，是众神之王。玉帝源于上古的天帝崇拜，因为昆仑山盛产玉石，天帝就又有“玉皇大帝”的称谓了。殷商或更早的时期，人们称最高神为帝，或天帝、上帝，这是一位支配天上、地下、文武众仙的大帝。

而“帝俊”一系是燧人氏的东方风姓后人，统领的是山林部落。至于“炎帝”“黄帝”一系，是后来崛起的中原部落的领导。从权力上看，东夷的领导人“帝俊”长时间处于山林部落的领导地位，一直到代表中风势力的炎帝崛起后为止。

四、西王母掌管刑罚

名称：西王母

别号：西嫫、金母、瑶池金母

部族：西羌

图腾：貘、虎、豹

姓：不详

父系：燧人氏

母系：弇兹氏

地域：西北草原

时间：距今 13000 多年

大事件：掌管灾疫和刑罚、驱使三青鸟

自燧人氏与弇兹氏结盟，推举出天帝居住在昆仑山上，又过去了 3000 年。在这期间，因为相对和平，文明的种子传播到了更远的地方。有的草原部落向北冰洋，甚至越过沙漠向欧洲大陆而去。也有一些陌生的部落和面孔从远处来到了中华大地上。一些草原部落沿着今日的蒙古草原东行，进入了东北的丛林之中。燧人氏的风姓后人沿着黄河、长江一直到入海口为止，中间的山川平原也就分布了他们繁衍出的新部落。13000 年前的这段时期，是文明发展的一个高峰，但那场令整个世界几乎毁灭的大洪水也即将席卷而来。

镇守昆仑山的白虎族有了响亮的新族名“开明”，昆仑山上的天帝也是以部落的形式存在的，这两者与草原和山林部落间的强者都有着频繁的联姻，以维系其岌岌可危的统治地位。随着草原部落西嫫的兴起，弇兹氏对草原的控制力几乎完全失去了，干脆退入了西海地域内。因为与天帝族联姻的关系，西嫫的血缘也进入了天帝家族，西嫫也就有了西王母的尊称。

据《山海经》记载，昆仑山的北面被弱水环绕着，对面有一座玉山，玉山上就住着西王母。玉山是一座部分苏醒的活火山，又叫炎山，在一些火山口如果把东西投进去，就能迅速燃烧起来。西王母拥有对草原部落的领导权。西王母同样拥有燧人氏、弇兹氏联姻后“合雄氏”的血统。

当初山林部落中的大鹫部、少鹫部、青鸟部归顺了西王母，称为“三青鸟”。山上还有狡族部落，这是来自草原上的部落。狡原指草原上的一种大型犬，口很大，皮毛是黑色的。

当初作为燧人氏与弇兹氏结盟中间人的虎族也与西王母

交好。出于对西王母隔河相望的忌惮，天帝族与开明族同山林部落更为亲密。也因为这个原因，白虎族独立于一般的虎族而发展。在西南的夷族部落中，因为山林与草原接壤的原因，大致分为西王母与燧人氏风姓两大阵营。西王母掌管着天下的刑罚，这在一定程度上削弱了天帝的权力。西王母虎齿豹尾的形象出自虎族，虎、豹都是该族的图腾。这种形象实际来自西王母作为掌管灾疫和刑罚的祭司所穿的服饰。

【后来的故事】

西王母族在周代还一直存在。《穆天子传》里，当周穆王乘坐由造父驾驭的八骏周游天下时，西巡到昆仑山，他拿出白圭、玄璧等玉器去拜见西王母。第二天，穆王在瑶池宴请西王母，两人都做了一些诗句相互祝福。《汉武帝内传》称她是容貌绝世的女神，并赐汉武帝三千年结一次果的蟠桃。道教在每年的三月初三庆祝王母娘娘的诞辰，此日举行的隆重盛会，俗称为蟠桃盛会。西王母族是一个强势的母系部落，而且身份尊贵，有实力与天帝抗衡。因而在神话中，西王母与玉皇大帝一起出现时，西王母总表现出压玉皇大帝一头的气势来。

草原上母系社会的传承，后来则演变为隋唐时期的苏毗、东女国，乃至今日泸沽湖畔的摩梭族人。苏毗是藏族历史上一个文明程度较高的国家。《新唐书》中说苏毗是“西

羌种”。可知苏毗原属羌系民族。法国汉学家伯希和认为，苏毗是一个藏种的国家，苏毗系羌系民族的名称。《隋书·西域传》之“女国”条记载，“其国代以女为王，王姓苏毗，字末羯”，“复有小女王，共知国政”。女王每五天听朝政一次，小女王则协助管理。王位由女王终身把持，女王死后，国中则厚敛金钱，求死者族中贤女二人，一人为女王，一人为小女王，共主国政。若女王死，则由小女王继任。

史籍记载，在南北朝至唐朝，青藏高原上有两个以女性为中心的女权国家，西部的称西女国，东部的称东女国。东女国是公元六七世纪出现的部落群体及地方政权，是昌都地区及整个藏族历史上重要的文明古国。《旧唐书》卷一七九《南蛮西南蛮传》记载：“东女国，西羌之别种，以西海中复有女国，故称东女焉。俗以女为王。东与茂州、党项接，东南与雅州接，界隔罗女蛮及白狼夷。其境东西九日行，南北二十日行。有大小八十余城，其王所居名康延川，中有弱水南流，用牛皮为船以渡。”当初“弇兹氏”为西海海神。东女国与西女国可能都秉承了其母系传统。

《西游记》第五十四回曾描写过一个大名鼎鼎的“西梁女国”。玄奘亲撰的《大唐西域记》卷四记录了一个“大雪山中”的“东女国”，也称为“苏伐剌拿瞿呾罗国”。玄奘称此国“世以女为王，因以女称国”。

彝族素来有崇拜老虎的习俗，老虎在彝家人的心目中，有着举足轻重的地位。彝语称虎为“罗”，用汉字“罗”字标记彝音表虎意为“罗”，“罗罗”为“罗”的叠音，也即是“虎人”的意思。彝族人都自称是“老虎之后”。大部分的彝族支系，都把老虎视为生命的图腾。相传远古时期，彝族人的祖先被推为五姓部落的首领，逝世之后，灵魂化为老虎升天。从此，彝家人便以老虎为祖神，时时处处不忘敬奉。

彝族的一支罗罗人至今仍保留着十分原始而又完整的虎图腾崇拜仪式和传统舞蹈。罗罗颇、罗武、纳苏、聂苏等支系均认为自己是虎的氏族或传人。《山海经》中提及的“罗罗”，即指青色的老虎，是彝族祖先的图腾。西王母为彝族的祭祀神之一。从西王母的形象可以看出，彝族兼有草原和山林部族的双重特征。

彝族还有崇拜黑虎的宗教信仰，并把黑虎视为本族的图腾和祖先。彝民对黑虎的崇拜观念还扩大为对黑色的崇尚之俗。但滇中彝族地区的“送白虎”巫术，似乎表明了黑虎和白虎的矛盾，这也许是当初白虎开明族从虎族祖先中分离出去而逐渐远离的缘故。

五、帝俊建立汤谷

名称：帝俊

别号：东风之神、俊、太阳神

部族：东夷

图腾：金乌、三足乌、俊鸟、太阳鸟

姓：风

父系：燧人氏

母系：弇兹氏

地域：东南沿海

时间：距今 13000 多年

大事件：建立扶桑国、汤谷

在草原上的西王母族崛起之时，山林部落也发生了翻天覆地的变化。燧人氏风姓的后人因为科技和文明的优势，占据了中华大地山林与平原的东部、西北部、东北部、南部与中部。对于当时部落而言，季节的轮回变化是首先要考虑的问题，其中又以观测风向、掌握日月运行的规律最为重要。燧人氏的后人以领先的天文水平，指导狩猎和原始农业活动，从而获得了其他部落的尊敬和归顺。

统领这五大部族的燧人氏后人皆以风为姓，分为南风、西风、北风、东风、中风。其中南方之风是燧人氏与雷泽氏联姻的后代，有着巨人血统，其部族因而称之为夸民。南风之神称为因乎，在大地的南极主管风起风停。西方之风是燧人氏与草原部落的后代，因善于鞣制兽皮，其部族称为韦。西风之神为石夷，在大地的西北角掌管太阳和月亮升起落下时间的长短。北方之风是燧人氏和西王母部族的后代，北风的一支迁入中华大地的西南域，另一支迁徙到了东北部。北风之神称为鳧，处在大地的东北角以便控制太阳和月亮，使之不要交相错乱地出没，掌握它们升起落下时间的长短。这支以水鸟为主要图腾的部族，后来建立了女和月母国。中部之风的部族即为华族，他们在华山建立天扶木以测日，自称为“华”，后来与弇兹氏的后人胥族合族，成为了华胥族。其中的无怀氏为中风的后人，后来诞生了伏羲、炎帝、黄帝等后人。

但当时风之五部中实力强劲的是东风、北风、中风，其中东风最强。南风统领的地域靠近东南沿海，因为东风部落统领的东夷部落实力十分强大，南风的部落基本就没有影响力了。尽管西风衍生出后来的部分西南夷族，但因为西风靠

近西王母族，以凤凰为图腾镇守昆仑圣地，后来实际受西王母族的统领，因而西风的影响力十分微小。东风为燧人氏与弇兹氏的嫡系后人，其部族称为俊。“俊”有弇兹氏“允”姓之形，后来变成太阳中的金乌形象，也即测试风向的三足乌。东风之神称为折丹，处在大地的东极主管风起风停。但东风之神后人俊称帝，成为帝俊，则要等到史前大洪水到来，五大风姓部族建立盟约过后。

因为在中华大地的北部是开阔的草原，为戎狄等草原部落所占据。北风族统领的地域就变为西北部与东北部两部分。北风留在西北部的一支演变成后来的“女常”“女和”一族，女和族衍生出女娲氏，后来成为苗蛮的先民。女常族后来成为蜀国的先民。

东风部族因为测日的需要，沿着黄河一路向东，逐日而去，最终在东海边上定居下来。九州海外最东边与东海接壤的地方称为日照，日照的天台山主峰面临大海，环绕在群山之中，山清水秀，自然天成，冬暖夏凉，适宜人居。东风部落在天台山中建立了汤谷，汤谷之上有太阳神石、太阳神庙。选择汤谷为测日场所的原因是汤谷恰好被群山环绕。在太阳升起到落下之时，刚好可以用环绕的不同山峰来观察太阳的位置，并且确定时间。经过长时间的观察，上古人类也就有了时辰与农历的概念。

【后来的故事】

东风部族是燧人氏与弇兹氏风姓后人，以金乌为图腾。在史前大洪水过后，东南西北中五大风姓后人为了维持部族的繁衍和稳定而结盟，推举中风之后伏羲为帝，伏羲居于东方统治五姓部族。伏羲又传帝位于华胥族的柏皇。最终由东风之后俊继承伏羲的帝位，成为《山海经》中最早的“帝俊”，这大概又要到伏羲称太昊后1000多年。《帝王世纪》中说：“帝出于震，未有所因，故位在东方。主春，象日之明，是称太昊。”说的就是伏羲称帝的这段历史。

帝俊族的后代有很多，其主管天文的为十日族、十二月族，这是其嫡系。北风之后有两大族，“女常”与“女和”，与伏羲族联姻产生了常羲族、羲和族。这两族后随伏羲迁居东方。帝俊族与常羲族生了十二月族，与羲和族生了十日族。有了十日族与十二月族的帮助，帝俊族就能方便地进行历法的制定了。帝俊族与东南沿海的部落联姻，产生了东夷部落。参照帝俊族的金乌图腾，这些部落多以各种鸟为图腾。炎帝族后来崛起，削弱了帝俊的地位。帝俊族中的羲和族实力成为最强，并产生了钜燕族。黄帝族与钜燕族结盟，让其子玄嚣入赘，成为少昊，并树立了五大风姓的新共主帝颛顼。接替颛顼帝位的“帝俊”不同于最早的东风之帝，是少昊之孙姬俊为得到东夷的支持而恢复的上古帝号。

西周金文才正式出现了“东夷”的称谓。《后汉书·东夷传》记载：“夷有九种。曰：畎夷、于夷、方夷、黄夷、白夷、赤夷、玄夷、风夷、阳夷。”九夷中的畎夷，为崇拜盘瓠龙犬图腾的湘西苗族的一支。在整个西周时期，东方诸夷都是周王朝的劲敌。文献记载周朝对东方的战争，不同时期出现了东夷、淮夷、南淮夷、南夷等不同称谓。学术界对西周时期东夷、淮夷、南淮夷、南夷到底指哪些地区的部落与方国，有着不同的看法。秦汉以后的东夷，主要是指先秦的东北夷，又将倭人列于其中，泛指东方的民族和国家，与先秦东夷在地区与民族等方面，都有明显的区别。

六、女娲补天

名称：女娲

别号：女阴、女娲娘娘、风里希、风里牺

部族：北风族

图腾：鹈等水鸟类、蛇、蜜蜂、蚕蛾、蜗牛等虫类、青蛙、娃娃鱼

姓：风

父系：燧人氏

母系：灵山巫氏

地域：西部

时间：距今12000多年

大事件：造人、补天

自旧石器时代的有巢氏发明树屋到启建立夏朝为止，部落间母系的力量一直占统治地位。虽然有些部落从推举男性部落首领发展到父系姓氏、权力的沿袭，但往往在与其他强

力部落联姻而获得新的姓氏时，还是以母系为尊。炎帝之“姜”姓，是通过与草原部落的羌族联姻而得到的。黄帝之“姬”姓，来自轩辕氏发明的车上的牵引部件。大禹之“姒”姓，也是来自于其母系图腾薏苡，即《山海经》中的木禾。

在统治草原、山林、平原的各部落中，西王母族与女和月母国的母系色彩最为强烈，这点从部族的名称上也可以看出。西王母族以西王母为最尊，女和月母国作为燧人氏后人，母系一样具有至高无上的权力。建立女和月母国的风姓后人，最早的图腾为鹓一类水鸟，即风姓之北风神。但女和月母名称的由来则要等伏羲迁居东方，从而诞生日月族的1000多年之后。北风的后人分为两大部族。占据领导地位的是“和”族，称为“女和”，其主要图腾为蛇类、娃娃鱼、青蛙等。另一大部族为“常”族，是弇兹氏“允”姓织女部的后人，善于编织与制衣，其主要图腾为蚕蛾、蜜蜂、蜗牛等虫类。《山海经》中出现的蜜蜂与大蛾，即指该常族后代中比较出名的有蹻氏与西陵氏，即黄帝的母亲与正妃嫘祖所在部落。

北风后人的一支后来随伏羲氏迁居到了东方，但主体则留在了西部。远古部落联姻时，往往以合族的形式诞生出新的部落乃至姓氏。其部落往往会启用与父系、母系部族相似或相关联的图腾与姓氏。因为与西王母族联姻的原因，在女和月母国中还保留着部分氐羌的牛、羊、犬等游牧族图腾等。但女和月母国最为自豪的则是该国的国名，在史前大洪水过后，最早的北风族的后人“女常族”“女和族”与华胥族中的伏羲部落联姻，产生了“常羲族”与“羲和族”。这两支合族后来随伏羲迁居东方。羲和族与东风俊的金乌族联姻产生了十日族。《山海经》中所说的“女娲之肠化为十神”，指的就是十日族。

“常羲族”与东风金乌族生了十二月族。因为这个原因，“常羲族”也就有了“月母”的称号。“常羲族”与

"羲和族"合称为"女和月母国"。但"羲和族"作为十日族的父系，后来逐渐从女和月母国中独立出来，并执掌第六日"己"姓。女和月母国位于中华大地的东部，其历代首领称为"娥皇"，其实就是善于编织的"女常"族首领的称呼。"娥"是从蚕蛾的"蛾"演化而来。

女娲氏即北风留在西部的主要后人。"女娲"通"女和"。《淮南子·说山》中说："咼氏之璧，夏后之璜，揖让而进之以合欢。"高诱注解说："咼，古和字……""咼氏之璧"即古代非常著名的"和氏璧"。"咼"有"娲""和"两种读音，这三个字在古代是相通的。

这一族的图腾包括了蜗牛、蛇、娃娃鱼、青蛙等。因而女娲有了人首蛇身的形象，娲从"蜗"转换而来，娲其音又通"蛙"，也是源于该族此类图腾的缘故。这类母系部族的王位继承采取了女王终身制与家族垄断制相结合的方式，男子无权参与。日常的生活和国家的事务管理，也由母系决定。

伏羲氏与女娲氏同为风姓之后，通过结盟有了"兄妹"之称，但又相互联姻而产生"羲和族"，因而有了"兄妹结婚"的附会。伏羲在《山海经》中只以"太皞"的身份被提及。也许是因为伏羲是以"入赘"的形式加入这个母系社会的，因而有"包牺、牺皇"之称，后来出现的父系社会就忌讳提及这段历史了。

【后来的故事】

北风之后的女和族后来与盘瓠氏联姻，产生了苗蛮，以蛇为图腾。羲和族后人与昆仑山上的开明族联姻，产生了巴人，以蛇与白虎为图腾。苗族与巴人都以女娲为该族的神明。黄帝母系有蟜氏图腾为蜜蜂，来自与华胥氏少典部落与燧人氏北风部族中女常族的联姻。黄帝的正妃为西陵之女嫘祖，善于编织，也是来自女常族。在殷商时期，有穷氏后人后羿为帝时期，“女和月母国”中的常羲族更是出了该族历史上最有名的一位美女嫦娥，她与后羿的故事令人颇为伤感。她的“嫦娥”称号是从“常蛾”变化而来的。女娲与伏羲为兄妹，乃至造人的传说，应该源于史前大洪水过后，伏羲氏与女娲氏联姻，重新开创了华夏文明的新局面，拯救了差点泯灭的文明。《太平御览》记载了女娲造人的故事。在造人之前，于正月初一创造出鸡，初二创造出狗，初三创造出羊，初四创造出猪，初六创造出马，初七这一天，女娲用黄土和水，仿照自己的样子造出了一个个小泥人，她造了一批又一批，觉得太慢，于是用一根藤条，蘸满泥浆，挥舞起来，一点一点的泥浆洒在地上，都变成了人。为了让人类永远的流传下去，她创造了嫁娶之礼，自己充当媒人，让人们懂得“造人”的方法，凭自己的力量传宗接代。

记载女娲补天传说的是《淮南子》和《览冥训》。远古时候，“四极废，九州岛裂，天不兼复，地不周载；火爁焱而不灭，水浩洋而不息。”也就是说，天塌地裂，大火延烧，洪水泛滥，飞禽作孽，走兽横行。在百姓哀号、冤魂遍野之际，一位叫女娲的女神挺身而出，她“炼五色石以补苍天，断鳌足以立四极，杀黑龙以济冀州，积芦灰以止淫水”，从而克服了这一重大自然灾害。

关于史前大洪水的记载，一共有两次。先有伏羲女娲救人的传说，而后则是在黄帝后人颛顼统治时期，代表炎帝族的共工与他争夺中原的领导权，而由“共工触倒不周山”造成了河流改道的人为大洪水。由河流改道造成的后果非常严重，后来继承帝位的尧帝也毫无办法。舜以治水不力杀了鲧。但鲧的儿子大禹最终治水成功，又夺回了帝位。后来的传说往往将两者混为一谈。但女娲补天的传说记载的是12000 年前的大洪水，远早于5000 多年前的共工与颛顼之战引发的洪水。

七、伏羲画八卦

名称：伏羲

别号：宓羲、庖牺、包牺、伏戏、牺皇、皇羲、太昊、伏牺、太皞、大皞、皞

部族：华胥氏

图腾：龙、蛇、牛

姓：风

父系：雷泽氏

母系：华胥氏

地域：中部

时间：距今 12000 多年

大事件：画八卦、成为华夏大地的共主太昊

在 12000 多年前，最神秘最吸引未婚少女的地方非雷泽莫属。这是一个被茂密的森林包围的大湖，树木因无人砍伐而长得极高，藤蔓从丛林中垂下来，地上长满了各种杂草与

野花，阳光透过树林投下斑斓的影子，林中弥漫着一种原始的野性的味道。不知是否是靠近湖面的原因，丛林总给人感觉雾蒙蒙的，即使能避过各种野兽，穿越丛林到达湖边，看见的也只是一片非常广阔的湖面，倒映着蓝天，几乎看不见边际。湖面上偶尔会传来“咚咚”的吼叫声，不时会有明显的水线在游行，露出湖面的是一个牛首，但露出水面的背脊又如蛇一样细长。

各部落的美丽少女在结婚之前，往往会为了去雷泽而放弃许多勇士的追求。穿越密林到达雷泽边，并不是一件简单的事情，特别是对于单身女子而言，需要非常大的勇气。支持她们信念的当然不是传说中的雷泽水怪，她们只是希望在雷泽的边上看到那只大脚印，然后沿着神秘脚印而去，接下来就是一场期待中的邂逅了。至于结果如何，也许还要视缘分而定。

当时华胥族有一位非常美丽的女子，也是风姓无怀氏的一位后人，就怀着莫大的期望穿越了密林，到达了湖边，并如其所愿地发现了许多巨大的脚印。她把自己的脚放在这些新踏出来的脚印上，发现自己的脚如此小巧而秀气。她沿着脚印向密林中追去，然后就消失了。数月之后，姑娘又孤独地回到了华胥族中，并生下了一位对中华民族影响极为深远的伟大人物。

这位伟大人物就是伏羲。他后来与女娲氏联手拯救了史前大洪水中的人类，并带领幸存者重新开创了灿烂的文明。他画八卦，发现了自然与天地运行的规律，把文明推向了一个能为人类所把握的高度，而不再是单纯地对自然的敬畏。为纪念伏羲的诞生，他的诞生地被改名为成纪。伏羲由母亲抚养长大，这种情况在母系社会并不罕见。就血统而言，雷泽氏的男子是最神秘且最有魅力的，高大英俊而冷漠，尊重邂逅的爱情，却不会为了婚姻离开自己的部落。他们的图腾是夔，一种牛首蛇身的水兽，与龙相似，但只有一足，类似鱼类的尾巴。

伏羲在《山海经》中被称为大皞或皞，这也是他在东方称帝过后获得的称号。伏羲氏部落是与草原牧族联姻产生的，因而伏羲的名字具有犬、羊之形。史前大洪水过后，伏羲先与燧人氏北风部族中的女娲氏联姻，产生了羲和族，并最终迁居东方做了燧人氏五大风姓部族的共主。但伏羲的最大功绩是创立了八卦。伏羲对日月星辰，季节气候，草木兴衰等，有一番深入的观察。不过，这些观察并未为他理出所以然来。

直到有一天，当伏羲在河边散步时，突然出现的一匹龙马身上的花纹给了他启发。也就是这一刻，他深切地感到了自身与所膜拜的自然之间，出现了一种莫名其妙的和谐。他发现马身上的图案，与自己一直观察万物自然的“意象”暗合，这样，伏羲通过龙马身上的图案，画出了“八卦”，而龙马身上的图案就叫作“河图”。伏羲根据河图所推出的《连山易》，与后来黄帝的《归藏易》、周文王的《周易》并称为“三易”，共为中华文明的源头。

《山海经》中记载的龙的形象，如同考古发掘与历史记载的那样，呈现出多样化的形象。身形、声音特别巨大的其他兽类都可以称为龙，如雷泽氏的图腾为夔，也可称为夔龙。后世则称扬子鳄为猪婆龙。马中体形大者也称之为龙马，《周礼·夏官·廋人》中说：“马八尺以上为龙。”伏羲见到龙马的传说，其实是从五花马演化而来的。

【后来的故事】

在《山海经》中明确记载有女娲，关于伏羲氏，只有“皞”“大皞”的说法，“皞”的后人为巴人。“西南有巴国。皞生咸鸟，咸鸟生乘厘，乘厘生后照，后照是始为巴国。”这当是羲和族先与巫氏联姻，其后人又与开明白虎族后人廪君联姻产生了巴人。

伏羲氏与北风部族联姻后，产生了“羲和”“常羲”两族。这两族随伏羲一起迁居东方，又与东风金乌族联姻，产生了十日族、十二月族，分管测日与礼法，统领其他部落。羲和族在发展的过程中，又与东夷部落中善射的有穷氏联姻，产生了钜燕族。钜燕族与黄帝族的联盟对后来的历史产生了极其深远的影响。

雷泽氏是《山海经》中比较神秘的部族，相对独立。雷泽氏与草原犬族联姻而产生了盘瓠氏，图腾为龙犬。雷泽氏又与南风联姻产生了夸民。其后的炎帝族与东海雷泽氏联姻产生了夸父族。这些部族乃至今日东北、山东两地高大的人种，都是源于雷泽氏的巨人血统。

尧舜时期的后稷也是其母亲与雷泽氏的私生子。后稷是周的始祖，名弃，曾经被尧举为“农师”，被舜命为后稷。传说有邰氏之女踏巨人脚迹，怀孕而生，因一度被弃，故又名弃。后稷善于种植各种粮食作物，教民耕种，被认为是开始种稷和麦的人。

八、风之五大部族结盟

发生在12000多年前的洪水，在世界各地的史诗与神话中都有流传。华胥族中的伏羲自诞生之日起，就由母亲独自抚养长大。这位青年在外貌上保留了雷泽氏的大部分特征，高大英俊，还带有一种沉思的冷漠。因与草原上的游牧族联姻的原因，部落首领为他取了“伏羲”这个名字，其中的“犬、羊”之形反映了草原的特征。

但恰如伏羲的血统与族人不同一样，伏羲的性格也是如此，沉默不语，喜欢在自然中遐想，试图找出自然背后的运行规律。他深信自己的族人如果能成为华胥族的领导，甚至领导其他风姓部族，靠的是科技和文明的力量，而不是弓箭盔甲所炫耀的武力。这位青年很快显示了他不同寻常的头脑，他的部落比其他部落更容易捕获猎物、采摘果实，更善于熟悉自然，利用工具，甚至建立了一种独特的语言记录体系。这样的成就使得伏羲取得了部落的领导权，伏羲氏也成为了华胥族的领导部落。

困惑伏羲很久的是各种自然现象，他试图找出一种统一的符号来描述这种自然规律。直到有一天，伏羲从龙马的花纹上获得了灵感，画出了八卦。但这颗从“河图”中得来的“种子”成长为系统的《连山易》理论，则要等他迁居东方之后了。这种思考即将被史前大洪水打断，而他也将担负起重振中华文明的使命。

伏羲在这一年中感受到了自然与以往完全不同的躁动。前一年的冬天特别漫长而寒冷，大雪积累的厚度好像要把世界彻底覆盖。昆仑山上的天帝需要更多的兽皮与柴火来取暖，镇守昆仑山的最勇敢的白虎族也在这场大雪中瑟瑟发抖。草原上的西王母族的牛羊因为牧草的缺乏而大量死亡，使部落几乎陷于困境。即使是华胥族本身，虽然在入冬之前储备了大量的衣服、食物，也艰难地在这场冬天中煎熬。

对于远古部落而言，对抗自然最好的办法，是以坚强的毅力熬过冬天，迎来万物复苏的春天。但这个春天却比往年来得要晚，在各部族利用春天难得的好时光补充了给养，还没缓过来时，持续数月的大旱又开始了。在山林中的部落不时会感受到大地的震撼。西南夷族所居住的丛林中，鸟兽虫蚁也呈现出慌乱的状态。西王母族居住的炎山，有一个山口火光冲天，烟雾缭绕，岩浆竟然有冲破山口的趋势。

而在东海边上测日的金乌族也带来消息，这年太阳中的金乌要比往年大许多，而且形状一直在变化。南风部族也传来消息，海边的风越来越大，但也是一直不下雨。很多泉眼也突然出现，喷出热水，冒泡而发浑。伏羲的忧虑一天重似一天，直到他派去观测黄河的人回来报告他才下定了决心。这些日子，黄河水时涨时落，即使没有风，也会平空隆起一溜溜水排，远远望去，似海中翻浪，涛声震天，响声雷动，蔚为壮观。

伏羲派人给东南西北方的燧人氏四大风姓部族和草原上的西王母族都捎去了消息。消息的大意是，据伏羲的观察，有一场人类文明从未记录过的大洪水即将到来，到时候会天降暴雨，暴雨持续的时间也会出人意料地长，几乎所有低地都将被洪水淹没，山谷会崩裂、塌陷，来不及逃生的生灵会被洪水席卷而光。各部落应尽快迁居到高山之上，带上足够的粮食、衣服，找寻坚固、干爽的大山洞。蓄养的各种动物，尽可能一对对地赶上山。注意采集各种植物的种子，以作未来的耕种之用。有可能的话，再建造大的竹筏或木筏，以供逃生或救人之用。在使者把消息带走之后，伏羲舒了一口气，却又极为担心，这消息发布得是不是太晚了一点。他来不及多想，华胥族中事务本身就够他烦恼的了。各部落开始连续不断地向近处的山顶进发。

大雨到来的前一天，南风不断吹着，飞沙走石，似乎要把树连根拔起。天空被一层黄色的雾笼罩着，又透出一种奇

怪的光芒，白色的，黯淡的，使世界显得朦胧而诡异。当夜晚来临时，周围变得一片漆黑，开始下起了黑色的雨，倾盆大雨昼夜不停，巨大的雨滴迅速汇成河流，冲刷着逃离洪水的人们的步伐。人们爬上房顶，但房子塌毁了；爬到树顶，树也被拔起卷走了。

在稍低的高地上聚集的人们，身边挤满了同样惊慌的各种蛇类、猛兽、鸟类，无助地看水势迅速涨起来，直到吞没最后的落脚点。有些人在洞穴里找到避难点，却因洞穴塌毁而被夺去生命。山川大地开裂了，红色的岩浆喷涌而出，再狂暴的大雨也不能使之熄灭。这种水火交融的场面蔓延在中华大地上，空气中弥漫着呛人而绝望的味道，即使最高的山峰，也被这暴力而漫长的大雨覆盖了，成了海洋中的孤岛。华胥族的主要成员躲在附近的洞穴中，以不多的衣服和食物消熬着漫长的雨夜。除了向天祈祷，他们什么也做不了。伏羲脸色沉重，在一块竖起的木板上刻下一天又一天的记号。

四十多天后，大雨才基本停止。虽然山洪依然咆哮着向下游涌去，但高大的山峰重新焕发了活力，在逐渐退去的汪洋中显现出来。那些为数不多的幸存者走出各自的山洞，迷茫无助地看着灰色的天空。当有巢氏发明树屋以来，人类的文明一直呈现出一片欣欣向荣的景象，还从未被自然如此残忍地清洗过。大暴雨之时，人类聚居的地方也挤满了各种逃生的鸟类、蛇类，甚至是猛兽，它们一样萎靡不振。暴雨停息后，鸟飞走了，蛇类与野兽也重新进入了丛林之中。伏羲派使者划着竹筏，找寻那些大洪水过后的幸存者，特别是西王母族与风之五部的部族。

在最近一次有记载的文明之前，人类在漫长的岁月中煎熬的时间达数百万年之久，文明被推倒重建的也不在少数，但每次人类与文明的种子都得以幸存下来，一直延续至今。伏羲时期的史前大洪水虽然十分可怕，成为世界性的灾难，但每个部落都有人幸存下来，并衍生出了各种各样的关于洪水的传说。自燧人氏与弇兹氏结盟以来，已经过去了近3000年，风姓之后也迅速成为中华大地的主导力量，但却一直没有再重新结盟。只有等到这次毁灭性的洪水过去之后，风姓五大部族才再次认识到结盟的重要性，他们有义务与责任把文明的种子延续下去，这同样也是保证部族本身生存的需要。

在结盟的风之五部中，北风族实力最强，东风族的科技最为发达，但最具有领导能力、最有潜力的却是中风华胥族中的伏羲氏，南风族、西风族的实力相对落后。结盟的结果是，由北风族、东风族、华胥族中的精英构成燧人氏五大风姓部族同盟的领导层，由伏羲担任首领。部族间相互联姻，其后的领导权逐步过渡到三大部落的共同后人。结盟之后，伏羲氏先与北风部族中的两大部落联姻，产生了“羲和”“常羲”两族，这两族随伏羲一起迁居东方，后与东风族联姻，产生了十日族、十二月族。伏羲成为华夏大地上接替玉皇大帝的新共主，其后权力传递给同样来自于华胥族中的柏皇氏，最终由东风俊的后人接过帝位。这位流淌着华胥、北风、东风三大风姓血脉的人最终成为了东风之帝，即第一代帝俊。“帝俊”的称号后来由十日族的成员轮流执政使用。

【后来的故事】

在上古帝位的继承过程中，同一个称号可能延续几代甚至更长时期，比如东方的太昊、华胥族中的炎帝，会被同一部族多次使用，但在某个特定历史时期，与大事件相关的帝皇又特指某个具体的人物，比如太昊伏羲与炎帝神农。轩辕氏比较特别，从少典族中繁衍出数百年之后，其首领与炎帝争夺天下成功并启用“姬”姓后才出现在历史中，即“黄帝”。其后领导权由帝颛顼接任。黄帝的称号也就延续了一代，也就是我们熟知的那个黄帝。

世界上任何一个有足够时间跨度的民族，其历史和传说中都有“大洪水”传说，而且传说中的时间、地点、人物、内容都有着惊人的相似之处。大洪水确实发生过，大致时间是前 14000 年到前 8000 年之间，并造成了一个史前文化断层。但这场洪水发生的具体时间也可能不在某一天，而是在一段地壳、气候剧烈变动的时期内，世界各地分别发生的。这一点类似近年的“厄尔尼诺”现象造成的全球灾害，但洪水过后，幸存的人类文明依然重新快速发展起来。

《淮南子·览冥训》中说："往古之时，四极废，九州裂，天不兼覆，地不周载，火爁炎而不灭，水浩洋而不息。"洪兴注解说："凡洪水渊薮自三百仞（一仞＝周尺八尺或七尺。周尺一尺约合二十三厘米，三百仞约为五百米）以上。"因连续暴雨造成的水位竟高达 500 米之巨，可见这场洪水的杀伤力。

在中国，无论是西南地区的少数民族神话，还是东北地区的少数民族神话，从西到东，几乎都同样出现了关于大洪水的故事，并且几乎所有的大洪水故事，都同样具有善人获救成为人类始祖的故事基本构成，因而形成了一种关于大洪水故事的叙述模式。关于兄妹在逃过洪水，被迫结婚重新繁衍人类的传说也广为流传。伏羲、女娲的版本则是最为人所熟知的。

《山海经》全解
【第四卷】
垢文涛/主编
辽海出版社

九、炎帝烧山开垦

名称：炎帝

别号：赤帝、烈山氏、厉山氏、神农氏、连山氏、伊耆氏、大庭氏、魁隗氏

部族：华胥氏

图腾：龙、牛

姓：姜

父系：少典族

母系：西羌

地域：中部

时间：距今7000多年

大事件：发明农耕、采药

大洪水过去5000年之后，草原、山林又恢复了生机，风姓后人依然占据了统治地位。在伏羲迁居东方为共主后，中风无怀氏的后裔少典氏获得了华胥族的统治地位以及驯服

兽类的本领，以熊为部落图腾。少典氏的后裔连山氏利用农耕技术为自己的部落获得了更强的实力，取代父系少典族而成为华胥族的领导，称为神农氏。其部族领导人后来则称为炎帝或赤帝，成为自昆仑山天帝、东风帝俊外第三位有帝号的人。

远古部落中，祭师具有举足轻重的地位，不但要通过仪式使部落产生对自然的敬畏而团结在一起，同时还必须担负起医生、专家的多重身份。作为自然力量的代言人，祭师往往成为一个部落的首领，以生火、测风为使命的燧人氏也是如此获得了部落的领导权。其后则衍生出四大祭师系统，即“风雷水火”这四大祭师职位，其中的风部最强，测风发展成测日，并制定农时。中部的华胥族保留了测风的传统，有“风伯”一职。雷部祭师即雷泽氏，擅长击鼓，在南方影响很大，南风为其后代。

水神称为玄冥、冬神、北方之神，以鱼、蛇、龟等水族为图腾。炎帝后人共工后来继承了水神的权力。黄帝族与水神联姻，有禺虢、禺京一族，分管东海与北海。在黄帝族与蚩尤之战中，出现的雨师是水神的一个分支，具有蛇与龟的图腾。燧人氏崇拜火的一支传至居于炎山的西王母族，西羌继而又与华胥族中的少典氏联姻产生烈山氏，最终接过了火神的权力。炎帝后人祝融后来成为新的火神，而帝颛顼时期则设立火正，成为火神的新称号。

据《史记补》记载："炎帝母曰女登，有娲氏之女，为少典妃，感神龙而生炎帝。"也有说炎帝之母是有蟜氏。所谓的感神龙而生炎帝，指神农氏接过了火神的职位。有娲氏为女和族的一个部落，应为女和族与西羌联姻所生。炎帝之父系为少典族，母亲为任姒。昆仑山上看管木禾的为开明白虎的一支，其后和北风族联姻，产生流黄辛氏，后以淘取金沙为主业。流黄辛氏产生有莘氏姒姓，姒姓产生任姒部落，这些都是西羌下属的部落。有莘氏姒姓后来也为大禹的母系，以薏苡为图腾。炎帝母系保留了部分草原游牧族的成员，有羌人的牧羊传统，因而炎帝以"姜"为姓。

上古人类对于火是十分敬畏的，火不但带来了温暖，也带来了熟食，使人类能更好地生活下去。最初的人类只是采摘果实、蔬菜，后来又发现如果每次采摘能保留一部分果实，则来年这儿还有果实可以持续利用。另一方面雷击会引起山火，这些过火的地面能长出新的植物来，而且比不过火自然生产的还要好。于是远古人类开始有意识地在过火的地面上播种，以期未来的收成。连山氏作为掌管火的祭司，对火的习性十分了解，最终发明了人为引山火烧林，并进行翻土、施肥、浇灌的原始农耕技术，从而把文明带入了新的高度。

【后来的故事】

炎帝的称号，最早是由神农氏获得的，其后则由其后人沿袭，轮流掌管火神的权力，成为华胥族的领导，并能与东方帝俊族的实力相抗衡。神农氏最早的居住地，应为当年伏羲迁居东方后留下的地盘，即伏羲当年获得龙马文身的灵感而画八卦的地方，因而神农氏也成为连山氏的代称。代表华胥族的炎帝族通过与其他部族的联姻，由部落长老联盟来控制，实现了权力在各部族之间的轮流交替。

烈山氏又叫厉山氏，其首领为烈山或柱。《国语·鲁语上》中说："昔烈山氏之有天下也，其子曰柱，能植百谷百蔬。"《左传·昭公二十九年》记载："有烈山氏之子曰柱，为稷。"《礼记·祭法》则称："厉山氏之有天下也，其子曰农，能植百谷。"一般认为烈山氏为炎帝后裔，仍为农神、谷神。烈山，本是烧山垦田之意。

据史籍《路史》中记载："魁傀，熊国君少典长子，又名石年，姜姓，号烈山氏、厉山氏，身长八尺有七寸，生而牛首人身，怪异之相，乃曰魁傀氏。"从这个形象可以看出，魁傀氏可能是炎帝族与草原上鬼族一支联姻的后代，这一族喜欢在脸上画上可怕的色彩，形象恐怖。东汉王符《潜夫论·五德志》中说："有神龙首出常羊，感任姒，生赤帝魁隗，身号炎帝，世号神农，代伏羲氏。"魁隗氏作为炎帝后人，获得的是赤帝的称号。

伊耆氏也为神农氏的一支。后来的尧帝也是伊耆氏的后人，他自小寄于伊长孺家，从母所居，故姓伊耆。《中国古地名辞典》的解释是："耆，即黎国也。"帝颛顼时始设火正，掌管民事，名叫黎。伊耆后人所居住的即为重黎的部落。舜的妻子有三位，除了尧的两位女儿娥皇、女英外，还有登比氏。舜与登比氏生了宵明、烛光，而这个登比氏应为炎帝之母"女登"的后人。《周礼》中说："秋官司寇所属有伊耆氏，设下士一人及徒二人。遇大祭祀，供给老臣杖函，使行礼时去杖，以敬鬼神。遇兵事，授殳杖给有爵者。军吏执殳，意在与士卒区别。"北周亦于秋官府设伊耆氏中士、下士。

司马贞在《史记索隐·三皇本纪》中说："神农纳奔水氏之女曰听诙为妃。生帝魁，魁生帝承，承生帝明，明生帝直，直生帝牦，牦生帝哀，哀生帝克，克生帝榆罔。凡八代，五百三十年。而轩辕氏兴焉。"所以跟黄帝大战的那个炎帝并非最早的神农氏，而是末代炎帝姜榆罔。

《山海经》中还有胡不与国、列人之国，南海之神不廷胡余为其先人。胡不与国可能为烈山氏炎帝与草原民族联姻所生。列姓一支，是姜姓炎帝神农氏的嫡传子嗣。第二个源头出自春秋时期楚国公族列宗氏，而楚国的先祖高阳氏颛顼来自黄帝族与苗族的联姻，该列姓应该也来自炎帝谱系。第三个源于鲜卑族，出自南北朝时期鲜卑族拔列氏部落。第四个源于女真族，出自宋、辽、金国时期的女真族女奚列氏部落。

十、黄帝治天下

名称：黄帝

别号：有熊氏、轩辕氏、公孙

部族：华胥氏

图腾：龙

姓：姬

父系：少典族

母系：北风族

地域：中部

时间：距今5000多年

大事件：发明水利农业、指南车、服装

在神农氏称炎帝，统领华胥族的1000年之后，即距今6000多年，西北部的部族统治格局发生了比较大的变化。北风部族与其他部族联姻，产生了新的部落，在由此形成的松散联盟中，炎帝族的实际控制力下降了。女和族与盘瓠氏联姻，产生了苗蛮族，这一族以蛇为主要图腾，敬奉伏羲与女娲，实力最强。同时羲和族先与灵山巫氏联姻，其分支又与开明白虎族后人廪君联姻产生了巴人。女常族则衍生出西陵氏、蜀山氏等，女常族这些后代都擅长编织技术。

在烟雾缭绕的巫山地带则繁衍出“灵山十巫”。灵山巫氏原本为昆仑山上的玉帝掌管医药，后来归西王母管辖，却一直受到猜忌。灵山十巫的后人后来进入巴蜀地带，但其首领则依然被扣押在西王母族附近做人质。后来首领被谋杀，灵山十巫就独立出来，并与华胥族交好。灵山十巫中的朝云国与华胥族中的少典族联姻，产生了轩辕氏。这一族后来出现一个罕见的长寿者，即颛顼的玄孙彭祖，活了约800岁。但在《山海经》记载的轩辕氏族人中，一般的人都要活到这个年龄，这自然与他们掌握“不死药”的秘密有关。“不死药”也意味着高超的医术和养生术。

轩辕氏擅长造车，其后人黄帝也精通此道，并发明了指南车，在与蚩尤之战中发挥了重要作用。轩辕氏最初发明的是比较简单的人力车，在大禹时期才发展成为成熟的规范化的马车。《山海经》中记载：“帝俊生禺号，禺号生淫梁，淫梁生番禺，是始为舟。番禺生奚仲，奚仲生吉光，吉光是始以木为车。”奚仲是大禹时的“车正”，负责造车事宜，他与轩辕氏后人联姻，生了吉光，吉光的名字即有“辕”之形。“黄帝作车，少昊加牛，奚仲加马。”这里指轩辕氏

发明了车，少昊发明了牛车，而奚仲与后代吉光一起发明了马车。“吉光”也成为古代神马的一种称呼。

在轩辕氏从朝云国衍生出来700多年后，即距今5000多年前，轩辕氏再与北风族中的有蟜氏联姻，生了黄帝。黄帝母亲为有蟜氏附宝，“蟜”指蜜蜂，有蟜氏图腾为蜜蜂和蛾子，这也是“女常族”的部落成员，善于编织、采蜜以及种植等。轩辕氏继承了有熊氏少典族的权力，因而也称为有熊氏。至于又有黄帝的母亲为“昊枢”之说，表明黄帝可能也有着有虞氏的血统。古代“虞”与“吴”通假。

黄帝有四妃，正妃为西陵氏，名嫘祖，“缧”是丝束的形状，变母系社会的特征为“嫘”。西陵氏也是北风族中善于编织的“女常族”的后人。她教人们养蚕缫丝，织出丝绸做衣裳，故有“先蚕”的称号。相传一位少女在桑园养蚕时，碰到黄帝，黄帝看到她身上的金色彩衣，闪着轻柔、温和的黄光，地上堆着一堆蚕茧，就问少女身上穿的是什么，少女就说了植桑养蚕、抽丝织绸的道理。黄帝听后，联想到人们还过着夏披树叶、冬穿兽皮，一年四季衣不蔽体的生活，感觉这是一项大的发明，能让人民穿衣御寒，就与这位少女结为夫妻，让她向百官和百姓传授育桑养蚕的技术。这位少女就是黄帝的正妃嫘祖。

黄帝有三个次妃，分别为方雷氏女、彤鱼氏女、嫫母。《后汉书·东夷传序》记载：“夷有九种，曰畎夷、于夷、方

夷、黄夷、白夷、赤夷、玄夷、风夷、阳夷。”方雷氏为东方方夷氏与雷泽氏联姻产生的后代。据说彤鱼氏教会黄帝族人用石板炒肉吃。方雷氏创造了梳子，教会了人们梳妆打扮。

与朝云国相邻的司彘国，以猪为图腾，司彘国与女常族联姻，产生了蜀山氏，保留了猪的图腾。黄帝正妃嫘祖生了玄嚣、昌意二子。玄嚣之子为蟜极，之孙为五帝之一的帝喾。昌意娶蜀山氏女为妻，生了韩流。《山海经》中记载，韩流长着长长的脑袋、小小的耳、人的面孔、猪的长嘴、麒麟的身子、猪的蹄子，罗圈着双腿。这是因为蜀山氏中有猪图腾的缘故。韩流又生了高阳氏，继承天下，就是帝颛顼。黄帝次妃方雷氏女，称为女节，生了儿子青阳。次妃彤鱼氏女生了夷鼓。

轩辕氏进入中原以后，使用了更先进的农耕技术，不再以烧伐山林为主，而是开垦了平原上的荒地，并建立了成熟的灌溉系统。轩辕氏通过技术的发展，迅速积累了强大的实力，只等待有一位英明领导人的崛起，获得华胥族的领导权。但华胥族中只能有唯一的领导，炎帝退位之后才能有黄帝。华胥族一直期待以文明来获得独立，但之前的炎帝族则必须依靠苗蛮部落的力量。黄帝族代表的新兴力量是大部分华胥族长老乐意看到的，因而获得了长老联盟的支持，并接过了少典族的“有熊氏”封号。

黄帝拥有足够的实力，并有父系有熊氏少典族的全力支

持。通过联姻策略，轩辕氏迅速获得了具有强大影响力的北风后人有蟜氏、西陵氏、蜀山氏，西王母族后人嫫母，以及雷泽氏后人方雷氏等的支持。另一方面，在北风后代中实力最强的苗蛮族部分成员虽然与轩辕氏也有联姻，但其部落在整个部族中没有充分的话语权。这也是因为炎帝族与苗蛮族一直保持良好的联姻关系，而且炎帝与苗蛮族的后代蚩尤族在炎帝手下掌管杀伐与兵器的制造。这就为蚩尤与黄帝的战争埋下了伏笔。

【后来的故事】

灵山巫氏后来分出轩辕氏、巫咸国。与朝云国相邻的司彘国，以猪为图腾，后与北风族联姻，产生蜀山氏。《山海经》中的猪的形象来自于此部族图腾。司彘国与其他部落联姻产生的后代包括豨等，并封为双头黑猪的形象，即封豨族的图腾。尧为帝时，帝俊后人十日族联合猰貐、凿齿、九婴、大风、封豨、修蛇等部落叛乱，都为后羿所灭。颛顼后人彭祖后来建立了大彭国，彭祖的后人受封于司彘国故地，为豕韦国。大彭国、豕韦国为夏商两朝中坚强国。后商朝武丁率王师灭大彭、豕韦。豕韦失国，大部被迫迁往东北，辽东、朝鲜半岛一带，后或称“室韦”，又作“失韦”，或“失围”。中唐以后，文献上又把室韦称作“达怛”。室韦—达怛人是东胡后裔，也是蒙古族的先民。

十一、少昊执掌东夷

名称：少昊

别号：少皞、金天氏、青阳氏、朱帝、白帝、西皇、穷桑氏、空桑氏

部族：华胥氏、帝俊族

图腾：龙、燕子

姓：姬、己

父系：黄帝族

母系：嫘祖

地域：中部

时间：距今 5000 多年

大事件：入赘帝俊族、成为共主、抚养颛顼、帮助黄帝击败蚩尤、镇守西方

在中华大地中部的黄帝族崛起，取代炎帝族成为华胥族首领时，东方的帝俊族也发生了剧烈变动。在一个由新兴的

文明与科技占主导地位的年代，统治的格局也会发生相应的变化。黄帝族以新兴的水利农耕取代了炎帝族火烧山林的原始农耕模式。东方帝俊族一直引以为傲的测日、农时技术，也因为与其他部落的联姻而为更多的部落所掌握，失去了文明上的优势地位。中华共主的帝位也就由“帝俊”变成了“炎帝”。而东方的帝位则由帝俊的子系十日族轮流执政。

在东夷部落中，当年伏羲与燧人氏北风部族联姻所形成的羲和族、常羲族渐渐合二为一，称为“女和月母国”。其后代羲和族作为十日族的父系，渐渐独立出来。羲和族衍生出的十日族，因文明模式的没落，渐渐失去了在部落中的优势。常羲族则依附于羲和族，羲和族因掌握了编织与养蚕的技术，而称为“空桑氏”。在东夷的其他部落中实力最强的是善射的“有穷氏”，后来的后羿即来自此部落。在更早的时期，有一个“羿”，也是天下闻名的人物。羲和族与有穷氏联姻，产生了更强的后代，即“穷桑氏”。羲和族本身掌管的是第六日“己”姓部落。

“空桑氏”的崛起严重威胁到了其他九日的统治地位。在东夷部落中，羲和族与金乌族联姻生了十日族。天干之名传说源于古代天有十日，天干即十日之名，《广雅·释天》中说“甲乙为干。干者，日之神”。甲乙丙丁戊己庚辛壬癸，谓之天干，或谓十天干。早在羲和族迁居东方之前，伏羲氏与燧人氏北风部族联姻生了羲和族。其后羲和族与开明族木禾支联姻生了流黄辛氏，而流黄辛氏之“辛”代表十日之中的第八日。流黄辛氏作为羲和族的一员，有着第八日父系的身份。

迁居东方的羲和族主体为钜燕族，以燕子为图腾，实力最为强劲。流黄辛氏族因掌握了从流沙中提取黄金的秘密而富可敌国。流黄辛氏为昆仑山天帝、东方帝俊族，乃为其他的部族提供祭祀用品的黄金原料。这一族与羲和族其后又有频繁的联姻。因而羲和族西与燧人氏北风部族、流黄辛氏交好，东与有穷氏联姻，加上伏羲氏本身具有雷泽氏血统，羲和族与东部的雷泽氏、雷泽氏后人南风部族、中部的炎黄部族都有密切的交往，其地位难以撼动。

黄帝取代炎帝成为华胥族首领后，地位并不稳固，炎帝的后人自然对其不服，并暗中积蓄力量准备东山再起。黄帝的联姻策略，并未充分笼络到苗蛮一系。苗蛮族是女娲氏与盘瓠氏联姻的后人，炎帝族一直与苗蛮族交好，其后更诞生了蚩尤一族。蚩尤本身是炎帝的子系，姜姓，也是炎帝的重臣，从血统而言，蚩尤是能继承炎帝的帝位的，但这种希望被黄帝彻底打破了，一场大战一触即发。羲和族与其他九日都有独立为帝之心，故相互之间也十分猜忌，各方都为东方的帝位而积蓄力量。

在漫长的历史岁月中，东夷族及其周边的部落，也因为联姻的缘故，被炎帝族逐渐渗透。与草原游牧民族不同的是，东夷各部落已基本放弃了游牧生活。在生活被定居点束缚的情况下，东夷面临着与炎帝族最终一战还是放弃战争而完全融入华胥族的选择。黄帝族崛起，削弱了炎帝族的力量，并想取而代之。东夷族突然又有了第三种选择，能以更和平的方式与黄帝族合作，助其击败炎帝一族，并最大程度地保存东夷族的实力，以图日后的延续。在这样的背景下，黄帝显示了其擅长的联合策略，与羲和族订立了中风部族与东风部族的新盟约。

这也是继史前大洪水过后，风之五部部族订立盟约，推伏羲为太昊，成为天下共主后的第二个大盟约，并改变了其后的历史。但这时的天下，也早已不是风之五部的天下。与其他部落联姻，并给予先进文明的帮助，可以加强部族间的友好关系，另一方面也会使更多部族变得强大，并逐渐脱离当初盟约的束缚。纵然新的盟约诞生了，但也只是促成了中部与东部的融合，与其他部落的融合，还需要经过更久更漫长的历史进程。

黄帝的正妃嫘祖生二子，长子为玄嚣，次子为昌意。玄嚣为姬姓，名挚，号青阳氏。这位优秀的人物，最终成为黄帝族与羲和族订立盟约的关键人物。当年伏羲氏坐镇东方，实际是一种入赘的身份，以太昊之名而统治天下，但并未称帝。其后传柏皇氏，并最终由东风部族称帝，为帝俊。玄嚣同样以入赘的身份居东方为“少昊”，其后有孙子喾，继承了钜燕族的图腾与实力。玄嚣与伏羲都有中风无怀氏的血统，并都以入赘的身份居东方统治，因而有了“少昊”之称，也即《山海经》中的少皞。

玄嚣因为迁居东方的关系，放弃了黄帝族嫡系的身份，改姬姓为第六日的己姓。居东方统治后，他启用了与金乌相似的燕子图腾。在蚩尤族向黄帝族发动涿鹿之战时，少昊发挥了举足轻重的作用，并最终帮助黄帝击败了蚩尤。少昊与当初伏羲为太昊时不同，而今中风的力量要比东风强，而且更有发展前景。少昊入赘以后代表的是羲和族的利益，其领导地位是一种过渡。少昊的兄弟昌意生韩流，韩流又生了颛顼。颛顼由少昊抚养，但以姬为姓，代表黄帝的嫡系，他最终继承了少昊的位置，为帝颛顼。在涿鹿之战结束，并由颛顼接替帝位后，少昊族因与流黄辛氏的密切关系，镇守西方，因而又有了“金天氏”“白帝”“西皇”之称。

【后来的故事】

少昊与昆仑山开明白虎族的后人联姻，生了儿子蓐收。在《山海经》中蓐收为秋神，左耳有蛇，乘两条龙，为白帝少昊的辅佐神。郭璞注谓：“金神也；人面、虎爪、白毛，执钺。见外传。”少昊与草原上的鬼氏联姻，后代威姓，吃黄米。少昊生了般，这位般最初发明了弓和箭。少昊后传帝位于黄帝的曾孙颛顼，即高阳氏帝颛顼。

少昊生了儿子蟜极。蟜极娶了陈丰氏裒，生了儿子喾。伏羲为太昊后，镇守伏羲圣地的为陈氏。流黄辛氏衍生出流黄丰氏。流黄丰氏与陈氏联姻后，生出陈丰氏。蟜极的儿子喾继承了流黄辛氏的传统，后又继位于“高阳氏”，因而为“高辛氏”。喾恢复了姬姓，名为俊。帝喾也即《山海经》的第二位“帝俊”，他恢复了当初的东方帝号。除了生日月传说的那位早期帝俊，《山海经》中的其他帝俊基本都指这位姬俊。

传说少昊的母亲在天上织布，在筋疲力尽的时候，常常到西海之滨的一棵大桑树下休憩玩耍。也正是在这棵树下，她认识了太白金星，并生子少昊。这位少昊当然不是第一代少昊，而是白帝的后人。传说中，太白金星为白帝之子。东方羲和族、常羲族来自于女和月母国，都擅长织布，并与第一代少昊关系密切。白帝之子与羲和族织女联姻所生的少昊，应为第一代少昊的孙子，可能后来继承了“少昊”的称号。

少昊传帝位于颛顼，但后来颛顼又把帝位传给了少昊的孙子喾，成为帝喾。帝喾先传帝位于儿子挚，称为帝挚。这实际上是黄帝族当初与羲和族的盟约，由流着两族血液，代表中风和东风不同利益的后代轮流执政，最终实现统一。这位挚即为“帝鸿”。但挚因为坚持羲和族的燕子图腾，并违背了黄帝族与羲和族的约定，这是对部落长老联盟的最大挑战。最后这位帝挚被剥夺了帝位，迁居中部，勉强传帝位于子“浑沌”，称为“帝江”。挚最后的命运是被废还是被杀，这成为了一宗疑案。

帝喾时发生炎帝族的共工之乱，战乱平息后，华胥族的长老选择了具有炎帝族血统的尧，由尧取得了继承权。尧复姓伊祈，是炎帝族一个古老的姓。尧继承帝位后，因“十日之乱”又被帝俊族联盟成员有虞氏舜取得帝位。高辛氏帝喾另外一个儿子契，因为保留了少昊的燕子图腾，就有了殷商先祖关于玄鸟的传说。契成为尧帝旧臣，舜帝留用，位居三公之列，官居司徒，主管民政事务。《诗经·商颂·玄鸟》中记载：“春分玄鸟降，简狄配高辛氏，帝与之祈于郊禖而生契，故本为天所命，以玄鸟至而生焉。”司徒契也就成为殷商的先祖。

以燕子为图腾的少昊的后人，除了殷商外，后来还建立了强大的秦朝。《史记·秦本纪》记载：“秦之先，帝颛顼之苗裔孙曰女修。女修织，玄鸟陨卵，女修吞之，生子大业。”《路史》记载大业娶黄帝父亲所属的少典氏族之女女华为妻，生子名叫繇，即伯益。大业即皋陶。《毛诗正义》记载：“昔皋陶之子伯翳，佐禹治水有功，舜命作虞，赐姓曰嬴。”《史记·秦本纪》因而记载伯翳是五帝中颛顼的后代，嬴姓的始祖。但女修吞玄鸟卵的传说，则意味着与少昊族的联姻，因而少昊也是伯翳的先祖。《春秋左传正义》隐公二年下注解说："《谱》云：'莒嬴姓，少昊之后。周武王封兹于期于莒，初都计，后徙莒，今城阳莒县是也。'"但《山海经》中则早有"嬴民国"，从字形"嬴"可看出为女和月母国后人。女和月母国与司彘国联姻，产生了嬴民国，嬴民国后代包括封豨，即以并封为图腾的部落。嬴民国后与少昊族联姻，获得了玄鸟图腾。

少昊的后人还包括后来诸多以"燕"为名的国家。黄帝的后代中有个叫伯儵的，商朝时被封于燕（今河南省延津县东北)，建立燕国，历史上为与蓟地燕国相区别，称作南燕。中国历史上有许多个燕国（如北燕、南燕、前燕、后燕、西燕、大燕、五代燕等)，其中较早的燕国是商代的南燕。少昊在坎坷的一生中，足迹遍布中部、东部、西部，因而他的后人中，以燕子为图腾立国的国家很多，而且在地域上分布很广。

后南燕灭国，伯儵的后世子孙遂以其国名称燕姓。据《唐书·宰相世系表》记载，伯儵，受封于南燕国，赐姓姞。后来他的子孙省去女旁，遂成吉氏，世代相传姓吉。《山海经》中记载帝俊的后人中有奚仲，是大禹时的"车正"，他与轩辕氏后人联姻，生了吉光。吉光的后人当以"姞"或"吉"为姓。此燕国一直延续到春秋时期。

北燕，始封于前 11 世纪，都城在“蓟”（位于今北京市房山区琉璃河），其国土相当于今北京及河北中部与北部一带，北燕国的始祖是周召公，这最早可追溯到《山海经》中的钜燕国。周召公，姬姓，又叫邵公、召康公、太保召公，周文王的儿子，武王的弟弟。北燕存在于西周到春秋战国时期，是当时中国北方的一个诸侯强国，战国时为七雄之一。燕王喜三十三年（前 222 年），秦灭韩、魏、楚后，再遣王贲攻燕辽东，燕军败，燕王喜被俘，燕亡。秦军回师攻代，代王嘉被俘。之后，燕辽东故地、代地，被秦朝分设为辽东郡、代郡。但根据少昊族当年的统治地域，北燕故地最初当为少昊后人统治，毕竟少昊作为黄帝之子，起初也是姓姬的。

十二、蚩尤争天下

名称：蚩尤

别号：兵主、战神

部族：炎帝族

图腾：蛇

姓：姜

父系：炎帝族

母系：苗蛮

地域：西北部

时间：距今五千多年

大事件：涿鹿之战

蚩尤为上古时代九黎族部落酋长，神话中的武战神。传说他曾与炎帝大战，并打败炎帝，于是炎帝与黄帝联合起来战蚩尤。蚩尤率八十一个兄弟举兵与黄帝争天下，在涿鹿展开激战。传说蚩尤有八只脚、三个头、六只臂，铜头铁额，刀枪不入，善于使用刀、斧、戈作战，不死不休，勇猛无比。黄帝不能力敌，请天神助其破之，双方杀得天昏地暗，血流成河。蚩尤被黄帝所杀，斩其首葬之，首级化为血枫林。后黄帝尊蚩尤为“兵主”，即战争之神。他勇猛的形象仍然让人畏惧，黄帝把他的形象画在军旗上，用来鼓舞自己的军队勇敢作战，诸侯见蚩尤像，不战而降。传说中蚩尤性情豪爽、打仗勇往直前，充满武将阳刚之美，不愧为一代盖世豪杰。但后来人们为了歌颂黄帝，便丑化蚩尤，往往把他降格为妖魔、邪神的形象。

《易·系辞》引《帝王世纪》说，“炎帝”之号，由姜石年为首任炎帝，其后传七世：帝临魁、帝承、帝明、帝直、帝嫠、帝哀、帝榆罔。这实际是由炎帝衍生出的几大家族分别统治的年号，其中的时间远达1000多年之久。在炎帝家族统治中原数百年后，从炎帝的父系少典氏中又分出轩辕氏，并在700多年后出了著名的黄帝。末代炎帝姜榆罔不擅长治理国家，为华胥族长老所不喜，在长老制的选举中被迫退位，由轩辕氏成为新的领导，称为黄帝。末代炎帝发动战争——阪泉之战，但被黄帝击败。

冷眼旁观姜榆罔与黄帝族争夺帝位的是炎帝的臣子姜蚩尤。蚩尤族为苗蛮部与炎帝族联姻所生。苗蛮族是北风族后人中的女娲氏与盘瓠氏联姻的后人。蚩尤族作为女娲氏后人的主体，成了新的刑罚之神，在华胥族联盟中占有重要地位。当初燧人氏与弇兹氏结盟，确立昆仑山天帝的时候，指定开明白虎族为刑罚之神，负责讨伐不归顺的部落。其后这个角色由西王母族接替，又传女娲氏至蚩尤族。这个角色负责部族中的兵器和杀伐，一般由实力最强劲的部落担当。

九黎当是九个部落的联盟，每个部落又包含九个兄弟氏族，共八十一个兄弟氏族。蚩尤是九黎族的首领，这八十一个氏族联盟叫作“九黎”。蚩尤为九黎之君，在炎帝系中举足轻重。因为华胥族主体少典氏对苗蛮的实力十分忌惮的原因，蚩尤虽然有姜姓，却没有获得华胥族长老的认可而继承帝位，因而一直只能作为炎帝的臣子。在早期炎帝与黄帝的阪泉之战中，蚩尤没有参加炎帝的一方。在末代炎帝被击败以后，蚩尤才联合了炎帝族中不愿意臣服黄帝的力量，试图发动决定性的一战来夺取中原。一旦蚩尤获胜，继承的可能只是炎帝的称号，但华胥族统治的主体就成为了苗蛮族，这是华胥族各部族长老不愿看到的。

《初学记》卷九引《归藏·启筮》中说：“蚩尤出自羊水，八肱八趾疏首，登九淖以伐空桑，黄帝杀之于青丘。”传说中蚩尤兄弟八十一人，兽身人语，铜头铁额，食沙石子。蚩尤人身牛蹄，四目六手，耳鬓如剑戟，头有角，造立兵仗刀戟大弩，威振天下。蚩尤牛身的形象也说明其炎帝族的身份。炎帝族本身是以牛为图腾的。而蚩尤本身即是刑罚之神，因而在制造兵器、行军打仗方面非常有优势。黄帝在进行与部落的联姻策略中也考虑到了这一点，其正妃为北风族后人，生子昌意，昌意娶了蜀山氏，生了儿子韩流，而韩流又娶了九黎一部的后人，即淖子女，生子颛顼。日后颛顼继位，有了苗蛮族的血统，自然就能获得其支持了。这是黄帝的深谋远虑，在颛顼为帝并把帝位传给黄帝族后人时发挥了重要作用。

蚩尤统领的九黎，并不是一个坚定的同盟，其中还包括不少灵山十巫的成员。而灵山十巫中的朝云国是轩辕氏的母系，蜀山氏则与黄帝有联姻。在蚩尤联络炎帝族中的旧势力准备决战的时候，黄帝也布下了更大的局。他出人意料地以子青阳氏入赘东风家族，表面上尊少昊为风之五部的共主，实际上是由黄帝嫡系控制了中部和东部。在这种情况下，蚩尤要面对的不单是黄帝族，还包括东方的“空桑氏”，获胜的概率就少了很多。在涿鹿之战中，蚩尤族与黄帝族杀得天昏地暗，血流成河。蚩尤最终被黄帝所杀。

蚩尤为战争做了充分的准备，联合了九黎部落的力量，以其为首领。并利用刑罚之神的身份，铸造了大量的兵器，这些锋利的兵器，不是一般的勇士所能抵挡的。蚩尤的联盟中包括了炎帝的后人风伯、雨师、夸父族等。风伯以飞廉为图腾，有时也称作蜚廉，其形象非常古怪。传说中的飞廉神禽，能致风气，鹿身，头如雀，有角而蛇尾豹纹，但在《山海经》中则是“状如牛而白首，一目而蛇尾，其名曰蜚，行水则竭，行草则死”。从其形态而言，风伯当为炎帝族与苗蛮族联姻生的后人。

在东夷领域内的东海，雷泽氏一支迁居到这里，并与水神共工的后人联姻生了夸父族。《山海经》中说夸父国在聂耳国的东面，那里的人身材高大，右手握着青色蛇，左手握着黄色蛇。但夸父被描述为：“大荒之中，有山名曰成都载天。有人珥两黄蛇，把两黄蛇，名曰夸父。”夸父因为具有雷泽氏的血统而长的特别高大。但黄帝也又通过与东海内的部落联姻生了禺虢，禺虢又生了禺京。禺京掌管北海，禺虢掌管东海，都是海神。雨师妾国则是炎帝族共工氏水神系的后人。《山海经》中说：“其为人黑，两手各操一蛇，左耳有青蛇，右耳有赤蛇。一曰在十日北，为人黑身人面，各操一龟。”雨师的形象，即水神玄武的“蛇龟”之形。

相对于蚩尤的武力而言，黄帝依靠更多的是科技与谋略。风伯、雨师、夸父都是公开的力量，黄帝依靠的则是与少昊族的秘密联盟，还准备了一支最为隐秘的力量。在东方钜燕国中，有一支神秘的鹰族，少昊选择其与黄帝族的海神系联姻，即“应龙”一族。应龙族住在“凶犁土丘山”的最南端，通过与各部落间的贸易，获得了其他任何部落所没有的装备与实力。

蚩尤发动战争的初期，因采用了突然袭击的战术，黄帝联盟不及防备，被杀了个措手不及，节节溃败。但黄帝在战

争开始时，就派人去东海猎取了雷泽氏的图腾夔龙，并将之制成鼓。这极大地震撼了雷泽氏，使其不敢轻举妄动。随后黄帝利用先进的技术与之周旋，特别是在大雾之中，利用指南车技术进行反攻，对蚩尤族造成了一定的伤亡，双方就此在涿鹿进入了战争的相持阶段。同时双方的援兵都抓紧时间赶来，进行最后的决战。

应龙族赶到中原，进攻冀州之野。应龙蓄水，准备对蚩尤族发动水攻。但蚩尤的两支后援部队，风伯族与雨师族也赶到了。风伯雨师通过对自然力量的掌握与控制，引导着下了一场大风雨。应龙族来不及防备，自身反而陷入困境。但黄帝族还有最后一支力量。为与风伯雨师抗衡，黄帝族也和草原上的鬼氏联姻，生下了女儿魃。魃掌握着使天变晴的自然力量，刚好可以克制风伯雨师。女魃止住了雨，并和应龙以及黄帝族中的其他部落对蚩尤族发动了大反攻。蚩尤族抵抗不住，被击败，蚩尤本人也被应龙族杀死。

与此同时，夸父族也进入了战争状态，准备向西行进到禺谷这个地方增援蚩尤族。但他们行军速度太慢且十分大意，也可能受到了其他部族的牵制。应龙族杀死了蚩尤，士气正旺。当夸父族行进到邓林时，遭遇到了应龙族的猛烈伏击。在很短的时间之内，夸父族就全军覆没了，夸父本人也在这场突袭战中被应龙族杀死了。

涿鹿之战后，黄帝族获得了对中原的统治权，但这种统治权尚不稳定，即使黄帝通过帝颛顼稳定了苗蛮族的情绪。在颛顼、喾两代为帝时期，炎帝族新的统领共工又积蓄了足够的力量反抗黄帝族，战争延续的时间更为长久。帝颛顼时的共工之乱，舜帝时的三苗之乱，都可以看成是炎帝族与黄帝族战争的延续。

涿鹿之战主要势力参战情况表

人物	代表部族	图腾	父系	母系	状态
黄帝	黄帝族	龙	轩辕氏	有蟜氏	参战
应龙	黄帝族	飞龙	东夷鹰族	黄帝族	参战
女魃	黄帝族	不详	黄帝族	鬼氏	参战
蚩尤	炎帝族	牛	炎帝族	苗蛮	参战
风伯	炎帝族	飞廉	炎帝族	苗蛮	参战
雨师	炎帝族	蛇龟	炎帝族	流黄辛氏	参战
夸父	炎帝族	蛇	炎帝族	后土氏苗蛮	参战
末代炎帝	炎帝族	牛	炎帝族	不详	参战
少昊	东夷	燕子	黄帝族	嫘祖	中立
雷泽氏	雷泽氏	夔龙	雷泽氏	不详	中立
有虞氏	有虞氏	白虎	有虞氏	不详	中立

【后来的故事】

应龙族在涿鹿之战中，对黄帝族的胜利起了决定性的作用。但南部的夸民国、大人国因与夸父一样拥有雷泽氏的巨人血统，有重新反叛的隐患。因此，在战争胜利后，应龙族镇守南部。应龙族后来在大禹治水遇到困难时，再度出手帮助。少昊族则去了西方，同昆仑白虎族、鬼氏交好。东海、北海也在黄帝后人的统治内。与西王母族的联姻，则稳定了北方的草原部落。这样黄帝族联盟就从东南西北四方包围了中原，纵然炎帝后人再度反抗，也很难取得胜利。

女魃本身是鬼氏的后人，虽然有黄帝族的血统，但华胥族对其外形与掌握自然的力量十分忌惮。从这点来说，炎黄一族内战导致的后果，对于增援的夸父与女魃一族都是悲剧。夸父一族被灭亡了，演变成了“夸父逐日”的神话，这至少减淡了夸父的悲剧色彩。而女魃则不能再回到草原上，留在华胥族地盘上，艰难地在误会中生存着。

九黎战败以后，其势大衰，但他们还据有黄河下游和长江中下游一带的广阔地区。到尧、舜时期，他们又形成了新的部落联盟，这就是史书上说的“三苗”。少昊之子穷奇入赘于炎帝族，成为新一代的共工氏首领。这位共工氏后与颛顼争帝位，而发动不周山之战。帝喾传位于帝挚，帝挚之子帝江驩兜，即浑沌，也是三苗的首领。另有炎帝的苗族后裔缙云氏之子饕餮，也称“三苗”，饕餮统领的是蚩尤失败后苗蛮族的主体。但从“三苗”的结构来说，是由共工氏、驩兜、饕餮这三大部族构成。尧、舜时期，这三者的首领，都有资格获得帝位，因而组成“三苗”进行叛乱。

黄帝族尊青阳氏少昊为共主，少昊传帝位于颛顼。颛顼因为有苗蛮族的血统，而得到苗蛮族的爱戴。《山海经》记载，颛顼生了驩头，驩头生了苗民，苗民人姓厘，吃的是肉类食物。苗民国是颛顼族与苗蛮的后代。驩头、驩兜是不同时期对苗蛮某部族首领的称谓。

颛顼传帝位于帝喾，这时期炎帝族共工挑起的“不周山之战”还未完全平息。尽管共工战败了，但炎帝族取得了一个妥协的胜利结果，由帝喾的次子尧继承了帝位。帝喾的次妃庆都属于伊耆氏，也为神农氏的一支。《六韬》说“尧伐有苗于丹水之浦”，《吕氏春秋·召类》则说“尧战丹水以服南蛮”。尧征服三苗后，娶了三苗族的散宜氏，生子丹朱，丹朱的封地在三苗的地盘，即黎国。

尧为帝时又发生了帝俊后人争夺天下的“十日之乱”，九日败亡，完全由第六日羲和族控制了东部。但妥协的结果是代表金乌族利益的有虞氏舜继承了帝位。虽然舜是尧的女婿，而且有着颛顼的血统，但对尧之子丹朱是十分顾忌的。这种情况下，丹朱联合三苗又发动了叛乱，极大地动摇了舜的统治地位。

舜虽然击败了三苗，把三苗的一部分迁到了三危山，即伺候西王母的三青鸟族居住的地方，以对抗西戎，但“三苗”的主体还在中原，而且一直与黄帝族后人抗争不休。《淮南子·修务训》卷一九说，舜“南征三苗，道死苍梧”，甚至舜帝本人，也在后来征伐三苗的过程中去世。“三苗之乱”最终的结果是华胥族部落长老选择了黄帝的后人大禹为华胥族领导。大禹也有流黄辛氏的血统，代表西羌与华胥族的双重利益。其后大禹再次征伐三苗，大败苗师，三苗从此衰微。

商、周时期，“三苗”又被称为“荆楚”，有时也被称为“南蛮”。荆楚的社会经济日益发展，其中较先进的楚人，又被称为“荆蛮”。荆蛮日渐强盛，发展成为春秋战国的“五霸”“七雄”之一的楚国的主体居民和主体民族。

十三、夸父逐日

名称：夸父

别号：博父

部族：炎帝族

图腾：蛇

姓：姜

父系：炎帝族后土氏

母系：雷泽氏

地域：东北部

时间：距今5000多年

大事件：涿鹿之战

上古传说中，中华大地北部有一座巍峨雄伟的高山，山上住着一个巨人族叫夸父族。夸父族的首领叫夸父，他身高无比，力大无穷，意志坚强，气概非凡。那时候，世界荒凉落后，毒蛇猛兽横行，人们生活凄苦。有一年，天大旱，火一样的太阳烤焦了地上的庄稼，晒干了河里的流水，人们热得难受，实在无法生活。夸父见到这种情景，就立下雄心壮志，发誓要把太阳捉住，让它听从人们的吩咐，更好地为大家服务。

夸父就从东海边迈开大步开始了他逐日的征程。夸父不停地追呀追，饿了，摘个野果充饥；渴了，捧口河水解渴；累了，就打个盹儿。他心里一直在鼓励自己："快了，就要追上太阳了，人们的生活就要幸福了。"他追了九天九夜，离太阳越来越近，红彤彤、热辣辣的太阳就在他头上啦。可就在他伸手要捉住太阳的时候，由于过度激动，身心憔悴，夸父突然头昏眼花，晕过去了，等他醒来时，太阳已不见了。

夸父依然不气馁，鼓足全身力气，又出发了。可是离太阳越近，阳光就越强烈，夸父就越感到焦躁难耐，他觉得浑身的水分都被蒸干了。当务之急，他需要喝大量的水。于是，夸父站起来走到东南方的黄河边，伏下身子，猛喝黄河里的水，黄河水被他喝干了，他又去喝渭河里的水，谁知喝干了渭河水，还是不解渴，他就打算向北走，去喝一个大湖的水。可是，夸父实在太累太渴了，当他还走在去大湖的途中时，身体就再也支持不住了，慢慢地倒下去死了。夸父死时扔下的手杖，变成了一片五彩云霞一样的桃林。

《山海经》中记载关于夸父的最终下落有两种，一为应龙

所杀，二为逐日而死。前者更符合涿鹿之战的残酷事实，而夸父逐日而死的传说应该出于对夸父的同情而产生，这也从一定程度上掩盖了夸父的悲剧。夸父持的手杖，是一种权力的象征，他响应炎帝旧臣蚩尤的号召，沿太阳西去的方向赶去涿鹿，但未赶到战场，蚩尤就战败了，而夸父族也遭到了黄帝的秘密部队应龙氏的伏击，并最终死在一片桃林之中。

夸父相貌堂堂，身材十分高大，是因为有雷泽氏的血统。伏羲本身为华胥族的姑娘踩巨人脚印而生，即具有雷泽氏的血统。在伏羲迁居东方为太昊后，雷泽氏的一支就迁居东海，掌管东海。东海雷泽氏后来与炎帝族联姻，生了夸父。《山海经》中，海神的后裔都具有戴着蛇形耳环，拿着蛇，踏着蛇的形象，夸父也是如此。夸父与盘瓠氏，以及传说中的盘古都是巨人，从本源来说都来自雷泽氏的血统。

炎帝这一族，世袭的是火神称号。祝融实际上是火神的封号之一，担负着上古时保留火种、钻木取火到开荒种地再到祭祀的使命。烈山氏炎帝继承了火神的封号，又名神农氏。《山海经》中说："炎帝之妻，赤水之子听訞生炎居，炎居生节并，节并生戏器，戏器生祝融。"这是炎帝系新的火神。"共工生后土。后土生信，信生夸父。"就是涿鹿之战中的夸父。

夸父的父系后土也是一位传说中的人物。《左传·昭公二十九年》记载："故有五行之官，是谓五官，木正曰句芒，火正曰祝融，金正曰蓐收，水正曰玄冥，土正曰后土。颛顼氏有子曰黎，为祝融。共工氏有子曰句龙，为后土。后土为社。"原来炎帝族的后土在黄帝称帝后，辅助黄帝进行土地管理，为"土正"。《淮南子·天文》中记载："中央土也，其帝黄帝，其佐后土，执绳而治四方。"《吕氏春秋》《淮南子》《礼记》等书记录五方天帝及其佐神。中央为土，代表黄帝，后土为佐神。后土的"土"字与黄帝的"土"德一致，因而被联系在了一起。

后土信仰源于中国古代对土地的崇拜。《礼记·郊特牲》中记载："地载万物，天垂象，取材于地，取法于天，是以尊天而亲地也。故教民美报焉。"古代人们生活有赖于地，故"亲于地"，并加以"美报、献祭"，遂有"后土"崇拜。后土被奉为社神，当在上古时代。与黄帝同列中央之神，时代当在周代后期。汉建“后土祠”，祠黄帝之佐神，与社神的地位不同。皇天后土对称，就是这一观念的体现。公元443年，北魏遣官去今内蒙古自治区鄂伦春自治旗嘎仙洞告祭祖先旧墟，刻下祝文，其中有“皇皇帝天，皇皇后土”之句。

天为阳，地为阴，帝又与后相对，于是后土变成了女神，成了现在非常有名的后土娘娘。她掌阴阳，育万物，被称为大地之母。承天效法后土皇地祇是道教尊神“四御”中的第四位天神，简称“后土”，即“后土娘娘”。她与主持天界的玉皇大帝相配合，成为主宰大地山川的女性神。

十四、颛顼掌九黎

名称：颛顼

别号：高阳氏

部族：黄帝族、羲和族

图腾：蛇

姓：姬

父系：黄帝族韩流

母系：苗蛮九黎部落阿女

地域：东北部

时间：距今 5000 多年

大事件：共工撞倒不周山之战

涿鹿之战后，黄帝族基本确定了风之五部中的统治地位，他的权力实际传给了少昊。在少昊迁居西方，禺虢、禺京镇守东北海，应龙镇守南部以后，黄帝谋求的战略布局已经完成。少昊在东方依靠的是羲和族中的钜燕部落，启用的是燕子图腾，从这一点来说，少昊代表的是羲和族的利益。黄帝族与羲和族当初订立盟约，通过联姻产生的后代把两者的血统融合在一起，其帝位则由两者的后代轮流执政。因而黄帝传少昊，少昊又把帝位传给了昌意的孙子颛顼。

黄帝正妃嫘祖生了玄嚣、昌意二子。玄嚣继位东方后为少昊，少昊之子为蟜极，之孙为五帝之一的帝喾。当初面临蚩尤、九黎部落的强烈反抗，黄帝采取了战与和的两种策略。因而其子昌意娶蜀山氏女为妻，生了韩流。《山海经》记载，韩流长着长长的脑袋、小小的耳、人的面孔、猪的长嘴、麒麟的身子、罗圈着双腿、猪的蹄子。这是因为蜀山氏中有猪图腾的缘故。在尧帝当政时期，以猪为图腾的封豨参与了十日之乱。这也是黄帝后人对猪族比较忌讳的原因，甚至在一些历史记载中抹去了韩流的影子。

当时与蚩尤一起反抗黄帝的九黎部落，由九个部族组成，以九个湖泊为中心，也称为“九淖”。韩流娶了九黎部落中某位部落首领的女儿阿女为妻，生了颛顼。颛顼出生后，被安排由东方的少昊进行抚养，为将来接过少昊的权力做准备。在蚩尤被黄帝击败以后，长大的颛顼因为具有九黎的血统而顺理成章地成为九黎的新首领，统领苗地。这也是后来的苗族把颛顼作为先祖的原因。少昊退位后，颛顼继承天下，就是帝颛顼，号称高阳氏。

《山海经》中记载颛顼的条目很多，这也是他同时具有

东风与中风背景成为天下共主的原因所致。

东海以外有一深得不知底的沟壑，是少昊建国的地方。少昊就在这里抚养帝颛顼成长，帝颛顼幼年玩耍过的琴瑟还丢在沟壑里。

有个国家叫伯服国，由颛顼的后代组成，这里的人吃黄米饭。

有个叔歜国，这里的人都是颛顼的子孙后代，吃黄米，能驯化驱使四种野兽：老虎、豹子、熊和罴。

又有一座成山，甘水最终流到这座山。有个国家叫季禺国，他们是帝颛顼的子孙后代，吃黄米饭。

有个国家叫淑士国，这里的人是帝颛顼的子孙后代。

颛顼生了老童，老童生了祝融，也就是重黎。炎帝族作为火神的后代，其后代继承了祝融的称号，并由祝融氏衍生出共工氏与夸父氏。蚩尤战败后，颛顼族接替了炎帝族祝融

的火神位置。炎帝族共工之乱一直延续到接替颛顼帝位的帝喾才告一段落。重黎因对共工讨伐不力被帝喾所杀，由重黎的弟弟吴回接替了火神的位置。

祝融生了太子长琴，于是太子长琴住在榣山上，开始创作音乐而风行世间。

在西北方的海外，流沙的东面，有个国家叫中辐国，这里的人是颛顼的子孙后代，吃黄米。

在西北方的海外，黑水的北岸，有一种人长着翅膀，名叫苗民。颛顼生了驩头，驩头生了苗民，苗民人姓厘，吃的是肉类食物。颛顼的苗裔孙女修即是苗民的一员，她的后代皋陶被赐予嬴姓，也就是秦朝的先祖。

一直为昆仑山天帝家族掌管不死药的是巫氏，后来衍生出不死民，阿姓，以甘木为食物。颛顼的后代与不死民联姻，生了三面人。这应是包括三个部族的联盟。

帝颛顼死后埋葬在务隅山的南面，九嫔埋葬在它的北面，务隅即扶余。东北的东胡、貊人、肃慎三大部族最为强悍，东风家族与这三大部族有频繁的联姻，因而颛顼死后葬在东北部。西汉初期，古老的秽貊人在这里建立了我国东北地区第一个地方民族政权部落国家——夫余国，开创了北疆历史文化的先河。

关于颛顼，还有死而复生的传说。《山海经》中记载："有鱼偏枯，名曰鱼妇，颛顼死即复苏。风道北来，天乃大水泉，蛇乃化为鱼，是为鱼妇。颛顼死即复苏。”意思是说，有一种鱼的身子半边干枯，名叫鱼妇，是帝颛顼死了又立即苏醒而变化的。风从北方吹来，天于是涌出大水如泉，蛇于是变化成为鱼，这便是所谓的鱼妇。而死去的颛顼就是趁蛇鱼变化未定之机托体鱼躯并重新复苏的。

《淮南子·禺虢·天文训》中记载：“北方，水也，其帝颛顼，其佐玄冥，执权而治冬。”颛顼居住的地方靠近东北海，由黄帝的后代禺虢与禺京来辅佐。颛顼统领水神，而具有蛇与鱼的形象。《山海经》帝皇谱系中的某些人物，因为某种不得已的悲剧或苦衷而去世，为了减轻这种悲剧色彩，往往化为部落图腾或死后成神。

据《晋水·地理志》记载：“颛顼自穷桑（今山东曲阜北）而徙邑商丘。”颛顼为帝后，一度把帝都迁到了中原，但因为共工氏的叛乱太过激烈，战争的结果其实是两败俱伤。少昊之子共工入赘炎帝族，代表的是炎帝族的利益，而炎帝族一直与苗蛮族交好，颛顼调动的力量是比较有限的。东方则是少昊的孙子姬喾在等待颛顼死后继位。颛顼无疑是比较无奈的，也不能回到东方。共工之乱持续时间非常长，以致颛顼死时都未能平息。颛顼与黄帝家族的其他帝皇不同，未能回归中原安葬，这对他而言，是十分悲哀的。

颛顼化鱼的传说，后来在后稷身上又发生了一次。郭璞注谓：“《淮南子》曰，后稷垄在建木西，其人死复苏，其

半为鱼。”这种半鱼半人的形象，实际是《山海经》中的氐人。“氐人国在建木西，其为人人面而鱼身，无足。”该部落以鱼为图腾，因守护建木，有着把逝去的帝皇引导到天界成神的巫师身份。氐人族的巫师号称能利用建木自由地在天上来去。《山海经·大荒西经》记载：“有互人之国，炎帝之孙，名曰灵，灵生互人，是能上下于天。”据郝懿行的观点，“互人”之国，就是氐人之国。但互人应是炎帝族与氐人联姻产生的新部落。

氐族自称“盍稚”，意同“弇兹”，应该来源于最早的母系弇兹氏部落。氐人最早以畜牧业为生，比如牛、羊等，后来则发展为养马，成为游牧民族，这一点与羌人很相像。由于氐与羌相邻，一般把两者合称“氐羌”。氐人大约活跃在今甘肃、青海、四川交界地带。氐人部落并没有完全从事游牧生活，一些分支进入了今四川省境内，建立了氐人国。氐人部落与其他部落融合的过程中，图腾也开始多样化，有鸟、蛇、鱼、马等。因地而异，有白马氐、清水氐、略阳氐、临渭氐、沮水氐、氐、喻麋（縻）氐等，又以服色而名之为青氐、白氐、蚺氐（一说即赤氐）等。

《山海经》中说，有一种树木，青色的叶子紫色的茎干，黑色的花朵黄色的果实，叫作建木，高达一百仞的树干上不生长枝条，而树顶上有九根弯蜒曲折的枝丫，树底下有九条盘旋交错的根节，它的果实像麻，叶子像杧树叶。大皞

凭借建木登上天，黄帝栽培了建木。依据这个说法，当初伏羲氏死后是通过建木登天的。黄帝栽培了建木，而守护建木的则是炎帝的后裔互人。这些氐族巫师以建木为工具举行仪式，让人装扮成半人半鱼的形象代替死去的灵魂，跟随巫师沿建木向上攀登，从而完成了升天的仪式。颛顼蛇化为鱼妇的传说，实际反映了氐族巫师为他举行的这种成神的仪式。

伯夷父相传是帝颛顼的师傅，他的后代与氐羌族的一支联姻，生了乞姓的氐羌。而颛顼的后代与不死民联姻，生了三面人。颛顼与氐族及不死药的掌握者都有密切的关系。《山海经》中掌握不死药的是巫氏家族，掌管建木成神意味着达到死而复生的目的，进行这个仪式的氐人是巫氏的一个分支，即巫氏家族的“巫抵”。

十五、帝喾复辟

名称：帝喾

别号：高辛氏、帝俊、姬俊

部族：少昊族

图腾：燕子

姓：姬

父系：黄帝族蟠极

母系：金乌族陈丰氏握裒

地域：东北部

时间：距今5000多年

大事件：恢复“帝俊”称号

在颛顼退位以后，代替颛顼坐镇东方的是少昊的孙子帝喾。帝喾的名字叫姬俊。以日照汤谷为帝都，由黄帝族与羲和族轮流执政，是当初黄帝族与羲和族的约定。少昊虽然也是黄帝的儿子，但实际是以入赘的身份去羲和族，代表的是羲和族的利益。颛顼作为昌意的子孙，代表的才是黄帝族的利益。因而帝位从黄帝传至少昊，少昊传至颛顼。少昊的儿子穷奇入赘炎帝族，掌管共工氏，他与颛顼争帝位，发动不周山之战，但未成功。颛顼又传帝位于少昊的孙子帝喾，都是这种轮流执政的模式。帝喾之后，接替帝位的应是颛顼的儿子鲧。只是在帝喾以后，因其本身的意愿是传给儿子帝挚，加上共工之乱未平息，就打破了这种轮流执政的次序。结果导致尧继位，杀了鲧。其后又传帝位于舜，舜虽然有颛顼的血统，但相隔非常远。直到大禹，帝位才算重新回归到了黄帝族的手中。

少昊生了儿子蟜极。蟜极娶了陈丰氏哀，生了儿子喾。镇守伏羲圣地的为陈氏。流黄丰氏衍生出流黄辛氏。陈氏与流黄丰氏联姻后，生出陈丰氏。蟜极的儿子喾继承了流黄辛氏的传统，而又继位于“高阳氏”之后，因而为“高辛氏”。少昊获得了羲和族的势力，但在颛顼继位后，则按当初的约定镇守西方，为“白帝”。在颛顼即位东方的时候，少昊之孙喾在东方长大，由羲和族抚养成人。帝喾对羲和族感情深厚，在面临共工之乱时，也需要东夷整个部族的支持，甚至包括大权旁落的十日族在内。在颛顼未能完全平息共工之乱的情况下，帝喾再次进攻共工氏，将其一举击败。此战给共工氏以沉重打击，巩固了帝喾及其部族的领导地位。但共工氏在舜摄政期间又作乱，并最终被平息。

在这种情况下，帝喾恢复名号为俊，也称帝俊，帝喾也成为《山海经》的第二位“帝俊”。在东风之神帝俊生“十日”与“十二月”的神话之后，金乌族的主体为十日族，由十日轮流执政，沿袭“帝俊”称号。但在炎帝族与黄帝族崛起后，“帝俊”的称号渐渐被遗忘，只在帝喾时期，才又恢复了当初的东方之风的帝号，这对十日族无疑是示好的表示。除了生日月传说的那位帝俊，《山海经》中的其他帝俊一般都指这位姬俊。十日族中羲和族代表第六日“己”，实力明显强劲于其他九日。东夷的领导权实际掌握在第六日手中。帝喾作为少昊之孙，其姓应为“己”姓，他恢复“姬”姓，也是对黄帝族的示好。

传说帝喾有四妃，长妃叫姜原，是有邰国君的女儿。相传姜原在娘家时，一次外出踏上巨人脚印而怀孕，因无夫生子，所以把生下的孩子先后弃于深巷、荒林与寒冰上，三次均得牛羊虎豹百鸟保护不死，所以起名叫“弃”。长大后喜欢农艺，教人种五谷，被尊为后稷，成为周民族的祖先。所谓巨人脚印的传说，与当初华胥族的姑娘踏巨人脚印生伏羲一样，都意味着其隐形的父系血缘来自雷泽氏。这也是姜原为帝喾元妃，而后稷被抛弃的原因。姜原的“姜”姓来自与黄帝族交好的炎帝族成员。后稷努力学习农耕技术，最终又被追认为帝喾的儿子，恢复了姬姓。帝喾之后，虽然尧、舜、禹都有黄帝族的血统，但都不是姬姓。反而是这位没有

黄帝族血统的后稷，后来成为周朝的先祖，开创了一个姬姓立国的时代。

帝喾次妃简狄，是有松国君的女儿。相传简狄在娘家与其妹在春分时到玄池温泉洗浴，有燕子飞过，留下一卵，被简狄吞吃，后怀孕生契，便是商族的祖先。帝喾三妃庆都，相传她是大帝的女儿，生于斗维之野，被陈锋氏妇人收养，陈锋氏死后又被尹长孺收养。陈锋氏也就是陈丰氏。后庆都随养父尹长孺到今濮阳来。因庆都头上始终覆盖一朵黄云，被认为奇女，帝喾母闻之，劝帝喾将其纳为妃，后生尧。从姓而言，尧姓“伊耆”实际来自于炎帝族一个古老的姓氏。在共工之乱被平息后，尧代表炎帝族而继帝位。

帝喾四妃常仪，聪明美丽，发长垂足，先生一女叫帝女，后生一子叫挚。这位挚继位后为“帝鸿”，他非常不幸，九年后，被部族长老以管理不力、行为不当为由，剥夺了帝位。其中的原因，一是父传子的做法打破了部落长老控制的“禅让”制，帝喾传帝挚，尧传丹朱的尝试都以失败而告终。二是以当初黄帝族与羲和族的约定，接替帝喾的应该是颛顼的儿子鲧。三是共工之乱虽然暂时平息，但共工氏的实力依然存在，需要考虑共工氏的情绪，不然战争导致的结果会使双方两败俱伤。帝喾的女儿帝女后由帝喾许配给杀了戎宣王的盘瓠，即远古盘瓠氏一支后人的首领。因为该部落不服管教的原因，帝喾为他们圈定了一个海中之岛，最终

建立了犬封国。

帝喾的四妃娵訾氏常仪来自娵与訾的合婚族。娵訾即邹屠，黄帝时迁蚩尤善者于邹屠之地。四妃常梦吞日，经八梦，生子八人，皆精通日月星辰观测，被誉为“八才子”“八翌”“八神”“八元”。从常仪之“常”来说，来自羲和族的部落，即当初生“十二月”的常羲族，因而四妃的这八个儿子都学到了观测日月的技术。

【后来的故事】

《山海经》中关于帝俊的记载有很多。

“有中容之国。帝俊生中容，中容人食兽、木实，使四鸟：豹、虎、熊、罴。”能驱使“豹、虎、熊、罴”这四种猛兽类的技能，最早可追溯到炎帝族与黄帝族共同的父系少典氏。

“有司幽之国。帝俊生晏龙，晏龙生司幽，司幽生思土，不妻；思女，不夫。食黍，食兽，是使四鸟。”思土掌管的是男人国，因而有不妻之说。思女掌管的是女人国，因而有不夫之说。

“有白民之国。帝俊生帝鸿，帝鸿生白民，白民销姓，黍食，使四鸟：虎、豹、熊、罴。”帝鸿是帝喾的儿子帝挚，在位九年，后被剥夺帝位。白民是东北部貘人的一个分支。

“有黑齿之国。帝俊生黑齿，姜姓，黍食，使四鸟。”

黑齿是指某个以把牙齿染黑为美的部落。我国的傣族、基诺族和布朗族有用植物脂烟自制“颜料”染齿的习惯，因植物脂烟所制颜料有光泽，似漆，所以也就叫“漆齿”。

“帝俊生季厘，故曰季厘之国。”

“帝俊妻娥皇，生此三身之国。姚姓，黍食，使四鸟。”这里的“帝俊”应为“帝舜”之误。舜是姚姓的开创者，并且娶了尧的女儿娥皇。

“帝俊生后稷，稷降以百谷。稷之弟曰台玺，生叔均。叔均是代其父及稷播百谷，始作耕。”后稷并非帝喾的亲生子，是其母与雷泽氏所生。在尧、舜执政期间，后稷因为出色的农耕技术，被封为“农神”，重新赐予“姬”姓，恢复了皇族身份。

“帝俊生三身，三身生义均，义均是始为巧倕，是始作下民百巧。后稷是播百谷。稷之孙曰叔均，始作牛耕。”这里的后稷之孙与后稷之侄重名。

“帝俊生禺号，禺号生淫梁，淫梁生番禺，是始为舟。番禺生奚仲，奚仲生吉光，吉光是始以木为车。”黄帝族与水神联姻，儿子禺虢与孙子禺京分管东海与北海。而帝喾的儿子禺号接替禺虢掌管了东海。禺号的儿子禺强，接替禺京掌管北海。禺京作为北海海神的称号，原来是被颛顼之子鲧继承的。但帝喾通过这种替换剥夺了鲧的北海海神称号，继而回到中原治水，从一定程度上而言，是接替了炎帝族共工

氏的位置。但共工氏造成的水患，显然不是那么容易治理的。

“帝俊赐羿彤弓素矰，以扶下国，羿是始去恤，下地之百艰。”在东夷之中，善射的有穷氏一族掌管的是“射正”，即射箭的礼仪。这一族实力强大，与羲和族联姻成“穷桑氏”。有穷氏中善射的首领都冠以“羿”之名。嫦娥奔月传说中的后羿，是在夏朝建立之后的有穷氏的首领。

十六、共工撞倒不周山

名称：共工

别号：穷奇

部族：少昊族、炎帝族

图腾：蛇

姓：姜

父系：少昊族

母系：草原部落

地域：中部

时间：距今5000多年

大事件：不周山之战

少昊在东方统治天下期间，颛顼在少昊的抚养下也渐渐长大。黄帝族与东夷族结盟后，延续了部族长老制，双方联盟推荐的候选人只有获得双方长老的同意，才能接任帝位而统治风之五部。这种情况与以前单一部族不同，只能采取一个双方都折中的结果。当然还有一个简单的办法，由代表东夷的少昊氏与代表黄帝族的颛顼氏轮流执政。因而黄帝传少昊，少昊传颛顼，是顺理成章的结果。

但违背部落长老制的也大有人在。当初炎帝旧臣蚩尤发动涿鹿之战，其原因在于帮助自己部族获得统治地位。少昊虽然传位于颛顼，自己去镇守西方，但这个过程也不是一帆风顺的。在少昊成为共主期间，为了执政的需要，少昊与炎帝族联姻，以子穷奇入赘，产生了新一代共工氏首领。在颛顼掌管九黎期间，共工氏没有太多话语权。但在颛顼又回到东方为帝后，共工氏因其具有炎帝族、黄帝族双重身份，并且统领炎帝旧部，迅速取代颛顼掌管了蚩尤失败后留下的九黎的力量。

共工氏发动叛乱的原因与蚩尤当日相同，也是为了获得炎帝族失去的帝位。但与蚩尤相比，共工氏更名正言顺一些，因为他本身也是黄帝族的成员。自黄帝族崛起之后，在整个部族领导的选择上面，传统的部族长老制与黄帝族及羲和族的盟约起了冲突。部族长老由黄帝族与东夷族两部分构成，倾向于选择部族中最合适的部落领导，即双重“禅让”制。黄帝族与羲和族约定了一种轮流执政的改良部落长老制。少昊虽然也有直接传位于自己儿子的意愿，但没有违背部族长老的意愿，依然把帝位传给了代表黄帝族的颛顼。而共工氏在这种情形下，发动了叛乱，试图夺过颛顼的帝位。

传说中，共工人面蛇身，有红色的头发，性情十分暴躁。共工手下有个恶名昭彰的神，就是长着九个头的相柳，它也是人面蛇身，全身青色，性情残酷贪婪，专以杀戮为乐。这实际意味着两者的苗蛮族血统，苗蛮族的主体图腾是蛇。颛顼有了孙子重黎，并任命他为“火正”祝融，实际剥夺了炎帝族世袭的火神权力。颛顼之子鲧，也在一定程度上取代了共工氏水神的地位。在这种情况下，共工氏发动叛乱，也有迫不得已为炎帝族而战的意味。

共工氏对颛顼的战争十分惨烈，有当时涿鹿之战的光景。但与此不同的是，面对都有黄帝族血统的共工氏与颛顼，很多部落选择了旁观的策略。共工氏虽然集聚了苗蛮的部分力量，但颛顼同样统领过九黎。实际上共工氏依靠的是一个松散而残缺的联盟。共工辗转杀到西北方的不周山下。传说中不周山是一根撑天的巨柱，是颛顼帝维持宇宙秩序的主要凭借之一。这时颛顼帝率军从四面八方冲来，喊杀声、劝降声惊天动地，天罗地网已经布成。共工不顾一切后果向不周山撞去，发泄怨恨。在轰隆隆的巨响声中，那撑天拄地的不周山竟然被拦腰撞断，横塌下来。

天柱折断后，整个宇宙随之发生了大变动，西北的天穹失去支撑而向下倾斜，使拴系在北方天顶的太阳、月亮和星星在原来位置上再也站不住脚，身不由己地挣脱束

缚，朝低斜的西天滑去，成就了我们今天所看到的日月星辰的运行路线。另一方面，悬吊大地东南角的巨绳被剧烈的震动崩断了，东南大地塌陷下去，成就了我们今天所看见的西北高、东南低的地势，以及江河东流，淡水与海水混合的情景。

实际的原因则是共工氏虽然未能击败颛顼，但炎帝族的力量依然十分强大，共工氏作为水神，其权力也不是那么容易被剥夺的，他对河流的力量十分熟悉。在面对颛顼的军队不能再战的情况下，共工氏扒开了不周山，对下游的颛顼发动水攻，但河流也因此改道，并造成了对几乎整个中华地区的恶劣影响。这场人为的洪水是继伏羲女娲时期的史前大洪水后，对整个华夏文明冲击非常大的另一场洪水。共工氏虽然被颛顼击败了，但叛乱依然在延续，一直到帝喾时方告一段落。尧为帝而舜摄政期间，又发生了“三苗之战”，晚年的共工氏牵连其中，战败后被舜放逐了。

依据约定，颛顼应该传位于少昊的子系。在共工氏强烈反对的情况下，颛顼即使有心传位于自己的儿子，也是不敢尝试的。共工氏最终没有获得帝位，而是由少昊的一个孙子喾继承了颛顼的位置。从这一点来说，共工氏代表的是炎帝族和苗蛮族的力量，这是当初支持黄帝上台的各部族长老十分忌惮的。而由代表东夷力量的帝喾来继承帝位，则符合当初的约定。帝喾继位后，共工氏毕竟与帝喾都是少昊的后代，这种反抗也就不那么强烈了。帝喾发动对共工氏的战争，暂时平息了共工的不周山之乱。但由此造成的洪水肆虐的恶果，则要到大禹时期方能平息。从这一点来说，大禹通过治理洪水，才恢复了颛顼家族的帝位，这恐怕是共工氏始料未及的。

十七、盘古杀混沌

名称：帝江

别号：混沌、浑沌、驩兜、欢兜

部族：少昊族

图腾：燕子

姓：不详

父系：少昊族帝挚

母系：苗蛮

地域：西北部

时间：距今5000多年

大事件：三苗之乱

共工之乱过后，颛顼迫于当时的形势，把帝位传给了帝喾。帝喾与共工氏既为侄子与叔叔的关系，共工氏也不太好反对帝喾即位。帝喾对共工氏又讨伐了一次，共工之乱基本平息下来。帝喾在位期间，同样有把帝位传给自己儿子的打

算，在这种情况下，首当其冲的是未来能接替帝位的颛顼的儿子鲧。帝喾利用自己的后代控制了东海和北海，把本是北海海神的鲧调至中原。在尧为帝时期，鲧实际上收拾的是共工之乱后的乱局，河流改道造成的洪水泛滥本不是一件容易治理的事。最合适做这件事的是共工氏本身，但共工氏既然是这场洪水的发动者，也不再适合来收拾这个烂摊子。鲧小心翼翼地用“堵”的办法来治理洪水，这种并不太可行的办法为尧日后杀他留下了借口。

帝喾最终传位于帝挚，即帝鸿。他是帝喾次妃常仪的儿子，帝喾这种传位于子的举动触动了华胥族与东夷族长老的利益，因此没有得到他们的支持。按照当初的约定，继承皇位的应该是颛顼的儿子鲧。长老们的反抗简单而有效，作为辅助帝挚的重臣，他们抱着出工不出力的想法，很快就动摇了帝挚的权威。帝挚在位九年，留下了“荒淫无度”的骂名，被长老联盟所废，而改帝喾的另一子尧即位。《山海经》中帝挚与其他部族联姻的后代非常少，“帝俊生帝鸿，帝鸿生白民，白民销姓，黍食，使四鸟：虎、豹、熊、罴。”帝鸿与貊人联姻，生了白民部落。

尧虽为帝喾的儿子，却不是姬姓，而是继承了母系的“伊耆”之姓，这是炎帝族一个古老的分支，从这一点来说，尧实际代表的是炎帝族的利益。部族长老采取这种做法也是迫不得已，帝喾传帝位于子已成事实，共工氏依然在旁边虎视眈眈，由有炎帝族、少昊族两者血统的尧为帝，最合适不过。

帝挚接替帝喾后，采用的是“帝鸿”的称呼，也意味着以鸟为图腾。在西部继承昔日女和族实力的主体是苗蛮，每个在位的帝皇，炎帝、黄帝、少昊、颛顼、帝喾都与之有联姻，其子系往往在苗蛮部落中占有一席之地。帝挚也不例外，与苗蛮族联姻，以驩兜入赘，也是三苗的一位首领。帝挚被废之前，还勉强把帝位传给了自己的儿子驩兜，号“帝江”，但这是十分无奈的举动。《山海经》中记载：“又西三百五十里曰天山，多金玉，有青雄黄，英水出焉，而西南流注于汤谷。有神鸟，其状如黄囊，赤如丹火，六足四翼，浑敦无面目，是识歌舞，实惟帝江也。”这位帝江就是浑敦，也称混沌或浑沌。在尧为帝后，他的帝位就已经被彻底剥夺了。

尧继位后，把帝都从东部又迁回了中原，这一举动让几乎被遗忘的金乌十日族又看到了希望，并最终发动了“十日之乱”。羲和族代表第六日置身事外，并目睹了其他九日的灭亡。虽然尧由有穷氏羿帮助平息了这场叛乱，但尧同样未能传帝位于子丹朱，而部族长老联盟采取的还是平衡的策略，由尧的女婿舜接替了帝位。舜是颛顼的后代，虽然相隔十分远。有虞氏也是东夷族中非常重要的一员，历代海神家族都有有虞氏的血统。

十日之乱后，有虞氏崛起，尧被迫由舜摄政后，驩兜联合共工氏、饕餮发动了三苗之乱。饕餮统领的是蚩尤失败后苗蛮族的主体。颛顼的儿子有名叫驩头的，统领的是苗民，是“驩兜”之前的该部落首领，应该也参加了这场叛乱。舜把“驩兜、三苗、共工、鲧”定义为危害天下的四凶，迫使尧对其进行讨伐。尧发兵征讨，战于丹水之浦。最终结果是流放共工于幽州，放驩兜于崇山，审三苗于三危，杀鲧于羽山。丹朱在驩兜失败后由尧封在苗地。后来尧禅让给舜，丹朱才与驩兜部联合起来，于是太子丹朱成为与舜大战时驩兜部落联盟的新领袖。舜再次击败了三苗，这期间浑沌应该被杀身亡。但三苗之乱一直在延续，并使舜死于讨伐的途中，最终大禹即位才平息了这场叛乱。

这位浑沌的最终下落，后来的传说中隐晦提到了一些。《庄子》中提到了浑沌之死，“南海的大帝名叫倏，北海的大帝名叫忽，中央的大帝名叫浑沌。倏与忽常常相会于浑沌之处，浑沌对待他们十分殷切。倏和忽在一起商量报答浑沌厚重的恩情，说：‘人人都有眼、耳、口、鼻七个窍孔，用来看、听、吃及呼吸，唯独浑沌没有，我们试着为他凿开七窍。’他们每天凿出一个孔窍，凿了七天浑沌死了。”在帝喾统领东方期间，北海的海神是帝喾的孙子禺强，而南海的海神是不廷胡余，有炎帝族的血统。

还有盘古打破浑沌的传说。有关盘古神话的渊源，学界

众说纷纭，莫衷一是。尤其值得注意的是，有的学者认为，盘古之名最早见于三国吴人徐整的《三五历纪》《五运历年记》中，先秦著作中无盘古名号。传说盘古是开天辟地的神。在天地还没有开辟以前，宇宙就像是一个大鸡蛋一样混沌一团，有个叫盘古的巨人在这个“大鸡蛋”中，他凭借自己的神力把天地开辟出来了。他的左眼变成了太阳，右眼变成了月亮；头发和胡须变成了夜空的星星；身体变成了东、西、南、北四极和雄伟的三山五岳；血液变成了江河；牙齿、骨骼和骨髓变成了地下矿藏；皮肤和汗毛变成了大地上的草木；汗水变成了雨露。盘古也是远古盘瓠氏的一位后裔。盘瓠氏部分后人与苗蛮族融合在一起，该族勇敢善战，帝喾为帝期间，就把女儿嫁给杀了戎宣王的盘瓠。这个传说加上《庄子》中的故事，似乎从另一个方面说明了浑沌的下场。

十八、尧帝迁都

名称：尧

别号：伊耆氏、放勋、唐尧、陶唐氏

部族：炎帝族

图腾：赤龙

姓：伊耆、伊祈

父系：少昊族帝喾

母系：炎帝族伊耆氏

地域：西北部

时间：距今5000多年

大事件：迁都中部

在黄帝的帝皇后代中，帝喾的儿子尧一生的遭遇可能比其他人都坎坷。帝喾退位后，先把帝位传给了儿子挚，即帝鸿。但这种父传子“家天下”的做法，在当时还未得到认同，部族长老是强烈抵制这种做法的。而帝挚在位九年，也未有出色的执政记录，最终被剥夺了帝位。当时帝喾的叔叔共工在帝喾接替颛顼成为共主后，一定程度上放弃了叛乱。但共工氏代表炎帝族的利益，依然对帝位虎视眈眈。在这种情况下，华胥族与东夷部落的长老联盟必须选择帝喾的另一个儿子继承帝位，有一定实力能与尧相较量的是后稷，但后稷有一个劣势，他是母亲与雷泽氏的私生子，本身都不具有黄帝族的血统，而尧的母亲是炎帝族的成员。在这种情况下，尧就顺理成章地接替了帝位。

尧父为帝喾，母为陈锋氏女庆都。传说庆都是伊耆侯的女儿，伊耆也是炎帝族一个古老的姓氏。关于尧是赤龙后代的传说，当在尧为帝后才出现。赤代表红色，这是炎帝家族的代表色，代表火与祝融。而龙是黄帝族的图腾。赤龙实际说明了尧有炎帝、黄帝的双重血统。尧与帝挚不同，帝挚自小是在东方长大的，而尧是在中部炎帝族中长大的。帝挚代表的是东夷的权利，而尧代表的是炎帝族的权利，尧为侯时的封地名称为“唐”，他成为共主后，就不在东方执政，而在此建都，因而称为陶唐氏或唐尧。尧的时代，又是传说中的洪水时期，即共工撞倒不周山造成的大洪水。“汤汤洪水方割，荡荡怀山襄陵，浩浩滔天”，水势浩大，奔腾呼啸，淹没山丘，冲向高冈，民不安居。尧对此非常关切，征询四岳的意见，问谁可以治理水患，四岳推荐了鲧。从另一方面来说，鲧作为颛顼之子，在帝喾后接替帝位的应该是他。而

鲧治水九年，功绩并不显著，毕竟最适合治水的反而是这场洪水的始作俑者共工氏。

尧为帝时遇到最大的挑战是东夷部落中的金乌族。尧迁居中部后，在东夷部落中留下了权力真空。几乎被遗忘的古老神族十日族在有虞氏的支持下迅速崛起，连羲和族也一时反应不及。十日族联合猰输、凿齿、九婴、大风、封豨、修蛇等部落叛乱，给尧帝造成了很大的麻烦。好在东夷部落中的有穷氏是羲和族的坚定同盟，尧帝在其首领后羿的支持下最终平息了这场叛乱。后羿射日的传说即出于此。后羿射杀了九日，留下一个负责天文与测日的需要，实际就是羲和族掌控的第六日。从此以后，十日族就基本没有声息了。而尧则任命羲和族人为新的“日御”，取代了“十日”的位置。

《尧典》上说，尧命令羲氏、和氏根据日月星辰的运行规律制定历法，然后颁布于天下，使农业生产有所依循，叫“敬授民时”，他派羲仲住在东方海滨叫旸谷的地方，观察日出的情况，以昼夜平分的那天作为春分，并参考鸟星的位置来校正；派羲叔住在叫明都的地方，观察太阳由北向南移动的情况，以白昼时间最长的那天为夏至，并参考火星的位置来校正；派和仲住在西方叫昧谷的地方，观察日落的情况，以昼夜平分的那天作为秋分，并参考虚星的位置来校正；派和叔住在北方叫幽都的地方，观察太阳由南向北移动的情况，以白昼最短的那天作为冬至，并参考昴星的位置来校正。

“十日之乱”的另一个结果，是尧重新意识到了金乌族的力量，能采取的唯一的安抚策略还是联姻。这一点同当年少昊与炎帝族联姻，颛顼同苗蛮族联姻一样。尧采取的是与代表金乌族的有虞氏联姻的策略。四岳推荐了舜，说这个人很有孝行，家庭关系处理得十分妥善，并且能感化家人，使他们改恶从善。但从血统来说，舜的远祖是颛顼，同样具有黄帝族的血统。尧把自己的两个女儿娥皇、女英嫁给舜，从两个女儿那里考查他的德行，看他是否能理好家政。舜和娥皇、女英住在沩水河边，依礼而行事，二女都对舜十分倾心，恪守妇道。

但舜崛起后，利用强大的实力迫使尧退到幕后，实际由他摄政。在这种情形下，对共工、颛顼家族、三苗而言，舜代表的是东夷十日族的利益，代表的是苗蛮族、黄帝族、炎帝族、羲和族以外的利益。在此情形下，几方联合发动了“三苗之乱”。驩兜失败后由尧封其子丹朱于苗地。鲧被杀后，由颛顼之子接替帝喾帝位的协定实际落空了，去了舜乃至尧一个最大的隐患。

尧在晚年时，先传帝位于子丹朱，因此丹朱也有帝号，称作帝丹朱。但尧传帝位于子的做法同样不会得到部族长老的认同，而丹朱的势力比当年的共工要小得多，何况还有强

大的舜在。《竹书纪年》记载："舜囚尧，复偃塞丹朱，不与父相见。"可见尧不传子而让位于舜似乎并非尧之本意，而是迫于舜的威力。这说明当尧之时，位传子还是传贤，家天下还是公天下，正处于激烈斗争当中。帝尧把天下让给帝舜后，丹朱联合三苗联合起兵反对，帝舜便派兵打败了他们。传说丹朱感到羞愧，就自投南海而死。

十九、后稷播百谷

名称：后稷

别号：弃

部族：帝喾族

图腾：龙

姓：姬

父系：雷泽氏、少昊族帝喾

母系：炎帝族有邰氏

地域：西北部

时间：距今 5000 多年

大事件：种植五谷

在帝喾的后代中，后稷是比较特别的一个。严格来说，帝喾在位时从未承认过后稷的皇族血统。有邰氏之女姜原是帝喾的元妃，她的儿子后稷是她未嫁给帝喾之前的私生子。传说有一天，姜原到外面玩耍，在回家的路上，她偶然发

现，在一片湿地上有一个巨大的脚印。姜原既感惊异，又觉得好玩，便用自己的脚踏进巨人的足迹里。谁知她刚刚踏进巨人足迹大拇趾的地方，就感到身体里有种震动。回家不久，姜原就怀孕了。

时间很快过去了，到分娩的时候，姜原生下一个小男孩。因为他是一个没有父亲的孩子，周围的人们都觉得不吉利。姜原把男孩丢在巷子里，但马和牛回避而不踩踏他。姜原又准备把他丢弃在森林里，恰巧这时候有人来砍树，没有抛弃成功。

姜原索性把他抛弃在沟渠的寒冰上，可是天上的鸟都飞下来，用翅膀给男孩挡风寒。姜原终于认识到这是神灵在保佑这个孩子，最终养了他。因为他曾经被多次抛弃过，姜原就给他取了个名字叫“弃”。

但实际情况是，姜原与雷泽氏的后人产生了感情，但后来又嫁给了帝喾为元妃，不得已而放弃了对后稷的养育。当年太昊伏羲的出生，也是华胥族的姑娘踏巨人足印而生。时间过去几千年之后，雷泽氏的男子依然对各部族的少女保持了神秘的吸引力。雷泽氏的后代高大英俊，并且聪明，典型的代表有伏羲，这位画八卦的人自然是十分优秀的。还有炎帝族的后人夸父，这位高大而坚毅的人虽然很不幸，但依然值得大家同情。而雷泽氏分出的盘瓠氏一支更是以勇猛著称，其后人盘瓠曾经杀了戎宣王，而被高辛氏帝喾招为女婿。

弃自小是在炎帝族中长大的，学到了炎帝族一直传承的农耕技术。当弃还是小孩的时候，他就喜欢植树木，种麻菽，种植的树木都很茂盛，而麻菽都很丰美。弃成人后，非常爱好农耕，有相地的天分，他能在合适的土壤中种植合适的谷物。弃种植五谷，成果丰硕，农人纷纷效法，影响很大。帝尧知道后，即封他为农师。尧作为帝喾的儿子，自小也是在炎帝族中长大的，从这一点来说，尧与弃有同族情谊，因而帝尧对弃是十分同情的。

因为弃“教民稼穑”，天下尽得其利，弃对于老百姓而言，有莫大的功劳。弃的母亲虽然是帝喾的元妃，但弃本身没有帝喾的血统，不会得到帝喾的承认。弃是没有争帝位的可能的，这对弃来说，未尝不是一件幸事。在帝尧之后，帝舜封弃于邰，赐号“后稷”。作为对弃的鼓励，帝舜恢复了后稷的姬姓，承认了他作为帝喾的子系。舜是姚姓，代表十日族的利益。但舜本身也有黄帝族颛顼的血统，对后稷表示友好，能有效获得炎帝族与黄帝族长老的支持。

《山海经》中记载，传说后稷出生以后，就很灵慧而且

先知，到他死时，便化形而遁于大泽成为神。后稷的葬地，有青山绿水环绕。后稷葬地在氐人国的西面。死后被奉祀为农神。

因为后稷对部落的杰出贡献，在他死后，掌管登天仪式的氐人的一个分支，为后稷举行了隆重的“死而复生”的仪式。后稷享受的这种待遇，与太昊伏羲、帝颛顼相同，也是对他的一种肯定。

【后来的故事】

后稷的子孙繁衍，逐渐强大，是为周。《山海经》记载，有个西周国，这里的人姓姬，吃谷米。帝俊生了后稷，后稷把各种谷物的种子从天上带到人间。后稷的弟弟叫台玺，台玺生了叔均。叔均于是代替父亲和后稷播种各种谷物，开始创造耕田的方法。

商朝初年，后稷的后代公刘率族人从邰迁到豳。古公亶父时，又迁到岐山南边的周原，自称为周。周武王牧野一战打败商纣，建立周朝。在灭商之前，周部落生活在渭河流域，其始祖姬弃就是被称为农神的“后稷”。周朝行分封制，周王为“天下共主”。周部落兴盛于周文王昌做首领的时候，他的统治使周部落势力强盛，死后他的儿子武王发才有条件伐纣灭商而建立周朝。

二十、后羿射日

名称：后羿

别号：大羿

部族：有穷氏

图腾：鸟类

姓：不详

父系：有穷氏

母系：不详

地域：东部

时间：距今 5000 多年

大事件：十日之乱

传说尧的时候，天上有十个太阳同时出现在天空，把土地烤焦了，庄稼都枯干了，人们热得喘不过气来，倒在地上昏迷不醒。因为天气酷热的缘故，一些怪禽猛兽，也都从干涸的江湖和火焰似的森林里跑出来，在各地残害人民。人间的灾难惊动了天上的神，天帝命令善于射箭的后羿下到人间，协助尧除去人间苦难。后羿立即开始了射日的战斗。他从肩上取下红色的弓，拔出白色的箭，一支一支地向骄横的太阳射去，顷刻间十个太阳被射去了九个，只因为尧认为留下一个太阳对人民有用处，才阻拦了后羿的继续射击。这就是后羿射日的故事。

尧为帝时遇到的最大麻烦是东夷十日族发动的叛乱。尧作为炎帝族的代表，经过少昊、颛顼、帝喾、帝挚的统治后，又回到中原为帝。这就给东夷部落留下了权力真空，金乌族的嫡系十日族联合猰貐、凿齿、九婴、大风、封豨、修蛇各部落发动了对尧帝的战争。这其中的大部分成员都是苗蛮部落的。其时中华大地上，除了中原的炎帝族、黄帝族，东部的十日族、羲和族，其他实力最强的则属在从西南到东南广大地域上分布的苗蛮了。苗蛮的分支很多，很多与皇族联姻，立场各不相同。炎帝与黄帝之战后，发动叛乱的主体基本都是苗蛮部落的不同族群。

东夷族中的有穷氏以善射著名，曾经被帝喾赐予弓箭，而且一直是羲和族的坚定盟友。在十日之乱中，尧动用了有穷氏的力量平息了这场叛乱。最终的结果是，有穷氏首领后羿诛杀凿齿于畴华之野，杀九婴于凶水之上，抓获大风于青丘之泽，上射十日而下杀猰貐，断修蛇于洞庭。唯一没有被杀的就是“大风”与十日中的第六日“已姓”了。十日中的“己”姓本身是由羲和族所掌控的。

楔貐在《山海经》中又名窫窳，形象有很多，为某部落图腾。其本是灵山十巫的首领，蛇身人面，即以蛇为图腾，名义上统领巫山地带。以前某一代窫窳族统领被手下贰负与危杀害，灵山十巫就脱离了西王母族的控制，但窫窳族本身则离开了西王母族四处流浪。到黄帝时期，金乌族后人十日族叛乱，窫窳族与之相应，被后羿所杀。《山海经》中记载窫窳长着龙一样的头，住在弱水中，处在能知道人姓名的猩猩的西面，它的形状像貙，长着龙头，能吃人。

“凿齿”其实是中国越、僚、濮等古民族以及今仡佬、高山族的先民。“凿齿”指青春期男女，以敲折、拔除上颌两侧对称牙齿为美观。中国越、僚、濮等古民族以及今仡佬、高山族均有此俗。古夜郎国族群包含僚人和濮人，僚人先入，濮人后来。《史记》《汉书》把他们记载为古代夜郎国的主体，其经济特点是水稻农业。夜郎作为汉代西南夷中较大的一个部族，或称南夷。

九婴为传说中的水火之怪，能喷水吐火，其叫声如婴儿啼哭，故称九婴。尧时出来祸害人间，被羿射杀于凶水之中。其说始见于汉，为传说中的水火怪，也用来比喻邪恶凶残的人。九头蛇身，自号九婴。从九婴的形象来说，应该属于共工之臣相柳的同一部族，相柳有九头蛇的形象，也是苗蛮的一支。

大风是风伯的后人。风伯以飞廉为图腾，有时也称作蜚廉，其形象非常古怪。传说中的飞廉神禽，能致风气，鹿身，头如雀，有角而蛇尾豹纹。但在《山海经》中则是“其状如牛而白首，一目而蛇尾，其名曰蜚，行水则竭，行草则死”。从其形态而言，风伯为炎帝族与苗蛮联姻产生的后人。青丘之国源自《山海经》，其中有如下记载：“青丘之国，其阳多玉，其阴多青雘。有兽焉，其状如狐而九尾，其音如婴儿，能食人，食者不蛊。”大风跑到青邱（即青丘）被杀，意味着九尾狐与大风系出同源，也是苗蛮族的一员。

封豨是《山海经》中司彘国的后代。巫山旁的朝云国后来分出轩辕氏。与朝云国相邻的司彘国，以猪为图腾，后与女和族联姻，产生蜀山氏。《山海经》中猪的形象来自此部族的图腾。司彘国与其他部落联姻产生的后代包括封豨等，并封为双头黑猪的形象，即封豨族的图腾。而修蛇在洞庭被杀，意味着它也是居住在洞庭湖边的苗蛮一支。

后羿是民间传说“后羿射日”的主人公。历史上共有两位著名的“后羿”——生活于帝尧时代的羿；生活于夏朝的后羿，都属于有穷部落。古籍记载的“大羿射日”是尧帝时期人。“后羿篡权”中的后羿是夏朝人，这位后羿曾经夺了夏的天下。民间传说中的嫦娥的丈夫羿，指的是后来夏朝的后羿。嫦娥实际是东方“女和月母国”的首领，善于编织衣裳，以蚕蛾为图腾，因而称为“常蛾”，即“嫦娥”。

射杀九日的后羿是帝喾封的“射正”，掌管射箭的礼仪，实力非常强。相传射日的后羿从黄河河伯的手中救出了落难的宓妃，并惩罚了河伯，然后两人在洛阳居住了下来，过上了美满幸福的生活。为表彰他们惩治河伯有功，天帝还封后羿为宗布神，宓妃为洛神。

在《山海经》中除了镇守东海、南海、西海、北海的海神外，还有两个重要的水神。一个是水伯天吴，他是有虞氏的后人，是长江的水神。《海外东经》记载：“朝阳之谷，神曰天吴，是为水伯。在重蚕北两水间。其为兽也，八首人面，八足八尾，背青黄。”《大荒北经》记载：“有夏州之国。有盖余之国。有神人，八首人面，虎身十尾，名曰天吴。”水伯天吴继承了奢龙的位置，掌管盖余国，地址在今日赣榆县。水伯天吴应为颛顼的孙子重。《大荒西经》记载：“有人反臂，名曰天虞。”又有“帝令重献上天”之句。天虞即天吴，反臂为双手举天之形，因而天吴就是重。重先为水伯，后来又和兄弟黎一起接替了“祝融”的火神位置。

另一个是黄河的水神河伯，最早指的是黄帝的儿子冯夷，后人赘于开明白虎族分支流黄辛氏，以水族中的鳖为图腾。传说宓妃起先是河伯的妃子，后来改嫁后羿为妻。这里的河伯当是冯夷的后人。当初宓妃拿起七弦琴，在黄河边奏起优美动听的乐曲，不料这悠扬的琴声被黄河里的河伯听到，便潜入洛河，看到宓妃，一下子就被宓妃的美貌所吸引。于是河伯化成一条白龙，在洛河里掀起轩然大波，吞没了宓妃。宓妃被河伯押入水府深宫，终日郁郁寡欢，只好用七弦琴排遣愁苦。这时，后羿来到宓妃身边。后羿听说了宓妃的遭遇，非常气愤，将宓妃解救出水府深宫，回到有穷氏中，并与宓妃产生了爱情。那河伯本来就窝了一肚子火，听说了后羿宓妃之间的恋情，更是恼羞成怒。他化作一条白龙潜入洛河，掀起波涛吞噬了许多田地、村庄和牲畜。后羿怒火填膺，射中了河伯的左眼，河伯仓皇而逃。河伯自知不是后羿的对手，只好跑到天帝那儿去告状。天帝早就知道了发生的一切，并不向着河伯说话，河伯这下只能灰溜溜地回到水府，再也不敢管后羿与宓妃的事了。从此，后羿与宓妃这对情侣便在洛阳居住下来，过上了美满幸福的生活。

河伯本名冯夷或冰夷，《山海经》中记载，从极渊有三百仞深，只有冰夷神常常住在这里。冰夷神长着人的面孔，乘着两条龙。《抱朴子·释鬼篇》里说他过河时淹死了，就被天帝任命为河伯管理河川。据《九歌·河伯》描写，河伯是位风流潇洒的花花公子：“鱼鳞屋兮龙堂，紫贝阙兮朱宫，灵何为兮水红。”河伯喜欢乘坐荷叶做蓬的水车，驾着螭龙一类的动物。有时他又乘着白色的灵物大鳖，边上跟随着有斑纹的鲤鱼在河上畅游，浩荡的黄河之水缓缓而来。大禹治水时期，河伯又具有了正面形象。冯夷把河图给大禹看，并和他一起治水，泛滥的洪水很快就得到了平息。冯夷从此就成为中华大地的水神。

【后来的故事】

后羿的后人保留了强大的实力，一直在东夷部落中占据重要的地位。大禹的儿子建立夏朝时，有穷氏的力量更加强大。又一代的后羿娶了嫦娥为妻，并夺过了夏朝的帝位。虽然后羿为帝的日子不多——后来被自己的臣子所杀，但却成为“嫦娥奔月”神话中的重要角色。

与射日的后羿有关的河伯后来还有一个历史故事，更好地印证了这位河伯的好色之名。

战国时期，西门豹被派到邺城当县官。他看到这一带人烟稀少，满目荒凉，就问老百姓是怎么回事。一位白胡子老大爷说：“都是河伯娶媳妇给闹的。河伯是漳河的神，年年都要娶一个漂亮的姑娘，要不给送去，漳河就要发大水，把田地、村庄全淹了。”西门豹仔细一打听，知道是地方上的贪官跟巫婆串通起来搞的鬼，心里很气愤。等第二年“河伯娶妇”这天，西门豹到了现场。他看大大小小的官儿和装神弄鬼的老巫婆全来了，就提出要亲自看看河伯的新媳妇。当他看见那个要嫁给河伯的不幸女子时，就对巫婆说：“怎么找了这么一个丑丫头？太不像话，麻烦你去告诉河伯一声，

等找到漂亮姑娘再给他娶媳妇!”说完一挥手，他的随从立即上来，把巫婆一下子推到漳河里去了。接着，以派人催问为借口，把巫婆的大徒弟和一个民愤极大的贪官相继扔进河里。这样一来，那些干坏事的家伙都吓呆了，一个个跪在地上磕头，求西门豹饶命。打那儿以后，谁也不敢再提给河伯娶媳妇的事了。西门豹带领全城老百姓挖河修坝，根除了水害。漳河两岸年年丰收，人们都非常感激西门豹。

二十一、丹朱学围棋

名称：丹朱

别号：帝阳氏、朱、衡山皇、丹朱皇、口神

部族：炎帝族

图腾：朱鹮

姓：不详

父系：炎帝族帝尧

母系：苗蛮散宜氏

地域：西部

时间：距今5000多年

大事件：学围棋、丹朱之乱

尧为帝以后，考虑的依旧是把帝位传给自己的儿子丹朱。尧娶散宜氏女，生了丹朱。帝尧生十子，丹朱为其嫡长子，出生时全身红彤彤，因而取名“朱”。丹朱是中国围棋始祖。尧曾以桑木制作棋盘，以象牙、犀角制作棋子，创立

了一种模仿古代围猎技巧的游戏，以锻炼丹朱的才智。围棋反映的其实是《易经》的哲学思想，从天地自然到军事人文，都有可对照参悟的地方。昔日伏羲画八卦创立了《连山易》，成了风之五部的共主。到黄帝创立《归藏易》，这是以洛书的五行思想为根本的，黄帝实际成了伏羲之后的共主。后来则要到周文王创立《周易》，开创周朝八百年的局面。尧以围棋为工具，教授丹朱的实际是一种战略游戏。

“十日之乱”后，有虞氏代表东方十日族的利益迅速崛起。在这种情况下，尧选择了最古老的联姻策略，把自己的两个女儿娥皇、女英嫁给舜为妻子。舜本身则具有颛顼族的血统，从这点来说，尧与舜都是黄帝的后裔。当初帝喾的帝位按照少昊族与颛顼族的约定，是应该传给颛顼之子鲧的。帝喾传子帝挚未能延续多久，后由另一个儿子尧继承帝位。尧对颛顼族有愧疚之心，因此尧重用舜，也是与“十日之乱”后的十日族余部交好。十日族作为金乌族的主体，在风之五部中原来实力最强，后来炎帝、黄帝族崛起，金乌族在东夷部落中也被羲和族夺过了领导权。舜成了尧的摄政重臣，在他的苦心经营下，尧几乎成了一种摆设。

作为少昊之子入赘于炎帝族的共工氏，在尧为帝时还比较安稳。但舜摄政后，帝挚之子驩兜联合共工氏、饕餮发动了三苗之乱。颛顼有一个儿子驩头，与驩兜属于同一部族，是该部落的早期首领，也应该参加了叛乱。鲧在这场叛乱中也受到了牵连。炎帝族缙云氏后人饕餮统领的是蚩尤战败后苗蛮族的主体。舜在摄政时，把"驩兜、三苗、共工、鲧"定义为危害天下的四凶，迫使尧对其进行讨伐。尧发兵征讨，战于丹水之浦。最终结果是流放共工于幽州，放驩兜于崇山，审三苗于三危，杀鲧于羽山。丹朱是驩兜失败后由尧封在苗地的。

苗蛮部落中，实力最强的部族经过涿鹿之战后，留下来的是三苗与驩兜。颛顼帝喾、尧都与驩兜所在的部族有联姻，颛顼的儿子、帝喾的孙子、尧的儿子曾经为该部族首领。《山海经·大荒北经》记载："西北海外，黑水之北，有人有翼，名曰苗民。颛顼生驩头，驩头生苗民。苗民厘姓，食肉。"帝喾传位于帝挚，帝挚之子帝叫驩兜，即浑沌，也是三苗的首领。《海外南经》记载："驩头国在其南，其为人面有翼，鸟喙，方捕鱼。一曰在毕方东。或曰讙朱国。"尧太子丹朱在驩兜失败后成为驩兜部落联盟的新领袖。"驩头、驩兜、驩朱"都是对该部落首领的不同称呼。丹朱部落的图腾应该是朱鹮。

尧先把帝位传给了丹朱，因而丹朱也有了帝号，称为"帝丹朱"。但少昊之子共工、帝挚之子帝江、尧之子丹朱，这些人的身份其实和当初炎帝族旧臣蚩尤极其相似。在蚩尤之乱后，华胥族中的长老十分忌讳苗蛮余部。而传帝位于子的做法，同时也是对部族长老制，即"禅让"制度的挑战。

在这种情况下，丹朱显然不可能成为华胥族的领导。舜乘机囚禁了尧，为了不让丹朱知道事情真相，阻止丹朱看望尧。舜在华胥族长老的支持下，获得帝位。丹朱联合三苗发动了叛乱。帝舜发动了对丹朱的战争，并取得了胜利。丹朱感到羞愧，就自投南海淹死而化作鴸鸟。传说最好不要听到鴸鸟的叫声，因为无论它在哪里出现，哪里有本事的人就将被放逐。丹朱的子孙在南海建立了一个国家，叫丹朱国。

三苗之乱一直延续了很久，帝舜死于讨伐三苗的途中。其后继承帝位的大禹打败了三苗，才平息了这场叛乱。《山海经》中记载，有一种人，长着鸟的嘴，生有翅膀，正在海上捕鱼。在大荒当中，有个人名叫驩头。鲧的妻子是士敬，士敬生个儿子叫炎融，炎融生了驩头。驩头长着人的面孔而鸟一样的嘴，生有翅膀，吃海中的鱼，凭借着翅膀行走。于是有了驩头国。这意味着大禹为帝后，他的兄弟继承了“火正”的位置。而他的侄子又成了驩头国的新首领。

【后来的故事】

因丹朱为三苗首领并且曾称帝三年，故在南方的少数民族聚居地区地位崇高，被湖南、广东等地奉为衡山皇、丹朱皇。舜则把丹朱后代封到房地为诸侯。丹朱死后，其子陵袭封，并以封地为姓，后世称“尧帝世孙，得邑为姓”。前529年，楚灭房国，迁房国贵族于湖北房县，周时房县称

"防渚"，这就是房侯"封支子于房竹（防渚）""曰房竹公"的来源。

丹朱还有一个奇怪的"口神"称呼。《黄庭内景经·至道》中记载："发神苍华字太元，脑神精根字泥丸，眼神明上字英玄，鼻神玉垄字灵坚，耳神空闲字幽田，舌神通命字正纶，齿神鳄锋字罗千。"这是后代道教所封的面部七神。按《抱朴子·内篇》中记载："明吐纳之道者，则曰惟行气可以延年矣。"《太平御览》又说"真人、道士常以吐纳以和六液""舌神正伦"舌神名讳为正伦，往往与"口神"联系在一起。

净口神咒是道教科仪活动中常用的"八大神咒"之一。主要用于早晚功课、道场法事、学习修炼符咒道法中。念诵此咒，可以使人口部诸神归还本位，消除口业，荡除浊炁，以清洁之口念诵经典。同时，有助于修炼功法的人作为入静功夫。口诀如下："丹朱口神，吐秽除氛。舌神正伦，通命养神。罗千齿神，却邪卫真。喉神虎贲，炁神引津。心神丹元，令我通真。思神链液，道炁常存。""丹朱口神"，口神名讳为丹朱。"吐秽除氛"，为吐故纳新，外引清气之意。吐纳之法则有嘘、吹、呵、咽、呼、嘻六字诀。

二十二、舜平三苗之乱

名称：舜

别号：虞舜、姚重华

部族：金乌族

图腾：驺虞

姓：姚

父系：黄帝族瞽叟

母系：有虞氏握登

地域：西部

时间：距今5000多年

大事件：三苗之乱、丹朱之乱

尧为帝时，东夷部落中十日族发动的叛乱虽然失败了，却使得有虞氏从幕后走到了台前。有虞氏的起源可追溯到镇守昆仑圣地的开明白虎族，白虎族与草原上的游牧民族联姻，进入中原的一支启用了综合马与白虎两种特征的新图腾，即“驺虞”。开明白虎族后人建立的国家包括《山海经》中记载的林氏国，林氏国有一种十分珍贵的神兽，个体如老虎一般，身上有五彩斑斓的花纹，尾巴比身子要长，像白毛黑纹的虎，但不吃活的禽兽，很能走，骑上能日行千里。这种神兽称为“驺吾”，也即“驺虞”。

有虞氏的后人统治的地方在“虞谷”，也称“禺谷”，指太阳下山的地方。在炎帝族崛起后，有虞氏的一支在今日陕西省地域内建立了新的日落之所“禺谷”。但有虞氏的“姚”姓起源于西王母的“瑶池”，这实际代表着有虞氏原本是西王母族的成员，十日族中包括有虞氏的血统。有虞氏的后人去了东海、北海为海神，即以“禺”为称号的成员。黄帝族与有虞氏后人联姻，生了禺虢。帝喾族与之联姻，生了禺号。当日羲和族与黄帝族订立盟约，击败了蚩尤族。夸父族沿日落的方向行进去的就是“禺谷”，但被应龙氏在此伏击而亡。

相传舜生在姚墟，他的后裔子孙便以地为氏，称为姚氏，南宋郑樵的《通志·氏族略》记载：“姚姓，虞之姓也，虞帝生于姚墟，故因生以为姓。”另外，据郑樵说舜“因妫水之居而姓妫”可推断舜还姓妫，因此姚姓也出自妫姓。“为”在古文字中为“母猴”之形，这应该也是代表与林氏国联姻部族的另一个图腾，即“猴”，妫氏以猴为图腾。有虞氏与颛顼的后人联姻生了舜，舜启用了“桃”的形状，即以“姚”为姓，也因为这些原因，“禺”字有了

猴、鱼类等多种含义。

自舜帝之子姚商均开始，舜帝的嫡传子孙就以虞、吴为氏族之称。这在史籍《元和姓纂》中有记载："舜有天下号曰虞，子商均因以为氏。"在上古时期金文中，"虞""吴"二字相通，字义读音皆相同。到战国时期，"虞""吴"二字才开始有别。

《大荒南经》中说："帝俊妻娥皇，生此三身之国，姚姓，黍食，使四鸟。"一般来说，《山海经》中的"帝俊"除了神话体系中生了"十日"的早期东夷帝王外，就指少昊之孙帝喾了。娥皇是女和月母国中对"女常"族历代首领的称谓。而帝舜的妻子有尧的女儿娥皇，因而这里的"帝俊"指帝舜比较合理。帝舜作为金乌族的成员，启用"帝俊"的称呼也有可能。以字形而论，姚字的甲骨文字形类似三个人并立在一起，可能是"三身"国的来由。"姚"姓图腾可能发展为后来的"一首三身"的形象。

传说舜母握登氏遇大虹意感而生舜。舜体形异于常人，两眼均为双瞳子，掌心有花纹，如"褒"字，前额突，眉骨隆，头大而圆，面黑而方，龙颜大口，圆天日角。父母十分疼爱，因见当地一种美丽的花卉名舜，故为子命名。"重华"之名则来自于舜有双瞳的异象。"母曰握登，见大虹，意感而生舜于姚圩。"古代比喻虹为龙，这也显示了舜为黄帝族后裔的身份。但虹本身则与太阳、雨联系在一起，这大概也因为有虞氏代表了金乌族的力量。相传舜家世寒微，虽是黄帝后裔，但五世为庶人。《史记》记载："虞舜者，名曰重华。重华父曰瞽叟，瞽叟父曰桥牛，桥牛父曰句望，句望父曰敬康，敬康父曰穷蝉，穷蝉父曰帝颛顼。"但《路史》中则说有虞氏"五帝之中独不出于黄帝，自敬康而下其祖也。敬康生于穷系，系出虞幕"。这是说舜帝并不出自黄帝的血统，而是出自虞幕。虞幕是颛顼的臣子。但有虞氏最早来自于昆仑圣地的开明白虎族，传说黄帝之母为吴枢，古代"虞"通"吴"，表明黄帝本身也有有虞氏的血统，颛顼完全有可能与虞幕进行联姻。而舜后为尧帝的女婿，对于舜的后人而言，是能够追认黄帝为其祖的。

传说舜父瞽叟，懂乐理善观天象，后双目失明。舜两岁时，母亲去世，父亲续娶壬女，又生了弟弟象和妹妹首。史书称，舜"父顽、母嚣、象傲"，常欲置舜于死地。舜生活在这样的家庭中，父亲心术不正，继母两面三刀，弟弟桀骜不驯，他们串通一气，必欲置舜于死地而后快。然而舜对父母不失子道，十分孝顺，与弟弟十分友善，多年如一日，没有丝毫懈怠。舜在家里人要加害于他的时候，及时逃避；稍有好转，马上回到他们身边，尽可能给予帮助，所以是"欲杀，不可得；即求，常在侧"。身世如此不幸，环境如此恶劣，舜却能表现出非凡的品德，处理好家庭关系，这是他在传说中独具特色的一面。

尧派有穷氏后羿平息十日之乱后，为了安抚金乌族，选用了具有黄帝族与金乌族双重血统的舜为大臣。开始时，帝尧觉得舜非常孝顺，有处理政事的才干，就把两个女儿娥皇和女英嫁给他。但舜经过苦心经营，实际获得了天下的统治权，成为摄政大臣。这时，三苗为了苗蛮部落的利益，再次发动了针对舜的叛乱。舜把“驩兜、三苗、共工、鲧”定义为危害天下的四凶，迫使尧对其进行讨伐。

其后尧先传帝位于丹朱，但未能得到华胥族长老的支持。舜利用颛顼后人的有利身份，获得了长老们的承认，成为帝舜。丹朱联合三苗再次发动叛乱。据史书记载，舜为了使三苗臣服，一面发展生产，巩固联盟内部团结，采取文教感化和武力征服相结合的政策，一面进一步采用分化、瓦解的策略，即“分北三苗”。《尚书·舜典》中记载：“三载考绩，三考黜陟幽明，庶绩咸熙，分北三苗。”《史记·五帝本纪》也有同样记载。王肃说：“三苗之民有赦宥者，复不从化，不令相从，分北流之。”郑玄说：“流四凶者卿为伯子，大夫为男，降其位耳。犹为国君，故为三苗为西裔诸侯。犹为恶，乃复分北流之，谓分北之西裔三苗也。”最终结果是三苗被击败，丹朱投南海而死，但三苗之乱依然在延续。舜的晚年在讨伐三苗的途中度过，死于苍梧山。

舜的执政管理能力是比较强的，他摄政时，用高辛氏帝喾的八个儿子“八元”管土地，用高阳氏颛顼的八个儿子

"八恺"管教化，并平息了所谓"四凶族"，即帝鸿氏的不才子浑敦、少昊氏的不才子穷奇、颛顼氏的不才子梼杌、缙云氏的不才子饕餮的动乱。舜将"四凶族"流放到边远荒蛮之地。舜执政后，有一系列的重大政治行动，一派励精图治的气象。他重新修订历法，又举行祭祀上帝、天地四时及山川群神的大典；还把诸侯的信圭收集起来，再择定吉日，召见各地诸侯君长，举行隆重的典礼，重新颁发信圭。

舜即位当年，就到各地巡守，祭祀名山，召见诸侯，考察民情；还规定以后每五年巡守一次，考察诸侯的政绩，明定赏罚，可见舜很注意与地方的联系，加强了对地方的统治。尧死后，舜在政治上又有一番大的改革。原已举用的禹、皋陶、契、弃、伯夷、夔、龙、垂、益等人，职责都不明确，舜命禹担任司空，治理水土；命弃担任后稷，掌管农业；命契担任司徒，推行教化；命皋陶担任"士"，执掌刑法；命垂担任"共工"，掌管百工；命益担任"虞"，掌管山林；命伯夷担任"秩宗"，主持礼仪；命夔为乐官，掌管音乐和教育；命龙担任"纳言"，负责发布命令，收集意见。还规定三年考察一次政绩，由考察三次的结果决定提升或罢免。通过这样的整顿，"庶绩咸熙"，各项工作都出现了新面貌。

上述这些人都有辉煌的业绩，而其中禹的成就最大，他尽心治理水患，身为表率，凿山通泽，疏导河流，终于治理了洪水。舜在晚年未来得及指定自己的儿子商均为继承人就

死了。而禹的父亲鲧本是帝喾之后的帝位继承人，但舜迫使尧下手杀害了鲧，华胥族的长老就比较同情颛顼的后代禹，加上禹治水成功，禹也就当仁不让地成为新的共主。但华胥族长老最终没有料到的是，禹最终以更严酷的手段除掉了反对者，并传帝位于子启。启干脆废弃了“长老制”，开创了“家天下”的君主世袭制。

【后来的故事】

传说帝舜死后，他的两个妃子娥皇、女英携手投入洞庭湖中。君山古称洞庭山、湘山、有缘山，在八百里洞庭湖中有一个小岛，岛上那丛丛翠竹都浸染上斑斑点点的泪迹，成了二妃对舜帝一片至情的象征。半个月之后，娥皇、女英的尸体浮出水面，当地人怀着敬畏的心情将她们葬在君山，并立湘夫人庙来纪念她们。至今君山上还有二妃墓，墓旁斑竹丛生，青翠欲滴，令人遐想不已。

据晋张华《博物志》记载：“尧之女，舜之二妃，曰：湘夫人。帝崩，二妃啼，以涕挥竹，竹尽斑。”《述异记》中记载：“舜南巡，葬于苍梧，尧二女娥皇、女英泪下沾竹，久悉为之斑，亦名湘妃竹。”李淑曾的《斑竹怨》诗中说：“二妃昔追帝，南奔湘水间；有泪洒湘竹，至今湘竹斑。云深九疑庙，日落苍梧山；余恨在湘水，滔滔去不还。”这些都是对舜之二妃的纪念。

二十三、鲧化黄龙

名称：鲧

别号：祷杌

部族：黄帝颛顼族

图腾：龙、鳖

姓：姬

父系：黄帝族颛顼

母系：骆明氏

地域：西部

时间：距今 5000 多年

大事件：治水失败被杀

黄帝的后代中，鲧是十分不幸的一个。作为颛顼之子，帝喾的帝位应该是传给他的，但帝喾却把帝位传给自己的儿子挚，而后经华胥族长老的反对，再传给代表炎帝族的尧。尧时摄政的大臣是代表金乌族的舜。鲧的存在对尧和舜都是

一个威胁。《大荒东经》记载："黄帝生禺猇，禺猇生禺京。禺京处北海，禺猇处东海，都是海神。"《海内经》记载："黄帝生骆明，骆明生白马，白马是为鲧。"《海内经》这段应该有遗漏的文字。白马氏的首领为鲧。而鲧的父亲是颛顼，颛顼做过骆明氏的首领。但颛顼是黄帝的曾孙。"鲧"本指海中的大鱼，也就是"鲸"。鲧继承的是黄帝族海神系"禺京"的北海海神称号，他辅助颛顼，即为"玄冥"。

帝喾从颛顼手中接过帝位后，安排自己的后代禺号、禺强夺过了东海、北海海神的位置。鲧实际上成了一个没有身份的人。但未料到的是，尧在中原建立帝都后，东夷部落中的十日族发生了叛乱，后被有穷氏后羿平息。为了安抚金乌族，尧任命了兼有金乌族与颛顼族血统的舜为大臣，并把两个女儿嫁给他。舜后来成了幕后的摄政大臣，有成为未来帝皇的趋势。在这种情形下，共工氏与三苗联合再次叛乱，舜迫使尧去镇压了这场叛乱。这段时间里，鲧治理洪水也到了关键时刻，甚至有成功的可能。但鲧有接任帝位资格的微妙身份，加上颛顼的另一个儿子也曾为三苗的首领，这场叛乱牵连到了鲧。尧最终命令祝融杀了鲧。

《山海经》中记载："帝令祝融杀鲧于羽郊。"祝融本是炎帝族世袭的"火正"称号，从祝融氏衍生出共工氏与夸父氏。但在颛顼为帝后，剥夺了炎帝族的祝融称号。颛琐生了老童，老童生了重黎。重黎接替了炎帝族祝融的火神位置。后来重黎因对共工讨伐不力被帝喾所杀，由重黎的弟弟吴回接替了火神的位置。重黎与共工都为黄帝族后裔，加上重黎为新的“火正”时，依然会保留原有炎帝族的人马，在这种双重的同室操戈中，自然讨伐不力。鲧和杀鲧的祝融，对吴回而言，两者其实都是颛顼的子孙，这才是最大的悲哀。

神话中，尧杀鲧的借口是鲧偷了息石、息壤来治水。《山海经》记载：“鲧窃帝之息壤以堙洪水，不待帝命，帝令祝融杀于羽郊”，“息壤者，言土自长，故可堙水也”。与此说相近的还有《尚书》，这应该是最早记载鲧、禹治水的文献。箕子说：“我闻，在昔，鲧堙洪水，汩陈其五行。帝乃震怒，不畀其洪范玖畴，彝伦攸斁。鲧则殛死，禹乃嗣兴。”息壤是传说中一种能自动生长的土壤，可能指类似现

代水泥的一种自然物质，遇水膨胀，从而有效地堵住出水口或加固堤防。

传说中，鲧死后尸体三年不腐烂，后来不知道是谁，有说是祝融，用吴刀剖开了他的尸体，这时禹就出生了，而鲧的尸体则化为黄熊，一说为黄龙，飞走了。鲧化为黄熊入于羽渊为各种文献所记载。《国语·晋语八》中说：“昔者鲧违帝命，殛之于羽山，化为黄熊以入于羽渊。”《左传》昭公七年也说：“昔尧殛鲧于羽山，其神化为黄熊以入于羽渊。”而共工也有入渊之传说。《淮南子·原道训》记载：“昔共工之力，触不周之山，使地东南倾，与高辛争为帝，遂潜于渊，宗族残灭，继嗣绝祀。”

鲧化为黄熊还是黄龙，一直存有争议。鲧是黄帝族后人，黄帝以“黄”色为尊，沿用了少典“有熊氏”的称号，黄熊也就代表了黄帝族的血统。而黄龙则指三足鳖。郭璞注谓：“三足鳖曰龙。”三足鳖实际是鲧的妻子有莘氏的图腾。昆仑山上的开明族衍生出保留白虎图腾的巴人、林氏国、有虞氏，以及流黄辛氏。流黄辛氏是开明族“木禾”部的分支，其后以从流沙中淘金而致富。有莘氏作为流黄辛氏的一员，除了以薏米为图腾外，还包括鳖。河伯也可看成流黄辛氏的后人。

鲧的儿子大禹姓“姒”，实际表明了鲧的这种“入赘”身份，这也是母系社会的特征。鲧与大禹虽是黄帝族之后，但代表的权力还包括了流黄辛氏，也就是西羌系的利益。这一点与少昊、帝喾代表羲和族利益，共工氏与尧代表炎帝族利益，舜代表十日族利益是一样的。只有颛顼、后稷才真正代表黄帝族嫡系的利益。南朝梁任昉《述异记》综合了鲧化黄熊或黄龙的说法："尧使鲧治洪水，不胜其任，遂诛鲧於羽山，化为黄龙，入于羽泉，今会稽祭禹庙不用熊，曰黄龙，即黄龙也。陆居曰熊，水居曰龙。"

关于鲧是一种大鱼的说法，可从"鲧"的字形说起。鲧显然代表一种鱼图腾，这应该是鲧作为北海海神的一种象征。鲧接过了"禺京"的称号。"鲧"应该指海中的鲸鱼。"鲸鱼者，海鱼也。大者长千里，小者数十丈。其雌曰鲵，大者亦长千里，眼如明月珠。"但后来鲧被剥夺了海神的称号，其代表的图腾就成为"鲵"，而容易被误认为娃娃鱼了。据《辞海》的解释，鲵有二种：一种是两栖类动物，四足、长尾，能上树，亦称娃娃鱼；另一种是雌性的鲸。

鲧不但善于治水，而且是城郭的创始人。《吕氏春秋》和《淮南子》都有"鲧作城"的记载，而《吴越春秋》有更具体地记载："鲧筑城以卫君，造郭以居人，此城郭之始也。"据一些学者考证，"城"实际上起源于古人防治洪水的活动。相传在尧、舜、禹的时代，先民聚居的黄河流域连续出现特大洪水，人们千方百计与洪水抗争，而最初的办法，就是"堙高堕庳，壅防百川"，即用泥土石块将氏族成员居住地筑起一道道堤埂式的土围子，以拦阻洪水，保护氏族成员的居所和耕地、财产不受洪水的侵袭。这种用以防水的土围子就是“城”的雏形。正因为如此，史书上才有鲧“作八仞之城” “鲧作城”的记载。当然，文明初期的“城”，除了具有防范洪水的功能外，还具有防御野兽侵袭和敌人攻击的作用。

二十四、大禹治水

名称：大禹

别号：禹

部族：黄帝颛顼族

图腾：龙、鳖

姓：姒

父系：黄帝族鲧

母系：有莘氏修己

地域：西部

时间：距今 5000 多年

大事件：治水成功

大禹之父鲧受命治理水患，用了九年时间，洪水未平。舜巡视天下，发现鲧用堵截的办法治水，一点成绩也没有。但最主要的原因是三苗之乱连累了鲧，祝融最后在羽山将鲧处死。华胥族的长老对鲧是比较同情的，于是推荐鲧的儿子禹继续治水。鲧最初作为颛顼的子系，接替的是北海海神的位置，但被帝俊的子系取而代之。他做得最正确的一件事是娶了有莘氏的修己为妻子。

上古的帝位来回轮转，后面起着很大决定性作用的是流黄辛氏。炎帝之母任姒、高辛氏帝喾之母陈丰氏裒，乃至羲和一族都有流黄辛氏的血统。流黄辛氏本是昆仑山白虎“木禾”支，更以淘金而致富，从而掌控天下。鲧死后，留下了遗腹子禹。史书上关于大禹的记载，都说他出生于西羌。《后汉书》有“大禹出西羌”记载，《帝王世纪》有“伯禹，西羌夷人也”的记载，这反映了大禹在其母系有莘氏中生活并且以此为基础崛起的情形。但大禹又有着颛顼的血统，他为帝后，主要凭借的是流黄辛氏和黄帝族的力量。

禹接受舜的任命以后，立即与益和后稷一起，召集百姓前来协助。他视察河道，并检讨鲧失败的原因，决定改革治水方法，变堵截为疏导，亲自翻山越岭，蹚河过川，拿着工具，从西向东，一路测度地形的高低，树立标杆，规划水道。他带领治水的民工，走遍各地，根据标杆，逢山开山，遇洼筑堤，以疏通水道，引洪水入海。禹为了治水，费尽脑筋，不怕劳苦，从来不敢休息，他与涂山氏女“女娇”新婚不久，就离开她，重又踏上治水的道路。后来，他路过家门口，听到妻子生产，儿子呱呱坠地的声音，都咬着牙没有进家门。第三次经过的时候，他的儿子启正在母亲怀里，已

经会叫爸爸，并且挥动小手和禹打招呼，禹只是向妻儿挥了挥手，表示自己看到他们了，还是没有停下来。禹三过家门不入，正是他劳心劳力治水的最好证明。

传说大禹治水时，“河伯献河图，宓妃献洛书”。洛神就是宓妃，宓妃原是某代伏羲氏部落首领的女儿，她先嫁给河伯为妻子，其后大概是家庭暴力的原因，又改嫁给有穷氏首领后羿为妻子，即射十日的那位。最早的河伯即冯夷，是黄帝的儿子，后入赘于流黄辛氏。大禹治水时的河伯应为冯夷的后人，继承了“河伯”的封号。河伯以鳖为图腾，与大禹之母有莘氏是同族的。以前伏羲通过龙马身上的图案，结合自己的观察，画出了“八卦”，而龙马身上的图案就叫作“河图”。“洛书”古称龟书，传说黄帝时期有神龟出于洛水，其甲壳上有此图像。罗苹注《河图玉版》中记载：“仓颉为帝南巡，登阳虚之山，临于玄沪洛汭之水，灵龟负书，丹甲青文以授之。”生活在黄河流域的伏羲氏、黄帝族与流黄辛氏本身就有着千丝万缕的联系。

河图与洛书实际代表了两种高度发展的文明，当然也包括了治水之道。河伯把河图给大禹看，并和他一起治水，泛滥的洪水很快就得到了控制，河伯从此成为中华的水神。另外相传禹治洪水时，当时在涿鹿之战中讨伐蚩尤立下大功的应龙氏也来帮忙。应龙以尾画地，于是成了江河，使水流入大海。应龙氏懂得行云布雨之法，他取代的实际是雨师的位置。《大荒东经》记载："黄帝生禺虢，禺虢生禺京。禺京处北海，禺虢处东海，都是海神。"应龙可能是黄帝族中海神家族与东夷中的鹰族联姻所生。而鲧也曾为北海的海神，因而应龙氏后人要帮助大禹。

禹也很关心百姓的疾苦。有一次，看见一个人穷得把孩子卖了，禹就把孩子赎了回来。见有的百姓没有吃的，他就让后稷把仅有的粮食分给百姓。禹穿着破烂的衣服，吃粗劣的食物，住简陋的席篷，每天亲自手持耒锸，带头干最苦最脏的活。几年下来，他的腿上和胳膊上的汗毛都脱光了，手掌和脚掌结了厚厚的老茧，躯体干枯，脸庞黧黑。经过十三年的努力，大禹带领人开辟了无数的山，疏浚了无数的河，修筑了无数的堤坝，使天下的河川都流向大海，终于治水成功，根治了水患。刚退去洪水的土地过于潮湿，禹让益发给民众种子，教他们种植水稻。在治水的过程中，禹走遍天下，对各地的地形、习俗、物产都了如指掌。禹重新将天下规划为九个州，并制定了各州的贡物品种。大禹的见闻，成为日后《山海经》的重要组成部分；而对山川河流、物产部落信息的掌握，为他日后传帝位于启、建立夏朝奠定了坚实的基础。

传说帝舜在位第三十三年时，正式将禹推荐给上天，把天子位禅让给禹。十七年以后，舜在南巡中逝世。三年治丧结束，禹避居阳城，将帝位让给舜的儿子商均，但天下的诸侯都离开商均去朝见禹。其实舜即使有把帝位传给儿子商均的打算，也一样会遭到华胥族长老的反对。再加上大禹治水成功，他的父亲鲧当初本是应该接替帝喾之位的，却不幸惨死，获得了长老们的广泛同情。因而大禹最终通过长老们控制的“禅让”而成为舜之后的新共主。

禹接位后，中原各部落逐步形成以夏族为中心的领导集团。禹在这个集团中的地位已初具王权性质，他让治水时专司刑罚的皋陶制定了一些规定，各氏族部落如有不听号令者，就要以刑罚来惩办。有一次禹在茅山召集各部落首领，想借商议大事之名再显示一下威风，巩固他对各部落的控制。这次大会刚开始，就给了禹一个树立权威的机会。原来离茅山不远的地方有一个部落，叫防风氏，这防风氏对禹的权力并不尊重，因此开会时故意很晚才来，禹大怒，下令处死防风氏，各部落的首领见禹这样威严，个个俯首帖耳，唯禹之命是从。

防风氏又名“汪芒氏”，或曰“汪罔氏”，为夏禹时防风国王。《孔子家语·辨物》记载：“汪芒氏之君，守封嵎山者，为漆姓。在虞、夏、商为汪芒氏，于周为长翟氏，今曰大人。”《海内北经》记载：“蓬莱山在海中。大人之市在海中。”《大荒东经》记载：“有波谷山者，有大人之国，有大人之市，名曰大人之堂。”《大荒北经》记载：“有人名曰大人。有大人之国，厘姓，黍食。”大人国是防风国的先民，是以“厘”为姓的。《师古往》中记载：“厘，本作禧”。禧又与僖通假。《国语·晋语四》中司空季子则说黄帝之子十二姓中有僖姓。《索隐》中记载：“漆音僖。”漆也指僖，僖姓是黄帝与妃子彤鱼氏所生的后人，而防风氏的漆姓同厘姓，是黄帝族僖姓的后人。

《国语》中记载，吴国进攻越国，攻克会稽，得到了一节很大的骨骼，要用一辆车专门装它。吴王派使者到鲁国访问，顺便让使者请教孔子这节骨头是什么骨头。孔子回答：“当年大禹召集众多部落首领在会稽山开会的时候，有位号称防风的部落首领迟到被杀，尸体被肢解，他的一节骨头要装一辆车。”使者问：“那些神都是谁?”孔子回答：“大山河流是天下最主要的组成部分，这些首领就是统御山川河流的主宰，社稷的主宰是公侯，他们都受到王的管制。”使者又问：“那个号称防风的神主宰的是哪里?”孔子回答：“就在当年汪罔氏之君守的封、禺之山，为漆姓。在虞、夏、商为汪罔，在周时为长翟，那里的人长得特别高。”

由此看来，防风氏具有雷泽氏的巨人血统，后来成为“长狄”的一支。而从“长翟”到“长狄”的演变，表明防风氏本是东夷部落中以鸟为图腾的，因为与华夏族交恶的关系，其后人后来与草原上的“狄”联姻，而成为“长狄”了。

禹还有组织地对不听教化多次叛乱的苗蛮部落进行征伐，打败了苗军，势力范围达到江淮流域。之后，“四方归之，辟土以王”。三苗在舜去世后，已经没有了共同的反对目标，而大禹则具有名正言顺的继承资格，加上鲧的兄弟也曾为三苗的首领，这次对三苗的战役就比较容易地结束了。禹开始在部落联盟中拥有无上的权力，九鼎的铸成，使他有机会把这权力强化和神圣化，使它更加巩固，以便把各部落统一在一起。

当了天子的禹更加勤奋地为万民谋利，诚恳地招揽士人，广泛地听取民众的意见。有一次，他出门看见一个罪人，竟下车问候并哭了起来。随从说：“罪人干了坏事，你何必可怜他！”帝禹说：“尧舜的时候，人们都和尧舜同心同德。现在我当天子，人心却各不相同，我怎能不痛心?”仪狄造了些酒，帝禹喝了以后感到味道很醇美，就给仪狄下命令，要他停止造酒，说：“后代一定会有因为酒而亡国的。”

帝禹在位第十年南巡，过江时，一条黄龙游来，拱起大船，船上的人很害怕。帝禹仰天叹息道：“我受命于天，活着靠上天的佐助，死了要回到天上去，你们何必为这一条龙担忧?”龙听到这一席话，摇摇尾巴，低下头就不见了。禹去世前几年，为自己的儿子启继承帝位做了充分的打算。原来符合华胥族长老的想法并满足少昊与颛顼族轮流执政利益的，是有着颛顼族与少昊族双重血统但代表东夷部落的皋陶，但没等接任，皋陶就病死了，后来经过商议，又一致推举皋陶之子伯益做他的继承人。但启的势力比历任帝王之子

要强大得多，天下也不再有可以与其抗衡的力量，他击败了伯益，最终顺利地继承了帝位，结束了“长老选举制”，而开始了“家天下”的君主世袭制。

【后来的故事】

禹巡视期间，看到多数部落首领对他毕恭毕敬，可是也有部落首领并不把他这个领袖放在眼里，他便下令各部落把所有的铜贡献出来，用这些铜铸成了九个大鼎，象征九州，每个鼎上铸着各州的地理出产、珍禽异兽，然后将九鼎运至宫中，号称是镇国之宝。各部落首领定期向禹王进贡时，都要向九鼎致礼，拥有九鼎的帝禹，当然也就成了九州大地的主人。九个鼎留传下来也就成了封建国家政权的象征。同时，铸鼎的故事则表明，禹时手工业和冶炼技术已得到了发展。传说《山海经》中的图文，就来自九鼎上的内容。

商代时，对表示王室贵族身份的鼎，曾有严格的规定：士用一鼎或三鼎，大夫用五鼎，而皇储皇室天子才能用九鼎，祭祀天地祖先时行九鼎大礼。因此，鼎很自然地成为国家拥有政权的象征，进而成为国家传国宝器。据说，秦灭周后第二年即把周王室的九鼎西迁咸阳。但到秦始皇灭六国，统一天下时，九鼎已不知下落。有人说九鼎沉没在泗水彭城，秦始皇出巡泗水彭城地方，曾派人潜水打捞，结果徒劳无功。

二十五、夏启立国

名称：启

别号：夏启

部族：黄帝族、流黄辛氏

图腾：龙、鳖

姓：姒

父系：大禹

母系：涂山氏女娇

地域：中部

时间：距今5000多年

大事件：建立夏朝

据东汉赵晔《吴越春秋·越王无余外传》和《艺文类聚》所引《吕氏春秋》佚文记载，大禹来到涂山，遇见一只九尾白狐，并听见涂山人歌唱道："绥绥白狐，庞庞九尾"，如果你在这里"成家成室"，就会子孙昌盛，于是大禹便娶了涂山氏的女娇。人兽婚配神话背后所隐藏的文化意义，表明涂山氏是一个以九尾狐为图腾的部族，九尾白狐被涂山氏当作自己的祖先。由于九尾狐有这么一件很风光的事情，所以传说中的狐狸精总喜欢骄傲地说自己是涂山后裔，炫耀其血统的高贵。

大禹作为黄帝族的后人，虽然以流黄辛氏的姒为姓，却依旧代表着黄帝嫡系颛顼族，他自主选择的婚姻其实是为华胥族长老所不容的。大禹选择与涂山氏联姻的意义，不但在于他向传统的部落联姻制发起了挑战，还因此取消了母系传统与“禅让”制。因而涂山氏在后来的传说中被刻画成比较邪恶的形象。在传说中，九尾狐乃四脚怪兽，通体上下长有火红色的绒毛。它善变化、蛊惑，性喜吃人，常用婴儿哭泣声引人来查看。

在国家未建立之前，“长老选举制”也是母系社会的一个缩影。部族联盟内的各部落间进行频繁的联姻，担负和亲使命的基本是首领的子系。首领的儿子以“入赘”的方式与另一个部落联姻，其后代随母姓。而这位女婿与其儿子其后都担负起母系部落的责任。这种方式能最大限度地扩大部族的联盟，实行一种轮流执政的效果，从而达到一种权力的平衡。这也是部落联盟中的长老们乐意看到的。

在“长老选举制”，即“禅让制”的背景下，一个男性首领的儿子虽然很多，却往往因为联姻而去了对方的部落，

并且代表对方部落的利益。黄帝的儿子少昊是一个最典型的例子，他代表的是东夷部落羲和族的利益。延续黄帝姬姓的嫡系其实是非常少的，以致后来建立西周的甚至是没有黄帝族血缘的后稷。少昊之子共工、帝喾之子帝挚、帝尧之子丹朱、帝舜之子商均都未能顺利即位，都是对抗“禅让制”与母系社会双重压力失败的结果。大禹能传帝位于启成功，就在于打破了长老们的控制。启建立的“家天下”的君主世袭制，允许自己的儿子都能继承父亲的姓氏，并分封到各地为诸侯，这也实际上终结了母系社会的传统。

随着王位的巩固，夏禹和前任帝喾、帝尧、帝舜一样，越来越觉得自己好不容易得来的王权应该由自己的儿子接管，而不能让别人来继承。但是华胥族的长老依据当初羲和族与黄帝族的约定，推荐的是代表东夷部落的少昊后人皋陶。舜为帝时命皋陶担任“士”，执掌刑法；命皋陶之子伯益担任“秩宗”，掌管礼仪。《史记·秦本纪》记载：“秦之先，帝颛顼之苗裔孙曰女修。女修织，玄鸟陨卵，女修吞之，生子大业。”大业即皋陶。女修吞玄鸟卵的传说表明皋陶的父亲是少昊族人。

《史记·秦本纪》记载：“大业取少典之子，曰女华，女华生大费。”这是说大业娶黄帝父系所属的少典氏族之女女华为妻，生子名叫繇，称为大费，也就是伯益。伯益，亦名伯翳、柏翳、柏益、伯鹭。伯益佐禹治水有功，舜命作虞，赐姓为“嬴”。《史记·秦本纪》因而记载伯翳是五帝中颛顼的后代，嬴姓的始祖。伯益父系具有东夷族少昊与黄帝族颛顼血统，母系一方则来自少典氏，它是我国上古时期中原地区非常著名的氏族，黄帝和炎帝都是由这个氏族诞生的。

但皋陶那时候因病去世了，按照接替的顺位，应该由代表少昊族的伯益接任帝位。伯益功劳卓著，威望极高，传说他也是《山海经》的作者之一。东汉王充《论衡·别通篇》中记载：“禹主行水，益主记异物，海外山表，无所不至，以所记闻作《山海经》。”东汉赵晔《越王无余外传》中记载：“（禹）与益、夔共谋，行到名山大泽，召其神而问之，山川脉理、金玉所有、鸟兽昆虫之类，及八方之民俗、殊国异域、土地里数，使益疏而记之，故名之曰《山海经》。”

在长老会议上，伯益被推举为大禹的继承人。大禹感到众怒难犯，只好顺水推舟，答应下来。为了这件事，大禹寝食难安。大禹考虑到另外一个办法，让启参与治理国事。过了几年，他的儿子启由于把国事处理得很好，在人们心目中的地位也高了起来，而伯益作为继承人，却没有新的政绩，他过去办的好事，人们也渐渐淡忘了。禹死后，他的儿子启就真的行使起王权来了，而多数部族的首领也都表示效忠于启。

大禹能顺利把帝位传给自己儿子启的另一个原因，还在

于专职化军队的出现。大禹依靠的力量是流黄辛氏，即西羌以及黄帝族的力量。流黄辛氏有取之不尽的财富，黄帝族则有苦心经营多年的部落关系。在早期松散的部落联盟中，并没有专职化的军队。“全民皆兵”固然可以随意征调兵员，却也限制了军队的战斗力，用财富与贸易武装起来的军队才最富有战斗力，当初黄帝征服天下时，一战扬名的应龙氏就是如此。应龙氏的装备与战斗力之强，竟然连以“战神”为号的蚩尤部落都不能与之匹敌。大禹划九州，让天下进贡的财富不但有利于自己的统治，也能豢养职业化的军队，从而为建立“家天下”的世袭制奠定稳固的政治与军事基础。

虽然长老们支持伯益，但大禹坚持把帝位传给启，这样就只能通过战争来解决了。伯益召集东夷部落率军向启杀来，而启早有防备，经过一场大战，打败了伯益的军队。启为了庆祝胜利，在钧台举行了大规模宴会，公开宣布自己是夏朝第二代国君，从此，父亡子继的家天下制度便取代了任人唯贤的公天下制度。

尽管启打败了伯益，但许多部族对他改变禅让传统的做法表示强烈的反对。有一个部族首领叫有扈氏，站出来反对夏启的做法，要求他按照部落会议的决定，还位于伯益。于是，夏启和有扈氏在甘泽发生了战斗。大战开始前，夏启激励将士们说：“我要告诉大家，这个有扈氏对天帝不敬，王命不遵，是上天借我的手来消灭他！因此你们要服从我的命令，奋力出击，不可懈怠!”夏启训话完毕，六军兵士就挥舞刀枪，呐喊着冲向有扈氏的队伍。经过一场激烈的厮杀，有扈氏被打败了，有扈部落的成员被罚做奴隶。从此，夏启的王位终于坐稳了，父死子继的家天下制度正式开始了。

大禹时期的战争显示了职业化军队的力量。此后，更多的部落模仿这种模式，建立了权力更为集中的国家，每个国家中部落之间的语言与文化分歧渐渐趋向统一，从而增强了凝聚力。国家之间的战争也更为激烈和惨烈。夏朝建立后，与其他部落之间的联姻基本不存在了，分歧也因此增加了，不同部族间的文化融合以“国破家亡”的形式进行，而不再是相对温和的联姻方式。但国家内部落的统一化，也提升了文化融合的容易程度，一旦一个国家在形式上灭亡了，各部族更容易被另一种相对先进的文明整体接纳。夏朝以后的中华大地上进行的就是这种国家形态之间的战争与文化融合，直到最终形成今日之局面。

“家天下”君主世袭制的问题在于一代帝王去世后，当初帝王分封的子系诸侯难免会自相残杀。最后获得帝位的不一定是最合适的人选，这样就削弱了国家的实力，并最终导致一个朝代的灭亡。长老选举的“禅让”制让帝位的过渡相对平和，并保证了帝王的品德与素质。但随着经济的发展与权力的集中，国家的出现也是一种必然趋势，这种模式不一定完善，但也是在疾风中不断前行的变革。

从有巢氏发明树屋，到燧人氏以风为姓，继而与草原上的弇兹氏建立同盟。燧人氏的后人发展为风之五部，占有中原大地的东南西北和中部。中部的风姓以华胥族为依靠，华胥族中的伏羲凭借史前大洪水的契机成为天下的共主，这是“华”的称谓。最终中风的后人启建立夏朝，这就是“华夏”的由来。在夏朝建立伊始，夏启拥有的是中华中部与东部的部分，与西部、东部的民族较为友好，与北部草原与南部山林中的民族则渐行渐远。其后国家的独立在一定程度上阻隔了原来联姻的交流模式。中原的黄帝族后人统治的地域也就成为被“戎、狄、蛮、夷”这四海包围的国家了。

从《山海经》的角度而言，最初版本记载的历史图像就到此为止了。后来的则是历代史官加上的注释，也是对《山海经》中出现的民族演变的记载。

【后来的故事】

当初为了打败伯益，启严于律己，过着粗茶淡饭的俭朴生活；还尊老爱幼，任用贤能，然后在人民的支持下，再次出兵攻灭了有扈氏，巩固了王位。这以后，他又一反以往的作风，生活变得腐化起来，整日饮酒作乐，歌舞游猎。传说他曾创作了名为《九韶》的大型乐舞。启的年纪大了后，他的五个儿子开始激烈地争夺继承权。小儿子武观，一说为幼弟，因为争得最凶，启就将他放逐到黄河西岸。武观聚众反叛，大将彭伯寿带兵打败了武观并押武观回来见启，武观只好认罪服输。

夏启死后，五子争权斗争的结果是太康胜。太康即位后，终日不理政事，宴饮游乐，东夷部落有穷氏的首领后羿乘机把太康赶下台。不久，后羿又被他的亲信寒浞杀掉，寒浞取得王位。太康死后，他的弟弟中康得立，中康的儿子相，投靠同姓斟灌氏和斟寻氏，但仍然被寒浞所杀。相的妻子无以为计，只好逃到有仍氏娘家，生下了儿子少康。少康成人后又被寒浞打败，投奔有虞氏。有虞氏国君见少康年轻有为，就把自己的两个女儿嫁给他，为他修建了纶邑让他居住。

纶邑西有嵩山，北有具茨，南临颍水，土地肥沃，气候宜人。少康有了田一成，即方圆十里，有众一旅即五百人，从此有了安身之地。少康便以纶邑为根据地，抚恤招纳散亡的夏遗民旧部，发展生产，积蓄力量，又纠集自己的亲信氏族及对寒浞不满的部族，合力消灭了寒浞及其余党，“整威仪东南行，求阳翟夏王之故都”，葺宫室，修钧台，视九鼎，天下诸侯纷纷拥戴。夏帝太康失国数十年后，少康终于“坐钧台而朝诸侯”，重登天子之位，历史上称之为“少康中兴”。

少康以后的统治者都善于控制东夷部落，或是同东夷部落搞好关系。可是到了桀统治的时候，却一味地讨伐边国，耗费了大量人力、财力。而且桀是贪图享受的暴君。在夏王

朝陷入内外交困时，商汤对它进行了讨伐。桀被商汤打败，被放逐以后就死了，夏王朝被商朝取代。

汉景帝时期，勒令太常书目中所有非关于他本人的文章典籍中的“启”字全部改成“开”字，开辟了避讳的先例。《五藏山经·海经》中的“夏启”就成了“夏开”。

二十六、嫦娥奔月

名称：嫦娥

别号：姮娥

部族：女和月母国

图腾：蚕蛾、蟾蜍、兔子

姓：不详

父系：不详

母系：女常族

地域：东北部

时间：距今4000多年

大事件：偷不死药、奔月

黄帝后人自尧帝以后，统治的中心又从东部转移到了中部。尧帝时期发生十日族的叛乱过后，东夷部落中实力强劲的是羲和族以及曾为羲和族父系的有穷氏，有穷氏利用对十日族的胜利，在东部的力量迅速扩大。大禹传帝位给儿子启，是建立在击败东夷部落首领伯益的基础上的。按照最初黄帝族与羲和族的约定，大禹之后的帝位本是传给东夷部落首领的，但大禹凭借强劲的势力统一了天下，并最终创立了“家天下”的君主世袭制。

东夷族虽然失败了，却一直暗中积蓄力量，并随时准备夺取帝位。有穷氏以善射著名，历代首领都有“羿”的封号，为了与前者相区别，则又有“后羿”的称号。尧时射日的是一位“后羿”，在夏启儿子太康当政期间并与嫦娥结婚的是另一位“后羿”。

太康即位后不理政事，有穷氏首领后羿想夺取夏王的权力。后羿看到太康出去打猎，觉得是个机会，就亲自带兵守住洛水北岸，等兴高采烈的太康带着一大批猎得的野兽路过洛水边时，发现对岸后羿的军队拦住他的归路。太康没法，只好在洛水南面过着流亡生活。此时的后羿还不敢自立为王，另立太康的兄弟仲康当夏王，但把实权抓在自己手里。

后羿在仲康在位期间，广罗党羽，仲康死后立仲康之子相为帝。两年后时机成熟，他罢黜相，并将相放逐到斟灌，夺了夏朝的王位，为夏王朝第六任君王。

后羿仗着射箭的本领，也作威作福起来。和太康一样，他四处打猎，把国家政事交给亲信寒浞。寒浞瞒着后羿，收买人心。有一次，后羿打猎回来，寒浞派人把他杀了。寒浞杀了后羿，夺了王位，怕夏族再跟他争夺，于是决定一定要杀死被后羿撵走的相。相逃到哪儿，寒浞就追到哪儿。后来，相终于被寒浞杀了。那时候，相的妻子正怀着孕，被寒浞逼得没法，从墙洞里爬了出去，逃到娘家有仍氏部落，生下儿子少康。少康长大后，给姥姥家看牲口，后来听到寒浞正在派人追捕他，又逃到有虞氏那儿。有虞氏是东方金乌族联盟中的另一支实力派，曾经扶持舜登帝位。

少康从小在艰难的环境中长大，练了一身本领。他在有虞氏那里招兵买马，有了自己的队伍，后来又得到忠于夏朝的大臣、部落帮助，反攻寒浞，终于把王位夺了回来。夏朝从太康到少康，中间经过了大约一百年的混战才恢复过来，历史上称这段时期为“少康中兴”。少康灭了寒浞，可是夷族和夏朝之间的斗争还没有完。夷族人有很多出名的射手，他们的弓箭很厉害。后来少康的儿子帝杼即位，发明了一种可以避箭的护身衣，叫作“甲”，战胜了夷族，夏的势力又向东发展了。关于夏朝后羿之死，战国时孟子所著《孟子》和西汉初年刘安编成的《淮南子》都说他是被恩将仇报的徒弟逄蒙暗害的。暗害的手段各著作记载不一样，有的说是用桃木大棒打死的，有的说是用暗箭射死的，总之这位英雄是死在阴谋家的手里。

后羿得到了夏王朝的宝座，可谓是个传奇的人物，不过他的妻子更传奇，是民间传说中大名鼎鼎的嫦娥。古书上有很多不同的说法，据《淮南子》的记载，后羿觉得对不起

受他连累而谪居下凡的妻子，便到西王母那里求来了长生不死之药，好让他们夫妻二人在世间永远和谐地生活下去。嫦娥却过不惯清苦的生活，乘后羿不在家偷吃了全部的长生不死药，奔逃到月宫里去了。嫦娥奔月以后，很快就后悔了，她想起了丈夫平日对她的好和人世间的温情，对比月宫里的孤独倍觉凄凉。

嫦娥也叫姮娥。嫦娥窃服不死药而奔月的故事，在战国晚期的占卜书《归藏》中已经显山露水，到了汉代则广为人知，西汉淮南王刘安的《淮南子》、东汉天文学家张衡的《灵宪》中已经颇具首尾。《灵宪》还提到，嫦娥在偷服了后羿求来的不死药后，临行前还特意请一位叫有黄的算命大师打卦问吉凶，占卜师打了一卦，告诉她是吉卦，但行无妨，并且预言到，此去西天迢遥，或许刚上路时会遇到昏天黑地的阴霾天气，不必害怕，到了后来，嫦娥的后代肯定会繁荣昌盛。

实际的情形则是，西边草原实力比较强劲的是西王母族与流黄辛氏。北风族曾经与中风伏羲氏联姻，并产生“常羲”“羲和”两族，这两族随伏羲迁居东方，后与东风帝俊族联姻，生了“十二月”与“十日”。迁居到东北部的北风一族演变成女和月母国，其中“女常”族善于编织，以蚕蛾为图腾，因而部落中的首领称为“常蛾”，演变成“嫦娥”。尧帝的女儿娥皇应该也属于“女常”一族的首领，但嫁给舜后，就自动失去了部落首领的权力。

大禹的“姒”姓来自流黄辛氏，他不仅代表着黄帝族的后代，更有着母系流黄辛氏的强大支持。因为这个原因，西方部族为了夏朝的统治，必须对东夷部落中的实力派表示友好。所以西王母赠给后羿“不死药”，这是当初昆仑山上的“玉帝”才能享有的神药，实际是一种能延年益寿的保健药品。而女和月母国也把部落中最美丽最优秀的女子嫦娥嫁给后羿为妻子，嫦娥也就顺理成章地替后羿保管了“不死药”。

后羿与嫦娥本是英雄美女的天作之合，两人最后的不幸获得了人们的同情。在后羿夺取夏朝的帝位后，这种政治联姻就破裂了。嫦娥也就带着“不死药”回到了女和月母国，即传说中的月亮之国。传说中的月亮上有玉兔与蟾蜍，还有一个因为触犯了天条，被惩罚不停砍伐桂树的吴刚。蟾蜍的图腾来自女和月母国中的“女和”一族。因为生殖崇拜的关系，以蟾蜍、蛙、蛇为图腾，而玉兔可能与月亮的白色与形状有关。月亮中永远砍伐不断的桂树隐喻了“不死药”的含义。而吴刚的“吴”姓，则表明他是有虞氏的一员。有虞氏也是昆仑开明白虎家族的一个分支。

【后来的故事】

汉代嫦娥奔月故事的结局十分怪异，说嫦娥后来变成了蟾蜍，也就是癞蛤蟆。汉代人相信月亮中有玉兔和蟾蜍，也许是因为美人变成癞蛤蟆的结局太悖逆常理，也太不合乎人情，于是嫦娥奔月的故事流传到后来，蟾蜍就丢掉了那个丑陋的让人起癞疙瘩的尾巴，变成了一个纯三足金蟾。三腿的蛤蟆被称为“蟾”。传说它能口吐金钱，是旺财之物。古代有刘海修道，用计收服金蟾以成仙，后来民间便流传“刘海戏金蟾，步步钓金钱”的传说。

传说吕洞宾弟子刘海功力高深，喜欢周游四海，降魔伏妖，布施造福人世。一日，他降服了长年危害百姓的金蟾妖精，在降服过程中金蟾受伤断一脚，所以日后只余三脚。自此金蟾臣服于刘海门下，为将功赎罪，金蟾使出绝活咬进金银财宝，助刘海造福世人，帮助穷人，发散钱财，人们奇之，称其为招财蟾。早期的金蟾图像是以意象为主的蟾蜍形象，一般为蛙形，四足、圆腹。蟾蜍作为图案装饰，现存最早的恐怕是仰韶文化初期陕西临潼姜寨遗址出土的彩陶盆上的蛙纹了。汉代的蟾蜍形象还多为四足，到了南朝《述异

记》才出现了三足金蟾之说，而现存三足金蟾的图像多为明清时期的产物。

因为传说蟾蜍是嫦娥的化身，是月精，又是王母娘娘的不死神药，系药神。历史上是先有蟾蜍后有刘海蟾的，由于道教全真教派北五祖刘海蟾的加盟，才使得金蟾摇身一变最终成了财神。成语“蟾宫折桂”又把蟾蜍与仕途联系起来，使得金蟾成了官运福神的天使。不仅如此，“辟五兵”之说又使得蟾蜍成了辟兵镇邪的标志，所以，金蟾被古人视为“祛病毒、助长寿、主富贵、呈祥瑞、辟五兵、镇凶邪”的吉祥符号是有理有据的。其实，百姓只是借用了金蟾这个符号，以寄托他们的美好愿望而已。这是因为人人都渴望生活富贵、长生不老、逢凶化吉，因此在艺术创作中，人们便不自觉地把这种需求寄托到蟾蜍这个特定的艺术符号中去了。

二十七、有易杀王亥

名称：王亥

别号：振、高祖亥

部族：东夷羲和族

图腾：燕子

姓：子

父系：少昊族因民国

母系：不详

地域：东部

时间：距今4000多年

大事件：早期商业活动

在《山海经》中并未记载嫦娥奔月的故事，但对有易杀王亥之事则有记载。王亥，又名振，是阏伯六世孙，冥之长子，继任为商族首领，殷人先公之一。王亥在甲骨卜辞中被称为“高祖亥”或“高祖王亥”。王亥是一位很有作为的人，他帮助父亲冥在治水中立了大功。《管子·轻重戊》中有王亥“立皂牢，服牛马，以为民利”的记载。“皂”是喂牛马的槽，“牢”是养牛羊用的圈，说明王亥族很早就开始蓄养牛马，从事商业贸易了。王亥也成为中国最早的商人，为中国商业之鼻祖。王亥谥号“商高祖”，在商朝人的心目中具有极大的神威，商人有时甚至用祭天的礼节来祭祀王亥。人们在祈祷风调雨顺时，也往往祭祀王亥，希望得到王亥的保佑。在商先公中，只有亥称王。王亥的“亥”字，可能来自母系以猪为图腾的部落。

黄帝族当初与东夷部落羲和族约定，以儿子玄嚣入赘羲和族成为少昊，其后天下由代表中部利益的黄帝之后颛顼族与代表东夷利益的少昊族轮流执政。黄帝正妻西陵氏嫘祖，生玄嚣，玄嚣本为青阳氏，后来迁居东方为少昊，生子蟜极，蟜极生帝喾。帝喾的帝位由尧继承，他的一个儿子契成为尧帝旧臣，被舜帝留用，位居三公之列，官居司徒，主管民政事务。尧因“十日之乱”被金乌族联盟有虞氏舜取得帝位。契因保留了少昊的燕子图腾，就有了殷商先祖关于玄鸟的传说。

《大荒东经》记载：“有因民国，勾姓，黍食。”《大荒南经》记载：“有神名曰因乎，南方曰因，来风曰民，处南极以出入风。”“因乎”是南方的风神。少昊族与炎帝族联姻，以子穷奇入赘，即“撞倒不周山”与颛顼争帝位的那

位共工氏。少昊与南风部族联姻，又生了句芒，句芒在东夷部落中掌管羲和族，他死后成为木神，主管树木的发芽生长。太阳每天早上从扶桑上升起，神树扶桑归句芒管，太阳升起的那片地方也归句芒管。句芒在古代非常重要，每年春祭都要参加。他的本来面目是鸟，鸟身人面，乘两龙。句姓同勾姓，句芒创立的国家就是“因民国”，商祖契也属于因民国的一员。

王亥的父亲冥是契六世孙，担任夏少康的司空。夏少康十一年，冥受朝廷的命令，被派去处理黄河的问题，那时的王亥开始协助父亲。夏杼十三年，冥在黄河身亡，商民族的人后来固定在冬至时，为歌颂冥的功德而祭祀他，王亥正式成为商民族的第七任首领。即位之后，王亥驯养牛马，发展商业贸易，因此让部落的农业和畜牧业快速发展。另一方面也导致物品生产过剩。王亥后来带领族人迁居于殷。为了解决牛、羊过剩的问题，王亥跟他的弟弟恒讨论如何跟其他部落以物换物，决定好之后，王亥与恒选了一些有活力的牧人，一起亲自把这些动物送至有易国。

《大荒东经》记载：“有人曰王亥，两手操鸟，方食其头。王亥托于有易、河伯仆牛。有易杀王亥，取仆牛。”这是说有易氏的部落首领绵臣见财起歹意，杀害了王亥，赶走了王亥的随行人员，夺走了货和牛羊，王亥的弟弟恒兼程逃回商丘。王亥之子上甲微非常悲愤，欲为王亥报仇。但由于诸多原因，当时未能立即出兵，四年以后，他才借助河伯之师，灭了有易氏，杀了绵臣，为父王亥报了仇。夏朝立国之时，依靠的是流黄辛氏的力量。河伯是流黄辛氏的后人，世代掌管黄河。当初大禹治水也依靠了河伯的帮助。王亥的父亲既然帮助夏朝治理黄河，那河伯与因民国王亥的关系也是比较密切的。

王亥之子为父报仇后，有易国面临着灭族的危险。《大荒东经》记载："河伯念有易，有易潜出，为国于兽，方食之，名曰摇民。帝舜生戏，戏生摇民。"从这个记载可以看出，有易国实际是有虞氏的后代。在东夷的联盟中，东部的羲和族与有穷氏最强，而有虞氏的后人虞幕在颛顼为帝时，迁入"吴"地，成为十日族的利益同盟。

有虞氏的后人利用"十日之乱"，促发了十日族与羲和族的战争，最终扶持了舜为帝皇。从这点来说，有虞氏的后人有易国与羲和族的后人在因民国以前就有一定的矛盾。

【后来的故事】

冥子王亥"作服牛"，向河北发展，到契第十四代孙汤时，商已成为东方一个比较强大的方国。《国语·周语下》记载："云王勤商，十有四世而兴。"汤即天乙，姓氏为"子"，甲骨文称大乙，后世习惯上称之为成汤。成汤是一位很有修养的商族首领，相传曾被囚于水牢。成汤在当选为首领后，看到夏王朝日益腐朽，桀的暴政已引起众叛亲离，便着手建立新的王朝。首先，以德立威，厉兵秣马，使临近部落纷纷归附。其次，翦除夏王朝方国葛、韦、顾、昆吾，“十一征而无敌于天下”。最后，向夏王朝首都发起进攻，双方战于鸣条，夏师败绩。灭夏后，汤回师亳邑，大会诸侯，正式建立了商王朝，定都于亳。

少昊族与黄帝族轮流执政的传统，在秦朝以前依然可以遵循，不知是历史的巧合还是各部族的内在支持。黄帝传少昊，少昊传颛顼。颛顼居东方，但代表的是黄帝族的利益。颛顼传帝喾，帝喾代表东部少昊族利益。帝喾传帝尧，尧代表的是炎帝族利益，也可以代表中部的炎黄一系利益。帝尧传帝舜，舜代表的是东方金乌族的利益，虽然他也有颛顼的血统。帝舜传夏禹，大禹代表的是黄帝族利益，其后的夏朝也是如此。夏朝为成汤所灭，成汤建立殷商，代表的是东部羲和一族利益。殷商又为周所灭，周的始祖为后稷，后稷名义上为帝喾之子，但实际是炎帝族“姜”姓的私生子，后恢复黄帝族嫡系的姓氏“姬”。周以后统一天下的是秦，秦的始祖是伯益，代表着东夷羲和族利益，伯益本身兼有少昊族与颛顼族的双重血统。大禹的帝位本是传给伯益的，在两千多年后，伯益的子孙终于重新夺得了帝位。

汉代的刘姓出自炎帝族或黄帝族。祁姓陶唐氏，为帝尧之后，受封于刘，建立祁姓刘国，后裔因以为氏。裔孙刘

累，能驯化龙，侍奉夏后，被夏朝第十三帝孔甲赐为御龙氏，此为祁姓之刘，史称刘氏正宗。而出自姬姓者，其源头有二：一说是周太王的后裔，西周初年，周成王封王季之子于刘邑，即今河南省偃师西南刘聚，相传为刘累故居，因得名。其后裔以邑名为氏，形成姬姓之刘。另一说是东周时期，周匡王姬班封其小儿子到刘邑建立刘国，号称刘康公，其后代亦以国为氏，是为姬姓刘的又一来源。这两支姬姓刘氏后代均无显族。

唐朝李姓源于嬴姓和姚姓，出自皋陶之后颛顼帝高阳氏的后裔理氏，或出自道家创始人老子李耳，属于以官职名为氏。尧时，皋陶曾担任大理的职务，其子伯益被舜帝赐为嬴姓，后子孙历三代世袭大理职务，其子孙按照当时的习惯，以官为氏，称理氏。理氏改为李氏的说法有两种，一种说法是：商纣时，皋陶后裔理徵，在朝为官，因直谏得罪了商纣王而被处死，其妻契和氏带着儿子利贞逃难时，因食李子充饥才得以活命，故不敢称理，便改姓李氏。另一种说法是，据史籍记载，周朝以前未见有李氏，自从有老子姓李，名耳，为利贞的后裔，因祖上世代为理官，理与李两字古音相通，便也以李为氏。显然，李氏是始于李耳称姓的。

宋朝赵姓出自嬴姓，形成于西周，祖先是伯益，具体始祖是造父。造父为伯益的九世孙。由于造父驾车日驰千里，为周穆王平定了叛乱，立了大功，周穆王便把赵城赐给他，自此以后，造父族就称为赵氏。西周传至周幽王时，因幽王无道，造父的七世孙赵叔带离周仕晋，从此赵氏子孙世代为晋大夫，掌握晋国大权。晋景公为了夺取赵氏家族控制的政权，默许智、韩、魏三卿联合诛赵氏，灭其族。到战国初年，叔带的十二世孙赵敬侯赵襄子联合魏武侯、韩哀侯三家分晋，建立赵国，至他的孙子赵籍时，正式获得了周烈王的承认，与韩、魏两家并列为诸侯。公元前 222 年，赵国为秦国所灭，赵国王室纷纷散落民间。秦始皇灭赵后，把代王嘉之后迁往今甘肃省天水，赵王迁被流放到今湖北省房县。赵嘉的后代中有赵广汉，为宋代赵匡胤的远祖。赵广汉在汉宣帝时被任命为京都行政最高长官京兆尹，执法不避权贵，后被杀。

明朝朱姓始成于西周，是古帝颛顼高阳氏之后。古帝颛顼的玄孙陆终有六个儿子，第五子名安，大禹赐曹姓。周武王灭商建立周朝后，封安的后裔曹挟在邾，建立邾国，附庸于鲁国。邾国又作邹国，亦称邾娄，在今山东省费县、邹城、滕州、济宁金乡等县地市，建都于邾，前 614 年邾文公迁都于绎，到了战国中叶为楚所灭。邾国贵族以国为氏，就是邾氏，后邾国君主支庶子孙又去邑为朱姓。

第六章 《山海经》中的诸神传说

一、海神

在《山海经》中，大地、山川、河流、海洋都有着自己的部落与神灵。草原的主人是戎狄，山林的主人是蛮夷，而平原的主人是炎黄族。黄河的主人是河伯，他是流黄辛氏的后人。洛水的主人是洛神，她是伏羲氏的后人。汉水的主人是水伯，他是有虞氏的后人。山神家族中各族都有分布，以中部华山为首的山神家族则是华胥族后人。至于处于山林、平原、草原相交地带的则是氐羌，这些部落进行着不间断的复杂的联姻与文化融合。

除此之外，还有环绕着华夏的所谓“四海”。“四海”在后来的语意演化中，成为包围华夏族的“戎、狄、蛮、夷”四大部族。但在《山海经》的最早描述中，也指四大具体的水域。《海内经》记载，在西海以外，大荒当中，有座山叫方山，山上有棵青色大树，名叫柜格松，是太阳和月亮出入的地方。在西海的南面，流沙的边沿，赤水的后面，黑水的前面，屹立着一座大山，就是昆仑山。在西海以内，流沙的西边，有个国家名叫汜叶。在西海以内，流沙的中央，有个国家名叫鍪市。

靠近昆仑山的西海，应指古代的居延泽。先秦时，有一支叫居延的匈奴部落在此游牧，故而此地被称之为居延泽。居延故址在今内蒙古自治区额济纳旗东南。关于昆仑山的地望，下文另有详细阐述。西海被黑水与赤水包围，赤水不是指今日贵州省的赤水，而是指甘肃省境内的古赤水。赤水县指古索西城，后魏置赤水县，后废，故址在今甘肃省岷县东北九十里。《水经注》中说："黑水出张掖鸡山，南流至墩煌，过三危山，南流入于南海，然张掖墩煌并在河北，所以黑水得越河入南海者，河自积石以西皆多伏流，故黑水得越而南也。"《太平御览》卷六五引用《张掖记》的资料说："黑水出县界鸡山，昔有娥女简狄，浴于玄止之水，即黑水也。"

《山海经》中以颜色来命名的河流很多，比如"赤水""黑水"等，并非专指某条河流，而是某条河流流经某地时因为各种原因恰巧呈现出一种颜色。

西海的海神为"弇兹"。《大荒西经》记载："西海郬中，有神，人面鸟身，珥两青蛇，践两赤蛇，名曰弇兹。"弇兹氏是一个非常古老的草原部族，当初与燧人氏在昆仑山订立盟约，划分了山林、草原的统治地界，并立玉帝为中华大地的共主。但西王母国崛起后，弇兹氏退居幕后，并定居在西海中，成为西海的海神，其形象以鸟、蛇为图腾。

《海内经》有关于南海的记载，南海以内，黑水青水之间，有树木名叫若木，若水从那里发源。南海之内，有衡山、菌山、桂山以及三天子之都山。南海的当中，有一座汜天山，赤水最终流到这座山。在赤水的东岸，有个地方叫苍梧野，帝舜与叔均葬在那里。衡山又名南岳，是我国五岳之一，位于今湖南省衡阳市南岳区。苍梧指零陵，即现在的湖南省永州市，传说舜南巡驾崩于苍梧。尧的儿子丹朱当初与舜争帝位失败，因感羞愧自投南海而死。《吕氏春秋》中记载："尧战于丹水之浦，以服南蛮。"此中提及的"丹水"，当在今湖南省境内的湘江之畔。尧帝战胜南蛮后，将其子丹朱封在苗地。

从上面可以看出，《山海经》中的南海在今湖南省境内，当为一片巨大的水域，并非指现在广东、广西周边的南海海域。此中的"南海"应该指历史记载中的"云梦泽"，是横跨湖北、湖南两省的一片巨大水域。关于"云梦泽"的记载可见《尔雅·释地》提及的十大湖泊、《吕氏春秋·有始览》及《淮南子·地形训》记载的九大湖泊中的"楚之云梦"。但只说云梦泽在荆州，在楚地，而并未言明其具体方位。《水经·夏水注》中记载："自州陵东界，迳于云杜、沌阳，为云梦之薮。"西汉所置的云杜县

指现在的京山县，辖境兼有今应城、天门二县，可见先秦时期云梦泽的北限曾远及汉水以北。

战国中期以后，应城、天门一带的云梦泽，为汉水所挟带的泥沙所湮没，云梦泽已略缩小。西汉时期，因江、汉两水泥沙的淤积，荆江和汉江两内陆三角洲连为一体。至魏晋南北朝时期，随着云梦泽主体向东南部的推移，形成“首尾七百里”的夏州，整个云梦泽被分割为大、小产湖、马骨湖、太白湖和若干大小不一的陂池，其范围也仅余近二百千米，不及先秦之半了。

唐、宋时，随着江汉内陆三角洲的进一步扩展，日渐浅平的云梦泽主体，已大多填淤成陆。唐宋志书已不见大、小产湖的记载，太白湖周围也沼泽化，陆游、范成大舟行经此，已是一片“葭苇弥望”的“巨盗所出没”的地区，因而有“百里荒”之称。北宋初期，在今监利县东北六十里设置玉沙县，管理和开垦新生成的三角洲平原，历史上著名的云梦泽基本上消失，大面积的湖泊水体已为星罗棋布的湖沼所代替。

南海的海神是“不廷胡余”。《大荒南经》记载，在南海的渚中，有一个神，是人的面孔，耳朵上挂着两条青蛇，脚底下踩踏着两条红蛇，这个神叫不廷胡余。《大荒北经》记载，有个胡不与国，这里的人姓烈，吃黄米。“渚”为水中小块陆地，指的就是被湖水包围的沼泽形态。不廷胡余应来自胡不与国，后被封为南海海神，其本人应为炎帝烈山氏与游牧民族联姻的后人。烈山氏又叫厉山氏，其首领为烈山或柱。一般认为烈山氏为炎帝后裔。烈山，本是烧山垦田之意。

《山海经》对于东海的描述很多，这与东夷占据东部，以汤谷扶桑为中心发展出发达的文明有莫大的关系。《南山经》记载："东五百里，曰漆吴之山，无草木，多博石，无玉。处于东海，望丘山，其光载出载入，是惟日次。"《北山经》记载："又北二百里，曰发鸠之山，其上多柘木。有鸟焉，其状如乌，文首、白喙、赤足，名曰精卫，其鸣自詨。是炎帝之少女，名曰女娃。女娃游于东海，溺而不返，故为精卫，常衔西山之木石，以堙于东海。漳水出焉，东流注于河。"

《大荒东经》记载："东海之外有大壑，少昊之国。少昊孺帝颛顼于此，弃其琴瑟。"《大荒东经》记载："东海中有流波山，入海七千里。其上有兽，状如牛，苍身而无角，一足，出入水则必风雨，其光如日月，其声如雷，其名曰夔。黄帝得之，以其皮为鼓，橛以雷兽之骨，声闻五百里，以威天下。"《大荒南经》记载："东海之外，甘水之间，有羲和之国。有女子名曰羲和，方浴日于甘渊。羲和者，帝俊之妻，生十日。"《海内经》记载："东海之内，北海之隅，有国名曰朝鲜。"

依据《山海经》的描述，“东海”包括今日东海、黄海以及渤海的部分海面。东海中的“夔”，实际是雷泽氏的图腾。雷泽氏的一支从雷泽，即今日山东省菏泽迁出，掌管了东海。《大荒北经》记载：“大荒之中，有山名曰成都载天。有人珥两黄蛇，把两黄蛇，名曰夸父。”《海外北经》记载：“夸父国在聂耳东，其为人大，右手操青蛇，左手操黄蛇。邓林在其东，二树木。一曰博父。”夸父是炎帝族与雷泽氏联姻的后人，在涿鹿之战中帮助蚩尤，但被应龙氏伏击所灭。《海外东经》记载：“雨师妾在其北。其为人黑，两手各操一蛇，左耳有青蛇，右耳有赤蛇。一曰在十日北，为人黑身人面，各操一龟。”雨师妾为炎帝族与流黄辛氏联姻的后人，也是水神的一个分支，其“蛇龟”形象，演变为后来的“玄武”图腾。

黄帝战胜炎帝后，东海的海神也成为黄帝的后人。《大荒东经》记载：“东海之渚中，有神，人面鸟身，珥两黄蛇，践两黄蛇，名曰禺虢。黄帝生禺虢，禺虢生禺京。禺京处北海，禺虢处东海，都是海神。”禺虢是黄帝族与有虞氏联姻的后人。应龙氏是黄帝族中海神家族与东夷中的鹰族联姻所生，应龙氏承担的角色是为了替代炎帝族中雨师的。但后来在黄帝族与东夷羲和族的权力交替中，少昊之子帝喾的后人又重新接替了东海、北海海神的角色。《大荒北经》记载：“有儋耳之国，任姓，禺号子，食谷。北海之渚中，有神，人面鸟身，珥两青蛇，践两赤蛇，名曰禺强。”《海内经》记载：“帝俊生禺号，禺号生淫梁。”此处帝俊指帝喾，他生了禺号，禺号接替了东海海神，而禺号的儿子禺强则成为北海新的海神。这个安排的另外一个结果是，颛顼儿子鲧的北海海神的位置被取代，只能去中原流浪了。

北海的情况极为复杂。《海内经》记载：“东海之内，北海之隅，有国名曰朝鲜。”《海内经》记载：“北海之内，有蛇山者，蛇水出焉，东入于海。有五采之鸟，飞蔽一乡，名曰翳鸟。又有不距之山，巧倕葬其西。”《海内经》记载：“北海之内，有山，名曰幽都之山，黑水出焉。其上有玄鸟、玄蛇、玄豹、玄虎、玄狐蓬尾。有大玄之山。有玄丘之民。有大幽之国。有赤胫之民。”《东山经》记载：“东次四山之首，曰北号之山，临于北海。”《海外北经》记载：“北海内有兽，其状如马，名曰驹駼。有兽焉，其名曰驳，状如白马，锯牙，食虎豹。有素兽焉，状如马，名曰蛩蛩。有青兽焉，状如虎，名曰罗罗。”北海应指今日渤海以及朝鲜、韩国北部的日本海海面。在中华大地的东北部，实力能与东夷抗衡的是草原上的东胡、秽貊、肃慎三大部族。今日辽宁省属于东夷羲和族的地盘。东夷与肃慎间隔着秽貊，秽貊大约在今日朝鲜与中国吉林省境内。北海内的势力与其他三海不一样，是错综复杂的。

驳形状像普通的马却长着白身子和黑尾巴，一只角，老

虎的牙齿和爪子，发出的声音如同击鼓的响声。驳兼具“马虎”之形。彝族习惯称虎为“罗罗”，西王母与彝族虎族有着极为密切的关系。“驹騟、驳、蛩蛩、罗罗”都代表着貊人的势力。

北海的翳鸟，即五彩的凤鸟，代表东夷部落的势力。《大荒北经》记载：“大荒之中，有山名曰北极天柜，海水北注焉。有神，九首人面鸟身，名曰九凤。又有神，衔蛇操蛇，其状虎首人身，四蹄长肘，名曰强良。”九凤是东夷部落中以凤鸟为图腾的部落首领，是大禹时期鸟官的一个统领。强良应是大禹时期禺强的后人，兼有虎蛇之形。《大荒东经》记载：“黄帝生禺虢，禺虢生禺京。禺京处北海，禺虢处东海，都是海神。”禺虢是黄帝族与有虞氏联姻的后人，以压制貊人的势力。

二、山神

《山海经》中记载的历史属于从山林文化到平原农耕文化过渡的时期。早期的山林文化中，部落的聚集地主要在物产相对富饶，不太需要人为耕作的山林之中。对山神的崇拜反映在部落图腾中，主要是以兽类为图腾的崇拜形式。早期的山林之神以绵延的山系为参考，每个山系的山神形状各不相同，具有融合多种动物形象的外貌。各个山系的主神与祭祀方式也都是不同的。因此可以看出，部族对于山林的统治已经有了明确的地域概念，每个山系有统一的领导者与主神。只是在黄帝族以水利农耕为主的平原文明发展起来后，水系图腾崛起，山神的角色就渐渐淡化了。原来以山系划分统治地域的方式，逐渐转变为以水系来划分地域了。

关于山神的形象有多种记载。比如鹊山山系山神的形状都是鸟的身子龙的头。南方第二列山系诸山山神的形状都是龙的身子鸟的头。南方第三列山系诸山山神都是龙的身子人的面孔。西方第二列山系其中十座山的山神，都是人的面孔、马的身子。还有七座山的山神都是人的面孔、牛的身子，四只脚和一条臂，扶着拐杖行走，这就是所谓的飞兽之神。北方第三列山系其中有二十座山山神的形状都是马一样的身子，人一样的面孔。

大致来说，山神中的图腾包括龙、鸟、羊、马等动物的独立个体或合体形象。龙是强力的水系图腾，鸟是山林中的夷族图腾，羊与马往往是游牧族的图腾，这也和各个山系所处的地理位置密切相关。在轩辕氏称黄帝后，代表水系的龙图腾占据了上风。华胥族的水利农耕文化把整个中华文明带离了原来比较依靠自然的山林文化。各个山系的山神也就重新进行了整合。

到了尧为帝后，辅助的四大领主也就成了“四岳”，这是以四方的神山为坐标的四个领主。这四个人分别统领首都周边的三个州，一共是十二个州，即“十二牧”，实际就是四方诸侯之长，是帝皇手下实力最强的四方统领。尧在用人时，都要征询这四个人的意见。但在夏朝建立之后，部落长老制让位于君主世袭制，四方的诸侯人选不再是各部落的联盟首领，而成为君主的嫡系子孙。后来的发展历史中，依然保留了这种皇帝祭祀山神的传统。这四岳的位置如果加上中部的神山，则为“五岳”。五岳的地理位置逐渐演变为北岳恒山（位于今山西省）、西岳华山（位于今陕西省）、中岳嵩山（位于今河南省）、东岳泰山（位于今山东省）和南岳衡山（位于今湖南省）。后来祭祀山神昭告天下的传统，实际是对原来部落长老制一种名义上的纪念。

《山海经》中有记载的是南岳、西岳，但在尧为帝时期的四岳究竟是谁，则没有明确所指。《大荒西经》记载，有个国家叫寿麻国。南岳娶了州山的女子为妻，她的名字叫女虔。女虔生了季格，季格生了寿麻。寿麻端端正正站在太阳下不见任何影子，高声疾呼而四面八方没有一点回响。这里异常炎热，人不可以前往。《海内经》记载，伯夷父生了西岳，西岳生了先龙，先龙的后代子孙便是氐羌。氐羌人姓乞。伯夷父是帝颛顼的老师。“父”这里指对男性长辈的尊称。

《山海经》对北岳山与太华山有所提及，但北岳山未指向某个山名。《北山经》记载，再往北二百里，是北岳山，山上到处是枳树、酸枣树和檀、柘一类的树木。山中有一种野兽，形状像一般的牛，却长着四只角、人的眼睛、猪的耳朵，名称是诸怀，发出的声音如同大雁鸣叫，是能吃人的。《西山经》记载，再往西六十里，是太华山，山崖陡峭像刀削而呈现四方形，高五千仞，宽十里，禽鸟野兽无法栖身。山中有一种蛇，名叫肥遗，长着六只脚和四只翅膀，一出现就会天下大旱。太华山就是现在陕西省境内的西岳华山。

相传伯夷为姜姓，是炎帝神农氏之裔共工的侄孙。当初

少昊之子穷奇应是与一位兄弟一起入赘于炎帝族的。穷奇成为共工氏的新首领，而其兄弟则成为伯夷的先祖。伯夷曾担任帝颛顼的大祭司，后为第一代太岳。炎帝故里在今陕西省，临近华山。华胥族之“华”指的就是华山，这是华胥族文明的发源地，是中风无怀氏与炎帝族得以崛起的根据地。因而以华山为太岳。但后来黄帝族崛起，取代炎帝，河南省的嵩山就成为中岳，地位超越了其他四岳。

共工撞倒不周山，引起天下大乱，也使得黄帝族与少昊族轮流执政的次序被打乱。伯夷在帝尧时辅政，掌管礼仪，帝舜时正式任命伯夷为秩宗。大禹治水及代行天子之政时，伯夷也尽心辅弼，成为禹的心腹之臣。为嘉奖伯夷，帝舜晚年赐伯夷恢复姜姓，封为吕侯，掌管四岳，其子孙因此亦以吕为氏。伯夷所在部落发展出四支胞族，以申、吕、齐、许

的四个地方为名，后来演变成四姓，掌管四岳。在尧、舜、夏禹时代，四岳是部落联盟的山岳祭司。伯夷后被尊为吕姓始祖。从这一点来说，伯夷是四岳之长，分管的“四岳”又指申、吕、齐、许这四人。

《山海经》中还有一个非常神秘而重要的山神，即钟山之神。钟山的山神，名叫烛阴，他睁开眼睛便是白昼，闭上眼睛便是黑夜，一吹气便是寒冬，一呼气便是炎夏，不喝水，不吃食物，不呼吸，一呼吸就生成风，身子有五百千米长。这位烛阴神有着人一样的面孔，蛇一样的身子，全身赤红色，住在钟山脚下。钟山靠近西王母所居住的炎山，钟山之神是炎帝族与西羌联姻而崛起的代表人物，他接过了“祝融”的火神称号。虽然祝融氏后来迁居到中部，但钟山之神这个象征性的火神依然被保留下来。钟山之神因为与草原上的鬼氏联姻，而有了“一目”的形象。烛阴即《山海经》中的烛龙。

“烛阴”“祝融”“晏龙”是不同时期对钟山之神的称谓。烛阴究竟为炎帝族的何人，在鼓与钦邳对葆江的谋杀案中可以见其端倪。《西山经》记载，钟山山神的儿子叫作鼓，鼓的形貌是人面龙身，他曾和钦邳神联手在昆仑山南面杀死天神葆江。

鼓与钦邳其后被黄帝下令诛杀。《大荒南经》记载：“有人方齿虎尾，名曰祖状之尸。”葆江指祖江，也就是祖状，是有虞氏的部落成员，也是开明白虎支的某位首领。《海内经》记载，炎帝的孙子叫伯陵，伯陵与吴权的妻子阿女缘妇私通，阿女缘妇怀孕三年，这才生下鼓、延、殳三个儿子。这里的炎帝当指末代炎帝，即让位于黄帝的那位炎帝。因而伯陵即为钟山之神烛阴，他生了儿子鼓。

“吴”姓是从有虞氏的“虞”演化而来。而“吴权”即葆江，吴权的妻子阿女极可能为黄帝族成员，因而把龙的形象延续给了鼓，“鼓”即龙的鸣叫之声。伯陵因私情被吴权发现，其子联合了西王母手下的某个首领钦邳杀了葆江。这个谋杀案对黄帝族的崛起是非常有促进作用的。自此以后，开明白虎支与炎帝成员渐行渐远，并间接导致了蚩尤对黄帝战争的失败。

少昊之孙帝喾曾恢复东方的“帝俊”称号，其后与钟山之神家族联姻，生了晏龙。《海内经》记载，帝俊生了晏龙，这位晏龙最初发明了琴和瑟两种乐器。这也是由黄帝系成员逐渐取代炎帝系的权力替换所致。

三、天地祭司

在原始社会中，祭司是人与自然沟通的代表，掌握着令人敬畏的自然力量，许多部族首领本身是祭司。随着时间的推移，部落间对地域和资源的竞争日趋激烈，关系到部族生死存亡的不仅仅是自然力量，更可怕的是其他部族的虎视眈眈。在这种情况下，祭司渐渐分化成一种职业，一种官职，退居到部族首领的地位之后，依然占据着重要的地位。

燧人氏以风为姓，观测风向乃至测日，这大概是最早的祭司了。燧人氏与弇兹氏结盟后，确立了双方联姻的后人玉帝为中华的共主，他居住在昆仑圣地。辅佐在玉帝身边的祭司是西王母族，掌握天下的刑罚，其实力之强，使得后来的玉帝成为一种象征的符号，乃至渐渐被遗忘。这也是母系社会传统的延续所致。

在史前大洪水到来之前，其他著名的祭司还有雷泽氏。雷泽氏身材异常高大，声音洪亮，如同打雷一般。他们信奉水生的夔龙，其鸣叫也有雷鸣之声。夔龙的腹部之皮可用来做鼓，也可以模仿令人敬畏的雷电之力。风的力量几乎是无处不在的，雷电则基本要在下雨的时候才有，雷神的角色就没有那么重要了。雷部祭师擅长击鼓，在南方影响很大，南风为其后代。

西王母族发展时期，燧人氏的后人也衍生为东风、西风、南风、北风、中风五大系。史前大洪水过后，五大风姓结盟，中风伏羲迁居东方为太昊，成为新的共主。其中东风成为测日的祭司，接替伏羲成为帝俊一系。帝俊家族生了十日族与十二月族，是掌管日月的祭司。该族统治的时间非常之久。

西王母居住在一座活火山旁，也就是炎山。其后西王母族与开明白虎族联姻，衍生出流黄辛氏与流黄丰氏，这都属于西羌的体系。流黄辛氏后人与中风的少典族联姻，衍生出神农氏一族。神农是掌管火的祭司，开创了以火开荒的农业体系，也就成为新的帝皇，即炎帝。炎帝后人之中，火神的体系分化出来，也就是烛龙或祝融氏。随着原始农业的发展，逐水而居，以水灌溉成为非常重要的工作，也就有了水神，即共工氏。祝融氏与共工氏的首领一般由炎帝的后人担任。

当初为玉帝与西王母服务的祭司还有灵山十巫，这是掌握不死药的家族，也就是医学世家。中风的少典族与之联

姻，生了轩辕氏一族，其后利用发达的农业技术成为新的帝皇，即黄帝族。炎帝族依附苗蛮而存在，而黄帝族则要独立出来，两者代表着中风的保守与改革力量。炎帝族联盟中的蚩尤取代的是西王母的地位，也就是新的杀伐之神。但改革的力量最终占据了上风，黄帝族取得了胜利。

在黄帝族与蚩尤的涿鹿之战中，双方的祭司纷纷出场。蚩尤的联盟中包括炎帝的后人风伯、雨师、夸父等。风伯以飞廉为图腾，有时也称作蜚廉，其形象非常古怪。传说中的飞廉神禽能致风气，鹿身，头如雀，有角而蛇尾豹文。但在《山海经》中则是“其状如牛而白首，一目而蛇尾，其名曰蜚，行水则竭，行草则死”。从其形态而言，风伯为炎帝族与苗蛮联姻产生的后人。雨师是炎帝族北海海神系与流黄辛氏联姻的后人。

黄帝族中两个重要的祭司则是应龙与女魃。应龙是黄帝族海神系与羲和族联姻的后人，有行云布雨的能力。而女魃是黄帝与草原上的鬼氏联姻的后人，掌握着使天变晴的自然力量，刚好可以克制风伯雨师。这两者实则是黄帝族重新竖立的，以取代风伯雨师这两个祭司。涿鹿之战胜利后，应龙氏定居南方，后来在大禹治水的时候还出手相助过。

古时有种说法，旱魃是天将大旱的征兆，因此就有焚烧旱魃祀雨的求雨祭典。至今四川省汶川县绵池的羌族地区还有“赶旱魃”的仪式，即由一人装扮成旱魃躲在树林中，

以巫师为首带领寨民鸣锣执棍，遍山搜寻，直至寻获“旱魃”，将其驱赶下山，来达到祈雨的目的。因而扮演“旱魃”的祭司是个不受欢迎的角色。清代志怪小说《子不语》就有“旱魃”这一条，其形为“一女僵尸，貌如生，遍体生白毛”。

灵山十巫虽然没有称帝，但在巴蜀地区依然举足轻重，因为一直受西王母族监视，最终从西羌体系中分离出来。灵山十巫中的巫即是掌管食物的祭司，其后人包括以猪为图腾的蜀山氏。黄帝正妃嫘祖生了玄嚣、昌意二子，昌意娶蜀山氏女为妻，生了韩流，韩流有猪的形象，娶了九黎某部首领的女儿阿女，生了帝颛顼。

《大荒西经》记载，有个寒荒国。这里有两个神人分别叫女祭、女薎。《海外西经》记载，叫作祭的女巫、叫作戚的女巫住在刑天与天帝发生争斗之地的北面，正好处于两条水流的中间，女巫戚手里拿着兕角小酒杯，女巫祭手里捧着俎器。这个寒荒国即蜀山氏统领的国家，韩流后来掌管此地。

尧时十日族叛乱，提及的还有一个叫女丑的祭司。《海外西经》记载，有一具女丑的尸体，她生前是被十个太阳的热气烤死的。她横卧在丈夫国的北面，死时用右手遮住她的脸，十个太阳高高挂在天上，女丑的尸体横卧在山顶上。

《大荒东经》记载，海内有两个神人，其中一个名叫女丑。女丑有一只听使唤的大螃蟹。在天干地支中，十天干代表十日族，而十二地支代表十二月族。“丑”从鬼，古人以为鬼的面貌最丑，故从鬼。丑是地支的第二位，在十二生肖中属牛。

“女丑有大蟹”，而此大蟹位于海中一个称为姑射国的海岛上。姑射国又称“列姑射”，列姓是炎帝之后，从“烈山氏”演变而来。南海海神是不廷胡余。《大荒南经》中说，南海渚中，有神，人的面孔，耳朵上戴着两条青蛇，脚踏两条赤蛇，称为不廷胡余。《大荒北经》则记载，有胡不与之国，烈姓，以黍为食。牛是炎帝族的图腾。可见女丑是炎帝族南海海神系的后人，因帮助尧而被十日族所杀。

除了这些大祭司之外，另外还有海神、山神的体系，已经叙述如前。

四、十日族

史前大洪水到来之前，燧人氏与弇兹氏联姻的后人玉帝还是天下的共主。但随着西王母族的崛起，玉帝渐渐成了一种象征，由西王母掌握实际的权力。风之五部中的东风部族因为测日的需要，沿着黄河一路向东，逐日而去，最终在东海边上定居下来，并在天台山中建立了汤谷。北风的后人与灵山巫氏联姻，生了女和与女常一族。史前大洪水过后，女常族与女和族与伏羲族联姻生了常羲族、羲和族，后迁居到东北，组成女和月母国，伏羲成为新的共主。羲和族后来与东夷部落中善射的有穷氏联姻，成为穷桑氏而独立出来，以燕子为图腾。

接替伏羲的是东风之后帝俊族，其与羲和族生了十日族，与常羲族生了十二月族。《大荒东经》记载："东海之外，甘水之间，有羲和之国。有女子名曰羲和，方浴日于甘渊。羲和者，帝俊之妻，生十日。"有了十日族与十二月族

的帮助，帝俊族就能方便地制定历法了。帝俊族与东南沿海的部落联姻，产生了东夷部落。参照帝俊族的金乌图腾，这些部落多以各种鸟为图腾。帝俊族传帝位于十日族，十日族的执政模式与其他部族有所不同，是由十个部落轮流执政的，起初并没有一个统一的领导人。

学者郑文光在其所著《中国天文学源流》一书中认为，十天干起源于我国古代羲和“生十日”的神话传说，是十进位法概念在计时中的反映，应当产生于渔猎时代的原始社会。“十二地支”则由常羲“生月十有二”的神话传说演变而来，产生于殷商之前，后逐渐演变为十二辰。所以，郑文光推断：“十二支宜乎是夏人的创作。”杜石然等在《中国科学技术史稿》一书中则主张夏代已有十天干纪日法，商代在夏代天干纪日的基础上，进一步使用干支纪法，从而把十天干和十二地支配合在一起形成六十循环的纪日法。

考古发现，在商朝后期帝王帝乙时的一块甲骨上，刻有完整的六十甲子，可能是当时的日历，这说明在商朝时已经开始使用干支纪日了。《世本》中记载：“容成造历，大桡作甲子。”从文献记载来看，黄帝时代已有十二地支，代表着每年十二个不同的月令、节令，殷商时期出现了甲、乙、丙、丁等十个计算和记载数目的文字。但依据《山海经》的记载，十日与十二月，即天干地支的形成显然要推演到伏羲时期，只是在夏代才演变为一个成熟的系统。

天干地支，简称“干支”。在中国古代的历法中，甲、乙、丙、丁、戊、己、庚、辛、壬、癸被称为“十天干”，子、丑、寅、卯、辰、巳、午、未、申、酉、戌、亥叫作“十二地支”。十干和十二支依次相配，组成六十个基本单位，两者按固定的顺序互相配合，组成了干支纪法。

天干之“干”，好比是树的主干，象征着草木在不同季节的状态。甲：像草木破土而萌，阳在内而被阴包裹。乙：草木初生，枝叶柔软屈曲。丙：炳也，如赫赫太阳，炎炎火光，万物皆炳燃着，见而光明。丁：草木成长壮实，好比人的成丁。戊：茂盛也，象征大地草木茂盛繁荣。己：起也，纪也，万物抑屈而起，有形可纪。庚：更也，秋收而待来春。辛：金味辛，物成而后有味，辛者，新也，万物肃然更改，秀实新成。壬：妊也，阳气潜伏地中，万物怀妊。癸：揆也，万物闭藏，怀妊地下，揆然萌芽。

《海外东经》记载：“汤谷上有扶桑，十日所浴，在黑齿北。居水中，有大木，九日居下枝，一日居上枝。”说的就是十日族的十日轮流执政的情形。随着时间的推移，十日族不断与其他部族联姻，并向其他部族传播了先进的文化，也逐渐形成了“甲、乙、丙、丁、戊、己、庚、辛、壬、癸”这十个称谓，既指部落名，也可作为姓氏。比如己姓的羲和族与流黄辛氏，采用的就是十天干中的名称。

羲和族最初是十日族的父系，后来附属于该部族的则有十日中的第六日“己”姓，与十二月中的“巳”姓。羲和族与昆仑山白虎木禾支联姻，生了流黄辛氏，这是十日族中的第八日的父系。流黄辛氏的后人中有莘氏为“姒”姓，可看成“巳”姓的一个分支。刘师培《姒姓释》说，“姒”与“巳”同文，夏为姒姓即巳姓，“巳”与“蛇”古同字，且“巳”古读通“已”，这三个姓是相通的。

羲和族本身联盟的部族中包括了己姓的第六日、与姒姓相关的辛氏第八日、十二地支中的巳姓第六月，以及东夷部族原本实力最强的有穷氏，就渐渐成为东夷中实际的领导。但无论如何，十日族这种轮流执政的模式依然存在，羲和族并没有获得部族长老的允许而单独执政。

十日族中实力较强的除了羲和族与流黄辛氏之外，还有第九日“壬”，后来则演变为“任”姓。炎帝之母父系为少典族，母亲为任姒。

黄帝战胜炎帝后，东海海神也成为黄帝的后人。《大荒东经》记载：“黄帝生禺虢，禺虢生禺京。禺京处北海，禺虢处东海，都是海神。”禺虢是黄帝族与有虞氏联姻的后人。但后来在黄帝族与东夷羲和族的权力交替中，少昊之孙帝俊的后人又重新接替了东海、北海海神的角色。《大荒北经》记载：“北海之渚中，有神，人面鸟身，珥两青蛇，践两赤蛇，名曰禺强。有儋耳之国，任姓，禺号子，食谷。”帝俊生了禺号，禺号接替了东海海神，而禺号的儿子禺强则成为

北海新的海神。儋耳国人后代中有无继国与无肠国，也是任姓。

尧为帝时遇到的最大麻烦是东夷十日族发动的叛乱。尧虽然是帝喾的儿子，但代表的是炎帝族的利益，在经过少昊、颛顼、帝喾、帝挚的统治后，尧又回到了中原为帝，这就给东夷部落留下了权力真空。金乌族的嫡系十日族联合猰貐、凿齿、九婴、大风、封豨、修蛇各部落发动了对尧帝的战争，但在十日族之中，羲和族显然是冷眼旁观的，并支持有穷氏后羿参加对十日族的镇压。

东夷族中的有穷氏以善射著名，曾经被帝喾赐予弓箭，而且一直是羲和族的坚定盟友。在十日之乱中，尧动用了有穷氏的力量，平息了这场叛乱，最终的结果是，有穷氏首领后羿诛杀凿齿于畴华之野，杀九婴于凶水之上，抓获大风于青邱之泽，上射十日而下杀猰貐，断修蛇于洞庭，唯一没有被杀的就是大风与十日中的一日了。后羿射日的传说即出于此。后羿射杀了九日，留下一个负责天文与测日的需要，实际剩下的就是第六日“己姓”与羲和族本身了。从此以后，十日族就基本没有声息了。而尧则任命羲和族族人为新的“日御”，取代了“十日”的位置，东夷部落也就完全被羲和族所掌控，原有的部族长老制实际也成了虚设。

大禹为姒姓，其子启建立了夏朝，其实代表的还是西羌与黄帝族的利益。高辛氏帝喾另外一个儿子契，因为保留了少昊的燕子图腾，就有了殷商先祖关于玄鸟的传说。司徒契也就成为殷商的先祖。夏代末年，夏王室内政不修，外患不断，四方诸侯们纷纷投靠于殷商。前 1600 年左右，商部落首领汤联合其他部落消灭了夏王朝，从此殷商建立。

商朝的历代帝皇都延续了十日族的封号传统。高汤之汤代表汤谷，而其后的“仲丁、河亶甲、祖乙、南庚、盘庚”无不显示了天干的文化。

五、十二月

十二生肖，由十二种自然界的动物，即鼠、牛、虎、兔、蛇、马、羊、猴、鸡、狗、猪以及传说中的龙所组成，用于纪年，顺序排列为子鼠、丑牛、寅虎、卯兔、辰龙、巳蛇、午马、未羊、申猴、酉鸡、戌狗、亥猪。十二生肖应该起源于《山海经》中帝俊与常羲生的十二月族，这十二位后人掌管“十二地支”，分别统领十二个部落并与之联姻，采用了十二个主要部落的动物图腾，按照这十二个部落在历史上的地位与实力做了排序，最终形成了十二生肖。

清代刘献《广阳杂记》引李长卿《松霞馆赘言》对十二生肖的来由做了说明：黑天苟地，混沌一片，鼠，时近夜半之际出来活动，将天地间的混沌状态咬出缝隙，“鼠咬天开”，所以子属鼠。天开之后，接着要辟地，“地辟于丑”，牛耕田，该是辟地之物，所以以丑属牛。寅时是人出生之时，有生必有死，置人于死地莫过于猛虎，寅，又有敬畏之义，所以寅属虎。卯时，为日出之象，太阳本应离卦，离卦卦象之象火，内中所含阴爻，为太阴即月亮之精玉兔，这样，卯便属兔了。辰，三月的卦象，此时正值群龙行雨的时节，辰自然就属了龙。巳，四月的卦象，值此之时，春草茂盛，正是蛇的好日子，如鱼儿得水一般；另外，巳时为上午，这时候蛇正归洞，因此，巳属蛇。午，中午之时，阳气达到极端，阴气正在萌生，马驰骋奔跑，四蹄腾空，但又不时踏地，腾空为阳，踏地为阴，马在阴阳之间跃进，所以成了午的属相。羊，午后吃草为最佳时辰，容易上膘，此时为未时，故未属羊。未之后申时，是日近西山猿猴啼的时辰，并且猴子喜欢在此时伸臂跳跃，故而猴配申。酉为月亮出现之时，月亮属水，应着坎卦，坎卦，其上下阴爻，而中间的阳爻代表太阳金乌之精，因此，酉属鸡。夜幕降临，是为戌时，狗正是守夜的家畜，也就与之结为戌狗。接着亥时到，天地间又进入混沌一片的状态，如同果实包裹着果核那样，亥时夜里覆盖着世间万物，猪是只知道吃的混混沌沌的生物，故此猪成了亥的属相。

关于十二生肖的排列，还有各种传说，这类故事，或似开心解闷的笑谈，或似贬恶扬善的寓言，文学成分较浓。其中流传着这样一个神话传说：当年轩辕黄帝要选十二种动物担任宫廷卫士，猫托老鼠报名，老鼠给忘了，结果猫没有选上，从此与鼠结成冤家。大象也来参赛，被老鼠钻进鼻子，给赶跑了。其余的动物，原本推牛为首，老鼠却窜到牛背上，猪也跟着起哄，于是老鼠排第一，猪排最后。虎和龙不服，被封为山中之王和海中之王，排在鼠和牛的后面。兔子又不服，和龙赛跑，结果排在了龙的前面。狗又不平，一气之下咬了兔子，为此被罚在了倒数第二。蛇、马、羊、猴、鸡也经过一番较量，一一排定了位置，最后形成了鼠、牛、虎、兔、龙、蛇、马、羊、猴、鸡、狗、猪的顺序。

实际上，生肖座次的排定绝非一朝一夕，也不是一代人所能完成的。十二生肖之说究竟产生于何时尚有争议。十二生肖最早见于世界上第一部诗歌总集《诗经》。《诗经·小雅·车攻》中说："吉日庚午，既差我马。"1975 年在湖北云梦县秦墓的出土文物中，发现了上千支竹简，其中《日书·盗者》清楚地记载着用生肖占卜盗贼相貌特征的文字。这一文物的出现，证明了在春秋战国时代就已经使用十二生肖了。

也有史料说它最晚应形成于汉代，其依据是东汉王充的《论衡·物势篇》，共提出十一种生肖名，其中没有龙。但在东汉赵晔《吴越春秋》中则有"吴在辰，其位龙"之句，恰好补上了"辰龙"，这就是东汉的十二生肖。《北史·宇文护传》记载了北周权臣宇文护的母亲写给他的一封信，内容是："昔在武川镇生汝兄弟，大者属鼠，次者属兔，汝身属蛇"。由此可见当时民间已普遍使用十二生肖来记录人的生年了。

我国许多少数民族如蒙古族、壮族、部分彝族的十二生肖受汉族影响，与汉族基本一致。但有的民族在接收汉族生肖文化的同时又产生了一些变异，哀牢山彝族在十二生肖系列中，以穿山甲占据了龙的位置；新疆柯尔克孜族十二生肖中以鱼代龙、以狐狸代猴；海南黎族同胞以十二生肖纪日，以鸡起首，猴煞尾；生活在西双版纳地区的傣族以黄牛代替牛，以山羊代羊，亥的属相不是猪而是象。

从以上变化中大致可以看出，各民族在选择十二生肖动物时，由于生存环境和物种的不同，选择了最亲近的动物作为生肖动物，其生肖文化就有了一定的差异。除了在生肖动物选择上的变异外，少数民族还形成了各自不同的纪年、纪日方法，同时也产生了许多与生肖有关的民俗。

使用鼠图腾的为西南夷族。鼠性好聚敛，与寓言故事里不营巢的寒号鸟正好相反。鼠对洞穴的营造肯下功夫，鼠洞栖身，也藏粮。在过去，有些地方的农民甚至将开挖鼠洞收粮、收棉当作一种营生，可见鼠藏量之大。由此，人们以鼠——主要是古代难见的白鼠为藏神或仓神。人们又想象出鼠、钱的关系。清代方浚颐《梦园丛说》中说：“粤东有钱鼠，其吻尖，其尾长，其声若数钱然，故名。俗云，见则主人家有吉庆事。”俞樾《茶香室丛抄》中说：“常鼠亦能作数钱声，俗云朝闻之，主耗财；暮闻之，主聚财。”鼠叫吱吱，人们说那是老鼠在数钱。听见老鼠数钱之声，以晚上为

佳，据说那是在数收入之钱，象征着聚财。

鼠偷来谷种的传说，在我国南方稻作文化地区多有流传。马昌仪《鼠咬天开》所举有 17 例之多，流传地包括云南、台湾、浙江、福建、广东、山东。流传于福建的故事中讲，盘古开天以后，鼠去为人找稻种，条件是人种了谷子，要给它吃一份。鼠在天上找到稻种，将谷粒粘满全身，偷到人间。浙江丽水一带的故事讲，古时候，人不爱惜谷种，天神命令布袋和尚把谷子收到天上，鼠到天上把谷种偷来，因此排十二生肖时，鼠坐上第一把交椅。

流传于云南的白族传说故事讲，鼠不仅为人偷仙米，还是氏族的祖先。故事说，洪水九十九天，只有躲在葫芦里的兄妹俩活下来，他们生了五个女儿，一个儿子也没有。大姑娘嫁给熊，二姑娘嫁给虎，三姑娘嫁给蛇，四姑娘嫁给鼠，五姑娘嫁给毛虫，由此，有了熊氏族、虎氏族、蛇氏族和鼠氏族，这四个氏族传下了人类。五姑娘被毛虫吓死了，所以没有毛虫氏族。如乌丙安《中国民间信仰》所归纳的，南方民族中流传着崇拜鼠的习俗。德昂族古老的信仰中，鼠王统管牛、马、虎、豹、象等动物，鼠王将谷种传给人类，人才得以种植粮食。傣族也流传着祖先向鼠王讨来谷种的神话。

牛图腾主要是炎帝族的图腾。因而《帝王世纪》中说炎帝“人身牛首，长于姜水”。以伏羲的父系雷泽氏来说，

夔龙本是牛首龙身的形象，其后则演变成炎帝族的牛图腾与黄帝族的龙图腾。牛在炎帝族开垦荒地的时候发挥了重要作用，也从游牧的角色变成了农耕的工具。把牛视为远古创世神兽的还有纳西族。在纳西族《东巴经·创世纪》中记述了一头在大海里用巨卵孵出的神牛，角顶破天，蹄踏破地，造成天摇地动。由纳西族人始祖开天七兄弟和开地七姐妹将它杀死，用牛头祭天，牛皮祭地，肉祭泥土，骨祭石头，肋祭山岳，血祭江河，肺祭太阳，肝祭月亮，肠祭道路，尾祭树木，毛祭花草，于是，便有了晴朗明亮的天空日月，有了万物生长的清静世界。从此，牛才被用来做祭圣物，用来做祭祀天地山川的牺牲供品。

虎是战斗力非常强劲的部落图腾。黑虎氏族是彝族的远古先民，其最大的特点就是崇黑尚虎，即以黑虎为图腾，并且一直保持到现在。彝族人称虎为罗，许多地方的彝族人至今仍自称罗罗，意为虎族。但对华夏族的形成起到重要作用的则是原来镇守昆仑圣地的开明白虎族，其后的一支成为狭义上以白虎为图腾的巴人。

有虞氏的起源可追溯到开明白虎族，白虎族与草原上的游牧民族联姻，其后人镇守的是西王母的“瑶池”，有着茂密的桃林。“瑶”后来演变为“姚”姓，有“桃”的字形。有虞氏进入中原的一支启用了综合马与白虎两种特征的新图腾，即“驺虞”。有虞氏建立的国家包括《山海经》中记载的林氏国。有虞氏的后人居住在“虞谷”，即管理太阳下山之所。有虞氏后人虞幕在颛顼为帝时，迁居吴地，与东风金乌族交好。白族虎氏族认为其始祖为雄性白虎，虎也不会伤害他们，当要出远门时，一定要选在属虎的那天，即寅日，认为只有这样，做事才会吉祥如意。有的人从远方回来，也一定要算准日期，只有虎日才进门槛。鄂渝土家族崇尚白虎。

白色是洁净的象征，古人多以白为正色。民间相传月中有兔，多以白兔、玉兔比喻月亮。主要使用兔图腾的是女和月母国，即嫦娥所在的那个国家。北风的先民中有女和与女常两族，这两者的分支与伏羲氏联姻后迁居东方，成了女和月母国。女和月母国中的常羲与帝俊生了十二月。在古人心目中，月亮和太阳同样重要，月中有兔的传说在西汉前就已存在，如湖南省出土的马王堆一号墓的墓帛画中，右上方是太阳，太阳中有一金乌，左上方是月亮，里头有兔子和蟾蜍。

传说中月亮上有玉兔与蟾蜍，还有一个因为触犯了天条，被惩罚不停地砍伐桂树的吴刚。蟾蜍的图腾来自于女和月母国中的女和一族，因为生殖崇拜的关系，以蟾蜍、蛙、蛇为图腾。中国历代都有兔图腾崇拜的文化传统，尤其是白兔，看到白兔、获得白兔或者献上白兔，都有天现瑞征之意。

使用龙图腾的主要是黄帝族。但最早的龙图腾可追溯到雷泽氏的夔龙图腾。随着黄帝族的崛起，龙成为代表黄帝族的水系图腾。对于黄帝族而言，水对于农业灌溉非常重要，龙也就成为有代表性的图腾，此后则成为各民族共同崇奉的图腾神。《说文解字》中解释："龙，鳞虫之长，能幽能明，能大能小，能长能短，春分而登天，秋分而入渊。"龙是虎须鱼尾，身长若蛇，有鳞似鱼，有角仿鹿，有爪似鹰，能走，亦能飞，能大能小，能隐能现，能翻江倒海，吞风吐雾，兴云降雨。这也是龙后来综合了其他少数民族的图腾形象所致。

蛇是非常古老的图腾。蛇在山林之中十分令人敬畏，而且有极强的繁殖能力。女和一族的后人女娲氏，后来的苗蛮部落以蛇为主要图腾。伏羲氏也有蛇的形象，因而其后人巴人有巴蛇的图腾。轩辕氏作为灵山十巫的后人，也是以蛇为图腾。炎帝族的主要盟友中，如风伯、相柳都有蛇的形象。蛇也是古越人的重要图腾之一，后来演化为神。清代吴震方《岭南杂记》记载："潮州有蛇神，其像冠冕南面，尊曰游天大帝，龛中皆蛇也。欲见之，庙祀必辞而后出，盘旋鼎俎间，或倒悬梁椽上，或以竹竿承之，蜿蜒纤结，不怖人亦不螫人，长三尺许，苍翠可爱……凡祀神者，蛇常游其家"。

使用马图腾的主要是氐人，对马的崇拜也流传于北方游牧民与游猎民中。马王爷即氐人，一般俗称马王爷，全名叫

“水草马明王”，也是道教的神明，全称“灵官马元帅”，传说长有三只眼，又称“三眼灵光”“三眼灵曜”。民间关于马王爷的传说很多。白马藏人坚信祖先是从大西北迁来的氐人，即古籍记载的“白马氐”。保安族中流传有雪白神马的神话。满族有供奉马神习俗，清代文献中多有祭马神仪和修建马神庙的记述。达斡尔族人称神马为“温古”，这种神马不准女人骑，可随处吃、走，不准人驱赶，甚至可以在田中随意吃秧苗。神马多为全白色，全尾全鬃，从不修剪，并常在鬃尾拴五彩绸作为标志。

使用羊图腾的主要是羌人。“羌”即来源于羊之形象。弇兹氏的允姓后来分出婼姓。“若”原意为用手择菜，后来演化为牧羊的部落，即羌人的祖先。婼地在今中国新疆维吾尔自治区，今作“若羌”。婼地以畜牧为主，或以动物图腾为名，如白马羌、牦牛羌等。“羌”与姜姓音同，华夏族后来的首领炎帝的姜姓就来源于华胥族与羌人的联姻。

羊图腾在许多民族中占有重要位置。哈萨克族崇拜山羊神，称作“谢克谢克阿塔”，认为天下山羊都归它掌管，祭它是为了山羊的繁衍。崇拜的绵羊神称作“绍潘阿塔”，统管天下绵羊，祭祀中求此神保佑绵羊多产。柯尔克孜族崇拜山羊，称山羊神为“七力潘阿塔”，此神最早驯养野羊而成为家畜之神。

使用猴图腾的是有虞氏的一个分支。有虞氏镇守的是西王母的“瑶池”，有着茂密的桃林，猴子喜欢食用桃子。据郑樵说舜“因妫水之居而姓妫”，可推断舜还姓妫，因此姚姓也出自妫姓。“为”在古文字中为“母猴”之形，这应该也是代表林氏国的另一个图腾，即“猴”。妫氏以猴为图腾。

在藏文史书《西藏王统记》中有一段“猕猴变人”的传说。

相传普陀山上的观世音菩萨命其猕猴徒弟由南海到雪域的西藏来修行。为了度化西藏，猕猴与当地的罗刹女结合，生下六只小猴，老猴将它们送到果树林间，任他们各自觅食生活。这些小猴长大后，互相交配又生下了五百只小猴，如此越生越多，眼看树林间的果子渐渐稀少，观世音菩萨便命老猴到须弥山中取来天生五谷种子，撒向西藏大地，于是长出了各种谷物，这些猴子改吃五谷，尾巴渐渐缩短，逐渐进化成人形，这便是藏族的祖先。

广西南丹县瑶族黄姓传说其始祖妣为母猴，母猴生下的后代力气都很大。后来，天上有十个太阳和十个月亮，白天太热，晚上太亮，人们就请黄家的子孙上天打下九个太阳和九个月亮，人们为此很感谢黄家兄弟，由于黄家兄弟是由猴妈生的，人们也就很感谢猴妈。为了纪念猴妈，大瑶寨的瑶族至今不仅黄家禁忌打猴吃猴肉，其他姓氏也同样禁忌。

使用鸡图腾的主要是东夷部落。鸡图腾的演变有一个过程。最早是燧人氏的金乌图腾，其后西风石夷则有凤凰图腾。

东方帝俊族启用的太阳神鸟综合了金乌与凤凰的形象，实际上更似雉鸡，最终演变成“朱雀”图腾。白族鸡氏族则传说他们的祖先是从金花鸡的蛋里孵化出来的，认为公鸡知吉凶，会保佑他们。在迁徙时，将东西装在背篓里，上面放一只公鸡。到达新迁地区后，公鸡在什么地方叫，就在什么地方安家。在他们看来，公鸡叫的地方，就是最吉利的。

使用狗图腾的主要是草原上的戎狄。弇兹氏以“允”为姓，以绳子驯服獒犬后，变为“狁”字。弇兹氏的直系后代中，保持以犬为图腾的是“狄”人，狄指皮毛带有红色的犬。另一支为猃狁，猃指一种长嘴巴的犬。因为弇兹氏精通编织技术，在后期则不再采用树皮为原料，而采用羊毛等为原料，编织出轻盈温柔的毛衣、毛毯，即“绒”。自“猃狁”分出的一支“绒人”，因为本身的彪悍，给后来的中原部落带来了极大的麻烦，也就成为全副武装的“戎人”形象。戎人的分支中有犬戎。东夷九夷中的畎夷，为崇拜盘瓠龙犬图腾的湘西苗族的一支。

使用猪图腾的主要是灵山十巫中的“巫即”。与朝云国相邻的司彘国，以猪为图腾，司彘国与女常族联姻，产生了

蜀山氏，保留了猪的图腾。黄帝正妃嫘祖生了玄嚣、昌意二子，昌意娶蜀山氏女为妻，因而昌意之子韩流有猪的形象。司彘国与其他部落联姻产生的后代包括封豨等，并封为双头黑猪的形象，即封豨族的图腾。尧为帝时，帝俊后人十日族联合猰貐、凿齿、九婴、大风、封豨、修蛇等部落叛乱，都为后羿所灭。

六、独眼人与纵目人

在《山海经》中，以眼睛的怪异来区分的特殊部族，大致有独眼人与纵目人两大类。现代正常人的眼睛是两眼横生。相比较之下，独眼人只有一只眼睛，横或竖地立处于正常两只眼睛的中间位置。纵目人的形象可参考三星堆出土的青铜面具，主要分为三种：一种是两目向上挑的人，即平时形容美丽女人的“丹凤眼”。丹凤眼是眼睛类型的一种，眼角上翘并且狭长，类似丹凤之眼，其典型特征是内眼角朝下，外眼角朝上，极具美感。我们所熟悉的关公就是这种眼睛。第二种是眼球向外突的形象，在眼睛之中有长长的柱状物，好似神话中的千里眼。还有一种便是三目人，除了正常的两目，在额头中间还有一个完全竖立的眼睛，比如古代神话传说中的二郎神杨戬与马王爷。

独眼人在《山海经》中被称为鬼族。据《大荒北经》记载：“有人一目，当面中生。一曰威姓少昊之子，食黍。”

另据《海内北经》："鬼国在贰负之尸北，为物人面一目。"一目国是少昊族与鬼氏联姻产生的新部落。在帝俊家族衰落后，少昊以黄帝之子的身份入赘羲和族，代表羲和族的利益，成为天下共主，其后则被代表黄帝族的颛顼接替。后来少昊被封为北方天帝，该族能镇守北方，也是与北方部落关系密切所致。所谓"人面而一目"，则可能是对尚武的鬼国人所戴头盔或面具在面部开孔的神秘说法。

而戴面具的原因，在于其形象狰狞可恶，用以驱逐邪鬼瘟疫，古代也用以冲锋陷阵，以惊退敌人。以后便演变为傩戏和傩文化，凡是祭祀、跳舞、驱邪都离不开面具。商代傩面实物也时有出土，陕西汉中地区曾发现一批青铜面具，为鬼面，脸呈椭圆，面目凶煞，眼中有通孔，可供舞者窥视。

鬼方作为古代中国北方游牧族之一，是商朝时期的外患，大约位于今陕西省西北部、山西省北部和内蒙古自治区西部。鬼方应是《山海经》中鬼国、一目国、钉灵的后代。鬼方在周以后又以丁零的名字出现在史籍中。丁零在《山海经》中作"钉灵"，《海内经》载"钉灵国"，说"其民从膝以下有毛，马蹄善走"。剥去这些说法的神秘外衣，不过是说丁零人过的是同马有密切关系的游牧人的生活而已。丁零在《史记》中作"丁灵"，在《汉书》中作"丁零"，在《魏略》中作"丁令"。

《易卦·爻辞》上说："高宗（武丁）伐鬼方，三年克

之。”但殷商与鬼方也有联姻关系。鬼方常与昆戎、洛泉、昆夷、绲夷、串夷等混用。两汉时期，丁零族南迁蒙古高原，史称狄历、敕勒或铁勒。在后来史书记载的高车六部中，狄历为其一，且为六部之首。其他的有袁纥部，这是历史上最早出现的回纥的汉文译名，另外四部分为斛律氏、解批氏、护骨氏、异奇斤氏。

炎帝族与鬼氏有联姻。烈山氏为炎帝时，其名为魁傀，“身长八尺有七寸，生而牛首人身，怪异之相，乃曰魁傀氏”。黄帝族也和草原上的鬼氏联姻，生下了女儿魃。少昊也曾与鬼族联姻，生了“一目国”，以“威”为姓。少昊之孙帝喾曾恢复东方的“帝俊”称号，其与鬼族联姻，生了烛龙。

烛龙也是人面蛇身的形象，当为鬼国的首领。《大荒北经》记载：“西北海之外，赤水之北，有章尾山。有神，人面蛇身而赤，直目正乘，其瞑乃晦，其视乃明，不食不寝不息，风雨是谒。是烛九阴，是谓烛龙。”这里烛龙竖立生长的眼睛居于面部中间，也是一目的形象。《山海经》中还记载着“袜”，即魅，古人认为物老则成魅。但以形象而言，可能是鬼族在草原上的后代。

但关于独目人传说的发源地应在今新疆与蒙古交界的阿尔泰山脉附近。操突厥语民族、蒙古乃至整个阿尔泰语系民族中都有英雄勇斗独目巨人的神话母题。欧洲广为人知的独

目人故事，在希腊荷马史诗《奥德赛》中有记载，“奥德赛在特洛伊城被攻破后乘船返乡，和伙伴驶到一个荒岛，为补充给养，他带领十二名水手进入了一个山洞，发现有羊羔、牛奶和奶酪。正在这时，一独目巨人突然外出归来，他在里面用巨石封堵了洞口，随后吃掉了几名水手。为了逃离，奥德赛用红酒灌醉了独目巨人，趁他酣睡之际，用火红的木笺将其仅有的一只眼睛戳瞎。为截住奥德赛一行人，独目巨人把守洞口，只准羊只出洞，奥德赛等人急中生智紧抱羊腹，一个个逃出了山洞。”

古文献记载阿尔泰山在很久以前存在过独目人。前7世纪，最早到中国探险的欧洲人，即古希腊人亚里斯底阿斯，从黑海的东北方出发，向东行至中国的阿尔泰山一带，前后花了两年时间，完成了有史记载以来西方人最初的中国之行，并将旅行见闻写成《独目人》一书。据所留残句称，阿里马斯普人人口众多，勇悍善战，畜牧发达，羊马成群，他们毛发毵毵，面貌奇特，只在前额当中长着一只眼，故名独目人。他们经常与看守黄金的格里芬人战斗，以争夺黄金。由于阿尔泰山盛产黄金，这一描绘似乎表明了独目的阿里马斯普人居住在阿尔泰山地区。

独眼的传说也传播到了活跃在今青海省的彝族部族中。作为古氐羌系统中的一支彝族先民则南下到云南，将一目神话、直目神话保存在自己的文字中。西南少数民族的神话中常出现一个主题：最初的人类在体质上与今天的人类有明显的差异，相传那些先人在洪水前后逐渐淘汰、繁衍，直至与现代人无异，成为我们的祖先。这个主题在彝语支等藏缅语系诸民族中最为明显。

流传于哀牢山双柏县新街一带的创世史诗《查姆》中写道："天地开辟以后，天神造出叫'拉爹'的独眼人。独眼人这一代，猴子和人分不清。猴子生儿子，也是独眼睛。独眼睛这代人，用石头敲硬果，溅起火星，学会了用火，也学会了种庄稼。但是独眼人心不好，播种收割他不管，庄稼杂草遍地生；不分男和女，不分长幼尊卑；儿子不养爹妈，爹妈不管儿孙；饿了相互撕吃，怪事天天有，灾难月月生。群神当机立断，便制造了一场干旱，除了留下一个学会劳动的人之外，把独眼睛这代人都晒死了。"

"留下的人与神女相配，生下了一个皮口袋。把口袋剪成三截，袋里跳出一群小蚂蚱……蚂蚱跳三跳，变成一百二十个胖娃娃，他们名叫拉拖，有两只直眼睛，两只直眼朝上生。他们种桑麻、瓜谷，捞鱼虾，但是各吃各的饭，各烧各的汤，一不管亲友，二不管爹妈，看不见善良和纯朴。于是神又降了一场洪水，除留下好心的阿普笃幕两兄妹之外，把直眼人都淹死了。洪水过后，群神撮合阿普笃幕兄妹成亲，生下三十六个小娃娃，取名拉文。他们有两只横眼睛，两眼平平朝前生，从此各人成一族，三十六族分天下，三十六族常来往，和睦相处是一家。他们学会栽桑种麻，纺绸织缎，冶炼金银铜铁锡；他们创造了文字，发明了纸和笔，写成了书，找到了‘长生不老药’，开创了历史。”

楚雄彝族的洪水故事则说原先的独眼人人心不善，天神以九日八月将人类晒死，而后又出现无礼的竖眼人时代，才传到横眼人时代。天降洪水，善良的笃慕因为藏身葫芦幸存，后来与四个天女结婚而传下人类。江城彝族的洪水神话中也有独眼、直眼时代，情节稍有变化，写笃慕藏身帆船中幸存，天神以九日八月将洪水晒干，洪水后笃慕与六个天女婚合，一女生六子，六六三十六。

从生物学的遗传变异来看，独目人出现的概率是非常小的。独眼巨人的形象则以神话的形式流传下来。草原上的鬼族以此为依据，制作了独目的面具，以供祭祀与战争之用，因而有了“一目国”的由来。从“纵目人”的分类来看，眼角上翘的“丹凤眼”在生活中并非罕见。三星堆二号坑出土的一张宽 1.38 米的巨型青铜人面像夸张了斜目的形象，被人们称作“纵目人面像”，眼珠呈圆形外突达 16.5 厘米。

《华阳国志·蜀志》记载：“周失纲纪，蜀先称王。有蜀侯蚕丛，其目纵，始称王……作石棺石椁，国人从之，故俗以石棺椁为纵目人冢。”古蜀国的第一代王蚕丛“其目纵”。一般认为三星堆纵目人面具就是蜀国先祖蚕丛的形象。其实就蜀人的起源而言，主体最早可追溯到《山海经》中

的北风族，其中的女和族，即女娲氏诞生了苗蛮。但另一支女常族擅长编织技术，其后发展了养蚕技术，黄帝的妻子嫘祖与蜀国先祖蚕丛都是其后人。三星堆中一些青铜人面像的纵目与蚕蛾的眼睛是十分相似的，而一些眼睛中有凸出的柱形，应该代表蚕蛾的触须或蚕蛹的眼睛。

纵目人除了“丹凤眼”与“柱状眼”的形象外，还有“三只眼”的形象，即在额头正中有一只竖立的眼睛。直目神崇拜在川、甘地区的氐羌民族中十分盛行。蚕丛、川主、土伯、马王（凉山彝族神）、青衣神（青羌神）、斗姥（五斗夷神）、灵官（道教护法神）等都是直目三眼。乐山乌尤寺中的唐代铁铸乌尤神（民间谓之鬼王），青城山隋代石雕张陵以及炳灵（炎帝），他们的额上也直立着第三只眼。甘肃省文县、武都地区，到汉时发展为广汉羌、武都羌。《汉书·地理志》说：“武都杂氐、羌……民俗略与巴蜀同。”他们也信仰三眼神。唐宋以来，巴蜀、甘南民间信仰势力最大的灌口二郎神杨戬，实则就是文县、武都白马氐族的狩猎神。时至今日，这一地区以白马氐称呼的少数民族仍然保存着这种宗教习俗，如在年终祀祖时，所祀大神即“直目三眼天王”。天王额上有一纵目，头顶着道教五梁冠。

学者黄永林在《三星堆青铜直目人面像的历史文化意义研究》中对一些纵目人的资料进行了整理，里面引用了学者邓廷良的调查。现代巴郎山麓的嘉绒人（古蜀人后裔）还

较普遍地承袭了“纵目”的遗制，只不过以艾香炙疤痕代替了“雕题”，并且越入深山辟野，居于交通不便地方的部落中，其俗越浓。就是在州治马尔康，也随处可见额尖眉心处烧有大小不一，或长或圆的一个“眼疤”的人，尤以青少年男女为明显。深沟如草敦七部落等，大儿烧艾疤的仪式仍相当庄重，必须由原始巫教的巫师纳巴作法咒颂而后施行。据卫聚贤先生说：“纵目人现在西藏及不丹尚有。在光绪三十年左右，成都有人看见有二十几个三眼人，从西藏到北京去朝贡，路过成都，被人围观。详察正中额上的一只眼，并非真的眼睛。系于幼时以刀划其额为一直孔，含以黑珠。长大了，珠合肉内，肉缝裂开，恰似纵立着一只眼睛。

关于“独脚人”的记载，似乎也与眼睛形态的特异互有联系，如《山海经·海外西经》记载：“奇肱之国在其北，其人一臂三目，有阴有阳，乘文马。”根据张华《博物志》记载：“奇肱民善为拭杠，以杀百禽。能为飞车，从风远行。汤时西风至，吹其车到豫州。汤破其车，不以视民。十年东风至，乃复作车遣返。其国去玉门关四万里。”奇肱或奇股国神话有两个主题：一是善为机巧，能做飞车；二是骑吉良神马，与双头奇鸟为伴。这也是崇拜三只眼的氐人分支，是氐人与“一臂国”联姻的后人。“一臂国”有着“半体人”的形象，是崇拜连体人或双胞胎的一个部族。

传说中的第三只眼，也称为“天目”。从某些佛教图像

中，可以看到脸部出现第三只眼的情况，也就是在两眼之间的眉心处另开一眼。天目位于鼻根上印堂的位置，从印堂进去两寸，有一个像松果一样的东西，现代医学称之为松果体。有研究认为，松果体内有退化的视网膜，具有成像能力。天眼功练成后，两眉中间的天目激活开通，闭上眼睛，额前就能出现屏幕状的东西而成像。据说天目开通后，能看见一些原来用肉眼看不见的东西，其原理类似 X 射线透视。

七、双生子与连体人

在《山海经》中，比较特别的是对连体动物或神的崇拜。双生子又称双胞胎、孪生子，是指同父同母同卵或者异卵共生的两个婴儿，有一男一女、两男或两女三种情况。连体人是双生子的一种极端情况，出生后两个人的身体连在一起，一般很难分开。连体人或连体动物比较罕见，但在历史上也时有记载。

连体人共用一个身体，具有两个相互独立的思维意识。简单一点说，连体人是具有一个身体，两个脑袋的“人”。对连体人的关注始于16世纪末，在16世纪末17世纪初的文学、法律、医学和宗教问题中，连体兄弟成为一个常见的主题。那时候，连体人不具有“人”的资格，他们往往被尊为神或被贬为怪物。如连体兄弟昌和恩在出生时没有一个接生婆敢接触他们，因为害怕被诅咒。国王听到这个消息后，命令将他们处死，他们的母亲偷偷将他们藏起来，他们才得以生存。但是，他们长期以来被当成怪物，在马戏团里供人取乐。

《山海经》中记载的连体动物有鸓鸟、双头蛇、蛮蛮、踪踢、双双等。

《西山经》记载："其鸟多鸓，其状如鹊，赤黑而两首、四足，可以御火。"鸓鸟是一种连体的鸟。

《大荒南经》记载："南海之中，有氾天之山，赤水穷焉。赤水之东，有苍梧之野，舜与叔均之所葬也。爰有文贝、离俞、鸱久、鹰、贾、委维、熊、罴、象、虎、豹、狼、视肉。"委维指双头蛇。双头蛇可分两种，一种是双头并列的蛇，这源于基因的突变。另一种是看似头尾难分的蛇类，但它并非长了两个头，而是头尾长得极像，便于自我保护。该蛇常倒着爬行，以便受攻击时用头部反击。

《西山经》记载："有鸟焉，其状如凫，而一翼一目，相得乃飞，名曰蛮蛮，见则天下大水。"这种蛮蛮的合体现象类似于比翼鸟，喜欢并排飞行，其给人连体的感觉更多是源于视觉上的误差。

《山海经》中《海经》部分记载的连体动物应都代表某部族的图腾。

《大荒南经》记载："南海之外，赤水之西，流沙之东，有兽，左右有首，名曰跊踢。有三青兽相并，名曰双双。"跊踢是左右有头的连体兽，而双双则是三个兽的连体，应代表某部族的图腾。

《海外东经》记载："虹在其北，各有两首。一曰在君子国北。"这里指的是虹霓，俗称美人虹。据古人说，颜色鲜艳的为雄，称作虹。颜色暗淡的为雌，称作霓。虹为自然界中的双首形象。

《海外西经》记载："并封在巫咸东，其状如彘，前后皆有首，黑。"《山海经》中的猪的形象来自司彘国。司彘国与其他部落联姻产生的后代包括封稀等，并封为双头黑猪的形象，即封豨族的图腾。

《山海经》中《海经》部分还记载有连体的神。

《西山经》记载："有天神焉，其状如牛，而八足二首马尾，其音如勃皇，见则其邑有兵。"这是一个以双头牛为图腾的部族首领。

《中山经》记载："有神焉，其状如人而二首，名曰骄虫，是为螫虫，实惟蜂、蜜之庐。"黄帝母系有蟜氏图腾为蜜蜂，这位山神应为有蟜氏的后代。

在《山海经》中最有可能为双生子的是帝颛顼的后代重黎，这两者一般并称。《大荒西经》记载："颛顼生老童，老童生重及黎，帝令重献上天，令黎下地。下地是生噎，处于西极，以行日月星辰之行次。"重黎接替了炎帝族祝融的火神位置。后来重黎因对共工讨伐不力被帝喾所杀，又由重黎的弟弟吴回接替了火神的位置。

如果以人的形象来描述双生子，最佳的描述并不是连体人。连体人作为双生子的极端情况，容易被人当成不祥之物，而以照镜子的形象来描述双生子则更确切些。《山海经》中的“半体人”反映了双生子崇拜。

《海外西经》记载：“一臂国在其北，一臂、一目、一鼻孔。有黄马，虎文，一目而一手。”为了反映双生子的崇拜特征，连马都描述为“半体”的了。

《海外西经》记载：“奇肱之国在其北。其人一臂三目，有阴有阳，乘文马。有鸟焉，两头，赤黄色，在其旁。”奇肱国应为崇拜双生子的一臂国与崇拜三只眼的氐人联姻的后代。如果双生子崇拜的部族有自己姓氏的话，无疑是“半”姓。半姓源于芈姓，出自春秋时期楚国君主熊氏之后。《东周列国志》记载，重黎死后，其弟吴回接替了祝融的位置，生子陆终，娶鬼方国君之女，第六子曰季连。芈姓，乃季连之苗裔。这说明“半”姓来自于重黎家族，而最早的起源可能追溯到苗蛮中的双生子崇拜。

双子座在古希腊神话中是宙斯的双生子，虽然有着

不同的性格却希望能够一起共赴黄泉，最终成为天空中永恒闪烁的“双子星座”。天神宙斯变成一只白天鹅，引诱斯巴达国王的王妃莉妲生了双生子。列维·斯特劳斯在其著作《神话与意义》中所列举的美国落基山一带的库得奈印第安人的一则双生子神话有类似之处。印第安人的这则神话说，一个女人受骗只受孕一次，结果却生了一对孪生子，后来一个变成了太阳，一个变成了月亮。

学者张松在《黑龙江下游及库页岛诸民族中的孪生子崇拜》中讲述了少数民族的双生子崇拜。包括松花江下游和乌苏里江流域在内的整个黑龙江下游及库页岛广大地区，自古便是通古斯各族和古亚洲尼夫赫人的生息之地。这些民族的生存环境大体相同而又毗邻而居，在血缘和文化上有着种种密切的联系。黑龙江下游及库页岛诸民族中，孪生子崇拜曾是他们精神生活的一个重要方面，有着种种复杂的祭祀内容。这是一个非常奇特的文化现象。

较早注意到双生子崇拜现象的是苏联民族学巨擘施滕贝格，他在尼夫赫人中发现了孪生子祭祀现象。施滕贝格建立了孪生子祭祀起源的学说，研究成果发表于他去世后出版的《民族学中的原始宗教》一书中。施滕贝格的高足克赖诺维奇继承了老师的衣钵，他调查资料的一部分在 1973 年出版于莫斯科，书名为《尼夫赫人：萨哈林和阿穆尔的神秘居民》。我国民族学奠基人之一凌纯声先生则对赫哲族做了民族学调查，出版了《松花江下游的赫哲族》一书，书中对赫哲族的孪生子有着虽简短却弥足珍贵的记述。

孪生子到底是山中人还是水中人，据克赖诺维奇的调查，尼夫赫人自己认为，“从山神那里生的孪生子比较常见。至于他们是从哪里来的，据说是根据捕猎中打到什么就可知道。如果孪生子出生后在森林里获得很多野兽，那么这就表明他们是山神派来的；而如果从海中得到许多东西，这就是说他们是水神派来的。”而施滕贝格在尼夫赫人中的调查结果则是，如果某位妇女生下孪生儿，人们就会相信，“她是被某位神灵看上了，在梦中与她交合；因此，孪生子出生后，要为神灵，即孪生子之一的父亲安排好祭祀仪式。另一个孪生子则被认为是吉利雅克人的儿子”。

在尼夫赫人中，孪生子死后不能火化。克赖诺维奇的书中描述为：“要为他们做一只熊笼子，然后人们刨刨花，用刨花裹上孪生子的尸体，放到笼子中。往笼子上插各种刨花做的公兽和母兽的塑像。在笼子的每个角上都拴上一条狗并把它们勒死。在尼夫赫人中，孪生子死后，人们要制作他们的木雕像。在氏族仓库里雕刻，那里存放着熊的头骨。在那里刨好一些刨花，用来制作类似双坡小窝棚的东西，这被称作是他们的住屋。在住屋里安放孪生子的雕像，并且经常喂他们。用刨花为孪生子的雕像做衣服和喂他们的碗。每月要在碗里放白芷和百合喂他们。孪生子死后要为他们刻木雕

像。如果认为他们来自山神，就用赤杨；如果认为他们来自海神，就用桦木。为此要选用日出方向的树。”

刘锡诚在《神话与象征——以哈尼族为例》中提及了我国少数民族的一些双生子的神话。哈尼神话中的“双生子”题材至今还在口头上流传，而且有自己的特点。目前所见叙述最为完整的“双生子”神话，记录于墨江县的《青蛙造天造地》和元阳县的《太阳和月亮》，有所涉及但语焉不详地记录于元阳县的《神和人的家谱》。这三则神话都收录于云南省民间文学集成办公室编著的《哈尼族神话传说集成》一书中。关于苗族中双生子崇拜的习俗难以寻找资料，但从其他民族的习俗中，大致可以推断出重黎时期双生子崇拜的光景。

八、大耳族

《海内经》记载："帝俊生禺号，禺号生淫梁，淫梁生番禺，是始为舟。番禺生奚仲，奚仲生吉光，吉光是始以木为车。"黄帝族与水神联姻，有禺虢、禺京一族，分管东海与北海。帝喾的后人禺号接替禺虢掌管了东海。禺号有子禺强，接替禺京掌管北海。

《大荒北经》记载："有儋耳之国，任姓，禺号子，食谷。"儋耳国是帝喾家族与东夷部落中的少数民族联姻所生。任姓的起源，更早可追溯到炎帝之母任姒。在十天干中有"壬"，象形兼指事，像一个人挑担子。《诗·大雅·生民》中说："壬：妊也，阳气潜伏地中，万物怀妊。"任姓应起源于东夷十日族中的一员。

海南儋州，古称儋耳。今日海南地域内，在把耳朵打孔，上挂比较重的装饰品，把耳朵拉长甚至到达肩部的少数民族部落中，这种习俗被称为"儋耳"或"离耳"。

关于“儋耳”习俗的做法，文献说法不一。一种指在脸部和耳框周围镂刻花纹，使累耳下垂。另一种指在耳垂上穿孔，悬挂耳环或各种装饰品，使之下垂至肩或下肩三寸。以《山海经》而论，后一种说法比较合理。因为如果是文身习俗，则和“雕题国”相混淆了。西南有些少数民族，比如佤族或者布朗族的曼咪人，由于佩戴的银耳环过重，牵拉耳朵，使耳垂的长度达到十几厘米，有的甚至大耳垂肩。

在东南沿海地域内的离耳国应为高山族人的先民，其主体在中国台湾，在福建还有少量高山族人。高山族是古越人的一支，男女青年中还有穿耳的习惯，但只有女子穿耳，男子很少穿。穿耳的目的如同汉族一样，是戴耳环。但高山族人穿耳不仅在耳垂上穿孔，还要在耳轮上穿孔。悬挂的装饰物不是金、银而是竹管、贝壳和铝盘，竹管上有精细的雕刻，在竹管的一端用丝线穿一串琉璃珠，并结扎在头发上。有的耳饰是大木环，因为太重，常常把耳朵下部撕裂。台湾平埔人为了扩大耳孔，就不断加大竹节，以至耳大垂肩，这却成了平埔人心目中的美男子。

《大荒北经》记载：“有牛黎之国。有人无骨，儋耳之子。”牛黎音同柔利。这里说的是儋耳国与柔利国联姻的后代，即无骨民。《海外北经》记载：“柔利国在一目东，为人一手一足，反膝，曲足居上。一云留利之国，人足反折。”

《大荒北经》记载：“有无继民，无继民任姓，无骨子，食气、鱼。”《海外北经》记载：“无启之国在长股东，为人无启。”无启国即无继国，传说无启国的人住在洞穴中，平常吃泥土，不分男女，一死就埋了，但他们的心不腐朽，死后一百二十年就又重新化成人。

以“无”为特征的部族，起源于“柔利国”，这大概是草原上“柔然”民族的先民。《大荒东经》记载：“有柔仆民，是维嬴土之国。”柔仆民可能是柔利国与嬴民国联姻所生。《山海经》中有嬴民国，从字形“嬴”可看出为女和月母国后人。女和月母国与司彘国联姻，产生了嬴民国，嬴民国后代包括封豨，即以并封为图腾的部落。嬴民国后与少昊族联姻，获得了玄鸟图腾。少昊的后代伯翳后获得“嬴”姓，成为秦朝的始祖。《毛诗正义》记载：“昔皋陶之子伯翳，佐禹治水有功，舜命作虞，赐姓曰嬴。”

《魏书·柔然传》中说，柔然来自东胡，其部落“自号柔然”。柔然，亦称蠕蠕、芮芮、茹茹、蝚蠕等。北魏太武帝拓跋焘认为柔然智力低下，败多胜少，所以嘲讽他们是不会思考的虫子，下令全国军民对柔然侮辱性地改称“蠕蠕”。北魏后期，柔然又以“茹茹”作为自称或姓氏。但“柔然”之本意，极有可能是源自对某种软体动物的崇拜。

“柔然”一词，也有人认为是“聪明、贤明”之意，或认为含有“礼义、法则”之意，或认为源于阿尔泰语的“异国人”或“艾草”等。

关于柔然人的来源，史籍记载各异，有东胡、鲜卑、匈奴、塞外杂胡诸说。如《魏书·蠕蠕传》提及蠕蠕为“东胡之苗裔”、“匈奴之裔”、“先世源由，出于大魏”《宋书·索虏传》和《梁书·芮芮传》均认为柔然是“匈奴别种”，而《南齐书·芮芮虏传》则以为是“塞外杂胡”。此外，欧洲历史著作中有称柔然为“阿哇尔人”，实为公元8世纪中叶由亚洲迁到欧洲的柔然人，并在今巴伐利亚东部建立了阿瓦尔汗国。

柔然最盛时（约410年—425年），其势遍及大漠南北，北达贝加尔湖畔，南抵阴山北麓，东北到大兴安岭，与地豆于（北魏时期的一个民族）相接，东南与西拉木伦河的库莫奚及契丹为邻，西边远及准噶尔盆地和伊犁河流域，并曾进入塔里木盆地，使天山南路诸国服属。在柔然的发展过程中，逐渐融合了其他民族成分。根据《魏书》《北史》及其他南北朝至隋唐有关史书记载，柔然所统辖的姓氏共有60余种，其中属于柔然的民族、部落有郁久闾氏、俟吕邻氏、尔绵氏、约突邻部、阿伏干氏、纥奚部等。

迁居内地的柔然人，通过杂居共处、互相通婚等各种途径，大多先融合于鲜卑，最终被同化于中原汉族之中。河南洛阳、山西雁门、代郡等地闾氏、郁久闾氏、茹茹氏、茹氏等一些姓氏，其先祖应为柔然人。

历史上的楼兰古国，音同“柔然”，虽然在地域上与柔然相隔较远，但柔然人沿着蒙古草原进行长距离迁徙是完全有可能的。楼兰为西域古国名，国都楼兰城，遗址在今中国新疆罗布泊西北岸。西南通且末、精绝、拘弥、于阗，北通车师，西北通焉耆，东当白龙堆，是通敦煌，扼丝绸之路的要冲。

楼兰国人属印欧人种，语言为印欧语系的吐火罗语。汉武帝初通西域，使者往来都经过楼兰。楼兰国的远古历史至今尚不清楚。楼兰名称最早见于《史记》。《汉书·匈奴列传》记载："鄯善国，本名楼兰，王治扜泥城，去阳关千六百里，去长安六千一百里。户千五百七十，口四万四千一百。"大约在公元前3世纪时，楼兰人建立了国家，当时楼兰受月氏统治。前177年至前176年，匈奴打败了月氏，楼兰又为匈奴所辖。

九、黄金家族

史前大洪水过后，风之五部订立了盟约，首先由北风族与伏羲氏联姻，产生了“羲和”“常羲”两大分支。羲和族是伏羲氏与北风族中的“女和”部，即女娲氏联姻的后人。昆仑山上看管木禾的为开明白虎的一支，其后与西羌联姻，产生流黄辛氏。后来，羲和与常羲两族又迁居东方，与东风金乌族联姻，生了“十日”与“十二月”。十日指十天干，“甲乙丙丁戊己庚辛壬癸”。而流黄辛氏代表十天干之中的“辛”，即第八日的父系。

流黄辛氏的主业有三个，一为牧羊，因而“辛”有“羊”之形象；二为种植木禾，即薏米，这是昆仑山上的传统；三为淘取沙金，这也成为后来流黄辛氏最大的财富来源。流黄辛氏产生有莘氏姒姓，为大禹的母系，以薏苡为图腾，流黄辛氏后来分出流黄丰氏，这些都是西羌下属的部落。女和族的大部后来则进入巴蜀地带，成为苗蛮部落的主体。

颛顼的儿子鲧没有接替帝喾的帝位，后来流浪到流黄辛氏的地盘，以入赘的身份娶了有莘氏的女儿，因而鲧的儿子大禹姓“姒”。鲧与大禹虽然是黄帝族之后，一定程度上代表的却是流黄辛氏的利益。《后汉书》说“大禹出西羌”，可见，流黄辛氏的后人在其后的历史中被称为“西羌”，也说明了他们的游牧传统。

流黄辛氏在《山海经》记载的从伏羲到大禹的历史中，一直在幕后起着重要的作用。夏朝的开创，是流黄辛氏不断经营的结果，他们最终在纷繁复杂的部族争斗中取得了胜利，建立了第一个国家。流黄辛氏的富有，其重要的一个来源应是淘取的沙金，因而在五行文化中，“辛”一般与“金”联系在一起。

中华民族是发现、生产和使用黄金最早的民族之一。黄金以它的美丽、稀有、名贵、稳定和极好的延展性备受人类喜爱。黄金由于闪闪发光，人们习惯将它和太阳相提并论。古人崇拜黄金像崇拜太阳一样，因此有关黄金与太阳的传说很多，流传也相当广。

沙金产于河流底层或低洼地带，与石沙混杂在一起，经过淘洗才能出来黄金。沙金起源于矿山，由于金矿石露出地面，经过长期风吹雨打，岩石被风化而崩裂，金便脱离矿脉伴随泥沙顺水而下，沉淀在石沙中，在河流底层或砂石下面

沉积为含金层，从而形成沙金。沙金的特点是：颗粒大小不一，大的像蚕豆，小的似细沙，形状各异，颜色因成色高低而不同，九成以上为赤黄色，八成为淡黄色，七成为青黄色。

以含沙金著名的是长江上游的金沙江。长江江源水系汇成通天河后，到青海玉树县境内进入横断山区，开始称为金沙江。

金沙江流经云南高原西北部、川西南山地，到四川盆地西南部的宜宾接纳入岷江。金沙江还有丽水、马湖江、神川等名称，沿河盛产沙金。明人程登吉编著的《幼学琼林》中记载："黄金生于丽水，白银出自朱提。"宋代因为河中出现大量淘金人而改称金沙江。明代地理学家徐霞客经过实地考察后提出"推江源者，必当以金沙为首"，从而确认了金沙江作为长江上源而纠正了自《禹贡》以来"岷山导江"这个延续了2000年的谬误。

随着北风族的主体逐渐进入四川，淘金技术也开始传播出去，金沙江成为新的黄金来源，为古蜀国的黄金制品提供了大量来源。四川金沙遗址位于成都市西郊苏坡乡金沙村，是民工在开挖蜀风花园大街工地时首先发现的。从文物时代看，绝大部分约为商代晚期和西周早期，少部分为春秋时期。

在出土的金器中，有金面具、金带、圆形金饰、喇叭形金饰等30多件，其中金面具与广汉三星堆的青铜面具在造型风格上基本一致，其他各类金饰则为金沙特有。三星堆遗址的黄金器是商文化遗址中最丰富的，有金杖、金面罩、金箔虎形饰、金箔鱼形饰、金箔璋形饰、金箔带饰、金料块等。这也从另一个方面说明了黄金在古人祭祀中的重要作用。

十、兄弟排行榜

“伯（孟）、仲、叔、季”一般用作兄弟或姐妹间的排行，以示长幼有序。“伯”是排行老大，“仲”是老二。《说文·人部》中记载：“伯，长也。”“仲，中也。”排行老大也有不用“伯”字而用“孟”字的。有一种解释说“嫡长为伯，庶长为孟”，意思是说，古代贵族一夫多妻，长子是正妻所生用“伯”字，非正妻所生则用“孟”字。《说文·又部》中记载：“叔，拾也。”“叔”字的本义是拾取，字形以手拾豆会意，表示排行次序是假借用法，后来假借义通行，而本义反倒不用了。“叔”通常是排行老三，但也可以是兄弟中较小的，如周武王灭商后，孤竹君的两个儿子逃到首阳山，不食周粟而死，长子叫伯夷，次子叫叔齐，就是一例。

《说文·子部》记载：“季，少称也。”“季”是兄弟中最小的，可以是排行老四，但不一定是老四。汉高祖刘邦排行老三，因为他最小，所以又以刘季为字。兄弟讲排行，姊妹也讲排行，古代待嫁女子通常是在姓氏前加“伯（孟）、仲、叔、季”等字，如伯姬、叔姬之类。在实际应用排行时，并不完全拘泥于这种顺序，如果兄弟是三人，可能用“伯、仲、季”，而不用“叔”。文王之父季历是老三，上有“太伯、仲雍”，所以末子为老三也可称季。“春夏秋冬”就各自分“孟、仲、季”三个月（如孟春、仲春、季春），因而称为“四季”。从史实看，除以“季”为末子外，伯仲以外叫“叔”的为多。

周武王分封诸弟皆称叔某，因为排行第二。《史记·管蔡世家》中记载：“武王同母兄弟十人……其长子曰伯邑考，次曰武王发，次曰管叔鲜，次曰周公旦，次曰蔡叔度，次曰曹叔振铎，次曰成叔武，次曰霍叔处，次曰康叔封，次曰冉季载。冉季载最少。”以上老三至老八皆为叔某，老十才叫“季载”。老四周公旦用了尊称，但文中又说“封叔旦于鲁而相周为周公”，因为他只是老四而不是老小，所以并不叫“季旦”。此外，《春秋命历序》所记传说中还有“皇氏五龙”的“伯、仲、叔、季、少”的叫法，比如“皇伯、皇仲、皇叔、皇季、皇少，五姓同期，俱驾龙，号曰五龙”。只有五兄弟的，也可依此排行，把最幼小的叫“少”。

以《山海经》中的记载论，这种排行的用法早在实行“禅让制”的部落长老制时期就普遍应用。黄帝曾孙高辛氏帝喾手下有“八才子”，称“八元”。《左传·文公十八年》

中记载："高辛氏有才子八人，伯奋、仲堪、叔献、季仲、伯虎、仲熊、叔豹、季狸，忠肃共懿，宣慈惠和，天下之民谓之八元。"这是按"伯、仲、叔、季"的排行。

在《山海经》中，最早出现的是"伯"姓，而这个姓一直与"柏"混用。在伏羲为帝时期，随伏羲由中华大地中部迁居到东部的还有柏皇氏一脉，柏皇氏甚至接替伏羲的东方帝位统治了很长时间。柏皇氏的图腾是珍珠柏，这是一种结有珍珠一样果实的柏树。《海外南经》中记载，三珠树在厌火国的北面，生长在赤水岸边，那里的树与普通的柏树相似，叶子都是珍珠。另一种说法认为那里的树像彗星的样子。

柏姓在东方有很多后裔，柏其后被尊为"伯"，代表皇帝身边第一位的辅佐之臣。《大荒南经》记载，有个国家叫伯服国，颛顼的后代组成伯服国，这里的人吃黄米饭。伯夷父生了西岳，西岳生了先龙，先龙的后代子孙便是氐羌，氐羌人姓乞。因为从中西部迁居东部的原因，伏羲或柏皇氏的后人与西部的氐羌保持了良好的关系，利用建木的升天仪式，也是氐人的一个传统。伏羲、颛顼与后稷死后都曾经由氐人举行这种神圣的仪式。伯姓之中最有名的是伯益，亦名伯翳、柏翳、柏益、伯鹭、大费，是皋陶之子。伯益佐禹治水有功，舜命作虞，赐姓曰嬴。《史记·秦本纪》记载伯翳是五帝中颛顼的后代，嬴姓始祖。柏姓作为华夏民族在远古

时期的贵族姓氏，加上柏姓人天资聪颖，所以曾有多人当过上古帝皇的老师。1987 年出版的《中国姓氏寻根》记载："黄帝时有地官柏常，帝颛顼有师傅柏亮文，帝喾有师傅柏昭，帝尧时有柏成子。"早在周朝的时候就有柏国，也叫柏子国，故址在今河南省西平柏亭一带。相传柏国的开国君王是黄帝的臣子柏高。春秋时柏国为楚所灭。

关于孟姓，最早来自于与柏姓实力相当的西部巴蜀部族。《山海经》中最早的记载是："有池，名孟翼之攻颛顼之池。"少昊之子共工入赘于炎帝家族，在颛顼之后接替了失败身亡的蚩尤的权力，统领九黎，而巴蜀的先民也是九黎的重要成员。这位孟翼也参加了共工撞倒不周山之战，与颛顼为敌。虽然孟翼失败了，但孟氏的实力依然保留着。夏启时期，孟氏再度崛起。《海内南经》记载，夏朝国王启的臣子叫孟涂，是主管巴地诉讼的神。巴地的人到孟涂那里去告状，而告状人中有谁的衣服沾上血迹的就被孟涂拘禁起来。这样就不出现冤案而有好生之德。孟涂住在一座山上，这座山在丹山的西面。丹山在丹阳的南面，而丹阳是巴的属地。可见孟姓是比较古老的巴蜀之姓。三国时期，诸葛亮平定巴蜀的过程中，也遇到过首领孟获的激烈抵抗。

仲姓最早可见于上古高阳氏颛顼时期的仲容。按照《大荒东经》记载，有一个国家叫中容国。帝俊生了中容，中容国的人吃野兽的肉、树木的果实，能驯化驱使四种野兽：

豹、虎、熊、罴。这里的帝俊指的是接替颛顼为帝的帝喾。中容即仲容。高辛氏帝喾时期有“八才子”，号称“八元”，与颛顼之臣“八恺”齐名。帝喾的“八元”中，有仲堪、仲熊两兄弟后人，以祖上名字的“仲”字为姓，遂成仲氏。在东方部族中，有“羲仲”一族，可见仲氏也是来自东方的皇族。

叔的记载最早见于《山海经》中的颛顼后代叔歜国。《大荒北经》记载，有个叔歜国，这里的人都是颛顼的子孙后代，吃黄米饭，能驯化驱使四种野兽：虎、豹、熊和罴。有一种形状与熊相似的黑虫，名叫猎猎。其后则有叔均的记载。《大荒西经》记载，有个西周国，这里的人姓姬，吃谷米饭。有个人正在耕田，名叫叔均。帝俊生了后稷，后稷把各种谷物的种子从天上带到下界。后稷的弟弟叫台玺，台玺生了叔均。叔均于是代替父亲和后稷播种各种谷物，开始创造耕田的方法。有个赤国妻氏。有座双山。叔的本义为采摘豆子之意，这一支叔姓，应是来自黄帝部族中保持农耕文明的一族。

季姓最早可见于《山海经》中颛顼的后代。《大荒南经》记载，又有一座成山，甘水最终流到这座山。有个国家叫季禺国，他们是帝颛顼的子孙后代，吃黄米饭。其后有帝喾的后代季厘。《大荒南经》记载，有人在吞食野兽肉，名叫季厘。帝俊生了季厘，所以称作季厘国。这位季厘也称为季狸，是帝喾手下“八元”中的一位。在尧为帝后，有关于季格的记载。《大荒西经》记载，有个国家叫寿麻国。南岳娶了州山的女子为妻，她的名字叫女虔。女虔生了季格，季格生了寿麻。寿麻在太阳下不见任何影子，高声疾呼而四面八方没有一点回响。这里异常炎热，人不可以前往。

颛顼帝的后代中还有季连，后人以季为姓。《史记·楚世家》中记载：“颛顼帝裔孙有陆终，陆终生子六人，六曰季连，芈姓，楚其后也。季连生附沮，附沮生穴熊。其后中微，或在中国，或在蛮夷，弗能记其世。”

“伯（孟）、仲、叔、季”的兄弟排行榜发展到成为姓氏本身，经过了漫长的历史。但依据最早的姓氏来源而言，伯姓最早可追溯到由“柏”氏改称的姓。孟姓最早可追溯到与颛顼为敌的孟翼。仲姓最早可见于上古高阳氏颛顼时期的仲容。叔姓的记载最早见于颛顼后代叔歜。季姓最早可见于颛顼的后代季禺。

十一、灵山十巫

《山海经》中对华胥族的独立有深远影响的部族是巫氏。巫是中国古代一种专门从事祈祷、占卜活动的职业，后人以职业为氏。巫人在古代被认为是上天的使者，受到王族显贵和一般百姓的尊崇。巫人还常常管理天文、医术、算术，在朝廷中的地位相当高。现在的巫姓来自其所从事的职业。巫氏为古时之名门贵族，是百家姓中最古老的姓氏之一。

从巫的职业而言，最大的巫师是西王母族，其本为昆仑山天帝的巫师，其后则获得了控制天下的实权。西王母国、流黄辛氏、流黄丰氏都属于西王母控制的西羌一系。其后西羌与华胥族联姻，炎帝家族以今陕西省为地盘而崛起。北风族的后人苗蛮、蜀山氏以及今四川省境内的其他蛮族，也在西王母控制的地域内。

与天帝居住的昆仑山，以及与西王母居住的玉山相邻的有一座蛇巫山。《海内北经》记载，蛇巫山上面有人拿着一根棍棒向东站着。这位向东面而站的是巫氏的首领，以蛇为图腾，受西王母的统治。巫氏承担的一个使命是制作不死药，这是一种具有起死回生神力的药。为了统治的需要，西王母派遣巫氏的成员到了后来的巴蜀大地，向当地的部落首领传授巫术，以利于自己的统治。

巫氏的首领称为窫窳，最初是蛇首人身的形象。统领巴山蜀水的巫氏成员在今日四川省巫山附近找到了制作不死药的药材，他们定期去拜见蛇巫山上的首领及西王母，同时采摘药材。但西王母对巫氏成员并不放心，派了手下三青鸟族中的黄鸟部来监视巫氏成员。《大荒南经》记载，有一座山叫巫山，在巫山的西面有只黄鸟。天帝的神仙药藏在巫山的八个斋舍中。黄鸟在巫山上监视着那条大黑蛇。黑蛇就代表制作不死药的巫氏成员。巫氏成员因为远离西王母的统治中心，并且与华胥族靠近，渐渐有了脱离西王母统治的意图。

《大荒南经》记载，在大荒的当中，有座山名叫丰沮玉门山，是太阳和月亮降落的地方。有巫咸、巫即、巫肦、巫彭、巫姑、巫真、巫礼、巫抵、巫谢、巫罗十巫，从此升降，各种各样的药物就生长在这里。这说的是灵山十巫在西王母统治中心旁边的灵山上采摘药材的情形。随着时间的推移，蛇巫山上居住的窫窳越来越像西王母控制巫氏的一个人质，并受到西王母其他臣子的排挤。后来，窫窳的副手贰负派遣西王母手下三青鸟部落的“危”杀害了窫窳。

“危”指“三危”，是史书记载中最早的敦煌地名。《西山经》记载，再向西三百二十里的地方，叫作三危山，三青鸟居住在这座山中。《海内西经》记载，开明神兽的东面有巫师神医巫彭、巫抵、巫阳、巫履、巫凡、巫相，他们围在窫窳的尸体周围，手捧不死药来抵抗死气，要使他复活。窫窳死后，巫氏成员试图救活他。而西王母为了安抚巫氏，以昆仑天帝的名义杀了贰负与危。《海内西经》记载，天帝把贰负拘禁在疏属山中，并给他的右脚戴上刑具，还用他自己的头发反绑上他的双手，拴在山上的大树下。这说的就是对贰负的惩罚。

窫窳的部族在失去自己的首领后，离开了蛇巫山，但巴蜀大地的巫氏成员也没有收容他们。他们先与炎帝族成员联姻，从而窫窳有了类似牛的形象。《北山经》记载，山中有一种野兽，形状像普通的牛，却长着红色的身子、人的面孔、马的蹄子，名称是窫窳，发出的声音如同婴儿啼哭，是能吃人的。他们应该参加了蚩尤对黄帝的涿鹿之战。失败后，黄帝族后人与之联姻，窫窳又变为龙的形象。《海内南经》记载，窫窳长着龙一样的头，住在弱水中，处在能知道人姓名的猩猩的西面，它的形状像貙，长着龙头，能吃人。可惜在尧为帝时期，十日族联合苗蛮的遗民叛乱，窫窳被后羿射杀。窫窳也成为害人野兽的代名词之一。

巫氏在与其他部族联姻的过程中，逐渐形成了灵山十巫，实际代表着十个大部族的首领，其形成约在伏羲到黄帝时期的一段历史中。《海内经》记载："西南有巴国。皞生咸鸟，咸鸟生乘厘，乘厘生后照，后照是始为巴国。"伏羲氏与北风族中的"女和族"联姻而为"羲和族"，其后该族与巫氏联姻，生了成鸟，也就成为最早的"巫咸"，这也是一个世袭的部落首领称号。

古书中提到巫咸的地方很多，如《路史·后纪三》说神农命令巫咸主筮，此处巫咸为神农时人。《太平御览》卷七九引用《归藏》中的内容说："昔黄帝与炎帝争斗于涿鹿之野，将战，筮于巫咸，曰果哉而有咎。"说巫咸是用筮占卜的创始人，即巫咸为黄帝时代人。《太平御览》卷七二一引《世本》宋衷的注解说："巫咸，尧臣也，以鸿术为帝尧医。"东晋郭璞在《巫咸山赋》中注解说："巫咸以鸿术为帝尧医。"此巫咸又成了唐尧时代人。

《中国历史大事年表》记载有："帝太戊，雍己弟。用伊陟、巫咸治国政，殷复兴。"而《太平御览》卷七九〇引外国图说："昔殷帝大戊使巫咸祷于山河，巫咸居于此，是为巫咸民，去南海万千里。"巫咸作为一个部落首领的名称，在历史上占据着重要的地位，横跨神农到殷商的时代。

四川省大巫山地区有丰富的盐泉，但从山内流出地表的仅有三处，这是原始先民最容易利用的，故也是最先利用的三处，这就是巫溪县宁厂镇宝源山盐泉、彭水县郁山镇伏牛山盐泉和湖北省长阳县西的盐水。巫咸作为灵山十巫之首，当在巫溪县附近。巫朌、巫载、巫诞，这是不同时期的同一部落首领的称谓。

《晋书·郭璞传》中记载："点涅其面，画体为鳞采，即鲛人也。"鲛人，即古巫蜑人，简称蛋人，亦称蜓人、旦人、蛋人、龙人、龙户人等，他们"自云龙种"。后来把流放在海域，终生生活在海上，不能上岸的人也称为蛋人。郭璞说《山海经》的"雕题国"也是鲛人的后人。

近代学者任乃强有一个阐释："载字，以至为声，实即原始的铁字。铁、台、垤、绖都是以至为声的字，皆与黛字声近。"《后汉书·南蛮传》李贤注引《世本》把巫载写作巫诞，可见载字音与黛字相近。《大荒南经》记载，有个国家叫载民国。帝舜生了无淫，无淫被贬在载这个地方居住，他的子孙后代就是所谓的巫载民。巫载民姓朌，吃五谷粮食，不从事纺织，自然有衣服穿；不从事耕种，自然有粮食吃。这里有能歌善舞的鸟，鸾鸟自由自在地歌唱，凤鸟自由自在地舞蹈。这里又有各种各样的野兽，群居相处。还是各种农作物汇聚的地方。这一支巫氏成员处于被供养的高贵地位。

成鸟后来生了乘厘。郝懿行在《山海经笺疏》中说"十巫"中的巫礼即"六巫"中的"巫履"。《说文解字》

中说："礼，履也，所以祀神致福也。"乘厘之"厘"与"礼"音同，"巫礼"应为乘厘后人。

巫礼后来与开明白虎族的一支联姻，生了后照，也就有了巴人。这是指狭义上的以白虎为图腾的巴人，其后成为以"巴"为姓的廪君族。巴人的这支迁到武落钟离山，以廪君为首领，降服了其他部落成员，形成了巴、樊、瞫、相、郑五姓。灵山六巫中的"巫凡"即"巫樊"，为樊姓后人。

瞫姓后人后来成为巫诞或巫蜒。"瞫"即"蜒"之别称。邓少琴提出蜒为南方夷，而巴人五姓中的"瞫"，另一读音为谭，且与蜒音近，故巫蜒即蜒，从属于巴，常以巴蜒并称，习于水居，后以田为姓。

廪君统领五大姓，成为巴人中的"务相"，即"巫相"。《山海经笺疏》中说："谢、相，一声之转。"故"十巫"中的"巫谢"，即"六巫"中的"巫相"，也是巴人廪君部落中五姓之一的"相氏"。相有相视、选择、礼赞等意。

廪君统领的巴人五大姓中，成为灵山十巫的还有"巫真"，即郑姓后人。巫真即巫山神女，也称巫山之女，传说为天帝之女。一说为王母娘娘之女，本名瑶姬，在消灭十二恶龙之后又帮助大禹治水，因怜惜百姓而化作神女峰守护大地；二说为炎帝（赤帝）之女，本名瑶姬（也写作姚姬），未嫁而死，葬于巫山。《山海经》中的朝云国当为巫真统领的部族，因而后来对巫山神女有"朝云暮雨"的传说。巫阳也指巫真。

传说中，巫姑是巫溪咸水河的女神，是美与善的化身。宁厂古镇作为三峡库区唯一没被吞没的具有5000多年制盐史的古镇，还有着巫姑舞等民间歌舞。巫溪古名北井，属巫山县。廪君带领部落进入巫溪，与巫姑的部落发生冲突，最终射杀了巫姑。其后廪君征服了其他部落，巴人也就成为包含獠、夷、蜜、蛮等族的广泛意义上的巴人。

巫彭出现的时间也很早。据《吕氏春秋通诠·审分览·勿躬》记载，巫彭为传说中的神医名。巫彭，有三种说法：黄帝时人、唐尧时人、殷中宗的贤臣。相传他发明鼓，是用筮占卜的创始者，又是个占星家，后世有假托他所测定的恒星图。

彭国是若干古蜀国中的一个。按现在的地理位置，应该是以彭州市为主体，以广汉市、郫县、都江堰市部分地区为疆土的隶属国。《元和郡县志》记载："彭州以岷山导江，江出山处，两山相对，古谓之天彭门，因取以名。"此为今彭州名称的由来。

巫即应指女祭。"即"甲骨文作坐人形，面对食器，本义指走近去吃东西。《大荒西经》记载，有个寒荒国，这里有两个神人分别叫女祭、女薎。《海外西经》记载，叫作祭的女巫和叫作戚的女巫住在刑天与天帝发生争斗之地的北面，正好处于两条水流的中间。女巫戚手里拿着兕角小酒

杯，女巫祭手里捧着俎器。这个寒荒国即蜀山氏统领的国家，颛顼之父韩流后来掌管此地。因而女祭即巫即，女薎则是辅助巫即的另一个祭司。

巫即统领的可能是以猪为图腾的部落。与朝云国相邻的司彘国就以猪为图腾，后与北风族联姻，产生蜀山氏。《山海经》中猪的形象来自此部族图腾。司彘国与其他部落联姻产生的后代包括封豨等，并封为双头黑猪的形象，即封豨族的图腾。尧为帝时，十日族联合猰貐、凿齿、九婴、大风、封豨、修蛇等部落叛乱，都为后羿所灭。

巫抵即巫氐，是统领巴地氐人的首领，在大巴山西端。氐人周秦时分布在今甘肃、陕西、四川三省相邻地带，从事畜牧业和农业，部落支系繁多，有青氐、白氐、蚺氐和巴氐、白马氐、阴平氐等。巴氐人的祖先最早居住在四川省西部宕渠，称为板楯蛮，后迁至天水、略阳一带。那里原为氐人的居住地，故称之为巴氐人。巴氐人保持着纯正的板楯蛮血统和风俗，他们和廪君蛮并非同宗同源。

巫罗也来自板楯蛮。板楯蛮以卢（或作罗）、朴（或作胡）、沓（或作昝）、鄂、度（或作杜）、夕、龚等七个姓氏组成酋帮，叫賨国。《世本·世族》说："罗，熊姓，一云祝融之后。"学者徐中舒在《论巴蜀文化》中认为，罗姓为巴郡板楯蛮"七姓"之首，皆大姓，是后世巴族的酋长。

在古代被称为巴的一大片地域内，即北达陕南，南及黔涪之地，分布有“濮、賨、苴、共、奴、獽、夷、蜒之蛮”，以及廪君蛮。濮人作为先秦时期的南方民族，又称“卜”“百濮”。巴地之濮人可能为板楯蛮的朴姓部族。賨人又称寅人，早在春秋战国之前，便建立了自己的国家。国都就建在今达州市所辖渠县的土溪城坝。苴本指一种大麻类植物。苴人是巴族的一支，世居嘉陵江流域，广元昭化一带为苴人聚居区。苴人后来被蜀人征服，因此，九世蜀王开明尚把这块新征服的地方封给他的弟弟葭萌，称苴侯。

共音同龚，奴音同卢，都是板楯七姓之一。这也可见“共人”“奴人”都是板楯蛮的分支。獽同“襄、相、向”，也应是与廪君蛮“相”姓融合所致。相人西迁到湘江流域，又称襄人，春秋时为楚国臣民，后又迁到川黔一带，因与蜒族杂居，而被称为獽族、獽蜒。蜒族即上文说的鲛人。夷是西风石夷之后，包括以鸟为图腾的一些部落。

十二、战争与谋杀

华胥族以文明独立并发展的过程，伴随着诸多的战争与谋杀事件。从保守势力炎帝族被代表改革势力的黄帝族取代，到建立夏朝的这段时期，是战争的高发时期。炎帝与黄帝首先进行了阪泉之战，黄帝族取得了胜利。其后炎帝旧臣蚩尤又发动了涿鹿之战，向黄帝族挑战而失败。少昊时期相对比较平静。其后颛顼继位，入赘于炎帝家族的少昊之子共工发动了不周山之战，但也以失败告终。其后少昊之孙帝喾继位，恢复东方“帝俊”称号，进入了相对平静的时期。帝喾传帝位于子帝鸿失败，其后由代表炎帝家族的尧继位。尧迁居中部留下的权力真空被十日族利用，发动了十日之乱，后被后羿所灭。其后有虞氏舜继位，虽然暂时扑灭了三苗之乱，但自己也死于讨伐途中。最终大禹平息了各方势力，建立了夏朝。

《山海经》中记载的各种“尸”的形象，其实是帝皇家族在历代战乱中不幸死去的成员。这些成员的死，对华胥族与其他民族的关系变化有着深远的意义。

最早的谋杀案是危与贰负合伙杀死窫窳事件。蛇巫山上居住的窫窳类似西王母控制巫氏的一个人质，并受到西王母其他臣子的排挤。《海内西经》记载，贰负神的臣子叫危，与贰负合伙杀死了窫窳神。天帝便把贰负拘禁在疏属山中，并给他的右脚戴上刑具，还用他自己的头发反绑上他的双手，拴在山上的大树下。危也有三青鸟的血统。《海内经》记载，在北海以内，有一个反绑着戴刑具、带着戈而图谋叛逆的臣子，名叫相顾尸。相顾应指危，是灵山十巫中的某代“巫相”家族成员，在北海以同样的手段被严厉惩罚。

西王母为了安抚巫氏，以昆仑天帝的名义杀了贰负与危。窫窳的部族在失去自己的首领后离开了蛇巫山，但巫氏成员也没有接纳这个名义上为巫氏首领的部族。这个谋杀事件使得灵山十巫脱离了西王母的控制而与华胥族交好，这为炎帝族与苗蛮部落的崛起奠定了基础。部分巫氏成员为炎帝族成员，蚩尤统领的“九淖”有不少是巫氏成员，而其中朝云国的“巫真”则与少典族联姻，生了轩辕氏一系。

《大荒西经》记载，有座叫作巫山的山，又有座叫作壑山的山，还有座金门山，山上有个人名叫黄姬尸，有比翼鸟。《大荒南经》记载，在巫山的西面有只黄鸟。天帝的神仙药，就藏在巫山的八个斋舍中。黄鸟在巫山上，监视着那条大黑蛇。这位黄姬当指在巫山边上监视巫氏成员的西王母的特使。在窫窳死后，灵山十巫与西王母决裂，杀了黄鸟部落的首领黄姬。

第二大谋杀案是鼓与钦䲹谋杀天神葆江。《西山经》记载，再往西北四百二十里，是座钟山。钟山山神的儿子叫作鼓，鼓的形貌是人面龙身，他曾和钦䲹神联手在昆仑山南面杀死天神葆江，天帝因此将鼓与钦䲹诛杀在钟山东面一个叫瑶崖的地方。这里的天帝指黄帝。葆江或指祖江，也就是祖状，是有虞氏的部落成员，是开明白虎支的某位首领。《海内经》记载："炎帝之孙伯陵，伯陵通吴权之妻阿女缘妇，缘妇孕三年，是生鼓、延、殳。"这里的炎帝当指末代炎帝，即让位于黄帝的那位炎帝，伯陵即为钟山山神烛阴。

"吴"姓是从有虞氏的"虞"演化而来，"吴权"即葆江。伯陵因私情被吴权发现，其子鼓联合了西王母手下的钦䲹杀了葆江。这个谋杀案对黄帝族的崛起有促动作用。自此后，开明白虎支与炎帝族渐行渐远，并间接导致了蚩尤对黄帝战争的失败。而且在后来的历史发展中，共工氏的努力也因得不到开明白虎族的支持而失败。

《管子·五行》记载："昔者黄帝得蚩尤而明于天道，得大常而察于地利，得奢龙而辩于东方。"奢比即奢龙，相传为黄帝时六相之一。奢比有南风的巨人血统，而有蛇的图腾形象。《海外东经》记载，奢比尸神在大人国的北面，那里的人都长着野兽的身子、人的面孔、大大的耳朵，耳朵上穿挂着两条青蛇。另一种说法认为肝榆尸神在大人国的北面。因而奢比即肝榆，建立了“盖余国”。

《大荒东经》记载，有个国家叫夏州国。在夏州国附近又有一个盖余国。有神人，八首人面，虎身十尾，名曰天吴。《海外东经》记载，朝阳谷，有一个神人叫作天吴，就是所谓的水伯。水伯天吴继承了奢龙的位置，掌管盖余国，今日赣榆县乃盖余之音转。盖余国位置约在今日江苏省赣榆县。水伯天吴应为颛顼的孙子重。《大荒西经》记载：“有人反臂，名曰天虞。”又有“帝令重献上天”之句。天虞即天吴，反臂为双手举天之形，因而天吴就是重。重先为水伯，后来又和兄弟黎接替了炎帝族祝融氏的火神位置。奢比统领吴地，因而他也即吴权。

刑天是蚩尤之后向黄帝挑战而失败的炎帝旧臣。《海外西经》记载，刑天与天帝争夺神位，天帝砍掉了刑天的头，把他的头埋在常羊山。没了头的刑天便以乳头做眼睛，以肚脐做嘴巴，一手持盾牌一手操大斧而舞动。当蚩尤举兵反抗黄帝的时候，刑天曾想参加这场战争，只因炎帝的坚决阻止没有成行。蚩尤在涿鹿之战中被杀死。刑天径直奔向中央天廷去和黄帝争高低，最终因孤军奋战而被杀死，死后葬于常羊山。晋代皇甫谧《帝王世纪》中较详细地记述了炎帝的诞生神话：“炎帝，神农氏，姜姓也。母曰任姒，有蟜氏之

女，名女登，为少典妃。游于华阳，有神龙，首感女登于常羊，生炎帝。”由此可见刑天本为炎帝族成员，在蚩尤起兵时并不赞同。但蚩尤兵变后则代表炎帝族再次向黄帝发起了挑战。

梨魏是涿鹿之战早期被黄帝所杀的东海海神。《大荒东经》记载，有一个神人，长着人的面孔野兽的身子，叫作梨䰠尸。䰠通靇或灵，古同“隆隆”，指雷声。《大荒东经》记载，东海当中有座流波山，这座山在进入东海七千里的地方。山上有一种野兽，形状像普通的牛，是青苍色的身子却没有犄角，仅有一只蹄子，出入海水时就一定有大风大雨相伴随，它发出的亮光如同太阳和月亮，它吼叫的声音如同雷响，名叫夔。黄帝得到它，便用它的皮蒙鼓，再拿雷兽的骨头敲打这鼓，响声传到五百里以外，威震天下。在伏羲迁居东方为太昊后，雷泽氏的一支就迁居东海，掌管东海。东海雷泽氏后来与炎帝族联姻，生了夸父族。梨䰠尸因夸父的关系有意帮助蚩尤，而被黄帝突袭所杀。这个举动震慑了雷泽氏，使得他们在涿鹿之战中并未出手帮助蚩尤。

据比是颛顼为帝时，不周山之战中共工氏的臣子。《海内北经》记载，据比的尸首，形象是折断了脖子而披散着头发，没了一只手。少昊之子与草原部落联姻，生了后来的共工氏，即穷奇。这位共工氏后与颛顼争帝位而发动不周山之战。据比为草原部落支持穷奇的一方，死于不周山之战。草

原部落与炎帝族交好，据比之死加速了草原部落与黄帝族的分离。

戎宣王是帝喾为帝时被盘瓠杀死的草原部落首领。《大荒北经》记载，大荒当中，有座山名叫融父山，顺水流入这座山。有一种人名叫犬戎。黄帝生了苗龙，苗龙生了融吾，融吾生了弄明，弄明生了白犬。白犬有一公一母，自相配偶，便生成犬戎族人，吃肉类食物。有一种红颜色的野兽，形状像普通的马却没有脑袋，名叫戎宣王尸。帝喾的女儿帝女后由帝喾许配给杀了戎宣王的盘瓠，即远古盘瓠氏的一支后人。因为该部落不服管教，帝喾为他们圈定了一个海中之岛，最终建立了犬封国。戎宣王本为黄帝族与犬戎联姻的后人，但被盘瓠氏杀死。该谋杀事件使得草原部落基本与黄帝族决裂。

西周末年，周幽王烽火戏诸侯，最后导致战事来时，各诸侯国因害怕再次被戏弄都没有发兵前来勤王。镐京被攻下，幽王带褒姒逃到骊山山麓，被戎人杀死，褒姒被掳。从武王建立周王朝到幽王被杀，统治了约二百余年的西周王朝就这样灭亡了。这也是最初戎人与华胥族交恶所致，其后更是进入了难以和平相处的时代。

女丑是尧为帝时，死于十日之乱的炎帝族成员。《海外西经》记载，有一具女丑的尸体，她生前是被十个太阳的热气烤死的，死时用右手遮住她的脸。十个太阳高高挂在天上，女丑的尸体横卧在丈夫国北面的山顶上。丑是地支的第二位，在十二生肖中属牛。“女丑有大蟹”，而此“大蟹”位于海中一个称姑射国的海岛上。姑射国又称“列姑射”。列姓是炎帝之后，从“烈山氏”演变而来。牛是炎帝族的图腾，而尧复姓伊耆，是炎帝族一个古老的姓氏，代表的是炎帝族的利益。可见女丑是炎帝族南海海神系的后人，因帮助尧而被十日族所杀。

王子夜是夏朝少康为帝时被有易国所杀的商民族首领。《海内北经》记载，王子夜的尸体，两只手、两条腿、胸脯、脑袋、牙齿，都斩断而分散在不同的地方。王子夜即王亥。王亥的父亲冥是契六世孙，担任夏少康的司空。契是帝喾的儿子，也是尧帝的兄弟。夏少康十一年，冥受朝廷的命令，去处理黄河问题，那时的王亥开始协助父亲。不过到夏杼十三年，父亲在黄河身亡，商民族的人为了歌颂冥的功德于是固定在冬至时祭祀他。王亥正式成为商民族的第七任首领。王亥为了解决牛羊过剩问题，跟其弟恒讨论如何跟其他部落以物换物。商议好之后，与恒选了一些有活力的牧人，一起把这些动物送至有易国。《大荒东经》记载，王亥用两手抓着一只鸟，正在吃鸟的头。王亥把一群肥牛寄养在有易族人、水神河伯那里。这是说有易氏的部落首领绵臣见财起歹意，杀害了王亥，赶走了王亥的随行人员，夺走了货和牛羊。

夏耕是夏朝末代国君夏桀的臣子。《大荒西经》记载，有个人没了脑袋，手拿一把戈和一面盾牌立着，名叫夏耕尸。从前成汤在章山讨伐夏桀，打败了夏桀，斩杀夏耕于夏桀面前。夏耕的尸体站立起来后，发觉没了脑袋，为逃避罪咎，窜到巫山去了。成汤是商王朝的建立者，原为商族部落领袖。据史书记载，商族从始祖契到汤，曾先后迁居八次，至汤定居于亳。夏末自孔甲始，荒淫无度，力量渐衰，至桀时更甚。成汤打败了夏桀，建立了商朝。

十三、巴人白虎

在中华大地的西北域，占据统治地位的是西羌。西羌以及衍生出的流黄辛氏、流黄丰氏，实际在戎狄与华胥族之间起到了一种缓冲作用。西羌以及北风族与其他部族联姻，进入了巴山蜀水地带。史前大洪水过后，伏羲氏先与北风族联姻，产生了“羲和”“常羲”二族。生活了一段时间后，这两族随伏羲迁居东方，后又与东风金乌族联姻。而伏羲也成为太昊，成为中华大地的共主。

北风族中的女和族主体即女娲氏。女和族后来与盘瓠氏联姻，产生了苗蛮族，以蛇为图腾。而北风族中善于编织的女常族则演变为蜀山氏、西陵氏等。

这些生活在巴山、巫山、成都平原上的部族，包括巴人、朝云国、司彘国、蜀山氏、巫氏等，在黄帝时期成为一个统一的部族联盟，即由炎帝臣子蚩尤统领的九黎，成为能对抗华胥族的一个实力强劲的部族。华胥族与九黎部族相处

时，既有联姻也有频繁的战争。在蚩尤领导九黎与黄帝作战失败后，九黎部族开始分裂，但其中苗蛮部落的主体三苗则依然有举足轻重的影响力。黄帝到大禹时期，三苗的后人为恢复自己的统治力，与华夏族进行了持续的战争。

随着华胥族实力的日益巩固，三苗的努力都以失败告终了。舜击败三苗之后，把三苗的一部分迁到了三危山，即伺候西王母的三青鸟族居住的地方，约在今日敦煌附近，以对抗西戎。但三苗的主体还在中原，而且一直抗争不休。最后大禹再次征伐三苗，大败苗师，三苗从此衰微。三苗被迫迁徙到今日的湖南省。到商、周时期，“三苗”又被称为“荆楚”，有时也被称为“南蛮”。到战国时期，三苗的后人终于以楚国的身份独立出来。

留在巴山蜀水地带的其他九黎部落，在苗蛮迁出后，最终建立了巴国与蜀国。《山海经》中明确记载有女娲，对于伏羲氏，只有“皞”“大皞”的说法。《山海经》中记载的“皞”的后人为巴人。《海内经》记载：“西南有巴国。皞生咸鸟，咸鸟生乘厘，乘厘生后照，后照是始为巴国。”按《山海经》记载，巴国的历史要早于蜀国。

《辞源》记载：“巴者，古国名，位于今重庆市及四川省东部一带地方。”川东地区在夏朝称“巴方”，在商朝称为“巴奠”。巴奠向商朝年年纳贡，岁岁服役。后来巴人不甘商朝的压迫，于前 11 世纪参与周武王伐纣。由于巴人英勇善战，迫使纣王军队阵前倒戈，终于打败纣王，西周建立。西周初期分封了 71 个诸侯国，巴氏被封为子国，首领为巴子，因而叫巴子国，通常简称巴国。巴国的地域大致在今重庆市全境，北到陕南省的汉水上游，大巴山北缘，东至襄阳，春秋时有所扩展。

春秋时期，巴国竭力扩张其势力范围，东渡汉水，与邓国相争，又同楚国缔结军事联盟，扫荡江汉小国，北进中原。巴国的鼎盛时期为春秋末叶至战国晚期，在此期间，巴国青铜文化发展到高峰。青铜器种类多，数量大，分布广，制作水平也日臻成熟，地方特征鲜明突出。巴国文字和符号广泛流行，都城已发展成为地域性的经济增长中心和多种产业的生长点，具有组织地区商业贸易的经济功能。前 316 年，巴国为秦国所灭，巴王被虏。秦国在江州（今重庆）筑城，设置巴都。把巴地纳入了秦国的郡县体制。

今天的“下里巴人”一词，常用做素质低下的乡巴佬或粗人的代名词，将“下里”理解为下等陋巷（里弄），其实并非如此。“下里巴人”源于《文选·宋玉对楚王问》中的记载：“客有歌于郢中者，其始曰‘下里巴人’，国中属而和者数千人。”这大概只是指他们淳朴的个性。春秋战国时，巴与楚为邻国，由于长期交往，相互间都受到深刻影响：他们之间王室尚存婚姻关系，楚师也曾驰援巴将军蔓子以救巴乱；而楚之援巴，又必须以巴献城池作为代价；后来巴楚又“数相攻伐”，巴人节节败退。《华阳国志·巴志》中“江州以东其人半楚，姿态敦重”，说明巴人风俗文化接近楚人，受到楚文化熏染。

秦灭巴蜀后，巴国作为政权消亡了，但其族人依然存在，势力还相当强大，秦国一时难以全部控制。为稳定政权，对巴人贵族在赋税、刑法等方面给予极大优待，在巴国故地设郡，对归顺的巴族首领委任地方官职。在后来的历史演变中，巴人为挣脱北方和秦、楚的压迫，又逐渐向湘西、鄂西、渝东南、黔东北交界的武陵山区一带推进，回到巴人起源的地方。在漫长的演变中“巴人”一词逐渐淡化，被称为“蛮人”，如板楯蛮、五溪蛮、武陵蛮、巴郡南蛮等。

到了唐代以后，从梁、唐、汉、周起，原来意义上的“巴人”不见了，取而代之的是以“土”字作称，如土司、土民、土人、土家等，亦或土、蛮混称或交替使用。“蛮”是侮称，土要客气一些，后来“土”就成了“蛮”的别称。从元代起，由于大量汉人和其他民族如苗族、侗族、仡佬族的迁入，“土”逐渐转化成了土家族的专用名称，以用于“土”与“汉”以及“土”与其他民族的识别。

巴人作为古巴族人的简称，传说周朝以前居住在今甘肃南部，这当是羲和族与北风后人最初联姻繁衍之地。开明白虎族的一支后迁到武落钟离山（今湖北长阳西北），以廪君为首领，本有巴、樊、瞫、相、郑五姓，这一支保持着白虎

崇拜的传统。廪君之系指狭义的巴人，即以白虎为图腾的巴人。廪君后击败巫山的盐水神女，成为“巫相”，其后与板楯蛮融合，成为广义上的巴人。廪君统领巴地，巴人后来在巴山、巫山地带建立了巴国。

廪君的族属，《后汉书·巴郡南郡蛮传》注引《世本》说：“廪君之先，故出巫诞也。”巫诞，诞为族名，即是巫地之诞。诞，别本或作蜑、蛋。蜑人在秦汉以后屡见于史册，常与猿、夷、賨、蛮等族杂居，有自己的“邑侯君长”，属于濮越民族系统。徐中舒在《巴蜀文化续论》中认为，廪君出自巫诞，这是关于濮族的传说。这意味着廪君族是白虎族与濮族联姻所生。

秦灭巴以后，巴人的一支迁至今鄂东，东汉时称江夏蛮，西晋、南北朝时称五水蛮。据说“五水蛮”亦为“廪君蛮”之后。另一支迁至今湘西，构成武陵蛮的一部分。留在四川省境内的，部分叫板楯蛮，南北朝时因大量迁移，大都先后与汉族同化。賨人作为板楯蛮的别称，是川东土著民族之一，其中心在今四川省渠县一带，系古代巴人的一支。

板楯蛮名称来源于賨人善用的一种木质武器楯。賨的名称则由于板楯蛮“岁出賨钱”的缘故。賨是中国秦汉时期四川、湖南等地少数民族所缴的一种赋税，亦指这些少数民族。板楯蛮有七姓，卢（或作罗）、朴（或作胡）、沓（或作昝）、鄂、度（或作杜）、夕、龚，这七个姓氏组成的酋帮叫賨国。板楯蛮古时居住在嘉陵江和渠江两岸，北及汉中东部，东及长江三峡，遍及整个川东地区，是川东巴国各族中分布最广的民族之一。

当初镇守昆仑圣地的是中华大地最为善战的一族，即开明白虎族。在昆仑圣地上的天帝逐渐成为一种符号，以致被遗忘后，开明白虎族的一支与羲和族后人联姻，生了巴人，其木禾支的后人则演变为流黄辛氏。而与草原游牧族联姻的则演变为以“驺虞”为图腾的林氏国、有虞氏。开明族的后人在华胥族的发展形成中，一直扮演着十分重要的角色。

古代巴人秉承了开明白虎族的传统，作战勇猛顽强，以至被称为“神兵”，而且能歌善舞，极其乐观。他们曾在商、周、楚、秦等强大部族的包围中经过不断征战，在荒莽的大巴山、秦岭中，在极为艰难困苦的生活条件下，自强不息，世代繁衍。巴人以战争为主题的舞蹈至今为人所津津乐道。“巴渝舞”作为古代巴渝地区民间武舞，来源于商末巴师伐纣时的“前歌后舞”。巴渝舞舞风刚烈，音乐铿锵有力，属武舞、战舞类型。宋代郭茂倩所编《乐府诗集》中记载：“惟圣皇，德巍巍，光四海。礼乐犹形影，文武为表里。乃作《巴俞》，肆舞士。剑弩齐列，戈矛为之始。进退疾鹰鹞，龙战而豹起。如乱不可乱，动作顺其理，离合有统纪。”由此可见巴渝舞惊心动魄的艺术效果。

汉初，巴渝舞被刘邦移入宫中，成为宫廷乐舞，既供宫

中观赏，也成为接待各国使节贵宾的乐舞，还成为王朝祭祀乐舞与天子丧礼乐舞。那时巴渝舞几乎成了国家乐舞。三国曹魏时巴渝舞更名为“昭武舞”，西晋时将“昭武舞”易名为“宣武舞”。唐时，巴渝舞仍为宫廷乐舞之一，唐以后，巴渝舞便从宫廷乐舞中消失了。尽管如此，在民间，巴渝舞遗风犹存，川东巴人后裔的踏蹋舞、摆手舞、腰鼓舞、盾牌舞，就是古代巴渝舞的流变。现在的薅草锣鼓、花鼓调、花灯调、莲花落、川剧帮腔、川江号子、船工号子、劳动号子、翻山铰子等都和巴渝舞曲密不可分。

白虎作为开明族的象征，是战伐之神，最终与“青龙、玄武、朱雀”并列，成为四方神之一。白虎也象征着威武和军队，古代很多以白虎冠名的地方都与兵家之事有关，例如古代军队里的白虎旗和兵符上的白虎像。白虎一般出现在汉代石墓的墓门画像上，或与青龙分别作为单独画像刻在墓室的过梁两侧，用以辟邪。《风俗通义》中记载：“虎者，阳物，百兽之长也，能执搏挫锐，噬食鬼魅。”在汉代五行观念中，白虎被视作西方神兽。

今天的少数民族中，秉承巴人白虎崇拜的是土家族。白虎在土家人的心目中有着举足轻重的地位，土家族自称“白虎之后”。土家族现主要聚居在湖南省湘西土家族苗族自治州，湖北省恩施土家族苗族自治州以及四川省、重庆市和贵州省的部分地区。据有关资料记载，土家人之图腾崇拜已与祖先崇拜合为一体，并由一神派生为多神，于多神中崇尚主神，如白虎、白帝天王、土王、向王天子、女神，尤以白虎为至尊。

传说远古时期，武落钟离山上有赤黑两个洞穴，住着巴氏、樊氏、曋氏、相氏、郑氏五姓人家；巴氏之子生于赤洞，名务相，其余四姓之子皆生于黑洞。五姓人家渔猎为生，没有首领，共同生活在武落钟离山。因为没有首领，大家商议，谁能从远处掷剑中石上目标，能用土陶船浮于水中者掷剑于石穴，谁就是领袖，一切全凭天意。结果只有巴氏务相能中剑、浮船，其余竞争者剑未中，船都沉了。于是立巴氏之子务相为五姓之首，号“廪君”。

五氏联盟，形成了巴人最早的部族。廪君乘土船逆夷水而上到盐阳。传说盐阳有条盐水河，河里有个盐水女神，她不仅长得楚楚动人，而且聪颖智慧。这位女神一见到廪君，就被他的英雄气概所折服，愿意以身相许，和廪君结为夫妻。廪君虽然也为女神的美貌和风韵所倾倒，但感到盐阳地方太小，部族全都在此生活，还不够理想，思来想去，廪君还是婉言谢绝了女神的要求。痴情的盐水女神并不甘心，她想用爱情的力量挽留住自己的心上人。于是，每天晚上，她悄悄跑来伴廪君宿夜，待早晨天刚放亮，就化为细小的飞虫，率领各种各样的飞虫聚集在空中，遮天蔽日，使整个盐阳昏天黑地。廪君带领部族百姓，想要启程出发，却被这声

势浩大的飞虫阵阻拦住了，使他们辨不清东西南北，也不知是黑夜还是白昼。廪君一筹莫展，心里非常着急。

廪君实在无计可施，经过长时间思考，终于想出一个不得已的办法。这天，廪君派人送给女神一缕青色发丝，去的人说："这缕青色发丝是我们首领廪君从头上拔下来的，作为定情之物，表示与女神同生共死，结为永久夫妇，请你一定要把它系在身上，不要辜负廪君的一片好意。"盐水女神一点也没怀疑，以为廪君真的回心转意了，沉浸在幸福憧憬中的她，高高兴兴地把青色发丝系在腰间。

早晨，当女神又变成小飞虫，会同其他各种各样的飞虫在天空中飞舞的时候，她腰间那缕青色发丝也随风摇曳，她做梦也没想到危险已经临近了。廪君站在地面上，登上一块石头，弯弓搭箭，朝着青色发丝的方向射去，随着一声痛苦的呻吟，盐水女神带着箭伤，从半空中飘然而下，坠入盐水河中。痴情的盐水女神带着无限思念和遗憾，随着波涛永远离去了。

后来廪君逝世，他的灵魂化为白虎升天。从此土家族便以白虎为祖神，时时处处不忘敬奉。每家的神龛上常年供奉一只木雕的白虎。结婚时，男方正堂大方桌上要铺虎毯，象征祭祀虎祖。除了进行宗教式的虔诚敬祭，土家人的生活中也随处可见白虎的影子。

十四、蚕丛开蜀国

蜀以部族的名称出现，最早见于《山海经》中的蜀山氏。原来居于中华大地西北部的燧人氏北风部族，其中主体为“女和”与“女常”二族。“女常”族是弇兹氏“允”姓织女部的后人，善于编织与制衣。两族主要图腾为蚕蛾、蜜蜂、蜗牛等虫类。《山海经》中出现的蜜蜂与大蛾，指的是该族后代中比较出名的有蟜氏与西陵氏，即黄帝的母亲与正妃嫘祖所在部落的图腾。西陵氏以善于编织而闻名，蜀山氏以“蜀”为族名，“女常”的后人构成了未来蜀国的主体。

巫山附近的司彘国，以猪为图腾。司彘国与女常族联姻，产生了蜀山氏，保留了猪的图腾。《海内经》记载，黄帝的妻子嫘祖生下昌意。昌意自天上降到若水居住，生下韩流。韩流长着长长的脑袋、小小的耳、人的面孔、猪的长嘴、麒麟的身子、罗圈着双腿、猪的蹄子。韩流的母系为蜀山氏，韩流有猪的形象，是因为蜀山氏部族中有猪图腾的缘故。韩流后来生了帝颛顼，在东方接替少昊玄嚣，成为天下的共主。

《蜀王本纪》中记载：“蜀之先称王者有蚕丛、柏濩、鱼凫、蒲泽、开明。”柏濩也称为柏灌或伯灌，蒲泽也称为杜宇氏，而开明也称为鳖灵，这是有记载的蜀国五代王朝。诗人李白喟叹“蚕丛及鱼凫，开国何茫然”。长久以来，古蜀国的历史一直云遮雾罩。“蜀”的象形字从虫，上面的眼睛像蜀头形，中间表示蠕动的身体，本指蛾蝶类的幼虫。《说文》中说：“蜀，葵中蚕也。”

就形象而言，“蜀”指的应是蚕变蛹到化为蚕蛾之前的一种形态。蚕蛹的眼睛基本同蚕蛾一样，是凸出的，并且呈圆形。蚕丛氏既是蜀国首位称王的人，也是蜀国王朝的代称，蚕丛氏统治的时期达数百年之久。蚕丛氏是位养蚕专家，据说他的眼睛跟螃蟹一样是向前凸出的，这实际上就是蚕蛹眼睛的形状。他的头发在脑后梳成“椎髻”，衣服样式向左交叉，通常汉族传统衣服为右衽，即向右交叉的。他最早居住岷山石室中，后来为了养蚕事业，蚕丛率领部族从岷山迁居到成都。

《华阳国志》中记载：“有蜀侯蚕丛，其目纵，始称王。”纵目与额头上的第三只眼睛是氐人神像的一种特征。三星堆铜人中有一种眼球向外凸的形象，这实际上象征蚕蛹或蚕蛾的眼睛。有的铜人眼睛中甚至有长长的柱状物，好似神话中的“千里眼”，这应该是对蚕蛾触须的一种模仿。铜人一副大招风耳的样子，应来源于蚕蛾的翅膀。三目人除了正常的两目，在额头中间还有一个完全竖立的眼睛，犹如古代神话传说中的二郎神杨戬与马王爷。这两位都是氐人神话的代表。

蚕丛氏建立蜀国约在黄帝击败蚩尤之后，黄帝正妃嫘祖来自善于编织的西陵氏。而帝颛顼的父亲为韩流，韩流的母系是蜀山氏。黄帝击败蚩尤后，蜀开始由松散的部落变为国家。其中的一个原因在于，蜀最初也是蚩尤统领的九黎的一部。在蚩尤失败以后，九黎中的苗蛮分化出来，成为三苗，而原来受压制的蜀人则独立成为蜀国。

《海外北经》记载，在欧丝之野的树上有一位欧丝的女子，这实际上就是四川蚕女传说的雏形。欧字同呕，是吐丝的意思。蚕与蚕丝的发现，应早于蚕丛氏立国。蚕丛氏实现了养蚕的大规模产业化，并以此立国，而被后人铭记。《荀子》中提出蚕的头部类似马头，后世便借此附会了蚕马的传说。据传大本营在四川的蚕神有马的特征，因而被称为“马头娘”。

道教的《搜神记》中写道，高辛氏为帝时，在四川省一个地方生活着一家人，父亲、母亲和一个女儿。一天，父亲突然被强盗抓走，不知下落，母女二人非常着急。尤其是

女儿，她很爱她的父亲，又担心又悲伤，许多天都吃不下东西。母亲看到她这样更加着急，就公开宣布说，如果谁能平安地把她丈夫救回，她就把女儿嫁给他。结果，她家里一匹马听到女主人的许诺后，摆脱缰绳跑出去了。

过了几天，父亲就骑着马回来了。此后，那匹马就再也不吃草了，每次女儿从它旁边经过，它都又踢又叫。父亲非常奇怪，后来母亲想起了自己的诺言。父亲就对马说，虽然是你救了我，可我总不能把女儿嫁给一匹马呀！然后就给马买了许多上等草料，但是马仍然又踢又叫。于是，父亲就狠心杀死了马，把它的皮挂在外面。

一天，当女儿路过时，忽然那张马皮跳起来，卷起她就飞走了。过了一段时间，人们发现桑树上有一张马皮，而女儿已变成了蚕，正在吐丝。又过了几天，女儿骑着马来看望父母，哀痛地说自己已经变成神仙了，说完就飞走了。从此，那个女孩就被当成蚕神崇拜，有的地方也称她为马头娘娘，因为她的形象是一位穿着马皮的女孩。这个传说反映了蜀国开国时的情况。而在夏朝建立之前，蚕丛氏保持着母系社会的传统也是极有可能的。

接替蚕丛氏掌管蜀国的是柏濩。古文中濩也通“蠖”，这种虫生长在树上，颜色像树皮，行动时身体一屈一伸地前进，北方称为步曲，南方称为造桥虫。其虫成蛹后变成尺蠖蛾。这和蚕的习性非常相似。柏濩族的图腾可能是这种类似蚕的虫类。在《山海经》中，“柏”姓一直与“伯”混用。在伏羲为帝时期，随伏羲由中华大地的中部迁居东部的还有柏皇氏一脉，柏皇氏甚至接替伏羲的东方帝位统治了很长时间。

接替柏濩掌管蜀国的是鱼凫氏。古文中“凫”一般指野鸭。三星堆一号器物坑中出土的一根金杖见证了一段鱼凫氏的历史。金杖上端有46厘米长的一段平雕纹饰图案，图案分三组，最下一组为两个前后对称的人头，人头戴冠，且饰三角形耳坠，人头前后上下各有两周线纹，人头间用勾云形纹饰相隔。上面两组图案相同，下方为两背相对的鸟，上方为两背相对的鱼，鱼的颈部和鱼的头部压有一穗形叶柄。

一般的研究认为，这根金杖上的鱼和鸟分别代表着以鱼和鸟为始祖神的两个不同民族，而“人面”则代表着这两个不同民族的联盟与融合，这个融合而成的氏族即鱼凫氏。这根金杖应是鱼凫氏的权杖。权杖上的鱼和鸟表达了鱼凫氏的王权由鱼族和凫族共同行使。

这种对水鸟与鱼的崇拜可追溯到非常久远的时期。在史前大洪水之前，燧人氏是北方的风姓后人，即北风之神，在《大荒东经》中记载，有个国家叫女和月母国。有一个神人名叫鹓，处在大地的东北角以便控制太阳和月亮，令其不交相错乱地出没，掌握它们升起落下时间的长短。可见北风族中一直是以水鸟为主要图腾的。

氐族自称“盍稚”，意同“弇兹”，应该来源于最早的母系氏族弇兹氏。氐人最早以畜牧业为生，比如牛、羊等，后来则发展为养马，成为游牧民族，这一点与羌人很像。由于氐与羌相邻，一般把这两者合称“氐羌”。氐人大约活跃在今甘肃、青海、四川等地交界地带。氐人部落并没有完全从事游牧生活，一些分支进入了今四川省境内，建立了氐人国。在与其他部落融合的过程中，氐人的图腾也开始多样化，有鸟、蛇、鱼、马等。

氐人国因逐水而居，选择了鱼为图腾。“颛顼化鱼妇”的传说是氐人为去世的颛顼举行的一种祭祀仪式。利用传说中的建木，超度去世的帝皇登天。氐人与燧人氏北风部族联姻，这时古老的水鸟图腾与氐人的鱼图腾结合，产生了居住在水边的鱼凫氏。鱼凫氏也是蜀人的一个部落，取代柏氏成为蜀国的新皇族。

从文物考古发现来看，广汉三星堆自第二期文化开始，就出现了与鸟有关的器物，这应当与柏灌氏取代蚕丛氏有关。而第三期所出土的大批器物上不仅有鸟图案，还有鱼图纹饰。这一变化则反映出三星堆第三期文化与鸟族和鱼族密切相关，或者说，它反映出鱼凫氏取代柏灌氏的历史事实。近年来相继对鱼凫城遗址、三星堆及金沙遗址的重大考古发现，可以让人走进神秘遥远的古蜀文明。成都市温江一带就有鱼凫王墓、鱼凫城遗址等多处遗迹。

接替鱼凫氏的是杜宇氏，也称为蒲泽或蒲郫。郑玄注《礼记》记载："蒲，合蒲，如凫头也。"可见杜宇氏的图腾原本类似于一种水鸟，这可能是与鱼凫氏同部落的成员。至于杜宇化杜鹃的传说则在杜宇去世之后。据西汉扬雄《蜀王本纪》记载："后有一男子，名杜宇，从天堕，止朱提。有女子名利，自江源井中出，为杜宇妻。乃自立为蜀王，号曰望帝。""蚕丛、柏濩、鱼凫此三代各数百岁。"蜀国的前三个皇朝都延续了数百年之久，而"望帝积百余岁"，杜宇氏统治的时间较短，只有100多年。

周代末年，七国称王，杜宇开始称帝于蜀，称为望帝。晚年时，洪水为患，蜀民不得安处，杜宇派其相鳖灵治水。鳖灵观察地形，测量水势，用疏导宣泄的办法治理了水患，蜀民重新过上了安定的生活。杜宇认为鳖灵的功劳很大，就让帝位于鳖灵，号曰开明。杜宇退而隐居西山，传说死后化作鹃鸟，每年春耕时节，子鹃鸟鸣，蜀人听见了就说："这是我们望帝的魂呀。"因此称呼鹃鸟为杜鹃。另一种说法是杜宇与鳖灵的妻子私通，因惭愧而去世，他的魂化作鹃鸟，后人因此称杜鹃为"杜宇"。但其中杜宇氏与开明氏之间帝位的更迭，难免有战争与其他说不得的苦衷。

蜀人之所以把先主杜宇幻化为杜鹃鸟，也因为杜鹃和农业生产有关。杜鹃又名布谷鸟，是农林益鸟。师旷《禽经》中记载："杜鹃出蜀中，春暮即鸣，田家候之，以兴农事。"

杜宇掌政时期，传播先进的农业生产技术，营造了古蜀国农耕文明，后人容易把杜鹃和杜宇联系。其次，杜鹃鸟的吟唱有“四音一节”的旋律，其声凄厉动人哀思，正如李白《宣城见杜鹃花》中说：“蜀国曾闻子规鸟，宣城还见杜鹃花。一叫一回肠一断，三春三月忆三巴。”在杜宇死后，蜀民同情失败者，为表达对杜宇的追思，将其幻化为杜鹃。望帝化为杜鹃鸟，也成为蜀人世代相传的神话故事。

扬雄《蜀王本纪》中记载：“荆有一人名鳖灵，其尸亡去，荆人求之不得。鳖灵尸随江水上至郫，遂活。与望帝相见，望帝以鳖灵为相。”古蜀历史上建立了开明王朝的鳖灵，是一位由荆入蜀的传奇人物。传说他在楚国搞了个投水而死的假象，才得以悄悄投奔了蜀国。《水经注》卷三十三引来敏《本蜀论》以及其他古籍中的记述与此大致相同，不同的是将鳖灵写为鳖令或鳖泠。也就是说，鳖灵投奔蜀国一定有其目的和某种原因，而随鳖灵入蜀的还有他的部属和族人。也许正是因为鳖灵入蜀太过传奇，所以常璩采取了谨慎的态度，在《华阳国志》卷十二也提到了“又云荆人鳖灵死，尸化西上，后为蜀帝”，而在卷三只简略地写了“其相开明决玉垒山以除水害”，以求记载的严谨。

鳖灵当时治理的主要是岷江水患，一是开凿了灌县宝瓶口，二是疏通了金堂峡。特别是凿开玉垒山，抓住了治理岷江的要害，取得了极大的成功。鳖灵的妻子是位年轻貌美的女人，就在鳖灵长期在外治水期间，红杏出墙和杜宇有了私情。《太平寰宇记》则说得很清楚，杜宇是被推翻的："望帝自逃之后，欲复位不得，死化为鹃，每春月间，昼夜悲鸣，蜀人闻之曰：我望帝魂也。"鳖灵即位后，称为丛帝，建立的政权称为开明王朝。

在秦灭蜀之前，蜀分别由蚕丛氏、柏灌氏、鱼凫氏、开明氏诸族统领。开明五世之前，蜀国的都城建于广都樊乡，即今天的双流县，到了开明九世建都于成都。开明十二世时"五丁力士"开辟了石牛道，打通了从蜀至秦的信道。前316年秦惠王在位时秦国灭掉了蜀国，蜀地从此成为秦国的粮仓，为秦统一六国奠定了基础。秦灭蜀后，蜀人残部一支在安阳王带领下辗转南迁，最后到达交趾，在现今越南北部建立了一个新的王朝，并持续了100多年。

但开明氏其实最早可追溯到镇守昆仑圣地的开明族。开明族以白虎为图腾，风姓的其他后人在中华大地崛起之后，其镇守圣地的使命渐渐淡化。开明族与其他各部族有频繁的联姻，其重要的子系包括保持白虎崇拜的巴人和与草原民族联姻所生的有虞氏，而其中的开明木禾部则发展为流黄辛氏，以龟或鳖为图腾。开明氏应属于流黄辛氏的后人，以"开明"为族名，但图腾则变成了鳖。

在蜀国建立之前，由燧人氏北风部族分出巴人、蜀人、苗蛮等，苗蛮实力最强，由蚩尤掌管九黎部族，即九淖。蚩

尤与黄帝争帝位失败后，九黎分化出三苗与其他部族。三苗与华胥族其后一直进行战争。尧征服三苗后，娶了三苗族的散宜氏，生子丹朱，丹朱的封地在“三苗”的地盘，即黎国。《史记正义》引郑玄的话说：“帝尧胤嗣之子，名曰丹朱开明也。”《帝王世纪》亦记：“尧娶散宜氏女，曰女皇，生丹朱。”开明氏应在蚩尤失败后，站到了三苗的同盟中去。散宜氏女有开明氏血统，因而丹朱继承了开明的称号，丹朱与舜争夺帝位失败。而三苗最终也被大禹击败，迁居到了今湖南等地。开明氏因而随三苗成为“荆楚”的一部分。

开明氏作为流黄辛氏的后人保持着“开明”的称号，一直期待回到巴蜀大地。大禹的父亲鲧娶的妻子是流黄辛氏的成员。流黄辛氏的后人开明氏有极强的治水能力也就毫不奇怪了。开明氏在杜宇氏统治蜀国时期利用治水能力回归，并夺取了帝位。《华阳国志·蜀志》说，丛帝之后为卢帝、保子帝等，“凡王蜀十二世”，到秦惠王灭蜀后才结束了开明王朝的统治。开明王朝在古蜀历史上是一个非常重要的时期，留下了许多有声有色的记载。现在，郫县城郊有望丛祠，始建于南齐，后经过宋朝的扩建和清代的修复，如今已成为名胜古迹。这两座成都平原上最古老的帝陵虽是后人所建，但也表达了对望帝杜宇、丛帝鳖灵这两位古蜀历史上伟大传奇人物的思念。

郫县古称“郫”，在古史传说中，最初以古蜀国的都邑闻名于世。距今二千七八百年前的蜀王杜宇、鳖灵，都以郫为都邑，其中的原因在于杜宇氏蒲泽又称为蒲郫，因而有了郫城的名称。古蜀国在郫建都的遗迹，方志中多有记载。唐代李吉甫《元和郡县志》卷三十一记载："蜀望帝理汶山下，邑曰郫，是也……故郫城，在县北五十步。"清乾隆《郫县志》也有"望帝故宫在县北五十步古郫城"的记载。古杜鹃城遗址在县城北郊，至今仍存残垣。

秦灭巴蜀之后两年，秦在巴蜀同时实行分封制与郡县制，此后即以郫邑作为蜀郡的属县，称郫县，此为郫县建置之始。秦惠文王后元十四年（前 311 年），秦派大夫张仪和蜀守张若修筑成都、郫、临邛三城。据《华阳国志》记载，郫城"周回七里，高六丈"，上置观楼、射栏，与成都同制。

十五、巨人族

《山海经》中关于中华大地上巨人族的存在有明确的记载。现在东北、山东两地的人种较为高大，也在于血统与基因的关系。“侉子”之“侉”字，就字形而言，就是身材比较巨大的意思。拥有比较纯粹的巨人血统的是雷泽氏，大约生活在今日山东省菏泽附近。雷泽氏因为身材比较高大，讲话声音洪亮，这一族在远古社会中，担任的是雷神的祭司角色，与风神、火神、雨师并列。在史前大洪水之前，雷泽氏就生活在雷泽附近了。雷泽氏的图腾夔，是一种牛首龙身的水兽。《海内东经》记载：“雷泽中有雷神，龙身人头，鼓其腹则雷。”《大荒东经》记载：“其状如牛，苍色无角，一足能走，出入水即风雨，目光如日月，其声如雷，名曰夔。黄帝杀之，取皮以为鼓，声闻五百里。”

华胥氏的杰出后人伏羲氏，传说是华胥族的姑娘踩踏巨人脚印而生，这实际意味着他是雷泽氏的私生子。只知其母

而不知其父，在早期的母系社会是比较常见的现象。拥有雷泽氏血统的伏羲高大又聪明，代表华胥族开创了一种发达的文明，从而带动了华胥族的崛起。雷泽氏的夔图腾对华胥族后来的图腾有深远的影响。其后夔的形象变为了炎帝族的牛图腾和黄帝族的龙图腾，这三者有比较深的渊源。

伏羲氏在迁居东方成为天下共主之前，首先与燧人氏北风族联姻，产生了羲和族与常羲族。而伏羲氏后人与镇守昆仑山的开明白虎族后人联姻，生了巴人。巴人秉承了伏羲氏身材高大而聪明的特点，以及白虎族的勇敢善战，从而在中华大地的西南部谋得一席之地。伏羲氏与女娲氏，即女和族联姻，羲和族的一个分支演化成苗蛮，另一支则后来随伏羲迁居东方。

盘瓠氏最早生活的地域可能在草原与山林的交界地带，以葫芦为主要食物，作为最早发现并培育葫芦的族人，被众人尊称为瓠民。盘瓠氏以龙犬为图腾，以图腾而论，其氏族可能是雷泽氏巨人族与允姓犬族联姻后产生的。其中一支是今天瑶族、畲族、部分苗族的先民，这些民族都尊崇盘瓠为自己的始祖。黄帝之孙颛顼为帝时，盘瓠氏一支后人讨灭犬戎，高辛氏把小女许给他为妻，封为犬封国。盘瓠氏之所以能顺利杀戎宣王而归，应该和他熟悉草原的环境有一定的关系。盘瓠氏中拥有巨人血统最明显的是传说中开天辟地的盘古神，但盘古之名最早见之于三国，先秦著作并无盘古

名号。

《山海经》中最著名的巨人是夸父。在黄帝取代炎帝成为中原的统治者之前，炎帝家族拥有绝对的统治力。雷泽氏的一支迁居东海，成为东海海神。炎帝家族中的祝融本是炎帝族世袭的“火神”封号，祝融氏的后人后土与雷泽氏联姻，生了夸父氏。夸父氏拥有神话中巨人族的一些共同点，出身不凡，身材高大，但缺乏谋略，在实际战争中战斗力并不强。在炎帝旧臣蚩尤与黄帝的涿鹿之战中，夸父氏从东北部赶去中原支援蚩尤，但被应龙氏伏击而身亡。

《山海经》中记载的大人国则是雷泽氏的另一个分支。《海外东经》记载，大人国在它的北面，那里的人身材高大，正坐在船上撑船。《海内北经》记载，蓬莱山在海中，大人之市在海中。《大荒东经》记载，有座波谷山，有个大人国就在这山里。有大人做买卖的集市，就在叫作大人堂的山上。有一个大人正蹲在上面，张开他的两只手臂。《大荒北经》记载，有一种人名叫大人。有个大人国，这里的人姓厘，吃黄米饭。

在《山海经》中厘姓最早可见于颛顼的后代之姓。《大荒北经》记载：“西北海外，黑水之北，有人有翼，名曰苗民。颛顼生驩头，驩头生苗民，苗民厘姓，食肉。”《师古往》中说：“厘，本作禧。”《国语·晋语四》司空季子则说黄帝之子十二姓中有僖姓，《史记索隐》中说：“漆音僖。”

漆即僖。由此可见“漆”姓与“厘”姓在一定程度上是相通的，都是黄帝族僖姓的后人。厘姓的苗民与雷泽氏联姻，生了大人国。“厘”也是春秋时期楚国的一个都城，故址在今安徽省无为县境内，这大概是厘姓苗民的早期居住地。

大人国的位置应在春秋时期邾国的漆地，即今山东省邹城东北。邾国，又名邾娄国、小邹国，是中国历史上春秋战国时代的一个诸侯国，国君为曹姓。《汉书·地理志》中记载：“故邾国，曹姓，二十九世为楚所灭。”这个厘姓的大人国居住在海边，以海洋贸易为生，身材十分高大。大人国后代中最有名的一支是迁居封蜗山的防风氏，封蜗山约在今浙江省湖州市附近。防风氏又名“汪芒氏”，或曰“汪罔氏”，是夏禹时防风国王。

《国语》中记载，吴国进攻越国，攻克会稽，得到了一节很大的骨骼，要用一辆车专门装它。吴王派使者到鲁国访问，顺便让使者请教孔子这节骨头是什么骨头。孔子回答：“当年大禹召集众多部落首领在会稽山开会的时候，有位号称防风的部落首领迟到被杀。尸体被肢解，运他的一节骨头要用一辆车装。”使者问：“那些神都是谁?”孔子回答：“大山河流是天下最主要的组成部分，这些首领就是统御山川河流的主宰，社稷的主宰是公侯，他们都受到王的管制。”使者又问：“那个号称防风的神主宰的是哪里?”孔子回答：“就在当年汪罔氏之君守的封、禺之山，为漆姓。”

《说苑·辨物》中孔子对防风氏的演变做了更详细的说明："汪芒氏之君守封蜗之山者也，其神为厘姓，在虞夏为防风氏，商为汪芒氏，于周为长狄氏，今谓之大人。"《孔子家语·辨物》的说法略有不同："汪芒氏之君，守封蜗山者，为漆姓。在虞、夏、商为汪芒氏，于周为长翟氏，今曰大人。"防风氏即汪芒氏，漆姓同厘姓，都是黄帝族十二姓中僖姓的后人。僖姓是黄帝与妃子彤鱼氏所生的后人。防风氏具有雷泽氏的巨人血统，后来成为"长狄"的一支。而从"长翟"到"长狄"的演变，表明防风氏本是以鸟为图腾的，因为与华夏族交恶的关系，其后人后来与草原上的"狄"联姻，而成为"长狄"了。

雷泽氏的一支与草原上以"独眼人"形象著称的鬼族联姻，从而有了独眼巨人的形象。关于独目人传说的发源地应在现今中国新疆与蒙古交界的阿尔泰山脉附近，因而在欧洲、亚洲很多民族中都有流传。所谓"人面而一目"，则可能是对尚武的鬼族人所戴头盔或面具只在面部开孔的神秘说法。炎帝家族的烈山氏，也是拥有巨人血统的鬼族后代，他为炎帝时，其名为魁傀，“身长八尺有七寸，生而牛首人身，怪异之相，乃曰魁傀氏”。

其他未开化的巨人族则有赣巨人。《海内经》记载：“南方有赣巨人，人面长唇，黑身有毛，反踵，见人笑亦笑，唇蔽其面，因可逃也。”枭阳国是生活在今日江西省境内的一个尚未开化的野人部落。据说想捉拿这种野人时，要把竹筒套在手上，等野人抓住竹筒时，把手抽出，把其嘴唇钉在额头上，即可擒获。这么说有点低估野人的智商。但其面目形状，怕人甚至食人的传说，无不显示出这个野人部落的原始状态。

十六、小人族

关于小人国的记载，最早见于《山海经》，不过仅仅有几个词条。《大荒东经》记载："有小人国，名靖人。"《大荒南经》记载："有小人，名曰焦侥之国，几姓，嘉谷是食。""有小人名曰菌人。"《海外南经》记载："周饶国在其东，其为人短小，冠带。一曰焦侥国在三首东。""焦侥""周饶"都是"侏儒"之声转，侏儒就是身材短小的人，则焦侥国即周饶国，就是人们所说的"小人国"。在古汉语中，"几"有"微""殆"之意，称焦侥国人为几姓，即是说其人身材微小。奇怪的是，这个小人国显然是礼仪之邦，尽管他们都身材矮小，只有三尺高，但其国人非常讲究礼节，戴帽子、系腰带都整齐考究。

在历代都有关于小人国的记载，这里的小人族应该是生活在今云南、丽江、西藏交界处的"独龙族"的先民。中国境内独龙族的称谓，其祖先的一支应该是身材矮小的人种。现在的独龙族身材并不矮小，原因可能是部落先民在与其他部落通婚后，已经没有原来的矮小了，但在西藏、云南的密林深处，应该还有这个原始矮人部落的存在。

独龙族有自己的语言，属汉藏语系藏缅语族。由于独龙族长期与世隔绝，故语言发展缓慢，受外界影响小。20 世纪 50 年代初，与独龙族系出同源的缅甸日旺人创造了一种文字。1979 年，中国独龙族在日旺文基础上改制了一套适合我国独龙族使用的拉丁文拼音文字，但没有得到广泛使用。他们除学习和使用汉文外，部分独龙族族人还会傈僳文或日旺文。

独龙族在历史上曾被称为“俅人”“曲人”“洛”“曲洛”等。“俅”字在古代指恭顺的样子，指衣冠服饰讲究且都很有礼貌。矮小的人种加上穴居的生活，却能制造复杂的工具，又很懂礼貌，这大概是使中原人特别惊奇的原因。当然出现在古代进贡队伍中的矮人族可能经过了礼仪的培训。但《山海经》中的记载却明白地告诉我们，矮人族的一个分支，即小人国在很久之前就成为文明程度很高的种族。

根据相关媒体资料，缅甸与中国接壤的地方有“塔龙”族，这和“独龙”的发音基本一样。但近来在缅甸克钦邦的依蒙市郊被发现的塔龙族，只剩下了 4 人，身长最高的只有 1. 12 米。这可能是因为他们一直处于封闭的地域环境内，保持了身材的矮小。

缅甸克钦邦北部的布达巫县辖内的依蒙市，北面和东面与中国接壤，西面与印度连接。在依蒙市居住的居民，多数为若望族、傈僳族、景颇族及少数的滴白族。其中塔龙族的人数最少，他们住在阿隆丹村。该村的居民是缅甸身形最矮小的民族，其中年纪最大的有92岁，名叫兰丹彼，身高109厘米，年纪最小的名叫达威，45岁，身高1.12米。据1955年缅甸的人口登记记录，塔龙族的人口有100人，但人口渐渐减少，至1997年时只有8人。至今只剩下4人。

据离该村不远的一位和尚表示，矮人族人口的骤减，主要是受气候影响及自然灾害的打击，饥寒交迫苦熬的日子使他们身体营养缺乏而体能大减，加上离群独处，不懂得种植与谋生的方法，外加近亲结婚影响生育能力等多种因素，造成了塔龙矮人群濒临灭种的危机。

从相关记载可以看出，真正矮人族的身高大概在1米左右。与矮人族形成鲜明对比的是巨人族，比较纯粹的巨人族身高当在2米左右，甚至更高。

在北京延庆县，八达岭长城北面，有一条东西走向的山脉，一般人管它叫军都山。山中有近百个小人才能居住的洞穴。每一间洞的面积都比较小，顶高也有限，从石室内火炕的长度来看，大多数的宽度都在1.6米左右。据专家推断，我国北方火炕的宽度往往能够反映出使用者的身高，由居室的高度与火炕的宽度可以推测，古崖居的主人平均身高在

1.6 米左右，对于他们的族种，“奚人说”是目前主流的看法。距今1000 多年以前，唐末五代时期游牧民族曾在这里生活过，西奚人在这里建立了他们的山寨。

有专家认为，奚人应为突厥人的一支，属于“矮人族”人种，成年人平均身高仅为1.5—1.6 米。专家考证，历史上确实有个叫“奚人”的矮人部落曾活跃于妫州一带，而妫州正是延庆一带的古称。但这个身高和“塔龙”族相比，还是不能称为“矮人族”的。

福建省泉州市的古老渔村蟳埔鹧鸪山有一处“小矮人”墓群，上千个装着不到正常人一半大小骸骨的“皇金”，即用于二次葬的专用陶瓷罐，曾一排排有序排列在海岸边的斜坡上，后因蟳埔社区旧村改造，被大规模迁移到蟳埔几百米开外的鹧鸪山。这些是否为矮人族的骨骸，还有待进一步的考证。

清代文献对中国台湾小黑人的记录相当多，他们个子矮小、皮肤黑，会攻击原住民，性好渔色，据说在清朝神秘消失。菲律宾则有毗舍耶人，有少数学者认为毗舍耶人来自中国台湾。《泉州府志》等权威文献都有关于宋元时期毗舍耶人侵犯晋江沿海的记录，这似乎表明蟳埔小矮人墓群中埋葬的也有可能是毗舍耶人。

2003 年，印度尼西亚弗洛勒斯岛上发现一具古人类骨骼化石，弗洛勒斯人的身高仅有1 米左右，体重约为25 千

克，头部像小柚子那么大，大脑仅为现代人的三分之一。科学家认为找到了此前从未被发现的新人种。人类学家推论，这些“小矮人”可能由直立人进化而来。直立人早在 80 万年前就已历经千难万险从爪哇岛来到弗洛勒斯岛，由于食物的缺乏和人口数量的增多，直立人的个体开始缩小，从而使得他们进化成为较小的个体。

而在非洲，喀麦隆小人国居民的正式称呼是俾格米人，他们总共有 3 万多人，是喀麦隆最古老的居民。俾格米人一词来源于希腊文，是“矮子”“矮人”的意思。俾格米人不像非洲黑人那样皮肤黝黑发亮，身材魁梧，而是皮肤略呈黑红，个头异常矮小，成年男子的身高平均只有 1.2 米，最高的也难以超过 1.5 米，成年女子的平均身高比男子还要矮 10 厘米。

尽管关于矮人族的记载并不罕见，但在部族联姻的过程中，无论是从战斗力、劳动能力还是外貌而言，显然巨人族更有吸引力，因而能延续下去。在正常生活中，一些身体异常的矮人往往被当成一种生理缺陷，因此在部落联姻的过程中，这些矮人部族要么追求身高而被同化，要么被歧视而进入了更孤独的密林深处，从一定程度上来讲，矮人脱离了同文明社会一起发展的机遇。俾格米人也相信有上帝存在，但他们的上帝名叫“克姆玉姆”，俾格米人的语言叫作“朵拉”。

古代形容矮人族的身高一般为三尺。古代的尺要短于今天的尺。最初的尺指男人伸展的拇指和中指之间的距离，大约是 20 厘米，所以周代的一尺相当于现在的 19.91 厘米。自周代以后，尺大致都要加长一点，到战国时，一尺大致相当于现在的 23 厘米左右，但是当时各国也不完全一致，如出土的战国楚尺长 22.7 厘米。宋元时，一尺合今 31.68 厘米。明清时，木工一尺合今 31.1 厘米。一般而言，矮人族的身高大概在 1 米左右。但在《山海经》以后的神话传说中，无疑进一步缩小了矮人族的身高，这不太符合现实中的矮人族身高。

汉朝郭宪在《别国洞冥记》中记载："勒毕国人长三寸，有翼，善言语戏笑，因名善语国。常群飞往日下自曝，身热乃归，饮丹露为浆。丹露者，日初出有露汁如珠也。"郭宪记述勒毕国人文字较少，但仍略窥一斑，其于日下自曝，身热乃归，摄取太阳能量，以露水为食物，与蜜蜂的习性很像。

学者王立在《中国古代文献中的小人国母题》一文中列举了古代关于小人国传说的篇章。《管子·水地篇》记载："涸泽数百岁，谷之不徙，水之不绝者，生庆忌。庆忌者，其状若人，其长四寸，衣黄衣，冠黄冠，戴黄盖，乘小马，好疾驰。一其名呼之，可使千里外一日反报。"

除《山海经》所载录的外域小人外，前期小人传说集中出现在两晋时代。该母题是作为一种具有先兆意味的妖异被解释的。干宝《搜神记》卷称王莽刚登位，池阳有小人长一尺余，“或乘车，或步行，操持万物，大小各自相称，三日乃止，莽甚恶之。自后盗贼日甚，莽竟被杀”。《太平广记》卷引张华《博物志》佚文载：“西北荒小人中有长一寸，其君朱衣玄冠，乘辂车马，引为威仪居处，人遇其乘车，抵而食之，其味辛，终年不为物所咋。并识万物名字。又杀腹中三虫。三虫死，便可食仙药也。”这种可食用的小人，后来演变成具有神奇功能的“肉芝”的一种，人参娃娃类似于此。葛洪《抱朴子·仙药》也从精怪角度理解：“行山中见小人，乘车马，长七八寸，肉芝也。”祖冲之《述异记》则记载：“魏时，河间王子充家，雨中有小儿八九枚堕于庭，皆长五六寸许。自云：家在海东南，因有风雨，所飘至此。与之言，甚有所知，皆如史传所述。”

宋代编的《太平广记》卷第四百八十和卷第四百八十二都记述了一些关于小人的故事。西北海戌亥那地方，有个鹤民国，人身高三寸，但日行千里，步履迅急如飞，却常被海鹤吞食。他们当中也有君子和小人。君子天性聪慧机变灵巧，每每因为防备海鹤这种祸患，而经常用木头刻成自身的样子，有时数量达到数百，把它们放置在荒郊野外的水边上。海鹤以为是鹤民，就吞了下去，结果被木人卡死，海鹤就这样上当千百次，以后见到了真鹤民也不敢吞食了。鹤民大多数都在山涧溪岸的旁边，凿洞建筑城池，有的三十步到五十步长就是一座城，像这样的城不止千万。春天和夏天的时候，鹤民就吃路上的草籽，秋天和冬天就吃草根。到了夏天就裸露着身体，遇到冬天就用小草编衣服穿，也懂得养生之法。

清代纪晓岚在其所著《阅微草堂笔记》一书中，有两则关于小人的记载。其中一则关于小人的记载编在该书卷三《滦阳消夏录三》。书中描述，在乌鲁木齐经常看到身高只有尺许的小人，男女老幼都有。每到红榴树开花时，这些小人便折下榴枝，编成小圈戴在头上，成群结队唱歌跳舞。他们的声音细如鹿鸣，悠扬婉转。有的小人会偷偷走到朝廷驻军的帐篷内偷窃食物，如不小心被抓到，就跪在地上哭泣。若把他们捆绑起来，就绝食而死。假如把他们放了，他们也不敢马上跑开，先慢慢地走数尺远，回过头来看看，若有人追骂他们，马上又跪在地上哭泣，否则便慢慢走远，到了差不多追不上的距离时，就迅速遁入深山中。清军始终找不到这些小人的居处，也不知他们如何称呼，因为小人喜欢戴红榴，便称之为“红榴娃”。邱县的县丞天锦巡视牧场，曾抓到一个小人，将他带回去，仔细端详，他们的胡须和毛发都和我们平常人一样，可见不是木魅或山魈之类的妖怪。

十七、女人国

《山海经》中《海外西经》关于女子国的记载有两种说法，一种说法认为女子国在巫咸国北面，有两个女子住在这里，四周有水环绕着。另一种说法认为她们住在一道门的中间。郭璞于“水周之”条下作注：“有黄池，妇人入浴，出即怀妊矣，若生男子，三岁辄死。”《山海经》成书的时代，是从母系社会到父系社会的过渡时期，保持母系社会传统的部族还非常多。书中提到的女子国，是比较极端的一个传说，国中没有一个男子，这是被郑重记下来的原因。

而今在四川省和云南省边界两侧的摩梭族人，仍保留母系社会制度。摩梭族的一切都由女性支配。摩梭族有一种独特的婚姻方式——走婚。走婚在摩梭语中叫“色色”，意为“走来走去”，它形象地表现出走婚是一种夜合晨离的婚姻关系：男女双方不结婚，只在晚上男子到女人家居住，白天仍在各自家中生活劳动。一到夜晚，男子会用独特的暗号叩开女子的房门。在摩梭族人眼中，男人女人各住自家，女子一旦不再为男子开门，走婚关系就结束了。但摩梭族保持的这种母系社会的传统在远古时代比较普遍，与“女儿国”的概念还是有差别的。

《山海经》中的弇兹氏、西王母族、女和月母国，隋唐时期的苏毗，南北朝至唐青藏高原的西女国与东女国，乃至今日的泸沽湖畔的摩梭族人，都是保持母系社会传统的部族。《新唐书》说苏毗是“西羌种”。法国汉学家伯希和认为，苏毗是一个藏种的国家，而羌系民族的东女国是公元六七世纪出现的部落群体及地方政权，是昌都地区及整个藏族历史上重要的文明古国。《旧唐书》记载：“东女国，西羌之别种，以西海中复有女国，故称东女焉。”当初与燧人氏结盟的弇兹氏为西海海神，东女国与西女国可能秉承了该族的传统。

西女国沿袭了隋唐时期的苏毗国传统。隋唐以前，西女国在藏文史籍中即称苏毗，为西藏最初十余小邦中之强者，世以女性为首领，地在今西藏那曲地区西、北部，后为吐蕃所逼举部北迁至青海省境内。《北史·女国传》记载：“女国，在葱岭南。其国世以女为王，姓苏毗，字末羯……恒将盐向天竺兴贩，其利数倍，亦数与天竺、党项战争……隋开皇六年遣使朝贡，后遂绝。”这个女国临近天竺与党项，以贩盐获利，是《西游记》中西凉女国的原型。

在古代巴比伦神话、希腊神话和我国古代传说中，都有关于女人国的故事，流传的范围极为广泛。学者陈廷瓒在《女人国考》一文中对各国的女人国神话进行了系统考据，提供了很多资料。

《博物志》中有关于女人国的记载："有一国纯女无男，其地在沃沮东大海中。"沃沮、窝集、乌稽等都是"勿吉"的音转，意为"森林部落"，是我国古代东北的一个少数民族。沃沮属秽貊系统，可分为北沃沮与南沃沮。南沃沮又名东沃沮，北沃沮人主要居住在我国今黑龙江省的东南和吉林省的东北地区，还包括苏联沿海州的一部分。南沃沮主要居住在今朝鲜东北地区。

唐代姚思廉的《梁书》卷五十四《东夷传》中记载着有关东夷的一个女人国："慧深又云：扶桑东千余里，有女国。容貌端正，色甚洁白，身体有毛，发长委地。至二、三月间竟入水则妊，六七月产子。女人胸前无乳，项后生毛，根白，毛中有汁，以乳子，一百日能行，三四年则成人矣。见人惊避，偏畏丈夫。食咸草如禽兽。咸草叶似邓篙，而气香味咸。"

冯承钧译注的《马可波罗行记》的注释中记载了距离日本不远的女人岛。岛上仅仅有女人，拿着弓箭，善于射箭。为学习射箭而烧其右边的乳房。每年固定的月份，有若干日本船载着货物来到岛上交易。船航行到岛边后，安排两人登岸，把船上的人数告诉女王，女王就定下了船上的人登岛的日子。到了这天，船上的人未登上岛之前，岛上的女子来到港口，其数目与船上男子的数目是一样的。每个女人都带着一双绳鞋，鞋上有暗记，随意地放在沙滩上，然后退走。船上的男子登岸，拿着鞋子去寻找那些女子，女子认出自己的鞋子就与其一起回去。拿到女王鞋子的，即使是丑陋的男子，她也不会拒绝。在限期满了以后，男人把居住的地址告诉女子后就分别了。第二年时，如果生的孩子是男的，就送给其父亲。这是传教士听两年前到过该岛的某个人说的。

唐代高僧玄奘的《大唐西域记》卷十一波剌斯国（即萨桑王朝统治下的波斯）后附有印度地区关于女人国的记载。拂懔国西南海岛有西女国，都是女人，基本没有男子，多诸珍宝货。拂懔国每年都会派男子去与其婚配。玄奘所做的《大唐西域记》中，还有罗刹女国。罗刹女也是吃人女妖的形象："昔此宝洲大铁城中，五百罗刹女之所居也，恒伺商人至宝洲者，便变为美女，持香花，奏音乐，出迎慰问，诱入铁城，乐燕欢会已，而置铁牢中，渐取食之。"佛经里所说的罗刹国就是今天的斯里兰卡。所谓罗刹，在佛教中指食人肉的恶鬼。

罗刹本是印度神话中的恶魔，见于印度现存最古老的诗集《梨俱吠陀》。相传原为印度土著民族的名称，在雅利安

人征服印度后，变成了恶人的代名词，最后演变为恶鬼的总名。罗刹又有男女之别，男罗刹的形象是黑身、朱发、绿眼，一副恶鬼形象。女罗刹称为罗刹斯，长得如绝美妇人，富有魅力，专门食人血肉。

在《大唐三藏取经诗话》中，三藏法师也曾到过鬼子母国。鬼子母又名欢喜母，原为婆罗门教中的恶神，专吃人间小孩，又称为“母夜叉”。后来鬼子母为佛教吸收，成为儿童的保护神。

关于印度地区女人国的记载也见于《马可波罗行记》之《独居男子之岛及独居女子之岛》中。向南海行约五百里，则到达二岛，一个称为男岛，另一个称为女岛。男岛上住的都是男子。每年的第三个月岛上的男子都去女岛，住三个月，就是每年的三、四、五月。在这三月中与各位女子相好。三个月后，诸位男子重回本岛。其余九个月中，从事种植、工作、贸易等事情。各位女子所产之子女，女的属母亲，男的则由母抚养至十四岁，然后送到父亲所在的地方。这是两岛的风俗。各位女子除了抚养子女，摘取本岛之果外，不做其他事情，必需的物品则由男子来提供。

在《马可波罗行记》的《独居男子之岛及独居女子之岛》的注释中，还记述着印度的女人国的故事。男女分居在恒河两岸，女子在六、七、八月间接待男子四十日，是为太阳偏犯，天时最寒之日。女子生了孩子后丈夫就不再来了。

在菲律宾，也有关于女人国的故事。《马可波罗行记》的注释中有记载。这些岛屿中有一个岛，仅有女子住在其中，自成一国，不许男子进入。女子一般不结婚，只在年中的某个季节允许男子来相会。一些日子后，这些男子就把无须哺乳的男孩带回去，女孩则留在母亲的住地。

希腊传说中也有关于女人国的传说。这个女人国称作“阿玛宗人”，这是一群英勇善战的女人，相传居于黑海两岸，高加索附近之地，每年与伽尔伽利男族会合一次，生的是男孩就杀掉，或者送给父亲抚养；女孩就割去其右乳，以便练习使用弓矢。“阿玛宗”即“无乳”之义。这个关于“阿玛宗人”的古希腊传说，11 世纪时曾广泛地流传于欧洲各国。

总结女子国的延续方法，无非是与男子婚配而不居住在一起，或者泼水自然受孕，前者的说法更为合理。《西游记》中，西凉女国的女子通过喝子母河的水而怀孕，唐僧和猪八戒也不能例外。在今日新疆维吾尔自治区的若羌县，有一条河叫作子母河，据说很多不孕的女人喝了河水而怀孕。其原因可能是，子母河由阿尔金山的冰雪融化形成，在阿尔金山矿层中反复渗透，含有丰富的微量元素，可以增强动物的生殖系统。因此，喝了河水生双胞胎的特别多，用子母河河水灌溉的庄稼和果树，产量也特别高。

在植物方面，是存在“无性繁殖”的。据资料介绍，林业上常用树木营养器官的一部分和花芽、花药、雌配子体等材料进行无性繁殖。用这种方法繁育的苗木称无性繁殖苗。动物或者是其他活体也存在一定的“无性繁殖”。这主要体现在一些低等生物体身上。例如，蛙和龟有无性繁殖成功的记录。原生动物、腔肠动物、细菌等低等生物是无性繁殖的。也就是说，在自然界中能够“无性繁殖”的，都属于比较低端的物种，植物如是，动物亦然。

神奇的子母河水，提供了一个无性繁殖的故事。人类究竟能否“无性繁殖”，现代的克隆技术已经回答了。但女子国泼水自然受孕的说法，可能只存在于传说中了。

十八、男人国

《海外西经》记载：“丈夫国在维鸟北，其为人衣冠带剑。”丈夫国是《淮南子》所记海外三十六国之一，其民称为丈夫民。晋人郭璞注解说，丈夫国全是男子，没有女人。这里的人衣冠整齐，身佩宝剑，颇有君子风范。佩带宝剑具有君子风范的还有君子国。《海外东经》记载，君子国在奢比尸神的北面，那里的人穿衣戴帽而腰间佩带着剑，能吃野兽，使唤的两只花斑老虎就在身旁，为人喜欢谦让而不争斗。

《大荒东经》记载：“有司幽之国。帝俊生晏龙，晏龙生司幽，司幽生思土，不妻；思女，不夫。食黍，食兽，是使四鸟。”此处的帝俊指帝喾，这里的记载表明了丈夫国与女子国的首领也有着皇族血统。所谓思士不娶妻子，其实表明他是丈夫国的首领。所谓思女不嫁给丈夫，其实表明她是女子国的首领。

以君子国佩带宝剑的传统而言，君子国当在后来的越国地域内。越国常与吴国对抗，在浙江、福建、广东等沿海一带。越国有铸剑的传统，最著名的欧冶子一支就是越国人。福建湛卢山与浙江龙泉都是最适合铸剑的地方。“衣冠带剑”的描述则表明丈夫国是受过高等礼仪教育的一个部族。

丈夫国与女子国都在《海外西经》记载的地域内，两者应有关联。《马可波罗行记》中的《独居男子之岛及独居女子之岛》记载，女岛上住的都是女子。男岛上住的都是男子。每年的第三个月岛上的男子都去女岛。三个月后，诸位男子重回本岛。各位女子所产之子女，女的属母亲，男的则由母亲抚养至十四岁，然后送到父亲所在的地方。这是两岛的风俗。这似乎也表明了丈夫国与女子国的关系。

《太平御览》引用《玄中记》的记载，在西边极远的地方，全国都是男子，人人常年佩剑。早在殷代，君王派王孟到西王母处采集不死的灵药，后来断粮，困在半路，只能吃树上结的果实，穿树皮，住在荒山里。他一辈子没有妻子，天帝怜悯他无后代，令在他睡梦时从背肋间跳出两个儿子。儿子出生以后，王孟就去世了。他的儿子也用这种办法生出下一代。而且后代又都是男子。慢慢地，这地方男子越来越多，成立了丈夫国。这个地方离玉门关有两万里。

据《竹书纪年》记载：“（商朝雍己）二十六年，西戎来宾，王使王孟聘西戎。”商朝从汤至雍己即位前 100 多年，

由于坚持节用宽民、以德治商的政策，社会经济得到稳定发展。但是长期的和平安稳也助长了商王室的不思进取。《史记》说，至雍己即位时，“殷道衰，诸侯或不至”。可见各诸侯的势力日趋膨胀，商王室的权力有所削弱。但王孟诞生的丈夫国的传说显然要在《山海经》的记载之后，并且这个丈夫国的国民显然处于比较原始的生活状态，这和《山海经》中君子国衣冠佩剑的潇洒是不能相比的。

一般的母系氏族中，男性可以有一定的发言权，甚至可以作为该部落的代表。但在一个父系氏族中，女性属于绝对的服从地位，没有发言权和选举权。《山海经》记载的时期尚处于母系氏族向父系氏族的过渡时期，对于这种父系氏族的存在应该是比较惊奇的。

比如四川省甘孜州至今还保留着以父系血缘继嗣关系组成的氏族组织，是藏族社会从母系制向父系制过渡的产物，当地称为“戈巴”。“戈巴”，也称“帕错”。“戈巴”在藏语中是集团或群体的意思。“帕错”藏语意为父系血缘集团或群体。白玉县山岩戈巴是以父系血缘为纽带的原始部落，被人们称为父系原始文化的活化石。白玉山岩乡四面为高山环绕，村落大部分坐落于金沙江沿江的沟谷和山梁地带。“山岩”，又名“三岩”，是藏族地名的音译。

戈巴成员主要由男性组成，凡一个父系亲属的男孩，生下时便是戈巴成员，十四岁后开始参加会议，参与决定戈巴

内的一切重要事务，诸如戈巴组织间的交流、通婚等。山岩戈巴的最高权力机构是“戈巴成员大会”。这里妇女不能做戈巴成员，更无权参加戈巴会议，但要遵守戈巴的一切规定。

这是一个男人主导一切的世界，而且，人类眼中天经地义“男耕女织”的生活在这里被彻底颠倒了。在山岩，耕田、收割这样的体力活儿是女人的专职，男人的工作就是上山挖虫草、缝补这样的小事。山岩的房屋建筑很独特，一个戈巴几十户人的房屋紧紧相连，户户相依，而且间间相通。山岩戈巴的生殖崇拜、神话礼仪、图腾等与其他藏区不同，极具神秘性。

欧洲也有男人国的记载。希腊阿索斯半岛坐落在爱琴海北部，是一座山清水秀、寺庙遍地的美丽岛屿。每年，络绎不绝的游客怀着好奇的心情争相前往，只为窥视那神秘光环笼罩下的圣地。但令人遗憾的是，该岛只接纳男性，女性禁止登陆。阿索斯半岛是东正教教士的隐修之地，也是一个名副其实的“男人国”。岛上唯一的“女性”是圣母玛丽亚的神像。除此之外，任何女性甚至雌性动物都不能靠近该岛。女子乘坐的船只途经阿索斯半岛时，必须在距它 500 米之外的海面上行驶，否则将遭受大炮的轰击。

传说 422 年，拜占庭皇帝狄奥多西斯一世的女儿——普拉基吉娅公主曾前往阿索斯半岛进行拜谒。不料，她刚走进

修道院，就听到了圣母玛丽亚的呵斥声，只得立即返回。从此，该岛便禁止女性踏入一步。到了1060年，这条禁令还得到了拜占庭皇帝的正式批准。1000多年过去了，“女性禁入”似乎已成为该岛的钢铁法律。如今阿索斯半岛已成为希腊唯一的行政特区，其地位有点像意大利境内的梵蒂冈城。阿索斯的一切事务均由该岛的神权委员会负责处理。

《汉唐地理书抄》中关于天帝用男性的背部造人的传说与《圣经》中上帝造女人的故事非常类似。上帝创造人类的时候首先创造的是男人，亚当创造出来后，上帝将他安置到伊甸园里。亚当的潇洒生活也有不潇洒的一面，他总是形单影只，孤零零一个人。仁慈的上帝将这一切都看在了眼里：“那人独居不好，我要为他造一个配偶帮助他。”于是上帝打算趁亚当睡觉的时候用他身体的某个部分为他创造一个配偶。但就在要动手创造的时候，上帝却犯了踌躇：应该用哪一部分创造呢？

关于这个细节《旧约圣经》没有记载，但希伯来人的重要经典《塔木德》里却有一个大概的描述：“上帝斟酌了一下该用男人的哪一部分创造女人。他说，我不能用头部创造她，以免她傲慢地昂起头；不能用眼睛创造她，以免她过于好奇；不能用耳朵创造她，以免她偷听；不能用嘴创造她，以免她滔滔不绝；不能用心脏创造她，以免她太嫉妒；不能用手创造她，以免她占有欲过强；也不能用脚创造她，

以免她四处闲荡；而应该用身体上隐藏的一部分创造她，以便让她谦恭。”而这个隐藏的部分就是肋骨。于是在亚当沉睡的时候，上帝从亚当的身上取下一条肋骨，创造了一个女人，这个女人便是人类的女性祖先夏娃。

《塔木德》的记载当然是古人的杜撰，并无实据，但它却与《旧约圣经》对妇女作为一个从属者的社会角色的设定极为一致，显示出古代希伯来妇女社会地位的卑微。尽管如此，夏娃的被创造仍然是人类历史上的一件大事，随着她的被创造，人类生生不息的历史便正式开始了。

十九、四大凶神

中国上古四大凶兽，分别是四名“大恶人”的化身，也就是三苗、驩兜、共工与鲧。他们都因为反抗权力者而被杀，死后精神不灭，被当权者称为“邪魔”，也就是四大魔兽，分别对应：饕餮、浑沌、穷奇和梼杌。帝尧当初在位时，因为血缘的关系，碍于种种不便，也未能将这三大凶族除掉。虞舜代表东夷部落金乌族的利益，最终把三凶族加上鲧一起定义为“四大凶神”，处死或放逐了四个首领，并将这几个部族中叛乱的成员流放到千里之外的蛮荒之地，让他们在那里抵御草原上的游牧族。

尧复姓伊耆，他虽然是黄帝后人高辛氏帝喾的儿子，但其母亲是炎帝族人。他自小随母亲长大，代表的是炎帝族的利益。选尧为帝，也是黄帝族对共工之乱妥协的结果。尧为帝时，东夷部落的十日族发动叛乱，尧派有穷氏后羿平息十日之乱后，为安抚金乌族，选用了具有黄帝族与金乌族双重血统的舜为大臣。开始时，帝尧觉得舜非常孝顺，有处理政事的才干，就把两个女儿娥皇和女英嫁给他。但舜经过苦心经营后，实际获得了天下的统治权，成为幕后的摄政大臣。这时，三苗为了苗蛮的利益，再一次发动了针对舜的叛乱。舜迫使尧把“驩兜、三苗、共工、鲧”定义为危害天下的四凶，并对其进行讨伐。尧发兵征讨，战于丹水之浦。最终结果是流放共工于幽州，放驩兜于崇山，审三苗于三危，杀鲧于羽山。

舜的执政管理能力是比较强的。他摄政时，使用高辛氏帝喾时期的“八元”管土地，使用高阳氏颛顼时期的“八恺”管教化，并平息了所谓“四凶族”的动乱。这所谓的“四大凶神”实际都是悲剧性的人物。从血统而言，他们都是有资格继承帝位的。在黄帝与炎帝旧臣蚩尤的涿鹿之战中，蚩尤统领的九黎战败，其势大衰，但他们还据有黄河下游和长江中下游一带的广阔地区。到尧、舜时期，他们又形成了新的部落联盟，这就是史书上说的“三苗”。

在涿鹿之战前，华胥族中的黄帝族代表改革的力量，与代表保守力量的炎帝族争夺帝位。炎帝族依靠其苗裔子系蚩尤的力量。而双方共同的父系少典族为了华胥族的独立，支持了黄帝，并帮助其获得帝位。黄帝为了抗衡炎帝，与东夷部落的羲和族立下盟约，以子玄嚣入赘，订立盟约，协定拥有两族共同血统，并代表本族利益的后代轮流执政。黄帝传帝位于少昊，少昊传帝位于颛顼，颛顼又传帝位于少昊之孙帝喾。

帝喾的儿子包括契、尧、挚、后稷等。帝喾试图打破双方部落长老规定的轮流执政制度，先传位于帝挚。帝挚之子为帝江讙兜，即浑沌，也是三苗的首领之一。后来帝挚得不到长老的支持而被迫退位，其子讙兜也成为一个流浪之人。讙兜是苗蛮部落首领的一个封号，在不同时期也称为讙头、欢兜等。黄帝族尊青阳氏少昊为共主，少昊传位于颛顼。颛顼因为有苗蛮的血统而得到苗蛮的爱戴。苗民国是颛顼族与苗蛮联姻的后代，是“三苗”之一。这位苗蛮首领后来把封号传给了帝喾之孙浑沌。

少昊与炎帝族联姻，以子入赘于炎帝族水神系，产生了新一代共工氏，即穷奇。穷奇本身则为少昊与草原部落联姻的后代。这位共工氏后与颛顼争帝位而发动不周山之战。《神异经》中记载：“西北有兽，其状似虎，有翼能飞，便剿食人，知人言语，闻人斗辄食直者，闻人忠信辄食其鼻，闻人恶逆不善辄杀兽往馈之，名曰穷奇。”说此为大恶之兽。《西山经》中记载：“邦山其上有兽焉，其状如牛，猬毛，名曰穷奇，音如獆狗，是食人。”共工氏因代表炎帝族而具有牛的形象。

《海内北经》中记载：“穷奇状如虎，有翼，食人从首始，所食被发，在蜪犬北。一曰从足。”穷奇是中国传说中

抑善扬恶的恶神，大小如牛，外形像虎，披有刺猬的毛皮，长有翅膀，叫声像狗，靠吃人为生。据说穷奇经常飞到打架的现场，将有理的一方鼻子咬掉。如果有人犯下恶行，穷奇会捕捉野兽送给他，并且鼓励他多做坏事。古人也把那种不重心意、远君子近小人的人称为穷奇。

另有炎帝的苗族后裔缙云氏之子饕餮，也称“三苗”，饕餮统领的是蚩尤失败后苗蛮的主体。但从“三苗”的结构来说，是由共工氏、驩兜、饕餮这三大部族构成了所谓的“三苗”。尧、舜时期，这三者的首领都有资格获得帝位，因而组成“三苗”进行叛乱。饕餮缙云氏最早见于《左传》：“缙云氏有不才子，贪于饮食，冒于货贿，侵欲崇侈，聚敛积实，不恤穷匮，天下之民以比三凶，谓之饕餮。”

缙云是黄帝时的一种官名。《集解》引应劭的话说：“黄帝受命，有云瑞，故以云纪事也。春官为青云，夏官为缙云，秋官为白云，冬官为黑云，中官为黄云。”黄帝以云名官，分别管理一年四季之事，其中夏官的官名就叫作缙云氏。《集解》引贾逵的话说：“缙云氏，姜姓也，炎帝之苗裔。”缙云氏在黄帝时期的统领极可能为蚩尤的兄弟。两者同为炎帝族与苗蛮联姻所生，统领苗蛮，以姜为姓。

传说轩辕大战蚩尤，蚩尤被斩，其首落地化为饕餮，这实际说明饕餮成了苗蛮的新首领。《北山经》中记载：“有钩吾之山，其上多玉，其下多铜。有兽焉，其状如羊身人面，其目在腋下，虎齿人爪，其音如婴儿，名曰狍鸮，是食人。”根据晋代郭璞对《山海经》的注解，这里说的狍鸮即是指饕餮。《神异经·西荒经》中记载：“饕餮，兽名，身如牛，人面，目在腋下，食人。”亦有传说其为“龙生九子”的九子之一。饕餮因为代表炎帝族缙云氏，而有牛的形象。

在其后的历史中，饕餮变成了图腾，刻于各种祭祀用的器皿之上。《吕氏春秋·先识览》中记载：“周鼎著饕餮，有首无身，食人未咽，害及其身，以言报更也。”殷周时代鼎彝上常刻的就是饕餮，其脑袋狰狞，双目炯炯，赫然有神，鼻梁凸出；首部有一双弯曲的兽角或足，其弯曲的方向似无定制，或内勾似羊角，或外曲似牛角；巨嘴大张，利齿如锯，嘴略弯曲内勾，或嘴巴紧锁，作正面盘踞状，身躯拱起，头着地或水云气，两边有一对利爪，像狗爪或虎爪。两侧有一对肉翅，形如耳朵。

鲧又被称为梼杌，是大禹的父亲。《神异经》记载：“西方荒中，有兽焉，其状如虎而犬毛，长二尺，人面，虎足，猪口牙，尾长一丈八尺，搅乱荒中，名梼杌。”鲧是黄帝族北海海神家族的后人，因而有

虎的形象。梼杌也是上古凶兽之一。其实按照当初黄帝与羲和族的约定，在帝喾之后接替帝位的就应该是鲧。但帝喾打破了这种传统，加上共工氏的叛乱，帝位转到尧的手中。对于尧、舜而言，鲧才是最大的威胁。鲧的兄弟驩头是苗民国的老首领，势必也参加了“三苗”之乱，因而舜最终以治水不力的借口杀了鲧。但双方的部族长老显然是对鲧比较同情的，最终支持鲧的儿子大禹获得了帝位。

二十、五方之官

黄帝对伏羲到炎帝时期的《连山易》文明加以发挥，变为洛书五行文化，强调了土地的作用，也就是《归藏易》。黄帝之后，历代帝皇强调了五行的作用，并作为固定的官职。《左传·昭公二十九年》中记载："故有五行之官，是谓五官，木正曰句芒，火正曰祝融，金正曰蓐收，水正曰玄冥，土正曰后土。"《礼记·月令》中记载："孟春之月其帝太昊，其神句芒，余春月皆然；孟夏之月其帝炎帝，其神祝融，余夏月皆然；孟秋之月其帝少昊，其神蓐收，余秋月皆然；孟冬之月其帝颛顼，其神玄冥，余冬月皆然。"

炎黄之战前，炎帝系的祝融降处于江水后，生了共工，成为水神。共工氏生后土。后土生信，信生夸父，这就是涿鹿之战中的夸父族。涿鹿之战后黄帝成为共主，炎帝族共工系的水神权力被削弱了。但少昊为帝后，为了安抚炎帝族，以其子穷奇入赘，产生了新一代共工氏。这位共工后来发动叛乱，对帝颛顼和帝喾造成了很大的麻烦，并造成了自伏羲后的第二次大洪水，这场洪水一直到大禹时期方才被平息。但黄帝对原来共工氏的后代后土氏还是比较友好的，并封其为“土正”。《左传·昭公二十九年》中记载：“共工氏有子曰句龙，为后土。后土为社。”句龙与句芒当不是同一人。这位句龙当是原来的共工氏与南风家族联姻的后人，也就是夸父的真正父系，他成为黄帝时期的重要助手。

《海外东经》记载，东方的句芒神，是鸟的身子人的面孔，乘着两条龙。少昊与南风部族联姻，生了句芒，名重，在东夷族中掌管羲和族。《大荒东经》中记载，有个国家叫因民国，那里的人姓勾，以黄米为食物。因民国也是羲和族的重要部族之一，同时也是商朝先祖王亥所在的国家。《大荒南经》记载，有个神人名叫因乎，南方人单称他为因，从南方吹来的风称作民。因乎是南方的风神。句芒死后成木神，主管树木的发芽生长。太阳每天早上从神树扶桑上升起，扶桑归句芒管，太阳升起的地方也归句芒管。句芒在古代非常重要，每年春祭都有份。他的本来面目是鸟，鸟身人面乘两龙。句姓同勾姓，句芒创立的国家就是“因民国”。商祖契也属于因民国的一员。

《吕氏春秋·孟春》中说：“其帝太昊，其神句芒。”高诱注解说：“太昊，伏羲氏，以木德王天下之号，死祀于东方，为木德之帝。句芒，少昊氏之裔子曰重，佐木德之帝，死为木官之神。”“重”应为少昊羲和族中的因民国首领的世袭名称，后颛顼有孙也为重。

五行之官传说中炎帝族的辅助者祝融，当指后来的颛顼之孙重黎，是代表黄帝族利益的火神。燧人氏崇拜火的一支传至居于炎山的西王母族，西羌继而又与华胥族中的少典氏联姻产生烈山氏，炎帝族最终接过了火神的位置。

炎帝这一族，世袭的是火神称号，祝融实际上是火神的封号之一，从上古时的保留火种、钻木取火、开荒种地再到祭祀。烈山氏炎帝继承了火神的封号，又名神农氏。炎帝之妻，赤水之子听訞生炎居，炎居生节并，节并生戏器，戏器生祝融。这是炎帝系新的火神。但在帝颛顼期间则重新立了自己的后人为火神。颛顼生老童，老童娶了根水氏，生了重黎，也就是新一代的黄帝系祝融，接过了炎帝族延续近2000年的火神权力。这也是黄帝族与炎帝后人共工争夺天下的权力所致。

重黎因对共工讨伐不力被帝喾所杀，由重黎的弟弟吴回接替了火神的位置。重黎与共工都为黄帝族后裔，加上重黎为新的“火正”时，依然会保留原有炎帝族的人马，在这种双重的同室操戈中，自然讨伐不力。

少昊坐镇西方后，与昆仑山开明白虎族的后人联姻，生了儿子蓐收。在《山海经》中蓐收为秋神，左耳有蛇，乘两条龙，为白帝少昊的辅佐神。《西山经》记载：“泑山，

神蓐收居之。其上多婴垣之玉，其阳多瑾瑜之玉，其阴多青雄黄。是山也，西望日之所入，其气员，神红光之所司也。”《尚书大传》中记载：“西方之极，自流沙西至三危之野，帝少昊神蓐收司之。”郭璞注解说：“金神也；人面、虎爪、白毛，执钺。见外传。”

黄帝之子玄嚣因为迁居东方的关系，放弃了黄帝族嫡系的身份，改姬姓为己姓。居东方统治后，启用了与金乌相似的燕子图腾。在蚩尤族向黄帝族发动涿鹿之战时，少昊发挥了举足轻重的作用，并最终帮助黄帝击败了蚩尤。少昊与当日伏羲为太昊时不同，中风的力量要比东风的力量要强，而且更有发展前景。少昊入赘以后代表的是羲和族的领导，其领导地位是一种过渡。少昊的兄弟昌意生韩流，韩流又生了颛顼。颛顼由少昊抚养，但以姬为姓，代表黄帝的嫡系，他最终继承了少昊的位置，为帝颛顼。在涿鹿之战结束，并由颛顼接替帝位后，少昊族因与流黄辛氏的密切关系，镇守西方。

最早的刑罚之神是开明白虎族、西王母，后来这一角色传给炎帝族中的蚩尤，继而传给少昊及少昊之子蓐收。《国语·晋语二》记载，虢公住在宗庙里做了一个梦，梦见有神人面，白毛虎爪，手执大斧，立在西边的屋角。虢公吓得要逃跑。神道说：“不要走！天帝有命令，要晋国来袭击你的国家。”虢公拜倒在地上叩头，于是醒了，就招来史嚚来解梦。

史嚚说："这个神是蓐收，是天上的刑神。天上的事由神来执行。"虢公认为史嚚说了不吉利的说话，把他囚起来，反而使国人庆贺他做了个好梦。过了六年，晋国就灭了虢国。

颛顼的助手玄冥当指颛顼为帝时的北海海神，也即鲧，他后来接替了黄帝族中"禺京"的封号。水神又称为玄冥、冬神、北方之神，以鱼、蛇、龟等水族为图腾。炎帝后人共工当初继承了水神的权力。黄帝族与水神联姻，有禺虢、禺京一族，分管东海与北海。在黄帝族与蚩尤之战中，出现的雨师是水神的一个分支，具有蛇与龟的图腾。《海外东经》记载："雨师妾在其北。其为人黑，两手各操一蛇，左耳有青蛇，右耳有赤蛇。一曰在十日北，为人黑身人面，各操一龟。"雨师妾为炎帝族与流黄辛氏联姻的后人，也是水神的一个分支，其"蛇龟"形象即后来的"玄武"图腾。

有虞氏的后人统治的地方在"虞谷"，也称"禺谷"，指太阳下山的地方。这实际代表着有虞氏是东夷金乌族的成员，十日族中包括有虞氏的血统。有虞氏的后人去了东海、北海为海神，即最早以"禺"为姓的成员。

黄帝战胜炎帝后，东海的海神也变为黄帝的后人。《大荒东经》记载："黄帝生禺虢，禺虢生禺京。禺京处北海，禺虢处东海，都是海神。""东海之渚中，有神，人面鸟身，珥两黄蛇，践两黄蛇，名曰禺虢。"禺虢是黄帝族与有虞氏联姻的后人。应龙氏是黄帝族中海神家族与东夷部落中的鹰族联姻所生，应龙氏承担的角色是替代炎帝族中的雨师。但后来在黄帝族与东夷部落羲和族的权力交替中，少昊之孙帝喾的后人又重新接替了东海、北海海神的角色。《大荒北经》记载："北海之渚中，有神，人面鸟身，珥两青蛇，践两赤蛇，名曰禺强。有儋耳之国，任姓，禺号子，食谷。"帝喾生了禺号，禺号接替了东海海神，而禺号的儿子禺强则成为北海新的海神。这个安排的另外一个结果是，颛顼儿子鲧的北海海神的位置被取代，鲧实际上成了一个没有身份的人。

二十一、四方神

青龙、白虎、朱雀、玄武是中国传统中的星宿名字，象征着四极，被誉为“四方之神”，也被称为“四灵”。青龙、白虎、朱雀、玄武用来表示方位可溯源至先秦，其思想来自春秋战国之前的阴阳五行中的“五方”，即东青龙、西白虎、南朱雀、北玄武、中天子。青龙的方位是东，左，代表春季；白虎的方位是西，右，代表秋季；朱雀的方位是南，前，代表夏季；玄武的方位是北，后，代表冬季。在后来的道教传说中，四方神指的是青龙孟章神君，守护东方；白虎监兵神君，守护西方；朱雀陵光神君，守护南方；玄武执明神君，守护北方。

四方神的出现与排列顺序可追溯到黄帝成为天下共主过后，设立五行之官。《左传·昭公二十九年》记载：“五行之官，是谓五官，木正曰句芒，火正曰祝融，金正曰蓐收，水正曰玄冥，土正曰后土。”随着时间的推移，大禹建立了夏朝。北方玄冥本指大禹的父亲鲧，即代表北海的海神，后来则取代炎帝系的共工氏，成为水神的代名词。金正代表少昊坐镇西方后，与昆仑山开明白虎族的后人联姻生的儿子蓐收。少昊所在的羲和一族与开明白虎族的木禾支本有联姻，在少昊传帝位于颛顼后，迁居西方，又掌管了开明白虎族，成为新的刑罚之神，因而西方之神为白虎。

南方的祝融本是炎帝系的火神，在颛顼为帝后，以其孙重黎取而代之，成为黄帝系的新火神。神农氏是在神农架放火开垦而崛起的，位于中原南部。南方炎热，祝融也就成了南方的代表。但朱雀形象的成型，则在东夷与黄帝族建立盟约，击败蚩尤之后。东方羲和族与中部黄帝族融合到了一起，取黄帝族的龙图腾为主，因而青龙成为东方的象征。而东夷原来的图腾玄鸟或燕子，则结合了凤凰的特征，变为朱雀，掌管南方，成为南方的象征。

其后因为观测天文星象的需要，古代天文学家把天空中可见的星分成二十八组，又名二十八宿或二十八星，把南中天的恒星分为二十八群，且南中天的恒星沿黄道或天球赤道所分布的一圈星宿分为四组，取玄武、朱雀、青龙、白虎的四种图形来刻画星系，因而又称为四象、四兽、四维、四方神，每组各有七个星宿。东方青龙七宿是角、亢、氐、房、心、尾、箕；北方玄武七宿是斗、牛、女、虚、危、室、壁；西方白虎七宿是奎、娄、胃、昴、毕、觜、参；南方朱

雀七宿是井、鬼、柳、星、张、翼、轸。印度、波斯、阿拉伯古代也有类似我国二十八宿的说法。

二十八宿从角宿开始，自西向东排列，与日、月运动的方向相同。每方对应七宿，每宿又对应某种动物。东方青龙包括角木蛟、亢金龙、氐土貉、房日兔、心月狐、尾火虎、箕水豹七宿。南方朱雀包括井木犴、鬼金羊、柳土獐、星日马、张月鹿、翼火蛇、轸水蚓七宿。西方白虎包括奎木狼、娄金狗、胃土雉、昴日鸡、毕月乌、觜火猴、参水猿七宿。北方玄武包括斗木獬、牛金牛、女土蝠、虚日鼠、危月燕、室火猪、壁水獐七宿。

朱雀的最早形象是燧人氏的“金乌”或“三足乌”图腾。燧人氏的风之五部后人中，西风石夷是凤凰的形象，原型类似于自然界的孔雀。在伏羲迁居东方，东风族帝俊接替伏羲氏为帝后，太阳神鸟的形象，变为金乌与凤凰形象的合体，原型类似于雉鸡。而羲和族掌管东方后，启用的玄鸟图腾其实是燕子的形象。在东方以青龙形象作为代表后，朱雀则最终变成了具有金乌、太阳神鸟、凤凰、燕子等多种特征的图腾。但因为凤凰本身具有“羽虫”的多种特征，朱雀也渐渐变成了凤凰的代名词，但从外观而言，朱雀原型更类似一种雉鸡。

在古籍的记载中，凤是一种美丽的鸟类，它的叫声与仪态为百鸟之王，它能给人间带来祥瑞，同时也拥有“非梧桐

不栖，非竹实不食，非醴泉不饮”的特殊灵性。由于它是“羽虫”之长，所以和“鳞虫”之长的龙在传说中就渐渐成了一对，一个德性美好，一个变化多端，成了民俗中相辅相成的一对。凤凰原来也有阴阳之分，凤为雄，凰为雌。由于龙象征着至阳，成对之后，凤凰就渐渐地成为纯阴的代表了。其实凤凰的原型有很多种，如锦鸡、孔雀、鹰鹫、鹄、燕子等，又有说是佛教大鹏金翅鸟变成的。神话中的凤凰有鸡的脑袋、燕子的下巴、蛇的颈、鱼的尾，有五色纹。

玄武是龟和蛇组合成的一种灵物。玄武的本意是玄冥，武、冥古音是相通的。玄是黑的意思，冥就是阴的意思。北海海神启用的是玄武的图腾，北海的势力分布比较复杂，有着最古老的蛇图腾，其后流黄辛氏的龟鳖图腾进入北海，与蛇融合。在黄帝对蚩尤的涿鹿之战中，帮助蚩尤的雨师妾就有玄武的龟蛇之形。后来大禹的父亲成为新的北海海神，他同样与流黄辛氏联姻，启用的依然是玄武的图腾，成为新一代玄冥。

《楚辞·远游》中洪兴祖补注：“玄武，谓龟蛇。位在北方，故曰玄。身有鳞甲，故曰武。”“玄武”为龟蛇合体。但玄武被后世的道士们升级做了北方的大帝——真武大帝，有别于其他三灵。而青龙和白虎，只做了山庙的门神，朱雀就成了九天玄女。玄武在宋代身价倍增，并被人格化，这与宋代各皇帝的推波助澜是分不开的。宋初太祖时，即有真

武、天蓬等为天之大将的传说。宋真宗天禧元年，在军营中发生了一件事，《事物纪原》卷七载："营卒有见蛇者，军士因其建真武堂。二年闰四月，泉涌堂侧，汲不竭，民疾疫者，饮之多愈。"真宗听说此事，下诏就地建观，赐名"祥源"。这大约是中国最早的真武庙。真武大帝的身世，后人多说是在隋炀帝时，玉帝将自己的三魂之一，化身投胎于净乐国皇后。净乐国是一个传说中的国度，据宋朝方田子编撰《太上说玄天玄武本传神咒妙经》记载，太上老君八十二化身为玄武，黄帝紫云元年脱胎于净乐国善胜皇后。净乐国为古麇国，在今湖北省丹江口市。

昆仑山上的开明白虎族本为燧人氏与弇兹氏结盟后的刑罚之神。但这个角色渐渐被西王母取代，其后炎帝家族的蚩尤也成为刑罚之神。白虎族的分支走下昆仑山，向内地渗透，包括与东方十日族友好的有虞氏，廪君的巴人白虎族，流黄辛氏木禾支等。少昊迁居西部后，重新与开明族联姻，并统领白虎族，白虎族再度崛起，成为杀伐之神。白虎一般象征着威武和军队，所以古代很多以白虎冠名的事物都与兵家有关，例如古代军队里的白虎旗和兵符上的白虎像。

四方神中常常跟龙相提并论的是虎。虎为百兽之长，它的威猛和传说中降服鬼物的能力，使得它也变成了属阳的神兽，常常跟着龙一起出动。"云从龙，风从虎"，龙与虎成为降服鬼物的一对最佳拍档。而白虎也是战神、杀伐之神。

白虎具有避邪、禳灾、祈丰及惩恶扬善、发财致富、喜结良缘等多种神力。白虎一般出现在汉代石墓的墓门上画像，或与青龙分别作为单独画像刻在墓室的过梁两侧，用以辟邪。《风俗通义》中记载："虎者，阳物，百兽之长也，能执搏挫锐，噬食鬼魅。"

东方青龙是东夷羲和族与黄帝族盟约后产生的。中部龙图腾也就迁到了东方。关于龙的传说有很多，龙的出处也有很多的说法，有的说是由印度传入的，有的说是由中国星宿变成。但龙的形象最早应该是雷泽氏的夔龙。印度有龙神的说法，但龙在印度的地位不高。在古代中国，头有角的为公龙；双角的为龙，单角的为蛟；无角的为螭，古时玉佩常有大小双龙，称为母子螭。中国龙的地位远高于印度龙，龙是神物、是至高无上的，也是皇帝的象征。

第七章 《山海经》中的上古风情

一、神木

《山海经》中对神木的记载也很多，最重要的神木往往和测日等祭祀仪式有关。代表性的神木有扶桑、若木、建木、寻木、朱木等。《大荒东经》记载，在大荒当中，有一座山名叫孽摇頵羝。山上有棵扶桑树，高耸三百里，叶子的形状像芥菜叶。有一道山谷叫作温源谷。汤谷上面也长了棵扶桑树，一个太阳回到汤谷，另一个太阳刚刚从扶桑树上出去，都负载于三足乌的背上。传说古代人看见太阳黑子，认为是会飞的黑色的鸟——乌鸦，又因为不同于自然中的乌鸦，加一脚以辨别，又因与太阳有关，为金色，故为三足金乌。三足乌是神话传说中驾驭日车的神鸟名。这里的三足乌是东方帝俊族的早期图腾。根据《山海经》的描述，十日每天早晨轮流从东方扶桑神树上升起，由金乌或太阳神鸟负着在宇宙中由东向西飞翔，到了晚上便落在西方若木神树上。这表达了神话中古人对日出日落现象的观察和感受。

在四川省广汉三星堆发掘出的青铜神树确凿无误地刻画出了扶桑与太阳神鸟的形象。1986 年 8 月，四川省的考古者在三星堆二号器物坑发现了六件由青铜制造的树木，发掘者将其命名为一号至六号青铜神树。人们仅能比较完好地恢复一件，即一号大铜树。

一号大铜树残高 396 厘米，由于最上端的部件已经缺失，估计全部高度应该在 5 米左右。树的下部有一个圆形底座，三道如同根状的斜撑扶持着树干的底部。树干笔直，套有三层树枝，每一层三根枝条，全树共有九根树枝。所有的树枝都柔和下垂。枝条的中部伸出短枝，短枝上有镂空花纹的小圆圈和花蕾，花蕾上各有一只昂首翘尾的小鸟；枝头有包裹在一长一短两个镂空树叶内的尖桃形果实。在每层三根枝条中，都有一根分出两条长枝。在树干的一侧有四个横向的短梁，将一条身体倒垂的龙固定在树干上。在世界所有考古发现中，三星堆遗址出土的青铜神树，可称得上是一件绝无仅有极其奇妙的器物。

一号青铜神树分为三层，树枝上共栖息着九只神鸟，显然是“九日居下枝”的写照。传说远古本来有十个太阳，它们栖息在神树扶桑上，每日一换。复原后的青铜神树上残留着九只鸟，神树的最顶端却没有神鸟。推测还应有象征“一日居上枝”的一只神鸟，同时出土的还有数件立在花蕾上的铜鸟、人面鸟身像等，很可能其中的一件便是那只居于神树上枝的铜鸟。

三星堆的二号铜树仅保留着下半段，整体形态不明，下面为一圆盘底座。三条象征树根的斜撑之间的底座上，各跪有一人，人像的双手前伸，似乎原先拿着什么东西。能够复原的树干每层伸出三根树枝。它的枝头有一长一短叶片包裹的花蕾，其后套有小圆圈，与一号大铜树基本相同；但枝条的主体外张并且上翘，鸟歇息在枝头花蕾的叶片上，这不同于一号大铜树。这两棵大铜树体量巨大，尤其是一号大铜树上还有龙盘绕，它们应当不是普通的树木，而是具有某种神性的神树。

在《山海经》记载的帝皇谱系之中，东方是东风之神折丹掌管的，也是太阳神树的所在地。但燧人氏五大风姓部族的后人之间又有复杂的联姻关系以及频繁的文化交流。三星堆所在的位置属于灵山十巫的地域。灵山十巫一直担任上古帝皇身边巫师的角色，其出色的青铜器制造技术，是服务于祭祀仪式的。三星堆出土的各种青铜祭司的形象，极容易让人联想到灵山十巫。

据相关专家考据，三星堆一号坑与二号坑并不是同一个时期的。但一号坑中出土的文物也有可能不是同一个时期的。其中一些陶罐与青铜器的风格与殷商时期的相近，而神树和祭司的形象在后来的中原文化中未曾出现过。这些神树与青铜祭司的形象可能来源于更早的文明中。出土的神树形

制高贵，但都损坏了，这也许意味着这些神物本为某个即位的帝皇所制作。但随着继位的失败，这些神树也就作为不祥之物被砸坏，丢弃到了一号坑中。从黄帝到大禹建立夏朝的历史之中，满足条件的帝皇只有一人，就是帝喾之孙帝江。这位帝江在即帝位之前极有可能担任过蜀山氏部族成员的首领，也就是鱼凫氏所在的部落。这也是为何本在东方的太阳神树会与青铜巫师的形象一起出现在蜀地的原因。

帝喾之子帝挚接替帝位后，采用的是“帝鸿”的称呼，也意味着以鸟为图腾。帝挚与苗蛮联姻，生了儿子驩兜，也是三苗的一位首领。但这种父传子的世袭制显然遭到了华胥族长老的反对，最终由尧继承了帝位。帝挚被废之前，其实还勉强把帝位传给了自己的儿子驩兜，号“帝江”。这位帝江就是浑敦，也称混沌或浑沌。对于他而言，在尧为帝后，他的帝位就已经被彻底剥夺了。十日之乱后，有虞氏崛起，尧被迫由舜摄政后，驩兜联合共工氏、饕餮发动了三苗之乱。最终混沌以失败而告终。

传说日出于扶桑之下，拂其树杪而升，因谓为日出处。扶桑亦代指太阳。扶桑一词在现代也指日本，但在中国神话及史籍中所指究竟为何地目前还存在争议。《南齐书·东南夷传赞》中记载：“东夷海外，碣石、扶桑。”日本古称倭国，宋以后日本冒称扶桑。但对于日本在《山海经》的地望，因为后来历史文献的缺失，自汉代就呈现出混乱的情况。即使是昆仑山的确认，也多是官方的指定。很多地理名词就张冠李戴到了其他方国的头上。

扶桑树是神话中的树木，不可能栽培。但显然有这种神树的原型，也就是桑树。古代典籍中有很多将桑树奉为神树的例子，《吕氏春秋》中记载，汤灭夏后，曾遭遇大旱，五年内农田没有收成，于是汤王率领众臣在桑林中祷告求雨。古蜀国的第一代蜀王蚕丛，自立为王后，开始教导大家养蚕。正是由于蜀国境内有大量桑树，才会有高超的养蚕技术。在《山海经》中记载的东方，桑树一直占据重要的地位，扶桑树在大多数场合是指太阳东升时攀经的神树，又叫扶木、榑木、榑桑，或叫穷桑、空桑、孤桑。少昊又号有穷氏、穷桑氏，这也说明了桑树的神格。以桑树养蚕的历史，要比蚕丛的历史早很多。

桑树喜光，对气候、土壤适应性都很强，根系发达，生长快，萌芽力强，耐修剪，寿命长，一般可活数百年，个别可活数千年。桑树的用途是非常多的。孟子说“五亩之宅，树之以桑，五十者可衣帛矣”。三年桑枝，可以做老杖，一支三钱；十年桑枝，可以做马鞭，一支二十钱；十五年干枝，可以做弓材，一张弓两三百钱；做木屐，一双三十多钱；做剑格刀柄，一具十钱；二十年老桑，可以做轺车良材，一辆轺车一万钱左右。桑树还可以做马鞍，桑叶可卖可吃。尤其柘桑，柘桑皮是药材，也是染料，能染出柘黄色丝

绸。桑叶喂蚕，蚕吐细丝，可作上好琴弦。

与扶桑神木相对应，太阳西下时憩息的树称为若木，日出扶桑和西归若木的说法源自人们观察日出和日入以定时间的日常活动，观日者住地的高大树木是测日定时的常用参考物。扶桑和若木都是人们解释太阳东升西落的视觉运动现象时而被想象出来的。《大荒北经》中记载："大荒之中，有衡石山，九阴山。"山上有一种红颜色的树木，青色的叶子红色的花朵，名叫若木。《辞海》为"若木"如此释义："古代神话中的树名，生在昆仑山的极西处，日落的地方。"

《楚辞·离骚》中记载："折若木以拂日。"王逸注解说："若木在昆仑西极，其华照下地。"《淮南子·地形训》也有记载："若木在建木西，末有十日，其华照下地。""末有十日"即树枝上居有十日。这说明若木生长在昆仑西极太阳下山的地方。太阳每天早晨从东海汤谷的扶桑树上升起，到了黄昏就落在西极的若木树上休息。

关于《山海经》中昆仑山的位置，历代争议较多。但无疑是在黑水与西海附近，而西海的水域应当比今日青海湖的水域大很多，也即古代的居延泽，则昆仑山当在今甘肃省与青海省交界的祁连山山系中。在燧人氏的风之五部后人逐渐崛起后，玉帝的帝位名存实亡。一直到史前大洪水过后，树立了中风后人中特别优秀的伏羲氏为天下共主时，玉帝的名号就被剥夺了。中间的这段历史时期，掌握实权的是西王母，她居住在一座炎山之上。她的行宫是瑶池，替她把守瑶池的是昆仑开明白虎族的后人有虞氏。在神农氏称炎帝后，有虞氏的后人又随新的帝王迁居到了今日陕西省地域内，建立了新的“日落之所”禺谷。

昆仑西极是西王母的御苑瑶池所在，其中最能代表西王母尊贵身份的植物，是蟠桃树，这也是西方“若木”的原型。桃树的树身呈灰褐色，枝头的颜色是红褐色的，花是红色的，叶子是青色的，完全符合“若木”的特征。而蟠桃的美味，也许是西王母把“若木”作为日落之所神树的原因之一。

“建木”是上古巴蜀先民崇拜的一种圣树，位于天地中心。传说建木是沟通天地人神的桥梁。伏羲、黄帝等众帝都是通过这一神圣的梯子上下往来于人间天庭。建木的得名也许和初民的“建中”之制有关。初民于居处之地必立木杆旗帜以号众，这种木杆旗帜在甲骨文中被称为“中”。《山海经》中所描述的“都广之野”据说是天地的中心，大约在今日四川省成都市附近。

《海内南经》记载，有一种树木，形状像牛，一拉就剥落下树皮，样子像冠帽上缨带、黄色蛇皮。它的叶子像罗网，果实像栾树结的果实，树干像刺榆，名称是建木。这种建木生长在窫窳所在地之西的弱水边上。氐人国在建木所在地的西面，那里的人都长着人的面孔却是鱼的身子，没有

脚。《海内经》记载，在盐长之国，有九座山丘，都被水环绕着，名称分别是陶唐丘、叔得丘、孟盈丘、昆吾丘、黑白丘、赤望丘、参卫丘、武夫丘、神民丘。有一种树木，青色的叶子紫色的茎干，黑色的花朵黄色的果实，叫作建木，高达一百仞的树干上不生长枝条，而树顶上有九根蜿蜒曲折的枝丫，树底下有九条盘旋交错的根节，它的果实像麻子，叶子像芒树叶。大皞凭借建木登上天，黄帝栽培了建木。

这种具有榆树和麻双重特征的神树原型应为榆树科的山黄麻。山黄麻产于西南部至中国台湾，生长快速，两三年就可以长成大树，可高达十米。山黄麻茎皮纤维可做人造棉、麻、绳和造纸原料；树皮含鞣质，可提栲胶，种子油可供制皂和做润滑油。“黄实”不是黄色的果实，而是指“黄蛇”，即像蛇状的树皮纤维。麻纤维是古人衣服的重要来源，因而建木十分重要。而建木能通天的神话，原因是其长得很高，又能搓成绳子来做成梯子。当然在传说的演变中，建木最终变成了神树。

建木是一种为去世的上古帝皇进行祭祀的神树，通过复杂的仪式，让去世的帝皇化为神仙。伏羲、颛顼、后稷都曾经在死后举行过这个仪式。主持这个仪式的是灵山十巫中的“巫抵”，他是氐人的一员，也是掌管不死药的十巫之一。“颛顼化鱼妇”的传说大致揭示了“升天”的程序。这些氐族巫师以建木为工具举行仪式，让人装扮成半人半鱼的形象代替逝去的皇族灵魂，跟随巫师沿建木向上攀登，从而完成了升天的仪式。早期祭祀之中，攀登的可能是真正的大树，后来就演变成围绕青铜制成的神树举行仪式了。

另一种比较神奇的树木是“寻木”。《海外北经》记载，有种叫作寻木的树有一千里长，在拘缨国的南面，生长在黄河岸上的西北方。“寻”是古代之长度单位，伸张两臂为一寻，约等于八尺或六尺，也有说是七尺的。拘缨指“九婴”，北方之国。这是当初尧为帝时“十日族”联合起来叛乱的部落之一，被后羿打败。

描述“寻木”不说其高度，而说“长千里”，满足这个特征的只有榕树。榕树为桑科榕属乔木，原产于热带亚洲。榕树以树形奇特，枝叶繁茂，树冠巨大而著称。枝条上生长的气生根，向下伸入土壤形成新的树干称之为“支柱根”。榕树高达 30 米，可向四面无限伸展。其支柱根和枝干交织在一起，形似稠密的丛林，因此被称之为“独木成林”。5000 年前黄河流域的气候其实和现在长江流域差不多，甚至有亚热带的迹象。在黄河边上，有绵延千里的榕树林也是有可能的。

其他的神奇的树木还有三珠树、木禾、不死树、玉树等。《海外南经》记载：“三珠树在厌火北，生赤水上，其为树如柏，叶皆为珠。一曰其为树若彗。”三珠树是柏皇氏的图腾，原型是珍珠柏。《海内西经》记载：“昆仑之虚……上有木禾，

上五寻，大五围。”木禾指薏米，原来种植于玉帝的御苑。后来开明白虎的木禾支下了昆仑山，成为流黄辛氏的主要成员，即有莘氏。

不死树是不死药的重要组成部分。昆仑开明北有“不死树”，即甘木，食之不老。不死松又名龙血树，因其茎干颜色灰青，斑驳栉比，状如龙鳞，而且又可分泌出鲜红的汁液，因而得其美名。龙血树受伤后会流出暗红色的树脂，像流血一样。这种树脂是有名的防腐剂，古代人曾用它作为保存人类尸体的高级材料，现在人们用它作油漆的原料。流出的树脂凝固了的结块，在中药里称为“血竭”或“麒麟竭”，可以治疗筋骨疼痛，是名贵的中药。不死药就是用这种树脂制成的。所谓“不死”一是可以进补，二是可以保证死后不腐，即获得如埃及木乃伊般的永生。

龙血树在全世界共有150种，我国只有5种，生长在云南、海南岛、台湾等地。龙血树还是长寿的树木，最长的可达六千多岁。花开在枝顶，绿白色，后结橙棕色浆果。比樱桃稍小，有红色突起的树脂状物质，有甜味。

朱木应为山楂树。《大荒西经》记载：“有盖山之国。有树，赤皮支干，青叶，名曰朱木。”而《大荒南经》则记载为“朱木，赤枝、青华、玄实”。青华应为青叶，属于记载错误。郭璞注解说：“或作朱威木也。”山楂小枝紫褐色，老枝灰褐色，符合树干与枝为赤色的描述。而成熟的山楂果实为深红色，基本符合玄色果实的要求。最重要的是山楂树古代也称为“祖”，发音类同“朱”。祖树也是《山海经》中记载的很多神圣之地种植的树种。

昆仑开明北“有文玉树”。郭璞注为“五彩玉树”。其他还有琅玕，即琅歼，为珊瑚状的一种珠树，应为天然绿松石集聚成的树形玉块，个体为圆形，也适合加工成绿色的珠子。昆仑山的天帝之所以称为“玉帝”，也是因为该山盛产玉树的原因。

二、不死药

长生不死是古往今来多少人的梦想，对于历代帝皇尤其如此。那些处于历史节点中的人物，最大的敌人其实只是时间而已，如果生命能延长一些，也许整个人类的文明史都会改写。正因如此，寻找不死药也就成为诸多帝皇挥之不去的梦想。在《山海经》中确实有不死药的记载，并由此衍生出诸多的神话。一般说来，不死药既是某种神奇的药方，也指一套完善的养生秘术。《黄帝内经》之中的养生导引之术，是以从洛书发展出来的五行理论为基础的。在上古社会，自然环境保持的还是十分完善，很多山水隽秀之地为居住者的长寿提供了必要的条件。

灵山十巫原本为昆仑山上的玉帝掌管医药，后来归西王母管辖，却一直受到猜忌。灵山十巫的后人后来进入巴蜀地带。但其首领则依然被扣押在西王母族附近做人质，后来首领猰貐被谋杀，灵山十巫就独立出来，并与华胥族交好。灵山十巫中的朝云国与华胥族中的少典族联姻，产生了轩辕氏，也就是黄帝族的父系。这一族后来出现一个罕见的长寿者，即颛顼的玄孙彭祖，活了约八百岁。但在《山海经》记载的轩辕氏族人中，一般的人都要活到这个年龄，这自然与他们掌握的不死药的秘密有关。不死药也意味着高超的医术和养生术。

西王母在监督灵山十巫配制不死药的时候，显然还是有所提防的。即使在西王母逐渐失去对灵山十巫的控制后，其本身也能配备不死药。在夏朝时期，西王母也以此作为笼络有穷氏后羿的一种手段。而灵山十巫的后人掌握的不死药的药方，要么不是完整的，要么就因为在巫山采摘的原料没有在昆仑圣地采摘来的纯正，药效显然要差很多。因而对于灵山十巫的后人轩辕氏而言，只能活到八百岁，而不再是长生不死了。

不死药应该是一种由各种植物配成的草丹，具备延年益寿的奇效。但无论是草丹还是后来道家的金丹，无论有毒与否，服用者显然对药物有强烈的

依赖性。如果停止服药，则精神与身体会陷入一种难以控制的糟糕状态。从这一点来说，不死药对帝皇是有控制作用的。夏朝的后羿拿到西王母的不死药后，其实是有顾忌的。替他保管不死药的嫦娥实际就是东方女和月母国的“娥皇”。大禹建立夏朝凭借的是母系西羌的力量，而西羌与女和月母国以及羲和族，都是其坚定的同盟。当初后羿不敢服用不死药，也许就是出于对药物依赖性的顾忌。或者他服用后，则进入一种迷狂状态，这也许是他篡位的原因之一。与嫦娥离婚，嫦娥携不死药而去，后羿的状态就非常糟糕，被寒浞推翻了。

一直为昆仑山天帝家族掌管不死药的是巫氏，后来与西王母部族联姻，衍生出不死民，阿姓，以甘木为食物。《海外南经》记载：“不死民在其东。其为人黑色。寿。不死。一曰在穿匈国东。”《大荒南经》记载：“有不死之国，阿姓，甘木是食。”《大荒西经》记载：“颛顼之子，三面一臂，三面之人不死。”颛顼有苗蛮的血统，年轻时统领蚩尤谋反失败后的三苗部族，并最终接替少昊成新共主。颛顼可能也统领了不死民的部族，他与一臂国联姻，生的儿子因而也成为不死民的新领导。

依据《黄帝内经》的理论，长寿的必要条件是能放下生活中的欲望，并回归到自然的本真中去。但文明越向前发展，社会模式越复杂，人心里担负的欲望越重，生活的状态

越差，自然难以长寿，即使有医学的修补。但上古神仙和真人的存在，在当代人看来就是奢谈了。在上古社会，夏朝未建立之前，推崇的还是圣人无为而治的“王天下”模式，而一旦进入以君主世袭制为基础的国家形态，就是以武力征服天下的“霸天下”模式了。

道家其实延续了不死药的很多理念，由此发展出内丹与外丹的两种修行体系。内丹是以天人合一思想为指导，以人体为鼎炉，精气神为药物，而在体内凝练结丹的修行方式。从中华道家宗祖轩辕黄帝求道于广成子的记载算起，内丹已经经历了五千年的发展历程。内丹是指在人体内炼成的长生不死药，其所需原料精、气、神，亦用外丹术语喻称铅汞，其炼制过程亦如外丹之经七返九还而复归本初之道，故亦称还丹、金丹。内丹修行就是积聚能量疏通自身经络，练功时间越长，正气越多，病、邪、秽气等不干净气态自然逐渐减少直至消失，从而内气充盈，病气无存，达到神清气爽的精神状态。如果继续修行下去，能量互相感应形成人体生物场，与宇宙不断重叠，直至合一，这就是道家内丹说的天人合一。

外丹相对内丹而言，又称炼丹术、仙丹术、金丹术、烧炼法、黄白术等，是指用炉鼎烧炼金石，配制成药饵，做成长生不死的金丹。炼丹术在我国起源甚早，约产生于汉武帝时，当时方士李少君“化丹沙为黄金”以作饮食器，就是

烧炼金丹。南北朝时外丹得到进一步发展，唐时臻于兴盛，出现了孙思邈、陈少微、张果等炼丹家，服食外丹亦成为一种社会风气。但外丹术难于掌握，多含有毒性，因而进入宋代后外丹渐渐衰微。

五石散本来是一种治疗伤寒的药，由东汉著名的内科大夫张仲景研制，对治疗伤寒确实有一定的效用。但到了魏晋时期，五石散一下子成了士大夫津津乐道的时尚消费品。五石散的真正兴起来自何晏的推崇，他在张仲景的药方上加以改进，完成了药品到毒品的最终转换。而宽袖长袍，飘飘欲仙的名士们，多半因为服用了毒品才使自己达到迷狂状态。五石散服下后不但容易上瘾，还会使人感到燥热急痴。魏晋名士多轻裘缓带，多半是因为五石散药效发作后身体燥热的缘故。

现代人了解“五石散”主要依据两个方子，一是出自东汉神医张仲景的《侯氏黑散方》和《紫石寒食散方》，“五石”为紫石英、白石英、赤石脂、石钟乳、礜石；二是出自唐代药王孙思邈的《五石更生散方》，他的“五石”为紫石英、白石英、赤石脂、石钟乳、石硫黄。两者相比较，四种相同，就差了一种。有人考证说，张仲景方子里的礜石，含有大量的砷，长期服用，会造成慢性砷中毒。

孙思邈在经过长期的研究之后，认为五石散是有剧毒的，他在《备急千金要方》中曾说“宁食野葛，不服五石”。野葛指的是一种能让人致命的野生植物。他于是就把其中的礜石改为了石硫黄。这种以矿物质为原料的“金丹”，往往因为原料的纯度不高，而且火候难以掌握，毒副作用很强，服用之人不但达不到长生不死的目的，反而因此变得痴狂，做出很多不合常理的事情，甚至短寿或暴毙。

但《山海经》中记载的极有可能是一种完全由植物成分构成的草丹，毒副作用相对于金丹要小很多。但不死药的配方失传了，唯一留下的是关于不死树的记载。不死树应为龙血树，株形极为美丽，叶片色彩斑斓。有的品种叶片密生黄色斑点，被人们喜爱地称为星点木。有的品种叶片上有黄色的纵向条纹，能分泌出一种淡淡的香味，人们称它为香龙血树。有的品种叶片上嵌有白色、乳白色、米黄色的条纹，人们又称之为三色龙血树。

龙血树的茎干能分泌出鲜红色的液体，即“龙血”。龙血树的美名便由此而得。这种液体是一种树脂，暗红色，也是一种名贵的中药，中药名为“血竭”或“麒麟竭”，可以治疗筋骨疼痛。古代人还用龙血树的树脂做保藏尸体的原料，因为这种树脂是一种很好的防腐剂。既能养生，又能保持尸体不腐，这也许就是龙血树被称为不死树的原因。其他在传说中具有不死药功能的还有蟠桃、人参果、灵芝、何首乌等。

传说每年农历七月十八日为瑶池的西王母圣诞。“王母

娘娘的蟠桃园有三千六百株桃树。前面一千二百株，花果微小，三千年一熟，人吃了成仙得道。中间一千二百株，六千年一熟，人吃了霞举飞升，长生不老。后面一千二百株，紫纹细核，九千年一熟，人吃了与天地齐寿，日月同庚。”王母娘娘蟠桃会，孙悟空偷吃仙桃的故事久为民间传唱，为人们品桃倍添韵味。

《西游记》第二十四回记载：在万寿山五庄观，有棵灵根，唤名草还丹，又名人参果。该树三千年一开花，三千年一结果，再三千年才得以成熟。人若有缘，闻一闻能活三百六十岁，吃一个能活四万七千年。《武当气功》记载，道家吕洞宾称“人参果”为“炼津化精”之物。根据实物与史料对照，《西游记》中“人参果”，应是武当山草药黄精。黄精，又名救穷、仙芝、人参果，如小儿、长七八寸、四肢俱全，食后绝谷不饥，能登仙度世等。

灵芝又称灵芝草、神芝、芝草、仙草、瑞草，是多孔菌科植物赤芝或紫芝的全株，以紫灵芝药效为最好。灵芝原产于亚洲东部，我国分布最广的在江西省。《本草纲目》记述了灵芝产生的三大条件：灵芝是某种珍稀高山动物的尸体附着在千年栎树的朽木之上的芝菌，须在海拔千米以上的阴湿环境气候下才能生长，这三大条件决定了灵芝非天工做巧所能。近代人类对自然的破坏，造成大量动植物和原始森林毁灭，产生灵芝的自然环境也非常少有，灵芝的生长又非常缓慢，加之几千年来人类的采摘，天然灵芝早已几近灭绝。

何首乌为蓼科多年生缠绕藤本植物，根细长，末端成肥大的块根，外表红褐色至暗褐色。《本草图经》记载："以西洛嵩山及南京柘城县者为胜。春生苗叶，叶相对如山芋而不光泽。其茎蔓延竹木墙壁间。结子有棱似荞麦而细小，才如粟大。秋冬取根，大者如拳，各有五棱瓣，似小甜瓜。"何首乌有生首乌与制首乌之分，生首乌功能解毒、润肠通便、消痈。制首乌功能补益精血、乌须发、强筋骨、补肝肾。

三、神孕

有关上古帝皇出生的神话，在《山海经》中并无记载，但广泛分布于各种传说中。传说本身的主题，以“神孕”为主，往往渲染了帝皇出生前后的异象，以突出其与普通人的不同。这也从另一个方面说明了统治者因为统治的需要，让这些帝皇因“神孕”而生，因而也就成为当之无愧的“天子”，可以代天行神权，具有不可挑战的无上权威。从华胥族到夏朝建立的历代上古帝皇，即《山海经》中所记载的帝皇谱系之中，都有相关的传说流传。

以文明奠定中风无怀氏在风之五部中的地位，进而凭借史前大洪水的机遇而成为天下共主，华胥族中出生最早也最出名的是伏羲氏。传说是生活在华胥之国的华胥氏姑娘到一个风景特别的雷泽去游玩，偶尔看到了一个巨大的脚印，便好奇地踩了一下，于是受感而孕，于三月十八日生下一个儿子，取名为伏羲。

雷泽中的脚印其实是雷神留下的。在《海内东经》记载："雷泽中有雷神，龙身而人头，鼓其腹。"这实际意味着伏羲氏是雷神家族的后代，也就是生活在当今山东菏泽附近的雷泽氏的私生子。"只知其母而不知其父"，在原始的母系社会非常常见。雷泽氏的图腾是夔龙，是一种苍身无角，同时具备牛首龙身两种特征的龙牛。但伏羲本身则与北风的后人女娲氏结盟，最终联姻，从这一点来说，两者既是"兄妹"又是夫妻。伏羲氏入赘于北风家族，与其中的"女和""女常"两者联姻，合族为羲和与常羲两族，后来这两者随伏羲迁居东方而组成"女和月母国"。而伏羲因为入赘的关系，与女娲一样有了人首蛇身的形象，成为苗蛮的先祖。

迁居东方的伏羲氏先传帝位于柏皇氏，并最终传帝位于羲和族与东风族联姻的后人，即帝俊一系。羲和族生了十日，轮流执政。常羲族生了十二月，协助十日进行执政。这也是"天干地支"的由来。但后来华胥族中的神农氏依靠原始农业而崛起，以火神的身份，最终接替帝俊族成为天下的新共主。这其中也与西王母失去对灵山十巫的控制有关。北风后人女娲氏带领苗蛮崛起，并与华胥族、灵山十巫结成同盟。代表西羌联盟利益的西王母面临母系社会向父系社会过渡的必然趋势，承认了炎帝的帝位。

相传炎帝的母亲任姒，为有娲氏之女，又名女登，一天在玩耍时，忽然看到天空金光闪闪，一条巨龙腾空而下，身体马上有了感应。怀孕一年零八个月后，女登生下一个红球。红球在田地里滚了几滚之后，裂为两半，中间坐着一个胖乎乎的男婴，长着人的体形，龙的容貌，头上还长着两只青龙角。这实际意味着炎帝的母系是西羌联盟中的流黄辛氏，同时与帝俊族也有极为亲密的结盟关系。炎帝的父系是中风的少典族，以熊为主要图腾，但后来则启用了具备伏羲氏父系雷泽氏夔龙特征的图腾，即炎帝族的牛图腾与黄帝族的龙图腾。炎帝之“姜”姓与牛图腾表明了炎帝的西羌游牧血统。

晚于炎帝族几百年出现的轩辕氏，是少典族与灵山十巫中的“巫真”，即朝云国联姻的后人。在轩辕氏出现几百年之后，出现了华胥族的另一个传奇人物黄帝，他接替炎帝家族而成为新共主。黄帝是有熊国君少典之子，母亲名附宝。传说附宝有一天在野外向苍天祈祷，突然电闪雷鸣，全身麻木，从此有孕。巫婆到处奔走相告：“不久这里必有圣人降生！”附宝怀孕二十四个月，天空出现五彩祥云，百鸟朝凤，二月初二黄帝出生了，从此有了二月二“龙抬头”之说。司马迁《史记》上说，黄帝“生而神灵，弱而能言，幼而徇齐，长而聪明”。意思是黄帝几个月就能说话，七八岁时就有大人风度，十二三岁时就有大智慧。雷电与长虹等都具有龙蜿蜒飞升的特征，这也是龙神话的变体。

黄帝以最优秀的儿子玄嚣入赘于东方羲和族，并最终击败代表炎帝族保守势力的蚩尤，传帝位于玄嚣。因为玄嚣与伏羲氏的经历十分相像，因而也称之为“少昊”。少昊之母嫘祖，是西陵氏之女，为黄帝元妃，教民养蚕，治丝茧以供衣服，后世祀为先蚕。传说少昊出生时，有五色凤凰领百鸟集于庭前，此凤凰衔果核掷于少昊手中。忽然大地震动，穷桑倒地，果核裂开，一颗流光溢彩的神珠出现。众人大喜，寓为吉祥之兆，太白金星见其神珠皎如明月，亦是天赐君王之物，定名神珠为“玥”，称少昊为“凤鸟氏”。少昊代表东风族的利益，帝俊族原来的“金乌”图腾渐渐演变为具有凤鸟特征的“朱雀”图腾。东夷部落多以鸟为图腾，凤凰为百鸟之长，但最早则是西风石夷的图腾，因而“朱雀”与凤凰是有区别的，更类似于“太阳神鸟”，其原型是“三足乌”。所谓的神珠，则意味着少昊继承了帝俊族太阳之神的位置。羲和族本身是以燕子为图腾的，与金乌很相似。

羲和族是十日族最早的父系，其后则与西羌中的流黄辛氏联姻，成为第六日“己”姓的代表。传说中的太白金星，民间俗称白虎星，即金星，而金星的化身就是白虎。实际原因在于流黄辛氏源于昆仑开明家族的木禾支，有白虎的图腾。因而羲和族与太白金星的传说往往是联系在一起的。少昊传帝位于颛顼后，迁居到西方镇守，成为“白帝”，也就是西方的天帝。这自然与其血统有密切的联系。

少昊之后成为天下共主的是颛顼。黄帝正妃嫘祖生了玄嚣、昌意二子。当初面临蚩尤九黎部落的强烈反抗，黄帝采取了战与和两种策略，因而其子昌意娶蜀山氏女为妻。昌意生韩流。由于黄帝后人对猪族比较忌讳，所以在一些历史记载中抹去了韩流的影子。当时与蚩尤一起反抗黄帝的九黎部落，由围绕九大湖泊的九大部族组成，也称为“九淖”。韩流又娶了九黎部落中某位部落首领的女儿阿女为妻，生了颛顼。《宋书·符瑞志上》记载“帝颛顼高阳氏，母曰女枢，见瑶光之星，贯月如虹，感己于幽房之宫，生颛顼于若水”。瑶光是北斗七星的第七星名。瑶光也表明了帝颛顼的龙族与太阳家族的双重身份。颛顼拥有苗蛮的血统，这也是黄帝比较长远的战略考虑所致。

黄帝之子玄嚣继位东方后为少昊，之子为蟜极，之孙为五帝之一的帝喾。帝喾启用了尘封已久的东风帝皇的“帝俊”称号。相传帝喾生于穷桑，母握裒因踏巨人足迹而生。帝喾从小就聪明好学，由少昊抚养长大，其后统领蚩尤战败后的苗地，最终成为天下共主。根据帝喾的母亲踏巨人脚印怀孕的传说，则意味着帝喾也是雷泽氏的私生子。具有雷泽氏血统的私生子是非常优秀和聪明的，伏羲、帝喾以及后稷，都有这种优势。

传说帝喾有四妃，长妃叫姜原，是有邰国君的女儿。相传姜原在娘家时，因出外踏上巨人脚印而怀孕，因无夫生

子，所以把生下的孩子三次弃于深巷、荒林与寒冰上，均得牛羊虎豹百鸟保护不死，于是起名叫弃。弃长大后喜欢农艺，教人种五谷，被尊为后稷。后稷也是雷泽氏的私生子。但因为姜原后来成了帝喾妃子，其皇族身份并未能得到帝喾承认。一直到尧为帝时，因为后稷对农业的杰出贡献，加上尧与后稷都是在炎帝系中长大，一定程度上代表了炎帝族的利益，尧追认了后稷的皇族身份。

帝喾次妃简狄，是有松国君的女儿。相传简狄在娘家与其妹在春分时到玄池温泉洗浴，有燕子飞过，留下一卵，被简狄吞吃，后来简狄怀孕生契。帝喾代表的是羲和族少昊的利益，以燕子为图腾。因为其子契成为商朝的先祖，因而有了玄鸟入怀的传说。以燕子为图腾的少昊后人，分别开创了强大的商朝与秦朝。

帝喾三妃庆都，相传她是大帝的女儿，生于斗维之野，被陈锋氏妇人收养，陈锋氏死后又被尹长孺收养。后庆都随养父尹长孺到今濮阳来。因庆都头上始终覆盖一朵黄云，被认为奇女，帝喾母来听说后，劝帝喾纳为妃子，后生尧。从姓而言，尧姓“伊耆”，实际来自于炎帝族一个古老的姓氏。在共工之乱被平息后，尧代表炎帝族而继帝位。黄云之黄色，代表黄帝“以土为尊”的理念。黄帝以云名官，分别管理一年四季之事。而黄云则意味着庆都氏的皇族身份。

庆都带着儿子住在娘家，直到把儿子抚养到十岁，才让他回到父亲身边。这个孩子就是后来的帝尧。关于尧是赤龙后代的传说，当在尧为帝后才出现。赤代表红色，这是炎帝家族的代表色，代表火与祝融。而龙是黄帝族的图腾。赤龙实际说明了尧有炎帝族、黄帝族的双重血统。

接替尧帝的是舜，名重华，晋代皇甫谧又说他字都君。舜又称虞舜，有虞氏是昆仑开明家族与草原部落联姻的一支后人，扮演着皇家卫队的角色，本镇守西王母的瑶池，后来随统治中心的变迁迁居到今陕西省，建立了新的日落之所"禺谷"。有虞氏与东风十日族是同盟关系。但末代炎帝之孙伯陵私通有虞氏首领葆江的妻子，私情败露后，伯陵之子杀害了葆江，被黄帝处死。由于这个原因，在涿鹿之战中有虞氏作壁上观，并没有帮助炎帝家族。有虞氏的姚姓则来自于西王母瑶池的桃林。

传说舜母握登氏遇大虹意感而生舜。舜体形异于常人，两眼均为双瞳子，掌心有花纹，如"褒"字，前额突，眉骨隆，头大而圆，面黑而方，龙颜大口。"重华"之名则来自于舜有双瞳的异相。古代比喻虹为龙，这也显示了舜为黄帝族后裔的身份。但虹本身则与太阳、雨联系在一起，这大概也是因为有虞氏代表西王母族与十日族的力量。相传舜家世寒微，虽是黄帝后裔，但五世为庶人。《史记》记载："虞舜者，名曰重华。重华父曰瞽叟，瞽叟父曰桥牛，桥牛父曰句望，句望父曰敬康，敬康父曰穷蝉，穷蝉父曰帝

颛顼。”

舜以治水不力为由杀害了颛顼的儿子鲧，鲧实际是帝喾之后华胥与东夷的长老联盟默认的第一帝位继承人。但帝喾传帝位于帝鸿氏失败，并由另一个儿子尧继承帝位。尧将帝都迁离了东方，导致权力真空，十日族乘机叛乱，但被羲和族的有穷氏后羿击败，由羲和族单独掌控了东方。但十日族的同盟有虞氏趁机崛起，并由有虞氏与黄帝族双重血统的舜接帝位。虽然鲧被杀害了，但长老联盟还是希望由鲧的儿子大禹来接替帝位。大禹隐忍不发，治水成功，并最终废除了部落长老制，建立了“家天下”的君主世袭制。

传说中，鲧死后尸体三年不腐烂，后来不知道是谁，有说是祝融，用吴刀剖开了他的尸体，这时禹就出生了，而鲧的尸体则化为黄熊，另说是黄龙，飞走了。鲧本为黄帝系的北海海神，但帝喾剥夺了他的称号，以其子取代。鲧在流浪过程中，娶了流黄辛氏的后人为妻，这也帮助大禹获得了西羌的支持。传说中大禹的母亲是吞了神珠而怀孕。神珠的原型是流黄辛氏种植的薏米。薏米即薏苡，因而大禹以“姒”为姓。而鲧死后剖腹生大禹的传说，意味大禹可能是个遗腹子。

四、帝皇葬礼

建木是一种为去世的上古帝皇进行祭祀的神树，通过复杂的仪式让皇族的灵魂升天。举行这种仪式应该是灵山十巫中的“巫抵”，是氐人的一支。《山海经》记载：大皞凭借建木登上天，黄帝栽培了建木。伏羲、颛顼以及后稷都曾在死后举行过这种仪式。

炎帝的确切葬地难以考证，现在中国境内有多处炎帝陵，其中最著名的是位于陕西省宝鸡市和湖南省长沙市的两处。关于炎帝神农氏安葬地的记载，最早见于晋代皇甫谧《帝王世纪》，说炎帝“在位一百二十年而崩，葬长沙”。宋代罗泌的《路史》就记述得更具体，炎帝“崩葬长沙茶乡之尾，是曰茶陵”。据地方史《酃县志》记载，此地西汉时已有陵。西汉末年，绿林、赤眉军作乱，邑人担心乱兵发掘，于是将陵墓夷为平地。唐代佛教传入，陵前建有佛寺，名为“唐兴寺”，然而陵前“时有奉祀”。炎帝陵自宋太祖乾德五年建庙之后，迄今已有千余年历史，随着历代王朝的兴衰更替，炎帝庙也历尽沧桑，屡毁屡建。

宝鸡相传为炎帝故里。《国语》《竹书纪年》《史记》和《帝王世纪》等古代典籍均记载炎帝出于姜水，而姜水当在现在宝鸡一带。炎帝和生活在姬水一带的邻居黄帝，共为而今中华民族的始祖，宝鸡号称“炎帝故里”，也是名副其实。传说神农之母任姒游常羊山，感神龙生了炎帝。在宝鸡市南郊的常羊山上就有一座炎帝陵，相传炎帝死后葬于此地。

《史记·五帝本纪》记载：“黄帝崩，葬桥山。”陕西省黄陵县城北500米的桥山之巅有黄帝陵墓。《汉书·地理志》记载：桥山在上郡阳周县，山有黄帝冢。这是关于黄帝陵的最早、最权威的记载。但是随着时间的推移、历史的变革，关于黄帝的葬地产生了多种不同的说法，除陕西说之外，还有其他四种说法，即河北说、山东说、河南说、甘肃说。

对此，有关专家学者结合历史文献学、考古学、民族学、文化人类学、民俗学等多学科的研究方法，多方论证了黄帝陵就在陕西省黄陵县的桥山。黄陵县之黄帝陵今天已成为海内外炎黄子孙公认的圣地，每年清明节都有大批世界各地的华人和政府要员共同举行隆重的祭典仪式，成为民族的一件圣事。

少昊被后世尊为先祖神帝。相传少昊葬于云阳，现曲阜仍保存有完整的少昊陵墓，少昊陵位于曲阜城东4千米处的高埠上。墓呈方形石砌，号称中国的金字塔。据记载，黄帝之子少昊建都穷桑，后徙曲阜，葬于鲁故城东门之外的寿丘。但依据《山海经》的说法，在少昊让位于颛顼后，他还去西方镇守，并与开明白虎族后人交好，成为西方的“金帝”或“白帝”。

据考证，少昊陵墓后面的小土山，即云阳山。少昊陵何时建筑，已不可考。《阙里志》记载：“宋真宗幸鲁，祀少昊，大建宫殿，以道教守之，古树丰碑，林立栉比，金、元亦加修葺。”明弘治时为雷火焚毁，清乾隆年间又两次大修，后又多次重修。少昊陵和万石山皆平地突起，门前为少昊陵石坊，大门里有享殿五间，两旁各三间配殿，殿前又有大量明、清皇帝和大臣们祭祀少昊留下的祭文碑。

颛顼在位时因为少昊之子共工撞倒不周山，未能顺利入中原安葬，其墓葬当在今日吉林省松原市宁江区境内。《海外北经》记载，在东北海以外，大荒的当中，河水流经的地方，有座附禺山，帝颛顼与他的九个妃嫔葬在这座山。这里有鸥鹰、花斑贝、离朱鸟、鸾鸟、凤鸟、大物、小物。还有青鸟、琅鸟、燕子、黄鸟、老虎、豹子、熊、罴、黄蛇、视肉怪兽、璇玉瑰石、瑶玉碧玉，都出产于这座山。卫丘方圆三百里，卫丘的南面有帝俊的竹林，竹子大得可以做成船。

竹林的南面有红色的湖水，名叫封渊。有三棵不生长枝条的桑树，都高达一百仞。卫丘的西面有个沈渊，是帝颛顼洗澡的地方。

《海内东经》中有这样一段："汉水出鲋鱼之山，帝颛顼葬于阳，九嫔葬于阴，四蛇卫之。"汉水指汉江，发源于陕西省汉中市。这里的文字又表明颛顼是葬在汉中的，与《海外北经》记载的在东北海严重不符。但据一些学者的研究，《海内东经》中这段关于颛顼葬地的记载，并非《山海经》原文，而是后人根据《水经》一书中的文字添加的。这段文字并不能作为推翻颛顼在松原市宁江区安葬结论的依据。

在颛顼之后，成为天下共主的是少昊的孙子帝喾。其后帝喾传帝位与帝挚失败，由代表炎帝族利益的帝尧继位。帝尧之后又由代表有虞氏与东方十日族利益的帝舜即位，但舜同时又是尧的女婿。这三位都葬在今日湖南省长沙市附近。从这一点来说，炎帝家族的墓地应在长沙比较合理，因而炎帝血统的后人都选择了湖南省作为葬地。

关于帝尧、帝喾、帝舜的葬地在何处有具体的记录。《大荒南经》记载，帝尧、帝喾、帝舜都葬埋在岳山。这里有花斑贝、三足乌、鹞鹰、老鹰、乌鸦、两头蛇、视肉怪兽、熊、罴、老虎、豹子；还有朱木树，是红色的枝干、青色的花朵、黑色的果实。

《大荒南经》记载，有座山叫阿山。南海的当中，有一座汜天山，赤水最终流到这里。在赤水的东岸，有个地方叫苍梧野，帝舜与叔均葬在那里。

《海外南经》记载，唐尧死后葬在狄山的南面，帝喾死后葬在这座山的北面。这里有熊、罴、花斑虎、长尾猿、豹子、三足乌、视肉。吁咽和文王也埋葬在这里。另一种说法认为是在汤山。还有一种说法认为这里有熊、罴、花斑虎、长尾猿、豹子、离朱鸟、鸱鹰、视肉、虖交。

与帝舜葬在一处的叔均传说为后稷的孙子或侄子，或者是舜的儿子，即商均。不同的人同名也是可能的。毕竟"叔"在上古时代，多指"第三个"，是一种兄弟的排行。《大荒西经》记载："有西周之国，姬姓，食谷，有人方耕，名曰叔均。帝俊生后稷，稷降以百谷。稷之弟曰台玺，生叔均。"又《海内经》："后稷是播百谷。稷之孙曰叔均，始作牛耕。"但从皇族血统来说，有资格与舜葬在一起的只可能是舜的儿子商均。

明确有陪葬之物的为颛顼、帝尧、帝喾、帝舜。这其实是参考昆仑圣地上玉帝御苑中的动物与植物等。《海内西经》记载："开明北有视肉、珠树、文玉树、玗琪树、不死树，凤皇、鸾鸟皆戴瞂，又有离朱、木禾、柏树、甘水、圣木曼兑，一曰挺木牙交。"

视肉即肉灵芝，又叫太岁，是黏菌复合体，属菌科生物，自然界发现极少。李时珍在《本草纲目》中说：“肉灵芝，久食，轻身不老，延年神仙。”肉灵芝具有自身修复功能，割下一块肉，几天后即长好，恢复如初。

珠树、文玉树、玗琪树是天然形成的树状玉石，应该产于昆仑山。

不死树又名龙血树，因其茎干肤色灰青，斑驳栉比状如龙鳞，而且又可分泌出鲜红的汁液，故而得其美名。树脂所凝固成的结块，在中药里称为“血竭”或“麒麟竭”，可以治疗筋骨疼痛，是名贵的中药。

鸾鸟是古代传说中凤凰一类的神鸟。赤色多者为凤，青色多者为鸾。凤凰的原型接近于自然界的孔雀。

离朱应该是太阳神鸟的原型，有金乌、朱鸟、丹雀、丹凤、鸾鸟、鸾凤、红鸾、凤凰、火凤凰各种称谓。现有的雉类包括雉族、眼斑雉族和孔雀族。红腹锦鸡属于雉族，最接近于赤鸟的原型。

木禾指的是薏米。

圣木曼兑或挺木牙交应指璇树，即传说中的赤玉树。除了天然的玉树外，其他可能是溶洞的产物。

《大荒北经》记载：“颛顼与九嫔葬焉。爰有鸱久、文贝、离俞、鸾鸟、凤鸟、大物、小物。有青鸟、琅鸟、玄鸟、黄鸟、虎、豹、熊、罴、黄蛇、视肉、璇瑰、瑶碧，皆出卫于山。”《海外南经》载：“狄山，帝尧葬于阳，帝喾葬于阴。爰有熊、罴、文虎、蜼、豹、离朱、视肉。吁咽、文王皆葬其所。一曰汤山。一曰爰有熊、罴、文虎、蜼、豹、离朱、鸱久、视肉、虖交。”

鸱久指鸺鹠，是我国南方普遍分布的一种小型鹗类，它的整个上体以棕褐色为主，密布有狭细的棕白色横斑；翅及尾羽黑褐色，在尾羽上有六条鲜明的白色横带，头部不具耳羽，这些特征使它很容易与红角鹗区别开来。

文贝可统指有花纹的贝壳，也是紫贝的别名。郭璞注解说：“即紫贝也。”明李时珍《本草纲目·介二·紫贝》说：“《南州异物志》云：文贝甚大，质白文紫，无姿自然，不假外饰而光彩焕烂，故名。”紫贝形似贝，圆，大二三寸，出东海及南海上，紫斑而骨白，指宝贝科动物阿文绶贝、山猫眼宝贝、虎斑宝贝等的贝壳。

朱木应为山楂树。《大荒西经》记载：“有盖山之国。有树，赤皮支干，青叶，名曰朱木。”而《大荒南经》则记载为“朱木，赤枝、青华、玄实”。青叶应为青华，属于记载错误。郭璞注解说：“或作朱威木也。”山楂树古代也称为“祖”，发音类同“朱”。

五、息壤

息壤在传说中是一种能自己生长、永不耗减的土壤。郭璞注解说："息壤者，言土自长息无限，故可以塞洪水也。""汉元帝时，临淮、徐县地踊长五、六里，高二丈，即息壤之类也。"郭璞将息壤解释为因地壳变动而涌长出来且能够无限生长的形如堤圩一类的自然物或神物。息壤传说的最早原型，应为一种遇水能迅速膨胀的自然物质，因而能用来堵住水眼，甚至构建堤防。

顾颉刚先生曾作《息壤考》，认为在黄土地区发现的土层因地下水的作用而隆起的现象，是"息壤"传说的现实依据："原来在渭河峡谷里黄土层间……地下水位入冬冻胀，春后消融，地下水流又不断地施压力于上部较薄的地层使得土地突然隆起。"他引用矿物学家张幼丞先生的分析说，有的"息壤"或"息石"，"当是局部的地壳上升的现象"。顾颉刚先生还引述了农学家蓝梦九先生的见解："土向上隆起的原因，尚有黏土的湿胀和土壤生物作用，尤其微生物作用；土壤本身并有弹性。”

学者罗漫在《息壤与膨润土——一个文化之谜的科技考察》中指出传说中的息壤是一种膨润土，可以用作填料或灌浆材料来处理岩石中的裂缝，以降低岩石间的透水性能。一般说来，一块鸡蛋大小的膨润土，吸满水后即长成拳头大小，受热失水后又恢复原状。它的主要成分是蒙脱石，而且蒙脱石含量越多，膨胀量越大。

根据 1979 年版《辞海》，将膨润土和蒙脱石与息壤稍加对比，不难发现膨润土的遇水膨胀性与治水的息壤会“长息”的特点完全相同。换言之，块状的蒙脱石便是神话中的“息石”，土状的则是“息壤”。膨润土及其矿床吸水后膨胀，失水后会恢复原状，这也可以解释战国、汉、唐时存在数处息壤，但后来难以考据的原因。

唐代柳宗元作有《永州龙兴寺息壤记》。他被贬后，曾寄居在永州的龙兴寺。当时，寺里有一个不解之谜，寺内一间佛堂里，有一片地面顶着墙壁向上长高了一尺多，当初修建佛堂时，把它挖平过，不久它又长了起来；更为蹊跷的是，据说所有挖过这块地面的人都死了。那时永州十分迷信鬼神，以为这是挖的人触动了息壤，遭到神灵的报复。因此，龙兴寺的人都把这块长高的地面当神看待，谁也不敢再去挖平它。实际原因可能是，膨润土有一定的膨胀比率，在有水的情况下，一旦挖去一块，其他的又可能遇水膨胀，但只要挖空所谓的息壤，或者切断水源，高出来的地面是能恢复原状的。而挖土的人都死亡的原因，可能是挖开的地中有不明气体或其他致命的微生物。

息壤其后演变为埋在地下镇水的石屋，石屋中放置息壤。《玉堂闲话》对此则有更清楚的表述："禹乃镌石，造龙之宫室，置于穴中，以塞其水脉。"可见大禹治理管涌险情选用沙石填塞水眼与现今的做法基本相同。罗泌在《路史》中说，大禹治水自岷至荆"定彼泉流之穴，爰以石屋镇之"，石屋中藏有息壤用来堵住"泉流之穴"。所以这个堵泉穴的息壤是不能铲挖的，掘动息壤就会发生水坌或暴雨不止。唐李石《续博物志》说：息壤在"今荆州南门外，状若屋宇陷土中，而犹见其脊。旁有石记云：不可犯。畚锸所入，辄复如故。又颇以致雷雨。近代有妄意发掘，水坌出不可制"。

物转星移，大禹镇穴口留下的息壤在唐元和年间无意中给挖了出来。息壤的出土是当时一件引起轰动的大事。据《溟洪录》记载：唐元和年间，裴胄任荆南节度使，在修建城墙时挖得一个大石头，形状与荆州城相似，径长六尺八寸。裴胄没怎么在意，为了不影响施工，吩咐下属将石头搬走丢弃了。紧接着天色大变，连续十多天大雨不止，江水猛涨，裴胄十分着急。这时有个名为欧阳献的道士对裴胄说：

"你是不是曾经挖得一个石头，我卜得一卦，那石头是大禹治水留下的息壤，如果给息壤做一石室，再埋入原地，大雨就会停下来。"裴胄大为吃惊，说："前些日确实是挖了一个石头，但不知丢到哪里去了。"他连忙派人四处寻找，最后在一个竹篱笆下面找到了。果如道士所言，息壤埋入地下，天气就晴好如初了。于是，裴胄在南门外息壤处建大禹庙，修息壤祠，拜祭大禹和息壤。

宋庆历甲申年（1044），王子融出任荆州太守。是年，荆州久旱不雨，百姓苦不堪言。城内有位张若水老先生，是个有名的医博士，一生行善积德，做了不少好事。张老先生年逾七十，德高望重，领头率众向新任太守请示挖息壤求雨。太守想看看究竟灵验不灵验，同意挖息壤。挖了数尺，见巨石如屋，四面有石柱石窗，上百人都移不动。于是又找来牛缰绳，叫来几百人帮忙，总算移出了息壤。随即大雨不止，旱情解除。后来官府重修了息壤祠，并在墙壁上画了风雨雷电形象。

明人谢肇淛《五杂俎》记载，荆州南门外有息壤，旁有皇祐二年（1050 年）的石刻，有元代断碑。万历壬午年（1582 年），修筑南门城墙时再次挖出了息壤，"息壤，石也，而状若城郭"。直到清初，还有人见到过息壤。康熙元年（1662 年），荆州连续大旱，百姓请示官员挖掘息壤祈雨。在南门外堤上只挖了几尺，便挖到了屋脊，看见一个石屋，又往下挖了一尺多，挖到了屋门。也是好奇心的驱使，几个开挖的百姓打开石门，只见息壤放在屋内正方，上锐下广，走上前去仔细一瞧，“非土非木，非金非石，其纹如篆”。不知是祸是福，几个人急忙用土将石屋回填好。挖了息壤，雨是下了，然而“其夜大雨不止，历四十余日，大江泛滥，遂决万城，几陷荆州”。事情闹大了，玩笑开过了头，官员在息壤旁勒石明戒“不敢犯”。以后每遇大旱，人们再不打息壤的主意，平时也不敢在息壤上动土挖掘，年年还得培土加高，渐成“土丘”。至此，再无人见到息壤。自唐以来，荆州历代官府建庙修祠，供奉息壤。息壤也从神话传说进入了宗教的殿堂。“春秋祀事，文武僚属咸在”。每遇洪旱，黎民百姓祭祀瞻拜，祈求平安。

鲧是最早的城郭建造者。《吕氏春秋·君守》记载：“夏鲧作城。”高诱注解说：“鲧，禹父也，筑作城郭。”钱穆先生曾经论述城的早期作用：“耕稼民族的筑城有两种用意：一是防游牧人的掠夺，而另一是防水灾的飘没。”徐旭生先生曾经指出：“城同堤防本来是同一的东西：从防御寇盗说就叫作城，从防御水患说就叫作堤防。鲧所筑之堤防，也就是鲧所做的城或城郭”。鲧从建造堤防开始，然后开始筑城，这在防洪的同时，其实也给当时的统治者造成了极大的威胁。

夏王朝建立后，为巩固其统治地位开始构筑王城等较大

城池。经专家们考察分析，商代的夯筑技术比夏代有了较大提高。从已发现的河南郑州和湖北黄陂盘龙城两处商代城址来看，城墙主体都是夯土版筑而成。夯土版筑是将两侧壁和一个横头用木板堵住，在这一段内分层夯筑；夯筑成后将横堵板和两侧壁板拆除，然后逐段上筑。这种方法，能在同一时间内集中比较多的劳动力，按一定的标准施工，既加速了筑城进度，又保证了筑城质量。周代的夯筑技术，更上一层楼。位于现在洛阳的周代王城，城墙墙体采用方块夯筑的方法。夯筑时用木板隔成方块，在这个方块内分层夯筑；当夯筑到相当于木板的高度时，再拆板向一方或向上移动，重新组成方块。施用方块夯筑技术，上下夯块交错叠压，层次分明。这种成块的夯打和交错叠放，增加了城墙的坚固性，与后世用砖交错叠砌砖墙的方法类似。用夯筑法筑城，在我国沿用了很长时间。宋代，内部夯土、外部用砖包砌的城墙才逐渐增多。明代中叶以后，才比较普遍地用砖砌筑城墙。

《山海经》全解

【第五卷】

垢文涛／主编

辽海出版社

六、驯兽

最早驱使野兽作战，并见于诸史记载的应是先古时黄帝和炎帝之间为争夺中原而展开的一场大战。《列子·黄帝》中说："黄帝与炎帝战于阪泉之野，帅熊、罴、狼、豹、貙、虎为前驱，雕、鹖、鹰、鸢为旗帜"。飞禽猛兽一起上阵，其战斗之酷烈，规模之大可想而知。这场大战驱用的这些猛兽，更合理的解释是以猛兽图腾命名的一些"战斗团体"。但在《山海经》之中，明确记载少典族的后人炎帝族与黄帝族后裔都擅长"使四鸟"，即能驱使"虎、豹、熊、罴"这四种猛兽。但使唤这四种猛兽的技能实际源自有熊氏少典族。在早期具体的战争之中，是否驱使丛林猛兽参加战争，并无具体的记载。大规模驯养丛林猛兽的可能性并不大，参与战争的也许是象征性的一些猛兽战队，其决定因素还是人。

据《战国策》《史记》等记载，前 279 年，燕国攻打齐国，包围齐国的即墨城已有三年，齐国守将田单，一方面麻痹敌人，另一方面不断激发城内士兵和民众对敌人的仇恨，鼓舞士气，并且做好了决战的准备。他暗地里搜罗了一千头牛，牛身上披着大红大绿的褂子，角上捆上两把尖刀，牛尾上系着浸过油的粗麻绳子。半夜里战斗开始，一千多头牛尾巴上的油绳全被点燃，被火烧痛的牛拼命狂奔，后面数千名壮士挥刀砍杀，燕国士兵一个个从梦中惊醒，被黑压压冲来的怪兽吓得魂飞魄散，燕军阵地大乱，死伤无数。这就是历史上有名的“火牛阵”。“火牛阵”之战是战争中运用家畜打胜仗的范例。其时古人作战一般都骑战马。马、牛、羊、犬都是人们长期驯养的畜生，从严格的意义上说已经算不上是野兽了。

兽战究竟是从何时发展起来的，已不可考证。但凡文明萌发之初，都有过兽战记载，有些保留下来了，比如象战，还有些则消失在历史长河之中。象战有不少经典的例子。根据文献记载，早在前3500年左右，古埃及就开始驯养大象，虽然没有见到那时使用大象作战的记录，但如果人们不把这种体形庞大的巨兽用于军事倒是件不可想象的事。战象高大勇猛，如果使用得当，战术得法，会在战场上发挥巨大的威力。但如果消极防御和部署失当，一样会造成失败。

《山海经》中比较奇特的是使唤螃蟹的女丑，她是炎帝族的后人。《大荒东经》记载，海内有两个神人，其中的一

个名叫女丑。女丑有一只听使唤的大螃蟹。女丑应该是一个巫师，居海边，以螃蟹为部落图腾。在尧为帝后，东方十日族叛乱，因为同为炎帝族血统的关系，女丑出来帮助尧帝，但被十日族所杀。

《山海经》中能使唤老虎的是聂耳国与君子国。《海外北经》记载，聂耳国在无肠国的东面，那里的人使唤着两只花斑大虎，并且在行走时用手托着自己的大耳朵。聂耳国在海水环绕的孤岛上，所以能看到出入海水的各种怪物。大耳朵习俗表明聂耳国也是保留“儋耳”习俗的某个部落。在今日海南省地域内，还有在耳朵上打孔，挂比较重的装饰品，把耳朵拉长甚至到达肩部的少数民族部落。这种习俗，称为“儋耳”或“离耳”。

《大荒北经》记载，有个儋耳国，这里的人姓任，是神人禺号的子孙后代，吃谷米。儋耳国人后代中有无继国，也是任姓，其后无继国与东胡草原民族联姻生了无肠国，也是姓任。无肠国靠近聂耳国。任姓的起源，更早可追溯到炎帝之母任姒。十日族中实力较强的除了羲和族与流黄辛氏之外，还有第九日“壬”姓，后来则演变为“任”姓。

《海外东经》记载，君子国在奢比尸神的北面，那里的人穿衣戴帽而腰间佩带着剑，能吃野兽，使唤的两只花斑老虎就在身旁，为人喜欢谦让而不争斗。以君子国佩带宝剑的传统而言，当在后来的越国地域内。越国为古国名，姒姓，

常与吴国对抗，在今浙江、福建、广东等沿海一带。越国靠近吴国，古代“虞”与“吴”通假，使唤花斑老虎的传统表明君子国有着有虞氏的血统。

炎帝族与黄帝族的最大特征为“使四鸟”，即驯化虎、豹、熊、罴四种野兽。《海外东经》记载，有个国家叫黑齿国。帝俊的后代是黑齿，姓姜，那里的人吃黄米饭，能驯化驱使四种野兽。姜姓最初起源于牧羊为生的游牧族。炎帝族中的姜姓当为华胥族和羌人联姻所产生。而羌人部落中也有姜姓一族。姜姓与能驯化四种野兽的能力表明黑齿国有华胥族中姜姓血统，也似乎表明金乌族中的一支先通过和华胥族联姻，获得了姜姓，而这一支后来又和有“黑齿”习俗的某个部落联姻，产生了黑齿国。这里的帝俊即帝喾，他是少昊的孙子。

这个黑齿国固然有百越民族的成员，但其应属于金乌族的后人。我国的傣族、基诺族和布朗族有用植物烟脂自制“颜料”染齿的习惯，因植物烟脂所制颜料有光泽，似漆，所以也就叫“漆齿”。云南傣族男女从十四五岁开始，有用栗木烟涂牙齿的习惯，认为把牙齿染得越黑越美，因此结婚时新娘特别要将牙齿染黑。基诺族的染齿“颜料”却多用梨木，其法是将爆烧后的梨木放在竹筒内，上面盖上铁锅片，待铁片上的烟脂成发光的黑漆状时，即手持铁锅片用上面的梨木烟脂染齿。布朗族的染齿“颜料”却用红毛树枝

制成，其法是将红毛树枝点燃，让黑烟熏在铁锅片上，积黑烟而待用。

除了上面所说的“牙齿越黑越美”的装饰作用外，染黑的牙齿还像上了一层“漆”，有保护作用。同时“漆齿”还是一种表达爱情的手段，其中也可能包含着某种原始崇拜。基诺族的青年男女在一起相聚时，姑娘常把铁片端到自己爱慕的青年面前请其染齿。此俗是基诺族的古老传统，据说不习此俗者死后将不受祖先的鬼魂欢迎。布朗族漆齿习俗的内在含义也与此相似。

染齿的另一种手段是嚼槟榔。嚼槟榔是一种生活在湿热地区的少数民族的嗜好，其目的并不是为了染齿，染齿是在嚼槟榔的过程中不知不觉地完成的。在我国的少数民族中，傣族、布朗族、佤族、阿昌族、黎族等都有嚼槟榔的习俗，部分壮族也有嚼食槟榔的习俗。但是，并非所有的“嚼槟榔”嚼的都是真正的槟榔。事实上，不少少数民族嚼的都是槟榔的代用品，只不过仍称之为“嚼槟榔”。

黑齿的后人甚至以“黑齿”为姓氏。一个出自春秋战国时期古夜郎国黑齿部，属于以国名汉化改姓为氏。古夜郎国，战国后期在今贵州省一带地区，其国有黑齿夷邦，族人称为黑齿氏。第二源于百济族，出自汉、唐时期朝鲜半岛古百济国附属黑齿国，属于以国名汉化改姓为氏。

《海外东经》记载，玄股国在它的北面。那里的人穿着

鱼皮衣，吃鸥鸟蛋，使唤的两只鸟在身边。另一种说法认为玄股国在雨师妾国的北面。有座招摇山，融水从这座山发源。有一个国家叫玄股国，那里的人吃黄米饭，能驯化驱使四种野兽。玄股当指东北地区的赫哲族，他们不仅像周围的满、鄂伦春、鄂温克等族猎人那样以兽皮为衣，还有一些部落有穿鱼皮衣的风俗，过去的史书中称之为“鱼皮部”。大约生活在松花江、黑龙江、乌苏里江流域。玄股国“使四鸟”的技能表明其与炎帝族或黄帝族进行了联姻。

鱼皮可做衣服的有鲢鱼、鲤鱼、大马哈鱼、白鱼、草鱼以及哲罗鱼、赶条鱼等许多种类，用以取皮做衣料的都是十几斤至百斤以上的大鱼。鱼皮具有轻便、保暖、耐磨、防水等特性，做成的衣服冬夏都可穿用。主要式样除通常的衣裤外，一种是袍，先做成坎肩形状，再接两袖和下摆，长过膝盖，类似满族的旗袍。另一种是套裤，只有裤腿而没有裤腰，男式上口平直，女式则为外高内低的斜口。穿时套在裤子外面，狩猎捕鱼时可御寒防水。此外，还有用鱼皮做的绑腿、披肩、围裙、腰带、帽子、手套、靰鞡以及荷包、口袋等佩饰。用布能做的几乎用鱼皮都可以做，可见“鱼皮部”之称真是名不虚传。

赫哲人的鱼皮服饰不仅用料独特，装饰也很美观。他们用野花等制成的染料给鱼皮染上紫、蓝、红、黑、白等颜色，剪成富于本民族特色的云卷等吉祥图案和鹿、鱼、花、

草等生活中常见的动植物造型，以补绣的方法装饰在妇女服装的袖口、领托、襟口、前胸、后背和下摆边缘、裤角等部位。男子服装也要用染色的皮、布镶边，显得朴素大方。有的富裕人家，还把用鱼皮剪好的图案以丝线覆盖加绣在衣物上，形成凸起的浮雕效果，艳丽美观，十分别致。

《大荒东经》记载，有一个蒍国，那里的人以黄米为食物，能驯化驱使四种野兽：虎、豹、熊、罴。蒍本指茓实的茎。宋人邓名世在《古今姓氏书辩证》中记载："蒍，出自芈姓。楚公族大夫食邑于蒍，因以为氏。"芈姓可追溯到颛顼的儿子重黎，而重黎极有可能是双生子。蒍国当为颛顼后人建立的国家。

《大荒东经》记载，有一个国家叫中容国。帝俊生了中容，中容国的人吃野兽的肉、树木的果实，能驯化驱使四种野兽：豹、虎、熊、罴。有个国家叫司幽国。帝俊生了晏龙，晏龙生了司幽，司幽生了思士，而思士不娶妻子；司幽还生了思女，而思女不嫁丈夫。司幽国的人吃黄米饭，也吃野兽肉，能驯化驱使四种野兽。这些都是帝喾的子孙，保留了驯兽传统。

《大荒东经》记载，有个国家叫白民国。帝俊生了帝鸿，帝鸿的后代是白民，白民国的人姓销，以黄米为食物，能驯化驱使四种野兽：虎、豹、熊、罴。古人一般将秽、貊合称，指在北到中国吉林省东部、朝鲜西北部的古老民族，

是朝鲜人的先民之一。古文献称之为“白民”“毫人”或“发人”。貊指貘，实际上是一种像“马来貘”的动物，在缅甸、泰国等地还有分布。此处帝俊指帝喾，帝鸿指帝挚。

《大荒南经》记载，大荒之中，有不庭之山，荣水到此结束。有人三身。帝俊娶了娥皇，生此三身之国。姚姓，以黍为食，能驯化驱使四种野兽。这里的帝俊当指虞舜，即帝舜。他娶了“女和月母国”的首领，同时也是尧的女儿“娥皇”为妻子。因而三身国同时保留了姚姓与使唤猛兽的传统。

《大荒南经》记载，海里的岛上有个张弘国，这里的人以鱼为食物，能驯化驱使四种野兽。张姓最早出自于轩辕黄帝的姬姓。张姓源自于少昊青阳氏之子挥公，因发明弓箭同时成为掌管弓矢的官员。少昊入赘于穷桑氏羲和族，而羲和族的一个父系是东夷的有穷氏，首领以后羿最为著名，非常善射。张氏的善射也源于此。而这位捕鱼的张宏，当为张氏与海边某部落联姻的后人。

《大荒西经》记载，在西北海以外，赤水的西岸，有个天民国，这里的人吃谷米，能驯化驱使四种野兽。天民国的周边都是黄帝的子孙，天民国应为黄帝族血统的部落。《大荒北经》记载，有个叔歜国，这里的人都是颛顼的子孙后代，吃黄米，能驯化驱使四种野兽：虎、豹、熊和罴。有一种形状与熊相似的黑虫，名叫猎猎。叔歜是颛顼的儿子。

《大荒北经》记载，有北齐之国，姜姓，能驯化驱使四种野兽。这里的北齐国应为炎帝族的后人。齐姓出自姜姓，齐姓始祖为姜太公，是炎帝之后，发源于山东省营丘。姜太公辅助武王伐纣成功以后，封地于齐，后来建立了齐国。其后的历史上还有北齐，是中国南北朝时的北方王朝之一。550 年由文宣帝高洋取代东魏建立，国号齐，建元天保，建都邺，史称“北齐”。

《大荒北经》记载，有个毛民国，这里的人姓依，吃黄米，能驯化驱使四种野兽。大禹生了均国，均国生了役采，役采生了修鞈，修鞈杀了绰人。大禹哀念绰人被杀，暗地里帮绰人的子孙后代建成国家，就是这个毛民国。依姓本为黄帝族子姓之一。毛民国应是黄帝族依姓一支与东北游牧族联姻产生的部落，但因地处偏僻，其文化主要以游牧族为主。“毛民”不是全身长毛，而是穿皮衣的时候，把毛面向外翻的缘故。古人穿皮衣以毛朝外为正，反裘指毛朝里。东北的羊皮袄等都是如此穿着。“绰人”有身材高大之意。绰人被杀的原因，应该与叛乱有关。但大禹考虑到毕竟同出华胥族，又帮助建立了毛民国。

以地理而论，毛民国大概在今日东北辽宁地域内。根据《国语·晋语》记载：“凡黄帝之子二十五宗，其得姓者十四人，为十二姓，姬、酉、祁、己、滕、箴、任、荀、僖、姞、儇、依是也。”依姓表明该族为黄帝族后人。现在世居辽宁省的满族中有依姓一支。

七、独角兽

独角兽是中国与西方都有的神话题材，在西方神话里，Unicorn 即是独角兽，是传说中一种神秘的生物。通常被形容为修长的白马，额前有一螺旋角，这也是独角兽的最大特征。关于独角兽的形态有很多不同的说法。有的说它像一匹大马，头上有一只角，是难以驯服的生物。有些人则认为它是山羊般的生物，独角。有些民族甚至信奉独角兽。古罗马博物学家普利斯形容独角兽为四肢似大象，狮子尾，上半身像山羊，头上有一黑螺旋纹的角，是极凶猛的怪兽。一位希腊哲学家克特西亚斯对独角兽做出一种普遍形态的表述，他说独角兽是印度一种野生生物，有白色的身体，紫色的头，蓝眼，一只

又直又硬的角，底白，中黑，顶部是红色。

《山海经》记载了一些独角的怪物。《西山经》说，西山再往西二百八十里，是座章莪山，山上没有花草树木，到处是瑶、碧一类的美玉。山里常常出现十分怪异的物象。山中有一种野兽，形状像赤豹，长着五条尾巴和一只角，发出的声音如同敲击石头的响声，名称是狰。而“狞”则指面目丑陋。在后来的传说中“狰狞”演变为民间传说的一种野兽，人形，直立行走，面目恐怖。在野外与人相遇，先将上肢遮盖其面目，待人接近时，突然放下上肢，露出面目，使人惊吓而死。后用来形容面目凶恶、极度恐怖的怪物。“狰狞”的原型即《山海经》中五尾独角的赤豹类生物。

《海内南经》记载，兕在帝舜葬地的东面，在湘水的南岸。兕的形状像一般的牛，通身是青黑色，长着一只角。兕是一种与犀牛相当类似的生物，一说就是雌性犀牛。《西游记》里有一段，太上老君所骑青牛走落凡间成精，使着一个金刚圈儿，套去众神好多兵器，这只青牛就是兕了。吴承恩写得好：“独角参差，双眸幌亮。顶上粗皮突，耳根黑肉光。舌长时搅鼻，口阔板牙黄。毛皮青似靛，筋挛硬如钢。比犀难照水，像牯不耕荒。全无喘月犁云用，倒有欺天振地强。两只焦筋蓝靛手，雄威直挺点钢枪。细看这等凶模样，不枉名称兕大王！”这种犀牛类的生物是确实存在过的，与难以考据的独角兽还不相同。

但《山海经》中记载的一些马形的独角兽形象，就非常接近西方神话中的独角兽了。《西山经》记载，再往西三百里，是座中曲山，山南阳面盛产玉石，山北阴面盛产雄黄、白玉和金属矿物。山中有一种野兽，形状像普通的马却长着白身子和黑尾巴，一只角，老虎的牙齿和爪子，发出的声音如同击鼓的响声，名称是駮，是能吃老虎和豹子的，饲养它可以辟兵器。《北山经》记载，再往北三百里，是座带山，山上盛产玉石，山下盛产青石碧玉。山中有一种野兽，形状像普通的马，长的一只角有如粗硬的磨石，名称是䑏疏，人饲养它可以辟火。

駮的形象大概是中西方关于各自独角兽传说的中间版本。《山海经》中说的駮在外形上具备西方独角兽的特征，凶猛之处又具有貙豸的特征。《山海经》中的很多怪兽是否存在，并不能以图腾的融合演化来一贯言之。有些是部落传说演化的图腾形象。但自然界的确能创造出我们现在都很难相信、融合多种动物特征的怪兽，比如灭绝的袋狼，具有狼和虎的双重特征。而更久远的灭绝的珍奇异兽当然更多。纵使发现了此类化石或骨骸，估计生物学家和考古学家都很难想象出其固有的样子。而现在濒临灭绝的麋鹿、鸭嘴兽、熊猫等也是有多种生物特征的融合体。好似越稀罕的怪兽，繁衍延续的能力越差，也就更有传奇色彩。

北冰洋中的独角鲸应该是独角兽传说的另一个来源。中

世纪及以前流传的独角兽角最正统的就来源于独角鲸，实际上是它的牙齿。独角鲸仅上颚生一对齿，雄性个体左侧的一枚齿呈螺旋形，长可达2.5米，形似角，故名。体表光滑无毛。无外耳郭，耳孔甚小，前肢鳍状，后肢退化。独角鲸属于齿鲸类，一般体长4~5米，体重900~1600千克，腹白背黑，是小型鲸类。在胚胎中，独角鲸本有16枚牙齿，但都不发达，至出生时，多数牙齿都退化消失了，仅上颌的两枚保留下来。而雌鲸的牙始终隐于上颌之中，只有雄鲸上颌左侧的一枚会破唇而出，像一根长杆伸出嘴外。也有人偶然发现有两枚同时长出的，但数量极少。

中国独角兽中最重要的是麒麟。东汉《说文》记载："麒，仁兽也，麋身，牛尾，一角；麟，大牡鹿也。""麒麟"以"鹿"为偏旁，古人造这个词的时候，便明白无误地告诉人们，麒麟由鹿演化而来，但它又不是鹿，比鹿多了一些"零件"和"装备"。麒麟的额头长着像龙一样的肉质的角、鹿的身体、马的腿、牛的尾巴，身上五彩斑斓，腹部是褐色的，行走时不会踩花和草，素食。

麒麟在古代很多典籍中均有记载。《春秋》记载：哀公"十有四年春，西狩获麟"。便是十分有名的传说。根据记载，麒麟不但会被发现，被箭射中还会死。在上古，麒麟虽少见，却也不算是"妖怪"之类。但随着时间的推移，麒麟的本来面目逐渐消失了。

从麒麟的演变过程看，它与龙的演变有着千丝万缕的关联，以至到明清时期两者逐渐同化，使麒麟变成鹿形的龙，除了蹄子像鹿，尾巴像狮和躯体比龙短外，其余和龙的形象一样。因此，明清时期的麒麟，实际上是一种变异的龙。龙凤研究专家王大有先生认为，麒麟是龙凤家族的扩大化。他在著述的《龙凤文化源流》中说："麒麟虽以鹿为原型，然而实际上是一种变异的龙，只易爪为蹄而已。它为中央帝的象征，但因出现较晚，并不具统治地位，而中央帝的实际形象是蛇躯之龙。"

貔貅在传说中是一种凶猛瑞兽，这种猛兽分为雌性和雄性，雄性名"貔"，雌性名"貅"。但现在流传下来的貔貅已没有雌雄之分了。古代这种瑞兽是分一角和两角的，一角的称为"天禄"，两角的称为"辟邪"。后来再没有分一角或两角，多以一角造型为主。在南方，一般人喜欢称这种瑞兽为"貔貅"，而在北方则依然称为"辟邪"。它专为帝王守护财宝，也是皇室象征，称为"帝宝"。中国古代风水学者认为貔貅是转祸为祥的吉瑞之兽。

另外以独角著名的是獬豸。獬豸也称"解豸"，是古代传说中的异兽，体形大者如牛，小者如羊，类似麒麟，全身长着浓密黝黑的毛，双目明亮有神，额上通常长一角，它拥有很高的智慧，懂人言知人性。它怒目圆睁，能辨是非曲直，能识善恶忠奸，发现奸邪的官员，就用角把他撞倒，然后吃下肚子。当人们发生冲突或纠纷的时候，它能用角指向无理的一方，甚至会将罪该万死的人用角抵死，令犯法者不寒而栗。传说帝尧的刑官皋陶曾饲有獬豸，凡遇上疑难不决之事，就让獬豸裁决，均准确无误。所以在古代，獬豸就成了执法公正的化身。

不曾有人亲眼见过獬豸究为何物，因而引出人们诸多想象。有人认为它像鹿，有人觉得它像牛，更多的说法还是像羊。除了如《后汉书》《论衡》《五杂俎》等相关的古籍有记述之外，考古发现，秦之前文物中的獬豸都是一角羊的造型，牛形獬豸则出现在东汉之后。相传在春秋时期，楚文王曾获一獬豸，照其形制成冠戴于头上，于是上行下效，獬豸冠在楚国成为时尚。秦代执法御史带着这种冠，汉承秦制也概莫能外。到了东汉时期，皋陶像与獬豸图成了衙门中不可缺少的饰品，而獬豸冠则被冠以法冠之名，执法官也因此被称为“獬豸”，这种习尚一直延续下来。至清代，御史和按察使等监察司法官员都一律戴獬豸冠，穿绣有其图案的补服。

八、龙生九子

龙形象形成的过程中，曾海纳百川地汇集了多种兽类形象，也就有了龙生九子的各种说法。但龙之九子为何物，究竟谁排老大谁排老二，并没有确切记载。民间对此也有各种各样的说法。

据说一次明孝宗朱祐樘心血来潮，问以博学著称的礼部尚书李东阳："朕闻龙生九子，九子各是何等名目?"李东阳竟也不能回答，退朝后七拼八凑，列拉出了一张清单。按李东阳的清单，龙的九子是趴蝮、嘲风、睚眦、赑屃、椒图、螭吻、蒲牢、狻猊、囚牛。不过民间传说中的龙子却远远不止这几个，狴犴、貔貅、饕餮等都被传说是龙的儿子。其实所谓龙生九子，并非龙恰好生了九子。中国古代传统文化中，往往以"九"表示极多，而且有至高无上的地位。龙生九子的版本有几个，但终究离不开以上提及的几种形象。

在上古社会，龙几乎是以一种普遍的形象而存在的，这也和当时不成熟的动物分类学有关。今日我们看来非常熟悉的一些动物，在上古社会可能就冠以龙族的名称，并逐渐演变成龙的九个儿子。但这九个儿子显然和龙本身还是有区别的。综合龙生九子的形象，可以归纳出龙族的一些特征，即“身形在同科动物中异常庞大，基本都有一颗硕大凶猛的头颅”。这类凶猛的怪物，给上古人们的印象是非常深刻的，因而通通冠以龙族之名。但随着龙图腾的最终成形并广泛传播，这类传说中的怪物原本就只是普通动物，却因广义上的龙形象出现，离其本来面貌越来越远了。

从对一些上古动物的描述中可以看出，有些史前动物好像并不是几十万年前灭绝的，在《山海经》记载的历史中还比较活跃。也许某些传说中记载了先民们口述的形象，又或者当人类活动进入农耕活跃期，这些动物就迅速消失了。

如果把龙之九子的龙首形象替换为平常的动物，就能看出其基本原型了。趴蝮一般饰于石桥栏杆顶端。传说它的形象似龙非龙，似虾非虾，平生最喜欢水，伴水而居。它喜波弄水，长年累月在河水中玩耍，又名帆蚣，擅水性，喜欢吃水妖，据说是龙王最喜之子。趴蝮的形象看上去仿佛一只懒洋洋的大蜥蜴，或者是一只大鳄鱼。趴蝮的原型应是鼍龙，又名中华鳄、扬子鳄，俗名土龙、猪婆龙，分布于长江中下游，是中国的特产动物。

椒图形状像螺蚌，性格孤僻，最反感别人进入它的巢穴。人们常将其形象雕在大门的铺首上，或刻画在门板上。螺蚌遇到外物侵犯，总是将壳口紧合。人们将其用于门上，大概就是取其可以紧闭之意，以求安全。蜃的原型是海中巨大的贝壳类生物。《说文》中说："雉入海化为蜃。"《周礼·掌蜃》注："蜃，大蛤也。"《国语·晋语》注："小曰蛤，大曰蜃。皆介物，蚌类。"蜃后来演变成蜃龙，成为传说中的蛟属，能吐气成海市蜃楼，其形象为雉鸡头，背上有贝壳，身形为龙身的怪物。

蛟也属于龙的一种，一般来说，龙代表仁义，而蛟则比较邪恶。其中有虎蛟，一种说法是"蛟似蛇，四足。"《抱朴子》中则说"母龙曰蛟。"又有《韵会》说："龙属，无角曰蛟。"总而言之，蛟是一种无角，蛇身，四足的水兽，与龙十分相似。《南山经》记载："其中有虎蛟，其状鱼身而蛇尾，其音如鸳鸯，食者不肿，可以已痔。"《埤雅》记载："蛟，其状似蛇而四足，细颈，颈有白婴，大者数围，卵生，眉交，故谓之蛟。"总而言之，据古人说蛟像蛇的样子，却有四只脚，小小的头，细细的脖子，脖颈上有白色肉瘤，大的有十几围粗，卵有瓮大小，能吞食人。这个形象非常像蛇颈龙，也是现在众多天池湖泊目击报告中的水怪的样子。

对于"龙生九子"，影响较大的一种说法是：长子囚

牛，喜音乐，立于琴头。一些贵重的胡琴头部至今仍刻有龙头的形象，称之为“龙头胡琴”。不光立在汉族的胡琴上，彝族的龙头月琴、白族的三弦琴以及藏族的一些乐器上也有其扬头张口的形象。从囚牛的名称而言，其具有牛形的特征，应该来源于夔龙。《大荒东经》描写夔是：“状如牛，苍身而无角，一足。”夔龙的头部类似无角的牛。

次子睚眦，样子像长了龙角的豺狼，怒目而视，双角向后紧贴背部，嗜杀喜斗，刻镂于刀环、剑柄等兵器或仪仗上起威慑之用。睚眦的原型应是一种巨型的豺狼类动物，类似早已灭绝的巨豺齿兽或恐狼。

自从恐龙灭绝后，巨豺齿兽就成了食物链上方的掠食者。它们很快在欧亚大陆与北美遍布的平原取得优势，并像此时许多动物一样，发展出巨大身躯。巨豺齿兽相当繁盛，约有七个品种，体形从狐类到小型犀牛，大小的都有。巨豺齿兽具有非常强有力的双颚与巨爪，而且速度飞快。最大的种类必定是平原上的恐怖主宰，甚至会对年幼的长颈犀形兽造成威胁，但其生存年代远在4100万年到2500万年前。

狼的外形有小（郊狼）、中（森林狼）、大（草原狼）之分，吻尖长，眼角微上挑。因为产地和基因不同，所以毛色也不同。灰狼的体重和体型大小各地区不一样。在狼的进化史中，一种大名鼎鼎的狼在更新世晚期出现，这便是恐狼。恐狼的名气之大不仅仅是因为它较大的体形，更是因为它直到八千年前才灭绝。这使得恐狼成为除灰狼外，人类可能曾经面对过的唯一一种“大灰狼”。传说中的恐狼具有凶恶的眼神，钢铁般的脸庞，潜伏在黑夜之中，吼唱着它们的恐狼之歌。

三子嘲风，样子像狗，平生好险，今殿角走兽有其遗像。嘲风不仅象征着吉祥、美观和威严，而且具有威慑妖魔、清除灾祸的含义。嘲风的原型来自巨型犬类。从这点来说，獒当之无愧称得上是一种龙犬。

獒犬以产于西藏的最为著名。藏獒，又名藏狗、蕃狗、羌狗，原产于中国青藏高原，是一种高大、凶猛、垂耳、短毛的家犬。身长约 130 厘米左右，被毛长而厚重，耐寒冷，能在冰雪中安然入睡，性格刚毅，力大凶猛，野性尚存，使人望而生畏。护领地，护食物，善攻击，对陌生人有强烈敌意，但对主人极为亲热，是看家护院、牧马放羊的得力助手。成年公獒正常体重约在 50—80 公斤，母獒约在 38—60 公斤，身长要大于肩高。

四子蒲牢，形状像龙但比龙小，喜音乐和鸣叫，故刻于钟钮上。据说蒲牢生活在海边，平时最怕的是鲸鱼。每每遇到鲸鱼袭击时，蒲牢就大叫不止。于是，人们就将其形象置于钟上，并将撞钟的长木雕成鲸鱼状，以其撞钟，求其声大而亮。蒲牢的原型应该是海狮，因鲸鱼喜欢捕捉海狮为食物。

海狮因面部长得像狮子而得名。海狮生活在海里，以鱼、蚌、乌贼、海蜇等为食，也常吞食小石子。海狮没有固定的栖息地，每天都要为寻找食物而到处漂游。北海狮又叫北太平洋海狮、斯氏海狮、海驴等，是体形最大的一种海狮，因为在颈部生有鬃状的长毛，叫声也很像狮子吼，所以得名。北海狮分布于北太平洋的寒温带海域，包括白令海、鄂霍次克海、阿拉斯加、堪察加、阿留申群岛和北千岛等地，在我国见于江苏启东的黄海海域和辽宁大洼的渤海海域。

五子狻猊，又称金猊、灵猊。狻猊的原型是狮子。狮子是唯一的一种雌雄两态的猫科动物，是地球上力量强大的猫科动物之一。狮子生存的环境里，其他猫科动物都处于劣势。亚洲狮是亚洲最凶猛的猫科动物之一，也是亚洲最高级别的食肉动物之一，曾经在亚洲地区广泛分布，但人类的猎杀和环境的破坏，使亚洲狮几乎走向了灭绝。

狻猊本是狮子的别名，所以形状像狮子，喜烟好坐，故倚立于香炉足上，后随着佛教传入中国。人们喜欢将其安排成佛的坐骑，或者雕在香炉上让其款款地享用香火。另外，狻猊还是文殊菩萨的坐骑，在文殊菩萨的道场五台山上还建有供奉狻猊的庙宇。因狻猊为龙的五子，所以庙名为“五爷庙”，在当地影响颇大。明清之际的石狮或铜狮颈下项圈中间的龙形装饰物也是狻猊的形象，它使守卫大门的中国传统门狮更为威武。

六子赑屃，又名霸下，样子似龟，喜欢负重，是驮着石碑的龟。相传上古时期它常背起三山五岳来兴风作浪。后被夏禹收服，立下汗马功劳。治水成功后，夏禹就把它的功绩让它自己背起，故中国的石碑多由它背起。赑屃和龟十分相似，但细看却有差异，赑屃有一排牙齿，而龟类却没有，赑屃和龟类在背甲上甲片的数目和形状也有差异。赑屃是长寿和吉祥的象征。它总是吃力地向前昂着头，四只脚拼命地撑着，挣扎着向前走，但总是移不开步。赑屃的原型是龟或者鼋。

龟，俗称乌龟，泛指龟鳖目的所有成员。鼋是爬行动物，外形像龟，生活在水中，短尾，背甲暗绿色，近圆形，长有许多小疙瘩，它是淡水龟鳖类中体形最大的一种，体长为 80 ~ 120 厘米，体重约 50 ~ 100 千克左右，最大的超过 100 千克。

七子狴犴，又名宪章，样子像虎，有威力，好狱讼，人们便将其刻铸在监狱门上，故民间有虎头牢的说法。又相传它主持正义，能明辨是非，因此它也被安在衙门大堂两侧以及官员出巡回避牌的上端，以维护公堂的肃然之气。狴犴的原型是巨型虎类，而其形象中往往有两根夸张的獠牙，十分类似剑齿虎。

虎，又称老虎，是当今体形最大的猫科动物，也是亚洲

陆地上最强的食肉动物之一，最大的虎种体重可以达到 350 千克以上。老虎对环境要求很高，各类老虎亚种均在所属食物链中处于最顶端，在自然界中没有天敌。虎的适应能力也很强，在亚洲分布很广，从北方寒冷的西伯利亚地区，到南亚的热带丛林及高山峡谷等地，都能见到其优雅威武的身影。

狭义科学上的剑齿虎指剑齿虎亚科中的短剑剑齿虎，是大型猫科动物进化中的一个旁支，生活在中新世至更新世时期。剑齿虎长着一对和其他猫科动物相比较长的犬齿，故得名。

剑齿虎进化中的一个旁支，其中最著名的刃齿虎属大约生活在距今 300 万年到 1 万年前的更新世。全新世时期，它与进化中的人类祖先共同度过了近 300 万年的时间。剑齿虎的体重比现代狮子重不少。它的后腿和尾巴非常短小，更像是一只体格健壮的瘦熊。成年剑齿虎体重约 200 千克，其犬齿最长可达 17 厘米，以大型哺乳动物为食。如果说剑齿虎最晚至 1 万年前才消失，其形象完全有可能随传说流传下来。

八子负屃，身似龙，雅好斯文，故盘绕在石碑头顶或两侧。以赑屃驮着石碑，而负屃盘绕在石碑头顶的组合而言，这两者的组合即是“玄武”，即龟与蛇。赑屃的原型是龟，而负屃的原型则是巨蛇。玄武是一种由龟和蛇组合成的一种灵物。玄武的水神属性，颇为民间重视和信仰。

末子螭吻，又名鸱尾或鸱吻，为鱼形的龙，喜欢四处眺望，一般位于殿脊两端。在佛经中，螭吻是雨神座下之物，能够灭火。螭吻的原型是鳌鱼，也可以说是一种大型的鲤鱼。相传在远古时代，金、银色的鲤鱼只有跳过龙门，才能飞入云端升天化为龙。但如果它们跃龙门前偷吞了海里的龙珠，就只能变成龙头鱼身的鳌鱼。雄性鳌鱼金鳞葫芦尾，雌性鳌鱼银鳞芙蓉尾。

饕餮，样子似狼，性贪吃，故位于青铜器上，现在称之饕餮纹。因它又能喝水，故古代也将其刻在桥梁外侧正中，防止大水将桥淹没。

据民间传说，这种怪兽贪吃无厌，把能吃的都吃光了以后，最后竟然吃了自己的身体，到最后吃得只剩一个头部，所以落下个“有首无身”的名声。饕餮的原型应为贪吃的猪。

《神异经·西荒经》记载：“饕餮，兽名，身如牛，人面，目在腋下，食人。”《神异经·西南荒经》记载：“西南方有人焉，身多毛，头上戴豕。贪如狼恶，好自积财，而不食人谷。强者夺老弱者，畏强而击单，名曰饕餮。”

貔貅在南方及东南亚一带都被称为龙的第九子。它大嘴无肛，只进不出，故深为赌徒所喜。

在《汉书·西域传》上有这样的记载：乌戈山离国

"有桃拔、师子、犀牛。"孟康注解说："桃拔，一名符拔，似鹿，长尾，一角者或为天鹿，两角者或为辟邪。"辟邪便是貔貅了。貔貅的原型是马或鹿。《周礼·夏官·廋人》记载："马八尺以上为龙。"这种中国的独角兽十分类似《山海经》中记载的駮。

龙生九子原型表

名称	别名	形象	原型	镇守位置
趴蝮	帆蚣	大蜥蜴	扬子鳄	桥栏杆顶端
椒图	蜃龙	螺蚌	螺蚌	大门铺首、门板
蛟龙	虎蛟	蛇	蛇颈龙	水纹装饰
囚牛	不详	牛	夔龙	胡琴头部
睚眦	不详	豺狼	巨狼	兵器或仪仗上
嘲风	不详	巨型犬	獒犬	屋顶垂脊前端
蒲牢	不详	小型龙	海狮	钟上
狻猊	金猊	狮子	狮子	坐骑、香炉
赑屃	霸下	龟	鼋	石碑下面
狴犴	宪章	虎	剑齿虎	监狱门
负屃	不详	蛇	巨蛇	石碑头顶或两侧
螭吻	鸱尾	鱼形龙	大鲤鱼	殿脊两端
饕餮	三苗	牛或猪	巨型猪	青铜器
貔貅	辟邪	鹿或马	独角兽	守财之所

九、发明与创造

黄帝对于华胥族所保留的文明种子，持一种完全开放的态度。更多的部落通过与黄帝族的联姻获得了姓氏，并分享了其文明形态。黄帝族所代表的改革势力以水利农耕为基础，击败了代表保守势力的炎帝族。其后的后稷更把农耕的技术带入了新阶段。传说巧倕精通各种工具的制作。般发明了弓和箭。番禺发明了船。吉光发明了车。殳发明了箭靶，鼓、延二人发明了钟，作了乐曲和音律。帝俊有八个儿子，创作出歌曲和舞蹈。晏龙发明了琴和瑟两种乐器。但更为合理的说法应该是，这些皇族担任了相应的官职，他们把更早的原始发明改良成为正式可用的形式，并对全族进行推广，以法律的形式进行固化。从这一点而言，他们其实算不上是最初的发明者，只是影响最广泛的官方改良者与推广者。

《山海经》记载，有个西周国，这里的人姓姬，吃谷米。有个人正在耕田，名叫叔均。帝俊生了后稷，后稷把各种谷物的种子从天上带到下界。后稷的弟弟叫台玺，台玺生了叔均。叔均于是代替父亲和后稷教民播种各种谷物，开始创造耕田的方法，最早发明了使用牛耕田。大比赤阴，开始受封而建国。大禹和鲧开始挖掘泥土治理洪水，度量划定九州。大比赤阴可能指后稷的生母姜螈。

姜螈虽然是帝喾的元妃，大概也是婚前生子的原因，并没有得到帝喾的宠爱。帝喾先传帝位于帝挚，这是第四妃常仪所生。姜螈成为元妃后，还生了儿子台玺。但他显然没有得到帝喾的信任，没有担任任何重要的职位，而是与后稷一起进行农耕技术的改进。台玺的儿子叫叔均，后稷的孙子也叫叔均，帝舜的儿子叫商均。这三者应不是同一人。“均”的本意是划分土地，因而“均”可能也是一种掌管土地的官职。台玺的儿子先担任这个位置，然后传给了后稷的孙子，他们一起改进了牛耕田的技术。这个位置后来可能还传给了舜的儿子。

《海内经》记载，帝俊生了三身，三身生了义均，这位义均便是所谓的巧倕，从此开始发明世间的各种工艺技巧。这里的“帝俊”指帝舜比较容易解释。从这一点来说，义均是帝舜的孙子。以字形而论，“姚”之甲骨文十分类似三个人并立在一起，可能是“三身”国的来由。巧倕传说是上古尧舜时代的一名巧匠，他的手非常巧，改良了弓、耒、耜、舟等。

《海内经》记载，少昊生了般，这位般最初发明了弓和箭。般即少昊之子，作弓的人，也是张姓的始祖。少昊入赘于穷桑氏羲和族，而羲和族的一个父系是东夷的有穷氏，首领以后羿最为著名，非常善射。

《海内经》记载，帝俊赏赐给羿红色弓和白色矰箭，用他的射箭技艺去扶助下界各国，羿便开始去救济世间人们的各种艰苦。在东夷部落之中，善射的有穷氏一族掌管的是“射正”，即射箭的礼仪。这一族实力强大，与羲和族联姻成“穷桑氏”。有穷氏中善射的历代首领都冠以“羿”之名。嫦娥奔月传说中的后羿，是在夏朝建立之后出现的有穷氏中的首领。最原始的弓箭的发明应归功于有穷氏。

《海内经》记载，帝俊生了禺号，禺号生了淫梁，淫梁生了番禺，这位番禺最初发明了船。番禺生了奚仲，奚仲生了吉光，这位吉光最初用木头制做出车子。此外帝俊指帝喾。轩辕氏擅长造车，其后人黄帝也精通此道，并发明了指南车，在与蚩尤作战中发挥了重要作用。轩辕氏最初发明的是比较简单的人力车，在大禹时期才发展成为成熟的规范化的马车。奚仲是大禹时的“车正”，负责造车事宜，他与轩辕氏后人联姻，生了吉光，吉光本身的名字即有“辕”之形。吉光也成为古代对神马的一种称呼。谯周《古史考》记载：“黄帝作车，少昊驾车，禹时奚仲驾马，仲又造车，广其制度也。”这是指轩辕氏发明了车，少昊发明了驾车，

而奚仲发明了马车。

帝喾后裔中的番禺发明了船。这位番禺应该封地于后来广州的“番禺”。番禺为秦始皇三十三年设置的古县，是南海郡的首县，并为郡治所在地。《山海经》记载，“桂林八树在贲禺东”。郭璞注解“贲禺”说：“今番禺。”汉初的史料亦多处提到“番禺”，或亦书作“蕃禺（隅）”，即指今广州市番禺一带，是当时岭南最为重要的聚落，已形成地区性的政治、经济中心，亦是广东省境内最早见于古史的地名。

《海内经》记载，炎帝的孙子叫伯陵，伯陵与吴权的妻子阿女缘妇私通，阿女缘妇怀孕三年，这才生下鼓、延、殳三个儿子。殳最初发明了箭靶，鼓、延二人发明了钟，作了乐曲和音律。末代炎帝的孙子伯陵为新的钟山之神“烛阴”，他生了儿子鼓。伯陵因私情被吴权发现，其子鼓联合了西王母手下的某个首领钦邳杀了葆江。鼓与钦邳其后被黄帝下令诛杀。

《海内经》记载，帝俊有八个儿子，他们开始创作出歌曲和舞蹈。帝喾四妃常梦吞日，经八梦，生子八人，皆精通日月星辰观测，被誉为“八才子”“八翌”“八神”“八元”。

《海外南经》说：“有神人二八，连臂，为帝司夜于此野。”“连臂”是携袂踏歌而舞之象，即《楚辞》中所说的“二八接舞”。“神人二八”即民间所说的夜游神，就是“八

恺”与“八元”的组合。

《海内经》记载，帝俊生了晏龙，这位晏龙最初发明了琴和瑟两种乐器。“烛阴”“祝融”“晏龙”是不同时期对钟山之神的称谓，这一点在《山海经》中其他部落首领的称号演变中也可以见到。但琴瑟显然不是由晏龙最早发明的。《大荒东经》记载，东海以外有一深得不知底的沟壑，是少昊建国的地方。少昊就在这里抚养帝颛顼成长，帝颛顼幼年玩耍过的琴瑟还丢在沟壑里。

《古史考》则记载：“伏羲作琴、瑟。”《纲鉴易知录》说：伏羲“斫桐为琴，绳丝为弦”，絙桑为三十六弦之瑟。这都把伏羲作为最早的琴瑟发明者。《帝王世纪》记载：“神农始作五弦之琴，以具宫、商、角、徵、羽之音。历九代至文王，复增其二弦，曰少宫、少商。”帝喾是少昊的孙子。但琴的出现则早于帝喾执政时期。这也可见古琴与瑟的发展改良是由多人完成的，而在晏龙手中最终完成了琴的官方形制。

十、春秋战国考

春秋战国时期合称东周时期。西周时期，周朝君王保持着天下宗主的威权，平王东迁以后，东周开始，周王室开始衰微，只保有天下共主的名义，而无实际的控制能力。同时，一些被称为蛮、夷、戎、狄的民族在中原文化的影响或民族融合的基础上实力也很快赶了上来。中原各国也因社会经济条件不同，大国间争夺霸主的局面出现了，各国的兼并与争霸促成了各个地区的统一。因此，东周时期的社会大动荡，为全国性的统一准备了条件。

春秋战国来源于春秋和战国两部分，在中国上古时期，春季和秋季是诸侯朝觐王室的时节。另外，春秋在古代也代表一年四季。而史书记载的都是一年四季中发生的大事，因此“春秋”是史书的统称。鲁国史书的正式名称就是《春秋》。传统上认为《春秋》是孔子的作品，也有人认为是鲁国史官的集体作品。而“战国”来自于《战国策》，这是部国别体史书。一般史学界以三家分晋、田氏代齐为春秋（前770—前476）和战国（前475—前221）的分界线。

平王东迁洛邑（今河南洛阳）以后，西土为秦国所有。它吞并了周围的一些戎族部落或国家，成了西方强国。在今山西省的晋国，山东省的齐、鲁，湖北省的楚国，北京市与河北省北部的燕国，以及稍后于长江下游崛起的吴、越等国，都在吞并了周围一些小国之后，强大起来，成了大国。于是，在历史上展开了一幕幕大国争霸的激烈场面。

“战国七雄”是七个最强的诸侯国的统称。春秋时期无数次战争使诸侯国的数量大大减少。到战国时期，实力最强的七个诸侯国分别为燕、齐、楚、秦、赵、魏和韩。除战国七雄外，其余为人熟知的还有晋、陈、吴、越、宋、鲁、卫等国。

燕国

黄帝儿子青阳氏入赘于东夷部落后，成为少昊。少昊成为天下共主后，启用的是新的太阳神鸟的图腾，即与金乌类似的燕子图腾，他统领的部族主体是羲和族。少昊的孙子帝喾在颛顼后继位，也保留了燕子图腾。高辛氏帝喾的一个儿子契，因为保留了少昊的燕子图腾，就有了殷商先祖关于玄鸟的传说，司徒契也就成为殷商的先祖。以燕子为图腾的少昊后人伯益，成为秦朝的先祖。

少昊的后人包括后来诸多以“燕”为名的国家。黄帝的后代中有个叫伯倏的，商朝时被封于燕（今河南省延津县东北），建立燕国，历史上为与蓟地燕国相区别，称作南燕。中国历史上有许多燕国，如北燕、南燕、前燕、后燕、西燕、大燕、五代燕等。其中，最早的燕国是商代的南燕。少昊坎坷一生，足迹遍布中部、东部、西部，因而他的后人以燕子为图腾立国的国家也很多，而且在地域上分布很广。

北燕，始封于前11世纪，都城在“蓟”，位于今北京市房山区琉璃河，其国土相当于今北京市及河北省中部与北部一带。北燕国的始祖是周召公，但最早可追溯到《山海经》中的钜燕国，这也是少昊羲和族统领的故地。毕竟少昊作为黄帝之子，起初也是姬姓的。周召公封地于此，应也有这个考虑。

齐国

齐姓出自姜姓，齐姓始祖为姜太公，发源于今山东省营丘。姜太公辅助武王伐纣成功以后，封地于齐，后来建立了齐国。姜太公的始祖可追溯到尧舜时期的伯夷。相传伯夷为姜姓，为炎帝神农氏之裔共工的侄孙，也就是共工兄弟的孙子。这位共工氏就是与颛顼争帝位，撞倒不周山，引起大洪水的穷奇。穷奇的身份是少昊之子，入赘于炎帝共工氏水神家族，因与颛顼争帝位而被尧舜冠以凶神之名。共工的兄弟也应是少昊的另一个儿子，他大概是与穷奇一起入赘于炎帝家族的。

伯夷曾担任帝颛顼的大祭司，后为第一代太岳。另一说伯夷父即伯夷。而伯夷父是帝颛顼的老师。颛顼曾让伯夷父颁布法典，制五刑，以折臣民。伯夷在帝尧时辅政，掌管礼仪，帝舜时正式任命伯夷为秩宗。大禹治水及代行天子之政时，伯夷尽心辅弼，成为禹的心腹之臣。为嘉奖伯夷，帝舜晚年赐伯夷恢复姜姓，封为吕侯，掌管四岳，其子孙因此亦以吕为氏。伯夷所在部落发展出四支胞族，以申、吕、齐、许的四个地方为名，后来演变成四姓，掌管四岳。在尧、舜、夏禹时代，四岳是部落联盟的山岳祭司。伯夷后被尊为吕姓始祖。从这一点来说，伯夷是四岳之长，但分管的“四岳”又指申、吕、齐、许这四人。

楚国

楚之先祖可追溯到季连，出自帝颛顼高阳氏。季连之后是鬻熊，是周文王的老师，其曾孙熊绎在成王时被封为楚子，意为楚地的子爵。颛顼生了老童，老童生了祝融，也就是重黎。重黎因对共工讨伐不力被帝喾所杀。据《东周列国志》记载，重黎死后，其弟吴回接替了祝融的位置，生子陆终，娶鬼方国君之女，第六子就是季连。

生活在巴山、巫山、成都平原上的部族，包括巴人、蜀山氏、巫氏等，在黄帝时期大部分与苗蛮一起成为一个统一的部族联盟，即由炎帝臣子蚩尤统领的九黎。华胥族与其相处时，既有联姻也有战争。在蚩尤领导九黎部落与黄帝作战失败后，九黎部族开始分裂。但其中苗蛮的主体三苗则依然有举足轻重的影响力。黄帝到大禹时期，三苗的后人为恢复自己的统治力，与华夏族进行了持续的战争。

随着华胥族实力的日益巩固，三苗的努力都以失败告终了。舜击败三苗之后，把三苗的一部分迁到了三危山，即伺候西王母的三青鸟族居住的地方，以对抗西戎，约在今日敦煌附近。但“三苗”的主体还是在中原的，而且一直抗争不休。最后大禹再次征伐三苗，大败苗师，三苗从此衰微。三苗被迫迁徙到今日的湖南省一带，到商、周时期，“三苗”又被称为“荆楚”，有时也被称为“南蛮”。在战国时期，三苗的后人终于以楚国的身份独立出来。从地域而言，荆楚大地一直是炎帝族的圣地，历代炎帝系皇族都埋在九嶷山附近。这也是三苗得以迁居此地的原因。

秦国

伯益为秦国的祖先。《史记》记载："帝颛顼之苗裔孙曰女脩。女脩织，玄鸟陨卵，女脩吞之，生子大业。"大业娶黄帝父系所属的少典氏族之女女华为妻，生子名叫繇，即皋陶。皋陶之子伯益，佐禹治水有功，舜命作虞，赐姓曰嬴。女修吞玄鸟卵的传说，则意味着与少昊族的联姻。因而少昊也是伯益的先祖。

赵国

赵国的先祖可追溯到造父。赵姓出自嬴姓，形成于西周，祖先是伯益。造父为伯益的九世孙，是西周时著名的驾驭马车的能手。造父驾车日驰千里，使周穆王迅速返回了镐京，及时发兵打败了徐偃王，平定了叛乱。由于造父立了大功，周穆王便把赵城赐给他，自此以后，造父族就称为赵氏。

周孝王传至周幽王时，因幽王无道，造父的七世孙赵叔带离周仕晋，从此赵氏子孙世代为晋大夫，掌握晋国大权。

晋景公为了夺取赵氏家族控制的政权，默许三卿联合诛赵氏，灭其族。到战国初年，叔带的十二世孙赵敬侯联合魏武侯、韩哀侯三家分晋，建立赵国。至他的孙子赵籍时，正式获得了周烈王的承认，与韩、魏两家并列为诸侯。前 222 年，赵国为秦国所灭，赵国王室纷纷散落民间。

魏国

魏国的先祖可追溯到毕万。毕万是周初重臣毕公高之后。毕公高是周文王的庶子。周初，周人吞并商之后，便封毕公高于毕国故地，其后裔以毕为氏。后毕国国灭，公族子弟流落各地，其中有一后裔名毕万，流落至晋国。

前 661 年冬，晋献公发动了一场开疆拓土的战争。晋献公出征的战车上，赵夙御戎，毕万为车右。此次出兵战果丰硕，一举歼灭了耿、霍、魏三个小诸侯国，胜利而归。为了奖励英勇作战的赵夙与毕万，献公将耿封给了赵夙，将魏封给毕万做了采邑。从此，毕万之后称“魏氏”，在之后的晋国繁衍壮大起来。

韩国

韩国的先祖可追溯到韩万。春秋末年，晋国大夫赵襄子、魏献子和韩宣子于前433年先行暗杀智伯，然后再将晋的领地瓜分，成为三个诸侯国，即韩、魏、赵三国。西周成王的弟弟唐叔虞封于晋国。晋穆侯是西周诸侯国晋国的第九任统治者。史载晋穆侯之子曲沃桓叔生公子万，封于韩，立韩氏，故称韩万，是为韩武子。韩武子的三世孙名韩厥。按照周王朝的册封，自厥起，他和他的后代才是真正的韩姓了。

但“韩”的名称在《山海经》中最早可见于“寒荒国”。灵山十巫中的巫即是掌管食物的祭司，其后人包括以猪为图腾的蜀山氏。黄帝正妃嫘祖生了玄嚣、昌意二子。昌意娶蜀山氏女为妻，生了韩流，韩流有猪的形象。韩流娶了九黎某部族首领的女儿阿女，生帝颛顼。韩流掌管过“寒荒国”。

晋国

晋国出自周成王弟唐叔虞。周成王是中国西周第二代国王，谥号“成王”。邑姜是姜太公吕尚的女儿，嫁给武王发，梦到上天说：“余命女生子，名虞，余与之唐。”她生的儿子据此名叫“虞”。《史记》记载，周公诛灭唐后，周成王与叔虞玩游戏。成王把桐叶削成珪的样子交给叔虞，并对他说：“我要用这个来封你作王。”史官尹佚因此让周成王选择日子立叔虞为王。成王说：“我是开玩笑的。”尹佚说：“天子没有戏言。说的话史书都有记载，并且举行仪式来实现，并用音乐来歌颂它。”周成王于是封其弟于唐，史称“唐叔虞”。唐叔虞之子晋侯燮父徙居晋水，因在晋水边，因此改国号为“晋”。自晋侯燮开始，唐叔虞的国就被称为“晋国”。

陈国

陈国先祖可追溯到妫满。帝舜是帝颛顼的后代，娶帝尧二女娥皇、女英，女英生子商均。商均后代妫满娶周武王长女太姬，前1045年受封于陈，建都宛丘，让他奉守舜帝的宗祀，辖地大致为现在的河南省东部和安徽省一部分。

帝舜代表的其实是有虞氏的利益，该族以白虎为图腾，最早可追溯到为玉帝镇守御苑的昆仑开明白虎族。其后有虞氏与草原部落联姻，为西王母镇守瑶池，并衍生出林氏国。舜还姓妫，因此姚姓也出自妫姓。“为”在古文字中为“母猴”之形。妫氏以猴为图腾。

吴国

吴国先祖可追溯到古公亶父。古公亶父在周人发展史上是一个上承后稷、公刘之伟业，下启文王、武王之盛世的关键人物，他是中国上古周族领袖。周灭商朝后，认为“王气”始于姬亶父，故追尊为“太王”。

周太王生有长子太伯，次子仲雍和小儿子季历。季历的儿子昌聪明早慧，深受太王宠爱。周太王想传位于昌，但根据当时传统应传位于长子，太王因此郁郁寡欢。太伯明白父亲的意思后，就和二弟仲雍借为父采药的机会一起逃到荒凉的江南，自创基业，建立了勾吴古国。商朝灭亡后，周朝建立，周武王封太伯第三世孙周章为侯，遂改国号为“吴”。春秋时期，吴国被越国所灭。

古代“虞”与“吴”通假。吴地最早居住的部族应该为有虞氏的后人。重黎的弟弟称为吴回。《山海经》中的水伯天吴指重。重为祝融后，其弟吴回接替他为水伯。但后来重黎为帝喾所杀，吴回又接替了祝融的位置。

越国

越国先祖是夏代少康庶子无余。大禹周游天下，在越地登茅山，四方群臣朝见他。大禹分封有功之臣，赐爵有德之人。之后，大禹驾崩，葬在越地。夏后帝少康恐怕禹迹宗庙祭祀断绝，把其庶子封到于越，号称“无余”。贺循《会稽记》中记载：“少康，其少子号曰于越，越国之称始此。”

宋国

宋国的始祖是微子启。微子启是商王帝乙的长子，纣王的庶兄。《吕氏春秋》称微子、微仲与纣王三人同母，但是其母在生微子和微仲时尚未成为妃，所以是庶子。

周武王伐纣，商朝灭亡。按照分封制的礼法，朝代虽然灭亡，胜利者仍然不能让以前的贵族宗祀灭绝，因此当武王分封诸侯时，仍然封纣王的儿子武庚于殷，以奉其宗祀。武王死后，武庚叛乱，被周公平叛杀死，另封纣王的庶兄，当年曾降周的微子启于商丘，国号宋，以奉商朝的宗祀，孔子《论语·尧曰》曾记载此一原则叫作“兴灭国，继绝世”。

宋国实际上是殷商文化的一种延续，殷商的始祖是契。帝喾的帝位由尧帝继承。他的另一个儿子契成为尧帝旧臣，舜帝留用，位居三公之列，官居司徒，主管民政事务。尧继承帝位后，因“十日之乱”，被金乌族联盟中的舜取得帝位。契因为保留了少昊的燕子图腾，就有了殷商先祖关于玄鸟的传说。

鲁国

鲁国始祖是周公旦。武王伐纣，岐周代商。武王发封其弟周公旦于曲阜，是为鲁公。伐灭管蔡之乱，平定徐戎之叛后，鲁国得到“殷民六族”。而本来是王族的殷商之民，拥有较高的文化水平，同时也善于发展经济，加上鲁国地处东方海滨，盐铁等重要资源丰富，占有在经济、文化上的优势。

鲁国一直都是周室强藩，震慑并管理东方，充分发挥了宗邦的作用。此鲁国“奄有龟蒙，遂荒大东。至于海邦，淮夷来同”，其国力之强，使得诸夏国人和夷狄之民“莫我敢承”“莫不率从”。这种情形一直延续到春秋，彼时曹、滕、薛、纪、杞、谷、邓、邾、牟、葛等诸侯仍旧时常朝觐鲁国。

卫国

卫国始祖是康叔。据《元和姓纂》及《通志·氏族略》等所载，周武王灭商后，赐同母弟封康邑，史称“康叔封”。周公旦又将原来商都周围地区和“殷民七族”封给康叔封，让康叔迁徙至殷商故都，建立卫国，定都朝歌。

郑国

郑国始祖是郑桓公。周宣王封周厉王幼子友于郑，史称“郑桓公”。周幽王时期，郑桓公身为周王室的司徒，看出西周马上就要灭亡，于是在太史伯的建议下，将郑国财产、部族、宗族连同商人、百姓迁移到东虢国和郐之间，号称“新郑”。这是郑国历史上有名的大迁移。桓公三十六年（前771年），犬戎杀死周幽王和郑桓公，桓公之子武公即位，继位的郑武公攻灭郐和东虢国，建立了实际独立的郑国，定首都为新郑。

十一、黄帝十二姓

黄帝族与其他部落联姻后，姬姓才是黄帝的嫡系，而其余儿子实际继承的是母系的图腾和传统。从这一点来说，从黄帝族衍生出来的一些姓氏，并不能代表黄帝族本身的势力。

关于黄帝的后代及姓氏有许多种说法。

在《山海经》中记载的黄帝子系如下：

黄帝正妻西陵氏雷祖，生昌意。昌意生韩流。韩流取淖子曰阿女，生帝颛顼。

黄帝生禺虢，禺虢生禺京。禺京处北海，禺虢处东海，都是海神。

黄帝生骆明，骆明生白马，白马是为鲧。

黄帝女魃在涿鹿之战中帮助黄帝战胜蚩尤，后迁居赤水。

黄帝有四妃，正妃为西陵氏，名嫘祖。“缧”是丝束的

形状，变母系社会的特征为“嫘”。西陵氏也是北风族中善于编织的常族的后人。黄帝有三个次妃，为方雷氏女、彤鱼氏女、嫫母。《后汉书·东夷传序》记载：“夷有九种，曰畎夷、于夷、方夷、黄夷、白夷、赤夷、玄夷、风夷、阳夷。”方雷氏为东方方夷氏与雷泽氏联姻产生的后代。据说彤鱼氏为炎帝之女，她教会黄帝族人用石板炒肉吃。方雷氏创造了梳子，教会了人们梳妆打扮。嫫母是西王母族的人，即西嫫族人，并非外貌丑陋。

传说黄帝有二十五子，分别为四母所生，黄帝把他们分成十二个胞族，赐给他们十二个姓，继承姬姓的只有青阳与苍林氏二人。黄帝的儿子入赘于其他部落，或者统领其他部落，都是为了政治联姻的需要。上古社会，姓是部落接受、帝皇认可，进入上层统治者的标志。帝皇赐姓的情况很多，有原来使用但未得帝皇认可的，可以追认为官方的姓氏；有原来没有姓，由帝皇下令造字赐姓的，这些姓基本反映了原有部落的文化特征等面貌。

《青山彭氏敦睦谱·宗系》记载：“黄帝生二十五子，依序为：娶西陵氏（嫘祖），生昌意、玄嚣、酉、祁、冯夷、

滕六子；娶方雷氏（女节），生龙苗、葳、荀、任（禹阳）、清、采六子；娶彤鱼氏，生夷鼓、缙云、乔伯、姞、僖五子；娶鬼方氏（嫫母），生苍林、青阳、儇、詹人、依、禺、累祖、白民八子。一女曰女华。”

《国语·晋语四》记载：“黄帝之子二十五人，其同姓者二人而已。唯玄嚣与夷鼓皆为己姓。青阳，鬼方氏之甥也。夷鼓，彤鱼氏之甥也。其同生而异姓者，四母之子别为十二姓。凡黄帝之子二十五宗，其得姓者十四，人为十二姓，姬、酉、祁、己、滕、箴、任、荀、僖、姞、儇、依是也。唯青阳与苍林氏同于黄帝，故皆为姬姓。”

黄帝二十五子十二姓考据表

人物	姓	母系	姓氏来源
昌意	不详	嫘祖	不详
玄嚣	己	嫘祖	十日族
酉	酉	嫘祖	十二月族
祁	祁	嫘祖	伊耆氏
冯夷	不详	嫘祖	不详
滕	滕	嫘祖	不详
龙苗	不详	方雷氏	不详
葳	葳	方雷氏	缝衣的工具
荀	荀	方雷氏	不详
禹阳	任	方雷氏	十日族
清	不详	方雷氏	不详
采	不详	方雷氏	不详

续表

人物	姓	母系	姓氏来源
夷鼓	己	彤鱼氏	十日族
缙云	姜	彤鱼氏	炎帝族
乔伯	不详	彤鱼氏	不详
姞	姞	彤鱼氏	轩辕氏
僖	僖	彤鱼氏	巨人族
苍林	姬	鬼方氏	黄帝族
青阳	姬	鬼方氏	黄帝族
儇	儇	鬼方氏	纺织工具
詹人	不详	鬼方氏	不详
依	依	鬼方氏	不详
禺	不详	鬼方氏	不详
累祖	不详	鬼方氏	不详
白民	不详	鬼方氏	不详

下面分析黄帝二十五子十二姓的来源。

黄帝元妃西陵氏：生昌意、玄嚣（己姓）、酉（酉姓）、祁（祁姓）、冯夷、滕（滕姓）。

黄帝正妃嫘祖生了玄嚣，昌意二子。玄嚣之子为蟜极，之孙为五帝之一的帝喾。昌意娶蜀山氏女为妻，生了韩流。韩流又生了高阳氏，继承天下，就是帝颛顼。

玄嚣在黄帝家族中原本继承了青阳氏的称号，但入赘东夷后，改姓“己”，就把“青阳氏”的称号让给了黄帝与鬼方氏的另一个儿子。这位青阳延续的是黄帝的姬姓。玄嚣启用的这个“己”姓，实际出自于东夷“十日族”中的第六日。羲和族最初是十日族的父系，后来附属于该部族的则有十日中的第六日“己”姓与十二月中的“巳”姓。羲和族与昆仑山白虎木禾支联姻，生了流黄辛氏，这是十日族中的第八日。流黄辛氏的后人中有莘氏为“姒”姓，可看成“巳”姓的一个分支。刘师培《姒姓释》说，“姒”与“巳”同文，夏为姒姓即巳姓，“巳”与“蛇”古同字，且“巳”古读通“己”，这三个姓是相通的。

酉姓最早可追溯到“十二地支”中的鸡图腾。帝俊与常羲生了“十二月”后，这十二位后人掌管“十二地支”，分别统领十二个少数民族部落，并与之联姻，采用了十二个主要部落的动物图腾，并最终形成了十二生肖。

《广韵·酉》记载：“酉，姓。魏有酉牧。”魏国的始祖可追溯到毕万。毕万，乃周初重臣毕公高之后。毕公高是周文王的庶子。晋献公将魏封给毕万做了采邑。从此，毕万之后称“魏氏”，在之后的晋国繁衍壮大起来。春秋魏国，在今天山西省芮城县北。

祁姓最早可追溯到炎帝族中一个古老的氏族伊耆氏，即伊祈氏。陶唐氏尧自小由其母系伊耆氏抚养长大。据《姓氏考略》所载，帝尧伊祁氏之后有祁姓。春秋时晋国大夫祁奚，晋悼公时任中军尉。祁奚食采于祁，以地为氏改姓祁。后世子孙于是尊祁奚为其得姓始祖。今日祁县位于山西省中部，隶属于山西省晋中市。

冯夷也称为冰夷，作为黄帝的儿子，掌管的是黄河。《海内北经》记载，从极渊有三百仞深，只有冰夷神常常住在这里。冰夷神长着人的面孔，乘着两条龙。冯夷作为黄河的水神，可能入赘于流黄辛氏部落，因而还以水族中的鳖为图腾。《抱朴子·释鬼篇》里说，他过河时淹死了，就被天帝任命为河伯管理河川。到大禹治水时期，有冯夷把河图给大禹看，并和他一起治水，泛滥的洪水很快就得到了平息。冯夷从此就成了中华的水神。这里的河伯就不是第一代河伯冯夷，而是其后人了。

黄帝的二十五子中有滕姓，这是滕姓的最早起源。周武王封自己的弟弟，亦即周文王第十四子错叔绣于滕地，建立了滕国，在今山东省滕州市西南。战国初期，滕国被越国所灭，但后来又恢复起来，不久又灭于宋国，原滕国王族遂以国名命姓，成为滕姓。滕之地名最早应起源于黄帝之子的封地。

黄帝妃子方雷氏生子：龙苗、葴（或箴，箴姓）、苟（苟姓）、任（任姓）、清、采。

龙苗即苗龙，其后人入赘于戎人部落。《大荒北经》记载，有一种人名叫犬戎。黄帝生了苗龙，苗龙生了融吾，融吾生了弄明，弄明生了白犬，这白犬有一公一母而自相配偶，便生了犬戎族人，吃肉类食物。有一种红颜色的野兽，形状像普通的马却没有脑袋，名叫戎宣王尸。犬戎国也有黄帝的血统。高辛氏帝喾为帝时，犬戎首领戎宣王因叛乱被盘瓠氏所杀。帝喾将女儿嫁给盘瓠，因为担心其不服管教，让其带领部分犬戎成员迁居到海中小岛上，建立了犬封国。

葴，同箴，葴姓在现在几乎看不见记录，但箴姓还是存在的，并演化为“针”姓。《说文解字》中解释，箴为缝衣的工具。箴也指规诫性的韵文，在古代常刻在器物上或碑石上，兼用于规诫、褒赞。箴字有“咸”之形，最早用来编织衣服的大概是石针，而这种石头是带有盐分的。后来才发展成竹针、骨针等。春秋战国时卫国有针地，卫卿针庄子以封地为姓针。卫国是周王朝的同姓诸侯国之一，始祖是康叔。卫国地域大致在今黄河北岸，太行山脉东麓的今河南省鹤壁、新乡附近。

黄帝时，有个大臣叫荀始，是开发制麻、麻织工艺的发明者和创始者。在荀始的后裔子孙中，有以先祖名字命氏者，称荀氏。但黄帝之赐姓既然为荀姓的开始，则荀始可能出自黄帝的子系。《水经注》说：“汾水又西与古水合，水出临汾县故城西黄阜下，其大若轮，西南流，故沟横出焉。东注于汾，今无水。又西南迳魏正平郡北，又西迳荀城东，古荀国也。”《一统志》记载荀城在绛州西十五里。新绛县古称绛州，位于山西省西南部，春秋时曾为晋都，战国时属魏。

西周初期，周文王将自己的第十七子郇侯分封于郇国，春秋时被晋武公所灭，其后代子孙遂以国名“郇”为氏，后去“邑”旁加“草”头为荀姓。荀氏后人也尊郇侯为荀姓的得姓始祖，位置在今山西省临猗县之故郇城。古荀国和古郇国不是一个地方，可能是荀国搬迁到了郇国的位置所致。

黄帝的儿子禹阳封的是任姓。禹阳也可能为禺阳。《唐书·宰相世系表》上说：“黄帝少子禹阳，受封于任，以国为氏。”任姓的起源，更早见记载于炎帝之母任姒。在十天干中有“壬”，象形兼指事，像一个人挑担子。太昊伏羲氏迁居东夷为天下共主时，先与女和族联姻生羲和族，羲和族又与东风帝俊联姻生了十日族。因而任姓应起源于东夷的十日族，即“壬”字。从这一点来说，任姓是起源于太昊伏羲氏的。《通志氏族略》说：“任，为风姓之国，实太昊之后，今济州任城即其地。”任城区历史悠久，据传是古代东夷族部落的领地，为我国最早风姓古国之一，远在三皇五帝时，系唐虞氏故国有仍氏繁衍生息之地，夏商为仍国，周为任国、郝国。春秋时期楚国人任不齐，为孔子“七十二贤弟子”之一，后被唐朝皇帝追封为任城伯，被宋朝天子加封为当阳侯。

《大荒北经》记载，有个儋耳国，这里的人姓任，是神人禺号的子孙后代，吃谷米。在北海的岛屿上，有一个神

人，长着人的面孔、鸟的身子，耳朵上穿挂着两条蛇。禺号是帝喾的儿子，儋耳国人是帝喾与某少数部落联姻所生。儋耳国人后代中有无继国，也是任姓，其后无继国生了无肠国。

黄帝之子清最早的封地应在少昊之后所在的“清国”。《路史·国名纪》记载：“最早出于上古，源自少昊氏，少昊之后封于清，建立清国，子孙以国为氏，乃成清姓。”

黄帝之子采的封地与兄弟夷鼓在一起。在史籍《姓考》中有记载：“黄帝子夷鼓始封于采，为左人，有采氏。”而史书上所称的“左人”，就是擅长巫蛊卜术之人。中国古代，以巫蛊之术为左道，后凡占卜相命之术亦统名为“左”，因称擅此术者为“左人”。

黄帝妃子彤鱼氏生子：夷鼓（已姓）、缙云、乔伯、姞（姞姓）、僖（僖姓）。

夷鼓与最初的青阳氏玄嚣后来都为己姓，这意味着两者都入赘了东夷羲和族。这种兄弟同时入赘于其他部落的情况，在上古时并不少见。

缙云是黄帝时的一种官名。《集解》说：“黄帝受命，有云瑞，故以云纪事也。春官为青云，夏官为缙云，秋官为白云，冬官为黑云，中官为黄云。”黄帝以云名官，分别管理一年四季之事，其中夏官的官名就叫作“缙云氏”。

《集解》说：“缙云氏，姜姓也，炎帝之苗裔。”缙云氏最早应该是炎帝族的苗裔成员。饕餮缙云氏最早见于《左传》文公十八年，谓："缙云氏有不才子，贪于饮食，冒于货贿，侵欲崇侈，不可盈厌，聚敛积实，不知纪极，不分孤寡，不恤穷匮，天下之民以比三凶，谓之饕餮。"饕餮的父亲为缙云氏首领，在黄帝时期为官，其极有可能是蚩尤的兄弟。今缙云县隶属浙江省丽水市。

黄帝儿子乔伯掌管的应该是有娇氏部落。有娇氏即有蟜氏，是炎帝与黄帝的双重母系。

晋代皇甫谧《帝王世纪》较详细地记述了炎帝的诞生神话："炎帝，神农氏，姜姓也。母曰任姒，有娇氏之女，名女登，为少典妃。游于华阳，有神龙，首感女登于常羊，生炎帝。"少典氏先与朝云国联姻，生了轩辕氏。轩辕氏附属于少典氏，为同族。在轩辕氏从朝云国衍生出来几百年后，即距今5000多年前，轩辕氏再与北风族后人中的有蟜氏联姻，生了黄帝。黄帝母亲为有蟜氏附宝，"蟜"指蜜蜂，有蟜氏图腾为蜜蜂和蛾子，是居于西北部的女常族的女子，善于编织、采蜜以及种植等。

乔姓出自姬姓，为桥姓所改，是一个以山命名的姓氏。但乔姓最早可追溯到乔伯。据《元和姓纂》及《万姓统谱》所载，相传中原各族的共同祖先黄帝死后葬于桥山，子孙中有留在桥山守陵看山的，于是这些人就以山为姓，称为桥氏。至于桥氏改为乔氏，是在南北朝时的魏。据桑君编纂的

《新百家姓》记载，东汉时有太尉桥玄的六世孙桥勤在北魏任平原内史，北魏末年魏孝武帝不堪忍受宰相高欢的专权和压迫逃了出来，桥勤随孝武帝一起投奔关中大行台宇文泰而建立西魏。一天，宇文泰心血来潮，叫桥勤去掉“桥”的“木”字边，变成“乔”，取“乔”的高远之意。桥勤不敢不从，从此改“桥”为“乔”，世代相传下去。这就是陕西乔姓的由来。

《山海经》中记载帝喾的后人中有奚仲，是大禹时的“车正”，他与轩辕氏后人联姻，生了吉光。吉光的后人当以“姞”或“吉”为姓。《说文解字》说后稷的妃子也是姞姓，可见在帝喾时期就有姞姓的存在。吉光的名称应来源于轩辕氏的“辕”字，因而善于造车。从这一点来说，与黄帝联姻所生的姞姓应来自轩辕氏内部的一个部落。传说中有“古帝吉夷氏”，而夏初教羿学射的吉甫，则可能是“吉夷氏”的后裔。

据《唐书·宰相世系表》所载，伯倏，受封于南燕国，赐姓姞。后来他的子孙省去“女”旁，遂成吉氏，世代相传姓吉。

僖姓也同漆姓，或者釐姓，是黄帝族与巨人族联姻所生的部族。大禹为帝后，防风国国王迟到而被大禹所杀。袁珂《〈山海经〉译注》说：“汪芒氏即汪罔氏，漆姓即僖姓也。则大人者，防风之后，亦黄帝之裔也。”《说苑·辨物》记载孔子所言："汪芒氏之君守封嵎之山者也，其神为釐姓，在虞夏为防风氏，商为汪芒氏，于周为长狄氏，今谓之大人。"防风氏即汪芒氏，具有雷泽氏的巨人血统，后来成为"长狄"的一支。

黄帝妃子鬼方氏（嫫母）生子：苍林（姬姓）、青阳（姬姓）、儇（儇姓）、詹人、依（依姓）、禺、累祖、白民。

黄帝与草原部落上的鬼方氏生了苍林，保留了姬姓。苍林又与草原上的狄人联姻，生了始均，建立了北狄国。《大荒西经》中说，有个北狄国。黄帝的孙子叫始均，始均的后代子孙，就是北狄国人。在玄嚣入赘东夷成为少昊之后，他的"青阳氏"的称号就让给了黄帝的另一个儿子，即鬼方氏之子青阳，他保留了姬姓。

黄帝儿子儇统领的应该是某个以纺织业为主的部落。《路史》记载："黄帝之宗有儇圆。"儇姓在而今十分少见，其来源应是"睘"，古代也同"还"。战国时期，在宋、魏、陈、楚等江淮一带的诸侯国里，"还"是"缳"的通假字，又称为"楦"，是一种纺织工具，专门用来槌击丝、麻、蒲草、树皮等纤维物体，使其至软并纤维分离，用以纺纱。实际上就是手工纺织工序中将浸泡的含纤维原料进行槌击的木槌。做此工序的匠人称"缳工""还工"，其后裔子孙中有以先祖职业为姓氏者，称还氏、缳氏、楦氏。

黄帝的儿子詹人掌管的可能是占卜之官。"詹"在古代

一定程度上是通“占”的。河南省偃师市《姬氏志》介绍：“詹姓，系出河开郡，有熊氏，黄帝之子詹人，封詹国。”周宣王时，封其支子于詹，建立詹国，为侯爵，史称詹文侯，其后世袭为周大夫。文侯在幽王时任少师，见幽王宠爱褒姒，玩物丧志，遂辞职返回自己的封地。后来幽王烽火戏诸侯，导致亡国之祸，自己也命丧黄泉。而詹文侯虽然是幽王的庶兄，却明哲保身，毫发无损，其子孙也得以逃过一劫。因詹文侯首封于詹，故后世子孙尊其为詹姓得姓始祖。

黄帝的依姓子系统领的绰人部落，也就是毛民国。《大荒北经》记载，有个毛民国，这里的人姓依，吃黄米饭，能驯化驱使四种野兽。大禹生了均国，均国生了役采，役采生了修鞈，修鞈杀了绰人。大禹哀念绰人被杀，暗地里帮绰人的子孙后代建成国家，就是这个毛民国。毛民国应是黄帝族依姓一支与东北游牧族联姻产生的部落，但因地处偏僻，其文化主要以游牧族为主。“毛民”不是全身长毛，而是穿皮衣的时候把毛面向外翻的缘故。大禹同情绰人的原因，是因为毕竟两者都有黄帝族的血统。

黄帝的儿子禺应为禺虢。《大荒东经》记载：“黄帝生禺虢，禺虢生禺京。禺京处北海，禺虢处东海，是为海神。”严格来说禺没有成为一个姓，而是海神家族的封号。黄帝族与海神联姻，有禺虢、禺京一族，分管东海与北海。帝喾的后人禺号接替禺虢掌管了东海。禺号有子禺强，接替禺京掌管北海。

黄帝的儿子累祖接替的应该是黄帝正妃西陵氏所在部落的领导权。

黄帝之子白民统领的是东北部某草原部落。《海外西经》记载，白民国在龙鱼所在地的北面，那里的人都是白皮肤，披散着头发。有一种叫作乘黄的野兽，形状像一般的狐狸，脊背上有角，人要是骑上它就能活两千年。肃慎国在白民国的北面。《大荒东经》记载，有白民之国。帝俊生帝鸿，帝鸿生白民，白民销姓，以黍为食，驯化四种野兽：虎、豹、熊、罴。帝鸿指帝喾的儿子帝挚，在位九年，后被褫夺帝位。这位销姓的白民取代了原来黄帝族子系的领导地位。

白民是东北部貊人的一个分支。《山海经》记载有貊国，靠近燕，后为燕国所灭。先秦时期北方民族貊字古多作“貉”，往往与“胡”连称“胡貊”，泛指貊和北方民族，《周礼》有“九貉”，可见其族类之多。西周时，貊为北国之一，貊人的一支和秽人汇合而成秽貊族。秽貊是中国东北的古老民族，又称貉、貉貊或藏貊，古文献称之为“白民”“毫人”或“发人”。

黄帝生有一女“女华”。女华应为少典氏中“华”族部落历代首领的名称。

黄帝族的另一个女儿魃，应该是与草原上的鬼方氏联姻

所生。女魃掌握着使天变晴的自然力量，刚好可以克制风伯雨师。女魃止住了雨，并和应龙以及黄帝族中的其他部落对蚩尤族发动了大反攻。蚩尤族抵抗不住，被击败，蚩尤本人也被应龙杀死。古时有种说法，认为旱魃是天将大旱的征兆，因此就有焚烧旱魃祀雨的求雨祭典。

黄帝二十五子之中，有姓十二。玄嚣与夷鼓一起入赘于东夷，得“己”姓。苍林和青阳延续的是黄帝的姬姓。昌意入赘的是蜀山氏，生了韩流。如果他随女方姓，当为“常”姓。冯夷入赘的是流黄辛氏，他应该为“辛”姓。龙苗可能入赘于苗蛮部落，可能为“姜”姓。缙云入赘于炎帝的苗裔，也是“姜”姓。乔伯入赘于有蟜氏，可能为“任”姓或“常”姓。儋人可能为“儋耳”族统领，随“任”姓。禺是海神的称号，为有虞氏部落首领，当为“虞”姓或“吴”姓。累祖同为西陵氏成员，当为“常”姓。白民为游牧部落成员，随戎狄的姓氏。

十二、姓氏与联姻

从伏羲到大禹建立夏朝为止，是母系社会过渡到父系社会的漫长时期。以父系社会的眼光看来不可思议的事情，在当时却是非常自然的。以今日结婚的两人来说明，他们结婚时可能会考虑的问题是：婚后随女方居住，还是随男方居住，或者两者组合成新的独立家庭？孩子随女方姓，还是随男方姓，或者采用其他姓氏？

这涉及父系社会和母系社会的本质问题。在当今社会，男女双方组成独立家庭的情况较多，整体而言婚后还是随男方居住，而孩子则一般随男方的姓。至于随女方的姓，一般是男方入赘的情形。而启用其他的姓氏，创造一个新姓氏的情况不多，现在可能采用父亲、母亲的双方姓氏作为类似复姓的排列。另外一种情况是，因父母或更早的长辈中出现某支没有香火延续的情况，在所生的孩子较多的情况下，可能会让孩子改姓某个长辈的姓氏，而这个姓氏可能是与父母都没有关联的。

在上古社会，情形则基本相反。父系因战争的需要而展现自己的雄性优势，进而在部落中占据一定的地位，但母系的传统还是非常牢固的。如同现代女儿出嫁的传统一样，当时以儿子入赘于其他部落的情况更为普遍。男方随女方居住，而孩子一般随母系的姓氏，即使启用了新姓氏，也基本反映了母系的传统，如炎帝之“姜”姓、黄帝之“姬”姓、大禹之“姒”姓。

母系传统与禅让制、部落长老联盟制是密不可分的。禅让制指在位君主生前便将统治权让给他人。形式上，禅让是在位君主自愿进行的，通过选举继承人让更贤能的人统治国家。通常禅让是将权力让给异姓，这会导致朝代更替，称为“外禅”；而让给自己的同姓血亲，则被称为“内禅”，让位者通常称“太上皇”，不导致朝代更替。

禅让制的本质是部落长老联盟制。氏族组成大的部落，部落组成部族，部族又组成更大的部族联盟。各部落有自己的长老，这些长老进而又推荐出进入大部族联盟领导层的人选。显然大部族拥有更多的席位，在决定大部族首领或者其他事务时，拥有更多的发言权。各部族推举出适合作为首领的候选人，并最终从中选择出符合整个长老联盟的大首领。大首领的大臣，主要由各部族的首领组成。这样，可以鼓励其积极参与部族事务，为整个部族服务，并为未来的禅让产生合适的继承人。在适当的时机，长老联盟再次通过选举来实现首领权力的更替。

禅让制或者部落长老联盟制之所以会随着文明的发展而分崩离析，与母系社会传统的衰落是同步的。在部落联盟制度下，各部族既要考虑共同发展，又要相互制约。部族之间赖以生存的自然条件不同，由此导致的文明程度也不同。部落长老联盟要充分考虑到这种差距，并进行适当的弥补。在这种情况下，高端部族有向低端部族传播文明，使其改进生活方式，增强实力的义务。在整个部族联盟中，不可避免地存在一个最为强力的部族。这个部族中出现大首领的概率显然要大于其他部族。

一旦担任了部族联盟的大首领，他给自己的部族带来的好处是显而易见的。如果这种权力历代传承下去，让其他部族完全处于弱势地位，进而出现“家天下”的君主世袭制，也就导致了国家的出现。因而父系与母系抗争的过程，也就是强力部族与整个部落长老联盟制、禅让制、整个母系传统抗争的过程。部落长老联盟为了避免出现这种情况，实行的是联姻的策略。实行禅让制的首领之间是有血缘的延续性的。

禅让制的可操作性，一是在于男性大首领本身与其他部族首领进行联姻时，所生的儿子往往随母居住于其所在部族。大首领所在部族的部分成员会为联姻的其他部落带去更

为先进的技术与文明，协助其子对其他部族的领导。二是大首领往往把最优秀的儿子入赘于其他部族。这位儿子进而统领其他部族，其血统与之融合，他的姓氏随女方，代表女方的利益。在与其父系部族的利益发生冲突时，他同样毫不留情。而禅让制的首位候选人，就是入赘于其他部族的最为优秀者，这样既保证了血统的延续，又保证了权力的分享，最为重要的是，血统的力量在权力交替过程中，最终把整个部族串联在了一起。三是在禅让制的延续过程中，如果大首领的外籍子系没有合适的候选者，则尽可能挑选与其血缘相近者。

从男性大首领的角度而言，能保留他自己姓氏的嫡系子孙其实是比较少的。如果他做到能让自己的诸多儿子都保留自己的姓氏，进而分封到各部族的领地，无疑就完成了对部族长老联盟、对母系传统的对抗，实现了“家天下”的分封制度，君主世袭的国家制就呼之欲出了。国家的出现，实际上是强力部族最终征服其他部族，独享权力的过程，但这种形式显然也是有弊端的。国家的封闭性把原来频繁的部族交流屏蔽在外，部族间文明的差距会拉大，即使用女性和亲，也是迫不得已之举，其他部族最终也会形成国家模式。国家与国家之间，也就从部族间可以通过长老联盟调解的冲突，发展为更为惨烈的“国战”。国家与国家之间的战争与融合，是在无奈中进行的。

大禹建立夏朝后，华夏族与其他部族的交流实际上急剧减少了。之前各部族间其实有频繁的交流。禅让制向君主世袭制发展的过程，也是姓氏快速繁衍的进程。姓氏指姓和氏，二者本有分别，姓起于女系，氏起于男系。由于人口不断增长，一个母系氏族繁衍为若干个女儿氏族和孙女儿氏族，这些新的近亲氏族仍然保持原来的血缘关系不变。随着近亲婚配限制的日益扩大，氏族之间也不再准许通婚。于是各个氏族就必须启用新的氏名，但还是团聚于一个共同的姓之下。这样一个姓可以代表一个部落，而在同一部落内的各个氏族，又各有新的标志，这就是氏。秦汉以后，姓、氏合一，统称姓，或兼称姓氏。

姓在上古社会是非常稀缺的。谁掌握了文字就掌握了文明传播的魔力，而姓是最神圣的文字。拥有姓的部族可以在迁徙过程中传播自己的姓，与之联姻的部族也会感到莫大的光荣。而氏的名称只能在一个小范围内传播，并且难以逾越氏族统治的地域。姓都是由帝皇加封的，有时创造了具有母系传统的新的姓，有时是升格原来的氏为姓。自从单一的图腾不能区分部族特征后，赐封的姓也就成为处于文明黑暗中的部族所追求的至高目标。这种姓的分封制度控制得非常严格，直到黄帝时期，才局部开放了这种“注册制度”。这种联姻加赐姓的方式为黄帝族获得了更多的部族支持，并最终赢得了对代表保守势力的炎帝族的战争。但其导致的另一个

结果则是更纷乱的社会与国家的出现。

从昆仑圣地上走向草原的弇兹氏，与走向山林的燧人氏最终完成了中华民族史上的第一次大结盟。燧人氏的“风”姓与弇兹氏的“允”姓是最早的姓氏。统一的共主在昆仑圣地上被树立起来。随着时间的推移，西王母族在草原上取代了原有弇兹氏的地位，而戎人和狄人则向草原的更深处迁徙而去。燧人氏的后人演变成风之五部，占据了中华大地的东北部、西北部、南部、东部与中部。中风的实力并不强劲，却是中华文明发展的主体。史前大洪水摧毁了大部分部落，在一定程度上阻碍了华夏文明的发展，但促成了中华大地的第二次大结盟。中风的伏羲氏迁居东风成为新共主，并最终把帝位传给了东风之后帝俊族。

在这漫长的历史长河中，严格来说，中华大地上的姓是唯一的，“风”姓是当之无愧的帝皇之姓，为各风族所拥有。伏羲、女娲、早期的帝俊，都是以风为姓的。但各个风姓部族中，也发展出了自己的氏族。开明白虎族之后有虞氏、林国氏、流黄辛氏，东风帝俊之后十日族与十二月族，北风之后女常与女和族，中风之柏皇氏、华氏，都是强力氏族的代表。

其后中风的神农氏崛起，并以火神之位开创了原始的农耕时代，取代帝俊族成为新的共主，即炎帝一族。风之五部的长老联盟认可了炎帝族创立的另一个姓，即“姜”姓。

通过部落长老联盟制使其他的部族也分享了姜姓，其中除了炎帝本身的嫡系祝融氏、共工氏、后土氏外，炎帝族最依赖的无疑是苗蛮的力量，也就是蚩尤统领的部落。烈山氏又叫厉山氏，其首领为烈山或柱。魁隗氏，身长八尺又七寸，生而牛首人身。从这个形象可以看出，魁隗氏可能是炎帝族与后代草原上鬼族一支联姻的后代。魁隗传说为熊国君少典长子，又名石年，姜姓。伊耆氏也为神农氏的一支。后来的尧帝也是伊耆的后人，从母所居，故姓伊耆。这些都是炎帝族的联姻部族。

同是中风的黄帝族依靠更先进的水利农耕技术，使华胥族更加独立出来。改革的力量最终战胜了保守的力量。黄帝族获得的是“姬”姓。黄帝二十五子之中，有姓十二。黄帝开放了姓的注册制度，为其他部族赐封了姓，赢得了坚定的同盟，同时也为黄帝族血统的延续打下了基础。黄帝为帝到大禹建立夏朝这段时期，部族之间的联姻进入了一个前所未有的高峰，更多的部族获得了姓氏，掌握了原本稀缺的知识。帝喾继位后，与之联姻的部落获得姓氏的也非常多。但黄帝族本身则依靠血统联系在一起，并最终促进了统一国家的形成。

《海外东经》记载，有个毛民国，这里的人姓依，吃黄米饭，能驯化驱使四种野兽。毛民国应是黄帝族依姓一支与东北游牧族联姻产生的部落，但因地处偏僻，其文化主要以

游牧为主。

《大荒北经》记载，有一种人长着一只眼睛，这只眼睛正长在脸面的中间。一种说法认为他们姓威，是少昊的子孙后代，吃黄米饭。少昊坐镇西方后，与草原上的鬼氏联姻生了威姓。《大荒东经》记载，有个国家叫因民国，那里的人姓勾，以黄米为食物。有个人叫王亥，他用两手抓着一只鸟，正在吃鸟的头。少昊与南风部族联姻，又生了句芒，在东夷族中掌管羲和族。他死后成为木神，主管树木的发芽生长。句姓同勾姓，句龙创立的国家就是“因民国”，或“困民之国”。

《大荒北经》记载，有个北齐国，这里的人姓姜，能驯化驱使虎、豹、熊和罴。北齐国也是炎帝族的后裔。有个胡不与国，这里的人姓烈，吃黄米饭。胡不与国可能为烈山氏与草原民族联姻所生。

《海内经》记载，伯夷父生了西岳，西岳生了先龙，先龙的后代子孙便是氐羌，氐羌人姓乞。伯夷父即伯夷，父为一种尊称。他为姜姓，是炎帝神农氏之裔共工的侄孙，也就是共工兄弟的孙子。而伯夷父也是帝颛顼的老师。

《大荒北经》记载，有一种人名叫大人。有个大人国，这里的人姓釐，吃黄米饭。有一种大青蛇，黄色的脑袋，能吞食大鹿。釐姓通僖姓、漆姓。僖姓也是黄帝赐封的十二子姓之一。大人国是黄帝族与巨人部族联姻所生的部族，也就是防风国。《大荒北经》记载，颛顼生了驩头，驩头生了苗民，苗民人姓釐，吃的是肉类食物。还有一座山名叫章山。《大荒南经》记载，有个国家叫伯服国，颛顼的后代组成伯服国，这里的人吃黄米饭。有个鼬姓国。鼬姓国可能是伯服国与周边的以黄鼠狼为图腾的部落联姻所生。

《大荒西经》记载，有个西周国，这里的人姓姬，吃谷米饭。有个人正在耕田，名叫叔均。帝俊生了后稷，后稷把各种谷物的种子从天上带到下界。尧帝执政时期，追认帝喾的元妃姜嫄婚前的私生子后稷为姬姓。

《大荒东经》记载，有个国家叫白民国。帝俊生了帝鸿，帝鸿的后代是白民，白民国的人姓销，以黄米为食物，能驯化驱使四种野兽：虎、豹、熊、罴。白民的首领最早是黄帝的二十五子之一，帝喾与之联姻封了销姓。

《大荒东经》记载，有个国家叫黑齿国。帝俊的后代是黑齿，姓姜，那里的人吃黄米饭，能驯化驱使四种野兽。姜姓表明了黑齿国的炎帝族血统。

《大荒北经》记载，有个儋耳国，这里的人姓任，是神人禺号的子孙后代，吃谷米饭。禺号是帝喾的儿子。

《大荒北经》记载，有一种人称作无继民，无继民姓任，是无骨民的子孙后代，吃的是空气和鱼类。无继民、无骨民都是任姓的后人。

《大荒南经》记载，三身国的人姓姚，吃黄米饭，能驯化驱使四种野兽。这里有一个四方形的渊。姚姓是帝舜所创，三身国是帝舜的后代。

《大荒南经》记载，有个国家叫䖸民国。帝舜生了无淫，无淫被贬在䖸这个地方居住，他的子孙后代就是所谓的巫䖸民。巫䖸民姓朌，吃五谷粮食，不从事纺织，自然有衣服穿；不从事耕种，自然有粮食吃。

《大荒北经》记载，有一群人正在吃鱼，名叫深目民国，这里的人姓朌，吃鱼类。这些都是有虞氏帝舜的后代。

《大荒南经》记载，有个国家叫盈民国，这里的人姓於，吃黄米饭。又有人正在吃树叶。根据《世本》记载，黄帝的臣子中有於则，开始发明和制作鞋子。於则最初封于内乡，所在地在现在的河南省境内。而根据《世本》的记载，这个家族的子孙主要繁衍于广陵。於氏后人尊於则为於姓的得姓始祖。但《山海经》中则有早有“嬴民国”，可能即“盈民国”，从字形“嬴”可看出为女和月母国后人。女和月母国与司彘国联姻，产生了嬴民国。嬴民国后与少昊族联姻，获得了玄鸟图腾。

《大荒南经》记载，有个国家叫不死国，这里的人姓阿，吃的是不死树。一直为昆仑山天帝家族掌管不死药的是巫氏，后来衍生出不死民，阿姓，以甘木为食物。颛顼的后代与不死民联姻，生了三面人。这应是包括三个部族的联盟。

《大荒南经》记载，有座山叫作蜮山，在这里有个蜮民国，这里的人姓桑，吃黄米饭，也把射死的蜮吃掉。有人正在拉弓射黄蛇，名叫蜮人。据《姓谱》《万姓统谱》记载："出自少昊的穷桑氏，子孙以桑为氏。"也就是说桑姓出自穷桑氏，是少昊的后代。另据《姓氏考略》所载，神农氏娶了桑氏作为自己的妻子，他们的后代于是有以桑为氏者，称作桑氏。按这个记载，在少昊入赘东夷之前，东夷部落中就有了桑氏。

《大荒南经》记载，有一个由三尺高的小人组成的国家，名叫焦侥国，那里的人姓幾，吃的是优良谷米。"焦侥""周饶"都是从"侏儒"的发音变化而来，侏儒就是身材短小的人，则焦侥国即周饶国，就是人们所说的"小人国"。"幾"是"几"的繁体字，在古汉语中，"几"就有"微""殆"之意，称焦侥国人为几姓，即是说其人身材微小。

在周朝末期，特别是春秋战国时期，周朝天子彻底丧失了对赐姓的控制，各个诸侯王可以随心所欲地赐封自己的儿子或大臣以新的姓，姓也不再成为一种神圣的象征，姓的来源呈现多样化。总的来说，姓的来源有如下几种。

在母系氏族社会，以母亲为姓。上古时代许多姓都是女字旁，如：姬、姜、妫、姒、姚等。

以出生地、居住地为姓。传说上古时代虞舜出于姚墟，便以姚为姓。春秋时代齐国公族大夫分别住在东郭、南郭、西郭、北郭，便以东郭、南郭等为姓。郑大夫住在西门，便以西门为姓。这类姓氏中，复姓较多，一般都带邱、门、乡、间、里、野、官等字，表示不同环境的居住地点。

以古国名为姓。虞、夏、商朝都有个汪芒国，汪芒的后代乃姓汪；商朝有个在泾渭之间的阮国，其后代便姓阮。

以封地为姓。造父被周穆王封到赵城，他的后代便姓赵；周昭王的庶子被封于翁地，因而姓翁；周公旦的儿子被封到邢国为邢侯，他的后代便姓邢。

以官职为姓。古代有五官，即：司徒、司马、司空、司士、司寇，他们的后代都以这些官职为姓。

天子赐氏，以谥号为姓。如周穆王死了一个宠姬，为了表示哀痛，赐她的后代姓痛；周惠王死后追为惠王，他的后代便姓惠。

以祖辈的字为姓。如郑国公子偃，字子游，其孙便姓游；鲁孝公的儿子，字子臧，其后代便姓臧。

因神话中的传说为姓。传说舜时有个纳言是天上龙的后代，其子孙便以龙为姓；传说神仙中有个青鸟公，后人便也有姓青鸟的。

因避讳或某种原因改姓。比如战国时代田齐襄王法章的后代本姓田，齐国被秦灭了，其子孙不敢姓田而改姓法。汉明帝讳“庄”字，凡姓庄的都改姓“严”。明代燕王朱棣以讨伐黄子澄等为名起兵攻破南京，推翻建文帝并当了皇帝，当时号“靖难”，而太监马三保因“靖难”有功而被赐姓为“郑”，后他改名为郑和。

随着历史的发展，民族的复杂化，有些姓则是民族语言的音译。如匈奴首领单于的子孙就有不少姓单于。

以国名为姓。如我们所熟悉的春秋战国时期的诸侯国：齐、鲁、晋、宋、郑、吴、越、秦、楚、卫、韩、赵、魏、燕、陈、蔡、曹、胡、许等，皆成为今天的常见姓。

以邑名为姓。邑即采邑，是帝王及各诸侯国国君分予同姓或异性卿大夫的封地。如周武王时封司寇忿生采邑于苏，忿生后代便姓苏。

以乡、亭之名为姓。今日常见姓有裴、陆、阎、郝、欧阳等。

以先人的字或名为姓。如周平王的庶子字林开，其后代以林姓传世。宋戴公之子充石，字皇父，其孙以祖父字为姓，汉代时改皇父为皇甫。

以次第为姓。一家一族，按兄弟顺序排行取姓，如老大曰伯或孟，老二曰仲，老三曰叔，老四曰季等。

以技艺为姓。如巫、卜、陶、匠、屠等。

古代少数民族融合到汉族中带来的姓。如完颜、耶律等。

十三、帝皇执政时间考

从黄帝到大禹建立夏朝为止，究竟历经多少年，每位帝皇执政时间又有多长，实难考据。现有的资料主要是从战国时魏国史官所作《竹书纪年》、西汉司马迁《史记·五帝本纪》、东汉皇甫谧《帝王世纪》、宋代罗泌《路史》这四部书中而来。

《竹书纪年》相传为战国时魏国史官所作，记载自夏商周至战国时期的历史，据《晋书》卷五十一可知原书有十三篇。《竹书纪年》是编年体史书，与传统正史记载多有不同，对研究先秦史有很高的史料价值。《竹书纪年》又与近年长沙马王堆汉初古墓所出古书近似，而《竹书纪年》的诸多记载也同甲骨文、青铜铭文相类，可见其史料价值。

《五帝本纪》篇是司马迁对我国夏代以前先民历史的概述。人们把有确切文字记载以前的历史称为“史前史”。我国史学家则把没有确切文字记载，而由口耳传说构成的历史，称为“中国古史的传说时代”，《五帝本纪》记述的就是这个时期的历史。

《帝王世纪》之前的所有历史著作都没有对三皇五帝的世系做过系统研究和排列，司马迁《史记》也只将黄帝作为上古历史的开端，皇甫谧第一次对黄帝以前帝王世系进行了研究，排出了三皇时期的帝王世系，其次序是：太昊帝庖牺氏，亦称伏羲氏、黄熊氏。凡女娲氏、大庭氏、柏皇氏、中央氏、栗陆氏、骊连氏、赫胥氏、尊卢氏、浑混氏、昊英氏、有巢氏、朱襄氏、葛天氏、阴康氏、无怀氏十五世，皆袭庖牺制度，故虽为皇而不自为一代；炎帝神农氏，一号魁隗氏、连山氏、列山氏，凡帝承、临、明、直、来、衰至榆罔，也有八世；黄帝有熊氏，亦号帝鸿氏、归藏氏、轩辕氏。

南宋孝宗时代，学者罗泌著《路史》一书，采用道家等遗书的说法，再上溯高推旧史所称“三皇五帝”以上的往事，文章华丽而亦富于考证，言之成理，书名意思是说这是中国历史文化的“大史”之意。从他的著作宗旨来看，深惜孔子“删书”断自唐尧，忽略远古史的传统。此书详述了有关上古时期的历史、地理、风俗、氏族等方面的史事和传说，虽然资料丰富，但取材芜杂，很多材料来自纬书和道藏，神话色彩强烈，故向来不为历史学家所采用。但是此书在中国姓氏源流方面的见解较为精辟，常被后世研究姓氏学的学者所引用。

以下是根据上述史料记载整理出的自黄帝到夏朝建立为止，各位上古帝皇的在位时间。

黄帝登位时年龄为十几岁，执政时间为九十多年。《帝王世纪》记载："在位百年而崩，年百一十一岁。"《大戴礼记》记载，宰我问孔子说："我听荣伊说黄帝治国有三百年之久，那么请问，黄帝是人还是神？怎么能达到三百年的？"孔子回答说："黄帝一生勤劳，尽心竭力，而且教导民众节省物资财力，其贡献之大无与伦比。在其一生中民众得到利益一百年；虽然逝世，而民众敬畏之如神，沿用黄帝制定的一切典章制度，又一百年；民众希望黄帝复生而遵循他的教诲，又一百年。所以黄帝的直接影响达三百年之久。"《竹书纪年》以黄帝登位开始记载。在位二十年时，祥云出现。黄帝以云名官，分别管理一年四季之事。七十七年时，昌意降居弱水，生了帝干荒。干荒即韩流，颛顼之父。

关于少昊的即位时间不详。

颛顼登位时年龄为 20 岁，执政时间为 78 年，去世时为 98 岁。颛顼 10 岁时就辅佐少昊，治理九黎地区，封于高阳，故又称其为高阳氏。《帝王世纪》记载："在位七十八年，年九十八。"《竹书纪年》记载："帝颛顼高阳氏母曰女枢，见瑶光之星贯月如虹，感已于幽房之宫，生颛顼于若水。首戴干戈，有圣德。生十年而佐少昊氏，二十而登帝位。三十年，帝产伯鲧，居天穆之阳。七十八年，帝陟。”

帝喾登位时年龄为30岁，执政时间为70年。帝喾少小聪明好学，十二三岁便有盛名，15岁辅佐颛顼，封有辛地方，实住帝丘。黄帝正妃嫘祖生了玄嚣、昌意二子。玄嚣之子为蟜极，之孙为五帝之一的帝喾。《帝王世纪》记载：“帝喾高辛氏，姬姓也。龆龀有圣德，年十五而佐颛顼，三十登位，都亳，以人事纪官也。”又说：“在位七十年，年百五岁而崩。”

帝挚是帝喾的长子，在位9年。

尧帝是帝喾的另一个儿子，登位时年龄为20岁，执政时间为98年，去世时为118岁或117岁。其中执政的后28年由舜摄政。尧实际执政时间为70年。《帝王世纪》记载：“尧即位九十八年，通舜摄二十八年也，凡年百一十七岁。”孔安国说：“尧寿百一十六岁。”

舜帝登位时年龄为61岁，执政时间为39年，去世时为100岁。其中舜被启用时30岁，摄政时33岁。舜实际执政67年。《帝王世纪》记载：“舜以尧之二十一年甲子生，三十一年甲午征用，七十九年壬午即位，百岁癸卯崩。”《史记》记载有所不同，舜帝20岁时以孝出名，30岁时被尧任用，50岁时摄政，58岁时尧去世。61岁时登位，在位39年，去世时100岁。

大禹何时被启用，何时登帝位，这些史料并没有具体指出。但在综合其相关资料的基础上，则可得出大致的轨迹。《竹书纪年》记载："尧六十一年命崇伯鲧治河，六十九年黜崇伯鲧。"鲧治理洪水九年不成而被杀。尧为帝时，"七十五年，司空禹治河"，这是关于大禹最早的记载。古本《竹书纪年》说禹立四十五年，今本则有八年后驾崩的说法。下面以大禹的年龄为一百岁而向前推断，所取为大禹登位八年后的说法，如是大禹登帝位 45 年，从鲧被杀那年计算，则大禹的年龄约在 119 岁以上，不太符合情理。如此推出大禹出生于尧 43 年，鲧治水时，大禹 9 岁，鲧被杀时大禹 19 岁。大禹开始治河时 24 岁。尧驾崩时大禹 47 岁，三年后舜继位，大禹 50 岁。舜登帝位 39 年，去世时大禹 89 岁。服丧三年后，大禹 92 岁，继位 8 年去世，刚好 100 岁。

关于大禹儿子夏启的记载也相差比较大。《竹书纪年》记载启在位 39 年，78 岁驾崩。《路史・后纪》记载启在位 16 年，91 岁驾崩。《御览》八十二引《帝王世纪》："启在位九年。"

根据以上史书的记载，黄帝在位 90 多年，颛顼在位 78 年，帝喾在位 70 年，帝挚在位 9 年，尧帝在位 98 年，舜帝在位 39 年，大禹在位 8 年，夏启在位 9 年。这里的矛盾之处，在于共工、伯夷、鲧三人的传说与此严重不符。少昊之子共工，即穷奇，与颛顼争帝位，由此造成第二场大洪水危害天下。而穷奇直到舜摄政时才被击败，以此而言共工氏起码活了200多岁。鲧为颛顼的儿子，在尧69年被杀，则鲧的年龄也在150岁以上。

相传伯夷为姜姓，是炎帝神农氏之裔共工的侄孙，也就是共工兄弟的孙子。共工的兄弟也应是少昊的另一个儿子，他大概是与穷奇一起入赘于炎帝家族的。伯夷曾担任帝颛顼的大祭司，后为第一代太岳。伯夷在帝尧时辅政，掌管礼仪，帝舜时正式任命伯夷为秩宗。大禹治水及代行天子之政时，伯夷尽心辅弼，成为禹的心腹之臣。为嘉奖伯夷，帝舜晚年赐伯夷恢复姜姓，封为吕侯，掌管四岳，其子孙因此亦以吕为氏。伯夷与共工一样，贯串于颛顼、帝喾、尧、舜、禹的年代，以此而论，他的年龄也在200岁以上。

如果把共工氏穷奇与伯夷作为参照标准，即使以两人的年龄为100岁计算，颛顼、帝喾、尧、舜整体的执政年限最多为80年，平均执政时间为20多年。这其实是比较符合历史发展规律的。根据这种推断，舜可能不是颛顼的子孙，《史记》的记载可能有误。《史记》记载："虞舜者，名曰重华。重华父曰瞽叟，瞽叟父曰桥牛，桥牛父曰句望，句望父曰敬康，敬康父曰穷蝉，穷蝉父曰帝颛顼。"舜是颛顼的6世孙，即使以男子平均生子年龄为20岁计算，颛顼与舜的年龄差也在120岁上下。

《路史》说有虞氏"五帝之中独不出于黄帝，自敬康而

下其祖也。敬康生于穷系，系出虞幕。”这是说舜帝并不出自黄帝的血统，而是出自虞幕，虞幕是颛顼的臣子。但有虞氏最早来自昆仑圣地的开明白虎族，而传说黄帝之母为吴枢，古代“虞”通“吴”，表明黄帝本身含有虞氏的血统，颛顼也完全有可能与虞幕进行联姻。而舜后为尧帝的女婿，对于舜的后人而言，是能够追认黄帝为其祖的。

《礼记》记载：“男子二十而冠，始学礼，三十而始有室，始理男事，女子十五而笄，二十而嫁。”这是古代的“民法”，主张男子三十岁，女子二十岁是适当结婚年龄。女子二十岁而嫁，如遇事故、丧父母或其他事情不能出嫁，也不可超过二十三岁。这并非硬性规定，只认为这是适当年龄而已。古代的礼法虽然如此规定，而实际上，男子十四已婚，女子十五已为人母者亦比比皆是。有时统治者为增兵源，大力提倡早婚，如越王勾践为了与吴国交兵，规定如男子二十，女子十七尚未结婚者，其父母受罚。以上古时代的生活与医疗条件而言，男性初次生子的年龄约在15—20岁之间。

下面从夏朝到清朝的帝皇平均执政时间来进行比较。

夏朝共传14代17王（一说13代16王，主要对大禹是君主还是部落联盟首领有争议），约延续471年，后为商朝所灭，平均在位时间为28年。

商朝约延续554年，自太乙（汤）至帝辛（纣），共17世、31王，平均在位时间为18年。

周朝分为“西周”与“东周”两个时期，周王朝共传30代37王，共计存在时间约为791年，平均在位时间为21年。

秦朝自秦始皇至秦王子婴，共传3帝，享国15年，平均在位时间为5年。

汉朝分西汉与东汉，西汉共有14帝，历经211年；东汉总计12帝，历时195年。两汉共计26帝，406年，平均在位时间为16年。

晋朝分西晋和东晋，西晋历经50年，共4帝；东晋共156年，历18主。两晋共计206年，共22主，平均在位时间为9年。

隋朝存在38年，传2帝，平均在位时间为19年。

唐朝共289年，历21代皇帝（包括武则天），平均在位时间为14年。

后周传3帝，共10年，平均在位时间为3年。

宋朝历经309年，共有18位皇帝，其中北宋9位，南宋9位，平均在位时间为17年。

元朝经97年，历11帝，平均在位时间为9年。

明朝经历276年，共有17位皇帝（实际是16个，因为朱祁镇做过两次皇帝，故用两个年号），平均在位时间为13年。

清朝296年，历12帝，平均在位时间为25年。

根据统计，夏朝以后平均在位时间为3～25年，其中清朝康熙在位时间最长，为 61 年。执政时间较长的一般在 20 年左右。

从尧、舜、禹到夏启，与前任帝皇的“禅让制”不同，又多了关于继位者必须守孝三年的记载。传说尧死之后，舜守孝三年；舜死之后，禹守孝三年。禹死之后，其子启守孝三年之后即位。

古人守孝三年，实则 27 个月，在三年间不参与任何娱乐活动，不能婚嫁，夫妻不能同房，不能吃肉等。孔子的弟子宰我，不愿对父母守“三年之丧”，孔子提出了他的看法，他说：“子生三年，然后免于父母之怀。”这就是说，父母对子女，不但有着亲子的血缘关系，而且在子女生下来之后，差不多三年的时间内，都是在父母的怀抱中长大的。父母不但养育了子女，还用尽心力，对子女进行教育，使子女能成家立业。既然父母对子女有如此深的恩情，为什么子女不应当加倍予以报答呢？

守孝三年的儒家礼仪，是否因汉代以后以儒家为尊而反溯到三皇五帝时期的传统并不可考，但如果这种传统确实是从尧之后开始的，也有其特殊的历史原因。黄帝族与羲和族的约定，是由一元化的部落长老制变为二元化的部落长老制。原来只要由单方的部落长老联盟选出继承人即可，现在则由双方的长老选出继承人，该继承人分别代表黄帝族与羲和族的利益。但这种顺序从帝喾传帝位与帝挚后就失败了。

这也是后期每个上古帝皇都试图把帝位传给儿子，向“禅让制”与母系传统挑战的必然趋势。

帝喾之后应该是鲧，但结果是帝喾的另一个儿子尧继承了帝位。舜是尧的女婿，在尧晚年已经实际摄政。在尧试图传帝位给子丹朱后，部落长老选择了旁观的策略，最终舜击败了丹朱。舜代表的是东方金乌族的另一支力量，他摄政时杀了鲧，并有效削弱了炎帝族与苗蛮的力量，而后在匆忙征讨三苗的途中驾崩。舜的儿子商均没有机会获得帝位的继承权。由此大禹在三年之后顺理成章地成为新的共主，这大概是守孝三年的由来，实质是部族长老对由禅让制转向君主世袭制的无奈观望。

下面是根据本书内容对上古帝皇执政时间做的推演。

黄帝有四妃，正妃为西陵氏，有三个次妃，为方雷氏女、彤鱼氏女、嫫母。据说彤鱼氏为炎帝之女，生夷鼓、缙云、乔伯、姞、儇等五子，从这一点来说，与尧与舜的关系一样，黄帝也是末代炎帝的女婿。炎帝当政的晚年，其主要依靠的力量有两派，一是从炎帝家族本身延续下来的祝融氏、共工氏等，二是炎帝家族必须依赖的苗蛮部落的力量，其与炎帝族频繁联姻，掌管天下的刑罚，其首领为蚩尤。炎帝家族已经失去了对整个部落联盟的吸引力，完全处于下坡路，其他部落基本都不来进贡了，而中风中代表少典族新兴力量的正是黄帝族。

当时对其他部族最有吸引力的，其实是姓氏与领地的分封制。黄帝通过联姻获得了大部分部族的支持。但黄帝启用自己的“姬”姓非常晚，黄帝娶了四妃鬼方氏，生苍林、青阳，这两位继承了“姬”姓。由此可见，黄帝先辅助炎帝，在炎帝的晚年摄政并最终接过了帝位。但黄帝继位后，继续通过联姻的方式与其他部族交好，以新兴的文明力量获得了广泛的支持。这种情况下，黄帝才可能启用自己的“姬”为新的帝皇之姓，这也是中风家族中，继燧人氏的风姓与炎帝族的姜姓之后的第三个帝皇之姓。这种情况下，已经下台的炎帝族发动阪泉之战，并被黄帝轻易击败。因为与炎帝族嫡系是互相利用并且互相戒备的关系，这时候代表苗蛮的蚩尤是冷眼旁观的，只有末代炎帝失败后，炎帝族的部分嫡系才会改而支持蚩尤领导的苗蛮。

引发炎帝与黄帝族战争的导火索，是炎帝之重孙杀葆江事件。黄帝下令处死了鼓。自此以后，开明白虎族也与炎帝族渐行渐远，并间接导致了蚩尤对黄帝战争的失败。

以此推测，黄帝继位时大概30岁，末代炎帝大概为60多岁。阪泉之战时黄帝大概45岁，而炎帝75岁，已经是暮年。玄嚣与昌意在黄帝20岁左右时出生，玄嚣在黄帝70岁左右时继位为少昊。这时候少昊50岁左右，昌意的孙子颛顼出生，少昊抚养颛顼10年。颛顼其后辅助少昊5年，在15岁时执掌蚩尤失败后留下的九黎余部，20岁时代替少昊接替帝位。少昊70岁时传帝位与颛顼，并迁居到西方镇守，成为“白帝”。这一年黄帝已经90多岁，离过世不远了。在少昊在东方即位的时候，因为稳定中部的需要，黄帝保留了帝皇的称号，而少昊启用的则是与太昊伏羲氏类似的称号。从一点来说，既可以说少昊继承了帝位，也可以说黄帝直接把帝位传给了颛顼。

如果把蚩尤与黄帝发生的涿鹿之战当成阪泉之战的后续，则涿鹿之战发生在阪泉之战结束后不久。蚩尤获得了炎帝族余部的支持。而蚩尤为炎帝旧臣，年龄应和黄帝差不多。由此可推测，蚩尤与黄帝发生战争时，黄帝与蚩尤都在50岁左右，少昊30岁，颛顼还未出生。这时候末代炎帝理论上为80岁，已经不能再掌控局势。炎帝归顺黄帝后，炎帝族部分嫡系与苗蛮都归蚩尤领导。但因黄帝的苦心经营，天下大局已定，而黄帝也与灵山十巫乃至苗蛮本身有联姻，这也分化了蚩尤的同盟。在涿鹿之战中出现了黄帝与草原部落所生的女魃以及神秘的应龙氏。应龙氏极有可能是黄帝的孙子辈，是黄帝海神家族与东夷中的鹰族联姻所生。

颛顼20岁继位，30岁左右生了儿子鲧。颛顼在位期间，少昊的儿子共工入赘于炎帝族，并迅速崛起，成为中部的新霸主。共工与颛顼争帝位，导致了第二场史前大洪水。这位共工当为少昊晚年所生，年龄与颛顼相差不大。颛顼在位的时间并不长，可能在40岁就驾崩了。颛顼去世以后，代替颛顼坐镇东方的是少昊的孙子帝喾。这一年，帝喾30岁，共工30岁，鲧10岁。帝喾执政了大概16年，传帝位与儿子挚。帝挚执政了9年，帝位由尧继承，尧继位时为20岁。这时候帝喾55岁，鲧35岁，共工65岁。这一年大禹大概刚出生。大禹和舜的年龄应该差不多。

尧执政时发生东方十日族之乱，借助后羿的力量得以平息。舜原来作为有虞氏的后人迁居到吴地，属于东夷部落。尧执政10年启用舜，舜被启用时10岁左右。尧执政后20年为40岁，此时舜大概20岁，已经成为尧的女婿，并实际摄政。这时候鲧55岁，已经治理共工遗留的洪水问题9年。而共工85岁，大禹20岁左右。舜杀了鲧，并放逐了年迈的共工。

大禹开始治水时约25岁。这一年伯夷，即当过颛顼师傅的那位，比共工的年龄还要大，接近100岁，辅助大禹治水。辅助大禹治水的还有皋陶，他是颛顼的苗裔孙女与少昊族联姻所生，皋陶大概35岁，其子伯益15岁左右。

舜摄政10年后为30多岁，尧为50岁，舜继承帝位。这时候三苗继续发动叛乱，舜持续镇压。在舜为帝10年后，大禹治水成功，两人都在45岁左右。舜又执政了10年后，死于征伐三苗的途中。这一年，大禹大概在55岁。服丧三年后，大禹继位，继位8年去世，大概在65岁。大禹的儿子启在大禹刚开始治水时出生，在大禹去世时大概为40岁。而大禹理论上的继位者皋陶已经75岁，其子伯益55岁。启最终击败了伯益，创立了夏朝，开启了君主世袭的国家制度。

帝皇执政时间推演表（以黄帝出生年为基准）

人物	出生年份	大事件1	大事件2	大事件3	去世年份
末代炎帝	前30	前10（即位）	30（退位）	45（阪泉之战）	50
黄帝	1	30（即位）	45（阪泉之战）	50（涿鹿之战）	95
		80（让权少昊）	90（退位）		
蚩尤	1	25（掌管苗蛮）	50（涿鹿之战）		50
少昊	20	40（入赘东夷）	70（成为少昊）	90（让位颛顼）	110
昌意	20	45（生子韩流）	70（生孙颛顼）		100
颛顼	70	80（辅佐少昊）	85（掌管九黎）	90（即位）	
		95	100（生子鲧）	110（退位）	110
共工	70	85	95	155（三苗之乱）	160
帝喾	70	110（即位）	115（杀重黎）	126（退位）	136
帝挚	90	126（即位）	135（退位）		145

续表

人物	出生年份	大事件1	大事件2	大事件3	去世年份
帝江	110	130（掌管苗蛮）	135（擅自称帝）	155（三苗之乱）	165
尧	115	135（即位）	140（十日之乱）	145（启用舜）	
		155（由舜摄政）	155（三苗之乱）	165（退位）	170
后稷	105	135（获尧承认）	165（封为农神）		175
舜	135	145（被尧启用）	155（摄政）	155（三苗之乱）	
		165（即位）	185（退位）	185	
丹朱	135	165（与舜争位）			165
鲧	100	110（掌管北海）	115	135（生子大禹）	
		146（开始治水）	155（治水失败）		155
大禹	135	160（开始治水）	175（治水成功）	188（即位）	196
启	160	196（即位）	235（退位）		235
皋陶	121				195
伯益	141	196（与启作战）			206

十四、龙迹迷踪

龙的存在可谓中华文化史上的一大迷案，十二生肖之中龙是唯一不为世人所见的动物。龙的形象笼罩在云雾之中，恰如龙本身给历史留下的想象与困惑。同为少典族后人的黄帝族发展了水利农耕技术，并击败了代表保守势力的炎帝族。黄帝族以龙为图腾，这种综合了多种动物特征的形象也成为中华民族的终极图腾。代表母系传统的凤鸟退居到第二位，成为龙的辅佐。但龙对各种动物形象的综合，也使人怀疑龙本身是否真实存在，或者只是各部族统一的标志而已。

龙的形象在古籍记述中多有不一。龙在中国的神话与传说中是一种神异动物，具有九种动物合而为一的九不像之形象，具体是哪九种动物则有争议。宋代罗愿作《尔雅翼》，解释《尔雅》中草、木、鸟、兽、虫、鱼各种物名，以为《尔雅》辅翼。《尔雅翼》称龙为鳞虫之长。王符称其形有九似：头似牛，角似鹿，眼似虾，耳似象，项似蛇，腹似蜃，鳞似鱼，爪似凤，掌似虎，是也。其背有八十一鳞，具九九阳数。其声如戛铜盘。口旁有须髯，颔下有明珠，喉下有逆鳞。头上有博山，又名尺木，龙无尺木不能升天。呵气成云，既能变水，又能变火。另一种说法是："口似马、眼似蟹、须似羊、角似鹿、耳似牛、鬃似狮、鳞似鲤、身似蛇、爪似鹰……"还有一种说法则是："头似驼、眼似鬼、耳似牛、角似鹿、项似蛇、腹似蜃、鳞似鲤、爪似鹰、掌似虎。"

龙有不少分类，《广雅》记载："有鳞曰蛟龙，有翼曰应龙，有角曰虬龙，无角曰螭龙，未升天曰蟠龙。"《说文解字》称："龙为鳞虫之长，能幽能明，能细能巨，能短能长，春分而登天，秋分而潜渊。"这无疑都增加了龙的神秘性。

对于龙的主体原形的探讨，学者们作过许多研究，有鳄鱼说、蜥蜴说、马说等。另一个比较普遍的观点认为龙的基调是蛇，最初系统提出这一见解的是闻一多的《伏羲考》。龙即大蛇，蛇即小龙。闻一多认为，蛇氏族兼并别的氏族以后，吸收了许多别的形形色色的图腾，大蛇这才接受了兽类的四脚、马的头、鬣的尾、鹿的角、狗的爪、鱼的鳞和须，而成为后来的龙。

但从龙形象本身的综合性而言，并不能否定龙的存在。

而今为人熟知的动物中，麋鹿就是一个综合了其他动物形象而确实存在的例子。由于麋鹿长相非常特殊，它的犄角像鹿，面部像马，蹄子像牛，尾巴像驴，整体看上去似鹿非鹿，似马非马，似牛非牛，似驴非驴，故获得“四不像”的美名。另外鸭嘴兽、袋狼也是现实存在过的动物。由此而言，不光是龙，麒麟也可能是一种真实的动物。只是因为人类活动范围的扩大以及自然环境的变化，这些珍奇的动物要么已经灭绝了，要么就遁入了更深更远的山林与海洋中。即使拥有令人敬畏的力量，在人类对自然的无限开发索取面前，这些动物也是无能为力的。

龙一直出现于早期的历史记载中。《左传·昭公十七年》记载：“大昊氏以龙纪，故为龙师而龙名。”这表明伏羲氏时，有龙呈瑞，因而以龙纪事，创立文字。《竹书纪年》记载，伏羲氏各氏族中有飞龙氏、潜龙氏、居龙氏、降龙氏、土龙氏、水龙氏、青龙氏、赤龙氏、白龙氏、黑龙氏、黄龙氏。《左传·昭公二十九年》有“公赐公衍羔裘，使献龙辅于齐侯”的记载。《拾遗记》也说：舜时，南浔之国“献毛龙，一雌一雄，放置豢龙之宫，至夏代，养龙不绝，因以命族。”说明夏朝盛行着饲养龙的习俗和以龙做氏族集团的族名。

在《山海经》的记载中，龙是一种比较普通的动物，

甚至用来形容其他动物。就龙的形象而言，其特征可归纳为："有着牛首，身材巨大修长，吼声响亮的一种水生动物。"这是具体的一类龙，即黄帝族启用的图腾。而龙形象的另一种演变，是用来描述某类生物中体型特别巨大者，相当于一个形容词。体形巨大到某种程度，就成为世人眼中的神或精怪了，就是所谓的"龙"。龙之九子中的鳌鱼，也可以说是一种大型的鲤鱼。而蜃龙其实就指某种特别巨大的贝壳类生物。

《周礼·廋人》记载："马八尺以上为龙。"汉字之中甚至有"駹"这个字。《汉书·匈奴传》说："匈奴骑，其西方尽白，东方尽駹，北方尽骊，南方尽骍马。"駹这里指青马。《周礼·秋官·犬人》说："用駹可也。"这里駹指毛色不纯的马。駹马则指面、额白色的黑马。冉駹也是西南的古部族名，汉武帝时在其地置汶山郡，在今四川省茂县、汶川、理县一带。《尚书·顾命》孔安国正义："伏羲王天下，龙马出河，遂则其以画八卦，谓之河图。"这种综合马与龙两者特征的龙马在四川出土的文物中还可以见到其形象。

龙的分类也很多。虺是一种早期的龙，是以爬虫类中的蛇作模特儿想象出来的，常在水中。《述异记》说："虺五百年化为蛟，蛟千年化为龙。"虺指龙的幼年期，少量出现在西周末期的青铜器装饰上。一般把没有生出角的小龙称为虬龙，指成长中的龙。王逸在《楚辞》中注释："有角曰龙，无角曰虬。"另一种则说幼龙生出角后才称虬。两种说法虽有出入，但都把成长中的龙称为虬。还有的把盘曲的龙称为虬龙，唐代诗人杜牧在《题青云馆》诗中就有"虬蟠千仞剧羊肠"之句。

螭是龙属的蛇状神怪之物，是一种没有角的早期龙，《广雅》中就有"无角曰螭龙"的记述。对螭也有两种说法，一种是指黄色的无角龙，另一种是指雌性的龙。司马相如《上林赋》有"蛟龙赤螭"句，张揖注释曰："赤螭，雌龙也。"角龙指有角的龙。据《述异记》记述："蛟千年化为龙，龙五百年为角龙。"角龙便是龙中之老者了。蟠龙指蛰伏在地而未升天之龙，龙的形状作盘曲环绕。在我国古代建筑中，一般把盘绕在柱上的龙和装饰在梁上、天花板上的龙称之为"蟠龙"。在《太平御览》中，对蟠龙又有另一番解释："蟠龙，身长四丈，青黑色，赤带如锦文，常随水而下，入于海。有毒，伤人即死。"这是把蟠龙和蛟、蛇之类混在一起了。

有翼的龙称为应龙。据《述异记》中记述："龙五百年为角龙，千年为应龙"，应龙称得上是龙中之精了，故长出了翼。传说应龙是上古时期黄帝的神龙，它曾奉黄帝之令讨伐过蚩尤，并杀了蚩尤而成为功臣。在禹治洪水时，神龙曾以尾划地，疏导洪水而立功。其实应龙氏是黄帝族海神系与东夷鹰族联姻的后人，在黄帝击败蚩尤的战争中发挥了举足轻重的作用。应龙的特征是生双翅，鳞身脊棘，头大而长，吻尖，鼻、目、耳皆小，眼眶大，眉弓高，牙齿利，前额突起，颈细腹大，尾尖长，四肢强壮，宛如一只生翅的扬子鳄。在战国的玉雕及汉代的石刻、帛画和漆器上，常出现应龙的形象。应龙的形象可能是鹰的形象与龙的嫁接，也可能是指鹰类之中体型特别巨大者，即大雕类猛禽。

龙一般代表正直，与此相对的是蛟，一般代表邪恶。蛟的含义也比较多。《韵会》说："蛟，龙属，无角曰蛟。"这里把无角的龙称为蛟。《楚辞》云："麾蛟龙使梁津兮，诏西皇使涉予。"王逸注解说"小曰蛟，大曰龙。"《酉阳杂俎》说："鱼二千斤为蛟。"《世说新语·自新》记载："义兴水中有蛟。"蛟这里指鼍、鳄一类的动物。又有说法是母龙称为蛟。

蛟或称为虎蛟，在《山海经》中也出现较多。这是一个非常具体而确定的形象。《埤雅》记载："蛟，其状似蛇而四足，细颈，颈有白婴，大者数围，卵生，眉交，故谓之蛟。"总而言之，据古人说蛟像蛇的样子，却有四只脚，小小的头，细细的脖子，脖颈上有白色肉瘤，大的有十几围粗，卵有瓮大小，能吞食人。这个形象非常像人们认为早已灭绝的蛇颈龙，也是现在众多天池湖泊目击报告中的水怪的样子。

蛟古代也通“鲛”，即指鲨鱼。而蛟鱼则是传说中的人鱼。鲛人是中国神话传说中鱼尾人身的生物。鲛人神秘而美丽，他们生产的鲛绡，入水不湿，他们哭泣的时候，眼泪会化为珍珠。西方传说里的美人鱼与鲛人相似，都是生活在大海里的生物。晋干宝《搜神记》“卷十二”记载：“南海之外，有鲛人，水居如鱼，不废织绩，其眼泣，则能出珠。”此说《博物志》《述异记》都有记录，内容大同小异。

中国很早就有鲛人的传说。魏晋时代，有关鲛人的记述渐多渐细，曹植、左思、张华的诗文中都提到过鲛人。传说中的鲛人过着神秘的生活。郭璞注《山海经》时称“雕题国”人为鲛人。古音中，“雕题”与“鲛”可以互转，与海南岛的“黎”族也颇为音近。黎族有文身的习俗，并且居住于海边，这也许是鲛人的原型。

据《晋书·郭璞传》记载，诞人“点涅其面，画体为鳞采，即鲛人也”。“鲛人”，即古巫蜑人，简称蜑人，亦称蜒人、旦人、蛋人、龙人、鲛人、龙户人等，“自云龙种”。后来把流放在海域，终生生活在海上不能上岸的人也称为蛋人。《山海经》中的“雕题国”也是诞人的后人。

《山海经》中关于龙形生物的记载很多。《南山经》记载，泿水从这座山发源，然后向南流入大海。水中有一种虎蛟，形状像普通鱼，却拖着一条蛇的尾巴，脑袋如同鸳鸯鸟的头，吃了它的肉就能使人不生痈肿疾病，还可以治愈痔疮。这里的虎蛟即蛇颈龙一类。

《中山经》记载，再往东二十里，是金星山，山中有很多天婴，形状与龙骨相似，可以用来医治痤疮。天婴不详为何种植物。据古人讲，在山岩河岸的土穴中常有死龙的脱骨，而生长在这种地方的植物就叫龙骨。在中药中，龙骨指古代哺乳动物象类、犀类、三趾马、牛类、鹿类等的骨骼化石，由磷灰石、方解石以及少量黏土矿物组成。

《北山经》记载，隄水从这座山发源，然后向东流入泰泽，水中有很多龙龟。有些注解把“龙龟”解释成龙与龟，但也有注释把龙龟看作是一种动物，即龙种龟身的赑屃。其原型可能来自于某种体型巨大的龟类。

《中山经》记载，再往东北三百里，是岷山。长江从岷山发源，向东北流入大海，水中生长着许多优良的龟，还有许多鼍。山上有丰富的金属矿物和玉石。鼍，古人说是长得像蜥蜴，身上有花纹鳞，大的长达二丈，皮可以制做鼓用，也就是现在所说的扬子鳄，俗称猪婆龙。

夔是雷泽氏的图腾，在《山海经》中经常出现。《大荒东经》记载，东海当中有座流波山，这座山在进入东海七千里的地方。山上有一种野兽，形状像普通的牛，是青苍色的身子却没有犄角，仅有一只蹄子，出入海水时就一定有大风大雨相伴随，它发出的亮光如同太阳和月亮，它吼叫的声音如同雷响，名叫夔。黄帝得到它，便用它的皮蒙鼓，再拿雷兽的骨头敲打这鼓，响声传到五百里以外，威震天下。

夔牛，古人说是一种重达几千斤的大牛。所谓苍身无角一足之夔牛，有可能是指海豹、海狮、海牛之类海洋动物，这些动物后肢退化成尾部，远看即“一足”。夔牛与龙相似之处大概只有牛首与水居的习性。伏羲氏的父系即为雷泽氏，而夔牛也渐渐演变为夔龙的形象。夔龙的牛身则变为蛇身的修长形象。伏羲氏的后人中炎帝启用了牛图腾，黄帝启用了龙图腾，都与夔龙有渊源。

《中山经》记载，再往东一百七十里，是贾超山，山南面多出产黄色垩土，山北面多出产精美赭石，这里的树木大多是柤树、栗子树、橘子树、柚子树，山中的草以龙须草最多。龙须草与莞草相似而细一些，生长在山石缝隙中，草茎倒垂，可以用来编织席子。

《大荒东经》记载，在大荒的东北角上，有一座山名叫凶犁土丘山。应龙就住在这座山的最南端，因杀了神人蚩尤和神人夸父，不能再回到天上，天上因没了兴云布雨的应龙而使人间常常闹旱灾。人们一遇天旱就装扮成应龙的样子求雨，得到大雨。应龙为传说中的一种生有翅膀的龙，是应龙氏的图腾。应龙可能是鹰与龙的复合体，类似远古的翼龙，也可能指体形特别巨大的雕类。

《中山经》记载，中山再往南九十里，是柴桑山，山上盛产银，山下盛产碧玉，到处是柔软如泥的泠石、赭石，这里的树木以柳树、枸杞树、楮树、桑树居多，而野兽以麋鹿、鹿居多，还有许多白蛇、飞蛇。飞蛇即螣蛇，也作“腾蛇”，传说是能够乘雾腾云而飞行的蛇，属于龙一类。飞蛇为游蛇科，金花蛇属爬虫类，共3种，体细长，树栖，分布于亚洲南部和东印度，能做短距离滑翔，滑翔时身体挺直，腹部正中鳞片收缩使腹部微凹。在飞蛇开始下落时，它们的头部不停地左右摇摆，这使它们的身体在空中时弯曲成“S”形。飞蛇还能令其身体与地面保持平行。

《海外西经》记载：“龙鱼陵居在其北，状如貍，一曰鰕。即有神圣乘此以行九野。一曰鳖鱼在夭野北，其为鱼也如鲤。”一种说法是龙鱼的形状像一般的鰕鱼，另一种说法认为像鰕鱼。体形大的鲵鱼叫作鰕鱼。鲵鱼是一种水陆两栖类动物，有四只脚，长尾巴，眼小口大，生活在山谷溪水中。因叫声如同小孩啼哭，所以俗称“娃娃鱼”。

《海内南经》记载，窫窳长着龙一样的头，住在弱水中，处在能知道人姓名的狌狌的西面，它的形状像貙，长着龙头，能吃人。窫窳即猰貐，本为对灵山十巫首领的称谓。后来被西王母手下所害，灵山十巫自此脱离了西王母。但猰貐部落本身则开始流浪，其图腾形象从蛇变为龙类。貙是古书上说的一种似狸而大的猛兽。

关于龙形象的山神也很多。这些山神往往综合了其他动物的形象，可能是龙图腾与其他图腾的融合。比如鹊山山系山神的形状都是鸟的身子、龙的头。南方第二列山系山神的形状都是龙的身子、鸟的头。南方第三列山系山神都是龙的身子、人的脸面。东方第一列山系山神的形貌都是人的身子、龙的头。岷山山系山神的形貌都是马的身子、龙的脑袋。洞庭山山系山神的形貌都是鸟的身子、龙的脑袋。

《中山经》记载，再往东一百三十里，是光山，山上到处有碧玉，山下到处是流水。神仙计蒙居住在这座山里，形貌是人的身子龙的头，常常在漳水的深渊里畅游，出入时一定有旋风急雨相伴随。计蒙应为神农氏时期的雨师。在涿鹿之战中代表炎帝族出战的雨师是计蒙的后人雨师妾。

《海内北经》记载，从极渊有三百仞深，只有冰夷神常常住在这里。冰夷神长着人的面孔，乘着两条龙。冰夷即冯夷，为黄帝元妃西陵氏所生的儿子。他是黄河的水神即河伯，入赘于开明族分支流黄辛氏，继而以水族中的鳖为图腾。

《海内东经》记载，雷泽中有一位雷神，长着龙的身

子、人的头，他一鼓起肚子就响雷。雷泽在吴地的西面。雷泽氏的图腾为夔龙。在舜为帝时，夔为乐官。该夔当为雷泽氏后人。雷泽氏与伏羲氏、黄帝族有十分密切的关系。

《大荒北经》记载，在西北方的海外，赤水的北岸，有座章尾山。有一个神人，长着人的面孔、蛇的身子，全身是红色，身子长达一千里，竖立生长的眼睛正中合成一条缝，他闭上眼睛就是黑夜、睁开眼睛就是白昼，不吃饭、不睡觉、不呼吸，只以风雨为食物。他能照耀阴暗的地方，所以称作烛龙。《西山经》记载，再往西北四百二十里，是钟山。钟山山神的儿子叫作鼓，鼓的形貌是人面龙身。

"烛龙""烛阴""祝融""晏龙"是不同时期对钟山之神的称谓，这一点在《山海经》中其他部落首领的称号演变中也可以见到。"烛龙"是末代炎帝的孙子伯陵。伯陵生了儿子鼓，鼓杀害了白虎族的天神葆江。

《山海经》中乘着龙的一般为远古帝皇最重要的辅佐之臣或帝皇本身。

《海外南经》记载，南方的祝融神，长着野兽的身子人的面孔，乘着两条龙。神农是掌管火的祭司，开创了以火开荒的农业体系，也就成为新的帝皇，即炎帝。炎帝的后人之中，火神的体系分化出来，也就是烛龙或祝融氏。南方的祝融本是炎帝系的火神，在颛顼为帝后，以其孙重黎取而代之，成为黄帝系的新火神。

《海外西经》记载，西方的蓐收神，左耳上有一条蛇，乘驾两条龙飞行。少昊坐镇西方后，与昆仑山开明白虎族的后人联姻，生了儿子蓐收。少昊所在的羲和族与开明白虎的木禾支本有联姻，在少昊传帝位于颛顼后，迁居西方，又掌管了开明白虎族，成为新的刑罚之神。

《海外东经》记载，东方的句芒神，是鸟的身子人的面孔，乘着两条龙。少昊与南风部族联姻，又生了句芒，名重，在东夷族中掌管羲和族。句芒死后成木神，主管树木的发芽生长。“重”应为少昊羲和族中的一个部落首领的世袭名称，后颛顼有孙也为重。

《海外西经》记载，大乐野，夏后启在这地方观看《九代》乐舞，乘驾着两条龙，飞腾在三重云雾之上。启为大禹的儿子，后来建立了夏朝。

名字中有“龙”之名称的基本为黄帝族后人。《大荒东经》记载，有个国家叫司幽国。帝俊生了晏龙，晏龙生了司幽，司幽生了思士，而思士不娶妻子；司幽还生了思女，而思女不嫁丈夫。司幽国的人吃黄米饭，也吃野兽肉，能驯化驱使四种野兽。晏龙是钟山之神的另一称谓，本为炎帝族掌管，后来由帝喾的子系取代。

《大荒北经》记载，大荒当中，有座山名叫融父山，顺

水流入这座山。有一种人名叫犬戎。黄帝生了苗龙，苗龙生了融吾，融吾生了弄明，弄明生了白犬，这白犬有一公一母而自相配偶，便生成犬戎族人，吃肉类食物。有一种红颜色的野兽，形状像普通的马却没有脑袋，名叫戎宣王尸。苗龙为黄帝与苗蛮联姻的后人。其后人中有戎宣王，在高辛氏为帝时被盘瓠氏所杀。

《海内经》记载，伯夷父生了西岳，西岳生了先龙，先龙的后代子孙便是氐羌，氐羌人姓乞。伯夷父是颛顼的师傅。相传伯夷即伯夷父，为姜姓，炎帝神农氏之裔共工的侄孙，也就是共工兄弟的孙子。这位共工就是少昊的儿子穷奇，入赘于炎帝族共工氏，成为新的水神。他的兄弟当也是少昊的儿子，和其一起入赘。两者都是黄帝的后人。

在现代考古发掘中，龙的形象较多出现于红山文化中，其因最早发现于内蒙古自治区赤峰市郊的红山遗址而得名。红山文化的社会形态初期处于母系氏族社会的全盛时期，主要社会结构是以女性血缘群体为纽带的部落集团，晚期逐渐

向父系氏族过渡，经济形态以农业为主，兼以牧、渔、猎并存。

红山玉龙已在多处发现，其中尤以内蒙古三星他拉出土的玉龙刻画得最为栩栩如生。这条玉龙墨绿色，高 26 厘米，完整无缺，体蜷曲，呈“C”字形，吻部前伸，略向上弯曲，嘴紧闭，有对称的双鼻孔，双眼突起呈棱形，有鬣，龙背有对称的单孔，经研究，此孔用于悬挂，龙的头尾恰好处于同一水平线上。考古人员还在辽河流域发现了 20 余件红山文化时期形似熊龙的玉玦，这种玉雕熊龙是红山文化玉器中最多的种类之一。

玉猪龙在红山文化中也有发现，它的头像猪首，整器似猪的胚胎。辽宁省凌源市牛河梁出土的红山文化后期玉猪龙为岫岩软玉雕琢而成，猪首龙身，通体呈鸡骨白色，局部有黄色的土沁，龙体蜷曲如“C”形，首尾相连，器体厚重。造型粗犷。猪首形象刻画逼真，肥首大耳，大眼阔嘴，吻部前突，口微张，獠牙外露，面部以阴刻表现眼圈、皱纹，中央的环孔光滑，背部有一可穿绳系挂的小孔，出土时位于死者胸部，专家猜测其不仅为佩饰，很有可能是代表某种等级和权力的祭礼器。

其他关于龙形遗迹的考古成果也不少。辽宁省阜新查海原始村落遗址出土了“龙形堆塑”，查海遗址属“前红山文化”遗存，距今约8000年。“龙形堆塑”位于这个原始村落遗址的中心广场内，由大小均等的红褐色石块堆塑而成。龙全长近20米，宽近两米，扬首张口，弯腰弓背，尾部若隐若现。这条石龙，是我国迄今为止发现的年代最早、体形最大的龙，形状与鳄鱼很相似。

其他还有内蒙古敖汉旗兴隆洼出土的距今达七八千年的陶器龙纹，陕西宝鸡北首岭遗址出土的距今达7000年的彩陶细颈瓶龙纹，河南濮阳西水坡出土的距今6400多年蚌塑龙纹等。

根据考古发掘而提出的关于龙的起源的说法较多，有鳄鱼、猪、熊、蛇等。但这并不能推翻龙真实存在的可能性。黄帝的父系为少典族，黄帝继承了其有熊氏的称号。神话中也有黄帝后人大禹化熊治水的传说。炎帝族与黄帝族都有驱使“虎、豹、熊、罴”这四种兽类的本领，可见熊本身就是华胥族中比较普遍的部族图腾。猪的图腾来自灵山十巫中的巫即族，最早是司彘国，蜀山氏保留了猪图腾。黄帝的儿子昌意娶蜀山氏女为妻，其子韩流就有猪的形象。燧人氏本身就有蛇的图腾，其后保留蛇图腾的主要是女娲氏。女娲与伏羲都可谓华胥族的先祖。从这点来说，龙是完全有可能与猪、熊、蛇来进行形象融合的。当然猪龙或者熊龙的出现，也可能代表了其同类中体形特别巨大者。

龙的神秘之处还在于其没有翅膀，而能飞翔。但这种飞翔能力显然是有限制的，只能在厚厚的云层之中。云起的地方基本靠近大河或大海边，这种云层往往意味着即将到来的大风大雨，这也是龙与降雨联系在一起的原因。联系到传说为龙类之一的飞蛇是可以顺风滑行的，龙也有可能利用风的对流来进行滑行。但如果风或雨的流动速度不能支持龙的重量，龙就会掉落下来。龙可谓一种以水居为主的两栖类动物。如果龙掉落在靠近水边的沙滩上，还可以存活一段时间，并慢慢爬进水里。但如果太干旱的话，龙就全身乏力，无法回到水中了。这也是难以考据的历史上多次目击事件所描述的情况。

十五、昆仑圣地

《山海经》中最为神秘也最为人向往之地，非昆仑山莫属。在这座山上，中华文明象征意义上的始祖有巢氏建立树屋，开始了向中华大地传播文明的过程。其后进入山林与平原的燧人氏和进入草原与大漠深处的弇兹氏结盟，在昆仑山竖立了天下的共主玉帝，并建立了宫殿与御苑。继而草原上的西王母族崛起，逐渐掌控了昆仑山。而燧人氏的风之五部利用史前大洪水的机会第二次结盟，推举伏羲氏迁居东方为新的共主，并衍生出十日族与十二月族。伏羲的位置其后由东风帝俊族继承。西王母族的西羌势力与中风无怀氏少典族第三次结盟，推举两者的后人炎帝为新共主，取代东风的帝位。少典族继而又与灵山十巫联姻，诞生黄帝一族，黄帝与东风羲和族第四次结盟，击败代表炎帝族保守势力的蚩尤，并成为新共主。黄帝与少昊的后人轮流执政，并最终由启建立了夏朝。

这四次结盟，规模一次比一次小，但每次结盟的背后，都可见西王母族的西羌势力。西王母族与华胥族结盟，也是为了共同对抗草原上的戎人与狄人的需要。“东风”羲和族与西羌的流黄辛氏关系十分密切，炎帝的母系源于西羌，黄帝的妃子中有嫫母，也是西王母族人，就连最终建立夏朝的大禹，其母系同样源自西羌。中华大地统治的中心随着新共主的出现几度变迁，从西北部玉帝到东部帝俊，再到中部炎帝，继而又在中部黄帝与东部少昊间摇摆，最终确立了夏朝，定都在中部。《山海经》记载的中心位置大致在今河南省境内的古代夏都附近。国家的建立意味着长老联盟制与母系社会的双重崩溃，从此西王母渐渐淡出了主流文化的视野。

昆仑是上古名山，在中国的历史地位非同寻常，先秦乃至后世的文献屡有提及。但昆仑究在何处，后世名谁，战国时期就已鲜为人知了。屈原在《天问》中就发出疑问道：“昆仑县圃，其尻安在？增城九重，其高几里？四方之门，其谁从焉？西北辟启，何通气焉？”汉代以来直到今天，为了揭开昆仑之谜，人们进行了不懈的努力，提出了各种答案。

一为酒泉南山说。关于昆仑的所在，唐初魏王李泰《括地志》明确指出：“昆仑山在肃州酒泉县南八十里。”即今祁连山脉主峰祁连山，海拔 5547 米。此说可称为酒泉南山说。酒泉南山说晋代已有。《晋书·张轨传》记载：“（334年）酒泉太守马岌上言：‘酒泉南山，即昆仑之体也。周穆王见西王母，乐而忘归，即谓此山。此山有石室、玉堂，珠玑镂饰，焕若神宫。宜立西王母祠，以裨朝廷无疆之福。’”

汉代已有酒泉南山说。具体说来，可推到汉武帝时期。《汉书·地理志（下）》敦煌郡条：“广至：宜禾都尉治昆仑障。莽曰广桓。”昆仑障又称昆仑塞，是汉长城的一个关塞。昆仑障应在安西县一带。这里距酒泉虽有一段距离（约300千米），但既以“昆仑”为名，则附近应有昆仑山，“附近”当然最可能是酒泉了。

唐代以后，酒泉南山说一直延绵不绝，唐魏徵《隋书·地理志》、唐李吉甫《元和郡县志》、宋乐史《太平寰宇记》等均主此说。只是到了明代，酒泉南山说发生了一些变化。如《大明一统志》卷三十七陕西行都指挥使司山川昆仑山条：“在肃州卫城西南二百五十里，南与甘州山连，其巅峻极，经夏积雪不消，世呼雪山。后凉（当为前凉）张骏时，酒泉太守马岌言周穆王见王母于此，宜立王母祠，骏从之。”此说虽然承认昆仑在酒泉，但否定了南山，而以更南的雪山（今名托来南山）为昆仑，此说可称为托来南山说。但清代的《大清一统志》又驳斥了托来南山说，而赞同酒泉南山说。

二为于阗南山说。关于昆仑的所在，汉武帝时期不仅有

酒泉南山说，还出现了于阗南山说。这主要归功于张骞。虽然西域与中原早有联系，但西域的情况为中原人所熟知却始自张骞出使西域。汉武帝即位之初，张骞即应募通使，十三年后才得归来。《史记·大宛列传》记载：“骞身所至者大宛、大月氏、大夏、康居，而传闻其旁大国五六。具为天子言之。”在这个报告中，张骞谈到一个重要观点，就是黄河的源头在西域。按照他的观点，汉武帝又派出使者，勘察详细情况。《史记·大宛列传》记载：“而汉使穷河源，河源出于窴，其山多玉石，采来，天子案古图书，名河所出山曰昆仑云。”“其山”即于阗南山，约相当于今和田县南的慕士山（海拔 7282 米）一带。此说可称为于阗南山说。

张骞的观点一出，立刻得到了广泛的赞同，但也有很多人不接受，例如司马迁在《史记》中记载：“《禹本纪》言‘河出昆仑。昆仑其高二千五百余里，日月所相避隐为光明也。其上有醴泉、瑶池。’今自张骞使大夏之后也，穷河源，恶睹《本纪》所谓昆仑者乎？故言九州山川，《尚书》近之矣。至《禹本纪》《山海经》所有怪物，余不敢言之也。”后来到了东晋时期，许多佛教人物往来于印度与中国之间，路经西域，对昆仑问题又做了进一步的探索，如释氏《西域记》就在于阗南山说的基础上，进一步提出阿耨达山是昆仑的新观点。阿耨达山应是今喀喇昆仑山东段、今昆仑山脉西段。此说可称为阿耨达山说，实际是于阗南山说的变体，此后阿耨达山说竟深入人心，其声势甚至于凌驾酒泉南山说之上。郭璞《山海经注》、康泰《扶南传》、郦道元《水经·河水注》等都赞同此说。但也有的地方两存其说，如魏王李泰《括地志》（《史记·大宛列传》正义引）记载："阿耨达山亦名建末达山，亦名昆仑山。恒河出其南吐师子口，经天竺入达山。妫水今名为浒海，出于昆仑西北隅吐马口，经安息、大夏国入西海。黄河出东北隅吐牛口，东北流经滥泽，潜出大积石山，至华山北，东入海。其三河去山入海各三万里。此谓大昆仑，肃州谓小昆仑也。"

三为青海积石山说。人们对昆仑问题的探索不止于此。汉晋时期，人们虽有酒泉南山、于阗南山二山的分歧，但都认为黄河源于西域，认为"中国"黄河之源在青海湖南岸，而称此地为河首、河曲，称今青海境内南山或鄂拉山为积石山。但隋唐时期，随着对青藏高原的深入了解，人们发现黄河并非源于青海湖南岸，而是星宿川，即今星宿海。于是人们又把星宿川一带称为河源，把今巴颜喀喇山脉西段雅拉达泽山一带称为积石山。但也有些人因此开始不相信黄河源于西域之说，相应地于阗南山说也遭到否定，而把星宿川当成真正的河源，并根据"河出昆仑"的记载提出当时的积石山为昆仑的观点。

四为青海巴颜喀喇山说。清代康熙曾经派遣使者追寻河源，因为当时西藏还不在版图之内，仅仅到青海星宿海就结

束了，于是就把巴颜喀喇山当成昆仑山。相关记载可见于《大清一统志》，其言大略曰："今黄河发源之处，虽有三山，而其最西而大，为真源所在者，巴颜喀喇也。东北去西宁边外一千四百五十五里，延袤约千余里，山不极峻，而地势甚高，自查灵、鄂灵二海子之西，以渐而高，登至三百里，始抵其下。山脉自金沙江发源之犁石山，蜿蜒东来，结为此山。自此分支向北，层冈叠嶂，直抵嘉峪关，东趋大雪山，至西宁边，东北达凉州以南大小诸山。并黄河南岸，至西倾山，抵河洮阶诸州，至四川松潘口诸山。河源其间，而其枝干盘绕黄河西岸，势相连属，蒙古概名之为枯尔坤。"

"枯尔坤"音同"昆仑"。蒋廷锡在《尚书地理今释》中引用这个说法来注释《禹贡》中的昆仑："昆仑在今西番界。有三山：一名阿克坡齐禽，一名巴尔布哈，一名巴颜喀拉。总名枯尔坤，在积石西，河源所出。"

五为青海阿尼马卿山说。《禹贡》说"导河积石，至于龙门"。《海内西经》说"河水出东北隅……入禹所导积石山"。这种说法以黄河源追溯出处，指出积石山为昆仑山。积石山有大小之分，小积石在今甘肃省临夏县西北，即唐述山，当黄河曲处，其地有积石关。大积石则在今青海省东南境，番名阿木奈玛勒占木逊山，又称为阿弥耶玛勒津木逊山，又称为阿木尼麻禅母逊阿林，蒙古语则称为木素鄂拉，今地理书则称为阿尼马卿山。《新唐书》记载刘元鼎出使吐

蕃的故事，刘元鼎曾经说："自湟水入河处，西南行二千三百里，有紫山，三山中高而四下，直大羊同国，古所谓昆仑，番曰闷摩黎山，东距长安五千里，河湖其间。"闷摩黎山与阿尼马卿音同。

六为新疆天山说。孙璧文《新义录》卷八引用洪亮吉的话说："昆仑即天山也。其首在西域……自贺诺木尔至叶尔羌，以及青海之枯尔坤，绵延东北千五百里，至嘉峪关以迄西宁，皆昆仑也。华言或名敦薨之山，或名葱岭，或名于阗南山，或名紫山，或名天山，或名大雪山，或名酒泉南山，又有大昆仑，小昆仑，昆仑丘，昆仑墟诸异名。泽言则曰阿耨达山，又云闷摩黎山，又名腾乞里塔，又名麻山，又名枯尔坤，其实皆一名也。"

魏源《海国图志》记载："俄罗斯跨此岭东西焉，其岭所连诸山皆葱岭西北之干，蜿蜒回环，千曲百折，以抵海滨。信乎。葱岭之大雪山为古昆仑，巍为群山之祖也。"葱岭为今帕米尔高原，上面的大雪山就是新疆的天山。

七为青海西宁说。《汉书·地理志》记载："金城郡……临羌，西北至塞外，有西王母石室……西有须抵池有弱水，昆仑山祠。"汉代置临羌县，将军赵充国曾在这儿屯田。城靠近湟水南岸，青海额鲁特蒙古及阿里克等四十姓土司在这儿与汉人进行贸易，是当时西边的一个大城市。王充《论衡·恢国》记载："（孝平元始）四年（公元4年）金城塞外羌〔豪〕良愿等〔种〕献其鱼盐之地，愿内属汉，遂得西王母石室，因为西海郡。”郑玄注解《禹贡》中的织皮昆仑，称之为西方的戎人，马融则说昆仑在临羌西，是一个种族的名称。《汉书·地理志》提及了西王母、弱水、昆仑山祠，而没有说其地有哪座山可以称为昆仑。但既然境内有弱水，那么也有一座小山称为昆仑，而上面有一座祠堂就称为昆仑山祠。

八为新疆喀喇科龙山说。张星烺在《中西交通史料汇编》引用夏德所著《中国古代历史》的资料说，和阗南部有喀喇科龙山，其音与昆仑很相近。

九为西藏冈底斯山说。《大清一统志》记载：“西藏有冈底斯山，在阿里之达克喇城东北三百一十里，其山高五百五十余丈，周一百四十余里，四面峰峦陡绝，高出乎众山者百余丈。积雪如悬崖，皓然洁白，顶上百泉流注，至山麓即伏流地中。前后环绕诸山，皆版岩峭峻，奇峰拱列，即阿耨达山也。”康熙中期，西藏有大喇嘛来到京城，说昆仑其实在西藏境内，即冈底斯山。清廷特派使者同喇嘛一起去，绘制西藏青海地图回奏，认为与昆仑相符合，因而康熙赐封此山为昆仑。但康熙曾经定巴颜喀喇山为昆仑，后面又定为冈底斯山，两者是矛盾的。有学者干脆采取折中的说法，认冈底斯为大昆仑，巴颜喀喇为小昆仑。蒋廷锡《尚书地理今释》是这种说法的代表。

十为岷山说。《海内经》与《淮南子·地形训》这些古文献都不约而同提到“都广”和“建木”两个词。明代杨慎在《山海经补注》中说：“黑水都广，今之成都也。”蒙文通先生认为：“若水即后之雅砻江，若水之东即雅砻江之东，在雅砻江上源之东、黄河之南之昆仑，自非岷山莫属。是昆仑为岷山之高峰。……昆仑既为蜀山，亦与蜀王有关。《史记·大宛列传》《淮南子》皆以昆仑为中央，与《禹本纪》《山海经》说昆仑、都广为中央之义合……盖都广在成都平原而岷山即矗立成都平原侧也。”对此，著名学者邓少琴亦称，岷山是昆仑之一臂，“岷山导江，东别为沱，于《禹贡》仅一见之，于殷墟甲文亦未之见。”

十一为阿富汗兴都库什山之大雪山说。《元史·郭宝玉传》记载：“帝驻大雪山前，时谷中雪深二丈。诏封其昆仑山为元极王，大盐池为惠济王。”成吉思汗在西域用兵的时候，经常把部队驻扎在雪山以避暑。长春真人丘处机在《西游记》中记载：“是年闰十二月将终，有侦骑回报言：上驻跸大雪山之东南，今则雪积山门百余里，深不可行。”丘处机在元太祖十六年到达成吉思汗在大雪山的行宫，第二年随车驾在大雪山避暑。这个地方就是八鲁湾。八鲁湾属于兴都库什山系，山势十分高峻，雪终年不消，因而有大雪山之名。元太祖封此山为元极王，认为此山就是昆仑山。57 年后，元世祖忽必烈又命令都实探索河源，以阿尼马卿为昆仑山。不知当时的元代朝廷何以处置成吉思汗所封的大雪山。但因为历来有大小昆仑山的说法，只用区别大小就可以了。也许元朝采取的也是这种折中的方法。

其他关于昆仑山地理位置考据的观点也很多。近代以来对昆仑的研究更加繁荣。如顾实说昆仑在波斯，丁谦、刘师培说昆仑在伊拉克迦勒底。这些观点的差异之大，可谓空前。但它们却有一个共同特点，即都把昆仑指在西方。直到1985年，何幼琦先生发表《海经新探》一文，提出昆仑在东方的观点，具体说即认为古昆仑就是泰山。此说也可称为泰山说。

本书下面主要根据《山海经》中对于昆仑山的描述来判定昆仑山所在的位置。

《西山经》对昆仑山的记载最为详尽。再往西北四百二十里，是钟山。钟山山神的儿子叫作鼓，鼓的形貌是人的脸面，龙的身子，他曾和钦邳神联手在昆仑山南面杀死天神葆江，天帝因此将鼓与钦邳诛杀在钟山东面一个叫峄崖的地方。这槐江山确实可以说是天帝悬在半空的园圃，由天神英招主管着，而天神英招的形状是马的身子，人的面孔，身上长有老虎的斑纹和禽鸟的翅膀，巡行四海而传布天帝的旨命，发出的声音如同用辘轳提水。在山上向南可以望见昆仑山，那里火光熊熊，气势恢宏。向西可以望见大泽，那里是后稷死后埋葬之地。

往西南四百里，是昆仑山，这里确实是天帝在下界的都邑，天神陆吾主管它。这位天神的形貌是老虎的身子却有九条尾巴，一副人的面孔可长着老虎的爪子，这个神主管天上的九部和天帝苑圃的时节。山中有一种野兽，形状像普通的羊却长着四只角，名叫土蝼，是能吃人的。山中有一种禽鸟，形状像一般的蜜蜂，大小与鸳鸯差不多，名叫钦原，这种钦原鸟刺螫其他鸟兽就会使它们死去，刺螫树木就会使树木枯死。山中还有另一种禽鸟，名叫鹑鸟，它主管天帝日常生活中各种器用服饰。山中又有一种树木，形状像普通的棠梨树，却开着黄色的花朵并结出红色的果实，味道像李子却没有核，名叫沙棠，可以用来辟水，人吃了它就能在水中漂浮不沉。山中还有一种草，名叫蓍草，形状很像葵菜，但味道与葱相似，吃了它就能使人解除烦恼忧愁。河水从这座山发源，然后向南流而东转注入无达山。赤水发源于这座山，然后向东南流入氾天水。洋水也发源于这座山，然后向西南流入丑涂水。黑水也发源于这座山，然后向西流到大杅山。这座山中有许多奇怪的鸟兽。

《海外南经》记载，昆仑山在它的东面，山基呈四方形。另一种说法认为昆仑山在反舌国的东面，山基向四方延伸。羿与凿齿在寿华的荒野交战厮杀，羿射死了凿齿。地方就在昆仑山的东面。

《海外北经》记载，大禹杀死了相柳氏，血流过的地方

发出腥臭味，不能种植五谷。大禹挖填这地方，多次填满而多次塌陷下去，于是大禹便把挖掘出来的泥土为众帝修造了帝台。这帝台在昆仑山的北面，柔利国的东面。

《海内西经》记载，流沙的发源地在钟山，向西流动而再朝南流过昆仑山，继续往西南流入大海，直到黑水山。东胡在大泽东。

《海内西经》记载，海内的昆仑山，屹立在西北方，是天帝在下方的都城。昆仑山，方圆八百里，高一万仞。山顶有一棵像大树似的稻谷，高达五寻，粗细需五人合抱。昆仑山的每一面有九眼井，每眼井都有用玉石制成的围栏。昆仑山的每一面有九道门，而每道门都由称作开明的神兽守卫着，是众多天神聚集的地方。众天神聚集的地方在八方山岩之间，赤水的岸边，不是具有像夷羿那样本领的人就不能攀上那些山冈岩石。

赤水从昆仑山的东南角发源，然后流到昆仑山的东北方，又转向西南流而注到南海厌火国的东边。河水从昆仑山的东北角发源，然后流到昆仑山的北面，再折向西南流入渤海，又流出海外，就此向西而后往北流，一直流入大禹所疏导过的积石山。洋水、黑水从昆仑山的西北角发源，然后折向东方，朝东流去，再折向东北方，又朝南流入大海，直到羽民国南面。弱水、青水从昆仑山的西南角发源，然后折向东方，朝北流去，再折向西南方，又流经毕方鸟所在地的东面。

昆仑山的南面有一个深三百仞的渊潭。开明神兽的身子大小像老虎，却长着九个脑袋，九个脑袋都是人一样的面孔，朝东立在昆仑山顶。

《海内北经》记载，西王母靠倚着小桌案而头戴玉胜。在西王母的南面有三只勇猛善飞的青鸟，正在为西王母觅取食物。西王母和三青鸟的所在地是在昆仑山的北面。帝尧台、帝喾台、帝丹朱台、帝舜台，各自有两座台，每座台都是四方形，在昆仑山的东北面。

昆仑山南面的地方，有一片方圆三百里的氾林。

《海内东经》记载，在流沙中的国家有埻端国、玺㬇国，都在昆仑山的东南面。另一种说法认为埻端国和玺㬇国是在海内建置的郡，不把它们称为郡县，是因为处在流沙中的缘故。在流沙以外的国家，有大夏国、竖沙国、居繇国、月支国。

西胡的白玉山国在大夏国的东面，苍梧国在白玉山国的西南面，都在流沙的西面，昆仑山的东南面。昆仑山位于西胡所在地的西面。总的位置都在西北方。

《大荒西经》记载：在西海的南面，流沙的边沿，赤水的后面，黑水的前面，屹立着一座大山，就是昆仑山。有一个神人，长着人的面孔、老虎的身子，尾巴有花纹，而尾巴上尽是白色斑点，住在这座昆仑山上。昆仑山下有条弱水汇聚的深渊环绕着它，深渊的外边有座炎火山，一投进东西就燃烧起来。有人头上戴着玉制首饰，满口的老虎牙齿，有一条豹子似的尾巴，在洞穴中居住，名叫西王母。这座山拥有世上的各种东西。

整理上面《山海经》提供的昆仑山资料，并把昆仑山调整成地理坐标的中心，则相应地描述如下：昆仑山火光熊熊，气势恢弘。昆仑山的北面有一个西海，昆仑山在流沙的边沿，前面有赤水，后面有黑水。昆仑山的南面有一个深三百仞的渊潭，这条弱水汇聚的深渊环绕着它。深渊的外边有座炎火山，一投进东西就燃烧起来。有人头上戴着玉制首饰，满口的老虎牙齿，有一条豹子似的尾巴，在洞穴中居住，名叫西王母。西王母和三青鸟的所在地是在昆仑山的北面。

在昆仑山的西北面是槐江山，是天帝悬在半空的园圃。槐江山向西可以望见大泽，那里是后稷死后埋葬之地。另一种说法认为反舌国在昆仑山的西面。羿与凿齿交战的寿华的荒野就在昆仑山的东面。大禹为众帝修造了帝台，这帝台在昆仑山的北面。帝尧台、帝喾台、帝丹朱台、帝舜台，各自有两座台，每座台都是四方形，在昆仑山的东北面。

在流沙中的国家有埻端国、玺唤国，都在昆仑山的东南面。在流沙以外的国家，有大夏国、竖沙国、居繇国、月支国。西胡的白玉山在大夏国的东面，苍梧国在白玉山国的西

南面，都在流沙的西面，昆仑山的东南面。昆仑山位于西胡所在地的西面。总的位置都在西北方。

流沙的发源地在钟山，向西流动而再朝南流过昆仑山，继续往西南流入大海，直到黑水山。东胡在大泽东。赤水从昆仑山的东南角发源，然后流到昆仑山的东北方，又转向西南流而注到南海厌火国的东边。河水从昆仑山的东北角发源，然后流到昆仑山的北面，再折向西南流入渤海，又流出海外，就此向西而后往北流，一直流入大禹所疏导过的积石山。洋水、黑水从昆仑山的西北角发源，然后折向东方，朝东流去，再折向东北方，又朝南流入大海，直到羽民国南面的弱水。青水从昆仑山的西南角发源，然后折向东方，朝北流去，再折向西南方，又流经毕方鸟所在地的东面。

从《山海经》描述的地理位置来看，昆仑山在中华大地的西北部，大致位置在今青海省与甘肃省的交接处，而具体位置无疑在敦煌附近，部分已经深入古代西域地区。酒泉南山说是相对可信的。

三危山又名卑羽山，在敦煌市东南25千米处，绵延60千米，主峰在莫高窟对面，三峰危峙，故名三危。“三危”是史书记载中最早的敦煌地名。《尚书·舜典》记载：“窜三苗于三危”。传说西王母的使者三青鸟就栖息在三危山。

《北山经》记载，敦薨水从这座山发源，然后向西流入泑泽。泑泽位于昆仑山的东北角。有人认为敦煌可能是月氏族的译音。也有人认为敦煌可能是在《山海经》中被译为“敦薨”的吐火罗人，敦煌以前可能就叫“敦薨”。

根据西海在昆仑山北面的描述，西海不是今日的西海湖，而是古代的居延海。“昆仑之丘”即祁连山，如果由东向西行，祁连山正在流沙（腾格里沙漠和巴丹吉林沙漠）之滨，赤水（大通河）之后，黑水（党河）之前，那么祁连山北面的“西海”自然就是弱水（今额济纳河）流入的居延海了。居延海在今内蒙古额济纳旗北境，弱水（今额济纳河）自张掖北来，至下游分为东河、西河等河，汇聚于此。汉称居延泽，魏晋一名西海，唐以后通称居延海，本为一湖，位于汉居延城东北，狭长弯曲，形如初月。东汉建安时置西海郡，治所就在居延（今内蒙古额济纳旗东南），辖境约当今居延海附近一带。据《海内经》记载，西海之内，流沙之中，有国家称为壑市。西海之内，流沙之西，有国家称为氾叶。这里用“西海”和“流沙”来确定一个国家的位置，可见二者相距很近，这也说明了“西海”就是靠近腾格里沙漠和巴丹吉林沙漠的居延海。

昆仑山如果为六条河流的源头，则可以肯定是常年积雪的大雪山，当为祁连山脉某座靠近酒泉的山峰，但也不一定指当今推测的祁连山主峰。根据对昆仑山火光熊熊，以及旁边西王母居住的炎火山，一投进东西就燃烧起来的情况表明，昆仑山与炎山当时都是活动的火山，有熔岩沸腾。而昆

仑虚四方的描述，极有可能是指山顶喷射过的火山口，在远处看来就是方的。昆仑上的宫殿在险要之处，当早已坍塌泯灭。昆仑山宫殿前种植了许多木禾，也就是今日的薏米。

判断某山是否为昆仑山，还有另外重要的辅助证据。昆仑山建有天帝的御苑。《海内西经》记载："开明北有视肉、珠树、文玉树、玗琪树、不死树，凤皇、鸾鸟皆戴瞂，又有离朱、木禾、柏树、甘水、圣木曼兑，一曰挺木牙交。"视肉即肉灵芝，又叫太岁，是黏菌复合体。珠树、文玉树、玗琪树是天然形成的树状玉石。不死松又名龙血树，因其茎干肤色灰青，斑驳栉比状如龙鳞，而且又可分泌出鲜红的汁液，故而得其美名。

鸾鸟是古代传说中凤凰一类的神鸟。凤凰的原型接近于自然界的孔雀。离朱应该是太阳神鸟的原型，原型接近现有的雉类。木禾指的是薏米。圣木曼兑或挺木牙交应指即璇树，即传说中的赤玉树。这些东西作为当初的御苑组成部分，或者天帝的陪葬物，在真正的昆仑山上应该是能找到的。如果能在祁连山的某座主峰上找到昆仑圣殿的遗迹，以至于能找到天帝御苑中的这些圣物的痕迹，就基本能证明酒泉南山说是可能的了。

第八章 《山海经》中的天文奇观

一、星星是宇宙的眼睛

天上的星星，是宇宙的眼睛。大自然想了解自己，它把这个任务交给了人类。当人类开始仰望星空时，人类的生命智力又一次得到升华。中华民族远古神话传说记述着先民对日月星空的观感，中国先秦典籍《山海经》《尚书》《诗经》等著作中记录了先民对日月星空的观察，我们这里重点谈一谈《山海经》描述的天文奇观（包括天文历法）。

我们的地球位于银河系中的太阳系之中，地球有自转和公转，地球是太阳的行星，月球是地球的卫星。宇宙星辰、太阳、月亮、行星、彗星、流星、陨石和风云雨雪，它们对人类的生存有决定性的以及不可忽视的作用。因此，仰望星空就成为人类社会生活中非常重要的内容之一，对天文星象的观测，对历法的计算，对气象的观察，就构成了人类生存极其重要的天文历法资源和气象资源。在《山海经》一书里，就记录有中国人早在先秦时期进行的精确的天文历法观测和细致的气象观察活动。进一步说，观测天象、颁布历法，既是采集、狩猎、畜牧和农业等生存活动所需，也是构成社会管理权力的重要组成部分。

二、羲和与纪日历法

天空中最大最耀眼的星体是太阳，因此太阳理所当然成为人类最早观测的天文历法对象，而对日升日落的计数也就构成最早的纪日历法，《山海经》里就记录有中国古人的纪日历法活动。

《大荒南经》记载："东（南）海之外，甘水之间，有羲和之国。有女子名曰羲和，方浴日于甘渊。羲和者，帝俊之妻，生十日。"

《海外东经》记载："下有汤谷。汤谷上有扶桑，十日所浴，在黑齿北。居水中，有大木，九日居下枝，一日居上枝。"

《大荒东经》记载："大荒之中，有山名曰孽摇頵羝，上有扶木，柱三百里，其叶如芥。有谷曰温源谷。汤谷上有扶木，一日方至，一日方出，皆载于乌。"

所谓羲和"生十日""浴日于甘渊"云云，记述的是古代帝俊（或谓即帝舜）部落的一项重要的天文巫术活动，主持者为帝俊的妻子羲和，她在模拟十个太阳依次从东方海中升起的场景；每天升起一个太阳，并依次为十个太阳命名（有可能用的正是甲、乙、丙、丁、戊、己、庚、辛、壬、癸这 10 个天干字符），这是有文字记载的最早的以十日为一旬的纪日历法。由于古人相信西落的太阳要经过黑暗的地下通道才能重新返回东海，因此羲和还要为每一个返回的太阳进行清洗，以便使其重新恢复光热。据此可知，羲和是一位披着巫术外衣的天文学家，她负责制定并颁布纪日历法。中国先民采用十日为一旬的纪日历法，得益于十进制的建立，而且有助于计算一年的天数。根据先秦典籍《尚书·尧典》记载，在帝尧时代（7000 年前），已经精确的测算出一年有 366 天。

所谓“一日方至”云云，是说汤谷的扶桑树上有十个太阳，它们轮流出没，每当一个太阳从西方回来（经由地下）时，就有另一个太阳从扶桑树上飞起，所有的太阳都由三足乌驮载着运行。显然，《大荒东经》的汤谷即《大荒南经》的甘渊。

《论衡·说日》称“日中有三足乌”，《淮南子·精神训》称“日中有踆乌”，古人产生日中有乌的观念，一是源自太阳的运动需要有动力，二是因为古人观察到太阳上面有黑子。至于太阳金乌为什么有三足，可能与古人追求

奇异的心态有关。此外，古人制作陶鸟时，为了使其能够平稳站立，常常要加塑一足，久而久之人们便形成三足乌的传说。

与此同时，《山海经》关于扶桑树上有十个太阳轮流出没的记载，已经被三星堆出土的青铜神树所证实。

三、常羲与纪月历法

夜晚天空最大最明亮的星体是月球，月球的圆缺轮回周期变化对古人来说更具有神秘的吸引力。当古人计数一年里月圆月缺的周期次数时，纪月历法就诞生了，《山海经》里就有相关的记述。

《大荒西经》记载："有女子方浴月。帝俊妻常羲，生月十有二，此始浴之。"

所谓"生月十有二"，是说帝俊的妻子常羲发明了或者负责颁布一年十二个月的纪月历法。所谓"方浴月"，则是一种天文历法演示巫术，与羲和浴日类似，即在象征月亮升起的海面上，模拟十二个月亮依次升起的场景；并为每一个新升的月亮洗浴，使其重新明亮起来。或许，常羲也曾经为依次升起的十二个月亮分别起了名字，有可能使用的就是十二地支"子丑寅卯辰巳午未申酉戌亥"。

《大荒东经》记载："有女和月母之国。有人名曰鹓，北方曰鹓，来之风曰狻，是处东极隅以止日月，使无相间出没，司其短长。”

郝懿行注谓：“女和月母即羲和、常羲之属也。谓之女与母者，《史记·赵世家》索隐引谯周云：“余尝闻之代俗，以东西阴阳所出入，宗其神，谓之王父母。”据谯周斯语，此经“女和月母”之名，盖以此也。据此可知，除了帝俊的妻子羲和负责颁布纪日历法、常羲负责颁布纪月历法之外，在其他部落或方国也有女性天文学家负责颁布纪日历法和纪月历法。其中，女和月母之国可能更偏重于纪月历法，那里的天文历法主管人名叫鹓，她通过观测月相的变化和日影的长短，以及来自北方的季风，履行其职责。

四、《山海经》里的五大行星

当人类仔细观察天上的天体时，除了太阳和月亮之外，他们也会逐渐注意到满天星斗里，有几颗相对位置不断发生周期性变化的星星（行星），而其他的几千颗星星（肉眼通常可分辨出6000颗）总是一起围绕着北斗星同步旋转，而它们彼此之间的相对位置却并不发生变化（恒星）。中国先民很早就知道五大行星即水星（辰星）、金星（启明、长庚、太白）、火星（荧惑）、木星（岁星）、土星（镇星、填星），我们今天通过望远镜知道太阳系里共有8颗大的行星（包括地球、天王星、海王星等），以及成千上万的小行星。那么，中国先民是什么时候知道五大行星的呢？《山海经》里有关于五大行星的记载吗？

(一)《山海经》里有金星

《中山经》的中次一经记有:“又东二十里,曰金星之山。多天婴,其状如龙骨,可以已痤。”这座金星山的名称,或可表明当时(帝禹时代)人们已经知道五大行星之一的金星。

《海内西经》记有:“海内昆仑之虚,在西北,帝之下都。昆仑之虚,方八百里,高万仞。上有木禾,长五寻,大五围。面有九井,以玉为槛。面有九门,门有开明兽守之。百神之所在,在八隅之岩,赤水之际,非夷羿莫能上冈之岩……开明兽身大类虎而九首,皆人面,东向立昆仑上。”

所谓“开明兽”原本应是“启明兽”,汉代学者编校《山海经》时为了避汉景帝刘启的讳而改“启”为“开”,类似的例子在《山海经》里还有把“夏后启”改为“夏后

开”。由于金星在中国古代又称为“启明星”（出现于早晨太阳升起前的东方地平线上）和“长庚星”（出现在傍晚太阳落山后的西方地平线上），因此启明兽“东向立昆仑上”的说法，表明启明兽（在《西山经》里是神陆吾）的职责是观察启明星预报天亮。据此可知，当时（周代）人们已经在根据金星来报时了。

（二）《山海经》的木星纪年

在五大行星里，亮度最高的是金星、火星和木星，其中尤以木星最显著。《海外南经》（实际上应是《五藏山经·禹曰》）记有：“地之所载，六合之间，四海之内，照之以日月，经之以星辰，纪之以四时，要之以太岁，神灵所生，其物异形，或夭或寿，唯圣人能通其道。”

六合，指前后左右上下六个方位，亦即三维空间。四海，古人相信大地被东南西北四个方向的大海包围着，四海之内即陆地所及范围。四时即春夏秋冬四季。太岁即木星，或者准确说是木星纪年；木星十二年绕太阳一周，古人就用十二地支来分别命名每一年，十二生肖动物纪年和六十甲子纪年均与木星纪年有关。

《海内经》记有：“炎帝之妻，赤水之子听訞生炎居；炎居生节并，节并生戏器，戏器生祝融。祝融降处于江水，生共工；共工生术器，术器首方颠，是复土穰，以处江水。共工生后土，后土生噎鸣，噎鸣生岁十有二。”

此处经文中“共工生术器，术器首方颠，是复土穰，以处江水。共工生后土，后土生噎鸣，噎鸣生岁十有二”与《大荒西经》天枢日月山记述的内容有相近之处。术器“首方颠”，类似嘘“两足反属于头上”，均系具有巫术色彩的特殊动作。由于我国出土了数十颗3000年前至5200年前的有洞头骨，从这个角度看“术器首方颠”，或许可以解读为对术器（大约在4000年前至6000年前之间）实施了开颅巫术，以使他具有特殊的本领。在中国传统文化里，巫师（同时兼科学家）是能够与天沟通的神人，在头骨上开洞的象征意义正是与天沟通（开天目）。据此可以推测，那个时代的巫师氏族，当小孩成年时，要在头骨上开洞，表明他从此就具备了行使巫术的能力和权力。

噎鸣“生岁十有二”，类似噎（即嘘）“处于西极以行日月星辰之行次”，均为天文观测活动；噎之名与噎鸣几乎完全相同，因此有理由认为噎即噎鸣。两者的差别在于，噎的父祖为重黎、老童、颛顼，而噎鸣的父祖为后土（术器）、共工、祝融、炎帝；也就是说，黄帝族与炎帝族都有负责天文观测的人，并使用相同或相近的职务名称（帝俊族天文官的名称为羲和、常羲，而羲与嘘音相近）。

所谓噎鸣“生岁十有二”，“岁”即木星（又称太阴、太岁），意思是说噎鸣发现了木星十二年绕太阳一周的运动规律，并为每年木星所在天空位置分别起名。众所周知，今天测定的木星绕日周期为11.8年，比古人测定值略微小一点；这有可能是古人的测定存在一些误差，但也有可能在古代木星周期曾经确实非常接近12年一周天的数值。

木星是星空中亮度仅次于太阳和月亮的周期运动行星，中国先民很早就发现它在星空中的位置（准确说是在太阳系的位置）对地球生物圈有重要的影响。《计倪子》记载："太阴三岁处金则穰，三岁处水则毁，三岁处木则康，三岁处火则旱。"计倪子（前6世纪—前5世纪）又名计然、计研，乃春秋时期越国大臣范蠡（前6世纪—前5世纪）的老师，其先人乃晋国的贵族。浙江省丽水县缙云仙都有一处"倪翁洞"景观，相传就是当年计倪子隐居的地方。

我们前面已经谈到，计倪子的上述观点属于自然环境气候经济学或天文经济学，大意是：当木星三年位于"金"的方位时，农作物丰收；当木星三年位于"水"的方位时，将发生水涝灾害，农作物减产；当木星三年位于"木"的方位时，农业收成好，人们生活安康；当木星三年位于"火"的方位时，将出现旱灾，农业收成不好。人们只要掌握了这种规律，就可以提前做准备，并获得丰厚的经济利益。与此同时，十二生肖动物的排列也存在着三年一组的规律性，以及食草动物与食肉动物交替兴旺的规律性，并且符合计倪子所说的木星十二年一周天影响地球气候水旱交替周期性变化规律。

（三）《山海经》里可能有水星、火星、土星

虽然《山海经》里没有直接提到水星、火星、土星这三颗行星，但是这并不意味着《山海经》时代的人们不知道天空中还有水星、火星、土星这三颗也能够移动位置的星星。事实上，《五藏山经·禹曰》“经之以星辰”、《大荒西经》“（噎）处于西极，以行日月星辰之行次”，都可表明当时人们已经知道五大行星，而且还在观测太阳、月亮、五大行星的运行规律。此外，由于土星的运行周期与二十八星宿相近，因此如果《山海经》里有二十八星宿，亦可表明当时人们已经知道土星。

五、《山海经》与二十八星宿

除了十二生肖动物之外，我国古代也将二十八星宿与28种动物挂钩：东方青龙七宿，角（蛟）、亢（龙）、氐（貉）、房（兔）、心（狐）、尾（虎）、箕（豹）；北方玄武七宿，斗（獬）、牛（牛）、女（蝠）、虚（鼠）、危（燕）、室（猪）、壁（貐）；西方白虎七宿，奎（狼）、娄（狗）、胃（雉）、昴（鸡）、毕（乌）、觜（猴）、参（猿）；南方朱雀七宿，井（犴）、鬼（羊）、柳（獐）、星（马）、张（鹿）、翼（蛇）、轸（蚓），其中就包括十二生肖动物。

不难看出，二十八星宿动物是以龙为首，这与十二生肖动物以鼠为首明显不同。但是，如果仔细看，可以发现两者仍然有着排序上的相同规律，只是前者被分成了两段，即二十八星宿的动物，若从虚宿的鼠开始，向前追溯则依次为牛、虎、兔、龙；然后，再接着轸宿的蛇，向前追溯则依次为马、羊、猴、鸡、狗、猪。那么，二十八星宿的动物排列法，与十二生肖动物的排列法，孰先孰后呢？这个问题专家学者至今也没有定论。不过，一般来说，人们认识世界多半是从简单到复杂，因此十二生肖动物排列法的出现可能先于二十八星宿动物排列法的形成。

（一）《山海经》与二十八星宿

既然《山海经》里不但记载有十二生肖动物，而且也差不多记述了二十八星宿动物，那么《山海经》是不是也记载了二十八星宿呢？有学者（例如吴晓东）对此持肯定的看法，其主要理由是，根据《大荒东经》与《大荒西经》中七对东西相对的日月出入之山的记述，以及《大荒南经》与《大荒北经》文本里未被人发现的另外七对南北相对的用来观测星辰的山峰，将这二十八座山峰为单位所描绘的内容与天空中的二十八星宿进行比较，两者之间有许多惊人的相似性，并据此认为二十八星宿的划分起源于《大荒经》中的用来观测星辰的二十八座山峰。《大荒经》以及与其具有渊源关系的《海外经》是两部占星古籍，其所描绘的神话，不仅来自于与历法有关的物候，还有很多来自于对星宿的描写，以及对这些星宿的分野的描写。具体来说，《山海经》与二十八星宿的对应关系如下。

东方青龙七宿。1. 角——大言山・大人国、大人之市、小

人国。2. 亢——合虚山·君子国。3. 氐——明星山（孽摇頵羝山）·奢比之尸。4. 房——鞠陵于天山、招摇山·玄股、困民之国。5. 心——孽摇頵羝山·扶木。6. 尾——猗天苏门山·埙民之国。7. 箕——壑明俊疾山（明星山）·中容之国。

北方玄武七宿。1. 奎——方山。2. 娄——丰沮玉门山。3. 胃——龙山。4. 昴——日月山。5. 毕——鏖鏊钜山。6. 觜——常阳山。7. 参——大荒山。

西方白虎七宿。1. 斗——不咸山。2. 牛——衡天山。3. 女——先槛大逢山。4. 虚——北极天柜山。5. 危——成都载天山。6. 室——不句山。7. 壁——融父山。

南方朱雀七宿，包括如下：1. 井——衡石山·牛黎之国。2. 鬼——不庭山·结匈国。3. 柳——不姜山·羽民国、卵民国。4. 星——去痓山。5. 张——融天山·张弘、反舌国（蜮民国）、凿齿国、交胫国。6. 翼——涂山·驩头国、三苗国、狄山（岳山）与舜之所葬。7. 轸——天台高山·不死民、菌人。

上述观点可视为一家之言。不过，由于《山海经》记载有东南西北中各区域的山脉及其人文地理，因此如果采用分野对应星宿的话，总是能够找到地上的二十八处山峰来对应天上的二十八星宿的。有鉴于此，如果说《山海经》里记载有二十八星宿，那么直接的证据应该是其中记述有二十八星宿的星名（哪怕有若干星名也算是很好的证据）。

(二) 二十八星宿起源于北斗历法

古代使用二十八宿的国家和地区包括中国、印度、埃及、伊朗、巴比伦、印第安等，而最完整的则是中国和印度，其起源仍然众说纷纭。诸多证据表明，二十八宿最早起源于中国，然后才逐渐传播到其他地方。理由之一是，二十八宿与北斗星总是紧密联系在一起，而印度由于地理位置靠近赤道因此从来都不关心北斗星。理由之二是，中国自古至今都是春夏秋冬四季，而印度古代却划分6个季节，即冬、春、夏、雨、秋、露（近代改为寒、暑、雨三个季节）。其他理由尚多，这里不再一一论述。

二十八宿起源问题应该与其用途密不可分，目前已知二十八宿用途涉及五个方面。一是“月站”，即月亮每天从一宿移动到下一宿。二是“镇星年站”，即镇星（土星）每年从一宿移动到下一宿。三是“日站”，即太阳每年沿着二十八星宿转一周，约13天移动一宿。四是“斗柄星座”，陈遵妫在《中国天文学史》一书中指出，中国古代用二十八宿表示北斗七星斗柄所指的方位。五是“以齐七政”，《尚书·舜典》称“璇玑玉衡，以齐七政”，意思是用北斗七星调和日月五星的运行周期。

其中，“斗柄星座”之说的证据非常多，例如20世纪70年代湖北省随县曾侯乙墓（下葬时间在前433年左右）出土的一件衣箱的漆箱盖上，绘有一幅彩色的天文图，画面中央是篆书的大个“斗”字，四周写着二十八宿的名称；显然，画中的“斗”字即北斗星，它位居中央地位乃是古人崇拜北斗的表现。在二十八宿文字圈的东侧绘有一龙，西侧绘有一虎，这与古人所说东方苍龙、西方白虎正好对应。这是目前所见年代最早的将青龙、白虎与二十八宿、北斗配合在一起的实物，也是中国迄今发现的关于二十八宿的最早文字记载。

黄海之滨的连云港市西南郊锦屏山马耳峰南麓的将军崖，海拔20米，由花岗岩构成，在一块长22米、宽15米的黑亮岩石上，有先夏时期古人敲凿、磨刻出的图案（刻痕至今仍然深达1厘米，不知用何工具），内容包括人面、鸟兽、农作物、日月星云，以及各种符号。值得注意的是，这里的太阳和星座图案特别多，而且还有北斗七星，这就表明其年代非常久远。在距离将军崖百里远的灌云县大伊山等地，出土有石棺和表示星辰的石窝。上述天文活动发生在6000～7000年前，有可能是远古东夷人所为。

河南省濮阳地区古为“颛顼之墟”，这里在上古时代是五帝之一的颛顼及其部族的主要活动区域，相传颛顼葬在此地故而称为“帝丘”。据史料记载，颛顼曾实施“绝地天通”的重大改革，制定了中国历史上第一部天文历法——“颛顼历”。1987年夏，濮阳市老城西南角的荒地西水坡，发现一处约前

4500年的仰韶文化聚落遗址。其中，45号墓是一座土坑竖穴墓，南北长4.1米，东西宽3.1米，南端圆曲，北端方正，东西两侧有一对弧形小龛，男性墓主头南脚北仰卧于墓中，周围葬有三具殉人。在墓主骨架两旁，有用蚌壳排列成的动物图形，东方为龙，西方为虎，头均向北，腿均向外侧。中国社会科学院考古研究所冯时认为，该墓葬体现出北斗的图形，殉人位置的摆放则再现了《尚书·尧典》所谓的“分至四神”，表明中国早期星象在6000年前已形成体系。

事实上，中国古代曾经广泛流行“北斗历法”，只是没有直接使用这个名称而已。例如，《鹖冠子》称“斗柄指东，天下皆春；斗柄指南，天下皆夏；斗柄指西，天下皆秋；斗柄指北，天下皆冬”，《夏小正》亦称“正月初昏，斗柄悬于下；六月初昏，斗柄正在上”，显然这都是在使用北斗历法判断季节。此外，北斗七星也用于夜间计时，每转30度即为一个时辰（2小时），这对于军事作战是非常重要的。

但是，“斗柄星座”的说法也存在着困难。这是因为，北斗星是与二十八宿一起围绕北极星旋转的，因此斗柄（以北斗七星的第六颗星和第七颗星的连线为准）永远指向同一个恒星星座，即二十八宿的斗宿。此外，二十八宿记录四季的时间并非等分，而是春秋天数多，冬夏天数少，而且历代还有变化（这可能与历代观察者所在纬度有关）。

有鉴于此，二十八宿最早用途很可能是“日站”，即太阳每年沿着二十八星宿转一周；当然，这实际上是因为地球绕日旋转，所“看”到的太阳在星空背景的位置。问题在于，古人无法直接测定太阳在星空背景的位置，因此只能借助于其他间接的观测手段。从北斗星与二十八星宿的“捆绑”关系形成的斗柄星座来看，这个间接观测手段应该与北斗历法有关，因为两者都是对一年的时节进行天象观测，而这也是最具实用（农业、牧业、生活）的天文历法。

《夏小正》记载的天象“正月初昏，斗柄悬于下；六月初昏，斗柄正在上”，其中“斗柄悬于下”，即斗柄指向北，意思是初昏看见“斗宿”位于北方时，就是正月时节了（冬季）。所谓“斗柄正在上”，即斗柄指向南，意思是初昏看见“斗宿”（实际上用的是对称星宿“井”）位于南方时，就是六月时节了（夏季）。据此可知，当时已经采用“中星观测”，即初昏时观测天顶的星辰，属于更精确的因而也是后出的观测方法。对比之下，《尚书·尧典》标志四季的“鸟、火、星、虚”四星，则是偕日没观测，即在初昏时观测西方的天象（根据岁差，尧典四星的观测时间约在七八千年前）。

综上所述，二十八宿乃是“北斗历法”与“日站”的结合，由斗柄星座标志的日站实际上是根据斗柄指向与四季关系在星空背景的推算位置。也就是说，古人根据初昏时观测到的二十八宿某一宿在星空的位置，就可以推知目前是一年里的什么时节。例如，冬季可见“叁星在户”，夏季可见

"心、尾"当空。据此可知，二十八宿最早起源于中国古老的北斗历法，首先用于间接观测"日站"，与此同时又可用于观测月亮和土星、以及夜间计时，此外再加上"斗为帝车""以齐七政"的政治观念，因此而在中国得到广泛应用并远播海外。有趣的是，古人还将二十八宿与二十八种动物、二十八种草药和二十八宿战旗、云台二十八将（东汉开国将领）逐一对应起来，形成丰富的二十八宿文化，为此我们建议中国有关部门应该把二十八宿申报世界非物质文化遗产。

多少有一点令人感到奇怪的是，《山海经》里没有关于北斗七星的记载，或许是《山海经》在漫长的流传过程中丢失了相关的内容。如果我们能够在《山海经》的佚文里发现记述北斗七星的文字，那么也就可以从一个侧面去了解《山海经》与二十八星宿的关系了。

（三）二十八星宿与中草药

众所周知，行军作战需要掌握每天早晚的时间（其实只是确定地球自转的速度和位置），古人没有手表、闹钟等便携式时间测量器具，他们又是如何掌握每天的时间呢？主要的方法就是，白天的时间看太阳在天空的位置，夜里的时间看恒星在天空的位置。此外，古代东方人还使用燃香、西方人使用沙漏来计算时间，或者根据某些动物的行为来估计时间。

事实上，在中国古代兵书里就记载着，哨兵在夜间要观测二十八星宿的位置，以判断夜间的时间。为什么古人不用月亮、五大行星来确定夜里的时间呢？这是因为，月亮和行星在天空中的相对位置经常变化，而它们的变化规律一般人又难以掌握。对比之下，恒星在天空中的相对位置几乎是不变的，它们的视位置主要与地球的自转运动和公转运动有关。当然并不是所有的恒星都适宜用来在夜间确定时间。中国古人使用的夜间“星星钟”一是北斗七星，二是二十八星宿，而两者往往结合在一起用。

事实上，中国古代科学家在天文学上的一项重要发现，就是从满天星斗中划分出二十八星宿，即东方青龙七宿：角、亢、氐、房、心、尾、箕；北方玄武七宿：斗、牛、女、虚、危、室、壁；西方白虎七宿：奎、娄、胃、昴、毕、觜、参；南方朱雀七宿：井、鬼、柳、星、张、翼、轸。随着地球自转一周，二十八星宿也旋转一周（尽管白天看不见，夜间却很清楚），因此它们可以很方便而且比较准确地用来辨别时间（特别是夜间的时辰）。

正是由于二十八星宿具有上述用途，因此它在古代军事上也有着重要价值。有趣的是，在古人的军事著作《武备志略》中，还记有军医在配制出草药后，要斋戒沐浴，祈祷二十八星宿神的内容，似乎二十八星宿能增加草药起死回生的神效，估计这种观念可能源于二十八星宿与月亮的关系，因

为月亮的圆缺被古人视为生死轮回。

更为有趣的是，古代军医还将二十八星宿与二十八种中草药一一对应起来，《武备志略》记述的二十八星宿与草药的关系如下：角宿，（已无）；亢宿，良姜草；氐宿，半夏草；房宿，商陆草；心宿，藜芦草；尾宿，钩吻草；箕宿，（已无）；斗宿，（已无）；牛宿，（已无）；女宿，（已无）；虚宿，芫花草；危宿，神仙草（蓖麻草）；室宿，皂角；壁宿，鬼箭草；奎宿，宣姜草；娄宿，断肠草；胃宿，鬼臼草；昴宿，胡莘草；毕宿，川乌草；觜宿，将军草；参宿，川红细辛草；井宿，雷公藤草；鬼宿，踯躅草（柴大黄花）；柳宿，大戟红牙草；星宿，雷丸草；张宿，紫玉金丝草；翼宿，蟠不食草（蛇梦草）；轸宿，鱼（以下缺字）。

遗憾的是，北京图书馆普通古籍室的《武备志略》一书，其中涉及二十八星宿与中草药关系的内容，不知何年月被何人割去数页，以致上面介绍的内容多有缺字。而在《武备志》等古代兵书里，尚未见到相关的记载。有精通中医的人认为，东方青龙为木，木主肝；南方朱雀为火，火主心；西方白虎为金，金主肺；北方玄武为水，水主肾；因此，二十八星宿与二十八种中草药也应分为四大类，其中木科含七种，火科含七种，金科含七种，水科含七种。如果在《山海经》里能够找到二十八星宿对应的二十八种中草药，或许也能够从一个侧面表明《山海经》里隐藏着二十八星宿的信息。

六、众多的天文台和天文学家

人类最初观测天象，完全是用肉眼观测，看到太阳从东方升起就知道白天开始了，看到太阳向西方落下就知道天要黑了。再以后，人们会根据太阳从东方哪一座山头升起，或者太阳向西方哪一座山落下，来判断一年里的季节，这些被选中的自然标志物（例如山头）就成为非人造的观测天象的仪器。接下来，人们又发明了自己制造的标志物，例如垂直标杆（圭表），去测量正午阳光照射下的标杆影长，以此判断夏至或冬至的时间，这些人造器具就成为最早的人造天文仪器。此后，人们又发明了有助于提高肉眼视力的器具或场地，例如窥管就具有望远镜功能，有人推测三星堆青铜面具那长长的凸目就可能是象征着特殊本领和特殊权力的窥管；坐井观天可以避免地面光线干扰，也可能具有类似天文望远镜的聚光功能。当人们在固定地点上设置可长期使用的天文仪器，并持续进行天象观测时，天文台就诞生了。值得

注意的是，《山海经》里就记录有许多天文台和天文仪器，例如十二座日月出入山，方山的柜格之松，等等。

《大荒东经》和《大荒西经》记有十二座日月出入山。其中，《大荒东经》记有六座日月所出之山，它们依次是（自东南向东北）大言山、合虚山、明星山、鞠陵于天山、猗天苏门山、壑明俊疾山。与之对应的是，《大荒西经》记述有六座日月所入之山，它们依次是（自西北向西南）丰沮玉门山、龙山、日月山、鏖鏊钜山、常阳山、大荒山。此外，《大荒西经》还记述有一座日月所出入之山，即方山，它们共同构成了蔚为壮观的天文观测台阵。

上述六座日出之山和六座日落之山，彼此两两成对，表明在《大荒四经》撰稿时期的古人，曾以一年内太阳出入于不同的方位来判断季节。时至今日，偏远地区的人们，例如大小凉山的彝族，每年到一定时候，总要由一位经验丰富的老人，到寨子附近一定地方，或是一处山口，或是一块大石头旁，以一定的姿势，或直立，或一脚踏在石头上，观测太阳落山的位置，来确定播种季节，用这种“土办法”能精确到误差不超过五天。

其实，居住在城市里的细心读者也会发现，过了春分之后早晨太阳光会照射到面向北方的窗户，过了秋分之后早晨的太阳光才会照射到面向南方的窗户。

《大荒西经》：“西海之外，大荒之中，有方山者，上有

青树，名曰柜格之松，日月所出入也。”

经文“柜格之松”，古人没有解释。其实，根据“日月所出入”可知，柜格之松当与天文观测活动有关，而“方山”很可能是一座四方台形的天文观测站。所谓松木上有柜格，大约是在一笔直竖立的松木上，横向平行插有或绑有若干横木，这些横木彼此相隔一定的尺寸；观测者每天都在距离柜格之松的一个固定位置上，观测日月升起的高度在第几格的横木上，并据此判断一年的季节变化（最高的横木表示夏至，最低的横木表示冬至）。也就是说，柜格之松可能是最早的天文仪器之一，亦即后世圭表的前身。事实上，中国象形文字的圭字和表字，正是源自柜格之松的象形。不过，由于这种观测方法眼睛容易被灼伤，以后人们才逐渐改为观测圭表影子的方向和长短，不再需要“柜格”了。《拾遗记》亦记有：“帝子（少昊）与皇娥泛于海上，以桂枝为表，结薰茅为旌，刻玉为鸠，置于表端，言鸠知四时之候，故《春秋传》曰司至是也，今之相风，此之遗象也。”

《大荒西经》记有：“大荒之中，有山名日月山，天枢也。吴姖天门，日月所入。”所谓日月山“天枢也”，表明这里是一座观测北极星及其周边星空的天文台。所谓“吴姖天门”，顾名思义，应该是一种类似门状的天文观测仪器。在《山海经》里与其类似的还有猗天苏门山、丰沮玉门山，它们都属于门状天文观测仪器。凡此种种，很容易让人联想到英国著名的门状环形巨石阵，据说它们也是用于天文观测的。

《山海经》不仅记录了大量天文台和天文仪器，同时也记述了众多天文学家的天文观测活动。除了帝俊部落里给太阳洗澡的羲和、给月亮洗澡的常羲，以及日月山的噎鸣，《大荒四经》还有如下一组天文学家活动的记载。

《大荒东经》记有："大荒之中，有山名曰鞠陵于天、东极、离瞀，日月所出。名曰折丹，东方曰折，来风曰俊，处东极以出入风。"

《大荒东经》记有："有女和月母之国。有人名曰鵷，北方曰鵷，来之风曰狻，是处东极隅，以止日月，使无相间出没，司其短长。"

《大荒南经》记有："有神名曰因因乎，南方曰因乎，夸风曰乎民，处南极以出入风。"

《大荒西经》记有："有人名曰石夷，（西方曰夷），来风曰韦，处西北隅以司日月之长短。"

从上述记载可知，现存版本《大荒四经》里有若干错简和缺简。其一，《大荒东经》两条内容之一应该属于《大荒北经》，即女和月母国的内容原本应在《大荒北经》，经文"是处东极隅"应为"是处北极隅"。其二，《大荒南经》脱落有关天文观测的内容。其三，《大荒西经》丢失"西方曰夷"字句，经文"处西北隅"应为"处西极隅"。

《大荒四经》记述的这一组分别位于东南西北四方的天文学家，他们不仅负责观测日月升落，而且还要观测预报来自东南西北四个方向的季风，有人认为他们还可能在观测二十八星宿。如果上述记载是真实的，那么北方天文台的馆长鹓，就有可能观测到北极区域的特殊天文景观，例如太阳半天升起、半天落下，或许这正是“使无相间出没”的内涵。南方天文台的馆长因因乎，也有可能观察到只有在南北回归线区域里才能够发生的阳光垂直照射现象。

有趣的是，《大荒西经》记有：“有寿麻之国。南岳娶州山女，名曰女虔。女虔生季格，季格生寿麻。寿麻正立无景，疾呼无响。爰有大暑，不可以往。”所谓“寿麻正立无景”云云，乃是我国古籍关于赤道地区（南北回归线之间）自然环境的最早记述。寿麻正立在阳光下而没有身影，即正午阳光垂直照射现象；大声喊叫而没有回声，或与炎热环境对空气传播声音的影响有关；“爰有大暑，不可以往”，则是对赤道地区炎热气候的直接描述。

七、从开天辟地到宇宙起源

仰望星空，人们在惊叹大自然的瑰丽、雄奇、神秘的同时，会不由自主地追问宇宙及其万物是从哪里来的，继而又会进一步追问，提出这个问题的“我”又是从哪里来的，人类的智慧就在这样的一次次追问中不断向前发展。

《大荒西经》记有：“大荒之中，有山名日月山，天枢也。吴姖天门，日月所入。有神，人面无臂，两足反属于头上，名曰嘘。颛顼生老童，老童生重及黎；帝令重献上天，令黎卬下地；下地是生噎，处于西极，以行日月星辰之行次。”

日月山是《大荒西经》记述的第四座观测日月西落的场地，它与其他日月出入山有所不同，因为这里是天枢所在。枢，原指门户的转轴，天枢即地球自转轴及其所指向的太空北极点；由于地球自转，宇宙所有的星辰看起来都在围绕着看不见的天枢和看得见的北极星在旋转，其中最明显的是北斗星的旋转。北斗七星的第一颗星（位于勺端）名天枢，第二颗星名天璇，天枢与天璇的延伸线正好指向北极星。

嘘即噎，《海内经》又作噎鸣，其职务用今天的话来说即日月山天文台的台长；所谓“两足反属于头上”，当是一种天文巫术动作，意在模拟日月群星的旋转。事实上，嘘与重、黎与老童与颛顼，乃天文世家，他们的出生和名称多有旋转之意。

此处经文“重献上天”“黎卬下地”，在古史中又称“颛顼绝地天通”。《国语·楚语下》记有：“昭王问于观射父曰：‘《周书》所谓重、黎实使天地不通者，何也？若无然，民将能登天乎？’对曰：‘非此之谓也。古者民神不杂……及少皞之衰也，九黎乱德，民神杂糅，不可方物……颛顼受之，乃命南正重司天以属神，命火正黎司地以属民，使复旧常，无相侵渎，是谓绝地天通。’”

绝地天通的内涵，观射父解释为重新划分社会等级，这是错误的。事实上，根据《大荒西经》的记载，“重献上天”和“黎卬下地”的举动完全是天文学意义上的行为，与社会地位无关。其实，绝地天通与开天辟地神话和女娲补天、后羿射日、共工撞倒不周山、夸父逐日等神话传说的含义大体相同，在我国少数民族至今流传的近百个民间故事里，都记述有远古发生的天地大冲撞事件导致天地不分、日月长期消失（类似核冬天现象），于是有英雄射日射月并重新找回藏起来的日月，天地才得以恢复正常，此即重与黎将天地重新分开之本义。

进一步说，重与黎将天地重新分开的故事，实际上体现着古人对宇宙起源于天地不分、混沌一团的认识。这是因为，人类的历史意识很可能就萌发于这场天地大冲撞事件，因此他们自然会把这一“很久很久以前的事件”当成宇宙的起源。

八、华夏先民记忆中的天地大冲撞事件

中国先民很早就注意到，天空中不仅有太阳、月亮和恒星、行星，还时常有“不速之客”流星和彗星。《大荒西经》记有：“有赤犬，名曰天犬，其所下者有兵。”所谓“天犬”就是体积比较大的发出赤红色光芒的流星。《海外南经》记有：“三珠树在厌火北，生赤水上，其为树如柏，叶皆为珠。一曰其为树若彗。”古人用“彗”形容树的形状，显然是曾经观测到彗星，而且对彗星相当的熟悉。

当发生体积巨大的流星或彗星撞击地球时，则称之为天地大冲撞事件，在中国远古神话传说和《山海经》等典籍里都记载有相关的信息，例如女娲补天、后羿射日、夸父逐日、嫦娥奔月、十日炙杀女丑、共工撞倒不周山等，而在各地区少数民族流传的与天地大冲撞相关民间故事（射日、射月、寻找失踪的日月等）也有近百个之多。

在中国少数民族水族流传的女娲补天故事里，女娲不仅补天，而且也曾射落多出的太阳。宋代学者罗泌（1131—?）

在《路史·发挥》注引《尹子·盘古篇》云："女娲补天，射十日。"遗憾的是，今本《山海经》有关女娲补天的记载已缺失了，而且有关后羿射日的记载也缺失了。所幸的是，《庄子·秋水》成玄英（唐贞观年间人）疏引古本《山海经》尚记有："羿射九日，落为沃焦。"

沃焦是什么？《古小说钩沉》辑《玄中记》称："天下之强者，东海之沃焦焉，水灌之而不已。沃焦者，山名也，在东海南，方三万里，海水灌之而即消，故水东南流而不盈也。"由此观之，后羿射落的九个"太阳"，实际上乃是天外来客陨星或彗星进入地球大气层剧烈摩擦发热发光的景象，它们落入东海后其余热仍然能够把海水蒸发，就好像是太平洋里那些活火山岛屿一样。

《海外西经》记有："女丑之尸，生而十日炙杀之。在丈夫北。以右手鄣其面。十日居上，女丑居山之上。"

此处经文所描述的女丑与十日画面，属于巫术禳灾活动，女丑应该也是观测日月的天文学家，其事件发生时间当即郝懿行注谓："十日并出，炙杀女丑，于是尧乃命羿射杀九日也。"在古代，巫师既有权力，又有责任；当灾祸、灾异事件发生后，如果巫师不能通过巫术活动消除灾祸，那么他（她）便要以身殉职。

《海外北经》记有："夸父与日逐走，入日。渴欲得饮，饮于河渭，河渭不足，北饮大泽。未至，道渴而死。弃其杖，化为邓林。"

夸父逐日是远古的一种驱逐“妖日”（包括太阳异常发光、新星爆发、大型陨星等）的巫术活动或表演，届时巫师要表演追逐太阳、干渴而死的一系列场景，结束时众人要象征性地展现妖日被驱逐、万木复生的景象。

我们知道，比较大的小行星、彗星在撞击地球后，会造成相应规模的陨石坑。因此，在先夏时期（时间段在4000年前到数万年前）发生的天地大冲撞事件，也应该在地球表面留下陨石坑——除非它落在海洋里——我们今天就有可能找到它。目前科学家已经找到的先夏时期陨石坑，比较著名的是美国亚利桑那州的陨石坑，直径1200米，深180米，撞击时间在5万年前。2009年，中国科学家发现辽宁省岫岩满族自治县古龙村有一处名叫罗圈里的地方，就坐落在陨石坑上，该陨石坑直径1800米，周围一圈山脉（由陨石撞击出的地壳岩石构成）高出地平线150米，撞击时间在5万年前。

罗圈里陨石坑是中国境内第一个被证明的陨石坑（找到由撞击高温高压形成的变质岩、柯石英、熔融态玻璃微粒等），这里曾经长期是陨石坑湖，后来湖水从缺口流走，留下沉积的湖相淤泥有108米厚。此外，中国还有学者认为华北平原的白洋淀就是先夏时期的陨石坑，太湖也是陨石坑；国外有学者认为，前11000年至前10000年间，地球曾遭到天外星体的撞击，导致猛犸象等众多动物灭绝。上述天地大冲撞事件，完全有可能被人类记忆下来，而中华先民的相关记忆可能是最丰富的。

第九章　千奇百怪《山海经》

一、中国先秦四大经典
奇书之首——《山海经》

在中国古代有许多称之为“经”的典籍。“经”字原指纺织丝绸面料时的纵丝，经典的“经”字指订书（把竹简编在一起）的线。凡是号称“经”的著作，通常都指带有原理原则性质的经典著作，后来又逐渐延伸指具有学问知识体系的著作，以及专指儒家学术典籍。但是，学术界对《山海经》书名里的“经”字却有不同的理解，例如，袁珂认为：“《山海经》之‘经’乃‘经历’之‘经’，意谓山海之所经，初非有‘经典’之义。”大体而言，《山海经》书名的意思有两层：一是“关于山和海的经典之作”；二是“关于山和海的考察之作”。其中“山”泛指陆地，“海”泛指水域。

中国古代称之为“经”的著名典籍有：《山海经》《易经》《书经》（《尚书》）、《甘石星经》（已佚）、《诗经》

《道德经》《黄帝内经》《墨经》（《墨子》），后人亦称《庄子》为《南华经》。《庄子·天运》记有“孔子谓老聃曰：‘丘治《诗》《书》《礼》《乐》《易》《春秋》六经。’”（其中《乐经》已佚）。此后，儒家的经书扩展为十三经，即《易》《书》《诗》《周礼》《仪礼》《礼记》《春秋左传》《公羊传》《谷梁传》《论语》《孟子》《孝经》《尔雅》。

此外，东汉学者扬雄参照《易经》二进制符号体系，著有《太玄经》，在人类历史上首次创建三进制符号体系。东汉学者桑钦著有《水经》一书，北魏学者郦道元参照《山海经》《禹贡》等古籍并实地考察，增加大量内容著成《水经注》一书并流传至今（晋代学者郭璞亦撰有《水经注》，可惜已失传）。另外古代还有《神农本草经》《神异经》《世经》《茶经》等，而“经”字亦用于指称外国经典著作，例如《圣经》《古兰经》等。

在中国古代著名的经典之作里，《山海经》《易经》《道德经》《黄帝内经》号称中国先秦经典四大奇书。

《易经》之奇在于用二进制符号体系描述、解释宇宙万物，始创者是中华民族人文始祖伏羲，继创者是周文王。周朝初年，周公在上述基础上制定出一部“社会行为规范手册”——《易经》，内容共计有 64 条（六十四卦辞）、386 款（三百八十六爻辞）。

《道德经》之奇在于这是中国历史上第一部个人专著，曾任东周“守藏室之史”（管理藏书的史官）的大思想家老聃，仅用五千言就揭示出宇宙的奥秘（道生一、一生二、二生三、三生万物）和人类社会管理的最高境界（无为而治）。

《黄帝内经》之奇在于根据天地四时变化论述人体生命运转之奥妙，为中华民族传统医学的发展奠定了深厚的理论基础，被后世尊为“医家之宗”。《汉书·艺文志·方技略》记载有《黄帝内经》和《黄帝外经》，而《黄帝外经》早已失传。如今流传下来的《黄帝内经》一书包括《素问》《灵枢》两大部分内容，各自相对独立成篇；或许，《素问》原本就是《黄帝内经》，而《灵枢》原本正是《黄帝外经》。

对比之下，最奇的书还是要数中华远古文明第一宝典《山海经》，它也是记录人类远古文明的非物质文化遗产。《山海经》之奇在于记述的内容宏伟瑰奇，而在瑰奇中又蕴藏着丰富而真实的在其他古籍中未曾见过的远古文明信息。但是，如何正确地解读其中蕴含的远古文明信息，并不是一件容易的事情，以致《山海经》长期以来被人们视为最难读懂的“天书”。这是因为，《山海经》不仅内容瑰奇，同时还有诸多的千古未解之谜：《山海经》的作者、编者是谁？众说纷纭；《山海经》成书于何时何地？众说纷纭；《山海经》记述的远古文明活动的区域在今天的什么地方？众说纷纭；《山海经》究竟是一部什么性质的书？仍然是众说纷纭！

二、《山海经》研究的基本概念

在《山海经》一书的文字里，以及在山海经研究（包括中国古代史研究）的过程中，会涉及许多基本概念，由于这些基本概念往往附着在已有词汇或常见词汇上，为了准确把握这些基本概念，有必要对这些基本概念进行名词解释。

1. 山

考察地的通称，既可指山脉、山区、山地、山峰，也可指岛屿、沙丘，以及人造景观（例如祭祀场所）。

2. 海

大面积、深水区域的通称，包括大湖泊、海、海洋。对比之下，“泽”通常指沼泽、湿地、浅水湖泊。此外，“海”又可代指远方。

3. 经

考察经历的记录，更正式的说法是指考察报告。

4.《山海经》主要版本

（1）原版《山海经》，编纂者王子朝、老聃，前6世纪，已失传。

（2）刘版《山海经》，整理者刘秀（刘歆），前1世纪，已失传。

（3）郭版《山海经》，整理者郭璞，4世纪，已流传至21世纪。

5.《五藏山经》

按例应作“山藏五经”，意思是关于山脉资源的五大区域的考察记录或考察报告，其地理中心在实施考察期间的帝禹朝代的首都。撰稿人为禹、伯益、大章、竖亥等。

6.《海外四经》

夏朝及其四个外围区域的考察记录或考察报告，其相对地理中心取决于撰稿人生活时期的夏朝政治中心所在地。撰稿人为夏朝史官或夏王室图书馆典籍管理者。

7.《大荒四经》

商朝及其四个外围区域的考察记录或考察报告，其相对地理中心取决于撰稿人生活时期的商朝政治中心所在地。撰稿人为商朝史官或商王室图书馆典籍管理者。

8.《海内四经》

周朝及其四个外围区域的考察记录或考察报告，其相对地理中心取决于撰稿人生活时期的周朝政治中心所在地。撰稿人为周朝史官或周王室图书馆典籍管理者。

9.《海内经》

东周及其周边地区的考察记录或考察报告，其相对地理中心取决于撰稿人生活时期的东周政治中心所在地。撰稿人为东周史官或东周王室图书馆典籍管理者。《海内四经》与《海内经》可以并称为《海内五经》。

10. 海外、大荒、海内

（1）海外、大荒、海内均为时空概念，意思是历史上的、远方的。

（2）相较而言，“海外”比“海内”的年代要更久远，“大荒”比“海外”“海内”的距离要更遥远。

11. 四海

（1）东海：泛指位于记述者所在地东方的大面积水域，具体可指今日中国的东海和黄海，以及太平洋。

（2）南海：泛指位于记述者所在地南方的大面积水域，具体可指今日中国的南海，以及太平洋南部水域。

（3）西海：泛指位于记述者所在地西方的大面积水域，具体可指今日中国西部地区的大湖泊，以及中亚、西亚、欧洲的大湖泊（例如里海、黑海等），还可指大西洋。

（4）北海：泛指位于记述者所在地北方的大面积水域，以及上述区域历史上曾经存在过、后来已经消失的大湖泊。此外，还可指历史上气温较高时期北冰洋融化的水域。

12. 长度单位

《山海经》使用的长度单位有“里”“步”“仞”。

（1）里：“里”是《山海经》中常使用的距离单位，大量用于《五藏山经》；其具体长度数值不详，约为 150—500 米，多数情况下可能在 300 米左右。可以参考的是，周、秦、汉时的一里等于 415. 8 米，清光绪时一里等于 576 米，从 1929 年至今一里等于 500 米。

（2）步：“步”是《山海经》中常使用的距离单位，见于《海外东经》。中国古代一步是指左脚和右脚各迈一次的距离，该长度与标准身高有关，而标准身高通常是由帝王（包括部落首领）以自己的身高来确定的。例如，“禹步”就是指帝禹所走的步的长度，其数值不详，约为 180 厘米。

（3）仞：“仞”是《山海经》中常使用的高度单位，见于《西山经》。中国古代一仞为八尺。商代一尺为 16. 95 厘米，周、秦一尺为 23. 1 厘米，目前一市尺为 33. 3 厘米。先夏时期一尺的长度不详，约为 25 厘米；据此推知，先夏时期一仞的长度约为 200 厘米。

13. 先夏时期

先夏时期的时间段为前 12000 年（暂定）至前 2070 年，用以取代新石器时代、原始社会、史前时期等不够准确的概念。由于中国先秦古籍的大量遗失（一次是前 516 年王子朝与老子把周室典籍密藏于地下，另一次是前 213 年秦始皇大规模焚书），因此目前难以列出详尽的先夏时期编年表。

14. 部落联盟

由若干部落组成的具有统一领导的族群管理体制，不排除其中有一些部落联盟已经具有国家性质（其主要标志是拥有相当规模的都城，以及具有中央集权性质的管理机构）。部落联盟亦可称为族群、部族、族，例如黄帝部落联盟可以称之为黄帝族。

15. 国

（1）古国：具有国家性质的中央帝国。

（2）方国：具有国家性质的地方自治区。

（3）远方异国：具有国家性质的地方自治区域，或由部落管辖的势力范围，多由氏族或家族承担管理工作。

16. 帝

（1）炎帝、黄帝、白帝（少昊）、赤帝（蚩尤）均为先夏时期著名的部落联盟首领。其中，黄帝族有都城昆仑，表明其文明已经进入古国阶段；在这种情况下，“黄帝”不仅可以指部落联盟首领，也可以指黄帝古国王朝。

（2）帝颛顼、帝喾、帝尧、帝丹朱、帝俊、帝鸿、帝舜、帝江、帝台均为古国或古方国的首领，也可指古国或古方国的王朝。

（3）炎帝少女、帝女之桑、帝二女，帝喾台、帝尧台、帝丹朱台、帝舜台，帝之搏兽之丘、帝之平圃、帝之囿时、帝之下都、帝之密都、帝都之山、帝休、帝屋、帝囷之山、帝囷之水、帝苑之水，帝台之石、帝台之棋、帝台之浆，上述均为与古帝有关的人（包括部落）或事物。

17. 神

通常指祖先神，有时也指图腾神、自然神。

18. 鬼

通常指祖先神灵或祖先木乃伊，有时也指热衷于供奉祖先神灵或祖先木乃伊的部落。

19. 尸

通常指尸体，有时也指装扮成死者以代替死者接受祭祀的人。

20. 生

(1) 制作出来，发明或发现出来。例如《大荒东经》“羲和生十日”，意思是羲和发明了十日一旬的日历。

(2) 繁衍出来，并不一定指父母生育子女。例如《海内经》“帝俊生禺号，禺号生淫梁”，意思是帝俊的后裔有禺号，禺号的后裔有淫梁。

(3) 任命出来，例如《大荒东经》：“黄帝生禺虢，禺虢生禺京。禺京处北海，禺虢处东海，是为海神。”意思是黄帝开始任命禺虢为海神，即神权君授或神权祖先授。

21. 子

通常指后裔，但并不一定专指父母与子女。例如《大荒

西经》“有国名曰淑士，颛顼之子”，意思是淑士国的居民是颛顼的后裔。有时“父子”亦可指部落联盟大酋长（类似春秋战国时的霸主国）与部落酋长（类似诸侯国）之间的关系。

22. 妻

既指夫妻之妻，亦指通婚的部落、氏族。

23. 兽

通常指哺乳动物，有时也指由人装扮或制作的图腾动物或怪兽。

24. 鸟

通常指会飞的鸟类，其中也包括蝙蝠（属哺乳动物）、蜂类（属昆虫）等；有时也指鸟图腾部落的人，或者承担服务工作的人。

25. 鱼

通常指水生鱼类，其中包括两栖类动物或水生哺乳动物。

26. 错简

《山海经》在流传期间，曾长期以竹简为文字载体，而竹简容易从卷章里脱落，编成卷章的绳子也容易断裂，从而造成错简。对于《山海经·五藏山经》来说，有可能是一山的文字用一条竹简，而山与山之间的连接内容并没有上下文的逻辑联系，因此一旦发生错简就难以正确复位。具体来说，《山海经》的错简存在如下情况。

（1）同一条山脉里的某些山的位置发生前后错位，以及类似的情况。

（2）某一条山脉里的山错放到另一条山脉里，以及类似的情况。

（3）同一条山脉里的若干座山断裂成另一条山脉，以及类似的情况。

（4）某些卷章在《山海经》的位置发生前后变动。

（5）某一卷章的内容被误放到其他卷章里。

（6）其他书的内容被误放入《山海经》里，或者反之。

三、《山海经》的作者、编纂者、整理者

（一）《山海经》的作者

根据研究，《五藏山经》没有记述帝禹时代以后的事情，而《西山经》对河套湖泊的记述与《东山经》对山东半岛被海水分隔的描述，又符合四千多年前我国的地形地貌。《海外四经》记述有夏启的事情，但是没有记述夏代以后的事情。《大荒四经》记述有商王亥的事情，以及殷商族先祖帝俊的事情，但是没有记述商代以后的事情。《海内五经》记述有周代的事情，以及周先祖后稷的事情，并且屡屡追溯其远古世系传承关系。据此可知，《山海经》一书是由帝禹时代的《五藏山经》、夏代的《海外四经》、商代的《大荒四经》、周代的《海内五经》四部古籍文献资料合辑而成的。在这种情况下，不能笼统地说谁是《山海经》的

作者，而只能说谁是《山海经》某一部分的作者。

具体来说，《五藏山经》的作者是帝禹、伯益、大章、竖亥。理由是《山海经》《吕氏春秋》《史记》《淮南子》等古籍记有帝禹率领环境资源大臣伯益、绘图工程师大章、测绘工程师竖亥进行国土资源考察活动，其考察报告即《五藏山经》，其年代与古埃及人开始为法老建造金字塔式陵墓的时间大体相当。

鉴于《山海经》在当时具有很高的、实用的政治、经济、军事价值，因此其撰写工作只能是由官方学者承担。又据《吕氏春秋·先识》记载："夏太史令终古出其图法，执而泣之。夏桀迷惑暴乱愈甚，太史令终古乃出奔如商……殷内史向挚见纣之愈乱迷惑也，于是载其图法出亡之周。"据此可以推知，《海外四经》的作者为夏代官方学者（出自夏朝史官或夏王室图书馆典籍管理者），其中当有终古。《大荒四经》的作者为商代官方学者（出自商朝史官或商王室图书馆典籍管理者），其中当有向挚。《海内五经》的作者是周代官方学者（出自周朝史官或周王室图书馆典籍管理者），其中当有老子。

（二）《山海经》的编纂者是东周官方学者王子朝、老子

具体而言，《山海经》一书的作者（包括编辑、翻译、

改写者），很可能正是追随王子朝携周室典籍奔楚的原周王室图书馆的官员、学者或其后裔，时间为前516—前505年。

前520年周景王死后，周王室在继位问题上发生内战，周景王的庶长子王子朝（庶长子）占据王城（洛阳）数年，周景王的嫡次子王子匄（后被立为周敬王）避居泽邑；前516年秋冬之际，晋顷公出兵支持王子匄复位（此举得到中原各诸侯国的响应），王子朝遂携周室典籍（应当还有包括九鼎在内的大量周王室青铜礼器）投奔楚国。此事被记录在《左传·昭公二十六年》和《史记》等书中。据《左传·定公五年》记载："五年春，王人杀子朝于楚。"事件发生在前505年，但未言及事由和地点。推测此事与周敬王追索周室典籍有关，而王子朝至死拒绝交出典籍。与此同时，老子可能因参与秘藏周室典籍之事，辞职隐居直至终老。事实上，周敬王在位长达44年（死于前476年），在此期间，老子是不可能再回到周王室图书档案馆任职的。

鉴于只有王子朝、老子能够直接接触到周王室收藏的历代典籍和文献资料，因此有充足的理由说，《山海经》一书的编纂者是东周官方学者王子朝（？—前505年）、老子（前592年—？）及其助手，他们在《山海经》一

书的编纂过程中，注入了其思想理念和政治诉求。《山海经》一书编纂完成后，其正本与其他周室典籍一起被王子朝密藏于地下或山中，而其副本则被王子朝作为见面礼送给楚王，后世所见《山海经》均源出自此。而由王子朝、老子编纂的原版《山海经》则已失传。

由王子朝、老子编纂的《山海经》一书，可称之为原版《山海经》或老版《山海经》，其载体为竹简，由人工抄写。遗憾的是，我们今天尚见不到原版或老版《山海经》。或许，有朝一日，王子朝、老子当年密藏的周室典籍被重新发现时，我们还能够有幸一睹原版《山海经》的风貌。

（三）历史上《山海经》版本的整理者

1. 西汉刘向、刘歆（？—23 年）对《山海经》版本的整理

西汉末年，刘向、刘歆（又名刘秀）奉命对包括《山海经》在内的古籍进行整理校刊。由刘歆整理的《山海经》版本，可称之为刘版《山海经》，其载体为竹简（造纸术的发明和纸的应用在东汉时期），由人工抄写。遗憾的是，刘歆所校定的 18 篇《山海经》版本，以及刘歆所依据的 32 篇《山海经》版本，均早已失传，因此我们今天已见不到刘版《山海经》的原貌。

2. 西晋郭璞（276—324 年）对《山海经》版本的整理

在刘版《山海经》问世大约三百年后，晋代郭璞对《山海经》进行了全面的整理、校订和注释。郭璞字景纯，河东闻喜（今属山西）人，善诗擅卜而直言，因以卜筮不吉劝阻王敦叛乱而被杀，王敦亦于同年病困交加而死。郭璞曾注释《山海经》《尔雅》等书，撰有《山海经图赞》，留有《郭弘农集》。《晋书》《隋书·经籍志》等书均称郭注《山海经》为 23 篇，与西汉学者刘歆校定的 18 篇《山海经》版本不同，或许郭注本原有附图五卷。

由郭璞整理的《山海经》版本，可称之为郭版《山海经》，其载体为纸，雕版印刷。今天我们能够看到的最早的郭版《山海经》，是宋淳熙七年（1180 年）池阳郡斋尤袤刻本《山海经传》18 卷（晋郭璞撰），此后各种《山海经》版本均出自郭版《山海经》，例如袁珂（1916—2001 年）的《〈山海经〉校注》（上海古籍出版社，1980 年）。这是因为郭版《山海经》是雕版印刷，版本内容流传的可靠性大为增加，不像人工抄写在竹简上那样容易发生差错。

四、《山海经》的未解之谜

自从《山海经》一书在两千一百多年前（西汉）公开面世以来，它对远古自然景观和人文景观的迷人描述，就不断吸引着越来越多的读者和研究者。随着研究的深入，《山海经》记载的远古信息逐一被解读出来。与此同时，由于时代的古远，以及流传过程中的讹误，《山海经》还存在着许许多多的未解之谜。

1.《五藏山经》记载的数百座山，它们都在哪里？

2.《山海经》记载的数百个远方异国，它们都在哪里？

3.《山海经》所说的南海、西海、北海、东海，它们都在哪里？

4.《五藏山经》的地理中心在哪里？撰稿人是谁？他们使用的是什么文字和什么文字载体？

由于《五藏山经》是帝禹时代的国土资源考察报告，这就表明当时已经有了某种统一的、功能比较齐全的、相对发达的文字体系，否则就难以有效地记录如此大范围的考察信息。问题是，至今仍然缺少有关中国先夏时期已经拥有比较发达的文字体系的考古文物证据，其原因可能在于文字载体未能长期保存下来。目前已发现的中国古文字载体，一是陶器、二是甲骨、三是青铜器，而其他的古文字载体诸如泥版、木板、皮革、草叶、丝帛等，由于中国的气候环境，它们可能已经基本上被潮湿的气候所腐蚀殆尽了。

5.《海外四经》的地理中心在哪里？撰稿人是谁？

6.《大荒四经》的地理中心在哪里？撰稿人是谁？

7.《海内五经》的地理中心在哪里？撰稿人是谁？

8.《山海经》记载的金银玉石等矿产资源都是真实的吗？

9.《山海经》记载的形形色色的植物都是真实的吗？

10.《山海经》记载的奇形怪状的动物都是真实的吗？

11.《山海经》记载的部落世系都是真实的吗？

12.《山海经》记载的人神故事都是真实的吗？

13. 鹑鸟、三青鸟、四鸟都是什么鸟？它们是自然界的鸟，还是用“鸟”命名的奴隶、雇佣兵、雇佣工、勤务员？

14.《山海经》里的禹之谜

《山海经》开篇就是“禹曰”，全书记述禹的故事很多，但是均直呼为禹，而不称其为帝禹或禹帝，这令人多少有些困惑不解。《山海经》记有炎帝、黄帝、帝女桑、帝二女、帝喾、帝颛顼、帝俊、帝尧、帝舜、帝丹朱、帝江、帝鸿、帝台、帝休、帝屋、帝之下都、帝之密都、帝之囿时、帝之平圃、帝苑、帝困山、帝困水、依帝山、阳帝山等，唯独不见帝禹或禹帝。此外，《山海经》有后稷、后照、夏后启，“后”为首领、国君，亦不见用于称呼禹。《山海经》记有帝喾台、帝尧台、帝舜台、帝丹朱台、共工台、轩辕台，亦记有帝俊下两坛，却未言帝禹台。《山海经》记有帝喾、帝颛顼、帝尧、帝舜、帝丹朱以及叔均、巧倕的葬所，却未言帝禹的葬所。莫非帝台是帝禹的别称吗？难以确定。凡此种种，均表明《山海经》一书，还有许多未解之谜。

五、《山海经》的绘图源流

关于《山海经》的文字与绘图之间的关系至少有三种情况。

第一种情况：《山海经》一开始就既有文字也有绘图，图文并茂、相得益彰。古本《山海经》（见刘昭注《郡国志》）称："禹使大章步自东极至于西垂，二亿三万三千三百里七十一步；又使竖亥步南极北尽于北垂，四亿三万三千五百里七十五步。"《山海经·海外东经》记有禹命竖亥测量计算大地的东西长度，《吕氏春秋》记有大禹治水后到远方异国考察的故事，《淮南子》亦记有大禹命竖亥和大章测量天下东西和南北的长度，这些活动的成果之一就是图文并茂的《五藏山经》。可惜上述《山海经》绘图，我们今天已经看不到了。或许，我们还能够在古老的岩画里，以及陶器、青铜器和汉画像砖的图案里，找到当初《山海经》绘图的影子。此外，在出土文物的雕像里，也可能有《山海

经》中记述的怪异动物、奇异人神的造型。

第二种情况：《山海经》先有图，后有文字，文字是对图的说明。清代学者毕沅在《山海经新校正序》里说："禹铸鼎象物，使民知神奸，按其文有国名，有山川，有神灵奇怪之所际，是鼎所图也。鼎亡于秦，故其先时人犹能说其图，以著于册。"这种形式的《山海经》绘图，我们今天已经看不到了，因为九鼎在秦国统一天下的过程中失传了。不过，还有一线希望，即当年王子朝携周室典籍奔楚的同时，还带走了包括九鼎在内的大量周王室珍藏的青铜礼器，并将其与周室典籍一同秘藏起来；而秦国统一天下过程中失传的九鼎，实际上是周敬王在位时重新复制的。此外，早期《山海经》绘图也可能是绘制在宗庙等祭祀场所的壁画上的，可惜这些壁画早已随着宗庙建筑物的坍塌而一起毁灭掉了。

第三种情况：后人根据《山海经》的文字内容而绘制了山海经图，包括《山海经》插图和《山海经》地理景观图等多种形式。这种形式的《山海经》绘图，似乎在汉代还不多见，因此司马迁、刘歆都没有提到《山海经》绘图。到了晋代，《山海经》绘图仿佛一下子多了起来，郭璞撰写有《山海经图赞》，张骏（322—345 年为凉州牧、凉王）亦撰写有《山海经图赞》；此后陶渊明（约 365—427 年）撰写了 13 首关于《山海经》内容的诗，其中有"流观山海图""夸父诞宏志""精卫衔微木""刑天舞干戚"等诗句。

南朝梁代画家张僧繇（？—519 年）、宋代画家舒雅（？—1009 年）先后都绘有山海经图 10 卷，均失传；据《中兴书目》称其“每卷中先类所画名，凡二百四十七种”可知，当属于插图性质。

有趣的是，宋代大文豪欧阳修在《读山海经图》诗里说：“夏鼎象九州，山经有遗载；空蒙大荒中，杳霭群山会。炎海积歊蒸，阴幽异明晦；奔趋各异种，倏忽俄万态。群伦固殊禀，至理宁一概；骇者自云惊，生兮孰知怪。未能识造化，但大披图绘；不有万物殊，岂知方舆大。”仿佛他看到的是一幅有山川地貌的山海经图，可惜未言何人所绘，而同时代的其他人则似乎都没有见到过这幅图。值得注意的是，韩国存有一种古色古香的《天下图》，其内容出自《山海经》记述的远方异国，或许即传自欧阳修所见的山海经图。

我们今天能够看到的《山海经》绘图主要有：明王崇庆的《山海经释义》18 卷之附图 1 卷，清吴任臣的《山海经广注》18 卷之附图 5 卷，清汪绂的《山海经存》9 卷里有其自己画的插图 340 多幅（汪绂早年曾任景德镇瓷厂的画师），清郝懿行的《山海经笺疏》18 卷另有《图赞》1 卷。近现代学者有关《山海经》的著作里也引用有大量插图，例如袁珂的《山海经校注》里有 150 余幅插图（主要取自《山海经广注》），马昌仪的《古本山海经图说》收录有更多的古代插图。与此同时，当代学者、画家也有人在为《山海经》重新绘图。其中为《山海经》绘图最多最全面的是女画家孙晓琴，其作品收录在全彩绘精装本《经典图读山海经》一书中。

另外，学者张步天出版有多部有关《山海经》的专著，其中就有《山海经地图集》（香港天马图书有限公司，2006年）。张华出版有《山海经·五藏山经图译》（国家图书馆出版社，2008年）。此外，还有一些画家根据《山海经》内容绘制了卡通画、动漫画。例如，海洋出版社1996年出版了《山海经神话画本（2册）》，浙江教育出版社1998年出版了一套九册本的《九趣山海经》，一些动漫制作公司和文化公司也在尝试制作有关《山海经》的动漫。

六、《山海经》是一部什么样的书

综上所述，《山海经》是中华民族最珍贵的先秦典籍之一，是一部记录中华民族地理大发现的伟大著作，它记述了那个时代的远古自然地理和人文地理，它记述了中华民族文明与文化的起源和发展，以及这种生存与发展所凭依的自然生态环境。具体来说，《山海经》是由帝禹时代的自然地理（具有生存资源秘典性质）与人文地理文献“五藏山经”、夏代的人文地理文献、商代的自然与人文地理文献和周代的历史地理文献合辑而成的一部最古老的地理书。

与此同时，由于《山海经》的内容不仅包括华夏大地山川地理的地形地貌，而且还记录有矿物、植物、动物的分布与使用价值，以及各地居民（包括远方异国）的生存活动、祭祀仪式和民俗习性，涉及的学科有地理学、测绘学、天文学、气象学、矿物学、植物学、动物学、医药学、资源学、历史学、考古学、社会学、民族学、民俗学、神话传说

学、文学、语言学、文字学、符号学、哲学、宗教学、预测学、军事学、博物学等，因此《山海经》又是一部最古老的百科全书。

有必要指出的是，随着人类社会的不断发展，逐渐形成了规模越来越大的社会结构，例如部落、部落联盟、方国、方国联盟、国家、国家联盟、王朝，等等。对于部落首领、方国君王、国家王朝的帝王来说，为了生存与发展，需要掌握尽可能多的生存资源信息；谁能够掌握更多的生存资源信息，谁就能够获得更多的生存和发展的机会。在这种情况下，记录生存资源信息的文献档案，必然成为部落首领、方国君王、国家王朝的帝王的“国之重器”，深藏于密室，绝不轻易外传，只有君王和重要大臣等极少数人才能够阅读。从《山海经》各篇的内容及其流传过程来看，《山海经》正是帝禹时代、夏代、商代、周代等先秦历代王朝记录生存资源信息的具有“国之重器”性质的秘藏文献档案，内容包括天文历法和气象资源、丰富翔实的地理资源、富饶迷人的生物资源、瑰丽奇异的人文资源。从这个角度来说，《山海经》不仅是中华民族的文明宝典，而且也是人类共同的文明宝典，同时还是人类最宝贵的非物质文化遗产之一。

与此同时，《山海经》还是一部千古奇书，而且是最难读懂的一部带有密码性质的著作。正因为如此，历史上人们对《山海经》的性质存在着多种认识，例如清代学者纪晓

岚（纪昀）领衔编纂的《四库全书》就把《山海经》列入小说类。

众所周知，中国西汉史学家司马迁是最早提到《山海经》一书的著名学者，他在《史记·大宛列传》里写道："太史公曰：《禹本纪》言'河出昆仑。昆仑其高二千五百余里，日月所相避隐为光明也。其上有醴泉、瑶池'。今自张骞使大夏之后也，穷河源，恶睹本纪所谓昆仑者乎？故言九州山川，《尚书》近之矣。至《禹本纪》《山海经》所有怪物，余不敢言之也。"不难看出，因为未能在西汉时期实际考察中证明确实存在着《禹本纪》所描述的位于黄河源头的昆仑山，因此司马迁对《禹本纪》的记述持严重怀疑态度。同理，由于司马迁无法解读《山海经》记述的怪异动物和奇异人神，因此他对《山海经》的记述也持严重怀疑态度，于是在他撰写《史记》时也就不肯采用《禹本纪》和《山海经》中的内容。

事实上，《山海经·西山经》记述黄河发源于昆仑丘的东北，那个时代（先夏时期）的人们是把河套一带（当时为大湖泽）视为黄河的发源地的，也就是说昆仑丘实际上是位于河套以南的鄂尔多斯高原。到西汉时期实地考察黄河源头，人们才知道黄河源头在巴颜喀拉山脉北麓的星宿海，在这里当然找不到昆仑丘了。又如，《山海经·大荒南经》记有"有人方齿虎尾，名曰祖状之尸"，这里的"方齿虎尾"

是指“祖状之尸”（属于奇异人神）把牙齿锉成方形、戴着虎尾装饰。有趣的是，“方齿”习俗的实物证据居然出现在遥远的美洲玛雅文化的一尊“十三蛇神”塑像上，他的牙齿被锉磨成方形，在方齿上还切割出了沟槽（《神秘的玛雅》，北京出版社，2001 年版，第 176—177 页）。顺便指出，司马迁见到的《禹本纪》早已失传，他所引用的《禹本纪》中关于昆仑的描述，亦见于《山海经·海内西经》。或许《禹本纪》的内容在流传过程中已经混入到《山海经》一书里去了。

另一种观点的代表人物是近代文学家鲁迅，他在《中国小说史略》（人民文学出版社，1973 年版）里说：“中国之神话与传说，今尚无集录为专书者，仅散见于古籍，而《山海经》中特多。《山海经》今所传本十八卷，记海内外山川神祇异物及祭祀所宜，以为禹益作者固非，而谓因《楚辞》而造者亦未是；所载祠神之物多用糈（精米），与巫术合，盖古之巫书也，然秦汉人亦有增益。”不难看出，鲁迅凭《山海经》“所载祠神之物多用糈（精米），与巫术合”，而得出“盖古之巫书也”的结论。

近年来随着《山海经》研究的方兴未艾，众多学者从不同角度对《山海经》提出了自己的一家之言，出版了各自的专著。限于篇幅，我们仅以马来西亚学者丁振宗的《破解山海经——古中国的 X 档案》（中州古籍出版社，2001

年）为例，介绍一下他对《山海经》的一家之言。丁振宗是把《山海经》当成一部用密码写就的“天书”。“人”实际上是指形状像人的机械，“蛇”是行动像蛇的机械，“鱼”是可在水中被操作的东西，“鸟”是能在天空飞的东西。“夸父追日”是黄帝进行的一次太空实验失败的记录，“女娲”是一枚能在环绕地球的轨道上发射多枚人造卫星的太空火箭，“黄帝”在青藏高原建有一座核电站，“黄帝”和“蚩尤”之战是一场洲际、太空核子大战，上述这些事件发生在地球上的6700万年前。

七、宋代时的《山海经》研究

（一）宋代思想与学术的全面发展

宋代是社会经济和文化事业获得全面发展的时代。陈寅恪曾经评论说："赵宋一代是中国文化最为辉煌的时代。"

北宋时代社会思想比较宽松。宋真宗、宋徽宗都对道家思想有所偏爱。宋真宗大中祥符五年（1012 年），命张君房领修《道藏》，共 4565 卷。于天禧三年（1019 年）完成缮写，称《大宋天宫宝藏》。宋徽宗崇宁年间（1102—1106 年）重新校补，增至 5387 卷，称《崇宁重校道藏》。政和年间（1111—1118 年）设立经局，再次修校，增至 5481 卷，称《政和万寿道藏》。三修道藏，代表了道家思想在当时的巨大影响力。《山海经》也得以进入道藏。明代道藏收录《山海经》于太元部競字号，也是沿袭宋代道藏的传统。

徽宗甚至派宫廷画家绘制《山海经图》。这在很大程度上提高了《山海经》的社会地位，消弭了以往时代正统儒家对于《山海经》的抵制。在统治阶级的提倡下，社会大众的宗教信仰得到正常发展。谈论神怪，是十分常见的活动，并产生了许多志怪小说。其中著名者有徐铉(916—991 年)的《稽神录》、吴淑（947—1002 年）的《江淮异人录》、张师正（1016 年—?）的《括异志》、郭象的《睽车志》、李石的《续博物志》、洪迈（1133—1202 年）的《夷坚志》、无名氏的《海陵三仙传》等。这些作品主要讲鬼怪灵异、幽冥变化和因果报应，集中表现了佛教、道教的影响。在这种社会气氛下，宋代知识分子喜爱《山海经》者甚众。欧阳修、曾巩都有相关诗歌作品出现。《太平广记》更是大量采集了《山海经》中的材料作为小说的素材。所以，《山海经》在当时所处的社会环境是很宽松适宜的。

随着时间自然流逝，历经劫难保存下来的《山海经》作为中国文化元典之一的地位逐步得到确立。由于《山海经》在历史上不断产生影响，后代学者在探讨相关问题时，即使不相信《山海经》也不得不引用它来说明问题。于是，《山海经》经常被学者引用于历史考据之中。赵与时的《宾退录》卷七认为，《山海经》祭祀山神之礼用米糈是后世道家设醮用米糈的来源，云：“《山海经》虽不敢信为禹、益所著，然屈原《离骚》《吕氏春秋》皆摘取其事，而汉人引用者尤多，其书决不出于张陵之后。则糈之用也，尚矣。”洪兴祖《楚辞补注》大量引《山海经》以注《楚辞》。

由于社会长期和平发展，社会大众的文化需求强劲，加之图书刊刻业发达，各种《山海经》和《山海经图》同时流传。尤袤在三十年间曾经见过“十数种”《山海经》版本。图书事业的发展极大地推动了学术研究领域的全面发展，如包括自然科学（含地理学）、历史学、语言文学在内的各种学术研究都有崭新成就。这为对《山海经》的研究突破郭璞的局限而出现新局面提供了必要的条件。以版本学为例，宋代各种公私书目为我们提供了《山海经》版本变化发展的信息，以及当时学者对于这种变化的解释。没有宋人的版本著录、研究与刊刻，我们是不可能了解《山海经》原始版本的面目的。前文论刘歆定本和郭璞注本篇目时大都依据宋代版本资料，此处不赘。尤袤根据多种版本互相校正，终于得到一个较好的校正本，刻为《山海经传》，从而成为今传18卷《山海经》的标准版本。

以训诂学为例，宋代人对于郭璞注的研究也有所突破。《山海经·海内北经》载林氏国有驺吾之兽。郭璞注云：“《周书》曰：‘史林（今本《周书·王会篇》为央林）、尊耳（宋本郭注为酋耳）’。尊耳，如虎，尾参于身，食虎豹。《大传》以为侄（仁）兽。吾，宜作虞也。”郭璞不甚了解上古音，以为“吾”错了。但是，宋代训诂学有所发展，宋人吴仁杰《两汉刊误补遗》就纠正了这个错误。吴云：“建章之兽，长卿（司马相如）从《大传》，谓之驺虞。而曼倩（东方朔）从《山海经》，谓之驺牙（一作吾）。仁杰按：《山海经》本先秦古书，而《大传》乃是景帝世伏生所传。虞者，吾声之转；而吾有牙音。然则字当从《山海经》，而音从曼倩可也。”吴仁杰的观点完全符合现代古音韵学的结论。查唐作藩《上古音手册》，虞、吾、牙，皆为鱼部疑母字，皆平声，三字以音同而互相通假。所以，驺虞、驺吾、驺牙可以互换。郭璞注以为“吾，宜作虞也”的确是错了。薛季宣《浪语集》也批评：“其（指《山海经》）所名山川已随世变，草木鸟兽非久存之物，神怪荒唐之说，人耳目所不到，郭氏所注，不能皆得其实。”

不过，宋人考据也有出错的时候。宋周必大在《二老堂诗话·陶渊明〈山海经诗〉》中记载：

江州《陶靖节集》末载，宣和六年（1125年）临溪曾纮谓：“靖节《读山海经诗》其一篇云：‘形夭无千岁，猛志固常在。’疑上下文义不贯。遂按《山海经》有云：‘刑天，兽名。口衔干戚而舞。’以此句为‘刑天舞干戚’，因笔画相近，五字皆讹。”

这是当时极其著名的一桩学术公案。多种著作皆引此事而加以肯定，如朱熹的《朱子语类》卷一三八、洪迈的《容斋随笔·四笔》卷二、邵博的《闻见后录》卷一七和周紫芝的《竹坡诗话》卷一。今人也多从曾氏此说，以为该诗同时赞扬精卫和刑天的抗争精神。但是，周必大反对曾纮意见："余谓纮说固善，然靖节此题十三篇，大概篇指一事。如前篇终始记夸父，则此篇恐专说精卫。衔木填海，无千岁之寿，而猛志常在，化去不悔。若并指刑天，似不相续。又况末句云：'徒设在昔心，良晨讵可待？'何预干戚之猛邪？后见周紫芝《竹坡诗话》第一卷，复袭纮意以为己说。皆误矣。"元人方回的《桐江续集》卷十二《辨渊明诗》认为，曾纮改字后"辞意不相谐合。盖近世读书校雠者好奇之过也。予谓'形夭无千岁'为是，不当轻改"。笔者以为周必大、方回之言为是。文字考证之学直到清代才完全成熟。

但是，北宋王朝的覆灭，使得道教的社会影响力大为削弱，道教无法应对激烈、残酷的民族冲突。这为儒家经学的复兴提供了机遇。在经历了魏晋以来玄学、佛学、道教的轮番冲击而长期萎靡不振的局面之后，南宋时代儒学重新获得生机，并逐渐成为主流意识形态。于是，"子不语怪力乱神"的教条也随之复活。薛季宣的《浪语集》卷三十在分析《山海经》有失传危险的原因时说："其所名山川，已随世变。草木鸟兽类，非久存之物。神怪荒唐之说，人耳目所不到。郭氏所注，不能皆得其实。而上世故实可供文墨之用者，前人采摘、称引略尽。则此书之垂亡仅在，固宜。"他还指责郭璞《山海经叙》中"道所存，俗之所丧"的感叹

是“不无称许之过”。朱熹严词批评《山海经》中的“荒诞”之言，以及世人对于此类内容的爱好。更有甚者，有的学者甚至仅仅根据这些就否定《山海经》的作者。例如南宋王观国的《学林》。其书卷六云：“《山海经》，不知何人作。其言皆九州之外，耳目之所不及者，颇怪而不可信。古之圣人作书如六经者，所以信于天下，后世以为常。经法，如耳目之所不及者，圣人固略而不论也。然则《山海经》者，非圣人之所作可知矣。”这说明，南宋时代儒家经学观念依然像紧箍咒一样束缚在《山海经》头上。而且，由于南宋经学不像汉代经学那样沉迷于天人感应的祯祥变怪，所以，他们对于《山海经》的贬斥比汉儒更加严重，以至于朱熹推测《山海经》是好事者仿《楚辞·天问》而作。

（二）宋代道藏与《山海经》

道教是中国固有的原始宗教逐步发展形成的。《山海经》中叙述的大量神灵构成了道教神灵的一部分，如黄帝、西王母等。所以，《山海经》在宋代进入道藏是顺理成章的事。

前文考证刘歆定本《山海经》篇目和郭璞注本《山海经》篇目时所引的薛季宣《浪语集》、尤袤为《山海经传》所作之跋，证实宋代有两部道藏都收录了《山海经》，而且薛季宣的《浪语集》所见道藏本还有《山海经图》10卷，但是，二人都未言是何种道藏。由于宋代道藏均已佚亡，那么，关于当时《道藏》为什么收录《山海经》，《山海经》在其中处于什么地位等问题，我们都只能间接地加以考证。

《大宋天宫宝藏》的领修张君房所著的《云笈七签》是在完成道藏编纂任务、进呈皇帝之后，“复撮其精要，总万余条，以成是书。其称《云笈七签》者，盖道家之言”。它实际是一部道教类书。其卷二为“混元”，谈到了对于《山海经》的认识。“古今言天者，一十八家。爰考否臧，互有得失。则盖浑天仪之述，有其言而亡其法矣。至如蒙庄《逍遥》之篇，王仲任《论衡》之说，《山海经》考其理、舍，《列御寇》书其清浊。……义趣不同，师资各异。”所谓“考其理、舍”，指的是《山海经》说明了天的道理和大小。大致相当于《山经》结尾处的“禹曰：‘……天地之东西，二万八千里，南北二万六千里。出水之山，八千里。受水者，八千里。出铜之山，四百六十七。出铁之山，三千六百九十。此天地之所分壤树谷也。’”《山海经》中对于日月出入之山、十日、夸父逐日、重黎绝天地通等关于宇宙初创时代的神话事件的叙述，无疑也符合张君房对于“混元”的认识——“混元者，记事于混沌之前，元气之始也。”所以，在张君房眼里，《山海经》是一部包含着宇宙开辟和天地之道的著作。这是道藏收录《山海经》的一个原因。

《云笈七签》在记述道教神灵时转引了不少《山海经》中的神怪，如黄帝、女娲等。因此，在张君房眼中，《山海经》是记述神灵奇迹的书。这是道藏收录《山海经》的又一个原因。

《山海经》是张君房首先收入道藏的。其后，另一部道藏也援例照收。笔者推测，第三部道藏应该也收录了。进入道藏，标志着《山海经》第一次正式获得神圣经典的地位。《山海经》的“经”字从此真正具有了神圣经典的含义。这是北宋时代道教高度发展的结果。

宋代道藏本还附录了梁武帝时期画家张僧繇所画的《山海经图》，见下文考证。

（三）唐宋时期传世的《山海经图》考

郭璞以后，历代画《山海经图》者甚多。

唐张彦远的《历代名画记》卷三《述古之秘画珍图》云：“古之秘画珍图固多散逸，人间不得见之。今粗举领袖，则有……《山海经图》（六，又《钞图》一）……《大荒经图》（二十六）……《百国人图》（一）……”张氏所记《山海经图》作者不详。《大荒经图》《百国人图》应该也是与《山海经》有关的图。情况不明，待考。

南宋孝宗淳熙五年（1178 年）完成的《中兴馆阁书目》

（以下简称《中兴书目》）共提及三种《山海经图》，均为10卷。第一种是梁武帝时期张僧繇画的《山海经图》10卷，“每卷中先类所画名，凡二百四十七种。其经文不全见”。笔者从此书后来的摹本（即舒雅的《山海经图》）是神怪奇异图来推测，张僧繇所画应该也是同类。张以善画闻名于世，而舒雅的《山海经图》首载朱昂的《进僧繇画图表》，由此可知张僧繇的《山海经图》早已进入了宫廷，其艺术水准应该是很高的。但是，当时张画“其经文不全见”，意思是画中说明文字残缺了。而南宋宫廷已无此图。

《中兴书目》又著录了北宋校理舒雅于咸平二年(999年)根据皇家图书馆保存的张僧繇之图（已破损）重画的《山海经图》10卷，首载朱昂的《进僧繇画图表》。舒雅之图在《崇文总目》《通志》《郡斋读书志》《直斋书录解题》《文献通考》中均有著录，非常著名。王应麟（1223—1296年）的《玉海》卷十四云：“咸平《山海经图》：见后。”咸平《山海经图》，即舒雅的《山海经图》。王应麟将它收入了类书《玉海》，今本《玉海》无，已佚。

《中兴书目》还著录了一部无名氏的作品：“《山海经图》十卷，首载郭璞序，节录经文，而图其物如张僧繇本。不著姓氏。”此图一直流传到元代，在《宋史》卷二〇六著录为《山海经图》10卷，郭璞序，不注姓名。

宋徽宗时代著名学者黄伯思曾见过《山海经图》。其《东

观余论》卷下《跋滕子济所藏貘图后》云："按《山海经图》：'南方山谷中有兽曰貘。象鼻，犀目，牛尾，虎足。人寝其皮辟温（当为"瘟"）；图其形辟邪。嗜铜铁，弗食他物。'昔白乐天尝作小屏卫首，据此像图而赞之，载于集中。今观此画，夷考其形。与《山海图》《乐天集》所载同。岂非白屏画迹之遗范乎？"今本《山海经》与《图赞》均无貘。但是，白居易所见《山海经》中尚有，其《貘屏赞》小序直接引《山海经》曰："南方山谷中有兽曰貘。象鼻，犀目，牛尾，虎足。人寝其皮辟温（瘟）；图其形辟邪。"黄伯思又引述，想必当年确有其文，而后来佚失了。郭璞注《尔雅·释兽》"貘，白豹"曰："貘似熊，小头，庳脚，黑白驳。能舔食铜铁及竹骨，骨节强直，中实少髓。或曰：'豹白色者，别名貘。'"与白居易所见《山海经》、黄伯思所寓目之《山海经图》所引文字有差异。黄伯思所引《山海经图》有文、有图，但是其文不是郭璞《山海经图赞》那样的韵文，而是《山海经》中原有的散文，可见此图与陶渊明所见之郭璞图已经不同。可能是属于张僧繇图系列的。

南宋薛季宣见过两种《山海经图》。其《浪语集》卷三十《叙山海经》讨论道藏本《山海经》所附录之图云：

又《图》十卷，文多阙略。世有模板张僧繇画《山海经图》，详于道藏本。然，道藏所画，不出十三篇中。模本画图有经未尝见者。按：《五山经》，山多亡轶。意僧繇画时，其文尚完。不然，后人傅托名之，不可知也。不敢按据模本，姑以《道藏》经图，参校缮写，藏之于所。传疑“有曰”“一曰”“或作”之类，皆郭注之旧。云“一作”“图作”者，今所存也。

其中道藏本“《图》十卷，文多阙略”，与《中兴书目》著录的张僧繇本同，那么这个道藏本所附的《山海经图》可能是真正的张僧繇图。而所谓模板张僧繇所画之图，就是《中兴书目》著录的无名氏的《山海经图》。薛季宣发现模板画的时代在后反而图画更多，甚至超出经文范围，遂对之产生怀疑。薛推测：世人见道藏本之图，内容均在《山海经》中，就假托张僧繇之名，故意多画一些经文所没有的东西，以冒充古老。因此，他小心地选择了道藏本之经文和插图加以保存。

另外，著名画家郭熙的儿子郭思也有作《山海经图》。据元夏文彦的《图绘宝鉴》云：“郭思，熙（郭熙）之子，亦善杂画。崇观（宋徽宗年号崇宁、大观）中应制画《山海经图》。其中瑞马颇得曹汉遗法。”但，此图未见著录。宋徽宗爱好道家思想，自称道君皇帝。他没有陋儒们的思想束缚，指派宫廷画家作《山海经图》，倒是合乎情理的。

上述《山海经图》都是神怪图。但是，古代著录的《山海经图》并不都是怪物图，也有山川地理图。宋人郑樵的《通志》卷六十六艺文略“方物类”著录舒雅的《山海

经图》10 卷；又在卷七十二的“地理图”类中著录《山海经图》，无撰者。从其分类位置看，这部《山海经图》应当是地理图，不是怪物图。

《宋史》卷二〇六《艺文志》著录郭璞的《山海经》18 卷，郭璞的《葬书》一卷，《山海经图》10 卷，无撰者。这个 10 卷本《山海经图》当是舒雅的《山海经图》。

此后，这些古老的《山海经图》都亡佚了。

今日所见之古图均为明清以后所画。如明蒋应镐的《山海经图》、王崇庆的《山海经释义》插图、胡文焕的《山海经图》，清吴任臣的《增补绘像山海经广注》插图、汪绂的《山海经存》插图等，均无《山海经图赞》附录。清毕沅的《山海经》学库山房图注本、郝懿行的《山海经笺疏》插图有部分《山海经图赞》，民国八年（1919 年）上海锦章图书局的《山海经图说》是每图加赞的。为简洁，不复具论。

历史上出现的各种《山海经图》以及《山海经》部分篇章，对于事物静态形象的描述到宋代引发了学者们对于《山海经》和图画之间关系的讨论，这促进了对于《山海经》本身认识的深入，成为《山海经》学术史的一个重要组成部分。

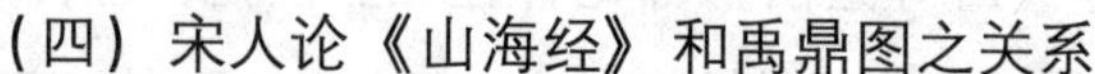

（四）宋人论《山海经》和禹鼎图之关系

欧阳修所作的《读山海经图》诗最早把《山海经》与

禹鼎联系在一起。其诗云：

夏鼎象九州，《山经》有遗载。空蒙大荒中，杳霭群山会。

炎海积歊蒸，阴幽异明晦。奔趋各异种，倏忽俄万态。

群伦固殊禀，至理宁一概。骇者自云惊，生兮孰知怪。

未能识造化，但大披图绘。不有万物殊，岂知方舆大。

全诗叙述图中各种神奇事物禀赋不同，动静不一。主题思想是其形虽怪，道理相同，正足以说明世界之大。可见，欧阳修所见这部《山海经图》画的是奇兽异物。张祝平的《宋人所论〈山海经图〉辩正》把欧阳修诗中夸饰的背景描述误解为图中全部是山川地貌，认为此《山海经图》是“山川地貌全景图”，否定欧阳修所见之图为奇兽异物。其说有待商榷。

诗中所谓夏鼎，见于《左传·宣公三年》王孙满对楚子之言：“昔夏之方有德也，远方图物，贡金九牧。铸鼎象物，百物而为之备，使民知神物、奸。故民入川泽、山林，不逢不若，螭魅罔两，莫能逢之。”晋杜预注：“禹之世，图画山川奇异之物而献之。使九州之牧贡金，象所图物，著之于鼎。图鬼神百物之形，使民逆备之。”这个传说也是基

于大禹治水。其内容与自刘歆以来关于禹、益治水并创作《山海经》的说法具有内在一致性。欧阳修看到了这一点，诗中说《山经》保存了夏鼎的部分遗迹。这暗示了《山海经》乃是对于夏鼎图的描述。

南宋薛季宣对此也有相同认识。其《浪语集》卷三十《叙山海经》引述《左传》关于铸鼎的文字后，云："《山海》所述，不几是也?"不过，薛季宣认为《山海经》绝对不是先秦有夏遗书，批评刘歆"直云伯益所记，又分伯益、伯（一作柏）翳以为二人，皆未之详。考于《太史公记》，则汉西京书，非后世之作也。《山海经》要为有本于古，或秦汉增益之书"。

到了明代，杨慎的《注〈山海经〉序》认定《山海经》与禹鼎图有关，发展出完整的"禹鼎图"假说。清毕沅、郝懿行，今人余嘉锡、袁珂也不同程度地同意此说。

宋人对于《山海经》的作者有不同认识。晁公武的《郡斋读书志》卷八列《山海经》为地理类之首，认为是大禹制。尤袤的《山海经跋》对此有怀疑，云："《山海经》十八篇，世云夏禹为之，非也。其间或摽启及有穷后羿之事。汉儒云：'翳为之'，亦非也。然屈原《离骚经》多摘取其事，则其为先秦书不疑也。"但是，朱熹则连"先秦书"的说法也否定了，他推测《山海经》是汉人"缘《天问》而作"，并得到陈振孙等人支持，待下文详述。

（五）朱熹的《山海经》研究

1. 对《山海经》的一般评价

朱熹作为南宋第一大儒，虽然有着经学立场的偏见，但是他对于《山海经》的认识还是比较全面的。既注意到《山海经》中的神怪叙述，也没有忽视其中的地理志内容。

通过研究，朱熹对于《山海经》中《山经》的部分是基本肯定的。《朱子语类》卷一百三十八中有弟子询问《山海经》的问题。朱熹回答："一卷说山川者好。如说禽兽之形，往往是记录汉家宫室中所画者。如说南向、北向，可知其为画本也。"这是对于《山经》地理描述的总体肯定，也批评了关于禽兽形状的记录并非事实。由于当时学者尚未了解《海内东经》结尾部分是后世羼入的《水经》内容，所以朱熹对于《海内东经》此部分内容也给予了肯定。"浙江出三天子都，在其东……右出《山海经》第十三卷。按：《山海经》唯此数卷所记颇得古今山川形势之实，而无荒诞谲怪之

词。……此数语者，又为得今江浙形势之实。但经中浙字，《汉志》注中作渐，盖字之误，石林已尝辨之。”（《朱子全书》卷五十）

但是，儒家经学的立场使朱熹对于《山海经》中那些“荒诞谲怪”的内容非常不满，对于世人忽视其中真实地理内容而偏好怪异内容的态度也全然否定。“然诸经（师）皆莫之考。而其他卷谬悠之说，则往往诵而传之。虽陶公（陶渊明）不免也。”（《朱子全书》卷五十）这里把他平时喜爱的陶渊明也一并加以批评，可见其态度之严厉。当洪兴祖引用《山海经》中鲧窃息壤遭祝融诛杀的情节注解《天问》时，朱熹更加恼怒：“祝融，颛帝之后，死而为神。盖言上帝使其神诛鲧也。若尧舜时，则无此人久矣。此《山海经》之妄也。”朱熹不顾古籍中各种有关祝融的神话之间彼此矛盾的实际存在，用其一否定其他，是非常武断的。这种武断不符合他在学术研究中一贯的冷静态度。可能因为其经学立场在其中产生了影响，才使他如此动怒。

2. 《山海经》是模仿《天问》的述汉家宫室图之作

朱熹是很早便开始关注《山海经》和图画关系的一位学者。他发现了《山海经》部分叙述文字具有明显的述图痕迹。他在《记（山海经）》云：“（《山海经》）记诸异物飞走之类，多云‘东向’，或云‘东首’，皆为一定而不易之形。”所以推测《山海经》为“本依图画而为之，非实记载此处有此物也”。《朱子语类》卷一百三十八答弟子问云：“（《山海经》）如说禽兽之形，往往是记录汉家宫室中所画者。如说南向、北向，可知其为画本也。”说禽兽之形者，《山海经》各篇皆有，而“东向”“东首”“南向”“北向”者多在《海经》《荒经》中。如《海外西经》说：“开明，兽身，大类虎而九首。皆人面，东向，立昆仑上。”如《海外北经》说共工之台：“台四方，隅有一蛇，虎色，首冲南方。”朱熹所谓的“一定不易之形”，就是指经文中此类类似画面的静态描写。这一发现有助于理解经文内容，非常重要。后世学者论及《山海经》与图的关系，都是在朱熹发现的基础上展开。王应麟的《王会补传》称赞朱说“得其实”。明人胡应麟的《少室山房笔丛正集》卷十六赞扬朱熹的发现，云：“甚矣，紫阳之善读书也！即此文意之间，古今博雅所未究，而独能察之。况平生精力萃于经传者可浅窥乎？”

朱熹推测《山海经》描写的禽兽之形“往往是记录汉家宫室中所画者”，显然是由于注解《楚辞》而受到王逸注的启发。王逸的《楚辞章句》认为，《天问》是屈原见“楚有先王之庙及公卿祠堂，图画天地山川神灵，琦玮僪佹，及古贤圣怪物行事”，“因书其壁，呵而问之”，遂成此诗。《朱子语类》卷一百三十八云：“古人有图画之学，如《九歌》《天问》皆此其类。”汉代的确流行在壁上作画，如武梁祠、墓穴画像。故，朱熹说《山海经》是记录图画，不为妄测。可是，朱熹把年代弄错了。绝大多数学者一般认为《山海经》是先秦古书，所本之古图更应该是先秦时代的。

一反自古以来学术界认为《山海经》早于《楚辞》的共识，朱熹认为《山海经》是汉人因《天问》而作。其《楚辞集注·楚辞辩证》卷下云：

大抵古今说《天问》者，皆本此二书（指《山海经》《淮南子》）。今以文意考之，疑此二书本皆缘解此《问》而作。而此《问》之言，特战国时俚俗相传之语，如今世俗所谓僧伽降无之祈、许逊斩蛟蜃精之类，本无稽据。而好事者，遂假托撰造以实之。

朱熹还在具体考证中运用此假说进行推论：

（《天问》）“启棘宾商”四字，本是“启梦宾天”。而世传两本，彼此互有得失，遂致纷纭不复可晓。盖作《山海经》者所见之本“梦天”二字不误，独以宾、嫔相似，遂误以宾为嫔而造为启上三嫔于天之说，以实其谬。王逸所传之本“宾”字幸得不误，乃以篆文“梦天”二字中间坏灭，独存四外，有似“棘”“商”，遂误以“梦”为“棘”，以“天”为“商”，而于注中又以列陈宫商为说……（洪兴祖）且谓屈原多用《山海经》语，而不知《山海》实因此书而作。

朱熹完全颠覆了王逸以来用《山海经》注解《楚辞》

的传统。此假说主要凭借推理，并无事实依据，但是在南宋时代盛行。陈振孙的《直斋书录解题》卷十五评朱熹此论云：“至谓《山海经》《淮南子》殆因《天问》而著书，说者反取二书以证《天问》，可谓高世绝识，毫发无恨者矣！”其卷八《山海经十八卷》又云：“……而朱晦翁则曰：‘古今说《天问》者皆本此二书（指《山海经》与《淮南子》）。今以文意考之，疑此二书本皆缘解《天问》而作。’可以破千载之惑！”马端临的《文献通考》卷二百四照抄陈氏溢美之词。朱熹、陈振孙、马端临都是宋代大家，却共同坚持一个无根假说，由此可见当时学术界爱好“以理论断”的学风。明人胡应麟不察，也赞同此论。其《少室山房笔丛正集》卷十六云：“始，余读《山海经》，而疑其本《穆天子传》，杂录《离骚》《庄》《列》，傅会以成者。然以其出于先秦，未敢自信。载读《楚辞辩证》云：‘古今说《天问》者，皆本《山海经》《淮南子》。今以文意考之，疑此二书皆缘《天问》而作。’则紫阳已先得矣。”不过，胡应麟相对谨慎，断定《山海经》是“战国好奇之士取《穆天子传》，杂录《庄》《列》《离骚》《周书》《晋乘》以成者”。比朱熹的汉人所作说相对较早一些。

朱熹的假说得到后世一些辨伪学者的支持，有代表性的著作如清人姚际恒的《古今伪书考》、崔述的《崔东壁遗书·夏考信录》等。崔云：“（《山海经》）书中所载，其事

荒唐无稽，其文浅弱不振，盖搜辑诸子小说之言而成书者。其尤显然可见者，长沙、零陵、桂阳、诸暨等郡县名，皆秦汉以后始有之，其为汉人所撰明矣。”但是，多数学者不赞同朱熹这一假说。清吴任臣的《读〈山海经〉语》云：“周秦诸子，惟屈原最熟读此经。《天问》中如‘十日代出’‘启棘宾商’……皆原本斯经。校勘家以《山海经》为秦汉人所作，即此可辨。”鲁迅的《中国小说史略》云：“以（《山海经》）为禹、益作者固非，而谓因《楚辞》而造者亦未是……”则学术变迁之一斑于此可以窥见矣。

余嘉锡的《四库提要辨证》基本支持王逸注解《天问》的说法，并推论道：“疑古先王之庙及公卿祠堂其所画者，即《山海经》图也。但朱子又谓《山海经》反因《天问》而作，则其意与王逸异矣。”余嘉锡的推论颇得当代学者赞同。吕子方的《读〈山海经〉杂记》几乎是反朱熹之论而用之：“《山海经》是楚国先王庙里壁画的脚本。”于是，认识又重新回到《山海经》早于《楚辞》的学术传统中。

（六）宋人对《山海经》地理志性质的怀疑

由于魏晋以后地理学的长足发展，特别是唐宋两代对于全国土地的大规模勘察、丈量，以及唐《元和郡县志》、宋《太平寰宇记》《元丰九域志》等书的编纂成书，宋人地理学知识已经相当充分。而其历史地理学尚未充分发展，所以，尽管多数学者依然视《山海经》为地理书，但是有些学者则根据其当代地理观念，开始以怀疑的目光打量《山海经》。

陈振孙的《直斋书录解题》卷八地理类著录《山海经》18 卷。但是，他转引司马迁评语认为《山海经》不真实，又引朱熹之语，认为是“缘解《天问》而作”，暗示此书非地理志，故云：“古今相传既久，姑以冠地理书之首。”马端临的《文献通考》赞同其说。

郑樵（1104—1162 年）的《通志》卷六十六将《山海经》列入“方物类”，与《神异经》《异物志》并列。郑樵是把《山海经》当作专门叙写远方怪物的著作，显然也在怀疑其地理记述的真实性，而且暗示它是志怪之作。此事开了明代胡应麟定《山海经》为“志怪之祖”说法的先河。

王应麟（1223—1296 年）对《山海经》的地理学描述也不全信。但是，王氏考虑到地理山川的历史演变，并不认为《山海经》内容与当前真实地理之不相符合的原因都是由于经文失真造成的。他的看法比较折中，态度也不那么偏激。其《通鉴地理通释·自序》云：

言地理者难于言天，何为其难也？日月星辰之度终古而不易，郡国山川之名，屡变而无穷。……《虞书》九共，先儒以为《九丘》，其篇轶焉。传于今者，《禹贡》《职方》而止尔。若《山海经》《周书·王会》，《尔雅》之《释地》，《管氏》之《地员》，《吕览》之《有始》，《鸿烈》之《地形》，亦好古爱奇者所不废。

因此，王应麟在注解渭水、鸟鼠同穴山等处时，皆注明古今地名变化，并引《山海经》及郭璞注做证。他的历史地理学成就得到《四库提要》的良好评价："其中征引浩博，考核明确。而叙列朝分据、战攻，尤一一得其要领，于史学最为有功。"

宋代去古未远，郭璞《山海经注》《山海经图赞》和《山海经图》尚有保存，并为学者寓目。这保证了宋代《山海经》学在考据方面的重要价值。如果没有宋代道藏本《山海经》的存在及薛季宣、尤袤等人的记述，我们根本无法解决刘歆定本《山海经》18 篇与班固著录《山海经》13 篇之间的矛盾。同样，没有宋人对于《山海经图》的记录，我们也很难了解郭璞之后此类图画的社会影响力。

宋人没有留下一部能够代表他们对于《山海经》全面认识的注本，是一件令人惋惜的事。

第十章　中国神话精选

一、英雄与传说

天坛山上的王母洞

在王屋山的最高峰天坛山上，有一个大石洞，虽然洞口很窄，里面却很宽敞，有好几个大厅，能够容纳成千上万的人。相传这个洞连通着天上的王母洞，王母娘娘曾在这里住过，所以人们又叫它“王母洞”。

关于王母洞的来历，民间有这样一个传说：

轩辕黄帝在天坛山上祭天祈求丰年时，用天坛山上的干树枝当香烧。干树枝一经点燃，就噼里啪啦地烧了起来，顿时火光冲天，一直烧了十天十夜也没有熄灭。可是谁也没料想，这干树枝竟是檀香木，一烧起来便香味扑鼻，整个王屋山都被笼罩在这浓浓的香气中。这香气被风一吹，越飘越远，竟然飘到了玉皇大帝的凌霄宝殿。

玉皇大帝被这香气吸引，忙问身边的王母娘娘："这是哪里来的香气?"

王母娘娘说："今天是您的生日，下界在给您烧香祝寿呢!"

玉皇大帝听了十分高兴，忙派太白金星前往下界打探是谁在做此事。

太白金星连忙腾云驾雾，顺着香气赶往人间。当他来到王屋山上空的时候，向下一看：天哪！只见方圆七百里的王屋山，到处烟雾缭绕，香气袭人。可是，他只看见香气不断地向上冒，根本分辨不出香气是从山沟里冒出来的，还是从山头上冒出来的，更看不见烧香的人在哪里。太白金星在王屋山上空转了半天，也没有理出头绪，没有办法，只好跺了跺山头，叫出了土地爷，问道："是何人在烧香啊?"

土地爷回答说："是掌管中原天下的轩辕黄帝在烧香呢!"

"他在哪方土地烧香啊?"

"哦，在王屋山呢，那里山清水秀，是人间仙境呢!"

"那么他烧香是要求什么啊?"

"他要为王屋山的百姓祈福，希望那里风调雨顺，有个好年景啊!"

太白金星回到天庭，向玉皇大帝禀明了缘故。玉帝听后十分开心，当即传令值日神，给王屋山一个好年景。

王母娘娘听说王屋山是个人间仙境，当时就动了心，想去那里逛一逛。第二天，她就带着五百宫娥和雷公电母离开天庭，直奔王屋山去了。一到王屋山，王母娘娘就被那里的美景吸引了，那里的一草一木都让她流连忘返，于是她尽情地游玩，一直到天黑了，还不想回去。这时候，天宫的南天门关上了，她回不去了。

仙女们在天宫里住了那么久，突然间看到王屋山的农家百姓男耕女织、安居乐业，觉得很新奇，就劝说王母娘娘多在人间玩几天。

王母娘娘本来就是一个喜欢游山玩水的人，她也正觉得王屋山的景色秀丽典雅、美不胜收，听仙女们这么劝说，心里痒痒的，又一想，反正南天门也关上了，今天是回不去了，于是就说："按道理说咱们是仙家，不能够在凡间居住太久，可是既然大家都喜欢这里，那么咱们就把这儿当成行宫，以后常来这里玩耍。"

此言一出，所有仙女都喜出望外，高兴得跳起来了。于是，王母娘娘命令雷公电母在王屋山上选一个景致优雅的地方，修建行宫，她准备在王屋山上安营扎寨，享受人间清福了。雷公电母不敢耽搁，赶紧拿着天鼓和闪剑，轰轰隆隆地忙活了起来。顷刻间，王屋山上电光闪闪，霹雷阵阵，没一会儿，就凿出了一个山洞。

行宫一造好，王母娘娘和仙女们就迫不及待地跑了进去。她们逛了一天，饥肠辘辘，汗水淋淋，于是就引来天河的水梳头洗脸。清澈的天河，被仙女们的胭脂水粉染成了粉红色，又被她们哗哗地泼到山洞里，渐渐地，这些粉红色的水积满了洞里最深的大厅。又过了很多年，水渗到天坛山的土壤里，洞里就沉淀出了一层厚厚的红泥。

许多年后，当人们到天坛山旅游的时候，都要争先恐后地去王母洞，不仅仅是为了观赏那里的美景，更重要的是要去抓一把这里的红泥。传说这泥又红又黏，拿回家去捏灯盏，不用烧也不用上釉，就会油亮油亮的，点灯的时候，油都不渗一滴。因为这泥的颜色粉红，活像女人用的胭脂，于是人们就把它叫作“胭脂泥”。

人间的瑶池

传说在很久以前，端州有兄弟二人，靠打鱼为生。每天早上他们都到七星岩边的沥湖撒网捕鱼，日子过得虽不富裕，却很快乐。有这么一天早上，当他们的船到双源洞边的时候，兄弟二人忽然听见洞里有奏乐的声音，感到十分诧异。老大说：“这双源洞有两个洞口，我曾经进去过，里边漆黑一片，到处是水，怎么会有人在此奏乐呢？此事定有蹊跷。”

老二说：“那我们进去看看吧，没准儿里面有什么宝贝，被我们兄弟二人发现，就此发大财了呢！”他也不等老大同意，一边说着一边把小船划到洞里去了。

一进洞口，他们便见到一块巨石。绕过巨石，洞顶岩石便骤然低了下来，里面是伸手不见五指，黑漆漆一片。兄弟俩弯着腰，摸索着向前划。岩洞蜿蜒曲折，也不知转了多少弯，才到了一条较宽的河道。他们继续向前划，慢慢看到前面有了亮光，乐声也听得更加清晰了。兄弟俩心中暗喜，便使劲儿划船，又转了一个弯，突然岩洞变得很是宽广，明亮的光照得人睁不开眼。老二惊喜地说：“我们是不是到了另一个洞口了？”

等到船出洞口，老大向四周一看，这哪里是另一个洞口啊，这分明是另外一片天地！侧耳一听，那阵阵音乐，就是从前面高耸的宫殿里传过来的。兄弟俩把船靠在岸边，沿着一条道向那座宫殿走去。他们一边走，一边欣赏四周的美景，只见这里山清水秀、绿草如茵，如同世外桃源一般。不知不觉走到湖边，却发现路已经到了尽头，要想到达那座宫殿，就只有坐船前往。他们正在犯难呢，忽然看见一只画舫迎面而来。近前一看，划船的是几个童子。到了岸边，有个童子说道：“请两位上船吧。”他们上了船，童子便奋力朝湖那边划去。不一会儿，便来到了那座大宫殿的下边。

这时，上面有个头绾双髻，身穿白衣的童子叫道："两位打鱼师傅快上来吧，王母娘娘有请呢。"兄弟俩吓了一跳，暗想：难道我们真的到了神仙世界？那童子唤道："王母娘娘有请，快上来吧。"

兄弟俩便跟着童子，沿着长长的回廊向宫殿走去。到了大殿上，见有几个银须飘拂的仙翁和其他一些仙人，正在饮酒作乐，有一班乐队奏着悠扬悦耳的仙乐。一见兄弟俩进来，乐队就停止了吹奏，中间有位慈眉善目的老妇人站起来说："本宫早就听说七星岩是个灵山胜境，有个美丽的沥湖，与我们仙界的瑶池极为相像。因此请两位打鱼师傅到这里，来看看我们瑶池的养鱼种植之法，希望沥湖也变成鱼肥藕壮、芡实甘香之地。"兄弟俩猜想她就是王母娘娘，连忙下跪叩首，千恩万谢。王母娘娘笑着叫来一位老叟，让他领着两兄弟去瑶池观看。

到了瑶池边，一眼望去，果真与沥湖差不多，见池中几斤重的鱼游来游去，那边是一片荷莲和芡实。他们乘坐一条小船，在池中缓缓滑行，那老叟便一边指点，一边讲解，很是殷勤。忽见有几个童子，不知从哪里捕来一兜鱼苗，只有头发丝那般大小，像孑孓一般。倒进瑶池里，顷刻间就成了几斤重的鳙鱼、鲤鱼和鲩鱼。兄弟俩都看呆了。那老叟说："到牂牁江去捞这种鱼苗，放养在沥湖里，也会变成那么大的鱼。"兄弟俩听了，便记在心里。

兄弟俩边听边看，渐渐入了迷。忽然间，光线暗了下来，什么都看不见了，耳边也听不到半点儿声音。兄弟俩乘的小船随水漂去，不一会儿竟划出了双源洞口。

回到家后，兄弟俩就根据老叟所说的方法，到牂舸江捞来了鱼苗，放养在沥湖里，又在湖中种植了莲藕和芡实，果然使沥湖变为鱼肥藕壮、芡实甘香之地，成了地上的瑶池。

不久后，兄弟俩又各自有了儿子，儿子又生了孙子，慢慢地形成了一个村落，就称为瑶村。村子大了，又分为上瑶、下瑶。这里出产的莲藕和芡实别有风味，成为远近闻名的佳品。可是令人惊奇的是，双源洞却再也找不到那个洞口了，后来水也干枯了。于是大家凭借着想象把里面的一些石头，根据它们的形状，说成就是当年兄弟俩到过的古城、王母殿、瑶池，等等。

王羲之题字南天门

相传在许多年以前，玉皇大帝传下圣旨，要重新修建南天门。于是天上的工匠们，使出了浑身解数，施展各自的绝活，精雕细刻，用了整整三年的时间，方才竣工。重建后的南天门，雄壮威严、气势恢宏。脊檐上镶满了熠熠生辉的珠宝，柱子上雕刻着栩栩如生的玉龙，到处珠光宝气、金碧辉煌。那可真是天上人间独一无二的辉煌建筑，让人叹为观止，啧啧称赞。

玉皇大帝看到后，龙颜大悦，前前后后、左左右右、里里外外、来来回回地看了好几遍，虽然觉得雄伟壮观，却似乎缺了点儿什么。他冥思苦想了好久，终于明白，是缺一块匾啊！是啊，这么有气势的建筑，如果再挂上一块匾，写上“南天门”三字，不是锦上添花吗？可是让谁来写这三个字呢？玉帝犯了难。于是就把自己的想法告诉了随行的大臣，请他们拿主意。玉皇大帝话音一落，众位大臣交头接耳了半天，终于有一大臣跪地奏道：“启奏陛下，臣知凡间晋朝有一书圣，名曰王羲之，极善书法。只有他的字才能与南天门相配。”玉皇大帝听罢点头，就派王母娘娘与一位仙女下凡去请王羲之写匾。

当时的大晋王朝，正是书法大兴之时，涌现了许多有名的书法家，其中尤以临沂人王羲之为最，他的书法博采众长，独成一家。传说他练字十分勤奋，竟然把一池清水都变成了墨池，书法达到了炉火纯青的地步。他除了练字之外，更爱到山里游览风景，经常流连忘返。

这一天，王羲之游玩之后往回走时，已是黄昏时分了。正走着，忽见前面有一座小院，他跨进院子，看见三间草房。进了屋子，只见有位老太婆正在擀馍，擀成一个，挑起来从隔着的箔帘上面扔进里间。王羲之探身往里一看，里间有一姑娘在烧鏊子，已经烙熟半筐了。老太婆扔进来的馍不偏不斜，正好落在鏊子上。王羲之看罢，心里暗暗佩服，不禁脱口赞道："真是技艺高超啊!"老太婆一转身，发现了王羲之，惊讶地说："哦！先生请坐。说我技艺高超，那是您过奖了，比起王羲之写字的技艺，我可差远了。"王羲之听了心里暗自好笑，就说："其实王羲之的技艺有什么高明，他不过是普通人，只不过徒有虚名罢了。"老太婆不高兴地说："先生这话说得大了！王羲之是天下闻名的书圣，岂是徒有虚名之辈？听你的语气，好像你比他高明得多了？我老婆子偏偏不信！你用炊帚在案板上写'南天门'三字，我看你比他强多少。"说罢，将面粉在案板上摊匀，把炊帚递给了王羲之。王羲之无奈，只得接过炊帚，一捋袖子，在案板上写下"南天门"三字。只见笔锋挺拔，刚劲有力。老太婆喜上眉梢，捧起案板，说了声："多谢书圣写匾。"只见一道白云升上天空，老太婆和姑娘都不知去向了。惊得王羲之呆了半晌，才挪动步子回家去。

原来，这个老太婆和姑娘正是王母娘娘和仙女变化而成的，她们虽想要王羲之的字，但一想到仙凡有别，恐怕过于唐突会惊了这位大才子，于是就用了这个计谋在此等候，专等王羲之写匾呢！

从此，南天门多了一块大匾，匾上写着"南天门"三个字。这三个字，字体苍劲挺拔，笔锋有力，看上去威武雄

壮，称得上独一无二的绝体妙笔，把南天门衬得越发雄伟壮观了。

罗浮山上玉女峰

相传在罗浮山有一条小石楼瀑布，这条瀑布飞珠迸玉，烟雾迷蒙，堪称一道佳景。这瀑布飞流直下，到了山脚，形成一个大水潭，水潭波光粼粼，深不见底。在水潭的中央有一块光滑的巨石，这巨石大得出奇，据说能够坐下一千多人呢！巨石有个好听的名字，叫作歌舞石。你知道它为什么叫歌舞石吗？

有这样一个传说。传说有一年王母娘娘要做蟠桃寿筵，她在天宫向下这么一望啊，发现这罗浮山景色宜人，就解下身上的玉佩丢进水潭，变成这块巨石，然后将蟠桃寿筵移到这巨石上来办。她请来了如来佛祖、太白金星、观世音菩萨等各路神仙，饮仙酒、吃蟠桃，又叫来月宫仙子来这里奏乐跳舞，一边玩一边欣赏美景，一直热闹了三天三夜，才带着众位神仙恋恋不舍地回到天宫。

话说王母娘娘的女儿玉女仙子见到罗浮山既有飞流直下的瀑布，又有奇形怪状的山峰，而且奇花异草香气扑鼻，不由得动了凡心，想在这里多留几天。这也难怪她，天宫里虽

然金碧辉煌、珠光宝气，却哪有如此浑然天成、不经雕琢的奇异景色呢？她这一出来啊，就好像一只金丝雀飞出了笼子，再也不愿回去了。所以，当神仙们返回天上时，她一个人悄悄地躲在树丛中，留在了罗浮山上。

等到王母娘娘玩够了回到天宫时，发现爱女不见了，她又急又怒，立刻命令老人星到罗浮山去寻找。老人星慌忙下凡，找了好久，终于在玉溪旁的树丛中找到了玉女仙子。老人星苦口婆心地劝她回去，说得嗓子冒烟了，玉女仙子也不愿跟他回去。老人星没有办法，情急之下，便吓唬她说："王母娘娘说了，你要是不和我回去，就让我割下你的头带回天上去！"

玉女仙子从小娇生惯养，哪里听得进去这样的话？她也来了倔脾气，指着老人星说："今天你就是割下我的头，我也不会和你回天上去！"

玉女仙子可是王母的爱女，老人星哪有那个胆量割下她的头啊。他见玉女仙子主意已定，无可奈何，只好驾云回天，一个人向王母复命去了。王母一听，气得暴跳如雷，她立刻带了一帮天兵神将，亲自下凡来捉拿玉女仙子了。

却说玉女仙子见到老人星一走，心想王母一定会来捉她，如果被捉回天宫，不仅要受罚，恐怕以后就再也没有机会来到凡间了。她又伤心又害怕，坐在山石上哭泣起来。她哭得那样的悲伤，连周围的小山和小溪都看不下去了，陪着

她一起流泪。她越哭越伤心，直引得周围的鸟儿们都来看她，鸟儿们落在树上，树叶都沙沙地往下落，好像也有感情似的。终于，她的哭声惊动了在罗浮山修炼的麻姑仙。麻姑来到她的面前，问明情况后拍了拍她的肩膀，对她说："玉女呀，你不愿回天宫也很好啊，可以在这里陪着我啊，不要伤心了，我帮你留下。"

于是麻姑对玉女施展法术，把玉女变成一个石头姑娘。王母来到罗浮山，发现玉女竟然变成了石头，心里别提多悲伤了，她哭着说："闺女呀，是娘害了你呀，把你吓成了石头。变成石头也是我的女儿，娘也要把你带回天上去。"

王母命令黄巾力士把石头姑娘背上天去。石头姑娘好沉呀，黄巾力士用了九牛二虎之力，直累得汗流浃背，连吃奶的劲都使出来，仍然背不起。王母见黄巾力士背不动石头姑娘，下令调来了十条天龙，十只天虎，借来老君的青牛，文殊的神狮，又在石头姑娘的腰上系上仙绳，由老人星举着令旗吆喝，叫天兽把石头姑娘拉回天上去。谁知，老人星喝一声，天兽们用一次劲，石头姑娘就向高处长一大截。老人星喝了十次后，石头姑娘已经长为一座秀美挺拔的大山，在罗浮山里生了根，谁也拉不动了。王母娘娘束手无策，只好命令老人星说："她要留就留吧，你也留下，看守她，陪伴她。"说完，她就带着神兵天兽回天宫去了。老人星满心不愿留在罗浮山里，又不敢违背王母的命令。于是变成老人

峰，坐在玉女峰的南面，双眼不眨地看住玉女，生怕她丢了、跑了，自己无法向王母交差。年年月月，月月年年，累得他背也驼了，腰也弯了，却一点儿也不敢动弹。

老人星可以一动不动，玉女仙子正值青春岁月，爱玩爱闹的，叫她成年累月地站在那儿不动，她哪里受得住啊！于是她又向麻姑求助。麻姑想了想，将袍袖一挥，招来一大片白蒙蒙的云雾，遮住了老人星的眼睛。老人星年岁大了，本来就老眼昏花，又加上云遮雾障，他看不见玉女仙子了，心里着急，大喊起来："玉女仙子呀，你在吗，在吗？"

麻姑调来一大群"山应鬼"，藏在四下山谷里，老人星一喊，他们就四下答应："在啊，在啊！"老人星听到有人答应，就放心了。

借着云雾的掩护，麻姑带着玉女，乐颠颠地跑出去玩了。玉女仙子被天兽拉得裙子也皱了，云鬓也乱了，连小脸蛋都脏兮兮的。麻姑看了看她，笑着说："先给你梳妆打扮一番吧。"

于是，麻姑将玉女领到一条溪水边，洗净了她脸上的残脂剩粉。所以流出山口的这条溪水，有胭脂的颜色，有花粉的香味，叫胭脂溪。麻姑又搬出自己的青铜宝镜，立在崖上，帮玉女重施脂粉，再整云鬓。镜子名叫麻姑妆镜，那是一块平整光洁的大青石鉴，每当日光射在上面，光华照耀林壑，也是罗浮一景。

玉女引水

很久很久以前，党河不叫党河，叫作玉女河。传说中，这条河是玉女仙子开出来的，又叫作都河，意思是堵不住的河。

玉女仙子是玉皇大帝的女儿。因为她脾气倔强，喜欢争强好胜，常常和玉帝吵嘴，不讨玉帝的欢心。于是，玉帝在祁连山峰上造了一座冰宫，让她到那儿去修身养性，磨炼性情。临行时，玉帝问玉女要什么东西，玉女什么都不要，只要了一匹白马做伴。

玉女可是一位出了名的美丽姑娘，传说中她有一头乌黑油亮的头发，眼睛像泉水一样清澄，嘴像樱桃一样鲜红，皮肤像象牙一样洁白。她的衣裙都是白云做的，她佩戴的首饰是阳关玉做的，骑在白马上，真是一位晶莹如玉的仙子！

她的职责就是掌管祁连雪水。春天的时候她将冰雪融化，冬天到了再将水结成坚冰。做完了这些事情，她就整天无拘无束地乘着白马，到处游玩，白马也就成了她不可分离的伙伴。这年开春的一天，白马出去吃草，一连三日没有回来。玉女仙子心急如焚，连忙驾起白云到处寻找。这一找，就找遍了九九八十一道岭，寻遍了九九八十一道沟，终于在一座悬崖峭壁下，看见了一位白发苍苍的老人在清凌凌的溪水旁，给白马洗澡。玉女喜出望外，忙按下云头一问，才知那天白马吃饱了鲜嫩的青草，喝足了甘甜的泉水，就站在一棵大树下睡着了。忽然来了一只狗熊，把它的屁股咬得鲜血淋淋，幸亏这个白发老人看到了，拔出了随身携带的弓箭，一箭射中了狗熊的咽喉。后来老人便把白马牵回家，用草药精心给它治疗，很快就痊愈了。玉女仙子听了连连说："多谢老爷爷的善心。"

白发老人仔细地打量着玉女仙子，半信半疑地问："听说祁连山上来了一位玉女仙子，难道就是你?"

玉女仙子说："正是小女子，我就住在山上的冰宫里。老爷爷，谢谢你救了我的白马，我一定要好好报答你。你和我去冰宫，我那里有的是金银珠宝，翡翠玛瑙，你想要多少就拿多少，然后回家安度晚年，别再受这山中风霜之苦了。"

白发老人却摇了摇头说："金银财宝有什么稀罕？翡翠玛瑙又有啥珍贵？我只希望能有雪水去浇地灌田！我们百姓长年受缺水之苦，庄稼颗粒无收，求求仙子发发慈悲，赐我们一些雪水吧!"

玉女仙子看着这位可怜的老人，心里十分感动，泪水在眼眶里打转。她扶起老人说："老人家，我知道你们的苦衷，你为大家求水，解救苦难，这份心情很难得，你们的苦处我全知道了。可是，我虽然掌管祁连山的雪水，奈何玉帝有禁水之令，这水是不能轻易动的呀!"

白发老人叹了口气说："有谁知道我们百姓的苦日子难熬呀！为皇为仙的难道就可以不顾百姓的死活吗？"玉女听了，心中默想：这话倒是在理，玉皇虽有禁令，但只要是解救百姓苦难，总不至于降罪下来。我既知百姓遭受无水之苦，又岂能袖手旁观？于是她对白发老人说："好！为解救百姓苦难，小女降水在所不辞。老爷爷，让白马先送你回去，告诉乡亲们修渠开沟，我随后就把雪水给你们引去。"

白发老人欢天喜地地骑上白马，报喜讯去了。玉女仙子立即发号施令，让千沟万壑的雪水于三日之内，在北山口汇聚。山神一听此事，吓得半死，赶忙前来劝阻："玉女仙子，玉帝曾下旨说：'祁连雪水，乃是上天圣水，不准人间受用。'你如今违命，万一玉帝降下罪来，你我可担当不起呀！"

玉女说："你别害怕，出了事情我一人承担！"

山神碰了钉子，无可奈何，急忙上天去禀报玉帝。玉帝闻言，不禁大怒。但是他知道玉女的脾气倔，决定的事情不会反悔，知道传旨也没有用，便令山神即刻返回，给了他一把黄沙、一块青石，堵住雪水的去路。

三天以后，溪水汇聚成河。玉女仙子骑着白马在前引路，河水在后跟随，顺着陡峭的山坡，浩浩荡荡地向北奔去。山神匆忙赶到下界，见水头距敦煌只有一百多里了，忙将黄沙一扬，瞬间，一座高百丈、宽数十里的沙山堵在了玉女仙子的前面。玉女仙子正要挥动马鞭冲过去，却转念一想：我能过去，雪水可过不去呀！到时候水都渗入沙内，岂不是白费一番力气？于是便勒转马头，拐弯向西奔去，她要绕过那沙山。因此，党河的这一段，是东西走向的。

玉女仙子策马加鞭跑呀，跑呀，把沙山跑完了，便勒马向北拐去。这时山神又抛下青石，化为一座青石山。玉女仙子见青石山又堵住了去路，心中暗想：再往西走，就越过敦煌出阳关了，水引到大沙漠上又有什么用处？想到这里她上来了倔劲儿，扬起马鞭，狠狠一甩，只听“轰”的一声巨响，坚固的青石山被硬生生地劈成两半！玉女仙子纵马跑了过去，河水也跟着哗啦啦地流过了山峡。这时的山神，被吓得浑身发抖，灰溜溜地走了。

玉女仙子劈开的山峡，就是现在的党河口。水到此地，拐了个急弯，自南向北流去。这一带的风光特别好，党水北流被称为敦煌八景之一。人们为了感谢玉女仙子冒着被玉帝责罚的危险开河引水，解救百姓的苦难，就把它起名为“玉女河”。又因为沙山、青石山都堵不住它，所以又叫都河。

祭母石的来历

相传在临沂地区，破山东南边的平地上，有八块大石头，每块石头都有两万斤重。当地的百姓叫它“祭母石”，又叫“八块石”。

关于这“祭母石”，有一个美丽哀婉的传说。

传说玉皇大帝的大女儿因为羡慕人间男耕女织的生活，曾经偷偷逃出天宫，来到人间，又遇到了一个情投意合的男子并和他结为夫妻。这样的举动自然触犯了天条，惹怒了玉皇大帝。玉皇大帝派霹雷神到人间把女儿抓了回去，叫她回到天宫忏悔自己的过错，并让她发誓忘掉凡间的一切，永远不许再回去。可是这位大仙女，天生的倔强脾气，任凭霹雷神怎么劝、怎么吓唬，就是不肯屈服。这一来不要紧，可惹恼了玉皇大帝，于是玉皇大帝派人把大仙女打入天牢，关押了起来。

可怜这位大仙女在人间的时候，已经怀孕了，如今将满十个月，产期临近。就在她被关进天牢里的那天夜里，便生下一对龙凤胎。她看到襁褓中的两个孩子，不由得悲从中来，想到自己日夜受苦，更加盼望两个孩子长大之后，能够把她救出苦海。于是给男孩起了个名叫“想娘”，又给女孩起了个名叫“思母”。她身在天牢自然不能哺育孩子，只好把孩子交给六个妹妹代她抚养。有趣的是，那看守牢门的天兵，在送孩子出牢时，竟然听错了音，记错了孩子们的名字，把男孩叫成“杨二郎”，把女孩叫成“圣母”。

自从孩子被天兵送走后，大仙女在牢里更是度日如年，更加思念留在人间的丈夫和托人代养的孩子，终日以泪洗面。渐渐地，有着一副铁石心肠的天兵被打动了，同情起了

大仙女的悲惨遭遇，动了恻隐之心。终于有一天他下定决心要放大仙女出天牢，即使受严刑、做苦役，也在所不辞了。

在一个伸手不见五指的夜里，看守天牢的天兵趁着夜深人静，天宫里众神都休歇之时，偷偷地打开牢门，把大仙女放走了。

谁知天有不测风云，人有旦夕祸福。正当大仙女刚刚逃离了南天门，踏着云雾跌跌撞撞地赶往人间时，却碰上了从人间降雨回来的霹雷神。霹雷神问她要上哪儿去，她支支吾吾答不上来。霹雷神要她回天宫去，她摇头不肯。霹雷神没有玉帝的旨意，又不敢对大仙女撒野，只好撇下大仙女，自己匆匆回天宫交雨旨，并把大仙女慌张逃往人间之事，报告了玉皇大帝。玉皇大帝一听，顿时火冒三丈，三脚两步奔出天宫，朝人间张望。当他看见大仙女已经飞落人间，正在慌张赶路时，便顺手捞起天宫门外的一个石狮子，朝她掷去，只听“哗啦”一声，那石狮子落了地，变成一座高高的石山，把大仙女结结实实地压在石山底下了。

再说大仙女的儿子杨二郎被接出牢门后，交给了六个姨母抚养，日长五尺，夜长一丈，只用了五天五夜便长成了顶天立地，力能拔山的一条大汉。玉皇得知这消息后，便把他召去，叫他替母赎罪。当场交给他扁担一条，神鞭一支，开山神斧一把，派他到人间去赶山，担山填大海。

这一天，杨二郎正担着两座大山，呼哧呼哧地大步从东北往西南去，当他走到狮子山下时，忽听耳边传来抽抽噎噎的哭声，站住仔细一听，那哭声来自山根底下。他便放下担子，走到山前去看。这一看却把他吓了一跳：原来压在山底下的不是旁人，而是自己的生身之母。

杨二郎虽然从小不在母亲身边长大，但毕竟是大仙女的亲生儿子，又加上救母心切，看到亲生母亲近在咫尺，却无法相见，顿时火冒三丈，从腰中拔出开山神斧，双手高举过头，对着那压住娘的石山，猛劲一劈，随着火光四起，“咔嚓”一声巨响，那石山便齐刷刷地被劈成了两半。杨二郎扳着斧柄往东一掰，石山的东半边，就被甩进了东南老海，后人把那海中立着的半边石山叫作“去山”（意思是：这山是被杨二郎一斧甩去的。后来，三叫两叫，被人们叫成了“池山”。剩在陆地上的那半个虎山，人们也改名叫它“破山”）。

杨二郎见压着娘的山，竟然被他一斧劈开了，又惊又喜，急忙走上前去，想把娘从大山底下拉出来。哪知，来到山根一看，顿时傻了眼：原来只因自己救母心切，挥斧劈山时使劲过猛，山是劈开了，娘也被压死了。他一时心如刀绞，俯下身去，抱着娘的尸首，号啕大哭起来。那哗哗的泪水，滴在山下，汇成了两眼清泉，后人叫它“双泪泉”。杨二郎哭了一场，觉得光哭也没有用，就从地上爬起来，伸开那双提山举岭的大手，左边抓来一座土山，右边抓来一条土岭，把娘深深地埋葬了（后来人们叫杨二郎埋葬娘的那座山

是“记母岭”。唐朝时，程咬金等英雄好汉，在这座山上为王，人们又改名叫“响马岭”)。

杨二郎埋葬了母亲，擦干了眼泪，又扛起担山的扁担，迈开大步，到东海崂山挑来了八块大石头，远远地安放在娘的坟前，又在石头上摆满了仙花、仙果等祭品，恭恭敬敬地祭祀了母亲。后来人们便叫这八块石是“祭母石”。

大仙女被压死的那一天，正是三月初三。从那之后，每年的三月三，杨二郎都要从天上来到人间。他来的时候不是乘风，便是驾云，总要为娘上坟培土。于是，当地流传着这样一句话：三月三，三月三，不是风天便是雨天。

这就是“祭母石”的来历。

万花山上的牡丹

传说在很久以前，万花山上是没有牡丹的。当地的老百姓都传说，王母娘娘的第四个女儿四姐从天上偷来了牡丹种子，种在这万花山上。这个四姐呀，嫁给了一个凡间的小伙子叫作崔文瑞。崔文瑞是什么人啊？他怎么能娶得了天上的仙女呢？其实，这个崔文瑞，就是花原头村一个普普通通的砍柴后生。

这个崔文瑞，幼年丧父，家里非常贫穷，长期和守寡的母亲相依为命，靠上山打柴谋生，日子过得十分艰苦。虽然穷得叮当响，这后生却忠厚正直，从不做偷鸡摸狗的事，谁家要是有困难，他总是第一个去帮忙，尊敬老人，爱护小孩，又从不贪小便宜，对自己的母亲也孝顺得很，是一个远近闻名的好后生。

每天早上天不亮，他就上万花山砍柴，打上一担柴后，再挑到延安城里去卖。一年四季，不管刮风下雨，从来都是过着一样的日子，从不休息。

有一天，他仍是天不亮就上了山，还没到晌午，两捆柴便已捆好了。他兴高采烈地想，今天上街卖柴如果没有什么意外，回来一定要比往日早。

可是，就在他挑起柴担要下山的时候，在草丛里发现了一个明光闪闪的东西。他放下柴担，捡起那件东西看了又看，觉得好像是妇女头上插的一支金簪。他想到母亲头上的铜簪已经坏得不能用了，他早就想给老人买一支，却一直没有钱买。现在发现了这支金簪，他是多么想拿回家送给母亲啊。可是转念一想，那丢了金簪的人一定更着急。于是，他犹豫起来，眼瞅着柴担，手捧着金簪，一时竟不知道怎么办。

想来想去，他终于决心等那个丢了金簪的人来找。这样，他就干脆在柴担子上坐下来，傻乎乎地等着。等啊等啊，太阳下了山，牛羊上了川，就是没人来找金簪；等啊等啊，日头已当空，受苦人已歇息，还是不见人影；等啊等啊，太阳落山了，牛羊下川了，仍然等不到失主。

整整等了一天，他的肚子饿得咕咕叫，不由得打起盹来。正在他打盹的时候，忽然感到有个人向他走过来。他不由得睁开眼睛，这一睁不要紧，他的眼前一亮，竟然看到一个年轻美貌的女子就站在他的面前。

这个漂亮女子站在他面前，笑吟吟地瞅着他手中的金簪，就是不开口。崔文瑞估量她肯定就是失主，就主动搭话："大姐，是你丢的金簪吗?"

女子点了点头，算是默认。可说来奇怪，她既不说话，也不急着要那支金簪，就是瞪着大眼睛盯着崔文瑞看。崔文瑞是个老实后生，二十多岁的大小伙子，从来没和女孩子单独相处过，更别说被一个漂亮女子盯着看了。这一看啊，直把这个忠厚老实的后生弄得满脸通红，低着头不好意思抬眼看那女子。

这女子倒是大方得很，崔文瑞越是不敢抬头，她越盯得紧。盯了一会儿后，她竟然开始不紧不慢地和崔文瑞拉起了家常，盘根究底地问起崔文瑞的家世。老实的崔文瑞不习惯在生人面前说话，更不习惯和年轻女子拉话，只好人家问什么，他回答什么。

那女子见崔文瑞有一说一，有二说二，为人老实忠厚，就主动地和他聊起了自己的身世。她告诉崔文瑞说自己是个逃难的单身女子，如果崔文瑞不嫌弃，她愿意嫁给他。这可把崔文瑞吓了一大跳，他从来也没有想过这样的事，一下子脸红到耳根，连忙又摆手又摇头地说："大姐千万不要拿我这个穷汉开玩笑，如果这支金簪是你的，那就赶快拿上走吧。我已经饿了一整天，现在还没吃早饭哩。"

闲聊了好一段时间，天已经黑透了。那女子可怜巴巴地说："你看天已经黑了，我一个单身女子，无依无靠，你要是不肯收留我，我只能在这山林里过夜了。"一边说一边嘤嘤地哭了起来。无奈，崔文瑞只得硬着头皮把那个女子领回了家。他母亲见儿子领回来一个大姑娘，忙仔细盘问了那女子的身世，听说也是苦人家出身，又是孤儿，怪可怜的。看她模样又俊，手脚也灵便，就做主给崔文瑞成了亲。

从那以后，崔文瑞就过起了和以前大不相同的日子，娶了个好婆姨，听婆姨的话，也不再上山打柴了。他的婆姨也真是神通广大，带了好些牡丹花种子，小夫妻租了一块地，在万花山种起牡丹，靠卖花为生，日子过得好多了。

他们种的牡丹花开得又大又鲜艳，拿到延安城里去卖，轰动了全城居民，生意特别红火。

话说这延安城里有个姓王的富豪，号称"王半城"，平时爱摆阔，时常爱买崔文瑞的牡丹花。买的次数多了，渐渐跟崔文瑞熟悉起来，便问崔文瑞的那些花种是什么地方采的。于是，他打听出崔文瑞娶了个十分美貌、十分贤惠的婆姨。可这婆姨来得不明不白，是从山上捡来的，连个娘家也没有。那些牡丹花种子，就是这婆姨带来的。从此，王半城起了歹心，妄图霸占崔文瑞的婆姨。他和崔文瑞商量，愿出一半家产，让崔文瑞把婆姨让给他做小。崔文瑞把他臭骂了一顿，他一时恼羞成怒，仗着自己手下狗腿子多，就带了一百多号人，气势汹汹地打上万花山，企图抢人。

且说这崔文瑞的妻子，其实就是王母娘娘的女儿四姐。在天上的时候，她就听说崔文瑞这后生诚实、心眼好，便故意从云霄中丢下个金簪试探他。通过假装寻金簪，她从心底里爱上了崔文瑞，于是，便私自决定留在人间，和崔文瑞结为夫妻，永远不再回天上了。没想到今天王半城却癞蛤蟆想吃天鹅肉，动刀动枪来抢她。一时间，四姐真是气得七窍生烟。她躲开了婆婆和丈夫的注意，急急忙忙飞上了天，假传天旨调来了黄巾力士、雷公电母，又是电击，又是火烧。直杀得王半城百十号人屁滚尿流、哭爹喊妈，一个个抱头鼠窜，灰溜溜地滚回了延安城。

虽然四姐赶跑了王半城，但是她的身份也从此暴露了。从那之后，她的丈夫、婆婆、邻里的父老乡亲们，都知道她是个有来历的仙女，对她格外热情。她呢，却还和往常一样，孝敬婆婆，侍候丈夫，尊重邻里，脾气还是那样温婉善

良，和普通人家的婆姨没有两样。大家暗地里都夸崔文瑞娶了个好婆姨，是个有福气的小伙子。

可是王母娘娘终于知道了四姐私自下凡的事，怒气冲天，尤其是四姐偷牡丹花种，调天兵打王半城的事，更惹得王母娘娘差点儿没背过气去。终于她像当年抓下凡私嫁给孝子董永的小女儿七仙女一样，也残忍地抓走了四姐，拆散了崔文瑞的家。只给崔文瑞留下一对没娘的儿女，由他们的奶奶养大成人。

四姐虽然被王母娘娘带回了天宫，再也不能和她的丈夫儿女在一起了，可她撒下的花种却永远留在了人间。人们看到了满山遍野的牡丹花，就能想到温柔贤惠的四姐。从此，万花山成了牡丹的家乡，一年又一年地繁衍，一直长到现在。

当地的百姓都感谢四姐为他们带来了娇美的牡丹花，为了纪念崔文瑞和四姐，后人在万花山立了一座庙，叫做“崔府君庙”，现在你去万花山还能看到那座庙呢！

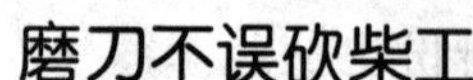

磨刀不误砍柴工

话说自从七仙女下凡配了董永之后，她的姐姐六仙女就羡慕得不得了，她也想在凡间找个如意郎君。于是，她悄悄离开天宫，来到人间。可是，尘世上不会有第二个董永呀！六仙女驾着祥云，晃荡了好长时间，也没看到自己喜欢的小伙子。这一天，她在太行山麓发现了两个年轻的樵夫。这两个年轻人长得眉清目秀，一表人才，身上的衣衫却十分褴褛，砍起柴来汗流浃背，六仙女不觉产生了爱怜之心，于是按落云头，向他俩走去。

其实啊这是一对孪生兄弟，两个人长得一模一样。老大叫大宝，老二叫二宝，家里只有两间茅屋。兄弟俩每日上山打柴，供养着一位老母。这天，他俩砍了一大柴，正准备回家，忽见一位姑娘姗姗走来，其实这位姑娘就是六仙女乔装改扮的。大宝见状吃了一惊，忙道：“兄弟！天色已晚，咱们得快快赶路。”二宝说：“急什么呢？哥哥，你瞧！谁家的姑娘来寻咱们了。”大宝却不听他的，背起了柴大步跑开了，一边跑一边说：“咱们还是快点儿回家吧，这深山野岭的，当心碰到妖魔鬼怪，咱娘还等着咱养老呢，可不能赔了性命。”二宝只得紧紧跟随，当他俩刚刚跨进门槛的时候，六仙女也跟着进门了。

大宝十分诧异，赶紧奔回茅屋去请妈妈，二宝却厚着脸皮问六仙女：“这位大姐是从哪里来的啊？”六仙女没有回答，只呜呜咽咽地哭了起来。这时，大宝已搀出老妈妈，老妈妈问那女子：“你是谁家千金？为何来我家啼哭？”

六仙女向老妈妈深深拜了一拜，说：“小女子和父亲逃

荒来到这里，在山间行走时，遇到一只猛虎，父亲为护女儿竟遭猛虎伤害。小女子孤身一人，无依无靠，万般无奈，只得跟随两位哥哥来到贵府，万望妈妈收留。”说罢又哭了起来。

老妈妈听姑娘这么一说，放了心，连忙搀了她往屋里让，说道：“姑娘不要伤心了，等明天早上，让我家的大宝、二宝一同进山，擒捉那只猛虎，为你父亲报仇。”六仙女道：“谢妈妈操心，那只伤人的猛虎早不知逃向何处了，怎么去捉？再说，万一两位哥哥因此遭遇不测，叫小女子有何脸面活在世上？只是可怜小女子举目无亲，求妈妈做主，寻个善良人家，小女子做个农家媳妇也就知足了。”老妈妈听罢喜不自胜，当晚安顿姑娘和自己一同安眠。夜里悄悄问仙女，可愿做她的儿媳妇。六仙女羞涩地说：“小女子家父已去，再无亲人，一切凭妈妈做主。”老妈妈道：“姑娘是喜欢大宝呢，还是二宝？”六仙女说：“两位哥哥都好，妈妈做主吧！”老妈妈思量了半日，作难了。按理说婚姻之事应该先兄后弟，只因这兄弟俩脾气不一样，老大忠厚老实，能忍能让。老二奸猾刻薄，遇事总要占上风。若将姑娘许给大宝，老妈妈怕二宝生出事来。因此，总拿不定主意。后来，老妈妈想了一条妙计：让他俩明日都进山砍柴，谁砍得多、回得早，就把姑娘许给谁。于是，老妈妈就把事情告诉了两个儿子，大宝和二宝都同意了。

二宝心眼多，天不亮就起身，没有叫醒大宝，独自进了南山。他盘算南山上柴火嫩，一定砍得快，这样必定能胜过哥哥，提前回家。大宝却有意谦让弟弟，故意将砍柴刀磨了又磨，太阳一竿子高了才动身，进了北山。北山上柴火老，他估计一定砍得慢。谁知他快刀砍干柴，没多大一会儿就砍了满满一担。他又故意等太阳落山才回到家里。不料，二宝尚未回来。原来，二宝钝刀砍湿木柴，临到天昏地黑，才砍回半担柴。老妈妈说："你砍得这么慢，那就让你哥哥拜花堂吧！"二宝无话可说，只得点了点头。六仙女笑了笑说："磨刀不误砍柴工啊！"

"磨刀不误砍柴工"这句俗语从那时候起就传开了。然而，大家只是知道这句俗语，却很少有人知道它的来历。

洗儿石的故事

传说玉皇大帝的第九个女儿，和姐姐七仙女一样，贪恋凡间的生活，也到人间和一个庄稼人成了亲。这当然惹怒了玉皇，他一怒之下派天兵天将把九仙女掠回天宫，软禁起来。可这九仙女被抓回天宫之时，正身怀六甲。不久，她生了一个小男孩，起名叫石柱。可恨的是，玉皇和王母，竟三令五申地下圣旨，不准把石柱送到人间去。

九仙女是个重感情的人，年纪又轻，生下石柱半年多了，还是念念不忘她在人间的丈夫，整日啼哭。她的姐姐七仙女，特别心疼妹妹，三天两头地到妹妹身边坐一阵子，劝一阵子。有一天，七仙女看天气正晴，又动了思凡之心，就跟妹妹九仙女说："咱们姐妹二人去凡间玩玩吧。"妹妹说："怕是父王不准吧？"姐姐道："唉，这你就不用怕了，姐姐我自有办法。"于是，姐俩背着旁人收拾收拾，抱着石柱溜出天宫，驾着彩云不一会儿就来到南天门。守护天门的天将一看，知道事情不妙，过来满脸堆笑地说："二位仙姑，今天怎么有闲，想必是来观赏观赏天门的景色喽？"

七仙女道："天门有什么好看的，我们是到人间溜达溜达，这些年心里太烦乱了，出去透透气，松快松快。"

"哎呀，两位仙姑，快别为难小的了，大帝严令不得放仙姑出宫，万一让大帝怪罪下来，下官如何担待得起呀。"天将一边说着，一边直擦冷汗。

七仙女把一个宝石玉环扔给他，看天将略有些犹豫，又和颜悦色地说："玉皇怪罪下来有我。我们只是想到人间看一眼就回来，我的丈夫、儿子早都死了，现在成了寡妇。九妹也不比我处境好，明明夫君还健在，却见不得面。你放心好了，我们不会连累你的。"

"这……"天将没话说了，挤着眼睛往后直退。到了人间，九仙女本想要去看一眼自己的丈夫，七仙女却极力劝阻说："那样一来惊动太大，二来匆匆相见，再一分开揪心扯肺，叫石郎受不了，说不上要大病一场呢。"九仙女觉得此话有理，便打消了念头。就这样，九仙女望着石郎住的地方，流了一阵子泪，方跟姐姐来到了长白山一带。这是个新开发的地点，刚刚有些人烟，青山绿水，景色秀丽。人人都忙着播种插秧，热闹非凡……姐俩的心里虽然有些难过，但是看到这美丽的景色，也得到了一些安慰。

后来姐姐又领妹妹来到天池游玩，这里的景色更是秀丽，别有一番景象。天气晴朗，万里无云，碧水蓝天，湖光旖旎，真把她们弄得流连忘返，就连石柱也伸出小手，乐颠颠地要往水里奔。

"姐姐，莫非他要洗澡不成?"

"聪明的孩子都喜欢水，来，咱们给石柱洗洗澡。"七仙女一边说着，一边给孩子解开衣裳，高高兴兴地给孩子洗起澡来。

这一洗可惹了大祸，惊动了镇守天池的花甲龙。原来，两位仙女手腕上带的玉镯，在水中一荡，把整个天池搅得天翻地覆，快要底朝天了。花甲龙疑惑不解，蹿出水面一看，原来是两个女子给个娃娃洗澡。这可把他气坏了，心想，这两个女娃竟然如此大胆，于是把龙头一探，叼起孩子腾起云便走。两位仙女一看不好，也驾起云头撵去。正当花甲龙回头望时，七仙女摘下一颗头饰上的珠子，向龙眼打去。说时迟，那时快，只听花甲龙“嗷”的一声，松下孩子向东海逃去，一路洒满了紫色的血。他变成了一条独眼龙，从此留在东海里，东海龙王再也没派给他任何差事。

有人想问，这孩子被扔了下来，不摔死也摔残了吧？可是你猜怎么着：花甲龙发威之时，惊动了土地爷，花甲龙扔下石柱逃走的时候，土地爷叫来了葡萄仙子，她张开了葡萄架，接住了孩子。两位仙女赶到，向土地爷和葡萄仙子连连道谢。不过，这时的石柱后背和胳膊，已被花甲龙咬得鲜血淋淋，小石柱哭叫着不肯住嘴。她们想回天池给孩子洗洗伤，这才发觉，已经离开天池数十里路了。这时土地爷往前面一指：“仙姑，您的神珠方才不是砸出一眼清泉吗？您看，就在那里！”

等几人到了那里，果然发现一湾清凌凌的泉水，里面还翻着小水花。九仙女连忙把石柱放在泉中一洗，真是不可思议，他立时就不哭了。当把石柱抱出泉水，正想找个地方包包他的时候，七仙女打花甲龙的那颗珠子，忽然变成了一大块光滑的石头，上面正好有一个洼兜，孩子放在上面再稳当不过了。不用说，在这里给孩子洗澡，要比天池方便得多。姐俩把孩子包好以后，告别了土地爷和葡萄仙子回天宫去了。从此这块石头就留在了这里。

传说，以后每逢天气晴好的时候，七仙女和九仙女就会抱着孩子来这里洗澡。有人看见说是七次，有人说是九次，

可是后来就再也不来了。大家猜测是玉皇知道了这件事，狠狠责备了姐妹俩，弄不好又治了她们的罪呢。渐渐地，给石柱洗澡的那个泉干涸了，那块石头却依然留在那里，每到深夜还闪闪发光，老百姓给这块石头起名叫“洗儿石”。

仙女泪化温泉

相传在很久很久以前，天上有十个太阳，烤得大地寸草不生，百姓难以过活，纷纷逃走，逃不走的只有留下等死。英雄后羿为民除害，将天上十个太阳射落了九个，其中有一个就跌落在这一带的一座大山上。这座山立刻着起了熊熊大火，很多年都没有熄灭。

也不知过了多少年，当时埋在山腰里的太阳，变成一颗宝珠。后来，有个取宝和尚钻进火焰山将宝珠取走了，山上的火焰才渐渐熄了。可是山上仍然热气逼人，方圆几十里泉眼干涸，寸草不生。

话说，天上有九个仙女，在广寒宫寂寞难耐，便结伴下凡，来到这一带游玩。玩着玩着，她们发现乱石丛中躺着一个小伙子，满身燎泡，昏迷不醒。最小的九仙女见情况紧急，赶紧取出一粒仙丹，放到口里溶化以后，也顾不得男女有别，伏下身子，嘴对嘴地灌入小伙子的喉咙。过了不一会

儿，小伙子睁开眼睛，醒了过来，仙女们见他清醒了，便围上来叽叽喳喳地和他聊起天来。

小伙子说他姓汤，是个郎中。因父母在世时对他说过，天火烧过的山上有一种特别的石子，碾碎成末是一味很好的药引子。他便冒着生命危险爬到山上采了一包石子，身上却被烫伤了。在返回的路上，伤痛钻心，口渴难忍，脚下一软就人事不知了，幸亏仙女们救了他。小伙子向仙女们道了声谢，想继续赶路，谁知浑身不能动弹。九仙女见状动了恻隐之心，便和姐姐们商量了一会儿，回过头对小伙子说："你在这里再忍耐一会儿，我过一阵子就回来。"说完，和众姐妹一道腾云驾雾地飞走了。

不一会儿，九仙女果真回到了小伙子身边。原来她跑到瑶池里，偷偷地装了一罐子仙水来给小伙子擦洗伤口，还带来几个仙果供他解渴。小伙子心里一热，眼泪珠子嘀嘀嗒嗒地落了下来。

一天以后，小伙子的伤口就不疼了；两天以后，他的伤口结痂脱皮了；到了第三天，这对儿年轻人诚心诚意地相爱了。这天夜里，九仙女对小伙子说："汤哥，我们总这样不是长久之计，不如就在附近成个家吧？"汤哥回答说："好是好，可是这里滴水不见，怎么能安家呢？"九仙女笑了笑说："这可难不倒我。"

几天后，聪明的九仙女把王母娘娘头上的金簪偷来，悄悄地在天河上划了一道小小的口子，引来了一股清泉。这就是现在的九仙河，这一带传说的“水破天心”，指的就是这一件事。

九仙女引来的这股清泉，清澈见底又甘甜芬芳。没过多久，草儿发芽了，枯树变绿了，这一带又开始有人烟了。汤哥和九仙女在泉边开了一家小药栈。汤哥把脉，仙女抓药。再凶再险的病症也难不住这对小夫妻，经他俩从鬼门关里拉回来的人，多得数也数不清。当地的百姓都说他们是救苦救难的活菩萨。

天上的仙水特别养人。在这一带，姑娘们一个个貌美如花，顾盼生姿；小伙子一个个英俊潇洒，身强体壮；老人们一个个鹤发童颜，健步如飞。渐渐地，人们都争着到这里来安家了。

可这世上没有不透风的墙，事情终于被王母娘娘发现了。她一怒之下，写了一封天书，送给龙虎山张天师，把九仙女交给他发落。张天师施展法术，喷出一个五爪雷将九仙女击死，并且把她压在大山底下。他见汤哥配药的本事了得，想把他留在身边，就假作慈悲地对汤哥说：“本当将你与九仙女一同治罪，看在你忠厚老实的分上，免你一死，往后你就留在天师府专门给我配制长生不老的药丸吧！”谁知汤哥不领情，他说：“我与九妹生是夫妻，死了还是夫妻，做了鬼也会在一起，你休想把我留在天师府。”张天师咬牙

切齿地说："那好吧，我成全你！"狠心的张天师派人用药酒将汤哥毒死，也埋到了那座山上。

奇怪的是，到了第二年春天，那山脚下的石岩缝里，喷出两股热气腾腾的泉水来。有人用手试了试，一股烫手，一股温热。人们都说这两股泉水是汤哥夫妇互相思念流出来的眼泪。有了这两股温泉，人们洗澡洗衣就再也用不着去烧水了。大家还发现，如果谁有个腰酸腿痛，只要到泉中泡上一阵，全身就会顿时轻快起来。大家都说那是因为这对夫妻心肠特别好的缘故。人们为了纪念汤哥和九仙女，就给这两个温泉取名叫"九仙汤"。日子一久，整个村子都被人们喊做"九仙汤"了。

玉贞仙女斗孽龙

王母娘娘第十二个小女儿名叫玉贞，年方十六，又聪明又漂亮，性格倔强刚强。有一年的中秋之夜，玉贞心里高兴，与众姐妹们在瑶池边上载歌载舞。她的舞姿特别优美，长长的袖子随着音乐摆来摆去，袖子在舞动中，无意间碰落了一只瑶池边的桃子。这只桃子从九重天上掉了下来，一直掉到象山港尾的薛岙海里，刚好有一条鲨鳗在那里觅食，见到这只大桃子，喜出望外，张开大嘴，把桃子吞了下去。鲨鳗吃了桃子后，就变成了一条孽龙，在海里横行霸道，欺负小鱼小虾。这还不说，他还掀起狂风恶浪，害得周围的渔民船翻人亡，生活不得安宁。山前山后的村子，一下子变成了海洋。海水猛涨，从桥头一直到梅林、屠家等村庄都快被淹没了。

当海水猛涨到梅林，人们就在附近一个小地方垒起一个石埠头，阻挡海潮入侵。后来成为百姓捕鱼出海必经之路，就是现在梅林乡石埠桥头村。

第二年春暖花开的时候，玉贞仙女看到凡间人民劳动的场面，十分羡慕。顿时觉得天宫约束太多，又寂寞冷清。思来想去，觉得应该去凡间游玩。于是，她鼓动姐妹们驾着彩云去茶山游玩。到了山上，她们看到这里树木郁郁葱葱，野花漫山遍野，白云朵朵，彩霞片片，就放慢了步子，从山顶往山脚走，边走边观赏周围的美丽景色。这时候，刚才还风平浪静的薛岙港，突然狂风大作。原来，鲨鳗孽龙正在发脾气，他叫来了风，唤起了浪，把出海打鱼的小船击沉，就连在海里航行的大船也进退不能，只好落帆抛锚。玉贞看到这鲨鳗孽龙为非作歹，十分气愤。她想，鲨鳗变成孽龙是我惹出来的祸，应该由我来收拾才是。

玉贞就施展法术，口念咒语，原地转三圈，又向海水喷了三口气，顿时化做一条白龙，雄赳赳、气昂昂地来跟鲨鳗孽龙决斗。二龙在薛岙港摆开了战场，你来我往地争斗不

休。两条龙斗得是狂风呼啸，白浪滔天，天昏地暗，日月无光。可是，玉贞毕竟年幼，而且出来游玩没带武器，一直斗了八十回合，也没有分出胜负，双方只好暂时休战。

玉贞心里憋气，回到天宫后夜以继日地习武，盼望着武艺高超时，能够杀了孽龙，为民除害。这一天她再次逃出了天宫，带上了降龙剑，腾云驾雾地朝薛岙港而来。正当鲨鳗孽龙又要造反的时候，玉贞化成白龙对鲨鳗孽龙说："你犯下了滔天罪行，残害黎民百姓，我今天要替天行道，杀死你为民除害。"话音刚落，就手舞降龙剑刺了过去。海面上顿时掀起狂风巨浪，海水哗哗地翻腾作响，好像开锅了一样，玉贞和鲨鳗孽龙又开战了。这一仗打得乌云翻腾，大雨倾盆，斗了三天三夜，不分胜负。玉贞自知在海里法力施展不开，于是脑壳摇了三下，尾巴一甩，一股青烟上冒，立刻变成一个美丽的小姑娘。鲨鳗孽龙也立即口吐三只水泡，跳跃出海面，变成一个俊秀的年轻后生。玉贞看鲨鳗已出海，放下心来，用柔嫩的手腕抚摸着黑亮的头发，身材似迎风杨柳，婀娜多姿，眼神娇美动人，顾盼生姿。鲨鳗孽龙看后禁不住嘴里流出涎水，浑身酥麻。在鲨鳗孽龙魂魄未定时，玉贞两眼圆睁，柳眉倒竖，大喝一声："鲨鳗孽龙，今天要你见阎王去！"又手舞降龙剑重新开战。这一次鲨鳗孽龙力气小了一半，再也招架不住，被打得一败涂地，受了伤，只好狼狈逃往象山东海大洋去了。

话说鲨鳗孽龙逃到了东海大洋养伤时还不死心，总想着有朝一日重新到薛岙港称王称霸。玉贞为了黎民百姓不再受苦，毅然决定不回仙宫，永远留在薛岙港边，使孽龙不敢来侵犯。随着时光的流逝，玉贞仙女的身躯化成了一座山，坐落在薛岙村对面。她的一头乌发，化成乌岩；她秀美的身躯，亭亭玉立，每逢云雾缭绕峰顶，那山仿佛笼罩上了一层薄纱，更仿佛一位少女含情脉脉地站在那里。当地的百姓都感激玉贞仙女为民除害，为了纪念她的恩情，百姓为那山取名为“乌石头山”。

雀鸟之女

在一个瑶族聚居的小山村里住着一位勤劳的老汉，他为人善良，安分守己地种地打猎，从来没做过一件坏事。

可是，命运似乎对他很不公平——都快 60 岁了，膝下却无儿无女。老两口为此整天愁眉不展。看着别人家儿孙满堂共享天伦之乐的时候，他们更是愁苦得每天不说一句话。这样的日子真难挨呀！

每年，老两口都杀猪宰羊献祭天神。每天一起床，他们就虔诚地向天神祷告，祈求天神能赐给他们一个可爱的孩子。日子久了，天神终于被他们的真诚感动了。

就在老汉过60岁生日的那天晚上，老两口同时做了一个梦：他们梦见一只金色的孔雀，浑身闪着金光，飞到了他们的身边，亲切地对他们说："善良的老人啊！我愿意做你们的女儿。"就在这个奇怪的夜里，老婆婆怀孕了。

从此，老两口整天高兴得合不拢嘴，话也多了起来，家里的气氛一下子热闹起来了。

九个月后，孩子生下来了，是个美丽的女儿。老两口给她取了一个美丽动听的名字，叫阿真玛。

就在阿真玛长到一岁的时候，她的妈妈去世了。从此父女俩相依为命，谁也离不开谁。

聪明美丽的阿真玛，三岁会放羊，四岁会纺纱，五岁会织布，六岁会绣花，七岁会到山里干活。到了16岁，世间一切精巧的活儿，她都学会了。

美丽聪明的阿真玛长到17岁时，就能用灵巧的双手，绣出各种各样的花草雀鸟了。她越绣越好，能把花儿绣活，能把鸟儿绣得飞起来。

美丽聪明的阿真玛长到18岁的时候，想为世间增添一些最美丽的鸟雀，便躲在茅屋里绣了起来。第一天绣出一只美丽的孔雀，孔雀从布上腾空飞起来了；第二天绣出一只钟情鸟，钟情鸟从布上腾空飞走了；第三天绣出一只五彩缤纷的锦鸡，锦鸡从布上腾空飞走了……于是山村里开始出现越来越多的鸟雀。

她绣了360天，绣出360只美丽的雀鸟。这些鸟一齐飞到山林和村庄去生活，山林和村庄便更美丽多姿了。

美丽聪明的阿真玛绣出活鸟的事像风一样传开了。贪婪的土司也知道了这件事。土司动起了邪念头，想娶阿真玛为妾。他请媒人赶去30头牛、300只羊到阿真玛家求婚。

满山的牛羊打动不了老汉的心，媒人的请求被拒绝了。后来土司亲自带着金银绸缎和酒肉来求婚。金银绸缎和酒肉也根本打动不了阿真玛的心，土司的求婚再次被拒绝了。

贪婪的土司想尽办法也娶不到美丽聪明的阿真玛，非常生气，便命令手下人把阿真玛捆绑在马上抢走了。

善良的老人哭诉着，把不幸告诉给所有的瑶家人。人们愤怒了，一齐带上弓箭，吹起号角，去追赶土司，要夺回美丽的阿真玛。追到一座山上，瑶家人一齐放出弩箭，土司和他的马中箭，滚下悬崖摔死了。可怜的阿真玛也被摔得奄奄一息。

老汉把女儿救回村里，抱着女儿哭干了眼泪，但阿真玛也没有活过来。就在那天晚上，她变成一只金色的孔雀，离开了人间。老人悲痛的哭声召来了无数的雀鸟。后来，每年秋天，这座山中都会出现盛大的“鸟会”。这些鸟儿都是阿真玛一针一线绣出来的，它们每年都会飞回来悼念聪明美丽的阿真玛。

比翼双飞的画眉

很久以前，在一个深山峡谷中，有一个美丽的山洞——清泉洞。这里林木葱郁，百花齐放。洞内则乳石高悬，白如玉石，细如笋尖。

在这清泉洞东西两边的两个寨子里，有两个布依族青年，男的叫阿龙，女的叫阿美。小时候，他们常来清泉洞边捡石头烧石灰，给家中配制染布原料。冬去春来，天长日久，他们常常在洞外和河边相遇，岁月的甘露滋润了他们心中爱情的种子。

转眼18年过去了。这一天，阿龙来到了洞边。红红的太阳正照亮洞口，映山红与朝霞交相辉映，那高悬的乳石倒映在清泉池里，轻轻地摇曳。看着这迷人的景色，阿龙想着马上要见到阿美了，按捺不住内心的激动，亮开嗓子唱道："清泉流水清又清，泉边常遇心中人。投石下水试深浅嘛，唱首山歌哟——盼回音。"热情奔放的歌声，引来了阿美热切的回声："清泉流水明又亮，泉边常遇心中郎。要知深浅就下水嘛，要想妹啊——当面讲。"

情思绵绵的回声牵动着阿龙疾步向前，顺音寻人，看到正是他心中的姑娘阿美。此时，阿龙多想把心中的情意向阿

美诉说啊！好多的话儿，深长的情意这时都变成了一首山歌："山歌一首有回声，轻敲铜鼓有回音。今日洞边连情妹嘛，石板搭桥啊——万年春。"

听到阿龙的山歌，早已满面绯红的阿美，又深情地回唱道："泉水流出哗哗响，妹想那个真心郎。莫学高山养子土嘛，撒了一半啊——又丢荒。"

悠悠的布依山歌在山谷中回旋，它震荡着山谷，引来无数金画眉在洞边歌唱，也震荡着青年人滚烫的心："桃花开了十几遍，捡石捡了十几春。泉水长流情常在，捡了石头又捡心。"

阿龙和阿美山盟海誓，在清泉洞边私下定了终身。

但是，阿龙和阿美的事，被族长知道了。自古以来，布依青年，谈情说爱无阻拦，但男娶女嫁，都要由族里做主，私下定情是要被治罪的。族里的头人给他们的父母送话说："阿龙、阿美私下约会，自定终身，是瞧不起族里的管事人，是违反族规的，如不制止，就要按族规办事，捆住他们的手脚，丢进黑龙潭……"

阿龙和阿美的父母为了自己儿女免受族规的惩治，除了央告他们不要再幽会外，还不准他们再去捡石头了。但是，这两颗早已连在一起的心怎么能拆开呢？面对着族规的森严，阿龙和阿美毫不畏惧，他们借砍柴和打猪草的机会还是偷偷地在洞边幽会。为了躲避族规的惩罚，双方父母只好想

了一个另外的办法：阿美家请媒人为阿美在百里之外的寨子找了一个小伙子；阿龙家也托媒人给阿龙找了个媳妇。双方都把婚期定在当年的清明节。

时间一天天临近了，山茶花、映山红比往年开得更艳了，但是阿龙和阿美的心里却越来越难过。就在清明节前夜，阿美从泪水打湿的枕头下拿出阿龙的腰带，阿龙带上阿美的手镯，各自从家里逃了出来。

黎明时分，他们来到了清泉洞，撮土为香，磕拜天地。请古老的山洞给他们做媒，请洁白的乳石为他们作证。他们终成了百年之好。而此时，族长正带人对他们进行大肆搜捕。

"在生不得同家住，死了也要一路埋。"为了忠贞的爱情，为了反抗族长的淫威，这对在清泉洞边结识、定情、结婚的夫妻，手拉手，双双跳进了清泉池。

他们忠贞不渝的爱情感动了清泉洞里的洞神。洞神不忍心让这对恩爱夫妻浸身寒水中，当族长领着人败兴而归后，洞神用神力放干了清泉池水，又使他们慢慢地睁开了眼睛。

看到他们醒来，洞神对他们说："飞走吧，只有飞得远远的，才能得到幸福。"阿龙和阿美高兴地点点头。于是，洞神仙手一指，这对情人就变成了一对美丽的金画眉，欢快地唱了几声，然后展翅飞向那光明和幸福的地方去了。

瑶姬仙子除害

在巫峡十二峰中，神女峰是最为挺拔秀丽的一座山峰。它高出江面千尺，就好像一位温柔宁静的少女，凝神远眺……关于神女峰，有这样一段动人的传说：

话说在远古的时候，天上的西王母，生了二十三个女儿，那最小的一个最美丽、最乖巧，因而也最得父母、众人的喜爱，王母娘娘为她取名叫瑶姬。

王母十分疼爱这个小女儿，把她放在自己身边，不准她外出游玩，终日关在瑶池里边，生怕她经不起风吹雨打。

但瑶姬天生活泼好动，不甘寂寞，常常背着母亲偷着出外游玩。她在云中跳舞，在仙园里唱歌，在天河里游泳，在花园中采花，凡是神仙能去的地方，她都去了。终于，她的行踪被父母知道了。一天，王母差人把她找来，责问道："谁准你跑出瑶池的？"

"我自己。"

"难道瑶池不好吗？"

"好是好啊，可是它就好像是一个囚笼，我就像一只关在笼子里的小鸟，外面的事情我什么也不知道，总是这样，会闷死的啊！"

王母见女儿性情倔强，难以说服，就决定给她找一位严厉的师傅，好好管教她。

于是王母找到了三元仙君，请他做瑶姬的师傅。瑶姬被送到了三元仙君的紫清阁，学习仙术。三元仙君早就听说瑶姬聪明伶俐，高兴得像得了珍宝似的，把变幻无穷的仙术全部教给了瑶姬。瑶姬学成后，被王母封为云华上宫夫人，主管教导金童玉女，并带有一群侍女和六位侍臣在身边。

瑶姬生性大方，把她学会的仙术，毫无保留地传授给侍臣、侍女和金童玉女。

大家都学会了一身仙术，再不愿总待在云华上宫了，就变出一批替身，留在宫中，而他们自己却在瑶姬的带领下，到东海游玩去了。

他们各自变成了龙、鲸、鱼、蚌等水族，在无边无际的大海里尽兴嬉戏，玩得不尽兴，又结队到了东海龙王的水晶宫，成为龙王的贵宾。龙王被瑶姬的美貌迷倒了，想把她留在水晶宫，于是向她求婚。

可是，年轻美貌的瑶姬不喜欢龙王。她认为龙王主管着东海，总是掀起巨浪狂风，引来滔天洪流，吞噬着田园、房舍、船只，造成了许多人间的不幸和悲哀。她谢绝龙王，又带领侍女、侍臣、金童玉女出海，腾云向西天去了。

他们驾着五彩祥云，飞了好久好久，这一天来到了巫峡上空。只见原本平静的巫峡，竟然是天昏地暗，飞沙走石，房屋和树木都被刮到空中，百姓和牲畜都在狂风中挣扎。原来是有十二条恶龙在那里为非作歹。瑶姬本来对龙王印象不好，现在又看到这十二条蛟龙这般肆虐，更加生气了。于是她施展所学法力，按住云头，用手一指，天空顿时惊雷滚滚，霹雳阵阵，那十二条蛟龙还没明白怎么回事，就被打得骨折筋断，跌入了山谷之中。

赶走了恶龙，巫峡恢复了往日的平静，天空变得晴朗，人间呈现一片祥和的气氛。但是，十二条蛟龙的尸骸却堵塞了长江水道，变成了三峡两岸的崇山峻岭。这样一来，奔腾不息的长江被堵住了去路，江水汇积三峡，向田园、城乡、山林漫去。不久，偌大的四川盆地也变成了一片汪洋。

著名的治水英雄夏禹听到这个消息，匆匆赶来治水。他详细地察看了水情，指挥人们开道疏水。但是石山又高又坚，水势太猛太大，他们的工具和施工方式，都不奏效。夏禹急得直跺脚，失望地坐在山顶上，面对着滔滔洪水叹气。

这时站在云端的神女瑶姬，看到了夏禹的窘相，便派出自己的六位侍臣，下界来帮助他。

六位侍臣来到人间，与禹相见后，各自施用仙术招来一批批天兵天将，调来霹雷去炸山石，调来闪电去推泥沙，调来神火去烧海草。禹也带领人马夜以继日地工作，奋力挖通河床。他们用了很长很长时间，终于凿成了三峡河道，滞留的洪水逐渐泄去，长江又能像原来一样滚滚东流了。

水治理好了，夏禹才得知六位侍臣原来是由神女瑶姬所遣，就恳请侍臣带他去谢过瑶姬。他来到巫峡请求会见瑶姬，想亲自感谢她的恩德。侍臣中的一位叫童律地笑着指着山峰之巅，对他说："她啊，远在天边，近在眼前，那不就是她的住所嘛！"

夏禹抬头一望，不禁吃了一惊，只见刚才还是光溜溜的山峰，突然出现了一座仙宫，忙和童律进入宫中，看见神女瑶姬笑吟吟地坐在宝座上，旁边有青龙白虎护卫，急忙上前拜谢，并请求赐教。

瑶姬笑着还礼，请禹坐在旁边，诚恳地对他说道："你为百姓驱蛟龙、治水患有功劳，但还应该懂得天地间事物变化的规律。如渡大海不知用飞船，过泥沙不知用板橇，走旱路不知用车，走山路不知用轿，那就难免要在陆上受困，水中受淹，要开凿千百座山谷，疏通万千条河流，是很费事的。"

说完，神女又命一位叫容华的侍女拿来一个红玉箱子，从中取出一部黄绫宝卷，对禹说："这宝书能够给你各种知识，包括驱使虎豹、制伏蛟龙的秘诀。当然仅有知识还不行，还要有更多的神和人的力量，方能疏通九河。"然后，又派两位侍臣跟随禹一道从事治水大业。禹感激涕零，当即表示以后一定好好治水，不辜负神女的期望。

瑶姬想自己在巫峡逗留了这么长时间，正想要继续西去，却没有料到她的母亲驾着祥云来到了。王母出于对娇女的疼爱，要她回宫，成就终身大事。而瑶姬坚决不肯回去，还唱了一首悠扬的歌作答。歌词大意说她不想回天宫，愿意留在人间，她想为人们除祸造福，为百姓排忧解难。

歌声悠扬婉转，催人泪下，听到歌声的人们都感动得流下了眼泪。王母虽然理解女儿的心情，但实在是母女情深，她太不愿意和女儿分开了。

这时候的瑶姬，已经在一阵沉默中化成了一座山峰，即现在的神女峰，同时她的侍从也随之变成了巫峡十二峰中的其他诸峰，永远守卫在她身旁。

从此以后，瑶姬就再也没有离开巫峡。日复一日，年复一年，朝朝暮暮，日日夜夜，她眺望着险峻的峡江上下，默默无闻地为民众做着许多有益的事情……

月亮仙子恋凡间

很早以前，在丰城县有一座苍翠挺拔的升华山，山下有一个小村庄。村庄不大，人口也不多，人们都靠砍柴耕地过日子。村里有个勤劳的小伙子，名叫山哥。山哥的父母在世时欠了财主“地方鬼”的租，两位老人相继去世后，山哥就被逼到“地方鬼”家做工抵债。

山哥的日子可苦了。他白天在院子里种地浇菜，还要去山上砍柴，累得汗珠一滴滴往下淌，腰都直不起来。到了晚上，“地方鬼”还不放过他，要他去村头挑溪水，规定夜夜挑满三口大水缸，而且不准打灯照路。夜里漆黑漆黑的，伸手不见五指，这么黑的天，没有灯怎么看得见路呢？山哥一路上绊绊磕磕，不是踢脚就是撞手，两桶水挑进屋，泼得不剩半桶。“地方鬼”见了非但不同情，反而又打又骂。每次挑满三口大缸的水，山哥总得累到鸡啼三遍。

这件事让天上的月亮仙子知道了。月亮仙子非常同情山哥的不幸，敬慕他诚恳能干、忠厚善良，是个淳朴的老实人，就决心帮助他。于是，当夜幕降临时，她便变成一个村姑悄悄地来到村子里，提着一盏圆圆的月亮灯，为山哥照路挑水。在月亮仙子的热情帮助之下，山哥躲过了很多灾难，夜夜总是早早地挑满了水缸。这样过了一天又一天，终于，两个年轻人相爱了。每夜挑完水，山哥就和月亮仙子坐在山溪边的石头上，吹着飘香的晚风，说着甜蜜的知心话。有的时候山哥会吹起竹笛，笛声悠扬婉转，月亮仙子就唱起动听的歌儿，两人一唱一和，别提多幸福了。直到快天亮时，二人才依依不舍地分别。日子一久，狡猾的“地方鬼”觉得这事不对头，怎么山哥夜夜都能很早挑满三缸水？是不是这穷崽子学了什么法术？这天深夜，他不见山哥回屋，便偷偷地在山哥后面盯梢，结果让他发现了“秘密”。“好呀，原

来如此，真邪啦!”“地方鬼”咬牙切齿，气得浑身发抖，贼眼珠一转，想出一条毒计。他连夜动身，走了三天三晚，来到龙虎山天师府，用金银买通了张天师，求他即刻起程“捉妖”。

这天夜里，秋风飒飒，月光如水。月亮仙子和山哥一个打灯，一个挑水，在坎坷的山道上走着。忽然，狂风卷起了大片的乌云，风夹带着闪电，霹雳阵阵，乱云飞卷。张天师站在云端，念动符咒，搬来天兵天将捉拿月亮仙子。只见他手握长剑，怒目圆睁，立在云端张牙舞爪地怪声大叫：“月亮仙子，你的胆子好大呀！你可知道违反天规，擅自下界，私恋凡人，该当何罪！现在本天师命令你立即回宫!”月亮仙子坚决不答应，可恶的张天师便长剑一挥，先朝山哥砍来。月亮仙子怒斥一声：“贼道士！莫作孽!”便飞到半空中，举月亮灯招架，奋力护卫山哥。说时迟，那时快，只听“咻”的一声，一道闪光飞射夜空，月亮灯被长剑劈去一半。刹那间，如虎似狼的天兵天将蜂拥而上，绑走了月亮仙子。这时，山哥才知道自己心爱的人是天上的仙女，他朝天大声呼喊：“月亮仙子——仙子——”但再也听不到回应了。一对恩爱恋人就这样被无情地拆散了。

如今，在丰城县的希望乡甘家圹村，清凌凌的山溪旁，立着一块有三米高两米宽的半圆形弯石，皎洁银灿。人们都说这就是当年被张天师劈落的那一半月亮灯变的，村里人叫

它月光石。一到深夜里，月光石就会闪闪发光，纯净的光辉能映亮四周的溪水，在月光的照耀下，溪水波光粼粼，美丽异常。老辈人说，月亮仙子思念山哥，日夜流泪，日子长了，就形成了这个潭。那会发亮的月光石，也是月亮仙子留在山溪边的，好照着她的山哥夜间挑水呢。

云骨的故事

绍兴的柯岩，是颇负盛名的旅游胜地。那里岩石累累，结成奇异的山峦，这是打石工人辛勤了很多年，用汗水换来的美景啊！多少年来，打石工人从岩石上开凿一方方的石板，又在周围打下了无数很深的石井，把一块块的石板，从井底开掘上来。山峦经过他们的精心打磨，变得十分挺拔俊秀。其中最吸引人眼球的，是一块矗立着的云骨。它好像一座宝塔，笔挺地倒竖在那里。

在很久很久以前，有一队打石工人来到这里，他们一共是五十个人，二十个师傅，三十个徒弟。这些师傅每天带领着徒弟们在柯岩凿石井、采石板。他们整天在那深不见底的石井里做工，不顾一切艰险和辛劳。叮叮当当的铁锤打石声，从井底传遍原野，响彻云霄。附近的人们都能清晰地听到，就连那高居云霄的云仙，都听得很清楚。这样年长月久，云仙被他们的辛勤劳动和不怕艰险的精神感动了。

有一天，她驾着一朵祥云，在天空飘荡。她从云层上低下头来，想看看石井里的打石工人。这时，打石工人们看见天上有一朵云慢慢地降落，以为要下雨了。师傅们忙着收拾工具，嘱咐徒弟们停工，准备上井休息。只见那朵云渐渐地落在洞口上，云上端坐着一位美丽的仙子。那云仙低下头来说道："打石工人啊！你们在这样深的石井里做工，上上下下多么不便。我想给你们一座云山，让你们在云山上开采云石，那比在井底工作好得多了。"打石工人听了，笑着回答："云仙啊，云山上的云石柔软得像棉花，我们不需要那样的石头，我们要的是坚硬得像钢铁一样的石板。"云仙笑道："我当然知道你们想要什么样的石头了，你们放心，我赐给你们的云山，开采下来就是世界上最坚硬的石头，而且这云山中间有一块云骨，它比大理石还要好上千万倍。你们把云骨开采下来，用它造一座房子，这座房子将是你们最好的住宅。夏天，外面烈日炎炎，可是你们一走进这座房子，就会感到阴凉清爽；冬天，外面是冰天雪地，可是一走进这座房子，你们就会觉得温暖得像春天一样。一年四季，冬暖夏凉，这座房子对于你们再合适不过了。只要一百天的时间，你们就可以把这座云山开采好。但是，请你们一定要记住，在开采这座云山的时候，必须齐心合力，如果其中有一个人只顾着自己的利益，忘了大家，那么，云石就再也开采不

动了。”

工人们听云仙这样说，心里都乐开了花，异口同声地说：“我们向您保证，一定记住您的话，齐心协力地开采云山。”云仙听了工人们的话，欣慰地离开了。

第二天，果真像云仙说的那样，就在这石井旁边，出现了一座云山。五十个打石工人兴高采烈地走上云山，一起动手开采云石了。真是不可思议啊，这云石的质地，真的是那么坚硬。开采的时候，工人们只需动动手，石板就一方方地掀下来了。一掀下来，它就变得光滑了，根本就用不着再琢磨修饰。打石工人特别兴奋，愉快地做着工，把开采下来的石板，成堆地排列在山下。来采购石板的人们，都相中了云山的石头，都争先恐后地出最高的价钱来收购他们的云石。

采石工人们天天日出而作，日落而息，日日夜夜地辛勤劳作着。这样过了一天又一天，云山在工人们的手里一点点地变小。等到他们做到第九十九天的时候，这座云山就只剩下中间的一块云石了。这一天，工做完了，有一个老师傅站在这最后一块云石前端详了半天，兴致勃勃地对大家说：“这大概就是云骨了吧！你看它的颜色、质地都是最优质的，就连真的大理石也比不上它呢！这就是我们造房子的材料了！”打石工人不约而同地喊着：“啊，是的！老师傅，让我们一起来祝贺吧！”他们舀来了老酒，相互祝贺，然后愉快地休息了。

当天晚上，一个年轻的小徒弟，辗转反侧，难以入睡，他心里想：明天就要开采的云骨，简直是宝石，如果我能够弄一块回去，用它来做我和妻子的床板，那么夏天我们躺在这云骨床板上该多么凉快；冬天躺在这云骨床板上又该多么温暖呢！这样一块床板，对于我和妻子，真是一年四季都合适的。他越想越睡不着，于是从床上爬了起来，溜回家去告诉妻子，要她明天划一只小船在云山脚下等着。中午，趁人们吃饭的时候，他就可以弄一块云骨石放在船里划回家去。他这样和妻子商量好后，又悄悄地回来躺上床铺，快乐地睡去了。

第二天，就是开采云山的第一百天了，打石工人们都起得特别早，大家的心情都很激动，想到了马上就要开采到云骨了，每个人的脸上都露出了幸福的笑容。他们拿着工具，一齐走到这光彩夺目的云骨旁边，师傅徒弟五十个人一齐拿起凿子、锤子，动手开采。这时，奇怪的事情发生了，他们的凿子一碰到云骨，锋利的凿口竟然卷了起来，云骨坚硬得像钢铁一样，再也凿不进去了。显然，云骨是开采不动了。师傅和徒弟们一齐停了下来，其中四十九个人一齐叹息着：“真悲惨啊！在我们这五十个人中间，到底是谁忘了云仙告诉我们的话，‘只想自己忘了大家’呢？这下完了，我们谁也住不了云骨做的房子了。”只有那个青年打石工人一言不发，非常惭愧地低下头去。

柯岩奇异的云骨，也就是这样遗留下来的。直到今天，打石工人们还传说着这个故事，老一辈的工人都用这个故事来教育后辈呢。

白云仙子斗神沙大仙

相传在很久很久以前，敦煌一带是一片漫无边际的茫茫戈壁，什么鸣沙山啊、月牙泉啊，都还没有呢，就连三危山麓也只有一小块绿洲，人们就在这片贫瘠的土地上繁衍生息着。

屋漏偏逢连夜雨，有一年那里大旱，大地都干裂得出了缝，井也干了，树也枯了，庄稼也死了，人们干渴难忍，难过得直哭，整个大地一片凄凉的景象，好是悲惨。

正赶上美丽、善良的白云仙子在天空飘游，她看到这般荒凉不堪的田野，听见人们撕心裂肺的哭声，心中如针刺一般。但是，如果没有龙王的旨令，得不到雷公电母相助，她也没办法降雨，只能干着急。这一着急就掉了眼泪，哪知银光闪亮的泪珠儿落到地上，便聚集在一起，变成了一股清泉。泉水汩汩流出，润湿了土地，枯树绿了，苗发芽了，人们也笑了。

受苦的老百姓为了感谢白云仙子的恩德，都称她为白云菩萨，又在泉边修了座很壮观的庙宇，塑了她的金身。庙宇落成，大家都来烧香，一时门庭若市，好不热闹。这样，对面神沙观里便断了烟火。

神沙观里住着神沙大仙。他从西天游玩回来，发现自己的神沙观门庭冷落，连香火都断了。这可把他气坏了，暴跳如雷，破口大骂："沙海明明是我的地方，你白云仙子算个什么东西，竟敢在我的地盘逞能？好，走着瞧，看谁厉害！"于是，神沙大仙来到泉边，抓把沙子一扬，喝声"起"，只见平坦的戈壁滩上，猛地长起了一座大沙山。沙山把水泉包在中间，弄得泉眼越来越小，水也越来越少。人们又叹息道："旱魃回来了，苦日子又开始了。"

白云仙子闻声赶来，一见大沙山，就知道是神沙大仙嫉妒她，在施法报复。但她在人家的地盘上，又不好说什么。她低头想了一会儿，就上九天去找嫦娥仙子了。

嫦娥和白云仙子是无话不谈的好朋友，看到白云仙子来了，嫦娥忙把她迎进广寒宫，问："妹妹今天来九重天，一定是有要紧的事情，说吧，看看姐姐我能不能帮你的忙？"

白云仙子说："我呀，是想和姐姐你借样东西。"

"咱们姐妹还这么客气，借什么，你就讲吧。"

"借月亮。"

"借月亮干什么？"嫦娥问。

"神沙大仙欺负我呢，要用流沙填清泉，让人们受苦受

难。我想向仙姐借月亮与神沙大仙斗法。”

嫦娥说：“你为人间造福，我理应相助。只是今日恰好是初五，月亮还没有圆呢。”

“那不要紧，就把初五的新月给我吧。”

嫦娥爽快地答应了。

白云仙子捧着弯月，兴高采烈地返回，便把月亮摊在庙前。

一袋烟的工夫，这弯新月就变成了一座形如弯月、碧波荡漾、清冽莹澈的水泉，这就是现在的月牙泉。

这事又让神沙大仙知道了。他又使出神法，调来黄沙去填月牙泉。白云仙子见神沙大仙蛮横无理，心想：你真是欺人太甚！我不能容你！于是将衣袖一甩，一股清风呼啸着从她的衣袖里冲了出来，呼呼鸣叫，一下子便把填泉的流沙吹上山顶。神沙大仙见状，气得七窍生烟，吼声如雷，却无可奈何，这就是鸣沙山。

一晃几千年过去了，月牙泉已经渐渐被黄沙掩埋。可是直到现在，却还能听到鸣沙山的雷鸣声，能看到下滑的沙被徐徐的清风吹上山顶的奇景呢。当地的百姓都说，这是白云仙子在守护着大家呢。

五仙女惩恶

话说在天上的瑶池里住着金、木、水、火、土五位姑娘，五位姑娘又年轻又活泼，天天住在瑶池里，被天条束缚着，她们觉得闷极啦。

终于有一天，五位姑娘寂寞难耐，就趁着玉帝、王母不备，悄悄地结伴下凡，来到东海里游泳。东海真宽广啊，她们玩呀，耍呀，游到了岸边，四面一瞧，哟！这儿全是光秃秃的山，黑乎乎的石，多荒凉啊！太阳放着火舌，灼得地上没有一根草，一棵树。五位姑娘想憩息一会儿，找了好久，竟然没有找到一个可遮凉的去处。

“这真是一个糟糕的地方，应该找一位神仙来把它弄得好看一些。”金姑娘说。

“求别人不如靠自己，我看还是我们自己把它变一变吧。”木姑娘提议道。

“我同意！我同意！这真是个好主意！”水姑娘马上接口说。

“那还等什么啊！咱们就各显神通吧！”火姑娘说。

“好，我先来！”土姑娘抢先一跺脚，光秃秃的山头上立时冒出了黑油油的泥土。紧接着木姑娘吹了口仙气，立时草木丛生，满山遍野郁郁葱葱地长满了树木。水姑娘伸开五指一划，山山岙岙涌出了涓涓的泉水。火姑娘倒吸一口冷气，吹过来阵阵凉爽的清风。金姑娘急了，一把金沙撒向天空，肥沃的土壤里立刻长满了黄灿灿、沉甸甸、迎风摇曳的稻子。

啊，变了！真的变了！这地方再也不像原来那样荒凉了，真美呀！五位姑娘被自己变的地方迷住了，竟然舍不得离开，就在山岙中暂住下来。渐渐地，一些流浪到这里的穷苦人，见到这么块好地方，也纷纷定居下来。五位姑娘怕人们惊吵，就织了一顶彩网，将自己罩在一个山岙里。但是人们还是常常可以看到她们在山上走动的身影和戏耍的笑声，可以听到她们甜美的歌声。

地方官知道了这件事后，带着人到这里转了一圈，觉得这是一个好地方，也是一个可以赚钱的地方，于是大笔一勾，就将这一带的青山秀水统统划归己有，要人们向他交租纳税。乡亲们一听都气炸了肺，可是又有什么办法呢？地方官有钱有势，掌握着生杀大权，谁不怕他啊？那狗官又看中了五姑娘住的这座山，就命人召集工匠，要在这山脚下造幢大屋居住。他在山下大兴土木，把山上的大树都砍下来做木料，大块大块的石头被挖来垒屋基。木料堆起了，屋基垒高了，墙砌上了，又要用溪坑中的沙子抹灰缝。有个帮工的年轻樵夫，挖沙时捡到一块拳头大的五彩石，觉得十分好看，就把它带在身边，谁料到一天晚上收工时竟把它忘在沙堆上了。第二天一早，他去找寻，奇怪的事情发生了：昨天才小小的一堆沙子，今天却变成了很大很大的一堆，那块五彩石正在沙堆顶上闪闪发光呢。他兴奋地大声嚷了起来，许多人都围过来观看。那狗官正在督工，闻知消息，边跑过来边叫道："谁也不许碰它！这是我家的祖传宝贝呀！"说着就抢上沙堆，把五彩石抓到手中。但是，却放不下来了。因为五彩石在他手里越长越大，越来越重！狗官贪心得很，心里知道这是宝贝，怕它长翅膀飞走，捧着不肯放手，双脚直往沙堆中陷了下去。

正在这个时候，一阵狂风吹来，惊得众人四散奔走，躲在远处细看。狂风中，金姑娘挥舞着黄色的衣袖，掀起满天飞沙，团团裹住狗官。木姑娘擎起双手，招来那堆准备造屋的木料往狗官身上乱砸。水姑娘带领着滔天的洪水倾泻下来，直把屋基冲了个精光。火姑娘口吐烈焰将狗官烧得焦头烂额，一命呜呼。土姑娘卷来一阵黄沙，将他的尸首掩埋了。

一会儿工夫，风也停了，水也退了，五位姑娘也不见了影踪。这儿依旧是山清水秀，绿树红花，只是在山脚边长出了一块屋一般大的、光溜溜的巨石。后来住在这里的人们就把这个山岙叫作网岙，这个山头称为"仙走岭"，把这块巨石叫作"五姑娘石"了。据说每当夜半更深的时候，它还会熠熠闪光呢。

黄帝升仙

传说有一天，浮丘公拜见轩辕黄帝的时候，发现他双眉紧皱，闷闷不乐，便关切地问道："令人敬仰的帝王啊，你为什么皱着眉头不开心呢?"轩辕黄帝长长叹了一口气，无限伤感地说："你有所不知啊，我清晨起来，到溪边梳洗，发现倒映在溪水中的我的面容，竟然两鬓染霜，胡须斑白，唉——我老了，老了!"

浮丘公说道："生死是自然界的规律，世上万物有生必有死，并不会因为您的担忧而有丝毫改变，您怕死又有什么用?"黄帝摇摇头："我不是怕死，但我还有许许多多的事情没有办完，我要开垦土地，治理河流，驯化禽兽，种植植物……这些事情不做完，我死不瞑目啊。"

"那有什么办法呢?"浮丘公为难地说，"传说中只有神仙才能长生不老。"

"正是这样。"轩辕黄帝脸上露出了笑意，"我听说凡人只要吃了仙丹便能超脱凡尘，成仙不老。浮丘公，你快去给我寻一个炼丹的仙境来。"浮丘公不敢违抗，只得领命而去。

浮丘公走后，黄帝一天一天地计算日子，盼望他快点儿回来，他每天丢一粒石子在瓮里，瓮里的石子已经一千多粒了，就是说浮丘公已经离开了三年。这一天，轩辕黄帝放了石子，心里焦急不安，忽然容成子来报："报告陛下，浮丘公回来了！"黄帝赶紧出门迎接，一见面来不及寒暄，便迫不及待地问："快说快说，事情办得如何？"

浮丘公施礼道："尊敬的帝王啊，微臣用了三年的时间，终日寻访，终于找到了一个炼丹的地方，那真是个仙境。"

"那地方在何处？"黄帝欣喜地问。

浮丘公说："江南有一群高山，只因山上多是黑石，我就给它取了个名字叫黟山。"

轩辕黄帝闻听此言心里乐开了花，高兴劲儿简直无法形容。他顾不得让浮丘公休息，第二天便带着浮丘公、容成子和一些臣仆起程上路，直奔江南黟山。

到了那里，众人抬头看时，果真是个好地方。那里奇峰林立，峻峭挺拔。一座座山峰千奇百怪，各具形态，真是"奇峰峰侧抽奇峰，怪石石上叠怪石"。大家正在惊异的时候，忽然，从山谷的一个洞穴中，飞出团团云雾，把眼前的美景遮掩到纱幕后面去了。轩辕黄帝看得正入神，不料想景致被云雾遮住，非常恼怒，就用手去撕云扯雾。说来也怪，那云朵竟顺原路像流水一般地流回原来那个洞里去了。众人惊疑不止，轩辕黄帝如痴如醉，也不用浮丘公引路，就一直向山里走去。

没走多远，只见一座山脚下有个水池，池上笼罩着团团

雾气。容成子蹲下，把手伸进水中，惊奇地发现那水竟是热的！浮丘公说："我曾听说山中有仙池，一定就是这个了。"轩辕黄帝闻听欣喜若狂，赶紧脱了衣裳，跳进池中。池水不热也不凉，浴罢精力倍增，使人飘然欲仙。

再往前走，忽见一群猿猴嬉戏追逐，它们嘴里都含着各种各样的花朵，聚齐在一块巨石上，只听呼啸一声，一道黄光，猴儿们全不见了。轩辕黄帝心中好生纳闷儿，便率众人找寻。哪里追得上？山里本就无路，遍地野莽，处处青藤，加上怪石当道，行不了几步便陷入绝境。黄帝不死心，又命令容成子在前抡斧开路，跌跌撞撞一路寻来。爬至一座悬崖，只听谷中喧喧嚷嚷，低头一看正是那群猿猴，只见它们把采摘来的鲜花全丢在一个大石槽中。一块突石上，端坐着一只毛色雪白的老猴，几只小毛猴正给它抚背搔痒。轩辕黄帝心想，这一定是个猴王。这时，那老猴王已站立起来，向山崖上的黄帝拱手行礼，嘴里还呀呀有声。黄帝正欲还礼，只听一声呼啸，那猴王及群猴又都不见了。

浮丘公走到黄帝身旁，低声说道："据传这山上有一仙猿，能腾云驾雾，来去无踪，刚才见到的恐怕就是它。"

轩辕黄帝点点头，又领众人走下山来，忽然一阵阵醉人的醇香扑鼻而来。众人四处寻找，只见一个石槽中有半槽淡红色的水，香味正是从那里飘来的。容成子抢上一步，用手掬起饮了一口，不觉大叫起来："仙酒！仙酒！"黄帝和众人一尝，果然味道甘美，大家便狂饮起来。

轩辕黄帝吩咐就在这山中垒石造屋。第二天，大家便分头去寻找最理想的炼丹的地方。他们攀山越涧，石头碰破了腿脚，荆棘扯烂了衣裳，走遍黟山所有的山峰，终于找到了一个好地方。黄帝便吩咐浮丘公搭炼丹台，容成子砌炼丹炉，众臣仆们砍柴备薪。他自己也迫不及待地去找炼丹的药。

炼丹需用九十九枝灵芝草，九十九根九节参，九十九对羚羊角，九十九朵玉露花，九十九个豹子胆，九十九颗无花果，九十九株赤叶松，九十九片冰薄荷，再加上九十九滴甘露水。要把这些东西配齐可真不容易，然而轩辕黄帝下定了决心，炼不出仙丹绝不下山。

黟山七十二座陡峭的山峰插在云中，有些地方连猴子也难上去，可轩辕黄帝却踏遍了每一寸山崖。带来的粮食吃完了，只好摘野果子充饥。那几个臣仆受不了苦，先后偷偷地溜走了。最后只剩下轩辕黄帝和浮丘公、容成子三人。他们千辛万苦地过了九年，才找齐了各味药，只缺少甘露水了。这时，浮丘公又病倒了，轩辕黄帝便把容成子留下照顾他，自己又爬进深山。这天，他累得很，看见桃花溪里有块光滑平整的大石头，就爬上去休息。他朦朦胧胧地闭着眼，忽然听见山林里传来一阵叮当悦耳的仙乐。不多久，他就看见从林中走出两只仙鹤，边走边舞。仙鹤后面，有一位白胡子、

白眉毛的老仙翁，骑着一头雪白的鹿，正向他缓缓走来。他吃了一惊，赶紧起身施礼，向他打听何处有甘露。老仙翁笑而不答，只是掷下一块方巾。那方巾正飘落在他脚下。他定睛看时，见方巾上写着二字：丹井。黄帝欣喜若狂，一下醒了过来，看脚下哪里还有什么方巾，原来是一个梦。他便一骨碌爬起来，在脚下石头上叮当打凿，找那眼丹井。岩石十分坚硬，凿了一天才啃下一小块石屑。黄帝不灰心，一直掘了七七四十九天，终于掘出一眼石井。井水清冽芬芳，果真是甘露！

浮丘公闻讯，病马上就好了，他们立即动手把各种药捣碎做成丸，然后生火开炉。

他们整整炼了三年，原先准备的像山一样高的柴垛烧完了，炼丹台附近的树全砍尽了，浮丘公和容成子不得不到远处去砍柴。轩辕黄帝在炉前烧火，他把最后一块松柴填进了炉膛，砍柴的还没回来。眼看炉膛内火势渐渐小了，黄帝急得坐立不安。炼丹的火万一熄灭，那就前功尽弃了。他又一次抬眼望望山道上，还是没有人影。怎么办呢？黄帝便把自己的一条腿伸进炉膛当柴烧，炉火这才旺起来。

烧着烧着，炼丹炉内骤然一声巨响，射出万道金光，远山近壑都被照得一片通亮。浮丘公和容成子急忙奔来，黄帝还安详地烧着他那一条腿哩。他俩把黄帝的腿拔出来，三个人看看丹炉，高兴得不知说什么好——丹炼成了！

那些半途溜走的臣仆，听见黟山一声轰响，又见万道金光，知道仙丹已经炼成了，便纷纷返来。可当他们赶到的时候，黄帝和浮丘公、容成子已经吃了仙丹，脱胎换骨，飘然成仙了。臣仆们见那三个人已慢慢飘离地面，便苦苦哀求也把他们带上天去。

轩辕黄帝看了他们一眼，没有搭理。三人脚踩祥云，渐渐升高。有一个臣子纵身一跃，抓住了黄帝的胡须，想跟他一道上天，不料上至半空那胡须突然断了，把那个臣仆摔了下来，变成了一块怪石。黄帝的胡子落在地上变成了龙须草。现在山崖石缝边那一丛丛绿油油的龙须草，就是当年轩辕黄帝的胡子呢。

黄帝和浮丘公、容成子吃了仙丹成了神仙，从此长生不老，一直在为人类造福。因为黟山是黄帝炼丹的地方，后人就把黟山改名为黄山了。

现在黄山七十二峰中的轩辕峰、浮丘峰、容成峰，就是纪念他们的。桃花溪里，他们用过的药臼、丹井至今还保存着呢。

浮丘公与撒金巷

古时候，在如今广州中山七路一带，有一块巨石，叫作浮丘石，那是传说中广州古代的三块巨石之一，其实是个小山岗。可不要小瞧这个山岗，山上亭台楼榭，小桥流水，应有尽有，优雅而别致，是个著名的游览区。清朝时的“浮匠丹井”，还是羊城八景之一呢！

相传在浮丘山下住着两个盲人，其中一个有六七十岁了，大家都叫他浮丘公。另一个二十多岁，叫作浮丘叔。可怜的是，两个人都是残疾，总共才只有一只眼睛，浮丘公双目失明，浮丘叔一双眼睛有一只残废。可是奇怪得很，剩下这一只眼虽是两人共用，只要他们互相搀扶在一起，浮丘公也看得见路。两个人经常互相搀扶着，到浮丘山上砍柴割草，卖薪度日。他们非常勤劳，每天都是鸡一叫就出发，太阳落山了才回去。邻近的人看到他们这个样子，都觉得他们可怜，经常施赠一些麦豆、粟米给他们，可是每次得到施赠，浮丘叔都是先让给浮丘公吃，而他自己却挑着重担，一步一踉跄地拉着老人回家去。

冬天到了，北风凛冽，到处都被冰雪覆盖，冻得人们都流出眼泪来，他们依然背着柴刀，互相搀扶着上山来；夏天到了，骄阳似火，天气又闷又热，时不时还要来一阵狂风暴雨，他们也从未间断过。山上到处都有他们的足迹，到处都洒满他们的汗水。

他们的精神让人感动，邻居二叔婆看他们日子过得这么艰难，经常送一些麦豆给他们。麦豆这个东西既可当菜，又能充饥，浮丘公他们都非常喜欢吃这种东西，只是接受的次数太多了，总觉得有点儿不好意思。他们想自己也有手有脚的，总依靠别人的施舍过日子，实在不是办法。有一天，二叔婆又送麦豆来，浮丘公说什么也不肯再收了。二叔婆说："我们是邻居，平时相处得又很融洽，你们眼睛不方便，帮助你们是应该的，而且我们也不差你们这一口啊！没关系的！"浮丘公说："咳，即使是这样，我们也觉得心里有愧啊！你们种这些麦豆也很艰难啊！"这一说提醒了浮丘叔，他想：别人能种，我们为什么不能种呢？我还有一只眼可以看得见呵！于是，他把这个想法告诉了浮丘公和二叔婆，把送来的麦豆收下来做种子。

次年的春天，他们又和往常上山砍柴割草时一样，互相搀扶着，到浮丘山上去开垦荒地。可是哪有那么容易啊！这浮丘山，高不过一丈九，宽不过四百步，哪有那么多地方？能种植的别人早都开垦了，剩下东头的一点儿地方，拨开表土一看，下面全是红色的岩石，这哪能种什么东西啊？可是没有别的办法了，他们也只好硬着头皮在那里开荒了。浮丘公在前边掘，浮丘叔在后边种。掘一下，行一步，种一穴，摸一摸。别人一天种下三斤种，他们三天才种下一斤多。刚好那年又遇上天大旱，谷雨都过了，还未见过一滴雨水。俗话说：谷雨无雨，交田还田主。这些旱坡地更加旱得厉害。两个盲人，就靠一只眼睛，摸着爬着抬水淋地，收工回来的

时候，还要挑回一担柴草，换点儿油盐酱醋，维持生活。

可是，令人惊讶的是，别人种的麦豆，虽然照料得精心，水又多，肥料又好，但是却结不了多少荚，大家都认为是旱灾造成的，而他们两人种的麦豆，枝叶长得又黄又弱，却结满了一串串的豆荚；别人种的麦豆，开的是紫蓝紫蓝的小花，而他们两人种的麦豆，开的却是黄灿灿的金花。到收豆子的时候，奇迹出现了：别人收的是平常的麦豆，他们收的都是一颗颗黄灿灿的金豆。呵，连那些豆秆，也变成了红白相间的珊瑚玉树。大家都说，这是上天被他们的勤劳打动了，赐给他们与众不同的收成，让他们成仙了！

据说他们成仙以后，依然想尽办法报答曾经帮助过他们的人，特别是二叔婆。他们把这些金麦豆撒在每家每户的门口，这样整整撒满了一街。所以现在中山七路中华戏院对面，还有一条“撒金巷”呢！他们肩上担的柴草，都变成了珊瑚玉树，明朝大画家李子长的那支神笔，传说就是他们送的一条柴草变的。又说古时候每一个小孩子都知道这件事，有一首童谣就是这样唱的：“浮丘公，浮丘叔，两人同一目。撒豆成金人不知，肩上珊瑚担一束。”现在中山七路东段，原名就叫石岗街，地下全是红色砂岩，那就是当年浮丘公种麦豆的地方。

两个洞庭山

大家都知道湖南的君山叫洞庭山，可是在江苏也有一山叫洞庭山。两座山相隔千里，为什么有同样的名字呢？这就是我们要讲的一个动人的故事。

相传舜帝在南巡时染病，在华容县苍梧山驾崩。他的两个妃子娥皇、女英闻讯后，不远万里长途跋涉，凄凄惨惨地赶到苍梧山寻找舜帝的尸体，找来找去没有找到，就乘船觅到一个名叫云梦泽的小岛上，还是没有找到。她俩每天站在小岛上，望着波光粼粼的湖水，路断波横，肝肠寸断，伤心无比。从此，二人在这孤岛上，相依为命，同床共梦，过着孤寂的生活。她们为了表示对舜帝的忠贞，年纪轻轻就发誓再不嫁他人。这事感动了上苍，玉皇大帝为了表彰她们的忠贞，将二人点化为仙，收为义女，还封为湘君，并令其管理洞庭水域，把小岛称作君山。

大姐娥皇，在舜帝南巡之时已身怀六甲，到君山不久就分娩了。她生下一个男孩，取名俊生。俊生这孩子从小聪明伶俐，又长得眉清目秀，英姿飒爽。加上两个仙母的严格教导，他文武双全，天文地理无不通晓。一转眼，他已经长大成人了，成为一个文韬武略、英姿勃发的英雄。二位湘君眼看儿子已长大成材，就想给他挑选一个好媳妇。可是找来找去，竟然没有发现一个女子配得上自己的儿子，这一来二去，就耽误了下来。

这天娥皇在宫中闲坐，为儿子的婚事正闷闷不乐，忽见龟元帅前来奏曰："启禀君王，臣今日去巡湖广之地，见一布告，说太湖的包山有一个茅山老祖，老祖有个女儿，生得貌美如花、知书达理，琴棋书画无不通晓，要匹配一个年少公子。君王何不快派人去说媒，娶了这个媳妇?"娥皇听罢大喜，与二妹女英商量之后，即派鲤鱼神和蚌姑神前往太湖包山去求婚。

鲤鱼神和蚌姑神接旨之后，不敢延误，马上启程，一路上快马加鞭，日夜兼程，没几天就来到了包山。他们见了老祖以后，先跪拜行礼，然后诚恳地说："在下乃君山人也，受我主湘君之差，特来仙境，一则拜望老祖平安福寿，二则听闻老祖膝下之小仙姑，要选配郎君，特来说合。我家湘君有一公子，才貌非凡、文武兼备，正好与您家小姐结鸾凤之缘。如能准可，使包、君二山成为友好亲戚之邦，岂不美哉?"

老祖一听是娥皇、女英的儿子，顿时喜出望外，但想到女儿出嫁远离，又万般难以割舍。思前想后，便回道："这当然是一件好事，但我有一个条件，要答应了才行。"鲤、蚌二神忙问："请问哪一件?"老祖说："我只有这个独生女儿，在此岛上相依为命，不愿小女远离家土，因而要'招赘'

上门。”

二神听后不敢自作主张，即刻赶回君山，回禀湘君。湘君心想：自古以来只有女嫁男方，哪有相反从之的？再说，我姊妹身旁也只有一个儿子，如被“招赘”，今后靠何人侍奉照看呢？姊妹双双想到此处，不禁泪如泉涌，久久不语。

站在一边的鲤鱼神见状，便说：“请君王不必过分忧虑，我倒有一个两全其美的办法呢！”二湘君忙问：“有何办法呀?”鲤鱼神说：“君王不如和公子一起迁入太湖包山，两家住在一处，这不是皆大欢喜吗?”湘君说：“我姊妹二人，奉义王之命，管理此处山河，岂能擅离职守?”蚌姑神在一旁笑着说：“为了使两家都不孤寂，可在这君山之下修一条通往包山的地道，并在通道中间修一座华丽的宫廷，让公子和小姐在这里结婚住下，两家之间可常来常往，这就等于两家合一了。”

二湘君一听大喜，说：“这倒是个好主意，又不用远离儿子，又能娶到称心如意的好媳妇，但不知老祖是否同意此法，还劳二神再去禀告老祖一番。”

鲤、蚌二神第二次来到包山。老祖听二仙禀告后，亦欣然大喜。当即鲤、蚌二神返回君山，向湘君转告了老祖之意。湘君甚是欣慰，马上派虾兵、蟹将、螺娘、鳅姐，由龟元帅统领，日夜赶修地道，不用一百日的工夫，通道就竣工了。接着，又在通道的中间建了一座华丽的玉石宫廷。

转眼间，到了结婚的良辰吉日，二湘君在旗罗鼓伞的簇拥下，鸣炮奏乐，锣鼓喧天，将儿子送到了金碧辉煌的玉石宫廷。茅山老祖也不甘示弱，带领太湖的所有水族百姓和包山的仙童仙女，人潮如涌，张灯结彩，把女儿送到了玉石宫廷。那一天，真是好不热闹啊！

就在这一天的筵席上，湘君与老祖一起走入礼堂，互相举杯庆贺。湘君当众宣布将玉石宫廷命名为“洞庭宫”，老祖听了合掌大笑说：“妙哉！妙哉！我看为了表示我们两家亲如一家，就将包山、君山一同改为‘洞庭山’吧！”

老祖话音刚落，便博得满堂大笑。来贺喜的宾客都举起了酒杯，一同庆祝湘君公子与老祖小姐结婚大喜，也是庆祝两座名山更名。从此，两座“洞庭山”就叫开了，有关两个“洞庭山”的故事也一直流传到现在。

伏羲造福人间

传说在我国遥远的西北，有一个国家叫华胥国。这个国家非常远，无论你是走路、乘船，还是坐车，都无法到达那儿。这个国家是一片乐土，这里的人们不仅生活美满而幸福，而且寿命也很长。

在这个极乐的国土上，有一个美丽的姑娘。有一次，她

到东方一个非常美丽的大沼泽雷泽去游玩，看到泽边有一个巨人的大脚印。她觉得这个脚印又奇怪又好玩，想比较一下脚印的大小，便用自己的脚去踩这巨人的脚印，谁知这一踩就有了某种感觉，后来她就怀了孕，生下了一个男孩，人们为他取名叫“伏羲”。

雷泽的主神是雷神，那个巨大的脚印就是他留下的，所以人们都说伏羲是雷神的儿子。伏羲也确实长得像雷神，是人面蛇身，而且，他还能沿着一道天梯，自由自在地到天上去。

伏羲对人们的贡献非常大。他曾经画出了八卦，这其中包括了天地万物的种种情况，于是那时候人们就用它来记载生活中发生的各种事情。伏羲还发明了渔网。那时候的人们都是手拿木棍到江河里去捕鱼，捕起鱼来非常困难。伏羲教人们把绳子编织起来，做成渔网，有了这项技术，人们就能捕到许许多多的鱼了。他手下的人也从他的渔网中得到了启发，仿照他的办法编织出了鸟网，教人们去捕鸟。这些发明，为人们改善生活条件提供了良好、适用的工具。

这些还不算，要说到伏羲对人们做出的最大的贡献，是

他将火种带给了人们。在这之前，人们吃的是生冷食物。吃肉食时，腥膻的生肉常常使人们生胃病、坏肚子；吃生的野菜、野果，使人们消化不良。看到这一切，伏羲的心中很难过。

一次，他来到天山，恰好遇到了大雷雨，刹那间电闪雷鸣，十分恐怖。突然，山林里燃起了熊熊的大火。原来，是雷电把干枯的树木引燃了。这时，有许多小动物被烧死了。伏羲拾来这些小动物一尝，非常美味可口。于是，伏羲便把火种留了下来。他把这火种传给每一个人，教人们用火烤熟食物来吃。从此，世间的人们都过上了幸福的生活。

人们吃了烤熟的食品，一个个身强体壮，无论捕鱼、打猎都非常有气力。而且，人们的疾病也越来越少了。

石头姑娘的口弦琴

很早以前的一年春天，可怕的瘟疫降到了人间。黑龙江边上的一个小镇的老百姓全都病死了。有一个老头来到镇上串门，他走遍了整个镇子，只找到了一个吃奶的小女孩。她的母亲死了，小女孩正一边哭一边含着妈妈的奶头呢！

老头抱起了这个小女孩，离开了这个已经绝了人烟的镇子。

一晃16年过去了，那个小女孩长大成人了。一天，姑娘问老爷爷："好爷爷，别人家的孩子都有爸爸妈妈，我怎么没有呢?"

老爷爷忙说："以前你年纪小我没有说，现在该告诉你了!"

于是，老爷爷便向她讲起了她家的遭遇。姑娘听完，放声哭了起来。

老爷爷安慰她说："孩子，我听说在额图山上有一个宝洞，洞里有无数宝物，其中有一个神奇无比的口弦琴，吹起它来，苦难的人能得到幸福，死去的人能重新复活。你要是能到那个宝洞里找到那个口弦琴，就能重新见到你的爸爸和妈妈了。"

姑娘说："爷爷，请放心，我一定要把那口弦琴找来。"

老爷爷又担心地说："上那山可不是容易的事，山上有老虎、黑熊。再说那宝洞门口还有一个石头老头看守着。"

姑娘说："只要能够和父母见上一面，就是死了我也心甘情愿。"老爷爷见姑娘的意志如此坚决，就答应了她的要求。

第二天，老爷爷把姑娘一直送到额图山下。姑娘告别了他，便向那高耸入云的额图山上爬去。当她找到那个宝洞的时候，天已经黑了。姑娘悄悄走进洞里，躲在暗处看到山神、树神、虎神和熊神正在那里喝酒玩乐。喝到高兴处，山神说："我们一起跳舞吧。"树神说："我来伴奏。"说着，就从一个金盒子里拿出口弦琴吹了起来。那声音动听极了。不一会儿，就都累得趴在地上睡着了。

这一切，姑娘在暗处都看得清清楚楚。她想，这些神刚刚睡去，一时半会儿不会醒来。于是，她悄悄地走进洞去，蹑手蹑脚地来到树神的身边，拿起口弦琴放在怀里，又偷偷地走出了宝洞。

可是，刚到宝洞门口，守着洞门口的石头老头说话了："姑娘，你知道吗，到这玉洞里拿一件东西，三天以后就会变成石头的！你还是马上把怀里的口弦琴丢掉吧！"

姑娘听了守洞老头的话，哭着对他说："好心的石头爷爷，我非常感谢你的好意，我知道你劝我丢下口弦琴是为我好，可是为了救活那些被瘟疫害死的乡亲们，为了能见到我的生身父母，我就是变成石头也心甘情愿。"

守洞的石头老爷爷被姑娘的一片赤诚感动了，于是他对姑娘说："那好，我现在告诉你，你马上骑上这只石头天鹅快走吧！你必须在天亮前赶到你出生的那个地方，当你吹起口弦琴，那里的人就能复活过来。"

姑娘向石头老头跪下拜了几拜，便骑着石头天鹅向远方飞去。大约过了一顿饭的工夫，就到了寂静的小镇上。这里到处都是死人、死狗、死猫。姑娘就照着石头老头的话，吹起了口弦琴。她一家一家地走，一条街一条街地吹，凡是她吹着口弦琴到过的地方，死去的人都活过来了。

活过来的镇里的男女老少都以为她是神仙呢，便纷纷向她磕头作揖。姑娘便向大家讲了自己的遭遇。这时，姑娘的父母也活过来了，全家高高兴兴团聚在一起。

到了第三天晚上，眼看就要和刚见面的父母永别了，姑娘心里万分难过。她为了不让自己的父母伤心，便对他们说："我去把抚养我的爷爷接回来，你们说好吗?"她父母十分高兴地答应了。

姑娘骑上天鹅飞到了老爷爷那里，把自己所经历的事情说了一遍。最后，她对老爷爷说："爷爷，我送你上我的父母那里去住吧。你劝我的父母不要为我伤心。我把这个口弦琴交给你，你把它保存好吧。"

"孩子，你放心吧，我一定会把口弦琴保管好，让它为老百姓世世代代带来欢乐和幸福。"

他们说着，一起骑上天鹅，向小镇飞去。到了那里，她刚走了几步，身子就开始变硬了，她刚说了一句："老爷爷，我永远和你们在一起!"就变成了石头人。

老汉救龙女

相传很久以前，在水族居住的地方有一座太阳山。山下住着龚祥老两口和两个刚懂事的孙子。龚祥和老伴每天起早贪黑地干活儿，可是，附近的一个财主却要撵他们走。

龚祥夫妇已经这样一大把年纪了，还要受这种气，他们真想爬到悬崖上，往下一跳，了此残生。但一想到两个孙子还十分年幼，便又下不了死的决心了。

一天傍晚，突然下了一场大雨。雨过天晴，天上出现了两道五彩缤纷的彩虹。龚祥老人十分高兴，便背上竹笼，准备上山挖些竹笋来做晚饭。他刚刚走过一个山口，忽见一只凶狠的饿鹰扑了下来，不知叼住了一个什么东西，正要往上飞去。龚祥一看，忙把手里的竹笼扔了过去。恶鹰被吓得连忙丢开口中的食物，飞走了。

龚祥赶上去想看看恶鹰叼住的是什么东西，可是，他只看到一朵青云冉冉地飘上了太阳山。龚祥回家后，把这件事告诉了老伴，夫妇俩都很惊奇，不知是福是祸。

当天晚上，龚祥做了一个梦，梦见龙王对他说："我是金鱼潭中的龙王，你今天救了我女儿的命。明天一早，请你们一家往南走，过三条河，翻七座山，就到了我家，我们一家要好好地答谢你们。"

龚祥在梦中惊醒过来，便把梦中的事情告诉了老伴。第二天一大早，他们一家人便按照梦中龙王指点的路线，用了七七四十九天，过了三条河，翻了七座山。可是他们发现，那里并没有人家住户。

正在他们愁眉不展的时候，从前面竹林深处走出一位宛如仙女的姑娘。她笑盈盈地上前给龚祥施礼，对他们说："那天出门来，因贪看彩虹，差点儿被凶恶的老鹰抓去，幸亏您老人家救了我一命，请受小女一拜。"说完，就向龚祥深深地拜了一拜。

龚祥连忙把那姑娘扶起，问她家住在哪里，姑娘只是笑而不答，领着他们穿过竹林，来到一口大深潭边，潭里面有许多金鱼。龚祥忽然想起梦中的事情，不禁失声叫道："这一定是金鱼潭了。"

姑娘接着说道："正是，这里就是金鱼潭，我父亲特意让我来接你们一家。现在你们把眼睛闭上跟我走吧！"

龚祥一家把眼睛一闭，只听耳边"呼呼啦啦"地响着。不一会儿，姑娘对他们说："可以睁开眼睛了！"他们睁开眼睛一看，眼前是一个大厅。龚祥见那房屋全都是用木头建成的，感到十分稀奇。

龚祥正想着，走来了一位头戴王冠、身穿大红龙袍的人，这人正是龙王。

龙王招呼龚祥一家人坐下后说："您老人家真好心，救了我女儿一条命，现在特请您到龙宫玩几天，作为我们对您的感谢。您有什么要求，也请尽管提出来，我们都会为您办好的。"

龚祥一家在龙宫住了半个月，就准备告辞回去了。龙王一家再三挽留也留不住。临走时，龙王要送给龚祥许许多多礼物，但他一件也不肯收。

龙王没法，便对龚祥说："既然您什么也不要，我就把潭边这块地送给您吧，你们就不要再回到你们过去住的地方了。"龚祥看到龙王实心实意地送礼物给自己，便答应了。

上岸后，龚祥砍来木材，剥掉树皮，割来茅草，照着龙宫里的房屋模样，建造了一幢木质结构的房屋。一家人住进了新屋，十分高兴。他们在潭边的那块地上种的庄稼也年年大丰收。龚祥一家还常在潭里捞鱼吃，一直过着幸福美满的日子。

后来，龚祥想回原来住的地方去看一看，就拎了一串鱼，带了一些果子上路了。来到寨子，他把鱼和果子分给了那些穷人，也把自己的种种奇遇告诉了大家。住了几天，龚祥便回金鱼潭去了。

谁知他的话被财主听到了。贪心的财主带着几个打手，寻着踪迹来到了金鱼潭。

财主看到那里有满山的果子，还有满潭的鱼，就一心想霸占这块地方。可是，怪事发生了：他摘的果子吃到嘴里都成了苦的；他摸过的树，全都枯死了。由于他搅了潭里的水，很多鱼被毒死了，翻着白肚，漂了上来。

龚祥看见那一棵棵枯死的果树和潭里的一条条死鱼，心痛得犹如刀绞。他来到潭边，捞起一条快要死去的红金鱼，对它说："鱼啊，都是我害了你们啊！"说着便流下了眼泪。

这时，那条红金鱼突然动了起来，一挺身竟变成了一位姑娘，龚祥仔细一看，心中一惊，原来是龙女。龙女对龚祥说："我父王让你赶快把原来的木屋加高一层，然后一家人搬到楼上去住，父王要发大水惩罚那心黑手狠的财主。"说完，便又变成了一条红金鱼。

龚祥一家马上行动起来，没几天，就把原来的木屋加高了一层。这一天，财主又带着打手来潭边捞鱼，突然，潭中的水咕噜噜地直往上冒。财主一看，扭头就往龚祥家里跑。他刚一跨进门槛，潭水便跟了进来，不一会儿，就把黑心的财主吞没了。

真武修仙

传说武当山是真武大帝的修仙圣地，可是又有多少人知道，真武大帝可不是出生在这里，而是出生在天的西头，大海的那边。那里有一个美丽的净乐国，国王文武双全，公正廉明，治国有方，善胜皇后善良淳朴，为人和蔼可亲，把这个国家治理得太太平平，百姓安居乐业。

这一天，善胜皇后闲来无事，在御花园里观赏景色，忽见青天闪开一个门，众位仙人捧出红红的太阳朝下一扔，一道金光飞到皇后面前，变成一个通红的大果子，"哧溜"钻进嘴里，“咕噜”滑进肚里。谁知道吃了这个果子，善胜皇后便怀了孕，整整怀了十四个月。到了这一年三月初二的中午，善胜皇后忽然感到肚子疼起来，同时天地猛然一亮，皇后左肋便裂开一个大口子，从里边跳出个又白又胖的娃娃。那娃娃落地就懂人事，先亲亲热热喊了一声爹爹，又亲亲热热喊了一声妈妈。不一会儿，引来了龙飞凤舞，百花盛开，举国都在欢庆——真武太子降生了。

真武生来就和别的孩子不一样，聪明得不得了，又酷爱读书，只要是他读过的书，看了一眼就不会忘记的。他长得高大魁梧、智勇双全，又学了一身好武艺。百姓们都称赞他、敬仰他，说他定是将来的好国王。可这位太子偏偏不肯继承王位，却到处求师学道，想要成仙升天。国王和皇后非常恼火，费尽力气百般劝阻，他们磨破了嘴，操碎了心，可是他怎么也不听，执意要走自己选定的道。

一天，当他正在修炼的时候，花丛中忽然走出一位紫衣道人，对太子说：“真武啊，想得道成仙，不是那么容易的，要断绝酒色财气，避开红尘世界。一定要找一个适合修炼的地方，潜心钻研，认真修炼，你才能成功。你越过大海往东走，那里有一座武当山，是你修道的好地方。”说完，就不见了。你知道那位紫衣道人是谁？他正是玉清圣祖紫元君的化身。

那时候，太子才十五岁。他听了道人的话，决定去武当山修炼。于是他拜别了疼爱他的父母，舍弃了舒适的皇家生活，孤身一人乘舟渡海去了武当山。

孩子是娘身上的肉，善胜皇后怎么能舍得这么好的儿子离开她去受苦呢。于是，太子在前面走，她在后边追，不避风雨，也不分昼夜，追啊追，一直追到武当山的山坡上，眼看太子就在对面，她就大声喊："儿呀，快回来!"连喊了十八声，下了十八步。太子在对面连应了十八声，却连上了十八步，不让母亲追上他。这地方就是现在的"太子坡"和"上、下十八盘"。

善胜皇后喊不回儿子，心里着急，脚下跑得更快了，越追越近，到底抓住了他的衣角，拼死不放，非要他回宫不可。太子爱母亲，不愿让她伤心落泪，可又觉得修炼要紧，思前想后，终于痛下决心。于是，他拔出宝剑，扭回头，朝着母亲拉着的衣角轻轻一挑，割开了。皇后落了空，松开手，那衣角便腾空飞起来，随风飘荡，最后落到汉江上游的江水中，变成了"大袍山"和"小袍山"。

常言说，儿女连着母亲的心。眼看着儿子就要丢失了，皇后还是不死心，横下一条心继续追。她越跑越快，一心要扑上去把儿子拉住。这时候，太子举起宝剑照着身后的大山猛地一劈，只听"轰"的一声震天响，高山立刻分成了两半，中间现出一条河来，把母子分隔在了两岸。这条河就叫"剑河"。

皇后眼见着再也追不上儿子了，心如刀割、痛苦不止、泪如雨下，竟把地冲了个大坑。后来，人们就在这里修了个“滴泪池”。

真武费尽周折，终于登上了武当山，苦苦修炼了好几年，可还是没能得道成仙。时间长了，他很是懊恼，甚至有点儿灰心了。他想：在深山野岭里修炼，远远不如坐享荣华富贵，还是回宫去当太子吧！想到这里，他便下山往回走去。

一路上只见天气阴沉，耳边乌鸦“哇哇”叫个不停。他心里乱糟糟地感到烦恼，想找人说说心事，商量商量。可是，这里是荒山野坳，前后不见人烟，能和谁去商谈呢？

说来也巧，这时候，前边不远处突然出现了一个老太太，她低着头，双手抱个铁杵，正在那边的石头上，不紧不慢地磨呢。真武觉得奇怪，上前问道：“你磨这么大的铁杵做什么呀？”

老太太头也不抬，边磨铁杵，边回答他说：“想磨成一根绣花针哩！”

真武觉得好笑，说道：“老太太呀，只怕到你入土，也磨不成针呢！我看你就别费这种冤枉工夫啦！”

老太太既不生气，也不泄气，还是不紧不慢地磨着铁杵说：“磨一下，它就小一点儿，只要工夫深，自会磨成绣花针嘛。”真武心里猛然一亮，说：“修仙求道不也和这铁杵磨针的道理一样吗？”当他正想要感谢老太太的指教时，那老太太已经升上云头，并对他说：“聪明人，一句嫌多；糊涂人，百句嫌少。”言毕“哈哈”一笑，就不见了。原来，那老太太又是紫元君来点化真武了。紫元君留下的铁杵，至今还放在“磨针井”大殿门口。

这一下真武彻底省悟了，又回到山中，住在南岩认真修炼。从早到晚，他静坐在那里，潜心修炼，任凭鸟儿在头上做窝、生蛋、孵化，也一动不动，身边的荆棘由小长大，通过他的脚板，又沿着身上脉络，从胸口长出来，开花结果，他依然聚精会神地修道。他常年不吃五谷，肚子和肠子在肚里闹腾。他就把肠子和肚子抓出来扔了。就这样，他整整修炼了四十二年。

九月初九那一天，天上祥云飘荡，天花布满空中，林间仙乐缭绕，谷里异香扑鼻。真武只觉心里特别清明，眼睛特别亮，胸中若水晶，一尘不染，身躯像是流云，随时都可飘飞。他知道，这是要升仙了，准备腾空飞去。这时候，忽然有一个绝代美女来到面前。她手捧金盘、玉杯，真是千娇百媚，她娇声娇气地请真武用茶。真武丝毫不为那女子所动，反而觉得她轻浮、讨厌，“嗖”的一声他拔出宝剑，喝道：“你要是良家女子，就该庄重、自爱，再敢轻举妄动，定斩不饶!”

那女子吓了一跳，羞得满脸通红，又怕又羞，自觉无地自容，便纵身一跳，扑下了万丈悬崖。

看她跳了下去，真武才后悔起来，觉得不该逼人丧生，既然发生了这样的事情，也只有赔她一条性命，才不愧这修行四十二年的功德。想到这里，他再也没有犹豫，也随着她朝崖下跳去。哪想却被五条龙托住，又见那女子也站在云头上。原来她是紫元君变的，是最后来试真武的心的。

“孩子，你到底得道成仙了！”紫元君非常高兴，说着便引真武升上天宫。后来，人们就把这个地方叫“飞升崖”。

洛神用计造桥

洛阳有句古话：“剑（涧）不出鞘，骆（洛）不备鞍。”这句话的意思是说洛阳城中的涧河河床深，河水从不出岸；洛河河水大，发水时很猛，河上不能架桥。话虽这样说，但河上并不是没有桥，著名的天津桥就在这条河上架着。天津桥这个“鞍子”怎么给洛河备上了呢？说起这个故事来，可有一段神奇的传说呢。

从前，洛阳的清明节总是热闹非凡。每到这个日子，家家户户的男男女女、老老少少，都梳洗打扮得漂漂亮亮，要出门游春。洛河两岸的春景像画一样美，到这里游春的人也特别多。每到这个时候，那些官宦人家和富豪大商的公子哥儿们心上都像长了草，一个个坐卧不安，没有心思去习文弄武了，都从家里溜了出来，跑到大街上。他们贼眉鼠眼地东瞅西看，说是游春，实际是看人。遇上美貌女子，不是当场调戏，就是跟踪追随。摸到了底细，或买或骗或抢，弄不到手，是不肯罢休的。

这一年清明，在洛河岸边，突然出现一个美丽的姑娘。姑娘貌似天仙，身姿优美，真是绝代佳人。一眨眼的工夫，公子哥儿们纷纷围了过来，把姑娘围得水泄不通。那场景好像百鸟朝凤一样，盯着那姑娘嘁嘁喳喳，摇头摆尾。姑娘却旁若无人，对跟随的丫鬟说："世上美景洛阳春，天下才子洛阳人。洛阳春景一看便知，名不虚传；可才子脸上没有贴签，人又不可貌相，怎么能分得出来呀?"丫鬟说："才有文武之分，不知你喜欢的是文才呀，还是武才?"姑娘说："我喜欢的是武才。"丫鬟说："那好办，一试便知。"她对姑娘如此这般耳语一番，然后二人来到渡口，雇了一条大船，让艄公开到离岸边一丈远的地方，抛了锚。丫鬟拿出姑娘的彩色手帕，系在一根小棍上，竖在大船中间。然后，她面向岸上说："我家姑娘今天悬彩招婿，谁用元宝投中彩帕，姑娘便许配给谁!"

这一下可把挤在岸上的公子哥儿们高兴坏了，不管是耍过几天棍棒的还是耍过几天笔杆的，一个个都在心中说："这有何难?"他们都想被那美貌姑娘招为夫婿，立即吩咐跟随的打手、佣人回家取元宝。元宝取来，一个个争先恐后地往船上投彩。也怪，从上午投到下午，船舱里的元宝堆满了，也没有一个能投中彩帕的。这时，只见船头升起一片彩云，姑娘和丫鬟立在云头，飘飘荡荡，飞上了天。

那帮公子哥儿们抬头望去，一个个目瞪口呆。大船靠岸后，他们争着瞧那留在船上的彩帕，只见上面写着四句话：

洛阳才子爱风流，

抱着元宝河里投。

请将银子换石头，

洛河备鞍人不愁。

再看下面的落款，写着“洛神”二字。

原来，这美丽的女子竟然是洛河女神！她在用这个办法筹集银两，要在这里修桥啊！他们心中嘀咕着上了当，但谁也不敢吭声，投到船上的元宝也不敢再取，生怕神仙惩罚。

消息很快就传到了县衙，洛阳县令听说洛神现身了，哪里敢有丝毫的怠慢，马上买石头，请工匠，动工修桥。大桥修成后，取名“天津桥”，人们说这是洛河女神给洛河备上的“鞍子”。

尹喜成仙记

相传在春秋末年时，秦州有个聪明人名叫尹喜。他上通天文，下晓地理，好学而勤奋，知识渊博，远近闻名。他特别喜欢钻研天文星象，并以此来推算人间的吉凶祸福，探究世道的变迁。他四处寻访探求，踪迹飘忽不定，遍布四方。渐渐地他漫游到了周至县神鹫乡闻仙里，发现这里是个山清水秀的好地方，就高兴地在这里定居下来。他在此地结草为楼，观星望气，“楼观台”便由此而得名。

由于他才高八斗，学富五车，周朝授他大夫之职。有一天，他在观察天象的时候，发现一股紫气由东向西而来（这就是后世对联横批“紫气东来”的由来），状如龙蛇。他闭上眼，凝神思索，知道有一位圣人要过函谷关。于是他辞去了大夫的显职高位，讨了个函谷关令的差事，在那专门恭候圣人的到来。每一天，他都派人将关前打扫四十里，并且用清水洒道，黄土垫路。他对手下人说：“你们一定要密切注意这里的情况，如发现异人经过，立即报告。”这样一直过了好多天，也没有圣人的消息。

有一天，关前来了一辆青牛车，车上坐着一位老人，鹤发童颜、精神矍铄，白须飘飘、神采飞扬，赶车的是一个年轻的童子，挽着两个发髻。手下人看这老者不俗，便急忙报告尹喜。尹喜闻言大喜，立即整好冠带，双膝跪地迎接老者入关。原来这位老者并非别人，而是由楚西游来秦的老子，给他牵牛的童子名叫徐甲。老子在函谷关盘桓了一百多天，讲经布道、谈玄说奥，侃侃而谈、滔滔不绝。尹喜对老子崇拜得五体投地，执了弟子之礼，于是老子为他传了七百二十道符。

后来尹喜又把老子请到他定居的楼观台。老子就在这个地方筑台讲经，宣传其道家学说。尹喜请求老子著书，以传后世，老子便授予尹喜“道德五千言”（即后来流传的《道德经》）。

至今，说经台的石碑上还镌刻着这部著作的全文。后来，道教产生后，认老子是教主，楼观台也就成为道教发祥地了。

再说老子在楼观台讲学传道，一晃过了好长时间，他决定要起程了。尹喜当然不愿意师傅就此离去，可是苦留不住，只好恋恋不舍地相送，并再三要求跟随老子同往。老子临行前，在炼丹炉炼了一炉“飞升神丹”，他吃了一半，另一半就给尹喜吃了，并告诉他说：“你跟我在一起学习的时间不长，道行不深，还需将道德五千言诵读三年。千日后，你再到蜀郡青羊之肆（即现在成都的青羊宫）寻我吧。”说罢，老子在现在西楼观台那儿脱下肉身，骑牛进了西楼观台的吾老洞，往蜀郡而去，至今人们还传说吾老洞直通成都青羊宫的井底呢。

尹喜对着老子的肉身恭恭敬敬地磕了三个头，将老子的肉身埋葬在西楼观台的山上，现在那儿的“老子墓”就是这样来的。

这样之后，尹喜完全遵从师傅的训诫，抛弃一切凡尘杂念，苦苦学习道家深奥的学问，潜心修身养性，这样过了三年，终于得道成仙，于是他便前往蜀郡拜谒师傅。

再说老子进吾老洞后，将那青牛变成了一头青羊。他到蜀郡后，第二次投胎到现在成都青羊宫那儿居住的一个姓李的大官家里，到尹喜寻访他时，他已三周岁了。

尹喜到蜀郡后，到处打听“青羊之肆”在何处，问来问去，竟然没有人知道，他又是着急又是纳闷，一日他正在街上行走，看见两个童子赶着一只青羊，他忽有所悟，忙问："你们将羊赶往哪儿?"二位童子说："我家老爷三年前生了一个公子，最喜欢玩青羊，两天前羊丢失了，这才好不容易寻见。"尹喜听说公子出生三年，喜出望外，便对童子说："你们对公子讲，北方尹喜来了，能见一面否?"两位童子回家将此话告知公子。公子说："让他来见我。"突然之间，李家的房子高大了起来，三岁小孩变成了一丈高的金身，地下涌出了一个精美的莲花座。老子现了真身，端坐上面。李家二百多口人都大惊失色。老子说："我本是太上老君，你们不要吃惊。今天来的这位是我的徒弟尹喜。"

话音一落，老子就将青羊化成一座大山，他带领着尹喜慢慢地向上爬，一直爬到了天上。到了天宫，他们朝见了元始天尊。元始天尊见尹喜学有所成，赏赐尹喜许多东西，封他为二十八天的天主。这以后尹喜随着老子到处传道讲经，据说他们同化了九十六家外道，八十一个胡国。尹喜还著了很多道家修养的书，被称为"九天仙伯文始无上真人"。

太上老君与白骨真人

顺着楼观台主峰"说经台"往西走，约三公里远的地方，有一座老子庙，庙门前有一眼小泉。泉水清澈甘甜，澄碧清冽，一年四季流淌不息。

相传，圣人老子曾在周朝做过几任小官。后来他迷上了道学，于是潜心学道，辞去了官职，回到了故里商丘。回家路上，他看见道旁有一堆白骨，老子用慧眼一看，仿佛有魂魄飘荡，顿起恻隐之心，便施道术，用“聚形符”将白骨点化成人。这个人年轻英俊，诚实肯干，这便是后来为老子牵牛的徐甲。尹喜迎老子到楼观台讲学时，他已为老子牧牛二百年了。老子曾经答应过他，等传道至西方安息时再付给他黄金作为工钱。他心中欢喜，便兢兢业业地干着。

老子到楼观台，整天忙着说经传道，忙得不亦乐乎，却闭口不提给工钱之事。徐甲郁闷，甚为不悦，他觉得自己整日牧牛，风餐露宿，苦不堪言。另一方面他又感到学道清苦寂寞，劳神费力又毫无乐趣。于是他下定决心，打算向老子讨了工钱，然后一个人去过逍遥自在的舒心日子。可是，思来想去，却不知道怎么样开口对老子说。

有一天，他在化女泉这个地方放着牛，心里又郁闷起来，一时想不出良策，正在独自苦恼。忽然，眼前一亮，出现了一座美丽的庄园。园里绿草如茵，鲜花绽放，鸟鸣啁啾，良田百顷，骡马成群。一位老员外手拄拐杖，正笑嘻嘻地望着他，旁边还跟着一位娇滴滴的标致姑娘。老员外问：“小伙子，你给谁放牛呀？”这一句正触痛了徐甲的心，他满脸不高兴，瓮声瓮气地说：“给老子。”老员外又问：“那很不错啊，他给你多少工钱啊?”徐甲不满地说:“本来说好是一月三串钱，可至今连一个子儿也没见!”老者听罢，长叹一声说:“小伙子，人生在世，如白驹过隙，匆匆而已，何必想修道成仙，受那些苦折磨！你看老夫有这么大的庄园，膝下又只有这么一个女儿，她虽无天姿国色，这方圆百里却是打着灯笼也找不着的。你要是不嫌弃，就回去向老子讨清工钱，给我做个上门女婿，你们小两口便有享不尽的荣华富贵。不知你意下如何?”徐甲一听，别提有多欢喜了，偷偷看了看那个姑娘，正巧那姑娘也正在向他暗送秋波。他如痴如醉，连忙说:“那当然好极了！请等等我，我这便去讨工钱!”他刚要动身，令人惊讶的事情发生了，一阵风吹来，那庄园、老者、姑娘突然之间都不见了。徐甲大惊失色，四下寻找，却发现老子不知什么时候已站在自己的面前。

原来，老子本来想把道家的玄妙真经毫无保留地传给徐甲，但他发现徐甲常常显得不耐烦，又不愿意吃苦，便化出了一个庄园来试探他的心。他用“吉祥草”变成了那个姑娘，自己则变成了老员外。他终于知道徐甲不愿意安心学道，私欲过多，不由得大失所望，勃然大怒，这一怒便现出了真身。他气得直哆嗦，一句话都说不出来，拿着铁铲在那美女站过的地方狠狠敲了一下，于是地下顿时出现一眼清泉。这就是如今的“化女泉”。

徐甲见自己的真实想法被老子窥破，满面通红，恼羞成

怒，心想一不做，二不休，索性告到函谷关令尹喜那儿，说老子赖他工钱。尹喜考虑了好久，认为师父为人坦荡，赖人钱财之事是不会做的，这其中定有缘故。于是他问老子，这是怎么回事。老子冷笑一声，说："你把徐甲给我叫来。"徐甲悻悻而来。老子说："我问你，你跟我多少年了？"徐甲回答不出来。老子又问："你知道你的来历吗？"徐甲茫然无知。老子说："你张开口。"徐甲莫名其妙，便将嘴张开。老子将"聚形符"立即收回，徐甲顷刻之间又复原为一堆白骨。尹喜见状，大惊失色，当即跪倒在地，苦苦哀求："师父，徐甲虽然罪有应得，但念起他跟你二百年之情，还是饶恕他这一次吧，让他悔改前行，重新做人！"在尹喜的百般哀求之下，老子用手一指，白骨又变成了徐甲。徐甲满面羞惭，恨无地洞可钻。

骑鹤升仙

传说洛阳东去七十里的府店村南，有一座突兀挺拔的土山，名叫缑山，山上有武则天御笔亲书的升仙太子碑。据说，这里就是子晋骑鹤升仙的地方。

子晋是东周灵王的太子，他生下来便是菩萨心肠，体恤民间疾苦，对宫廷里的生活充满厌恶，时常劝谏父王要轻徭薄赋，爱护劳动人民，让人民能够休养生息，过上富足的日子。灵王哪里会听从他的劝告，照样搜刮民脂民膏，甚至变本加厉，更加残暴地奴役人民。子晋见劝说不了父王，自己也不愿久居肮脏之地，便经常到民间游玩或到旷野射猎。

话说这一年的秋天，子晋骑着一匹高头白马，身上佩带宝剑、弓箭，独自一人出了洛阳城。这一路上田野秋色，一片金黄，让人赏心悦目，心旷神怡。子晋情不自禁地爱上了农家生活，认为农家生活安逸祥和，比宫廷好上千倍。正想着，忽然看见荒野里有一只金鹿在吃草，子晋忙搭弓射箭，只听“嗖”的一声，箭射在金鹿胯上。金鹿一惊，撒腿就跑，子晋勒紧缰绳，纵马紧追不舍。

金鹿在前面跑，子晋在后面追，追着追着，金鹿跑到一座山峰上，在野菊丛中一晃就不见了。子晋非常纳闷，绕着山头转了一圈也没有找着金鹿，只看见漫山遍野黄灿灿的菊花，看得他如痴如醉。就在这时，黄花丛中金光一闪，走出一个年轻美貌的女子。宫廷中的美女数不胜数，子晋也算见多识广，可是看到这女子后，才觉得那后宫的佳丽都比她差了十万八千里。子晋立即向那女子深施一礼，还没开口，那女子却先说话了："太子不在宫中，到这荒郊野岭来做什么呢?"子晋说："我出城打猎，射中一只小鹿，可惜追到这儿不见了!"女郎从袖筒中掏出一只琉璃小瓶说："你看是不是它?"子晋定眼一看，只见瓶内有一小鹿翘首而立，和刚才射着的小鹿一模一样，只是小了许多。再看看鹿胯上还插着一支细箭，箭杆上渗出点点血水。子晋大惊，知道是遇到了仙人，忙伏身下拜说："冒犯仙姑了，还请恕罪，但不知您是哪方神仙?"

女郎说："我是菊花仙子，今天来这里撒花，正巧遇到了太子。"

子晋说："我无意中射伤了您的小鹿，实在是罪过。"

女郎的脸一下子红了，低下头娇羞地说："太子若射不中小鹿，还来不到这山上，你我二人又怎能相见呢?"说着，从瓶中放出小鹿，拂尘一扬，小鹿立即变得和原来一样大。她走到小鹿身边，轻轻拔下箭来，鹿胯上的伤口自动愈合，没留下任何痕迹。她捧着箭来到子晋面前说："没想到太子不仅相貌英俊，箭法更是出神入化，让我好生佩服，你说这箭是还给你呢，还是让我收留着?”

子晋是个聪明人，只需三言两语，便能听懂那女郎的话外之音，知道她的心意，就说：“你若愿意，就收着吧!”

女郎娇羞地低头一笑，将箭放入袖子筒内，跨上金鹿，把拂尘轻轻一扬说：“我知道你厌恶凡间的生活，如果愿意脱离凡尘，可到瑶台找我。”说罢，金鹿扬起四蹄，驮着女郎向天上飘然而去。

子晋本来就不满宫廷里的生活，厌恶百官之间的钩心斗角，更看不惯父王的专制独裁，如今看到人间欢乐，又见女郎多情，更不愿回朝。但是，他知道自己不是仙身，无法追随菊花仙子，只好独自仰天长叹。这时，天上又传来那仙子的声音：“你若是有心成仙，只需与白马同饮池水，即可如愿!”

子晋大喜，当即牵着白马四下寻找，果然在西山顶上发现一眼清泉，他就与白马同饮泉水，但觉泉水清新甘甜，饮后顿觉浑身清爽。转眼一看，白马已变成了一只洁白的丹顶鹤。子晋将身边的散碎银子撒向池边，翻身骑上白鹤，转身时，宝剑上的剑缑被一丛酸枣树的枣刺挂住，子晋还未来得及伸手去解，白鹤已腾空飞起，剑缑“嘣”的一声被扯断，留在山上。白鹤飘飘而上，驮着子晋升仙去了。

这时，寻找子晋的官兵来到了，但见天空中白云朵朵，云层之中显露出整齐壮观的仪仗，笙管鼓乐之声隐隐约约传

到耳畔。官兵们叹为观止，遂将此事回报灵王。灵王闻报不禁大吃一惊，急忙传旨大兴土木，在山顶修了一座升仙观。

直到现在，山顶西侧还有一个大坑，传说就是当年的饮马池，又叫饮鹤池。当地的百姓进山，偶尔会在这里找到几枚晶莹透明的水晶。据说，那是当年子晋抛撒的碎银子。子晋升仙时，剑缑被挂落在山上，因此这座山就叫缑山。

安期生成仙

传说在秦始皇时期，有一位医术高明的方士，叫郑安期。他是山东人，长期在东海边上行医卖药，在当地很有名气。这一年，秦始皇东游，在途中生了一场大病，郑安期来医治，不久后秦始皇就痊愈了。秦始皇见他医道精深，十分佩服，和他谈了三天三夜，很希望他留在自己身边，给自己去找长生不老药，还赐给他许多金银财宝。可是郑安期视金钱如粪土，什么都不肯要，只说了一句："千年以后请到蓬莱山下来见我吧。"说完就走了。

后来郑安期云游四方，为人看病。当他来到羊城的时候，见到这里风景秀丽，山在云雾缭绕中巍峨挺拔，渺渺云雾更仿佛仙境一般，景色醉人，是个绝佳的地方。这里的乡民淳朴可亲，但由于懂得医术的人很少，贫病交迫，苦不堪言，于是他就在白云山定居下来。他经常背着一只葫芦，在村庄附近走来转去，医治过的病人数不胜数，而且他对贫苦乡民无微不至，施药不算，还用自己仅有的一点儿钱粮救济他们。人们都说，碰到郑安期，贫病的人才得生。因此大家都亲切地叫他安期生，他的真名反而没有人叫了。

这一天，安期生正在一个小村庄里悬壶卖药，这时一个穿得破破烂烂的孩子跑来，一边拉着安期生的手一边哭。原来他父亲得了急病，想请他赶紧前去救命。安期生二话没说，背上药葫芦，跟着那小孩就上路了。到了病人家一看，患者是个贫苦的农夫，当时已经不省人事了，他喉咙里生了一个大毒疮，又红又肿，已经化脓了。这么大的毒疮在喉咙里，病人无法进食，已经三天三夜滴水未进、粒米未食了，浑身通红，滚烫滚烫的。安期生断定这病人患的是热毒攻心症，这种病非得用九节菖蒲才能治好。可是九节菖蒲是非常名贵的药材，这户人家一贫如洗，连饭都吃不上，哪里有钱买药呢？患者的妻子和那孩子睁着两双渴望的眼睛，哭着说："医生，你救救他吧，他可是家里的顶梁柱啊。"话未说完，就哭得快要背过气去了。此情此景，安期生没有办法不感动，就安慰他们说："你们不要哭，他的病能治好，我到山上给你们找一种草药去。"

其实，安期生虽然行医几十年，也只是在医书上看到九节菖蒲这种药名，从未亲眼见过，平时也不曾使用过。只知

道九节菖蒲生有九节，是一种稀世珍宝，病人吃了能治病，常人吃了可以延年益寿。那么到哪里去找九节菖蒲呢？药书上说：罗浮山东涧、白云山蒲涧中有之，以悬崖绝壁上不沾沙土，一寸九节，紫花者为佳。于是他决定到白云山去寻找。

他带足了干粮进了山，一口气跑了十多里路，在丛林中艰难跋涉，披荆斩棘，历尽了苦难，终于爬上了悬崖峭壁。可是寻了一山又一山，连每个坑坑洼洼都没有放过，把一双新鞋都磨破了，脚板磨得热辣辣的，鲜血直流，却连九节菖蒲的影子都没看到。但是想到病榻上的农夫，想到他的家人那渴望救命的目光，他顾不得又累又饿，继续去找。

他从双溪走到蒲涧，又从蒲涧走到摩星岭，把山崖石缝上的每棵小草都看过了，一直没有发现。傍晚时分，他垂头丧气地从山腰上的羊肠小道再次返回蒲涧时，忽然间，一阵凉风吹来，带来一股幽香。那香气又浓郁又清新，非寻常的花草所能比，他心中大喜，知道定有异草，说不定就是九节菖蒲，于是兴奋地朝着香气的来向奔去。奔了十几步，来到一条清清的山涧旁边。他低头一看，喜出望外，这不正是九节菖蒲吗！九节、绿玉、三花、紫茸、奇香醉人，和书上写的一模一样。他连忙摘了下来，顾不得休息，转身就往回跑，一口气赶到那农夫家，这时候天已经黑了，家家户户都点起了灯。

这时病人早已经奄奄一息，只剩下一口气了。安期生拿出乳钵把鲜嫩的九节菖蒲捣烂，榨出汁液，滴入病人口中。一滴、两滴、三滴……只听见那病人喉咙里“咯咯”地响了一阵，慢慢地睁开了眼睛。不到半个时辰，便苏醒过来了。安期生再把那些药渣捣了一遍，泡了一碗清水，连水带渣灌进病人的嘴里。只一顿饭工夫，那病人长叹一声，舒了一口气，坐起来了。第二天，病人恢复了健康。这件事很快就家喻户晓，传遍了羊城，越传越神，越传越远，越传越邪乎，到最后竟然传说安期生找到了长生不死的灵药。这话传到了京都秦始皇的耳朵里。秦始皇便下了诏书，令他带着长生不老药进宫。安期生还是那句话：“千年以后到蓬莱山下来见我吧。”秦始皇一听，大发雷霆：“我若能活到千岁，还要他的灵药干什么！这妖医若不肯把药给我，就取他的头来见我。”遂又派人去强取。安期生没有办法，只好沿着旧路，去白云山蒲涧采药。

到了蒲涧，安期生看着这稀世珍宝，左思右想，真舍不得去贡献给秦始皇。

他爬到了一个悬崖上，漫不经心地摘了一株放到鼻子跟前闻了又闻，再伸出舌尖舔了舔，一口汁液吞下肚去，顿觉一身清爽。他深感纳闷儿，准备回去再去采摘第二株时，所有的九节菖蒲竟都不见了。他百思不得其解，正在思索的时候，一个老人向他迎面走来，问他道：“你不是郑安期吗？

你想给秦始皇采九节菖蒲吗？哈哈……”

此言一出，安期生大吃一惊，心想这老人怎么知道他的姓名。不等他回答，那老人又道：“你这个人心地太过善良，做人要分清善恶，知道谁是好人，谁是坏人啊！”说完一阵风吹来，老人不见了。

安期生听了，顿时醒悟过来：我是一个医生，职责是为众人治病，不贪恋荣华富贵，不爱慕虚荣是我的本分。我这样的人，怎能去给秦始皇采什么长生不老药？与其让我做自己不愿意做的事情，倒不如跳下这万丈悬崖，留清白在人间，绝不能做秦始皇的刀下亡魂。他想来想去，决心已定，回头看了一眼这万丈红尘，再无留恋，纵身一跃，跳下崖去。

他正在向下落的时候，只觉得耳朵边呼呼风声，身子竟飘然而起。就在这时，半山腰里突然飞出一只硕大无比的白鹤，撑开双翅，箭一般飞过来，轻轻地把安期生托起，一直向着白云山的最高峰摩星岭飞去。后来越飞越高，飞到那远远的天边去了。

安期生飞升的那天，据说是农历七月二十四。后来广州人便把那一天叫作“郑仙诞”，又在白云山上建了一个祠堂，叫作“郑仙祠”。白云山周围的人们，都很怀念这位心地善良的方士，为他能够成仙感到高兴。

两兄弟除山魔

从前，在哈尼人居住的山上，有一个山魔。它残暴无比，而且又善于变化，那些由豺狼虎豹等修炼成的妖怪，全都听它的指挥。

山魔经常变成人的模样，悄悄地溜进寨子里抓小孩儿吃。人们眼看着寨子里的孩子一天天在减少，脸上都罩上了厚厚的愁云。要是没有了孩子，哈尼人就会绝种。于是，大家找来了能与山魔打交道的咪谷去跟山魔说情。并且答应在每年二月，选一个美丽的姑娘给山魔做新娘，再送上许许多多最好的礼品。山魔终于答应了人们的请求，但又恶狠狠地说："如果要是延误了日期，违背了诺言，我就要把所有的哈尼人都咬死。"

就这样，每年哈尼人都要失去一个美丽的姑娘，每年都要传出凄惨的撕心裂肺的哭声。

这一年，轮到寡妇贝娘家送姑娘了。她有三个孩子，老大叫若泽，老二叫若刚，他们都是勇力过人、机智英俊的小伙子，老三叫无双，是个刚满 16 岁的美丽姑娘。她不但人长得漂亮，而且做得一手好活。从过年那天起，贝娘的泪水就没有停过。

“决不能把阿妹送给山魔!”若泽和若刚对妈妈说,“让我们去和那山魔拼了吧!”说完,他们就操起了磨得雪亮的柴刀。无双见怎么也拦不住哥哥,就跪在地上哀求说:“哥哥,别莽撞,你们再勇敢,也抵挡不住山魔那镰刀一样的爪子啊!这样不但救不了我,还会给全寨子带来灾难。还是让阿妹去吧,让阿妹去对付狠心的魔王。”

贝娘忙拦住儿子,声音颤抖地说:“儿呀,快放下柴刀,咱们还是仔细地商量出一个好办法吧!”想啊想啊,贝娘突然心头一亮,想出了一条妙计。若泽和若刚听完,高兴得直鼓掌,但无双却担忧地皱起了眉头。贝娘随后又把计谋悄悄地告诉了乡亲们,大家都非常赞同。

到了给山魔送姑娘的日子,咪谷带着两个姑娘,乡亲们抬着供品,背着装满米酒的竹筒,来到山魔住的山洞前。变成了人的山魔一看到两个比花还美丽的姑娘,竟高兴得现出了原形。它巨大的身子把太阳都遮住了,它的眼睛射出两道阴森森的蓝光,就像两道划破夜空的闪电。它高兴得一声怪叫,虎、豹、狼妖马上都跳到了它的身边。

咪谷跪在山魔的面前说:“尊敬的神,今年特意为您送来两位姑娘和丰盛的礼品,还有49筒香甜的米酒,请神笑纳,望神赐福给我们。”山魔听完,慢慢地又变成了一个文静的年轻人,它说:“你们不要害怕,只要以后每年都照今年这样,我保证你们哈尼人无灾无难。”

乡亲们把供品、米酒和两个姑娘留下，便在咪谷的带领下离开了山洞。但他们并没有走远，而是躲在草丛中，看两个姑娘给山魔敬酒。

山魔非常高兴，喝了一筒又一筒的酒，其他的妖怪也都大吃大喝起来。山魔非常高兴，它一连喝了六六三十六筒酒，醉得东倒西歪，于是，它丢开酒筒，双手把两个姑娘搂住，对她们说："美人，往年人们送来的姑娘都没有你们漂亮，我就都把她们吃掉了。现在我要把你们永远留在身边，让你们为我生几个儿子。"

两个姑娘忙说："大王，从现在起，我们就是你的媳妇了，我们要给大王生儿育女，做大王最温顺的妻子，只是不知道大王有哪些忌讳，生怕无意中触犯了，惹大王生气。"

山魔听了哈哈大笑。一旁的虎妖听了赶紧讨好地说："大王最忌的，就是动它心窝上的那根白毛。那是大王神力的来源。"

山魔一听虎妖说出了它的秘密，酒被吓醒了一半，刚要发火，两位姑娘忙说："大王，不必和它计较了，天不早了，我们该去休息了。"两位姑娘的美色和柔情立刻使山魔消了气。

两位姑娘把山魔扶进山洞，让它仰面躺在床上。这时它心窝上那根银闪闪的白毛便露了出来，两位姑娘趁着山魔伸出手来打哈欠的时候，猛地拔掉了那根白毛。山魔"呀"

的一声惊叫，急忙坐了起来，随后又重重地倒在了床上。两位姑娘就势跳到地上，刷地从腰间抽出明晃晃的尖刀，把刀子刺进了山魔的两只眼睛。山魔疼得一声怪叫，震得山洞里乱石横飞。两位姑娘毫不畏惧，拔出带血的尖刀，又向山魔的胸膛刺去。山魔伸出两手乱抓乱挠，最后在绝望中死去了。

藏起来的乡亲们，听到山魔的叫声，一齐冲进山洞，把那些妖怪也都杀死了。原来，两位姑娘是机智勇敢的若泽和若刚假扮的。

《山海经》全解
【第六卷】
垢文涛/主编
辽海出版社

二、博大与坚韧

马头琴的故事

很早以前，草原上有一个小牧童苏歌。苏歌是个孤儿，与老奶奶只靠着二十几只羊过日子。当他到 17 岁时，就已完全是一个大人的模样了。他不仅非常勤劳勇敢，而且还有着非凡的歌唱天赋，住在附近的牧民们都十分喜欢听他唱歌。

有一天，天已经黑了，苏歌还没有回家。老奶奶心里十分着急，邻近的牧民也跟着着了慌。这时，苏歌抱着一个毛茸茸的小东西走进蒙古包来，笑嘻嘻地对大家说："我在回来的路上，碰到了这个小家伙，躺在地上直踢蹬。它的妈妈也不知跑到哪里去了，我怕天黑时它被狼吃掉，就把它抱回

来啦。”大家一看，原来是一匹小马驹。

日子一天天过去了，小马驹在苏歌的精心照料下，慢慢长大了。它浑身雪白，又健壮又漂亮，谁见了都夸它是一匹好马。一天夜里，苏歌被一阵急促的马叫声惊醒，急忙跑出门一看，只见小白马正奋力拦一只大灰狼呢。苏歌挥动套马杆，赶走了大灰狼，一看小白马浑身大汗淋淋的，知道它与大灰狼已经争斗很久了。

苏歌非常疼爱地用手拍拍小白马的脖子，像对亲人一样对它说：“小白马，我亲爱的好伙伴，多亏你呀！要不然，羊就被大灰狼叼走了。”

几年后的一个春天，草原上的一个王爷要举行盛大的赛马大会，来为女儿选一个勇敢、英俊、年轻的骑手做丈夫。

这个消息一传出，草原上的骑手们立即就行动起来了，谁都想成为大会的英雄。苏歌的朋友们也鼓励他说：“应该骑着你的白马去参加比赛。”于是，苏歌便牵着他心爱的马出发了。他决心在比赛中跑出第一名。

比赛在人们的欢呼声中开始了，许许多多强悍的好骑手，扬起了手中的皮鞭，催动自己的马飞奔向前。苏歌虽然不及那些骑手们强悍，但仍透出浑身的英武。他骑着自己心爱的白马，一开始就跑在最前面，最后，苏歌第一个到达了终点。

这时，看台上的王爷下令："让骑白马的小伙子到台上来。"等苏歌来到台上，王爷一看他既不是王公的公子，也不是牧主的儿子，而只是个穷牧民，就立刻变了卦，他只字不提招亲的事，却无理地对苏歌说："你夺得了第一名，我给你三个大元宝，你把你的马留下，赶快回你的蒙古包去吧！"

"我是来赛马的，不是来卖马的。我不要你的什么元宝。"苏歌一听王爷的话，马上十分生气地说。他暗暗地想，你就是给我多少钱财，我也不能卖我的白马。

王爷一看这穷牧民竟敢顶撞他，便命打手们用皮鞭朝苏歌打去，苏歌被打得遍体鳞伤，不一会儿就昏死了过去。王爷夺走了白马，威风凛凛地回王府去了。

乡亲们把苏歌救回了家，在老奶奶的细心照料下，休养了十几天，身体才渐渐地恢复过来。一天晚上，苏歌正要入睡，忽然听见门响了，问了一句却没有人回答，门还是咣当咣当直响。老奶奶开门一看，不禁大叫起来："啊，是白马！"

苏歌马上跑了出来。他一看，果真是白马，但它身上却中了七八支箭。白马由于伤势过重，第二天便死去了。

原来，王爷得到了白马，想骑上去显示一下，不想却被白马一个蹶子给掀了下来。白马飞奔而去，王爷便命人放箭，白马虽然中了好几箭，但它还是跑回了家，终于死在它亲爱的主人面前。

白马的死，给苏歌带来了极大的悲痛，他几夜都难以入眠。这一天他实在太困了，便睡着了，在梦中，他看到白马活了，轻轻地对苏歌说："主人，你若想让我永远不离开你，那你就用我身上的筋骨做一只琴吧！"于是，苏歌就用白马的筋和骨做了一只琴。从此，马头琴就成了草原上牧民的安慰。

苗族的吃新节

传说很久以前，苗族人住的地方没有谷种，只有天上的雷公掌管的谷子国里才有谷种。而苗族人只好在深山老林里打野兽，猎飞禽，摘野果，挖蕨根充饥，生活过得很艰苦。

为了能够讨到谷种，苗家的老祖先高老用了九千九百九十九种最珍贵的飞禽走兽，与谷子国的雷公协商，换来了九石九斗九升谷种，存放在他们建起来的最牢固的仓库里，想等到春风送暖、栀子花开的时候好去播种。

可是，苗家人万万也没有想到，一天晚上，一个神仙一不小心把天灯碰倒了。天灯滚落下来，恰恰落在存放谷种的仓库上。仓库顿时被烧着了，刚好又刮起了大风，火借风威，风助火势，大火根本无法扑灭。就这样，谷种烧没了。

谷种没有了明年可怎么办呢？高老只好三番五次地到谷子国去交涉，愿意再出九千九百九十九种珍禽宝兽换回谷种，但是不通情理的雷公死活也不答应。

高老回到苗寨，坐在竹楼上，他想啊想啊，动了九天九夜的脑筋，想出了九十九条计策。最后选择了一个最好的法子，那就是等谷子成熟的时候，派一条狗到天上的田中打上九个滚儿，然后赶紧往回跑，那样谷子就会粘到狗身上，就能把谷种带回到人间来了。

农历七月十三这一天，高老把自己选出的那条整装待发的狗叫到面前，向狗做了非常详细的交代。狗听了高老的交代，就飞快地向天上赶去了。

到了谷子国，狗跑到田中打了九个滚就往回跑。可是，它还是被雷公看到了，雷公便派出九九八十一名武士守在天桥的桥头。

狗刚刚跑上天桥，便被武士们打下了天河。武士们以为狗掉进天河肯定活不成了，于是，就乐呵呵地回去向雷公报功领赏去了。

可是，世事难料有奇巧，那只狗落入天河以后，急中生智，赶紧把尾巴翘出水面，坚持游过了天河，终于回到了人间。

在它的尾巴上，粘回了九粒金黄金黄的谷种。高老高兴极了，决定把原先准备拿去换谷种的珍禽宝兽全都给这只狗吃了，以示酬谢。从此，狗就学会吃各种禽兽的肉了。

春天来了，栀子花开了，高老在田里播下了谷种。他精心地照管着田地，那只狗也日日夜夜地守护在田边。它不准麻雀、耗子、兽类靠近田边。

果然，到了六月六，谷尖上结出了一串串狗尾巴似的谷子穗穗。不久，谷穗慢慢变得金灿灿、黄澄澄、鼓胀胀的了。

七月十三日这一天，也就是取得谷种的大喜日子，高老高兴得手舞足蹈，一大早他就从田中采摘来九株稻禾的谷粒。他留出一部分做来年的谷种，剩下的剥去谷粒的壳，用一半煮成香喷喷的米饭，另一半酿成香甜甜的米酒。

高老想，今天能收获谷米，是狗立下了头一功，应该首先让狗尝尝这劳动的收获。于是，他便盛出了三大碗香喷喷的米饭让狗吃，然后人们才吃。

从此以后，人间处处都有了谷种，人人都吃了香喷喷的米饭。

于是，每年农历七月中旬前后，当谷子即将成熟的时候，苗族人民便要欢度“吃新节”，并且总是先给狗吃。又因谷种是被狗尾巴粘回来的，所以谷穗就非常像狗的尾巴。而且，狗也留下了一个习惯，就是每当它落水的时候，总是把尾巴翘着，因为它时刻都惦记着保护谷种呢！

恩姑望郎

很久很久以前，天台山原是光秃秃的悬崖，险峻陡峭，滴水不存，寸草不生。在山顶有个云雾缭绕的仙洞，传说中西王母用云雾把它封锁住，每三千年才命仙子打开洞门一次，把芬芳的云雾和瑶池仙水放到下界来，这样天台山顶才慢慢长出青翠碧绿、沁人心脾的云雾仙茶。等到仙茶成熟后，西王母命众仙女把它全部收拾到天上。天仙们全靠整天喝着云雾香茶，清心凉肺，悠然自得，长生不老。

这一年，天台山下发生了旱灾，地里的庄稼都干死了，井也枯干见底了，百姓们食不果腹，更可怜的是连水也没得喝，日子过得极为凄惨。山下有个秀溪村，男女老少大都得了一种奇怪的病：咳嗽不停，胸口郁闷。村里有个最美丽的姑娘名叫秀姑，刚刚结婚三个月，也染了这种病，吃不了饭也喝不进水，躺在床上，奄奄一息。秀姑的丈夫名叫黄经，是个诚实善良的小伙子，他眼看着妻子病得起不来床，可是家中一贫如洗，连医生也请不起，只有每天坐在秀姑床边流泪，长吁短叹，一筹莫展。

这一天黄经正在唉声叹气，忽然听见门外传来清脆的铃声，知道这是有摇铃的江湖郎中经过。他连鞋也顾不得穿，

就匆匆跑出门外。门外正有一个白胡子老道，背着一个大大的药葫芦，一手拄着拐杖，一手摇着串铃，慢悠悠地走着。黄经忙拉住他说："老先生，快到我家里来吧，我妻子得了怪病，快要不行了，你一定要救她啊！"

老道跟着他来到家里，坐在秀姑床前，为她把了把脉，然后摇了摇头说："姑娘肺热胸闷，已成慢痨。据贫道所知，前后三村，害这种病的很多。贫道实在没有办法，惭愧惭愧！"说罢起身告辞。

黄经拉住老道哭着说："老神仙，你行行好，一定想个办法救活咱秀姑，也救活咱全村穷人的命呀！"

老道说："要治好这种病也不是没有办法，需要连喝三个月的仙茶！"

黄经说："这仙茶到哪儿弄啊？"

老道说："难就难在这啊，仙茶的根儿长在天台山，只要找到天台山顶的云雾仙洞，打开洞门，放出香雾和仙水，山顶就会长出仙茶来。可是，要找云雾仙洞，得翻过九座高山，趟过九条深涧，攀登千丈岩壁，这么难的事情，凡人怎么能办得到呢？"

黄经说："我一定能办到，为了医好秀姑和全村人的病，别说是找云雾洞了，就是让我上刀山下火海，那又有什么难的？"

老道闻听此言，乐开了花，说："小伙子，你真是一个勇敢的人。既然你有这么大的决心，那贫道就助你一臂之力，把这根拐杖送给你吧！你带上它，就会找到云雾仙洞。找到之后，用这把拐杖轻轻一叩，洞门就会打开的。”

黄经大喜，接过仙杖。老道便起身告辞。黄经说：“老神仙请留高姓大名！”

老道笑眯眯地捋了捋胡须，说：“我叫葛玄。”话音一落，就来了一阵风，把老人带到天上去了。

黄经大吃一惊，因为他听村里的老年人说过：葛玄就是传说中的葛仙翁，这个葛仙翁，原来住在天台山顶云雾洞，负责给西王母栽种仙茶。他见西王母总是把仙茶都收拾到天上去，一点儿都不肯施舍给凡间的百姓，就跟她吵了嘴，西王母一怒之下便把他贬下了凡间。黄经忙跪在地上，冲着天空磕了三个头。

这个消息像长了腿一样，传得飞快。不久后，前后三村病人的家属都来求黄经说：“黄经呀，你快带着仙杖上路吧，盼望你能早日找到仙洞，放出香雾和仙水，培育出仙茶，治好大伙的病哪！秀姑妹病着，就交给我们照看吧！”

秀姑躺在病床上，有气无力地说：“黄郎，为了治好这么多兄弟姐妹的病，你就快去找找云雾洞吧！”

黄经突然间觉得自己责任重大，于是点点头，再三嘱咐秀姑要保重身体，含着泪对大家说：“乡亲们，秀姑我就交给你们了，一定要替我照看好她，我这就上路，去寻找云雾洞。”说罢便带着仙杖和干粮上天台山去了。

说也奇怪，这把仙杖在黄经肩上，竟会射出万丈金光来，给他引路。在金光的指引下，他翻过九座高山，趟过九条深涧，走了三天三夜，来到一座百丈高的峭壁下。杖头的金光，突然射向峭壁的顶峰。黄经知道：云雾仙洞就在上面。

这时，他已经走得腰酸腿疼，干粮早就吃完了，肚子又饿，又没有力气，实在动弹不得。但是，他一想起乡亲们的嘱托和秀姑的病痛，就觉得有一股无形的力量在牵引着他，于是他振作起精神，攀着崖壁上的小树，喘着气，一步一步往上爬，终于爬上了崖顶。

这时，杖头的金光直指着一块巨门般的岩石。黄经用仙杖往岩上轻轻一叩，岩门“呀”的一声开了。黄经向洞内一看，哈，洞里漆黑一片。顺着仙杖的光，黄经走进洞里，他抬头望了望洞顶，想起葛仙翁的话，用杖头用力往洞顶一戳，顿时，一股清澈的仙水从洞顶倾泻而出。黄经感到口渴，便“咕咚咕咚”喝了一肚子仙水，顿时觉得清凉甘甜，肚子里说不出的舒服，一舒气，口中就像喷出一股香精，飞出洞外，变成缕缕香雾，弥漫开来，久久不散。仙水也汩汩地流出了洞外，洞口慢慢长出一片绿芽，黄经知道自己引出了仙水，兴奋不已。

再说秀姑躺在床上，日日从窗口往天台山顶望，盼着黄

经早点儿引来仙水救乡亲们的命。一天，她看见山顶一个岩洞中忽然喷出云雾，知道黄经已经找到仙洞了，高兴得几乎从床上坐了起来。这时，乡亲们都欢呼着跑到她的面前祝贺。秀姑想念黄经，再也躺不住了。姐妹们扶着她慢慢走上村边的小山头。她向天台山顶喊着黄经的名字，喊声随风飞上了天台山顶。黄经听见了，立刻走出洞外，高兴地对着山下大喊："秀姑妹，乡亲们，我看见你们啦！你们等着采仙茶吧！"

这时，天空中出现了一团紫色的云雾，原来西王母带着天兵天将驾云来了。这天，西王母和仙人们正在瑶池边喝云雾仙茶，忽见瑶池水打着旋涡，渐渐浅了，知道瑶池底下在漏水，她大吃一惊，以为出了什么事。她驾起云头往下界看，只见天台山顶香雾缭绕，白云团团，知道是有人偷偷打开了云雾仙洞，便连忙率领天兵天将赶来。她在云头大喝道："好小子，你偷开仙洞，触犯天条，该当何罪？"

黄经挺直腰杆，大声说："我放出香雾、仙水，是为了培育仙茶，我培育仙茶，是为了医治百姓的疾病，我做的是造福于民的好事，有什么过错？"

听了黄经的话，西王母气得不轻，一声令下，天兵天将一齐杀向云雾洞口。黄经挺起胸膛，面无惧色，手拿仙杖准备迎战。葛仙翁聪明无比，早就料到会有这场恶斗，预先在仙杖上念了十万禁咒，因此这仙杖有着无边的法力。天兵天将一个个被打得头破血流，谁也不敢再和黄经争斗了。

见天兵天将败下阵来，西王母知道势头不对。一计不成，又生一计，转身对站在秀溪村边山头上发愣的秀姑说："秀姑啊，叫你的丈夫马上离开，我送你一把仙茶，你喝了之后一定康复，如果他不回去，我马上就杀了你。"

秀姑恨透了西王母霸占仙茶，又惦念着前后三村兄弟姐妹的疾病。她愤愤地回答说："西王母，你们光图自己长生不死，抢去云雾仙茶，完全不顾人间死活，是何道理？"她愈说愈气愤，朝天台山顶高喊道："黄郎，黄郎，为了医治千百个兄弟姐妹的疾病，你要记住我的话：坚守洞门，放完瑶池的仙水，喷出芬芳的云雾，赶快培育出仙茶来啊！"

见秀姑不但不听自己的话，反而起劲地鼓励黄经，西王母怒从中来，伸手一指，只见空中闪下一道金光，仿佛闪电一样向秀姑劈去。秀姑来不及说话就痛苦地死去了，转眼变成一块酷似病妇的岩石，仰望着黄经。

秀姑的姐妹们见状放声大哭，黄经远远望去，知道王母害死了他的妻子，更哭得死去活来。半晌，他擦干眼泪，说："秀姑秀姑，我一定牢记你的嘱咐，培育出云雾仙茶，治好乡亲们的病！"

黄经回到洞中，用仙杖猛捅洞顶。刹那间，滚滚香雾涌出，哗哗仙水奔流，洞前的仙茶根儿慢慢破土而出，没过几天便长出一片青翠的云雾仙茶。黄经终于成功了！

山下的百姓高兴极了，纷纷上山采摘仙茶，煎给病人喝，病人喝了仙茶，清心凉肺，慢慢地病都好了。

喝了仙水后，黄经成了仙，为了防止西王母再来封闭云雾洞和盗窃仙茶，他没有回家，一直守在洞口，至今洞口的岩纹上仍可以看出他手执仙杖站立着的身影。

从此，天台山顶的云雾仙茶一年生长一次，长势旺盛，年年不断。从那以后，山民们天天喝着仙茶，过着幸福的日子，小孩子们喝了，一个个身强体健；姑娘们喝了，肤如凝脂，貌美如花；小伙子喝了，英俊潇洒，体壮如山；老人们喝了，鹤发童颜，百病不生。人们怀念黄经和秀姑，称天台山顶的云雾仙洞为“黄经洞”，称秀溪村边的秀姑变成的岩石为“恩姑岩”，也叫“望郎岩”。

袁相根硕天台山奇遇

天台山附近流传着一个民谣：

天台山顶百丈岩，

岩门一幅水珠帘，

帘里阵阵哭喊声，

袁相根硕喊不完。

这个民谣是什么意思？又有什么来历呢？

相传天台山顶有一块百丈高的大岩石，岩石上不停有水珠滴下，好像一副亮晶晶的帘子。大家都说这水珠帘上流不完的亮晶晶的水珠，是龙姐、姝芳的泪珠。龙姐和姝芳是西王母的两个侍女，很久很久以前，西王母就住在百丈岩前的高山上，龙姐和姝芳专门替西王母汲水烧茶。王母脾气暴躁，她们伺候稍有不周，就会遭到责骂，甚至拳打脚踢。

这一天，龙姐和姝芳给西王母烧好茶，龙姐手提铜壶，姝芳捧起玉盘，走出山洞，踩上祥云，送茶给西王母喝。这时，忽听远处传来吆喝声，她们好奇得很，按低云头，向下望去。只见前面山崖上，一只凶恶的老虎，被猎人用箭射中，可是老虎皮糙肉厚，虽然中箭，却还是拼命奔跑，后边有两个猎人在紧紧追赶。老虎跑过三重崖，猎人追过三重崖；老虎跳过三道涧，猎人追过三道涧，一直追到高高的石梁桥边。老虎为了逃命，猛地冲过石梁桥。跑近石梁桥边的那个猎人一看，急啦，忙问后边的那个："袁相哥，这是石梁桥啊，过不过去？"

袁相大声叫道："根硕弟，我们一定要追上它，为民除害，再说它已经受伤了，快跑不动了，我们可不能前功尽弃啊！"

于是两人一前一后，急忙追上高高的石梁桥。可是这石梁桥横跨在两山中间，桥下是湍急的流水，水流飞快，时不时发出阵阵雷鸣般的声音，让人望而生畏。而且桥面只有一尺宽，长满了光滑的苔藓，不要说在上面走了，胆子小的人望一望桥底，都会吓得晕过去。根硕小心翼翼地走到桥中心，不料踩着湿漉漉的苔藓，只听“哎哟”一声，一个筋斗栽下桥去了。袁相见到，急出一身冷汗来，忙伸手去拉，可是根硕太重，袁相脚下又太滑。不但没拉住根硕，自己也“哎哟”一声，跟着栽下去了。站在洞口的龙姐见了，可吓了一大跳，她手一松，铜壶“啪啦啦”地掉在地上，壶底都砸了一个洞；姝芳见着，也惊得两腿一抖，手中的玉盘“啪啦啦”掉在地上，砸得粉碎。姐妹俩急忙一登祥云，“呼呼呼”飞到石梁桥上。说时迟，那时快，龙姐接住袁相，姝芳接住根硕，把他们抱进百丈岩洞里。

过了很长时间，袁相和根硕还是没有苏醒，他们紧闭着眼睛，脸色惨白。姝芳惦记着根硕，着急地说：“龙姐，龙姐！根硕哥脸色昏暗，一点儿血色都没有，是不是吓掉魂了？”

龙姐也着急道：“哎呀，袁相哥的心脏扑通扑通跳得太急，这样下去一会儿就会丧命的。”

姐妹俩没有办法，现在又没有时间回去找仙药，想来想去，决定用自己的唾液去喂两个猎人。要知道，仙人的唾液可是琼浆玉液啊，凡人一喝下去，都能够起死回生的。渐渐地，两个人的脸色由白转红，手脚也渐渐地会动了。又过了一会儿，他俩睁开眼，坐了起来，可是眼前的景象让他们惊呆了，两个人本以为自己死掉了，谁知道不但没有死，眼前竟然还出现了两个花一样的姑娘。

“这是什么地方啊？我怎么到这里来了？”根硕揉着头，一脸困惑地问。

“是啊，我们本来是在追老虎呢！老虎逃到哪儿去了？”袁相也疑惑不解。

见他们两个终于醒了，姐妹二人长出了一口气，说：“这下可好了！你们终于活过来了，快去追老虎吧！”两个猎人一听，更是诧异，于是龙姐、姝芳把事情的来龙去脉讲给了他们。两人知道遇见了救星，对姐妹二人千恩万谢。

救活了猎人，龙姐和姝芳松了一口气，这才想起来，自己摔坏了王母的铜壶和玉盘。她们来到洞外，望着破了的铜壶和玉盘，抽咽着说：“我俩砸碎了西王母的铜壶玉盘，惹了大祸啦！”说着，龙姐和姝芳都急哭了。

两个猎人见是这样，也顿足叹息，心里又急又愧，又没有办法帮助她们，便掏出布巾给她俩擦泪珠。再说西王母在洞府里左等右等，始终不见龙姐、姝芳送茶来，走出洞外一瞧。却发现，这两个丫头不但不干活，却在洞口和凡间猎人说长道短。再一瞧，那把铜壶跌漏了，玉盘砸碎了，急得她两脚直跺，怒气冲天，于是唤来了风神，叫道：“风神，风神，把这两个臭猎人给我赶走！”

风神口中“呼啦啦”吹出一阵风，顿时天昏地暗，日月无光。两个猎人被卷过山崖，飘下深涧里去了。龙姐、姝芳被大风卷进百丈岩洞里，只听见深涧下一阵阵哭喊道："龙姐呀，姝芳呀，救命啊，救命啊!"

这时岩洞里也传出了一阵阵哭喊声音："袁相哥呀，根硕哥呀，你在哪里呀，你在哪里呀?"

西王母听见这些叫喊声，怒不可遏，鼻子都要气歪了，心想两个丫头竟然对凡间的人这样惦记，又唤来了雷神，喝道："雷神，雷神！快把岩门关上！将这两个丫头永远关在石洞里!"

雷神举起雷槌"轰隆隆"猛地挥敲，岩门关闭了，只留下两道岩缝，给她俩透透气。龙姐、姝芳对着岩缝哭呀喊呀，哭喊声飞遍了山谷。

西王母又唤来水神，喝道："水神，水神，快在百丈岩岩门上挂一道水珠帘，不许她俩从岩缝中看到凡间!"

水神一挥手，"哗啦啦"岩门上飞下一道珠光闪闪的水珠帘，飘飘悠悠，永远遮住了龙姐、姝芳，使她俩再也看不到人间的一切了。只听见水声夹着她俩的哭喊声音：

"袁相哥呀，你在哪里……"

"根硕哥呀，你在哪里……"

直到今天，离水珠帘不远的地方，有一块圆形的岩石，好像铜壶一样盛着水，岩底漏着水，传说这就是龙姐那把跌漏的铜壶，因此叫"铜壶滴漏"。"铜壶滴漏"对面有一大

片细碎的岩石，也就是姝芳摔碎的玉盘，因而叫“碎盘岩”。水珠帘边村子里的老一辈人，至今还传说着这个故事，痛恨万恶的西王母把龙姐和姝芳锁起来呢！

母子情

传说在许多年以前，东海的一个海岛上，常年战乱不断，民不聊生，恶人横行霸道，百姓苦不堪言，社会风气大乱，直弄得人心不正，世风日下。渐渐地，这件事情被玉帝知道了，于是降旨，派八仙之一的吕洞宾下凡，仔细打探真相，然后回来禀报。

吕洞宾接旨后，扮成一个背弓腰曲，银须白发的老翁，来到岛上开了一家油店。他在店门前悬起一块大招牌，上写四个大字：“如海油店”。大门上还张贴对联一副，红纸黑字，写得分明——进门买油随君灌，解囊付钱任尔愿。

这个消息很快传遍了整个小岛，没几天，整个岛上远近人家，都提瓶拿罐，背甏担桶，纷至沓来，油店门前一时间排起了长龙一样的队伍。大家互相拥挤着，谁也不让着谁，争先恐后地把油灌得满满的，只有那么几个人拿出些零星铜钱，其余都分文不给。老翁看在眼里，记在心上，不禁感慨万千，心想这世间果然贪心之人众多，清白的人有几个？但他压住了怒气，并不声张，只是微笑着站在门口，静静地看着百姓们拥挤抢夺。

一天，一个身穿破旧衣裳的十二三岁的男孩，右手拿着一只缺口的碗，左手拿着五个铜钱，来到了店里。他先把铜钱一个一个地放在柜上，然后盛了值五个铜钱的油就走出店堂。老翁看到这孩子的一举一动，颇为感动，急忙拉住他和气地问道："小哥，你怎么只盛这一点点油啊？"

"我只拿出五个铜钱，所以只能盛这些。"小孩回答说。

老翁见他虽然年纪小，道德却如此高尚，侃侃而谈，颇有道理，即试探道："你还不知道吧？这家油店的油随你盛，随你灌，付不付钱随你便，你为什么不多盛点儿去？"

"很小的时候，我娘就教育我，做人要行得正，走得端，我们虽然穷，但志气不能短。一个钱只能换一个钱的货，占便宜的事情，我们不能做。"小孩挺起胸膛，大声回答。

老翁心中大喜，却不露声色，只是捻着胡须，微微一笑，心中暗暗钦佩，似有所悟地问道："孩子，你家住在哪里啊？你叫什么名字？家里都有些什么人呢？"

小孩子老老实实地回答："我叫葛洪，家就住在村庄尽头的小屋里，我们家里只有我和老娘，娘是给人家帮佣的。"

老翁听了，连连点头。他走近小孩身旁，蹲下身来，低声说道："小哥啊，你可知道，不久这里就要发生大劫难。以后你若看到街后大石坟前的两只石狮子的眼睛出血，就立

即背上你娘向西逃奔，切记切记!”

葛洪听了，将信将疑，但看到老翁的诚恳神态，也就记在心上，回家去了。

第二天，这家油店就歇业了，老翁也不知去向。

葛洪回到家里，把老翁说的话，告诉了娘。他娘也感到奇怪，于是，就天天叫葛洪去看那两只石狮子。

当地有个屠夫，看到葛洪每天在坟前察看石狮子，很觉奇怪。于是，就问他为什么会这样做。葛洪老老实实地把事情的真相告诉了他。

屠夫听了，哈哈大笑，不以为然地说：“这可真是新鲜，石狮子的眼睛会流血？天下哪有这样的奇事?”边说边走了。就在第二天一早，屠夫故意将猪血抹在石狮子的眼睛上，想取笑和捉弄一下葛洪。不多久，葛洪果然来了，当他走到坟前，不禁“啊”的一声惊叫：“不好了，石狮子眼睛果真出血了!”边说边急忙掉转头，直奔回家里背起老娘，拔腿朝西飞奔。

这时，天色突变，乌黑的云团在天空中聚集起来，整个大地一片灰暗，看不到一丝阳光。接下来，电闪雷鸣，狂风呼呼，风夹带着雨水，从天空中倾盆而下，景色甚是吓人。紧接着阵阵巨响传来，排山倒海，顿时山倾屋倒。葛洪回首张望，吓了一跳，原来所过之处，顿成汪洋大海，汹涌的海浪，由东而西滚滚卷来。

这可太吓人了，葛洪背着娘疾步而逃，连头也不敢回了。他顾不得山高路险，荆棘密布，心中只是想快跑快跑，接连奔了两天三夜，累得气喘吁吁，汗流浃背，眼前直冒金星，立刻就要昏死过去了。背后的大水席卷着门窗、笼箱、器具、什物，滚滚而来。他娘见此情景，心惊肉跳，又是害怕又是心疼儿子，不住嘴地说："我的好孩子，你快放下娘自己逃命去吧，你背着娘，跑不快，连累你，娘心里难受。我已经这么大岁数了，活也活够了，你还是独个儿去逃生吧，不要管娘了！"

"娘，你说这样的话，不就是骂儿子不孝吗？不管是死是活，我都要跟你在一起，要我丢下你是万万不能的！我们总是要在一起的啊！"葛洪嘴上说着，脚下可不敢停步，背着娘向西疾走。不知道走了多少路程，也不知道到了什么地方，迎面见一条峻岭，母子俩疲惫不堪，倒在岭下。说也奇怪，这时乌云四散，雷声转弱，背后的汪洋浪涛也渐趋平静。等到母子俩走上山顶，只见天渐呈清明，阳光普照，风平浪静，母子俩喜道："这里真是定波镇海之处啊。"

葛洪娘俩再往南行，走到灵峰山麓，看到这里山清水秀，云蒸霞蔚，林木苍郁，山花遍野，是一个幽深的好去处。于是，就在山腰搭间茅屋，定居下来。但母子二人在异乡，为异客，举目无亲，家里又空无一物，这日子可怎么能过呢？做娘的犯难了，心里愁得很。

葛洪见娘上火发愁，就安慰她说：“娘，你不要着急难过，孩儿已是十多岁的人了，明天开始我就上山打柴卖钱，侍奉母亲，你就不要发愁了。”自此，葛洪母子就以打柴为生。日复一日，都这样过着。话说这年冬天，寒风凛冽，大雪封山，冷得邪乎。满山的柴草都被冻得枯了，可是为着生计，葛洪还是得上山来打柴。他跑遍了大山小沟，却找不到一束可砍的柴草。没有办法，葛洪只得一步一步地往山下走，心里盘算着怎么度过这漫长冬季。走着，走着，竟然看到下面溪坑旁长着一丛芦草，郁郁葱葱，茂茂盛盛，心里不禁一热，立刻奔过去，把它砍下来。不多不少，刚够一担，于是就喜滋滋地挑回家来。第二天，葛洪上山路过那里，不觉呆了一下：只见这丛昨天被砍得精光的芦草，今天又长得如昨天一样的郁郁葱葱。于是葛洪又把它砍了下来，挑回家去。就这样，他天天经过那里，天天砍一担死而复生的芦草挑回家来。

葛洪心里好奇，回去之后把这件事告诉了娘。他娘听了也惊讶不已，给儿子出了个主意：“这大概是株奇草，你明天进山，索性把它连根掘来，种到咱家屋前，省得来回奔波，砍起来也容易得多!”葛洪一听，觉得有理，遂点头应允。第二天，他高高兴兴地上山来到这丛芦草前抡起板锄用力地掏呀、掘呀。一会儿工夫，只听“嘭”的一声响，被掘的土坑里冲出白光一道。葛洪吓了一跳，以为出了什么怪物，走上前去定睛一看，原来土坑正中有一颗晶莹透亮、滚圆溜顺、银光熠熠的明珠，足有鸡蛋那么大。葛洪惊喜不已，小心翼翼地拿起这颗明珠，藏进怀里，跑回家来告诉娘亲。

说起这颗大明珠，来历委实非浅。吕洞宾见葛洪至诚至孝，决心度他成仙，便向龙王那里要来龙珠一颗，埋于芦苇根下，以赠给他。

葛洪娘见了，知道这是宝贝，高兴得不得了，告诉儿子把这宝贝藏放在破柜里。第二天拉开柜门一看，母子俩惊得眼睛都快掉出来了！碗柜里都是黄澄澄的金子和白花花的银子。于是又把它放到空衣箱里，过一天，满箱子都是绫罗绸缎。把它放在谷仓里，谷满仓；把它放到米缸里，米满缸……葛洪家里骤然富了起来。母子二人虽然高兴，但是仍和过去一样勤勤俭俭过生活，家里的金银财宝，衣衫粮米，全部捐济给贫苦的人们。就这样，冬施被，春舍布，病捐药，荒年赈米粥，修桥、铺路、造凉亭，方圆百里，人人传颂，个个敬仰。

可是没有不透风的墙，这件事很快就传到了当地一个姓傅的老财耳朵里。他听说葛洪家里有颗稀世明珠，什么都能变出来，不禁眼红手痒，就找到官府的贪官，和他商量抢夺明珠，用来发大财。

这一天，傅老财带着打手、差役，拿着刀枪棍棒，如狼

如虎，直扑葛洪门前。葛洪不知出了什么事情，走出门外，拱手说道："大家来到这里，想要找我做什么呢？"

傅老财气势汹汹地威吓他说："大胆葛洪，你私通妖人，擅用妖术，聚集百姓，散布歪道，还用妖珠笼络愚民，是不是想造反生事？今天我奉县太爷的命令，让你把妖珠交出来，免你死罪，不然抓你回衙门，你快把珠子拿出来！"

"我的珠子，非偷非抢，乃是上天所赐。我施舍百姓，何错之有？我犯了哪条王法？凭什么要交出来？凭什么治我的罪？"葛洪据理力争。

傅老财闻听此言，知道传言非虚，他家里果然有明珠藏着，不禁喜出望外，吩咐手下道："快给我进去搜！"众打手差役一拥而入，上上下下，里里外外，翻箱倒柜，掀缸揭锅，闹得个鸡飞狗上屋，却不见那珠子的一点儿踪影。傅老财贼眉一皱，贼眼一溜，心想屋里搜不见，莫非那宝珠在他娘俩身上？于是又喝叫打手往葛洪身上搜查。这一下可把葛洪急坏了，因为前一天，葛洪闻听傅老财串通官府，要来搜抄明珠，所以把它紧紧藏在贴胸的口袋里。现在众打手真要搜身，不由得情急生智，猛地朝山下奔去，边奔边把袋里的那颗宝珠拿出来含在嘴里，以防被夺走。

葛洪心急如焚，脚下跑得急，不禁气喘吁吁，刚想喘口大气，谁知道"咕噜"一声把明珠咽进了肚里。这可不得了，他咽下了宝珠，身子突然长高了起来，脚下仿佛踩了风火轮，跑起来飞快，呼呼作响，把追来的那伙人甩得远远的。但他马上感到浑身燥热，口中渴得似要喷出火来。就跑到小溪边，伏下身大口大口地喝起水来，没几口竟把那条溪水喝得精光。整个身子宛如堕在五里雾中，摇摇晃晃，飘飘荡荡。葛洪难受极了，在地上打了一个滚儿，竟然变成了一条五色金龙，浑身鳞光灿灿，两目闪闪如电，昂首摆尾，掉头往回而飞。那伙人还闹不清是怎么回事，金龙已飞到他们的头上，张开大口，“呼——”地喷出一道水柱来，其白如练，其急如瀑，劈头盖脸地喷得这班恶棍们头破血流，折腿断臂。那个贪心的傅老财，被喷得跌下深谷，撞在岩石上，一命呜呼。

葛洪娘也颤巍巍地赶了上来，一见儿子已经化成金龙，斗倒了老财，心中悲喜交加，知道儿子成了神仙，虽然高兴，但一想到儿子再也不能回到自己身边了，不由得悲从中来，呜呜地哭了起来。那条五色金龙从云端里飞舞而下，来到娘的跟前，摇了三次头，摆了三次尾，复又扭转龙头，腾空飞去。葛洪娘连声招手高喊：“我的孩子啊，你别走啊，你走了娘可怎么办啊?”金龙听了娘的话，频频回首俯视，大有依依不舍之情。可是不久便一声长啸，朝东海大洋飞腾而去，转眼就不见了。

从此之后，葛洪娘日夜想念爱子，常常来到山冈上眺望呼喊：“我儿啊，你在哪里？葛洪啊，你在哪里呀?”这也

真是奇怪，每次娘一喊叫，海上就云雾升腾，白浪排空，一条五色金龙跃出水面，矫健如飞地越过金塘江，游至下三山，来与娘遥遥相会。这期间，娘叫几声儿，金龙就点几次头，然后回首入海。

以后，人们就把葛洪娘眺望金龙的那个山冈，取名为“望洋冈”，别称“茅洋冈”。

很多年过去了，葛洪娘也早已过世。然而，他娘儿俩的故事，却永远被传颂。后人为表示崇敬和纪念，在灵峰山建起禅寺，敬奉葛洪为仙，尊称葛仙翁；又在望洋冈上建起瞭望洋庙，敬奉葛洪之母，香火历千百年而不衰……

张三丰

元朝末年修建的金台观，在当时来讲，无论是规模还是名气都是微不足道、鲜有人知的。一直到了明朝洪武年间，一位云游四方的道人，来到了这里，这位道人姓张名三丰，因为脾气怪异，大家都称他张三疯子。不论春夏秋冬，也不管是冷还是热，他总穿着一身补丁加补丁的破道士服，外披一件蓑衣，衣衫褴褛，又脏兮兮的不修边幅，所以人们又叫他张邋遢。

有时候，张三疯子闲着无事，愿意给人家打短工。他的脾气怪得很，别人都是白天劳动，晚上休息，他却正好相反，白天睡觉，晚上干活。有一次，他给一家人锄地，主人不放心，天还没亮就去看他，发现他正在大树枝杈上打着呼噜睡觉呢！主人再往地里一看，不禁暗暗惊奇，原来别人要锄好几天的地，他竟然一个晚上就干完了。主人唤醒他问："这地是谁给你锄的?"他笑着答道："锄地的人都在地头睡觉呢!"主人哪里相信，跑到地头，借着皎洁的月光，眼前的情景让他惊讶不已，原来他发现了十多个纸剪的小人，一个个手中拿着一把纸剪的锄头。主人捡起纸人，跑过来问他："你说的锄地人是不是它们?"他笑着答道："除了它们，哪里还有别人?"主人大吃一惊，下巴差点儿没掉到地上，半晌才说出一句话："你莫非是神仙不成?"

有一天晚上，五六个小伙子在张三疯子这儿闲谈。听一个小伙说，他家原在甘肃平凉，可他长这么大，还没到平凉去过哩!

看着小伙子向往的神色，张三疯子问道："小哥，那么你想不想去平凉看看啊?"

小伙子瞪大眼睛说："当然想去，可是四百多里路啊，哪那么容易?"

张三疯子说："要去的话也不难。"说着，他到窑洞里拿出一张芦席卷成筒。他把耳朵凑近席筒的一头，听了一阵说："哎，今晚平凉有戏，唱的是《五典坡》。"

大家一听，非常奇怪，都说老道和他们开玩笑。

张三疯子说："不信？来，你们自己听一听。"小伙子们都把耳朵凑近席筒去听，梆子叮叮当当，胡琴吱吱噜噜，唱腔清脆激昂，嗬，确实是在唱戏。

张三疯子问大家："想去看吗？"

众人纷纷表示想去看。张三疯子说："要去，也不是什么难事，我带你们去。可是咱们得讲好了，带你们去可以，这一路上，你们可要听我的安排。"

大家惊讶不已，当即表示同意，一定听老道的，就问他什么时候启程，他说："马上去。"说着，就把席筒放松，弄粗，叫大家一个跟着一个往里钻。说来奇怪，大家钻出来的时候，竟然发现自己已经是在平凉的戏台子下边了。大家惊喜地回头去看，席筒不见了，只见张三疯子笑嘻嘻地走了过来："现在看戏吧，可不要乱走，戏一完咱们就一块儿回去。"看完戏，他把大家找到一起，引到平凉城北的河边。

那时河里正在发洪水，水声轰轰作响，波浪滔天，很是吓人。他叫大家不要害怕，闭上眼睛，喊过"一二"，就往河里跳。大家都照他的吩咐办了，睁眼一看又回到了金台观。可一点人数，可了不得，差了一个人。原来那是个家庭富有的财东娃，他看见河里洪水滔滔，心里害怕了，就闭了眼睛。在张三疯子喊过"一二"的时候，别人都跳了，只有他没有跳。到他睁眼看时，大家都不见了，没有办法只得沿途乞讨，过了五六天才回到家里。这以后，张三疯子在当地就有名了。

相传金台观张三疯子的窑洞里有一只瓦罐。一般的瓦罐耳朵都在外边，可那只瓦罐的耳朵却在里边。这是怎么回事呢？

原来他到老年的时候，身子骨不听使唤，走起路来摇摇摆摆，很是费事，需要人服侍，每次吃饭的时候，就有一个小道士把食物给他送到窑洞里。他吃过之后，小道士再来这里取走碗筷。可是时间长了，小道士发现一个奇怪的现象：张三疯子吃过饭的碗，总是干干净净的，像洗过一样。小道士很奇怪，可也不敢问。一次，小道士就在窗外偷看。原来他吃完饭以后，又用舌头把沾在碗里的饭渣仔细舔净。

小道士想，这一定是老道士嫌饭量小，不够吃呗。于是下次给他送饭不用碗而用罐子，心想：这一罐子饭你总该够吃了吧？再说，罐子这么深，你想舔也舔不了啊！可是，等他吃过饭，把罐子取出来一看，又舔得干干净净，一次、两次、三次，每次都是这样。小道士更加奇怪，罐子比碗深，何以舔得？有一次，小道士给他送了饭，又到窗外偷看，只见他把饭吃完以后，两手抓住瓦罐的口沿，捏呀捏呀，瓦罐像牛皮做的罐子一样，慢慢就翻过来了。他翻一节就舔一节儿，全部翻完，全部舔完。小道士非常惊奇，就在他全部舔完的时候，连忙走进窑洞：“呀！师父，你把瓦罐翻过

来啦!”

张三疯子抬头看了一眼小道士，鼻子里哼了一声，双手轻轻放下瓦罐没有说话。

从此，那个翻过来的瓦罐，再没有复原。

祭灶和守岁

每一年的农历腊月二十三到三十这几天，我们百姓都要依次地烙灶干呀，扫房子呀，熬百岁呀……这些风俗是一代一代传下来的，传了好些辈人。那么这样的习惯是怎样形成的呢？这里有一个美丽的传说。

玉皇大帝的小女儿贤良淑德，悲天悯人，她看着普天下的穷苦人民遭罪受苦，十分同情，常常站在云端观望他们。渐渐地，她偷偷地爱上了一个给人烧火帮灶的穷小伙子。

玉皇得知后，十分恼怒，就把小闺女找来，说：“你既然爱上了那个帮灶的，那就下去跟他受苦

吧。”于是把小闺女打下凡间，跟着“穷烧火的”受罪。王母娘娘十分疼爱女儿，不忍心女儿就此受苦，于是使尽心机从中讲情，玉皇被她劝得没有办法，才勉强给“穷烧火的”封了个灶王的职位。人们就称“穷烧火的”为灶王爷，玉皇的小闺女自然就成为灶王奶奶了。

灶王奶奶深知百姓的疾苦，就常常借回娘家探亲的机会，从天上带些好吃的、好喝的分给穷百姓们。这样一来，可惹恼了玉皇，他本来就嫌弃穷女婿、女儿，知道这件事后，更加恼火，就下了命令，只准他们在每年的年底回家探亲。到了第二年，眼看快过年了，穷百姓们还是缺衣少粮，有的甚至连锅也揭不开。灶王奶奶看在眼里，疼在心里，于是腊月二十三这天，她决定回娘家，给穷百姓们要点儿吃的。可自己家里连点儿面星儿也没有了，路上没有干粮可怎么办呢？穷百姓们知道灶王奶奶是为了救他们，便想方设法烙了盐馍团，送给灶王奶奶路上做干粮。

灶王奶奶回到天上，向玉皇讲了百姓们的疾苦，玉皇不但不同情，反而嫌女儿带回来一身穷灰，要她当晚就回去。这可气坏了灶王奶奶，她真想转身就走，可转念一想，乡亲们正眼巴巴地盼着自己回去呢，自己却两手空空，乡亲们还是要受苦，这怎么行呢？再说也不能就这样便宜了狠心的父亲。这时，正好王母娘娘也过来说情，她便顺势说：“父王，女儿不走了，明天我要扎把扫帚带回去扫穷灰呢！”

二十四这天，灶王奶奶正在扎扫帚，玉皇来催她明日回去，她说："别催我呀，眼看要过年了，家里没豆腐，明日我要捞豆腐呢!"

二十五这天，灶王奶奶正在捞豆腐，玉皇来催她明日回去，她说："别催我呀，眼看要过年了，家里没肉吃，明天我要去割肉哩!"

二十六这天，灶王奶奶刚刚割了肉回来，玉皇又来催她明日回去，她说："别催我呀，眼看要过年了，家里穷得连只鸡也养不起，明天我要杀鸡哩!"

二十七这天，灶王奶奶正在杀鸡，玉皇又来催她明日回去，她说："别催我呀，回家路上要带点儿干粮，明天我要发面蒸馍哩!"

二十八这天，灶王奶奶正在发面，玉皇又来催她明日回去，她说："别催我呀，过年总要喝点儿喜酒，明天我去灌酒哩!"

二十九这天，灶王奶奶刚刚灌罢酒，玉皇又来催她明日回去，她说："别催我呀，我一年到头连顿饺子也没吃过，明天我要包饺子!"

三十这天，灶王奶奶正在包饺子。玉皇又来了，这一次玉皇大动肝火，要她今日必须回去。灶王奶奶心想也好，反正东西已经准备得差不多了，就不再多说话，只是舍不得离开王母娘娘，一直拖到天黑才离开皇宫。这天夜里家家户户都没有睡，坐在火炉边等灶王奶奶回家。人们见灶王奶奶回来了，都点起香纸，放起鞭炮迎接她，此时已到初一五更了。

后来，百姓们为了纪念灶王奶奶的恩德，年年都要腊月二十三烙灶干，二十四扫房子，二十五拐豆腐，二十六去割肉，二十七杀灶“熬百岁”……实际上这都是等着迎接贤惠、善良的灶王奶奶回到人间呢！

中秋节与嫦娥奔月

相传远古的时候，天上有十个太阳，它们一起出现在天上，都放着万丈光芒，谁也不肯服输。这可苦了百姓了，十个太阳把大地晒得寸草不生，甚至开了缝，冒出烟来，就连海水也干枯了，天下百姓很难活下去，纷纷病倒了。这时，有个叫后羿的英雄横空出世，他力大无穷，能开万斤宝弓，能射巨蛇猛兽。他同情受难百姓，就弯宝弓、搭神箭，一口气射下九个太阳。要射最后一个太阳的时候，百姓劝他留下一个太阳为民造福，那个太阳也认罪求饶，后羿才息怒收弓，严令太阳按时起落，造福天下。

从此，后羿一举成名，他的名字传遍天下，人人敬仰。后来，他娶了个妻子叫嫦娥，这嫦娥美丽善良，温柔贤惠。

夫妻二人相亲相爱，生活非常美满。嫦娥贤良淑德，常用丈夫射来的猎物接济乡亲们。乡亲们都非常喜爱她，夸后羿取了个好媳妇。

有一天，后羿在山林里射猎时，碰见一个老道士。这老道士钦佩后羿的神力和为人，赠给了他一包不死药，说吃了这药，就能长生不老，成仙升天。可后羿舍不得自己心爱的妻子，也舍不得父老乡亲们，不愿自己一人上天，回家后，就把不死药交给了妻子。嫦娥把药藏在了床头首饰匣里。

那时候，因为羡慕后羿的威名，不少人向他拜师学艺。其中有个叫逢蒙的，是个奸佞小人，他听说后羿有不死药，就想偷吃，自己成仙。

这一年的八月十五，趁着后羿又带着徒弟们出门射猎的机会，逢蒙偷偷闯进嫦娥的住室，威逼嫦娥交出那包不死药，不然就要杀了嫦娥。嫦娥迫不得已，又不甘心把不死药给了他，于是心一横，就把不死药全部吃下。她刚吃完药，就觉得身子轻飘飘的，竟然飞了起来，冲出窗口，直上云天。可她一心还恋着心爱的丈夫，就飞到离地面最近的月亮上安了身。

后羿回家后，不见了妻子嫦娥，十分惊讶，忙向侍女打听，才知道事情的经过。他焦急地冲出门去，只见天上的月亮比往日格外亮，格外圆，就像心爱的妻子在看着自己。他心如刀绞，泪如泉涌，拼命朝月亮追去。可他追三步，月亮退三步；他退三步，月亮进三步，不管使出多大的力气，总是到不了月亮跟前。后羿思念心爱的妻子，心痛欲裂，默默流泪，却无可奈何，只有让侍女摆上供桌，上面供上嫦娥最爱吃的各种水果，遥祭月宫里的妻子。乡亲们听说以后，也都在各家院内摆上供桌水果，遥祭善良的嫦娥。

第二年八月十五晚上，整整一年过去了，月亮又是格外明亮格外圆。后羿和乡亲们怀念善良的嫦娥，都早早地在院中月光下摆上水果祭月，寄托对亲人的思念。以后年年如是，世代相传。因八月十五时值仲秋，所以人们就把这一天定为中秋节。

重阳登高

传说在很久以前，汝南县里有一个叫桓景的人，他上有父母，下有一群儿女。他和妻子守着几亩薄地辛勤劳作，养活一大家人，虽然没有大富大贵，但是衣食无忧，日子过得倒也自在。可是天有不测风云，这一年，汝河两岸害起了瘟疫，这场瘟疫来势凶猛，家家户户都有人病倒。轻的不能起床，重的丢了性命。大家纷纷逃命，连死去的亲人也顾不得埋葬，那真是尸横遍野，非常凄惨。桓景的父母没有逃过这场灾难，都病死了，他自己也得了病。

桓景小时候就听大人们说，汝河里住有一个瘟魔，每年都要来到人间走走，它走到哪里就把瘟疫带到哪里。桓景病好后，决心寻访名师，学习道学法术，战胜瘟魔，为民除害。他听说东南山中住着一个名叫费长房的大仙，法力高强，神通广大，于是就收拾行装，起程进山访仙。

桓景进了山，却发现这里云雾缭绕，山峰层叠，根本不知仙人在哪里住。但他没有被困难吓倒，翻山越岭，费尽周折，不知疲倦地往前赶。有一天，他忽见面前站着一只雪白的鸽子，那鸽子见他走近也不躲闪，还不住地向他点头。桓景心中惊奇，便也向鸽子致意。那鸽子忽然飞起，飞了两三丈远落下，还是不住地向桓景点头。桓景走近时，那鸽子又飞。他明白了，这是鸽子在给他引路呢！他便随着鸽子向前走，翻了几座山后，顿觉开朗，一片仙景出现在眼前：苍松翠柏间一座院落，门的横匾上写着“费长房仙居”五个金字。那鸽子丢下桓景，在庙院上空欢叫盘旋，不一会儿展翅飞走了。桓景来到门前，只见漆黑的大门紧闭着。他深恐冒昧打扰会激怒仙人，便虔诚地跪在门外，不敢惊动仙人。他跪呀跪呀，一直跪了两天两夜，直跪得饥肠辘辘，浑身酸痛。第三天，大门忽地开了，只见一位白须飘胸的老人笑眯眯地说：“你为民除害心诚意切，快随我进院吧。”桓景知道这是费长房大仙，又拜了几拜，跟着师父进院了。

进院之后，费长房给桓景一把降妖青龙剑，教他学习仙

术。桓景早起晚睡，披星戴月，不分昼夜地练开了。那天桓景正在练剑，费长房走到跟前说："今年九月九，汝河瘟魔又要出来，你的法术已经学得差不多了，现在可以出师了。你赶紧回乡为民除害，解救众生。我给你茱萸叶子一包，菊花酒一瓶，让你家乡父老登高避祸。"仙翁说罢，用手一指，古柏上的仙鹤展翅飞来，落在桓景面前。桓景跨上仙鹤向汝南飞去。

桓景回到家乡，父老乡亲奔走相告，都出来迎接，他把大仙的话给大伙儿说了。九月九那天，他领着妻子儿女、乡亲父老登上了附近的一座山，把茱萸叶子每人分了一片，说随身带上，瘟魔不敢近身，又把菊花酒拿出，每人呷了一口，说喝了菊花酒，不染瘟疫。

他把乡亲们安排好，就带着他的降妖青龙剑回到家中，独自端坐在屋内，等着妖魔来访。过了一会儿，只听汝河波浪滔滔，狂风骤起。瘟魔出水走上岸来，穿过村庄，走千家串百户却不见一人，忽然抬头见人们都在高山上。它窜到山下，只觉得酒气刺鼻，茱萸异香沁腑，心知不妙，不敢近前。又转身回到村庄，只见一人正在屋中端坐，就大吼一声扑去。桓景一见瘟魔扑来，急忙舞剑迎战。斗了几个回合，桓景剑术精湛，越战越勇，瘟魔见战他不过，拔腿就跑。桓景哪里肯放，"嗖"的一声把降妖青龙剑抛出，只见宝剑闪着寒光向瘟魔追去，把瘟魔穿心透腹地扎倒在地。

祸害人的瘟魔终于被杀死了，自此以后，汝河两岸的百姓，再也不会受瘟魔的侵害了，大家开心得不得了，共同庆祝起来。后来人们把桓景剑刺瘟魔的事传为佳话，九月九登高，也作为一种习俗流传了下来。

年息花的传说

传说清朝初年，关外有个叫唐阿里的小伙子，他心地善良，长得十分英俊，而且能骑善射。有一年，他所在的大军驻扎在一座风光秀丽的山脚下，山坡上开满了红艳艳的杜鹃花。唐阿里一有闲空，便悄悄地溜出营房去登山赏花。

一天，他又去杜鹃山赏花。刚一进山，就听到有人高喊救命，他寻声跑去，见一只猛虎正向一位老人扑过去。唐阿里急忙搭弓射箭，一箭射死了老虎。老人问："救命恩人，请问你尊姓大名，家住哪里？"

唐阿里说："我叫唐阿里，家住关外宁古塔，随军打仗来到这里，就住在山脚下的兵营中。"

老人听了他的话，寻思了一下说："那好吧，咱爷俩明日再见。"

第二天，老人果然来到军营找到唐阿里，请他到家中去做客。唐阿里跟着老人来到一个幽静的山湾里。那里有三间小草房，房后是一片竹林，房前是一条清澈见底的小河，房子的四周满是盛开的杜鹃花。来到房里，老人再次谢过救命之恩，又喊出女儿与恩人相见。老人的女儿看上去只有十七八岁的样子，长得非常美丽。唐阿里一下子就被吸引住了。

吃过丰盛的酒菜之后，老人试探着对唐阿里说："我看你善良勇敢，是个好小伙子，老夫无以报恩，愿将小女年息许配给你，不知尊意如何？"

唐阿里一听，当然是很乐意地答应了。

"不过，"老人说，"你们眼下还不能成亲，等你返回家乡时，带一根杜鹃花根，栽在你家乡的山坡上，等杜鹃花一开，我就把女儿给你送去。"

眼看着这样的好姑娘不能马上成亲，唐阿里心中有几分不快。回到军营中，唐阿里觉得这事儿奇怪。第二天，太阳还没有升起，他便沿着昨天走过的路朝杜鹃山走去。可是，满山遍野都找遍了，却连个房子的影子也没有，他只得闷闷不乐地回去了。

时间没过多久，唐阿里便解甲归乡了。临行前，他选了一棵最大的杜鹃花，挖出了根，小心地带回了家里。他把花根栽到了家门口的小山坡上。春天一到，花根就发出了芽，不久，就开出了一朵娇艳的杜鹃花。

一天，唐阿里打猎回来，老远就闻到了家里的饭菜香味。进到屋里一看，老人和年息姑娘正坐在屋里呢。唐阿里这下可乐坏了，赶忙点火沏茶。老人对他说："我老汉说到做到，现在把女儿给你送来了。"唐阿里自然万分欢喜，于是，在老人的主持下，欢天喜地地办完了喜事。成亲之后，老人对唐阿里说："我就这么一个女儿，今已和你成亲了，我也就别无牵挂了。自此以后，我要云游天下，到我愿意去的地方去走一走。你们俩以后要好好地过日子。"唐阿里怎么也留不住，也就由他去了。

小两口的日子过得十分美满。年息姑娘会给人家治病，谁有个头痛气喘的，她很快就能给治好，所以远远近近的人们都来找她看病。

有一天，雹子神经过这里，看到年息姑娘美丽动人，便起了坏心，强逼着年息姑娘跟他走。年息死不从命，雹子神大发雷霆，对年息姑娘大打出手。唐阿里打猎归来时，妻子已被打得奄奄一息了。年息对他说："我死了之后，你别把我埋掉，每天喂我三勺苏子油，三块苏子饼，把我放在有阳光的地方，我就能活过来。"说完之后，年息姑娘就咽了气。唐阿里按照妻子的嘱咐照办了，过了三七二十一天，年息果然活了过来。

又过了一年，到了农历的五月初，火神从这里路过，看到美丽的年息，也起了坏心。年息姑娘誓死不从，唐阿里挥刀就砍，这一下惹怒了火神。他先用火烧死了唐阿里，接着又用火把年息姑娘烧成了一具焦人，还把他们的骨灰撒得漫山遍野，生怕年息姑娘再活过来。

想不到第二年春天，漫山遍野都开满了红艳艳的杜鹃花。人们都说这是年息姑娘的魂转化的，为纪念年息姑娘，人们便称这花为年息花。

盘瓠和他的儿女

很早很早以前，有一位皇后娘娘得了一种耳痛病，一病就是整整三年。国王请来全国的神医，寻找来所有的草药，都没能治好娘娘的病。后来医生从娘娘的耳朵里挑出了一条像蚕一样的金虫，不久，娘娘的耳痛病竟然好了。

皇后觉得这事奇怪，就把这条虫用瓠盛着，又用盘盖上。谁也没料到，过了些日子，这条小虫竟然变成了一条周身锦绣、五色斑斓、毛发闪闪发光的龙狗。由于它是在盘子和瓠里变出来的，所以给它起了个名字叫“盘瓠”。皇上非常喜欢这条龙狗，不论走到哪里都带着它，简直是形影不离。不久，有一个王爷背叛朝廷，皇上看到国家受到威胁，便对手下的大臣说：“谁要是能把反叛者的头拿来见我，我就把公主嫁给他。”大臣们看到反叛王爷兵强马壮，又有一身好武艺，知道就是去也打不了胜仗，便谁也不愿去冒这个生命危险。

几天过去了，皇上也不见有人率兵出征，但却发现盘瓠不见了。皇上十分焦急，大家都不知道这条龙狗跑到哪里去了，皇上派人出去找，找了好几天也没有找到。原来，龙狗独自跑到了反叛王爷的宫中去了。它对王爷摇头摆尾，王爷看到这种情景，非常高兴，对手下人说："这次我一定会成功的，你们看连皇上的龙狗都投奔我来了。"于是，他便大摆宴席，庆祝自己获胜。当他喝得烂醉如泥鼾睡不醒的时候，龙狗扑上去一口咬下了他的头，然后飞快地回到了国王的宫中。

皇上看到自己的龙狗叼着敌人的头回来了，万分高兴，便让人用最好的食物来喂它。但它只是摇头，一口也不吃，默默地坐在墙角，一声也不响。

皇上见了十分难过，便对它说："龙狗啊，你为什么不吃东西，也不到我的身边来呢？莫不是想要娶公主为妻，怕我不兑现自己的话吗？并不是我不实践自己的诺言，实在是人和狗不能结婚啊！"

听了这话，盘瓠立即开口了："王啊，这一点你不用担心。你只要把我放在金钟里，过七天七夜后，我就能够变成人。"皇上于是按它的话去办，把它放在了金钟里。

时间一天天地过去了，对盘瓠充满感情的公主怕它在金钟里饿死，到了第六天，实在忍不住了，便悄悄地打开了金钟。这一下可坏了，盘瓠全身只剩下一个头还没有变完，这下再也变不了了，成了狗头人身。

于是他从金钟里跳出来，披上新衣服，公主则戴上了狗头帽，在皇宫中举行了隆重的婚礼。结婚不久，他便带着公主到很远的地方去生活了。

他们生活得非常幸福，几年后生下了三男一女，但这些孩子们都没有姓氏。于是他们请皇上赐给他们姓。大儿子生下来是用盘子装的，就赐姓为盘；二儿子生下来是用篮子装的，就赐姓为篮；三儿子出生时天上正打雷，便赐姓为雷。小女儿长大后找了个姓钟的婆家，于是就姓了钟。后来这四个姓繁衍起来，都奉盘瓠为他们共同的祖宗。

虎头鞋

很久以前，楚州金河堆下有个姓杨的男子，家里穷得叮当响，靠一条破船摆渡过日子。三十多了，还没讨老婆，人家都叫他杨大。

杨大是个忠厚老实的人，摆渡从来不较真，过河的人身上有钱就给一些，要是没钱就拉倒了，就当帮忙了。

有一天，狂风大作，暴雨倾盆，杨大正坐在小渡屋里搓绳，忽然听见有人喊过河，他跑出门一望，是个讨饭的老奶奶。这时外面风雨交加，杨大见讨饭的老奶奶站在河对面挨雨淋，十分可怜，就冒雨撑船渡老奶奶过河。等杨大把老奶奶渡过河来，老奶奶叫起来了："哎呀不好了，过河的大哥，我见风大雨大，就只忙着上船过河，把破棉花胎子丢在河那边了，这怎么好啊？"杨大一听，说："不要紧不要紧，你先到我的小屋里躲雨，我把船划到对岸去给你拿过来。"这时外面风更大了，雨更急了，杨大身上的衣服全都被雨水浇透了，他把老奶奶扶进自己的小屋，赶忙把船撑过去，把老奶奶的破棉花胎子拿过来，交给了老奶奶。

过了一袋烟的工夫，风渐渐小了，雨也渐渐停了。讨饭的老奶奶说："大哥哎，我讨饭过河没钱给你，又连累你多撑了一趟，实在是不好意思。这样吧，我这里有张小画，画得怪漂亮的，放在我身上也没得用，送给你吧。"杨大接过画一看，画纸已经被雨水淋湿了，模模糊糊的，画上坐着一个姑娘在绣小孩穿的虎头鞋。他没有多想，谢了老奶奶，把画纸放在胸口上焐干了，贴在船艄后头的小舱内，又忙着渡人过河了。

第二天，奇怪的事情发生了，晚上杨大收船吃了晚饭，准备躺下休息的时候，那画上的姑娘竟然变成了真人，自己从船上跑上岸，要嫁给杨大做老婆。杨大一个人过了半辈子，穷得根本就不敢想要老婆的事情，一见画上的姑娘变活了，长得标致漂亮，整个儿一绝代佳人，欢喜得不得了。从这以后，姑娘每天夜里从画上下来，天亮又回到画上去了。

转眼间快到一年了，画上的姑娘给杨大生了个大胖小子，取名叫小宝。杨大有了儿子，高兴极了，更加卖力地干活赚钱了。

一晃七年过去了，一传十，十传百，这事终于传到了知府耳朵里。这位知府姓王，他听说摆渡的穷小子杨大娶了画上的美人儿，气得不得了，心想这么好的事情怎么能便宜了那个臭小子，他就动了歪脑筋，想霸占杨大这张画。

这一天，王知府坐着轿子，带领着随从，摇摇摆摆地来到了金河堆渡口。他一下轿就对杨大说："杨大啊，本府听说你有张神奇的画，到底是不是啊？"杨大是个老实人，哪里晓得知府的诡计，就答应说："是啊，小的是有张画。"王知府听了，喜上眉梢，对杨大说："既然这样，你快点儿把画拿来给我看看。"杨大说："画在船上，请大人稍候，小的去拿。"于是颠颠地上船把画拿来了，王知府接过画看了半天，不住称赞，后来说："听说这美人是能变活的，你能不能叫她下来让我看看呀？"杨大老老实实地说："大人呀，她白日里不下来，晚上才下来呢。"王知府说："那就给我带回家去晚上看吧。"说着就把画放到衣袖里，转身就走。杨大急坏了，拉着知府说："王老爷，这画是我从一个老奶奶那里得来的，画上的姑娘已经和我做了七年夫妻了，你可不能把她带走啊！求求你了，把画还给我吧！"王知府一听，鼻子都歪到天上去了，说："你这个穷光蛋，哪配有

这么漂亮的美人做老婆呀？跟着你她会受罪的，还不如让本官带回去享福呢！”说完上轿就要走。杨大没有办法，一边哭一边拉住王知府衣角要画，却被几个恶差人毒打了一顿。杨大没法，和儿子小宝抱头大哭了一场，心里虽然觉得憋屈，却也无可奈何，只能叹气。

再说知府抢走画后，当天就把画贴在房里。到了晚上，知府看见画上的姑娘眼睛动了，走近一看，不得了，姑娘的眼睛滚着泪珠，好像要哭的模样，就是不从画里走下来。一连好多天，天天都是这样。王知府心知姑娘不肯下来，却也没有办法，想把画撕掉吧，又实在是心疼，只好天天看着画发呆，干着急却没有办法。

再说杨大的儿子小宝，自从母亲走后，天天哭着要找妈妈。杨大只好哄他说：“好孩子，你妈妈被王知府抢去了，关在深院里呢，我去求他放了你妈妈，他不干，还给我一顿毒打，你一个小孩子，哪里有什么办法？”小宝听了不答应，哭个不停。杨大伤心透了，又怕儿子哭坏了，就哄小宝说：“你妈妈是个过河的老奶奶带来的，要救出你妈，除非等过河的老奶奶再来才行。”哪知道杨大这一说，小宝更加等不得了，急着要去找老奶奶，小宝又哭又闹地缠着杨大，要他告诉老奶奶向哪儿跑了。杨大说：“老奶奶向南跑了，你慢慢等，她马上就来了。”杨大说完又去渡人过河了。

等杨大去渡人过河时，小宝穿起他妈妈绣的虎头鞋，趁杨大不在屋里，一直向南飞奔而去，杨大过河回头，已找不到小宝了。

再说小宝一路上，不停地奔跑，饿了吃些野果子野菜，渴了喝点儿河水，他一直向南跑，一刻也不停留。跑啊跑啊，跑了七七四十九天，已走到深山老林里了，实在跑不动了，就坐在大松树下歇脚。他刚刚坐下来，就听见大松树后面有水响的声音。

小宝回头一看，不由得大吃一惊，只见大松树的后边是个小湖，湖边长满了奇花异草，香气扑鼻，还有蝴蝶蜜蜂尽情飞舞，真是美不胜收。再一细看，小湖里还有七个仙女在洗澡，正慢慢地向岸上走呢。小宝瞪大眼睛看，竟然发现走在最后边的一个就是他妈妈。他高兴坏了，眼泪都要流出来了，于是飞奔上去一把抱住他妈妈哭了。妈妈见了小宝，十分惊讶，一把抱住小宝，母子两人抱头痛哭。哭罢，妈妈问小宝："小乖乖，你怎么跑到这里来的呀？"然后又问了家中情况，告诉小宝，"自从画被王知府抢去后，我就离开凡间了，要想把妈妈带回家，你要回去找王知府说理。"说着就领小宝到湖边上，用湖水把小宝穿的虎头鞋抹了一下。小宝见六个仙女洗完澡都走了，就对妈妈说："妈妈，回家吧，爸爸等你呢。"说着就用小手拉他妈妈走，这时忽然有一阵云雾遮住了小宝的眼睛。只听"嗖"的一声，小宝睁眼一看，云雾散了，妈妈不见了，自己已落在小渡屋的门口了。

小宝忙把见到妈妈的事告诉了爸爸，这回杨大答应让小宝去找王知府了。

小宝一心要找到妈妈，于是直奔府衙前，在衙门前大哭大闹，要见王知府。差人们见是个小孩子，谁也不理他。小宝从早到晚在府衙前哭喊着，眼泪哭干了，嗓子哭哑了，终于有个老差人动了恻隐之心，就帮他通报了知府。知府一听是个小孩子要见他，把差人骂了一顿，但后来听老差人说是画上美人生的儿子，心里又打起了如意算盘，心想，不如通过这个小孩子，把画上的美人骗下来，只要她能下来，就一切都好办了。想到这里，他赶忙叫人把小宝带进来。小宝走到内厅，王知府把小宝领到房间里，小宝到了房间里，一见妈妈贴在墙上，伸手就拉他妈妈的手。说起来真怪呢，小宝把画上的美人手一拉，美人就跑下来了，跟着小宝直往外走。王知府开始见美人下来了，喜出望外，高兴劲儿还没过，见她跟着小宝走了，急得不得了，纵身扑向美人，脚向小宝踢去。说时迟，那时快，小宝虎头鞋上的老虎跑下来，

一口叼住王知府就往深山里奔。王知府哭着喊着，也没有用了。小宝兴高采烈地拉着妈妈的手，母子二人回到了金河堆下的小渡屋里，一家三口团聚了。

直到现在，如果谁家生小孩子，都喜欢做双小虎头鞋给孩子穿上，希望孩子吉祥平安，这个习俗就是那时候传下来的。

仙子护桃林

很久以前，花果山中盛产冬桃。有人写诗赞道："春风不识冬桃面，雪映桃花点点红。"你是否觉得奇怪，桃子怎么会冬天开花结果呢？这里原来有个传说。

当初孙大圣在天宫当弼马温的时候，有一天来到御桃园，只见一个个仙桃又红又大，乐得大圣抓耳挠腮，"嗖"地跳上桃树，大吃起来。吃着吃着，大圣心里想："仙桃虽然好吃，可这院子又小又窄，哪有我的花果山宽敞漂亮？再说在天宫待得久了，觉得有些寂寞冷清，不如回老家去吧！"大圣说走就走，一个跟头，跳出了天宫。

大圣出了南天门，直奔花果山。却不知道自己身后还跟着一个人，你知道是谁？就是看管桃园的桃花仙子，她见大圣偷吃了仙桃，又想回花果山，不觉生气，就追了过来。大圣发觉有人追赶，一闪身，不见了。桃花仙子连忙按住云头，向下打量，不看不要紧，这一看啊，下界的美景，就吸引她了。只见下面一片青山绿水，处处鸟语花香，蝴蝶蜜蜂翩翩飞舞嬉戏玩耍，野兔小鹿你追我赶，甚是热闹。桃花仙子越看越爱，越爱越看，竟把追赶大圣的事儿给忘了，心想：索性游它一游，也不枉来人间一趟。想罢，便顺着山间小道直往前走，不觉离开望海楼，进入三元宫，穿过自在天，登上九龙桥，转过风口岭，下了十八盘，来到一个僻静去处。走着走着，仙子觉得口渴了，急忙四处打量，想找点儿水喝。忽见远处一片小小桃林，一阵悠扬的山歌从林内传来。桃花仙子大喜，急忙迎着歌声寻去。

绕过一棵棵桃树，发现唱歌的是一个年轻后生，正在收摘毛桃。仙子有点儿害羞，半转过脸去，细声问道："大哥，我赶路路过此地，口渴难耐，不知道能不能赏碗水喝啊？"后生听见有人问话，急忙闭上了嘴不再唱了，这才发现面前站着一位如花似玉的年轻女子，不禁脸红起来，连忙把头低下，慌忙答道："姐姐，请吃几个桃子解渴。"说罢，从树上摘了几个桃子，双手捧了过去。桃花仙子谢了谢，也不推辞，顺手拿了一个，咬了一口，不禁皱起眉头，失声喊道："哎呀，怎么这么难吃！"后生忙说："姐姐，这棵树上的桃子，还是我们云台山里最好的哩！"仙子惊奇地说："怎么你们这里最好的桃子竟是又苦又涩的？"后生答道："咳！

姐姐有所不知，我们这山里原来也有上好的桃子，一个个又红又大，又甜又脆。后来因为天上王母娘娘要开什么蟠桃大会，看中了我们这里的桃子，便派天兵天将下来，把我们的桃树全移到天上，一棵也没有留下。”后生说到这里，看到仙子脸上露出疑问的神色，便又解释道：“这片桃林，还是我祖爷爷偷偷藏起的一个桃核，后来培植起来的。”

仙子这才恍然大悟。她心想：自己一心一意为王母娘娘培育仙桃，掌管桃园，竟然忘记了人间还没有可口的仙桃，自己身为桃花仙子，岂不是太对不起人间的百姓了？她看看这种又酸又涩的毛桃，又看看眼前这个老实敦厚的后生，思来想去，陷入了沉思。那后生见她低着头，不作声，就问道：“姐姐，还是吃个桃子吧。虽然又苦又涩，还是可以解渴的。”桃花仙子又望了望他，心里一热，两腮飞红，心想：我何不仿效织女姐姐，嫁给这个勤劳忠厚的后生，长住人间，与他共同培植桃树，不就可以实现我的愿望了吗？对！让我先来试他一试！于是说道：“小哥哥，这个桃子实在难吃，你把我带到家中烧碗茶喝吧！”后生开始面露难色，但一想人家既已开口，怎好拒绝？于是挑起担子，带着姑娘向家里走去。转过几道山弯，眼前出现一间茅屋，冷冷清清，靠在山前。后生打开屋门，请姑娘进去歇息一刻，自己便抱了一捆干柴，前去烧水。桃花仙子进入屋内，四处打量，发现这间茅屋虽然简陋，但也收拾得干干净净。竹几上还摆着

几个木刻桃子，各色各样，有水蜜桃、白玉桃、蟠桃……刻得倒也神似。看样子，这些皆是后生根据传说再加上自己的想象刻制而成的。仙子暗暗称赞不已，对后生的爱慕之情不觉增添几分。

正打量间，后生端水进来，捧给仙子。仙子接过，喝了一口，微微一笑，指着竹几上的几个木刻桃子问道："这些都是哥哥的作品吗？"后生不好意思地点了点头。仙子又问："这些桃子栩栩如生，难道哥哥曾经见过吗？""我哪里见过啊？只是听老辈人说的，靠着自己想象做出来的。""那你刻这些有什么用处？"后生答道："我是想让我们这山里再结出这样的桃子来。"仙子听到这话，不禁露出钦佩的神色，含情脉脉地打量着后生，那后生也情不自禁地偷偷地打量仙子。桃花仙子思考一下，然后抬起羞红了的脸，鼓足勇气向着后生说道："小哥哥，小女子有个想法，想说给哥哥听，看哥哥是否有意？小女子自小父母双亡，如今孤单一人，无依无靠，好在父母去世前，留下了几棵良种桃树。哥哥如不嫌弃，我愿意把桃树移植过来，和哥哥共同培育，哥哥意下如何啊？"后生听罢连声叫好，但忽然想起她是一个年轻女子，与她朝夕相处多有不便，便说道："姐姐，好倒好，只是我们……"桃花仙子嫣然一笑，悄声说道："小哥哥如若不嫌，我愿随同桃树嫁到此山。"

从此，他们结为夫妇，共同生活，每天早出晚归，不辞

辛苦，精心培植桃树。不到三年工夫，原来的那片桃林渐渐扩大，漫山遍野果实累累，个个桃子鲜红白亮。

话说这一天，王母娘娘又要开蟠桃大会了，命仙女们前往御桃园摘桃，但见仙女们一个个空手而归，不禁奇怪，忙问缘故。仙女们回禀道："御桃园零落破败，无有仙桃。"这一惊可非同小可，王母急宣桃花仙子上殿，不一刻回复："桃花仙子不知去向。"王母大怒，急派天兵天将四处搜寻，依然踪影全无。王母心疑，驾起云车，亲赴南天门，俯视凡尘，就见黄海之滨花果山中，一片桃林，果实累累。王母不由大怒，急命天兵天将下凡去，毁掉桃林，急召桃花仙子速回天庭。天兵天将领命而去，不到一袋烟的工夫，下界便下起了瓢泼大雨，然后雷声大作，电闪雷鸣，一片桃林，化为灰烬。后生与桃花仙子急忙往外奔逃，半路上被天兵天将拦住去路，命桃花仙子速速返回天庭。后生至此方知，他的妻子是天上的仙女，即将归去，他本来就因为桃林被毁的事伤心，闻听此言，更是大受打击，当即昏倒了。桃花仙子怒火中烧，拒不听召。天兵天将无奈，只好向王母娘娘复命。王母娘娘见后生既死，桃林被毁，心想："贱人路尽，自会返回天庭。"便冷笑几声，驾车回宫。

见天兵天将走远了，桃花仙子急忙扶起丈夫，见他已经口吐鲜血，命归黄泉了，不由得心中难过，大声痛哭，直哭得肝肠寸断。她含着眼泪，将丈夫安葬在桃林的灰烬之中，

整日守在坟边，啼哭不止。一日，坟顶忽然生出一株小小桃树。桃花仙子看了半日，心中明白：这定是我丈夫壮志未酬，化身为桃树，我一定不负丈夫心愿，让桃林再布满此山。于是，她强忍悲痛，精心培植这株桃树。三年过去了，桃树渐渐长大，但既不开花，也不结果。

“地下三年，天上一夕。”王母娘娘返宫后，发现桃花仙子仍未返回天庭向她请罪，心中诧异，便变成一个老婆婆来到云台山里，察看究竟。只见桃花仙子正在一株桃树旁苦守，王母娘娘便装做过路人上前问道：“姑娘，我早听人说过这里有一大片茂密的桃林，怎么现在只有这一株了？”桃花仙子答道：“原来的桃林，已经被大火烧尽了，现在这一株，乃是我的夫君化身而成。”王母假叹道：“既然你丈夫已死，化为一树，你何必苦守在此？”桃花仙子答道：“我要实现丈夫遗愿，使这株桃树成林！但是不知为何，三年已过，此树既不开花也不结果。”王母娘娘又说：“既然如此，更不要苦守了。再说已进隆冬，此树定难成活，你不如回家去罢！”话未说完，就见天气突变，大雪纷飞，顷刻之间，百里云台一片银白。桃花仙子不为所动，毅然说道：“我下定决心，只要我一息尚存，就要培育这棵桃树，让它开花结果！”王母娘娘见她如此坚决，勃然大怒，心中又生一计。她便冷冷笑道：“若要此树结果，除非用你鲜血化成桃花。”说罢，飘然而去。

桃花仙子这才明白老太婆是王母所化，便哈哈一笑："要我鲜血，这有何难!"于是拔下头上金簪，照准心窝猛刺下去。只见一腔热血，洒满桃树。顿时，点点鲜血，绽开朵朵桃花。

从此，年年隆冬，花果山上漫山的桃树，总是长满累累的冬桃。

棒槌山

大家都知道承德的景色闻名天下，棒槌山更是尽人皆知。谁都知道它像擎天柱似的矗立在承德市的东北角，半山腰有棵老桑树，一到夏天，孩子们就到山下捡那清香的大桑葚。可是要问这光秃秃的棒槌山上怎么在半山腰长了一棵老桑树呢，很少有人能够知道。这里就有一个传说。

很久以前，这里是山连着山，岭连着岭的，山峰高耸，直入云霄。山坡上长满了青松翠柏，飞禽走兽应有尽有。山下有个打柴的樵夫，整日风里来，雨里去，辛辛苦苦，任劳任怨。可是即使这样，也是一贫如洗，二十多年了，也没有讨到老婆。这一年春天，他上山打柴，捡了个大桃核。他想：这深山野坳的，哪来的桃核呢？也许是猎人或樵夫扔的吧。他拿回来种在院子里，没想到刚一发芽，就长出一棵小桃树。樵夫每天回来浇它，小树长得飞快。一入秋，樵夫就给小树包上了谷草，下了雪，就把院子里的雪扫起来堆在小桃树根上，又暖和又湿润。在他的精心照料下，桃树苗壮成长，三年以后结了一个大蜜桃。说起这个桃子，可是大得出奇，一半红，一半绿。樵夫舍不得吃，就放了起来，一直到冬天，大蜜桃也没烂。樵夫就把它用块破布包了起来，放在窗台上。每天打柴回来，都打开包看看。一天不看，心里就像缺了点儿什么似的。

樵夫打柴，终年不歇。这一年年三十，吃完早饭，照常上山砍柴。砍了一大挑回来时，太阳已经偏西了。他进屋一看，锅里热气腾腾的，揭锅一看，又是馒头又是肉。他心里纳闷：谁给做的呢？向街坊四邻打听了半天，也没人知道。这时樵夫也着实饿了，不管三七二十一，就大吃了一顿。晚上躺在炕上，他总想：谁呢？翻来覆去睡不着，他怕里面的大蜜桃被孩子们偷走，顺手拿起小布包打开一看，大蜜桃还好好地在那儿。“也许我记错了。”他因为打柴累了，想着想着，就睡着了。

大年初一早晨，樵夫热了点儿剩饭吃了，去给婶子大娘拜年。回来一看，又是香喷喷的一锅饭菜。他更纳闷了，决心要弄清是谁做的。初二这天早晨，吃完早饭，他假装去打柴，躲在柴垛后面。该做饭的时候，他悄悄跑到窗台下，舔破窗纸向里一看，只见窗台上的小布包哗啦一下子开了，出来个仙女，走到外屋，就要做饭。樵夫忙推开门，跑到屋里，一把拉住仙女，仙女也没挣脱，只是羞答答地抿着嘴笑。从此他们结成了夫妻。仙女每天都早早起来做饭，侍候樵夫吃完，把他送走，晚上早早做好饭放在锅里热着，等他回来一起吃。樵夫看见妻子，心里就甜滋滋的。他们的小日子过得很幸福。

让樵夫觉得奇怪的是，妻子身上总穿着一件宽大的衬衣，从来都没有脱去过。他觉得好奇，有一天晚上，就问了问妻子，这到底是怎么回事。仙女笑道："咳！要没这件衣服，咱俩还到不了一块儿呢。你可知道，我家住在东山最高的山顶上，那上面长满了鲜花鲜草，我爸爸就是花果仙王，我们姐妹十个，我是老十，他们都叫我桃李姑娘。爸爸可严厉了，他让我看着那片桃李树，一辈子也不让我下来玩一玩。你每天都进山砍柴，我天天都能看到你，我觉得你又勤劳，又能干，早就动了凡心想嫁给你了。于是我就偷了爸爸的定身衣，变成大桃核，让你捡着了。本想看看你就走，谁想后来舍不得，索性跟你过起来。爸爸要知道，不定怎么怪罪我们呢！"樵夫听了半天，还是不明白，就问："这些事情和这件衣服有什么关系？"仙女说："咳，你还不知道吗？这就是定身衣，要脱下来你就看不见我了。"桃李姑娘拿出一把锁着定身衣的钥匙，樵夫一把抢过去，说："我试试！"仙女吓坏了，生怕他开了定身衣，自己就消失了，再也见不

到他了，着急地说："这还了得？"其实樵夫根本没想开，早把它拿到院里藏起来了。

这以后，两个人还是恩爱地过日子。一晃过了三年，还有了一个儿子，一个女儿。

一天夜里，桃李姑娘梦到了自己的家。她梦到妈妈想她想得快要哭瞎了眼，九个姐姐也埋怨她自己得了幸福就不管别人了，爸爸知道她逃走了，气得要死，限三天之内，如果找不回她，就拿妈妈问罪。醒来之后，仙女对丈夫说："我得回去救我的妈妈，不能连累了她。你带好孩子，等着我，我安排好了就回来。"樵夫虽然不愿意，但是他知道妻子的脾气，也没有阻拦。第二天，仙女看看孩子，嘱咐了又亲，亲了又嘱咐，依依不舍的样子让樵夫难过得不得了。仙女临走时对樵夫说："夫君啊，我一定尽早赶回来，可是万一我一去不返，你千万不要担心。要是想我了，你就去找我，大东山的山顶上有一片花果林，林前有一块一丈多高的大青石，你敲着那大青石叫我的名字，我们就可以见面了。去时要多加小心，我爸爸心眼可毒啦！"然后四口子抱在一起，哭了一顿，仙女接过定身衣的钥匙，就不见了。

仙女走后，樵夫十分惦念，孩子吃饭也找妈，睡觉也找妈，黑夜盼到白天，白天盼到黑夜。樵夫一个人又当爹又当妈，顾了打柴，顾不了看孩子，顾了看孩子，顾不了打柴。两个孩子没有妈妈照顾，邋遢得不得了，活像个小叫花子。

樵夫眼看日子快要过不下去了，决定去找仙女。领上大的，背上小的，向东山走去，爷儿三个走啊走啊，走了一天也没到那高峰上。晚上，就歇在树林子里。树林里豺狼虎豹嗷嗷叫，孩子吓得直哭。樵夫就把孩子托到树上，自己也爬上去过夜。孩子饿了，就吃点儿干粮；实在困了，就呼噜呼噜地睡起来。他们走了好几天，干粮也快吃完了，才走到那高峰下，向上一看，全是断崖绝壁。他打了二十多年柴，从来没到过这儿。这连条羊肠小道也没有，樵夫自己爬都很危险，背着孩子上更不行，一不小心，翻到山涧里去，准没命。幸亏天色还早，他们就坐下来一边休息，一边想办法。正在发愁时，他忽然看见山坡上长了许多荆条，就用手折了一些，拧了三条长长的荆条绳，试试都很结实。他用两条绳头拴在两个孩子腰上，把两条绳子的另一头，拴在自己腰上，然后拿起了另一条绳子，见树就往树上搭，见着石头就搭在石头上。然后一把一把往上搭，搭呀，搭呀，眼看就要精疲力竭了，最后使出全身的劲，才爬到了山顶上。山上是一片花果林，他也顾不得去看。向下一看，两个孩子小得像蚂蚁似的。他赶紧在断崖上找了一棵树，骑着树根，就往上拔孩子。拔了一个又一个，好容易才把两个孩子拔上来。两个孩子乐得直嚷："妈妈在哪？妈妈在哪？"爸爸说："快了！"往里一走，果然看见一块大青石，他一边敲着大青石，一边叫："桃李姑娘！"不大一会儿，出来个横鼻子瞪眼的人问：

“找谁?”“找桃李姑娘。”“请吧，我们老爷找还找不到你呢!”樵夫知道不是好话，心想：豁出去了！就带孩子跟了进去，院里尽是仙花仙草，房子也尽是人间没有的楼台殿阁，院里走的端茶送饭的姑娘们，穿的都像云彩似的。不大一会儿他们便走到一座正殿，只见里面坐着一对老夫妻，穿的都是最美丽的鸟羽毛做的衣服，两旁丫头小子垂手直立，屋里静得连苍蝇飞的声音都听得见。两个孩子吓得紧拉着爸爸的衣襟，不敢上前。待了半天，老头子才说：“好啊！我没找你，你倒找上门来了！瞧，你肉眼凡胎的那个样！认吧，我有十个女儿，认出来你就领回去，认不出来，我把你们推下断崖活活摔死!”

一声令下，于是进来十个仙女，这十个仙女不论是年纪，长相，还是身高和打扮，都是一模一样的，真是难以辨认。她们一个个都垂着手，低着头，谁也不敢抬头看他们一眼，老太婆也坐在一旁不吱声。这可难坏了樵夫。两个孩子看看十个仙女都像妈妈，可谁也不敢叫。老头子早等得不耐烦了，叫声：“来人哪！……”就在此刻，樵夫急中生智，叭叭几巴掌，打得两个孩子哇哇地哭，直喊妈。樵夫骂道：“你们哭吧！最好哭死了！妈妈早把你们忘得干干净净了，要不然早就回家了。你们想她，她可不想你们！我还是先把你们打死吧，不然以后你们没有妈疼，会死在别人手里，不是更可怜!”说着扬起手来又要打。桃李姑娘这时早哭得像

泪人似的了。

樵夫一下就把她拉了出来。老头子可愣住了，呆了半晌，忽然变了脸色，满脸赔笑地说："啊，十姑爷真有心计……"就吩咐家人设宴招待，喝退了十个仙女，又跟身旁站立的亲信嘀咕了一阵，说："领外孙见他妈去吧，小心'侍候'！"却不提樵夫回家的事。孩子听说找妈妈非常高兴，但又不愿离开爸爸，可是家人硬把他们拉走了。樵夫虽然受着招待，心可没在席上，当时就要带着孩子和老婆回去。

老头子眼珠一转，说："十姑爷来一趟不容易，还是在我这里好吃好喝，多住几天，歇歇脚也是好的。"樵夫也没答话，只是胡乱吃了点儿饭，就被安置在一间屋里住下了。到晚上，桃李姑娘也不来看他，他心里生了疑：怪不得她一来就是一两年没回去！我来找她，她还不上前来认，准是变了心啦！这时，门"吱"的一声开了，桃李姑娘闪了进来，一看，见孩子不在身边，立刻就变了脸色，知道老头子要下毒手了，就哭着埋怨樵夫不该让家人把孩子领去。本来樵夫不想理她，一听这话，心里又急又气，说："你在这里山珍海味吃着，绫罗绸缎穿着，还想孩子干什么？"桃李姑娘一听，更伤心了，哭着说："爸爸知道我偷了他的定身衣，发誓要把我逮回来，如果我不回来，也得连累你们。我回来以后，被押在黑山洞里好几个月，亏了妈妈多次讲情，才放了

我。我早就等着机会偷定身衣，可是一直也没有机会，如今四口子都落在虎口里了，你不想法搭救孩子逃跑，还说这些话……”樵夫后悔不该说这种气话，急得当时就要去找孩子，仙女说：“那哪行，出去就有危险。”两人没办法，只好抱头痛哭起来。最后桃李姑娘说：“我回去先看看孩子，再想想办法。没有定身衣还是走不了，我现在得走了，爸爸的宵夜酒也该喝完了。以后，你要多加小心，爸爸让你干什么活，你都要先告诉我一声，不然你会受害的。”说完就走了。

第二天，老头子扔给樵夫一个账本，一支破毛笔，笑眯眯地说：“十姑爷啊，我年纪大了，眼睛花了，做不得账。劳烦你一下，把账本前边这笔账替我勾了。”樵夫回答道：“丈人啊！我是一个穷打柴的，不识得几个字，哪里会勾账？”老头子冷笑一声，说：“十姑爷心眼那么多，哪会被这么简单的问题难倒？”

樵夫气得没话说，又不好顶撞，只好拿起笔来就要勾，可是见笔尖没泡开，就打算用口水润润，谁知刚用舌尖一舔，笔尖竟然消失不见了，原来是滚到肚子里去了。樵夫也没在意，老头子顺手从袖筒里又拿出一只好笔来，樵夫这才勾了账。可是从此以后，樵夫的脸色一天比一天白，身体一天比一天瘦。桃李姑娘觉得事情蹊跷，仔细询问，不由大吃一惊，知道樵夫遭了暗算，再不救就会死掉了。她打发小丫鬟偷偷把樵夫叫到后山上，假装要他折杏花，把他绑在树上，树下点着火烧起来。樵夫寻思：她一定变心了！就大骂不止。仙女也假装听不见。不大一会儿，从樵夫嘴里烧出个小金蛤蟆来。樵夫被松了绑，才知道受了害。要不是妻子救自己，过几天就没命了。他这才后悔当初没把这件事告诉她。

几天过后，老头子见樵夫不但没有死，反而精神更好了，便知道是姑娘把他救了，气得快跳起来了，又不知说什么好，只好寻思别的办法。

这一天，老头子又扔给樵夫一把斧头，说："十姑爷啊，你是砍柴出身的，技术一定好，正巧我家后花园那棵大海棠树该修枝了，请你把那五条小枝一条条地砍下来。"樵夫知道这又是诡计，就悄悄地打发小丫鬟告诉了桃李姑娘。桃李姑娘给了他一条五彩绳，并告诉他，砍树枝时，先用这绳子把五条小枝捆在一起，然后一斧子砍下来，跑出一百步再回头。樵夫就按着妻子说的做了。当他跑出一百步以后，回头一看，见有五条大蛇在追他——但已经追不上了。樵夫吓得一身冷汗，又是害怕，又是恼恨。一抬头，正见老头子迎面走来。老头子一看，又枉费心机了，一边纳闷，一边暗打主意，就假仁假义地说："十姑爷啊，明天我过生日，我摆了一桌酒席，你一定要来啊。等酒足饭饱了，我去后花园桑树林子里藏起来，然后你来找我。你赢了，我喝酒；我赢了，你喝酒。

咱们翁婿二人好好乐和乐和，把以前的事情都忘记了吧。”

樵夫知道这回的花招准比前两回还毒，嘴里答应着，就回屋去了。回去和妻子一说，桃李姑娘的脸都吓白了，说：“爹爹他变化多端，谁知道明天能变成个什么东西？这下可完了，弄不好你我夫妻二人，明天要死在一起了。”两人急得抱头痛哭，哭着哭着，桃李姑娘猛然想起什么似的，说：“这事情，还是找九位姐姐来商议一下吧。”于是她请来姐姐们，把事情详细地说给她们听，姐妹们七嘴八舌，纷纷议论，二姐说：“咱大伙跟他评理去——为什么要拆散人家一家子？”三姐说：“你在他面前还能评出什么理来?！干脆，把定身衣的钥匙偷来，打发十妹他们走。”姐妹一听，都说这主意好。可是怎么偷？她们又犯了难。还是三姐心眼灵，说：“明儿不是爹的寿辰吗，咱姐十个轮流劝酒，把他灌醉……”大姐年岁大，想得周全，说：“你当是偷走了，他就善罢甘休了?”最后九姐想出一条绝计说：“咱偷来定身衣，他变成什么，咱就把定身衣罩在什么上，把钥匙拿走，让他永远翻不过身来，咱姐妹也好……”可是十个姐妹谁也想不到他会变成个啥东西，还得求母亲去帮忙。于是十个姐妹，到母亲那里，连哄带骗，只说认出爸爸来，罚他喝酒。老婆子终于答应了，叫明天看她的眼色行事。

第二天一大早，姐妹们早早起来梳妆打扮，穿上最漂亮的衣服去给爸爸祝寿。在宴会上，十个姑娘甜言蜜语，欢天

喜地，轮着番地给老头子敬酒。老头子哪知道这十个姑娘都叛变了，根本没有多心，他原本心中惦记着一会儿捉迷藏的事情，不想多喝，可是哪里架得住十个女儿硬劝，结果喝了个酩酊大醉，定身衣的钥匙早被人偷走了。可是老头子还没忘了上后花园的事，就摇摇晃晃地往后花园桑树林里走。大家也跟了来，一眨眼的工夫老头子不见了。樵夫找了半天不见，老婆子小声说："大桑葚……"大家一看，果然阳坡的一棵大桑树上长着一个鲜红鲜红的大桑葚。于是将定身衣一掷，不偏不倚，正好罩在那大桑葚上。

从此，老头子变成了大桑葚。桃李姑娘和樵夫找到了孩子，辞别了母亲和众位姐姐，带着定身衣的钥匙回家了。樵夫回去以后，把钥匙铸成了一把劈山斧，这斧头永远掌握在他的手里。

日复一日，年复一年，长着这棵桑树的山峰，渐渐地被风化成了棒槌形，但桑树依然没动。人们一看见这棵老桑树，就会想起当年桃李姑娘和樵夫的故事来。

藕断丝连的传说

很早很早以前，八百里洞庭可不是现在这样美丽富饶，那时候湖里只有一片白亮亮的水，没有鱼也没有虾，岸边更没有绿树繁花，有的只是一片光秃秃的荒地，那景色可是荒凉得很呢！

天宫里有一个莲花仙子，是个温柔美丽、善良贤惠的姑娘。这一天，她站在云头向下这么一看，就看到了这八百里的浩浩荡荡的洞庭湖，碧波荡漾却没有鱼虾，土地辽阔却寸草不生，心中觉得可惜，便私自偷了百草的种子，下了洞庭。正在湖边走着的时候，她遇到了一个叫藕郎的小伙子，两个人聊了起来。闲谈中，藕郎得知了她的来意，欢喜得不得了。后来就带着莲花仙子跑遍了洞庭湖。他们在湖水里种下菱角、芡实，在湖岸边种下蓼米、蒿笋，在湖洲上种下蒲柳、芦苇。然后，莲花仙子又告诉人们怎样用菱肉、芡实饱肚充饥，怎样用芦苇、蒲柳遮风避雨，使这里的人们不再挨饿，引得外面的人纷纷在这里住下来，连鸟兽也不栖身的洞庭湖，被莲花仙子打扮得红是红，绿是绿，比天底下什么地方都美！连她自己也被迷住了，忘记了天上的琼楼玉宇，与藕郎结成婚配，在洞庭湖过起了美满的凡间生活。

可是，世上哪有不透风的墙。这件事被天帝知道了，天帝降下玉旨，令莲花仙子速速返回天庭。莲花仙子舍不得与藕郎分离，同时也舍不得洞庭湖，没有遵旨。天帝不禁大发雷霆，派下天兵天将，要将莲花仙子捉拿问罪。莲花仙子清楚天帝的脾气，知道大难临头，打算先到湖里躲一躲再说。临别这天，她从自己头上取下一颗带壳的、眼球般大小的宝珠，递给藕郎，含着热泪对他说道："这颗珠，是我的精气所结，你把它含在口里，躲在屋里千万不要出门，不久你我即可团聚。要是万一被捉，急难时就将这颗珠咬破外壳吞进腹内，我们夫妻仍会有再续之缘。"莲花仙子说罢，往湖里一躲，就不见身影了。那藕郎按照她的叮嘱，口含宝珠躲在屋里，果然平安无事。原来莲花仙子使了障眼法，天兵天将并没看到这里有什么房子。

藕郎这样躲了几天，虽然天天听到外面呐喊的声音，知道天兵天将正在搜寻莲花仙子，可是见这几天也没有人发现他，心中稍微放心了些。他思念妻子心切，急得坐立不安，这一天，实在忍耐不住，走出门去，想探探风声。谁知他的脚刚刚跨出家门，就被天兵天将看到了，他们很容易就捉住了藕郎。他们把藕郎一顿盘问，藕郎什么都不肯说，于是就被绑在柳桩上，天兵天将商量了一下，准备立即开刀杀了他。藕郎见自己身处险境，凶多吉少，想起了妻子的话，紧含着口中那颗宝珠。这时候，天兵天将已经挥起了刀，向他脖子上砍来。就在这千钧一发的时候，他咬破了那粒珠子，吞进了肚子里。顿时，只觉得一股清香扑鼻而来，浑身轻爽。原来，莲花仙子是"百花仙子"中的上仙，生命可以一发十，百发千，而且生有七窍，每一窍都可以呼气吸气。藕郎与她成婚，扯了仙气，加上吞进这颗宝珠，已得千年造化，脱了肉骨凡胎。天将一刀下来，"咔嚓"一声，将他身

首砍为两节，但刀口处还有细细白丝相连，刀一抽，那股白丝就把头颈又连接起来。天兵一连砍了九九八十一刀，怎么也杀不死藕郎。天将无法，只得奏明天帝。天帝听后赐下法箍一道。天将将法箍箍住藕郎的脖子，投入湖中，想将藕郎淹死。谁知藕郎沉入湖底泥中后，竟落地生根，长出又白又嫩的藕来。那法箍箍住一节，它又往前长一节，怎么也箍不住，法箍就变成了藕节。据说白藕就是这样变来的。

再说那莲花仙子躲入湖中后，把自己藏在了水草中间极为隐秘的地方。天兵天将把洞庭湖围了整整七七四十九个昼夜，也无法把莲花仙子捉拿归案。天帝闻报大怒，撒下天罗罩，铺天盖地向洞庭湖罩来。莲花仙子这时已知藕郎化成了白藕，不可能再和他在人间团聚，于是化作一籽，沉入湖底，直奔藕郎化身的地方。后来，天帝等得不耐烦，亲自赶到洞庭湖追拿她时，只听得“哗啦”一声，水面上突然伸出来一片伞状的绿叶，一枝顶端开着白花的花梗，不一会儿，长出一个莲蓬来，上面长满了一颗颗藕郎吞下的那种眼睛大小的珠子。天帝不由得怒气冲天，忙派人去挖。可谁知道，这莲蓬仿佛有灵性一样，天帝挖到哪，莲花就开到哪，莲花开到哪里，白藕就长到哪里。天帝更生气了，命令天兵天将挖遍洞庭，可是天兵天将挖过之后，却发现红莲、白藕、青荷叶也长遍了洞庭。天帝无可奈何，只好任凭莲花仙子去了，自己垂头丧气地回到了天宫。

从此，藕郎和莲花仙子就把家安到了洞庭湖里了。他们恩恩爱爱，一心一意地结白藕和莲花，装扮着洞庭湖，让湖两岸的百姓年年能吃到可口的藕，看到美丽的莲花。

含羞草

从前有个聪明伶俐、长相俊秀的小伙子，常到河边去钓鱼，每次他都看到一个老汉坐在那里，嘴里像念经似的念着："钓钓钓！钓钓钓！小鱼走，大鱼到。"还真就奇怪了，那些大一点儿的鱼都向他身边游去了。这样看了很多次，终于有一天，小伙子忍不住问道："老大爷，你这个法子真妙，教教我吧，我想钓大鱼呢！"老汉抬起头，看了看他，笑着说："孩子啊，我看你还像是一个诚实的人，就告诉你一个秘密吧。你顺着这个河岸走，会有幸福等着你。"老汉说着，把钓丝慢慢地往外拉着，水面上泛起一圈一圈的波纹，话说完了，老汉也忽然不见了。

小伙子非常惊奇，知道自己遇到神仙了，于是就听从他的话，沿着河岸一直走一直走。他边走边想：是什么样的幸福在等着我呢？

小伙子从晌午走到太阳落，从太阳落走到星星满天月亮出。在他的眼前，出现了一片长着荷花的大湾，月亮在这里更加明亮了，他说不出是月亮的光彩，还是荷花的光彩。他看了一会儿，忽然荷叶儿轻轻地动了，荷花也摇摆起来，小伙子不觉向前走了一步，也许是踩在了青苔上，脚底一滑，就跌倒了。等他爬起来，四下一看，已不是原来的样子：星星从天空飘下来了，照着桑树林。林里，有一个小屋，小屋里点着灯，门开着，看得见一个闺女正坐在那里织绸。闺女穿着长裙，灯光底下看去，好像是一片嫩绿的荷叶，那闺女乌黑的头发上，插着一朵新鲜的荷花骨朵儿。小伙子走到离开小屋只有几步远的地方，问道："这是什么地方?"闺女停住手抬起头来。她俊秀得简直像是月亮底下的荷花。闺女说道："实不瞒你，这是荷花庄，我是荷花女，要是你走累了的话，那就进来坐下歇歇吧。"

小伙子很是高兴，欢欢喜喜地走了进去，荷花女只是问候了他几句，就不再和他说话了，只是低着头织自己的绸子。织啊织啊，她织得飞快，小伙子看了半天，都看不清她的手在怎样动，只见她指头上戴着的那个银色的顶针，划出一道道白光。过了一阵，小伙子要告辞离开了，姑娘也没有挽留，把他送到门口就回去了。

小伙子往前走了两步，再回头看时，又是一个明光光的大湾了。他站住一想，那荷花女，一定是那朵荷花变成的仙女，要是能有这么个神仙媳妇就好了。

回到家后，小伙子一心思念着荷花女，日思夜想，没心思干活，这天天还不黑，他就又来到了荷花湾那里。太阳刚刚落山，柔美的光辉洒在水面上，闪着点点的金光，那荷花在夕阳的照耀下，更加红润了。渐渐地天黑了，小伙子真的见到了荷花女，荷花女也比昨天晚上对他亲热了，她叫小伙子脱下破小褂，给他一针针地缝了起来。小伙子接过了补好的小褂，望着荷花女说道："我是孤身一人呀。"荷花女好像没有听到一样，她一声不响地把小伙子送出门来。

小伙子回到家里，已经过半夜了，他坐不住，站不住，返身又向河边跑去了。河面上雾气腾腾的，露水湿透了他的鞋。他还是一个劲儿地顺河沿儿跑去。跑到荷花湾边上时，鸟在绿柳树上叫起来了，太阳出来了，雾气也飘散了，那湾水更清了，荷叶更绿了，鲜艳的荷花瓣上滚动着珍珠样的露珠。小伙子顺着河湾走着，荷花的清香围绕着他，他看到湾中间，有一朵最大最俊的荷花，心里猜想道，也许荷花女就是那朵荷花变成的吧。小伙子刚刚这样一想，只见那朵大荷花摆了一摆，水面上真的站着荷花女了。荷花女踏着水波，飘着长裙走来了。

小伙子心中高兴得不得了，一心害怕姑娘掉到水里，恨不得跳到水中央去接她，可是他忘了荷花女是神仙了，正想伸手拉时，姑娘已经站在他面前了。

可是荷花女却不像以往那样热情了，她脸色苍白，神情悲伤，对小伙子说："我爹不愿意我和凡人来往，从今以后，咱们就不能见面了。”

小伙子好似听到了晴空里一声霹雳，愣了一会儿，掉下了泪来。荷花女见他这样，猛地把头一抬说道：“只要你没有三心二意，我就和你一块儿逃到天边海角去。”

小伙子眼泪没干，又笑了，他说道：“只要和你在一起，就是住在高山野林里我也喜欢。”荷花女说着，从头上拔下了一个荷花骨朵儿，一口气吹在上面，荷花开了，每一片荷花瓣里，都滚动着一颗明亮的珠子，花蕊里金亮的星星，围绕着绿色的莲蓬。荷花女好像打着把伞似的，一手把荷花擎了起来，一手拉着小伙子飞到半空里去了。白云从他们身边擦过去，老鹰在他们脚底下飞，他们飞得多么高多么快呵，那是没法说了，要是我们望到的话，那也只能当做一颗奇怪的流星。不多一会儿，他们就落在一个山洼里了。

小伙子低头一看，只见这里荒山野岭，乱石林立，周围是一层又一层的高山，数也数不清，他不由得发起了愁。荷花女却欢喜地说道：“不用担心，以后我织绸，你打猎，咱们能把日子过好，不会吃了上顿没下顿的。”

小伙子说道：“可是连个住的屋子也没有啊。”

荷花女说道：“这个你不用愁。”刚一说完，她就把绿色的长裙脱了下来，向前扔去，长裙旋旋转转地落到前面了，荷花女拉着小伙子走向前时，只见那里一个绿莹莹的大湾，湾中间有一栋小屋，一座小桥直通小屋跟前。他俩过了桥，进了小屋，屋里很是宽敞，锅碗瓢盆，铺的盖的，吃的用的，什么都有，一架织布机也在墙边上放着了。

第二天天一亮，小伙子就收拾东西准备进山打猎了，刚要出门，荷花女赶出门来，从头上拔下那个荷花骨朵儿，递给小伙子说道："你拿上这个吧，碰上了狼虫虎豹，只要用它一指，它们就不敢靠近你的身子。可是，无论是谁，这荷花骨朵儿你也不要给他呀。"

小伙子接过荷花骨朵儿走了，笑着辞别了姑娘。他爬上了东面的山，不禁感叹，这里真是打猎的好地方啊！野兔啊，野鸡啊……应有尽有，没用多少时候，他就抓了很多的猎物。回来的时候，远远地看到了山坡上长起了一片桑林，走到了跟前，只见荷花女掐下松枝来，插在石缝上，转眼的工夫，就变成一大片松树林了。荷花女手不停地掐呀、插呀，她的手被松枝扎破了，她的脸被太阳晒红了。小伙子十分怜惜，对姑娘说："别累坏了，快回家休息吧！"

荷花女却没有答应，她对小伙子说："咱们两个既然把家安在了这里，就要好好劳作，我一定要把这荒山野岭变成茂密的森林，把这山洼变成富饶的大湖。"

第三天，小伙子爬上了西面的山又见成群的野马在那里吃草，成群的山羊向他跑来。他骑上野马，抱着山羊回来的时候，只见家里的炕上放着一匹一匹的绿绸。荷花女把绿绸拿去铺在荒草上，转眼的工夫，绿绸就变成一道绿水了。

天晚了，荷花女还是不停地织着绸，她的腿酸了，胳膊也疼了。小伙子疼爱地说道：“天这样晚了，你就歇一歇吧。”

荷花女笑笑说道：“咱俩要在这里成家立业呀，我要把这荒山洼变成大湖，我要把这荒山坡变成桑林。”

过了一天又一天，过了一月又一月，过了也不知多少日子，也许是因为日子长了吧，小伙子看着荷花女已不像先前那么俊秀了，她那乌黑的头发不像先前那样光亮了，红红的脸也不像先前那样有光彩了。小伙子问她说：“是不是干活把你累老了？”荷花女摇了摇头。

这一天，小伙子和往常一样出去打猎。他翻山越岭，渡过了好几条河，好几道沟，来到了一个山背洼里。抬头看看，山腰里没有一朵野花，也不长一棵青草，只有一个黑漆漆的洞口。小伙子看了一阵，爬上了山腰，他仗着有那枝荷花骨朵，放大胆子向洞里走去。越往里走越是黑漆漆、阴森森的，还闻着一阵阵腥气。走了一会儿，迎面出来了一只老虎，老虎的眼睛像两盏灯笼一样，老虎张开大口就向他扑来了。小伙子吓了一跳，慌忙把那荷花骨朵向老虎一指，骨朵儿尖上飞快地射出了一道红光，红光又细又长，好像闪电一样，老虎转回头去就逃走了。小伙子又往里走去，走了一会儿，迎面又逃来了一群狼，狼拖着尾巴，竖着耳朵，一齐向他围了上来。小伙子又吓了一跳，他又慌忙把那荷花骨朵儿

向狼一指，又射出一道红光，狼也连忙掉转头慌忙跑走了。

吓跑了老虎和狼群，小伙子的胆子壮了，就又往前走，走着走着，突然间看到了一线微弱的灯光，他知道前面有人家了，就接着往前走，不一会儿就看到了一扇大门。小伙子推开大门一看，嘿，里面点的是明灯火烛，炕上坐着一个女人。只见这个女人白净净的面皮，红彤彤的嘴唇，一双眼睛含情脉脉，说起话来娇声娇气，见他来了，忙下炕来迎接。小伙子心里想，现在荷花女也没有这女人俊呀。他就走了进去，坐在她的炕上了。这女人能说会道，又做得一手好菜，还给小伙子烫了酒。小伙子吃了她的菜又喝了她的酒，被她的甜言蜜语哄骗，就和她成亲了，忘记了家里的荷花女。

一连过了三天，小伙子的心变了，他沉浸在温柔乡中，乐不思蜀，根本就把荷花女抛在了脑后。到了第四天，妇人说要出去走亲戚，又说她害怕狼虫虎豹，小伙子不问那三七二十一，就把荷花骨朵儿给了她啦。可是你猜怎么着，妇人前脚一出门，两扇大门随着就闭上了，“砰”的一声，满屋里什么也看不见了，只是乌黑的一片。小伙子东摸摸是石头，西摸摸也是石头，连脚底下都是石头呀。听着外面虎也在啸，狼也在叫，脚底下的石头似乎是在动，头上面的石头也仿佛要塌下来了。他不由得叫苦不迭，可是这时候叫天天不灵，叫地地不应，他吓得浑身哆嗦，就在石头堆中蹲了下来。

再说荷花女正在屋里用心用意地织着绸，一抬头看到天晌午了，心里一惊，怎么这时候了，小伙子还没回来呢。她忙掐指一算，一下子什么都明白了。她知道在地面上一个时辰，在那洞里就是一天一夜。算起来小伙子已和那妖女人成亲三天三夜了，她又生气又难过，心里怨恨小伙子没有情义。她叹了一口气，掉了两滴泪，又一想，不管他怎么样，我还是去救他一命吧。

荷花女飞快地上了一座山又一座山，过了一道沟又一道沟，到了那山背洼里，又上到山半腰，一看那洞口用大石堵得严严实实。她停也没停地又上到了山顶上，摘下手上银白的顶针，向石头上一放，看不到一点儿火星，也听不到一点儿响声，山石忽然开了，就好像石头上凿了一眼圆圆的井，井深得不见底，直通进大山里。

小伙子这时候被困在漆黑的山洞里，洞里又黑又冷，阴森森的。他正在发愁，盘算着如何才能出去呢，忽的一下子，他眼睛一亮，只一眨眼，荷花女就站在他的面前了，伸手拉住他，一会儿就上到山顶上了。

荷花女一弯腰，拾起那个银白的顶针，把它戴在了指头上。石头上那眼圆圆的井便不见了。

小伙子又羞愧又不安，脸红得像猴子的屁股一样。荷花女没有发火，只是泪汪汪地说道："我做梦也没想到你是这么一个负心的人呀！我实话对你说了吧，我有两个宝物，一个就是这个顶针，这是一把开山的钥匙。再一样就是那枝荷花骨朵儿了，我拿上它能飞上青天，我戴上它会永远年轻……”荷花女话还没说完，只见山洼里刮起一阵旋风，女妖赶来了，荷花女话也顾不得说了，一把拉住小伙子，就往前走去。从前有那荷花骨朵儿时，荷花女是十拿九稳地能战胜她的，可是现在那枝荷花骨朵儿落到女妖手里了。怎么办呢？荷花女暗暗盘算，只要能使女妖走进自己那山洼里，她就有办法治她了。

心中这样想着，荷花女的脚下就走得飞快，小伙子知道她的心思，也双脚不离地地跟着跑，可是再怎么跑，也跑不过那个女妖啊！不一会儿，女妖就追到了他们身后，她虽然有荷花骨朵儿撑腰，但是对荷花女的法力还是有些惧怕的，所以她一边喊：“小伙子，回来啊！”一边远远地跟着，不敢靠近。

荷花女连忙嘱咐小伙子说：“你可千万不要回头呀，只要一回头，你就没命了。”

女妖又在后面喊开了：“小伙子，你想一想，我和你在洞里过的那三天日子是多么好呀！你想一想，到哪里找我这样的美人儿！”

小伙子听着听着，又动了心了，刚回头一看，那女妖向他摆了一下手绢，他就双脚不停地向她身边跑去了。女妖招来了一条长虫，她抱起了小伙子骑在上面，一阵旋风，扑向山洞里去了。

荷花女长长地叹了一口气说："不是我不救你呀，而是你自己不听话，现在要救你也救不了啊！"

果然，过了不多日子，在那山洞外面堆着小伙子的衣裳，摆着小伙子的骨头。好心的荷花女，把衣裳和骨头收拾回来，埋在了小屋的旁边。

这以后，勤快的荷花女就自己一个人过日子了，她白天养蚕栽桑，晚上掌灯织绸，过了几年，周围的山上都插满了松枝，布满了桑树。满山洼里都铺上了绿绸，满山洼里都是晶亮的湖水了。白色的蝴蝶飞在青葱葱的桑林里，五彩的荷花长在绿光光的湖水里。有一天，荷花女走到了屋旁的小坟边，看见在小坟上，长出了一棵绿叶的小草，她的手指只一触它，那青草便羞愧地并拢了叶，羞愧地垂下了叶柄。

也不知过了多长时间，这一天，那钓鱼的神仙来到这湖边钓鱼了。他见了荷花女，就高兴地问她小伙子的情况。荷花女含着眼泪，一五一十地把小伙子的事情和老神仙说了。老神仙叹了一口气，说："唉，这就是他的命啊！"然后就走了，老神仙走了不一会儿，就从女妖那里，把荷花骨朵儿夺了回来，还给了荷花女。荷花女连忙把它插在头上，她乌黑的头发又亮了，她的脸面又和原先一样光彩了。老神仙摘下了那个青草上的种子，走出了深山。

说来也奇怪，到了第二年的春天，这里漫山遍野都长满了那样的小青草，渐渐地，连百姓人家的花园里也有了这样的小青草。人们都叫它“含羞草”。说那是小伙子死后有灵，一直愧对荷花姑娘，就托这样的小草来赔罪的。直到如今，只要手指轻轻地触着它，叶儿就并拢了，叶柄就垂下了。

柴花仙子与牡丹仙童

大家都知道洛阳牡丹甲天下，从古至今，关于洛阳牡丹的传说，有几百几千个版本，一个比一个新奇，但是最新最奇的，却还是关于花王和花后的来历。不信，就听我讲这样一个故事吧。

唐朝的时候，牡丹山里住着一个死了爹娘的穷孩子，靠打柴为生。别人不知道他的姓名，称他樵童。樵童生在牡丹山，长在牡丹山，从小酷爱牡丹山。他天天去上山砍柴，却从来都不舍得碰牡丹一下。即使那焦骨牡丹砍下来不用晒，见火就着，他也没有伤过一枝。

山坡上有个石头刻成的人，站立在樵童每天上山必经的路上。樵童每天上山下山，都能看见石人，路过石人身边时，他就把干粮袋子往石人手脖上一挂，说：“石人哥，吃

馍吧!”对他笑笑之后，就进山打柴去了。饿了的时候，他就来到石人身边，从石人手上取下袋子，笑着说:“你不吃，我吃啦!”然后就坐在石人身边吃起来。樵童没爹没娘，无依无靠，孤苦伶仃，就把这个石人当成自己的亲人，他常想:石人若会说话该多好，我也有个亲人啦!

转眼间樵童十八岁了，一天，他打完柴，担到石人身前，照例要停下来歇歇脚。这时，只见从石人背后闪出一个年轻姑娘，樵童吓了一跳，起身要走，那姑娘已坐在他的柴捆上。姑娘说她叫花女，孤苦一人，无家可归，愿与樵童结为百年伴侣。樵童一听连连摇头，说:“大姐，咱们萍水相逢，一无媒，二无证，那可不行。”花女说:“面前的石人为媒，脚下的牡丹山为证，不也行吗?”樵童说:“石人、牡丹山不会说话，哪能做媒证呢?”他话音刚落，石人开口说:“老弟，我就当媒人，你答应吧!”说着，他手上现出一颗明晃晃的珠子，“这是一件宝物，名叫‘二耗长生珠’，拿去可做媒证。”樵童又惊又喜，看看那姑娘穿着虽破旧，长得却是天仙一般，笑着不出声，说话又好听，没有比她再可爱的人儿了，樵童不禁羞得面红耳赤，低下头说:“石人说话啦，这是上天有意，咱就回家吧!”

于是他们对着石人恭恭敬敬地磕了几个头，取了二耗长生珠要走。石人又开口说:“你们可要记住啊，这颗宝珠，一来可做媒证，二来你们夫妻轮换着，每天都要噙在口中一

个时辰，但是千千万万不要把它吞到肚子里去，如果一个人把它吞了，你们夫妻就会被拆散了。”樵童觉得奇怪：“石人哥，这宝物是证物，每天噙它干啥呀？”石人说：“天机不可泄露，你若想知道，一百年后再来问我吧！”说罢，再不答话了。

日升日落，斗转星移，岁月的车轮匆匆碾过，转眼间，一百年过去了，大唐变成了大宋。樵童和花女都变成了白发苍苍的老人，可是奇怪的是，他们虽然一大把年纪了，却依然身强力壮，脚步轻快。樵童还是每天上山打柴，力气不减当年。

一天，樵童上山打柴，忽然想起当年石人说的话。他又把干粮袋子往石人手脖上一挂，问道：“石人哥，一百年过啦，今天能不能跟老弟说说，那颗珠子的秘密啊？”石人真的又开了口：“老弟，你生在牡丹山，长在牡丹山，牡丹山中数你最爱牡丹。那颗宝珠本是一丸仙丹，噙在口中慢慢溶化，你可长久活在这牡丹山里呀！”“石人哥，我真不想离开这座牡丹山，可现在头发都白啦，还能活多长多久呢？”石人问：“那仙丹还有多大？”“像粒绿豆那么大。”“好啦！”石人说，“你已经被仙丹滋养百年，仙丹也快化完啦。现在可把那仙丹分成两半，你们二人各吃一半。能活多长多久，吃罢你就全明白啦！”

樵童回家后，把石人的话告诉了妻子，于是用刀去分仙

丹。仙丹已经很小很小了，他比来比去，怕切不开，分不均匀，又怕滚跑了，不敢下刀，犹豫不决，满头大汗。花女见他左右为难，不禁暗自发笑，抢过刀子，看都没看，只用了一秒钟，手起刀落，公公正正把仙丹分为两半。夫妻二人各取一半，填到口中咽了。顷刻，樵童变成了仙童，花女复原为仙女，二人飘飘荡荡，升上了云天。

原来，花女是牡丹山上的柴花仙子。她天天都能看见上山砍柴的樵童，看见他勤劳善良，又喜爱牡丹，就爱上了他，便带仙丹一颗，让护花仙翁做媒，与樵童结为夫妻。她宁愿在人间辛苦百年，一心超度樵童为牡丹仙童。

话说樵童和柴花仙子升天之后，从空中飘下一黄一紫两方手帕，落在他们住过的屋门前面，立即化做牡丹两棵。一棵开黄花，一棵开紫花，这两棵牡丹花娇美无比，令人赞叹，简直算得上是国色天香，轰动了整个洛阳城，没有其他任何一棵牡丹能和它们媲美。两种花朵，黄花最美，人称花王，紫花稍次，人称花后。人们都说它们是樵童和花女的化身。

后来，这两棵牡丹被姚家花园的花匠移到园中。姚家花园的掌柜和当过宰相的魏仁溥有交情，他把紫花赠给魏家，移种在魏家花园里。因此，后人也称花王为姚黄，花后为魏紫。

水仙姑娘

松花江水波连波，在松花江的东边，有个叫尼什哈的地方。以前，这里长着郁郁葱葱的青松古柏，荒蒿遍地，附近有一片碧波荡漾的莲花泡子。秋天一到，泡子里红红绿绿的，水鸟翩飞，仿佛人间仙境。

以前，这里荒无人烟，后来来了个小伙子，他原来是地主家的长工，名叫恩哥，因为忍受不了地主的欺凌，便背着白发苍苍的老娘，跋山涉水，逃到这片荒草甸里寻活命。恩哥忠厚老实，又十分孝敬，母子俩在这里相依为命，日子过得很艰苦。

恩哥天天到泡子里采菱角，在泡子沿剜柳蒿芽，在泡子边的山坡上采山芹菜、桔梗养活老娘。偶尔，他也套几只鹌鹑、野鸡，拿回家给娘熬汤喝。恩哥能弹一手动听的七弦琴。白天，娘愁了，他就给娘弹琴，讨娘高兴。在泡子里沤麻、在泡子沿砍柴、活干累了他也弹七弦琴；夜晚，侍候娘睡了，他就独坐在莲泡的岩石上，望着宁静茂密的森林，在如水的月光下，拨弄起琴弦。他的喜怒哀乐，他对美好生活的向往，都从这琴声中传出，琴声有时铿锵，有时悠扬，有时激烈，有时舒缓……那都是恩哥把自己的心声弹了出来。

于是每当夜深人静，大森林里常常回荡着优美的琴声。

恩哥不管白天黑天，一有闲空就侍弄莲花泡子，抡着钐刀割尽了泡子沿四周的荒草，让地上长起一片片的黄花、芍菜。他用小斧子砍断一根根老豆秧、乱麻藤，使池边榆柳长得又绿又直。恩哥打死了上百条祸害水鸟、小鱼的水蛇，堵死了石砬子上的蛇洞。日子一长，莲花泡水鸟成群、鲜花遍地，游鱼蹦出水面，浪花拥着莲蓬轻轻舞动，都感激恩哥的一片热心。恩哥望望心爱的莲花泡，忘掉了生活的忧伤，也忘掉了疲劳，他那动听的七弦琴拨弄得更响亮了！

生活总不能像水一样的平静，灾难总是时不时地降临。一天，恩哥的娘突然病了，病得挺厉害，浑身滚烫，吃不了饭，也喝不了水，已经人事不省了。恩哥这个急啊，眼睛都哭肿了。眼看娘就要不行了，他一边哭一边给娘准备后事。这样过了两天，到第三天头上，娘的眼睛勉强睁个缝，拉住恩哥的手，说："孩子……娘，想、想喝口鱼汤。"

恩哥见娘能够张口说话了，心中顿时涌起一丝希望，高高兴兴地拿起渔网，去莲花泡打鱼。他把网下到水里，等了一个又一个时辰，一连下了三次，拉上的网里净是些乱草和菱角秧，连一条小鱼都没有！他急得满脸是汗，眼瞅着清汪汪的池水，鱼群游上游下，就是不进网。恩哥换了个地方，抓把苏子面弄到网里，放进水里，等呀等，还是没有鱼。他看着没腰的水，把网下到鱼群最多的回水涡子里，等一阵儿刚要起网，但见渔网露了一露，又叫水冲没影啦！

恩哥垂头丧气地往家走，心里想着，自己不但没有打到鱼，连渔网也丢了。他又急又气，想着娘正盼着自己打鱼回去，不禁流下了眼泪，脚底下也越发沉了，一步一步往家挪。忽然，飘来一股清香的鲜鱼汤味，闻闻，是打自己住的土房里冒出来的，他拉开门，娘在炕头上端端正正坐着呢，脸红扑扑的，笑得很是灿烂，她对儿子说："你上哪去啦？还麻烦邻居大妞把鳌花送来，烹的鲜鱼汤真顺口！"

恩哥一听觉得很稀奇，明明是连片鱼鳞都没捞到一片，哪来的鳌花呢？何况，大荒片子除了他们娘俩，就是山叠

山，树盘树，哪来的妞儿啊？

恩哥心中不解，仔细地问了问娘。娘说：“那妞长得可是真水灵，活脱脱一个仙女下凡呢！她说这里原是个荒凉无比、没有人烟的大草甸子，自从你来了才有了生气，对了，还夸你琴弹得好呢！那妞啊，真秀气，像那池子里的莲花一样啊！”

恩哥见娘病好啦，就是大吉大利，也没多说话，心里还惦着让水冲跑的渔网，劝了劝娘，又来到莲花泡。他正愁又大又深的泡子，渔网咋捞呀！一抬头，愣住了，一个美丽的姑娘站在池边，摘着挂在渔网上的菱角秧。在月光下，她身穿绣着荷花戏水的五色丝裙，围着绛红细纱的珠穗披肩，头上朵朵珍珠花直晃眼睛。瞧见恩哥呆呆地望着她，这姑娘笑了，拿着渔网走过来，彩带上的香荷包像两只蝴蝶随身飞舞，敛衽细语道：“阿哥，渔网找到啦，娘病好了，千喜万喜！”

恩哥接过网，惊奇地问：“敢问姑娘是哪里人啊？这里荒山野岭，除了我们家，哪里还有人烟呢？”

姑娘咯咯地笑了起来，说：“我啊，说远不远，说近又不近，你可以说我住在天那边，又可以说我住在你旁边，是你的邻居。”恩哥左思右想，不对，又一追问，姑娘闪着大眼睛，笑个不停，半天才说：“傻哥哥，我不瞒你了，告诉你，我呀，其实是这莲花泡里的水仙，天天在这池子里看着你，我羡慕你的琴声，愿意听你的歌声，更敬佩你的吃苦耐劳，正因为你杀死水蛇，莲花泡才有欢乐和太平日子。”说到这里，姑娘低下头，红着脸说：“阿哥，别见怪，水仙爱受人间苦，情愿帮你治理泡子，缝补洗涮，侍候娘！”

水仙姑娘热情爽快的一番话使恩哥很受感动，他犹豫了半天，说道：“这事，我得问问娘。”

姑娘嘴一撇，嘿嘿乐着不见啦。恩哥没理会，扛上鱼笼子，大步流星回家了。一拉门，姑娘正盘着云髻，换了一身麻布衫，围着灶坑烧火呐！见他进来，大大方方，抿嘴乐，不说话，扭身拿起斧子劈柈子，拎着柳罐打井水，活干得精熟、麻利规整。恩哥都看呆了。

这时，娘醒了，问：“谁劈柴烧火呐？”

恩哥进屋，贴娘耳朵小声一说，娘乐了，忙把水仙姑娘让进屋，说道：“你虽然是天上的神仙，我们敬你爱你，可是要到人间来当媳妇，照老规矩，你要做好三件事，做好了，才能做我们人间的媳妇。”

第二天，水仙姑娘来了。娘说：“你做半碗米填饱肚，娘尝尝！”姑娘点头笑笑，出去了，老太太不放心，偷着瞅。姑娘围裙一结，挎筐上山了，不大工夫，筐里装满了小根蒜、黄花、香菇、红花根……老太太还琢磨做啥吃呐，门一开，热腾腾、香喷喷，端上一桌子：百合面饽饽，莲蓬粥，葱拌蘑菇，外上两碟黄花、哈什蚂酱。饭菜安排得巧！半碗米还剩了三酒盅，没难住。

娘说：“明天给娘做一个手指肚大的褥子吧。”姑娘犯难了，心想：这手指肚大的褥子可怎么做啊？她想来想去，眉头紧锁，终于想出一个好办法。夜里，她把娘攒的破补丁找出一笸箩，在院子里摆开，照着如水的月光，她洗呵、剪呵、缝呵，天亮给额娘送去一床喜鹊登枝的新花褥。娘仔细一看，不由得暗暗称赞，姑娘的活做得可真是好，褥里褥面一色用手指肚大的布块，搭配七色，拼成的喜鹊，栩栩如生，仿佛要飞出来一样。

娘想难难她，就说：“娘别的不想，就想盖床水晶被子带响儿的!”姑娘点点头，出去啦。正是晌午头，挑了十桶水，热上啦。回屋里把全家的大小旧被里面全拆啦，棒槌敲啊木盆洗，脏水倒了一盆又一盆，热水搅好土豆面，不大工夫浆出的被里像一面面水晶墙，雪白又匀称，叠得棱是棱，角是角，抖一抖哗哗响！娘非常高兴，得了巧媳妇，干净利索，啥活都拿得起来放得下。

从此以后，恩哥两口，在泡子沿砍树开荒，养猪种田，忙得不亦乐乎，闲暇的时候，恩哥弹起七弦琴，水仙伴着弦声，翩翩起舞，她模仿鲜花的形态，月亮的影子，鸟儿飞翔的样子，鱼儿游泳的姿态，编出了各种各样的舞蹈。据传，满族的“蟒式”就是她留下传开的。日子一长，有很多人就搬到了这里居住，男女老少，谁都得意这对勤劳欢乐、开山斩草的小两口。姑娘们跟水仙学缝补浆洗的技术，后来代代流传下去了。恩哥和水仙的歌声和舞姿，越传越优美。

一天，恩哥正在弹琴，忽然听见空中一个炸雷响起，琴弦“咔”的一声断了。他大吃一惊，忽然看见水仙慌慌张张地跑回家，背起娘就往外跑。正在这时，莲花泡里忽然掀起翻江倒海似的三丈高的大浪，水一下子漾出泡子沿，淹没了田地，摧毁了房屋和绿树，整个村子全被淹没了，人们争着往山上跑，往树上爬，一片哭声和喊声响起，让人心疼。水仙含着泪，跟娘和恩哥说：“你我过去杀死不少害人的水蛇，现在，蛇王来了，霸占了我的莲花宫。看样子，咱们缘分到头啦！恩哥啊，你好好侍候娘，我回去战败蛇王，不然，沿岸父老要遭百年难哪。”恩哥娘俩抱住心爱的水仙，伤心痛哭，谁舍得叫水仙离开啊！

水仙说：“我不走不行，哪能只顾咱一家团圆，让水族受害、万民遭殃呐。恩哥，你给我弹琴助战，明天，如果我打败蛇王，正晌午洪水就消啦！你瞧见水面上泛起黑血，是我杀死了水蛇精，你把黑血埋到深坑里，别脏了莲花泡；要是你瞧见了红血，是我战死啦，你们开个渠，把我的血引进咱们开的地里啊。”

恩哥不知如何说话，只是一味地落泪，想要抓着水仙不让她去，可是哪里拉得住？水仙纵身跳进河里，嘴里喊着：

"夫君啊，不要忘了我的话。"这时天空中雷声阵阵，大雨倾盆，恩哥擦干了眼泪，掏出七弦琴，哗啷啷，哗啷啷，拼命弹起来，琴声随着雷鸣，震得天摇地动。

恩哥拼命地弹呵弹，弹了一夜。

第二天正晌午，水不知什么时候全消啦！连沟沟岔岔、坑壕洼地，都是干干的。恩哥和村子里的人，不顾房子倒、庄稼淹，欢天喜地喊着水仙的名字朝泡子沿跑，都盼找到勇敢的水仙姑娘。恩哥掏出七弦琴，弹了起来，琴声里，瞧见莲花泡白水翻翻，忽然，冒出一股股像黑泥浆似的污血，岸上的人高兴了，知道水仙杀死了水蛇精，恩哥的琴弹得更激昂欢快啦，大家乐着，乐着……突然间，水里一下子涌起一股鲜红鲜红的血，仿佛水浪里搅起百丈红纱，殷红耀眼，沿岸的人痛哭起来，他们知道，水仙姑娘战死了。

恩哥和村子里的人，按照水仙姑娘的嘱托，把黑血引进挖出的深坑埋上，又把红血引进一片片被水淹了的田地里。谁知道，红血刚一进田里，奇怪的事就发生了：万丈光芒从田里射出，几棵长得又粗又壮的黏谷和金苞米长了出来，颗粒格外沉实。恩哥把黏谷和金苞米种子一粒一粒地分给全村的人，拿回去种上。奇怪，很快就长出苗了。从这以后，莲花泡四周，开出越来越多的庄田，水仙留给后人的黏谷、苞米，越种越多，越种越壮，成了家家户户喜爱的口粮。

茉莉仙姑

在南天门下毗庐洞的护龙桥边，有一株古老的野茉莉花树，关于这棵茉莉花树，还流传着一个美妙的故事呢！

传说在很早很早以前，一位普通的农家少女，因为反对包办婚姻，决心冲破封建牢笼，于是在新婚之夜，悄悄逃走。她跑啊跑啊，一直跑到南岳山上当了尼姑。从此她在那里潜心修炼，日夜诵经，诚心感动了天地，得道成了真人，天上的西王母安排她在南岳衡山专门司花事，主管二十四种花信。

这年阳春三月，天气温暖，晴空万里，她心情舒畅，就脚踏祥云凌空翱翔，巡视南岳七十二峰的花卉。她在空中向下望去，只见漫山遍野一片翠绿中点缀着些许鲜红，百花盛开，争芳斗艳，妖娆多姿。但是美中不足的是，这些花朵只是有着娇美的外表，缺少了些芬芳的香气。仙子具报了西王母，从瑶台带来了各种香精，借着风力和水袖的飘舞，百花得到各种不同的香味。很快花丛里蜜蜂嗡嗡，蝴蝶飞舞，整个南岳飘着花香。

仙姑巡视完毕后，心里非常高兴，为了欣赏百花吐艳的美丽景色，她按落云头来到南岳，登上南天门，转藏经殿，翻越天柱峰，在掷钵峰小憩，又绕过磨镜台，来到福严寺。

时近黄昏，她感到腹中饥饿，便轻叩禅门，想在寺内借住一宿。谁知寺内的执事僧把脸一沉说：“我寺乃天下闻名的寺院，戒律清规很是严格，一般凡人不能随便留餐寄宿。你是僧是道？有无名宗、法号？”仙姑一听，心里早就不耐烦了。她回答说：“我乃仙家，非僧非道非俗子，既与法门无缘，哪里来什么名宗！”执事老僧摇了摇头，道：“既然如此，我们不能留你过夜，你还是走吧！”

仙姑心中不悦，暗想：南岳自古以来，是风景名胜宝地，无数仙家道长在这里讲经传道。我虽没有什么名气，可也算是仙人，今天竟受这老僧冷待，实在是气愤。于是再也无心给花儿添香了，只想找个地方评评理。她知道南岳是岳神管辖的，于是，便驾起祥云，降落在南岳大庙。岳神端坐在金殿，仙姑三跪九叩，参拜岳神。岳神睁开微闭的双眼说：“何方小神，找我何事？”仙姑把来南岳借宿无门的原委说了一番，请求岳神开恩。谁知道那岳神也蛮横得很，不但不体恤仙姑，反而奚落她说：“你既是仙家，应该知道，南岳可是佛家和道家斗法之所。想在南岳栖身，也不是没有可能，但要凭借你的真本领啊！我问你，你是能够讲经说法，还是可以驱魔消灾呢？你师从何处，云游过何方，又有哪些仙术呢？要是没有这些，还是不要打南岳的主意了！”仙姑见岳神又是一连串刁难，不禁生了一肚子气，当即辞别岳神走了。

说时迟，那时快，她正想舒袖腾空之际，忽然有祥云驰过大庙。云端降下一个非道非僧的长者，正在高声呼喊："仙姑莫走，仙姑莫走啊！"仙姑回眸一看，原来是八洞神仙吕洞宾飘然而至。吕洞宾来到仙姑面前，拱手言道："仙姑水袖频挥，群芳溢香，从南天门飘到洞庭，我正在岳阳楼上饮酒，为清香所吸引，特驾祥云赶来拜见，得知仙子南岳司花，为黎民百姓做好事，真是令人尊敬！"

仙姑委屈地说："咳，道长见笑了！我鞠躬尽瘁，奉王母之命，来此为百花添香，不求有人感激我的恩德，但求为人间造福，可是南岳佛道斗争激烈，我非僧非道，竟没有立足之地，可怜我八百年修炼，却落个如此下场！真是伤透了心，现在我就要离开这里，另寻去处了。"吕仙道："僧道二家，本应慈悲为怀，仙姑权且委屈，待我与岳神商议，再行安排才是。"

仙姑听了吕仙劝慰，就回到护龙桥，把自己变为一株茉莉树，在这里扎根、开花，把花香永远留在了南岳。

水族的借霞节

相传在古老的云南有条隔乌河，河两岸的居民都靠着打鱼捞虾过日子。可是，随着时光的流逝，人越来越多，河中的鱼虾却越来越少了。人们单靠打鱼捞虾就无法继续生活下去，日子越来越贫困。

一天，一位上了年纪的老人带着虾笆来到河里捞鱼虾，捞来捞去，竟连一个小虾仔也没有捞上来。他不厌其烦地一次次地捞着，突然，他感到虾笆沉甸甸的，老人高兴极了，以为一定是捞到了一条大鱼，便连忙把虾笆提出水面，低头一看，却是块大石头。

这石头真有些怪，长成了一个人形。可是，老人哪有闲心看石头呢？就把那块石头扔进水中，又一心一意地去捞鱼虾了。

说来可怪了，老人左捞右捞，这块石头回回都在虾笆中。老人有些生气了，就跑到河的下游去捞鱼虾。嘿，奇怪的事出现了，那块石头不知为什么又跟到下游来了，回回又都在虾笆中。老人又带着虾笆去了上游，可当他提起虾笆时，那块石头又稳稳地在里头呢！

老人这回倒不生气了，他心中暗想：在下游捞到算是水冲下去的，倒也说得过去；在上游也捞到，莫非也是水冲上去的不成？这块石头肯定有点儿神奇。老人决定把石头带回到村寨去，让人们都来看一看，发表一下见解。

人们听说了老人在河边的奇遇后，都争先恐后地来看那块怪石头，观看的人越来越多，在那里议论纷纷。

正当人们七嘴八舌地说着的时候，突然有一个很响亮的声音传了过来："从前，你们的祖先都靠打鱼捞虾为生，那时这里人口少，现在人口稠密了，鱼虾少了，你们再靠打鱼捞虾就不能维持生活了，你们必须另外寻找新的谋生办法。"

人们被这声音惊呆了，因为这声音正是从石头里发出来的。人们马上跪在地上，向石头磕头，那神奇的石头又说："我想，大家可以分头离开这里，朝四面八方走，遇到有水的地方就住下来，然后开垦荒地，种上五谷。女人则要学会织布，这样男耕女织，你们就能创建幸福的家园，就会有好日子过了。"

人们听了神奇石头的话，便异口同声地说道："这是神仙在为我们指点出路，我们一定要按神仙说的去做。"于是，人们一群群、一队队，先后分头离开了隔乌河，到各地去开田地、种五谷，从事农业生产去了。一晃 12 年过去了，居住在各地的人们都十分怀念自己的故土，就相约带上自己的物产回来看望。可是，人们回来一看，原来的隔乌河却不见了，找遍了全山也找不到。他们还发现，人们也都有了极大的变化，说的话各有各的音，穿的衣各有各的样，而上面的颜色和图案就更是千差万别了。再把各自带来的物产放到一块儿，那更是形形色色，各具特点，真是丰富极了。

老人们看到这些变化，都高兴地说："幸亏当时那石头神仙的指点，大家各去一个地方，各自在不同的地方生活，说起了不同音调的话语，穿上了不同样式的衣服，这才使大

家的生活变得这样丰富多彩。”

为了纪念过去的生活，感谢石头神仙对人们的指点，有人提出了一个建议，在过去供石头的地方打一口井，以后每隔 12 年的第一个“子”日，各族人们聚集在一起，以示庆祝和纪念。这一天，要杀 12 头猪，供在井边的香案上，各民族各村寨共同推选出 12 个代表，他们共饮“交杯酒”，击鼓敲锣，吹响芦笙。这就成了水族的借霞节。

桃花仙女智斗黑蛇精

相传很久以前，在一座大山上，有一棵老桃树。这棵桃树经过千年，已修炼成了一个美丽的桃花仙女。山的另一边，有一条残暴的大黑蛇，它想娶桃花仙女。桃花仙女不答应，它把身子紧紧地缠在桃树上，要把桃花仙女活活缠死。

正在这时，一个年轻的樵夫路过这里。桃花仙女为了向他求救，就变成了人形大喊“救命”。樵夫便抡起手中的大斧，朝着大黑蛇砍去，那黑蛇尾巴上挨了一斧头，便逃回了山洞。

桃花仙女经常见樵夫进山砍柴，知道他是一个忠厚善良的好小伙子，现在又救了自己的性命，便要以身相许来报答他。

樵夫心里当然是说不出的高兴，可是转念一想，不禁又犯起疑来：自己一个靠打柴为生的穷苦人，拿什么来养活她呢?

于是，他对桃花仙女说："我是个穷打柴的，少吃没穿，怕养不起你，你要是想找婆家，还是去找那些富家大户吧!"

桃花仙女听了，对樵夫说："我看你忠厚勤劳，才愿跟你走。再说，我也不是好吃懒做的人。咱们成家之后，你砍柴，我纺线，日子不愁过不好。如果你不愿意收留我，那我只好坐在这里等着那条大黑蛇来吃掉我了。"

樵夫听她这么说，答应与她成亲。他们商定，下山后桃花仙女先到樵夫的姨家去住，等提过媒，再选良辰吉日，拜堂成亲。

黑蛇挨了樵夫一斧头，对他已是恨之入骨，又听说桃花仙女要嫁给他为妻，更是火冒三丈，决定要杀死他俩。

再说桃花仙女早就料到阴险狠毒的黑蛇精不会就此罢手，一定会在他们成亲时来兴风作浪。她想了又想，决定把自己的一切都告诉樵夫。

樵夫听了以后，虽然感到惊奇，但知道自己娶到的是桃花仙子，倒是十分高兴。他俩定下了一条妙计，只等良辰吉日的到来。

转眼间，桃花仙女成亲的日子到了。黑蛇精先是命令红蛇精去伤害桃花仙女。红蛇精不敢怠慢，立即变成一块陨石，照着桃花仙女的头砸去，可不一会儿便败下阵来。原来桃花仙女头上顶了一块大红布，像一团烈火，刺得红蛇精眼睛都睁不开了。黑蛇精气得嗷嗷怪叫，飞起一脚，就把红蛇精踢进了土里，变成一条蚯蚓。

然后，黑蛇精又派黄蛇精去动手。黄蛇精过去一看，见轿顶上扣了一个筛子，它心里暗自盘算：轿上安着那么多“千里眼”，我该如何动手？于是，它就跑回来对黑蛇精说：“大王，小的无能，实在不能担此重任，您还是另请高明吧！”黑蛇精大骂一声“蠢货”，又飞起一脚，把黄蛇精踢到了河里。从此以后，河里便有了黄鳝。

黑蛇精又派花蟒精前去。花蟒精想推倒路边的石碑砸死桃花仙女。这时来了一个人在大石碑上贴了“花红盖之”四个大字，于是大石碑便生了根，谁也推不动了。花蟒精就被黑蛇精连打了几个耳光，变成了专供人们吃肉的菜蟒了。

这时，桃花仙女坐的花轿已在樵夫家的门前落地了。黑蛇精又派青蛇精和白蛇精前去，却都败下阵来。于是，黑蛇精便亲自披挂上阵。

在樵夫和桃花仙女正在拜天地的时候，黑蛇精化作一团黑气，钻到“天地桌”的下边，打算趁他俩不注意，钻出来狠狠地咬死他俩。可是，它刚从桌子底下露出头，就被桌上放的那面大铜镜照到，现出了原形，“扑通”一声，摔在地上。满院子来贺喜的人，都被这条突如其来的大黑蛇吓呆了。但是，樵夫和桃花仙女并不惊慌。他们同时抬起右脚，一人踩住大黑蛇的头，一人踏住大黑蛇的尾，对众人说：“乡亲们，这就是作恶多端的黑蛇精，在照妖镜前现出了原形。”

众人听了，都说要把黑蛇精砸成肉泥。桃花仙女劝住大家说：“乡亲们，请别忙，叫它当众说说它干过的坏事，说清楚了，免它一死，如不老实，再砸死它也不迟。”黑蛇精为了活命，便一五一十把所做的坏事都说了。

桃花仙女听了，狠狠地踢了它一脚：“饶你一命，以后再不许干坏事！”黑蛇精谢过不杀之恩，灰溜溜地钻进了墙窟窿，变成了现在的乌梢蛇。

樵夫和桃花仙女制伏了黑蛇精，过上了好日子。

九月九饮菊酒

传说有一天，铁拐李变做一个白发苍苍的老翁，到一个镇上行医施药。找他来看病的人络绎不绝，因为他总能药到病除。人们于是都称他为白发神医。

这件事一来二去传到了镇长的耳朵里。他是个很有心的人，心想这白发老翁肯定不是个凡人，于是，他准备了酒果等礼物，去拜见这位神秘而又医道高明的白发老人。白发老人见镇长带着礼物来了，倒也不客气，便收下礼物，请他到堂中相会。

镇长只见眼前亭台楼阁，瑶草琼花，别有一番神仙境界。来到厅内，更是玉堂金室，幽廊曲径，使人目不暇接。老翁马上命人摆上美酒佳肴，与他开怀畅饮起来。

镇长哪里见过这样的美食，琼浆玉液，令人欢而不醉；山珍海味，使人饱而不腻。酒宴之后，老翁送他出来，悄声地对他说："来此之事，只可你知、我知，不要对别人乱讲。"镇长一听，马上连连点头，唯唯答应。

过了些日子，白发老翁来到镇长家里，对他说："你知道我是谁吗？我本是仙人，以济世救人为己任，我在这儿该做的事情都做完了，要回去了。楼下还剩下一些酒，你去命人把那酒拿上来，我今天在这里和你饮酒话别。至于何时能再见面，那就不好说了。"

于是，镇长派手下人下楼去取酒坛子，可是，去了十几个人也没有搬动那个酒坛子。于是，老翁笑着走下楼去。来到酒坛前，只用一个手指头就把酒坛提到了楼上。那个酒坛看上去很小，好像装不下多少酒，可是两个人从早晨喝到中午，又从中午喝到晚上，一整天也没有喝光。

席间，老翁问镇长："你愿意跟我走吗？"

镇长说："我很想修道，就是担心家里人离不开。"

老翁明白了他的意思，就折了一根青竹竿，比了比镇长的身高，让他拿回家挂在后院。

第二天清早，家里人发现镇长在后院上吊死去了，于是赶紧料理后事，把他埋葬了。其实，镇长就站在那里，看家里人忙前忙后，可是别人谁也看不见他。

然后，镇长跟随老翁走进深山密林之中。山中有一群猛虎，老翁就命他和那些老虎生活在一起。镇长也不害怕，白天在虎群中出出进进，夜晚就和老虎睡在一起。

后来，老翁让镇长自己住在一间大房子里，上面用朽烂的绳索吊着一块万斤重的大石头，一会儿又进来几只猛虎，争着去咬那朽烂的绳索。可是，镇长面对危险，若无其事，安然不动。

经过这样的种种考验，老翁最后对他说："看来你是个可教之人。"

从此，镇长跟着老翁安心修道。过了些日子，他有些想家了，老翁马上知道了他的心思，就交给他一根竹杖，对他说："你骑上它，想到什么地方去就可以到什么地方去。到达后要把它投进湖中。"老翁说着又给他画了一道符，对他说："你拿上它，路上就可以驱鬼役神了。"

于是镇长骑上竹杖，转眼就到家了。他自以为离家不过十几天，其实已经十几年了。他遵照老翁的话，把竹杖投入湖中，竹杖入水后立即化成一条蛟龙，向远处游去了。

从此以后，镇长就留在家乡，给人们医治百病，消灾解难。无论什么样的疑难杂症，他都能手到病除。家乡的人们都知道他学到了真本领，无论有什么大事小情，都要向他来请教。他更是有求必应，为人们排忧解难。

有一个年轻人看到他有本事，便随他学道。九月初的一天，镇长突然对徒弟说："九月九日这天，你家有大难。不过，这难依我之法可以避过。你赶紧回家，让家里人每人都缝一个小锦囊，在里面装上茱萸，系在胳膊上，然后离开家，登上高处，在那里喝菊花酒，就可以免去这场灾了。"

到了九月九日这天，徒弟便按照镇长的嘱咐，率领全家人带上茱萸锦囊，登上他家后面的一座小山，在那里开怀畅饮菊花酒，他们从早晨一直喝到傍晚。

晚上，他们到家推开门一看，不禁大吃一惊，只见家里的牛羊鸡狗一个没剩全都死光了。

由此，人们便在九月九日重阳节这天登高、佩茱萸、饮菊酒以避灾躲难。

癞蛤蟆和七妹

古时候，苗家有一对勤俭恩爱的夫妻，他们都已年过六十了却仍没儿没女。一想到老来无靠，他们就伤心得不得了。

有一次，他们到山上去干活，忽然从山后传来“呱呱呱呱，阿爸阿妈，带我回家”的呼唤声。他们急忙顺着声音去找，却看到一只碗大的癞蛤蟆正蹲在一块岩石上朝他们叫呢！老两口见癞蛤蟆通人性，就十分疼爱地把它抱回了家，当儿子一样把它养了起来。

老头儿准备挣钱盖个好房子，就到深山里烧了一冬天木炭，挑到城里换了十来贯钱。

谁知在回来的路上，遇到了一伙赌徒，他们把他骗进了赌场，结果，他的十来贯血汗钱全被骗光了，还被那伙赌徒押起来做了人质。

老太婆知道后，哭得死去活来。而癞蛤蟆却对她说：“阿妈，你别伤心，我自有办法救阿爸。”说完，便出发了。

晚上，它来到阴山脚下的一个村庄，前去敲门借宿。这里住着七姐妹。姑娘们一看是只癞蛤蟆，还要借宿，都哈哈笑着不理它。只有好心的七妹同情它，把它安排在火塘边过夜。

半夜北风嗖嗖地吹，七妹怕冻坏它，准备去火塘加炭。谁知一推门，却看见一个英姿翩翩的英俊少年正对着火塘出神。七妹走过去，美少年竟又变成了癞蛤蟆蹲在火塘边了。

第二天，癞蛤蟆告别了七妹，到城里把阿爸救了出来。从此，老两口更加疼爱这个有出息的好儿子了。

有一天，癞蛤蟆说：“阿爸阿妈，给我说个媳妇吧。”

二老一听不禁大吃一惊，他们不安地对癞蛤蟆说：“孩子，不是阿爸阿妈不给你说媳妇，只是你这副模样，谁肯嫁给你呢?”

它对阿爸阿妈说：“阴山脚下有个村庄，那里住着七姐妹，其中有个好心的姑娘肯嫁给我。”于是，老两口就准备了彩礼，托人去提亲。

七姐妹开门后，媒人说明来意，六个姐姐都气愤地躲开了，而七妹却想到了那天晚上火塘边出现的美少年，就一口答应下来，嫁给了癞蛤蟆。

原来，这只癞蛤蟆是地神的一个孩子，在一千多年前，他因为触怒了天公，被天公用魔法变成了一只癞蛤蟆，并把他压在苗岭岗下，要一千年后才能出来恢复人形。

直到第九百九十七年，由于洪水暴发，苗岭岗被大洪水冲垮了，癞蛤蟆才得以重见天日，去给老两口做了儿子，给七妹当了丈夫。到现在，已过了九百九十九年，再过一年他就可以完全恢复人形了。

到了年底，苗年一过，九山十八寨的苗家人都聚集在清江河石坝，跳起欢乐的芦笙舞，唱起欢乐的吉祥歌，一连要乐上好多天。老两口也带着七妹去了。

聚会非常热闹，忽然，一股旋风卷来了一位风度翩翩的英俊少年，只见他身着白衣，骑着一匹白鞍红鬃烈马，围着芦笙堂跑了三圈便又飞逝得不见踪影了。众人都惊叹不已，只有七妹心里最清楚，因为那就是在她家的火塘边由癞蛤蟆变成的英俊少年。

第二天，芦笙舞跳得正起劲时，又是一阵旋风卷地，那位英俊少年又围场跑了三圈就飞驰而去。

第三天清晨，七妹照样跟着公婆到芦笙会去。走在半路上，七妹对二位老人说："阿爸阿妈，我把银耳环忘在了镜子边，你们请先走一步，我回家去拿了耳环便去追赶你们。"

七妹悄悄地回到家里，从窗户往屋里一看，只见癞蛤蟆正在脱身上的那层皮，等全脱下来，就变成了一个白衣的英俊少年，然后他将那张癞蛤蟆皮藏在屋檐下，骑上红鬃烈马飞驰而去。

七妹见他走了，就把那张癞蛤蟆皮扔进了火塘里烧，边烧边说："我烧了你这鬼皮，我要我丈夫原来的样子。"

话说芦笙会上英俊少年刚跑了两圈，就觉得浑身发热，仿佛一阵大火烧着了全身。他立刻掉转马头，朝家里奔去。

他赶到家以后，那张癞蛤蟆皮早已被烧成灰烬了。他悲切地拉着七妹的手说："好心的七妹，你真是太心急了，只要把今天熬过，我就能永远恢复人形和你白头到老了，但是，现在你烧了我的皮，我只能舍你们而去了。"说完，这位英俊的少年便七窍流血，倒在火塘边死去了。

桂花仙子

淅川有个鱼鳞山，山脚下有个大泉，因泉水清澈透亮，人们都叫它清泉。常言说“水至清则无鱼”。这清泉却不然，不仅有鱼，而且长相之奇，世间少有，你知道怎么回事吗？原来每条鱼都是一只眼，那只瞎眼像白玛瑙珠子似的鼓在外边。为什么泉中的鱼都是一只眼呢？因为这里有故事。

很久以前，有一条恶龙藏在清泉里，它盘踞在此处，被众仙忽略，无人过问，于是胆子逐渐大了起来，常常引来狂风暴雨，出来危害百姓，毁坏庄稼，害得泉边民不聊生，吃尽苦头，却又无可奈何，只好忍受着。

附近村中有个姓齐的小伙子，一双眼睛炯炯有神，又明又亮，而且视力极佳，在黑夜里也能看见东西，大家都叫他齐猫眼。他自幼父母双亡，只剩下他和弟弟齐小两人相依为命。齐猫眼长到十八岁这一年，再也不忍心看到百姓被恶龙祸害，决心出门访师学法，除掉恶龙。

他走呀走呀，走遍了名山大川，拜访了一些道士，也学了不少法术。这天，他又走到一座山前，忽听远处传来牧童的歌声：“走千山哟过万山，访师不如到茅山。茅山法师神通大，本是月宫桂花仙。”齐猫眼心想：若能拜桂花仙子为师，定能学到更多的本领。他正想找人问个明白，恰好看见一个姑娘在井边打水。等他走到姑娘身边仔细看时，吓了一大跳，原来那姑娘竟用竹篮在打水呢！有如此的法术，那一定不是凡人了，莫非这就是桂花仙子？他决定试探一下。等那姑娘挑起竹篮要走时，他就念动咒语，说时迟那时快，姑娘的扁担顿时折为两截儿，竹篮子里的水洒了一地。谁知那姑娘不慌不忙，从身上掏出一根丝带，轻轻一捋又变成了一根扁担，水也自动地跑回篮子里去了。齐猫眼看得目瞪口呆，暗暗称奇，当下便不再犹豫，纳头便拜，口称“桂花仙师”。他一边磕头，一边把要学法术为民除害的事情讲了一遍。姑娘听罢说道：“你要找的桂花是我姐姐，她的法术可比我高多了。她住在山顶那棵桫椤树下，要有诚心，你自己去找吧！”

齐猫眼二话不说，便朝着山顶爬去，爬呀爬呀，一直爬了一天一夜，脚都磨出了水泡，手也磨破了。天明时，终于爬到山顶，看见一位姑娘正笑吟吟地站在桫椤树下接他呢，这姑娘不就是挑水的那位姑娘吗？

其实啊，那姑娘正是桂花仙子，因感月宫寂寞，便来到人间。她知道齐猫眼年少志高，又长得英俊，早就偷偷地恋上了他，就化成挑水的姑娘引他上山，教他法术。

齐猫眼来到山上，向桂花仙子学习法术，渐渐地，两个人就互相倾心，结下了生死恋情。学了一段时间，齐猫眼觉得自己学得差不多了，惦记着山下被恶龙侵扰的百姓，就和桂花仙子商量，想下山去。桂花仙子想了想，决定同他一起下山。半路上，桂花仙子突然想起宝伞忘在山上，便转身去取。

齐猫眼到家以后，因除害心切，不等桂花仙子赶来，就和弟弟齐小来到泉边。他满以为学到了法术，定能擒住恶龙，就一个人下了水。他哪里知道这条恶龙经过千年的修炼，几乎快要成仙了。他学的法术在恶龙面前根本就是无足轻重，他们俩斗了几百回合，齐猫眼把学来的法术快用完了，渐渐地落了下风。他没有办法，只好浮出水面，让齐小取他那能祭五雷的令牌。齐小把令牌拿来，只见泉中伸出一只簸箕般大的手，被吓了一跳。他慌忙把令牌扔了下去。就在齐猫眼伸手接令牌的一刹那，恶龙乘他不备，猛伸利爪，挖掉了齐猫眼的双眼。

正在这千钧一发的时刻，桂花仙子赶到了。她老远就听见水中有人大声惨叫，心中暗道“不妙”，急忙打开宝伞，刹那间万道红光从宝伞中射了出来。那恶龙知道宝伞的厉害，立即缩得像一条小蛇那么大，钻到清泉深处的石缝中，不出来了。

桂花仙子见齐郎两眼空空，十分难过，就把自己的眼睛抠出一只，给他安上。于是二人化成两条大鱼，守在泉口，等那恶龙出来时，再跟它算账。

桂花仙子把宝伞插在泉边，后来变成了一棵桫椤树。恶龙害怕宝伞，打那以后，再也不敢露面了。渐渐地，这里恢复了往日的宁静，有一些鱼儿就把家安在了泉水中，逐渐繁衍，越来越多。

后来，桫椤树结了子，它见自己的主人一只眼空着，就落下两颗，分别嵌在两条大鱼的两只空眼上。所以直到现在，清泉里的鱼都有一只眼珠像颗白色珍珠似的鼓暴着。

茶花仙子

这一年，王母娘娘生了个金童，玉帝欢喜得不得了，孩子还没有满月呢，就到处发诏书，邀请各位仙家去风光秀丽、景色宜人的武夷山玉皇楼聚餐，他要给儿子做满月呢！

做满月酒，哪能没有歌舞呢？于是专司歌舞的女神忙乎开了，几天来，她召集了灵芝、玉兰、杜鹃、牡丹、梅花、月桂和茶花众仙女来练歌练舞，好在宴会上讨玉帝和王母的欢心。众仙女不顾疲倦地唱

呀、舞呀，每天天不亮就起来，晚上月亮出来了才能休息，一个个累得气喘喘、汗涔涔的。但她们也不敢吭一声——怕犯天条被打进冷宫受罪呀！

日子过得真快啊，一眨眼的时间，金童满月了，宴会的日期也就来到了。

宴会的这天清晨，只见漫天云霞，彩旗飘飘，锣鼓喧天，鞭炮齐鸣，天门缓缓地打开了！仙女们一个个穿金戴银，浓妆艳抹，打扮得花枝招展，驾着祥云轻飘飘地飞出了天门。她们在宫廷里岁月寂寞，都想看看人间是个什么模样，哪晓得打开云雾朝下一望，都惊呆了：只见武夷丹山碧水，九曲萦绕，山上青竹摇曳，岭下绿树婆娑，红、白、黄、蓝、紫各色山花间杂在郁郁苍苍的峰峦沟壑之间，真是山美水也美呀！仙女们心想何不下去观赏一番，再上玉皇楼？

于是，她们驾起祥云，飞过天河，从三仰峰飘到天游峰，被山下那阵阵山歌所吸引……

话说有个茶花仙女，年纪最小，最活泼好动，她平日里歌喉最动听，歌声最优美，一听到那动人的采茶歌，心就醉了！她随着歌声起舞，不知不觉离开了众位姐姐，来到天游峰的一览亭上，见那九曲溪边的茶园里，后生哥壮如骏马，姑娘们俏似彩蝶，一个个手挽紫竹和方竹茶篮，穿梭在碧绿的茶丛之间，一边采茶，一边对歌，笑语歌声撒满山坡，真有乐趣呀！她不由得入了神，听着，看着，越听越看越是羡慕人间的美满生活，越看越听越想留在凡间，不愿意过天宫里寂寞冷清的生活了。她越想越美，也轻轻地唱起仙曲，朝着峰下的茶园漫步走去，连云中仙姐们的呼唤都没有听见……

不知哪个茶姑抬头望天，看见了出神的茶花仙子，呼喊一声："快看呀，那不是仙女吗?"这一声叫喊可把茶花仙子从遐想中惊醒过来，才知已来到凡间，慌忙仰首遥看云天，已不见众仙姐姐，只看到一团镶着金边的白云朝着她闪闪烁烁，又隐隐约约地听到鼓弦笙箫的仙乐声，才知道玉皇楼宴会要开始了，便急急忙忙地向前赶去……

茶花仙子急急匆匆地赶到玉皇楼时，已经听到了熟悉的仙乐，她心里一惊，仙女们已在轻歌曼舞了！她匆匆下了玉阶，穿过金门，一眼就瞧见在绿檐红墙的大厅前站着个彪形大汉，仔细一看，不是别人，正是那个爱耍酒疯的铁拐李！她不由得暗暗叫苦，心中暗想：倒霉真倒霉，怎么越是着急越出乱子，碰上疯仙把门！

这铁拐李平日脾气就古怪，又刚巧多喝了几樽琼浆，一双醉眼圆怔怔地盯着茶花仙子，责问她为何姗姗来迟。茶花仙子苦苦哀求，让铁拐李放她进去，可是铁拐李醉醺醺地哪里理会那么多？只是一味地不肯，两人就吵了起来，越吵声音越大，歌舞女神闻声赶来，怒斥茶花仙子犯了天条，不许她参加宴会，罚她与宫婢一起为歌舞仙女递送百花，说回天庭后再跟她算账……

宴会结束，众仙腾云驾雾各归仙洞去了，仙女们也抱着各自的花束乘彩云朝天庭飘去……

路经天游峰时，茶花仙子见峰下茶园依旧歌声阵阵，想到自己回天庭后贬入冷宫的凄凉情景，难过得直流泪。她想：我即使不能在凡间生活，也要尽自己的所能，给人间作些贡献。想自己没有什么宝贝可以送给下界，只得将要带回天宫供奉玉帝的茶花向天游峰下撒去——刹那间，那婀娜多姿的茶花在风中散成一片片洁白的花瓣，纷纷扬扬，熠熠闪闪，落到九曲溪边的山垄茶园时，又慢慢地聚合起来，变成了一棵枝叶繁茂的茶树，像一把张开的大凉伞。树上每年八九月间就开满了无数流香溢芳的小白花，在这一带葱郁的茶丛之中，十分引人注目。从此，人们就把天游峰下的这株茶树称为“仙女散花”了。

槐花仙子

相传，在岱庙前街上，住着一位姓高的私塾先生。高先生和妻子只有一个儿子，年方十八。高家世代读书，却始终没有人考取功名，于是夫妻俩对儿子竭力培养，盼望他将来能金榜题名，耀祖光宗，因而给儿子起名叫仕强。渐渐地，仕强长大了懂事了，他打心眼里厌恶那些为了走仕途、一心只读圣贤书的书呆子，也看透了官场上人人阿谀奉承的嘴脸，更讨厌那些官老爷官官相护、欺压百姓的行径，对仕途彻底寒心了。于是他决定远离仕途，做一个洁身自好的人。老两口百般劝解未果，也只好随他去了。

十年寒窗，高仕强无心苦钻经著，却练得一手好字画。因此每日里，他就在街上卖字画，替人写状子赚钱，维持生计倒也绰绰有余。闲暇时候，便到岱庙吟诗作画，倒也乐得清闲。

话说这一年的春季，岱庙唐槐院内，槐花盛开，四处飘香，高仕强便来到这里一边赏花，一边作画。正画着，就见一位约十七八岁的妙龄女子款款地来到面前，轻声说道："您可肯为我作张画?"高仕强一惊，抬头一看，只见眼前这位女子，生得柳眉凤眼，樱唇含笑，真如天仙一般。仕强长这么大，哪里这么近距离地看过这种女孩子啊？他顿时羞红了脸。他心想，这么美的姑娘，不画下来真可惜，可是"男女授受不亲"，这是世之常规呀！一时间，高仕强手足无措，赶忙收起纸笔，起身便走，把那个女子闪在了身后。谁知道他刚刚走到院门口，却见那女子笑吟吟地站在门口，抬起细嫩的纤手，说道："您若肯为我作画，我可用这金戒指谢您。"不说还好，高仕强一听这话反而生气了，心中暗

想：这女子独自一人，缠我作画，忘了女子应有的矜持，定不是好人，于是愤然说道："姑娘，男女有别，我怎能为你作画？不好意思，请姑娘自重。"说完急忙返身从侧门跑出院，回家了。

晚上，高仕强躺在床上，想着白天的事，久久不能入睡。忽然，"吱"的一声门响，一个人影闪了进来。高仕强一看，正是白天那女子。高仕强一惊，急忙坐起身来问道："你到底是何人？为何几番缠我？"

姑娘答道："我是城东辛庄赵员外之女，名叫槐仙，久闻您不入仕途，不随世俗的好品行，我愿与您结为夫妻，不知您……"

"不，这怎么行，"高仕强又惊又羞，又喜又怕，话都说不成个儿了，"我家……家境贫寒，这婚事……"

"我只图你是一个清廉正直之人，并无他求。只要你愿意，咱们今晚就成亲吧。"

两人你一句我一句，聊了半天，竟然越聊越投机，高仕强尽管对这女子的来历心存疑惑，但凭感觉断定，这女子决非那种轻薄的歹人，于是便答应了。这时，槐仙又说话了："你要保证，不要把咱们成亲的事对任何人说。"高仕强答应了。

从那以后，每天更起夜定，槐仙就来到高仕强的房内，陪他吟诗作画，到五更天明，槐仙就悄悄离去。

这样的日子一直过了几年，高仕强终于忍不住了，跑到城东辛庄一打听，哪里有什么赵员外，更没有什么叫槐仙的女子……晚上，等槐仙又来了，高仕强便向她问起这件事，槐仙长叹一声，说道："仕强，咱们已是三年的夫妻啦，我就把一切都对你说了吧。我本是唐槐院内的槐花仙子，久慕你人品高洁，决意废弃修行，与你结为百年之好。只要你信守诺言，再等三年，我就可脱得凡体，与你朝夕相处，生死相随了。"高仕强听了，心中恍然大悟，不由得喜上眉梢。

一年之后，高仕强双亲病故。这天夜里，槐仙帮着仕强埋葬了双亲。第二天，高仕强含泪来到父母坟前，烧香祭奠。谁知，本地恶霸财主王老七带着一帮打手也赶来了，硬说高仕强双亲的墓碑冲了他家的风水，扬言要掘坟移尸。高仕强据理争辩，可是那些恶棍哪里肯和他讲理，一言不合便动起手来。仕强一介书生，动动嘴还行，这一动手，可就不得了了，不一会儿就被打昏在地上。王老七还不解恨，非要置他于死地，叫喊着："打，打死这个穷小子，这块田产就归我了。"话音刚落，一个打手便举起一根木棒，朝高仕强头上狠狠砸了下去。就在这时，奇迹出现了，只听得"咔嚓"一声，木棒折了，那个打手一头倒在了地上。高仕强睁眼一看，是槐仙！只见她立在自己身边，伸出的手臂，就是两个粗壮的树干，左右横扫，把王老七和那帮打手全打倒在了地上。接着身子一转，旋出一股飓风，顿时，王老七一伙

便像树叶一般被刮到了半空中，掉在山崖下，全部摔死了。槐仙把高仕强拉到自己身边，眼泪汪汪地说："郎君啊，我为了救你，现出原形，现在不能在此处住了，咱们二人天涯海角，流浪去吧！你愿意吗？"

"哪能不愿意呢？你是我的娘子，别说和你流浪去，就是和你一起死了，又有什么呢？"高仕强也哭着说。槐仙闻听此言，大为感动，让高仕强贴在自己身边，化成一股清风，两人一块儿飞走了。这夫妻二人去了哪里，谁也不知道。反正从那天起，槐仙一走，这岱庙唐槐院内的唐槐就枯死了。

人们为了纪念这对好夫妻，在枯死的槐树洞里又栽了一棵小槐树，取名槐仙抱子。也有人说，那是槐仙与高仕强夫妻俩的化身，是说他们在天涯海角已经喜抱贵子了。

玉蕊花的传说

镇江南郊有座山叫招隐山，山上有座精巧的小亭子叫玉蕊亭。原先就在这块地方曾经开过一种很好看的花，叫玉蕊花。后来，这种花不见了。花到哪里去了呢？

很早以前，招隐山上到处都是郁郁葱葱的树木，一棵挨着一棵，一棵连着一棵，远远看去，一片浓绿，整个山都在树林的遮盖之下。只是漫山遍野也找不到一朵花。

有一年，山上跑下来一只老虎，它选中了半山腰的一块草地。天天伏在草地上扒土，扒呀扒呀，一直扒了九九八十一天，竟然扒出了一个大池塘，塘里渗出一股碧清的水，这只老虎就不见了。就在这年的早春三月，山下桃红柳绿，山上绿树成荫，在那只老虎扒出来的池塘旁边，忽然开出一株美丽的花。

这株花开得出奇，人们从来没有看见过。山下住着位老花匠，他来看看，也看得入了迷，连声称赞："好一株神花、仙花、宝花呀！"他天天上山来，整整枝，修剪修剪。穷人家没好吃的，老花匠天天吃豆饼，他就从嘴边儿省下一点儿，压在花根儿旁边。这株花越长越大，枝干长得像棵小树，一朵花开得像口小锅，每束儿花花须有尺把长，雪白雪白的，根根像玉雕的冰柱；花蕊金黄金黄，衬得花须更加洁白，黄里透白，白中带黄，着实诱人。这株花还有个出奇的地方，就是香得不得了，方圆十里都能闻到它的香味。

这株花开了之后，美名就传开了，百姓们一传十，十传百。到后来，远近村子里的人，都知道山上开了一朵奇花，都争相赶来观看，一时间看花的人络绎不绝，竟然排起了长队。有人识花，便说："这花确实不是人间之物，来自天宫，是天上的仙花，名叫'玉蕊花'。"如此一来，看花的人更加多了起来。

消息传到城里，连知府老爷也知道了。哪晓得这个知府老爷是有名的“花老虎”“花霸王”。他只会刮地皮，肚里漆黑，偏要装个斯文高雅的样子，喜欢弄个花玩玩。他家的后花园里，红的牡丹、白的月季、黄的蔷薇、绿的菊花……一年四季，各种名花都有。这些花哪儿来的？都是抢来的。他只要听到哪家有株名花，哪家有个名种，就一摇一摆地逛来了，对着花看了又看，望了又望，看中了，二话不说，就叫人挖起来，栽到他家后花园里去。这样不到几年，就把个偌大的后花园都栽满了。

这一天，他听到招隐山有这么一株神奇的仙花，嘴都笑得合不起来了，连忙叫差役们备轿。从城里到招隐山要走好远好远的路，两个轿夫抬得汗淋淋的，跑得气喘喘的，他还嫌慢。到了招隐山，看到了仙花，觉得果然名不虚传，这花朵色泽艳丽，花香四溢，他喜欢得不得了，心中想：我见过的花数不胜数，却从来没见过这么水灵秀气、娇艳芬芳的花朵。真是好啊！想着想着，就叫来差役把花挖走。一班差役们，拿锹的拿锹，挖花的挖花，一刻工夫，花老虎就上轿把花带走了，随后又派差役把山下那个老花匠也带了回去。

花老虎回到府里就把老花匠叫来：“老头儿，你知道这花叫什么名字？”

“叫玉蕊花，是天上的仙花。”

花老虎开心死了：“这个花你要给我多留点儿神，明年这个时候，我要在后花园里摆花宴。你从此就在我的后花园里专门服侍这株花。”

老花匠把这株玉蕊花栽在后花园的墙角里，精心照顾，又是浇水又是施肥。渐渐地，花慢慢地败下去了，叶子却长得绿油油、翠滴滴的。花老虎一天跑个三四趟，高兴极了，关照老花匠好好照应，就支起架子等着明年这个时候大摆花宴！

一转眼到了第二年三月，花老虎的后花园里，所有的花都盛开了，一时间群芳争艳、美不胜收，可是唯独这株玉蕊花，连个骨朵儿的影子都看不到，根本找不到开花的迹象。花老虎急得团团转，见了老花匠就问：“怎么还不开花?”

老花匠总是一句话：“等等看。”

等呀等的，春天过去了，夏天来了。

等呀等的，夏天过去了，秋天来了。

又一转眼，冬天来到了，整天北风呼呼地吹，大雪飘飘地下，所有的花都谢了，玉蕊花还是静悄悄的，没有动静。花老虎这回大发雷霆，把所有的气都撒在老花匠身上，整天对他非打即骂。可怜老花匠年过半百，还要遭这样的欺负。可是打也罢，骂也罢，花总开不出来。一天，花老虎把老花匠找到前厅来，火冒三丈，大声地问：“老东西，你给我句实话，这花到底开不开?”

老花匠还是那句老话：“等等看。”

花老虎气得一跳八丈高："三月里等到腊月里，我没这个闲工夫等了。"

"这是株仙花，我也不晓得它怎么不开花，只有等等看。"

花老虎眉毛一竖，眼睛一瞪，胡子一翘："我不管你晓得还是不晓得！我限你三天，开不出花，我要你的老命！"

老花匠从前厅出来真愁死了。这寒冬腊月，不要说三天，就是三十天也开不了花呀。他心事重重地走到后花园，不知不觉走到墙角里，望着玉蕊花发呆，心里想：自己从小就死了父母，孤苦伶仃一个人，种了一辈子花，想不到被花老虎逼到这步田地。他一边伤心地哭着，一边抚摸着玉蕊花，玉蕊花的叶子都掉光了，只剩下光秃秃的树干。老花匠哭着说："玉蕊花啊玉蕊花，你既然是仙花，就应该知道救人于苦难，我伺候了你这么长时间，今天就要为你丢了性命，你真的一点儿都不伤心吗？"他越想越伤心，越哭声音越大，眼泪像雨水一样落了下来。

老花匠正哭着，忽然听见耳畔有声音，再听时，却又没有了，他不由得好奇，仔细地听。这一回听清楚了，细声细气的，是一个姑娘的声音。老花匠抬头一看，不禁吓了一跳：当真有一位长得很秀气的姑娘文文静静地站在面前，身上穿着洁白的衣裳，头上戴着金黄的花冠。老花匠想：这位姑娘我从来没见过啊！怎么这么晚还到花园里来呀？他正想着，姑娘轻言慢语地开口了："老人家，为什么事这么伤心啊？"

老花匠一肚子委屈，正愁没有人倾诉，这下看到了姑娘，忙把前因后果和她说了。"老人家，你不要难过，不就是让它开花吗？我看并没有什么难的。你等着吧，我替你想法子。"姑娘说完，就轻轻巧巧地走了。老花匠望着姑娘的背影，以为姑娘是在安慰自己，并没有把她的话放在心上。

第二天天还没亮，老花匠一醒，就闻到一股香味。香味愈来愈大，愈来愈浓。他闻出来了，是花的香味。他连忙赶到花园里一看，呆住了：玉蕊花竟然开了！雪白金黄，在西北风里，比早先还要好看。

老花匠赶紧到前厅告诉花老虎。花老虎不相信，以为老花匠说谎，赶来一看，果然是真的。他呆呆地看着玉蕊花，不相信自己的眼睛，看了又看，闻了又闻，摸了又摸，半天，才高兴得张着个大嘴巴哈哈地笑着说："真的，真的开出花来了。"

花老虎兴高采烈，忙活开了，又叫人备请帖，又叫人备酒宴，他要把城里的官、绅、财主和名士，都请到花园来赏花饮酒，也好借这个机会炫耀一下。不一会儿，城里的名人都来了，大家一边说话一边来到花园中，想看看奇特的景色。可是来到这株花前的时候，所有人都惊呆了。这株花又慢慢地蔫掉了，不但没有花了，反而连根带叶全都枯死了。

花老虎气得咬牙切齿，忙派人把老花匠叫来："刚才我明明看见它开花了，怎么这会儿工夫就谢了？说，你搞了什么鬼？"

"太爷明鉴，这株花果真是株仙花，我不晓得它怎么突然开出来，又突然蔫掉的！"

"你不肯说，给我用大刑侍候。你说不说？"

那班如狼似虎的衙役，搬来刑具往老花匠面前一掼，老花匠只好把他怎么在花园里哭，怎么有位年轻姑娘来劝他不要哭，一五一十统统说了。

花老虎一听，嘿嘿嘿地笑得骨头都散了："你果真看见了一位年轻姑娘？"

"一点儿不假，是一位十分美丽的年轻女子。"

"这位姑娘从哪里来的？"

"我不知道。"

"这位姑娘到哪里去了呢？"

"我不知道！"

花老虎琢磨了半天：难道这位姑娘真是花仙，不愿在我的花园里落脚？也难怪，我这花园里花的品种太多太杂，一位花仙怎么会愿意跟它们混在一起呢？花老虎立即改变了主意："老头儿，我也不打你了，你仍旧回到招隐山下去吧。到来年三月，看看这玉蕊花开不开，如果开，你把它服侍好，我到那时来摆花宴。"就这样，老花匠又回到了招隐山。

到了第三年三月，玉蕊花又开了，还是开在招隐山的半山腰。花老虎听说了，马上带了一班衙役赶到招隐山上去看。果然，就在他当年挖走仙花的地方，又长出了一株玉蕊花，雪白金黄，香味扑鼻，在万绿丛中，亭亭玉立，就像仙女一样。花老虎立刻下令："给我找那个花仙！"

衙役们找来找去，就快要挖地三尺了，可是一直找了一天一夜，连个人影都没看见。花老虎气得直跺脚：明明是那仙女跟我作对，不愿见我。于是他眉头一皱，想出个狠主意：下令放火烧花！他想：我把这花烧死，花仙无处藏身，那时候不是只能乖乖地出来吗？

衙役们架起干柴来烧花，不一会儿，火光冲天，火势越来越大。不过奇怪的是火不围着花烧，反而朝着花老虎和那班衙役烧来，扑也扑不灭。他们逃到东，迎面冲出一只老虎，他们转身往西逃，西面又冲出一只老虎，往南往北迎头都有老虎。大火呢，就一直在他们的屁股后面跟着！不一会儿，他们就被火烧死了。

天鹅仙姑

有一天，天气晴朗，白云飘飘，天鹅仙姑看到外面的世界如此美丽，就偷偷飞出仙阁，到外面散心去了。在微风之中，她轻轻挥动着翅膀，自在地翱翔。她飞呀飞呀，看着下面湖光山色秀丽迷人，原野像地毯一样碧绿，湖水像天空一样蔚蓝。她心里愉悦万分，想到天庭里条条框框的天规戒律，好不心烦，真想永生永世生活在这风景如画的人间，从此没有烦恼，也没有忧愁。

她从这儿飞到那儿，每到一处都感到新奇万分，她正高兴呢，突然，只听“嗖”的一声，她感到一阵剧痛，原来是被箭射到了，她头一晕，昏过去了。也不知过了多久，她才慢慢地醒过来，睁开眼睛，却发现自己躺在一家的地铺上。身边坐着一个年轻俊俏的小伙子，正在给她擦洗伤口。这小伙子十七八岁，皮肤黝黑，两只大眼睛炯炯有神，一脸的笑意，但衣衫褴褛，破烂不堪。他对天鹅无微不至地照料着，像护理自己的亲人一样。大约半个月过去了，小伙子见天鹅的伤养好了，就对她说：“天鹅啊，你的伤好得差不多了，今天就可以像往常一样飞翔了，你快回去吧，你妈妈该多思念你啊！”他把天鹅送到门外，两手向上一耸，天鹅飞上了天空，在小伙子头顶上空盘旋了一阵，难分难舍地飞到云间去了。

天鹅飞啊飞啊，终于飞回了仙阁，见了妈妈，把自己的遭遇对妈妈详细地述说了一遍。妈妈说：“好孩子，你可是碰上好人了啊，你知道救你的那个小伙子是谁吗？他叫山娃，父亲是一个老牧民，因为欠了财主的钱，父母都被逼死了。他一个人孤苦伶仃，无依无靠，原来给财主放羊，后来不知什么原因突然不放羊了，每天靠捡天鹅蛋卖钱度日，生活得非常艰辛。他是你的救命恩人，你要多帮助他，以恩报恩呀！”

小天鹅听了，感动得流出了眼泪，不住地说：“山娃哥太好了！他孤孤单单，无依无靠，我想……”话没说完，她把翅膀一展不见了。

这个救了小天鹅的小伙子，正是小羊倌山娃。小天鹅被箭射到的那天，他正在山坡放羊，忽然见到小天鹅带着伤，从天空中落了下来，浑身是血，可怜巴巴的。他急忙把她抱起来，拔出箭一看，恨得不得了，原来是他的东家射的。他恨东家的残忍，却又无可奈何，只好把天鹅抱回家去。可是因为在家里照料天鹅，耽误了时间，弄丢了一只羊，狠心的财主扣了他的工钱，还把他一顿毒打，然后把他撵了出去。

山娃失去了赖以生存的工作，不知道靠什么生存。送走天鹅后，他听说九龙湾有个温水滩，那上边有好多天鹅蛋。他就决定到那儿去捡天鹅蛋卖钱。

温水滩有几十亩大，那儿深灰色的天鹅成群结队，天鹅蛋极多。山娃心里高兴极了。

那天他背着荆篓翻过两座山来到温水滩抬头一看，温水滩的卵石上白花花的一片，尽是天鹅蛋，他高兴极了，放下荆篓捡起来。他捡呀，捡呀，不多一会儿，就捡了满满一篓

子，背回家去。一部分卖了，一部分吃了。这一来，日子凑合着还能过。

山娃天天去捡天鹅蛋，时间长了，天鹅蛋少了，山娃起早贪黑也捡不了多少。这一天山娃早早来到温水滩，定神一看，高兴得跳起来。眼前的天鹅蛋一堆一堆的。他觉得奇怪，向四周望了望，也没人影。他蹲下去刚要捡天鹅蛋，背后传来一个少女的声音："山娃哥吗？"

山娃吃了一惊，向后一看，原来是个年轻姑娘，体态妖娆，容貌秀美。他惊奇地问："哎，你怎么知道我叫山娃？"

"当然知道了，谁不知道你是捡天鹅蛋的好手哇！"

"你也是来捡天鹅蛋的吧？"

姑娘摇摇头说："我住在大山后面，被一个财主看上了，要抢我做小妾。我爹娘不依，他便狠心地打死了我的爹娘。我现在孤苦伶仃，无家可归，你可怜可怜我，求你救救我吧！"

山娃这可犯难了，挠着头说："我是一个穷小子，拿什么救你呢？"

"你家在哪里，带着我去你家里躲几天吧！"姑娘说。

山娃摇摇头说："我家住在那座山下，家里无父无母，只有我一个人，你我男女有别，住在一起，恐怕不大方便吧？"

姑娘羞红了脸，低下头去，小声说："咱们都是穷人家的孩子，苦里生，苦里长，你如果不嫌弃我，就娶了我做妻子吧……"

山娃吓了一跳，连忙摆手说："不，不，这怎么使得，我家里穷得很，怎么娶得起你！"

"咱们都是穷苦人出身，不是嫌贫爱富之人，我不嫌弃你，我最爱穷人。"

"这么说你是打定主意要嫁给我，跟我走了？"

姑娘只是微笑着低下了头，并不回答。

山娃喜出望外，答应了这门亲事，二人边捡天鹅蛋边谈笑，一会儿就把篓子捡满了。姑娘帮助山娃背起荆篓，两个人手牵着手，乐呵呵地回家了。回到家后，二人拜了天地，入了洞房，成为甜甜蜜蜜的小两口。

山娃娶了一个像花一样漂亮的姑娘，这个消息一传十，十传百，很快传到财主耳朵里。他带着狗腿子，坐着轿向山娃家走来。一见山娃的妻子，像是天上掉下的仙女一样，美丽端庄，温柔可人，不禁流下了口水，想要霸占她。于是他和山娃算起账来："山娃啊，你丢了我的羊，想什么时候赔给我啊？"

山娃好生奇怪，问道："工钱你已扣了，还买不到一只羊？"

"说得好听，你那工钱连只羊腿也买不到。这只羊值一百块大洋，如果不丢，早生了羊娃！”

山娃说：“你真是胡说八道，我丢的是一只公羊，怎么可能生羊娃？”

财主耍起赖来，不依不饶，说：“谁不知道我的羊都是宝羊，母羊会生羊娃，公羊也同样会生羊娃！有钱就给，如果没钱，可以拿你媳妇抵债。”说罢手一挥，狗腿子一拥而上，把山娃妻子拖出来。山娃跪在财主面前苦苦哀求，而他的妻子却不慌不忙地上了轿。

财主见山娃的妻子上了花轿，高兴得不得了，忙命四个轿夫抬起轿，可是奇怪了，这轿子就仿佛千斤巨石，压得他们汗流满面，费了好大的劲儿才翻过了山到了财主家。刚放下轿，只见一阵怪风，刮得天昏地暗，过了好半天，风才停了，财主乐颠颠地来到轿前，打开轿帘一看，不禁倒抽一口凉气，里面哪有美人，是一块大石头！气得他咬牙切齿，心想：这一定是小女子有意捉弄我。随即率狗腿子往山娃家追去。

原来山娃的妻子正是天鹅仙姑，她为了报恩，来到凡间嫁给山娃。她不仅能呼风唤雨，更会万般变化。当她坐着花轿到财主家后，吹了口仙气，乘着风，现了原形，飞回家去了。

山娃丢了妻子，正坐在门口痛哭，忽然见妻子回来，兴奋不已，以为是在梦中，拉住她问：“娘子，我们是不是在梦中相会了？”

妻子笑着说：“怎么说是做梦呢？实不相瞒，我正是天鹅仙姑。你记不记得那天我在空中飞翔，不幸中箭受伤，坠落尘埃，是你救了我，把我带回来养伤，多亏你精心护理，我才痊愈，这是多大的恩情啊！为了报答你的恩情，我才把天鹅蛋堆成堆，又变成姑娘嫁给你……”

山娃恍然大悟，正拉着妻子亲亲热热地交谈，突然听见财主领一帮人来了。山娃慌了手脚：“娘子，他们又来了，这可如何是好？你快找个地方躲起来吧！”仙姑说：“不碍事，你不要惊慌，先把这颗珠子含在嘴里，这叫定风珠，无论多大的风也刮不动你。我有法子整治他。”说罢把定风珠递给山娃。

这时候，财主已经领人闯进山娃家里，怒气冲天，二话不说，命狗腿子捆了山娃夫妻，又放火烧了草房，押着他们二人走了。快走到山洞旁，仙姑吹了口仙气，顿时起了大风，这风刮得天昏地暗，日月无光，不少狗腿子都被风吹跑了。风停后，天空出现了成群的天鹅，扇动着翅膀猛冲下来，用翅膀猛打财主狗腿子的头脸，用爪抓他们的耳朵，用嘴啄他们的眼，财主和狗腿子都被打得鼻青脸肿，狼狈地逃跑了，山娃夫妻手挽手说说笑笑回到家里。他们相亲相爱，男耕女织，欢度快乐的一生。

珍珠为何能明目

从前，济南大明湖边住着一户人家，家里只有两口人，一个瞎老妈妈和一个儿子。儿子名叫朱砂，年方二十。小伙子长得眉清目秀，鼻直口方，玉树临风，英俊潇洒，算得上是一表人才。可是因为穷，一直没娶上媳妇。

朱砂是个孝顺的孩子，和瞎妈相依为命，白天他去田里干活，晚上回来给瞎妈端茶倒水，洗脸洗脚，体贴得不得了。有空的时候，他就到大明湖摸鱼捞虾，做给娘吃。这天快要天黑的时候，朱砂又下湖摸鱼。可是忙活了好一阵子，天都已经黑透了，还是什么都没有捞到，他想到母亲已经好几天都没有吃到一点儿荤腥了，心里不甘，就撒了最后一次网，不料想竟捞到一个大蚌。这个五颜六色的蚌，在黑夜里闪闪发光。朱砂觉得挺稀奇，欢欢喜喜地捧着它跑回家。娘听说这件事，起了善心，说这东西没准有灵性，叫儿子别伤害它，放在水缸里，精心侍候着。朱砂听娘的话，刷了缸，挑了水，把彩蚌小心地放进水缸里。

第二天一早，朱砂和往常一样，爬起来就生火做饭。饭做好了，又去侍候娘穿衣、洗脸，然后照料娘吃饭。待娘吃饱喝足了，才收拾好碗筷，扛起家什下地干活了。

儿子走后，娘摸摸索索地下了地，想收拾收拾屋子。只听见水缸里“哗啷啷”一阵响，从缸里头走出来一个漂亮的大姑娘。原来她是天上百介宫里的珍珠仙子，专管人间江河湖海里的珍珠和蚌贝。她觉得天宫没意思，经常倚着宫廷的水晶窗，偷看人间。见人间男婚女嫁，男耕女织，越看越羡慕，就想偷偷到人间走一遭。这一天，她带着从不离身的百宝箱，来到大明湖边，见这里风景秀美，就不想挪脚了。她怕失落百宝箱，就朝它吹了一口气，百宝箱立时变成一只五彩缤纷的大蚌。她把它放到水里存起来，自己依在山石旁观看风景。因为她奔波劳累了一天，乏得很，很想睡一觉，于是她把身子一缩，钻进水底百宝箱内，昏昏沉沉地睡了过去，不料却被朱砂捞了起来。

珍珠仙子本来非常担心，生怕朱砂伤害自己。她私自下凡，若是被凡人吃了，岂不倒霉？若是施展法力，又恐玉帝知道治她的罪。正在不知如何是好的时候，发现他们不但没有伤害她，还把她养了起来，心里非常感激这母子俩。她眼见老妈妈在摸索着干活，娘俩的日子过得挺累，心里很不是滋味。她轻轻走来走去，又是扫地又是抹桌子。瞎老妈妈听见屋里有动静，就问：“朱砂，你还没下地？”珍珠仙子灵机一动，学着朱砂的声音说：“娘，地里的活儿干完了，我今天在家里拾掇拾掇，你不用下地了，好生在床上休息吧。”老妈妈信以为真，点点头，就回到床上躺下了。珍珠仙子施

展法术，一眨眼的工夫就把朱家收拾得一尘不染，该洗的洗了，该缝的缝了。快到傍晚的时候，她想朱砂可能要回来了，又拔下头上的宝钗，画了些鱼虾，吹上口气，这些东西霎时变成活蹦乱跳的鲜货。她插好宝钗，动手做饭。等朱砂进了门，热腾腾的饭菜已经齐整整地摆了一桌子。她呢？又钻回了水缸里，变成了彩蚌。

朱砂看到一桌子的菜肴，惊奇地问："娘，这是谁送来的饭菜？"

老妈妈说："不是你忙乎的吗？"

珍珠仙子躲在水缸里，听了只偷偷地笑。

朱砂娘俩一对证，知道家里来了好心人。

一连三天，珍珠仙子都是这样做，朱砂进门都是吃的现成饭。朱砂决心把事情弄明白，于是第四天，他装着和平时一样，扛起家什出门了，没一会儿又悄悄地回来了，躲在门后要看个究竟。再说珍珠仙子看见朱砂走了，又现出了人形，她理了理头发，又开始忙乎了。朱砂顿时什么都明白了。他快步走到水缸跟前，伸手从水缸里捞出那百宝箱变成的蚌壳，藏在衣袖里。姑娘见了朱砂，忙想往水缸里跳，可是没有了蚌壳，她回不去了，羞得赶快低下了头。

从这之后，朱砂和珍珠仙子就结成了夫妻，互敬互爱，甜甜蜜蜜，每天朱砂下地，珍珠仙子理家，小日子过得有滋有味。朱砂娶了这个漂亮的媳妇，心里别提多开心了，可就

有件事让他一直郁郁寡欢：这么好的儿媳妇，老娘看不见。他多想治好老娘的眼睛啊，可是老娘已经瞎了这么多年了，又有什么办法呢？珍珠仙子知道郎君的心事，看在眼里，记在心上。

这天晚上，珍珠仙子向朱砂要她的蚌壳。朱砂想起牛郎织女的故事，只当她要走，不肯给。珍珠仙子告诉他："那是我的珍珠宝箱。我是想从里面找颗宝珠给娘治眼。"于是朱砂把宝箱给了她。

说来也怪，蚌壳一到珍珠仙子手里，立刻变成了小巧玲珑的宝箱。珍珠仙子打开它，只见一股亮光，照得满屋通明。她挑出一颗大珍珠，在手心里捻了捻，拿到娘屋里，在瞎老妈妈的双眼上擦了几下。顿时，老妈妈眼睛一亮，什么都看清楚了。她拉住儿媳妇的手，喜得老泪直往下掉。

这消息一传十，十传百，没几天，左邻右舍，南庄北村，方圆几百里的百姓，都知道朱砂的媳妇不仅漂亮聪明，更会治眼，便纷纷来求医，珍珠仙子是菩萨心肠，给他们都治好了。

有一次，朱砂听说济南东郊有个老奶奶，身子很弱，眼睛又瞎，不能来求医。于是小两口商量了一下，就亲自去给她医治。治好了她的眼睛后，在那一带有了名气，许多害眼病的人都来求医，珍珠仙子才知道这个地方的水土不好，很多人的眼睛都有毛病。可是病人太多了，她一个人医治不过来，这可怎么办呢？她想来想去，临走时索性把一颗珍珠放在地上，口中念道："百脉通目，目为心镜。宝珠有灵，水到目明。"霎时地上冒出一汪清水。珍珠仙子告诉大家："用这里的水洗眼，能明目褪翳。"人们一试，果然不假，就把这汪清水起名叫"百脉泉"。

黄牛仙恋人间

从"山水甲天下"的桂林乘船去阳朔，经过大圩，过寡婆桥不远的地方，有三个洲子将漓江的水叉开，把一个秀丽清澈的漓江分成了若干支流，分向不同的方向流去，就在这前面有一群样貌奇特，形状各异的山峰，乍一看去，就像九头牛望着三个洲子。这群山峰，形成了一个峡，叫黄牛峡。这里流传着一首民谣：

九牛看三洲，江水两边流。

五马拦江过，双卿抢绣球。

到了黄牛峡，被分得支离破碎的漓江水又汇集在一起了。悬崖下有一个绿幽幽的深潭，叫沉仙潭。这里流传着这样一个故事。

传说寡婆桥附近有个寡婆桥村。村上住着九九八十一户人家，家家户户都是家徒四壁，缺吃少喝。这个地方非常穷，人们没有田，没有地，也没有牛。大圩的一个财主把自己的地租给穷人耕种，每年收租子。穷苦的百姓没有牛，耕地全靠人拉犁。人拉犁翻不好地，收成少，养活不了自己，遇上荒年，人们死的死，逃的逃，没过几年，整个寡婆桥村，只剩下七七四十九户人家了。

其实寡婆桥村倒是个耕地的好地方，土地好，水也方便，唯独缺少耕牛。要是能用耕牛犁地，收成肯定会好，家家都能丰衣足食，农民做梦也想买头牛，但饭都吃不饱，哪里拿得出钱去买牛呢?

有一天九头仙牛来到天河里洗澡，无意中看到了寡婆桥村农民辛苦劳作的场面，非常同情，就想下凡来帮助他们。在这样一个月朗星稀的夜晚，九头仙牛化为九朵青云，飘呀飘呀，一直飘到寡婆桥村来。在村东头，住着一个孤老头子，人们都叫他孤老。孤老无儿无女，无依无靠，孤苦伶仃，是全村最苦的，他人老体弱，不能犁地干活，只有靠捡粪度日。一年十二个月，三百六十五天，他没有一天吃过饱饭。这天早晨，孤老和平时一样出门去捡粪。一开门，以为自己做梦呢，原来他看见九头膘肥体壮、油光水亮的牛站在他家门口禾塘坪上。

孤老又惊又喜，连忙把这件事告诉全村的穷人，村里人谁也不知道这是怎么回事。没有办法，孤老就问牛：“牛啊牛啊，你们是从哪里来的?”牛回答说：“我们是从大河边

来的。”孤老又问：“你们快回去吧，主人找不到你们，不能犁田，是会着急的！”牛说：“我们家的主人从来不种田，我们来这里是专门帮你们犁田的。”听说这么多牛来帮他们犁田，孤老心里太高兴了。可是他转念一想，牛是有主人的，主人丢了牛，心里一定着急，于是他到凉亭里、码头边、大圩镇去打听，想看看到底是谁家丢失了牛。

孤老寻找了三天，依然没有一点儿消息，也没有人来找牛。第四天，孤老起来，正要出门捡粪，却发现九头牛整整齐齐地站在他面前，一齐对他说：“我们已经待了三天了，咱们去犁田吧？”孤老拿不定主意，就找来村子里的人商量，大家商量来商量去，说反正也找不到牛的主人，还不如让它们犁田去。于是寡婆桥村的穷人第一次赶着九头牛犁田去了。大家谁也没有赶过牛，也不会吆喝，却发现这些牛很会犁田，走得快、走得正，根本就不需要人们吆喝，一个上午能犁三亩三。这样下来，一个季节还没过，七七四十九户穷人的田都已两犁两耙，有的是三犁三耙。秋收的时候，望着金灿灿的麦田，寡婆桥村的穷人们第一次体会到了丰收的喜悦。从此，这九头牛，就留了下来，帮穷人们犁田。这样的日子，一连过了十年。这九头牛平时住在孤老家，饿了就跑到三个洲子去吃草，渴了就去潭边饮水。

话说这九头仙牛在凡间待了十年，在天上不过才半个时辰的时间。那日牛郎把九头仙牛放在天河里洗澡，忽然思念

起了他的织女妹妹，便开了小差去看织女织布。半个时辰过去了，他回到河边，发现仙牛已经不翼而飞了。这一惊可非同小可，他连滚带爬地去禀告天帝。天帝张开眼睛向下一望，知道九头仙牛跑到了寡婆桥村，替凡人犁田耙地，就派太白金星叫仙牛回天庭，仙牛不愿回去。这可把天帝气坏了，恶狠狠地派王母娘娘去封住牛的嘴，不许它们说天帝的坏话，泄露天机。

王母娘娘奉诏来到寡婆桥村，看到九头仙牛正忙着帮穷人犁田。王母娘娘可是个心狠手辣的女人，她从头上拔下银簪子，吹了一口仙气，化成九把利剑，飞到牛的脖子上，把牛的喉管割断了。从此以后，牛再也不会说话了。我们今天看到的牛脖子上还有半圈白毛，传说那就是王母娘娘割喉管时留下的痕迹。接着，天帝又派天兵天将、雷公电母下凡捉拿仙牛。

这一天，九头牛正在洲子上吃草，忽然间雷声隆隆，乌云密布，霹雳闪电一同在天空中忽闪。仙牛知道这次大难临头，它们肯定逃不过这场劫难，天兵天将马上就要下来捉拿它们来了。仙牛多么想告诉孤老，让孤老知道它们就要离开了啊，但是它们的喉咙破了，已经说不出话来了。它们只是焦急地望着孤老，低声闷叫，声音低沉而悲伤。孤老感到奇怪：为什么这些牛突然不会说话了，叫起来的声音又这样难过呢？还没有等孤老想清楚，九头牛已经化成九朵青云，飘

上天空去了。孤老只见天上云雾翻滚，风驰电掣。他哪里知道这就是九头仙牛与天兵天将正在斗法打仗呀！

那时正是炎炎夏季，骄阳似火，没有一丝风。仙牛与天兵天将斗得不可开交，全身汗水淋漓，口渴极了。牛是最怕渴的，要是没有水，它活不了多久。于是它们不再恋战，撇开天兵天将，坠下云头，到潭里喝水、洗澡。雷公电母趁着这个机会，向下一指，忽然间一声霹雳，九头牛被轰死在潭里。电火把九头仙牛烧得焦黄，沉下潭底去了。这以后，潭边就出现了九座秀丽的山峰，当中形成了一个峡谷。从此，人们就把这个潭叫作沉仙潭，把这个峡谷叫作黄牛峡。以此来纪念九头仙牛，感激他们为百姓犁田的恩情。

鹤城的传说

很久很久以前，处州地区，除了县府所在地——处州，地势比较平坦，建造了一座城以外，其他九县，因地势高险，都造不起城。这一年，青田来了一位新知县叫赖颜，老百姓背地里都称他“烂眼”。他一来到青田，看到这里穷乡僻壤，没有什么油水可捞，不由得叫苦不迭。想自己一表人才，满腹经纶，竟被埋没在这样一个小地方，实在心有不甘，可又没有办法，想来想去，觉得还是好自为之，先做出点儿名堂，再图高升吧。烂眼想干的头一桩事就是要造一座城，借此来显显自己的本领，于是就贴出了这样一张榜文：

峰连峰来岭连岭，

处州十县九无城。

哪个造得城一座，

赏给白银三千锭。

榜文贴出三天整，还没有人揭榜。烂眼心里好像浇了一瓢水，冷冰冰的。

榜文贴出五天整，还没有人来揭榜。烂眼心里好像浇上了一瓢油，心火烧得旺。他终于受不了了，要下令把全城的石匠都抓起来。

衙役们正要去抓人，忽然衙门口来了三个人，一个老汉和两个后生。那老汉对烂眼说："县太爷，我们爷儿三个都是石匠，他们是我的儿子，大的叫石竹，小的叫石林。我们可以为您造城，我们不要你那赏银，只求你别抓那些平民百姓。"烂眼看了一眼，心中大喜，点点头答应了。

第二天爷儿仨就动工造城，乡亲们知道他们是为救黎民百姓的命，就自发地来帮忙。你一锄他一锄，城基挖得深又深；你一块他一块，高山上凿来的岩石方方正正；你一担他一担，河边上挑来的卵石光滑晶莹。大石砌，小石填，城墙一寸一寸往上升；大石砌，小石填，城墙一尺二尺往前伸。修好了江边修平地，修好了平地修山岭，烂眼看在眼里喜在心。

日复一日，年复一年，渐渐地，两年过去了，城已经修得差不多了。除了一段悬崖陡壁还没有修上，别的都已修成。只是这岩壁，陡峭险峻，高高地一直延伸到云层中，抬头一看，岩顶白云飘飘，大家都说这么陡峭高耸的岩壁，别说是人了，就是猴子想往上爬，都会双脚发抖的。“这里就不用修了吧！”大家向烂眼苦苦哀求。烂眼睁大了眼睛，说：“城要圈个圆，断了一寸也不行！”

“修就修，我不相信就修不成！我们修城不是为他烂眼，而是为了防海盗，保平民！”说着老石匠就带领众人从崖下往上修城。一天、两天，修了七天整，眼看就要修到山顶，突然，只听得“轰”的一声，墙倒了，老石匠跌下了深坑。众人千呼万唤才把老石匠叫醒，老石匠拉着石竹、石林兄弟俩的手说：“我死了，你们接着修，城修成了我在九泉下才安宁！”说完就闭了眼睛。

石竹、石林见父亲去世，万分伤心，但他们还是擦了擦泪水，带领众人继续修城。一天、两天，又修了七天整，眼看就要修上山顶，只听得“轰”的一声，墙又倒了，石竹跌下了深坑，石林也被石头砸伤。石竹拉着弟弟的手说：“我死了，你要继续修城，修好了，我在九泉下才安宁！”说完，也闭目长逝了。

送走了父亲，又死了哥哥，石林伤心得要死过去了。但他想起了父兄的话，就振作了起来，决心争一口气，就擦干眼泪，率领众人继续修城,。一天、两天，又修了七天整，眼看又要修上山顶，突然又是“轰”的一声，墙又倒了。他跌了下去，石林闭上了眼睛等死，心想父兄的遗愿自己恐怕完成不了了，不由得伤心起来。可是说时迟那时快，正在这时，一只白鹤飞来，展开翅膀，托住了石林。它把石林托到地面，又展翅飞向山顶，石林看得清清楚楚，白鹤贴着山崖由下而上恰好飞了个“S”形。

石林看着白鹤飞翔的路线，心中暗暗思量：白鹤啊白鹤，你这是什么意思？莫不是叫我把城绕着弯修上山顶？

石林把自己的想法和大家一说，众人都拍手称赞，觉得这是一个好办法，反正原来的法子也行不通了，只有试试看了。就这样修了一天又一天，又修了七天，终于把城修上了山顶。

城修成了，城修成了！百姓们奔走相告，欢呼雀跃，山中的凤凰飞来道喜，江中的鲤鱼跃出水面来观城。满城的人喜笑颜开好欢心，舞龙灯、跳狮子，爆竹声声，简直比过年还热闹。

石林高高兴兴回到家中，心想终于完成了这个伟大的杰作，不由得忆起死去的父亲和哥哥，想到他们若是在世，一定更加开心，想到这里落了几滴眼泪。他叹了口气，正要动手烧饭，揭开锅子一看，满满的一锅饭热气腾腾，又想舀水

烧茶，一提茶壶，满满一壶水滚得正起劲。这是谁做的好事？石林左思右想好费神。

石林正在纳闷，忽然看见门口进来一个天仙般的少女，顾盼生辉，眉目传情，身姿窈窕，仿佛飞燕一般，少女手提一个竹篮，脚步轻盈。少女见到石林，说了句："阿哥，你回来了？"银铃似的声音传来，动人心魄。少女见石林呆立在那里，又问："阿哥，你饿了，吃饭吧！"石林怎么也想不起这个女孩子是谁，想开口，话到嘴边难启唇，石林想向前，双脚不由人。

还是那少女主动说："阿哥，你不认识我吗？"

"不认得！"

"七天前我救过你的命！"

石林恍然大悟："啊！你就是白鹤仙姑？谢谢仙姑的救命之恩！"

"阿哥，不要谢了，你我生来有缘分，今天我就是来和你结亲的！"

"啊！我一个穷石匠，怎能和你成亲？"

"阿哥，我不嫌你穷，我爱你英勇、勤劳、聪明、能为百姓出力尽心！"

"这……"石林还是难以答应。

"阿哥呵，有缘仙凡能相配，无缘对面不成亲，你就答应我吧！"

石林见白鹤仙姑如此多情，就答应了。

第二天，烂眼的差役跑进了门："石林听着，知县叫你明天去领赏，和他一起观城。"说完差役偷偷瞄了一眼白鹤仙姑就走了。过了一会儿，差役又跑进了门，大声说道："石林，明天让你妻子也一同去！"

石林吃了一惊，看了看自己的妻子，不知如何回答。白鹤仙姑知道他的意思，大方地对差役说："好吧，明天我和郎君一起去！"

石林有点儿不高兴了，等差役走了之后，他问妻子："仙姑，你怎么能答应去呢？那个烂眼，不是什么好东西。"

"石郎，你放心吧，我自有办法。"

第二天是个好天气，天公作美，没有风也没有雨，金色的太阳在空中发出万丈光芒，五彩的祥云在天空中飘荡。石林和仙姑来到衙门陪烂眼知县去观城。

这烂眼是个招花拈柳之徒，凡是美貌的女子见一个爱一个。昨天听差役说石林有个天仙般的妻子，他就整夜如老鼠钻心没个安宁。今朝一见，那魂儿真个被勾去了三分。烂眼想，城修好了，我一呈报定会高升，如果再能得到这个仙女，那真是三生有幸。烂眼越想越美，越想越开心，当下拿定了主意。看了一段又一段，过了平地上山顶。烂眼故意把石林拉到身边，显得十分亲近："石林啊，你真是天下少有的能工巧匠，你说说，这一处岩壁修城，费了多少心！"石林正要回话，冷不防被知县一撞就跌下了百丈深坑。

这一切早就被白鹤仙姑算到了，她知道烂眼没安好心，别有所图。见石郎跌下了城头，她不慌不忙，随手抛下去一片羽毛，托住了石林，慢慢地落到坑底。

烂眼眼看着石林摔了下去，以为石林已经丢了性命，回过头来嬉皮笑脸地对仙姑说："姑娘啊，你的石郎一不小心，摔了下去，肯定连命都没有了。你一个人这么年轻就守寡，太可怜了，还是跟着我吧，我保你荣华富贵。"说着动手就要拉仙姑回衙门。

仙姑"啪"的一声打了烂眼一个大耳光。烂眼一屁股摔倒在地，乌纱帽滚下了山岭，他气得满脸通红，好没面子。

"好！你这不识抬举的野女，还要逞能，来人啊！快把她扔下深坑！"于是那些狗腿就要动手。

"我自个儿跳，不要你们扔！"说着仙姑纵身跳下了山崖，恰好落在石林的身旁。

"石郎，你伤着了吗？"

"没有。仙姑呵，你伤着了吗？"

"我是神仙啊，谁能伤得了我？这烂眼欺人太甚，我一定要好好教训他。"说着，仙姑踏上了一块大石。石林以为她还要去拼命，忙说："算了算了，我们过我们的日子，不再理他就好了。他是县官，有权有势，我们拼不过他的！"

“那可不好说，你等着看吧!”仙姑伸开两手，随之变成了两只大翅膀，然后向烂眼直冲过去。只一扇，烂眼同那些狗腿子就从城上滚了下来，在坑底摔死了。白鹤仙姑拉着石林，相依相伴，飘然而去。从此以后，青田县城就被称为“鹤城”。

大力神和摔跤节

相传很久很久以前，生活在地上的人们过着穿树叶、吃野果的苦日子。他们不知道怎样才能改变这一切。

天上有位好心眼儿的阿番神，他心地善良，非常同情地上的人们，看到人们的生活太凄惨，于是背着天王，偷偷地打开天门，把天上五谷的种子，悄悄地撒到了人们生活的大地上。人们得到了五谷的种子，但却不会耕耘、栽种。于是他们便去请教勤劳的蜜蜂。蜜蜂耐心、认真地把如何耕耘，怎样栽种，又如何打粮食，怎样织麻做衣服，全都教给了人们。

由于五谷的种子来自天上，又得到了阿番神的帮助，所以人们种出的庄稼茎秆粗壮，颗粒饱满。每到扬花的季节，远远望去，庄稼就像成群的绵羊，白花花地铺满了山坡，盖满了平坝。花谢后结出的一串串谷穗，都是沉甸甸的。到了收获的时候，打谷场上一片繁忙，一堆堆的粮食被运进了仓里。

从此，地上的人们过上了丰衣足食的幸福生活。

后来，这事被天王知道了，他看到人间的生活就要超过天上了，非常生气，一怒之下，招来大力神，命他到人间，把人们丰收在望的庄稼全部毁掉，让人们重去过那种穿树叶、吃野果子的日子。

这个大力神非常忠于天王，他乘着月黑风高的时候，降落到人间。他来到庄稼地里施展威风，手拔脚踏把庄稼毁了个一塌糊涂。

当大力神正在那里发威时，人们得到了消息，从四面八方赶来，纷纷质问大力神为什么要破坏人间的幸福生活。大力神依仗着自己一身的力气，蛮横地说："我是天上的大力神，浑身都是力气，在天上用不完，现在奉了天王之命，到地上来出出气。你们地上这些可怜的人们，谁敢来和我比摔跤?"

大力神正威吓着人们，忽听一声大喊："慢着，别逞凶!"这一声喊把大力神吓了一跳。

人们抬头看去，只见一个裸露着上半身，腰间紧紧地扎着一根腰带的人从人群中走了出来。他浑身上下黑油油的，一块一块的肌肉凸着，简直如半截黑铁塔。人们一看，原来是英雄朵阿惹嵾。

“要摔跤，我们找块宽敞的地方去比一比，别在这里踏坏了人们辛辛苦苦种出来的庄稼。”说完，朵阿惹恣头也不回地朝深深的老圭山走去。接着，大力神和众人也都跟着他来到老圭山头上。

大力神和朵阿惹恣在老圭山头上展开了较量，他们整整扭摔了三天三夜。突然，朵阿惹恣一下失了手，膝盖着了地。大力神瞅准机会拼命压下来，想把朵阿惹恣压翻在地。朵阿惹恣单腿跪在地上，直压得地上出了一个深坑。

眼看大力神就要胜利了，只见朵阿惹恣一收腰，吸口气，双手卡住大力神的腰，猛一用力，站了起来，乘势将大力神举过头顶，并远远甩了出去，直甩到十几里外的独石山边，摔在地上，把平平的地摔挤出一条长长的深沟来。

这一下，大力神可丢尽了脸，再也不敢耍威风了。他悄悄地、灰溜溜地回天上去了。从此，每年这一天，人们都要举行摔跤仪式，来庆祝自己的胜利。

勇除三头妖

很早以前，人们不会生火，只有守着火种不让它熄灭。他们捡来很大很大的牛粪烧着了埋在灰中，等到下次用火时，就把牛粪拿出来做火种。因为，要是把火熄灭了，就得到一个三头妖精那里去求火，而那个妖精却是专门靠吃人肉、喝人血来过活的。

有一对新婚夫妇，男人要到很远的地方去打猎，要过好多天才能回来。他离开家前，给心爱的妻子详详细细地交代了怎样看家，怎样做饭，怎么提防妖怪等等，可是，就唯独忘记了交代如何看好火种。

妻子在第二天起来做早饭的时候，发现灶膛里的火早已熄灭了，连一丁点儿火星儿也找不到了。她非常着急，凑合着吃了点儿肉干。到了傍晚的时候，她突然看到南山坡上冒出了一股青烟，这使她万分高兴，心想那里一定有火种，就急急忙忙地朝着冒烟的地方跑去了。

她一直跑到深夜，终于到了南山坡上。只见这里有一顶帐房，里面透出明亮的灯光。她兴冲冲地跑了进去，一看，帐房里面坐着一位白发苍苍的老奶奶，她正在烤肉吃呢！旁边还卧着一只小花狗。

白发老奶奶看到跑进来了一位漂亮的年轻女子，非常高兴，便亲昵地问她说："孩子啊，天都这么晚了，你怎么独自一个人跑到这儿来了呢?"

新媳妇一看白发老奶奶这样和蔼可亲，不知不觉便流下了眼泪，她对老奶奶说："老奶奶，我家男人出去打猎了，我不小心把家里的火给熄灭了，这样我就无法做饭，也无法取暖。请你给我一点儿火吧。"接着她又说出了自己住的地方。

"唉，孩子，路这么远，这火可不好拿呀！唔，这样吧，你把你的袍襟撑开，我给你把火放好。这样你就能把火带回家去了。"

说着，白发老奶奶就在新媳妇的袍襟上面，先放上一层灰，又放上一层羊粪，最后放上了一层火；接着，又在上面放上一层粪，一层火，最上面盖上一层灰，最后叮嘱她说："好了，以后可再不能把火熄灭了。"

新媳妇得到了火非常高兴，谢过老奶奶就往回赶路。可她却万万没有想到，那个老奶奶竟是三头妖精变的。

第二天，天刚刚黑下来，那个三头妖精便现出原形，骑上小花狗来到了新媳妇的家。

新媳妇看到自己家里来了一个三头妖精，吓得浑身直哆嗦。妖精却对她说："别害怕，孩子，昨天晚上我还给你火种呢，现在就不认识我了吗？把你的头伸过来让我看看。"

新媳妇刚把头伸过去，妖精就一锥子扎进她的前额，用木碗接了半碗血，喝完以后又说："听我的话，我就饶你的命，把你的脚伸过来让我看看。"新媳妇胆怯地把脚伸过去，妖精又一锥子扎进了她的脚心，又用木碗接了半碗血，喂了小花狗。

但是，还没有完，妖精接着又对新媳妇说："很好，你真听话。你再把那只脚伸过来让我看看吧！"

新媳妇又怕又疼，再也不敢伸出那只脚了。妖精就恶狠狠地对新媳妇说："你不听我的话我就要了你的命。"新媳妇吓坏了，马上把那只脚也伸了过去，妖精又是一锥子，接了半碗血，泼在地上，然后一句话也没说，骑上小花狗走了。以后一连几天都是这样，新媳妇一天比一天瘦了。

过了些日子，猎人终于打猎回来了，一看妻子几天之间就变得骨瘦如柴，不像人样，非常奇怪，便问妻子发生了什么事情。新媳妇就把自己怎样熄灭了火，怎样去找火，又怎样被妖精吸血的事，详详细细地说了一遍。丈夫听了，真是又后悔，又愤恨，下决心要除掉这个喝人血的妖精。

一天，男人装作出去打猎了，但没走多远便偷偷地躲藏了起来。妖精看到新媳妇的男人走了，便迫不及待地骑着小花狗来了。一进门，妖精就龇牙咧嘴地对新媳妇说："听说你男人回来了，现在马上让我喝血，喝完我好走。"她的话音还没落，新媳妇的男人已悄悄地回来了，一箭就射掉了妖精中间的那个头。妖精惨叫一声，带着其余的两个头逃走了。

没过多久，妖精又骑着小花狗，带着自己的弓和箭回来了。这时新媳妇的丈夫早就做好了准备，他还没等妖精拉开弓，就突然射出了一箭，这一箭又射中了妖精的一个头。可是，就在这时候，妖精的箭也射出来了，射中了他的肩头。

他忍着疼痛，又射出一箭，妖精的第三个头又被射掉了，就倒在地上死去了。而他自己也受了重伤，不久也死去了。

男人牺牲了自己的性命，保住了火种，人们永远怀念着他。

勇士智除妖魔

相传很久以前，有一个英俊、勤劳、善良的哈尼族青年齐诺。有一天，齐诺种完田往家走，突然，前边的路上刮起了一股旋风。旋风过后，他看到一个蓬头垢面的人躺在他的面前，那人还不断地发出痛苦的呻吟。

心地善良的齐诺就把他带回了家里，做了饭让他吃，烧了水让他喝。天晚了，又给他找了个舒服的地方让他睡。

夜里，寒风吹进茅屋，齐诺怕冻坏了那个人，便起床想

去给他再盖条被子。可是，来到床前，却没有找到那个人。他听到隔壁有动静，悄悄地走过去一看，可把齐诺吓坏了。原来，他看到一个妖魔正坐在那里，蓝色的眼睛里闪着寒光，锋利的魔牙伸出嘴外，而自己的父母就倒在妖魔的面前死去了。

此时，齐诺真是又怕又恨。他恨自己怎么没有长眼睛，竟然把妖魔领回了家，害死了父母。他气得捏拳跺脚，但自己赤手空拳，怎么能杀死妖魔呢?

这时，妖魔听到外面有响声，猜到一定是齐诺来了，就走了出来。齐诺急忙藏到了一个大木盆底下。妖魔四处找了找，没有发现齐诺，便恶狠狠地骂道："好小子，今天让你跑掉了，等明天再抓到你做我的美餐吧!"

齐诺发誓一定要为父母报仇。于是，他顶着大木盆悄悄地离开家，到了红河。他坐在木盆里，在河中漂了三天三夜。最后，大木盆终于靠了岸。他看到有一位老妇人在河岸上伤心地哭着。齐诺来到老妇人的面前，亲切地对她说："老人家，请不要再哭了，河水都被你感动了，形成了一个大大的旋涡。"

老妇人听说有旋涡，便停住了哭声，问道："在哪儿?旋涡在哪儿?"齐诺指给老妇人看。老妇人看到河里果然有一个大大的旋涡，高兴极了，她紧紧地拉住齐诺的手说："勇敢的年轻人，你可来了。"

然后，老妇人告诉齐诺，昨天中午，老妇人和她的女儿正在地里搭金豆架，突然，从远处刮来了一股旋风，旋风吹到她们面前就消失了，出现了一个小伙子，请求老妇人把女儿嫁给他。老人看到这小伙子年轻漂亮，但不知他的心眼儿如何，便对他说："你要留在我身边，让我看看你的为人和本事。合我的心，我自然会答应你。"可是小伙子一听，马上翻了脸，说道："老婆子，你答不答应，我都要把你女儿带走。"说话间，那个小伙子和她的女儿都无影无踪了。

后来，老妇人听到一个人对她说："明天，你在河边等着，会有一个青年来救出你的女儿，他就是你将来的女婿。等到河里有了旋涡，你就叫他到旋涡的底下去取一把剑，就能杀死这旋风妖魔，救回你的女儿。"

齐诺听完以后，心里就明白了，原来还是那个旋风妖魔在作恶。于是他重新跳进大木盆，飞快地向河心划去。

木盆随着旋涡飞快地旋转，使他觉得天转地旋。他一会儿被抛出水面，一会儿又被淹入水里，这样沉沉浮浮不知经过了多少次，他终于来到了旋涡的底下，取出了一柄寒光闪闪的宝剑。带上宝剑，齐诺要找妖魔去报仇了。临走时，老人对他说："孩子，你若见到一个左手心有一颗黑痣的姑娘，她就是我的女儿。"说完，又从手上取下一只龙头镯，交给齐诺说："见到我女儿时交给她。"齐诺一路往大山上走来，到了山顶，找到了老妇人的女儿。姑娘一见镯子，就知道是救自己的人来了，便和齐诺商定了杀死妖魔的办法。

过了一天，妖魔回来了，知道齐诺已经来了，但看到齐诺身上有宝剑，就让老妇人的女儿去杀死齐诺。于是，姑娘顺水推舟，假意答应了，说道："今天我做了些酒菜为你洗尘，特别是有一盘喷香的炸蜈蚣，你一定满意。"妖魔大口大口地吃着炸蜈蚣，一会儿便肚子疼得在地上直打滚，原来那只蜈蚣在妖魔的肚子里活了，到处乱钻乱咬。齐诺看到机会来了，上去一剑便刺死了妖魔。

父母的仇报了，老人的女儿救出来了，他们回到家，高高兴兴地举行了婚礼，从此幸福地生活在一起。

玉龙山的传说

古时候，在现在的丽江，出现了一个残暴的旱魔，它放出八个火太阳，这八个太阳喷出火焰般的光和热，烤晒得石头直冒烟。不久，树木、庄稼被晒干了，田地被晒裂了，山泉枯竭了，人们面临着渴死的大灾大难。

寨子里有位叫映姑的美丽姑娘，既聪明又能干，她不忍看着父老乡亲们被晒死，便立誓请龙王来解救人们。于是她用鸟的羽毛，编织出了一件五光十色的"顶阳衫"披在肩上，直向遥远的东方奔去。历经无数艰难，映姑终于来到了茫茫无涯的东海边上。只见白浪滔天，入海无门。她就在岸边徘徊着，唱起了动人的歌：“世上出旱魔啊，太阳像团火；百花烤焦了啊，万众命难活！东海碧玉水啊，可以救干渴；难得见龙王啊，焦愁积心窝。”

刚巧，龙王的三王子出来游玩，听到映姑的歌声，就变成了一个年轻英俊的小伙子，来到她的身边。

两人一见钟情，三王子便带着映姑来到龙宫。龙王龙母都非常高兴，忙备办盛宴，准备为他们举行隆重的婚礼。映姑想到家里的旱情，心急如焚，便恳求龙王先解救旱灾，然后再举行婚礼。龙王和旱魔本是冤家对头，听了映姑的请求，马上叫三王子携带万顷雨水，陪映姑回家乡救灾。

三王子带着映姑腾云驾雾，不一会儿就回到映姑的家乡了。三王子一看，土地晒得冒了烟，马上作法变化，霎时满天乌云翻滚，雷声隆隆，瓢泼般的大雨从天上降了下来。

听到屋外雷声隆隆，雨声哗哗，人们都从屋子里跑了出来，大家在大雨中唱啊、跳啊，老年人跪在地上磕头，感谢救苦救难、降雨除旱的龙王。人们也没有忘记映姑姑娘，都围拢着她问长问短。映姑姑娘指着正在天空飞舞行雨的三王子，对人们说：“是龙王派三王子帮助我们来了。”于是，人们又都跪在大雨里，向天上的三王子磕头致谢。

阴险可恶的旱魔看到这一情景，连肚皮都要气炸了，它气得满脸通红，伸出带火的长手，猛地向三王子抓去。二人

打了几个回合，旱魔见三王子来势凶猛，自己招架不住，就慌忙地向后逃跑。

旱魔退到一道坎子边，它早在这里设下了陷阱。它转身激怒三王子说："你要是敢过来，我就把你烧成一堆灰!"三王子一听，厉声呵斥说："我非把你淹成个水鬼不可!"说着便冲了过去。忽然，轰隆一声，三王子落到旱魔的陷阱里去了。旱魔封了陷阱，叫来一头大象和一只狮子守住洞口。

映姑看到心上人被旱魔骗进了陷阱，披起顶阳衫，奋不顾身来和旱魔搏斗。一连苦战了九天，汗水流干了，力气使尽了，最后倒在地上死去了。

这时，善神经过这里，看到这个情况，便用雪精造了一条矫健非凡的雪精龙去制伏旱魔。这条浑身雪白的长龙，把旱魔放出的八个火太阳一个个衔在嘴里，变冷后吐在地上，只把变冷了的第八个火太阳留在了空中，从而变成了现在的月亮。然后一个腾身便把旱魔牢牢地压在了身子底下，使它千年万代不得翻身。后来，这条雪精龙就变成了一座银冠玉披的高峰，就是现在的玉龙山。

三王子听到自己心爱的映姑姑娘因战旱魔力竭而死的消息，万分悲痛，他鼓足气力，冲出了陷阱。三王子怀着深厚的爱情，化成一股清泉，围绕映姑姑娘躺着的地方流淌，这股清泉水后来变成现在的丽江坝子纵横交错的沟渠。三王子冲出的洞，就是现在的五泉。

善神把雪精龙吐下的七个冷太阳捏成七个光芒闪烁的星星，镶在映姑姑娘的顶阳衫上，以表彰她的勤劳、智慧和勇敢。为了铭记映姑姑娘的功绩，纳西族的姑娘们便仿照映姑姑娘的镶有七星的顶阳衫，做成精美的披肩，世代相传。

月亮为什么有阴晴圆缺

很久很久以前，在大岭山的草原上，有一个叫桑巴图的人，他立志要为蒙古族同胞造一种结实的房屋，来防止风吹雨打以及魔鬼的侵害。

桑巴图为了办成这件为人们造福的事，骑着马走遍了高山林海，带着斧头在树林中砍伐最好的木材，又历尽千辛万苦把木材运回到草原。他要用这些木材建造一座最宽绰最坚固的房屋。

可是屋还没有建好，魔鬼就来了，它看到这房屋是为了防范魔鬼的侵害才盖的，十分生气，二话没说，就把桑巴图还没有建完的房屋砸得七零八落。砸完以后，它怕桑巴图回来后不会轻饶它，便一溜儿烟地逃到很远很远的地方去了。

当桑巴图在森林里又选好木材回来的时候，房屋已经被魔鬼毁坏了。而此时又赶上一场特大的暴风雪，天寒地冻，

他只好用选回来的木材先搭了一个简易的房子给人们住，以躲过这无情的暴风雪。安顿好人们都住下来以后，桑巴图问大家："我建的房屋是谁给砸坏的?"

人们告诉桑巴图："就是那个怕你建好房屋，再也没有办法侵害人的魔鬼。它砸坏房屋后，马上逃跑了。"

桑巴图一听，肺都要气炸了，他决心找遍天涯海角，也要找到魔鬼，狠狠地教训它一顿。

桑巴图骑着他的宝马走过了许多高山峻岭，越过无数河流池沼，但是仍然没有找到魔鬼的踪影。这时，恰好风婆婆在他身边经过，他便问风婆婆："尊敬的风婆婆，您可见到魔鬼了?"

风婆婆停住脚，低下头想了想说："我去过森林和原野，又刚从山谷的那边过来，可没有见过魔鬼，你去问问彩云吧，或许她知道。"

"好吧，谢谢您了。"桑巴图又向前走去。他见到了彩云，于是问道："彩云大姐，你看到那个可恶的魔鬼了吗?"

彩云大姐正低头忙着，听见有人问话，便抬起头回答说："我哪能顾得上这个，我一直在地上收集露水，飘得很低很低，所以没有注意。太阳在高空，你不妨去问问太阳公公吧!"

"对，对！我去问问太阳公公。"桑巴图便去问太阳公公，"太阳公公，您老人家一直在高高的天空，有没有看到害人的魔鬼逃到哪里去了?”

太阳公公笑呵呵地对桑巴图说:“魔鬼刚才过去,我正忙于照耀大地,好让万物生长,没注意魔鬼跑到哪里去了,你去问问月亮姑娘吧!她晚上在天空遨游,看得见四面八方,一定会知道魔鬼的行踪的。”

“对,我去问问月亮姑娘。”桑巴图马不停蹄又奔向了月亮。见到月亮,桑巴图问她:“月亮姑娘,你看没看到魔鬼到哪里去了?”纯真、诚实的月亮姑娘告诉桑巴图:“我看见魔鬼了,它慌慌忙忙地逃到大山的石洞里去了。你往东边去就能找到它。”

“谢谢你,月亮姑娘!”桑巴图马上按照月亮姑娘指点的方向追去。很快就找到了魔鬼,三打两打,魔鬼被桑巴图打得只有招架之功,没有还手之力了。

最后,魔鬼只好仓皇逃走,桑巴图便骑着宝马追了上去。魔鬼逃到山谷遇到了风婆婆,它就问风婆婆:“老风婆子,你知道是谁把我躲藏的地方告诉桑巴图的?你不说我就一口吞了你!”

风婆婆一看魔鬼的那副凶恶样,就告诉了它是月亮姑娘说的。这下魔鬼可恨死了月亮姑娘,便找到月亮姑娘,恶狠狠地怒吼了起来:“好一个小黄毛丫头,你竟敢将我躲藏的地方告诉了桑巴图,我非吞了你不可!”

月亮姑娘并没有害怕,但却非常生气,她原本是一张金黄色的脸，一下子被魔鬼气得变成了像银子一样苍白。

她大声斥责魔鬼说："你这个可恶的家伙能把我怎么样?"魔鬼气得嗷嗷怪叫，上去把月亮姑娘抓到手里放在嘴中就要吞，这时桑巴图正从远处追赶而来。魔鬼害怕，没等全吞进去，就又吐了出来，然后马上逃跑了。但它却并不死心，一有机会遇到月亮姑娘，还是不断地吞食她。这就是月亮阴晴圆缺的由来。

葬到月亮上的姑娘

从前，在壮乡有个聪明美丽的姑娘，名叫玛娜。她心灵手巧，绣出的花、鸟都像真的一样。有一次她绣麻雀，还有一只眼睛没有绣好，一不小心绣花针扎破了小手指头，一滴血恰好滴在了要绣眼睛的地方。突然，奇怪的现象出现了，那麻雀的眼珠骨碌碌地转了起来。不一会儿，那麻雀竟在绣花巾上扑打着翅膀，飞走了。

看到这些，玛娜姑娘不禁懊恼起来，心想：要是把那只麻雀留住做个伴儿多好，一个人在家织呀绣呀的，太孤单了。

从此以后，玛娜姑娘每天绣花时，总觉得那红眼睛的麻雀在窗外啾啾地叫，但她一走到窗口，叫声就不见了。有一次，她正在绣一朵大红花，那麻雀又在窗口啾啾鸣叫，她便赶忙出去抓。她追到一座大院子的旁边，只见那麻雀扑打一下翅膀，飞到高墙里去了。

玛娜姑娘觉得可惜极了，正想转身往回走，忽然听见高墙里弓弦一响，接着，有个东西掉到了她的跟前，正是她刚才要抓的麻雀。她忙用手捧起来一看，发现它的脖颈受了箭伤。玛娜马上掏出白手帕为它包扎伤口。

这时，那大院的后门开了，有人吆喝道："那是什么人？敢拾我家老爷射下的麻雀！"

玛娜一看，原来是土司老爷家的两个家丁，她赶紧用白手帕把麻雀包了起来。可那两个家丁还是看到了她的手帕，就把手帕抢了过去。

恰巧这时土司老爷也跨出了后门，两个家丁马上跑过去把白手帕献了上去，对土司说："麻雀被这位姑娘拾到了。"

土司老爷打开了白手帕，可是哪里有什么麻雀，只见白手帕上绣着一只麻雀。土司老爷大怒，把手帕向家丁的脸上扔去，大骂道："蠢笨的奴才，竟敢跟老爷开玩笑！我要的是真麻雀，谁要这绣的麻雀。"

那家丁急忙拾起白手帕仔细地看了又看，对土司老爷说："老爷请仔细看，这手帕上的血迹还没干呢，一定是这姑娘把麻雀放跑了。"

玛娜姑娘刚松过一口气来，听家丁这么一说，把手帕拿过来一看，真奇怪，她什么时候绣下了这只麻雀呢？忽然她

记起以前绣了那只麻雀，染上自己的血飞走了的事，便接着说："老爷，这是我的手刚才在这里被笆芒刺伤出的血，我拿手帕来包扎，不想这手帕被这位大爷抢去了。"

土司老爷为了讨好姑娘，便瞪了家丁一眼，又不怀好意地对姑娘一笑。玛娜姑娘一看不好，就低着头跑回家去了。

玛娜跑到家，关上门掏出手帕，那上面绣着的麻雀突然又活了起来，它对玛娜不住地点头。

那土司自从见了玛娜姑娘，心中就起了邪念，要讨她做姨太太，但玛娜誓死不从。这年正赶上大旱，土司便对她说："要么你就做我的姨太太，要么就去做童女去求雨。"这童女可是不好当的，祭神期间不许吃饭，不准喝水。但玛娜情愿受罪，也不做土司的姨太太。

旱天的太阳像一团火笼罩着大地，童男童女跪在祭坛前，童男渴得昏死过去了。但玛娜一心想着求雨，就一直坚持了下去。

夜晚，祭坛点着的香火引来了鸟群，玛娜看到鸟儿们都快饿死了，就让它们去吃供品。众鸟刚吃完，群兽又来了。玛娜又把剩下的供品都给了野兽们。

第二天，人们发现供品没有了，便禀报了土司。土司老爷说："这一定是让陪祭的人偷吃了。"玛娜不承认自己偷吃了供品，土司就说："那就剖开肚皮看看嘛。不过，要是你答应做我的姨太太，剖肚皮的事就可以免了。"

但玛娜宁可被剖开肚皮，也不愿做土司老爷的姨太太。

于是，玛娜的肚皮被刀子剖开了，看看肚子，肚子是干瘪的，看看胃，胃里什么也没有。这时，玛娜睁着眼睛说："我玛娜清清白白，你诬陷好人是不会有好下场的。"

突然，老天爷发起了脾气。霎时飞沙走石，狂风暴雨，等风定雨收之后，玛娜的尸体不见了。原来鸟儿们觉得这肮脏的大地不配埋葬她，便把她葬到月亮上去了。

三、浪漫与情怀

忠诚的猎狗

古时候，有位猎人非常喜爱自己的猎狗。那只猎狗更是处处帮助自己的主人，它曾不止一次地把主人从死亡的危险中救出来。因此，猎人和猎狗的关系，比兄弟还亲密，比朋友还忠诚。

可是，猎人的老婆却是个刁钻古怪的女人，她常常想出一些奇怪的主意来折磨自己的丈夫。有一次，她对丈夫说："你每天都让我啃有骨头的野兽肉，我都快烦死了！从今天起，你要给我找些没有骨头的野兽肉来吃。"

"世界上根本就没有不长骨头的野兽，你叫我到哪里去找呀！"猎人万分为难地说。

“我不管，我就是要吃，哪怕这种东西在天上，你也要上天给我找来!”女人火气非常大，比那燃烧着的火炉还要让人受不了。

猎人只好去找猎狗帮忙。猎狗想了想说：“只有天上的天兽没有骨头。”

“好极了，我就去射杀天兽。”猎人高兴地说。

“不过，那家伙非常厉害，它有九个脑袋，一千只眼睛。”猎狗有些为难地告诉猎人。

“可是，你是知道的，我的老婆比天兽还难对付。”猎人无可奈何地说。

“那好!”猎狗十分体谅自己的主人，“只要你敢射，我就能把它从天上赶下来。”

“敢射，敢射!”猎人蛮有把握地对猎狗说。

于是，猎狗长长地叫了一声，纵身一跳，很快就消失在天空中了。猎人耐心地在地上等着，不久，云层上就传来了他的猎狗“汪汪”的叫声。接着，天空中出现了一头巨大的天兽。

那头巨大的天兽张牙舞爪，朝猎人狠狠地扑了过来。它的九张嘴巴齐声吼叫，震聋了猎人的耳朵；天兽的一千只眼睛同时喷火，弄花了猎人的眼睛。他刚把箭搭在弓上，还没来得及射出去，再一看，天兽已转过身去，回到天空去了。

猎人只好没精打采地回到家里，他把事情的前后告诉老婆，老婆不但没有原谅他，反而更加生气了。她指着猎人的鼻子破口大骂：“你这样的家伙一点儿本事也没有，故事编得再好也骗不了我。明天你要是再弄不到没有骨头的野兽，就给我乖乖地从这幢木楼中滚出去。”

猎人被骂得没有了主意，只好又一次找猎狗来帮忙。猎狗叹了一口气说：“这回你要是射不死天兽，我就要被它吃掉了。”

猎狗看到主人没有阻拦的意思，只好长长地叫了一声，又一次消失在虚无缥缈的天空中。不一会儿，猎狗又一次把天兽从云层上逼了下来。猎狗激昂地叫着，凶狠地咬着，使尽了全身的力气，总算把天兽赶到了猎人的面前。

猎人一看，半点儿不敢怠慢，马上一箭射去，可惜，他一着急没有射中；接着又射出一箭，仍然没有射中。当猎人射出第三箭的时候，天兽发出一声怪叫，震塌了九座大山，猎人被震得站立不稳，一下子栽倒在地，昏了过去。

当猎人苏醒过来的时候，天兽不见了，猎狗也不见了。猎人爬起来，到处都找遍了，也没有找到猎狗的半点儿影子。他只在一处非常非常远的地方，拾到了一只狗爪和几撮狗毛。

猎人难过极了。从此，他每天只是像根木头一样坐在火塘边，手里捧着那几撮狗毛和那只狗爪子，一遍又一遍地呼喊：“我对不起你呀！心爱的猎狗，你快回来吧。快回来吧，心爱的猎狗。”

一个月后，猎人已经奄奄一息了，忽然，他听到“汪汪”的狗叫声，这是自己的猎狗在叫啊，这声音他就是死了也不会听错的。可是他找遍了木楼的每一个角落，仍不见猎狗的影子，他伤心地喊道：“猎狗，我的朋友，你在哪里？我为什么找不到你啊！”

这时候，猎狗讲话了，可是只能听见声音，而看不到半点儿影子：“主人，你是看不见我的，我的肉体已被天兽吃掉了，只有灵魂逃回到了你的身边！”

猎人心中充满了无比的悔恨，放声大哭起来。

“主人，再后悔也没有用了。”猎狗的声音又说，“我虽然没有了身子，但灵魂还可以帮你打猎。你爬山的时候，我抓住滚落的石头；你过河的时候，我不让河水把你冲走；你打猎的时候，我给你指示野兽的踪迹。我会把猴子轰上果树，把野猪引到你的身边。”

从此，猎狗成了猎人的保护神。

金蟾报恩

传说在海州城东有座石棚山，山上有一只石蛤蟆，有七尺多高，一丈多长。它高昂着头，双眼鼓鼓的，一副跃跃欲跳的样子。石蛤蟆的肚子上，刻着四个二尺见方的大字："天蟾独跃"。说起这石蛤蟆，还有这样一个传说。

很早很早以前，云台山上有个金蟾洞，洞里有位金蟾老祖。那个时候，云台山还不叫云台山，叫苍梧山，是神仙居住的地方。金蟾老祖有个徒弟叫金蟾仙子，这金蟾仙子在仙山已经修炼了一千八百年，不但武艺高强，而且炼成了一颗"风火金丹"含在口中，能够吐焰喷火。他正直善良，爱打抱不平，深为同辈们敬重。

这一年的端午节，金蟾老祖被玉皇大帝召去天宫聚会，因为多喝了几杯御酒，回洞后便在蒲团上打了个盹儿。金蟾仙子终日在洞中闷得慌，早就想出去玩玩，看老祖睡着了，心中大喜，蹑手蹑脚地走出洞府，来到石棚山上游玩。

这世界上的事情往往无巧不成书，即使是修炼成仙了，也难逃这个道理。端午节虽是热闹，却是草虫怪仙的"忌日"，一些鸟仙专拣今日出来转转，吃些花草鱼虫什么的。

这天正巧西天佛祖的大鹏金翅鸟巡山到此，看到金蟾仙子在此处游玩，心中大喜，在石棚山佛手岩上一下抓住了金蟾仙子，定要拿上西天问罪。尽管金蟾仙子百般求饶，大鹏金翅鸟就是不放。正在危急之时，山下草丛中匆匆走来一位十五六岁的渔家姑娘。她肩上扛着一条竹节扁担，手上拿把砍柴刀，虽然衣衫破烂，却盖不住她那美丽的容貌：这姑娘杏核眼，柳叶眉，杨柳细腰，风姿绰约，既像出水的芙蓉，又似芬芳的茉莉。

这姑娘名叫翠姑，家住附近，以砍柴为生，路过这里时忽听到前边传来“呱呱”的蛤蟆叫声，那叫声和往常大有不同，撕心裂肺，让人顿起怜惜之情。她顺着声音找过去，只见前面佛手岩上有一只大鹏，利爪下抓着一只大蛤蟆，蛤蟆正“呱呱”的惨叫。姑娘急忙弯腰拾起一块石头向大鹏砸去，只听“嘎”的一声，大鹏丢下蛤蟆，慌忙向天空飞去了。姑娘爬上岩顶，看到蛤蟆遍体鳞伤，奄奄一息，十分不忍，便用野草把蛤蟆包起来，带回家中洗了伤口，放在瓦罐里，又出去捉些虫子给蛤蟆吃。

这一天，翠姑砍柴刚回家，碰上渔主二阎王带领狗腿子来催税要账，翠姑争辩道：“我没用你家的船，没用你家的网，只是偶尔闲时替婶婶大娘干活，从她们那里拿点儿散碎银两，换口饭吃。怎么也要我交税？”

二阎王哪是讲理的人，把眼一瞪说：“你这丫头好大胆子，还敢和我顶嘴？你走我家的地，喝我家的水，砍我家的柴，不交税还想不想活？”

姑娘据理力争说：“这山这地是天下人的，人人走得，怎么就成了你家的？我不打鱼就不该交税！”

婶婶大娘见翠姑可怜，也替翠姑讲情说：“这孩子孤苦伶仃，无依无靠，一间破茅屋前墙对后墙，家中无钱又无粮，请老爷免去她的税吧！”

二阎王直着嗓子喊起来："胡说！有钱给钱，没钱人顶！"说着，把嘴一歪，那些如狼似虎的狗腿子冲上来拉了翠姑就走。

原来二阎王早就起了坏心，翠姑被抢到家里，硬要逼她做偏房。丫鬟们拿来了绸缎九丈九，捧来了珍珠三串三，端来了山珍海味盘连盘。翠姑的心比水晶纯，比珍珠亮，她摔了珍珠，撕了绸缎，打碎了杯盘。二阎王一气，打了她三天又三夜，翠姑死也不从，被关进了黑水牢。

在黑水牢里，她骂一阵二阎王，哭一回爹和妈，直哭得死去活来。忽然，水牢里有人喊道："翠姑姐姐睁睁眼，我来救你出深潭。"翠姑止住哭声四处寻找，发现一只大蛤蟆蹲在牢门旁边，它鼓鼓的金眼睛扑闪闪，大大的嘴巴吐人言。翠姑又惊又喜，忙问道："请问您是哪里的神仙赶来救我？"蛤蟆说："翠姑姐姐啊，你睁眼看看我是谁？我就是端午节那天你救起的蛤蟆啊！我是苍梧山中的金蟾仙子，那天是因为贪玩险些遇难，要不是你帮助，我早就死掉了。如今已经过了七七四十九天，我伤好灾满，才知姐姐遭此大劫，我特来救你。"说完要背翠姑出牢。翠姑忙说："二阎王家有上百的家丁，把牢门守得严严的，再说县令是他的二姐夫，我就算逃了出去，一样会被抓回来啊！还是你一个人走吧，别连累了你。"金蟾一听，哈哈大笑说："姐姐你还不知，在仙山我学会了好多本领，还练就了一颗风火金丹，望姐姐不要担忧，把心放宽。”说完，吹口气，牢门自开。翠姑坐在金蟾的背上，只觉得两肋生风，浑身轻飘飘的，金蟾已经腾空而起。到了半空中，金蟾掉转身来，对着二阎王的深宅大院“噗”的一声，从嘴里吐出那粒风火金丹。一眨眼的工夫，狂风大作，烈火燃起，火借风势，风助火威，熊熊大火在二阎王的院子里着了起来。转眼间，一座渔主的庄院，连同二阎王和他的狗腿子一起，化为了灰烬。

翠姑终于逃出了魔掌，得救了，可是金蟾仙子为了报恩，却吐出了千年金丹，多年的修炼的成果付之东流，化成了一块巨石，伏在石棚山上。

五羊城

广州又名“五羊城”，简称“羊城”或“穗”。传说古代曾有五位仙人，穿着五彩绸衣，骑着五色仙羊，手执六叉的谷穗，在城内降落，并把谷穗赠送给广州人民，因此留下了这些美名。

很久很久以前，一群南越人居住在南海边上，他们齐心协力，建筑起了一座小城，叫作南武城，这就是广州的前身。城里有个小山丘，叫作坡山（今广州市惠福西路一带）。坡山脚下住着父子两个人，他们勤劳诚实，相依为命，在坡山脚下开荒种地，日子过得紧紧巴巴的，不过却很快乐。不料这一年，闹了旱灾，父子俩种的地本来就贫瘠，这一遭灾，颗粒无收，已经是没米下锅了。这可愁坏了父子两个人，这日子该怎么过呀？突然几个差役破门而入，逼他们交租。老头儿苦苦哀求道："老爷，您也是知道的，今年的旱灾闹得邪乎，我们连米都没得落镬，哪里有谷来交租？"差役哪管那么多，他们只知道收租，要是没有收到，就把人带走，于是他们把老头儿抓到官府，并限令他的儿子：三天后一定要把租谷交齐，否则就杀死他父亲。

这儿子还不满十六岁，自己哪有什么主意？看父亲被抓走了，就要被处死，心中又急又怕又不知如何是好，不由得扯开嗓子哭了起来。哭呀，哭呀，他的哭声飘上九层云霄，传到了南天门，感动了南海的五位仙人。于是这五位仙人穿着红、橙、黄、绿、紫五色彩衣，骑着五只和自己衣着相同颜色的山羊，每人手执一串谷穗，腾云驾雾来到人间，突然出现在那少年的面前。其中一位和那少年差不多年纪的仙人手持粳稻，笑盈盈地对那少年说："好朋友，别哭了，你的难处我们都知道了。"其他几位年纪较大的仙人，有的拿着谷穗，有的拿着麦、黍、稷等，这些都是天庭上的良种。其中一位长者把谷种交给那少年，并对他说："你把这谷穗拿去，播在土里，浇水施肥，就会生长出许多许多粮食，你父子俩就得救了。"然后合掌礼拜，说道："但愿这能够救你

父亲的命，但愿这里日后风调雨顺，再也没有灾难发生了。”说完一阵风吹来，五位仙人都不见了。

仙人走后，少年才知道自己遇到了天上的神仙，如梦初醒，马上揩干眼泪，遵照仙人的嘱咐，把稻种播在土里，浇了水，上了肥。一夜工夫，稻种就长得青枝绿叶，结满了黄澄澄的谷穗。第二天一早，少年把收来的谷子装好，担到衙门去赎父亲。那官老爷一听说老头儿的儿子要来赎父亲，心里就猜疑起来：“昨晚还没有米呢，今朝就有谷还我？”出来一看，果然见一担金灿灿的谷子摆在面前。他抓起一把，放在台面上，用块小木板一碾，只见一粒粒两头尖细，润光油滑的丝苗上米出来了。他心中惊奇得很，知道这里面一定有事，于是眉头一皱，计上心来，即刻板起面孔，喝道：“你这个臭小子，昨天家里不是还没有米吗？今天怎么弄到这么多谷子！你要么是欺骗本官，要么就是从别人家抢来的、偷来的！你这个小贼！”那少年被官老爷吓得不会说话了，吞吞吐吐地不知怎样回答。那狗官便大声吼起来：“来人啊！快把这个小贼给我拉出去！打他八十大板。”那少年一听要打，吓得便一五一十地把仙人赠谷种的事说了出来。那狗官听得津津有味，直咂舌头，一双鼠眼叽里咕噜地乱转，坏主意上了心头，叫人把老汉和少年都放了。

父子俩走后，那狗官马上召集人马，说是要去捉拿妖道，带领着队伍浩浩荡荡地出发了。一出衙门，那父子俩撒

腿就跑，一口气跑回坡山脚下，报告了五位仙人。等狗官和衙役来到山脚时，只见五位仙人并排坐在草地上乘风纳凉，好像没有听到什么事情一样。那班衙役跑得上气不接下气，见到五位仙人，一拥而上，好似饿虎擒羊。为首的那个拿出绳索，刚要捆绑，只见一阵青烟，仙人就不知哪儿去了。远处的草地上，只剩下五只色彩斑斓的羊在悠闲地散着步、吃着草、咩咩地叫着。那班衙役又惊又气，一起拥了上去，团团转地把五只羊围住，想把这些羊带回到官府去。一个衙役挥起大刀，大喊着冲上前去，对准一只羊砍了一刀。只听见“当啷”一声，火光四起，刀断落地，衙役“唷唷”叫着直甩手臂。原来这哪里是羊，分明是五块大石头。

后人都传说那五块大石头，就是五只羊变的，至今一直在坡山脚下。时间流逝，岁月变迁，渐渐地，只剩下一块了，传说上面还有仙人拇指的痕迹呢！后来人们在那个地方建了一座寺庙，来纪念五位仙人，这就是“五仙观”。

石室岩与北极仙翁

端州的七星岩，七座岩峰都有自己的名字，其中一座叫石室岩。石室岩的峰顶叫崧台，传说玉帝曾经在这里设筵，宴请各路神仙。石室岩中有许多石鼓、石钟、石角、石旗，传说就是那次神仙用过留下来的东西。玉帝为什么到这里来宴请百神呢？有一个美丽的传说。

传说女娲补天时，曾经到北极仙翁那里，问他借北斗七星炼石补天。北斗七星就趁这个机会，见识了天庭以外的世界，回到北极仙翁身边后，竟不习惯过冷冷清清的日子了，总是惦记着凡间的美丽景色。终于有一天，它们趁仙翁不注意，偷偷溜到了人间，在端州西江岸变成了七座秀丽的岩峰，站在那里欣赏人间的美景。北极仙翁知道后，急忙驾起祥云，赶到端州上空一看，果然如此，便大发雷霆。他虎着脸吼道："你们这些不知高低的家伙，看我把你们冲个稀巴烂！"便一挥手，拨开了银河大堤，银河水顿时哗哗咆哮着直泻到岩石上，激起了拍天的巨浪。

可是经过女娲的磨炼，这北斗七星的法力已经远远超过了从前，它们身有灵性，法力无边，就站在那里等着任凭银河水来冲，岿然不动，银河水不但没能冲垮它们，反而把七星岩的里面冲刷得洁白如脂。从此端州就盛产这样一种外面紫黑里面白的石头，人们叫它端石。用这种石头做成的砚台，就叫端砚。据说用这种砚台磨出的墨汁，莹润有光，微微透香，就是因为渗透过银河水的缘故。

北极仙翁见没冲垮七星岩，气得直跺脚，没有办法，只好到玉帝那里去告状。北极仙翁绘声绘色地向玉帝讲述了北斗七星下凡的经过，甚至添油加醋，说它们怎样藐视天规，

不服管教。玉帝闻听，勃然大怒，叫北极仙翁陪他去看，打算好好处罚它们。谁知到了端州，看到湖水怀抱着七座岩峰，山清水秀，碧波荡漾，天蓝蓝，水蓝蓝，好一派奇景大观，似诗如画，简直比天上的仙境还要美丽。看得玉帝流连忘返，还想要在这里饮酒作乐，于是说："仙翁，这样好地方，真是天上人间难找！我看就让它们留下吧，也算是我们造福人间，留下奇景。现在不如在此摆下酒筵，请百神同来赴宴，赏此美景。至于你少了七颗星星，就叫娲皇替你炼吧。"

北极仙翁听了，哭笑不得，只好遵命，传令请百神赴会。于是就在石室岩顶摆开了酒席，崧台上堆满了琼浆玉液、千年蟠桃、万年灵芝、山珍海味、龙肝凤胆。各路神仙也陆续来到。一时间，钟磬齐鸣，仙乐缭绕，鼓声咚咚，旌旗猎猎，好不热闹。众神仙对着这美景，开怀狂饮，一个个喝得酩酊大醉，把盛琼浆玉液的酒缸也打翻了，酒液流得岩顶到处都是，还沿着裂缝往下渗。据说石室岩洞中滴下来的水珠，就是当年泼在岩顶渗下来的琼浆玉液哩。

仙掌峰与挑担大脚仙

在武夷山有一张巨大的石面，它高大宽阔，平整险峻，耸立万仞，甚是壮观。壁上还有一道道直溜溜的布纹和一个个红润润的仙掌印。

自从盘古开天辟地以后，天宫里的织女天天都要背着锦囊，一边哼着小曲，一边在天空中采集五彩云锦，回来以后用一缕缕金丝银线，织成一匹匹绫罗绸缎，上缴给王母娘娘，做天庭的彩衣锦袍。

天庭里掌管送布的神仙叫作挑担大脚仙，他每天都挑着布匹送到天宫去。这一天他和往常一样，挑着满担帛锦，踩着松软的云彩，慢悠悠地往天宫走。走着走着，就来到了武夷山的云窝顶上，朝下一望，顿时被那壮丽景色吸引住了，再也挪不动脚步。只见云雾缭绕，云海轻柔地绕着群峰，武夷峰峦就仿佛一座座小岛漂浮在海上。时起时落，乍隐乍现，真是美妙极了！大脚仙急忙放下布担，满心高兴地四下里观看起来：满坡山花如锦，方竹青青，茶树郁郁，溪水哗哗，鸟儿啾啾……真是人间仙境哪！

大脚仙看啊看啊，终于再也忍不住了，撂下了担子，拔起腿就在天游峰上跑呀、跳呀、笑呀，像个小孩子一样。云朵、彩霞、微风在前，他就在后面追，撕扯云朵，抚摸彩霞，在微风里跳舞，真是开心得不得了！忽然一阵“叮叮咚咚”的钟鼓声传来，他才想起自己的任务，才记起那撂下的五彩云锦担。他忙回头一看，顿时傻了眼，原来绫罗绸缎已被晨雾露水打湿了！怎么办？湿了云锦，违犯天规，王母娘娘要怪罪的呀！

大脚仙急得走来走去的，像热锅上的蚂蚁团团转。他东看看，西瞧瞧，见红艳艳的太阳照得满山满坡啦，就急忙挑起担子来到天游峰的悬崖边，把一匹匹绫罗绸缎“哗啦啦”地抖开，晾晒在大石面上。这绫缎好长好长呀，一直垂到六曲溪边，歪歪扭扭、皱皱巴巴的，一点儿也不平整，怎么交给王母娘娘呢？不行呀！他想了想，就脱下金黄色的大草鞋朝天一扔，唰地变成了一朵明亮亮的青云，大脚仙驾着云头飘到了半崖上，用手掌使劲地按呀按呀，把一匹匹绫缎按得平平展展、服服帖帖的，才回到一棵老松树下歇息。他又累又困，经凉风一吹，眼睛眯了，手脚软了，一倒下就枕着扁担“呼噜呼噜”地睡着了。

他睡啊睡啊，不知不觉已经到了中午了，太阳在头顶上火辣辣地照着，大脚仙一觉醒来，日头已过了正午。他起身一看，不觉大吃一惊，原来，一匹匹帛锦在阳光下金亮金亮的，闪着耀眼的光辉，放出五彩的光芒，周围的山水在它的映衬下，更显得妩媚多姿，风光旖旎了。这种美景真是天上难寻，地上难找。大脚仙看得呆了，走过去伸手一摸，哎呀呀，岩壁滚热滚热的，绫罗绸缎也滚烫滚烫的，都快被晒酥了！他慌了，手忙脚乱的，不管三七二十一，抓起绫缎布头，急匆匆地卷了起来。可是，那一条条绫罗布纹已经深深地嵌进了光滑的大石面里，连同大脚仙按布的手掌印也永远地留在半壁上了。

从此，这座大石面就有了个名字叫作仙掌峰了，当然，因为大脚仙在大石面上晒过帛锦，人们又给它起了个“晒布岩”的名字。每当阳光西斜的时候，更见得仙掌峰上掌印清晰，布纹分明，尤其是在风雨日，那数十条晶莹剔透的珠链顺着直溜溜的纹路飞流而下，映着山光水色，更像一匹匹绚丽的帛锦高高地挂在丹崖上哩！

小武当

武当山天柱峰下，有一个群峰环抱的小山头，从高处向下望去，群峰仿佛是花瓣，而那小山头就仿佛是花瓣环绕的小小花蕊，甚是可爱，人们叫它“小武当”。传说，小武当

是天柱峰的脑袋。

在很久以前，大地的南边是一片一望无际的火海，火舌狂吐，火光冲天。太上老君叫来水头，命他去把这熊熊大火扑灭。

水头爬到天河，挑了一担天河的水，站在空中向下浇。刹那间，大火熄灭了，一片大平原显现出来，平原中耸立着一座孤山，顶天立地，威武壮观，那就是天柱峰。水头看中了这难得的仙山，便跑到山顶上住下来，自称“无量”神，当起一方的神仙来。

水头在这里当起了山神，来来往往的百姓都要跪拜他，文官下轿，武官下马。一天，有个瘦老头儿，赶着一匹小毛驴来到天柱峰下，没有拜无量神，而是坐在地上休息起来。无量神大为恼怒，责怪他说：“你这厮太无礼，路过我这块宝地，竟然敢不拜我？那当我是什么？你眼里还有没有我这个神仙?”

小老头儿看着他，呵呵直笑，说：“水头呀水头，你真是有眼无珠，不识神仙，竟不认得我，亏你说得出口，还自称什么无量神，实在太不自量力了。”瘦老头儿接着说：“这是块宝地，不是你这个小小的散仙能够久居的。实话告诉你，真武大帝就要来了，我是来为他打前站的。你赶紧收拾收拾搬走吧!”话音刚落，就将毛驴身上搭的口袋拿下来，“扑通扑通”抖出一些石子来。那大石子落地就长，眨眼就变成了七十个山峰，峰峰朝着天柱峰，那小石子变成无数小山头，像是众星捧月，绵延几百里，使平原变成了山区。这瘦老头儿原来是张果老。

张果老走后，无量神心里不安，想着张果老的话，越想越不是滋味，眼看着自己的地盘就要被别人占了，他难受极了！却不知道怎么办，就坐在山里发愁。

就在这时，真武神披发赤足，一手执旗，一手提一布袋妖魔，由龟、蛇二将跟随着，穿云梭雾，到处寻找适合落脚安身的仙山。他忽见一座山峰高耸入云，便按落云头，想到那山峰上歇息一下，喘口气。哪知他朝那山头上一坐，忽觉得它矮了下去，烟灰四溅，看时，已把那座山峰压成一堆灰了。后来，人们就把这座山峰叫做“灰堆山”。

真武神驾起云头，来到河南省桐柏山上空，见脚下山峦起伏如浪，风光十分秀丽，就选了一座最高的峻峰，想在那山头上住下来。哪知他刚朝那山顶上一站，就听“喀叭叭”乱响，左右摇晃起来，原来那山也被他压歪了。后来，人们就给这山取名叫“歪歪山”。

真武神垂头丧气，心想天下这么多的山，竟然没有一座结实的，能容得下自己，只好又驾起云头到处寻找宝山了，迎面正好碰上了赶毛驴的张果老。

张果老指着小毛驴对他说：“真武神啊！我奉玉帝的旨意，给你寻找宝座，我访遍了天下的奇山峻岭，为你选

了七十二座山岭，一个个陡峭威武。现在我送去了七十座，马上就运后两座，很快就给你送到了，你就先去天柱峰住下吧！”

真武神感激不尽，连忙称谢，随后辞别了张果老，驾起云头，来到天柱峰。他把手中的旗帜朝前一插，变成了如今的“展旗峰”。他又抓起一座高峰，把一布袋妖魔压到峰下，上了一把大金锁，从此妖魔再也不能出世害人了。人们把这座山峰叫“金锁峰”。

真武神怕再把天柱峰压倒，想试试是否结实，就用脚狠狠踩了三下，只听得“轰隆隆”三声惊雷，震得万山回应，脚下迸射金光，天柱峰却纹丝不动，果是仙山宝地。他非常高兴，想住下来。

这时，无量神正在屋里闭目养神，忽听门外脚步声，心里像一百只耗子在挠一样，烦得不得了，便没好气地骂道：“是谁在这里撒野？惹恼了本仙，有你好受的。”

真武神上前施礼问候，无量神看是个披发赤足的叫花子，不耐烦地问道：“你是什么人，找我有啥事吗？”

真武神报了姓名，说：“找你要块地盘住住。”

无量神闻听此言，头摇得像个拨浪鼓，连声说：“不行，不行。”

真武神笑笑说：“这座仙山，是张果老专为我准备的，应该属我啊。”

无量神不服气，故意出难题，说："这仙山是我开的，当然是我的，你看，这七十座山峰都在向我朝拜。你说是你的也行，只要你能使哪座山峰转身向外，不再朝拜我，我就把这座仙山让给你来坐。"

真武神问道："你说话算不算数？"

无量神指着自己的鼻子尖说："当然算数了。"

真武神手指一座高耸入云的山峰，大叫一声："转过身去！"只见那座高山"喀——"的一声，旋风一样转过身去了。

无量神大吃一惊，怒指那山吼道："你朝不朝？"

那山回答说："不朝不朝，就是不朝！"

无量神伸手狠狠抓住那山，想把它扭过来，哪知费了九牛二虎之力，累得黑汗直流，也没把那山扭过来，只抓下一把树毛毛。他怒不可遏地叫道："你不朝，我一天拔你三千毛。"

那山说："你一天拔我三千毛，我还是一个不朝。"从此，人们把这山叫"罩山"。武当山著名的龙头拐杖，就是拔的罩山之毛。真武神坐镇武当山以后，罩山又"喀——"的一声转过身来，躬身向真武神朝拜，因此，罩山又叫作"复朝峰"。

真武神看无量神气得那个样子，便说："算了算了，何必动肝火，心宽增寿嘛。我只要八步大一块地盘，就足够了。”

无量神不在乎那点儿地方，答应他量八步。真武神两膀背剪，沿山量了八步，回头笑笑说：“无量神哟，我就要这八步算了。”

无量神一看，连忙叫道：“天哪！你这八步就是八百里啊！你把我的地盘连锅端了，我连立脚的地方也没有了，这可怎么办哪？”

真武神笑笑说：“你开发这宝峰有功，你还是住你的地方。我嫌这山太尖，没有地方修宫殿，请你站稳呀！”说着拔出宝剑，“唰”的一声削掉山头，那山头飞下万丈深渊，无量神吓得魂飞魄散，跌下山去。

这时，张果老赶着小毛驴，背着两座山“笃笃笃”地走下山来，到黄龙山抖落下来，一座叫“万丈峰”，一座叫“狮子峰”。他见无量神落下来，说道：“无量神呀，这回你可该自量了吧？”

无量神面红耳赤，抓过云雾挡住脸。从此以后，武当山里云雾就多了起来。

张果老看无量神省悟了，忙热乎乎地说道：“这山是真武大帝坐镇的宝山，我看就叫武当山吧。你坐的那个山头，是武当山的脑袋，就叫它小武当好了。”

从此，武当山和小武当就得了名。

净瓶山与净瓶仙女

在很久很久以前，由广东到桂林，必须要走漓江这条路。因为是逆流而上，所以行船需要很长的时间。由桂林到梧州，顺流而下只需三四天就可以到了；由梧州上桂林，则非十几二十天不可，而且船越大，耗时越长。那时，小船得拉纤，大船有揽缆，不然，光是靠篙子，简直是寸步难行，根本不要想撑得过漓江中那三百六十零半滩呢！

有一年，有几只船正要从梧州开往桂林，马上就要起锚的时候，码头上来了一个穿着朴素的姑娘，姑娘对小船家说："大哥哥，我要到桂林去看亲戚，可是家里穷，没有盘缠，你们若是去桂林，能不能顺便搭载我？我没有钱，但是可以在船上做一些零活帮你们呢！"小船家见她楚楚可怜，又是个姑娘家，就有心带着她，可是转念一想，这姑娘年轻貌美，怕路远日久，生出个什么事来，还是多一事不如少一事吧，所以就没敢接茬儿。大船上的年轻水手见姑娘貌美如花，优雅动人，心想这一路上要是有这么个漂亮姑娘陪伴，倒是一件美事，很乐意帮助她，可是船老板出来干涉说："不行，不行！一个女子跟着我们行船多有不便，再说，女孩子家能做什么事？在船上碍手碍脚，还要我白贴她一份伙食，绝对不行!”

姑娘闻听此言，好生失望，正不知道如何是好时，有一艘鳅子船刚好装满一船货，也准备开行了，船上一个掌舵的老妇人见到这种情形，便说：“姑娘，到这里来吧！我给你开!”

姑娘上了船，由船舷走进船尾，和老妇人在一起，帮船上烧茶弄饭。这时别的船已经走得很远了，这只船还像乌龟爬沙那样慢吞吞地挪。看看已是日头落岭了，还没有上完一个滩。姑娘就问：“奶奶，像这样走还要多久才到得桂林呀?”

老妇人一面掌着舵，一面回答说：“嗨，早着呢！我们这号船，至少要一个月才到得，二十八九天便算是快的了。我们走惯了不觉得，有急事搭我们这种船，心肝会急烂呢。”

姑娘说：“若能一个夜晚到得桂林就好啦!”

老妇人笑道：“那敢情是好事！可是想都不要想啊！我们能赶上这样风平浪静的就是万幸了，万一遇到个暴风雨什么的，别说一个月都到不了，单是提心吊胆的心情啊，就没法说。生怕缆索吹断，滩头水将船冲到岩石上，打得粉碎呢!”

这话真是不能乱说的，老妇人话音刚落，就见乌云密布，江面上突然一改刚才的风平浪静，吹起一阵狂风，刹那间飞沙走石，天昏地暗，一瞬间狂风就将缆索吹断了。船头急忙抛锚下去，不想风势猛得很，一下子系锚的链子就挣断了。老妇人紧紧地掌着舵，但是此时已是深夜，伸手不见五指，又逢急雨，分不出深水浅滩，河里岸上。虽然漓江五百里水路有几处急流险滩，暗礁岩石，掌舵的老妇人都了如指掌，这时也无可奈何了。所幸风势虽大，船内还不觉得颠簸，也不知是搁浅了还是行走着，昏黑中只听得呼呼的狂风声，沙沙的雨打船篷声，嘭嘭的浪头拍船声。

这一夜，大家都过得担惊受怕，好不容易挨到了第二天天亮，风也停了，雨也歇了，大家走到船头向外一看，呵，原来船停在一个小山前的浅湾中。这时姑娘对老妇人说："奶奶，谢谢您了，我现在要上去了。"

老妇人以为她要上去赏风景，便说："上去解解闷吗？看一下子就回来，趁早吃了饭好开船赶路。"姑娘没有回答，跳下船，走上山去了。老妇人目送着姑娘远去，才回身来起火煮饭。

这时水手们抛下锚，拿起缆索到岸上想找蔸树来系着，不料周围没有一蔸大一点儿的树。正在没有主意的时候，忽然，看到小山石壁中有一个钵头大的洞，洞中间有一条石柱，于是就将缆索穿进洞里系在石柱上。

不一会儿，天色已经大亮了，饭也煮好了，老妇人等着姑娘回来吃饭，可是左等右等，不见姑娘回来。老妇人有些纳闷，生怕姑娘出了什么事，就走到船头眺望，一出船看到面前这座秀气的青山，便吃了一惊，说："天哪，我们难道是在桂林吗?"船上的水手一听也诧异了，定睛看了一下这座山（就是后来叫作净瓶山的），都说："可不是嘛，好家伙，一阵风就过了三百六十滩，还差象鼻山那半滩就到桂林的大码头了，真是怪事呀！难道我们遇到了仙人不成?"

老妇人这下才感到姑娘的事有点儿怪异，就叫水手往山上去找姑娘，一个山找遍了，都不见踪影。后来老妇人看见系缆索的石洞有些特别，仔细看了一下，说："这个姑娘确是仙家了，是凡人哪能将硬邦邦的石壁抠出个印子来呢!"大家凑近一看，才见这石洞左边小右边大，左边一个指痕，右边四个指痕，中间那条石柱正是大拇指和其他四指紧握时的空隙造成的。大家举头看了看天上的残云，又看了看眼前如洗的青山，都点头说："我们遇着仙了。"

原来这姑娘不是别人，正是净瓶仙女。她本是龙王的侍婢，因为不甘心当奴隶伺候别人，受不了老龙王的颐指气使，就由海里逃到人间，想帮助天下的穷人做点儿事情。她从海里上到广西梧州，听说桂林风景优美，就协助勤劳、善良的掌舵老妇人乘风破浪飞驶桂林，停泊在这江山如画的地方。

话说净瓶仙女一上了山，就到一个岩洞里藏了起来，她在洞里种上甘蔗和莲藕。待甘蔗成熟了，她便将甘蔗榨出甜水来，用净瓶装了；待莲叶舒展了，便将莲叶上的香露收集

起来，也用净瓶装了。到了夜深人静的时候，她就持了净瓶，将甜水和香露洒到穷人的田里去。

有一天早晨，一个老婆婆到山脚下挑水，忽然见到山腰的平台上霞光万道，一个美姑娘正将手里的净瓶放在平台上，然后坐下来梳妆。老婆婆偶一回头，发现平台对面江中的洲子变成了一座镜台，锃亮的镜面上浮现出那姑娘微微含笑的容颜。老婆婆吃惊得不得了，揉了揉眼睛仔细一看，这才恍然大悟，心道：这两年我们这里风调雨顺，五谷丰登，百姓们能够衣食无忧，安居乐业，这一定是净瓶仙女在帮我们呢！这仙女真是菩萨心肠，保得一方平安，这可真是大善事啊！她把这件事告诉了周围的百姓们，后来人们就称仙女住的这座山为净瓶山，她耕种过的那个洞叫仙蔗洞和莲叶洞。据说以前这洞里还有一根根石柱化了的甘蔗和一块块石头化了的莲叶，奇特得很。

出米岩

相传在漓江边上的一座山上，有一个岩洞，洞里有三道石门。三道石门里住着一位神仙。一年四季，无论是冷还是热，也无论是阴还是晴，洞里常有一股凉气冒出，阴风习习，让人全身寒冷。

岩洞下面，住着十八户人家。十八户人家的男女老少，每天只打岩洞前过，谁也不敢进洞去看，也不知道洞里的神仙究竟是个什么样子。

村里有个青年叫米成，从小跟着爷爷练了一身好武艺，他对这个岩洞很是好奇，总是嚷着要进洞去找神仙，都被爷爷拖了回来。因为听说这岩洞有巨蟒出没，很难进去。

这一年，村子里遭了旱灾。地里的庄稼青黄不接，村里人快要饿死了。十八户人家忍饥耐渴，天天望着那个神秘的后山岩洞，巴望着神仙搭救他们，可是哪里见得到神仙的影子！米成横下一条心，决定进山去找神仙，在一个漆黑的夜里，他提着一根铁棍，上山了。

第二天清早，米成爷爷醒来不见了米成，不见了铁棍，便哭着喊着和村里人一起到了岩洞口。

当米成听到爷爷头阵喊声时，他刚把石门打开。米成壮着胆子，举起铁棍猛地一棍，把迎面窜过来的一条巨蟒打死了。他再仔细看时，哪里有什么巨蟒，只见满地散着银子，光闪闪的，把岩洞照得通明透亮。米成看着银子摇了摇头，叹了口气说："神仙啊神仙，这是你赐给我们的银子吗？可是老百姓穷得饭都吃不上了，要银子有什么用啊？"他踩着银子，抬脚走了。

当米成爷爷的第二阵喊声传来时，米成已经找到了第二道石门。米成用铁棍撬开石门，里面又钻出一条金色的巨蟒，恶狠狠地向他扑来。米成不慌不忙迎上去，又狠劲地打了一棍。这时只听得“啪”的一声，金蟒也被打死了。再仔细一看，满地散的都是金子，黄灿灿的，把岩洞映照得四壁生辉。米成望着一地金子，又叹了口气，说：“神仙啊神仙，这是你赏给我们的金子吗？地里已经寸草不生了，老百姓要金子干什么啊？”

当米成爷爷的第三阵喊声传来时，米成已经找到了第三道石门。米成刚想用铁棍撬门，石门突然吱的一声自己打开了。

“哈哈哈！你好大胆子！怎么跑到我这里来了？”一个白胡子老头，站在他的面前。

米成见老头坐在一个大石臼上，生得鹤发童颜，估摸就是个神仙。赶忙上前拱手作揖道：“老神仙，请大发慈悲，救救我们全村人吧。”

“小伙子，我问你，你打死了我守门的金将军和银将军，怎么不拿那些金银呢？”

“老神仙，金子银子穷人不稀罕，只有粮食才是我们的命根子呢！”

“嗯，说得好！”老神仙点了点头道，“不过，好心的孩子，你想全村人不受苦，自己就得吃大苦。愿意吗？”

米成昂起头答道：“只要能救全村人，莫说吃大苦，就是死也愿意啊！”

"那我就收下你啦!"老神仙从石臼上站起来，用手将石臼轻轻举起，往前一抛。只见那石臼像长了翅膀一样朝前飞去，不近不远，正好飞到岩口落了下来。接着，老神仙又把米成带到山顶，指着一盘大石磨说："要想救全村人，就在这床石磨上。你明白吗?"

有了石臼又有磨，米成还会不明白吗？他心里高兴得像小时候过大年，见石磨没有磨杆，二话没说，就将自己的铁棍往磨耳上一挂，"霍霍霍"，真的推着石磨飞转了起来。

你知怎的？这竟然是一床仙磨。米成刚刚推了几下，那磨嘴里就流出了白花花的米来。

老神仙见米成出来了，急忙用手一招，回身就往洞里走了。

米成使劲儿地推啊推啊，那白米就哗哗地流啊流……流进了岩前的石臼。

聚集在岩口的人，先被这突然飞来的石臼吓了一跳，接着见珍珠似的米粒从洞内哗哗地流出，一直流进那石臼内，人们都惊喜地睁大了眼。

大家正在高兴时，不知谁惊叫了一声："快来看呀，山顶上有人在推磨呢!"大家随着喊声齐向山顶望去。大家出神地望着，米成爷爷突然大叫起来："孩子，原来是你呀!我的好孩子!"米成爷爷一喊，大家也都看清楚了，那推磨的不是别人，正是米成啊！大家拼命朝山顶喊："米成，米成！”可是听不见米成答应。大家都说，米成一定成仙啦！

从此，大家就把这个无名岩洞叫作米成岩。叫来叫去叫顺了口，米成岩就喊成出米岩了。

出米岩虽然能出米，但每天只能出三次。每次一臼，每臼刚好够十八户人家吃一餐，大家都靠着出米岩的粮食过日子。

这十八户人家中，有个叫汤利的人，是个贪心的家伙。他早就打主意要把出米岩的石臼凿得大大的，那样就有更多米了。于是这一天，他看大家都上山打柴去了，便一个人拿着斧头和锤子对着米臼凿起来。

“叮叮当当！叮叮当当！”汤利从清早凿到晌午，米臼加大一圈又一圈，加深一层又一层，可始终不见一粒米出来。他感到奇怪，跑出洞外一看，但见米成这时已化成了石头人，站在山顶上一动不动，两只眼睛睁得大大的，直盯着他。磨盘也早已不转了。

汤利还不死心，急忙拿来绳子和柴钩，身子贴着石壁，双手握着柴钩，一翘一翘往山顶爬，他想爬上山顶去推磨。哪晓得还没到半山腰，山顶上忽然滚下一块大石头，把他砸下山去摔死了。村里人打柴回来，知道了这件事，都说：“贪心不足，不得好死。”

可是从此之后，出米岩却再也不出米了。十八户人家又过上了吃了上顿没下顿的日子，只好一个个地举家搬走了。

直到今天，船到挂舵山，还可望到山上的出米岩和仙人推磨。若是走近去看，也可看到米臼安放在那里，只是十八户人家的房屋早已倒塌，剩下的都是些断壁残垣了。

拜经台

拜经台在天台山顶上，站在这里望，前面是莲瓣般的山峰，左有“螺溪吊艇”，右有“赤城栖霞”，景色真是美极了！这些奇景从何而来，先要说到智者。原来智者大师刚到天台山顶讲经的那年三月初九，是天上玉帝的寿辰，太上老君跟八仙一道乘坐仙艇去祝寿。当仙艇划开云涛，经过天台山时，忽然听见下界有人讲经，声音如钟，洪亮极了。仙人们不禁好奇，便拨开云雾，探头向下看，只见下界山顶讲经台上坐满了听经的僧众，智者大师在上面滔滔不绝地讲，下面的僧众听得如痴如醉，入了迷了。那经卷的讲稿是一页一页放着的，智者大师每讲完一页，便挥一挥袍袖。奇怪！袖风把经页吹走，顷刻化为一瓣莲花，这花瓣愈飘愈大，慢慢变成一座莲瓣形的山峰。仙人们看得目瞪口呆，都说：“快把仙艇吊住，我们下去听听智者大师讲经，看看他的神通，再走不迟！”

仙艇吊在哪儿呢？倒是铁拐李想出了办法，他把铁拐

“啪啦”一声插在天台山边的螺溪当中，顷刻变成一根凌空而起的百丈高、十抱粗的大岩柱。仙人们七手八脚把仙艇吊在岩柱上。这岩柱就因吊过仙艇，所以叫“螺溪吊艇”。

仙人们吊好仙艇，站在云头上看着智者大师说法，看着满山顽石点头。他讲过的无数页《妙法莲花经》，都飘向云海中，忽隐忽现，变成一座座绮丽的莲花峰。智者大师就像坐在花顶之上，端庄肃穆，通身放射着金光。

仙人们正看得出神，不觉得时间过了好久，这时南天门口有个天神大吼：“八仙啊八仙，你们再不来祝寿玉帝就要发脾气了！”

仙人们一听着了慌，连忙解开仙艇飞驶，飞了一段路，铁拐李忽然喊道：“快停停，我的铁拐忘了取回哩！”

吕洞宾“啐”了他一口，说：“还取什么铁拐？再耽误时间，玉帝罚你，打你的屁股，怕连你这条好腿也得变成瘸腿！”说罢，把脚一登，说：“开快艇！”

这一蹬脚，艇身晃了一大晃。太上老君年老力衰站不稳，差点儿跌倒，杖头上挂着的丹砂瓢猛一摇，“咕噜噜”掉落云头，跌在赤城山上。太上老君眼看着自己辛辛苦苦炼的丹砂，一颗不留，撒了个漫山遍野，心疼得眼泪都要掉出来了。从此，赤城山的岩石就变得红彤彤的，在万绿丛中灿若丹霞，被称为“赤城栖霞”。至于智者大师当年在天台山讲《妙法莲花经》的地方呢，经页变成的莲花形

群峰，至今仍浮在云海中，成为“华顶观云”一大奇景。后人还在这山顶上立了一块“智者大师拜经处”的石碑，作为纪念。

壮、汉、瑶族的由来

传说在远古的时候，天地间一片寂静。天上没有飞禽，地上没有走兽。白天没有歌声，晚上没有灯火。在那千山万壑中，有两座宝山。一个叫布罗斯山，另一个叫米诺陀山。

布罗斯山的样子像一个威武雄壮的男子汉，而米诺陀山却宛若一位拖着裙服的美丽潇洒的少妇。有一年农历五月二十九日，天上突然响起了一声惊天动地的霹雳，随着这声霹雳，布罗斯山和米诺陀山同时裂开了两条缝，从布罗斯山肚里走出一个高大健壮的男人，从米诺陀山肚里走出一个美丽温柔的女人。

后来，他们两人结成了一对非常恩爱的夫妻，男的叫布罗斯，女的叫米诺陀。他们就是创造天地万物的第一对勤劳智慧的父母。

那时，世上的山河七横八竖，布罗斯天天不辞辛苦地去担水挑山，重新安排这万里山河。有一天，他回到家对妻子米诺陀说：“天无边，水无涯，我要把天下的山山水水全都安排好才能回来，你在家料理家务，把三个刚出生的孩子抚养长大。等她们长大后，好让她们各自去谋生活。”说完，他把孩子们抱过来亲一亲，便出发治理山河去了。

米诺陀牢记丈夫临走时的嘱咐，在家辛勤地劳动，精心地抚养着三个女儿。她到神仙的住处去采来各式各样的种子，把它们撒在山坡上，长出了苍翠的树林；撒在荒原上，长出了五颜六色的花卉；撒在平地上，长出了茂盛的五谷。

她又用泥土捏成各种动物放在六个缸里，现在人们就把它们统称为“六畜”。过了三七二十一天，便生下了鸡、鸟、兔；七十天生下狗和猫；一百二十天生下猪和羊；二百七十天生下牛；三百六十天生下马。六个缸共育出了六七四十二种动物，从此，天下便热闹了起来。

时间一天又一天、一年又一年地过去了，米诺陀渐渐地头发花白了，脸上有皱纹了，背也有些驼了。一天晚上，米诺陀把三个女儿叫到了跟前，对她们说：“孩子们，如今你们都已经长大了，该各自去独立谋生了。”孩子们听完母亲的话，便答应了。

第二天早上，大女儿先起床，扛着犁耙，到平原去耕地种田。后来，她生儿育女，子孙繁衍，便成了现在的汉族人。所以，汉族人个个勤劳，家家富有，人长得又高又大。

老大走后，二女儿也起来了。她抱了一担书，读书去了。这就成了后来的壮族。所以壮族人个个长得眉清目秀，又乖又巧，会琴、棋、诗、画，能吹、拉、弹、唱。

只有三女儿，日上三竿才起床，一看，家产全没了，便哭着对米诺陀说："妈妈！姐姐们把家产全带走了，我拿什么去生活呀！"米诺陀对三女儿说："家里还有一斗小米，你就把它带到山里种上吧！"

于是，三女儿就带着那一斗小米进山了。她开出荒地，种上小米，可是小米发芽了，獐猫出来刨；小米分叶了，麝香羊下来啃；小米成熟了，山雀飞来啄。辛苦了一年，连种子都没有收回来。

三女儿跑回家来，对米诺陀哭诉："妈呀！山里闷得发慌，鸟兽又把庄稼吃光了，叫我怎么能在山里过日子？"米诺陀说："家里有一面铜鼓，你就拿去吧。"三女儿把铜鼓带到山里，烦闷时，把铜鼓一敲，就快乐了；猛兽要来伤害牛羊时，把铜鼓一敲，猛兽就被吓跑了；鸟兽要来吃庄稼时，把铜鼓敲起来，鸟兽就不敢来伤害庄稼了。

逢年过节，熬好了小米酒，把铜鼓敲响，壮、汉兄弟姐妹就进山来一同歌舞作乐。遇到天灾人祸，把铜鼓敲响，汉、壮兄弟姐妹就立即赶来协助帮忙。从此，三女儿就在山里安居乐业了，成了现在的瑶族。所以，瑶族世世代代居住在高山之中，开荒种小米，铜鼓则成了他们的传家宝。

百灵除龙

很久以前，在一个小村庄里有两户人家，右边的一间草房住着姓农的夫妇俩，左边的一家是冯氏夫妇，他们两家虽然不同姓，却相处得比亲兄弟还要亲，天天一起上山打猎，一起下地种田，一起到河中捞鱼。

这一年，两家的妻子同时怀了孕，两对夫妻早早就欢天喜地约定，如果生的都是男孩儿，就让孩子们结拜成兄弟；如果生的是一男一女，就让他们结成夫妇。

后来，农家生了一个男孩儿，非常漂亮，他们给孩子起名叫百灵。冯家生下了个小女孩儿，也是漂亮无比，父母给她取名叫俏妹。他们像并蒂的花儿，一起长大。

十八年以后，他们长大成人了，百灵长成了一位英俊的男子汉，俏妹则长成了美丽的姑娘。百灵和俏妹定情了，他们发誓要像翠竹林中的金竹永不变节。他们的阿爸阿妈自然是非常高兴。有一天，空中突然响起了一声震天动地的巨响，一阵腥风贴地卷来，顿时飞沙走石，吹得人们连眼睛都睁不开了。暴风过后，村子竟成了一片瓦砾，俏妹也不见了。

他们整整找了三天三夜，找遍了所有的地方，依然不见俏妹的踪影。百灵的心碎了，他发誓哪怕寻遍高山大海，天涯海角，也要把俏妹找到。

这天，百灵爬上了从来没有人敢上去的大山，上到半山腰，他又累又渴，刚坐下来休息，面前出现了一位白发苍苍的老人。老人对他说："百灵，我知道俏妹的下落。"

百灵一把抱住了老人："老人家，俏妹在哪里？"老人悲痛地说："她被恶龙吃了！"百灵一听，半天才醒过神来，焦急地问道："这条恶龙在哪里？"

老人说："就在山下的深潭里。要是能劈倒这山，就能把恶龙永远压在潭底。可是谁有这么大的勇气和毅力呢？"

百灵听了老人的话，马上飞快地跑下山去。回到家里，他把老人的话对阿爸阿妈说了一遍，便拿起钢凿、铁锤就要上山。

百灵要凿倒大山的事很快就传开了，全村的小伙子们都拿工具上山去了，连年老的石匠们也扛起铁锤出门了。

于是，大山上叮叮当当的铁锤声连成一片。大家正热火朝天地干着的时候，突然迎面吹来一阵狂风，人们被骨碌骨碌地卷下山去，一个个跌得鼻青脸肿，头破血流。

接着，深潭的水面上出现了一条巨大的恶龙，只见它红红的大嘴像山洞，尖尖的巨牙像山峰。那恶龙咆哮着："天不能灭我，地不敢得罪我，你们几个凡人就想和我作对！快滚回去吧，再有敢凿山的，我就把他吃掉。"

恶龙说完，回水潭去了，百灵拿起铁锤又要上山，大家忙拉住他说："不要白白去送命，我们再想想别的办法吧！"于是大家垂头丧气地回村去了。

回到家里，百灵吃不下饭，睡不着觉。他想了想就又跑上山去找那位老人。老人说："除害的办法是有，就看你敢不敢去做了。从这里往西方走，走到天和地相连的地方，有一把开天剑。你把剑取回来，然后用人血淬火，就能劈倒那山。只要是不畏难、有决心，你就一定会成功的。"说完，老人就不见了。

大家都觉得有了希望。百灵带着三把最硬最锋利的腰刀、三根最硬的弓和三筒三尺三长的利箭上路了。

不知道闯过了多少艰难险阻，也不知杀死了多少拦路的毒蛇虎豹。百灵终于找到了那把巨大的宝剑，他激动得手都发抖了，他捧起宝剑，只见剑身上有一行大字："竖则击破长空，挥则霹雳万里。"剑把儿上有三个金字："开天剑"。

百灵就带着这把宝剑回到了家乡，那位白发苍苍的老人正在路边等着他。老人说："这开天剑虽有神奇的本领，但要用你的血重新淬火才行。"

为了杀死恶龙，百灵割开了自己的血脉，让自己殷红殷红的血滴到剑上。剑一经淬火，立刻喷射出万道金光。这光惊动了恶龙，它一看形势不好，冲出水面想逃走。但这强光却像罩在潭口的铜墙铁壁，尽管恶龙撞得头昏眼花也没能撞出去。

剑淬好了，百灵的血也流尽了。这时，他使出最后一点儿力气，举起开天剑朝大山狠狠地劈去，只听见一声惊天动地的巨响，那巍峨无比的山便在开天剑下倒了下来。恶龙被永远地压在了潭底下。

山又青了，树又绿了，花又香了，鸟又唱了。可是，英雄百灵由于流血太多，永远离乡亲们而去了。人们说，百灵没有死，而是变成了雷公神，每年春夏两季，他都提着开天剑，在天上巡行，一看到地上有人作恶，就立刻射出一道霹雳，把坏蛋劈死。

歹毒的二娘

古时候，有两位娘娘同时生了男孩儿。大娘生的叫阿玉；二娘生的叫阿金。

没过多久，皇帝就去世了。那时朝廷有个规定，皇位要由长子来继承，可是，阿玉和阿金是同一时刻出生的，到底谁是老大呢？

大臣们都想不出什么好办法。这时，二娘想出了个主意说："把两个孩子放到秤上称一称，重的算老大。"大娘觉得有道理，就同意了。其实，二娘是别有用心，过秤前，她悄悄地把铜钱放到了阿金的尿布里。谁知一过秤，阿玉还是比阿金重一斤，这样，阿玉便做了皇帝。

二娘看到自己的计谋没得逞，就把希望寄托在培养阿金读书上，指望他将来学问能超过阿玉，到那时就可以把阿玉一脚踢下皇位。但是，二娘等了几年，就等不及了，她暗下决心，非要尽快把阿玉除掉不可。有一天，二娘做了两块儿糯米糕，一块儿里面放了毒药，一块儿里面没有。她把有毒的一块儿给了阿玉，另一块儿给了阿金。谁想阿玉把那块糯米糕放在了板凳上，一条狗把糕抢去吃了，马上就被毒死了。

随后，二娘又好几次下毒手，但都没能把阿玉害死。最后，她用金钱买通朝里的大臣把权夺了过来，并把阿玉和他的母亲赶出了皇宫。她让阿金当了皇帝，而实际上，大权却掌握在她的手中。

阿玉和他的母亲被赶出皇宫以后，便流浪到了一个叫瓦窑寨的地方，靠制瓦谋生，艰难度日。

后来，阿玉娶了当地的一位农家姑娘。一家三口自食其力，生活虽然清苦些，但却非常幸福。过了几年，独揽大权的二娘知道了阿玉他们的下落，便派人带圣旨来对阿玉说："前方发生了战争，皇帝要你去打仗，要你的母亲和妻子到宫中去生活。要是你不服从命令，以后就再也不许在这里做瓦。"

阿玉一时没有办法，只得暂时遵命，动身去前线打仗了。

在从军途中，一天，阿玉借住在一座破庙里。晚上他在梦中见有位白发老者来到他的面前，对他说："明早你起来就去翻房头的那块儿大石头，石头底下有什么，你都将它随身带走。"第二天，阿玉早早起来就去翻那块儿大石头，发现了一把闪闪发光的宝剑。于是他带上宝剑继续前进。

来到一个三岔路口，他不知该往哪个方向走，看到路边正有一位老人在休息，他便走过去向老人请教。那位老人告诉他："走下边路远，但保险；走上边路近，但有一条大蟒经常盘踞在路边，专门捕人吃。"接着，老人就不见了。阿玉想，不如走上边的路，除掉这个祸害，于是就朝上边的路走去。来到半山腰，阿玉有点儿累，就坐到一块儿大石头上休息，不料刚坐下，那石头马上变成了一匹飞龙马，带着他腾空飞去。

这时，白云深处有一个声音说："年轻人，你不要怕，这是神仙送给你的龙马，它会帮助你去打胜仗。"阿玉骑着飞龙马，举着宝剑来到战场上，只用几个回合，便把敌人全部消灭了。

阿玉打完仗，领兵返回到宫中。他二娘听说后，又悔又怕，不敢活着见他。但这个女人心肠歹毒，临死还想害人，她对儿子阿金说："我死以后，要变成天马吃庄稼，每年六月六这天，你做些小旗子沾上鸡血或猪血插到你的庄稼地里做标记，我就不吃你的庄稼。”说完就上吊死了。

不久，阿玉回到了宫中，一心帮助弟弟阿金治理国家。他们齐心协力，把国家治理得井井有条。老百姓的日子非常好。可是第二年，天马来吃庄稼了。于是，阿金说出了以前的事情，大家便用沾血的小旗保住了庄稼。

凤凰山传奇

古时候，南方有座凤凰山，在这山上，有一个金银坑，金银坑里住着一只漂亮的金凤凰，每天到处飞，一旦发现宝贝，它就马上衔到坑里来。

有一天，金凤凰吃了一颗白玛瑙，三天三夜不能飞，到了第四天的早晨，它竟生下了一个银蛋蛋。这个银蛋蛋在金银坑中淋了三十天的露水，晒了三十天的太阳，突然轰隆一声巨响，蛋壳裂开了，从里面跳出一个胖娃娃来。

这胖娃娃生得非常惹人喜欢，身上还散发出一股奇异的清香。百鸟闻到那股奇异的清香，都从四面八方的树林中飞来，争着把他作为自己的孩子，争来争去，最后决定由大家共同来哺养，还给他取了个名字叫阿郎。

百鸟把阿郎照顾得非常周到，阿郎一天天地长大了，百鸟都争着教他本领，于是阿郎就学会了各种鸟的本领。终于有一天，阿郎的本领学好了，要独自谋生去了。

这一天，阿郎来到了大龙岭，那是个非常美丽的地方。可是，他突然闻到一股难闻的腥味。他找呀找呀，找到了一个山洞，这洞漆黑一团，深不见底。只见最底下有三颗闪闪发亮的东西。阿郎就找来许多长藤，一根根地接起来，顺着长藤往下爬。

来到洞底下，阿郎看到了一条正在打盹的大蟒。这时，大蟒被阿郎的脚步声惊醒了，就张开大嘴向阿郎扑来。阿郎往旁边一闪，举起一块儿巨大的石头，对准巨蟒的脑袋狠狠地砸去，直打得大蟒口鼻喷血，慢慢地死去了。

阿郎搬开死蟒，进到洞里，终于找到了那三颗闪闪发亮的东西，一把锋利的宝剑，一把纯钢的斧头和一把发亮的锄头。阿郎高兴极了，拿着这三件宝贝，欢喜得爱不释手。他刚想爬出洞去，忽然听见洞底有马的嘶叫声。阿郎觉得奇怪，就寻声找去，找了半天，才看见一匹高大的黄鬃马被铁链锁在石柱上。

那马见了阿郎，摇了摇尾巴，跪下两条前腿，双眼流着泪珠，突然说起人话来："好心的勇士，我主人是龙宫的二太子，他骑着我到这里来取仙草，不小心被那个大蟒害死了。那大蟒还夺了我们主人的三件宝。"

阿郎听了，便取出宝剑，斩断铁链，放了那匹马，并对马说："你主人的仇我已经给他报了，从今以后，你就跟着我吧！"说完他跨上马背，那马"呼"地一跃，便飞出了洞口。

他们一路翻山越岭，来到了一个湖边。湖水清澈见底，湖的周围开满了五颜六色的花朵。阿郎走得口渴了，趴下去刚喝了一口水，便见湖水波纹微动，湖底出现了一个姑娘的身影。刹那间，湖水向两边分开，那位姑娘缓步走了上来。

姑娘来到阿郎的面前，也不说话，只是害羞地对他笑。阿郎却耐不住了，痴痴地问姑娘："姑娘呀，你家住在哪里？叫什么名字？"

姑娘说："我家住在东海水晶宫，我是龙王的三女儿，名叫媛莲。你杀死了蟒妖，替我哥哥报了仇，父亲和母亲叫我来拜谢你，从此，我愿意跟着你，去天涯海角。"

阿郎一听，马上说："媛莲啊，我是个穷苦的单身汉，整天在外面打猎，家中又无爹娘兄妹照顾，你跟我过日子不怕苦吗？"媛莲姑娘低下了头，对阿郎说："你苦里生，苦里长，我爱的就是吃苦耐劳的小阿郎。"

太阳渐渐落山了，天空布满了晚霞。阿郎采来鲜花，插在媛莲的头上，和媛莲一起骑上宝马，飞回了凤凰山。

他们刚回到家里，飞禽百鸟都赶来了，它们送来了蜜枣、蟠桃、山茶、枇杷……各种各样的水果和鲜花把屋里摆得满满的。百鸟们为阿郎和媛莲举行了最隆重的婚礼。婚后，他们小两口非常恩爱，日子过得和和美美。

茫叶取谷种

很久以前，世间没有五谷，人们是吃兽肉和树皮过日子的。后来听说西方的一个神洞里藏着谷种，大家就决定选派一个聪明勇敢的人去取，可是选半天也没有选出一个合适的人。这时，有一个叫茫叶的小伙子挺身而出，对大家说："让我去吧，我保证为大家取回谷种。"人们看到茫叶这样勇敢，十分高兴。出发的那天，全寨的人们送了茫叶一程又一程，最后，茫叶跨上骏马，朝西方飞奔而去。

茫叶走了七天七夜，穿过了无数不见天日的大森林，又巧妙地避开了许许多多的危险，杀死了很多拦路的虎、豹、豺、狼和毒蛇，马不停蹄地往前走。后来，他带的肉都吃光了。

有一天，茫叶找到了一棵大野桃树，树上满是累累的野桃。他爬上树去，痛痛快快地饱吃了一顿，然后就靠着树干睡着了。在迷迷糊糊中，茫叶梦见一位白胡子老人，牵着一匹马，带着一只小狗，来到了他的面前，问他道："年轻人，你要到哪里去呀?"

茫叶回答说："老爷爷，我要到西方那个神洞里去取谷种，好让人们种上五谷，有粮食吃，过上幸福的日子。"

白胡子老人听了，笑着对茫叶说："小伙子啊，你既然不怕艰险，一心一意要为人们取到谷种，那我就来帮你的忙吧！从这里往前走，再走三十天，有一棵大白果树，树上有一个斑鸠窝，窝里有一个斑鸠蛋，蛋里有一把钥匙，那把钥匙就是专门开西方那个神洞的。

"白果树下还有一个洞，洞里藏着一把宝剑，那把宝剑可以降伏一切妖魔鬼怪和毒蛇猛兽。你得到了钥匙和宝剑之后，再走三十天的路程，就会遇到一条红水河，河里有一条蛟龙，它专门兴风作浪，阻拦过往的行人。但河边有一头石牛，石牛肚子里藏着一张弓，只要你带一把灵芝草，走到石牛跟前，把灵芝草递给石牛吃，它就会张开嘴。这样，你就马上从石牛的嘴中把弓箭取出来。那弓箭是专门制伏红水河中的蛟龙的。

"你过了红水河，再走三十天，会遇到一座火山。但你也不用怕，当你看到火山时，就在火山对面那红色的岩石缝中找一找，那里有一把扇子，你得到那把扇子，用它向火山一扇，火山就会让出一条路来让你过去。这样你就能顺利到达西方的神洞了。"

最后，白胡子老人又把那匹马和那只小狗交给了茫叶，对他说："我这匹马一天可以走一千里；这只小狗，你也带着它，必要时它会对你有用处的。"说完，白胡子老人就不见了。

茫叶在大桃树下醒来，果然有一匹高头大马和一只小狗站在他的身边，而自己原来的那匹马却不见了。茫叶又惊又喜，他牢牢地记住了白胡子老人的话，骑上马，带着小狗，又开始向西边走去。

茫叶走了三十天，果然看到前面悬崖上有一棵耸入云天的白果树，高高的树头上果真有一个斑鸠窝。于是，茫叶就爬到树上去，拿出了那把金光耀眼的钥匙。又在白果树下的洞里，取出了一把寒光闪闪、无比锋利的宝剑，然后继续赶路。

茫叶又走了三十天，来到一条大河边。正要过河，忽然狂风大作，河水掀起了千尺巨浪，顿时把茫叶阻挡住了。这时他想起了白胡子老人的话，就找了一把灵芝草，又去找白胡子老人说的那头石牛了，然后按老人说的方法从石牛的肚子里把弓箭抽了出来。茫叶张弓搭箭，朝红水河里射了一箭。那箭刚射出，河面就风平浪静了。于是茫叶平安地渡过了红水河。

最后，茫叶终于来到了西方，找到了神洞。当茫叶正高高兴兴地朝神洞的大门走去时，突然从神洞门边跳出一个把门的洞神，挡住了他的去路。

茫叶急忙说明自己的来意，洞神听了，怒气冲冲地对他说："我们的谷种不给世间凡人，你想来取，那可是万万不行！赶快回去吧，不然你就会死在这里。"

茫叶再三请求，那个洞神还是不肯放他进去，茫叶忍不住了，就抽出宝剑，和他打了起来。打来打去，茫叶眼看自己就要支持不住了，正在危急的时候，那只小狗跑过来一口咬住洞神的脖子，死也不放。茫叶就趁机翻过身来，打死了洞神。

茫叶终于取到了谷种，便心急地往回走，当他离家乡只有九天九夜的路程时，由于经过多次战斗，累得支持不住了。茫叶就将装谷种的袋子拴在小狗的脖子上，让它先走。为了能让乡亲们知道这只小狗是替自己先带谷种回来的，他还在小狗的脖子上拴了一根姑娘们送给他的花飘带。

茫叶送走了小狗，由于极度疲劳，他终于倒下了。从此，勇敢聪明而又善良的茫叶再也没有起来，再也没能回到自己的家乡。茫叶为了人们的幸福，献出了自己宝贵的生命。

石梁与仙筏桥

传说天台山下住着一个名叫石梁的织布匠。

石梁是个织布的好把式，他织的布呀，布丝又细又亮，远看像一朵朵白云，近看像白银。山里男女老少见了石梁来卖布，都高兴得不得了。他们买了石梁的布染成红的、绿的、黄的……做成各种衣服，打扮得漂漂亮亮。

有一年夏天，石梁织成了三百尺白布，趁晚间天气凉，半夜就挑着布上山啦。挑呀挑呀，挑到中方广寺，老远就看见一片闪亮闪亮的东西，还听见一阵阵的铲土声。石梁连忙放下布担，躲在柴草丛中瞧，只见山雾中停着一只大筏，几个怪人在那里挖掘珠宝，并把挖出来的珠宝一筐一筐地往筏上搬。只听一个白胡子的老头说："伙计们加把劲，把这些珠宝运到天上去，咱们仙人的日子就更好过了。"他话音刚落，其余几位仙人就大笑起来。

石梁一听，急啦！原来他们是一伙到天台山盗宝的仙人哪。怎能眼巴巴地让他们把这里的珠宝全盗走呢？石梁拍拍后脑勺一想，对！便抖开担子上的白布，悄悄把布的一头系在仙筏的尾上，一头系在山边一块很大的岩石上。他又想，要是仙人们发觉后把布扯断了咋办？哦，听老一辈说过，凡人脚底血滴过的东西，神仙便近它不得。于是，他立刻拿出布剪，在脚底猛刺了几下，把血滴在仙筏系布的地方，血和布凝在一块儿。仙人们忙着搬珠宝，根本没有觉察。

不多久，东方露出了鱼肚白，天渐渐亮了出来，仙人们把珍珠宝贝放上仙筏，脚一登，仙筏飞了起来。飞啊飞啊，突然仙筏飞不动了。原来仙筏被长长的白布拉住了。他们七手八脚地去解白布，可是闻见一股呛人的血腥气，知道布上滴了脚底血，不但扯不断，解不掉，连仙筏也回不了天啦。

急得仙人们直跺脚！

白胡子老头——大概是太白金星，站在云头喊：“石梁呀石梁，快把布解下！咱送你一筐珍珠，从此你不用再卖布啦！”

石梁头一歪：“我不要做富翁，天台山的珠宝不许你们偷到天上去！”

鸡皮疙瘩的老婆婆——大概是西王母，站在云头喊：“石梁呀石梁，快把布解下！咱花一般的仙女任你挑个做老婆。从此，你不用做光棍啦！”

石梁鼻一皱：“我情愿一世不把老婆娶，也不让你们偷天台山的珠宝！”

“喔喔喔！”鸡啼二遍天快亮，仙人们都怕跑不了啦，急得大吵又大喊。

那对丑男女——他们是雷公雷婆呀，站在云头喊：“石梁呀石梁，你别再逞强！若再不把血布解下，咱雷神爷一霹雳送你见阎王！”

石梁腰一挺，手把白布紧紧拉住：“雷公雷婆你休想！石梁我为保住天台山的珠宝，一死又何妨！”

雷公雷婆气得不得了，叫来一阵霹雷，“轰”的一声，震倒了百丈悬崖。仙人们丢下珠宝回天宫去了。可是，善良勇敢的石梁也被霹雳震死了。他变成一根长长的岩石横躺在山崖上，手中还拉住白布，死也不放。被扯住的仙筏跑不了啦，便变成一座桥，就是今天离石梁不远的“仙筏桥”。石梁手中的白布呢，慢慢变成一道长长的流水，起先人们叫它“石梁白布”，后来就叫“石梁瀑布”了。

覆船山

很久很久以前，有个叫陈全的小伙子。他很小的时候，父母就得病去世了。他跟着哥哥嫂嫂一起过。可是哥嫂为人刻薄，待他很不好。让他做很多的活，又不给他吃好饭。陈全虽然委屈，也不敢说什么。一天，陈全砍柴回来，他哥哥叫住他说：“你今年已十七岁了。老话讲‘树大分叉，人大分家’，我们也该分家啦！”他嫂嫂也过来说：“我们准备给你二十块银洋钱，你看怎么样？”

陈全想想也没法子，只好说：“分就分吧！”

第二天，陈全带了二十块银洋钱，挟着茅刀和几件破衣服离开了家，一直往东走。走了半天，来到一座高山前，只见山上绿树红花，小鸟飞来飞去，山下溪水潺潺，川流不息。陈全就在山脚边搭了间小茅房住下。每天天不亮就起床进山砍柴，天黑了才回家。日子过得虽然辛苦，却也怡然自得。

第二年春，一天，陈全上山砍柴，忽听背后有“啾啾”

的声音。回头一看，只见有只凶猛的老鹰正扑住一只黄莺，陈全忙用茅刀把老鹰赶掉。正要找黄莺，不料那黄莺一拍翅膀，霎时变成一个天仙般的美女。陈全吓了一跳，拔腿就跑。只听那位姑娘喊道："大哥，你别走，我又不会伤害你，我要谢你救命之恩呢！"陈全闻听此言，就壮着胆子问："姑娘，你是谁啊？"

那姑娘道："我叫丁香，住在大江对面那座高山上。爹是老神仙，在山上修行。我自幼跟爹过着清静的生活，感到很寂寞。今天乘便下山来玩，不料在路上遇见一个花和尚来调戏我。我急得没法，就变成黄莺逃走，谁知那花和尚马上变只老鹰追过来。多亏你救了我。我真不知道该怎么感谢你哩！"

陈全又惊又喜，便道："既然如此，你快快回去，别让你爹担心！"

但丁香却看着陈全不肯走，迟疑了一会儿，才说："你这人心肠好，我想嫁给你！"

陈全听了，心里甜滋滋地说："姑娘，你这样看得起我，我还有什么好说的呢，只是我家贫如洗，怕姑娘吃不来苦。"

丁香笑着说："大哥，我可不是贪恋荣华富贵之人，我爱你善良忠厚，敬你勤劳勇敢。正好我爹最近想收个徒弟，你不如随我上山，拜他为师。只是我爹要收徒，是必须要考验你三天的。你看如何？"

陈全听了很高兴，说道："这容易，我有决心，你看着吧！"

于是陈全随着丁香一走两走，走到江边，只见前面江水滚滚，白浪滔滔，江面既无桥，又无渡船。丁香从身上掏出一块手帕，一抖，手帕马上变成了一只渡船。

两人上船渡过江，爬上仙山，来到一座宏伟壮丽的大仙观。丁香关照了陈全一些话语，径自进屋去了。陈全独自走进正殿，一眼见到蒲团上坐着一位白须、白眉的老人，闭眼合十，正在养神。陈全走上前去拜了几拜，叫声："老神仙！"老人听到声音，睁开眼睛问道："你来干什么？"

陈全说："我是来拜你老人家为师的，望老神仙把我收留下吧！"

老神仙听了说道："好吧！你且住下，先做点儿零碎活再说。"陈全就这样住下了。

第二天，陈全问："老神仙，我做些什么活啊？"

老神仙说："今天你到灶间门后拿根竹冲，到后山去挑一担稻草回来。"

陈全心里想：这活儿我从小就干过，有啥难呢！就高高兴兴地去了。才走到院心，碰到丁香，丁香轻轻地问他道："爹爹今天叫你做啥呀？"

陈全说："叫我到后山去挑担稻草，现在，我就到灶间拿竹冲去。"

丁香听了，睁大了眼睛说："慢走慢走，你知竹冲是什么？是条大蟒蛇呀！两把稻草就是两只老虎。你如何斗得过它们？我看你别去算了，免得伤了性命。"

陈全吓了一大跳，不过他想想，如果我不去，老神仙就要赶我下去，怎能娶到丁香呢？于是就鼓起勇气说："我和它们拼拼看，说不定能斗得过它们。"

丁香看陈全很坚决，忙嘱咐说："千万不要这样冒失。我告诉你，你去拿竹冲时，要先捏在它第三节上，然后用力勒几把。挑稻草时，也要先举起竹冲用力敲几下，这样你才能把草挑回来。半路上你不能回头看呵，等挑回来放下了，退后七步才能看。"陈全都照她的话做了，把稻草挑了回来，退回七步回头一看，哎呀呀，竹冲果然是条大蟒蛇，已被他勒得半死了；两把稻草果真是两只老虎，也被他敲得昏倒在地啦。陈全到正殿告诉老神仙，老神仙跑出去一看，哎哟哟，不差，稻草果然挑来了！于是就对陈全说："今天你去休息休息吧！"

陈全走后，老神仙心想：这小伙子的力气可真不小呀！

第三天，老神仙对陈全说："今天你到东山上去把黄土墩上的几棵小松树统统砍掉。"

陈全听了很高兴，他想砍树是自己的老本行呵，便飞奔到东山，"噼里啪啦"地砍了起来。可是真奇怪，松树虽细，却坚硬无比。陈全砍了半天，直累得满头汗，气喘吁

吁，眼看太阳就要落山了，一棵也没砍倒。他埋怨自己无用，可没灰心，还是继续砍。过了一会儿，丁香走来了，她看到陈全砍得汗流浃背，心里又是喜欢又是不忍，忙赶过去说：“我来帮帮你。”

说着，丁香从头上拔下一根银针，在每棵松树上划了一圈，再叫陈全去砍。说也奇怪，这一来，陈全一会儿便把松树都砍倒啦。陈全又到正殿告诉了老神仙。老神仙出来一看，哎哟哟，不差，松树果然都砍倒了，于是对陈全说道：“明天不用干活了，你跟我到寺西竹园里去捉迷藏吧。如果你捉得到我，你提出什么要求我都答应你。要是捉不到，你就走吧！”

陈全心中奇怪，不知道这个迷藏怎么个捉法。

他一想：如果捉到了老神仙，我和丁香的事不就如愿了吗？这一夜，他翻来覆去睡不着，老是记挂捉迷藏的事，想去和丁香商量，但又不知道丁香在哪里，忽听外面有敲门声音，开门一看，呀哈！丁香来啦。陈全就把捉迷藏的事告诉了她。丁香听了高兴地说：“这是好机会呵！你要牢牢记住，在那竹园里，你自东往西数，数到第七株竹，我爹一定藏在那竹第七节的蛀虫洞里。你只要把洞眼闷住，就可以向他提出要求了。”

陈全听了十分欢喜。

第四天，陈全和老神仙来到寺西的竹园。老神仙对陈全说："让我先躲起来，你再来捉我。"

话音刚落，老神仙就没影了。这时，陈全就照丁香说的，自东往西数到第七株竹，再在这竹上数到第七节，果见有眼蛀虫洞。陈全立刻伸手把洞闷住，大声叫道："师父，你藏在这里呢，给我找到啦。"

老神仙在洞里被闷得透不过气来，连忙说道："是啊是啊！你好聪明，把我找到了。快放我出来吧！"

陈全说："不哩！师父，你还要答应我个要求才行。"

老神仙忙问道："什么要求，你快说吧！"

陈全说："如果丁香同意的话，你要把她许给我。"

老神仙心里虽不愿意，但又不能不答应，因为不这样，他会被闷死的。

第五天，仙山上就办起了喜事，陈全和丁香成亲了。结婚后，小两口觉得这山上的生活太过冷清寂寞，准备下山过日子，和老神仙一商量，老神仙却千般阻挠，百般劝解，于是两人决定偷偷逃出去。

在一个月明星稀的晚上，陈全和丁香趁老神仙熟睡的时候，逃下山来。走到江边时，丁香才记起忘了带红手帕。这时，只听到江风吹动树叶，发出沙沙的响声。丁香便随手摘了片树叶，向水上一抛，那树叶马上变成了一只渡船。两人就这样渡过了江。但是，因为船不是红手帕变的，丁香没法把它变还原状，只好把这只渡船翻了个身，覆在沙滩上。后来，这船就变成了一座大山，就是现在的“覆船山”。

第二天，老神仙发觉陈全和丁香逃走了，他急急追下山来，渡过大江，见沙滩上只留着一只覆着的渡船，两个人早已逃得无影无踪了。老神仙盛怒之下，用手杖将船猛敲几下，所以，如今“覆船山”的东南角上，有一条丈把阔、几丈深的大裂缝，叫“析坑岭”，它就是老神仙用手杖敲过的痕迹啊！

仙姑山与鸡公岭

广济县的中部有座秀丽险峻的山峰，山上有个洞，洞里住着一位苦心修炼的姑娘。她为百姓除病消灾，人们称她“仙姑”。这座山的西南方向有座高大险恶的黄土山。有个云游四方的恶道士来到了这里，招收门徒，教一些装神弄鬼的妖术，敲诈百姓钱财。

一天，有一位神仙奉玉帝之命下界巡察三山五岳，想要看看有心成仙得道的人是否都在潜心修炼。见仙姑住的山上，人来人往，于是他摇身一变，成为一位白发飘飘，手拄拐杖的老翁，跟随着其他人一起，来到了姑娘修炼的山洞。

姑娘连忙端座、献茶，款待老翁。老翁捋着银须，微笑道："善良是修炼的根本，姑娘定有功成之日。"姑娘见老人出口不凡，连忙躬身求教。老翁取出一本书和七根息香，递给姑娘，说："书中自有成仙得道的妙方，你拿回去好好研读，只要一心向善，摒除杂念，终有一天，能够修成正果。如果遇到困难，你就点燃息香，自会有解救之法。"姑娘大喜，伏身拜谢。

老翁辞别姑娘，登上山头。他见西南山高于群山之上，黑气沉沉，便将手杖顿地三下念道："长！"这座山抖动了三下，便日夜往上长了。老翁化成一阵清风，回天宫去了。

西南山的那位恶道士，日夜观察仙姑修炼的山，发现它日日长高，心中嫉恨，就叫来徒弟们说："尔等通通下山，捉回八百只红冠大公鸡，每天清晨啼鸣，我们的山头就会天天往上长，待到我们的山耸入云天，咱们就可成仙了，那时我们就可以为所欲为了！"

徒弟们听了，满心欢喜，一个个如狼似虎，扑向山下的村子里，闹得鸡飞狗跳。山脚下村子里的公鸡全部被捉光了不说，百姓们还要供给这八百只公鸡的饲料。谁家不答应，他就支使恶鬼妖精上门作祸，众百姓怨声载道。

捉来了公鸡，恶道士便每日领着徒弟，又练剑，又烧香。到了五更，八百只公鸡齐鸣，声震四方。这座山果然往上长了，山下的百姓暗地商量，派人到仙姑洞求救。姑娘听

了乡民的诉说，道：“妖道所为，天理不容。我当请苍天惩罚邪恶。”于是她点起了息香，施起了法术，大家便眼见一缕青烟缥缥缈缈，飞上了九重天。

巡天神得到姑娘的消息，连忙将恶道士的罪行奏明玉皇大帝。玉帝大怒，传旨雷神施威，严惩恶道士。

刹那间乌云密布，昏天黑地，电闪雷鸣，霹雳阵阵，一个炸雷将西南山劈为三截。恶道士和他的徒弟们也被雷打死，化成块块怪石。一会儿，风消云散，阳光灿烂。乡亲们急忙出外观看，只见仙姑立在云头，向乡亲们致意告别，飘然而去。

仙姑成仙飞去之后，人们便把仙姑修炼的山命名为“仙姑山”，而恶道士那座山，由于被劈成了三座山峰，好似鸡冠一样，大家就叫它“鸡公岭”。恶道士们变成的怪石现在还在山上躺着呢！

金山凹

有一个孤儿，名叫武太。有一年，天大旱，庄稼都旱死了，连种子也收不回来。武太饿得没有办法，就到财主家借粮。财主是个吝啬鬼，哪肯借粮给他，便问他要钱。武太两手空空，哪里有钱，就低下头不作声。财主见他没钱，便要他给自己做长工。武太想，不能为了吃饱肚子就丢了自由，于是没有答应财主，转身走了。

他低着头走到自家门口，竹园里传出一声鸟叫，抬头一看，忽然发现一棵两叉翠竹，他高兴得跳起来。父亲在世时曾说过：“用两叉竹做钥匙，可以打开山门，那里有的是金银财宝。”于是，武太就砍了那棵两叉竹，去开山门。他把“钥匙”插进山门，就听到咔嚓一声巨响，山门大开，射出万道金光，把武太的眼也照花了。他揉了揉眼，定睛一看，哎呀，成堆的金豆堆在那里。这时，一位美丽的仙女后边跟着一只金狗迎了上来。仙女指着黄澄澄的金豆，笑眯眯地对武太说：“我就知道你要来。需要多少？请拿吧！”武太想，我又不想当财主，只要能熬过灾荒就行了。于是，他上前捏了几粒，红着脸向仙女道谢。临走时，仙女嘱咐道：“你可要记住了，这山只有掌握宝钥匙的人才进得来。你的金豆万万不可送给旁人，不然你再来取时，金狗会咬掉你的双手。”武太记住了，拜别了仙女。

武太下山后，见到快要饿死的穷人，心疼得不得了，忘了仙女的嘱咐，便把金豆全分给了他们。然后，带上两叉竹，第二次上山开了山门。谁知刚走进去，那条金狗就扑上去咬掉了他的双手。仙女心疼地责备他：“你忘了我的话吗？”武太把天下大旱、人遭饥荒的事向仙女讲述一遍，禁不住热泪滚滚。仙女同情地叹息道：“唉，人间多灾！”说着给武太伤口敷了药，又抓了一把金豆装在武太的兜里，说道：“这些你留着用吧，如果再把金豆送给别人，再来取时，金狗会把你的双脚也咬掉的。”

武太下了山，见到村民依然过着水深火热的日子，有的人因为没粮吃，饿死了，到处都能听到百姓们的哭声，实在心疼。他一着急，就忘了仙女的嘱咐，把金子平分给了穷苦的百姓。

武太为了救活更多的穷人，就咬咬牙第三次上了山。山门刚开，那条金狗又扑上来，咬掉了武太的双脚，武太坐在地上，不喊疼，不流泪，不等仙女问话，抢先说道：“仙女姐姐啊！你是不知道天下的百姓日子过得有多么辛苦啊！我不能眼看着老百姓饿死，我宁可粉身碎骨，也不能见死不救。求求你再给我一些金豆吧！”

仙女十分感动，心想：让他带了金豆下山，他定会再送给别人，金狗会把他全吃掉，我得把他留在这里。于是，仙女又拿药给武太敷了伤口，然后说道：“请你放心，我一定搭救苦难的百姓！”说完，就向山下抛下成堆成堆的金豆。那些金豆落在山下发出天崩地裂般的响声，把整个西山坡砸成了个大山凹。

山下的穷人听到了这些响声，纷纷跑出来观看，他们眼见金豆成堆，闪着耀眼的金光，惊喜得流下了眼泪。大家忙唤武太，却不见踪影，都以为他摔死了，就在大山凹里呼喊

着他的名字，放声痛哭。后来，武太给人们托梦说，金狗还了他的手足，并和仙女成了亲，大家无不高兴。

从此，人们就把那个大山凹叫作“金山凹”。

苗寨英雄柯莹

相传远古的时候，湘西苗山荒芜一片，妖魔鬼怪出没，毒蛇猛兽横行。文殊菩萨路过苗山，见八魔横行，便命坐骑金狮下凡，到苗山来除魔灭害。金狮得了文殊菩萨的旨意，便驾起彩云，降落到苗山，把岭上的怪魔都撵走了。从此，家家户户喜爱狮子，敬奉狮子。

苗家人过上了幸福的生活，但是被赶走的魔怪，见金狮留在苗山不走了，十分恼火，便与禁龙塘里的孽龙暗暗商量，要把金狮撵走，好重新回到苗山来吃人作乱，于是想出了一个坏主意。

有一天，八魔中的幺魔化装成一个笑罗汉，拿个红布扎的绣球，来到金碧洞口，把金狮引了出来。金狮见了绣球，便欢喜地追来追去地玩耍。幺魔就拿着绣球把金狮引到了河边。这时，幺魔突然把绣球往河里一甩，金狮乘着兴一直沿河追到了海里，忘记了再回苗山来了。

八魔与孽龙见金狮追绣球追到海里去了，乐得狂跳起来，重新又兴妖作怪起来。苗家又陷入了水深火热、血泪横流的苦难之中。

苗家百姓到处祭求金狮回来，可是哪里也不见金狮的踪影。人们又是点烛，又是焚香，又是祭酒，三天三夜过去了，也没见金狮的身影。

这时，有个人突然想起了，金狮被一个笑罗汉耍着绣球，引诱到河边。笑罗汉把绣球抛到了河里，金狮踏波踩浪，追赶绣球去了。

大家觉得，这一定是魔怪所为。一个苗家小伙子站出来说："不怕，让我到海里去把金狮引回来！不管海有多远，路上有怎样的妖魔鬼怪，都要去，我有办法把金狮迎请回来！"头人见他如此勇敢胆大，而且刚强坚决，便让大家为他预备草鞋，备好干粮，送他上路。

这个小伙子名叫柯莹，是这里非常有名的猎人。他打猎不仅能用箭射野兽，还能放各种各样的套子来套野兽。他把草鞋干粮备足带好，就朝太阳升起的方向走去了。

不知走了多少天，柯莹来到一个村寨，向一个白发苍苍的老人询问大海还有多远，老人对他说："到海边有多远，我也说不清，只知道就在那一眼望不到头的天边上。"柯莹放眼望了望那无边无际的云海山涛，充满信心地说："老爷爷，谢谢您，不管有多远，走一天近一天，总有一天会走到天边的。"

这位白发老人捋了捋胡须，点了点头，对柯莹说：“嗯！说得对，但路上要过三座山，头座钻天山，半截伸到天中间，哪个想过去，除非是神仙！二座老虎山，老虎坐山尖，哪个想过去，骨头嚼稀烂！三座蟒蛇山，天灯挂两盏，只见人过去，不见人回转！”

柯莹听老人讲了这三座山，沉思了一会儿，然后把脚上的草鞋扎紧些，坚定地说：“不把金狮迎请回来，我们苗家就脱离不了灾难。不论多难，我都要去。”

柯莹日夜兼程赶了三天三夜，果然来到了“钻天山”。他抬头一看，悬崖峭壁，古松参天，高不可测，无路可寻。

柯莹在岩壁下站了好久，终于想出了一个办法。他从腰中的刀匣里抽出长把弯刀，砍来茶树钩子，割来古藤编成绳索，捆在钩上，然后，把茶树钩子往岩坎的松树上甩去，钩子牢牢地钩在了松树枝上。柯莹攀着古藤的绳索，一级一级地往上爬，也不知甩了多少次茶树钩子，爬了多少级峭岩壁坎，最后，终于登上了“钻天山”，站在了云上面。

翻过了重重峰峦，又来到了“老虎山”。远在三里之外，柯莹就听到了虎啸。他又从刀匣里抽出长把弯刀，砍了一根硬木冬眉叉，叉中间绑上一支用毒药煮过的毒箭，做成一把打虎叉，然后一步步向山顶爬去。

还没爬到顶上，一只吊睛白额虎便向他扑了来。柯莹晃动木叉，连连躲过了老虎的三次扑击。老虎几次扑了空，威风和气力顿时减掉了一大半。当老虎第四次再扑过来时，柯莹使用木叉刺中了老虎，锋利的毒箭一下就穿透了老虎的喉咙。

最后，勇敢的柯莹也用他的智慧和力量战胜了蟒蛇。

过了蟒蛇山，柯莹又急急忙忙地奔走了半个月，终于来到了碧浪滔滔的大海边。大海一眼望不到边，天连水，水连天，到哪里去找金狮呢？

柯莹想，自己克服千难万险才来到了这里，就是把海水淘干，也要把金狮找出来。于是，他边淘海水边喊："海龙王你听着，金狮跑到海里来了，不晓得它现在正在哪里玩耍，如果你怕我把大海淘干，就赶快派人去把金狮给我找回来。"

柯莹一连淘了三天三夜，这可惊动了海龙王。海龙王得知了事情的缘由以后深受感动，便命海螺大将协助柯莹寻找金狮。

海螺大将找到柯莹，叫他装扮成笑罗汉，手拿龙宫珍珠绣球，站在海岸，要他亮出珍珠绣球逗引金狮。这一招果然管用，就这样，柯莹把金狮引回到苗山来了，八个魔怪和那条孽龙，一看金狮又回来了，都吓得跑得远远的，再也不敢回来了。从此苗家人过上了安定的生活。

月食的由来

从前有一对新婚夫妇，男的叫阿万，女的叫阿四。夫妻二人用勤劳的双手在荒地上盖起了一间茅草房。他们每天早出晚归地劳动，日子虽然过得辛苦紧张，却也平静愉快。但是，官府不让他们过这样的日子，随时随地都会派公差找上门来要钱要粮，还要抓走鸡鸭。

这一年，阿万害上了瘫痪病，只好靠阿四一个人养活他，他们的生活更加穷苦了，而官府却勒索得更凶了。阿四只好单身一人出去给人家做短工。可是，她每天挣来的钱还不够缴款、缴粮。缴不上钱，官府就要派公差来捉人。

一天，官府的公差又来了，他们才到村子口，阿万家里的小花狗就“汪汪汪”地叫了起来。阿万和阿四在家里一合计，决定赶快离开家。于是阿四背起阿万来到了村后的一个山洞中，然后自己再下山去帮工，寻找一条能生活下去的路。

阿四把阿万背到山洞里，给他支下了一口锅，锅底下生着火。另外还找了一些干柴堆放在旁边，把他们仅有的一点儿粮食也给阿万留下了，放在阿万能够得着的地方。一切都安顿好了，阿四含着眼泪，离开了山洞。

阿万在她的后面一直痴呆呆地望着她，直到走出他的视线，阿万才爬回到山洞里。

没过几天，阿四留给阿万的粮食便吃光了。阿万耐不住饥饿，便爬出洞外，想找些草根树皮来充饥。阿万刚刚爬出洞口，看到一条碗口粗的大蛇向石洞里爬了进来。阿万吓坏了，马上在身边拾起一块儿石头，把那条大蛇砸死了。

过了一会儿，又爬来一条蛇，看到那条蛇已经死了，就盘到一棵树上去，衔了一些树叶，在那条死蛇身上擦了几下。不一会儿，那条死蛇竟活了过来，于是那两条蛇便一前一后地爬走了。

阿万看到这事很奇怪，就把蛇衔来的树叶捡了起来，在自己的腿上擦了擦，便觉得腿上热得很，非常舒服，再擦一擦，腿好了许多。阿万支撑着身体又摘了些叶子，擦完腿又去擦腰和整个身体。

第二天，他在山洞中醒来的时候，就能稳稳地站在地上了。他走出山洞，爬上树采了些果子来吃，并继续用树叶擦身上。这样过了几天，阿万的瘫痪病不但完全好了，还成了一个非常强健的人。

阿万高兴极了，他又想，这棵树既然能够治好自己的病，说不定也能够治好别人的病呢！于是阿万就把树上的果子和叶子都摘了下来，带在身上。

阿万怕官府发现他，只能偷偷摸摸地往家里走。回到家以后，他看到阿四躺在床上一动不动，嘴里发出痛苦的呻吟。

原来，阿四在外面帮工，饥一顿饱一顿的，又饿又冷，便害上了热病，已经倒在床上好几天了。阿万一看阿四病成了这个样子，赶忙把树上的果子拿出来给阿四吃，又用树叶给她擦身上。说也奇怪，不一会儿，阿四就坐了起来。她看到面前站着的就是自己的丈夫阿万，心中有说不出的高兴。于是阿万把神奇的树叶的事情告诉了阿四，阿四说，官府一直在抓他，让他赶快逃回山洞去。

阿万笑着说："我不回山洞去了，我要到外乡去，给人治病。等到日子好过的时候，我们再重新见面。我留给你一些树叶，你以后就不会生病了。"

就这样，阿万和阿四又分别了。

阿万带着树叶和果子，从这村走到那村，治好了许多人的病。阿万就这样到处流浪，到处行医。说起来也奇怪，这种树叶和果子，不但能医好瘫痪病，还能治好其他的病。阿万治好了许许多多人，所以大家都非常尊敬他，给他一些报酬，他的生活也渐渐地好了起来。他想念阿四，便又回来和阿四团聚了。他把找来的药，放在一个柜子里，告诉阿四："早上太阳出来和晚上月亮出来的时候，千万不要打开柜子，不然，后果不堪设想。"说完，就又出门了。

一开始阿四非常听话，可是日子久了，她再也按捺不住

好奇。有一天早上，太阳刚从窗户射进第一道光线时，阿四忍不住就把药柜打开了，结果柜里的药立即就被太阳拿去了一半。晚上，月亮刚刚照进屋里，阿四又忘了阿万的话，把药柜打开了，柜里剩下的那一半药，又被月亮拿去了。

阿万回家以后发现药都不见了，非常惊讶，阿四也非常难过。于是阿万决定到月亮上把药要回来。于是，阿万做了一架梯子，他带着狗爬着梯子上去了。阿万嘱咐阿四说："你要在梯子的下面浇水，中午浇冷水，晚上浇温水。"

阿万爬了七天七夜，眼看就到月亮了，他先把狗丢进了月亮里。可是这一天阿四太忙了，中午忘记了浇水，晚上想起时，浇的又是冷水。这可不好了，梯子从月亮旁边倒了下来，不幸的阿万也掉下来，被活活地摔死了，从此灵药也绝了种。

那只狗却留在了月亮里，每次想起主人时就去咬月亮，于是就有了月食。

智杀蟒蛇精

很久以前，在一座大山上，有一条大蟒精，经常出来伤害生灵。自从这条大蟒精出现以后，方圆几十里的人们都惊恐不安。很多人家都拖儿带女，逃到很远很远的地方去避难。

在这附近有一个刚成亲不久的年轻猎人，名叫路拓。他不仅勇敢，而且打猎的本领十分高强。有一天，路拓对新婚妻子说：“我想到山上去打猎。”妻子劝他说：“人们都说山上出了个大蟒精，我看你就不要去了吧。”可是，勇敢的路拓根本不相信这是真的，他一面收拾弓箭，一面对妻子说：“别再阻拦我了，我不过三五天就会回来的，如果真有像人们说的那个大蟒精，我就把它射死，把它的皮剥下来给你做鞋穿。”妻子见劝不住他，就对他说：“脱下你的一只白羊皮鞋子，穿上我的一只花鞋吧！”这一下，弄得丈夫傻了眼：“咳！你这不是让我出丑吗？一个男人穿一只女人的花鞋，叫别人看见会笑掉大牙的。”可是，多情的妻子却坚持说：“如果你不换鞋，我就不让你去打猎。”妻子说着，眼里含满了泪水。路拓不忍使妻子过分伤心，便按妻子的吩咐做了。

路拓在山上打了一天的猎，捕获了许多野兽。晚上，他来到松林间的草坪上架起篝火，躺下来休息。突然，从对

面的大山上，射来两道绿莹莹的寒光。路拓心中暗想，一定是大蟒精出来了。他刚想张弓搭箭，就感觉到一股难以抗拒的强大吸力向他吸来，就这样，勇敢强壮的年轻猎人，身不由已地被大蟒精吸到嘴里，吃掉了。

噩耗传来，路拓的妻子万分伤心。她是一位坚强的女人，决心要为丈夫报仇。从此，她整天都在想着除掉蟒精的办法。

大蟒精吞人的消息，很快传到了土司府里，土司发出了除蟒精的榜文，谁要是能除掉大蟒精，他情愿禅让土司的官位，而且可以世代相袭。

可是榜文贴出了很久，也没有一个人敢来揭榜。后来，这消息被路拓的妻子知道了，她便来到了土司府，毅然揭下了榜文。老土司看她是个女的，就很不放心地问："你想用什么办法去除掉蟒精呢?"路拓的妻子说："我只要一块白布，一块红布，一坛酒，再派上些人在后面跟随并听从我的号令。只要一切按着我说的去办，大蟒精就一定能够除掉。"

老土司虽然半信半疑，但由于拿不出更好的办法，也就答应了她的条件。

一天晚上，路拓的妻子带着一队人马，悄悄地来到了山上。她叫大家偷偷地在树丛中埋伏起来，自己却勇敢地站在了大蟒精居住的山洞前。这时，大蟒精发现有人来了，便慢腾腾地蠕动着长长粗粗的身子爬出了洞口。它发现前面站着一个美貌非凡的美女，高兴得流出了口水。于是大蟒精阴阳怪气地对路拓的妻子说："你是谁啊？竟敢有这样的胆子，连死都不怕，跑到我的洞口来。"路拓的妻子没有半点儿惧色，她对大蟒精说："我是猎人路拓的妻子，我丈夫被你害死了，我是来找他的尸骨的，顺便给你带了一坛放了一百年的好陈酒作为礼物。"

大蟒精听后哈哈怪笑着说："啊，美丽的夫人，你真是聪明，还为我带来了礼物。那么，你一定是愿意做我的夫人了。来吧，我们马上就进山洞去拜堂成亲。"

"我非常佩服你的本领，愿意终身服侍你。不过，你的眼光太吓人，在进洞之前，要在你的眼睛上蒙一块白布。"

大蟒精被路拓妻子的美貌和殷勤迷住了，不知是计，马上答应了她的要求。大蟒精的眼睛被白布蒙住后，路拓的妻子赶快命令埋伏着的兵丁马上悄悄地来到了洞口。

进了洞，大蟒精就大碗大碗地喝起了陈酒。最后，它终于醉得不省人事，沉沉地睡去了。

路拓妻子一看时机已到，便命令洞口的兵丁进到洞里来，对准醉成一团泥的大蟒精，长矛、利斧、短剑齐上，先刺眼睛，后剁身子，刹那间，血肉横飞。大蟒精被剁成了一堆肉酱。

路拓的妻子终于找到了一只白鞋子和一只花鞋子，然后走出山洞，来到土司府。

土司有言在先，又见路拓妻子确实大智大勇，于是就把土司的官位让给了她。她当上了土司后，非常关心百姓的疾苦，治理部落有方，很受人们爱戴，成了一个为民造福的好土司。

柳毅传书结良缘

很久以前，有个家住湘水之滨的书生叫柳毅。他不仅为人善良，而且还十分重义气。

有一天，柳毅在回家的路上遇到一位美丽的姑娘在牧羊。那姑娘虽然生得十分美丽，但身上的衣服却非常破烂，只见她双眉紧锁，泪光闪闪，一脸的哀愁。柳毅是个热心肠的人，便跳下马来，上前问道："姑娘，你有什么苦处，为何如此伤心？"

牧羊姑娘见面前站着的书生一脸的善良、诚实，便对他说："不瞒相公，我本是洞庭龙君的小女儿，父母把我嫁给了泾川龙君的二公子。但我的丈夫却纵情放荡，被婢女侍妾们迷住了，而对待我一天不如一天。我备受凌辱，便把这事告诉了公婆，可是他们溺爱自己的儿子，对他从不加管教。我说的次数多了，又惹恼了公婆，便被他们罚到这荒凉的河边来牧羊。我想回到父母的身边去，可是洞庭离这不知有多远，人神阻隔，音信难通，有谁肯帮我这个落难女子呢?”说着，便流下了眼泪。

“我家就住在洞庭之畔，如果公主信得过我，就请把信交给我吧！只是我是一个凡人，怎么才能进去呢?”

龙女听了非常感动，便对他说：“谢谢你接受了我的拜托。在洞庭湖的南岸，有一棵大橘树，树下有一口井。相公请把这条绸带系到树上，再敲打橘树三下，就会有人从井中出来，领你进到龙宫里去。”

柳毅接过龙女手里的信和绸带，小心地放到怀里，动身要走时，又对龙女说：“我为你送信，以后见了我，希望你不要躲着我。”龙女自然是答应了。

柳毅离开龙女后，晓行夜宿，用最短的时间赶到了洞庭湖边。他按照龙女说的一一办了。果然有一个武士从井中走了出来，向他施礼问道：“贵客从何处来?”柳毅只是说要见龙君。于是武士便分开水波，带着他进入了龙宫。

柳毅见到洞庭龙君后，把信交给了他。龙君读着女儿的书信，不禁老泪横流，哭着说道：“这都是我做父亲的罪过啊，把弱女轻许他人，遭受这样的痛苦和不幸。”说完，便命人把信送到后宫去了。

过了一会儿，忽然传来一声天崩地裂的巨响，一条一千多尺长的红色巨龙，眼里闪着电，口中喷着火，向远处腾飞而去。柳毅何曾见过这种场面，吓得趴在地上一动也不敢动。

洞庭龙君一看，马上扶起柳毅说："不必害怕，这条火龙是我的弟弟钱塘君，他方才知道侄女在受苦，一定是搭救侄女去了。"

柳毅觉得自己的传书使命已经完成了，便向洞庭龙君告辞。但洞庭龙君说什么也不让恩人走。这时，一位威风凛凛的将军，带着衣衫褴褛的龙女回来了。

女儿回来了，洞庭龙君心中万分高兴，便摆宴庆祝。席间，钱塘龙君对柳毅说："我的侄女是个既聪明又贤惠美丽的姑娘，家族亲戚没有不夸她的。不幸嫁给了一个混账东西，受了坏人的欺负。现在我已经把那个无情无义的东西灭掉了。我打算把侄女嫁给你这个品德高尚，又讲义气的人，使受到恩德的龙女找到自己的归宿，不知你意下如何？"

柳毅一听，便很严肃地对钱塘龙君说："我是一个读书人，为公主传书，不过是同情她的遭遇，尽一个正直人的义务罢了，别无他求；如果答应了这门亲事，岂不玷污了我的人格？况且我不过是个凡间的穷苦书生，如何配得起洞庭龙君的公主呢？"

钱塘龙君听后，深深感到他是个施恩不图报的真义士，便对他说："刚才我说的话太草率，请你原谅，多有得罪了。"二人尽情饮酒，成了交心的朋友。

柳毅要回去了，临行时，龙君夫人送给柳毅许多珠宝、碧玉。十几个挑着担子、背着包袱的武士一直把柳毅送回家。

柳毅回到家中以后，却满脑子都是龙女的身影，特别是她那又哀又怨的眼神仿佛在告诉他，她是深深地爱着他的，并不仅仅出于感激。但是，人神相隔，自己手中已没有了红绸带，不可能再入龙宫了，只好终日闷闷不乐，长吁短叹。

再说龙女，自从柳毅走后，她茶不思，饭不想，常常背着父母悄悄流泪，暗自埋怨柳毅不理解自己的一片真情。

半年以后的一天，突然有个人来给柳毅说媒。柳毅只是摇摇头，表示回绝，因为他心中只有龙女。

媒人说："柳相公，你可不要犯傻呀，这位姑娘姓龙，是从洞庭湖边上来的，不但生得百媚千娇，而且画也画得好。"

柳毅一听姑娘姓龙，又是从洞庭湖边来的，眼睛立刻亮了，他急忙接过媒人手中的画一看，上面画的是一女子在牧羊，那女子正是龙女。他激动不已，于是万分高兴地应下了这门亲事，不久便热热闹闹地把喜事办了，而且还过上了神仙的生活。

三兄弟除妖

很久以前，在一片古老的原始森林里没有人烟，只有无数的野兽在那里生存。

不知过了多少年，从远方来了一男一女两个人。他们到林间去采集一些植物的种子，种到地里。他们俩还种出了苞谷。可是，他们辛辛苦苦种出的庄稼，至少有一半都被野兽们糟蹋了。

几年以后，这对夫妻一胎生下了三个男孩儿。为了便于记住，他们给大儿子取名大申，二的叫二申，三的叫三申。

孩子们七岁的时候，有一天，这对夫妻正带着孩子们在地里种庄稼，突然狂风大作，不知从哪里跑来了一对凶恶的妖怪，两个妖怪猛地跳过来，一口一个就把孩子们的爹妈叼走了。三个孩子哭啊，喊啊，直哭喊得昏天黑地，也没见爹妈回来。最后，兄弟三人只好回到了山洞中。

突然，一个白发苍苍的老公公来到他们面前，和善地对他们说："孩子们，你们不要哭，光哭是没有用的。我教给你们武艺，长大好为你们的爹妈报仇，为受害的人们除害。"

从此，白发老公公每天都教他们兄弟三人学知识，练武艺。日子一天天过去，他们的武艺也越练越精。

后来，三兄弟把这个地方的野兽都赶光了，有些在别的地方不能安身的人们，都慕名投奔三兄弟而来，人们的日子越过越好。

他们长到十六岁的时候，就都长成了八尺高的彪形大汉了。一天，白发老公公把他们带到山后的洞中去挑选兵器。大申选了一条一千二百斤重的丈八长枪；二申拿了一对八百斤重的铜锤和两把一百二十斤重的双刀；三申拿的是一根碗口粗的镔铁长棍和千斤气力才能拉得开的强弓。

老公公等他们挑完了兵器，便说："你们兄弟三人听着，你们不久就要和怪物争斗了。要知道它们就是吃掉你们爹妈的怪物。你们一定要有信心，只准打赢，不准打输。"

老公公说罢，又教给兄弟三人几句咒语，并嘱咐不到万分危急的时候不准念。说完，老公公就腾云走了。

兄弟三人马上回到山洞中，吃饱饭，养足精神，穿戴上盔甲，提着各自的兵器来到山洞门口。这时，远处传来了怪叫声。那两个妖怪和它们带来的那些豺狼虎豹正在田里糟蹋庄稼呢！

他们来到两个妖怪和那些豺狼虎豹的跟前，大申举起长枪就朝怪物刺去，大妖怪一躲，二申的刀就到了，一下砍去了大妖怪的半个下巴，不一会儿大妖怪就倒在地上死了。二妖怪一看大妖怪被杀死了，转身就跑，三申赶紧跨上几步发出一箭，将二妖怪的后脚射断了一只，二妖怪连滚带爬拼命地逃进深山里去了。

大申让乡亲们把大妖怪和那些野兽的骨头都粘在岩石上，来警告那些再敢来侵犯的野兽和妖怪。一天晚上，白发老公公给大申托了一个梦，在梦中他对大申说："孩子，你

们要注意，那二妖怪逃跑后到了大黑山，它在那里请来了许多妖魔鬼怪，要来报仇，你们必须叫所有人都藏起来。我教你们的咒语在关键的时候，可以使用了。”说罢，老公公就不见了。

大申醒过来，把梦告诉了二申和三申，然后就连夜去通知人们，不等天亮就进山洞中藏好，无论听到什么动静都不要出来。

第二天一大清早，满山遍野，黑压压的一片鬼怪、野兽就直向他们这里扑来。

真是一场恶战啊！兄弟三人一连激战了七天七夜，妖怪被杀得尸横遍野。这七个日日夜夜，兄弟三人水没喝一口，饭没吃一口，眼睛没有合一下，现在他们已经非常疲倦了。可是，妖怪们还是死死缠住他们不放。

这时，三兄弟猛然想起了白发老公公的话，他们相互递了个眼色，然后把咒语各自都默默地念了七遍。刚念完，他们口中就吐出了熊熊的烈火。烈火一齐向妖怪们猛扑过去，那些山精野怪被大火烧得屁滚尿流，顷刻之间就化成了灰烬。

山精野怪都死光了，三兄弟才把嘴闭上了。顿时，云开雾散，天晴气爽。人们从山洞中跑了出来，祝贺兄弟三人。可是，他们三个虽然还各自精神抖擞地握着武器，但都化为了山神。

善酿酒与铁拐李

绍兴的善酿酒，色泽橙黄，异香扑鼻，味道醇香，驰名中外。关于它还有这样一段传说。

说不清是什么朝代了，出绍兴稽山门大约十来里，有座长满苍松翠柏、风景如画的小山，山腰里住着个孤苦伶仃的老婆婆。老婆婆善良热情，对来来往往的人十分和气，于是总有打柴的樵夫和路人去她家歇脚。老人靠卖草鞋为生，因为年纪大了走不了太远，那草鞋就全卖给了来这休息的人，依仗着大家的照应，日子也还过得下去。

一个夏天的傍晚，在她家门前来了一个跛脚的叫花老头子，脸色苍白，举步艰难，原来他脚上生有恶疮。老婆婆连忙将老头扶进屋里，烧米汤给他喝，烧热水给他洗脚，打着扇子给他赶苍蝇蚊子，招待得真是无微不至。

过了三天，叫花老头子的病好了，就一声不响地下山了。要是换个人，一定要口出怨言。可老婆婆呢，她不但不埋怨，反而为叫花老头子的病愈而高兴呢！

又过三天，那个叫花老头子又上山来了，这回真像换了个人似的，只见他鹤发童颜，银须飘拂，目光灼灼，脚儿虽跛，却连个烂疮疤也看不见。老婆婆又很热情地招待了他。

“老婆婆，你治好了我的脚，我没什么东西谢你，只有这两个讨来的糯米粽送给你。”叫花说。“算了，算了，我又不图你的回报，你脚上有伤，照顾一下是应该的，我怎么能要你的东西呢，快留着自己吃吧！”说罢，老婆婆端来一碗热茶，硬要叫花老头子当面把粽子吃下去。

叫花老头子吃了粽子，点点头说：“唔，老婆婆，你真善良，能济苦救贫。既然你不肯收粽子，那我就把这点儿东西送给你。”他走到屋边有山泉流过的地方，用手把那两张粘着几粒糯米饭的箬壳贴在岩石上。说也奇怪，那股山泉一落到粽箬底下，霎时就由清变黄，发出扑鼻的香气。

叫花老头子微笑着说：“你来尝尝看，喏，它已变成老酒了，今后你就可以靠它养老啦！”

老婆婆撩起围裙，擦了擦眼睛，挨近流下来的山泉仔细地看了看，又用鼻子嗅了嗅，用手捧起尝了尝，哎！真是香透心脾，醇美无比呵！老婆婆笑得眼睛眯成一条线，转身要问个究竟时，谁知那叫花老头子早无影踪了。老婆婆乐得合不拢嘴巴。愣了半天，她忽然想起人家讲过的八洞神仙铁拐李，越想越像，连忙对天空拜谢不已。

从此，老婆婆就卖起酒来了。她的酒虽是上等美酒，但卖得很便宜。有些砍柴的人没有钱，她还连酒带菜地招待他们。正因为如此，老婆婆的生意越来越好。加上有这个奇妙的传说，就更引人向往，于是，她住的山腰里人来车往，真像赶集市一般。那时绍兴的县官叫莫德贵，绰号叫“刷白烟囱”，意思是表面雪白，肚里墨黑。老婆婆卖酒的消息传到他耳朵里，他的涎水顿时垂下三尺长，马上坐上大轿，带了十来个随从挑着酒坛来了。一尝，果然如此，高兴得欣喜若狂。

县官一面喝酒，一面四下环顾，打着坏主意。他听说过那个传说，知道那两张粽箬的秘密，就想把它揭下来贴到自家后花园！想到这里，他就不管三七二十一，抓了其中一张用力一扯，突然“砰”的一声，那粽箬霎时变成一只大酒缸，把县官扣进缸里。任凭十来个随从，花了九牛二虎之力，也没能挪动分毫。大酒缸越来越硬，没一顿饭工夫，就变成为一块大石头。这块大石头如今仍耸立在那座山头上，有两围大，同反扣着的大酒缸一模一样。当地人就把这座山称为“酒缸山”了。

从这以后，老婆婆的酒也就少了一半，可是那些地头恶棍谁也不敢来霸占它了。

大家都来喝酒，时间长了，就想给酒取个名字，有人说老婆婆之所以有这段奇遇，全是因为她善良的缘故，于是为这酒取名善良酒，后人读错了字音，就叫成“善酿酒”了。

八仙过海，各显神通

相传，有一年三月初三，王母娘娘开蟠桃盛会，邀请了各路神仙前去喝酒吃桃，八洞神仙也应邀赶往。这可了不得，这八仙在瑶池喝得酩酊大醉，临行的时候，险些驾不起祥云，就这样，跌跌撞撞、飘飘荡荡地来到了瀛洲上方。

来到东海边，但见白浪滚滚，惊涛拍岸，一望无际。忽然，哗啦一阵巨响，浪壑中时隐时现地悬浮起一座金碧辉煌的琼楼玉宇。八仙不禁瞠目结舌，齐呼："真胜瀛洲十倍，宇宙海天难寻觅啊！"

吕洞宾带着醉意道："早就听说东海烟波浩瀚，今日一见，果然壮观。我们反正闲来无事，何不趁此机会游览一番？"

汉钟离连忙阻止道："听说东海龙王兵精将勇，神通广大，又骄傲自矜，倘若他掩门谢客，不予理睬，岂不大煞风景？诸位仙长已多贪几杯，万一酒后失言，引起事端，又何苦呢？"

八仙中的老大铁拐李天生的火暴脾气，闻听此言，怒目圆睁，喝道："我们八洞神仙，何等威风，岂惧东海一条小小蛟龙？依我看，洞宾所言极是，我们正应该在这东海上面好好游览一番!”众仙听了面面相觑，不知如何是好。铁拐李接着道：“别说老龙长了两只尖角，就是遍体生角，我们难道还怕他不成?”

汉钟离冷笑一声说：“仙长信口开河，夸下海口。俗语说：‘朋友万言难识知己，结怨仅需片言只语。’我们都是修道之人，还是不要惹是生非，快快回去的好!”

铁拐李闻听此言更是七个不服，八个不忿，将龙头虬须拐杖掷入惊涛骇浪之中，再轻身一跃，登上拐杖。猛然间，仙杖变成劈涛斩浪的龙舟，似离弦之箭穿涛破浪而去。

大家见铁拐李一意孤行，无法劝阻，径自踏浪而去，生怕他遭意外，只得跟着去了。袒胸露肚的汉钟离以乐鼓凫水，紧紧尾随而去。他双腿盘坐在鼓面上，忽飞浪尖，忽落涛谷，紧闭双目，潜向龙宫。

络腮胡须的张果老牵来瘸腿毛驴，朝背脊上倒坐，喊了声：“儿一嘟!”凌空扬起一鞭，瘸腿驴竖直两耳，昂首嘶鸣，扬起四蹄，踩波踏涛，只听“嚓……嚓……嚓……”浪花飞溅，如履平地。

英俊潇洒的韩湘子，见他三人破浪而去，微微一笑，轻吹横笛。刹那间，清脆婉转的笛声悠悠响起，令人心旷神怡。烟波浩渺的大海顷刻间变得柔情似水，浪姑涛妹欣赏着悠扬婉转的仙笛，闪开一条通道，簇拥着韩湘子，翩翩起舞。

何仙姑身背嫣红姹紫的花篮，篮中是采撷昆仑仙山五颜六色的奇葩异草，馨香扑鼻。海涯碧宫中的龙婆龙女、虾奴鲤婢争先恐后地抢夺彩篮里的鲜花，插上鬓髻。一刹那，宛如五彩缤纷的花丛。那花篮久取不尽，于是龙女们索性用花轿抬何仙姑进龙宫，热热闹闹庆贺一番。

手执拂尘的吕洞宾，从腰间解下黄澄澄的宝葫芦，揭开葫芦盖，左右摇曳，顷刻缕缕雾霭缭绕，结成一朵绚丽的彩云，托住莲花座，载着吕洞宾，飘悠悠如乘舳舻。

曹国舅敲击光溜溜的竹板，演奏民乐俚曲，吟今唱古。鳖臣龟相听得摇头晃脑，惬意十足，让曹国舅脚踩龟背，乘风破浪，飞速挺进。

蓝采和不紧不慢，小心翼翼地端放璀璨玉板，飞弧流霞照射龙宫，飞溅起惊涛骇浪，震得龙宫楼宇瑟瑟摇曳。

话说东海龙王正在宫中饮酒作乐，忽觉海面翻腾，水晶宫摇摇晃晃，大感诧异，忙差巡海夜叉四面探察，一看原是八洞神仙醉游龙宫，正在各显神通。

龙王闻奏勃然大怒，不禁龇牙咧嘴道："八仙欺辱寡人太甚，不过几个艺民俚夫，得了点儿仙道神术，就如此放肆，竟敢骚扰龙宫。"老龙王决心要给八仙点儿颜色看看，于是现出原形，跃出海面，一眼看见蓝采和，想也不想便张开血盆大口，一口衔住蓝采和的玉板，潜入海底。那玉板凝天地之灵气，集日月之精华，忽然间，龙宫光华四溢，如集日月星辰。龙王见弄来了宝贝，兴奋得不得了，再也不想和八仙斗法了，忙邀请众龙族兄弟，至亲密友，宴办玉板酒会。

蓝采和丢失无价之宝，众仙后悔莫及，埋怨铁拐李一意孤行，引起祸端。铁拐李脾气暴躁，道：“我们得使点儿颜色，好好教训教训老龙！”说罢，脚一登来到龙宫门前，破口大骂：“我乃上仙铁拐李，老龙盗贼，竟敢在光天化日之下抢劫玉板，若不快快交出，我要把龙宫夷为平地！”

龙王只顾喝酒赏宝，哪里还想理会铁拐李，见他在宫外大叫，仰天大笑道：“我以为是何方神圣？原来是你这个瘸子啊！算了算了，不和你计较了，你快快回去治腿，不要在我这里大呼小叫了，否则别怪我不客气！”

铁拐李不同龙王争执，把铁拐杖掷入海中，变成万丈巨龙，口喷熊熊火焰，龙宫顿时陷入一片火海，虾兵蟹将惊慌失措，抱头鼠窜，四处逃奔。众仙尾随而来，各显神通杀得老龙王招架不住，连忙抛出避火神珠，但也不经八仙一击。老龙王只恨藐视八洞神仙，招来祸殃，后悔莫及，只好乖乖地捧出玉板，将八仙迎进龙宫，赔礼认罪，并奉铁拐李为座上宾。

铁拐李打了胜仗，高兴得不得了，本想再给龙王点儿厉害看看，又见龙王唯唯诺诺，实在可怜，也就作罢了。他举起拐杖变为拂尘，蘸水泼洒，沧海火焰缓缓熄灭。吕洞宾又从宝葫芦中倒出亿万斛仙水，使得东海重又荡起万顷碧波。刹那间，刚才还一片狼藉的龙宫又恢复了宁静，老龙王长舒了一口气。

从此，“八仙过海，各显神通”的故事，就这样一代一代传了下来。

八仙造君山

在桃花江附近不远的地方，有一座小山，与浮丘山相望，叫垒石仑。这山上有两块巨石上下相叠，然而中间悬空，在当地被称为奇景。来这里游览的人们都十分好奇，这一景观是如何形成的呢？上面那块巨石又是怎么着根的呢？关于这，有一段神奇的传说。

好多好多年以前，有一天深夜，一个上山打猎的后生走得累了，就躺在浮丘山的山顶上休息。忽然，他看见几朵祥云落到山顶上，接着便看见祥云上有几个人担着土和石头，其中一个说：“走得这么急，有些累了，咱们在这稍事休息，等等铁拐李！”后生恍然大悟，心想原来这是八仙啊！他躲在草丛里看：何仙姑、吕洞宾、韩湘子、曹国舅、蓝采和、张果老、汉钟离，只没有铁拐李。这七仙坐在云上休息，你一句我一句地闲聊。后生躲在草丛里不作声，悄悄地听他们讲

话。慢慢地他听明白了，原来这些仙人们自从各显神通，在东海上游览一番之后，相中了水上的风光。商议着要在洞庭湖上造千个岛屿，以便举行酒宴，饱赏水上风光。今天便是从老远的昆仑山上担石取土，去洞庭湖中造岛的，因为铁拐李拄着根拐杖，一拐一拐地走不快，大家便停在这儿等他。等了一会儿，吕洞宾不耐烦了，说：“韩湘子，你吹一曲，催一催铁拐李。”韩相子点了点头，吹起了笛子，那音乐一阵急似一阵，仿佛是在催促铁拐李快点儿走。可是一曲吹完，铁拐李还是没有赶来，于是七位仙人担着土石，驾起祥云走了。

躲在草丛中的后生正在惊疑，忽然又见一朵祥云按落山头。铁拐李拄着拐杖一拐一拐地走来了，嘴里还在自言自语：“咳！听了韩湘子的笛声，心里一急，土石都掉到了安化。取了这里的土石去吧，也免得大家笑话我担得少。”说完，他便用手在左边划一下，右边划一下，口里念着诀，不一会儿，便有两块大石头到了他的身边。后生看到这里，可慌了神，神仙担一块石头，这不得担走一州一县的土地吗？我们大家祖祖辈辈，辛辛苦苦在洞庭湖里填起来的田地，担几担不就会担光吗？后生忽然瞥见了铁拐李的拐杖，他为了不让铁拐李把石头担走，就拿着拐杖跑了。

铁拐李一边躬身担石头，一边伸手去拿拐杖，没想到伸手一摸，竟然什么都没摸到，他恍然大悟，原来拐杖不见了。他一个趔趄，扁担“嗖”地飞了起来，落到了浮丘山

底下，化成了一座山——就是现在的扁担仑，身前那个石头也骨碌碌地朝山下直滚。铁拐李顺着滚动的石头看去，啊！拐杖原来被那个后生拿跑了！他连忙抱着另一块石头追赶。铁拐李驾着祥云，到底要比那后生跑得快，一会儿就追到了。那后生正站在滚下来的那块石头上，抬头望着铁拐李。铁拐李道：“孩子，快把拐杖给我，我赶时间呢！”后生哪里肯给，道：“你不许担这里的土石，答应了我才给你！”铁拐李大怒，把手里的石头朝后生砸去，后生也不示弱，举起拐杖要将石头顶住。那拐杖有法力，这一顶，石头果真不动了。铁拐李站在云中说：“你把拐杖还我，免你一死，不然，要把你压得粉碎。”后生用力扶住拐杖，说：“你若想取走一粒土石，我让你的拐杖也变成粉末。”后生说完，手一松，往岩边一滚，滚到了地上，那巨石“轰”地往下压来。铁拐李眼看自己的拐杖会被压碎，急得大叫一声：“停！”那小山般的石头，竟然在刚要触着倒下的拐杖时停住了。这时远处传来了清脆的笛声，笛声不似刚才那样急切，而是悠扬婉转、怡然自得。铁拐李凝神静听，知道众仙在刚造好的湖心岛（君山）上饮酒作乐，叫他快去呢！铁拐李见岛已造成，也无心要什么土石了，便按下云头，抽出拐杖，赶着赴宴去了。可是他在匆忙中，竟忘了收回他那停石的敕令，使得这块石头一直悬在空中。后来呢，人们把这座奇山叫磊石仑。

东西两“多头”

山后村有两个牛贩，一个叫东多头，一个叫西多头。东多头左耳根长着个大挂瘤，西多头右耳根长着个大挂瘤。“多头”的绰号就是这样来的。两个虽然长得相似，脾气禀性却大不相同，东多头忠厚善良，西多头刁钻狡猾。

有一天，东多头出村办事，就请西多头帮他去买头牛。西多头见了钱，就起了坏心眼儿，既想骗了东多头的钱，又想要了东多头的命，以绝后患，于是他想出了一个馊主意。他在外面混了几天才回来，故意气喘吁吁地来骗东多头，说帮他买的那头牛，在南山坳逃跑了，要东多头一道去追寻。东多头人老实，把西多头的话当真了，就拔腿跟他向南山坳奔去。

到了南山坳，天色已晚。西多头主张就地留下，以便明天再找，就带着东多头进了一个小山洞过夜。谁知东多头熟睡后，西多头就溜出小山洞，随即搬来大石块，堆呀叠呀，把山洞口堵得严严实实，还用黄泥把缝隙也糊得密不透风！

西多头办完了坏事，心中高兴，又觉得刚才堵洞时累得够呛，就找了一个大山洞睡了起来。谁知道，无巧不成书，正赶上八仙在王母娘娘那里吃过了蟠桃，路过此地，走得累了，想休息一会儿，也进了这个山洞。

蓝采和眼尖，一下瞥见了洞角落里蜷曲着身子的西多头，失声叫道："作孽，作孽！这个人耳根怎么生了这么个大挂瘤？"吕洞宾说："待我为他医治一番。"然而张果老却连声道："慢，慢，你们还不知道，眼前还有人命案子呢！"

原来他捏指一算，已经弄清西多头谋财害命的勾当。他讲了缘由，众仙于是一齐来到被大石块堵住口子的那个小山洞。汉钟离只轻轻用扇子一扇，堵洞的石头就飞得无影无踪了。吕洞宾趁这东多头熟睡之际，将他的挂瘤摘掉了。接着，铁拐李向拐杖上吹了一口仙气，只见那西多头蜷曲着身子，飘飘悠悠地落在东多头的身旁。二人依旧打着呼噜，睡得很香甜。

八仙做完了这些事后，看看时候不早了，该返回了，于是就驾起彩云，腾空而去。这时候，熟睡的西多头做起了怪梦，梦中遇见一个金刚，凶狠地对他说："西多头啊，你这个坏家伙，竟然要谋财害命！你的坏主意被八仙识破了，本该重重罚你，但八仙怜你上有老母，下有幼儿，只罚你戴上东多头的挂瘤。从今而后，改邪归正，不得有违！"只见那金刚把手一扬，恍惚间有一物凌空飞来。西多头尖叫一声，从梦中惊醒。那时天已大亮。西多头一摸自己的左耳根，果然多了一个挂瘤，再看看睡得正香的东多头，他耳根的挂瘤果然不见了。

西多头知道自己恶有恶报，叫苦不迭，又暗自庆幸八仙没有要他的命，连忙叫醒了东多头，把自己做的坏事一五一十地讲了，一个劲儿地给东多头叩头赔罪。东多头闻听此言又惊又喜，惊的是西多头竟要害自己的性命，喜的是挂瘤没有了，自己成了正常人。他心中欢喜，又加上本来就忠厚老实，就宽恕了西多头。

从此，东多头的绰号再也没有人叫了。西多头呢，却得了个新绰号——“双多头”。

吕洞宾与蛇精

相传在唐朝的时候，青龙山下住着一位叫吕洞宾的读书人。这个吕洞宾，很小的时候就死了父母，独自一人孤苦伶仃。他日日夜夜勤奋读书，想早日考取功名，飞黄腾达。

一天傍晚，他正在溪流旁散步，忽听树林子里传来一声声悲凄的哭声，心中奇怪，这深山僻坳，何人在此悲啼呢？于是，他循声找去，看见是个穿着绿衣衫的青年女子正掩面哭泣，就问道：“小姐，你如此伤心，不知何故？”那女子转动泪眼，低声泣道：“君子，小女子家住钱塘，名唤香玉。只为爹爹爱财贪势，要把我嫁与一个年老的大官为妾，奴家不从，深夜逃奔至此，可我举目无亲，哪儿可去投奔呢？”

说完，又嘤嘤地哭起来。

吕洞宾听了她的话，心生同情，有意收留，但一想到孤男寡女，共处一室，实在有伤风化，便对那女子说：“这位小姐遭遇凄惨，但心洁志高，小生很是佩服，本应留你在舍下小住，但男女有别，多有不便还请见谅。我这有纹银几两，你拿着快快出山，寻一安身之处吧。”

不料想香玉听后，哭得更是凄惨。见这一美貌女子在自己面前啼哭，吕洞宾面露难色，他一想，这荒山野岭，常有野兽出没，这女子独自一人，实在危险，斟酌再三，只得同意把她带回自己的居所。那女子闻言，止住了哭声和他回去了。

吕洞宾把她领到家里，动手炒菜做饭，让她饱餐一顿，就请她在内房安歇了。自己抱了捆茅草往地上一铺，睡在外室。初时他感到还冷，不久便觉得身子暖和起来，安然睡去。天明后睁眼一看，见自己身上盖着厚厚的被子；灶锅里冒着股股热气，分明已做好了早饭。那女子坐在门口，穿针引线，补着他的衣服。香玉见吕洞宾醒来，忙端水送饭，殷勤服侍。吕洞宾原想一早叫她离开，现在却不知怎的，竟说不出那句话来。香玉似乎也毫无离去的意思，熟人般地替他整理屋子，浆洗衣物。恰巧，天公作美，淅淅沥沥地下起雨来，香玉也就住下不走了。

雨一直下了半个多月，两人也混熟了。吕洞宾见她娴雅

端庄，且又勤劳，渐生爱慕之心。香玉更爱他品行高洁，诚实忠恳。于是，两人各吐心事，择个吉日，撮土为香，结为夫妇。婚后，两人相处更为和睦，真似如鱼得水，难离难分。

一晃半年过去了，夫妻二人相敬如宾，日子过得倒也快活。这一天，洞宾路过一座寺庙，被一个老和尚拦住了去路。老和尚仔细打量了一下吕洞宾，长叹一声说："先生被妖缠身，还不知道吗?"吕洞宾大吃一惊，忙详细询问，老和尚告诉他："你家娘子是一条蛇精啊！她就要把你吃掉了!"洞宾哪里肯信，转身就走，那老和尚追来说："你若不信，可去试试。明日五更，她睡着时，必有一颗红色的珠子会从口中吐出来，你把它抢过来吞进肚里，到时立见分晓!"

吕洞宾将信将疑地回到家里，怎么看妻子都不像是妖精，但老和尚的话总在耳边回响。夜里，香玉已然熟睡，他却辗转反侧，无法成眠。五更时，果见香玉张开口来，吐出粒红晶晶的珠子。他顺手一抓，"嚯"的一声，咽进了肚里。香玉全身一颤，猛地惊醒过来，发现红珠不翼而飞，却见吕洞宾身透红光，呆怔怔地坐在那里，心里早已明白，不觉潸然泪下，怨道："我与你前世无怨，今世有缘，你为何害我?"吕洞宾不敢隐瞒，结结巴巴地说出了原委。香玉一声长叹，道："我虽是蛇精，但没有害你之心啊，要不早就

把你吞掉了。”吕洞宾一想，此言有理，自己行事太过鲁莽了，不觉有点儿懊悔，忙问：“娘子，可有解救之法吗?”“有是有，”香玉迟迟疑疑，缓缓说道，“只有将你杀死，剖腹开膛，挖出红珠还给我，才可保得我命。”“啊?!”吕洞宾吓得大叫一声，往后跌去。香玉急忙上前扶住，婉言抚慰道：“郎君不必惊吓，妾身与你已是夫妻，决不会因此伤害于你。千怪万怪，总怪我未曾对你言明，使郎君错信谗言。”说罢，泪如雨下。吕洞宾见她如此贤惠，想起往日夫妻恩情，顿时大悔，捶胸击头，抱住香玉大哭起来。

渐渐地，东方露出了曙光，已是清晨了，香玉面无血色，在吕洞宾怀里痛苦挣扎着，吕洞宾痛哭流涕，追悔不已。香玉见他面露难色，只得强挺着，劝道：“郎君啊，不要伤心了，七七四十九天之后，你掘开我的坟墓，你我夫妻还可团聚。”说罢头一歪，死去了。吕洞宾恨呀！抄了把菜刀直奔庙里去找那老僧算账！老僧急忙拿着根铁杖前来应战。哪料吕洞宾吃过红珠，身轻如燕，力大无穷，几个回合，将那老僧一刀挥为两段！随后，就为香玉造了座坟。日日夜夜，守护在坟前悲泣祭祀，追悔自己的过失；诉说着相思之情，希望她按时复生。这样，哭呀，诉呀，哭呀，等呀，由于相思过度，竟将四十八天错算成四十九天，匆匆把坟掘开了。啊！坟墓里躺着的不是他日思夜想的妻子，而是覆合在一起的两把寒光闪闪的青色宝

剑！吕洞宾大惊失色，扳着指头仔细一算，顿时万念俱灰！当他知道日子搞错，爱妻再难复生，心痛如绞，紧紧搂抱着宝剑，泪如泉涌，欲哭无声。吕洞宾知道由于自己的疏忽，爱妻再不会复生了，夫妻团圆的梦想不会实现了。他越想越痛，抱着宝剑放声痛哭。怪了，这对宝剑只要贴着吕洞宾的身体，便柔软无比，离开他就变得锋利坚韧。吕洞宾遂发誓永不再娶，把剑背在身上，吃饭睡觉，形影不离。后来，他成了仙人，那宝剑就帮着他除妖平魔，时时保护着他的安全。人们都叫它为蛇剑，却很少有人知道那是吕洞宾在怀念他的妻子。

吕洞宾三戏牡丹

相传这一天，八仙之一的吕洞宾云游到桐柏山，发现有一只穿山甲在这里兴风作浪，祸害百姓。这穿山甲一发威，便弄得此处地动山摇，房倒屋塌，大地抖动，山崩地裂。吕洞宾叫来山神们，讨论如何捉住此妖。谁知山神闻听此言，都连连摆手说："这个妖怪神通广大，法力无边，还请大仙禀告玉帝，派天兵来吧！我等小仙，敌他不过。"

吕洞宾哈哈大笑，说："区区一个穿山甲，我一个便可制伏。"众山神面面相觑，齐声称赞他神通广大，然后一齐

称谢而去了。

众山神走了以后，吕洞宾心中暗想："此怪妖术甚大，我怎么能降伏它？也是我一时说了大话，如若不把此怪镇住，众山神岂不讥笑于我，这……"

吕洞宾正在思忖的时候，太白金星赶到。

太白金星听了吕洞宾的话，捋着胡须笑道："这事说难不难，说易不易啊！"吕洞宾忙道："请老仙莫要卖关子了，有话请直说便是。"太白金星道："这穿山甲最怕王母娘娘头上的一只玉簪，那便是定山神针。"吕洞宾摇头道："这可太难了，谁敢到王母娘娘头上拔簪啊？"太白金星说："王母娘娘有一贴身侍女，名唤牡丹仙子。她有思凡之意，你若能打动她的心，此事定能办妥。"

次日，王母娘娘请各路大仙赴蟠桃盛会。吕洞宾便和太白金星驾起祥云，直奔天宫。

蟠桃会上，笙歌达旦，一派热闹景象。

各路大仙畅怀饮酒。酒过三巡，菜上五道，王母就命侍女给各路大仙斟酒。当牡丹仙子来到吕洞宾面前斟酒时，太白金星用胳膊将吕洞宾碰了一下，吕洞宾就在接酒之机，将牡丹的手轻轻地抚摸了一下。牡丹仙子脸一红，低着头退了下去。

片刻，王母娘娘又令侍女送仙桃。牡丹仙子迟迟疑疑地来到吕洞宾面前。太白金星用脚尖踢踢吕洞宾。吕洞宾就在取桃时，将桃盘重重地往下一按，牡丹仙子手腕一软，脸蛋羞得比红牡丹花还要红。她低着头，顺后门向莲花池急急退去。

太白金星给吕洞宾递了个眼色，吕洞宾会意，就紧跟而去。

牡丹仙子径直走到莲花池边，两眼凝视水中莲花深思起来，吕洞宾悄悄地站在牡丹仙子背后，轻轻地说："牡丹仙子，你在赏花吗？"

牡丹仙子扭头一看，见是吕洞宾，急忙拂袖掩面说道："你，你可知天规？不要冒犯我。"

吕洞宾嘿嘿一笑，说："我当然知道天规，我也不会冒犯你，我呀，知道你在想什么。"

牡丹仙子摇了摇头，问道："那么你说，我在想什么呢？"

吕洞宾挪了几步上前说："你啊，正在羡慕凡间的生活，恨不得自己是个凡间的女子呢，对吧？"

牡丹仙子慢慢低下头。

吕洞宾又走了两步说："唉，要说这人间啊，也真是个好地方。那景色，比咱们天庭要强得多呢！"

牡丹仙子不禁抬起头，轻轻地说："真的吗？"

吕洞宾禁不住点头微笑。

吕洞宾见牡丹仙子凡心已动，心里不禁乐开了花，拉着她一边向下看，一边说："快看啊，这下界处处青山绿水；姑娘小伙生活幸福，日子美满。你看这对夫妇，他们正逗着孩子玩；你再看那对花园里的情人，正在海誓山盟，私订终身呢！"吕洞宾边说边偷瞧着牡丹仙子，看她面色红润，似有所思，知道她上了自己的圈套，心中欢喜极了，于是又说："牡丹仙子，你如果想过人间的美好生活，我可以帮助你呀！"

牡丹仙子脸一红，羞答答地说："真的吗？"

吕洞宾说："真的，不过，我也请你给帮帮忙。"

牡丹仙子说："我能帮你什么忙呀？"

"王母娘娘头上的玉簪，借我一用。"

"哎呀，那哪能成呀？玉簪是王母的心爱宝物，谁也不能借用。"牡丹仙子为难地说。

吕洞宾说："我借它使用，是为了拯救天下百姓。"

牡丹仙子说："天下百姓不都很幸福吗？"

吕洞宾上前几步说："牡丹仙子，你到这儿看！"只见云缝之中的桐柏山一带，到处是房倒屋塌，男哭女嚎，一片凄惨景象。牡丹仙子急忙闭上眼睛说：“哎呀，老百姓太可怜啦!”吕洞宾说：“这桐柏山一带，过去山河秀丽，林茂粮丰。只因穿山甲作怪，才使这儿变得荒芜，百姓遭难。我借王母玉簪就是为了除掉这怪。”

牡丹仙子焦急地说：“我愿帮忙，可是——”

吕洞宾见牡丹仙子答应帮忙，就如此这般地嘱咐一番，又将一支假玉簪交给了牡丹仙子。

第二天一早，王母娘娘沐浴之后，牡丹仙子为她梳头。趁着这个机会，牡丹仙子偷偷地拿走了真簪子，把假的插在了王母娘娘头上，然后将定山神针交给了吕洞宾。

吕洞宾带着定山神针，来到桐柏山。有了宝物，他不费吹灰之力，就抓住了穿山甲。

除掉了穿山甲，吕洞宾忙带着定山神针赶回天宫。来得正是时候，原来王母娘娘发现了假头簪，正要治牡丹仙子的罪呢！吕洞宾见牡丹仙子流着眼泪，楚楚可怜的样子，忙跪在王母面前，禀报了实情。太白金星也闻讯赶来为牡丹求情。

王母娘娘见两位讲情，说道：“看在两位的面上，免牡丹仙子不死，赶出天宫送往人间!”

后来，人们为了纪念吕洞宾，就把吕洞宾戏牡丹为民除害的事儿作为美谈，一直传到今天。

蟠桃会舌战王母

传说，王母娘娘每年都会在瑶池设宴，为自己庆祝生日，这也就是一年一度的蟠桃盛会。这一年的三月三，又是王母娘娘的寿辰。这一天，天上地下的各路神仙都从自己的居所出来，驾着祥云，带着珍宝来为王母祝寿。王母娘娘穿戴一新，坐在众神中间，如众星捧月一般，好不快活。她正在看众仙送的礼物时，忽听得有人报信，说吕洞宾来了。王母娘娘向来讨厌吕洞宾清高自傲的脾气，又听说他两手空空未带贺礼，便不许他进来。

吕洞宾得到通报，非常生气，径直闯入，当着众仙的面喝问王母娘娘："你庆寿摆宴，我身为邻居，前来祝贺，你为何无礼，拒我于门外？"

王母娘娘把脸一沉，说："今日之客，全是在位名仙，你一小小散仙，不能入席。"

吕洞宾一乐："既然如此，那王灵官、黄飞虎不也来了吗？他们又算哪路名仙呢？怕是因他们带了厚礼，而我是空手而来吧！"

王母娘娘听了，气从心来，又说："因你是个酒、色、财、气之徒，所以不欢迎你。"

“何以见得？”

王母娘娘扳着指头说：“上次蟠桃盛会，你喝了个酩酊大醉，出尽丑相，此为酒徒；你三戏牡丹，丑扬四海，此为色徒；你闹龙宫，抢珠宝，此为财徒；你过海作孽，肆意杀生，此为气徒。”

吕洞宾笑道：“请问王母，可容我答辩？”

王母娘娘看了一下众仙，众仙面面相觑，都不作声。王母娘娘觉得如不让吕洞宾答辩，定落众仙耻笑，便说：“可以回话。”

吕洞宾不慌不忙地说道：“我喝醉酒不假，那是因为你设宴赐酒。我吕洞宾好酒谁都知道，你赐酒，我喝酒，难道有错吗？再说抢宝，纯属小人造谣生事，砍杀之事，是我为救人间百姓，怎算罪过？我今天倒要说说你的酒色财气呢！”

王母娘娘气得把眼一瞪，斥责吕洞宾：“不许胡说。”

吕洞宾说：“小仙有事实为证。你每年一度摆酒作欢，这不是贪杯吗？牛郎织女，情投意合，要结为夫妻，你却吃了醋，拔玉簪，造天河，这不是色情攻心吗？你借蟠桃祝寿，向众仙勒索财物，这不是贪财吗？只因为我没带礼品，你百般刁难，不让我赴宴，自己也气成这个样子，这不是气徒吗？”

王母娘娘听了吕洞宾数落自己的罪状，气得哑口无言，更不会辩白了。众仙坐在一旁，看见王母娘娘被吕洞宾气得

直哆嗦，都捂着嘴偷着笑呢！

吕洞宾数落了王母娘娘，心中不快，转身离去，回到吕祖洞饮酒作乐去了。可是他舌战王母娘娘的事情，却被传为千古佳话。

药仙铁拐李

很久以前，有个名叫李大的小伙子，跟随父亲采草药，父子二人依靠采药、卖药过日子。他聪明好学，没用多长时间，就把父亲采药、拾药的本领全学会了。父亲去世后，他就跑到一家生药铺里做制药师傅，整天从早忙到晚。

一天早晨，药铺里来了一位衣衫褴褛的老头儿，活像个叫花子，老头儿说他腿上长了一个疽，流脓淌血，痛苦不堪，恳求药铺老板为他医治。

药铺老板见老头一副穷相，心中不乐意，冷言冷语地问："你想治病倒行，可你拿得起钱吗？"老头儿叹了口气说道："我是一个孤寡老人，身无分文，你就救救我这个可怜的人吧！"李大在一旁看得心酸，劝道："老板，这老人家怪可怜的，你就发发慈悲，给些药吧。"

老板一翻铜钱大眼，凶神恶煞般说道："你废话多呢！"他随即唤来一条大黑狗，手向白胡子老头一指。那狗龇牙咧嘴地向白胡子老头儿冲去，一阵乱咬，把白胡子老头儿的裤子撕得粉碎，腿被狗咬得血淋淋的。哎呀，不好！那老头儿扑通一声倒在地上，昏了过去。说时迟，那时快，李大一头冲出店门，一脚踢走了狗，蹲下问道："老大爷，怎么样？"

白胡子老头悠悠地吐了口气说："我命好苦啊，本来腿上就有病，这回又被狗咬了！"

"你家住何方，我送你吧！"

"我一个穷要饭的，哪有什么住所？那边的破庙，就是我家。"

"既然这样，您就和我走吧，住到我家去。"

"小伙子，你可真是好人啊！太谢谢你了。"

李大跑到店堂里拿了两包生肌散，几张拔毒膏药，向外走。药铺老板问："咦，怎么拿我的东西送人情？"

"哪里是拿你的东西送人情？你从我的工钱里扣吧！"

"臭小子，有正经事不做，管那臭叫花子做什么？"

"我不管什么臭叫花子不臭叫花子，我就知道治病救人！"

"哼，你不怕我辞了你？"

"辞就辞吧，管不了那么多了！"

药铺老板气得光翻白眼，喉咙直噎，没有办法。

李大把白胡子老头背回家去。

到了家里，李大用紫花地丁、菖蒲根等药草熬水，替白胡子老头洗了腿上的脓血，撒上生肌散，贴上拔毒膏药，用布包扎好，又泡上一大碗药汤，端给白胡子老头喝。

那白胡子老头摸着李大的头说：“好孩子，亏得你救了我的命，医了我的病。实不相瞒，我也姓李，既是个铁匠，又是个走方郎中。千山寻药，万里行医，四海云游，数十春秋，写了一本药书，想传给后人。好孩子，你愿意学医吗？”

李大闻听，喜出望外，连忙说：“愿意，愿意，我当然愿意！”老郎中见他态度诚恳，不觉心中欢喜，问道：“孩子，你学医做什么呢？”李大不假思索地说：“治病救人呗！”老郎中大喜，收了这个徒儿。

李大欢天喜地，双膝跪下，向白胡子老头行了拜师礼。从此，李大就跟白胡子老头学打铁，学采药，学治病。过了三年六个月，李大已能给人治病了。

一天早晨，白胡子老头拿出一部手写的医书，交给李大。李大跪在地上，双手接了过来。

白胡子老头说：“孩子，这是我用几十年心血写出来的，后面由你接着写下去吧。”

李大说：“决不辜负师父的教诲。”

“医无德不行，道无术不能！孩子，你懂吗？”

“懂！”

“你说说看。”

“医生如果心术不正，好比图财害命；医生如果医术不精，就会贻误人命。”

“对对对！有德有术，才是真正的医生。”

“师父金玉良言，徒儿刻骨铭心。”

白胡子老头要走了，师徒俩难舍难分。走到大草滩时，白胡子老头向空中呼唤：“白鹤何在?”话说之间，云彩里飞来一只白鹤，落在地上，白胡子老头跨上白鹤，白鹤长鸣一声，驮着白胡子老头飞走了。

这白胡子老头是哪个呢？原来是李老君。

以后，李大还是走乡串镇，到处给人打铁、采药、治病。这年夏天，发生了瘟疫症，不少人得病。药铺柜台边人靠人，抢着买药。那个不长人心肝的药铺老板暗喜暗笑，心里话：药价往上涨，银子往家淌。这可是发财的好机会。

这时候李大把采来的药草，炼成丸药，装在葫芦里，到病人家去施药。嗨！可真是妙手回春，药到病除。那药铺老板的黄金梦做不成了，把李大当作眼中钉，一心想把他害死。

在一个月黑风高的夜晚，李大外出给人治病刚回来。那黑了心的药铺老板，就躲在柴垛里，看李大不留神，冲出来给他一铁棍，然后拔腿就跑。

哎呀！李大的腿骨被打断了，倒在地上。说时迟，那时快，天空中金光一闪，一声鹤叫，李老君骑着白鹤来了。药铺老板吓慌了，急急忙忙抱头逃跑，一下子撞在大树上，撞

死了。

李老君扶起李大说："孩子，你受惊了。"说罢就给他治病。李大的腿骨接好了，只是比以前短了一些，走路不方便。李老君就给他打了一根铁拐。

从此，李大架着铁拐，身背药葫芦，到处给人治病。

因为他姓李，架着铁拐，大家就称他是铁拐李。他医术高明，药到病除，大家又称他是药仙。

蓝采和成仙记

听老辈人讲，八仙在没成仙得道之前，数蓝采和心眼儿最好。

他有颗金不换的好心眼儿，还有颗撞倒山的实心眼儿，更有颗问不够的灵通心眼儿，唯独没有连狗也不吃的坏心眼儿。

我们都知道蓝采和手中提一个大篮子，那篮子里不装花、不装草，装的乃是治百病的草药。他从小就跟着父亲进深山，钻老林，跋山涉水，采集草药。

咱先说这金不换的好心眼儿。他八岁时就学会了"偷"——从家往外偷。常常屏住气儿，蹑手蹑脚，轻轻揭开锅盖，摸上一个饽饽，或拿一块发糕，撒腿就往外跑。跑什么？去赶那挎筐拖棍要饭的老大娘呀。他把干粮塞到可怜的老大娘手中，心里才感到舒服。

再说他那撞倒山的实心眼儿。他十岁听爹说，进山采药得走黑道，常遇上狼豺虎豹，非练一身硬功夫护身不可。他把这话记在心上，天天起大早儿练拳。你猜他怎个练法？他硬是对着村北头那口八丈深的井，整天挥拳抡脚砸三千下。不管刮大风，下大雪，就是天上下刀子，他也照练不误。一年三百六十五天，三年一千零九十五天。功夫不负苦心人，他整整对着深井狠砸了三百二十八万五千下，直练得在井口一挥拳，那井里的水就“哗”的一声响，你说这力气有多大呀！而后，他进深山老林采药，只要一挥拳，就带起一股风，吓得狼豺虎豹老远就躲开。

再说他那问不够的灵通心眼儿。这年，他十八岁，因长年采药，饥吃野果，渴饮泉水，不知不觉间，就出息成一个俊小伙了。这时，他已父母双亡，只剩下孤身一人，整天进山采药，有时四乡行医。这一天，他行医路过一个荷花塘，突然见到一个瘸了腿的穷汉子，躺在路边睡觉。这穷汉身上又脏又臭，小腿上长满了疔疮，又流脓又流血，还散发着一股恶臭味。他睡得虽酣，却还时不时伸出手挠腿，可见他也是痛痒难耐。蓝采和看着他可怜，忙奔上前去，伏下身来，用双手给他挤净脓血，撒上药面。他心想，自己这药特灵，不出一时三刻这疮就会收口。岂知他眼睁睁地瞅了半晌，那

疮口不但没收，反而又淌开了脓血。怪事，今天这特灵的药面怎么不灵了？

直到这时，那穷汉才懒洋洋地睁开一只眼，出了声："你当我这疮就这么容易治？快用你那竹篮，去这荷花塘里，提满一篮水来，给我把这疮口洗净，再上药，就能治好了。"

蓝采和虽半信半疑，还是忙不迭地跑到塘边，将竹篮伸进池塘。人说竹篮打水一场空，他虽眼疾手快，也没提上几滴水来。他没咒念了，急得直转悠。恰在这时，走来个手持阴阳板的算卦道士。蓝采和忙上前施礼求教。那道士傲气得很，爱搭不理地训道："你这脑袋，真是榆木疙瘩。这塘边有现成的黏胶泥，用它把竹篮糊上，不就打上来了？"训完，便扬长而去。

蓝采和照着一试，果然提上了满满一竹篮水。可惜美中不足，那水提到瘸腿穷汉跟前，就成了浑泥汤了。那穷汉睁开睡眼，狠狠地瞪着他，怒道："快把这浑汤给我泼了，去打一篮清水来。"

蓝采和无奈，只好返回塘边，将竹篮刷洗干净，摸着后脑勺，犯了难。恰在这时，又走过来个俊模俊样的新媳妇，笑盈盈地赶着跟他搭话："大兄弟，什么事把你愁成这样？"蓝采和一五一十地告诉了她，"噢！就这么点儿小事呀，好办。你下水摘几片荷叶来，把竹篮铺严实，不就打上清水来啦。”

蓝采和恍然大悟，忙照此去办，果然提上了满满一篮清水。那穷汉这才有点儿笑模样，吩咐把那一篮清水全泼到他小腿上。真怪，只一眨眼的工夫，他那疮摞疮的瘦干小腿，就好得利利索索的了。蓝采和惊奇地瞪着眼，张口结舌。那穷汉见状哈哈一笑，从腰间摸出个油光锃亮的葫芦，往蓝采和手中一塞：“愣什么？快喝口酒，暖暖你那刚下过水的身子骨。”

蓝采和左推右推，推辞不过，只得仰头喝了一大口，却没想到，这一大口下去，只觉得清凉醇香，顿时觉得身轻如燕，飘飘然直想飞起来，那穷汉对他大笑道：“恭喜道长，今日成仙了，走吧，咱们一起去蓬莱仙岛吧！”

话说蓝采和喝了仙酒后，正疑惑不解之时，看到那手持阴阳板的算卦道士和手持荷花的俊媳妇，也驾着祥云，跟在后面呢！原来啊，这正是曹国舅和何仙姑。这二人是和铁拐李一起来度他成仙的啊！

张果老倒骑驴

张果老是一个穷赶脚出身，常年靠赶着毛驴帮别人拉点儿货过日子。这可是个辛苦活儿，每天风里来，雨里去，天不亮就出门，太阳落山才到家，日子过得很艰辛。这天，他赶着小毛驴，一大早就上了路。中午时分，他正走到一座破庙前，只见荒坡野庙，一副破败凄凉的景象。庙内空无一人，只剩下断壁残垣支撑着的两间破瓦房。往常，张果老每逢路过这里，总要歇歇脚，啃上几口干馍，睡上个把时辰的觉，也算寻了个痛快。今天，张果老却突然改变了主意。他摸摸干粮袋，还是早上舍不得吃的那一块大饼，现在要把这块大饼吃下去倒也容易，可晚上吃什么呢？他牙一咬，心一横，对着驴儿甩了一个响鞭，干脆三顿并一顿，待把货物运到地方再说！刚要迈步，突然一阵风刮来，他闻到了一种异香，这时腹中空空，饥肠辘辘的张果老不禁喝住了毛驴，停下脚来。

眼见四下里空空荡荡，只有这么一座破庙，这扑鼻的香气如此浓郁，定是从庙里发出的啊！张果老不由得好奇得很，拴起毛驴，推开庙门，想进去看个究竟。

进得庙门，张果老一下愣住了，一向无人的破庙里，竟然支了口大锅，那灶膛里正架着劈柴，锅的四周烟腾火燎地冒着大气。张果老疑惑不定，忙掀开锅盖一看，好家伙，你知锅里是什么？原来是炖得滚烂的一锅肥肉，锅盖刚一打开，那满锅的香气，一个劲儿地直朝他鼻子里钻。怪呀，是谁这样出奇，有肉不在家吃，偏偏拿到庙里煮呢？张果老越想越感到奇怪。四下瞧瞧，再出门望望，还是没人。难道是神仙显灵不成？想到这里，张果老不由得心中大喜，心道，人人都传什么神仙显灵，谁知道今天被我遇见了。这一定是天上的神仙看我张果老这个穷赶脚的可怜，吃了上顿没下顿的，于是大发慈悲在这里为我备下一锅肉汤！你说，张果老碰上了这么个好运气，还会轻易放过吗？他尝一口汤，味道出奇的美，他分不出锅里到底煮的是什么肉，反正是他从来没吃过的。他没有找到碗，破庙里甚至连双筷子也没有。他只好从门外的小树上掰了根树枝当筷子吃了起来。然而，他哪里知道，这锅肥美的肉汤，并不是什么神仙显灵，而是别有一番来历。

原来离这座庙不远处，有一座学馆，里面有一个性情孤僻、古怪的教书先生。他一生无别的嗜好，只专一修身养性，以求升天成仙之道。说来也巧，这天，他从一个学生的口里得了一个信儿，说是在离学馆不远的一个大荒坡地里，经常有一个光屁股小孩出来玩耍，这孩子个子很矮很矮，却长得白白胖胖。学生甚为惊奇，不知是谁家的孩儿，在那里整天玩，也不回家。先生听到这个消息，心中暗喜，他断定这绝不是一般人家的孩子，而是一个成了精的何首乌。

因为他早就听人说过，何首乌在地下生长千年以后，就会变成人形，出来走动，而这种何首乌乃是稀有珍宝，天下难得，谁能吃到这种何首乌的肉，就可以超凡成仙。他早就

梦想得到这样一种宝贝了，不料却应验在今天。这先生平素修身有道，养性有法，各门经典，无不精通。他无时无刻不在想着能获得何首乌，自然也就有一套捕捉的方法。他买来了一扎红丝线和一根绣花针，把丝线的一头穿在针上交给学生带着，让学生设法把针扎在那个“光屁股小孩儿”的身上。学生自然很听老师的话，果真这样做了。于是，先生就顺着红丝线一直找到了这东西生长的地方，刚好，就在张果老经常路过的那座庙后的地里。先生趁着没人的时候，悄悄地把何首乌挖了起来。挖了很深很深，直到红丝线的尽头，才挖出了一只长得肥肥胖胖的何首乌。先生高兴得不得了，想带回家，又怕被人遇见，想到家中那个小学馆，多少双眼睛在盯着他？万一走漏了风声怎么办？想来想去，不如就在破庙里支个锅，神不知，鬼不觉地独自吃了完事。没想到在他煮熟了何首乌，回去拿碗筷的时候，前庄却来了一个朋友请他，说是家里办喜事，急等着他去帮忙写副对联，不等他答应，朋友就死拉硬拽地把他拖走了。他只能心里叫苦，有话不能明说。待到匆忙中写完了对联，他要告辞时，朋友又死活非留他在家里喝几杯不可。他虽不情愿，可是感到盛情难却，怎么也推辞不掉。就这样，时间一拖再拖，炖得烂熟的一锅仙肉仙汤却没能上口。那边先生急得抓耳挠腮，这里张果老吃得满嘴流油。因那何首乌个大肉多，张果老吃个痛饱也没吃完。这时，他的小毛驴在院外又踢又叫，他忽然想起他的小毛驴还饿着肚子。于是他连锅带汤一起端了出来，让驴儿也喝个饱，最后还剩下一点儿汤，他便顺手泼到了墙头上。

话说这张果老吃光了肉，喝饱了汤，五脏六腑有说不出的舒坦，正想躺下美美地睡一觉，忽然看见远处有一个人慌里慌张地奔这所破庙跑来，这才反应过来，敢情不是什么神仙显灵，这锅肉汤原来是别人炖的！想到自己偷了别人的肉汤，张果老不由心中害怕，于是坐起身来，两眼盯着来人，倒着坐上了驴背。“儿——”的一个响鞭，毛驴便撒开四蹄，腾空跃起。跑着跑着，仙物已起了灵效，张果老和小毛驴已经踏上了祥云，在半空中了。那张果老倒骑在小毛驴上，只觉身轻似燕，行若流水疾风，越飞越远，越升越高。破庙和那个追来的人早已看不见了。他不免有些得意扬扬，手拍驴屁股，哼起乡间小调来。

传说，张果老用来当筷子吃何首乌的那根树枝，竟然落地生根，长成参天大树，被当地人称做“果老树”。那一堵被张果老用肉汤泼过的墙头，竟然如铜墙铁壁一般，经世不倒，别的墙头倒了又垒，垒了又倒，但那堵墙头却依然如故。后来，人们就把这座破庙加以整修，改建成“果老庙”，把这堵墙立为“果老碑”，并在上面题诗刻文，表达对张果老的怀念之情。

韩湘子戏皇帝

话说这一天，八仙中的韩湘子云游天下，路过京城，正巧赶上皇帝大寿。只见金銮殿中锣鼓喧天，彩旗招展，鼓乐齐鸣，满朝的文武大臣都穿戴一新，给皇帝祝寿。宴席上龙脑、熊掌、燕窝、鱼翅，山珍海味，应有尽有，好一派热闹的景象。

韩湘子想起旅途中所见，天下正遭遇大旱，青黄不接，百姓尸横遍野，处处啼哭之声不绝。见皇帝如此奢侈，狂吃猛饮，不顾百姓生死，心中愤愤不平。他想：我何不施点儿小术，惩治惩治这昏庸的皇帝，为穷百姓出口怨气。他主意打定，马上变成一个化缘道人，手拿木鱼，轻轻降落到金銮殿前，把木鱼敲得梆梆响，叫道："多谢施主，开恩！开恩！"

这可惊动了整个金銮宝殿，皇上大怒："孤王今日庆祝寿辰，大吉大利，这道士却来化缘，化走了孤王的福气寿缘！马上把这道士推出宫门斩首！"

韩湘子不惊不慌，从容禀道："请皇上息怒，王刀虽快，但不能杀无罪之人！请问，皇上为何要杀贫道？"

皇帝怒道："今天是孤王寿辰，你疯疯癫癫地来到我金銮殿上化缘，有损孤王的年寿，难道不是罪过?”

“贫道也知道皇上寿辰，今天也是来送贺礼的啊!”

“哎呀！你这个叫花子老道，也来给孤王贺寿！好吧，常言道‘官大不打送礼之人。’孤王不责怪你，你究竟带来什么礼？拿出来看看。”

“寿礼不大，还请皇上原谅。”

“常言道，千里送鹅毛，礼轻情义重。孤王不在乎，只要你有这点儿情意就行了。”

韩湘子借着皇帝这句话，回答道：“好，皇上，我送的礼虽轻，但正如皇上说的，算是贫道的一份心意。”接着，韩湘子从随身带的花篮里，取出一包自个儿吃的瓜子献给皇上，道：“这就是我的礼物!”

皇上一看，满脸不高兴，心想，哪能真的送一包瓜子呢？这不是存心捣乱吗？他越想越生气，于是脸色一沉，怒道：“大胆的妖道，竟敢戏弄孤王，推出午门斩首!”

“请皇上息怒。皇上有所不知，我能马上让这瓜子结出一个又甜又大的西瓜送给皇上，让圣上在隆冬吃上西瓜，这不是稀罕珍贵之礼吗?”韩湘子说。

“住口，你这妖道更是胡言乱语！人人都知道，三伏热天才有西瓜，哪有三九寒天结西瓜之事？明明是存心戏弄孤王。”

“皇上，请稍等，贫道马上叫瓜子结出西瓜来!”只见

韩湘子把一粒瓜子放在金殿的砖缝里，吹了一口气，念念有词道："长！长！长！"转眼间，瓜子出了芽，又吐出嫩叶，再长出瓜藤，一会儿又开了花，最后结了一个大西瓜。

韩湘子恭恭敬敬地把西瓜放在皇帝的龙案上，再抽出宝剑切成一块块，请皇上和文武大臣们吃。皇帝和大臣们吃了西瓜，无不啧啧称赞。

皇帝在隆冬季节吃上了西瓜，心中大喜，暗暗思忖，看来这道士法力大极了，一定还有别的花样。于是说："这位道君，看来你的法力非凡，可否再施展一些让我开开眼呢？"

"好！好！好！贫道倒还有几套仙法，请稍等一会儿，我再变一礼物送给皇上，皇上见了一定会喜欢。"

只见韩湘子举手招了一招，口中念道："宫娥美女，来！来！来！"顿时，八个美女翩翩落在金銮殿上。皇帝睁大眼睛仔细一看，被八个天仙般的美女迷了魂。这八个美女樱桃小嘴，面如桃花，双双眼睛含深情，朝着皇上微笑。皇帝忙对韩湘子说："道士贤卿，这礼太厚了，我得重重赏你。"

"不要皇上重赏，只求皇上稍给点儿聘金就是了！"韩湘子道。

"聘金？小事一桩。你要多少聘金，孤王就给多少。"

"不多要，不少要，只求给我一花篮钱就够了！"韩湘子道。

皇帝看了一眼那花篮，见它小巧玲珑，知道装不了多少银两，就满不在乎地叫来大臣，命他去银库里装银子。可谁知这花篮好像是个无底洞，八座银库的银子都装完了，还没装满。皇帝急了，对韩湘子大喝：“恶道！你使的什么诡计？把我的银子都弄到哪里去了？”

韩湘子微微笑道：“皇上息怒。你看，你的银钱都飞到天边去了。”边说边指着天边。皇帝睁大眼睛向天边寻看，什么也没有见到。韩湘子趁这个机会，使个隐身法，悄悄溜走了。皇帝回过头来，道士没了，他又气又恼，想到虽丢失了八库银钱，但得了八个天仙美女，也没有白吃亏。他赶忙呼唤八个美女来唱歌跳舞，哪知八个美女也无影无踪了。

这一下皇帝可气得不轻，忙令人到处寻访韩湘子，可哪里还找得到啊？有人问，那银子到底哪儿去了呢？原来韩湘子把银子全分给了穷苦的百姓了！

造“八甲石桥”

相传八仙中的韩湘子，在游览黄山的时候，在黄山北麓的谭家桥村，造了一座石桥，名叫八甲石桥。这是怎么回事呢？

古时，黄山的奇峰异景就吸引了天下无数游客。这年夏天，韩湘子飞驾彩云，来游黄山，来至谭家桥村边，只见一条大河，波浪滔天，水势汹汹，许多游人叫苦不迭，无法前行。这自然难不倒韩湘子，他轻摇仙帚，飞驰而过。忽见大河两岸许多行人沿河徘徊，不敢渡河，一些穷苦百姓为生活所逼，不得不寻找河宽水浅地方相互搀扶过河，经常有人失足溺水，悲号哀叫，惨不忍睹。

韩湘子见此惨景，心发慈悲，暗想，我何不显法在此造座石桥，搭救穷人，免除过河艰难呢？想罢，便按下云头，变成一个石匠来到河旁。

此时，天色将晚，过往行人都已回家，只有一位白发农夫凝视着滔滔河水。韩湘子前去问道："老伯，请问哪儿过河合适？来往行人最多？"白发农夫指着水浅河宽的谭家桥村边说道："那儿河水浅缓，行人渡水甚多。"韩湘子谢过农夫，回头一望，白发农夫不见了，原来这白发农夫乃是黄山山神。

恰巧这天，八仙之一的蓝采和游罢黄山，兴致勃勃地腾云驾雾来到谭家桥河边，见有一个石匠在河边比画丈量。心想，这是哪位能人在此准备造桥呢？定睛一看，原来是韩湘子，连忙招呼道："韩兄，为何在此造桥？"

韩湘子见是蓝采和，心中高兴，便将原委通通讲给他听，要他和自己全力造桥。蓝采和可是个愿意显功的人，听了这话，便笑道："我看这样，咱二人各造一座，在鸡叫三遍前造好，你看怎样？"

韩湘子深知蓝采和名利心重，想借机显显自己才能。心想，河上多造一座桥也好，来往行人更加方便。于是答应分别造桥，定于鸡叫三遍前完工。

夜幕降临，天黑得伸手不见五指。蓝采和得意扬扬，摇动花篮，呼风唤雨，作起法来。韩湘子对他这种虚张声势的做法很不满，微微一笑，随即拿起仙帚沿河而上，来到白亭，朝黄山走去。一会儿，只见一群群膘肥体壮的活猪，挤挤拥拥地沿河而下，韩湘子把这群肥猪赶到谭家桥河边时，仙帚一摇，双手一拍，只见肥猪呆立不动，变成一块块巨大的花岗岩石。韩湘子又从仙帚上拔下一根仙毫，轻轻一吹，仙毫直射九霄，一会儿又直栽下来，变成一个墨斗，飞快地弹开石头。只见一条条白净光滑的石条，齐整整地排在河边。韩湘子连忙砌起桥墩，竖起桥身……鸡尚未叫三遍，一座五孔石桥造成了。韩湘子看看时间还早，便沿河而上，看看蓝采和如何造桥。

再说蓝采和虽要与韩湘子一较高下，但他法力毕竟有限，在那里又是呼风又是唤雨，却全是些表面功夫，费了半天的劲，只架起了座独孔石桥在石门处，那里河窄、水急，石桥摇摇晃晃，很不平稳。看见韩湘子来了，急忙问道："兄长，桥造得如何?"韩湘子答道："桥已造好，我再进山赶一批石头，围住桥头田埂，免得洪水冲毁农田。"说罢又朝黄山走去。

蓝采和闻听此言，更是着急，一想到斗法输给韩湘子，

一定会被人取笑。想来想去觉得不甘心，既然法力不敌他，还不如去阻挠他，斗得两败俱伤总比被嘲笑要好。想罢便摇身一变，变成一个八旬老妇立在白亭河边。

韩湘子赶了一群肥猪来到白亭河边，见一老妇挡住去路，急忙喊道："老婆婆，请让开，肥猪来了！"那老妇仰面哈哈大笑，说道："休想骗我，这是石头，不是猪！"说罢，伸手一指，顿时肥猪变成了一块块石头立在河中。韩湘子仔细一看，原来是蓝采和破了他的法，使他围田造埂未能成功。如今，这些石头还静卧在石门河中。此时，鸡已叫三遍，韩湘子来到蓝采和的石门桥边，只见这座独孔桥，造得马虎。韩湘子刚迈到桥上，桥面顿时摇晃起来，裂开一条大缝，"轰隆"一声巨响，桥身塌了下来。而韩湘子造的桥，却稳如泰山，任巨浪撞击，岿然不动。

后人为了纪念善良聪明的韩湘子，感激他造桥的恩情，称他为八仙之首，给桥命名为"八甲石桥"。而蓝采和那座倒塌的独孔桥，至今还倒在石门河中，现在还看得到呢！

曹国舅学仙

在靖安县双溪镇北面，有一个古洞，名叫曹仙洞，是双溪十景之一。这洞有四五米深，洞内石桌石凳一应俱全。一道瀑布从洞口奔流而下，煞是壮观，洞两边是险峻陡峭的悬崖，洞顶鲜花绿树，美不胜收，关于它的来历有这样一段传说。

大家也许都听过八仙过海的故事吧，曹国舅便是其中的一位神仙。相传，曹国舅是宋朝初期曹皇后的弟弟，乃是皇亲国戚。后因曹国舅的弟弟依仗权势，横行乡里，无恶不作，皇上对其弟的不轨行为却不予惩处，任凭他欺压百姓，而曹国舅对弟弟的劝告又等于石上泼水，毫无作用。曹国舅一气之下，便离开京城，外出求仙慕道了。

一天，曹国舅来到赣江边，眼看着滔滔江水，波涛汹涌，又无船可渡，正叫苦不迭，忽然，见江面荡漾着一叶扁舟。曹国舅叫船家把船划过来，渡他过江。船家却要他先付船钱。曹国舅一摸身上，分文未带，没有办法，只好拿出皇帝赐给他家的金牌来证明自己的身份。却没想到这船家看了金牌，更是愤怒，喝道："你现在有心脱离凡尘，却为何又拿金牌证明身份，如此这般，又怎能求仙成道？"曹国舅一听大惊，心想，他怎么知道我要求仙？他莫非是仙家不成？想到这里，曹国舅连忙把金牌丢进波浪滚滚的赣江里，等他定眼一看，船家不是别人，原来是仙人吕洞宾。曹国舅低头便拜，口称："师父！师父！"吕洞宾收下了曹国舅做徒弟，带他过了江，来到靖安地界。

这一天，二人云游来到双溪北面，忽然见到一天然形成

的石洞，旁边小溪流水，涓涓不息，古柏参天，花朵满地，芳香扑鼻。吕洞宾看出这是修道的好地方，就让曹国舅在这住下修炼。

曹国舅在洞中住下后，按照吕洞宾的教诲，勤学苦练。朝出山间，采吃珍异山果，博访仙地真迹，夜归洞里，口诵真经。就这样，曹国舅在洞中生活了九九八十一年。

一天清晨，日出东方，曹国舅出得洞来，忽然听到天空响起了笙箫鼓乐，抬头一望，只见师傅吕洞宾在半空中向他招手，并喊道："曹国舅你仙炼已满，今日成仙，跟我走吧！"曹国舅一听，随即纵身一跳，上了云端，跟在吕洞宾身后，向天宫冉冉而去。后来，人们把曹国舅修仙、上天的这个山洞取名叫曹仙洞。

落马桥

出天台县城西门，去"琼台夜月"游览，走七里多，就可以见到一个小村庄，山清水秀，绿树环抱，景色秀丽，让人流连忘返。村子外边有一座拱桥，貌似月牙，这就是闻名于古今的落马桥。

相传，从前这个村子里住着一个无儿无女、非常勤劳的药农，由于年代久远，已经没人知道他的名字了。他一年四季，跋山涉水，到处采药，年年月月，不知爬过多少山，涉过多少水。一天，他听别人说，离村二十多里的地方有个仙人洞，洞里住着神仙何仙姑。药农想：何仙姑是有名的药仙啊！自己在天台山中采了几十年草药，所认识的草药不过十之一二，何不去向何仙姑请教请教呢？

于是，他扛着药锄，背着药筐，顺着一条水坑前进。走了好久，见右边石壁上有个山洞，离坑底足有四五十丈高。他攀着藤爬上洞口，见有一男一女正坐在石桌旁聚精会神地下棋。女的身边还放着药锄和药篮。他想：这女的一定是何仙姑，便轻手轻脚走了进去。两位仙人下棋入了神，好像根本不知道有人进来似的。

药农见仙人没有发现他，更不好意思打扰，于是悄悄站在旁边看两人下棋。这一看直看得目瞪口呆，五体投地。药农闲来无事之时也愿意下下棋，方圆几十里也小有名气，但这二人的棋技，实在高超，让他眼花缭乱，佩服得不得了。

太阳快下山时，两位神仙的棋也下完了，站起身来，哈哈大笑，回头一看，才发觉身旁站着一个陌生人。

何仙姑问道：“客人从哪里来？到哪里去？”

药农见问，赶忙作揖施礼：“请问仙姑，您可是何仙姑?”何仙姑点点头。药农接着说：“小人来此非为别事，只因天台山中长着千百种草药，我只能识别十之一二，因此专程来此向仙姑请教。”

何仙姑听了微微一笑：“原来如此，看在你虚心好学，不怕艰辛来这里求教的分上，我就指点指点吧！这洞边就长着千百种草药。来吧，让我一一指给你看。”

药农喜出望外，随手将药锄一提，不料“啪”的一声，锄柄断了，锄头掉在地上。刚一迈步，草鞋也化为尘土。他仔细一瞧，原来锄柄已被白蚁蛀坏了。

药农赤脚随着何仙姑来到洞外。在淡淡的夜色中，只见奇花异草，芳香扑鼻，都是名贵的草药，何仙姑领着他一一辨认，认着，认着，天色越来越暗，才只识得一半，天已全黑了。

眼看天色渐渐黑了下来，药农不觉心中发愁，心想这离家那么远，自己可怎么回去啊？仙姑见他面露难色，知道他心中的想法，便道：“你不必为难，今晚我和吕师共赴华顶莲花盛会，你就住在这里吧！”药农这下才恍然大悟，原来另一位仙人乃是吕洞宾。于是就安心住了下来。

第二天天刚亮，药农就起来了，走出洞口，只见洞外全是悬崖峭壁，深不见底，白云缭绕，山风呼啸。天哪！往哪儿走呢?

药农托着下巴，坐在崖沿上发呆。忽然，空中传来环佩之声，抬头一看，原来是何仙姑来了。何仙姑见他愁眉苦脸，便笑着说："客人不必忧愁，请进洞内吃点儿东西，我马上备马送你回家。"药农跟着何仙姑走进洞里，不知什么时候石桌上已摆满各种山珍佳肴和一壶美酒。药农呷了一口，只觉甜香满口，直透心脾，舒爽至极。但他总担心这洞外全是悬崖峭壁，即使有骏马也难骑行回家啊！

正想着，何仙姑进洞来了，手中捏着一把碧绿碧绿的剑娘草，坐在一旁编了起来。顷刻间编成了一只五六寸长的剑娘草马，真玲珑！

何仙姑将草马托在手中，口中念道：

"剑娘马，剑娘马，

餐风饮露快快大，

采药客人骑上去，

安安稳稳送到家。"

话音刚落，剑娘草马活了起来，一纵身跳下手心，飞快地朝洞外奔去。才出洞口，迎面一阵山风夹着几滴雨露打在马身上。刹那间，剑娘草马变成一匹高头大马，四蹄扬起，昂首长啸。

何仙姑将药农扶上马背，叮嘱他紧闭双眼，喝声"驾"，剑娘草马撒开四蹄，乘风而去。药农骑在马上，只觉得耳畔风声呼呼，不一会儿就平平稳稳落了下来。他睁眼一看，脚下是一座拱桥，再仔细看看，哈！原来就是自己村头的小桥啊！剑娘草马在药农下来以后，向着他连嘶三声，就掉转了头，蹄下生风，回洞去了。

药农走进村子，突然发现身边的面孔都很陌生，村子里的路也有了很大的变化，他费了好大的劲才找到自己家门口。可是大门已经倒塌了，院子里长满了野草，他心中纳闷，自己才离开一天，怎么就发生了这么大的变化啊！

这时村里人都赶来了，大家说："这院子已三世无人居住，客人还是到我们家中坐一坐吧！"正说着，一位满头白发的老头拄着拐杖挤出人群，对着药农端详了一番，惊叫起来："啊，你好像是药农哥哥嘛，怎么还活着？"听他这一说，众人都呆住了。于是药农将经过情形讲了一番，大家听了，无不惊讶。

从此，这座拱桥和这个村庄，就都叫"落马桥"了。

附录　先夏时期纪年表

一、已有历史纪年表的缺陷

我们中国人经常说，中华文明上下五千年。但是，这种说法只是概而言之，并不具有中国历史纪年性质。客观地说，中华文明的历史非常古远，少说也在数万年之久。根据出土文物来看，至少在八九千年前，我国许多地方已经有了高度发达的文明（包括器具制造、居住地建筑物和文化活动）。中华民族的文明史从人类诞生到今天就始终一脉相承，没有断绝。

但是，由于远古人类缺少记录大尺度时间的能力，因此远古的文明事件未能用文字或者其他可验证的手段记录下来。而且，远古人类的文字资料，由于种种原因而失传（包括密藏或者文字载体毁坏）。其中最著名的事件发生在前516年，这一年深秋，王子朝在争夺周王室继位中失败，他携带周室典籍投奔楚国，定居在今日河南省南阳一带，这批珍贵的历史文献从此失传，中国历史的古远纪年也就失去了文献依据。

目前，中华文明历史纪年的元年，主要有如下几种。

其一，前841年，系东周的共和元年。

其二，近年夏商周断代工程确立的纪年：夏朝，前2070—前1600年；商朝，前1601—前1050年；周朝，前1501—前776年。

其三，《汶川县旅游发展总体规划》称，相传大禹于前2297年农历六月初六，诞生在绵池镇石纽山刳儿坪。

其四，根据历史文献推算，黄帝元年为前2697年或2698年。

其五，互联网上有文《人类文明探源工程：伏羲朝、炎帝朝、黄帝朝年代表》称，伏羲元年为前64430年，女娲元年为前63314年，共工等十四世在前62513年—前6549年之间，炎帝十世在前6548年—前6009年，黄帝元年为前6008年，传十世，共计2520年。

不难看出，其一、其二这两个纪年元年，时间尺度偏短。其三、其四这两个纪年元年，时间尺度虽然略有增加，但是依据有所不足，主要是缺少相关客观信息的支持。其五纪年的主要依据是《易稽览图》里的说法："甲寅伏羲氏，至无怀氏，五万七千八百八十二年。神农五百四十年。黄帝一千五百二十年。少昊四百年。颛顼五百年。帝喾三百五十年。尧一百年。舜五十年。禹四百三十一年。殷四百九十六年。周八百六十七年。秦五十年。”问题是，在远古曾经有过“万邦林立”的时期，各族群并存于世，彼此之间并非简单的单一的直线承继关系。显然，上述纪年都是不能令人满意的。

有鉴于此，我们需要从新的角度来思考和解决问题，并建议根据龙凤文化与天文历法学和气候学的关系，以及其他各种来自远古的信息和客观的相关信息（例如考古发掘的文化遗址文物），去确定中华文明各个族群所发生的重大事件的时间，并以这些比较准确和客观的时间为相应族群的纪年元年，重构出中华文明先夏史纪年表。

二、重构先夏史纪年表

中华文明先夏史纪年表如下。

第一阶段：人类（直立人）诞生暨发明用火、穿衣打扮时期。

1. 火把氏（300 万—200 万年前）

直立人与直立猿的第一个区别在于直立人开始使用火，并由此而导致人类彻底直立起来，以及智力的进一步发展。因此，第一个举起火把的人，可以命名为“火把氏”。能否使用火是判断是否人类的最主要标准，目前已知最早使用火的人是五六十万年前生活在北京周口店的北京人。笔者研究发现，居住在桑干河流域大同火山群附近的大同火山人（其已知代表即阳原泥河湾人），用火时间可能比北京人还要早数十万年或更长的时间，约在 300 万—200 万年前，那里才是诞生人类的温床。

2. 皮草氏（200 万—100 万年前）

直立人与直立猿的第二个区别在于直立人开始穿衣，并由此而导致体毛开始退化，以及智力的进一步发展。因此，第一个发明穿衣的人，可以命名为“皮草氏”。火的长期使用，促使人类形成对火的依赖，为了在雨天出行保护火把不熄灭，由此开始制作防雨材料，并进一步发明衣服，既可御寒，也可御热（避免火烤伤），从而导致人类的体毛逐渐退化。有了保护火种的技术，人类就可以迁徙到离开自然火源（大同火山群）稍远一些的地方。关于人类发明穿衣的时间，目前尚无出土实物来判定，笔者暂定在 200 万—100 万年前，实际发生时间也可能晚一些。

3. 化装氏（100 万—20 万年前）

直立人与直立猿的第三个区别在于直立人开始化装，并由此导致体毛彻底退化，以及智力的进一步发展。因此，第一个发明化装自己的人，可以命名为“化装氏”。根据智因设计进化论，许多动物都有化装（包括伪装、拟态）自己的能力，人类与动物的区别在于，动物化装自己的主体是基因（实际上是 DNA 智力系统），而人类化装自己的主体是大脑（即神经元智力系统）。自从人类发明穿衣之后，人类就发现不同的服装具有不同的展示作用，于是人们就开始有意识地尝试着用各种材料和各种技术手段来装扮自己。这种行为进一步促进体毛的彻底退化，并且发展出各种新的技术手

段，这为后来发明人造住宅技术和钻木取火技术提供了技术储备。与此同时，这也促进了人类思维的不断复杂化，为日后巫术（内含科学和文化）的形成提供了思想储备。

直立人经过火把氏、穿衣氏、化装氏三个发展阶段，其体貌发生了脱胎换骨的变化，其大脑智力也发生了飞跃式变化，直至发展成为与今天人类没有什么差别的智行人。

有必要指出的是，刚刚举起火把的直立人，其外貌和大脑智力水平与直立猿并没有太大的差异，仍然是浑身长毛，直立行走或半直立行走，脑容量相差也不多，行为方式也接近，这正是学术界长期把直立人与直立猿混为一谈的主要原因所在。但是，自从直立人举起火把之后，直立人的智力水平（由神经元智力系统控制）就开始持续提高，直立人的体貌（由 DNA 智力系统控制）也开始配合智力水平提高而发生着相应的变化。其主要表现是，彻底直立行走，头骨扩张、脑容量增加，体毛基本退化，头发变长，男性胡须变长，女性骨盆加宽，婴幼儿生长期延长，手指更加灵巧，牙齿及其周边结构更趋近现在的人类，面部表情进一步丰富，发音器官更适合发出复杂的音节和声调，神经元智力系统从条件反射思维发展出因果关系思维，面部识别能力进一步提高，而嗅觉则有所退化。

随着直立人人口的增加，直立人开始从发源地向外扩张迁徙。但是，人类大规模的迁徙活动，发生在智行人阶段。

当智行人迁徙到新的居住地之后，由于定居地的自然环境差异，智行人的体貌（主要是肤色、鼻骨、头骨等）也出现了差异性变化，并形成了四大种群，即黄种人、黑种人、白种人、红种人，这时的人类可称之为种群人。

第二阶段：远古三氏（智行人、信息人）文明时期(20 万—7 万年前)。

智行人的体貌与今天的人类已经没有什么大的区别，他们的智力水平已经非常接近今天的人类，其标志就是脑容量的扩张基本完成，剩下的只是经验和知识的积累。中华民族最早记忆中的远古三氏即有巢氏、燧人氏、盘古氏，他们代表着智行人的三个发展阶段，此后人类才进入具有历史纪年性质的三皇五帝时期。关于人类发明人造建筑、人工取火技术和萌生历史意识的时间，笔者暂定在 20 万—7 万年前，实际发生时间可能更早。

1. 有巢氏

发明人造居住建筑物，架木为巢，把若干木棍上端架在一起，外面用草、树叶、兽皮包裹起来，防雨防风、保护火源，这标志着人类活动范围在扩展。此前人类居住在天然洞穴里，从此可以远距离迁徙到没有天然山洞的地方。由于用火，为了排烟（避免有毒气体危害），需要选择具有自然通风功能的洞穴，或者人造通风结构。与此同时，为了筑巢，开始伐木，加工木材，并制作相应的工具。

2. 燧人氏

发明人工取火技术，这标志着人类活动范围可以进一步扩展。在钻木取火的同时，也发展出钻孔的专用工具，这为首饰加工及其机械提供了技术准备。为了迁徙，开始制造渡水器具，例如独木舟、木筏、绳索。

3. 盘古氏

盘古开天故事，实际上标志着人类开始萌生历史意识，有历史意义的传说信息始于此，人类对古老年代的记忆可以追溯到这一时期。人类萌生历史意识，其重要前提是词汇量必须达到相当多的程度（已知人类发声器官进化的情况大约出现在 7 万年前），只有这样，才能表达复杂和丰富的信息内容。当人类拥有历史意识之后，历史经验的积累就会更多，这又直接促使着结绳记事、图案和文字的发明。

第三阶段：三皇文明时期（70000—15000 年前）。

1. 女娲氏

正是由于有了历史记忆，才会发现婚姻禁忌。女娲造人的传说，实际上是制定婚姻规范，禁止同族男女之间的性行为，此举可提高后代健康质量。女娲补天传说的背景，实际上是火烧五色石制作颜料，用于绘身（促使体毛进一步退化）、美化居住地、巫术祈祷等。这是陶器、冶金发明前的技术准备阶段。此前，为了保存和运输火种，人们在草编的容器外涂抹泥浆制成存放火种的容器，这也是促成陶器发明的重要因素。相传女娲为风姓，风与凤相通，据此推测其后裔即少昊（以凤凰为主图腾）。再以后，其族裔还有风后（黄帝臣）。

2. 伏羲氏

发明结绳记事，其符号信息载体称为八索，并由此发展出八卦抽象符号，并推动了文字的产生（“三坟”是泥版载体、“五典”是竹木载体，“八索”是结绳记事，“九丘”是实物模型，可惜这些文字信息载体均不易保存）。发明渔猎工具（网、弓箭），开始驯化、饲养家畜。开始观测星空，这是天文历法的前期技术准备阶段。众所周知，灿烂的星空是启迪人类神经元智力系统的指路航灯。对比之下，由于亮度高的恒星主要集中在北半球，北极星和北斗星的最佳观测位置也是在北半球的中高纬度地区，因此天文历法的发祥地也是在北纬 30—40 度一带。在古史传说里伏羲氏与太昊（大皞）经常混为一谈，这表明伏羲氏的后裔有太昊。

3. 神农氏

发明农业，起源于放火烧山捕猎，从鼠洞里残留的野谷得到启发（草药的发明，实际上是从动物那里继承下来并进一步发展起来的）。为了加工谷物，开始制造炊具，例如石磨盘、陶器等。由于男性是农业的主力，男性的社会地位得到提高，母系社会开始让位给父系社会。在古史传说里神农氏与炎帝经常混为一谈，这表明神农氏的后裔有炎帝；由于炎帝又与赤帝相混淆，因此神农氏的后裔还应包括赤帝（蚩尤）。

第四阶段：五帝族群前古国时期（前13000—前5416年）。

黄帝、炎帝、赤帝（蚩尤）、太昊、少昊，他们都是拥有领地和势力范围的部落联盟，并且逐渐形成最早的国家（简称前古国）。此阶段的文化和技术成果，主要包括历法、文字、宗教，以及纺织技术和玉石加工技术，中国人这时已经创造并使用钻床、车床、镗床、刨床、锯床等一整套加工工具（参阅柳志青、柳翔《人类工业源于中华》等文）。

1. 炎帝朝代女娃东海纪年元年为前13000年。

2. 黄帝、炎帝战争纪年在前13000—前5416年间。

3. 赤帝（蚩尤、共工）族纪年在前7000—前5800年间。

4. 炎帝朝代精卫元年在前5416年。

5. 太昊、少昊纪年的起始时间早于帝尧朝代洪水元年。

6. 黄帝与蚩尤第一次丝绸战争在前4000—前2300年间。

7. 炎帝红山女神庙纪年前3000年。

第五阶段：先夏古国时期（前5416—前2070年）。

从五帝前古国时期到夏朝之前，文明不断发展，人口不断增加，人类活动范围越来越广阔，从而出现万邦林立、万国并存现象，可以称之为先夏古国时期。此阶段的文化和技术成果，主要表现在地方区域的社会管理制度的进一步完善、城池的建造、人造光源、牛耕技术、水利工程技术、大地测量技术、天文精密观测，以及青铜器的出现。

1. 帝尧朝代洪水元年为前 5416 年。

2. 帝舜（帝俊）朝代烛光元年在前 5000—前 4000 年。

3. 帝颛顼朝代约在前 4500 年。

4. 帝舜朝代流放四族（共工、驩兜、三苗、鲧）纪年，大约在前 4000 年左右。

5. 帝禹（帝台）朝代的众帝之台纪年大约在前 3500—前 2500 年间。

6. 帝禹朝代国土资源考察纪年元年为前 2216 年。

7. 帝喾、盘瓠、帝丹朱、后稷、契、益，暂缺。

有关上述纪年的论证和说明见下文。不难看出，这份中华文明纪年表，最突出的特点就是以历史事件可能发生的时间为纪年参数。接下来，以上述这些已知事件发生的时间段为基准，再对照其他远古神话传说和出土文物的关系，就可以逐步构建出更加完整的中国先夏史来。值得注意的是，黄帝与蚩尤第一次丝绸战争发生的时间段，以及炎帝女神庙存在的时间段，是与帝尧朝代、帝舜朝代、帝禹朝代相互重叠的，这就表明他们实际上是并存的族群和古国，而这可能更符合历史的真实。

三、帝尧朝代的洪水纪年

1. 尧是烧陶部落

尧，繁体字为堯，像是在有支架的平台上摆放着土制的东西，显然这正是烧制陶器的象形。尧的发音与窑相同，烧的繁体字是燒，浇的繁体字是澆，其本意均与烧制陶器有关；而尧又正巧称“陶唐氏”（唐通塘、膛、堂，意思是放东西的空间）、号“放勳”（意思是用火熏东西），显然表明尧是以烧陶而著名的部落，而且是因为烧陶技术水平高才崛起的。其实，我国民间早就知道尧是烧陶的部落，因此烧陶业才会把尧帝也列入祖师爷之一。

根据唐县网站介绍：据境内明伏、西下素、钓鱼台等沿唐河两岸出土的石刀、石斧、陶片及2米以上文化层分析认定，这里早在六七千年以前就有人类聚居活动，属仰韶文化遗址。相传前2377年农历二月初二日，尧帝放勳诞生于今唐县尧山（即顺平县之伊祁山），伊祁为姓。前2360年，帝尧放勳被封为唐侯，治所阳邑（今固城，一说在长古城），亦称唐，即在唐县境内，称古唐侯国。前2353年其兄帝挚（少皞）将帝位让给尧，也是在唐县举办的“禅让”仪式，并在伏城建都城，后因水患，由此地赴平阳（今山西省临汾西）执帝位。虞舜执政后，将尧子丹朱封为唐侯，治所鸿郎城（今洪城）。

此外，山西省临汾市（古称平阳）亦有尧都、尧庙、尧陵名胜。尧庙位于临汾市区南3000米处。相传尧建都平阳（今临汾市），有功于民，庙是后人为祭祀尧王所建。创建年代已无可考。现存建筑原为清代遗物。前有山门，内有围廊、牌坊、五凤楼、尧井亭、广运殿、寝宫等建筑。尧王及其四大臣被喻为“五凤”。“一凤升天，四凤共鸣”，五凤楼就因此得名。尧井相传为尧所掘，为记其功，上筑一亭。广运殿是供奉尧王的主殿，高达27米，殿宇四周设环廊，42根石柱，柱础雕刻工精，殿内金柱子肥硕，直通上层檐下，础石上云龙盘绕。龛内塑有尧王像及其侍从。庙内存有碑碣10余块，记载尧王功绩及庙宇建造经过。广运殿1998年毁于大火，后于1999年重建。

2. 尧朝洪水元年为前5416年

众所周知，帝尧时期发生的重大自然事件之一是洪水“怀山襄陵”。《史记·五帝本纪》记有：“尧曰：嗟，四岳，汤汤洪水滔天，浩浩怀山襄陵，下民其忧，有能使治者?”

四岳推荐鲧可以治水，帝尧虽然不满意但仍然接受了。

由于帝尧所在地位于太行山区，能够“浩浩怀山襄陵”的洪水，显然并非一般的雨水，而是与大规模的海侵事件有关。我们知道，前10000年前左右，全球气候寒冷，海平面下降约100米，当时的渤海成为陆地；此后，全球气温转暖，海平面逐渐上升，渤海又重新出现（沧海桑田的传说即源于此），而且范围比今日还要广阔。根据1984年6月第一版的《中国自然地理图集》第111页“华北平原的成长”图，可知渤海的海平面在7400年前达到最高点，当时渤海的海岸线西侵至今日太行山脚一带。因此，这个时间可以作为帝尧洪水纪年的气候学证据，亦即帝尧洪水纪年元年为前5416年（1984年之前的7400年）。

3. 帝尧恒星纪年的天文学证据

帝尧时期的天文观测和历法制定，已经具有一定的科学水准。当时的天文学家，通过观测鸟、火、虚、昴四颗恒星，来确定春夏秋冬四季。其中，《尚书·尧典》的“日中星鸟”，孔传：“鸟，南方朱鸟七宿。”《尚书·尧典》的“日永星火”，这里的“火”星指恒星大火，亦即二十八宿的心宿（苍龙星座之心）。根据天文学的岁差原理，可推算出尧典四星的观测时间发生在前5000年前至前6000年前之间，可称之为尧朝“四星元年”。

值得注意的是，根据《山海经》《史记》《淮南子》等

古籍和流传在民间的远古神话传说可知，在中华民族的记忆中，帝尧时代还出现过两件非同小可的自然灾变，一是“洪水滔天”，二是“十日并出”。许多学者都相信，帝尧时代的洪水泛滥，以及共工振滔洪水、精卫填海等传说，均与第四纪最后一次冰川结束后的气温上升所导致的海岸线西侵变化有关。

四、蚩尤族（赤帝）纪年

《左传·昭公十七年》记有郯子的一段话："昔者，黄帝氏以云纪，故为云师而云名。炎帝以火纪，故为火师而火名。共工氏以水纪，故为水师而水名。大皞氏以龙纪，故为龙师而龙名。我高祖少太皞挚之立也，凤鸟适至，故纪于鸟，为鸟师而鸟名。"

由于郯子将共工与炎帝并列，而且炎帝以"火纪"，共工以"水纪"，据此可知共工族与炎帝族并非同族，而且也不是如后世人们所说的炎帝族后裔（同样的错误还包括《路史》把蚩尤说成是炎帝族裔）。笔者推测，共工族很可能出自先夏时期最著名的族群蚩尤，或者至少有很高比例的蚩尤族血脉，因此黄帝族与蚩尤族的战争才会长期延续在共工族身上，例如颛顼与共工之战和禹攻共工国山等。而且，"共"与"洪"相通，"工"与"鸿"相通，发音均为"红"，亦即"赤"色。蚩尤，"蚩"与"赤"

同音，亦即古人所说的赤帝。共工族的主要成员是相繇（又名相柳，被禹杀死），“繇”与“尤”同音，或可表明他们有共同的渊源；根据相繇“人面蛇身九首（代表九个部落或氏族）”可知，其族群乃是蛇图腾。有趣的是，古史相传蚩尤部落联盟的构成也是九的倍数“蚩尤兄弟八十一人”或“七十二人”。

需要纠正的是，长期以来学术界都把“赤帝”误认为“炎帝”，错误出自高诱对《淮南子》的注解上。《淮南子·时则训》称：“南方之极，自北户孙之外，贯颛顼之国，南至委火炎风之野，赤帝、祝融之所司者万二千里。”高诱注：“赤帝，炎帝，少典之子，号为神农，南方火德之帝也。”

实际上，赤帝应该是指蚩尤，蚩尤的发祥地在南方，炎帝的发祥地在北方（参阅本书相关章节）。《太平御览》卷八一三引《河图》云：“赤帝有女、讹铁飞之异。”这种异闻与炎帝毫无关系，而与蚩尤却有相似之处，因为相传蚩尤就是“铜头铁额”。《集解》应劭亦称：“蚩尤，古天子。”孔安国亦曰：“九黎君号蚩尤。”

《中山经》记有：“又东五十里，曰宣山，沦水出焉，东南流注于视水，其中多蛟。其上有桑焉，大五十尺，其枝四衢，其叶大尺余，赤理黄华青柎，名曰帝女之桑。”

袁珂认为此处帝女即赤帝之女，宣山即崿山，在今河南省泌阳县境内。《广异记》记有：“南方赤帝女学道得仙，

居南阳崿山桑树上。正月一日衔柴作巢，至十五日成。或作白鹤，或女人。赤帝见之悲恸，诱之不得，以火焚之，女即升天。因名帝女桑。今人至十五日焚鹊巢作灰汁，浴蚕子招丝，象此也。”剥掉上述传说的神话外衣，其真实的信息是有关养蚕的活动，帝女桑是一棵品质优良的桑树，也是一棵神圣的桑树，在祭祀桑树之神和蚕神的巫术仪式中，古人曾经以少女为牺牲（活祭或模拟）。与此同时，这也表明赤帝族是以养蚕和改进养蚕技术而闻名于世的。

后人之所以剥夺了蚩尤的赤帝资格，主要是因为蚩尤、共工战败，即成者王侯败者寇。其实，蚩尤之名可能是外族的称呼，带有贬义；其自称应该是“赤繇”，“赤”即赤帝，“繇”的象形文字原本应当与丝织活动有关。遥想当年，蚩尤、共工也是驰骋南北、显赫一时、文化发达的族群，同样是我们的祖先；他们活动的区域，大体以今日河南省为中心，向北到山西省、河北省，向东到山东省，向西到陕西省，向南到长江南北。考古发掘的河南省裴里岗文化（距今9000—7800年）、舞阳贾湖文化（距今约8000年），可能就是蚩尤族创造的。后来，黄帝族、炎帝族不断南下，进入黄河以南的伊洛地区，并与蚩尤、共工融合，这就是龙的造型身躯由娃娃鱼转变成为蛇形的原因所在。如果可以认定，河南省裴里岗文化、舞阳贾湖文化，是蚩尤（赤帝）族创造的，那么蚩尤族纪年约在前7000—前5800年之间。

五、帝舜朝代的烛光纪年

1. 帝舜朝代发生的大事

根据《山海经》《尚书》《竹书纪年》《左传》《史记》等历史文献记载，帝舜朝代（与帝尧朝代在时间上有重叠）发生的大事主要有：其一，舜娶帝尧二女即娥皇、女英，也可以视为舜被招为婿。其二，舜与弟象的周旋。袁珂先生《〈山海经〉译注》指出，这是帝舜时期驯化野生大象故事的曲折反映，为的是保护农作物不被大象践踏，以及驯服大象为人服务，例如运输、战争等。其三，继帝尧朝代之后，建立帝舜朝代。《竹书纪年》称，尧德衰，为舜所囚。其四，创建一整套政府管理机构，包括12名州政府官员和10名中央政府官员。值得注意的是，袁珂认为《拾遗记》重明鸟（鸡、凤）可能与舜有关，如其不谬，则舜部落应是少皞部落联盟里的一支。在《大荒四经》里，帝舜被称为帝俊，其文字象形也是鸟类。其五，《舜典》记有：“流共

工于幽州，放驩兜于崇山，窜三苗于三危，殛鲧于羽山，四罪而天下咸服。”或谓，幽州在燕（今北京市一带），崇山在沣阳县（今湖北省黄陂市南），三危即今敦煌一带，羽山在今山东省蓬莱一带。《史记·五帝本纪》则称帝舜流放的四凶分别是：帝鸿氏之裔浑沌（驩兜），少皞氏之裔穷奇（共工），颛顼氏之裔祷杌（鲧），缙云氏之裔饕餮（三苗）。其六，舜娶登比氏，生有二女，分别名宵明、烛光。这是我国古籍有关人造光源油灯的最早记载，此前火把照明的缺点是烟大、照明时间短。其七，帝舜南巡而死，葬九嶷山。其八，舜族迁徙南方。需要说明的是，上述事件发生的时间，前后可能有很长的时间间隔；在不同时间段，号称帝舜的人，可能并不是同一个人。

2. 帝舜朝代烛光纪年元年

纵观上述帝舜朝代的重大事件，第六条涉及人造光源油灯的发明，这应该是有可能找到客观时间依据的。《海内北经》记有：“舜妻登比氏生宵明、烛光，处河大泽，二女之灵能照此所方百里。一曰登北氏。”

所谓“登比氏生宵明、烛光”，也就是说，登比氏乃人工光源的发明者，其名原当作“灯比氏”。她发明的灯有两种，其一为宵明，当属于强光源，可用于夜间户外；其二为烛光，可能属于弱光源或方便移动的光源，既可用于夜间室内照明，也可用于户外行走时；制造光源的材料，当取自牛

羊和鱼类（特别是娃娃鱼油为优质灯油，为此娃娃鱼一度几被捕杀殆尽，娃娃鱼为龙的原形）等动物的膏脂或其他矿物燃料。这两种光源由登比氏的两个女儿分别掌管，并以光源的特点给她们起名，这种命名方法是古代经常使用的。

所谓“处河大泽，二女之灵能照此所方百里”，明确指出登比氏二女的工作主要是照明河道和湖泊。据此，宵明、烛光可能包括船用照明灯、航道标志灯、码头照明灯，以及灯塔用灯（登比氏的登字有上升到高处之意）。这也就表明，在帝舜时代，人们的夜间活动已经相当多，而且水上交通相当繁忙，以至需要夜间照明，来确保航运的安全。与此同时，在河流、湖泽上使用人工光源，也可能与捕鱼有关，因为有些鱼类具有趋光习性，此外还可用于夜间捕鸟、拾鸟卵、收集鸟羽时的照明。

袁珂注：“《海内北经》：‘大泽方百里，群鸟所生及所解。’即此大泽。该节及以下二节亦应移于此节之前，始与方位大致相符。”实际上，所谓“处河大泽”，即今黄河流经的河套一带，前套、后套古均为大泽，两套之间河道密布，黄河之水在这里流势平稳，对发展水上交通极为有利，而河套南北曾是古人栖息的青山绿水、良田沃土和风吹草低见牛羊的天然牧场，并有候鸟换羽的大面积湖泽、湿地。

舜妻除帝尧二女娥皇、女英之外，又有登比氏，这表明所谓“妻”者实际上是相互通婚的部落，一个部落可以与

若干个其他部落通婚；同时也表明帝舜可以指一个朝代，这个朝代可能有多个名“舜”的首领，而并不特指一个唯一的“舜”。

舜又称虞舜，姚姓，有虞氏，名重华，字都君。姚，指女子貌美妖艳；若从字形结构来看，亦可指有预兆能力的女性。虞，古代管理山泽的官，样子像是戴着虎头帽的猎人。舜，指一种草；但是，舜的原字形的上半部分，像是一个容器里放着“炎”，下半部分表示双足行走跳跃。舜之所以得名“重华”，与相传舜为“双瞳”（重明、重瞳）的内涵是一样的，均与人造光源（照明）以及使用窥管（发现远方目标）有关。华，光辉。都，在这里指绚丽。

从舜的上述名称可知，舜是以光明著称的部落（族群），而这种光明又与捕猎活动有关。显然，这里透露传递的信息，正如笔者所说，舜通过捕猎娃娃鱼，制作油灯，从而闻名于世。因此可以说，舜部落的崛起，很可能正是得益于人造光源油灯的发明。

有趣的是，《史记》称舜继承尧位之前，从事过三种工作：耕历山，渔雷泽，陶河滨。其中，“耕历山”是为了解决粮食问题，这很好理解。那么“渔雷泽”是为了什么呢？笔者已经指出，雷泽里的龙就是娃娃鱼，因此“渔雷泽”正是为了捕捉娃娃鱼，以便获得灯油。接下来“陶河滨”乃是制造油灯的专用陶器“豆”。而且，正是在这一点上，让帝尧选中了舜，因为尧部落（族群）是以烧陶为重要产业的。事实上，油灯的出现促成陶器“豆”的广泛需求，这样尧部落与舜部落的联合，对双方都是有重大好处的。

有鉴于此，如果我们今天能够在考古发掘中找到最早的陶器油灯“豆”，那么就可以用这个时间作为帝舜朝代烛光纪年的元年。这里的问题是，最早的陶器油灯“豆”究竟是什么样子的？笔者推测，最初油灯的造型可能是低足浅盘和高足深盘，由于深盘有时候又与浅碗或者浅杯不易区分，因此除了“豆”类陶器之外，其他造型的陶器也可能属于油灯。例如，山东省大汶口文化的滕州北辛遗址和兖州王因遗址出土的三足杯，就可能是用作油灯的。如果能够确定这一点，那么帝舜朝代烛光元年就应该在前 5000 年。

值得注意的是，周处《风土记》称“舜，东夷之人，生姚丘”。山东省历城县有舜井，相传这里就是舜“耕历山”的地方。山东省泗水县，位于曲阜县东，这里被认为是伏羲、虞舜的故乡，古代东夷文化的发祥地。与此同时，山西省桓曲县城，在黄河小浪底水库之北 25 千米，相传这里即当年的舜王城，此地位于晋南中条山山脉东端，与王屋山相连。历山是中条山山脉的主峰，舜王坪为历山之巅，海拔 2321 米，是一处面积达 5400 多亩的亚高山草甸区，传说即舜王躬耕之地。

至于舜的故乡一说在山东省的泗水县，一说在山西省的

桓曲县，笔者推测可能是因为舜族迁徙的缘故，即舜族发祥地在山东省泰山丘陵一带（当然这并不一定就是最古老的发祥地，因为古人远距离迁徙可能发生过多次），后来有一部分向西迁徙到中条山和华山一带（从仰韶文化的演变发展里，或许能够找到线索），他们取代了尧族的影响力，成为当地部落联盟的首领。至于舜族为什么能够取得优势地位，其重要原因就是舜族掌握了先进的人造光源技术。正是由于舜族是迁徙来的，因此势必对某些原住民进行排挤，而这个过程可能是漫长的，这就是古代文献记录的舜流放“四凶”。据此可知，帝舜朝代流放四凶纪年，大约在前4000年左右。

3. 舜族南迁与蜀人先王

根据历史文献资料，舜族在入主中原后，仍然有一部分人继续南迁。南迁的原因，可能是主动的迁徙（舜南巡），也可能是被迫迁徙（禹流放舜），或者两种情况兼有。

《括地志》称：“又越州余姚县，顾野王云舜后支庶所封之地。舜姚姓，故云余姚。”值得注意的是，浙江省余姚县河姆渡出土了前5000年前的古文化遗存，当时这里的人已经有着相当发达的文明与文化。此外，这一带也是先夏时期防风氏活动的区域，相传大禹来到会稽山召开部落大会，防风氏迟到被杀。“防风”一词，可能与东南沿海预防台风有关，也可能与人造光源如何防风吹灭的技术有关。如系后者，那么防风氏可能也是出自舜族。有趣的是，舜以发明人造光源著称于世，而“燭”的字形恰恰是由“火”和“蜀”组成的。众所周知“蜀”字象形的是“蚕”，或许油灯的灯芯如蚕状，或者当时已经能够制造蜡烛，而蜡烛白白的形象与蚕非常相似，因此才会用来表示“烛光”。

笔者认为，有多种资料证明，蜀文化源于舜文化，蜀先王源于舜族。

其一，蚕丛氏的特征之一是改进养蚕技术，而帝舜发祥地正是养蚕技术的发源地。

其二，蚕丛氏的特征之二是眼睛装饰异形为“纵目”，而舜也具有眼睛异形为“双睛（双瞳、重明）”。所谓“双睛”乃使用窥管的形象。

其三，三星堆出土众多凸目青铜面具，其造型源头可以追溯到舜目双睛。烛龙“直目”，也属于眼睛异形。与此同时，烛龙是人造光源的发明者或使用者，而舜族正是人造光源的发明人。

其四，三星堆出土众多象牙，而舜的弟弟名象，舜族是最早捕猎和驯养野生大象的部落。三星堆出土的大铜立人像，就是舜的弟弟的造型。

其五，舜文化崇拜数字七“璇玑玉衡，以齐七政”，三星堆文化也崇拜数字七。

其六，舜族最早观测日月五大行星（七曜），三星堆出土的轮形器代表的是五大行星，表明三星堆人也在观测五大行星。

其七，鱼凫氏之名表明该族群具有鸟崇拜、鸟图腾性质，而帝舜的原型也是重明鸟；凫是一种能够捕鱼的水鸟，重明鸟是一种能够捕杀猛兽的鸟。

其八，《大荒南经》记有舜的后裔巫臷民进入四川盆地。所谓巫臷民“巫臷民朌姓，食谷；不绩不经，服也；不稼不穑，食也”，表明他们入川后成为贵族统治阶层。

其九，《大荒南经》关于巫臷民“爰有歌舞之鸟，鸾鸟自歌，凤鸟自舞。爰有百兽，相群爰处。百谷所聚”的记载，与《海内经》所记西南黑水之间的都广之野“百谷自生”“鸾鸟自歌，凤鸟自舞”“爰有百兽，相群与处”，几乎完全相同。都广，又称广都，明代学者杨慎《山海经补注》指出：“黑水广都，今之成都也。”据此可知，创造成都一带上古文化（包括三星堆等多处文化遗址）的族群，应该就是帝舜的后裔巫臷民，其迁徙路线当是自长江三峡逆流而上。有趣的是，帝舜曾南巡至今日的湖北省和湖南省，正在长江三峡的下游附近。